J. von Staudingers
Kommentar zum Bürgerlichen Gesetzbuch
mit Einführungsgesetz und Nebengesetzen
Buch 4 · Familienrecht
§§ 1638–1683
(Elterliche Sorge 2 – Vermögenssorge, Kindesschutz,
Sorgerechtswechsel)

Kommentatorinnen und Kommentatoren

Dr. Karl-Dieter Albrecht
Vorsitzender Richter am Bayerischen
Verwaltungsgerichtshof, München

Dr. Georg Annuß
Rechtsanwalt in München, Privatdozent
an der Universität Regensburg

Dr. Christian Armbrüster
Professor an der Freien Universität Berlin

Dr. Martin Avenarius
Professor an der Universität zu Köln

Dr. Wolfgang Baumann
Notar in Wuppertal, Professor an
der Bergischen Universität Wuppertal

Dr. Winfried Bausback
Professor a. D. an der Bergischen
Universität Wuppertal, Mitglied des
Bayerischen Landtags

Dr. Roland Michael Beckmann
Professor an der Universität
des Saarlandes, Saarbrücken

Dr. Detlev W. Belling, M.C.L.
Professor an der Universität Potsdam

Dr. Andreas Bergmann
Privatdozent an der Universität
des Saarlandes, Saarbrücken

Dr. Werner Bienwald
Professor an der Evangelischen
Fachhochschule Hannover, Rechtsanwalt
in Oldenburg

Dr. Claudia Bittner, LL.M.
Privatdozentin an der Universität
Freiburg i. Br., Richterin am Sozialgericht
Frankfurt a. M.

Dr. Dieter Blumenwitz †
Professor an der Universität Würzburg

Dr. Reinhard Bork
Professor an der Universität Hamburg

Dr. Elmar Bund †
Professor an der Universität
Freiburg i. Br.

Dr. Jan Busche
Professor an der Universität Düsseldorf

Dr. Georg Caspers
Professor an der Universität
Erlangen-Nürnberg

Dr. Tiziana Chiusi
Professorin an der Universität des Saarlandes, Saarbrücken

Dr. Michael Coester, LL.M.
Professor an der Universität München

Dr. Dagmar Coester-Waltjen, LL.M.
Professorin an der Universität Göttingen,
Direktorin des Lichtenberg-Kollegs,
Göttingen

Dr. Heinrich Dörner
Professor an der Universität Münster

Dr. Christina Eberl-Borges
Professorin an der Universität Siegen

Dr. Dr. h. c. Werner F. Ebke, LL.M.
Professor an der Universität Heidelberg

Dr. Jörn Eckert †
Professor an der Universität zu Kiel,
Richter am Schleswig-Holsteinischen
Oberlandesgericht in Schleswig

Dr. Volker Emmerich
Professor an der Universität Bayreuth,
Richter am Oberlandesgericht
Nürnberg a. D.

Dipl.-Kfm. Dr. Norbert Engel
Ministerialdirigent im Thüringer Landtag,
Erfurt

Dr. Helmut Engler
Professor an der Universität
Freiburg i. Br., Minister
in Baden-Württemberg a. D.

Dr. Cornelia Feldmann
Rechtsanwältin in Freiburg i. Br.

Dr. Karl-Heinz Fezer
Professor an der Universität Konstanz,
Honorarprofessor an der Universität
Leipzig, Richter am Oberlandesgericht
Stuttgart

Dr. Johann Frank
Notar in Amberg

Dr. Rainer Frank
Professor an der Universität
Freiburg i. Br.

Dr. Robert Freitag
Professor an der Universität Hamburg

Dr. Bernhard Großfeld, LL.M.
Professor an der Universität Münster

Dr. Beate Gsell
Professorin an der Universität Augsburg

Dr. Karl-Heinz Gursky
Professor an der Universität Osnabrück

Dr. Martin Gutzeit
Privatdozent an der Universität München

Dr. Ulrich Haas
Professor an der Universität Zürich

Norbert Habermann
Weiterer aufsichtsführender Richter
bei dem Amtsgericht Offenbach

Dr. Stefan Habermeier
Professor an der Universität Greifswald

Dr. Martin Häublein
Professor an der Universität Innsbruck

Dr. Johannes Hager
Professor an der Universität München

Dr. Rainer Hausmann
Professor an der Universität Konstanz

Dr. Jan von Hein
Professor an der Universität Trier

Dr. Tobias Helms
Professor an der Universität Marburg

Dr. Dr. h. c. mult. Dieter
Henrich
Professor an der Universität Regensburg

Dr. Reinhard Hepting
Professor an der Universität Mainz

Christian Hertel, LL.M.
Notar in Weilheim i. OB.

Dr. Stephanie Herzog
Rechtsanwältin in Würselen

Joseph Hönle
Notar in Tittmoning

Dr. Bernd von Hoffmann
Professor an der Universität Trier

Dr. Heinrich Honsell
Professor an der Universität Zürich,
Honorarprofessor an der Universität
Salzburg

Dr. Dr. Dr. h. c. mult. Klaus J.
Hopt, M.C.J.
Professor, Direktor des Max-Planck-
Instituts für Ausländisches und Inter-
nationales Privatrecht, Hamburg

Dr. Norbert Horn
Professor an der Universität zu Köln,
Vorstand des Arbitration Documentation
and Information Center e.V., Köln

Dr. Peter Huber, LL.M.
Professor an der Universität Mainz

Dr. Rainer Hüttemann
Professor an der Universität Bonn

Dr. Florian Jacoby
Professor an der Universität Bielefeld

Dr. Rainer Jagmann
Vorsitzender Richter am Oberlandesgericht Karlsruhe

Dr. Ulrich von Jeinsen
Rechtsanwalt und Notar in Hannover

Dr. Joachim Jickeli
Professor an der Universität zu Kiel

Dr. Dagmar Kaiser
Professorin an der Universität Mainz

Dr. Bernd Kannowski
Professor an der Universität Freiburg i. Br.

Dr. Rainer Kanzleiter
Notar in Neu-Ulm, Professor
an der Universität Augsburg

Dr. Sibylle Kessal-Wulf
Richterin am Bundesgerichtshof,
Karlsruhe

Dr. Frank Klinkhammer
Richter am Bundesgerichtshof, Karlsruhe

Dr. Hans-Georg Knothe
Professor an der Universität Greifswald

Dr. Jürgen Kohler
Professor an der Universität Greifswald

Dr. Stefan Koos
Professor an der Universität
der Bundeswehr München

Dr. Heinrich Kreuzer
Notar in München

Dr. Jan Kropholler †
Professor an der Universität Hamburg,
Wiss. Referent am Max-Planck-Institut
für Ausländisches und Internationales
Privatrecht, Hamburg

Dr. Hans-Dieter Kutter
Notar in Nürnberg

Dr. Gerd-Hinrich Langhein
Notar in Hamburg

Dr. Martin Löhnig
Professor an der Universität Konstanz

Dr. Dr. h. c. Manfred Löwisch
Professor an der Universität Freiburg i. Br.,
Rechtsanwalt in Stuttgart, vorm. Richter
am Oberlandesgericht Karlsruhe

Dr. Dirk Looschelders
Professor an der Universität Düsseldorf

Dr. Stephan Lorenz
Professor an der Universität München

Dr. Peter Mader
Professor an der Universität
Salzburg

Dr. Ulrich Magnus
Professor an der Universität Hamburg,
Richter am Hanseatischen Oberlandes-
gericht zu Hamburg

Dr. Peter Mankowski
Professor an der Universität Hamburg

Dr. Heinz-Peter Mansel
Professor an der Universität zu Köln

Dr. Peter Marburger
Professor an der Universität Trier

Dr. Wolfgang Marotzke
Professor an der Universität Tübingen

Dr. Dr. Dr. h. c. mult. Michael
Martinek, M.C.J.
Professor an der Universität
des Saarlandes, Saarbrücken, Honorar-
professor an der Universität Johannesburg,
Südafrika

Dr. Annemarie Matusche-
Beckmann
Professorin an der Universität
des Saarlandes, Saarbrücken

Dr. Jörg Mayer
Notar in Simbach am Inn

Dr. Dr. Detlef Merten
Professor an der Deutschen Hochschule
für Verwaltungswissenschaften Speyer

Dr. Rudolf Meyer-Pritzl
Professor an der Universität zu Kiel,
Richter am Schleswig-Holsteinischen
Oberlandesgericht in Schleswig

Dr. Peter O. Mülbert
Professor an der Universität Mainz

Dr. Daniela Neumann
Justiziarin des Erzbistums Köln

Dr. Dirk Neumann
Vizepräsident des Bundesarbeitsgerichts
a. D., Kassel, Präsident des Landes-
arbeitsgerichts Chemnitz a. D.

Dr. Ulrich Noack
Professor an der Universität Düsseldorf

Dr. Hans-Heinrich Nöll
Rechtsanwalt in Hamburg

Dr. Jürgen Oechsler
Professor an der Universität Mainz

Dr. Hartmut Oetker
Professor an der Universität zu Kiel, Richter am Thüringer Oberlandesgericht Jena

Wolfgang Olshausen
Notar in Rain am Lech

Dr. Dirk Olzen
Professor an der Universität Düsseldorf

Dr. Gerhard Otte
Professor an der Universität Bielefeld

Dr. Hansjörg Otto
Professor an der Universität Göttingen

Dr. Holger Peres
Rechtsanwalt in München

Dr. Lore Maria Peschel-Gutzeit
Rechtsanwältin in Berlin, Senatorin
für Justiz a. D. in Hamburg und Berlin,
Vorsitzende Richterin am Hanseatischen
Oberlandesgericht zu Hamburg i. R.

Dr. Frank Peters
Professor an der Universität Hamburg,
Richter am Hanseatischen Oberlandes-
gericht zu Hamburg

Dr. Axel Pfeifer
Notar in Hamburg

Dr. Jörg Pirrung
Richter am Gericht erster Instanz
der Europäischen Gemeinschaften i. R.,
Professor an der Universität Trier

Dr. Ulrich Preis
Professor an der Universität zu Köln

Dr. Manfred Rapp
Notar in Landsberg am Lech

Dr. Thomas Rauscher
Professor an der Universität Leipzig,
Dipl. Math.

Dr. Peter Rawert, LL.M.
Notar in Hamburg, Professor an der
Universität Kiel

Eckhard Rehme
Vorsitzender Richter am Oberlandesgericht Oldenburg

Dr. Wolfgang Reimann
Notar in Passau, Professor
an der Universität Regensburg

Dr. Tilman Repgen
Professor an der Universität Hamburg

Dr. Dieter Reuter
Professor an der Universität zu Kiel,
Richter am Schleswig-Holsteinischen
Oberlandesgericht in Schleswig a. D.

Dr. Reinhard Richardi
Professor an der Universität Regensburg, Präsident des Kirchlichen Arbeitsgerichtshofs für die Bistümer im Bereich der DBK, Bonn

Dr. Volker Rieble
Professor an der Universität München, Direktor des Zentrums für Arbeitsbeziehungen und Arbeitsrecht

Dr. Anne Röthel
Professorin an der Bucerius Law School, Hamburg

Dr. Christian Rolfs
Professor an der Universität zu Köln

Dr. Herbert Roth
Professor an der Universität Regensburg

Dr. Rolf Sack
Professor an der Universität Mannheim

Dr. Ludwig Salgo
Professor an der Fachhochschule Frankfurt a. M., Apl. Professor an der Universität Frankfurt a. M.

Dr. Renate Schaub, LL.M.
Professorin an der Universität Bochum

Dr. Martin Josef Schermaier
Professor an der Universität Bonn

Dr. Gottfried Schiemann
Professor an der Universität Tübingen

Dr. Eberhard Schilken
Professor an der Universität Bonn

Dr. Peter Schlosser
Professor an der Universität München

Dr. Dr. h. c. mult. Karsten Schmidt
Vizepräsident der Bucerius Law School, Hamburg

Dr. Martin Schmidt-Kessel
Professor an der Universität Osnabrück

Dr. Günther Schotten
Notar in Köln, Professor an der Universität Bielefeld

Dr. Robert Schumacher, LL.M.
Notar in Aachen

Dr. Roland Schwarze
Professor an der Universität Hannover

Dr. Hans Hermann Seiler
Professor an der Universität Hamburg

Dr. Reinhard Singer
Professor an der Humboldt-Universität Berlin, vorm. Richter am Oberlandesgericht Rostock

Dr. Dr. h. c. Ulrich Spellenberg
Professor an der Universität Bayreuth

Dr. Sebastian Spiegelberger
Notar in Rosenheim

Dr. Ansgar Staudinger
Professor an der Universität Bielefeld

Dr. Malte Stieper
Akademischer Rat an der Universität zu Kiel

Dr. Markus Stoffels
Professor an der Universität Osnabrück

Dr. Hans-Wolfgang Strätz
Professor an der Universität Konstanz

Dr. Dr. h. c. Fritz Sturm
Professor an der Universität Lausanne

Dr. Gudrun Sturm
Assessorin, Wiss. Mitarbeiterin

Burkhard Thiele
Präsident des Oberlandesgerichts Rostock

Dr. Karsten Thorn
Professor an der Bucerius Law School, Hamburg

Dr. Gregor Thüsing, LL.M.
Professor an der Universität Bonn

Dr. Barbara Veit
Professorin an der Universität Göttingen

Dr. Bea Verschraegen, LL.M.
Professorin an der Universität Wien

Dr. Klaus Vieweg
Professor an der Universität Erlangen-Nürnberg

Dr. Markus Voltz
Notar in Lahr

Dr. Reinhard Voppel
Rechtsanwalt in Köln

Dr. Günter Weick
Professor an der Universität Gießen

Gerd Weinreich
Vorsitzender Richter am Landgericht Oldenburg

Dr. Birgit Weitemeyer
Professorin an der Bucerius Law School, Hamburg

Dr. Olaf Werner
Professor an der Universität Jena, Richter am Thüringer Oberlandesgericht Jena a. D.

Dr. Daniel Wiegand, LL.M.
Rechtsanwalt in München

Dr. Wolfgang Wiegand
Professor an der Universität Bern

Dr. Susanne Wimmer-Leonhardt
Bürgermeisterin der Stadt Kaiserslautern

Dr. Peter Winkler von Mohrenfels
Professor an der Universität Rostock, Richter am Oberlandesgericht Rostock

Dr. Hans Wolfsteiner
Notar in München

Heinz Wöstmann
Richter am Bundesgerichtshof, Karlsruhe

Dr. Eduard Wufka †
Notar in Starnberg

Dr. Michael Wurm
Richter am Bundesgerichtshof, Karlsruhe

Redaktorinnen und Redaktoren

Dr. Dr. h. c. mult. Christian von Bar, FBA
Dr. Christian Baldus
Dr. Michael Coester, LL.M.
Dr. Heinrich Dörner
Dr. Helmut Engler
Dr. Karl-Heinz Gursky
Norbert Habermann
Dr. Johannes Hager
Dr. Dr. h. c. mult. Dieter Henrich
Dr. Bernd von Hoffmann
Dr. Norbert Horn
Dr. Jan Kropholler †

Dr. Dr. h. c. Manfred Löwisch
Dr. Ulrich Magnus
Dr. Peter Marburger
Dr. Dr. Dr. h. c. mult. Michael Martinek, M.C.J.
Dr. Jörg Mayer
Dr. Gerhard Otte
Dr. Lore Maria Peschel-Gutzeit
Dr. Manfred Rapp
Dr. Peter Rawert, LL.M.
Dr. Dieter Reuter
Dr. Herbert Roth
Dr. Wolfgang Wiegand

J. von Staudingers
Kommentar zum Bürgerlichen Gesetzbuch
mit Einführungsgesetz und Nebengesetzen

Buch 4
Familienrecht
§§ 1638–1683
(Elterliche Sorge 2 – Vermögenssorge, Kindesschutz, Sorgerechtswechsel)

Neubearbeitung 2009
von
Michael Coester
Helmut Engler
Ludwig Salgo

Redaktor
Helmut Engler

Sellier – de Gruyter · Berlin

Die Kommentatorinnen und Kommentatoren

Neubearbeitung 2009
§§ 1638–1665 HELMUT ENGLER
§§ 1666–1681, § 1683 MICHAEL COESTER
§ 1682 LUDWIG SALGO

Neubearbeitung 2004
§§ 1638–1665 HELMUT ENGLER
§§ 1666–1681, § 1683 MICHAEL COESTER
§ 1682 LUDWIG SALGO

Dreizehnte Bearbeitung 2000
§§ 1638–1665 HELMUT ENGLER
§§ 1666–1681, § 1683 MICHAEL COESTER
§ 1682 LUDWIG SALGO

12. Auflage
§§ 1638–1665 HELMUT ENGLER (1997)
§§ 1666–1683 MICHAEL COESTER (1992)

10./11. Auflage
§§ 1638–1663, § 1670, §§ 1682, 1683
HELMUT ENGLER (1966)
§ 1664, §§ 1673–1681 Oberlandesgerichtsrat
Dr. HELMUT DONAU (1966)
§§ 1666–1669 Oberlandesgerichtsrat
Dr. HORST GÖPPINGER (1966)
§§ 1671, 1672 Senatspräsident
Dr. JULIUS SCHWOERER (1966)

Sachregister

Rechtsanwältin Dr. MARTINA SCHULZ, Pohlheim

Zitierweise

STAUDINGER/ENGLER (2009) Vorbem 1 zu §§ 1638 ff
STAUDINGER/COESTER (2009) § 1666 Rn 1
STAUDINGER/SALGO (2009) § 1682 Rn 1

Zitiert wird nach Paragraph bzw Artikel und Randnummer.

Hinweise

Das Abkürzungsverzeichnis befindet sich auf www.staudingerbgb.de.

Der Stand der Bearbeitung ist jeweils mit Monat und Jahr auf den linken Seiten unten angegeben.

Am Ende eines jeden Bandes befindet sich eine Übersicht über den aktuellen Stand des „Gesamtwerk STAUDINGER".

Die Deutsche Nationalbibliothek verzeichnet diese Publikation in der Deutschen Nationalbibliografie; detaillierte bibliografische Daten sind im Internet über http://dnb.d-nb.de abrufbar.

ISBN 978-3-8059-1089-7

© Copyright 2009 by Dr. Arthur L. Sellier & Co. – Walter de Gruyter GmbH & Co. KG, Berlin. – Printed in Germany.

Dieses Werk einschließlich aller seiner Teile ist urheberrechtlich geschützt. Jede Verwertung außerhalb der engen Grenzen des Urheberrechtsgesetzes ist ohne Zustimmung des Verlages unzulässig und strafbar. Das gilt insbesondere für Vervielfältigungen, Übersetzungen, Mikroverfilmungen und die Einspeicherung und Verarbeitung in elektronischen Systemen.

Satz: fidus Publikations-Service, Nördlingen.

Druck: H. Heenemann GmbH & Co., Berlin.

Bindearbeiten: Buchbinderei Bruno Helm, Berlin.

Umschlaggestaltung: Bib Wies, München.

♾ Gedruckt auf säurefreiem Papier, das die DIN ISO 9706 über Haltbarkeit erfüllt.

Inhaltsübersicht

Seite*

Buch 4 · Familienrecht
Abschnitt 2 · Verwandschaft

Titel 5 · Elterliche Sorge
§§ 1638–1683 _____ 1

Sachregister _____ 505

---

* Zitiert wird nicht nach Seiten, sondern
nach Paragraph bzw Artikel und Randnummer;
siehe dazu auch S VI.

Vorbemerkungen zu §§ 1638–1665

Schrifttum

BELCHAUS, Elterliches Sorgerecht. Kommentar zum Gesetz zur Neuregelung des Rechts der elterlichen Sorge (1980) mit ausführlichem Schrifttumsverzeichnis 30 ff

BRÜGGEMANN, Elterliche Vermögenssorge – Alte und neue Fragen, ZBlJugR 1980, 53.

§ 1626 Abs 1 nennt die **Vermögenssorge** neben der Personensorge als **Bestandteil der elterlichen Sorge**; das Gesetz enthält aber keine inhaltliche Bestimmung des Begriffs der Vermögenssorge. Nach § 1627 S 1 haben die Eltern die elterliche Sorge in eigener Verantwortung und in gegenseitigem Einvernehmen zum Wohle des Kindes auszuüben. Daß sie das Vermögen des Kindes in dessen Interesse, zu dessen Nutzen zu verwalten haben, ergibt sich schon aus dem Begriff der elterlichen Sorge, die das Gesetz definiert als die Pflicht und das Recht, für das minderjährige Kind zu sorgen. Das KindRG vom 16.12.1997 (BGBl I 2942) hat in § 1626 Abs 1 S 1 (und in § 1631 Abs 1) die Begriffe „Recht" und „Pflicht" in ihrer überlieferten Reihenfolge vertauscht; dies entspreche „einerseits der Lebenswirklichkeit, in der mit der elterlichen Sorge wesentlich mehr Pflichten als Rechte verbunden" seien, und andererseits werde damit „einer verbreiteten Tendenz entgegengewirkt, den Begriff der ‚elterlichen Sorge' auf ein ‚Sorgerecht' zu verkürzen" (BT-Drucks 13/4899, 93). Diese Begründung erscheint zwar nicht sehr überzeugend; es besteht aber kein Zweifel, daß das Sorgerecht den Eltern nicht zur Verfolgung eigennütziger Interessen, sondern vielmehr zum Schutz des Kindes und zur Förderung seines Wohls und seiner Entwicklung gegeben ist. Wenn der Gesetzgeber diese Befugnis nicht, wie die des Vormunds, als ein Amt, sondern als eine subjektive Rechtsposition ausgestaltet hat, so beruht dies auf dem Gedanken, daß in aller Regel Eltern das Wohl ihrer Kinder mehr am Herzen liegt als irgendeiner anderen Person, daß die Eltern also ein rechtlich zu schützendes Interesse am Wohl ihrer Kinder haben (BGHZ 66, 334 = NJW 1976, 1540, 1541). Dieses **Grundverständnis von der elterlichen Sorge** beherrscht auch die Vermögenssorge. Diese erstreckt sich grundsätzlich auf das gesamte Vermögen des Kindes (vgl § 1638 Rn 1), und die Eltern sind bei der Sorge für das Vermögen im Grundsatz frei, dh sie sind befugt und haben die Rechtsmacht (§ 1629), alle tatsächlichen und rechtlichen Maßnahmen zu treffen, die geeignet sind, das Kindesvermögen innerhalb der gesetzlichen Schranken zu erhalten, zu verwerten und zu vermehren (STAUDINGER/PESCHEL-GUTZEIT [2007] § 1626 Rn 64).

Die Befugnis der Eltern, im Rahmen ihrer Verwaltung über das Vermögen des Kindes zu verfügen und das Kind dementsprechend zu verpflichten, ist aber **durch eine Reihe von Vorschriften eingeschränkt**. Während die §§ 1629 und 1630 subjektive Grenzen der elterlichen Sorge, insbesondere der Vertretung des Kindes durch die Eltern, festlegen, enthalten die §§ 1638 ff sachliche Beschränkungen der Vermögenssorge. § 1638 bestimmt, welche Vermögensstücke des Kindes der Vermögenssorge nicht unterliegen. § 1639 regelt die Einschränkung der Vermögenssorge durch Anordnungen dritter Personen, § 1640 die Pflicht der Eltern zur Aufstellung und Einreichung eines Vermögensverzeichnisses (s auch § 1683), § 1641 das Schenkungsverbot, § 1642 die Anlegung von Bargeld, die §§ 1643 bis 1645 das Erfordernis der Genehmigung des Familiengerichts zu bestimmten Rechtshandlungen der Eltern, § 1646 eine besondere Art des Rechtserwerbs durch das Kind.

3 Der durch das Gesetz zur Beschränkung der Haftung Minderjähriger vom 25. 8. 1998 eingefügte § 1629a sieht im Grundsatz vor, daß sich die Haftung für Verbindlichkeiten, die die Eltern im Rahmen ihrer gesetzlichen Vertretungsmacht durch Rechtsgeschäft oder eine sonstige Handlung mit Wirkung für das Kind begründet haben, auf den Bestand des bei Eintritt der Volljährigkeit des Kindes vorhandenen Vermögens des Kindes beschränkt; dasselbe gilt für Verbindlichkeiten aus Rechtsgeschäften, die der Minderjährige gemäß §§ 107, 108 oder § 111 mit Zustimmung seiner Eltern vorgenommen hat. Beruft sich der volljährig Gewordene auf die Beschränkung der Haftung, so finden die für die Haftung des Erben geltenden Vorschriften der §§ 1990, 1991 entsprechende Anwendung. Wegen der Regelung im einzelnen s die Erläuterungen zu § 1629a.

4 § 1648 gibt den Eltern einen Anspruch auf Ersatz von Aufwendungen, die sie bei der Ausübung der Personensorge und der Vermögenssorge machen (über den Grundsatz der Unentgeltlichkeit der Vermögenssorge s § 1648 Rn 12); § 1649 regelt die Befugnis der Eltern zur Verwendung der Einkünfte des Kindesvermögens. In § 1664 ist die Haftung der Eltern gegenüber dem Kind geregelt.

5 Nach § 1626 Abs 2 S 2 **besprechen die Eltern mit dem Kind**, soweit es nach dessen Entwicklungsstand angezeigt ist, **Fragen der elterlichen Sorge** und streben Einvernehmen an. Dies gilt auch für Fragen der Vermögenssorge (Brüggemann ZBlJugR 1980, 53, 59). Auch Entscheidungen in persönlichen Angelegenheiten des Kindes haben oft vermögensrechtliche Folgen oder machen Maßnahmen auf vermögensrechtlichem Gebiet notwendig; entscheidend ist, daß die Entwicklung des Kindes zu eigenverantwortlichem Handeln in allen Bereichen, die Gegenstand elterlicher Sorge sind – also auch auf rein vermögensrechtlichem Gebiet – gefördert werden muß (Begr zum RegEntw des SorgeRG, BT-Drucks 7/2060, 16).

6 Das **Familiengericht** hat die Eltern bei der Ausübung der Vermögenssorge zu überwachen. Wird das Vermögen des Kindes durch mißbräuchliche Ausübung der elterlichen Sorge, durch Vernachlässigung des Kindes, durch unverschuldetes Versagen der Eltern oder durch das Verhalten eines Dritten gefährdet, so hat das Familiengericht **die zur Abwendung der Gefahr erforderlichen Maßnahmen** zu treffen, wenn die Eltern nicht gewillt oder nicht in der Lage sind, die Gefahr abzuwenden (§ 1666 Abs 1; s wegen der in Betracht kommenden Maßnahmen § 1667 Abs 1–3 und die Erläuterungen dazu). Bis zum Inkrafttreten des KindRG am 1. 7. 1998 waren die bei Gefährdung des Kindesvermögens gegebenen gerichtlichen Eingriffsmöglichkeiten in § 1666 Abs 3 und § 1667 Abs 1–5 aF geregelt. Jetzt ist § 1666 Abs 1 Grundlage aller Maßnahmen zum Schutz auch der Vermögensinteressen des Kindes, für die nicht mehr das Vormundschaftsgericht, sondern das Familiengericht zuständig ist (s dazu BT-Drucks 13/8511, 97 f).

7 Die Eltern können **auf die Vermögenssorge nicht verzichten** und sie **nicht auf Dritte übertragen** (Staudinger/Peschel-Gutzeit [2007] § 1626 Rn 24 ff; Erman/Michalski § 1626 Rn 2, § 1638 Rn 2; BGB-RGRK/Adelmann § 1638 Rn 3); allenfalls die Ausübung ist in bestimmtem Rahmen übertragbar (GERNHUBER/COESTER-WALTJEN § 57 III 2). Wenn die Eltern das Kind für längere Zeit in Familienpflege geben, kann das Familiengericht Angelegenheiten der elterlichen Sorge auf die Pflegeperson übertragen; diese hat dann insoweit die Rechte und Pflichten eines Pflegers (§ 1630 Abs 3).

Nach § 1685 aF konnte einem Elternteil, dem die elterliche Sorge insgesamt oder auch nur die Personensorge oder die Vermögenssorge allein zustand, auf seinen Antrag vom Vormundschaftsgericht ein **Beistand** bestellt werden, und zwar für alle Angelegenheiten, für gewisse Arten von Angelegenheiten oder für einzelne Angelegenheiten. Aufgabe des Beistands war es, innerhalb seines Wirkungskreises den Vater oder die Mutter bei der Ausübung der elterlichen Sorge zu unterstützen (§ 1686 aF); die elterliche Sorge und die gesetzliche Vertretung durch Vater oder Mutter blieben hiervon unberührt (s dazu STAUDINGER/COESTER[12] § 1685 Rn 13, § 1686 Rn 1). Etwas anderes galt, wenn das Vormundschaftsgericht auf Antrag des Vaters oder der Mutter gemäß § 1690 aF dem Beistand die Geltendmachung von Unterhaltsansprüchen oder ganz oder teilweise die Vermögenssorge übertrug; in diesem Fall hatte der Beistand insoweit die Rechte und Pflichten eines Pflegers, und dementsprechend war die elterliche Sorge des Elternteils ausgeschlossen (§ 1630 Abs 1). Der Grundsatz, daß die Eltern auf die Vermögenssorge nicht verzichten und sie nicht auf Dritte übertragen können, war in diesen Fällen zwar nicht aufgehoben, weil das Vormundschaftsgericht dem Antrag des Vaters oder der Mutter nicht stattgeben mußte, sondern darüber – am Kindeswohl orientiert – nach pflichtgemäßem Ermessen zu entscheiden hatte (STAUDINGER/COESTER[12] § 1690 Rn 5), aber doch relativiert. 8

Durch das Beistandschaftsgesetz vom 4.12.1997 (BGBl I 2846) wurden die §§ 1685 bis 1692 aufgehoben und in den §§ 1712 bis 1717 ein **neues Rechtsinstitut der Beistandschaft** eingeführt. Nach § 1712 Abs 1 wird das Jugendamt auf schriftlichen Antrag eines Elternteils Beistand des Kindes für die Feststellung der Vaterschaft und für die Geltendmachung von Unterhaltsansprüchen, wobei der Antrag auf einzelne der angeführten Aufgaben beschränkt werden kann. Die Vermögenssorge oder Teile der Vermögenssorge sind in den Aufgabenkreis der Beistandschaft nicht einbezogen (BT-Drucks 13/892, 36). Im übrigen sagt § 1716 S 1 ausdrücklich, daß die elterliche Sorge durch die Beistandschaft nicht eingeschränkt wird. Im Antrag eines Elternteils kann daher in keinem Fall ein Verzicht auf die Vermögenssorge gesehen werden. 9

Während sich die Personensorge für einen Minderjährigen, der verheiratet ist oder war, auf die Vertretung in den persönlichen Angelegenheiten beschränkt (§ 1633), verbleibt die Vermögenssorge auch nach der Eheschließung den Eltern. Lediglich die Befugnis der Eltern, überschüssige Einkünfte des Vermögens des Kindes für ihren eigenen Unterhalt und den Unterhalt der minderjährigen unverheirateten Geschwister des Kindes zu verwenden, soweit dies der Billigkeit entspricht, erlischt mit der Eheschließung des Kindes und lebt auch bei Auflösung der Ehe nicht wieder auf (§ 1649 Abs 2 S 2; vgl § 1649 Rn 35). 10

Nach früherem Recht (§ 1670 Abs 1) endete die Vermögenssorge eines Elternteils, wenn über sein Vermögen das Konkursverfahren eröffnet wurde oder er selbst Konkursantrag stellte (vgl den durch das Einführungsgesetz zur Insolvenzordnung aufgehobenen § 1781 Nr 3, der bestimmt hatte, daß nicht zum Vormund bestellt 11 werden konnte, wer in Konkurs geraten war, und § 1886, der dem Vormundschaftsgericht die Entlassung eines Vormunds gebietet, wenn in dessen Person ein Untauglichkeitsgrund vorliegt). § 1670 wurde durch Art 1 Nr 48 des KindRG mit Wirkung vom 1. 7. 1998 aufgehoben; die auch in Art 33 Nr 28 EGInsO vorgesehene Aufhebung derselben Vorschrift, die nach Art 110 Abs 1 EGInsO erst am 1. 1. 1999 in Kraft treten sollte, ging deshalb ins Leere (BT-Drucks 13/4899, 115 f).

12 Die Eintragung der elterlichen Sorge und ihres Ausschlusses (§ 1638) im Grundbuch ist nicht zulässig (KG KGJ 49, A 207, 211; DÖLLE § 94 I aE).

13 Über die Rechtsstellung und die Pflichten der Eltern nach Beendigung der Vermögensverwaltung s §§ 1698–1698b und Erl dazu.

§ 1638
Beschränkung der Vermögenssorge

(1) Die Vermögenssorge erstreckt sich nicht auf das Vermögen, welches das Kind von Todes wegen erwirbt oder welches ihm unter Lebenden unentgeltlich zugewendet wird, wenn der Erblasser durch letztwillige Verfügung, der Zuwendende bei der Zuwendung bestimmt hat, dass die Eltern das Vermögen nicht verwalten sollen.

(2) Was das Kind auf Grund eines zu einem solchen Vermögen gehörenden Rechts oder als Ersatz für die Zerstörung, Beschädigung oder Entziehung eines zu dem Vermögen gehörenden Gegenstands oder durch ein Rechtsgeschäft erwirbt, das sich auf das Vermögen bezieht, können die Eltern gleichfalls nicht verwalten.

(3) Ist durch letztwillige Verfügung oder bei der Zuwendung bestimmt, dass ein Elternteil das Vermögen nicht verwalten soll, so verwaltet es der andere Elternteil. Insoweit vertritt dieser das Kind.

Materialien: E I § 1510; II § 1530; III § 1616; Mot IV 759; Prot IV 566. Geändert durch GleichberG vom 18. 6. 1957 Art 1 Nr 22 und durch SorgeRG vom 18. 7. 1979 Art 1 Nr 11. STAUDINGER/BGB-Synopse 1896–2005 § 1638.

Schrifttum

LAUX, Die Pflegschaft für verwaltungsfreies Vermögen des Kindes und des Mündels, ZBlFG 21, 420.

Titel 5 §1638
Elterliche Sorge

Systematische Übersicht

I. **Einleitung, Geschichte der Norm**
1. Das der Vermögenssorge unterliegende Vermögen _____ 1
2. Geschichte der Norm _____ 2
3. Übergangsregelungen _____ 6

II. **Die Fälle des Abs 1**
1. Erwerb von Todes wegen _____ 7
2. Unentgeltliche Zuwendung unter Lebenden _____ 14

III. **Tragweite und Wirkungen der Ausschließung**
1. Entscheidung der Eltern über die Annahme der Zuwendung _____ 16
2. Bestellung eines Pflegers _____ 18
3. Einzelne Folgen der Ausschließung der Eltern von der Vertretung des Kindes _____ 23
4. Zulässigkeit von Modifikationen der Ausschließung _____ 27
5. Der Surrogationsgrundsatz (Abs 2) _____ 33

Alphabetische Übersicht

Annahme der Zuwendung _____ 16
Anzeigepflicht _____ 18
Aufhebung der Verfügung des Dritten _____ 31
Auskunft über Art und Bestand des Zugewendeten _____ 26
Ausschlagung der Zuwendung _____ 16
Ausschließung nur eines Elternteils _____ 3 f, 29 f
Bedingte Ausschließung der Verwaltungsbefugnis _____ 27
Befreiung des Pflegers nach § 1917 Abs 2 _____ 20, 32
Benennung eines Pflegers _____ 19
Enterbung _____ 13
Entstehungsgeschichte der Vorschrift _____ 1 ff
Erbscheinsantrag _____ 25
Erträge des der Verwaltung der Eltern entzogenen Vermögens _____ 34
Erwerb von Todes wegen _____ 7 ff
Erwerbsgeschäft _____ 1
Familiengericht _____ 16, 18, 28, 31 f
Form der Ausschließung der Verwaltungsbefugnis _____ 11

Gegenstand der Vermögenssorge _____ 1
Letztwillige Verfügung _____ 12
Nutzungen des der Verwaltung der Eltern entzogenen Vermögens _____ 34
Pfleger _____ 16, 18 ff, 29, 32
Pflichtteil _____ 7 f
Schatzfund _____ 34
Surrogationsgrundsatz _____ 33 ff
Testamentsvollstrecker _____ 24
Überschußeinkünfte nach § 1649 Abs 2 _____ 21
Übertragungsgeschäfte _____ 17
Unentgeltliche Zuwendung unter Lebenden _____ 14 f
Wohl des Kindes _____ 16

I. **Einleitung, Geschichte der Norm**

1. Die den Eltern zustehende Vermögenssorge erstreckt sich grundsätzlich auf das ganze Vermögen des Kindes. **1**

Jedoch ist von der Vermögenssorge **ausgenommen**

Helmut Engler

a) das Vermögen, das dem Kind mit Genehmigung des Vormundschaftsgerichts zum selbständigen Betrieb eines Erwerbsgeschäfts überlassen worden ist, soweit das Kind hiernach als unbeschränkt geschäftsfähig gilt (§ 112; Mot IV 762; vgl auch §§ 110, 113, 1644 und Bem hierzu; ENNECCERUS/KIPP § 80 I 2; KG KGJ 37, A 39);

b) das Vermögen, zu dessen Verwaltung ein Pfleger bestellt ist (§ 1630 Abs 1; ENNECCERUS/KIPP § 80 I 3);

c) das Vermögen, das ein Testamentsvollstrecker verwaltet (§ 2205; ENNECCERUS/ KIPP § 80 I 1; GERNHUBER/COESTER-WALTJEN § 61 Rn 2, 3);

d) das Vermögen, hinsichtlich dessen die Verwaltung der Eltern ausgeschlossen ist (§ 1638).

2 2. Wie die meisten früheren Rechte (für das gemR s DERNBURG, Pandekten Bd 3 § 35; BayObLG BayObLGZ 6, 560; über andere Rechte s Mot IV 760) gestattete auch das BGB die Ausschließung des elterlichen Verwaltungsrechts durch Anordnung dritter Personen. Die Bestimmung des § 1638 beruhte auf ähnlichen Erwägungen wie § 1639, ging aber insofern weiter, als sie im Interesse des Kindes dritten Personen die Befugnis gab, in die dem öffentlichen Recht angehörenden Bestimmungen über die vormundschaftliche Verwaltung der Inhaber der elterlichen Gewalt beschränkend einzugreifen (Mot IV 759).

3 Die durch das **GleichberG** neugefaßten **Abs 1 und 2** tragen dem Umstand Rechnung, daß die Eltern das Vermögen des Kindes in der Regel gemeinsam verwalten, haben aber die frühere Regelung auch sachlich dadurch geändert, daß an die Stelle des Wortes „Dritter" das Wort „Zuwendender" getreten ist. Demnach kann jetzt **auch ein Elternteil** bestimmen, daß das von ihm dem Kind unentgeltlich zugewendete Vermögen nicht von den Eltern (also auch von ihm selbst) verwaltet wird, oder durch Ausschluß des anderen Elternteils von der Verwaltung erreichen, daß ihm allein die Sorge für das zugewendete Vermögen (einschließlich des Rechts der Vertretung) zusteht (vgl § 1638 Abs 3).

4 Die Einfügung des **Abs 3** war notwendig, weil nach dem früheren Recht nur einer der Elternteile die Vermögensverwaltung innehaben konnte und im Falle seines Ausschlusses von der Vermögensverwaltung stets ein Pfleger bestellt werden mußte; da jetzt den Eltern gemeinsam die Vermögenssorge zusteht, bedurfte es einer gesetzlichen Regelung für den Fall, daß lediglich ein Elternteil das dem Kind zugewendete Vermögen nicht verwalten soll. Allerdings wurde in der Rechtsprechung auch die Auffassung vertreten, daß die Regelung des Abs 3 der Sache nach schon seit dem 1. 4. 1953 gegolten habe (Art 117 Abs 1 GG), da sie eine unmittelbare Folgerung der durch Art 3 Abs 2 GG gebotenen gemeinschaftlichen Ausübung der elterlichen Gewalt sei (KG FamRZ 1962, 432, 434; **aA** LG Göttingen NJW 1957, 1639).

5 Das **SorgeRG** ersetzte im Eingang des Abs 1 die Legaldefinition des – überholten, aber wohl nicht anstößigen – Begriffs „Vermögensverwaltung" durch das jetzt in §§ 1626 Abs 1 S 2 erklärte Wort „Vermögenssorge".

6 3. Die **Übergangsregelungen** für Fälle aus der Zeit vor dem Inkrafttreten des

BGB und aus der Zeit vor dem Inkrafttreten des GleichberG haben seit langem nur noch historische Bedeutung; s dazu STAUDINGER/ENGLER[10/11] Rn 24, 25.

II. Die Fälle des Abs 1

1. Erwerb von Todes wegen

Die Vermögenssorge der Eltern erstreckt sich nicht auf das Vermögen, das das Kind 7 von Todes wegen erwirbt, wenn der Erblasser **durch letztwillige Verfügung das Verwaltungsrecht der Eltern ausgeschlossen** hat. Als Erwerb von Todes wegen ist anzusehen, was das Kind durch Erbfolge, durch Vermächtnis oder als Pflichtteil erwirbt.

Gegen die Erstreckung der Ausschließungsbefugnis auf das als **Pflichtteil** erworbene Vermögen könnten zwar Bedenken erhoben werden, weil der Pflichtteilsanspruch dem Berechtigten auch ohne oder sogar gegen den Willen des Erblassers zusteht, der Gesichtspunkt der bloßen Beschränkung einer freiwilligen Zuwendung also hier – im Gegensatz zu den Fällen der Erbfolge, des Vermächtnisses und der unentgeltlichen Zuwendung unter Lebenden – nicht zutrifft. Dennoch muß man die Befugnis des Erblassers, auch bei Beschränkung des Kindes auf den Pflichtteil die Verwaltung der Eltern auszuschließen, nach dem klaren Wortlaut der Vorschrift bejahen, zumal die Ausschließung nach der hier (und heute wohl allgemein) vertretenen Auffassung (s unten Rn 16) die Entscheidung der Eltern über Annahme oder Ausschlagung der Zuwendung nicht erfaßt, das besonders geschützte elterliche Erziehungsrecht also in seinem Kernbereich nicht betroffen wird (ebenso OLG Hamm OLGZ 1969, 488 = FamRZ 1969, 662; BayObLG FamRZ 1964, 522, 523; SOERGEL/STRÄTZ Rn 6; MünchKomm/HUBER Rn 3).

Als Beschränkung oder Beschwerung des dem Kind zukommenden Pflichtteils 8 (§ 2306) ist eine Verfügung der in § 1638 Abs 1 genannten Art nicht anzusehen (vgl Mot IV 761; WENDELSTEIN BWNotZ 1974, 10).

Für die Errichtung, Anfechtung und Aufhebung derartiger letztwilliger Verfügungen 9 gelten die allgemein erbrechtlichen Grundsätze (vgl Mot IV 170). Über das Anfechtungsrecht der Eltern s § 2080, Mot IV 170, über Schenkungen von Todes wegen s § 2301.

Daß auf Grund des § 1638 aF schon der Vater hinsichtlich des von ihm dem Kinde 10 hinterlassenen Vermögens die der Mutter als Inhaberin der elterlichen Gewalt zustehende Verwaltungsbefugnis ausschließen konnte, stand außer Zweifel; das gleiche galt für die Mutter gegenüber dem Vater hinsichtlich des von ihr dem Kinde hinterlassenen Vermögens (HABICHT Gruchot 42, 425 Fn 3; ENNECCERUS/KIPP § 80 I 1 Fn 1 a).

Die Ausschließung braucht **nicht ausdrücklich** zu erfolgen; es genügt, daß der Wille 11 des Erblassers, die Eltern von der Verwaltung auszuschließen, in der letztwilligen Verfügung einen – wenn auch unvollkommenen – Ausdruck gefunden hat (BayObLG BayObLGZ 17, 1 = Recht 1916 Nr 695; FamRZ 1964, 522; FamRZ 2004, 1304; MünchKomm/HUBER Rn 8 f; BGB-RGRK/ADELMANN Rn 8). Es genügt die Bitte um Pflegerbestellung oder die Anordnung der Verwaltung des Erbteils durch einen anderen Miterben (OLG Braunschweig OLGE 26, 300; BayObLG Recht 1916 Nr 952), nicht jedoch ohne weiteres die

Ernennung eines Testamentsvollstreckers (BayObLG BayObLGZ 31, 228; FamRZ 1989, 1342, 1343 = DAVorm 1989, 703; KG JFG 11, 48, 50 f), selbst wenn ihm die Fortführung der Verwaltung des Nachlasses für den minderjährigen Erben nach der Erledigung der ihm sonst zugewiesenen Aufgaben gemäß § 2209 S 1 übertragen ist (LG Dortmund NJW 1959, 2264). Ebenso bedeutet es auch nach dem Inkrafttreten des Gleichberechtigungsgesetzes nicht den Ausschluß der elterlichen Vermögensverwaltung, wenn der Erblasser entsprechend dem früheren Recht (§ 1651 Abs 1 Nr 2) bestimmt hatte, daß der Inhaber der elterlichen Gewalt von der Nutznießung des dem Kinde von Todes wegen zugewendeten Vermögens ausgeschlossen sein sollte (LG Dortmund aaO). Eine Verfügung, durch die der Erblasser – auch unabhängig vom früheren Recht – die „Nutznießung" eines allein sorgeberechtigten Elternteils an dem dem Kinde zugewendeten Vermögen ausgeschlossen hat, wird in der Regel nur als Beschränkung der Verwaltung nach § 1639 anzusehen sein (BayObLG BayObLGZ 1982, 86 = Rpfleger 1982, 180).

12 Die Ausschließung der Eltern muß bei einem Erwerb von Todes wegen **durch letztwillige Verfügung**, also durch Testament (§ 1937) oder durch einseitige Verfügung in einem Erbvertrag, die gleichfalls letztwillige Verfügung ist, weil sie jederzeit von ihrem Urheber aufgehoben werden kann (§ 2299), angeordnet werden. Sie darf also nicht an der erbvertraglichen Bindung teilnehmen (Laux ZBlFG 21, 420; BGB-RGRK/ Adelmann Rn 5; vgl Prot IV 124, 141). Doch kann die Ausschließung auch in einer letztwilligen Verfügung ausgesprochen werden, die nicht zugleich die Anordnung erhält, auf der der Erwerb des Kindes von Todes wegen beruht.

13 In der **Enterbung** eines Kindes kann je nach Sachlage auch die Bestimmung enthalten sein, daß der Ausgeschlossene das hiernach seinen Abkömmlingen im Erbgang zufallende Vermögen nicht verwalten soll; die Bestimmung ist auch dann wirksam, wenn der Abkömmling (Enkel) nicht testamentarisch zum Erben eingesetzt ist, sondern als gesetzlicher Erbe eintritt (BayObLG FamRZ 1964, 522).

2. Unentgeltliche Zuwendung unter Lebenden

14 Bei einer Zuwendung unter Lebenden ist die Ausschließung des Verwaltungsrechts der Eltern nur zulässig, wenn die Zuwendung **unentgeltlich** erfolgt (aA ohne überzeugende Begründung H Krüger, in: Krüger/Breetzke/Nowack Rn 4). Die Anordnung des Zuwendenden bedarf keiner bestimmten Ausdrucksform (vgl Mot IV 170; Enneccerus/Kipp § 80 I 1), sie muß aber – anders als in den Fällen des Erwerbs von Todes wegen – stets bei der Zuwendung erfolgen; eine vorher oder später erklärte Ausschließung des Verwaltungsrechts wäre wirkungslos (BayObLG BayObLGZ 6, 553, 558; KG FamRZ 1962, 432, 435; BGB-RGRK/Adelmann Rn 7 aE; MünchKomm/Huber Rn 7; Gernhuber/Coester-Waltjen § 61 Rn 4 Fn 13).

15 Unentgeltlich im Sinne des § 1638 ist die Zuwendung dann, wenn das Kind **kein Entgelt** für sie zu leisten und auch **keinen Rechtsanspruch** auf die Zuwendung hat. Daß der Zuwendende von anderer Seite eine Gegenleistung erhält, ändert an der Unentgeltlichkeit im Verhältnis zum Kind nichts (OLG München JFG 21, 181, 187; BGB-RGRK/Adelmann Rn 7). Als unentgeltliche Zuwendung im Sinn des § 1638 erscheint auch die ohne Verpflichtung versprochene oder gewährte Ausstattung (§ 1624; vgl RGZ 80, 217). Überträgt der Zuwendende dem Kind schenkweise den Anspruch gegen einen Dritten, zB das Bezugsrecht aus einer Lebensversicherung (auf diesen Fall weisen DAMRAU ZEV 1998, 362 und MünchKomm/HUBER Rn 4 hin), so besteht an der Unentgeltlichkeit kein Zweifel.

III. Tragweite und Wirkungen der Ausschließung

1. Entscheidung der Eltern über die Annahme der Zuwendung

Von der Vertretung des Kindes bei der Annahme oder Ausschlagung der Zuwendung 16 können die **Eltern nicht ausgeschlossen** werden (ENNECCERUS/KIPP § 80 I 1; DÖLLE § 94 II 5 a; GERNHUBER/COESTER-WALTJEN § 61 Rn 5; OLG Karlsruhe FamRZ 1965, 573, 574; KG KGJ 48, 22, 24; OLG Düsseldorf FamRZ 2007, 2091, 2093; SOERGEL/STRÄTZ Rn 10; PALANDT/DIEDERICHSEN Rn 2; MünchKomm/HUBER Rn 15; ERMAN/MICHALSKI Rn 9; MERKEL MDR 1964, 113; jetzt auch BGB-RGRK/ADELMANN Rn 10). Den Eltern als den allgemeinen gesetzlichen Vertretern verbleibt deshalb, auch wenn sie von der Verwaltung einer Erbschaft ausgeschlossen sind und insoweit ein Pfleger zu bestellen ist, das Recht, die Erbschaft für das Kind anzunehmen oder auszuschlagen; denn sie vertreten dabei die Person des Erben und handeln nicht als Verwalter der Erbschaft. Die Ausschlagung kann schon deswegen nicht als ein – vom Pfleger vorzunehmender – Verwaltungsakt angesehen werden, weil durch die Ausschlagung gerade die Verwaltung abgelehnt wird. Die **Gegenmeinung** (BayObLG ZBlFG 14, 221 = OLGE 30, 78; neuerdings DAMRAU, Der Minderjährige im Erbrecht [2002] Rn 103) stellt vor allem darauf ab, daß die Verwaltungsbefugnis der Eltern von Anfang an und nicht erst mit der Pflegerbestellung ausgeschlossen ist, und meint, wenn die Eltern schon von der Verwaltung ausgeschlossen werden könnten, dann müsse dies erst recht von der Entscheidung über die Annahme oder Ausschlagung der Zuwendung gelten. Hierbei wird verkannt, daß Annahme und Ausschlagung einer Erbschaft, auch wenn sie von vermögensrechtlicher Bedeutung sind, eine starke **persönliche Note** haben (KIPP/COING § 87 V) und persönliche Rechte des Erben sind. Der Anfall einer Erbschaft, aber auch eines Vermächtnisses, eines Pflichtteils oder einer Zuwendung unter Lebenden kann sich über die wirtschaftliche Bedeutung hinaus entscheidend auf die persönlichen Verhältnisse des Kindes auswirken. Über diese haben allein die Eltern in Ausübung ihrer Pflichten und auch Rechte als Erzieher des Kindes zu bestimmen. Für das Familiengericht, ohne dessen Genehmigung die Eltern für das Kind nach § 1643 Abs 2 eine Erbschaft oder ein Vermächtnis nicht ausschlagen und auf einen Pflichtteil nicht verzichten können, ist das **Wohl des Kindes** entscheidend; dabei muß aber auch Art 6 Abs 2 GG beachtet werden, der die Erziehung der Kinder als das natürliche Recht der Eltern und als die zuvörderst ihnen obliegende Pflicht bezeichnet. Es verstieße gegen den Sinn dieser Grundrechtsnorm, wenn ein Dritter die Entscheidung der Eltern hier ausschalten könnte. Die Ausschließung der Eltern von der Verwaltung des Nachlasses greift weit weniger in das Erziehungsrecht der Eltern ein; deshalb erscheint die Erwägung von SCHEFFLER (in: BGB-RGRK[10/11] Anm 7), es sei schwer begreiflich, daß die Eltern das bedeutsamste eine Erbschaft betreffende Rechtsgeschäft – die Ausschlagung – sollten vornehmen dürfen, wogegen sie von unbedeutenden ferngehalten würden, nicht überzeugend. Dabei wird vor allem übersehen, daß der Testator willkürlich handeln kann und nicht verpflichtet ist, das Wohl des Kindes und die als Grundrecht geschützte Rechtsposition der Eltern zu berücksichtigen.

Die Befugnis der Eltern, das Kind auch in den Fällen, in denen der Zuwendende ihre 17

Verwaltung ausgeschlossen hat, bei der Annahme zu vertreten, beschränkt sich nicht notwendig auf die Erklärung, daß die Zuwendung angenommen werde; die Eltern dürfen das Kind vielmehr auch **bei den Rechtsgeschäften** vertreten, durch die das zugewendete **Vermögen auf das Kind übertragen** wird, sofern darin nicht zugleich schon eine Verwaltungshandlung liegt.

2. Bestellung eines Pflegers

18 Ein Erwerb der in § 1638 Abs 1 bezeichneten Art ist, wenn beide Eltern von der Verwaltung des zugewendeten Vermögens ausgeschlossen sind, nach § 1909 Abs 2 dem Vormundschaftsgericht unverzüglich **anzuzeigen**. Dieses hat dann zur Verwaltung des von Todes wegen erworbenen oder unentgeltlich zugewendeten Vermögens einen **Pfleger** zu bestellen (§ 1909 Abs 1 S 2). Zur Zuständigkeit des Vormundschaftsgerichts s STAUDINGER/BIENWALD (2006) § 1909 Rn 37; s auch OLG Zweibrücken FamRZ 2000, 243; LG Berlin FamRZ 2004, 905. Ist die Bestimmung nur hinsichtlich eines Elternteils getroffen, so bedarf es keiner Pflegerbestellung (s dazu unten Rn 29).

19 Als Pfleger ist berufen, wer als solcher **von dem Zuwendenden** nach Maßgabe des § 1917 Abs 1 **benannt** worden ist; wer einem Kind unter Lebenden Vermögen unentgeltlich mit der Bestimmung zuwendet, daß den Eltern die Verwaltung nicht zustehen soll, kann sich selbst als Pfleger zur Verwaltung des Zugewendeten benennen (OLG München JFG 21, 181, 182). Nicht ausgeschlossen ist auch, daß ein Elternteil als Pfleger benannt und bestellt wird; er unterliegt dann hinsichtlich der Verwaltung dieses Vermögens den Bestimmungen und Beschränkungen, die sich aus seiner Stellung als Pfleger gemäß § 1915 ergeben (vgl zB §§ 1814 ff, 1821 ff; so KG KGJ 20, A 220). Dies wird freilich nur im Ausnahmefall in Betracht kommen (s dazu REGLER Rpfleger 2000, 305, 311). Ein sorgeberechtigter Elternteil kann, auch wenn er von der Verwaltung des ererbten Vermögens der Kinder ausgeschlossen ist, namens der Kinder gegen die Auswahl des Pflegers Beschwerde einlegen (BayObLGZ 1997, 93 = FamRZ 1997, 1289; MünchKomm/HUBER Rn 16).

20 Über die Zulässigkeit der Anordnung von **Befreiungen** für den benannten Pfleger s § 1917 Abs 2 (und unten Rn 32).

21 Soweit auf Grund des § 1638 die Vermögenssorge der Eltern ausgeschlossen ist, haben sie auch **nicht die Befugnis zur Verwendung von Überschußeinkünften** des Kindesvermögens nach § 1649 Abs 2; der zur Verwaltung des Sondervermögens bestellte Pfleger kann die Verwendungsbefugnis nicht anstelle der Eltern ausüben (s § 1649 Rn 24, 28; ebenso MünchKomm/HUBER Rn 17; GERNHUBER/COESTER-WALTJEN § 63 Rn 3).

22 Nehmen die Eltern, obwohl ihnen nach § 1638 die Verwaltung entzogen ist, namens des Kindes Verwaltungshandlungen vor, so bestimmt sich deren Rechtswirksamkeit nach den §§ 177–180 (s auch DÖLLE § 94 II 5 f).

3. Einzelne Folgen der Ausschließung der Eltern von der Vertretung des Kindes

23 Sind die Voraussetzungen des § 1638 erfüllt, so ist die Sorge der Eltern für das dem

Kind zugewendete Vermögen gänzlich ausgeschlossen, und zwar einschließlich der gesetzlichen Vertretung. § 1638 Abs 1 nimmt den Eltern nicht nur die Verwaltung, sondern die Sorge für das Zugewendete insgesamt. Deshalb können die Eltern auch bestimmte Rechtshandlungen, die über die Vermögensverwaltung im engeren Sinn hinausgehen, nicht namens des Kindes oder in eigenem Namen vornehmen.

a) So können die Eltern nicht die Entlassung des für das zugewendete Vermögen **24** zuständigen **Testamentsvollstreckers** beantragen (BGH NJW 1989, 984 = FamRZ 1989, 269).

b) Ebenso können die Eltern oder ein sorgeberechtigter Elternteil, wenn die **25** Voraussetzungen des § 1638 vorliegen, nicht für das Kind die Erteilung eines **Erbscheins** für das durch letztwillige Verfügung zugewendete Vermögen beantragen (OLG Frankfurt FamRZ 1997, 1115, 1116 = Rpfleger 1997, 160 = NJW-RR 1997, 580 mwN).

c) Hat der Zuwendende die Eltern wirksam von der Verwaltung des dem Kind **26** unentgeltlich zugewendeten Vermögens ausgeschlossen, so soll den Eltern auch kein Anspruch auf **Auskunft** über Art und Bestand des Zugewendeten gegen den bestellten Ergänzungspfleger zustehen (so LG Bonn FamRZ 1995, 1433). Dies erscheint aus den Gründen, die gegen die Ausschließung der Eltern von der Entscheidung über die Annahme der Zuwendung sprechen (s oben Rn 16), nicht unbedenklich, aber noch vertretbar. Daß der Pfleger den Eltern, die sich bei der Entscheidung über die Annahme der Zuwendung über deren Bestand und Wert kundig machen konnten, später jede Auskunft verweigert, wird selten vorkommen. Haben die Eltern Grund zur Besorgnis, daß das Wohl des Kindes gefährdet wird, so bleibt ihnen die Möglichkeit, sich an das Vormundschaftsgericht zu wenden, das über die Tätigkeit des Pflegers die Aufsicht führt (§§ 1915 Abs 1, 1837 Abs 2).

4. Zulässigkeit von Modifikationen der Ausschließung

a) Die Ausschließung der Verwaltungsbefugnis kann auch unter einer **Bedingung 27** oder **Zeitbestimmung** angeordnet werden; so kann bei der Zuwendung bestimmt werden, daß ein Elternteil vom Zeitpunkt der Wiederverheiratung an von der Verwaltung des Zugewendeten ausgeschlossen sein soll (KG FamRZ 1962, 432, 435; vgl SOERGEL/STRÄTZ Rn 6; MünchKomm/HUBER Rn 10; BGB-RGRK/ADELMANN Rn 9).

b) Eine Beschränkung der Verwaltung derart, daß der Verwalter der **Genehmi- 28 gung des Familiengerichts** in Fällen bedarf, in denen sie nach dem Gesetz nicht erforderlich ist, kann **nicht** angeordnet werden (ENNECCERUS/KIPP § 80 I 1; OLG Stettin OLGE 30, 78; BGB-RGRK/ADELMANN Rn 11). Über die Verwaltung nach den durch letztwillige Verfügung oder bei der unentgeltlichen Zuwendung getroffenen Anordnungen s § 1639 und die Erl dazu.

c) In der letztwilligen Verfügung oder bei der unentgeltlichen Zuwendung kann **29** bestimmt werden; daß (nur) ein Elternteil das Vermögen nicht verwalten soll. In einem solchen Fall verwaltet es **der andere Elternteil allein** (Abs 3 S 1), und er vertritt dann das Kind insoweit auch allein (Abs 3 S 2); dies ergibt sich aus dem Gesetz „trotz grundsätzlich bestehender Vermögenssorge beider Eltern" (so OLG Karlsruhe FamRZ 2004, 968 = Rpfleger 2004, 417). Ein Elternteil, der dem Kind unentgeltlich

Vermögen zuwendet, kann demnach das alleinige Verwaltungs- und Vertretungsrecht bezüglich dieses Vermögens dadurch erlangen, daß er bei der Zuwendung bestimmt, daß der andere von der Verwaltung ausgeschlossen sein soll. Voraussetzung dafür, daß ein Elternteil das von ihm dem Kind zugewendete Vermögen allein nach § 1638 Abs 3 verwalten darf, ist jedoch, daß er nicht schon aus einem anderen Grund von der Vermögensverwaltung ausgeschlossen war; so kann ihm die Verwaltung zB dann nicht zustehen, wenn ihm die Vermögenssorge nach § 1666 Abs 1 (vgl den durch das KindRG aufgehobenen früheren § 1667 Abs 5) entzogen ist; in diesem Fall muß ein Pfleger bestellt werden.

30 Läßt die Anordnung Zweifel zu, ob die Eltern oder nur ein Elternteil von der Vermögensverwaltung ausgeschlossen sein sollen, so ist der wahre Wille des Zuwendenden nach § 133 zu ermitteln.

31 d) Eine vom Erblasser oder Zuwendenden nach Maßgabe des § 1638 getroffene Verfügung kann **vom Familiengericht nicht aufgehoben oder beschränkt** werden. Der Gesetzgeber des BGB hat bewußt davon abgesehen, eine entsprechende Möglichkeit, wie sie in §§ 1639 Abs 3, 1803 Abs 2, 3 vorgesehen ist, auch in § 1638 einzuräumen, da die infolge einer Anordnung nach dieser Vorschrift notwendig werdende Pflegschaft im Interesse des Kindes liegt, so daß es bedenklich wäre, die Wirkung der Anordnung durch die Möglichkeit des Eingreifens des Gerichts abzuschwächen (Mot IV 760 f).

32 Hat aber der Erblasser oder der Zuwendende zugleich den zu bestellenden **Pfleger** benannt und für diesen die in den §§ 1852–1854 erwähnten **Befreiungen** angeordnet (s oben Rn 19 f), so können diese Befreiungen durch das Familiengericht **außer Kraft gesetzt** werden, wenn durch sie das Interesse des Kindes gefährdet würde (§ 1917 Abs 2).

5. Der Surrogationsgrundsatz (Abs 2)

33 Das der elterlichen Verwaltung entzogene Vermögen des Kindes soll den **Charakter eines Vermögensganzen** haben und ohne Rücksicht darauf, welche rechtliche oder wirtschaftliche Form es annimmt, von der Vermögenssorge der Eltern **dauernd ausgenommen** sein (Mot IV 761; vgl die gleichlautende Vorschrift des § 1418, die sich auf das Vorbehaltsgut eines Ehegatten bei Gütergemeinschaft bezieht, und STAUDINGER/THIELE [2007] § 1418 Rn 35 ff).

34 Gemäß § 1638 Abs 2 ist **der Verwaltung der Eltern entzogen**

a) der **Erwerb des Kindes auf Grund eines Rechts**, das zu dem Vermögen gehört, von dessen Verwaltung die Eltern ausgeschlossen sind. Der Begriff „Recht" umfaßt alle körperlichen und unkörperlichen Bestandteile des der Verwaltung der Eltern nicht unterliegenden Kindesvermögens. Ob das Kind etwas kraft Gesetzes erwirbt, zB Früchte, Zuwachs, Nutzungen, oder durch ein Rechtsgeschäft, wie bei Erträgen aus Vermietung, Pacht oder Kapitalvermögen, oder bei Erfüllung von Forderungen, macht keinen Unterschied. Hierzu zählt auch der Gewinn aus einem zu dem Sondervermögen gehörenden Lotterielos. Wird in einer zu diesem Kindesvermögen gehörenden Sache ein Schatz entdeckt (§ 984), so ist die dem Kind als Eigentümer gehörende Hälfte der Verwaltung der Eltern entzogen, während die dem Kind als Finder gehörende Hälfte in das der Verwaltung der Eltern unterliegende Vermögen fällt. Nicht hierher gehört, weil ursprünglicher Erwerb, der Grundstückserwerb nach § 927 (RGZ 76, 357, 360);

b) was erworben wird als **Ersatz für die Zerstörung, Beschädigung oder Entziehung eines Gegenstandes**, der zu dem von den Eltern nicht verwalteten Vermögen gehört. Unter Zerstörung oder Beschädigung sind Eingriffe durch Menschenhand und Einwirkungen durch Zufall zu rechnen; deshalb fallen auch Versicherungssummen für Gegenstände, die zu diesem besonderen Vermögen des Kindes gehören, in dieses Vermögen. Als Ersatz für die Entziehung eines Gegenstandes sind namentlich die Entschädigung für Enteignung, der Überschuß aus dem Erlös einer Zwangsversteigerung und Ansprüche wegen ungerechtfertigter Bereicherung aus diesem Vermögen anzusehen (vgl Mot IV 177, 501); 35

c) was das Kind erwirbt **durch ein Rechtsgeschäft**, das sich auf das der Verwaltung der Eltern nicht unterliegende Vermögen **bezieht**. Notwendig ist ein bestimmter Zusammenhang des Rechtsgeschäfts mit dem der Verwaltung der Eltern entzogenen Vermögen des Kindes; ein rechtlicher Zusammenhang ist nicht vorausgesetzt, es genügt ein wirtschaftlicher (Mot IV 177). Der Zusammenhang muß aber in objektiver und subjektiver Richtung vorliegen (Mot IV 178; vgl auch RGZ 92, 139, 141; RG LZ 1922, 649). Das Rechtsgeschäft muß also sachlich mit dem nicht unter der Verwaltung der Eltern stehenden Kindesvermögen in Beziehung gebracht werden können, und der dieses Vermögen Verwaltende muß den Willen gehabt haben, für das seiner Verwaltung unterliegende Kindesvermögen tätig zu sein. Daß beides der Fall ist, kann sich aus einer ausdrücklichen Erklärung, aber auch aus den Umständen ergeben. Nicht notwendig ist, daß die Gegenleistung aus dem von der Verwaltung der Eltern freien Vermögen des Kindes erbracht wird. Daß der Zuwendende die **Anwendbarkeit des § 1638 Abs 2 ausschließen** kann, ist nicht zu bezweifeln (ebenso DÖLLE § 94 II 5e; SOERGEL/STRÄTZ Rn 8). 36

§ 1639
Anordnungen des Erblassers oder Zuwendenden

(1) Was das Kind von Todes wegen erwirbt oder was ihm unter Lebenden unentgeltlich zugewendet wird, haben die Eltern nach den Anordnungen zu verwalten, die durch letztwillige Verfügung oder bei der Zuwendung getroffen worden sind.

(2) Die Eltern dürfen von den Anordnungen insoweit abweichen, als es nach § 1803 Abs. 2, 3 einem Vormund gestattet ist.

Materialien: E 1 § 1503, 1545, 1660; II § 1531, 1556 Abs 2; III § 161; Mot IV 741, 1104; Prot IV 558, 617. Geändert durch GleichberG vom 18.6. 1957 Art 1 Nr 22 und KindRG v 16.12.1997 Art 1 Nr 48. STAUDINGER/BGB-Synopse 1896–2005 § 1639.

I. Sinn der Vorschrift und Textgeschichte

1 Wer einem Kind Vermögen zuwendet, will damit meist die wirtschaftliche Lage des Kindes verbessern; er wird häufig um vorteilhaften Einsatz, aber auch sichere Anlage und zuverlässige Verwaltung des Vermögens besonders bemüht sein, daneben aber mitunter auch andere Zwecke verfolgen. Neben der durch § 1638 gegebenen Möglichkeit, die Eltern von der Verwaltung eines zugewendeten Vermögens ganz auszuschließen, sieht § 1639 **Einfluß auf die elterliche Vermögenssorge** in einer milderen Form vor. Die Vorschrift legt in bestimmtem Umfang den Anordnungen des Zuwendenden über die Art der elterlichen Vermögensverwaltung eine die Eltern bindende Kraft bei (vgl für den Vormund § 1803).

2 In der **ursprünglichen Fassung des BGB** hatte Abs 1 S 1 gelautet: „Was das Kind von Todes wegen erwirbt oder was ihm unter Lebenden von einem Dritten unentgeltlich zugewendet wird, hat der Vater nach den Anordnungen des Erblassers oder des Dritten zu verwalten, wenn die Anordnungen von dem Erblasser durch letztwillige Verfügung, von dem Dritten bei der Zuwendung getroffen worden sind." Das **GleichberG** hat – auch in Abs 1 S 2 und in Abs 2 – jeweils „Vater" durch „Eltern" ersetzt und die Vorschrift sprachlich gestrafft. Es hat aber – ebenso wie in § 1638; vgl § 1638 Rn 3 – auch eine sachliche Änderung insoweit gebracht, als nicht mehr lediglich ein Dritter für die Verwaltung des von ihm dem Kind unentgeltlich zugewendeten Vermögens Anordnungen treffen kann, sondern auch ein Elternteil. Nach früherem Recht konnte nur der Vater für die nach seinem Tode der Mutter zufallende Vermögensverwaltung (§ 1684 Abs 1 Nr 1 aF) bindende Anordnungen für Vermögensgegenstände treffen, die er dem Kinde hinterließ (s auch Mot IV 741, 800, 1102; Prot IV 559).

3 Abs 1 S 2 hatte in der Fassung des GleichberG gelautet: „Kommen die Eltern den Anordnungen nicht nach, so hat das Vormundschaftsgericht die erforderlichen Maßregeln zu treffen." Diese Bestimmung wurde **durch das KindRG als entbehrlich aufgehoben**, da der gleichzeitig neugefaßte § 1666 Abs 1 iVm Abs 2 als Generalklausel ein Eingreifen des Familiengerichts jetzt auch bei Gefährdung des Vermögens durch ein Verhalten der Eltern ermögliche; außerdem habe § 1639 Abs 1 S 2 als eigenständige Eingriffsgrundlage keine nennenswerte Rolle gespielt, so daß auf sie in Zukunft verzichtet werden könne (BT-Drucks 13/4899, 65, 115; s auch FamRefK/BOGNER § 1639 Rn 2).

4 Diese Begründung läßt zwar erkennen, was der Gesetzgeber des KindRG gemeint hat; sie ist aber **in sich nicht schlüssig**. Der frühere § 1639 Abs 1 S 2 hatte das Ziel, zu gewährleisten, daß die Eltern die Anordnungen des Zuwendenden befolgten; eine Abweichung kam nur unter den Voraussetzungen des § 1803 Abs 2 und 3 in Betracht (s unten Rn 15 ff). Weder dem Wortlaut des § 1639, soweit die Bestimmung erhalten geblieben ist, noch der Begründung ist zu entnehmen, daß der Gesetzgeber des KindRG mit der Streichung des Abs 1 S 2 eine sachliche Änderung bezweckt hat. Im Gegenteil: In Abschnitt I II 4 der Vorbemerkungen des RegEntw (BT-Drucks 13/4899, 64 f) wird unter der Überschrift „Eingriffe in die elterliche Sorge bei Gefahr für das Kindeswohl" der neue § 1666 als die Generalklausel beschrieben, die künftig auch für Eingriffe in die Vermögenssorge maßgebend sein und § 1639 Abs 1 S 2 entbehrlich machen soll. Zu Beginn dieses Abschnitts heißt es ausdrücklich: „Das geltende

Recht soll inhaltlich nicht angetastet werden, jedoch sollen im Interesse der Klarheit und Übersichtlichkeit die Rechtsgrundlagen für gerichtliche Eingriffe teilweise zusammengefaßt und neu geordnet werden." Daraus ist zu folgern, daß das **Familiengericht** auf der Grundlage des neuen § 1666, obwohl dessen Wortlaut dies nicht hergibt, **Maßregeln zur Durchsetzung der von einem Dritten** gemäß § 1639 Abs 1 **getroffenen Anordnungen** auch dann zu treffen hat, wenn durch das Verhalten der Eltern, die diesen Anordnungen nicht nachkommen, das **Vermögen des Kindes nicht gefährdet** wird (aA MünchKomm/HUBER Rn 8; BAMBERGER/ROTH/VEIT Rn 5).

II. Die Regelung des Abs 1

§ 1639 verpflichtet die Eltern, bei der Verwaltung des Kindesvermögens **bestimmte** 5 **Anordnungen** zu beachten. Für die Wirksamkeit solcher Anordnungen ist vorausgesetzt, daß das Vermögen dem Kind von Todes wegen oder durch unentgeltliche Zuwendung unter Lebenden (aA hinsichtlich des Merkmals der Unentgeltlichkeit H KRÜGER, in: KRÜGER/BREETZKE/NOWACK Rn 2, allerdings ohne überzeugende Begründung) verschafft worden ist und daß die Anordnung von dem Erblasser **durch letztwillige Verfügung**, von dem Zuwendenden **bei der Zuwendung** getroffen worden ist (Mot IV 741, 1105; Prot IV 559; vgl § 1638 Rn 12, 14). Es muß erkennbar sein, daß der Erblasser oder der Zuwendende eine bindende Anordnung treffen wollte und nicht nur einen unverbindlichen Wunsch oder eine Bitte oder Empfehlung ausgedrückt hat (BGB-RGRK/ ADELMANN Rn 3).

Fehlen die Voraussetzungen des § 1639, so sind Anordnungen eines Dritten über die 6 Art der Verwaltung des Vermögens des Kindes für die Eltern nicht bindend; ihre Befolgung oder Nichtbefolgung ist daher dem pflichtgemäßen Ermessen der Eltern überlassen, wobei für ihre Haftung § 1664 maßgebend ist.

Stellt sich die Anordnung als **Bedingung** oder **Auflage** dar, so findet nicht § 1639, 7 sondern finden die allgemeinen Grundsätze (zB §§ 525 ff) Anwendung (Mot IV 1104). Zur Frage, ob eine Anordnung nach § 1639 oder eine Testamentsvollstrekkung anzunehmen ist, s KG JFG 14, 238.

Der Begriff „Verwaltung" im Sinne des § 1639 umfaßt auch die Veräußerung (Mot 8 IV 1105). Als Anordnung gemäß § 1639 kann insbesondere der Ausschluß der Verwendungsbefugnis nach § 1649 Abs 2 in Betracht kommen (vgl § 1649 Rn 26). Die Befugnis, bindende Anordnungen für die Vermögensverwaltung zu treffen, findet selbstverständlich ihre Grenzen im zwingenden (öffentlichen) Recht, vor allem, wo dieses das **Kindeswohl** bezweckt. Der Erblasser oder Zuwendende kann daher den Kreis der Geschäfte, zu denen die Eltern die familiengerichtliche Genehmigung brauchen, nicht ausdehnen, aber auch nicht die Eltern von der Aufsicht des Familiengerichts, wie sie in den §§ 1640 ff vorgesehen ist, hinsichtlich des zugewendeten Vermögens teilweise befreien (vgl KG KGJ 24, A 8; BGB-RGRK/ADELMANN Rn 3).

Der **Surrogationsgrundsatz des § 1638 Abs 2** gilt auch hier (Mot IV 1105; ebenso BGB- 9 RGRK/ADELMANN Rn 4; SOERGEL/STRÄTZ Rn 3; ERMAN/MICHALSKI Rn 1; MünchKomm/HUBER Rn 7; ENNECCERUS/KIPP § 80 VII 5; vgl auch RG JW 1916, 407). Ist an die Stelle eines nicht mehr vorhandenen Gegenstandes ein Ersatz getreten, so kann eine Anpassung der nicht mehr unmittelbar auf den neuen Sachverhalt anwendbaren Anordnungen entsprechend dem **mutmaßlichen Willen** des Erblassers oder Zuwendenden geboten sein, etwa wenn ein Haus abgebrannt ist und mit der Feuerversicherungssumme ein Ersatzgebäude erstellt wurde, das wegen behördlicher Auflagen nur in einer vom früheren Zustand erheblich abweichenden Weise genutzt werden kann.

III. Die Aufgaben des Familiengerichts

10 Die Eltern sind durch eine Anordnung nach § 1639 **in ihrer Vertretungsbefugnis und Vertretungsmacht nicht beschränkt**; deshalb ist die Wirksamkeit eines Rechtsgeschäfts, mit dem sie von der Anordnung des Erblassers oder Zuwendenden abweichen, nicht beeinträchtigt. Die Eltern können sich aber durch ein solches Verhalten dem Kind gegenüber schadensersatzpflichtig machen (§ 1664).

11 Das Familiengericht hat für die Durchführung der in § 1639 erwähnten Anordnungen zu sorgen, und zwar ohne Rücksicht darauf, ob die Nichtbefolgung das Vermögen des Kindes gefährden würde oder nicht (Mot IV 802 f; s aber auch Abs 2 und unten Rn 15 ff). Der Gesetzgeber des KindRG wollte mit der Streichung des Abs 1 S 2 das System der §§ 1638, 1639 nicht ändern und § 1639 nicht zur sanktionslosen Vorschrift machen (s oben Rn 4).

12 Welche Maßregeln zur Durchführung der Anordnung erforderlich sind, hat das Familiengericht nach pflichtgemäßem Ermessen zu entscheiden. In Betracht kommen: Mündliche oder schriftliche Aufforderung, Verpflichtung der Eltern zur Sicherheitsleistung, äußerstenfalls wohl auch Entziehung der Verwaltung der dem Kind zugewendeten Gegenstände und Übertragung der Verwaltung auf einen Pfleger (ebenso – noch zum früheren Recht – ENNECCERUS/KIPP § 80 VII 5; DÖLLE § 94 VI 5; GERNHUBER/COESTER-WALTJEN § 63 Rn 21 Fn 35; BGB-RGRK/ADELMANN Rn 7; MünchKomm/HUBER Rn 8; ERMAN/MICHALSKI Rn 1; vgl auch NUSSBAUM AcP 128, 51; OLG Stettin OLGE 30, 78, 79, wo nicht die Zulässigkeit der Pflegerbestellung, sondern nur die Entziehung der Verwaltung im gegebenen Fall verneint wird). Die Entziehung der Verwaltung setzt nicht voraus, daß Anordnungen des Familiengerichts nach § 1667 nicht befolgt wurden; doch wird stets der Grundsatz der Verhältnismäßigkeit zu beachten sein (BGB-RGRK/ADELMANN Rn 7). Ist eine letztwillige Verfügung, durch die der Erblasser die „Nutznießung" des allein sorgeberechtigten Elternteils an dem zugewendeten Vermögen ausgeschlossen hat, nicht als Ausschluß der elterlichen Sorge (§ 1638 Abs 1), sondern nur als Beschränkung der Verwaltung nach § 1639 Abs 1 zu werten, die vom Familiengericht durchgesetzt werden kann, so ist eine Pflegerbestellung (§ 1909 Abs 1 S 1) nicht erforderlich (BayObLG Rpfleger 1982, 180).

13 Das Familiengericht kann den Eltern auch die ihnen nach § 1649 Abs 2 zustehende Befugnis zur Verwendung der Einkünfte des Kindes aus den fraglichen Gegenständen entziehen. Zulässig sind schließlich die Androhung und Verhängung von Ordnungsstrafen, unter Umständen die Anwendung unmittelbaren Zwanges (§ 35 FamFG).

14 Die Zuständigkeit des Familiengerichts ergibt sich aus §§ 151 Nr 5, 152 FamFG; nach § 3 Abs 1 Nr 2 Buchst a) RPflG entscheidet der Rechtspfleger.

IV. Abweichung von Anordnungen in besonderen Fällen

Ausnahmsweise dürfen die Eltern nach Abs 2 (wie der Vormund nach § 1803 Abs 2, 3) in gewissen Fällen von der Anordnung des Erblassers oder Zuwendenden abweichen. Diese Möglichkeit erschien im Interesse des Kindes notwendig, weil sich die Umstände ändern und Anordnungen nachträglich als nachteilig herausstellen können (Mot IV 1105). Es ist zu unterscheiden, ob es sich um einen Erwerb von Todes wegen oder um eine Zuwendung unter Lebenden handelt. **15**

Ist die **Anordnung vom Erblasser durch letztwillige Verfügung getroffen**, so dürfen die Eltern von ihr abweichen, wenn ihre Befolgung das **Interesse des Kindes** gefährden würde und das Familiengericht zu der Abweichung seine **Genehmigung** erteilt hat (§ 1803 Abs 2). Das bloße mit der Befolgung der Anordnung verbundene Entgehen eines Gewinns für das Kind reicht nicht aus; auch Gründe der Zweckmäßigkeit der Verwaltung allein genügen nicht (Mot IV 1105; KG KGJ 35, A 26, 29; RG SeuffA 60 Nr 194). Aus der Aufgabe der Eltern, für das Wohl des Kindes zu sorgen, ergibt sich ihre Pflicht, die Genehmigung des Familiengerichts einzuholen, wenn die Voraussetzungen des § 1803 Abs 2 gegeben sind; sonst sind sie dem Kind zum Schadensersatz verpflichtet (Mot IV 1106). Auf Grund der §§ 1639 Abs 2, 1803 Abs 2 kann auch unter Aufrechterhaltung der Anordnung im allgemeinen **für einen einzelnen Fall** von ihr abgewichen werden (Mot IV 1106). **16**

Handelt es sich um die bei einer **Zuwendung unter Lebenden** getroffene Anordnung, so können, wenn der **Zuwendende gestorben** ist, die Eltern ebenfalls mit Genehmigung des Familiengerichts von der Anordnung abweichen, wenn ihre Befolgung das Interesse des Kindes gefährden würde. Solange aber der **Zuwendende lebt**, ist hierzu seine Zustimmung erforderlich. Verweigert er sie, so kann von seinen Anordnungen auch dann nicht abgewichen werden, wenn durch ihre Befolgung das Interesse des Kindes gefährdet wird. Nur für den Fall, daß er zur Abgabe einer Erklärung dauernd außerstande oder daß sein Aufenthalt dauernd unbekannt ist, kann seine Zustimmung durch das Familiengericht ersetzt werden (Prot IV 760). Andererseits kann **mit seiner Zustimmung** von seinen Anordnungen, auch ohne daß eine Gefährdung der Interessen des Kindes vorliegt, und ohne Genehmigung des Familiengerichts abgewichen werden (vgl § 1917 Abs 3). **17**

§ 1640
Vermögensverzeichnis

(1) Die Eltern haben das ihrer Verwaltung unterliegende Vermögen, welches das Kind von Todes wegen erwirbt, zu verzeichnen, das Verzeichnis mit der Versicherung der Richtigkeit und Vollständigkeit zu versehen und dem Familiengericht einzureichen. Gleiches gilt für Vermögen, welches das Kind sonst anlässlich eines Sterbefalls erwirbt, sowie für Abfindungen, die anstelle von Unterhalt gewährt werden, und unentgeltliche Zuwendungen. Bei Haushaltsgegenständen genügt die Angabe des Gesamtwerts.

(2) Absatz 1 gilt nicht,

1. wenn der Wert eines Vermögenserwerbs 15 000 Euro nicht übersteigt oder

2. soweit der Erblasser durch letztwillige Verfügung oder der Zuwendende bei der Zuwendung eine abweichende Anordnung getroffen hat.

(3) Reichen die Eltern entgegen Absatz 1, 2 ein Verzeichnis nicht ein oder ist das eingereichte Verzeichnis ungenügend, so kann das Familiengericht anordnen, dass das Verzeichnis durch eine zuständige Behörde oder einen zuständigen Beamten oder Notar aufgenommen wird.

Materialien: Mot IV 742; Prot IV 562. Neugefaßt (als § 1682) durch das GleichberG vom 18. 6. 1957 Art 1 Nr 22, durch das SorgeRG vom 18. 7. 1979 Art 1 Nr 12 und das KindRG v 16. 12. 1997 Art 1 Nr 16. Abs 2 Nr 1 geändert durch das Fernabsatzgesetz vom 27. 6. 2000 Art 2 Abs 1 Nr 16. STAUDINGER/BGB-Synopse 1896–2005 § 1640.

Systematische Übersicht

I.	**Geschichte der Vorschrift**		d)	Unentgeltliche Zuwendungen ___ 10
1.	Ursprüngliche Regelung des BGB ___ 1		3.	Wertgrenze ___ 11
2.	Fassung des Gleichberechtigungsgesetzes ___ 2		4.	Befreiung durch den Zuwendenden 16
3.	Änderung durch das Sorgerechtsgesetz ___ 3		**III.**	**Die Verpflichtungen der Eltern im einzelnen**
4.	Neufassung durch das Kindschaftsrechtsreformgesetz ___ 4		1.	Inhalt des Vermögensverzeichnisses 17
			2.	Erbrechtliche und gesellschaftsrechtliche Sonderfälle ___ 20
II.	**Gegenstand der Inventarisierungspflicht**		3.	Form des Vermögensverzeichnisses ___ 26
1.	Der Verwaltung der Eltern unterliegendes Vermögen ___ 5		**IV.**	**Verfahren und Maßnahmen des Familiengerichts**
2.	Beschränkung auf bestimmte Erwerbsgründe ___ 6		1.	Herbeiführung der Verzeichnung durch die Eltern ___ 27
a)	Erwerb von Todes wegen ___ 7		2.	Anordnung eines öffentlichen Inventars ___ 29
b)	Vermögen, das das Kind sonst anläßlich eines Sterbefalls erwirbt ___ 8		3.	Entziehung der Vermögenssorge ___ 32
c)	Abfindungen, die anstelle von Unterhalt gewährt werden ___ 9		4.	Verfahrensfragen ___ 36

Alphabetische Übersicht

Anhörung Beteiligter ___ 35
Anzeigepflicht ___ 27

Befreiung von der Inventarisierungspflicht 16
Beschränkung der Inventarisierungspflicht ___ 5 ff, 12

Entstehungsgeschichte der Vorschrift ___ 1 ff
Entziehung der Vermögenssorge ___ 32 ff
Erbrechtliche Sonderfälle ___ 20
Erwerb von Todes wegen ___ 7
Familiengericht ___ 27 ff, 36 ff
Form des Vermögensverzeichnisses ___ 26

Titel 5
Elterliche Sorge

§ 1640

Gegenstand der Inventarisierungspflicht	5 ff	Schenkung	10
Gesellschaftsanteile	20 f	Sterbefall	8
Gütergemeinschaft	25		
		Testamentsvollstrecker	5
Haushaltsgegenstände	18		
		Unentgeltliche Zuwendung	6, 10
Kontrolle der Eltern	12 f	Unterhaltsabfindung	9
Kosten	38		
		Verfahren des Familiengerichts	36 ff
Nacherbenstellung des Kindes	24	Vermögensverzeichnis, Inhalt und Form	17 ff
Nettovermögen	15	Versicherung der Vollständigkeit und	
Notar	30, 33	Richtigkeit	26
		Verwaltungsbefugnis der Eltern	5
Öffentliches Inventar	29 ff		
		Wertangabe	17 f
Passiva	19	Wertgrenze	3 f, 11 ff
Pfleger	35		
Pflichtteilsanspruch	23	Zuständigkeit des Familiengerichts	36
		Zwangsmaßnahmen	28
Rechtspfleger	36		
Richtervorbehalt	36		

I. Geschichte der Vorschrift

1. Ursprüngliche Regelung des BGB

Das BGB hatte in § 1640 die Pflicht des Vaters statuiert, das seiner Verwaltung **1** unterstehende Vermögen des Kindes, das beim Tod der Mutter vorhanden war oder dem Kind später zufiel, zu verzeichnen. Die Entwürfe I und II hatten noch gänzlich von einer Verpflichtung des Inhabers der elterlichen Gewalt zur Inventarisierung des Kindesvermögens, wie sie § 1802 dem Vormund für das Vermögen des Mündels auferlegt, mit Rücksicht auf das „auf Liebe und Vertrauen gegründete Verhältnis zwischen Eltern und Kindern sowie auf die großen Belästigungen und die Einmischung des Vormundschaftsgerichts in das Innere des Familienlebens, welche mit der Inventarisationspflicht verbunden sind", abgesehen; eine so tiefgreifende Kontrollmaßregel passe nicht zu dem allgemeinen Grundsatz des Entwurfs, daß der Inhaber der elterlichen Gewalt von der Oberaufsicht des Vormundschaftsgerichts in der Regel befreit sein solle (Mot IV 742 f; Prot IV 562 ff). Erst die Reichstagskommission entschied sich für eine Inventarisierungspflicht des Vaters von dem Zeitpunkt an, in dem die Ehe durch den Tod der Mutter aufgelöst wurde; zur Begründung wurde insbesondere auf die Unklarheit hingewiesen, die in den meisten Fällen über die Rechtslage der Vermögensverhältnisse nach dem Tod der Mutter herrsche. Es sei dringend nötig, daß der Vater sich in diesem Zeitpunkt genau klarmache, welche Rechte er gegenüber dem vorhandenen Vermögen habe, und ebenso sei notwendig, in diesem Augenblick zugunsten der Kinder für einen Beweis dessen zu sorgen, was ihnen zustehe (RTK 264; zur Regelung in früheren Rechten s STAUDINGER/ENGLER[10/11] § 1682 Rn 2 und Mot IV 742 f).

2. Fassung des Gleichberechtigungsgesetzes

2 Das GleichberG ersetzte lediglich die Worte „Vater" und „Mutter" durch die Worte „Elternteil" und „anderer Teil" und ordnete die sachlich unveränderte Vorschrift als § 1682 an anderem Ort ein. Es sah also offenbar darin, daß beide Eltern noch lebten und die Ehe bestand, eine genügende Sicherung der Kindesinteressen; denn für den Fall des Übergangs der elterlichen Gewalt auf einen Elternteil allein war weiterhin eine Inventarisierungspflicht nicht vorgesehen (H Krüger, in: Krüger/Breetzke/Nowack Rn 1 zu § 1682 idF des GleichberG).

3. Änderung durch das Sorgerechtsgesetz

3 Eine wesentliche Änderung der Vorschriften über die Verzeichnung des Kindesvermögens brachte das SorgeRG, das die Bestimmung als § 1640 wieder an den alten Platz zurückversetzte und ihr den Inhalt des – auf Grund des GleichberG an die Stelle des ursprünglichen § 1670 getretenen – § 1684 einfügte.

Die Regelung des SorgeRG ging davon aus, daß die Vermögensinteressen des Kindes nicht hinreichend geschützt seien, wenn die Pflicht zur Aufstellung eines Vermögensverzeichnisses auf den Fall des Todes eines Elternteils beschränkt bleibe. Deshalb solle die Inventarisierungspflicht grundsätzlich für alle Fälle gelten, in denen ein Kind Vermögen von Todes wegen erwerbe; das gleiche solle gelten für Vermögen, das das Kind sonst anläßlich eines Sterbefalles erwerbe, für Abfindungen. die anstelle von Unterhalt gewährt werden, und für unentgeltliche Zuwendungen. Auf der anderen Seite erscheine es angezeigt, die Schutzmaßnahme der Inventarisierung auf Vermögenserwerbe zu beschränken, deren Wert größer sei als 10 000 Deutsche Mark (so Beschlußempfehlung und Bericht des Rechtsausschusses, BT-Drucks 8/2788, 56; vgl auch Gesetzentwurf der Bundesregierung, BT-Drucks 7/2060, 26).

4. Neufassung durch das Kindschaftsrechtsreformgesetz

4 Das **KindRG** ersetzte in Abs 1 S 1 und in Abs 3 jeweils das Wort „Vormundschaftsgericht" durch das Wort „Familiengericht". Bis auf einzelne Angelegenheiten, in denen die Vormundschaftsgerichte die größere Erfahrung und Sachkunde mitbringen, wurden die Bereiche, die die elterliche Sorge betreffen, allgemein den Familiengerichten zugewiesen (BT-Drucks 13/4899, 72, 97).

Die in Abs 2 Nr 1 enthaltene Wertgrenze, die das SorgeRG auf 10 000 DM festgesetzt hatte, wurde „zur Entlastung von Eltern und Gerichten" auf 30 000 DM angehoben (BT-Drucks 13/4899, 97).

Der durch das SorgeRG eingefügte Abs 4 hatte bestimmt: „Verspricht eine Anordnung nach Absatz 3 keinen Erfolg, so kann das Vormundschaftsgericht dem Elternteil, der die ihm gemäß Absatz 1, 2 obliegenden Verpflichtungen nicht erfüllt, die Vermögenssorge entziehen." Diese Bestimmung wurde durch das KindRG aufgehoben, weil sie im Hinblick auf die in § 1666 Abs 1 und 2 nF enthaltene Generalklausel entbehrlich sei (BT-Drucks 13/4899, 97).

II. Gegenstand der Inventarisierungspflicht

1. Der Verwaltung der Eltern unterliegendes Vermögen

Die Pflicht zur Verzeichnung erstreckt sich nur auf das Vermögen, das der Verwaltung der Eltern unterliegt. Sie trifft also nicht einen Elternteil, dem die Vermögenssorge entzogen ist (§§ 1666 Abs 1, 1671 Abs 1, 1672 Abs 1) oder dessen Vermögenssorge ruht (§§ 1673, 1674). Gleiches gilt für Vermögen, das ein Dritter dem Kind von Todes wegen oder unentgeltlich unter Lebenden zugewendet hat mit der Bestimmung, daß die Eltern oder ein Elternteil dieses Vermögen nicht verwalten sollen (§ 1638 Abs 1), und für das von einem Testamentsvollstrecker zu verwaltende Nachlaßvermögen (§ 2205; doch ist ein Elternteil, der selbst zum Testamentsvollstrecker ernannt ist, von der Verzeichnungspflicht nach § 1640 nicht befreit, KG KGJ 11, 48, 52; JW 1934, 1293; heute allgM, vgl MünchKomm/Huber Rn 17; Soergel/Strätz Rn 8; Erman/Michalski Rn 3). 5

2. Beschränkung auf bestimmte Erwerbsgründe

Ein Vormund hat das gesamte Vermögen, das bei der Anordnung der Vormundschaft vorhanden ist oder später dem Mündel zufällt, zu verzeichnen (§ 1802), übrigens auch das Vermögen, das seiner Verwaltung nicht unterliegt. Auch die frühere Fassung des § 1640, die die Inventarisierungspflicht an den Eintritt des Todes eines Elternteils anknüpfte, erstreckte diese Verpflichtung nicht nur auf das dem Kind durch Beerbung dieses Elternteils zufallende, sondern auch auf das schon vorher vorhandene (und das dem Kind später zufallende) Vermögen (s dazu näher Staudinger/Engler 10/11 § 1682 Rn 5). Im Gegensatz dazu beschränkt sich die Inventarisierungspflicht der Eltern nach dem neugefaßten § 1640 auf **Vermögen, das das Kind im Zusammenhang mit einem Sterbefall, als Unterhaltsabfindung oder unentgeltlich erwirbt**. In der Begründung des SorgeRG wird zwar § 1640 nF zu den Bestimmungen gezählt, die „zu einem wirksameren Schutz der Vermögensinteressen des Kindes beitragen sollen", aber zugleich auch ausgeführt, die Verzeichnungspflicht sei „rein vorsorglich gedacht" und solle „daher" für die Eltern unabhängig von einer Pflichtverletzung gelten; daneben solle die Inventarpflicht beim Tod eines Elternteils, die vom Wert des Kindesvermögens unabhängig war, nicht mehr bestehenbleiben (BT-Drucks 8/2788, 38). Eine Begründung dafür, daß die Neuregelung die Verzeichnungspflicht auf bestimmte Erwerbsfälle beschränkte, gibt der Bericht des Rechtsausschusses (BT-Drucks 8/2788) ebensowenig wie der Gesetzentwurf der Bundesregierung (BT-Drucks 7/2060). Der Gesetzgeber hat damit das rechtspolitische Ziel des Nachweises des gesamten Kindesvermögens aufgegeben. 6

Auch die Begründung des KindRG geht bei der Prüfung, ob die Inventarisierungspflicht beibehalten werden soll, auf diese Gesichtspunkte nicht ein. Anstelle einer konkreten Argumentation wird nur gesagt, daß in § 1640 vorgesehene Verfahren möge „in manchen Fällen als formalistisch empfunden werden"; es bewirke jedoch „in anderen Fällen einen unverzichtbaren Schutz" (BT-Drucks 13/4899, 15).

Die Verzeichnungspflicht erstreckt sich auf folgende Fälle: 7

a) **Erwerb von Todes wegen**: In Frage kommen Erbfolge (§§ 1924 ff, 1937, 1941),

Vermächtnis (§ 1939) und Pflichtteil (§§ 2303 ff); zum Begriff der Verfügung von Todes wegen s STAUDINGER/OTTE (2008) § 1937 Rn 1 und Vorbem 2 zu §§ 1937–1941, ferner STAUDINGER/KANZLEITER (2006) Einl 5 zu §§ 2274 ff.

8 **b)** **Vermögen, das das Kind sonst anläßlich eines Sterbefalles erwirbt**, zB eine Schadensersatzrente im Falle der Tötung einer unterhaltspflichtigen Person (§ 844 Abs 2, § 10 Abs 2 StVG), Leistungen aus einer Lebensversicherung (BT-Drucks 8/2788, 56) und Leistungen auf Grund einer Auflage, die der Erblasser einem Erben oder Vermächtnisnehmer gemacht hat (§ 1940; dabei handelt es sich nicht um einen unmittelbaren Erwerb des Kindes von Todes wegen);

9 **c)** **Abfindungen, die anstelle von Unterhalt gewährt werden**, zB für ein Kind, das verheiratet war (§§ 1585 Abs 2, 1585c); eine Abfindung, die das Kind nach § 843 Abs 3 wegen Minderung seiner Erwerbsfähigkeit vom Schädiger anstelle einer Geldrente verlangen kann, gehört dagegen nicht hierher, fällt also nicht unter die Inventarisierungspflicht, weil eine solche Abfindung nicht anstelle von Unterhalt gewährt wird, sondern einen besonders gestalteten Schadensersatzanspruch abgelten soll (STAUDINGER/VIEWEG [2007] § 843 Rn 26; ebenso MünchKomm/HUBER Rn 6; aA BGB-RGRK/ADELMANN Rn 4; SOERGEL/STRÄTZ Rn 4);

10 **d)** **Unentgeltliche Zuwendungen**; dieser Begriff ist an die Stelle des im Entwurf zunächst verwendeten Wortes „Schenkungen" getreten; dadurch sollte „in Anlehnung an den geltenden § 1638 BGB eine Schenkung anderen Zuwendungen unter Lebenden gleichgestellt werden, die das Kind unentgeltlich und ohne Rechtsanspruch erwirbt" (BT-Drucks 8/2788, 56). Hierher gehören alle Schenkungen (§§ 516 ff), auch Ausstattungen (§ 1624) und Schenkungen von Todes wegen (§ 2301).

3. Wertgrenze

11 Nach Abs 2 Nr 1 brauchen die Eltern ein dem Kind zugefallenes Vermögen nicht zu verzeichnen, wenn sein Wert **15 000 Euro** nicht übersteigt. Mit der betragsmäßigen Einschränkung wollte der Gesetzgeber offenbar vermeiden, daß bei einer großen Zahl alltäglich stattfindender kleinerer Zuwendungen stets der auch die Vormundschaftsgerichte (jetzt Familiengerichte) belastende Aufwand der Aufstellung und Einreichung eines Vermögensverzeichnisses gemacht werden muß; in der Begründung des RegEntw zum SorgeRG heißt es, daß „erst Vermögen dieser Größenordnung" Schutzvorkehrungen zugunsten des Kindes „allgemein als angezeigt erscheinen" ließen (BT-Drucks 7/2060, 26). Wenn aber die wertmäßige Einschränkung der Verzeichnungspflicht als „Gegensatz zum bisherigen § 1682" gesehen wurde (BT-Drucks 8/2788, 56), so kommt der Verdacht auf, daß der Gesetzgeber hierbei nicht vor Augen hatte, daß der frühere § 1682 eine Verzeichnungspflicht zwar nur vorgesehen hatte, wenn ein Elternteil gestorben war und der andere Elternteil das Kindesvermögen fortan allein zu verwalten hatte, daß sich das Verzeichnis aber nicht auf das ererbte Vermögen beschränkte, sondern auf das gesamte der Verwaltung des überlebenden Elternteils unterliegende Vermögen bezog.

12 Hat man als **Motiv** der Inventarisierungspflicht ein mit dem Schutz der Vermögensinteressen des Kindes begründetes **Mißtrauen gegenüber den Eltern** vor Augen, so steht dies zum einen in Widerspruch zum Erziehungsprimat gemäß Art 6 Abs 2 GG,

da die Kontrollmaßnahme jetzt auch den Normalfall erfaßt, in dem beide Eltern gemeinsam die Vermögenssorge wahrnehmen. Dies erscheint vor allem deshalb ungereimt, weil mit der Beschränkung auf bestimmte Erwerbsgründe und mit der Wertgrenze von ursprünglich 10 000 DM, dann 30 000 DM und jetzt 15 000 Euro ein Element des Zufalls eingeführt wurde. Mit wachsender Höhe des Kindesvermögens wächst auch das Interesse an Vermögenssonderung durch Inventarisierung (so MünchKomm/Hinz[3] Rn 8; auch die Begründung des RegEntw zum SorgeRG bekennt sich dem Sinne nach zu dem Grundsatz „Je größer das Kindesvermögen, desto nötiger die Kontrolle", vgl BT-Drucks 7/2060, 26). Dieser Grundsatz ist aber im Gesetz nicht konsequent verwirklicht worden. Wenn der Gesetzgeber bei einem größeren Kindesvermögen, auch wenn es von beiden Eltern gemeinsam verwaltet wird, einen zusätzlichen Schutz durch Verzeichnung für geboten hielt, ist kein Grund für einen besonders herausgehobenen Schutz von Vermögen zu erkennen, das das Kind geerbt oder schenkweise erhalten hat; die Beschränkung der Inventarisierungspflicht auf bestimmte Erwerbsgründe erscheint willkürlich.

13 Aber auch die **Festlegung einer starren Wertgrenze** – im Familienrecht ein Novum – erscheint nur zum Teil geeignet, den Schutzzweck der Inventarisierungspflicht zu erreichen. Es geht dabei nicht nur darum, zu verhindern, daß Eltern Vermögen des Kindes diesem wegnehmen, für sich verwenden oder Dritten zuwenden, sondern auch um die Schaffung einer zuverlässigen Grundlage einer späteren Rechnungslegung und Auseinandersetzung (§ 1698) und, wenn es sich um größere Vermögenskomplexe handelt, um die Gewinnung eines Überblicks, der bei weiteren Entscheidungen auch des Familiengerichts (zB über die Genehmigung eines bestimmten Rechtsgeschäfts nach § 1643) von Bedeutung sein kann. Solchen Bedürfnissen wird die Bestimmung nicht gerecht, wenn sie die Inventarpflicht nur für den einzelnen Erwerb festlegt, dessen Wert – nach Abzug von Belastungen – weder mit anderem, schon vorhandenem Vermögen noch auch nur mit weiterem Erwerb der in § 1640 Abs 1 bezeichneten Art zusammengerechnet wird.

14 Daß die Frage nach der von der Wertgrenze abhängigen Inventarpflicht **jeweils nur für den einzelnen Erwerb** zu beantworten ist, auch wenn das Kind in mehreren Fällen Vermögen erwirbt, dessen Gesamtwert 15 000 Euro übersteigt, ergibt sich aus dem eindeutigen Wortlaut des Abs 2 Nr 1 (ebenso MünchKomm/Huber Rn 9; s auch BGB-RGRK/Adelmann Rn 5; Soergel/Strätz Rn 5; Erman/Michalski Rn 5; Palandt/Diederichsen Rn 3; Belchaus Rn 6). Allerdings wird man **Beträge zusammenzurechnen** haben, die dem Kind **aus Anlaß desselben Ereignisses** zufallen, also zB einen Erbteil oder ein Vermächtnis und eine beim Tod des Erblassers dem Kind als Begünstigtem zukommende Lebensversicherungssumme (ebenso BGB-RGRK/Adelmann Rn 5; Soergel/Strätz Rn 5; MünchKomm/Huber Rn 9; Palandt/Diederichsen Rn 4).

15 Für die Bemessung des Wertes kommt es auf den **Verkehrswert** an, nicht auf nach Steuerrecht oder Handelsrecht maßgebende fiktive Werte (etwa Einheitswert von Grundstücken, Kurswert von Wertpapieren an einem Stichtag, Bilanzwerte). Jedoch ist das **Nettovermögen** maßgebend; dh es sind vom Wert des Aktivvermögens die damit zusammenhängenden Verbindlichkeiten abzuziehen (allgM; s BGB-RGRK/Adelmann Rn 5; Soergel/Strätz Rn 5). Auch dies führt zu einem Ergebnis, das nicht dem Sinn der Inventarpflicht entspricht; gerade dann, wenn einem beträchtlichen Aktivvermögen erhebliche Schulden gegenüberstehen, so daß der Nettowert die

Wertgrenze nicht erreicht, kann eine Verzeichnung besonders sinnvoll und angezeigt sein.

4. Befreiung durch den Zuwendenden

16 Nach Abs 2 Nr 2 besteht die Inventarisierungspflicht dann nicht, wenn der Erblasser durch letztwillige Verfügung, der Zuwendende bei der Zuwendung eine **abweichende Anordnung getroffen**, also bestimmt hat, daß die Eltern ein Verzeichnis nicht zu errichten und einzureichen brauchen. Der durch die Verzeichnungspflicht bezweckte Schutz des Kindesvermögens wird in dieser Vorschrift eingeschränkt mit Rücksicht darauf, daß der Zuwendende entsprechendes Vertrauen in die Zuverlässigkeit der Eltern bekundet. Das mag in der Tendenz gerechtfertigt sein; der Absicht des Gesetzgebers, einen „wirksameren Schutz der Vermögensinteressen des Kindes" herbeizuführen (BT-Drucks 8/2788, 38), dient die Vorschrift aber nicht. Sie ist offenbar den Bestimmungen in §§ 1638 Abs 1 und § 1639 Abs 1 nachgebildet, die einem Dritten die Möglichkeit einräumen, durch letztwillige Verfügung oder bei einer unentgeltlichen Zuwendung das Verwaltungsrecht der Eltern hinsichtlich des zugewendeten Vermögens einzuschränken (vgl BT-Drucks 7/2060, 26). Diese generelle Möglichkeit kann man hinnehmen, auch wenn im Einzelfall eine solche Anordnung nicht durch ein berechtigtes Mißtrauen gestützt wird. Der Schutz des Kindes ist jedenfalls gewährleistet; durch Bestellung eines Pflegers wird für die sachgerechte Verwaltung des Kindesvermögens gesorgt, und in den Fällen des § 1639 eröffnet dessen Abs 2 gewisse Möglichkeiten der Abhilfe (vgl § 1639 Rn 15–17). Im Falle des § 1640 Abs 2 Nr 2 besteht gleichfalls nicht die Gewähr für eine sachgerechte Entscheidung des Zuwendenden; hier kann dies aber zu einer erheblichen Minderung des Schutzes des Kindesvermögens führen. Die Vorschrift geht auch weit über die Regelung des § 1682 Abs 2 S 2 aF hinaus, die lediglich vorsah, daß ein Ehegatte die Anordnung eines öffentlichen Inventars durch das Vormundschaftsgericht hinsichtlich des Vermögens, das er dem Kind hinterließ, ausschließen konnte (s dazu STAUDINGER/ENGLER[10/11] § 1682 Rn 33).

III. Die Verpflichtungen der Eltern im einzelnen

1. Inhalt des Vermögensverzeichnisses

17 Die Eltern müssen in einem Verzeichnis **alle Gegenstände**, die zu dem vom Kind erworbenen Vermögen gehören, **aufzählen** und dabei die Merkmale anführen, die zur Identifizierung und Bewertung der einzelnen Gegenstände notwendig sind. Der Geldwert, von dessen Angabe Abs 1 S 3 auszugehen scheint, ergibt sich bei bestimmten Gegenständen (etwa Forderungen einschließlich Bankguthaben, Wertpapieren) schon aus der gebotenen konkreten Beschreibung. Bei anderen Gegenständen wird man sich meist mit einer Schätzung, als deren Grundlage der Anschaffungspreis dienen kann, begnügen müssen; die Eltern sind jedenfalls nicht verpflichtet, Sachverständige heranzuziehen. Mit dieser Einschränkung ist den Autoren beizutreten, die eine genaue Kennzeichnung und Angabe des Werts der einzelnen Vermögensgegenstände verlangen, also zB bei Forderungen außer Schuldner, Betrag und Rechtsgrund auch Zinssatz, etwaige Zinsrückstände und Rückzahlungsbedingungen, bei Bauspar- und Versicherungsverträgen die Bedingungen und Vertragsnummern, bei Grundstücken die Größe und Lage einschließlich der Flurstücksnummer und der Daten des Grundbuchs (vgl MünchKomm/HUBER Rn 12; ERMAN/MICHALSKI Rn 4; aA hinsichtlich der Angabe des Werts der Vermögensgegenstände BGB-RGRK/ADELMANN Rn 7; SOERGEL/STRÄTZ Rn 6).

Bei **Haushaltsgegenständen** genügt nach Abs 1 S 3 die Angabe des Gesamtwerts. **18** Nach dem Sinn des § 1640 sind aber wertvolle Einzelstücke, die zum Hausrat gezählt werden können (zB Orientteppiche, Kunstwerke, Antiquitäten, Musikinstrumente), einzeln anzuführen (ebenso SOERGEL/STRÄTZ Rn 6; BGB-RGRK/ADELMANN Rn 7); dies ergibt sich schon daraus, daß allein der Wert eines solchen Gegenstandes mitunter schon die Grenze von 15 000 Euro übersteigt. Der Kreis der Haushaltsgegenstände in § 1640 Abs 1 S 3 ist enger zu ziehen als der Begriff der „zum ehelichen Haushalt gehörenden Gegenstände" in § 1932, wo es darum geht, daß dem überlebenden Ehegatten durch ein gesetzliches Vorausvermächtnis die Fortführung des Haushalts in der bisherigen Weise ermöglicht wird (vgl STAUDINGER/WERNER [2008] § 1932 Rn 1, 15).

Für das Verzeichnis genügt grundsätzlich die **Angabe der Aktiva**; die Angabe von **19** Passiven ist nicht ausdrücklich vorgeschrieben (wie in § 2001 bei der Errichtung eines Inventars durch den Erben, die für den Umfang seiner Haftung bedeutsam ist, vgl § 1994 Abs 1 S 2), aber selbstverständlich zulässig und im Interesse der Eltern angebracht (ebenso SOERGEL/STRÄTZ Rn 6; BAMBERGER/ROTH/VEIT Rn 6.1; DÖLLE § 94 VI 1; jetzt auch MünchKomm/HUBER Rn 15; vgl Mot IV 1101; aA BGB-RGRK/ADELMANN Rn 7; ERMAN/MICHALSKI Rn 4). Die Gegenmeinung, die sich auf den „auf Klar- und Sicherstellung gerichteten Inventarisierungszweck" beruft, übersieht, daß mit der Neuregelung der Inventarisierung, die sich nur auf das dem Kind auf einem bestimmten Weg zugeflossene Vermögen bezieht, ohnedies nicht die Aufstellung eines vollständigen Vermögensstatus des Kindes, wie sie dem Vormund nach § 1802 für das Mündelvermögen obliegt, zu erreichen ist.

2. Erbrechtliche und gesellschaftsrechtliche Sonderfälle

Ist das Kind **Miterbe** (§§ 2032 ff) oder **Miteigentümer zu einem Bruchteil** (§§ 741 ff), **20** so sind neben dem Anteil des Kindes die einzelnen Gegenstände des Vermögens anzugeben; die Angabe des Gesamtwertes genügt nicht (KG KGJ 35, A 24, 25; 36, A 38, 40). Besteht dagegen das dem Kind zugefallene Vermögen in einem **Anteil an einer Gesellschaft** des bürgerlichen Rechts, einer offenen Handelsgesellschaft oder einer Kommanditgesellschaft, so wird sich die Verpflichtung der Eltern im Regelfall darauf beschränken, die letzte Inventur und Bilanz einzureichen (so auch BGB-RGRK/ADELMANN Rn 8; SOERGEL/STRÄTZ Rn 7; MünchKomm/HUBER Rn 19; aA das KG aaO für die Gesellschaft des bürgerlichen Rechts). Dafür spricht insbesondere, daß einem Gesellschafter oder seinem gesetzlichen Vertreter weitere als die in § 716 BGB, § 118 HGB vorgesehenen Befugnisse nicht zustehen, so daß die Eltern nicht in der Lage wären, ein ins einzelne gehendes Verzeichnis des Vermögens der Gesellschaft einzureichen.

Ist das Kind nicht mehr Gesellschafter, sondern – etwa gemäß § 138 HGB – aus- **21** geschieden und Gläubiger eines **Auseinandersetzungsguthabens**, so ist diese Forderung im Verzeichnis anzuführen; der Vorlage des Gesellschaftsvertrags oder einer Bilanz bedarf es in diesem Fall nicht (KG KGJ 36, A 38, 40).

22 Bei Beteiligung des Kindes an einer **Kapitalgesellschaft** genügt die genaue Bezeichnung des Anteils.

23 Besteht das dem Kind zugefallene Vermögen in einem **Pflichtteilsanspruch**, so genügt der Elternteil seiner Verzeichnungspflicht, wenn er den Reinbestand des Nachlasses und den dem Kind als Pflichtteilsberechtigtem zukommenden Anteil angibt und sich als Schuldner des daraus resultierenden Anspruchs bekennt; die Einreichung eines Verzeichnisses des gesamten Nachlasses, auf das der Pflichtteilsberechtigte gegen den Erben nach § 2314 einen Anspruch hat, kann auf Grund des § 1640 nicht verlangt werden (RGZ 80, 65, 67 f; BayObLG OLGE 44, 108 = JFG 3, 57, 58 = JW 1925, 2140 m zust Anm KIPP; FamRZ 1963, 578, 579 f = Rpfleger 1964, 269, 270 m abl Anm HAEGELE; KG OLGE 40, 78; LEVIS ZBlFG 11, 688 f; LEVERKÜHN ZBlFG 14, 447; DÖLLE § 94 VI 1; SOERGEL/STRÄTZ Rn 8; MünchKomm/HUBER Rn 16; BGB-RGRK/ADELMANN Rn 9).

24 Ist der Elternteil Vorerbe (auch befreiter) des anderen Elternteils und das Kind **Nacherbe**, so müssen alle Bestandteile des Nachlasses verzeichnet und daneben der Wert des Pflichtteilsanspruchs angegeben werden, da dem Kind alternativ zwei Vermögensobjekte zustehen, der betagte Anspruch auf den Nachlaß und der Anspruch auf den Pflichtteil (RGZ 65, 142 = RJA 8, 93; KG KGJ 43, A 38, 41; JFG 11, 48, 51; OLG Hamm FamRZ 1969, 660, 661; ENNECCERUS/KIPP § 80 VII 1 Fn 45; DÖLLE § 94 VI 1 Fn 95; BGB-RGRK/ADELMANN Rn 9; ERMAN/MICHALSKI Rn 4; SOERGEL/STRÄTZ Rn 8; MünchKomm/HUBER Rn 16).

25 Bei **fortgesetzter Gütergemeinschaft** (§§ 1483 ff) ist lediglich zu verzeichnen, was das Kind aus dem Nachlaß des verstorbenen Elternteils (aus dessen Sondergut und Vorbehaltsgut) erhält, während hinsichtlich des Gesamtguts die einfache Feststellung des Eintritts der fortgesetzten Gütergemeinschaft genügt; zum Vermögen des Kindes gehören insoweit keine einzelnen Gegenstände, sondern sein Anteil. Dies ist heute allg Meinung (MünchKomm/HUBER Rn 18; SOERGEL/STRÄTZ Rn 7; BGB-RGRK/ADELMANN Rn 8; DÖLLE § 94 VI 1; BayObLG JFG 1, 55, 57 f; KG RJA 3, 4, 6 = KGJ 23, A 22; s zum früheren Meinungsstreit STAUDINGER/ENGLER[10/11] § 1682 Rn 7).

3. Form des Vermögensverzeichnisses

26 Für das Vermögensverzeichnis ist keine bestimmte Form vorgeschrieben. Aus dem Wort „Verzeichnis" ergibt sich nur das Erfordernis der **Schriftform**; doch genügt auch eine Erklärung zur Niederschrift des Familiengerichts, durch die gleichfalls ein Verzeichnis hergestellt wird (s auch ENNECCERUS/KIPP § 80 VII 1 Fn 46). Das Verzeichnis ist mit der **Versicherung der Richtigkeit und Vollständigkeit** zu versehen und dem Familiengericht einzureichen (Abs 1 S 1). Belege brauchen die Eltern im Regelfall nicht vorzulegen (KG KGJ 36, A 38, 41); doch können sie sich – auch um sich die Arbeit und dem Familiengericht die Prüfung zu erleichtern – auf eingereichte Papiere beziehen, die zu anderem Zweck angefertigt sein mögen, etwa Konto- oder Depotauszüge von Banken, Grundbuchauszüge.

IV. Verfahren und Maßnahmen des Familiengerichts

1. Herbeiführung der Verzeichnung durch die Eltern

Die Verzeichnungspflicht der Eltern entsteht mit dem Anfall des Vermögens beim 27
Kind. Häufig werden die Eltern jedoch vom Inhalt des § 1640 keine Kenntnis haben, so daß das Familiengericht sie von Amts wegen auffordern muß, ein Verzeichnis aufzustellen und einzureichen. Von Fällen eines Erwerbs des Kindes im Zusammenhang mit einem Sterbefall erfährt das Familiengericht, wenn ihm der Standesbeamte den Tod einer Person, die ein minderjähriges Kind hinterlassen hat, anzeigt (§ 168a FamFG), und vor allem, wenn das Nachlaßgericht ihm einen Erwerb mitteilt, der eine Verzeichnungspflicht nach § 1640 auslöst (§§ 22a Abs 1, 356 Abs 1 FamFG). Von anderen Fällen des Abs 1 S 2 wird das Familiengericht oft nur durch Zufall Kenntnis erlangen.

Das Familiengericht wird, wenn es vom Anfall eines in Betracht kommenden Ver- 28
mögens beim Kind erfährt, zunächst gemäß § 26 FamFG aufklären, ob die Voraussetzungen der Inventarisierungspflicht vorliegen, ob insbesondere nicht ein Fall des § 1640 Abs 2 gegeben ist. Kommen die Eltern ihrer Verpflichtung nicht oder nicht in gehöriger Weise nach, so wird das Familiengericht ihnen eine Frist setzen; bei erfolglosem Ablauf kann es nach § 35 FamFG ein Zwangsgeld androhen und festsetzen (OLG Hamm FamRZ 1969, 660, 661; BayObLG BayObLGZ 1994, 147, 150 ff; MünchKomm/HUBER Rn 22; BGB-RGRK/ADELMANN Rn 11). Bei seinen Maßnahmen hat das Familiengericht stets den Grundsatz der Verhältnismäßigkeit zu beachten (s dazu auch MünchKomm/HUBER Rn 22 f).

2. Anordnung eines öffentlichen Inventars

Reichen die Eltern ein Verzeichnis nicht ein, obwohl sie nach Abs 1, 2 dazu ver- 29
pflichtet sind, oder ist ein von ihnen eingereichtes Verzeichnis ungenügend, so kann das Familiengericht die Aufnahme eines „öffentlichen Inventars" anordnen (Abs 3). Ungenügend ist ein Verzeichnis, wenn es unvollständig ist oder wesentliche Angaben unrichtig sind; doch wird auch in einem solchen Fall – schon im Hinblick auf die mit der öffentlichen Verzeichnung verbundenen Kosten – den Eltern Gelegenheit zur Nachbesserung zu geben sein, wenn nicht besondere Gründe dem entgegenstehen.

Zur Aufnahme des Verzeichnisses nach Abs 3 sind im Geltungsbereich der Bundes- 30
notarordnung die Notare befugt (§ 20 Abs 1 BNotO; wegen landesrechtlicher Zuständigkeitsvorschriften s auch § 61 Abs 1 Nr 2 BeurkG, § 486 FamFG).

Nach § 1682 Abs 2 S 2 (zuvor § 1640 Abs 2 S 2) aF konnte ein Elternteil die An- 31
ordnung eines öffentlichen Inventars für das Vermögen, das infolge seines Todes dem Kind zufiel, ausschließen; dagegen war die Vorschrift des § 1682 Abs 1 aF, die die Inventarpflicht als solche vorsah, zwingendes Recht (vgl STAUDINGER/ENGLER[10/11] § 1682 Rn 33; KG KGJ 20, A 225 = RJA 1, 139). Eine dem § 1682 Abs 2 S 2 aF entsprechende Befugnis sieht der geltende § 1640 nicht vor. Der Schutz des Kindesvermögens ist aber, soweit er durch die Inventarisierungspflicht bezweckt wird, dadurch in hohem Maß relativiert, daß Abs 2 Nr 2 dem Erblasser oder Zuwendenden die wesentlich weitergehende Befugnis einräumt, die Inventarisierungspflicht gänzlich

auszuschließen. Deshalb wird man auch eine den Bedingungen des Abs 2 Nr 2 entsprechende Anordnung des Erblassers oder Zuwendenden, daß die Anordnung eines öffentlichen Inventars ausgeschlossen sein soll, als wirksam zu betrachten haben.

3. Entziehung der Vermögenssorge

32 Als äußerstes Mittel sah der durch das KindRG aufgehobene Abs 4 – wie schon der frühere § 1684 – die Entziehung der Vermögenssorge vor, wenn ein Elternteil die ihm obliegende Verzeichnungspflicht nicht erfüllt.

Das KindRG, nach dessen Begründung das zuvor geltende Recht, soweit es Eingriffe in die elterliche Sorge bei Gefahr für das Kindeswohl vorsah, „inhaltlich nicht angetastet werden" sollte (BT-Drucks 13/4899, 64), beseitigte die zuvor in § 1640 Abs 4 enthaltene Eingriffsgrundlage im Hinblick auf die Generalklausel des neugefaßten § 1666 Abs 1 und 2 als entbehrlich (BT-Drucks 13/4899, 97). Das Familiengericht kann danach, wenn die nach § 1640 Abs 3 verfügte Anordnung eines öffentlichen Verzeichnisses keinen Erfolg verspricht und dadurch das Vermögen des Kindes gefährdet ist, die **zur Abwendung der Gefahr erforderlichen Maßnahmen** treffen, wozu auch die Entziehung der Vermögenssorge gehören kann. Daß das Vermögen des Kindes gefährdet ist, ist nach § 1666 Abs 2 in der Regel auch dann anzunehmen, wenn der Inhaber der Vermögenssorge Anordnungen des Gerichts, die sich auf die Vermögenssorge beziehen, nicht befolgt.

33 Das Familiengericht hat also immer zuerst zu prüfen, ob die Aussicht besteht, mit den Mitteln des Abs 3 ein dem Zweck der Vorschrift genügendes Vermögensverzeichnis zu erlangen, bevor es in das Recht der Eltern, die Vermögenssorge wahrzunehmen, eingreift (BT-Drucks 8/2788, 56). Die **Entziehung der Vermögenssorge** wird also vor allem dann in Betracht kommen, wenn zu erwarten ist (oder wegen des Verhaltens der Eltern schon feststeht), daß der mit der Aufnahme des Verzeichnisses beauftragte Notar (oder Beamte) keine Gelegenheit haben wird, seinen Auftrag zu erfüllen (vgl BELCHAUS Rn 8).

34 In der Regel wird die Entziehung der Vermögenssorge nur dann in Betracht kommen, wenn sie dem Elternteil, der seiner Inventarisierungspflicht nicht nachkommt, **zuvor angedroht** worden ist (ebenso MünchKomm/HINZ[3] Rn 26; SOERGEL/STRÄTZ Rn 10; vgl auch Mot IV 814 und STAUDINGER/ENGLER[10/11] § 1684 Rn 9). Ein Verschulden des Elternteils ist für eine Maßnahme nach § 1666 Abs 1 nicht vorausgesetzt.

35 Wird die Vermögenssorge entzogen, so hat der betroffene Elternteil das von ihm verwaltete Vermögen des Kindes (also nicht nur den Vermögensbestand, auf den sich die nicht erfüllte Inventarisierungspflicht bezog) gemäß § 1698 herauszugeben und Rechenschaft abzulegen (OLG Oldenburg OLGE 3, 371). Ist oder wird der andere Elternteil vermögenssorgeberechtigt (§ 1680 Abs 3), so ist das Vermögen an ihn herauszugeben, und er hat nun das Inventar zu errichten; andernfalls ist ein Pfleger zu bestellen (§ 1909).

4. Verfahrensfragen

Die **Zuständigkeit** des Familiengerichts für die im Zusammenhang mit der Inventa- 36 risierungspflicht zu treffenden Maßnahmen und Entscheidungen ergibt sich aus §§ 151, 152 FamFG. Zuständig ist nach §§ 3 Nr 2 Buchst a, 14 RPflG der Rechtspfleger. Dies erscheint für den Fall der Entziehung der Vermögenssorge nicht systemgerecht, weil – auch geringere – Eingriffe in das nach Art 6 Abs 2 GG als Grundrecht geschützte Sorgerecht der Eltern sonst dem Richter vorbehalten sind (vgl den Katalog des § 14 RPflG, zB Nr 3 Buchst f, Nrn 5–9, 12 und insbes 15). Wenn die Entziehung der Vermögenssorge mit einer Entscheidung nach § 1680 zu verbinden ist, wird der Rechtspfleger Anlaß haben, die Sache gemäß § 5 Abs 1 Nr 4 RPflG dem Richter vorzulegen, weil zwischen der Entscheidung über die Vermögenssorge und der vom Richter nach § 1680 zu treffenden Entscheidung ein so enger Zusammenhang besteht, daß eine getrennte Behandlung nicht sachdienlich ist (ähnlich noch MünchKomm/Hinz[3] § 1640 Rn 28, § 1667 Rn 30).

Die Eltern sind vor einer Entscheidung des Familiengerichts im Regelfall zu hören 37 (§ 160 FamFG); wegen der Anhörung des Kindes s § 159 FamFG.

Die **Kosten** familiengerichtlicher Entscheidungen nach § 1640 Abs 3 trägt nach § 94 38 Abs 1 Nr 3, Abs 3 S 2 KostO der Elternteil, den das Gericht nach billigem Ermessen bestimmt. Dies bezieht sich aber nur auf die Gerichtsgebühren; die Kosten der Errichtung des Inventars trägt das Kind (so schon Staudinger/Engler[10/11] § 1682 aF Rn 35 m Nachw; ebenso MünchKomm/Hinz[3] Rn 28: Umkehrschluß aus §§ 1667 Abs 6 [aF; jetzt § 1667 Abs 4], 1683 Abs 1; zögernd Belchaus Rn 11; **aM** anscheinend Soergel/Strätz Rn 10 ohne nähere Begründung und ohne Unterscheidung zwischen den Kosten des gerichtlichen Verfahrens und den Kosten der Inventarisierung).

§ 1641
Schenkungsverbot

Die Eltern können nicht in Vertretung des Kindes Schenkungen machen. Ausgenommen sind Schenkungen, durch die einer sittlichen Pflicht oder einer auf den Anstand zu nehmenden Rücksicht entsprochen wird.

Materialien: E I § 1503, 1661; II § 1532; III § 1618; Mot IV 741; Prot IV 559. Neugefaßt durch GleichberG vom 18. 6. 1957 Art 1 Nr 22. Staudinger/BGB-Synopse 1896–2005 § 1641.

I. Der Grundsatz des Schenkungsverbots

Das GleichberG ersetzte lediglich das Wort „Vater" durch das Wort „Eltern", über- 1 nahm aber die Regelung des § 1641 ohne sachliche Änderung.

Die Eltern oder der vertretungsberechtigte Elternteil können aus dem Vermögen 2 des Kindes grundsätzlich **keine Schenkungen** machen. Dieses Vermögen ist für sie fremdes Vermögen, dessen Erhaltung vorrangige Pflicht des Verwalters ist (Mot IV 1106, 741; vgl auch § 1804 und die Bem dazu). Ebenso können die Eltern auch nicht zu einer vom Kinde selbst vorgenommenen Schenkung ihre Einwilligung oder Genehmigung erteilen (vgl E I § 1661; Mot IV 1106).

§ 1641 S 1 erfasst nach seinem eindeutigen Wortlaut **nur Rechtsgeschäfte zwischen Kindern als Schenkern und den Beschenkten** (BGH NJW 2004, 2517).

3 Ob § 1641 anzuwenden ist, wenn die Eltern für ihre minderjährige verheiratete Tochter deren nach §§ 1425, 1458 erforderliche **Einwilligung zu einer Schenkung** des das Gesamtgut verwaltenden Mannes **aus dem Gesamtgut** erklären, hängt davon ab, ob die Einwilligung zu einer Verfügung selbst Verfügung ist. Dies wird in Rechtsprechung und Rechtslehre heute wohl allgemein bejaht (vgl STAUDINGER/DILCHER[12] Einl 44 zu §§ 104–185 mwNachw; RGZ 91, 40; 137, 356). Da sich die Einwilligung der Frau somit selbst als Schenkung darstellt, können die Eltern der minderjährigen Frau nicht namens der Frau in die Schenkung einwilligen; der Ehemann ist deshalb schlechthin verhindert, Schenkungen aus dem Gesamtgut vorzunehmen (RGZ 91, 40, 41; vgl auch STAUDINGER/THIELE [2007] § 1425 Rn 14).

4 Über den **Begriff der Schenkung** s § 516 und die Vorbem und Bem zu dieser Vorschrift, zu der Frage, ob in der Bestellung oder Aufgabe von Sicherheiten (zB Bürgschaften, Pfandrechten, Hypotheken usw) eine Schenkung liegt, s STAUDINGER/CREMER (1995) § 516 Rn 55–57 mwN.

5 Das **Grundbuchamt** darf den Nachweis, daß eine Schenkung nicht vorliegt, nur ausnahmsweise in der Form des § 29 GBO verlangen. Es hat in der Regel ähnliche Grundsätze anzuwenden, wie sie bei der Beurteilung der Entgeltlichkeit von Verfügungen des Testamentsvollstreckers maßgebend sind; zu berücksichtigen ist aber, daß die Verneinung einer Schenkung iS des § 516 weniger voraussetzt als die Verneinung einer unentgeltlichen Verfügung im Sinne der §§ 2113, 2205, weil der Schenkungsbegriff der §§ 516, 1641 der engere ist (so KG JW 1937, 2597 = JFG 16, 87, 89).

6 Auf **andere Freigebigkeiten**, zB Ausschlagung einer Erbschaft zum Vorteil eines Dritten (§ 517), ist § 1641 nicht anwendbar (Mot IV 1106; das KG weist aber zu Recht – in JW 1937, 2597 = JFG 16, 87, 89 f – darauf hin, daß es auf die Umstände des Einzelfalls ankommt und auch der Aufgabe oder Minderung einer Sicherheit die Merkmale des § 516 anhaften können). Für die Ausschlagung einer Erbschaft oder eines Vermächtnisses und für den Verzicht auf einen Pflichtteil bedürfen im übrigen die Eltern der Genehmigung des Familiengerichts (§ 1643 Abs 2).

7 Die **Erfüllung eines** rechtswirksam bestehenden (etwa auf das Kind als Erben übergegangenen) **Schenkungsversprechens** fällt nicht unter § 1641; das Vermögen des Kindes soll nicht durch unentgeltliche Weggabe geschmälert werden, aber die Eltern sollen nicht gehindert werden, bestehende Verbindlichkeiten zu erfüllen (so ECKSTEIN AcP 107, 410; GERNHUBER/COESTER-WALTJEN § 61 Rn 14–16; ENNECCERUS/KIPP § 116 I Fn 1; DÖLLE § 94 III 2 a; MünchKomm/HUBER Rn 6 f).

Die Annahme, daß eine Schenkung vorliegt, setzt die **Einigung über die Unentgelt-** 8
lichkeit voraus, die fehlt, wenn auch nur eine Partei zu erkennen gibt, daß auf die
Zuwendung ein Rechtsanspruch bestehe (RGZ 125, 380, 383). Ist die Gültigkeit einer
dem Kind gemachten Schenkung wegen Zweifels an der Zurechnungsfähigkeit des
Schenkers fraglich und machen die Eltern die Schenkung deshalb rückgängig, so
liegt hierin keine Schenkung, wenn den Beteiligten bei der Rückgabe das Bewußtsein fehlt, daß es sich um eine unentgeltliche Zuwendung handele (RG Recht 1921
Nr 2602). Dagegen wird die Annahme des Vorliegens einer Schenkung entgegen einer
verbreiteten Ansicht gerade dann nicht gehindert, wenn auch nur eine Vertrags-
partei in dem Bewußtsein handelt, der versprochenen Leistung liege eine sittliche
oder Anstandsverpflichtung zugrunde; wenn die Vertragsparteien darüber einig sind,
daß das Leistungsversprechen einer sittlichen oder Anstandspflicht entspricht, so
schließt dies die Einigkeit über seine Unentgeltlichkeit in sich (so überzeugend RGZ
125, 380, 383; zustimmend MünchKomm/HUBER Rn 3; aA SOERGEL/STRÄTZ Rn 2). Über das
Erfordernis der Einigung über die Unentgeltlichkeit s ferner STAUDINGER/CREMER
(1995) § 516 Rn 32 ff m vielen Nachw.

Das Schenkungsverbot des § 1641 gilt auch im Rahmen des § 110. Auch wenn die 9
Eltern einem Minderjährigen **Mittel zu freier Verfügung** überlassen haben, kann er
diese Mittel oder das mit ihnen Angeschaffte oder das an dessen Stelle Getretene
nicht verschenken, weil es sich bei der Überlassung der Mittel im Sinne des § 110
lediglich um eine allgemein vorweg erklärte Einwilligung der Eltern handelt, die sich
auch in einem solchen Fall nicht wirksam auf Schenkungen beziehen kann (OLG
Stuttgart FamRZ 1969, 39, 40 zur Unwirksamkeit des Erlasses einer Forderung auf Schadensersatz
wegen Zerstörung eines PKW, den sich der Minderjährige mit von den Eltern überlassenen Mitteln
gekauft hatte).

§ 1641 ist nicht anzuwenden, wenn der vertretungsberechtigte Gesellschafter einer 10
offenen Handelsgesellschaft, zu deren Gesellschaftern ein Minderjähriger gehört,
namens der Gesellschaft eine Schenkung macht, die er als Elternteil (oder Vormund)
nach §§ 1641, 1804 nicht vornehmen könnte (RGZ 125, 380, 381; MünchKomm/HUBER
Rn 6; BGB-RGRK/ADELMANN Rn 4; SOERGEL/STRÄTZ Rn 2); s zur Abgrenzung gegenüber
anderen Gesamthandsgemeinschaften (Erbengemeinschaft, Gesellschaft bürgerlichen Rechts) GERNHUBER/COESTER-WALTJEN § 61 Rn 13, § 60 Rn 82 ff.

II. Ausnahme für Pflicht- und Anstandsschenkungen

Von dem Grundsatz des § 1641 S 1 macht S 2 eine Ausnahme für Schenkungen, die 11
durch eine sittliche Pflicht oder die auf den Anstand zu nehmende Rücksicht gerechtfertigt werden, da solche Schenkungen nicht außerhalb des Zweckes der Vermögensverwaltung und auch im eigenen Interesse des Kindes liegen (Mot IV 1107,
741; vgl die Parallelvorschriften in §§ 534, 814, 1375 Abs 2 Nr 1, 1425 Abs 2, 1804 S 2,
2113 Abs 2 S 2, 2205 S 3, 2207 S 2, 2330).

Erlaubt sind **Schenkungen** aus dem Kindesvermögen, **durch die einer sittlichen Pflicht** 12
entsprochen wird. Auch wenn man die „Erfüllung einer sittlichen Pflicht" im allgemeinen Sprachgebrauch auch dann annehmen mag, wenn jemand den Geboten
der Wohltätigkeit und Nächstenliebe entspricht, genügt dies nicht für eine Ausnahme vom Schenkungsverbot. Der dem § 1641 S 2 zugrundeliegende Begriff ist enger;

er setzt das Vorliegen einer besonderen, in den Geboten der Sittlichkeit wurzelnden Verpflichtung voraus. Dabei sind insbesondere die Vermögensverhältnisse der Beteiligten und die zwischen ihnen bestehenden Beziehungen zu würdigen (RGZ 70, 15, 19; 70, 383, 386; BGH LM § 534 Nr 1; BGB-RGRK/ADELMANN Rn 7; SOERGEL/STRÄTZ Rn 3). Die Erfüllung einer sittlichen Pflicht kann bejaht werden bei Unterstützung naher Angehöriger, die keinen rechtlichen Unterhaltsanspruch gegen den Leistenden haben; zum Fall des Verzichts auf ein Wohnrecht, durch das das Kind gegenüber anderen Abkömmlingen bevorzugt wäre, s OLG Köln OLGZ 1969, 263, 265.

13   Einer **auf den Anstand zu nehmenden Rücksicht** entspricht die Schenkung, wenn ihr Unterbleiben gegen die Anschauungen der in Betracht kommenden Gesellschaftskreise verstieße und der, von dem man die Schenkung erwartet, dadurch eine Einbuße an Achtung und Anerkennung durch die sozial Gleichgestellten erlitte (RGZ 73, 46, 49 f; 98, 323, 326). Als Anstandsschenkungen sind die gebräuchlichen Gelegenheitsgeschenke aus Anlaß von Festtagen, persönlichen Feiern und im Rahmen der Gastfreundschaft zu betrachten, wobei die wirtschaftlichen Verhältnisse des Kindes von besonderer Bedeutung sind. Dabei werden die Eltern wie alle Verwalter fremden Vermögens – auch beim Umfang des Geschenkten – eher Zurückhaltung zu üben haben.

14   Ist eine Schenkung nach S 2 erlaubt, so wird dadurch eine **nach § 1643 erforderliche familiengerichtliche Genehmigung** nicht entbehrlich. Gegen eine unkontrollierte Weggabe größerer Vermögensstücke und ganzer Vermögenskomplexe, etwa eines dem Kind zugefallenen Nachlasses, ist das Kind also trotz der Ausnahme vom grundsätzlichen Schenkungsverbot im wesentlichen geschützt (s aber auch GERNHUBER/COESTER-WALTJEN § 61 Rn 13, die darauf hinweist, daß das Kindesvermögen im Falle von Pflicht- und Anstandsschenkungen nicht durch quantitative und objektbezogene Grenzen geschützt ist; ebenso MünchKomm/HUBER Rn 13).

III.   Folgen eines Verstoßes gegen § 1641

15   Eine gegen § 1641 verstoßende Schenkung ist **nichtig**, gleichviel, ob die Eltern als gesetzliche Vertreter des Kindes sie vorgenommen oder zu der vom Kind selbst vorgenommenen Schenkung ihre Einwilligung oder Genehmigung erteilt haben. Dies gilt auch dann, wenn die Schenkung durch das Familiengericht genehmigt worden wäre (vgl BayObLG OLGE 32, 19; KG JFG 16, 87, 88), weil den Eltern insoweit – abgesehen von den Fällen des § 1641 S 2 – **keine Vertretungsmacht** zusteht.

16   Das volljährig gewordene Kind kann gleichfalls, da es sich nicht um ein schwebend unwirksames, sondern um ein nichtiges Rechtsgeschäft handelt, eine entgegen § 1641 vorgenommene Schenkung nicht genehmigen, sondern nur – ohne dingliche Rückwirkung – wiederholen (ENNECCERUS/KIPP § 80 II 1; § 116 I; DÖLLE § 94 III 2 a; GERNHUBER/COESTER-WALTJEN § 61 Rn 12; BGB-RGRK/ADELMANN Rn 5; SOERGEL/STRÄTZ Rn 2; ERMAN/MICHALSKI Rn 1; MünchKomm/HUBER Rn 8).

17   Macht dagegen der vertretungsberechtigte **Elternteil** aus dem Vermögen des Kindes **in eigenem Namen** (also nicht „in Vertretung des Kindes") eine Schenkung, so verfügt er widerrechtlich über fremdes Vermögen; gegenüber dem Kind haftet er für ein derartiges Vorgehen nach §§ 823 ff, 1664, gegenüber dem Beschenkten nach § 523.

Da die Schenkung, die die Eltern entgegen § 1641 vorgenommen haben, nichtig ist, **18** kann das Kind oder, solange es nicht unbeschränkt geschäftsfähig ist, können die Eltern das Geschenkte **nach Maßgabe der §§ 985, 812 herausverlangen**. Auf § 932 kann sich der Beschenkte nicht berufen, da durch seinen guten Glauben nur der Mangel des Eigentums des Veräußerers, nicht aber der gemäß § 1641 dem Veräußerungsgeschäft anhaftende Mangel gedeckt wird.

Haben die Eltern in eigenem Namen einen Gegenstand aus dem Kindesvermögen **19** verschenkt (s oben Rn 17), so kann sich der Beschenkte zwar auf § 932 berufen; er hat Eigentum erworben, ist aber gegenüber dem Kind nach § 816 Abs 1 S 2 zur **Herausgabe des durch die Schenkung Erlangten** verpflichtet (vgl Dölle § 94 III 2 a; Erman/ Michalski Rn 3; BGB-RGRK/Adelmann Rn 6; MünchKomm/Huber Rn 9).

§ 1642
Anlegung von Geld

Die Eltern haben das ihrer Verwaltung unterliegende Geld des Kindes nach den Grundsätzen einer wirtschaftlichen Vermögensverwaltung anzulegen, soweit es nicht zur Bestreitung von Ausgaben bereitzuhalten ist.

Materialien: E I §§ 1503, 1664, 1665, 1667; II § 1633; III § 1619; Mot IV 742; Prot IV 559. Geändert durch Art II des G über die Anlegung von Mündelgeld vom 23. 6. 1923, GleichberG vom 18. 6. 1957 Art 1 Nr 22 und SorgeRG vom 18. 7. 1979 Art 1 Nr 13. Staudinger/BGB-Synopse 1896–2005 § 1642.

Systematische Übersicht

I.	**Geschichte der Vorschrift**		**II.**	**Der Inhalt der Vorschrift**	
1.	Ursprüngliche Fassung des BGB	1	1.	Pflicht zur Anlegung des Barvermögens	5
2.	Gesetz über die Anlegung von Mündelgeld	2	2.	Die Grundsätze wirtschaftlicher Vermögensverwaltung	7
3.	Gleichberechtigungsgesetz	3			
4.	Änderung durch das Sorgerechtsgesetz	4	**III.**	**Besondere Anordnungen; Einschreiten des Familiengerichts**	
			1.	Verhältnis des § 1642 zu § 1639	12
			2.	Einschreiten des Familiengerichts	14

I. Geschichte der Vorschrift

1. Ursprüngliche Fassung des BGB

Das BGB hatte dem Inhaber der elterlichen Gewalt die Verpflichtung auferlegt, das **1** seiner Verwaltung unterliegende Geld des Kindes verzinslich anzulegen, und zwar in der Weise, die für die Anlegung von Mündelgeld vorgeschrieben war (Mot IV 742; der in der II. Komm gestellte Antrag, dem Gewalthaber eine freiere Stellung einzuräumen, wurde unter Berufung auf den vormundschaftlichen Charakter der elterlichen Gewalt und die Notwendigkeit der Sicherung des Kindes abgelehnt, s Prot IV 560 f). § 1642 hatte deshalb ursprünglich folgenden Wortlaut:

> *[1] Der Vater hat das seiner Verwaltung unterliegende Geld des Kindes, unbeschadet der Vorschrift des § 1653, nach den für die Anlegung von Mündelgeld geltenden Vorschriften der §§ 1807, 1808 verzinslich anzulegen, soweit es nicht zur Bestreitung von Ausgaben bereitzuhalten ist.*
>
> *[2] Das Vormundschaftsgericht kann dem Vater aus besonderen Gründen eine andere Anlegung gestatten.*

2. Gesetz über die Anlegung von Mündelgeld

2 Wegen der Nachteile, die dem Kind in Zeiten rascher Geldentwertung durch eine starre Bindung der Eltern (und Vormünder) an feste Regeln über die Anlegung von Mündelgeld drohen, bezweckte das Gesetz über die Anlegung von Mündelgeld vom 23. 6. 1923 (RGBl I 411) eine freiere Stellung und größere Beweglichkeit der Verwalter von Kindes- und Mündelvermögen. Es beseitigte durch Streichung der Worte „aus besonderen Gründen" in § 1642 Abs 2 (aF) den strengen Ausnahmecharakter einer vom Vormundschaftsgericht zu gestattenden Abweichung von den allgemeinen Vorschriften über die Mündelsicherheit und verdeutlichte diese Tendenz durch Anfügen des Satzes: „Die Erlaubnis soll nur verweigert werden, wenn die beabsichtigte Art der Anlegung nach Lage des Falles den Grundsätzen einer wirtschaftlichen Vermögensverwaltung zuwiderlaufen würde." Über die Entstehungsgeschichte und das Ziel des Gesetzes über die Anlegung von Mündelgeld s die Bem zu § 1811 und die ausführlich begründeten Entscheidungen RGZ 128, 309 und KG JFG 17, 209.

3. Gleichberechtigungsgesetz

3 Das GleichberG v 18. 6. 1957 ersetzte jeweils das Wort „Vater" durch „Eltern" und beseitigte den Hinweis auf den nach dem Wegfall der elterlichen Nutznießung am Kindesvermögen nicht mehr existierenden § 1653.

4. Änderung durch das Sorgerechtsgesetz

4 Eine grundlegende Änderung brachte das SorgeRG v 18. 7. 1979; es hob für die Eltern die Verpflichtung zur mündelsicheren Anlegung des Geldes des Kindes – die dem Vormund hinsichtlich des Mündelgeldes nach wie vor obliegt – auf und räumte den Eltern die Möglichkeit ein, auch ohne besondere Erlaubnis des Vormundschaftsgerichts entsprechend den Geboten der wirtschaftlichen Vernunft über die Anlegung des zu verwaltenden Geldes zu entscheiden (s dazu insbes GERNHUBER/COESTER-WALTJEN § 63 Rn 23; zur Entstehung der geltenden Fassung BT-Drucks 7/2060, 27; BT-Drucks 8/2788, 57). Wegen der Anwendung des § 1642 aF auf Vorgänge in der Zeit vor dem Inkrafttreten der Neufassung (1. 1. 1980) s BGH NJW 1993, 2305, 2307.

II. Der Inhalt der Vorschrift

1. Pflicht zur Anlegung des Barvermögens

Die Eltern dürfen Geld des Kindes nicht selbst aufbewahren; sie müssen es vielmehr **verzinslich oder in anderer Weise gewinnbringend anlegen**. Diese Pflicht bezieht sich aber nur auf das Vermögen, das der Verwaltung der Eltern unterliegt; die Anlegungspflicht bezieht sich also nicht auf Vermögen, das nach § 1638 von der Verwaltung der Eltern ausgenommen ist.

Die Eltern brauchen das Geld des Kindes nicht anzulegen, soweit es **zur Bestreitung von Ausgaben bereitzuhalten** ist. Es entspricht wirtschaftlicher Vernunft, daß die Eltern nicht jeden beim Kind eingehenden Bargeldbetrag sofort gewinnbringend anlegen und damit riskieren, bei plötzlich auftretendem Bedarf mit hohen Überziehungskreditzinsen belastet zu werden, weil sich die Anlage nicht kurzfristig auflösen läßt. Von der Anlegungspflicht ausgenommen ist selbstverständlich ein Bestand an laufend benötigten Betriebsmitteln bei einem Erwerbsgeschäft des Kindes, ferner das Geld, das im gesamten persönlichen Bereich des Kindes voraussichtlich in kürzerer Zeit ausgegeben werden muß, also die Mittel für den eigenen Unterhalt des Kindes einschließlich der Kosten einer Heilbehandlung, die Mittel für Anschaffungen und für die Erfüllung von Ansprüchen, die gegenüber dem Kind geltend gemacht werden, im Rahmen des § 1649 Abs 2 auch Mittel für den „aufgebesserten" Unterhalt der Eltern und der minderjährigen unverheirateten Geschwister des Kindes (s § 1649 Rn 23 ff; vgl auch ERMAN/MICHALSKI Rn 2 aE; MünchKomm/HUBER Rn 5). Das Prinzip der Liquidität wird heute so gut wie ausnahmslos dadurch gewahrt, daß die Eltern die Mittel zur Bestreitung derartiger Ausgaben auf einem laufenden Konto bei einem zuverlässigen Kreditinstitut bereithalten.

2. Die Grundsätze wirtschaftlicher Vermögensverwaltung

Die Neufassung des § 1642 begnügt sich mit einer Generalklausel, deren es nicht unbedingt bedurft hätte; denn die Pflicht, bei der Anlegung von Geld des Kindes – wie bei der gesamten Verwaltung des Kindesvermögens – die Grundsätze einer wirtschaftlichen Vermögensverwaltung einzuhalten, ließe sich schon aus dem das Sorgerecht beherrschenden Gebot, stets das Wohl des Kindes zu beachten, ableiten. Die Eltern müssen das Geld des Kindes **sicher und grundsätzlich gewinnbringend** anlegen (BayObLG FamRZ 1983, 528, 530). Einer wirtschaftlichen Vermögensverwaltung entspricht die Geldanlage dann, wenn die zur Zeit ihrer Vornahme maßgebenden Vorstellungen der wirtschaftlich denkenden Bürger von einer günstigen, aber auch sicheren Anlage beachtet worden sind (vgl SOERGEL/STRÄTZ Rn 2; MünchKomm/HUBER Rn 6; BGB-RGRK/ADELMANN Rn 2), wobei als Anlageziel auch die Liquidität beachtlich sein kann (LG Kassel FamRZ 2003, 626). Es kommt also nicht auf den Standpunkt eines Finanzfachmanns an; die Eltern werden aber, vor allem wenn es um größeres Vermögen geht, verpflichtet sein, Rat einzuholen, soweit sie die Lage und die gegebenen Möglichkeiten nicht selbst sachkundig beurteilen können. Der allgemeine Haftungsmaßstab des § 1664 (auf den BGB-RGRK/ADELMANN Rn 4 verweist; vgl auch DIEDERICHSEN NJW 1980, 1, 4) kann hier nicht in dem Sinne herangezogen werden, daß die Eltern bei der Anlegung von Kindesvermögen auch das gleiche Risiko eingehen dürften, das sie bei eigenen Geldanlagen, etwa bei Spekulationsgeschäften, in Kauf zu nehmen pflegen (anders uU, wenn die Eltern Geld des Kindes nur als gering verzinsliches Sparguthaben angelegt haben, LG Kassel FamRZ 2003, 626). Jedenfalls hätte in einem solchen Fall, auch wenn eine Schadensersatzpflicht der Eltern nach § 1664 nicht zu bejahen wäre, das Familiengericht nach § 1666 Abs 1 einzugreifen. Über die Anordnung des Familiengerichts, daß das Geld des Kindes in bestimmter Weise anzulegen ist (§ 1667 Abs 2), s unten Rn 15.

8 Die Eltern haben vor allem für die **Erhaltung des Kindesvermögens** zu sorgen. Deshalb muß eine Kapitalanlage stets den Grundsätzen der Sicherheit entsprechen. Wenn das Gesetz den Eltern heute eine größere Dispositionsfreiheit einräumt, bedeutet dies nicht, daß sie jetzt auch ein größeres Risiko eingehen dürften, wenn damit die Hoffnung auf eine hohe Rendite verbunden ist. Erst innerhalb des Bereichs sicherer Anlagemöglichkeiten ist der Anlage, die den höchsten Ertrag verspricht, der Vorzug zu geben. Wegen der Veränderlichkeit der Ertragsaussichten wird sich vielfach auch eine Streuung der Anlageformen empfehlen, besonders wenn es sich um ein größeres Vermögen handelt (s dazu auch GERNHUBER/COESTER-WALTJEN § 63 Rn 23; BGB-RGRK/ADELMANN Rn 2; MünchKomm/HUBER Rn 6 ff; ERMAN/MICHALSKI Rn 1; SOERGEL/STRÄTZ Rn 2).

9 Der Vorrang der Sicherheit darf die Eltern aber auch nicht dazu veranlassen, Vermögen des Kindes, gar wenn es sich um einen größeren Betrag handelt, nur zu einer Mindestrendite anzulegen, wie sie bei einem Sparguthaben mit gesetzlicher Kündigungsfrist gegeben sein kann (ebenso GERNHUBER/COESTER-WALTJEN § 63 Rn 23; MünchKomm/HUBER Rn 8). Die Eltern können sich nicht darauf berufen, daß eine den Vorschriften über die Mündelsicherheit (§§ 1807, 1808) entsprechende Anlage in jedem Falle pflichtgemäß sei (MünchKomm/HUBER Rn 8).

10 Im Rahmen dieser Grundsätze können und müssen die Eltern heute ohne nähere Vorgaben **das wirtschaftlich Vernünftige** tun. Deshalb kommen zahlreiche Anlagearten in Betracht, zB Immobilien, Hypothekendarlehen, Aktien, festverzinsliche Wertpapiere, Beteiligungen (uU auch ein geschlossener oder ein offener Immobilienfonds, OLG Frankfurt NJW-RR 1999, 1236; FamRZ 2003, 59), auch Anlagen im Ausland. Für welche Anlageart sich die Eltern entscheiden, hängt von einer Vielzahl von Faktoren ab; neben der Sicherheit, der Höhe der Rendite und dem Aspekt der Geldentwertung kann es auf steuerliche Gesichtspunkte, den Verwaltungsaufwand und die Möglichkeit rascher Umdisposition bei Änderung der Verhältnisse ankommen.

11 Pflichtwidrig handeln die Eltern, wenn sie Geld des Kindes entgegen seinen wirtschaftlichen Interessen anlegen, etwa wenn sie einem Verwandten, der sich in schlechten wirtschaftlichen Verhältnissen befindet, ein ungenügend gesichertes Darlehen geben (vgl auch den von GERNHUBER/COESTER-WALTJEN § 63 Rn 24 genannten Fall des Erwerbs von Geschäftsanteilen einer in der Familie als erhaltungswürdig geltenden GmbH, die sich in Schwierigkeiten befindet).

Erst recht verletzen die Eltern ihre Pflicht zur Vermögenssorge, wenn sie Geld des Kindes für eigene Zwecke gebrauchen; die elterliche Vermögenssorge ist fremdnützige Verwaltung mit dem Ziel der Bewahrung des Kindesvermögens zum Nutzen des Kindes (OLG Köln FamRZ 1997, 1351).

III. Besondere Anordnungen; Einschreiten des Familiengerichts

1. Verhältnis des § 1642 zu § 1639

Von § 1642 unberührt bleibt die Vorschrift des § 1639, derzufolge hinsichtlich der **12** Verwaltung, also auch hinsichtlich der Anlegung des dem Kind durch Verfügung von Todes wegen oder durch unentgeltliche Zuwendung unter Lebenden zufallenden Vermögens vom Erblasser oder vom Zuwendenden bindende Anordnungen getroffen werden können (s die Bem zu § 1639). Über die Fälle, in denen die Eltern von solchen Anordnungen abweichen dürfen, s § 1639 Abs 2 und § 1639 Rn 15–17. Eine Abweichung von einer Anordnung des Zuwendenden über eine bestimmte Art der Kapitalanlage kann durchaus gerechtfertigt sein, wenn sich die wirtschaftlichen Verhältnisse so sehr geändert haben oder zu ändern drohen, daß das Festhalten an der Anordnung die Vermögensinteressen des Kindes gefährden würde (§§ 1639 Abs 2, 1803 Abs 2, 3).

Außerhalb der Fälle des § 1639 ist § 1642 zwingendes Recht; ein Dritter, der dem **13** Kind Geld zuwendet, kann also die Eltern nicht auf anderem Weg von der Beobachtung des § 1642 entbinden.

2. Einschreiten des Familiengerichts

Die Neuregelung, die das SorgeRG gebracht hat, darf nicht als Befreiung der Eltern **14** von ihrer Verantwortung für die Erhaltung (und Mehrung) des Kindesvermögens mißverstanden werden. Die Eltern haben diese **Verantwortung nach pflichtgemäßem Ermessen wahrzunehmen** und haften dem Kind, wenn sie schuldhaft ihre Pflicht zur Beachtung der Grundsätze einer wirtschaftlichen Vermögensverwaltung verletzt haben, gemäß § 1664.

Unabhängig von der Frage, ob die Eltern dem Kind zum Schadensersatz verpflichtet **15** sind, hat das Familiengericht, wenn die Eltern ihre in § 1642 statuierte Pflicht zur Anlegung von Geld des Kindes verletzen, gemäß § 1666 Abs 1 die **erforderlichen Maßnahmen** zu treffen. Zu diesen Maßnahmen kann insbesondere die Anordnung gehören, daß das Geld des Kindes in bestimmter Weise anzulegen ist (§ 1667 Abs 2 S 1).

Eine Zuständigkeit des Familiengerichts zur Genehmigung oder auch nur zur Er- **16** klärung der Unbedenklichkeit einer bestimmten Anlage von Kindesvermögen ist nicht mehr gegeben (so jetzt auch PALANDT/DIEDERICHSEN Rn 1 aE).

§ 1643
Genehmigungspflichtige Rechtsgeschäfte

(1) Zu Rechtsgeschäften für das Kind bedürfen die Eltern der Genehmigung des Familiengerichts in den Fällen, in denen nach § 1821 und nach § 1822 Nr. 1, 3, 5, 8 bis 11 ein Vormund der Genehmigung bedarf.

(2) **Das Gleiche gilt für die Ausschlagung einer Erbschaft oder eines Vermächtnisses sowie für den Verzicht auf einen Pflichtteil.** Tritt der Anfall an das Kind erst infolge der Ausschlagung eines Elternteils ein, der das Kind allein oder gemeinsam mit dem anderen Elternteil vertritt, so ist die Genehmigung nur erforderlich, wenn dieser neben dem Kind berufen war.

(3) **Die Vorschriften der §§ 1825, 1828 bis 1831 sind entsprechend anzuwenden.**

Materialien: E I §§ 1511, 1513, 1514, 2043; II §§ 1534, 1534a; III § 1620; Mot IV 762 ff; V 514; Prot IV 566; V 632; VI 322. Geändert durch SchiffsRegDVO vom 21.12. 1940 (RGBl I 1609) Art 2 Nr 24, GleichberG vom 18.6. 1957 Art 1 Nr 22, SorgeRG vom 18.7. 1979 Art 1 Nr 14 und KindRG vom 16.12. 1997 Art 1 Nr 46. STAUDINGER/BGB-Synopse 1896–2005 § 1643.

Schrifttum

BUCHHOLZ, Insichgeschäft und Erbschaftsausschlagung – Überlegungen zu einem Problem des § 1643 II BGB, NJW 1993, 1161

COING, Die gesetzliche Vertretungsmacht der Eltern bei der Ausschlagung einer Erbschaft, NJW 1985, 6

DUMIG, Die Beteiligung Minderjähriger an einer rechtsfähigen Gesellschaft bürgerlichen Rechts aus Familien- bzw. Vormundschaftsgerichtlicher Sicht, FamRZ 2003, 1

ENGLER, Zur Auslegung des § 1643 Abs II BGB, FamRZ 1972, 7

FIALA/MÜLLER/BRAUN, Genehmigungen bei Vormundschaft über Minderjährige, Betreuung und Nachlasspflegschaft, Rpfleger 2002, 389

FOMFEREK, Minderjährige „Superstars" – Die Probleme des § 1822 Nr 5 BGB, NJW 2004, 410

FORTUN, Erfordernis vormundschaftsgerichtlicher Genehmigung bei Unternehmensakquisitionen, NJW 1999, 754

JASPERSEN, Die vormundschaftsgerichtliche Genehmigung in Fällen mit Auslandsbezug, FamRZ 1996, 393

KUNKEL, Das junge Konto – Minderjährigenschutz im Rahmen des Girovertrages, Rpfleger 1997, 1

MAYER, Der Anspruch auf vormundschaftsgerichtliche Genehmigung von Rechtsgeschäften, FamRZ 1994, 1007

MOTZER, Geltendmachung und Verwendung von Schadensersatz wegen Gesundheitsschäden als Aspekt elterlicher Vermögenssorge, FamRZ 1996, 844

PLUSKAT, Der entgeltliche Erwerb eines GmbH-Geschäftsanteils eines beschränkt geschäftsfähigen Minderjährigen, FamRZ 2004, 677

SCHLACHTER, Minderjährigenschutz bei langzeitbefristeten Arbeitsverträgen im Berufssport, FamRZ 2006, 155

SERVATIUS, Die gerichtliche Genehmigung von Eltern-Kind-Geschäften, NJW 2006, 334

SONNENFELD/ZORN, Wirksamwerden gerichtlich genehmigungsbedürftiger Rechtsgeschäfte, Rpfleger 2004, 533.

Systematische Übersicht

I.	**Grundsätzliches, Rechtsentwicklung**		2.	Geschäfte über Vermögensgesamtheiten (§ 1822 Nr 1) _____ 18
1.	Grundsätzliche Fragen _____	1		
2.	Entwicklung der Vorschrift _____	6	3.	Erwerb und Veräußerung von Erwerbsgeschäften, Gesellschaftsverträge (§ 1822 Nr 3) _____ 23
II.	**Die nach Abs 1 genehmigungsbedürftigen Rechtsgeschäfte** _____	11	4.	Verträge mit längerdauernder Bindung (§ 1822 Nr 5) _____ 28
1.	Grundstücksgeschäfte (§ 1821) _____	12		

Titel 5 §1643
Elterliche Sorge

5.	Geschäfte mit besonderen wirtschaftlichen Risiken (§ 1822 Nr 8–11)	30
III.	**Ausschlagung einer Erbschaft oder eines Vermächtnisses, Verzicht auf einen Pflichtteil**	
1.	Erfordernis der Genehmigung im Regelfall	33
2.	Anfall an das Kind infolge Ausschlagung eines Elternteils	35
3.	Verzicht auf einen Pflichtteil, Erbverzicht	43

4.	Erbteilungsvertrag	45
IV.	**Die Genehmigung des Familiengerichts**	
1.	Rechtsnatur der Genehmigung	46
2.	Maßstab der Genehmigung	49
3.	Verfahren und Entscheidung des Familiengerichts	53
4.	Die Bedeutung der Genehmigung für das genehmigungsbedürftige Rechtsgeschäft	64

Alphabetische Übersicht

Allgemeine Ermächtigung	32, 59
Amtsempfangsbedürftige Willenserklärung	68
Amtsermittlungsgrundsatz	55
Anfall an das Kind durch Ausschlagung eines Elternteils	35 ff, 42
Anfechtung der Annahme einer Erbschaft	34
Auflassung	15
Ausschlagung einer Erbschaft oder eines Erbteils	33
Belastung bei Grundstückserwerb	15
Einseitige Rechtsgeschäfte	57, 64 ff
Entstehungsgeschichte der Vorschrift	6 ff
Erbschaft, Erbteil	18, 21
Erbteilungsvertrag	45
Erbverzicht	44
Erwerbsgeschäft	23 ff, 32
Genehmigung des Familiengerichts	3 ff, 46 ff, 56
Gesellschaftsvertrag	26
Grundpfandrechte	14
Grundstückserwerb	16 f
Grundstücksgeschäfte	12 f
Kindeswohl als Maßstab der Genehmigung	49
Kosten des Verfahrens	63
Kreditaufnahme	16, 30
Mietvertrag	28 f
Mitteilung der Genehmigung an den anderen Teil	69

Nacherbenstellung des Kindes	41
Nichtiges Rechtsgeschäft	50 f
Pachtvertrag	28 f
Pfleger	3, 34
Pflichtteil	18, 21, 33, 43
Prokura	30
Rechtsmittel	62
Rechtsnatur der familiengerichtlichen Genehmigung	46
Schiffe	6, 12
Schriftform der Genehmigung	66
Schuldverschreibung auf den Inhaber	30 f
Unabänderlichkeit der Genehmigungsverfügung	61
Unentgeltlicher Erwerb eines Grundstücks	17
Verfahren des Familiengerichts	53
Vermögen im ganzen	18 ff
Vertrag	57, 69, 71 f
Verwirkung des Genehmigungsrechts	70
Verzicht auf einen Pflichtteil	33
Vormund	3
Vorzeitiger Erbausgleich	22
Wechsel	30 f
Widerruf einer Willenserklärung	71
Zuständigkeit des Familiengerichts	53
Zwingendes Recht	3

I. Grundsätzliches, Rechtsentwicklung

1. Grundsätzliche Fragen

1 § 1643 regelt (iVm §§ 1644, 1645 und neben zahlreichen anderen Bestimmungen) das Erfordernis der Genehmigung des Familiengerichts zu vermögensrechtlichen Rechtsgeschäften, die die Eltern für das Kind vornehmen. Die Rechtslage vor Inkrafttreten des BGB war uneinheitlich; das BGB erweiterte den Kreis der genehmigungsbedürftigen Rechtsgeschäfte gegenüber den meisten Partikularrechten mit Rücksicht auf den „vormundschaftlichen Charakter" der elterlichen Gewalt und das Bedürfnis der Sicherung der Vermögensinteressen des Kindes (vgl Mot IV 764 f; über frühere Rechte s auch STAUDINGER/ENGLER[10/11] § 1643 Rn 1).

2 Die Vorschrift **schränkt die Vertretungsmacht der Eltern erheblich ein**, um die Vermögensinteressen des Kindes zu wahren. Die Eltern sind aber wesentlich freier gestellt als der Vormund und der Pfleger, da sich das Genehmigungserfordernis bei ihnen nicht auf alle Geschäfte erstreckt, zu denen Vormund und Pfleger nach §§ 1821, 1822, 1915 Abs 1 die Genehmigung des Vormundschaftsgerichts brauchen.

3 § 1643 enthält **zwingendes Recht**. Vom Erfordernis der familiengerichtlichen Genehmigung können die Eltern auch nicht durch Anordnung dritter Personen befreit werden (OLG Hamburg OLGE 16, 247; RGZ 121, 30, 36; RG HRR 1929 Nr 1649), wie es etwa neuerdings § 1640 Abs 2 Nr 2 hinsichtlich der Inventarisierungspflicht zuläßt (vgl § 1640 Rn 16). Andererseits kann ein Dritter nicht das Vermögenssorgerecht der Eltern dadurch zusätzlich beschränken, daß er – etwa im Zusammenhang mit einer unentgeltlichen Zuwendung an das Kind – bestimmte Rechtsgeschäfte dem Erfordernis der familiengerichtlichen Genehmigung unterwirft (vgl § 1638 Rn 28); der Kreis der genehmigungsbedürftigen Geschäfte kann wegen des öffentlich-rechtlichen Charakters der familiengerichtlichen Genehmigung auch nicht durch Vertrag erweitert werden (KG KGJ 40, A 227, 230 f; BGB-RGRK/ADELMANN Rn 3).

4 Weitere Fälle, in denen die Eltern der Genehmigung des Familiengerichts oder des Vormundschaftsgerichts bedürfen, enthält das BGB in §§ 112, 1484 Abs 2 S 2, 1491 Abs 3, 1492 Abs 3, 1517 Abs 2, 1596, 1639 Abs 2, 1644, 1645, 2290 Abs 3, 2291 Abs 1 S 2, 2292, 2347 Abs 1 u Abs 2 S 2, 2351, 2352 S 3.

5 Das Gesetz ist zu einer **abschließenden Aufzählung der genehmigungsbedürftigen Geschäfte** gezwungen, weil eine Generalklausel, die nach der Bedeutung der Geschäfte unterschiede, nicht praktikabel wäre und dem Bedürfnis nach Sicherheit im Rechtsverkehr zuwiderliefe. Daß die Abgrenzung zwischen genehmigungsbedürftigen und genehmigungsfreien Geschäften im Einzelfall möglicherweise willkürlich erscheint, ist nicht zu vermeiden. Das tritt auch bei der Rechtsanwendung zutage. Der Kreis der genehmigungsbedürftigen Geschäfte ist **um der Rechtssicherheit willen formal** und nicht nach den jeweiligen Umständen des Einzelfalls zu bestimmen; eine auf die Umstände des Einzelfalls bezogene Erweiterung des Kreises der genehmigungsbedürftigen Geschäfte durch analoge Gesetzesanwendung ist ausgeschlossen (so der BGH in st Rspr: BGHZ 17, 160, 161 = NJW 1955, 1067, 1068; BGHZ 38, 26, 28 = NJW 1962, 2344; BGHZ 52, 316, 319 = NJW 1970, 33; NJW 1974, 1134, 1135; FamRZ 1983, 371, 372; s dazu insbes GERNHUBER/COESTER-WALTJEN § 60 Rn 72–74).

2. Entwicklung der Vorschrift

Der Gesetzgeber hat im Lauf der Jahrzehnte seit dem Inkrafttreten des BGB den **6**
Katalog der genehmigungsbedürftigen Geschäfte nur in wenigen Punkten geändert
und die Regelung im übrigen an die Reformen des Familienrechts (Gleichberechtigung von Mann und Frau, Neuregelung der elterlichen Sorge, Übertragung der
Zuständigkeit vom Vormundschaftsgericht auf das Familiengericht) angepaßt.

Die Verordnung zur Durchführung des Gesetzes über Rechte an eingetragenen
Schiffen und Schiffsbauwerken vom 21. 12. 1940 (RGBl I 1609) fügte in den Katalog
der nach § 1821 Abs 1 genehmigungsbedürftigen Geschäfte des Vormunds unter der
neuen Nr 3 die „Verfügung über ein eingetragenes Schiff oder Schiffsbauwerk oder
über eine Forderung, die auf Übertragung des Eigentums an einem eingetragenen
Schiff oder Schiffsbauwerk gerichtet ist" ein, paßte die anschließenden Nummern an
und ergänzte die Verweisung in § 1643 Abs 1 dementsprechend.

Das **GleichberG** hat den sachlichen Gehalt des § 1643 nicht geändert. In Abs 1 ist **7**
lediglich an die Stelle des Wortes „Vater" das Wort „Eltern" getreten; da § 1643 von
der Notwendigkeit der Genehmigung des Familiengerichts für einzelne wichtige
Rechtsgeschäfte handelt, sind unter Eltern im Regelfall der Gesamtvertretung
(§ 1629) beide Eltern, sonst der Elternteil zu verstehen, der die Vermögenssorge
ausübt. Entsprechend der Konzeption des GleichberG, das den Grundsatz des Alleinvertretungsrechts aufstellte, wurde in Abs 2 auch das Wort „Vater" durch die
Worte „Elternteil, der das Kind vertritt" ersetzt (zur Rechtslage in der DDR im Jahr 1960
OLG Brandenburg FamRZ 2002, 1663).

Auf Grund der **Entscheidung des Bundesverfassungsgerichts vom 29. 7. 1959** (BVerfGE **8**
10, 59 = FamRZ 1959, 416 = NJW 1959, 1483), die § 1628 und § 1629 Abs 1 idF des
GleichberG für nichtig erklärt hatte, mußte auch die Ausschlagung einer Erbschaft
für das Kind von beiden Eltern erklärt werden, sofern nicht die Vertretungsbefugnis
aus besonderen Gründen nur bei einem Elternteil lag. Dies hätte bei wörtlicher
Anwendung des § 1643 Abs 2 S 2 dazu geführt, daß die von dieser Bestimmung
bezweckte Freistellung vom Erfordernis der vormundschaftsgerichtlichen Genehmigung (s unten Rn 36) nicht erreicht worden wäre. Da aber unterstellt werden konnte,
daß der Gesetzgeber auch auf der Grundlage der Gesamtvertretung durch beide
Eltern die in Abs 2 S 2 enthaltene Lösung vorgesehen hätte, war nach herrschender
Meinung davon auszugehen, daß die Erklärung beider Eltern nicht der vormundschaftsgerichtlichen Genehmigung bedurfte (s die ausführliche Begründung in STAUDINGER/
ENGLER[10/11] § 1643 Rn 19 und die weiteren Nachweise bei ENGLER FamRZ 1972, 7 f).

Das **SorgeRG** bezog in die in Abs 1 enthaltene Verweisung auf § 1821 auch dessen **9**
Nr 5 ein und erstreckte damit die Genehmigungspflicht auf Verträge, die auf den
entgeltlichen Erwerb eines Grundstücks, eines eingetragenen Schiffs oder Schiffsbauwerks oder eines Rechts an einem Grundstück gerichtet sind (über die Gründe
dieser Erweiterung des Kreises der genehmigungsbedürftigen Geschäfte s BT-Drucks 8/2788, 57 und
unten Rn 16). Außerdem ersetzte das SorgeRG in Abs 2 S 2 die Worte „des Elternteils,
der das Kind vertritt" durch die Worte „eines Elternteils, der das Kind allein oder
gemeinsam mit dem anderen Elternteil vertritt"; es paßte damit den Wortlaut der
Vorschrift dem Grundsatz der Gesamtvertretung (§ 1629) an und übernahm die

schon zuvor in der Praxis gefundene Lösung (s dazu BT-Drucks 8/2788, 57 und oben Rn 8).

10 Das **KindRG** ersetzte, wie vom Bundesrat vorgeschlagen, auch in § 1643 Abs 1 das Wort „Vormundschaftsgericht" durch „Familiengericht"; eine nebeneinander bestehende Zuständigkeit des Familiengerichts und des Vormundschaftsgerichts im Bereich der elterlichen Sorge sollte damit vollständig aufgegeben werden (BT-Drucks 13/4899, 159; 13/8511, 76).

II. Die nach Abs 1 genehmigungsbedürftigen Rechtsgeschäfte

11 Die Tatbestände, auf die § 1643 Abs 1 verweist, werden in den Erläuterungen zu §§ 1821, 1822 ausführlich dargestellt; auf sie wird wegen der in Literatur und Rechtsprechung erörterten Fragen und der zahlreichen und vielfach auch umfangreichen Fundstellennachweise verwiesen.

1. Grundstücksgeschäfte (§ 1821)

12 In § 1821 Abs 1 sind **fünf Gruppen von Rechtsgeschäften** zusammengefaßt, die sich auf Grundstücke (und Schiffe, denen der Gesetzgeber gleichfalls eine besondere wirtschaftliche Bedeutung beimißt, deren Rechtsverhältnisse er auch weitgehend in Übereinstimmung mit dem Liegenschaftsrecht geregelt hat) beziehen. Genehmigungsbedürftig sind danach die Verfügung über ein Grundstück oder über ein Recht an einem Grundstück (Nr 1), die Verfügung über eine Forderung, die auf Übertragung des Eigentums an einem Grundstück oder auf Begründung oder Übertragung eines Rechts an einem Grundstück oder auf Befreiung eines Grundstücks von einem solchen Recht gerichtet ist (Nr 2), die Verfügung über ein eingetragenes Schiff oder Schiffsbauwerk oder über eine Forderung, die auf Übertragung des Eigentums an einem eingetragenen Schiff oder Schiffsbauwerk gerichtet ist (Nr 3), die Eingehung einer Verpflichtung zu einer der in den Nummern 1 bis 3 bezeichneten Verfügungen (Nr 4) und schließlich ein Vertrag, der auf den entgeltlichen Erwerb eines Grundstücks, eines eingetragenen Schiffs oder Schiffsbauwerks oder eines Rechts an einem Grundstück gerichtet ist (Nr 5).

13 Über den **Begriff des Grundstücks** s STAUDINGER/GURSKY (2007) Vorbem 11 ff zu §§ 873 ff. Anteile an Grundstücken gelten als Grundstücke im Sinne des § 1821 Nr 1, gleichviel, ob die Beteiligten nach Bruchteilen oder zur gesamten Hand berechtigt sind. Den Grundstücken sind in dieser Beziehung Rechte gleichzustellen, die auf Grund von Bundes- (Reichs-) oder Landesgesetzen wie Grundstücke zu behandeln sind, zB das Erbbaurecht (§ 11 ErbbauVO), das Wohnungseigentum und das Teileigentum (§ 1 WEG), Bergwerkseigentum (Art 67 EGBGB), Abbaurechte (Art 68 EGBGB) und Nutzungsrechte (Art 196 EGBGB).

14 Nicht als Verfügung über ein Recht an einem Grundstück ist nach § 1821 Abs 2, den die Verweisung in § 1643 Abs 1 umfaßt, die Verfügung über **Hypotheken** (§§ 1113 ff), **Grundschulden** (§§ 1191 ff) und **Rentenschulden** (§§ 1199 ff) anzusehen. Doch ist gerade die Belastung mit einer Hypothek, Grundschuld oder Rentenschuld (oder mit einem anderen dinglichen Recht) eine Verfügung über das Grundstück; eine Verfügung ist ein Rechtsgeschäft, durch das ein bestehendes Recht unmittelbar verändert, also übertragen, belastet, aufgehoben oder anderweitig geändert wird (BGHZ 1, 294, 304 = NJW 1951, 645, 647; STAUDINGER/DILCHER[12] Einl 44 zu §§ 104–185; STAUDINGER/GURSKY [2004] und § 185 Rn 2 ff).

Die Ansicht, daß die **Entgegennahme einer Auflassung** nicht unter Nr 2 fällt, hat sich allgemein durchgesetzt; das Kind erleidet dadurch, daß es den Anspruch auf Übertragung des Eigentums an einem Grundstück realisiert, keinen Rechtsverlust, vor dem es durch das Erfordernis der familiengerichtlichen Genehmigung geschützt werden müßte (vgl RGZ 108, 356, 364 = JFG 2, 1, 9 f; OLG München DJ 1941, 315, 316; DÖLLE § 128 II 2b, bb; MünchKomm/WAGENITZ § 1821 Rn 34; ERMAN/HOLZHAUER § 1821 Rn 7; s auch KG KGJ 51, 174, 178 und ENNECCERUS/KIPP § 80 V 1 Fn 28 mit anderer Begründung). § 1821 Abs 1 Nr 2 bezieht sich auf Fälle, in denen der Mündel einen ihm zustehenden Anspruch weggibt oder aufgibt, dessen Erfüllung ihm Grundeigentum (oder etwas gleichfalls Hochwertiges) verschaffen würde, zB wenn er einen Anspruch auf Auflassung eines Grundstücks abtritt oder der Aufhebung eines wirksam geschlossenen Vertrags, durch den er ein Grundstück erwerben würde, zustimmt.

Auch auf **Belastungen im Zusammenhang mit dem Grundstückserwerb** ist § 1821 Abs 1 Nr 1 nicht anzuwenden, weil diese Bestimmung nur das bereits vorhandene Grundvermögen des Kindes schützt; dies gilt auch für Grundschuldbestellungen, durch die Mittel für andere Zwecke als die Kaufpreisfinanzierung beschafft werden sollen (so – wie schon das Reichsgericht RGZ 108, 356, 364; 110, 173, 175 – der Bundesgerichtshof in st Rspr BGHZ 24, 372; FamRZ 1998, 24 = NJW 1998, 453 = Rpfleger 1998, 119; dazu näher STAUDINGER/ENGLER [2004] § 1821 Rn 44 f).

Zur Ausdehnung des Genehmigungserfordernisses auf Verträge über den **entgeltlichen Erwerb eines Grundstücks**, Schiffs oder Grundstücksrechts (§ 1821 Nr 5) wird in der Begründung des SorgeRG darauf hingewiesen, daß nach der früheren Regelung die Eltern ua zur Aufnahme von Geld auf den Kredit des Kindes, dagegen nicht zu einem Vertrag, der auf den entgeltlichen Erwerb eines Grundstücks durch das Kind gerichtet ist, der Genehmigung des Vormundschaftsgerichts bedurften. Wenn nun bei einem solchen Vertrag das Entgelt für das Grundstück durch Aufnahme eines Kredits aufgebracht werde, sei das Vormundschaftsgericht bei der Entscheidung über die Genehmigung der Kreditaufnahme vor vollendete Tatsachen gestellt und zur Erteilung der Genehmigung praktisch gezwungen, um das Kind nicht etwaigen Ersatzansprüchen des Verkäufers auszusetzen. Eine Beschränkung der Genehmigungspflicht auf die Fälle finanzierten entgeltlichen Erwerbs erscheine mit Rücksicht auf die Interessen des Rechtsverkehrs nicht tragbar. Die Fremdfinanzierung sei für den Verkäufer ebenso wie für das Grundbuchamt nicht erkennbar; dies würde zu kaum behebbarer Rechtsunsicherheit führen (BT-Drucks 8/2788, 57). Eine solche Lösung, die jedenfalls Klarheit schafft, läßt sich vertreten; sie geht freilich in eine andere Richtung als die Rechtsprechung, die vom Erfordernis der familiengerichtlichen Genehmigung zur Belastung eines vom Kind gekauften Grundstücks mit einer Restkaufpreishypothek zugunsten des Verkäufers absieht, weil bei einem solchen Geschäft die Tatsache der Vermehrung des Grundbesitzes des Kindes im Vordergrund steht (s dazu ausführlich STAUDINGER/ENGLER[10/11] § 1643 Rn 5 mwNachw). Daß wirklich ein entscheidender Unterschied darin liegen soll, ob der Verkäufer oder eine Bank Gläubiger ist, erscheint zweifelhaft.

17 Keine Genehmigung brauchen die Eltern, ebenso wie der Vormund, zum **unentgeltlichen Erwerb eines Grundstücks** (vgl – auch zum Fall der „gemischten Schenkung" – § 1821 Rn 86 ff; MünchKomm/Wagenitz § 1821 Rn 45, 46).

2. Geschäfte über Vermögensgesamtheiten (§ 1822 Nr 1)

18 Nach §§ 1643 Abs 1, 1822 Nr 1 bedürfen die Eltern der Genehmigung des Familiengerichts zu einem Rechtsgeschäft, durch das das Kind zu einer Verfügung über sein Vermögen im ganzen oder über eine ihm angefallene Erbschaft oder über seinen künftigen gesetzlichen Erbteil oder seinen künftigen Pflichtteil verpflichtet wird, ferner zu einer Verfügung über den Anteil des Mündels an einer Erbschaft (vgl Mot IV 1140).

19 Soweit es um das Vermögen im ganzen geht, kann sich ein solches Geschäft wirksam nur auf das **gegenwärtige Vermögen** beziehen (§ 311b Abs 3 [früher § 311]). Ein Vertrag, durch den sich der eine Teil verpflichtet, sein künftiges Vermögen oder einen Bruchteil seines künftigen Vermögens zu übertragen oder mit einem Nießbrauch zu belasten, ist nach § 311b Abs 2 (früher § 310) nichtig; diese Bestimmung beruht – neben volkswirtschaftlichen Gesichtspunkten – auch auf ethischen Gründen, da niemand sich seiner wirtschaftlichen und persönlichen Unabhängigkeit begeben und damit ein wesentliches Merkmal seiner Rechtsfähigkeit verlieren soll (vgl Staudinger/Wufka [2001] § 310 Rn 1, 8). Im Interesse der Rechtssicherheit, aber auch zur Warnung vor den Folgen eines unüberlegten Entschlusses, verlangt § 311b Abs 3 für einen Vertrag, durch den sich ein Teil verpflichtet, sein gegenwärtiges Vermögen oder einen Bruchteil davon zu übertragen, notarielle Beurkundung.

20 Zum **Begriff des Vermögens im ganzen** s Staudinger/Wufka (2001) § 311 Rn 8 ff. Anders als in den Fällen des früheren § 419 und des § 1365, wo es um andere Schutzinteressen (der Gläubiger, des Ehegatten) geht und nicht wie beim Mündel und beim Kind ein umfassendes Schutzsystem vorhanden ist, werden von § 1822 Nr 1 nur Rechtsgeschäfte erfaßt, die nach dem Inhalt der abgegebenen Willenserklärung auf die Verfügung über das ganze Vermögen gerichtet sind; Rechtsgeschäfte über einzelne Gegenstände (von einigem Wert), die objektiv das ganze oder im wesentlichen das ganze Vermögen des Kindes ausmachen, genügen nicht (vgl dazu Staudinger/Engler[10/11] §§ 1821, 1822 Rn 50; Rittner FamRZ 1961, 1, 3 f; MünchKomm/Wagenitz § 1822 Rn 3; Fiala/Müller/Braun Rpfleger 2002, 389, 404; RGZ 69, 416, 420; 94, 314; BGH FamRZ 1957, 121 f = DNotZ 1957, 503 = JZ 1957, 382; **aA** Dölle § 128 II 2a, aa; Gernhuber/Coester-Waltjen § 60 Rn 102 und – zur Zugewinngemeinschaft – § 35 Rn 14 ff; Motzer FamRZ 1996, 844, 845, jetzt auch – zur Zugewinngemeinschaft – Staudinger/Thiele [2007] § 1365 Rn 16 ff).

21 Weiter in § 1822 Nr 1 angeführt sind der Vertrag über die Veräußerung einer dem Kind angefallenen Erbschaft (oder eines Erbteils, § 1922 Abs 2), geregelt als Erbschaftskauf in § 2371 ff, die (nur unter künftigen gesetzlichen Erben zulässige) Verfügung des Kindes über seinen künftigen gesetzlichen Erbteil oder seinen künftigen Pflichtteil (§ 311b Abs 5) und die Verfügung eines Miterben über seinen Anteil am Nachlaß (§ 2033). Auch diese Geschäfte beziehen sich auf Vermögensgesamtheiten (Staudinger/Werner [2002] § 2033 Rn 5, 20; Staudinger/Olshausen [2004] Einl 113 zu §§ 2371 ff).

Solange die durch das Nichtehelichengesetz vom 19. 8. 1969 eingeführten, durch das **22**
Erbrechtsgleichstellungsgesetz vom 16. 12. 1997 aufgehobenen §§ 1934a bis 1934e
galten, war streitig, ob der Vormund für einen Mündel, der als nichteheliches Kind
von seinem Vater den **vorzeitigen Erbausgleich** verlangte (§ 1934d), zu einer Vereinbarung hierüber, die – ebenso wie die Zuerkennung des Anspruchs durch Urteil –
das gesetzliche Erbrecht und Pflichtteilsrecht des Kindes und seiner Abkömmlinge
hinfällig machte, und auch zur Geltendmachung des Anspruchs im Klageweg die
Genehmigung des Vormundschaftsgerichts brauchte (vgl MünchKomm/SCHWAB[3] § 1822
Rn 8; SOERGEL/DAMRAU[12] § 1822 Rn 5; BOSCH FamRZ 1969, 510 Fn 68 a). Diese Frage stellte
sich bei der Ausübung der elterlichen Sorge nicht, weil diese sich nur auf Minderjährige bezieht (§ 1626 Abs 1 S 1, § 2) und § 1934d die Geltendmachung des Anspruchs nur einem Kind einräumte, das das 21., aber noch nicht das 27. Lebensjahr
vollendet hatte.

3. Erwerb und Veräußerung von Erwerbsgeschäften, Gesellschaftsverträge (§ 1822 Nr 3)

Daß Minderjährige am Erwerbsleben teilnehmen, ist für das BGB selbstverständ- **23**
lich; es hat freilich von Anfang an – als die Volljährigkeit erst mit 21 Jahren eintrat –
besondere Schutzvorkehrungen getroffen, die dazu dienten, die Eltern (wie den
Vormund) bei der Sorge für das Vermögen des Kindes zu kontrollieren. Ein individueller Schutz erscheint vor allem geboten, wenn der Minderjährige sich selbständig, sei es als Einzelner oder in einer Gesellschaft, kaufmännisch oder gewerblich
betätigt.

Das Erfordernis der familiengerichtlichen Genehmigung ist als Mittel der Kontrolle
an drei Stellen vorgesehen:

Die Eltern können das minderjährige Kind nach § 112 zum selbständigen Betrieb **24**
eines Erwerbsgeschäfts ermächtigen; der Minderjährige wird dadurch für die
Rechtsgeschäfte, die der Geschäftsbetrieb mit sich bringt, unbeschränkt geschäftsfähig. Eine Ausnahme gilt nur für Rechtsgeschäfte, zu denen die Eltern der Genehmigung des Vormundschaftsgerichts bedürfen (§ 112 Abs 1 S 2). Diese Teilgeschäftsfähigkeit wurde als notwendiges Korrelat gesehen zu der Freiheit, die die
Gewerbeordnung aus wirtschaftlichen Gründen ohne Rücksicht auf das Lebensalter
gewährte (vgl Mot I 141 f; STAUDINGER/DILCHER[12] § 112 Rn 2 ff). Um Mißbräuche auszuschließen und im Rechtsverkehr Klarheit zu schaffen, wurde die Ermächtigung
des Minderjährigen zum Geschäftsbetrieb an die Genehmigung des Vormundschaftsgerichts gebunden; die Eltern können sie nach § 112 Abs 2 auch nur mit
Genehmigung des Vormundschaftsgerichts zurücknehmen.

Die Eltern sollen nach § 1645 nicht ohne Genehmigung des Familiengerichts ein **25**
neues Erwerbsgeschäft im Namen des Kindes beginnen (s dazu die Erläuterungen zu
§ 1645). Mit dieser Vorschrift wird den Gefahren Rechnung getragen, die für das
Kind mit dem Betrieb eines Erwerbsgeschäfts verbunden sein können; daneben wird
aber auch der Schutz des Verkehrs vor Eltern bezweckt, die – etwa weil sie selbst
Mißerfolg hatten – ein Geschäft im Namen des Kindes führen wollen (GERNHUBER/
COESTER-WALTJEN § 60 Rn 120). Der Vormund soll nach § 1823 auch nicht ein bestehen-

des Erwerbsgeschäft ohne Genehmigung des Vormundschaftsgerichts auflösen; eine entsprechende Vorschrift für die Eltern gibt es nicht.

26 Schließlich brauchen die Eltern nach §§ 1643 Abs 1, 1822 Nr 3 die Genehmigung des Familiengerichts zu einem Vertrag, der auf den entgeltlichen Erwerb oder die Veräußerung eines Erwerbsgeschäfts gerichtet ist, sowie zu einem Gesellschaftsvertrag, der zum Betrieb eines Erwerbsgeschäfts eingegangen wird (vgl Mot IV 1145). Zur umfangreichen Kasuistik, insbesondere zu der Frage, in welchen Fällen der Beitritt zu einer Gesellschaft genehmigungsbedürftig ist, s die Erläuterungen zu § 1822, zur früheren Rechtsprechung STAUDINGER/ENGLER[10/11] §§ 1821, 1822 Rn 66–84; ferner SOERGEL/ZIMMERMANN § 1822 Rn 11–27; MünchKomm/WAGENITZ § 1822 Rn 11–30; GERNHUBER/COESTER-WALTJEN § 60 Rn 103 ff.

27 Zum unentgeltlichen Erwerb eines Erwerbsgeschäfts bedürfen die Eltern nicht der Genehmigung des Familiengerichts (vgl KG NJW 1962, 54; s auch BROX, in: FS Bosch [1976] 75, 80 ff).

4. Verträge mit längerdauernder Bindung (§ 1822 Nr 5)

28 Das Kind soll in seiner wirtschaftlichen Bewegungsfreiheit nicht unangemessen eingeschränkt werden. Deshalb bedürfen die Eltern nach §§ 1643 Abs 1, 1822 Nr 5 der familiengerichtlichen Genehmigung zu einem Miet- oder Pachtvertrag oder einem anderen Vertrag, durch den das Kind zu wiederkehrenden Leistungen verpflichtet wird, wenn das Vertragsverhältnis länger als ein Jahr nach dem Eintritt der Volljährigkeit des Kindes fortdauern soll. Ursprünglich hatte die Vorschrift das Erfordernis der Genehmigung daran angeknüpft, daß das Vertragsverhältnis „länger als ein Jahr nach der Vollendung des einundzwanzigsten Lebensjahrs" des Mündels (Kindes) fortdauern sollte; da das Gesetz zur Neuregelung des Volljährigkeitsalters vom 31. 7. 1974 (BGBl I 1713) zugleich mit der Herabsetzung des Volljährigkeitsalters auf 18 Jahre die Möglichkeit der vorzeitigen Volljährigerklärung beseitigte, konnte als Ausgangspunkt der Jahresfrist der Eintritt der Volljährigkeit angesetzt werden, da die früher befürchtete Unklarheit (Mot IV 1142) nicht mehr bestand.

29 Bei Miet- und Pachtverträgen spielt es keine Rolle, ob das Kind auf der Mieter- oder Vermieterseite, auf der Pächter- oder Verpächterseite steht (Mot IV 1142). § 1822 Nr 5 umfaßt auch Pachtverträge über ein Landgut oder einen gewerblichen Betrieb; daraus, daß diese schon in § 1822 Nr 4 genannt sind, kann nicht das Gegenteil gefolgert werden. Daß Nr 4 nicht lex specialis gegenüber Nr 5 ist, hat für die Eltern deswegen Bedeutung, weil sie für Rechtsgeschäfte nach § 1822 Nr 5, aber nicht für Geschäfte nach Nr 4, der Genehmigung des Familiengerichts bedürfen (RGZ 114, 35, 37 f; KG JFG 1, 83, 87 = OLGE 43, 380, 381).

5. Geschäfte mit besonderen wirtschaftlichen Risiken (§ 1822 Nr 8–11)

30 Schließlich brauchen die Eltern für eine Reihe von Rechtsgeschäften, die nach der Vorstellung des Gesetzgebers besondere wirtschaftliche Gefahren für das Kind mit sich bringen (vgl Mot IV 1143–1145), nach §§ 1643 Abs 1, 1822 Nr 8–11 gleichfalls die Genehmigung des Familiengerichts. Es handelt sich um die Aufnahme von Geld auf den Kredit des Kindes (Nr 8; s dazu insbes GERNHUBER/COESTER-WALTJEN § 60 Rn 115),

die Ausstellung einer Schuldverschreibung auf den Inhaber und die Eingehung einer Verbindlichkeit aus einem Wechsel oder aus einem anderen Papier, das durch Indossament übertragen werden kann (Nr 9), die Übernahme einer fremden Verbindlichkeit, insbesondere die Eingehung einer Bürgschaft (Nr 10) und die Erteilung einer Prokura (Nr 11).

In allen diesen Fällen wird die familiengerichtliche Genehmigung nicht dadurch **31** entbehrlich, daß die Eltern (mit Genehmigung des Vormundschaftsgerichts) das Kind gemäß § 112 Abs 1 S 1 zum selbständigen Betrieb eines Erwerbsgeschäfts ermächtigt haben oder daß sie das Kind gemäß § 113 Abs 1 S 1 ermächtigt haben, in Dienst oder in Arbeit zu treten. In § 112 Abs 1 S 2 und in § 113 Abs 1 S 2 ist jeweils gesagt, daß die durch eine solche Ermächtigung bewirkte Teilgeschäftsfähigkeit sich nicht auf Rechtsgeschäfte bezieht, zu denen der gesetzliche Vertreter der Genehmigung des Vormundschaftsgerichts bedarf.

Als Ausnahme von dem Grundsatz, daß die zu einem Rechtsgeschäft erforderliche **32** Genehmigung des Familiengerichts ihrem Zweck entsprechend regelmäßig nur für jeden einzelnen Fall wirksam erteilt werden kann (Mot IV 1147), sieht § 1825, auf den § 1643 Abs 3 gleichfalls verweist, die Möglichkeit vor, daß das Familiengericht den Eltern eine **allgemeine Ermächtigung zu den in § 1822 Nr 8–10 bezeichneten Rechtsgeschäften** erteilt. Ein entsprechendes Bedürfnis wollte das BGB „namentlich im Hinblick auf solche Fälle, in welchen für den Mündel ein Erwerbsgeschäft betrieben wird", anerkennen (Mot IV 1147). Die Ermächtigung soll aber nach § 1825 Abs 2 nur erteilt werden, wenn sie zum Zweck der Vermögensverwaltung, insbesondere zum Betrieb eines Erwerbsgeschäfts, erforderlich ist.

III. Ausschlagung einer Erbschaft oder eines Vermächtnisses, Verzicht auf einen Pflichtteil

1. Erfordernis der Genehmigung im Regelfall

Für diese Rechtsgeschäfte, die die Vermögensverhältnisse des Kindes erheblich **33** beeinflussen können, verlangt § 1643 Abs 2 S 1 die familiengerichtliche Genehmigung grundsätzlich auch dann, wenn die Eltern das Kind vertreten; Vormund und Pfleger bedürfen in diesen Fällen ohne Ausnahme und auch zu einem Erbteilungsvertrag der Genehmigung. Zur Annahme einer Erbschaft oder eines Vermächtnisses ist die Genehmigung des Familiengerichts nicht erforderlich (BayObLG FamRZ 1997, 126, 127; STAUDINGER/OTTE [2008] § 1943 Rn 11).

Für die Ausschlagung eines Vermächtnisses ist eine Form nicht vorgeschrieben (STAUDINGER/OTTE [2003] § 2180 Rn 5); auch wenn die Ausschlagung in einem konkludenten Handeln, etwa in der Geltendmachung eines Pflichtteilsanspruchs gesehen werden könnte, wäre sie nicht wirksam ohne Genehmigung des Familiengerichts (OLG Köln FamRZ 2007, 169).

Der Ausschlagung einer Erbschaft (§§ 1942 ff, 1953), womit auch die Ausschlagung **34** eines Erbteils gemeint ist (vgl § 1922 Abs 1 u 2), steht die Anfechtung der Annahme gleich (§ 1957 Abs 1, vgl STAUDINGER/OTTE [2008] § 1957 Rn 2). Die Annahme eines Vermächtnisses (§§ 2176 ff, 2180) kann gleichfalls angefochten werden (s dazu STAU-

DINGER/OTTE [2003] § 2180 Rn 10 aE), und man wird auch dafür die familiengerichtliche Genehmigung verlangen müssen, auch wenn eine dem § 1957 Abs 1 entsprechende Bestimmung fehlt (aA noch STAUDINGER/ENGLER[10/11] §§ 1821, 1822 Rn 57). Die wirksame Anfechtung der Annahme eines Vermächtnisses hat für das Kind die gleiche wirtschaftliche Folge wie eine von Anfang an erklärte Ausschlagung; im übrigen wird in der Anfechtung einer bereits erklärten Annahme in der Regel zugleich die Erklärung der – genehmigungsbedürftigen – Ausschlagung zu sehen sein.

2. Anfall an das Kind infolge Ausschlagung eines Elternteils

35 Nach § 1643 Abs 2 S 2 brauchen die Eltern, wenn sie die Erbschaft für das Kind ausschlagen, die Genehmigung des Familiengerichts ausnahmsweise dann nicht, wenn die Erbschaft dem Kind infolge der Ausschlagung eines Elternteils angefallen war, es sei denn, daß dieser Elternteil neben dem Kind berufen war.

Diese Ausnahme gilt aber nur dann, wenn der Elternteil, wegen dessen Ausschlagung die Erbschaft an das Kind anfällt, allein oder zusammen mit dem anderen Elternteil vertretungsberechtigt ist. Ist der andere Elternteil allein vertretungsberechtigt, so bedarf die Ausschlagung auch dann der familiengerichtlichen Genehmigung, wenn der Anfall an das Kind dadurch eingetreten ist, daß der nicht vertretungsberechtigte Elternteil die Erbschaft ausgeschlagen hat (OLG Naumburg FamRZ 2007, 1047).

36 a) Der Gesetzgeber des BGB ging davon aus, es sei in einem Fall, wie ihn § 1643 Abs 2 beschreibt, fast mit Gewißheit anzunehmen, daß die Erbschaft auch für das nächstberufene Kind ohne Vorteil sein werde und daher eine Benachteiligung des Kindes nicht zu besorgen sei, weil der vertretungsberechtigte Elternteil selbst das dringendste Interesse habe, die Erbschaft zu erwerben, und nicht ohne gehörige Prüfung der Sachlage für sich selbst ausschlagen werde (Mot V 515). Diese Rechtfertigung trifft jedoch auch zu, wenn neben dem die Erbschaft durch seine Ausschlagung vermittelnden Elternteil der andere Elternteil das Kind zu vertreten hat und gleichfalls für das Kind ausschlägt. Auch dabei ist zu vermuten, daß der zunächst als Erbe berufene Elternteil die Erbschaft nur nach gewissenhafter Prüfung und nur dann ausschlagen wird, wenn sie ihm keinen Vorteil bringt (die Fälle, in denen die Eltern gerade zugunsten des Kindes ausschlagen, bleiben hier außer Betracht). Diese Erwägungen hat sich auch das SorgeRG zu eigen gemacht; die Begründung geht von der Annahme aus, „daß eine Benachteiligung des Kindes auch dann nicht zu besorgen ist, wenn die Erbschaft dem Kind lediglich durch die Ausschlagung eines der Elternteile zufällt" (BT-Drucks 8/2788, 57). Da heute die Ausschlagung im Regelfall durch beide Eltern für das Kind erklärt werden muß, erhalten die Interessen des Kindes eine zusätzliche Sicherung, wenn neben dem die Erbschaft vermittelnden auch der andere Elternteil prüft, ob die Ausschlagung für das Kind nützlich ist (ähnlich auch BGB-RGRK/ADELMANN Rn 18).

37 b) Daß es Fälle geben kann, in denen die Eltern auch eine vorteilhafte Erbschaft für sich und das Kind ausschlagen, hat der Gesetzgeber in Kauf genommen. Er hat auch für diese Fälle vom Genehmigungserfordernis abgesehen, weil verhindert werden sollte, daß das Vormundschaftsgericht nachprüfen muß, ob der Nachlaß einen aktiven Vermögensstand hat oder nicht; außerdem bestand die Besorgnis, daß das Vormundschaftsgericht, um für sich die Verantwortung auszuschließen, geneigt sein könnte, grundsätzlich auf der Annahme der Erbschaft für das Kind zu bestehen (Mot V 515). In Literatur und Rechtsprechung wird der **gute Sinn einer generellen Regelung** hervorgehoben, die durch die Erwägung gerechtfertigt ist, wenn die Eltern die Erbschaft für sich ausschlügen, sei nach der Lebenserfahrung anzunehmen, daß der Anfall auch für das Kind nachteilig sei (vgl KG KGJ 53, A 33, 36; OLG Frankfurt NJW 1955, 466; NJW 1962, 52; FamRZ 1969, 658; OLG Hamm NJW 1959, 2215, 2216; Dölle § 94 IV 6; Gernhuber/Coester-Waltjen § 60 Rn 93; MünchKomm/Huber Rn 17 f; BGB-RGRK/Adelmann Rn 18; Soergel/Strätz Rn 7). Diese Erwägungen decken auch noch den Fall, daß die Eltern eine eindeutig wirtschaftlich vorteilhafte Erbschaft für sich und das Kind ausschlagen, weil sie es ohne „vernünftigen", von einem objektiven Betrachter gutgeheißenen Grund ablehnen, daß das Vermögen des Erblassers in ihre engere Familie gelangt.

c)   Etwas anderes gilt jedoch, wenn die Eltern die Erbschaft für sich und zugleich **38** für eines oder einzelne ihrer mehreren – als Ersatzerben nach den Eltern berufenen – Kinder ausschlagen, um sie einem anderen Kind zufallen zu lassen. Vom Wortlaut her ließe sich § 1643 Abs 2 S 2 auch auf einen solchen Fall anwenden; mit dem Sinn und Zweck der Vorschrift wäre dies aber nicht in Einklang zu bringen. Die hinter Abs 2 S 2 stehende Vermutung ist widerlegt, wenn das Verhalten der Eltern zeigt, daß sie die Erbschaft für sich selbst nicht ausgeschlagen haben, weil ihre Annahme nachteilig wäre, sondern weil sie den **Nachlaß in eine bestimmte Bahn lenken** wollten. In einem solchen Fall liegt das Interesse, das die Eltern bei der Ausschlagung für sich selbst verfolgen, nicht auf der gleichen Linie wie das Interesse der Kinder, für die sie die Erbschaft gleichfalls ausschlagen; die Eltern wollen die Erbschaft nicht – aus welchen Gründen auch immer – von den als Ersatzerben berufenen Kindern schlechthin fernhalten, sondern in eine bestimmte Richtung lenken. Eine solche gezielte Maßnahme, die einen Teil der Kinder benachteiligt, aber andere oder ein anderes begünstigt, soll nicht der Kontrolle des Familiengerichts entzogen sein (dazu näher Engler FamRZ 1972, 8 f unter Aufgabe der in Staudinger/Engler[10/11] Rn 19 beiläufig geäußerten Auffassung; ebenso jetzt auch Gernhuber/Coester-Waltjen § 60 Rn 95; Erman/Michalski Rn 22; MünchKomm/Huber Rn 25; BGB-RGRK/Adelmann Rn 20; Soergel/Strätz Rn 8; Bamberger/Roth/Veit Rn 5).

d)   Die Ausschlagung für das Kind bedarf auch dann der familiengerichtlichen **39** Genehmigung, wenn ein Elternteil, der als Testamentserbe eingesetzt ist, in dieser Eigenschaft und für das testamentarisch als Ersatzerbe eingesetzte Kind ausschlägt, um die Erbschaft als gesetzlicher Erbe anzunehmen. Auch in diesem Fall trifft der Grundgedanke des § 1643 Abs 2 S 1, daß die Interessen der Eltern und des Kindes gleichgerichtet sind, nicht zu; da in einem solchen Fall die Eltern zumindest vorwiegend im eigenen, nicht im Kindesinteresse handeln, muß dieses vom Familiengericht wahrgenommen werden (heute wohl allgM; s OLG Frankfurt NJW 1955, 466; NJW 1969, 658; Engler FamRZ 1972, 7, 8; Dölle § 94 IV 6 aE; H Krüger, in: Krüger/Breetzke/Nowack Rn 10; Erman/Michalski Rn 22; BGB-RGRK/Adelmann Rn 20; MünchKomm/Huber Rn 24; Soergel/Strätz Rn 8; Palandt/Diederichsen Rn 5; Gernhuber/Coester-Waltjen § 60 Rn 94, die zutreffend darauf hinweist, daß das Ergebnis – der Nachlaß fällt dem Kind zu, weil die für dieses erklärte Ausschlagung mangels Genehmigung unwirksam ist – nicht dem Willen der Beteiligten entspricht).

Für den Fall, daß ein Elternteil die Erbschaft für das vom Großvater als Testamentserbe eingesetzte Kind ausschlagen will, um sie selbst als gesetzlicher Erbe anzunehmen, vertritt BUCHHOLZ (NJW 1993, 1161, 1166) die Auffassung, daß § 181 in extensiver Auslegung anzuwenden ist, so daß der Elternteil das Kind bei der Erklärung der Ausschlagung nicht – auch nicht mit gerichtlicher Genehmigung – vertreten kann, sondern ein Ergänzungspfleger bestellt werden muß (so auch DAMRAU, Der Minderjährige im Erbrecht, Rn 32; aA COING NJW 1985, 6, 10).

40 e) Nach Abs 2 S 2 HS 2 ist die Genehmigung ferner stets erforderlich, wenn ein **Elternteil neben dem Kind als Erbe berufen** war. Der Gesetzgeber hat offenbar angenommen, daß in diesem Fall, in dem der Anfall an das Kind nur zum Teil Folge der Ausschlagung des Elternteils ist, ein Interessengegensatz zwischen Eltern und Kind bestehen kann (vgl dazu kritisch KIPP/COING § 73 Anm 8; LANGE NJW 1961, 1894 Fn 77). Welche Fälle mit dieser Gegenausnahme gemeint sind, ist nicht leicht zu erkennen. In dem praktisch häufigen Fall, daß der Ehegatte und die gemeinsamen Kinder des Erblassers zu Erben berufen sind, liegt der Tatbestand des Abs 2 S 2 nicht vor, weil hier der Anfall an das Kind nicht erst „infolge der Ausschlagung eines Elternteils" eintritt. In Betracht kommen vielmehr Fälle, in denen ein Elternteil zu mehreren Erbteilen berufen ist und unter den Voraussetzungen des § 1951 den einen Erbteil annimmt, den anderen für sich ausschlägt und damit den Anfall an das Kind bewirkt (vgl dazu die Beispiele bei DÖLLE § 94 IV 6; ferner MünchKomm/HUBER Rn 21).

41 f) Die Regelung des § 1643 Abs 2 ist entsprechend anzuwenden, wenn das Kind erst infolge Ausschlagung eines Elternteils in die Stellung eines Nacherben einrückt und für das Kind vor dem Eintritt des Nacherbfalls (vgl § 2142 Abs 1) die Erbschaft ausgeschlagen wird. Ist der Elternteil neben dem Kind zum Nacherben eingesetzt, so bedarf die von ihm (und dem anderen Elternteil) erklärte Ausschlagung der Erbschaft der Genehmigung durch das Familiengericht (KG KGJ 53, 33, 36 f; heute allgM, s GERNHUBER/COESTER-WALTJEN § 60 Rn 93 Fn 180; BGB-RGRK/ADELMANN Rn 19; MünchKomm/HUBER Rn 20; SOERGEL/STRÄTZ Rn 7; ERMAN/MICHALSKI Rn 22).

42 g) Sind die Eltern im Zeitpunkt der Ausschlagung für das Kind nicht zu dessen Vertretung berechtigt, so ist zur Erklärung der Ausschlagung (durch den Vormund oder Pfleger) stets nach §§ 1822 Nr 2, 1915 Abs 1 die Genehmigung des Vormundschaftsgerichts erforderlich, auch dann, wenn die Erbschaft dem Kind erst infolge der Ausschlagung eines Elternteils anfällt. Das gleiche muß nach § 1643 Abs 2 S 1 gelten, wenn ausnahmsweise nur ein Elternteil zur Vertretung des Kindes berechtigt ist und die Erbschaft dem Kind infolge der Ausschlagung des anderen Elternteils anfällt; Abs 2 S 2 greift hier schon seinem Wortlaut nach nicht ein.

3. Verzicht auf einen Pflichtteil, Erbverzicht

43 a) Das Erfordernis der vormundschaftsgerichtlichen Genehmigung zum Verzicht auf einen Pflichtteil (§§ 2303 ff) wurde erst bei der Schlußredaktion des BGB eingefügt und damit begründet, daß der Pflichtteil dem praktischen Ergebnis nach den Erbteil ersetze und theoretisch als eine Art von gesetzlichem Vermächtnis konstruiert sei (Prot VI 394). Betroffen wird von der Vorschrift nur der Verzicht auf den bereits entstandenen Pflichtteilsanspruch (durch Erlaßvertrag gemäß § 397; vgl STAU-

DINGER/HAAS [2006] § 2317 Rn 22; STAUDINGER/SCHOTTEN [2004] Einl 35 zu §§ 2346 ff), nicht der Verzicht auf das Pflichtteilsrecht im Sinne des § 2346 (vgl Prot VI 394).

b) Zu einem vertragsmäßigen Erbverzicht (Vertrag eines gesetzlich zum Erben **44** Berufenen mit dem Erblasser), auch soweit er sich auf das Pflichtteilsrecht beschränkt, ist nach § 2347 die vormundschaftsgerichtliche Genehmigung erforderlich, wenn der Verzichtende unter elterlicher Sorge steht, es sei denn, es handle sich um eine Verzichtserklärung unter Ehegatten oder unter Verlobten (vgl STAUDINGER/ SCHOTTEN [2004] § 2347 Rn 15 ff).

4. Erbteilungsvertrag

Zu einem Erbteilungsvertrag brauchen die Eltern keine familiengerichtliche Geneh- **45** migung (im Gegensatz zum Vormund, § 1822 Nr 2); ein in der II. Kommission gestellter Antrag, auch solche Verträge der Genehmigungspflicht zu unterwerfen, wurde abgelehnt (Prot IV 566). Enthält aber der Erbteilungsvertrag ein Rechtsgeschäft, zu dem die Eltern nach § 1643 der Genehmigung des Familiengerichts bedürfen, so ist insoweit auch zum Erbteilungsvertrag die Genehmigung erforderlich, etwa wenn einem Miterben ein Nachlaßgrundstück zugewiesen wird (KG RJA 1, 135 = KGJ 20, A 237; OLG Colmar OLGE 5, 402; vgl auch KG OLGE 8, 236). Ist bei einem Erbteilungsvertrag die Vertretungsmacht der Eltern nach §§ 1629 Abs 2 S 1, 1795 ausgeschlossen und für das Kind ein Pfleger bestellt, so ist gemäß §§ 1822 Nr 2, 1915 Abs 1 die Genehmigung des Vormundschaftsgerichts zum Erbteilungsvertrag erforderlich (vgl KG OLGE 18, 287).

IV. Die Genehmigung des Familiengerichts

1. Rechtsnatur der Genehmigung

Die Genehmigung ist nach heute wohl herrschender Meinung ein hoheitlicher Akt **46** der freiwilligen Gerichtsbarkeit, dessen Entstehung, Wirksamkeit und auch Anfechtbarkeit sich ausschließlich nach den Vorschriften des öffentlichen Rechts, vor allem des FamFG, richten, man kann sie auch verstehen als Bestandteil eines aus der privatrechtlichen Willenserklärung, die genehmigt werden soll, und dem Akt der Genehmigung zusammengesetzten Rechtsgeschäfts (vgl GERNHUBER/COESTER-WALTJEN § 60 Rn 45).

Das Reichsgericht hatte in älteren Entscheidungen die Auffassung vertreten, daß **47** rechtsgeschäftliche Handlungen, die das Vormundschaftsgericht innerhalb seiner Zuständigkeit selbst vornehme, keiner anderen Beurteilung unterliegen könnten als rechtsgeschäftliche Handlungen des Vormunds oder Pflegers (RGZ 71, 162, 170) und daß die Erteilung der Genehmigung „zugleich ein obrigkeitlicher Akt und ein privatrechtliches Rechtsgeschäft" sei (RGZ 137, 324, 345). An anderer Stelle sagt das Reichsgericht aber auch, die Entscheidung des Vormundschaftsgerichts, Genehmigung oder Verweigerung, sei „keine rechtsgeschäftliche Willenserklärung, sondern ein obrigkeitlicher Akt, vorgenommen im Interesse des der staatlichen Fürsorge unterstellten Mündels, dessen privatrechtliche Vertretung ausschließlich bei dem Vormunde liegt" (RGZ 99, 72, 74). Eine weitere Entscheidung stellt fest, daß „angesichts der öffentlichrechtlichen Natur der gerichtlichen Genehmigung eine entsprechende Anwendung des § 151 BGB ausgeschlossen" sei; zwar habe die Genehmigung privatrechtliche Wirkungen und in gewissen Beziehungen rechtsgeschäftliche Eigenschaften, sie sei aber in erster Linie eine obrigkeitliche Handlung, vorgenommen im Interesse der staatlichen Fürsorge für den Mündel (RGZ 121, 30, 36). Schon diese Entscheidungen lassen – anders als allenfalls das zehn Jahre vor Inkrafttreten des BGB erlassene Urteil RGZ 25, 281, 283 – schwerlich die Folgerung zu, eine Entscheidung des Familiengerichts über die Genehmigung eines Rechtsgeschäfts sei (von einem Beteiligten dieses Rechtsgeschäfts!) nach den Regeln über die Anfechtung von Willenserklärungen (§§ 119, 123) anfechtbar. Dies wird heute, soweit ersichtlich, auch kaum mehr ernstlich vertreten, die Hinweise auf entsprechende Fundstellen (zB in STAUDINGER/ENGLER[10/11] § 1828 Rn 23; MünchKomm/HINZ[3] § 1643 Rn 2 ff. Fn 3–5; MünchKomm/SCHWAB[3] § 1828 Rn 5 Fn 8; SOERGEL/DAMRAU[12] § 1828 Rn 5) können als überholt betrachtet werden (ebenso MünchKomm/HUBER Rn 28; BGB-RGRK/ADELMANN Rn 23).

48 Als gerichtliche Verfügung der freiwilligen Gerichtsbarkeit kann eine familiengerichtliche Genehmigung nicht wie eine privatrechtliche Willenserklärung angefochten werden; das Gericht ist nur im Rahmen des § 48 FamFG berechtigt, sie zu ändern (ENNECCERUS/KIPP § 115 VIII mit Fn 64; DÖLLE § 128 VI 1; GERNHUBER/COESTER-WALTJEN § 60 Rn 42; HABSCHEID FamRZ 1957, 113; MünchKomm/HUBER § 1643 Rn 28; BGB-RGRK/ADELMANN Rn 23).

2. Maßstab der Genehmigung

49 Die Entscheidung des Familiengerichts hat sich am **Kindeswohl** zu orientieren (vgl OLG Bremen FamRZ 1962, 209; OLG Frankfurt OLGZ 1970, 81, 84; FamRZ 1969, 658, 659), wobei **nicht nur wirtschaftliche, sondern auch immaterielle Interessen** des Kindes von Bedeutung sein können (OLG Karlsruhe – ZS in Freiburg – FamRZ 1973, 378, 380). Aus dem Primat der Eltern bei Ausübung der elterlichen Sorge (auch im Bereich der Vermögenssorge) ergibt sich, daß das Gericht die Genehmigung nicht verweigern darf, wenn nicht die Besorgnis, das Geschäft diene nicht dem Wohl des Kindes, begründet ist; dabei wird, wenn das Interesse an der sicheren Erhaltung des Vermögens und eine mit Risiko verbundene Gewinnaussicht gegeneinander abzuwägen sind, der Sicherungsgedanke Vorrang haben (vgl § 1642 Rn 7 ff). Dem OLG Zweibrücken (FamRZ 2001, 181 = NJW-RR 2001, 145; FamRZ 2001, 1236) kann zwar darin zugestimmt werden, daß nicht jedes Risiko von dem unter elterlicher Sorge stehenden Kind ferngehalten werden soll. Wenn hier der Charakter des Genehmigungserfordernisses als Ausnahme vom Grundsatz der elterlichen Autonomie (mit prinzipiell ungeschmälerter Vertretungsmacht) betont wird, darf das nicht so verstanden werden, daß eine Genehmigung nur dann versagt werden dürfte, wenn eindeutig festgestellt werden kann, daß das in Aussicht genommene Geschäft nicht dem Interesse des Kindes entspricht.

50 Das Familiengericht ist bei allen seinen Entscheidungen an das Gesetz gebunden und darf deshalb ein Geschäft, das **sittenwidrig** ist oder unter **Verstoß gegen gesetzliche Vorschriften** zustandegekommen ist, auch dann **nicht genehmigen**, wenn es für das Kind vorteilhaft wäre.

51 Auch die Genehmigung offensichtlich **nichtiger Geschäfte** soll das Gericht ablehnen, wenn die Nichtigkeit nicht (etwa durch Neuvornahme, zu der eine Vorgenehmigung erteilt werden kann) heilbar ist. Ist dagegen die Rechtswirksamkeit nur zweifelhaft, so darf sich das Familiengericht durch derartige Zweifel nicht von der Prüfung der Frage abhalten lassen, ob das Geschäft im Interesse des Kindes liegt, und muß es gegebenenfalls den Beteiligten überlassen, die Wirksamkeit des Geschäfts vor dem ordentlichen Gericht zu klären (KG JFG 14, 249, 251 f; FamRZ 1963, 467, 469; OLG München JFG 15, 177, 183; BayObLG BayObLGZ 1963, 1, 6; FamRZ 1976, 539, 544; BGB-RGRK/ADELMANN Rn 25; MünchKomm/HUBER Rn 30).

Wegen einzelner Fragen s Bem zu § 1828; MünchKomm/WAGENITZ § 1828 Rn 15–23; **52** SOERGEL/ZIMMERMANN § 1828 Rn 8–10.

3. Verfahren und Entscheidung des Familiengerichts

Die Zuständigkeit des Familiengerichts ergibt sich aus §§ 151 Nr 1, 152 FamFG. **53** Funktionell zuständig ist jetzt nach § 3 Nr 2 Buchst a RPflG der Rechtspfleger, nachdem § 14 Abs 1 Nr 9 aF RPflG, der für die Genehmigung bestimmter Rechtsgeschäfte einen Richtervorbehalt vorgesehen hatte (s dazu STAUDINGER/ENGLER[12] § 1643 Rn 53), durch das BtG gestrichen worden ist.

Das Verfahren des Familiengerichts wird in der Regel durch einen Antrag oder ein **54** Ersuchen der Eltern in Gang gebracht werden. Die **Einleitung des Verfahrens** setzt aber keinen Antrag voraus; vielmehr kann das Familiengericht, wenn es von einem Rechtsgeschäft erfährt, das der gesetzliche Vertreter für das Kind abgeschlossen hat, von Amts wegen prüfen, ob es sich um ein genehmigungsbedürftiges Geschäft handelt, um bejahendenfalls die Genehmigung zu erteilen oder zu versagen (BayObLG BayObLGZ 1964, 240, 246 = FamRZ 1964, 526, 528). Die Genehmigung darf aber nicht – etwa auf Betreiben eines Geschäftspartners des Kindes – ohne oder gegen den Willen des gesetzlichen Vertreters erteilt werden (KG KGJ 52, A 43, 45; BGH DNotZ 1967, 320; BayObLG FamRZ 1977, 141, 144). Dagegen kann das Familiengericht die Versagung einer Genehmigung auch ohne Antrag aussprechen, wenn der gesetzliche Vertreter eine Genehmigung nicht für erforderlich hält (KG OLGZ 1976, 302 = NJW 1976, 1946).

Für das Verfahren des Familiengerichts gilt der Grundsatz der **Ermittlung von Amts** **55** **wegen** (§ 26 FamG). Wegen der Anhörung der Eltern und des Kindes s §§ 159, 160 FamFG.

Abweichend vom Sprachgebrauch der §§ 182–185, der streng zwischen „Einwilligung" und „Genehmigung" unterscheidet, nennt das BGB die nach den §§ 1643, **56** 1812 ff, 1819 ff erforderliche Zustimmung des Familiengerichts oder des Vormundschaftsgerichts stets „Genehmigung", ohne Rücksicht darauf, ob sie dem Geschäft, auf das sie sich bezieht, vorangeht oder nachfolgt; dafür war maßgebend, daß das Gericht keine rechtsgeschäftliche Erklärung abgibt, sondern eine obrigkeitliche Handlung vornimmt (Prot IV 799).

Die **Genehmigung eines Vertrags** kann vor oder nach dessen Abschluß erteilt werden; **57** für den letzteren Fall gelten die Bestimmungen der §§ 1829, 1830. Die vorherige Erteilung der Genehmigung setzt voraus, daß der Inhalt des in Aussicht genommenen Vertrags in allen wesentlichen Punkten schon feststeht und dem Familiengericht bekannt ist; der Richter kann sich bei der vorausgehenden Genehmigung auf das Wesentliche beschränken und die Einzelheiten der Vereinbarung den Beteiligten überlassen (RG Warn 1919 Nr 59 = Recht 1919 Nr 1521; KG OLGE 18, 292; OLGZ 1966, 78 = MDR 1966, 238; BayObLG FamRZ 1976, 539, 544; 1983, 92; LG Memmingen FamRZ 1977, 662, 663).

Bei **einseitigen Rechtsgeschäften** kommt die nachträgliche Genehmigung des Familiengerichts im Hinblick auf die Bestimmung des § 1831 nicht in Frage.

58 Die Entscheidung des Familiengerichts erstreckt sich auf das Rechtsgeschäft nur mit dem **Inhalt**, der sich aus der Vertragsurkunde in Verbindung mit den für das Rechtsgeschäft gesetzlich aufgestellten Rechtsnormen ergibt; mündliche Nebenabreden, die von der Genehmigung nicht erfaßt sind, sind unwirksam (RGZ 50, 281, 284; 61, 209; 99, 72, 74; 114, 35, 38; 132, 76, 78). Hat der Richter ein Rechtsgeschäft genehmigt, ohne die Nichtigkeit eines Teils des Rechtsgeschäfts zu erkennen, so wird es durch den Wegfall des nichtigen Teils nicht zu einem anderen, nicht genehmigten, so daß die nach § 139 vorzunehmende Prüfung der Gültigkeit des Rechtsgeschäfts unterbleiben könnte (BGH FamRZ 1954, 110).

59 Nach § 1643 Abs 3 kann das Familiengericht entsprechend der Vorschrift des § 1825 den Eltern **zu den in § 1822 Nr 8–10 genannten Rechtsgeschäften**, also zur Aufnahme von Geld auf den Kredit des Kindes, zur Ausstellung von Inhaberschuldverschreibungen, zur Übernahme fremder Verbindlichkeiten, eine **allgemeine Ermächtigung** erteilen. Dies soll aber nur geschehen, wenn die Ermächtigung zum Zweck der Vermögensverwaltung, insbesondere zum Betrieb eines Erwerbsgeschäfts erforderlich ist (s oben Rn 30–32 und Bem zu § 1825; Mot IV 1147, 768). Der in der II. Kommission gestellte Antrag, eine allgemeine Ermächtigung des Vaters zu sämtlichen der Genehmigung des Vormundschaftsgerichts bedürfenden Geschäften zuzulassen, wurde abgelehnt (Prot IV 567).

60 Der Beschluß des Familiengerichts wird nach § 40 Abs 1 FamFG wirksam mit der Bekanntmachung an „den Beteiligten, für den er seinem wesentlichen Inhalt nach bestimmt ist". Das sind nach § 1643 Abs 3 iVm § 1828 die Eltern; diese können aber auch einen Dritten, insbesondere den das Rechtsgeschäft beurkundenden Notar, bevollmächtigen, die Genehmigung des Familiengerichts in ihrem Namen entgegenzunehmen.

61 Eine Verfügung, durch die die **Genehmigung** zu einem Rechtsgeschäft erteilt oder verweigert wurde, konnte – abweichend von der Regel des früheren § 18 FGG – vom Familiengericht insoweit **nicht mehr geändert** werden, als die Genehmigung oder deren Verweigerung einem Dritten gegenüber wirksam geworden war (s unten Rn 64 ff); soweit die Verfügung hiernach nicht mehr geändert werden durfte, war auch das Beschwerdegericht nicht berechtigt, sie zu ändern (frühere §§ 55 Abs 1, 62 FGG).

Das Bundesverfassungsgericht hat mit Beschluß vom 18. 1. 2000 (BVerfGE 101, 397 = NJW 2000, 1709 = FamRZ 2000, 731) die Unvereinbarkeit dieser Regelung mit Art 19 Abs 4 GG festgestellt und ausgesprochen, daß der Rechtspfleger, wenn er beabsichtigt, die Genehmigung zu einem Rechtsgeschäft zu erteilen oder zu verweigern, bis zu einer gesetzlichen Neuregelung verpflichtet ist, **die beabsichtigte Verfügung durch einen mit der Beschwerde anfechtbaren Vorbescheid anzukündigen**, wenn erkennbar ist, daß die Verfügung Rechte Dritter berührt (s dazu STAUDINGER/ENGLER [2004] § 1828 Rn 44a; GERNHUBER/COESTER-WALTJEN § 60 Rn 42 aE; OLG Dresden Rpfleger 2001, 232; zum Vorbescheid in der Praxis ausführlich ZORN Rpfleger 2002, 241).

§ 48 Abs 3 FamFG bestimmt jetzt, daß gegen einen Beschluß, durch den die Genehmigung für ein Rechtsgeschäft erteilt oder verweigert wird, eine Wiedereinsetzung in den vorigen Stand, eine Rüge nach § 44 FamFG (Abhilfe bei Verletzung des Anspruchs auf rechtliches Gehör), eine Abänderung oder eine Wiederaufnahme nicht stattfindet, wenn die Genehmigung oder die Verweigerung einem Dritten gegenüber wirksam geworden ist.

Sind an einer Vereinbarung, die der familiengerichtlichen Genehmigung bedarf, **61a** **mehrere Minderjährige** beteiligt, so sind die Genehmigungsverfügungen für die einzelnen Minderjährigen **jeweils rechtlich selbständig**. Die für einen von ihnen erteilte Genehmigung kann, wenn sie gegenüber den anderen Beteiligten der Vereinbarung noch nicht wirksam geworden ist, auch dann noch zurückgenommen werden, wenn die für die anderen Minderjährigen erteilten Genehmigungen schon wirksam geworden sind. Eine wirksam gewordene Genehmigung kann dagegen auch dann nicht mehr zurückgenommen werden, wenn bei den für die anderen Minderjährigen ausgesprochenen Genehmigungen die Voraussetzungen des § 1829 Abs 1 S 2 noch nicht eingetreten sind (BayObLG BayObLGZ 1960, 276 = FamRZ 1961, 128 – LS –).

Über die gegen die Entscheidung des Familiengerichts zulässigen **Rechtsmittel** **62** s §§ 58 ff FamFG. Gegen die Versagung der Genehmigung steht das Beschwerderecht nach §§ 59, 60 FamFG sowohl dem Kind, vertreten durch die Eltern, als auch – weil ihr Recht zur Verwaltung des Kindesvermögens beeinträchtigt wird – den Eltern in eigenem Namen zu (BayObLG FamRZ 1981, 196). Da es sich um eine Endentscheidung handelt, die eine Angelegenheit der elterlichen Sorge iS der §§ 111 Nr 2, 151 Nr 1 FamFG betrifft, findet nach § 621e ZPO die Beschwerde statt (zum früheren § 621e ZPO OLG Hamm FamRZ 2001, 53; OLG Dresden FamRZ 2001, 1307 = Rpfleger 2001, 232; OLG Brandenburg FamRZ 2004, 1049). Dagegen hat ein Dritter, insbesondere der Vertragsgegner, kein Beschwerderecht, da ein „Recht" des Dritten durch die Entscheidung des Familiengerichts nicht verletzt wird (s zu diesem Grundsatz und zu möglichen Ausnahmen Bem zu § 1828).

Die **Kosten** des Genehmigungsverfahrens (§§ 95 Abs 1 Nr 1, s auch § 96 KostO) trägt **63** das Kind, dessen Interesse das Verfahren dient.

4. Die Bedeutung der Genehmigung für das genehmigungsbedürftige Rechtsgeschäft

§ 1643 Abs 3 erklärt die Bestimmungen der §§ 1828–1831 für entsprechend anwend- **64** bar auf Rechtsgeschäfte, zu denen die Eltern der familiengerichtlichen Genehmigung bedürfen. Ein solches Rechtsgeschäft wird mit seiner Vornahme oder seinem Abschluß gegenüber dem Dritten wirksam, wenn die Genehmigung im voraus erteilt wurde und nach §§ 1643 Abs 3, 1828, § 40 FamFG durch Bekanntmachung an die Eltern wirksam geworden ist.

65 **a)** Ein **einseitiges Rechtsgeschäft**, das die Eltern ohne die erforderliche Genehmigung des Familiengerichts vornehmen, ist nach § 1831 S 1 unwirksam; der andere Beteiligte kann sich in einem solchen Fall der Vornahme des Geschäfts nicht entziehen und soll deshalb nicht in Ungewißheit über die Rechtslage bleiben (vgl Mot I 133, 245 zu den Parallelvorschriften der §§ 111 Abs 1, 180 S 1; zum Begriff der einseitigen Rechtsgeschäfte STAUDINGER/DILCHER[12] Einl 34 zu §§ 104–185, § 111 Rn 1 ff). Die familiengerichtliche Genehmigung zu einem einseitigen Rechtsgeschäft kommt deshalb **nur als vorherige Genehmigung** in Frage; eine Heilung der Unwirksamkeit des ohne sie vorgenommenen einseitigen Rechtsgeschäfts durch nachträgliche Genehmigung des Familiengerichts ist ausgeschlossen.

66 Aber auch wenn die Genehmigung vorher erteilt ist und die Eltern ein solches Rechtsgeschäft gegenüber dem anderen vornehmen, ist das Rechtsgeschäft unwirksam, wenn die Eltern die Genehmigung **nicht in schriftlicher Form** vorlegen und der andere das Rechtsgeschäft aus diesem Grund **unverzüglich zurückweist** (§§ 1843 Abs 3, 1831 S 2).

67 § 1831 ist auch entsprechend anzuwenden, wenn das genehmigungsbedürftige einseitige Rechtsgeschäft nicht von den Eltern als gesetzlichen Vertretern des Kindes, sondern **vom Kind selbst mit Einwilligung der Eltern** (dh mit vorheriger Zustimmung, da nachträgliche Zustimmung nach § 111 S 1 ausgeschlossen ist) vorgenommen wird (§§ 107, 111). Auch in diesem Fall muß die Genehmigung des Familiengerichts der Vornahme des Rechtsgeschäfts durch das Kind vorhergehen; sie kann aber der Erteilung der Einwilligung durch die Eltern nachfolgen, da diese Einwilligung zwar ein einseitiges Rechtsgeschäft, aber kein „von den Eltern vorgenommenes" einseitiges Rechtsgeschäft im Sinn der §§ 1643 Abs 3, 1831 ist, vielmehr als Bestandteil des vom Kind vorgenommenen Rechtsgeschäfts betrachtet wird, und da sich die Genehmigung des Familiengerichts auf das Rechtsgeschäft selbst, nicht auf die Zustimmungserklärung der Eltern bezieht (s dazu die ausführlichen Darlegungen von DÖLLE § 128 VI 6 c bb).

68 Auf einseitige **amtsempfangsbedürftige Willenserklärungen** ist die Regelung des § 1831 im Grundsatz nicht anwendbar, weil hier nicht das Interesse des Empfängers an der Vermeidung eines Schwebezustands geschützt werden muß (vgl SOERGEL/ZIMMERMANN § 1831 Rn 5–8; MünchKomm/WAGENITZ § 1831 Rn 6 ff; zum Zeitpunkt der Beibringung der Genehmigung auch DÖLLE § 128 VI 6 c bb).

69 **b)** Die Wirksamkeit eines von den Eltern ohne die erforderliche Genehmigung des Familiengerichts geschlossenen **Vertrags** hängt von der nachträglichen Genehmigung des Vormundschaftsgerichts ab. Die Genehmigung oder Verweigerung wird dem anderen Teil gegenüber erst wirksam, wenn sie ihm **durch die Eltern mitgeteilt** wird (§§ 1643 Abs 3, 1829 Abs 1). Fordert der andere Teil die Eltern zur Mitteilung auf, ob die Genehmigung erteilt sei, so kann die Mitteilung der Genehmigung nur bis zum Ablauf von zwei Wochen nach dem Empfang der Aufforderung erfolgen; erfolgt sie nicht, so gilt die Genehmigung als verweigert (§§ 1643 Abs 3, 1829 Abs 2; zum Lauf der Frist s RGZ 130, 148, 152).

Ist das **Kind volljährig** geworden, so tritt **seine Genehmigung** an die Stelle der Genehmigung des Familiengerichts (§§ 1643 Abs 3, 1829 Abs 3). Über Verwirkung des Genehmigungsrechts – zu § 184 Abs 2 – s OLG Stuttgart NJW 1954, 36; s auch BGH FamRZ 1961, 216, wonach es eine unzulässige Rechtsausübung bedeuten kann, wenn sich die seit vielen Jahren volljährigen Miterben, um sich von einem Pachtvertrag zu lösen, darauf berufen, ein früherer Vertrag habe wegen der in ihm enthaltenen Geschäftsübertragung der vormundschaftsgerichtlichen Genehmigung bedurft und sei von ihnen nicht nachträglich genehmigt, weil sie sich der Genehmigungsbedürftigkeit nicht bewußt gewesen seien. 70

Haben die Eltern dem anderen Teil gegenüber **der Wahrheit zuwider** die Genehmigung des Familiengerichts behauptet, so ist der andere Teil bis zur Mitteilung der nachträglichen Genehmigung des Familiengerichts zum **Widerruf** berechtigt, es sei denn, daß ihm das Fehlen der Genehmigung beim Abschluß des Vertrags bekannt war (§§ 1643 Abs 3, 1830). Über die Behandlung der trotz der Genehmigung erfolgten Mitteilung, daß die Genehmigung nicht erteilt sei, s RGZ 130, 148, 152. 71

Fehlt es an der erforderlichen Genehmigung, weil das Familiengericht sie nicht erteilt hat, weil sie nach § 1829 Abs 2 als verweigert gilt oder weil die Eltern von der erteilten Genehmigung keinen Gebrauch machen (durch Mitteilung nach § 1829 Abs 1 S 2), so ist der **Vertrag unwirksam**. Eine Schadensersatzpflicht der Eltern wird hierdurch aber im Regelfalle nicht begründet. Die Eltern sind auf Grund der gesetzlichen Regelung berechtigt und verpflichtet, wenn sie bei einem genehmigungsbedürftigen Vertrag Interessen des Kindes für gefährdet halten, den Antrag auf familiengerichtliche Genehmigung zu unterlassen oder nach Antragstellung und vor der Entscheidung dem Gericht ihre Bedenken mitzuteilen oder sogar noch nach der Erteilung der Genehmigung von deren Mitteilung an den Vertragspartner abzusehen und es dadurch bei der Unwirksamkeit des Vertrags zu belassen (RG JW 1921, 1237; BGHZ 54, 73 = FamRZ 1970, 401, 402). Dies gilt nach der angeführten Entscheidung des BGH sogar dann, wenn der Pflicht, im Interesse der Kinder das Zustandekommen eines Grundstückskaufvertrags zu hindern, eine aus seiner eigenen Beteiligung als Verkäufer abzuleitende Pflicht des Elternteils, das Zustandekommen des Vertrags zu fördern, gegenübersteht. 72

§ 1644
Überlassung von Vermögensgegenständen an das Kind

Die Eltern können Gegenstände, die sie nur mit Genehmigung des Familiengerichts veräußern dürfen, dem Kind nicht ohne diese Genehmigung zur Erfüllung eines von dem Kind geschlossenen Vertrags oder zu freier Verfügung überlassen.

Materialien: E I § 1512; II § 1535; III § 1621; Mot IV 767; Prot IV 567. Neugefaßt durch das GleichberG vom 18.6.1957 Art 1 Nr 22 und geändert durch das KindRG v 16.12.1997 Art 1 Nr 46. STAUDINGER/BGB-Synopse 1896–2005 § 1644.

I. Sinn und Zweck der Vorschrift

1 Schließt das minderjährige Kind einen Vertrag ohne die erforderliche Einwilligung seines gesetzlichen Vertreters, so hängt die Wirksamkeit des Vertrags von der Genehmigung des Vertreters ab (§ 108 Abs 1). Nach § 110 gilt jedoch ein von einem Minderjährigen ohne Zustimmung des gesetzlichen Vertreters geschlossener Vertrag als von Anfang an wirksam, wenn der Minderjährige die vertragsmäßige Leistung mit Mitteln bewirkt, die ihm zu diesem Zweck oder zu freier Verfügung von dem Vertreter überlassen worden sind. § 1644 vervollständigt den in § 1643 vorgesehenen Schutz des Minderjährigen, der umgangen würde, wenn zwar die Eltern bei von ihnen selbst vorgenommenen Veräußerungen dem Erfordernis der Genehmigung unterlägen, nicht aber der Minderjährige im Fall des § 110. Zwar sollte auch ohne besondere Vorschrift selbstverständlich sein, daß dies nicht so sein darf (ENNECCERUS/ KIPP § 115 III). Um aber mögliche Zweifel zu beseitigen (vgl Mot IV 767), bestimmt § 1644 ausdrücklich, daß die Eltern Gegenstände, zu deren Veräußerung die Genehmigung des Familiengerichts erforderlich ist (zB Grundstücke, §§ 1643 Abs 1, 1821 Abs 1 Nr 1), dem Kind nicht ohne diese Genehmigung zur Erfüllung eines von dem Kind geschlossenen Vertrags oder zu freier Verfügung überlassen können (vgl STAUDINGER/KNOTHE [2004] § 110 Rn 13; RIEZLER DJZ 1903, 565, 566; s auch BayObLG BayObLGZ 17, 124, 128).

2 Das GleichberG hat „Vater" durch „Eltern" ersetzt und die erste Satzhälfte sprachlich verbessert, aber die sachliche Regelung nicht geändert. In der Überlassung von Gegenständen des Kindesvermögens zur Erfüllung eines von dem Kind geschlossenen Vertrags liegt, wie auch in der Überlassung zu freier Verfügung, eine konkludente Zustimmung (vgl STAUDINGER/KNOTHE [2004] § 110 Rn 2). Unter „Eltern" versteht auch § 1644 die Eltern als gesetzliche Vertreter des Kindes iS von § 1629 Abs 1 (und § 1643); die von MASSFELLER/REINICKE (Anm 1) und H KRÜGER, in: KRÜGER/ BREETZKE/NOWACK (Rn 1) vertretene Auffassung, die „Überlassung" sei keine Angelegenheit der Vertretung bei der Vermögensverwaltung, widerspricht der Systematik des Gesetzes und hängt wohl mit der Mißbilligung des später vom Bundesverfassungsgericht für verfassungswidrig erklärten § 1629 Abs 1 idF des GleichberG zusammen.

Das KindRG wollte alle Fragen, die mit der Ausübung der elterlichen Sorge im einzelnen zusammenhängen, dem Familiengericht übertragen; es hat deshalb auch in § 1644 das Wort „Vormundschaftsgerichts" durch das Wort „Familiengerichts" ersetzt (BT-Drucks 13/4899, 71, 159).

II. Bedeutung der Vorschrift und Einzelfragen

3 Handeln die Eltern der Bestimmung des § 1644 zuwider, so tritt die in § 110 vorgesehene Wirkung nicht ein. Ein vom Kind ohne die erforderliche elterliche Zustimmung geschlossener Vertrag gilt also auch dann nicht als von Anfang an wirksam, wenn das Kind die vertragsmäßige Leistung mit den Mitteln bewirkt, die ihm die Eltern oder der vertretungsberechtigte Elternteil zu diesem Zweck oder zu freier Verfügung überlassen haben. Vielmehr sind in diesem Fall die allgemeinen Bestimmungen der §§ 108 ff anzuwenden.

Titel 5 §1644, 4–8
Elterliche Sorge § 1645

Dagegen können Gegenstände, die der vertretungsberechtigte Elternteil ohne Ge- **4**
nehmigung des Familiengerichts veräußern darf, dem Kind zur Erfüllung eines von
ihm geschlossenen Vertrags oder zu freier Verfügung überlassen werden, ohne daß
es hierzu der Genehmigung des Vormundschaftsgerichts bedarf (Mot IV 768). Soweit das Kind mit solchen Mitteln eine vertragsmäßige Leistung bewirkt, tritt die in
§ 110 vorgesehene Rechtswirkung ein.

§ 1644 bezieht sich nur auf das der Verwaltung der Eltern unterliegende Kindes- **5**
vermögen, nicht auf eigenes Vermögen, das sie dem Kind überlassen, und nur auf die
Veräußerung von Gegenständen, zu der die Eltern der Genehmigung des Familiengerichts bedürfen. Auf andere Fälle, etwa die Überlassung von Geld zur Erfüllung
anderer genehmigungsbedürftiger Geschäfte, ist die Vorschrift nicht anwendbar
(s dazu SCHILKEN FamRZ 1978, 642, 646).

Überlassen die Eltern dem Kind einen Gegenstand entgegen § 1644, so bewirkt dies **6**
nicht das Erlöschen der Vermögenssorge hinsichtlich dieses Gegenstandes, denn die
Eltern können auf die Verwaltung, zu der sie nach § 1626 Abs 1 grundsätzlich verpflichtet sind, nicht wirksam verzichten (vgl Vorbem 7 zu §§ 1638–1665; H KRÜGER, in:
KRÜGER/BREETZKE/NOWACK Rn 2; MünchKomm/HUBER Rn 2).

Die entsprechende Regelung für den Vormund enthält § 1824. **7**

III. Verfahren

Die Vorschrift wurde in das Gesetz aufgenommen, um eine aus § 110 abzuleitende **8**
Folgerung, die auf eine Umgehung des Minderjährigenschutzes hinausliefe (Münch-
Komm/HUBER Rn 1), auszuschließen. Der umständliche Weg einer Entscheidung des
Familiengerichts, die die Überlassung eines Gegenstandes im Sinne des § 1644 zum
Gegenstand hätte, wird in der Praxis kaum in Betracht kommen. Deshalb sei hier
nur um der formalen Vollständigkeit willen darauf hingewiesen, daß sich die Zu-
ständigkeit des Familiengerichts aus § 152 FamFG und die Abgrenzung zwischen
Richter und Rechtspfleger aus § 3 Nr 2 Buchst a RPflG ergibt.

§ 1645
Neues Erwerbsgeschäft

**Die Eltern sollen nicht ohne Genehmigung des Familiengerichts ein neues Erwerbs-
geschäft im Namen des Kindes beginnen.**

Materialien: E I § 1515; II § 1536; III § 1622;
Mot IV 768; Prot IV 567. Neugefaßt durch das
GleichberG vom 18.6.1957 Art 1 Nr 22u geän-
dert durch KindRG v 16.12.1997 Art 1 Nr 46.
STAUDINGER/BGB-Synopse 1896–2005 § 1645.

Systematische Übersicht

I.	Grundgedanke	1	III.	Maßstab der Genehmigung, Verfahren	12
II.	Abgrenzung der von § 1645 erfaßten Fälle		IV.	Folgen des Fehlens der Genehmigung
1.	Begriff des Erwerbsgeschäfts	5	1.	Wirksamkeit der Geschäftsgründung	14
2.	Beginn eines Erwerbsgeschäfts	6	2.	Kaufmannseigenschaft des Kindes, Handelsregister	15
3.	Auflösung eines Erwerbsgeschäfts	11	3.	Schadensersatzpflicht der Eltern, Maßnahmen des Familiengerichts	16

I. Grundgedanke

1 Die Aufnahme der dem früheren Recht fremden Bestimmung des § 1645 in das BGB entsprach dem vormundschaftlichen Charakter der elterlichen Gewalt und beruhte auf der Erwägung, daß die **Neugründung eines Erwerbsgeschäfts** außerhalb der gewöhnlichen Vermögensverwaltung liegt und **in der Regel mit Gefahr für das Kind verbunden** ist (Mot IV 768; vgl § 1823 und Bem hierzu; GERNHUBER/COESTER-WALTJEN § 60 Rn 103; MünchKomm/HUBER Rn 1). In der Reichstagskommission wurde hervorgehoben, daß durch diese Vorschrift zugleich der Mißstand behoben werden solle, der sich daraus ergeben habe, daß bankerotte Väter auf den Namen ihres Kindes ein Geschäft gegründet und als Handlungsbevollmächtigte des Kindes geführt hätten (RTK 34).

2 Das GleichberG hat die bisherige Regelung sachlich nicht geändert. Weil die gesetzliche Vertretung in Frage steht, geht § 1645, wenn nicht der Normalfall der Gesamtvertretung vorliegt, lediglich den Elternteil an, der zur gesetzlichen Vertretung befugt ist (**aA** H KRÜGER, in: KRÜGER/BREETZKE/NOWACK Rn 1; s dazu § 1644 Rn 2).

Das KindRG hat – entsprechend einem Vorschlag des Bundesrats – das Wort „Vormundschaftsgericht" durch das Wort „Familiengericht" ersetzt; es wollte „alle mit den Beziehungen zwischen Eltern und Kindern zusammenhängenden Fragen" dem Familiengericht übertragen (BT-Drucks 13/4899, 159; 13/8511, 76).

3 Den **Schutz des Kindes** vor Maßnahmen der Eltern, die im Hinblick auf ein Erwerbsgeschäft die Vermögensinteressen des Kindes gefährden können, bezwecken außerdem mehrere Bestimmungen, die die Genehmigung des Familiengerichts (Vormundschaftsgerichts) zwingend voraussetzen

a) zur Ermächtigung des Minderjährigen zum selbständigen Betrieb eines Erwerbsgeschäfts, die eine partielle Geschäftsfähigkeit des Minderjährigen zur Folge hat, und zur Rücknahme dieser Ermächtigung (§ 112),

b) zu einem Vertrag, der auf den entgeltlichen Erwerb oder die Veräußerung eines Erwerbsgeschäfts gerichtet ist, sowie zu einem Gesellschaftsvertrag, der zum Betrieb eines Erwerbsgeschäfts eingegangen wird (§§ 1643 Abs 1, 1822 Nr 3),

c) zu einem Pachtvertrag über ein Landgut oder einen gewerblichen Betrieb (§§ 1643 Abs 1, 1822 Nr 4).

Genehmigt das Familiengericht ein nach §§ 1643 Abs 1, 1822 Nr 3 genehmigungsbedürftiges Rechtsgeschäft, das auf den Neubeginn eines Erwerbsgeschäfts gerichtet ist, so wird diese Entscheidung auch die nach § 1645 erforderliche Genehmigung umfassen. Eine **Genehmigung nach § 1645 macht** dagegen **nicht die zusätzliche Entscheidung überflüssig**, die nach **§§ 1643 Abs 1, 1822 Nr 3** erforderlich ist; bei dieser hat das Familiengericht die Vermögensinteressen des Kindes umfassend zu prüfen, während es bei § 1645 nur um die speziellen Gefahren geht, die mit der Neugründung eines Erwerbsgeschäfts verbunden sein können (ebenso MünchKomm/HUBER Rn 3; SOERGEL/STRÄTZ Rn 2; vgl auch GERNHUBER/COESTER-WALTJEN § 60 Rn 120). Stets bedarf es einer besonderen Genehmigung auch zur Erteilung einer **Prokura** (§§ 1643 Abs 1, 1822 Nr 11), auch wenn diese mit der Neugründung des Geschäfts in enger Verbindung steht. **4**

II. Abgrenzung der von § 1645 erfaßten Fälle

1. Begriff des Erwerbsgeschäfts

Unter Erwerbsgeschäft ist nach den Motiven (I 143) jede regelmäßige, auf selbständigen Erwerb gerichtete Tätigkeit zu verstehen, mag sie in Handel, dem Betreiben einer Fabrik oder eines Handwerks, einer als Dienstleistung zu bezeichnenden Tätigkeit, der Ausübung eines künstlerischen oder wissenschaftlichen Berufs, der Landwirtschaft bestehen – oder, wie es das RG ausdrückt (RGZ 133, 7, 11), eine berufsmäßig ausgeübte, auf selbständigen Erwerb gerichtete Tätigkeit. Diese umfassende Begriffsbestimmung ist immer noch brauchbar, auch wenn sich das Spektrum der Berufsbilder stark gewandelt und erweitert hat. Vorausgesetzt ist immer, daß die Tätigkeit selbständig, in eigenem Namen, auf eigene Rechnung und – grundsätzlich – mit dem Willen, Gewinn zu erzielen, erfolgt und auf eine gewisse Dauer angelegt ist. Nicht nötig ist eigene Tätigkeit und Mitarbeit im Erwerbsgeschäft; der Inhaber kann das Geschäft durch Bevollmächtigte betreiben lassen, er darf nur nicht gänzlich von der planmäßigen Leitung und dem Einfluß auf den Geschäftsbetrieb ausgeschlossen sein. **5**

Es macht auch keinen Unterschied, ob der Minderjährige das Erwerbsgeschäft allein oder in Gemeinschaft mit anderen betreibt. Als Teilhaber einer OHG betreibt er selbst dann ein selbständiges Erwerbsgeschäft, wenn er von der Geschäftsführung ausgeschlossen ist (RGZ 87, 100, 102; 127, 110, 114).

Die Definition des Erwerbsgeschäfts (s dazu auch § 1643 Rn 23 ff und STAUDINGER/ENGLER [2004] § 1822 Rn 33 ff) stimmt mit derjenigen des § 112 und des § 1431 (vgl STAUDINGER/KNOTHE [2004] § 112 Rn 3; STAUDINGER/THIELE [2007] § 1431 Rn 3) überein.

2. Beginn eines Erwerbsgeschäfts

§ 1645 spricht vom Beginn eines neuen Erwerbsgeschäfts. Änderungen des Geschäftsgegenstandes und Erweiterungen des Geschäfts, auch wenn sie erheblich sind, fallen nur dann unter die Vorschrift, wenn sich der Charakter des Geschäfts derart **6** wandelt, daß die Änderung einer Neugründung gleichkommt (etwas antiquiert ist das Beispiel in STAUDINGER/ENGLER[10/11] § 1645 Rn 8: Umwandlung einer Münzenhandlung in ein Bankgeschäft).

7 Streitig ist vor allem die Frage, ob die **Fortführung eines dem Kind zugefallenen Erwerbsgeschäfts** unter § 1645 fällt. Da der entgeltliche Erwerb eines Erwerbsgeschäfts nach §§ 1643 Abs 1, 1822 Nr 3 stets der Genehmigung des Familiengerichts bedarf, kommt hier nur der **unentgeltliche Erwerb** durch Schenkung oder von Todes wegen in Betracht.

Eine verbreitete Meinung unterscheidet: Im Falle der Schenkung soll § 1645 anwendbar sein, vor allem weil andernfalls die Eltern durch Neugründung eines Geschäfts in eigenem Namen und anschließende Schenkung an das Kind den Schutzzweck der Norm unterlaufen könnten; der Fall der Fortführung eines ererbten Geschäfts soll dagegen genehmigungsfrei sein (so noch MünchKomm/HINZ[3] Rn 4; SOERGEL/STRÄTZ Rn 2; GERNHUBER/COESTER-WALTJEN[4] § 60 Rn 120). Noch weiter geht K SCHMIDT, der verlangt, daß „analog §§ 1645, 1823" die gesetzlichen Vertreter nicht ohne Genehmigung des Vormundschaftsgerichts (jetzt Familiengerichts) ein Unternehmen im Namen des Minderjährigen oder unter Beteiligung eines Minderjährigen im Namen einer Erbengemeinschaft fortführen sollen; geschehe dies trotzdem und wirke der gesetzliche Vertreter nicht in zumutbarer Weise auf den Abschluß eines Gesellschaftsvertrags hin – was bei Beteiligung dritter Miterben durchaus schwierig sein könne –, so könne er sich nach §§ 1664, 1833 schadensersatzpflichtig machen (K SCHMIDT NJW 1985, 138; 1985, 2791; **aA** – dezidiert gegen SCHMIDT und auch gegen einen Vorschlag von JOHN in JZ 1985, 246 – DAMRAU NJW 1985, 2236).

8 Demgegenüber ist an der in STAUDINGER/ENGLER[10/11] § 1645 (Rn 7) vertretenen Auffassung festzuhalten, daß die Fortführung eines Erwerbsgeschäfts **nicht der Genehmigung** des Familiengerichts nach § 1645 **bedarf**, gleichviel, ob das Erwerbsgeschäft schon bei Beginn der elterlichen Vermögensverwaltung vorhanden war oder dem Kind später zugefallen ist (so schon Mot IV 769). Gleiches muß auch für die Fortsetzung eines Gesellschaftsverhältnisses, zB als Teilhaber einer offenen Handelsgesellschaft, gelten, wenn die Weiterführung der Gesellschaft für den Fall des Todes eines Gesellschafters schon im ursprünglichen Gesellschaftsvertrag bestimmt war; wird dagegen die Fortsetzung erst nach dem Tod eines Gesellschafters vereinbart oder hat der minderjährige Erbe eines Gesellschafters nur das Recht zum Eintritt, dann ist dies nicht als Fortführung eines Erwerbsgeschäfts anzusehen, sondern als Neubegründung, die der Genehmigung des Familiengerichts bedarf (so auch MünchKomm/SCHWAB[3] § 1823 Rn 3).

9 Das **Bundesverfassungsgericht** hat in einem Beschluß vom 13. 5. 1986 (BVerfGE 72, 155, 172 ff = FamRZ 1986, 769 = NJW 1986, 1859) erklärt, es sei mit dem allgemeinen Persönlichkeitsrecht Minderjähriger nicht vereinbar, daß Eltern ihre Kinder kraft elterlicher Vertretungsmacht (§ 1629 BGB) bei Fortführung eines ererbten Handelsgeschäfts in ungeteilter Erbengemeinschaft finanziell unbegrenzt verpflichten können. Es hat mit dieser Entscheidung das Urteil des Bundesgerichtshofs vom 8. 10. 1984 (BGH NJW 1985, 136 m Anm K SCHMIDT = JZ 1985, 243 m Anm JOHN = FamRZ 1985, 173) aufgehoben, sich aber nicht zur Kontroverse zwischen SCHMIDT und DAMRAU über die Anwendbarkeit des § 1645 auf den Fall des Eintritts eines minderjährigen

Miterben in ein Handelsgeschäft geäußert. Der Beschluß des Bundesverfassungsgerichts hat keinen sachlichen Einfluß auf die Auslegung des § 1645, da es in dem entschiedenen Fall nicht um das Erfordernis und die Schutzwirkung der vormundschaftsgerichtlichen Genehmigung, sondern um die sachliche Reichweite der Vertretungsmacht der Eltern in vermögensrechtlichen Angelegenheiten ging; das Bundesverfassungsgericht sagt jedenfalls nicht, daß das Genehmigungserfordernis die Beschwerdeführerinnen – etwa weil anzunehmen sei, daß das Vormundschaftsgericht die Genehmigung verweigert hätte – davor bewahrt hätte, durch ihre Mutter als gesetzliche Vertreterin mit hohen Schulden belastet zu werden. Dies wäre auch deshalb nicht der Fall gewesen, weil die Sollvorschrift des § 1645 nur eine „Innengenehmigung" vorsieht, deren Fehlen ein dennoch vorgenommenes Geschäft nicht unwirksam macht (vgl GERNHUBER/COESTER-WALTJEN § 60, 44, 119; MünchKomm/HINZ[3] Rn 2, 4).

Das **Gesetz zur Beschränkung der Haftung Minderjähriger** vom 25. 8. 1998 hat den **10** vom Bundesverfassungsgericht geforderten Schutz Minderjähriger davor, daß sie mit einer hohen Schuldenlast in die Volljährigkeit „entlassen" werden, nicht durch eine Erweiterung des Katalogs der genehmigungsbedürftigen Rechtsgeschäfte (s dazu BT-Drucks 13/5624, 6 f), sondern auf andere Weise herbeigeführt. Nach § 1629a beschränkt sich die Haftung für Verbindlichkeiten, die die Eltern oder andere vertretungsberechtigte Personen durch Rechtsgeschäft oder eine sonstige Handlung für das Kind begründet haben oder die auf Grund eines während der Minderjährigkeit erfolgten Erwerbs von Todes wegen entstanden sind, auf den Bestand des bei Eintritt der Volljährigkeit vorhandenen Vermögens des Kindes. Der neugefaßte § 723 Abs 1 gibt dem volljährig Gewordenen außerdem das Recht, eine auf bestimmte Zeit eingegangene Gesellschaft allein mit der Begründung zu kündigen, daß er das 18. Lebensjahr vollendet hat (s wegen der Einzelheiten die Erl zu § 1629a und zu § 723 und den RegE des MHbeG, BT-Drucks 13/5624).

Man wird deshalb sagen können, daß § 1629a jetzt auf jeden Fall ausreichenden Schutz bietet vor den Haftungsrisiken, die sich aus der Fortführung eines dem Kind zugefallenen Erwerbsgeschäfts ergeben können, so daß für eine – allenfalls in Betracht kommende analoge – Anwendung des § 1645 kein Anlaß mehr besteht (so MünchKomm/HUBER Rn 5).

3. Auflösung eines Erwerbsgeschäfts

Im Gegensatz zum Vormund (§ 1823) bedürfen die Eltern nicht der Genehmigung **11** des Familiengerichts zur Auflösung eines zum Vermögen des Kindes gehörenden Erwerbsgeschäfts. Dieser Unterschied wurde früher aus der Erwägung gerechtfertigt, daß der Inhaber der elterlichen Gewalt wegen der ihm regelmäßig zustehenden Nutznießung am Kindesvermögen (frühere §§ 1649 ff) an der Fortführung eines gut gehenden Erwerbsgeschäfts selbst interessiert sei (Mot IV 769). Daß dieses Motiv nach dem Wegfall des Nutznießungsrechts heute kaum mehr (allenfalls noch im Hinblick auf § 1649 Abs 2) bedeutsam sein kann, genügt nicht, um auch hier, obwohl eine ausdrückliche Regelung fehlt, einen weiteren Fall der Genehmigungsbedürftigkeit anzunehmen. Die unterschiedliche Regelung für die Eltern und den Vormund ist auch immer noch durch die Erwägung gerechtfertigt, daß der Vormund auf jeden Fall gehindert werden soll, das Erwerbsgeschäft nur deshalb aufzulösen, weil er den

Bereich seiner Verantwortung einschränken will (vgl ENNECCERUS/KIPP § 115 II 19; SOERGEL/ZIMMERMANN § 1823 Rn 1).

III. Maßstab der Genehmigung, Verfahren

12 Die Entscheidung des Familiengerichts richtet sich nach den Interessen des Kindes. Die beabsichtigte Gründung eines Erwerbsgeschäfts wäre dem Wohl des Kindes nicht förderlich, wenn das Kind vorwiegend Lasten tragen, aber nicht die Vorteile des Geschäfts erhalten sollte (vgl KG OLGE 21, 264; ENNECCERUS/KIPP § 80 V 5 Fn 35).

Im Zusammenhang mit dem Kindeswohl wird im Regelfall auch die Fähigkeit des Kindes, wenigstens in absehbarer Zeit das Geschäft selbst zu führen, zu prüfen sein; kommt das Familiengericht zu dem Ergebnis, daß das Kind nach Erreichen der Volljährigkeit den Anforderungen der Geschäftsführung voraussichtlich nicht gewachsen sein wird, so wird es die Genehmigung auch dann versagen müssen, wenn zunächst die Eltern das Geschäft für das Kind erfolgreich betreiben können (so auch MünchKomm/HUBER Rn 6).

Auch wenn im Einzelfall kein unmittelbares vermögensrechtliches Risiko des Kindes mit der Geschäftsgründung verbunden ist, wird die Genehmigung zu versagen sein, wenn das Kind durch die nicht mehr kreditwürdigen Eltern lediglich vorgeschoben wird (vgl oben Rn 1).

13 Die **Zuständigkeit** des Familiengerichts richtet sich nach § 152 FamFG; nach § 3 Nr 2 Buchst a RPflG entscheidet der Rechtspfleger.

Die **Anhörung des Kindes** war im Gegensatz zur Regelung des früheren § 1827 nicht ausdrücklich vorgeschrieben; § 1827 ist durch Art 1 Nr 50 SorgeRG vom 18. 7. 1979 aufgehoben, weil § 50b FGG jetzt generell die Anhörung des Minderjährigen regelt. Eine solche Anhörung wird sich bei nicht mehr ganz jungen Minderjährigen wegen der Bedeutung des Geschäfts in der Regel empfehlen (so auch MünchKomm/HUBER Rn 7).

IV. Folgen des Fehlens der Genehmigung

1. Wirksamkeit der Geschäftsgründung

14 Da § 1645 nur eine Ordnungsvorschrift ist, hat das Fehlen der Genehmigung keine Wirkung auf das Zustandekommen der Geschäftsgründung oder die Wirksamkeit der im Geschäftsbetrieb vorgenommenen Rechtsgeschäfte (Mot IV 770).

2. Kaufmannseigenschaft des Kindes, Handelsregister

15 Die Kaufmannseigenschaft des Kindes wird durch das Fehlen der nach § 1645 erforderlichen Genehmigung nicht berührt; dies ist allgemeine Meinung. Das Registergericht darf die Eintragung der Firma nicht vom Nachweis der Genehmigung durch das Familiengericht abhängig machen (KG OLGE 1, 286, 288; ENNECCERUS/KIPP § 115 II 19; GERNHUBER/COESTER-WALTJEN § 60 Rn 119; MünchKomm/HUBER Rn 10; SOERGEL/ZIMMERMANN § 1823 Rn 5; BGB-RGRK/ADELMANN Rn 6; aA SOERGEL/STRÄTZ Rn 3, ERMAN/MI-

CHALSKI Rn 1; BAMBERGER/ROTH/VEIT Rn 4). Der Registerrichter ist nicht gehindert, das Familiengericht zu unterrichten; dürfte er die Eintragung verweigern, so verlöre § 1645 den Charakter der Sollvorschrift.

3. Schadensersatzpflicht der Eltern, Maßnahmen des Familiengerichts

Haben die Eltern entgegen § 1645 ohne Genehmigung des Familiengerichts ein Geschäft im Namen des Kindes begonnen, so kann dies im Einzelfall den Verdacht begründen, daß sie die Vermögensinteressen des Kindes schuldhaft verletzt haben. Dies kann eine Schadensersatzpflicht der Eltern begründen, die sich nach § 1664 richtet. Umgekehrt wirkt die familiengerichtliche Genehmigung im Regelfall entlastend; man wird schwerlich eine haftungsbegründende Sorgfaltspflichtverletzung schon in der Gründung eines Geschäfts auf den Namen des Kindes sehen können, wenn das Familiengericht aufgrund zutreffender Darstellung der Eltern die Geschäftsgründung genehmigt hat. **16**

Erfährt das Familiengericht – etwa durch einen Hinweis des Registergerichts, vgl oben Rn 15 – von einem Geschäftsbeginn, den es nicht genehmigt hat, so hat es den Sachverhalt aufzuklären und, wenn das Kindeswohl beeinträchtigt ist, die zur Abwehr der Gefahr erforderlichen Maßnahmen zu treffen (§ 1667). **17**

§ 1646
Erwerb mit Mitteln des Kindes

(1) Erwerben die Eltern mit Mitteln des Kindes bewegliche Sachen, so geht mit dem Erwerb das Eigentum auf das Kind über, es sei denn, dass die Eltern nicht für Rechnung des Kindes erwerben wollen. Dies gilt insbesondere auch von Inhaberpapieren und von Orderpapieren, die mit Blankoindossament versehen sind.

(2) Die Vorschriften des Absatzes 1 sind entsprechend anzuwenden, wenn die Eltern mit Mitteln des Kindes ein Recht an Sachen der bezeichneten Art oder ein anderes Recht erwerben, zu dessen Übertragung der Abtretungsvertrag genügt.

Materialien: E II § 1537; III § 1623; Prot IV 571.
Geändert durch das GleichberG vom 18. 6. 1957
Art 1 Nr 22. STAUDINGER/BGB-Synopse
1896–2005 § 1646.

I. Zweck der Vorschrift

1. Wie der frühere § 1381 für das eingebrachte Gut der Frau, so sprach die ebenfalls auf einem Beschluß der II. Komm beruhende Vorschrift des § 1646 aF für das der Verwaltung des Vaters unterliegende Vermögen den **Grundsatz der gesetzlichen Surrogation** aus. Man verkannte zwar nicht, daß sich die Stellung des Vaters von der des Ehemanns dadurch unterschied, daß der Vater als gesetzlicher Vertreter unmittelbar auf den Namen des Kindes Verträge schließen konnte und daß **1**

den Kindern gemäß § 54 Nr 5 KO (aF; dann bis zum Inkrafttreten der Insolvenzordnung am 1.1.1999 § 61 Nr 5 KO) ein Vorzugsrecht im Konkurs des Vaters eingeräumt war; allein auch hier bestand die Gefahr, daß sich das Vermögen des Kindes in eine Summe von Ersatzansprüchen gegen den Vater verwandelte, was im Interesse der Sicherheit des Kindes vermieden werden sollte (Prot IV 571; OPET/vBLUME Anm 1; vgl auch ENNECCERUS/KIPP § 80 VI; RGZ 126, 114, 116).

2. Der durch das GleichberG neugefaßte § 1646 hat den Grundsatz der gesetzlichen Surrogation („Mittelsurrogation" im Gegensatz zu der in § 1370 geregelten Gegenstandssurrogation, vgl GERNHUBER/COESTER-WALTJEN § 63 Rn 15; MünchKomm/HUBER Rn 1) beibehalten und auch an seinen sachlichen Voraussetzungen nichts geändert. Da die tatsächliche Sorge für das Kindesvermögen jetzt den Eltern zusteht, wurde das Wort „Vater" durch das Wort „Eltern" ersetzt. § 1646 hat grundsätzlich beide Eltern, also auch dann, wenn ein Elternteil nicht zur Vertretung des Kindes befugt ist, nicht nur den vertretungsberechtigten Elternteil im Auge, weil in § 1646 keine Angelegenheit der gesetzlichen Vertretung in Frage steht (so auch MASSFELLER/REINICKE Anm 1; H KRÜGER, in: KRÜGER/BREETZKE/NOWACK Rn 1). Auch wenn ein nicht vertretungsberechtigter Elternteil handelt, soll der Schutz des § 1646 dem Kind zugute kommen (s auch unten Rn 16).

3. Das Gesetz hat den Surrogationsgrundsatz im Kindschaftsrecht nur für **zwei Fälle** anerkannt, nämlich in der Auslegungsregel des § 1646 und ferner in § 1638 Abs 2 (früher auch in § 1651 Abs 2), wonach sich die Ausschließung der Eltern von der Vermögenssorge (früher noch der Nutznießung) bei Zuwendungen Dritter auf die Ersatzstücke erstreckt. Wenn der Surrogationsgrundsatz namentlich bei der Ausschließung von der Vermögenssorge anerkannt ist, beruht dies auf der Erwägung, daß das in Betracht stehende Vermögen den Charakter eines Vermögensganzen haben und ohne Rücksicht auf seine wirtschaftliche Form der Verwaltung durch die Eltern entzogen sein soll (Mot IV 761).

4. Eine Ausdehnung des Surrogationsprinzips auf andere, im Gesetz nicht geregelte Fälle **scheidet aus**, da es sich sowohl bei der Mittel- wie bei der Gegenstandssurrogation um Ausnahmen von den allgemeinen Regeln des Erwerbs von Rechten handelt. Der Surrogationsgrundsatz kann deshalb nicht angewandt werden, wenn der Sorgeberechtigte mit Genehmigung des Familiengerichts ein Grundstück des Kindes veräußert und für den Erlös Wertpapiere erworben hatte; da es an einer entsprechenden Vorschrift fehlt, kann in einem solchen Fall nicht angenommen werden, der Verkauf der Wertpapiere (die innerhalb des Kindesvermögens wirtschaftlich an die Stelle des Grundstücks getreten sind) bedürfe ebenso der Genehmigung des Familiengerichts wie zuvor (nach § 1643 Abs 1 iVm § 1821 Abs 1 Nr 1) der Verkauf des Grundstücks (KG KGJ 38, A 11, 14).

5. § 1646 bezweckt die Erhaltung des Kindesvermögens; das Kind soll vor den Folgen nachteiliger Verfügungen der Eltern über Gegenstände seines Vermögens geschützt werden. Der Schutz greift aber gegenüber pflichtwidrigem Handeln der Eltern gerade dann nicht ein, wenn die Eltern mit Mitteln des Kindes für ihre eigene Rechnung oder für die Rechnung Dritter erwerben wollten und der, der sich hierauf beruft, es beweisen kann (BAUMGÄRTEL/LAUMEN Rn 2). In diesem Fall kann sich das Kind nicht auf Eigentum berufen, sondern nur einen Anspruch gegen die Eltern auf

Übertragung des Rechts oder auf Ersatz der aus seinem Vermögen aufgewandten Mittel geltend machen, der ihm keinen Schutz bietet, weil er im Insolvenzverfahren nicht bevorrechtigt ist (s unten Rn 18).

II. Die Voraussetzungen der Surrogation

1. Gegenstand des Erwerbs

Die Vorschrift bezieht sich auf bewegliche Sachen, Inhaberpapiere (zB Inhaber- 6
schuldverschreibung, §§ 793 ff; Inhaberaktie, § 10 AktG; Inhabergrundschuldbrief, § 1195) und mit Blankoindossament versehene Orderpapiere (zB die in §§ 363 HGB aufgeführten Orderpapiere; Wechsel, Art 11, 13 WG; Scheck, §§ 14, 16 ScheckG; Namensaktie, § 68 Abs 1 AktG) sowie (Abs 2) auf Rechte an beweglichen Sachen oder an Papieren der bezeichneten Art (zB Nießbrauch oder Pfandrecht) und schließlich auf Rechte, zu deren Übertragung ein formloser Abtretungsvertrag genügt (zB Forderungen, Urheberrechte oder gewerbliche Schutzrechte, §§ 398, 413).

Ist dagegen für die Übertragung eines Rechts notarielle Beurkundung vorgeschrie- 7
ben (zB bei einem Geschäftsanteil, § 15 Abs 3 GmbHG), so kommt die Anwendung des § 1646 nicht in Betracht, auch nicht beim Erwerb von Namenspapieren, da hier noch ein besonderer Übertragungsakt nötig ist. Ist nach dem Gesetz der Rechtserwerb von der Errichtung einer Urkunde abhängig, in der die Vertragsparteien ihrer Person nach genau zu bezeichnen sind, so muß sich der Vertragspartner wie jeder Dritte im Verkehr darauf verlassen können, daß die Rechtsänderung so eintritt, wie es urkundlich festgelegt ist, daß also von der Rechtsänderung nur die Personen betroffen sind, die im Vertrag genannt sind (so OLG Breslau OLGE 18, 258, 259 f).

Der Grundsatz der dinglichen Ersetzung gilt nicht beim **Erwerb von Grundstücken**, 8
weil hier die Eintragung im Grundbuch klarstellt, für wen erworben wurde (vgl GERNHUBER/COESTER-WALTJEN § 63 Rn 17; LÜDERITZ/DETHLOFF § 13 Rn 111; MünchKomm/HUBER Rn 16). Erwerben die Eltern ein Grundstück im eigenen Namen, aber mit Mitteln des Kindes und mit dem Willen, es für Rechnung des Kindes zu erwerben, so werden sie zwar Eigentümer; sie sind aber im Verhältnis zum Kind verpflichtet, das Grundstück wie Eigentum des Kindes zu behandeln und es an das Kind aufzulassen. Dies ergibt sich, worauf MünchKomm/HUBER (Rn 16) zutreffend hinweist, zwar nicht aus „entsprechender Anwendung des aus § 1646 sich ergebenden Grundsatzes" (so STAUDINGER/ENGLER[10/11] § 1646 Rn 3), sondern aus dem Recht auf pflichtgemäße Ausübung der Vermögenssorge; im Ergebnis ist aber doch den in STAUDINGER/ENGLER[10/11] § 1646 zitierten Entscheidungen (RGZ 126, 114, 115 = JW 1930, 257 m zust Anm LANDSBERG; 152, 349, 350; BGHZ 6, 1, 2 = NJW 1952, 779, wo von der entsprechenden Anwendung des sich aus § 1381 ergebenden „Grundgedankens" die Rede ist) beizutreten.

2. Erwerb mit Mitteln des Kindes

Die Sachen oder Rechte müssen mit Mitteln des Kindes erworben sein. Mittel des 9
Kindes sind nicht nur Geld, vielmehr kommen auch andere Vermögensgegenstände in Betracht, die die Eltern dem Vermögen des Kindes entnehmen, so auch eine Forderung des Kindes.

Daß der Erwerb mit Mitteln des Kindes erfolgt ist, hat zu beweisen, wer sich auf den Eintritt der Surrogation beruft (vgl RGZ 126, 114, 117; BAUMGÄRTEL/LAUMEN Rn 1 aE).

3. Wille der Eltern, für Rechnung des Kindes zu erwerben

10 Die Eltern müssen bei dem Erwerb mit dem Willen gehandelt haben, für Rechnung des Kindes zu erwerben. Dieser Wille ergibt sich ohne weiteres, wenn die Eltern ein auf den Erwerb eines Gegenstand abzielendes Rechtsgeschäft **im Namen des Kindes** vornehmen; dann fällt der Erwerb, soweit die Eltern in Gesamtvertretung oder der allein vertretungsberechtigte Elternteil handeln, schon nach den Grundsätzen der §§ 164 ff dem Kind unmittelbar zu, ohne daß es seiner Mitwirkung bedarf; für einen nicht vertretungsberechtigten Elternteil gelten die §§ 177 ff.

11 Für den Fall, daß die Eltern **im eigenen Namen** handeln, enthält § 1646 eine Vermutung für das Vorhandensein des Willens, für Rechnung des Kindes zu erwerben. Der Nachweis, daß die Eltern nicht für Rechnung des Kindes erwerben wollten, obliegt dem, der dies einwendet. Gelingt dieser Nachweis, so greift der Grundsatz des § 1646 nicht ein; das Kind erwirbt die Sachen oder Rechte nicht unmittelbar, sondern erst mit rechtsgeschäftlicher Übertragung durch die Eltern.

III. Die Wirkung der Surrogation

12 Sind die in Abs 1 S 1 genannten Voraussetzungen erfüllt, so gelangt der von den Eltern erworbene Gegenstand mit dem Erwerb **unmittelbar kraft Gesetzes**, also ohne Zwischenübertragung und ohne Zwischenzustand, in das Vermögen des Kindes (heute allgM; die entgegengesetzte Auffassung von ENNECCERUS/WOLFF § 50 I 3, s auch SIBER JherJb 67, 81, 167, die einen Durchgangserwerb angenommen hatten, ist überholt). Hier werden also an die mittelbare Stellvertretung die Folgen einer unmittelbaren Stellvertretung geknüpft (GERNHUBER/COESTER-WALTJEN § 63 Rn 16; MünchKomm/HUBER Rn 2).

13 Wird die Leistung von den Eltern teils aus dem Vermögen des Kindes, teils aus ihrem eigenen Vermögen erbracht, so erwirbt das Kind **Miteigentum** an dem erworbenen Gegenstand entsprechend seinem Anteil (MünchKomm/HUBER Rn 5; SOERGEL/STRÄTZ Rn 2; GERNHUBER/COESTER-WALTJEN § 63 Rn 16 Fn 30).

14 Ob die nach allgM gebotene wirtschaftliche Betrachtungsweise stets dazu führt, daß bei einem **Kreditgeschäft** Surrogation in vollem Umfang eintritt, ob also das Kind auch schon dann Alleineigentümer wird, wenn die gesamte Barzahlung und weitere, vom Käufer zu tragende Kosten aus seinem Vermögen stammen (so STAUDINGER/ENGLER[10/11] § 1646 Rn 4 im Anschluß an RGZ 126, 114, 117; ebenso GERNHUBER/COESTER-WALTJEN § 63 Rn 16 Fn 30; MünchKomm/HUBER Rn 7), erscheint zweifelhaft. Es wird in einem solchen Fall auf die Umstände, insbesondere auch auf die Kreditbedingungen ankommen; wenn etwa der Kaufpreis ausdrücklich in Teile aufgegliedert ist, von denen einer bei Vertragsschluß bar aus dem Kindesvermögen, der andere von den Eltern in Raten aus ihrem Vermögen aufgebracht werden soll, kann auch hier die Lösung naheliegen, daß das Kind entsprechend seinem Anteil Miteigentum erwirbt.

15 Hat im Falle der Gesamtvertretung (§§ 1626, 1629) nur ein Elternteil für Rechnung des Kindes mit dessen Mitteln erworben, so kann sich ein Anspruch des Kindes gegen den anderen Elternteil ergeben, das Rechtsgeschäft zu genehmigen, damit der Erwerb zugunsten des Kindes wirksam wird (ebenso MünchKomm/HUBER Rn 3).

Daraus, daß den Eltern die Vermögenssorge gemeinschaftlich zusteht, ist aber nicht **16** zu folgern, daß die Surrogationswirkung bei Vorliegen der aufgezählten Erfordernisse nur dann eintritt, wenn die Eltern gemeinsam handeln und dabei die Absicht haben, für Rechnung des Kindes zu erwerben. Auch wenn **nur ein Elternteil** – auch der nichtvertretungsberechtigte – entsprechend § 1646 erwirbt, tritt die gesetzliche Surrogation ein (vgl oben Rn 2; ebenso SOERGEL/STRÄTZ Rn 3; aA GERNHUBER/COESTER-WALTJEN § 63 Rn 16 Fn 428 die Miteigentum des Kindes und des für eigene Rechnung handelnden Elternteils annehmen will).

Erlangt das Kind mit Hilfe der in § 1646 vorgesehenen Surrogation eine **Forderung**, **17** so gelten zugunsten des Schuldners die Bestimmungen der §§ 406–408. Dies ergibt sich aus der entsprechenden Anwendung des § 412; der Schuldner, der die Herkunft der Mittel nicht zu kennen braucht, soll nicht schlechter gestellt werden als in dem Fall, in dem die Eltern die Forderung für sich erwerben und dann an das Kind abtreten.

Im **Insolvenzverfahren** der Eltern oder des Elternteils, der den Erwerb des Kindes **18** vermittelt hat, steht dem Kind ein Anspruch auf Aussonderung des mit seinen Mitteln erworbenen Gegenstandes (§ 47 InsO) oder auf Ersatzaussonderung (§ 48 InsO) zu. Kann es die Voraussetzungen der Surrogation nicht dartun, hat es nur einen – nicht bevorrechtigten – Ersatzanspruch.

Ersatzansprüche des Kindes, die sich aus dem Verhalten der Eltern bei dem in Frage **19** stehenden Erwerb ergeben können (auf der Grundlage der §§ 823 ff oder wegen Verletzung von Pflichten im Rahmen der Vermögenssorge, § 1664), kommen auch im Falle der Surrogation in Betracht, zB bei zeitweiligem Entzug von Nutzungen oder dann, wenn der Erwerb für das Kind wirtschaftlich nachteilig war.

§ 1647
(weggefallen)

In § 1647 war bestimmt, wie sich die Eröffnung des Konkurses über das Vermögen **1** des Vaters auf die Vermögensverwaltung auswirkte. Die Vorschrift ist durch Art 1 Nr 22 GleichberG aufgehoben worden. § 1670, der die Regelung des § 1647 aF übernommen hatte, wurde aufgehoben durch Art 33 EGInsO v 5. 10. 1994 (BGBl I 2911); s dazu auch Vorbem 11 zu §§ 1638–1665 (s auch STAUDINGER/BGB-Synopse 1896–2005 § 1647).

§ 1648
Ersatz von Aufwendungen

Machen die Eltern bei der Ausübung der Personensorge oder der Vermögenssorge Aufwendungen, die sie den Umständen nach für erforderlich halten dürfen, so können sie von dem Kind Ersatz verlangen, sofern nicht die Aufwendungen ihnen selbst zur Last fallen.

Materialien: E I § 1503; II § 1539; III § 1625; Mot IV 746; Prot IV 561; V 143; VI 298. Geändert durch GleichberG vom 18. 6. 1957. Art 1 Nr 22 und SorgeRG vom 18. 7. 1979 Art 1 Nr 15. STAUDINGER/BGB-Synopse 1896–2005 § 1648.

I. Die Voraussetzungen des Ersatzanspruchs

1 § 1648 regelt den Anspruch der Eltern auf Ersatz der von ihnen für das Kind gemachten Aufwendungen. Das GleichberG ersetzte das Wort „Vater" durch das Wort „Eltern"; das SorgeRG paßte den Wortlaut der Bestimmung an die neue Terminologie an, indem es die Worte „Sorge für die Person oder das Vermögen des Kindes" durch die Worte „Ausübung der Personensorge oder der Vermögenssorge" ersetzte.

1. Aufwendungen der Eltern

2 Es muß sich um Aufwendungen handeln, die die Eltern bei Ausübung der Personensorge oder der Vermögenssorge machen. Zum **Begriff der Aufwendungen**, der im Gesetz nicht ausdrücklich bestimmt ist, und besonders zur Abgrenzung zwischen Aufwendungen, die stets freiwillige Vermögensopfer sind, und zufälligen Schäden, die die Eltern bei Ausübung der Personensorge oder der Vermögenssorge erleiden, s die Erläuterungen zu der Parallelvorschrift des § 670; s auch BGHZ 59, 328 = NJW 1973, 46; BGH NJW 1960, 1568, 1569.

3 Soweit die Eltern Leistungen zur **Erfüllung ihrer Unterhaltspflicht** gemäß §§ 1601 ff erbringen, können sie keinen Ersatz verlangen, weil ihnen diese Aufwendungen selbst zur Last fallen. Leisten die Eltern Unterhalt, den sie nach den allgemeinen Regeln (insbesondere §§ 1602, 1603, 1608, 1610) nicht oder nicht in vollem Umfang schulden, so wird man in der Regel davon ausgehen können, daß sie nicht die Absicht haben, vom Kind Ersatz zu verlangen. Es trifft zwar zu, daß die Eltern bei Ausübung der Personensorge nicht als Geschäftsführer ohne Auftrag handeln (so schon ENNECCERUS/KIPP § 80 VI 6; jetzt wohl allgM, s etwa GERNHUBER/COESTER-WALTJEN § 57 Rn 31; MünchKomm/HUBER Rn 2); dennoch kann hier der Rechtsgedanke des § 685 Abs 2, der auch in § 1620 zum Ausdruck kommt, herangezogen werden (vgl auch BUNDSCHUH Recht 1917, 380; BGH NJW 1998, 978, 979 = FamRZ 1998, 367, 368 = MDR 1998, 225 m Anm HARTUNG).

4 Der **Kreis** der von § 1648 erfaßten **Aufwendungen**, die die Eltern **bei Ausübung der Personensorge** machen, ist also **sehr eng**. In Betracht kommen Aufwendungen, die zwar mit der Erfüllung der Unterhaltspflicht zusammenhängen, aber nicht unmittel-

bar darauf gerichtet sind, zB die Reise der Eltern zu einem berühmten Facharzt bei schwerer Krankheit des Kindes, ferner Unterhaltsleistungen, die die Eltern in dem Bewußtsein erbringen, daß sie dazu nicht verpflichtet sind, etwa weil der Ehegatte der minderjährigen Tochter nach § 1608 vorrangig haftet.

Als **Aufwendungen bei Ausübung der Vermögenssorge** kommen etwa Auslagen für 5 die Instandhaltung eines dem Kind gehörenden Hauses oder für die gerichtliche Geltendmachung eines Anspruchs des Kindes in Betracht, insbesondere auch Verwendungen, die nach § 1649 aus Einkünften des Kindes zu bestreiten wären.

2. Erforderlichkeit der Aufwendungen

Für das Bestehen und den Umfang des Ersatzanspruchs ist nicht vorausgesetzt, daß 6 die gemachten Aufwendungen wirklich erforderlich waren, sondern nur, daß die Eltern sie den Umständen nach **für erforderlich halten durften** (vgl die Parallelvorschriften der §§ 670, 1835 Abs 1, 1049 und die Bem dazu; SIBER JherJb 67, 117). Nach allgM richtet sich der Grad der Sorgfalt, die die Eltern anzuwenden haben, wenn sie prüfen, ob eine Aufwendung erforderlich ist, nach § 1664. Wenn diese Vorschrift die Sorgfalt genügen läßt, die die Eltern in eigenen Angelegenheiten anzuwenden pflegen, heißt dies nicht, daß sie ihre eigenen wirtschaftlichen Verhältnisse zum Maßstab der Angemessenheit einer Aufwendung für das Kind machen dürften; es kommt vielmehr darauf an, ob die Aufwendungen im Hinblick auf die Vermögensverhältnisse des Kindes angemessen waren (BGH NJW 1998, 978, 979 = FamRZ 1998, 367, 368).

Die Sorgfaltspflicht der Eltern umfaßt auch die Verpflichtung, ihr Verhalten auf- 7 einander abzustimmen, um zu vermeiden, daß eine an sich erforderliche mit Kosten verbundene Maßnahme zweimal getroffen wird, etwa die Bestellung zweier Anwälte zur Vertretung des Kindes in einem Prozeß.

3. Entfallen des Ersatzanspruchs

Ein Ersatzanspruch der Eltern ist nicht gegeben, **wenn die Aufwendungen ihnen** 8 **selbst zur Last fallen**. Diese Bestimmung (im letzten Satzteil des § 1648) betrifft vor allem die Unterhaltsleistungen, zu denen die Eltern nach §§ 1601 ff verpflichtet sind. Dazu können auch Aufwendungen gehören, die die Eltern machen, um Wohnraum für das Kind zu schaffen; sie dürfen sich deshalb nicht durch Zugriff auf das Vermögen des Kindes schadlos halten (AG Bad Schwartau FamRZ 1999, 315).

Daneben wird allgemein (im Anschluß an BayObLG BayObLGZ 17, 186, 188 = Recht 1916 Nr 1850, 1916) die Auffassung vertreten, der Ersatzanspruch entfalle, wenn die Eltern von vornherein **nicht die Absicht gehabt** hätten, **Ersatz zu verlangen** (SOERGEL/STRÄTZ Rn 2; MünchKomm/HUBER Rn 6; ERMAN/MICHALSKI Rn 3). Kann dies festgestellt werden, dann läßt sich die rechtliche Begründung des Ergebnisses in der Figur des Erlaßvertrags (so jetzt auch GERNHUBER/COESTER-WALTJEN § 57 Rn 32; vgl auch DÖLLE § 94 VI 6) oder eines schon im Zeitpunkt der Leistung der Eltern stattfindenden Insichgeschäfts sui generis finden.

II. Inhalt und Geltendmachung des Ersatzanspruchs

9 1. Der Anspruch der Eltern umfaßt neben dem Ersatz der von ihnen gemachten Aufwendungen auch das Recht,

a) **Verzinsung** des aufgewendeten Betrags oder, wenn andere Gegenstände als Geld aufgewendet worden sind, des als Ersatz ihres Wertes zu zahlenden Betrags von der Zeit der Aufwendung an zu beanspruchen (§ 256),

10 b) **Befreiung von den Verbindlichkeiten** zu verlangen, die die Eltern zum Zweck der Personensorge oder der Vermögenssorge für das Kind eingegangen sind; ist die Verbindlichkeit noch nicht fällig, so kann das Kind, statt die Eltern zu befreien, Sicherheit leisten (§ 257).

11 2. Von dem entsprechenden Anspruch des Vormundes (§ 1835) unterscheidet sich der Ersatzanspruch der Eltern in doppelter Beziehung:

a) Der Vormund, nicht aber die Eltern sind berechtigt, für Aufwendungen **Vorschuß** zu verlangen (§ 1835 Abs 1 S 1); die Eltern sind hierauf nicht angewiesen, weil sie innerhalb ihrer Vertretungsmacht über Geld des Kindes in den durch § 1642 gezogenen Grenzen frei verfügen und mit Genehmigung des Familiengerichts zur Beschaffung des etwa erforderlichen Geldes auch Darlehen für das Kind aufnehmen können (§§ 1643 Abs 1, 1822 Nr 8).

12 b) Zugunsten des Vormunds, nicht aber der Eltern gelten auch **berufs- oder gewerbsmäßige Dienste** als Aufwendungen (vgl 1835 Abs 3; E I hatte in dieser Hinsicht den Vater noch dem Vormund gleichgestellt, aber die II. Kommission änderte dies, weil es der Volksanschauung widerstreite, dem Vater das Recht zu geben, für seine Dienstleistungen als Arzt, Anwalt, Lehrer, Handwerker usw von dem Kind Ersatz zu beanspruchen; Prot IV 562). Auch für den Zeitaufwand können die Eltern vom Kind keinen Ersatz verlangen (MünchKomm/HUBER Rn 5; ERMAN/MICHALSKI Rn 5; SOERGEL/STRÄTZ Rn 2; BGB-RGRK/ADELMANN Rn 3; PALANDT/DIEDERICHSEN Rn 1; aA GERNHUBER/COESTER-WALTJEN § 57 Rn 31, die es für „eher angebracht" hält, „keinen Unterschied zu machen, je nachdem ob die Eltern Dritte beauftragt oder [in ihrem Beruf oder Gewerbe] selbst tätig geworden sind"). Über Ausnahmen vom Grundsatz der Unentgeltlichkeit der Vermögensverwaltung s BGHZ 58, 14, 19 = NJW 1972, 574, 575.

13 3. Der den Eltern nach § 1648 zustehende Ersatzanspruch kann auch **während des Bestehens der elterlichen Sorge geltend gemacht** werden. Gläubiger der Eltern können ihn pfänden und sich zur Einziehung überweisen lassen. Haben die Eltern bei Beendigung der elterlichen Sorge einen Ersatzanspruch aus § 1648, so steht ihnen ein Zurückbehaltungsrecht gegenüber dem Anspruch auf Herausgabe des Kindesvermögens gemäß § 1698 zu (§§ 273, 274).

14 Während der Minderjährigkeit des Kindes ist die **Verjährung** des Anspruchs gehemmt (§ 207 Abs 1 Nr 2; Mot IV 745).

15 Gemäß §§ 1629 Abs 2 S 1, 1795 Abs 2, 181 kann ein vertretungsberechtigter Elternteil, da es sich insoweit um die Erfüllung einer Verbindlichkeit handelt, den ihm nach

§ 1648 zustehenden Betrag selbst **aus dem Kindesvermögen entnehmen** (allgM). Ist ein Pfleger bestellt und verweigert dieser die Anerkennung der von den Eltern erhobenen Ansprüche, so kann hierüber nur im Prozeßweg, nicht im Verfahren der freiwilligen Gerichtsbarkeit entschieden werden (BayObLG BayObLGZ 17, 186, 188 = Recht 1916 Nr 1916; SOERGEL/STRÄTZ Rn 2). Gleiches hat zu gelten, wenn der Elternteil, dem die Vertretung des Kindes in Vermögensangelegenheiten obliegt, sich weigert, dem nichtvertretungsberechtigten Elternteil Ersatz zu leisten.

III. Ersatzanspruch eines nicht sorgeberechtigten Elternteils

§ 1648 findet auch Anwendung zugunsten eines Elternteils, dem nicht die volle **16** elterliche Sorge, sondern lediglich die Personensorge oder die Vermögenssorge, und ebenso zugunsten eines Elternteils, dem nur die tatsächliche Sorge für die Person oder das Vermögen des Kindes, nicht aber die gesetzliche Vertretung zusteht. Macht jedoch ein Elternteil Aufwendungen für das Kind, obwohl er nicht einmal die tatsächliche Sorge für die Person oder das Vermögen des Kindes innehat, dann kommt ein Ersatzanspruch nicht nach § 1648, sondern nur nach allgemeinen Regeln, insbesondere §§ 677 ff, 812 in Betracht (ebenso H KRÜGER, in: KRÜGER/BREETZKE/NOWACK Rn 5; ERMAN/MICHALSKI Rn 6; MünchKomm/HUBER Rn 2).

§ 1649
Verwendung der Einkünfte des Kindesvermögens

(1) Die Einkünfte des Kindesvermögens, die zur ordnungsmäßigen Verwaltung des Vermögens nicht benötigt werden, sind für den Unterhalt des Kindes zu verwenden. Soweit die Vermögenseinkünfte nicht ausreichen, können die Einkünfte verwendet werden, die das Kind durch seine Arbeit oder durch den ihm nach § 112 gestatteten selbständigen Betrieb eines Erwerbsgeschäfts erwirbt.

(2) Die Eltern können die Einkünfte des Vermögens, die zur ordnungsmäßigen Verwaltung des Vermögens und für den Unterhalt des Kindes nicht benötigt werden, für ihren eigenen Unterhalt und für den Unterhalt der minderjährigen unverheirateten Geschwister des Kindes verwenden, soweit dies unter Berücksichtigung der Vermögens- und Erwerbsverhältnisse der Beteiligten der Billigkeit entspricht. Diese Befugnis erlischt mit der Eheschließung des Kindes.

Materialien: Eingefügt durch das GleichberG vom 18. 6. 1957 Art 1 Nr 22. STAUDINGER/BGB-Synopse 1896–2005 § 1649.

Schrifttum

PAULICK, Das Eltern-Kind-Verhältnis gemäß den Bestimmungen des Gleichberechtigungsgesetzes vom 18. Juni 1957, FamRZ 1958, 1;

ZÖLLNER, Die Verwendung der Einkünfte des Kindesvermögens, FamRZ 1959, 393.

Systematische Übersicht

I. **Früheres Recht** — 1

II. **Geltendes Recht**
1. Grundsätze der Neuregelung — 7
2. Bedeutung und Anwendungsbereich des Abs 1 — 13
3. Verwendung der Nettoeinkünfte aus dem Vermögen für den Unterhalt des Kindes (Abs 1 S 1) — 16
   a) Begriff der Einkünfte — 16
   b) Die Kosten der ordnungsmäßigen Verwaltung des Kindesvermögens — 17
   c) Verwendung der Reineinkünfte für den Unterhalt des Kindes — 20
4. Verwendung von Arbeitseinkommen und Einkünften aus einem Erwerbsgeschäft für Vermögensverwaltung und Kindesunterhalt (Abs 1 S 2) — 21
5. Verwendung von Vermögenseinkünften des Kindes für den Unterhalt der Eltern und Geschwister (Abs 2) — 23
   a) Der Begriff des Unterhalts — 23
   b) Die Ausübung der Verwendungsbefugnis — 24
   c) Gegenstand der Verwendungsbefugnis — 28
   d) Der Kreis der begünstigten Personen — 30
   e) Das Erfordernis der Billigkeit — 33
   f) Erlöschen der Verwendungsbefugnis — 35
6. Pflichten und Ansprüche im Zusammenhang mit der Verwendung von Einkünften des Kindesvermögens — 37
   a) Haftung der Eltern, Maßnahmen des Familiengerichts — 37
   b) Rechenschaftspflicht der Eltern — 40
   c) Bereicherungsansprüche des Kindes — 41

Alphabetische Übersicht

Arbeitseinkommen des Kindes — 13, 21
Ausschließung der Eltern von der Verwaltung des Kindesvermögens — 28

Bereicherungsansprüche des Kindes — 41 f
Billigkeit — 33

Einkünfte, Begriff — 16
Erlöschen der Verwendungsbefugnis — 35 f
Erwerbsgeschäft — 17, 21

Familiengericht, Maßnahmen nach §§ 1666, 1667 — 39
Früheres Recht — 1 ff

Geschwister des Kindes — 11

Häusliche Gemeinschaft — 32

Lebenshaltung der Familie — 20

Mißbräuchliche Verwendung der Einkünfte des Kindesvermögens — 38 f

Nutznießung am Kindesvermögen — 1 ff

Pfleger — 15, 24

Rechenschaftspflicht der Eltern — 40

Stiefeltern, Stiefgeschwister — 32

Unterhalt
– der Eltern und Geschwister des Kindes — 1, 13, 21, 23 ff, 30 ff, 33 f
– des Kindes — 14, 16, 20 ff

Vermögenseinkünfte des Kindes — 13, 21, 23
Verwaltung der Einkünfte des Kindes — 11
Verwaltung des Vermögens des Kindes — 17 ff, 22
Verwendungsbefugnis der Eltern — 12, 24 ff
Verzicht auf die Verwendungsbefugnis — 26

Titel 5 § 1649
Elterliche Sorge 1–4

I. Früheres Recht

Die früheren §§ 1649–1663 (Wortlaut in STAUDINGER/BGB-Synopse 1896–2005) regelten **1**
die dem Inhaber der elterlichen Gewalt, dh dem Vater, nur in Ausnahmefällen der
Mutter (vgl frühere §§ 1684, 1685 Abs 2), zustehende **Nutznießung am Vermögen des
Kindes**. Hiervon behandelten die §§ 1649–1651 den Gegenstand der Nutznießung
(freies und nichtfreies Vermögen des Kindes), § 1652 Art und Umfang des Erwerbs
der Nutzungen, § 1653 die Nutznießung an verbrauchbaren Sachen, § 1654 die Lasten der Nutznießung, § 1655 die Nutznießung an einem Erwerbsgeschäft, die
§§ 1656 und 1657 die Nutznießung bei Ausschluß der Verwaltung, § 1658 die Unübertragbarkeit der Nutznießung, § 1659 das Verhältnis der Gläubiger des Kindes
zur elterlichen Nutznießung, § 1660 die Ausgleichspflicht zwischen Gewalthaber und
Kind, die §§ 1661–1663 die Beendigung der Nutznießung und die hierbei sich ergebenden Rechtsverhältnisse.

Obwohl die elterliche Nutznießung am Vermögen des Kindes sich als ein dem **2**
vormundschaftlichen Charakter der elterlichen Gewalt fremdes Element darstellte,
hatte das BGB doch mit Rücksicht auf die frühere Rechtsentwicklung und im Interesse der Stärkung der elterlichen Autorität dem Gewalthaber das Recht der
Nutznießung am Vermögen des minderjährigen Kindes als eigenes Recht eingeräumt und die elterliche Nutznießung als einen Bestandteil der elterlichen Gewalt
behandelt (Mot IV 724).

Gegenstand der elterlichen Nutznießung war grundsätzlich das **gesamte Vermögen** **3**
des Kindes, gleichviel, ob sich die Verwaltung des Gewalthabers darauf erstreckte
oder nicht (Mot IV 773, früherer § 1649). Ausgeschlossen von der elterlichen Nutznießung war das sogenannte freie Vermögen des Kindes (Mot IV 770, frühere
§§ 1650, 1651). Inhalt des Nutznießungsrechts war die Befugnis des Gewalthabers,
die Früchte der zum Vermögen des Kindes gehörenden Sachen und Rechte sowie die
Vorteile, die der Gebrauch dieser Sachen und Rechte gewährte, zu ziehen (vgl
§§ 1030, 99, 100, 954, 955).

Da dem Gewalthaber das Nutznießungsrecht als **eigenes Recht** zustand, verfügte er **4**
über die Nutzungen des Kindesvermögens nicht als Vertreter des Kindes, sondern
kraft eigenen Rechts und **ohne Verantwortlichkeit gegenüber dem Kind**. Zur Sicherheitsleistung hinsichtlich des seiner Nutznießung unterliegenden Vermögens war der
Gewalthaber nach dem BGB ebensowenig wie nach den meisten früheren Rechten
verpflichtet (Mot IV 774, 780). Bei der Ausübung des elterlichen Nutznießungsrechts haftete der Gewalthaber dem Kind nur für die Sorgfalt, die er in eigenen
Angelegenheiten anzuwenden pflegte (früherer § 1664). Die Verpflichtung des Gewalthabers, die Lasten des seiner Nutznießung unterliegenden Vermögens zu tragen,
regelte § 1654. Die Einkünfte des Vermögens des Kindes waren zunächst zu dessen
Unterhalt zu verwenden (vgl § 1602 Abs 2). Gefährdete der Gewalthaber das Vermögen des Kindes durch Verletzung der mit der Nutznießung verbundenen Pflichten, so hatte das Vormundschaftsgericht nach den früheren §§ 1667 Abs 1, 1668, 1670
einzuschreiten. Die Entziehung der Nutznießung war nur zulässig, wenn der Gewalthaber das Recht des Kindes auf Gewährung des Unterhalts verletzt hatte und für die
Zukunft eine erhebliche Gefährdung des Unterhalts zu besorgen war (früherer
§ 1666 Abs 2).

5 Die elterliche Nutznießung **endete** mit der Beendigung der elterlichen Gewalt, ferner durch Eheschließung des Kindes, es sei denn, daß die Ehe ohne die erforderliche elterliche Einwilligung geschlossen war (früherer § 1661), durch Verzicht (früherer § 1662) und durch Entziehung seitens des Vormundschaftsgerichts (früherer § 1666 Abs 2). Dagegen endete die elterliche Nutznießung nicht schon dann, wenn der Gewalthaber an der Ausübung der elterlichen Gewalt tatsächlich verhindert war oder seine elterliche Gewalt ruhte (vgl früheren § 1678).

6 Seit dem Inkrafttreten des Grundsatzes der **Gleichberechtigung** am 1. April 1953 (Art 3, 117 GG) stand die Nutznießung am Vermögen des Kindes als Bestandteil der elterlichen Gewalt **beiden Eltern gemeinsam** zu (so die hM, vgl Bosch Rpfleger 1954, 11; FamRZ 1957, 51; Soergel/Strätz Rn 1; Palandt/Lauterbach[16] Vorbem zu § 1649; Erman/Seiler[2] Anm 2 vor § 1649; Dölle JZ 1953, 353, 362; Arnold MDR 1953, 332, 334; Finke NJW 1953, 606, 609; BGH FamRZ 1957, 50; LG Göttingen NJW 1953, 1105; LG Duisburg FamRZ 1955, 270; Zöllner FamRZ 1959, 393). Dölle betrachtete (aaO) das zwischen den Eltern infolge der Nutznießung entstehende Rechtsverhältnis als eine Gemeinschaft im Sinne der §§ 741 ff, bei der jedoch bestimmte Vorschriften wegen der besonderen Art dieses Rechtsverhältnisses nicht anzuwenden waren.

II. Geltendes Recht

1. Grundsätze der Neuregelung

7 Das GleichberG, das am 1. Juli 1958 in Kraft getreten ist, beseitigte das elterliche Recht der Nutznießung am Kindesvermögen. Im RegEntw wurde dies hauptsächlich damit begründet, daß es den heutigen Anschauungen nicht mehr entspreche, daß die Eltern persönliche Vorteile aus dem Vermögen des Kindes zögen; aus der Sorgepflicht der Eltern lasse sich vielmehr in höherem Maße herleiten, daß die Eltern die nicht benötigten Nutzungen dem Kind beließen, daß ferner die Gläubiger der Eltern keinen Anspruch darauf hätten, sich aus den Nutzungen des Kindesvermögens zu befriedigen, und daß schließlich die in Aussicht genommene Regelung in Übereinstimmung mit der neueren Rechtsentwicklung im Ausland stehe.

8 Ausschlaggebend für den Fortfall des Nutznießungsrechts waren demnach nicht in erster Linie Gründe, die sich aus dem Grundsatz der Gleichberechtigung von Mann und Frau ergaben; auch die Nutzung des Kindesvermögens durch beide Eltern hätte Art 3 Abs 2 GG entsprochen (Bosch FamRZ 1957, 51). Ein Zusammenhang mit dem Gleichberechtigungsgrundsatz läßt sich nur durch die Erwägung herstellen, daß bei Erstreckung der Nutznießung auf die Mutter bestimmte Gläubiger eine zusätzliche Zugriffsmöglichkeit erhalten hätten; dies sei eine unerwünschte Konsequenz des Gleichberechtigungsgrundsatzes (vgl Bosch Rpfleger 1954, 36; Paulick FamRZ 1958, 1, 6).

9 Das entscheidende Merkmal der Neuregelung ist aber die **Abkehr von der eigennützigen Verwaltung des Kindesvermögens durch die Eltern**; diese wäre mit der heutigen Auffassung vom Charakter der elterlichen Sorge nicht mehr vereinbar.

10 Nachdem die elterliche Nutznießung entfallen ist, stehen dem Kind die Nutzungen seines gesamten Vermögens zu; das Kind erwirbt die Nutzungen nach allgemeinen Grundsätzen zu Eigentum, hat aber auch selbst für die Lasten seines Vermögens aufzukommen. Die Eltern haben das Vermögen des Kindes samt den Nutzungen in der Regel gemeinsam zu verwalten. Sie können jedoch nicht mehr frei und aus eigenem Recht über die Nutzungen verfügen. § 1649 Abs 2 gestattet aber den Eltern, Einkünfte des Kindesvermögens in gewissem Umfang und unter bestimmten Voraussetzungen für ihren eigenen Unterhalt und den der minderjährigen unverheirateten Geschwister des Kindes zu verwenden.

Damit diese beschränkte Befugnis nicht durch eine von den Eltern nach ihrem Gutdünken gesteuerte Verwendung der Einkünfte des Kindes und zum Vorteil der Eltern und der Geschwister erweitert werden kann, wird in § 1649 Abs 1 unterschieden zwischen Einkünften aus dem Vermögen des Kindes und Einkünften aus eigener Arbeit des Kindes und einem von ihm auf Grund einer Ermächtigung gemäß § 112 betriebenen Erwerbsgeschäft, und es werden Richtlinien darüber aufgestellt, für welche Zwecke und in welcher Reihenfolge diese Einkünfte verwendet werden können. **Abs 1** enthält demnach eine **Vorschrift über die Verwaltung der Einkünfte des Kindes** und ergänzt die allgemeinen, in §§ 1602 Abs 2, 1642 enthaltenen Vorschriften über die Verwaltung des Kindesvermögens. § 1649 läßt das Ziel erkennen, daß die Substanz des Kindesvermögens grundsätzlich in ihrem Bestand erhalten und nicht für den laufenden Unterhalt oder zur Erhöhung des Lebensstandards verbraucht werden soll. 11

Die **Verwendungsbefugnis der Eltern nach Abs 2** ist ein beschränktes, zweckgebundenes Nutznießungsrecht, das freilich mit dem früheren Nutznießungsrecht des Vaters nach Umfang und Voraussetzungen nichts mehr gemein hat. Soweit die Voraussetzungen auf der Seite des Einkünfte erzielenden Kindes vorliegen, dient das Recht der Eltern ihrem eigenen Unterhalt und dem der Geschwister des Kindes (vgl Donau MDR 1957, 711; Zöllner FamRZ 1957, 393, 394, der von einem „familienrechtlichen Verwendungsrecht eigener Art" spricht). Dadurch, daß die Eltern Überschußeinkünfte des vermögenden Kindes innerhalb gewisser Grenzen zur Verbesserung des Unterhalts der anderen Familienmitglieder verwenden können, erhalten sie die Möglichkeit, einem zu großen – dem Familienfrieden abträglichen und erzieherischen Grundsätzen zuwiderlaufenden – Gefälle des Lebensstandards innerhalb der Familie entgegenzuwirken. 12

2. Bedeutung und Anwendungsbereich des Abs 1

Abs 1 unterscheidet zwischen „Einkünften des Kindesvermögens" und Einkünften, „die das Kind durch seine Arbeit oder durch den ihm nach § 112 gestatteten selbständigen Betrieb eines Erwerbsgeschäfts erwirbt". Als Regelung der Verwendung von Einkünften des Kindes hat Abs 1 nur geringe selbständige Bedeutung; die Vorschrift bestätigt lediglich § 1602 Abs 2, wonach dem Kind nur insoweit ein Unterhaltsanspruch gegen die Eltern zusteht, als die Einkünfte seines Vermögens und der Ertrag seiner Arbeit zum Unterhalt nicht ausreichen (vgl Zöllner 393 f). Der eigentliche Sinn der Vorschrift ergibt sich aus dem Zusammenhang mit Abs 2; denn lediglich ein Überschuß aus den Einkünften des Kindesvermögens, nicht jedoch aus den anderen Einkünften darf von den Eltern für ihren eigenen Unterhalt oder den der minderjährigen unverheirateten Geschwister des Kindes verwendet werden (vgl unten Rn 28). Daneben ist die Unterscheidung auch maßgeblich für die Reihenfolge, 13 in der die Eltern die gesamten Einkünfte des Kindes für dessen Zwecke verwenden dürfen.

14 Die Regelung des Abs 1 ist entsprechend dem Sinn und Zweck der Vorschrift für die Eltern **nur insoweit bindend**, als es um den **Schutz des Kindes vor Benachteiligung** geht. Die Eltern sind nicht gehindert, den Unterhalt des Kindes aus ihren eigenen Mitteln zu bestreiten und die Einkünfte des Vermögens der Substanz zuwachsen zu lassen (so auch SOERGEL/STRÄTZ Rn 9). Selbstverständlich kann mit der Aussage des Abs 1 S 1 auch nicht gemeint – oder auch nur die Tendenz ausgedrückt – sein, die Nettoeinkünfte des Kindesvermögens seien ohne Rücksicht auf ihre Höhe für den Unterhalt des Kindes (und dann nach Abs 2 für Eltern und Geschwister) auszugeben.

15 Im Schrifttum wird angenommen, § 1649 sei mit Rücksicht auf seine systematische Stellung nur anwendbar, wenn wenigstens einem Elternteil die tatsächliche Vermögenssorge zustehe, während es auf die Vertretungsmacht nicht ankomme (SOERGEL/STRÄTZ Rn 2; ERMAN/MICHALSKI Rn 2; MünchKomm/HUBER Rn 6). Bei einem Streit zwischen einem Vermögenspfleger und den Eltern über die Verwendung der Kindeseinkünfte für den Unterhalt habe das Familiengericht aber bei der nach § 1630 Abs 2 zu treffenden Entscheidung die Grundsätze des § 1649 Abs 1 S 1 zu beachten (so SOERGEL/STRÄTZ aaO; HUBER hält aaO Rn 7, ebenso wie das BayObLG in FamRZ 1975, 219, 220, die entsprechende Anwendung für richtig). Es bestehen aber auch keine Bedenken gegen eine unmittelbare Anwendung der Vorschrift. Abs 1 enthält eine objektive Regelung, die sich nicht ausdrücklich an die Eltern als Adressaten wendet und deshalb auch von einem Pfleger, der in einem bestimmten Bereich die Aufgaben der Eltern übernommen hat, zu beachten ist. Anderes gilt für Abs 2; dazu unten Rn 24.

3. Verwendung der Nettoeinkünfte aus dem Vermögen für den Unterhalt des Kindes (Abs 1 S 1)

a) Begriff der Einkünfte

16 Was unter „Einkünften" zu verstehen ist, ist im BGB nicht dargelegt. Der Begriff der Einkünfte des Vermögens in § 1649 Abs 1 unterscheidet sich von dem des § 1602 Abs 2. Wenn diese Bestimmung einen Unterhaltsanspruch des Kindes vorsieht, soweit die Einkünfte seines Vermögens und der Ertrag seiner Arbeit zum Unterhalt nicht ausreichen, so können nur die Reineinkünfte des Vermögens gemeint sein, also die Einkünfte, die von den Roheinnahmen nach Abzug der – tatsächlich aufgewendeten – Verwaltungskosten verbleiben (vgl ZÖLLNER 394). § 1649 Abs 1 versteht dagegen unter „Einkünfte des Kindesvermögens" die gesamten (Brutto-)Einnahmen, denn die Vorschrift geht davon aus, daß ein Teil der Einkünfte zur Verwaltung des Vermögens benötigt wird (so auch SOERGEL/STRÄTZ Rn 8; MünchKomm/HUBER Rn 9). Man wird annehmen müssen, daß es dem Gesetzgeber auf eine schärfere, mit § 1602 Abs 2 in Einklang stehende Bestimmung des Begriffs der Einkünfte nicht ankam, zumal dieser Begriff auch an anderer Stelle mit wiederum abweichendem Inhalt vorkommt (vgl § 2050 Abs 2).

Haben die Eltern von ihrer Befugnis zur Verwendung von Vermögenseinkünften für den Unterhalt des Kindes keinen Gebrauch gemacht, sondern Zinsen aus einem Sparguthaben des Kindes dem Kapital zugeschlagen, so können sie später nicht mehr im Hinblick auf § 1649 auf diesen Teil des Kindesvermögens zurückgreifen (so kann man AG Nordhorn FamRZ 2002, 341 verstehen).

b) Die Kosten der ordnungsmäßigen Verwaltung des Kindesvermögens
Aus den Einkünften des Vermögens des Kindes sind zuerst die Kosten der ordnungsmäßigen Verwaltung dieses Vermögens zu bestreiten. Zu diesen Kosten einer ordnungsmäßigen Verwaltung zählen alle Aufwendungen, die bei gewissenhafter und sorgfältiger Führung einer Verwaltung zur Erhaltung, aber auch zur Mehrung der zum Vermögen gehörenden Gegenstände erforderlich sind und werden, also zB – neben dem Aufwand für den laufenden Betrieb eines gewerblichen Unternehmens – die Kosten von Reparaturen und Verbesserungen, Ersatzbeschaffungen, öffentliche und privatrechtliche Lasten, Versicherungen, Prozeßkosten, Kreditzinsen. Zu den besonderen Fragen, die im Zusammenhang mit der Vermögen- und Einkommensteuer des Kindes auftreten, s ZÖLLNER 395 f Eine ordnungsmäßige Verwaltung kann auch die Bildung stiller oder offener Rücklagen notwendig machen, so insbesondere, wenn ein Erwerbsgeschäft zum Vermögen des Kindes gehört; hier wird ein Gewinn späterer Jahre, wie es früher § 1655 S 2 vorschrieb, zunächst zur Deckung früherer Verluste zu verwenden sein (ebenso DÖLLE § 94 VII 3 b; SOERGEL/STRÄTZ Rn 6; MünchKomm/HUBER Rn 12; ERMAN/MICHALSKI Rn 5; PALANDT/DIEDERICHSEN Rn 2; aA ZÖLLNER 396; BRÜGGEMANN ZBlJugR 1980, 53, 69; BAMBERGER/ROTH/VEIT Rn 3.1: Billigkeitsgesichtspunkte können es rechtfertigen, daß die Verlustabdeckung auf einen längeren Zeitraum verteilt wird). 17

Die Frage, welche „Einkünfte" nicht zur ordnungsmäßigen Verwaltung des Vermögens benötigt werden, ist auf Grund wirtschaftlicher Erwägungen zu beantworten. Das Wohl des Kindes und ähnliche Interessen bleiben hierbei grundsätzlich außer Betracht; allerdings kann im Einzelfall der Lebenszuschnitt des Kindes und damit uU auch der Familie von Bedeutung sein, wenn es gilt, die Angemessenheit des Verwaltungsaufwands zu beurteilen. 18

Wenn es darum geht, die überschüssigen Reineinkünfte des Kindesvermögens zu ermitteln, ist das Vermögen als Ganzes zu betrachten. Gehören dazu Gegenstände, die Gewinn erbringen, und solche, für die ein Verlust ausgewiesen wird, so ist zunächst der Verlust zu decken; dies ergibt sich aus dem Zweck der Vorschrift, den Vermögensbestand zu erhalten und nur Überschüsse für den laufenden Unterhalt freizugeben. 19

c) Verwendung der Reineinkünfte für den Unterhalt des Kindes
Übersteigen die Roheinkünfte des Kindesvermögens die Kosten der ordnungsmäßigen Verwaltung dieses Vermögens, so ist der Überschuß für den Unterhalt des Kindes zu verwenden. Insoweit besteht schon nach § 1602 Abs 2 ein Unterhaltsanspruch des Kindes gegen die Eltern nicht mehr. Das Maß des Unterhalts des Kindes im Sinne des § 1649 Abs 1 S 1 bestimmt sich aber nicht ohne weiteres nach § 1610. Es geht hier nicht um „Gewährung des Unterhalts" wie in § 1602 Abs 2, also um die Bemessung eines Anspruchs des Kindes gegen seine unterhaltspflichtigen Eltern, sondern um die Frage, welcher Betrag für den Unterhalt des Kindes aus seinen eigenen Einkünften anzusetzen ist. Ihre Beantwortung richtet sich danach, **welchen Teil seines Nettoeinkommens ein verständiger Mensch** unter den gegebenen gesamten wirtschaftlichen Verhältnissen **für seinen Unterhalt ausgäbe**. Hierbei muß auch die Befugnis der Eltern, einen Überschuß für ihren eigenen Unterhalt und den der 20

minderjährigen unverheirateten Geschwister des Kindes zu verwenden, und der vom Gesetzgeber damit verfolgte Zweck, erhebliche Unterschiede in der Lebenshaltung der Familienangehörigen zu vermeiden, berücksichtigt werden. Es ginge also nicht an, dem Kinde, das reichliche Vermögenseinkünfte erzielt, nur das zu belassen, was es ohne diese Einkünfte von den Eltern als Unterhalt verlangen könnte, und auf diese Weise den Unterhalt der Eltern und Geschwister nach Abs 2 über das Maß der Lebenshaltung des Kindes hinaus aufzubessern; dies verstieße auch schon gegen die Billigkeit (vgl dazu unten Rn 33). Andererseits verfolgt das Gesetz nach der amtlichen Begründung das Ziel, daß das Kind in seiner wirtschaftlichen Lebensführung in der Regel nicht besser gestellt sein soll als seine Eltern und Geschwister. In Zweifelsfällen wird trotz dieser Zielsetzung ein Vorzug im Lebenszuschnitt eher dem vermögenden Kinde zukommen. Sind zum Beispiel seine Vermögenseinkünfte gerade so hoch, daß nach ausreichender Deckung des normalen Lebensbedarfs der Familie noch ein Überschuß verbleibt, der dem Kinde ein Hochschulstudium ermöglichen würde, so wird man die Kosten des Studiums zum Unterhalt des Kindes zu rechnen haben, also nicht verlangen können, daß das Kind auf das Studium verzichtet, damit der allgemeine Lebenshaltungsaufwand der Familienangehörigen weiter aufgebessert werden kann (so auch MünchKomm/Huber Rn 16; Soergel/Strätz Rn 7).

4. Verwendung von Arbeitseinkommen und Einkünften aus einem Erwerbsgeschäft für Vermögensverwaltung und Kindesunterhalt (Abs 1 S 2)

21 Erst dann, wenn die Kosten der ordnungsmäßigen Verwaltung des Kindesvermögens und der Kindesunterhalt nicht oder nicht ganz aus den Einkünften des Kindesvermögens gedeckt werden, sind die Eltern befugt, auf die Einkünfte des Kindes aus eigener Arbeit oder dem Betrieb eines nach § 112 gestatteten Erwerbsgeschäfts zur Bestreitung der Kosten der ordnungsmäßigen Verwaltung des Kindesvermögens und des Kindesunterhalts zurückzugreifen. Diese in Abs 1 S 2 enthaltene Regelung ist – für sich allein betrachtet – ungewöhnlich; Arbeitseinkommen pflegt vor den Vermögenseinkünften verbraucht zu werden (Gernhuber/Coester-Waltjen § 63 Rn 2). Sie hat ausschließlich den Zweck, zu verhindern, daß die Eltern den Arbeitsverdienst des Kindes für dessen Unterhalt verwenden und seine Vermögenseinkünfte für ihren eigenen Lebensunterhalt und den ihrer anderen Kinder heranziehen (so Begr des RegEntw). Insoweit wird das Bestreben, wesentliche Unterschiede in der Lebensführung der Familienmitglieder zu vermeiden, relativiert (dazu kritisch noch Beitzke/Lüderitz § 28 II 2; zweifelnd auch Zöllner 394, nicht mehr Lüderitz/Dethloff § 13 Rn 141). Es ist aber auch zu bedenken, daß schon die durch Vermögens- und Arbeitseinkünfte des Kindes bewirkte Freistellung der Eltern von Unterhaltsverpflichtungen gegenüber diesem Kind den anderen Familienmitgliedern zugutekommt; im übrigen wird es nicht sehr häufig vorkommen, daß das Kind ein hohes Arbeitseinkommen hat, während die anderen Familienmitglieder sehr bescheiden leben müssen, und auch erzieherische Aspekte werden bei einem Kind, das schon ein nennenswertes Arbeitseinkommen hat, nicht mehr im Vordergrund stehen.

22 Sind Kosten der Vermögensverwaltung und des Unterhalts offen und reichen die Einkünfte des Kindes aus eigener Arbeit und dem Betrieb eines Erwerbsgeschäfts nicht aus, um beide zu begleichen, so haben die Eltern die Wahl, ob sie die Einkünfte für diesen oder jenen Zweck verwenden wollen; den Eltern ist hier nicht – wie in S 1 – eine bestimmte Reihenfolge der Verwendung vorgeschrieben. Soweit aus diesen Einkünften der Unterhalt des Kindes bestritten wird, entfällt nach § 1602 Abs 2 der Unterhaltsanspruch des Kindes gegen die Eltern. Überlassen die Eltern dem Kind dessen Einkünfte aus eigener Arbeit oder dem Betrieb eines Erwerbsgeschäfts und bestreiten sie den Unterhalt des Kindes aus ihren eigenen Mitteln, so wird die Vermutung des § 685 Abs 2 eingreifen.

5. Verwendung von Vermögenseinkünften des Kindes für den Unterhalt der Eltern und Geschwister (Abs 2)

a) Der Begriff des Unterhalts

Abs 2 räumt den Eltern die Befugnis ein, die Einkünfte des Vermögens des Kindes, die zur ordnungsmäßigen Verwaltung des Vermögens und für den Unterhalt des Kindes nicht benötigt werden, für ihren eigenen Unterhalt und für den Unterhalt der minderjährigen unverheirateten Geschwister des Kindes zu verwenden, soweit dies unter Berücksichtigung der Vermögens- und Erwerbsverhältnisse der Beteiligten der Billigkeit entspricht. Auch hier ist mit „Unterhalt" nicht nur das gemeint, was die Eltern für sich schon nach den allgemeinen Bestimmungen (§§ 1601 ff) als Unterhalt vom Kinde verlangen könnten; vielmehr ist der **Begriff des Unterhalts** auch in Abs 2 **in einem erweiterten Sinne** zu verstehen (vgl oben Rn 20 hinsichtlich des Unterhalts des Kindes nach Abs 1). Die Eltern dürfen die in Frage stehenden Überschußeinkünfte aus dem Vermögen des Kindes also über das Maß des gesetzlichen Unterhalts hinaus zur Verbesserung ihrer Lebenshaltung und der Lebenshaltung der minderjährigen unverheirateten Geschwister des Kindes verwenden (vgl ZÖLLNER 394; GÖPPINGER/KINDERMANN, Unterhaltsrecht[5] Rn 1110; heute allgM; aA PAULICK FamRZ 1958, 1, 6, der das Vorliegen der Voraussetzungen für die gesetzliche Unterhaltspflicht des vermögenden Kindes forderte). Auf den Umfang des „angemessenen Unterhalts" hat gerade der Umstand Einfluß, daß Überschußeinkünfte des vermögenden Kindes zur Verfügung stehen. Die Verwendungsbefugnis dient dazu, auch in Fällen, in denen den Eltern, da sie nicht im Sinne des § 1602 Abs 1 bedürftig sind, kein Unterhaltsanspruch gegen das Kind zusteht, den Unterhalt der Eltern und der in Betracht kommenden Geschwister „aufzubessern" (DONAU MDR 1957, 709, 711; ERMAN/MICHALSKI Rn 7; ZÖLLNER 394; MünchKomm/HUBER Rn 9). Ausgeschlossen ist die Verwendung von Vermögenseinkünften des Kindes für andere Zwecke als den „aufgebesserten Unterhalt", etwa zur Anschaffung von Vermögensgegenständen für die Eltern oder Geschwister des Kindes (SOERGEL/STRÄTZ Rn 14).

b) Die Ausübung der Verwendungsbefugnis

Abs 2 räumt die Verwendungsbefugnis den Eltern ein; aus der Stellung der Vorschrift im Gesetz ergibt sich, daß **nur Eltern, denen die Vermögenssorge zusteht**, die Verwendungsbefugnis ausüben können (vgl MünchKomm/HUBER Rn 6; SOERGEL/STRÄTZ Rn 2; ERMAN/MICHALSKI Rn 2). Ist für das Kind ein **Vermögenspfleger** bestellt, so ist Abs 2 nicht anwendbar; der Pfleger hat nicht anstelle der Eltern Überschußeinkünfte aus dem Kindesvermögen den Eltern und den Geschwistern des Kindes zuzuweisen. Die Eltern können auch nicht vom Pfleger die Herausgabe eines Teils der Vermögenseinkünfte zur Verwendung entsprechend Abs 2 begehren (MASSFELLER/REINICKE Anm 5; MünchKomm/HUBER Rn 7; s auch BayObLG FamRZ 1975, 219, 220, wo zwar auch der Grundgedanke des § 1649 Abs 2 genannt, daraus aber nur das Ergebnis abgeleitet wird, daß der Lebenszuschnitt des vermögenden Kindes auf die Stufe der anderen zu senken ist; dagegen mit Recht GERNHUBER FamRZ 1976, 194 Fn 17).

25 Ob die Eltern von ihrer Befugnis nach Abs 2 Gebrauch machen wollen, liegt in ihrem Ermessen (ZÖLLNER 394, 395; ERMAN/MICHALSKI Rn 11; GERNHUBER/COESTER-WALTJEN § 54 I 3; MünchKomm/HUBER Rn 20; PALANDT/DIEDERICHSEN Rn 5; BGB-RGRK/ADELMANN Rn 19); auch die Geschwister haben keinen Anspruch – gegen die Eltern – auf Verwendung von Überschußeinkünften zu ihren Gunsten. Die Gegenmeinung, die in „krassen Fällen" oder „Ausnahmefällen" eine „Verwendungspflicht" annimmt und an ein Einschreiten des Vormundschaftsgerichts (jetzt: Familiengerichts) nach § 1666 denkt (H KRÜGER, in: KRÜGER/BREETZKE/NOWACK Rn 1; DÖLLE § 94 VII 3 e Fn 147; DONAU MDR 1957, 711; MünchKomm/HUBER Rn 20; SOERGEL/STRÄTZ Rn 13), verkennt den besonderen Charakter der Verwendungsbefugnis, die – offenbar auch nach der Meinung der genannten Autoren – nicht von einem Pfleger ausgeübt werden könnte (s oben Rn 24). Dem entspricht es, daß die Verwendungsbefugnis kein Recht der Eltern ist, das übertragbar, einklagbar oder pfändbar wäre (ZÖLLNER 394; SOERGEL/ STRÄTZ Rn 13; MünchKomm/HUBER Rn 21). § 1649 Abs 2 gibt den Eltern keinen Anspruch auf Zugriff zum Kindesvermögen, der ihrem eigenen Vermögen zuzurechnen wäre (so OLG Celle FamRZ 1987, 1038, 1041, das freilich nicht abschließend entscheidet, ob aus der Verwendungsbefugnis nach § 1649 Abs 2 eine unterhaltsrechtliche Obliegenheit gegenüber dem unterhaltspflichtigen geschiedenen Ehegatten hergeleitet werden kann).

26 Ein ausdrücklicher **Verzicht auf die Verwendungsbefugnis** wird im Einzelfall, insbesondere im Hinblick auf die Einkünfte aus einem bestimmten Vermögensgegenstand, statthaft sein. Er könnte in einer Vereinbarung zwischen den Eltern und einem Dritten, der dem Kind ein Vermögensstück zuwendet, erklärt werden, wenn erreicht werden soll, daß die Einkünfte aus dem zugewendeten Vermögen dem Kind voll erhalten bleiben, ohne daß die elterliche Verwaltung gemäß § 1638 ausgeschlossen wird (ZÖLLNER 395). Eine solche Vereinbarung unterläge den Bestimmungen des § 1639 (s § 1639 Rn 5 ff).

27 Bestehen über die Ausübung der Verwendungsbefugnis Meinungsverschiedenheiten zwischen den Eltern, die im Regelfall gemeinsam zur Verwendung befugt sind, so gelten die allgemeinen Regeln (§ 1628; s auch MünchKomm/HUBER Rn 20).

c) Gegenstand der Verwendungsbefugnis

28 Die Verwendungsbefugnis der Eltern nach Abs 2 erstreckt sich nur auf die **Überschußeinkünfte**, die **aus dem der Verwaltung der Eltern unterliegenden Vermögen** fließen. Ausgenommen ist insbesondere das Vermögen, das dem Kind mit der Bestimmung zugewendet worden ist, daß die Eltern es nicht verwalten sollen (§ 1638). Ist nur ein Elternteil von der Verwaltung ausgeschlossen (§ 1638 Abs 3), so ist der andere nicht gehindert, die Verwendungsbefugnis auszuüben (vgl § 1638 Rn 4, 29). Über die Möglichkeit, nicht die Verwaltung des zugewendeten Vermögens durch die Eltern, sondern nur die Verwendungsbefugnis auszuschließen, s oben Rn 26; vgl auch MünchKomm/HUBER Rn 6.

29 Ein „freies Vermögen", das in Nachwirkung der früheren §§ 1650, 1651 auch der Verwendungsbefugnis nach § 1649 Abs 2 entzogen wäre, gibt es nicht mehr (dazu ausführlich ZÖLLNER 395 und STAUDINGER/ENGLER[10/11] § 1649 Rn 12; aA MASSFELLER/REINICKE Anm 4).

Titel 5 §1649
Elterliche Sorge 30–33

d) Der Kreis der begünstigten Personen
Die Eltern dürfen die Überschußeinkünfte des Kindesvermögens für ihren eigenen 30
Unterhalt und für den Unterhalt der minderjährigen unverheirateten Geschwister
des Kindes verwenden. Auch diese **enge Zweckbindung** unterscheidet die Verwendungsbefugnis des § 1649 Abs 2 wesentlich vom früheren Nutznießungsrecht.

Unzulässig ist von vornherein die Verwendung der überschüssigen Vermögenseinkünfte für den Unterhalt volljähriger oder verheirateter Geschwister des Kindes; für eine Erstreckung auf diese Personen ist angesichts des klaren Wortlauts der Vorschrift kein Raum (ZÖLLNER 395; SOERGEL/STRÄTZ Rn 11; ganz hM; **aA** nur H KRÜGER, in: KRÜGER/BREETZKE/NOWACK Rn 12).

Unter „Eltern" und „Geschwister" sind nur die leiblichen Eltern (und Adoptivel- 31
tern, § 1754) und die voll- und halbbürtigen leiblichen Geschwister zu verstehen,
nicht aber Stiefeltern und Stiefgeschwister (so heute allgM; **aA** H KRÜGER, in: KRÜGER/
BREETZKE/NOWACK Rn 11). Dies kann, wenn das Kind mit einem Stiefvater oder einer
Stiefmutter und mit Stiefgeschwistern zusammenlebt, unbefriedigend sein und auch
zu Unzuträglichkeiten führen, und das damit verbundene Gefälle im Lebensstandard steht mit dem Zweck des § 1649 sicherlich nicht im Einklang (s dazu schon
ZÖLLNER 395; MünchKomm/HUBER Rn 23). Hätten aber mit der Vorschrift die „Familienmitglieder" ohne Rücksicht auf die Blutsverwandtschaft erfaßt werden sollen, dann
hätte der Gesetzgeber nicht Rechtsbegriffe verwenden dürfen, über deren Tragweite
keine Zweifel bestanden.

Daß die Regelung des § 1649 den mit ihr erstrebten Zweck nur in der allgemeinen 32
Richtung, nicht aber in allen einzelnen Beziehungen erreicht, ist auch für eine
weitere Fallgestaltung festzustellen. In der Begründung des RegEntw ist darauf
abgehoben, daß die Mitglieder einer Familie, die zusammenleben, in ihrer wirtschaftlichen Lebensführung gleichgestellt werden sollen. Aus dem Wortlaut des
Abs 2 läßt sich aber **nicht** entnehmen, daß die Verwendungsbefugnis der Eltern
daran geknüpft sein soll, daß sie in **häuslicher Gemeinschaft mit dem Kind** leben,
ebensowenig, daß zB Eltern zum Unterhalt einer Tochter aus den Vermögenseinkünften eines Sohnes nur dann beisteuern dürfen, wenn Sohn und Tochter mit den
Eltern zusammenleben. Vom Zusammenleben in häuslicher Gemeinschaft ist weder
die Verwendungsbefugnis der Eltern noch die Möglichkeit, einen Beitrag zum Unterhalt zu erhalten, abhängig (auch dies ist heute allgM; **aA** H KRÜGER, in: KRÜGER/BREETZKE/
NOWACK Rn 9, 10). Auf einen entgegengesetzten Willen des Gesetzgebers kann auch
nicht daraus geschlossen werden, daß zum Unterhalt verheirateter Geschwister nicht
beigetragen werden darf; diese typisierende Regelung läßt sich damit begründen,
daß die Geschwister mit der Heirat meist die Familiengemeinschaft mit den Eltern
(und Geschwistern) aufgeben und daß infolge der Heirat die Frage des Unterhalts
unter anderen Gesichtspunkten zu betrachten ist. Die Verwendungsbefugnis kann
auch gerade in Fällen, in denen häusliche Gemeinschaft nicht (mehr) besteht, einen guten
Sinn haben, wenn sich ein minderjähriges Kind im Internat, in einer auswärtigen
Lehrstelle oder zum Studium außerhalb des elterlichen Haushalts aufhält.

e) Das Erfordernis der Billigkeit
Eine Verwendung der Vermögenseinkünfte nach Abs 2 ist – auch bei Vorliegen aller 33
sonstigen Voraussetzungen – ausgeschlossen, wenn die Verwendung unter Berück-

sichtigung der Vermögens- und Erwerbsverhältnisse der Beteiligten nicht der Billigkeit entspräche. Auch dabei kommt dem Zweck der Vorschrift, eine **möglichst gleiche Lebenshaltung der Mitglieder der Familie** zu sichern, besondere Bedeutung zu. Wenn Abs 2 nur die „Berücksichtigung der Vermögens- und Erwerbsverhältnisse" der Beteiligten erwähnt, kann das nicht bedeuten, daß nicht auch eine Bedürftigkeit aus besonderem Anlaß eine Rolle spielen dürfte, etwa wenn bei einem Kind wegen Krankheit hohe Aufwendungen entstehen oder der Grad der Begabung eine bestimmte aufwendige Ausbildung nahelegt. Die Verwendung von Überschußeinkünften des Kindes wird unter Billigkeitsgesichtspunkten dann in der Regel nicht in Betracht kommen, wenn Eltern und Geschwister in der Lage sind, aus ihren Einkommensquellen in annähernd ähnlichem Umfang wie das Kind, dessen Vermögen verwendbare Einkünfte abwirft, ihren Unterhalt zu bestreiten. Wenn die Eltern selbst sehr vermögend sind, wird im allgemeinen ein Zurückgreifen auf die Einkünfte des Kindesvermögens nicht in Betracht kommen, ausgenommen dann, wenn das Vermögen der Eltern wenig Ertrag abwirft, so daß ein erhebliches Gefälle besteht zwischen dem, was dem Kind, und dem, was den Eltern und den Geschwistern für den Unterhalt zur Verfügung steht (ZÖLLNER 396; ERMAN/MICHALSKI Rn 7; MünchKomm/HUBER Rn 27).

34 Auch zum **Unterhalt eines Elternteils, dem die Vermögensverwaltung nicht zusteht**, kann der andere Elternteil, der das Kindesvermögen verwaltet, Beiträge aus den Einkünften des Kindesvermögens leisten; dies selbst dann, wenn gegen den Elternteil Maßnahmen nach §§ 1666, 1667 bis hin zur Entziehung des Sorgerechts getroffen sein sollten. Auch wenn die Eltern geschieden sind oder getrennt leben, ist die Verwendung von Vermögenseinkünften des Kindes auch zugunsten des nicht mit dem Kind zusammenlebenden Elternteils nicht ausgeschlossen. Jedoch wird in allen diesen Fällen die Billigkeitsprüfung eine besondere Rolle spielen (vgl auch ZÖLLNER 395; SOERGEL/STRÄTZ Rn 2; MünchKomm/HUBER Rn 8, 23; GERNHUBER/COESTER-WALTJEN § 63 Rn 3 f; über besondere Fälle s DÖLLE § 94 VII 3 e Fn 148; s auch STAUDINGER/ENGLER [2000] § 1602 Rn 37).

f) Erlöschen der Verwendungsbefugnis

35 Nach Abs 2 S 2 erlischt die Verwendungsbefugnis mit der **Eheschließung des Kindes**; sie lebt auch dann nicht wieder auf, wenn die Ehe aufgelöst wird, solange das Kind noch minderjährig ist.

36 Im übrigen endet die Verwendungsbefugnis, wenn **eine ihrer Voraussetzungen entfällt**, so wenn den Eltern die Vermögenssorge nicht mehr zusteht und wenn ein begünstigtes Kind volljährig wird oder heiratet. Die Verwendungsbefugnis lebt in diesen Fällen wieder auf, wenn ein Elternteil die Sorge für das Vermögen wiedererlangt und wenn die Ehe des noch minderjährigen Geschwisterteils aufgelöst wird.

6. Pflichten und Ansprüche im Zusammenhang mit der Verwendung von Einkünften des Kindesvermögens

a) Haftung der Eltern, Maßnahmen des Familiengerichts

37 Liegen die gesetzlichen Voraussetzungen für eine Verwendung der Vermögenseinkünfte nach Abs 2 nicht vor, machen die Eltern von der ihnen eingeräumten Befugnis keinen Gebrauch oder werden Vermögenseinkünfte auch durch eine Verwendung nach Abs 2 nicht erschöpft, so haben die Eltern diese Einkünfte oder Überschüsse den allgemeinen Verwaltungsregeln entsprechend für das Kind anzulegen. Wegen der Einzelheiten s insbes die Erl zu § 1642.

Machen die Eltern von den Vermögenseinkünften einen Gebrauch, der mit den den **38** Schutz des Kindes bezweckenden Bestimmungen des § 1649 nicht in Einklang steht, so sind sie dem Kind zum Ersatz des ihm hierdurch entstandenen Schadens verpflichtet; sie haften allerdings nur für die Sorgfalt, die sie in eigenen Angelegenheiten anzuwenden pflegen (§ 1664).

Erfährt das Familiengericht von einer mißbräuchlichen Verwendung der Einkünfte, **39** so hat es Maßnahmen nach §§ 1666, 1667 zu treffen. Es kann auch die Befugnis nach Abs 2 entziehen; dies ergab sich aus dem früheren § 1667 Abs 5, wonach das Vormundschaftsgericht dem Elternteil, der das Vermögen des Kindes gefährdete, die Vermögensverwaltung „ganz oder teilweise" entziehen konnte (aA, offenbar weil das Gesetz die Entziehung der Verwendungsbefugnis nicht ausdrücklich vorsieht und vorsah, H KRÜGER, in: KRÜGER/BREETZKE/NOWACK Rn 3 aE). Jetzt kann die Entziehung der Verwendungsbefugnis unmittelbar auf die Generalklausel des neugefaßten § 1666 Abs 1 gestützt werden (BT-Drucks 13/4899, 97).

b) Rechenschaftspflicht der Eltern

Nach dem Ende der elterlichen Sorge haben die Eltern nach § 1698 Abs 1 das **40** Vermögen herauszugeben und auf Verlangen über die Verwaltung Rechenschaft abzulegen. Über die Nutzungen des Kindesvermögens brauchen sie aber nur insoweit Rechenschaft abzulegen, als Grund zu der Annahme besteht, daß sie die Nutzungen entgegen den Vorschriften des § 1649 verwendet haben (§ 1698 Abs 2). Das Kind soll durch die Rechnungslegung in die Lage versetzt werden, einen Anspruch auf Ersatz des ihm durch fehlerhafte Verwendung der Nutzungen entstandenen Schadens geltend zu machen. Wegen der Einzelheiten s Erl zu § 1698.

c) Bereicherungsansprüche des Kindes

Haben die Eltern Einkünfte des Kindes für sich oder für Geschwister des Kindes **41** verwendet, ohne daß die Voraussetzungen des § 1649 Abs 2 gegeben waren, so steht dem Kind, soweit nicht die Bereicherung weggefallen ist (§ 818 Abs 3), neben dem Anspruch auf Schadensersatz (vgl § 1664) auch ein **Anspruch auf Herausgabe des ohne Rechtsgrund Erlangten** (§ 812) zu (allgM; s SOERGEL/STRÄTZ Rn 18; MünchKomm/ HUBER Rn 33 f). Ein solcher Anspruch kommt in Frage, wenn die Eltern Arbeitseinkünfte des Kindes verwendet, Vermögenseinkünfte nicht in erster Linie zum eigenen Unterhalt des Kindes verwendet oder Überschüsse zu anderen Zwecken als zum Unterhalt der Eltern oder der minderjährigen unverheirateten Geschwister des Kindes verwendet haben. Er ist auch gegeben, wenn die Eltern einen anderen Vermögensgegenstand, auf den sich die Befugnis des § 1649 Abs 2 nicht bezieht, zugunsten der in dieser Vorschrift bezeichneten Personen verwendet haben (so OLG Hamm FamRZ 1974, 31, 32 bezüglich einer dem Kind aus persönlichen Gründen zustehenden monatlichen Geldrente – Impfschadenrente –).

Im Zusammenhang mit der Neuregelung durch das GleichberG wurde auch die **42** Frage aufgeworfen, ob dem Kind, da die Vorschriften über den Unterhalt unter

Verwandten eine Unterhaltspflicht unter Geschwistern nicht vorsehen, unter dem Gesichtspunkt der ungerechtfertigten Bereicherung ein **Rückforderungsrecht gegen die mit seinen Mitteln unterhaltenen Geschwister** zusteht (Bosch FamRZ 1957, 194; 1958, 292; Paulick FamRZ 1958, 1, 6; s auch Zöllner FamRZ 1959, 393, 397). Ein solcher Anspruch wäre auch im Verhältnis des Kindes zu den Eltern nicht schon deshalb zu verneinen, weil das Kind den Eltern unterhaltspflichtig ist (so Bosch FamRZ 1957, 194 f); denn die Befugnis zur Verwendung der überschüssigen Einkünfte reicht über das Maß eines gesetzlichen Unterhaltsanspruchs hinaus (vgl oben Rn 23); die Verwendung für die Geschwister könnte auf diesem Weg ohnehin nicht gerechtfertigt werden. Des Zurückgreifens auf § 814, wonach ein Rückforderungsanspruch ausscheidet, wenn die Leistung einer sittlichen Pflicht oder einer auf den Anstand zu nehmenden Rücksicht entsprach (so Paulick FamRZ 1958, 1, 6), bedarf es gleichfalls nicht. Ein Bereicherungsanspruch des Kindes scheidet vielmehr, wenn die Eltern sich im Rahmen des § 1649 Abs 2 gehalten haben, deshalb aus, weil die Bestimmung selbst den **Rechtsgrund für die Vermögensverschiebung** abgibt. Das Kind kann also auch von seinen Geschwistern nicht zurückverlangen, was die Eltern ihnen aufgrund ihrer Befugnis nach § 1649 Abs 2 zugewendet haben (vgl Zöllner 397; Dölle § 94 VII 3 e mit Fn 156; Gernhuber/Coester-Waltjen § 63 Rn 3; Erman/Michalski Rn 12; Soergel/Strätz Rn 17; MünchKomm/Huber Rn 33; BGB-RGRK/Adelmann Rn 22).

§§ 1650 bis 1663
(weggefallen)

1 Diese Bestimmungen hatten die Nutznießung der Eltern am Kindesvermögen im einzelnen geregelt (s § 1649 Rn 1–5). Das GleichberG vom 18. 6. 1957 (BGBl I 609) beseitigte mit Wirkung vom 1. Juli 1958 das Nutznießungsrecht; damit entfielen auch die §§ 1650–1663 (s auch Staudinger/BGB-Synopse 1896–2000 §§ 1650–1663).

§ 1664
Beschränkte Haftung der Eltern

(1) Die Eltern haben bei der Ausübung der elterlichen Sorge dem Kind gegenüber nur für die Sorgfalt einzustehen, die sie in eigenen Angelegenheiten anzuwenden pflegen.

(2) Sind für einen Schaden beide Eltern verantwortlich, so haften sie als Gesamtschuldner.

Materialien: E I §§ 1503, 1696 Abs 1; II § 1555; III § 1641; Mot IV 745; Prot IV 561. Geändert durch GleichberG vom 18. 6. 1957 Art 1 Nr 22 und durch SorgeRG vom 18. 7. 1979 Art 9 § 2 Nr 3. Staudinger/BGB-Synopse 1896–2005 § 1664.

Titel 5 § 1664
Elterliche Sorge

Schrifttum

HAGER, Das Mitverschulden von Hilfspersonen und gesetzlichen Vertretern des Geschädigten, NJW 1989, 1640
KOEBEL, Aufsichtspflicht der Eltern und Gleichberechtigung, NJW 1960, 2227
KUNSCHERT, Die Haftung des Kfz-Halters gegenüber seinem Partner und seinem Kind als Insassen, NJW 2003, 950.

Systematische Übersicht

I. Entwicklung und Rechtsnatur der Vorschrift	
1. Entwicklung der Vorschrift	1
2. Rechtsnatur der Vorschrift	4
3. Entsprechende Anwendung auf den Vormund	8
4. Abgrenzung zu anderen Ansprüchen	10
5. Entsprechende Anwendung zugunsten des Kindes	13
II. Die Haftung aus Verletzung elterlicher Sorgepflichten	14
1. Verletzung einer Pflicht bei Ausübung der elterlichen Sorge	15
2. Haftung eines Elternteils nur für eigenes Verschulden	20
3. Haftung der Eltern für die Tätigkeit eines Erfüllungsgehilfen	23
4. Umfang der Haftung	30
III. Ausnahmen von der Haftungserleichterung	32
1. Verletzung der Aufsichtspflicht	33
2. Haftung aus unerlaubter Handlung	34
3. Gefährdungshaftung	37
4. Haftung aus Vertrag	38
IV. Geltendmachung der Haftung	
1. Keine Sperre während des Bestehens der elterlichen Sorge	40
2. Bestellung eines Pflegers	41
3. Beweislast	42
V. Haftung mehrerer Personen; Ausgleichsansprüche	
1. Gesamtschuldnerische Haftung der Eltern	43
2. Ausgleichspflicht der Eltern untereinander	45
3. Haftung der Eltern neben einem Dritten	48
a) Die Eltern haften nur nach den allgemeinen Bestimmungen	49
b) Die Eltern haften nur wegen Verletzung einer familienrechtlichen Pflicht	50
aa) Ausschließliche Verletzung der Aufsichtspflicht	50
bb) Unerlaubte Handlung als Verletzung der Aufsichtspflicht	51
cc) Sonstige Fälle der Verletzung einer familienrechtlichen Pflicht	52
c) Jeder Elternteil haftet aus einem anderen Rechtsgrund	53
aa) Ein Elternteil haftet wegen Verletzung einer familienrechtlichen Pflicht, der andere gleichfalls aus diesem Grund und daneben noch nach anderen Bestimmungen	53
bb) Ein Elternteil haftet wegen Verletzung einer familienrechtlichen Pflicht, der andere nur nach anderen Bestimmungen	58

Alphabetische Übersicht

Anspruchsgrundlage	6
Arzt	23, 28, 52
Aufgabenverteilung	22, 47
Aufsichtspflicht	16, 33, 50 f, 53 ff
Ausgleichspflicht	
– der Eltern untereinander	45 ff, 57
– gegenüber einem Dritten	48 ff

Ausnahmen von der Haftungserleichterung	32 ff
Auswahl des „Erfüllungsgehilfen"	26, 28 f
Beweislast	42
Dritter als Schädiger	48 ff
Eignung zur Ausübung der elterlichen Sorge	31
Entsprechende Anwendung zugunsten des Kindes	13
Entstehungsgeschichte	1 ff
Erfüllungsgehilfe	23 ff
Fahrlässigkeit	30 f, 33, 47
Familiengemeinschaft	5, 9
Gefährdungshaftung	37, 47, 49
Gesamtschuldnerische Haftung der Eltern	2, 21, 43 ff
Haftungsmaßstab	5 f
Kraftfahrzeughalter	37, 47, 58 ff
Kritik an der Regelung	5
Nichtsorgeberechtigter Elternteil	17 ff
Pfleger	39, 41
Rechtsanwalt	23, 28
Rechtsnatur der Vorschrift	4 ff
Ruhen der elterlichen Sorge	17
Sorgepflichtverletzung als Anspruchsgrundlage	6 f, 14 ff
Sorgfalt wie in eigenen Angelegenheiten	30
Übertragung der elterlichen Sorge	18, 22
Überwachung	
– des anderen Elternteils	21 f, 47
– einer Hilfsperson	26, 28 f
Umfang der Haftung	30 ff
Umgangsrecht	19
Unerlaubte Handlung	10 ff, 34 ff, 49, 51, 53
Unterschiedlicher Haftungsmaßstab für die Eltern	30, 45
Verjährung	10, 40
Verkehrsunfall	36 f, 53
Vertrag	38 f
Verzicht auf das Sorgerecht	22 f
Vormund	8

I. Entwicklung und Rechtsnatur der Vorschrift

1. Entwicklung der Vorschrift

1 In seiner ursprünglichen Fassung hatte § 1664 gelautet:

Der Vater hat bei der Ausübung der elterlichen Gewalt dem Kinde gegenüber nur für diejenige Sorgfalt einzustehen, welche er in eigenen Angelegenheiten anzuwenden pflegt.

Das **GleichberG** hat diesen Wortlaut lediglich dem neuen Rechtszustand angepaßt. Vor dem 1.4.1953 war eine Haftung der Mutter nur in Betracht gekommen, wenn sie (ausnahmsweise) die elterliche Gewalt allein ausübte oder wenn ihr diese allein zustand. Da seit dem 1.4.1953 beide Eltern im Regelfall die elterliche Gewalt gemeinsam ausübten, galt seither nach wohl unbestrittener Meinung § 1664 aF für beide Eltern.

2 Daß die Eltern für einen Schaden, den sie beide zu verantworten haben, als Gesamtschuldner haften, folgt schon aus allgemeinen Erwägungen. Dennoch erschien es zweckmäßig, diese Folge ausdrücklich auszusprechen, was durch Einfügung des Abs 2 geschehen ist; dies umso mehr, als beim Unterhalt eine gesamtschuldnerische Haftung der Eltern abzulehnen ist (s dazu die Erl bei STAUDINGER/KAPPE/ENGLER [1997] § 1606).

Das **SorgeRG** ersetzte in Abs 1 den Begriff „elterliche Gewalt" durch „elterliche Sorge". **3**

2. Rechtsnatur der Vorschrift

§ 1664 regelt die Haftung der Eltern gegenüber dem Kind. Während E I den Inhaber **4** der elterlichen Gewalt zur Anwendung der Sorgfalt eines ordentlichen Hausvaters verpflichtete (Mot IV 745 ff, auch zum früheren Partikularrecht), hat die II. Komm die Haftung auf die sog diligentia quam in suis (culpa in concreto) ermäßigt (Prot IV 561).

Den geringeren Haftungsmaßstab hat man mit dem Prinzip der Schicksalsgemein- **5** schaft innerhalb der Familie begründet (vgl STAUDINGER/DONAU[10/11] § 1664 Rn 2; SOERGEL/ STRÄTZ Rn 2; BGB-RGRK/ADELMANN Rn 2, der auf die „besondere Natur der Eltern-Kind-Bindung und der darauf beruhenden vermögensrechtlichen Beziehungen zwischen Eltern und Kind" hinweist). Bei diesem Hinweis und bei dem Argument, daß das Kind „seine Eltern so nehmen muß, wie sie sind" (so ADELMANN aaO), wird (ebenso wie bei der damit verbundenen Verweisung auf die vermeintlichen Parallelvorschriften der §§ 1359 und 708) übersehen, daß das Kind sich – anders als ein Ehegatte und ein Gesellschafter die Partner – seine Eltern nicht ausgesucht hat. Die **Kritik an der Regelung des § 1664**, wie sie vor allem GERNHUBER/COESTER-WALTJEN (§ 57 Rn 37 ff) und HUBER (in: MünchKomm Rn 2) äußern (s auch BEITZKE § 26 II 1 und HAGER NJW 1989, 1640, 1646 f), erscheint deshalb nicht unberechtigt, vor allem, weil die Kinder von der Sorgfalt der Eltern in höherem Maß abhängig sind und eine andere Stellung im Familienverband haben als ein Ehegatte im Verhältnis zum anderen Ehegatten. Dennoch läßt sich die Bestimmung mit dem Interesse am möglichst ungestörten Leben innerhalb der Familie noch rechtfertigen; jedoch erscheint eine restriktive Anwendung geboten (s dazu unten Rn 13, 32).

Aus der Familiengemeinschaft zwischen den Eltern und ihren der Aufsicht bedürftigen Kindern kann sich aber bei leicht fahrlässiger Zufügung eines Schadens auch die Pflicht des geschädigten Kindes ergeben, Ersatzansprüche nicht geltend zu machen, wenn die Familiengemeinschaft durch eine Ersatzleistung übermäßig belastet würde; dies gilt insbesondere für Ansprüche auf Schmerzensgeld (OLG Karlsruhe VersR 1977, 232).

Die Mehrzahl der Schriftsteller vertritt die Meinung, § 1664 Abs 1 bestimme nicht **6** nur den Haftungsmaßstab, sondern sei zugleich auch Anspruchsgrundlage (so – ohne nähere Begründung – DÖLLE § 92 1 5; ERMAN/MICHALSKI Rn 1; SOERGEL/STRÄTZ Rn 2; BGB-RGRK/ADELMANN Rn 3; MünchKomm/HUBER Rn 1; ERMAN/MICHALSKI Rn 1; PALANDT/DIEDERICHSEN Rn 1; BAMBERGER/ROTH/VEIT Rn 1; OLG Düsseldorf FamRZ 1992, 1097; OLG Köln FamRZ 1997, 1351 = NJW-RR 1997, 1436; ebenso auch PARDEY FamRZ 1989, 1030, der die unterschiedliche Struktur der §§ 1664 und 1833 – vgl STAUDINGER/ENGLER [2004] § 1833 Rn 4 – nicht erkennt; jetzt auch SCHWAB[11] Rn 620 unter Aufgabe der noch in der 8. Aufl seines Lehrbuchs Rn 511 vertretenen Meinung; **aA** ausdrücklich GERNHUBER/COESTER-WALTJEN § 57 Rn 37 und LÜDERITZ/ DETHLOFF § 13 Rn 7, wie schon BEITZKE[25] § 26 II 1 mit dem Hinweis, daß die Eltern dem Kind gegenüber „aus ihrer Pflichtenstellung heraus" für ordnungsmäßige Ausübung der elterlichen Sorge einzustehen haben). In dieser – für die praktische Rechtsanwendung wohl nicht bedeutsamen – Frage ist die zuerst genannte Meinung abzulehnen. Dies ergibt sich schon aus dem Wortlaut der Bestimmung; aus dem Wort „nur" ist eindeutig zu entnehmen, daß Abs 1 das Bestehen einer Anspruchsgrundlage voraussetzt, und die Bestimmung enthält außer den Worten „bei der Ausübung der elterlichen Sorge" keine Tatbestandsmerkmale, an die das Bestehen einer Ersatzpflicht anzuknüpfen wäre. Der Hinweis von HINZ (in: MünchKomm[3] Rn 2) auf das besondere Schutzverhältnis und auf die Notwendigkeit einer „derartigen Sondernorm", ohne die Schadensersatzpflichten „vielfach gar nicht anderweit begründbar wären", ist deshalb nicht überzeugend. Vielmehr ist (auch entgegen der Auffassung von STAUDINGER/DONAU[10/11] § 1664 Rn 2) davon auszugehen, **daß § 1664 Abs 1 keine Anspruchsgrundlage ist, sondern nur den Haftungsmaßstab festlegt**; daß dem Kind Schadensersatzansprüche zustehen, wenn die Eltern ihre auf der elterlichen Sorge beruhenden Pflichten schuldhaft verletzen, setzt das Gesetz stillschweigend voraus (ebenso STAUDINGER/PESCHEL-GUTZEIT [2007] § 1626 Rn 74).

7 Die elterliche Sorge begründet eine besondere rechtliche Verbindung zwischen den Eltern und dem Kind, in der ein schuldhaft pflichtwidriges Verhalten eines Elternteils einen Schadensersatzanspruch des Kindes begründen kann (GERNHUBER/COESTER-WALTJEN § 57 Rn 37: „kindschaftrechtliche Parallele zur positiven Forderungsverletzung"); H KRÜGER (in: KRÜGER/BREETZKE/NOWACK Rn 3) spricht von einem „familienrechtlichen Verhältnis nach Art der gesetzlichen Schuldverhältnisse", HINZ (in: MünchKomm[3] Rn 2) von einer „besonderen Haftungsregelung innerhalb des familienrechtlichen (gesetzlichen) Schutzverhältnisses der elterlichen Sorge" (ähnlich OLG Karlsruhe VersR 1977, 232).

3. Entsprechende Anwendung auf den Vormund

8 Art 1 § 5 des Betreuungsrechtsänderungsgesetzes vom 25. 6. 1998 (BGBl I 1580) fügte an § 1793, der das Sorgerecht des Vormunds allgemein regelt, einen weiteren Satz an, der die entsprechende Anwendung der §§ 1618a, 1619, 1664 vorsieht, wenn der Mündel „auf längere Dauer in den Haushalt des Vormundes aufgenommen" ist. Damit soll der in diesen Fällen **elternähnlichen Stellung des Vormundes** Rechnung getragen werden und „auch insoweit der personale Bezug des Vormundsamtes stärker verdeutlicht" werden (BT-Drucks 13/7158, 21). In die gleiche Richtung weist schon der durch das SorgeRG angefügte Satz 2 des § 1793, der § 1626 Abs 2 (ohne Beschränkung auf die Fälle der Aufnahme des Mündels in den Haushalt des Vormundes) für entsprechend anwendbar erklärt; auch der Vormund hat – wie die Eltern – bei der Pflege und Erziehung die zunehmende Selbständigkeit des Mündels zu berücksichtigen.

9 Eine analoge Anwendung des § 1664 auf **andere Personen** ist dagegen gerade wegen des familienrechtlich geprägten Ausnahmecharakters dieser Vorschrift abzulehnen. Eine Analogie hätte zur Folge, daß bei allen Personen, die unter Eingliederung in die Familiengemeinschaft im Auftrag der Eltern die Aufsicht über das Kind ausüben, eine Haftungsmilderung nach dem Maßstab des § 277 in Betracht käme. Das würde den Schutz des Kindes vor Fahrlässigkeit einer Aufsichtsperson in unvertretbarer Weise einschränken und wäre deshalb mit dem Ausnahmecharakter des § 1664 nicht vereinbar (BGH NJW 1996, 53 = FamRZ 1996, 155 in einem Fall, in dem eine Haushaltspraktikantin unachtsam eine Verletzung des Kindes verursacht hatte).

4. Abgrenzung zu anderen Ansprüchen

Eine Verletzung der Pflichten, die den Eltern bei Ausübung der elterlichen Sorgfalt obliegen, ist als solche keine unerlaubte Handlung (RG Gruchot 65, 477; OLG Düsseldorf FamRZ 1992, 1097, 1098; allgM). Der Schadensersatzanspruch des Kindes verjährt also (unbeschadet des § 207 Abs 1 Nr 2, s dazu unten Rn 40) nicht in drei, sondern nach § 197 Abs 1 Nr 2 in dreißig Jahren; für die Klage des Kindes (s unten Rn 41 f) ist der Gerichtsstand des § 32 ZPO nicht gegeben. **10**

Möglich ist es jedoch, daß ein Elternteil durch eine Handlung, die er nicht in dieser Eigenschaft vornimmt, sich dem Kind gegenüber nach §§ 823 ff schadensersatzpflichtig macht (wenn zB bei einem Bauunglück, das der Vater als Architekt verschuldet, der Sohn verletzt wird, der während seiner Ferien als Bauhelfer auf der Baustelle gearbeitet hat). Dann gelten die allgemeinen Vorschriften; daß in diesem Falle die Haftung des Vaters nicht durch § 1664 Abs 1 eingeschränkt wird, dürfte außer Zweifel stehen. **11**

Über die Fälle, in denen eine Verletzung der sich aus der elterlichen Sorge ergebenden Verpflichtungen zugleich den Tatbestand einer unerlaubten Handlung erfüllt, s unten Rn 34 ff. **12**

5. Entsprechende Anwendung zugunsten des Kindes

Der durch das SorgeRG in das Gesetz eingefügte § 1618a sagt, daß Eltern und Kinder einander Beistand und Rücksicht schuldig sind. Daraus ergibt sich zum einen, daß § 1664 in der Tendenz zurückhaltend anzuwenden ist, weil die geschuldete Rücksicht und der Schutzcharakter der elterlichen Sorge eher größere Sorgfalt der Eltern beim Umgang der Eltern mit dem Kind und seinen Interessen gebieten (vgl oben Rn 5). Daneben ist es aber auch gerechtfertigt, § 1664 Abs 1 (und § 1359) zugunsten des Kindes entsprechend anzuwenden, wenn es um den Ersatz von Schäden geht, die das Kind den Eltern zugefügt hat (vgl STAUDINGER/COESTER [2007] § 1618a Rn 34; § 1619 Rn 36; MünchKomm/HUBER Rn 17; s auch ENNECCERUS/KIPP § 76 III 3). **13**

II. Die Haftung aus Verletzung elterlicher Sorgfaltspflichten

Die haftungsbegründende Pflichtverletzung, für die die Haftungserleichterung des § 1664 gilt, kann auf dem gesamten Gebiet der elterlichen Sorge liegen, also sowohl im Bereich der Personensorge als auch in dem der Vermögenssorge. Eine Haftung der Eltern kann insbesondere auch dann in Betracht kommen, wenn sie über den Rahmen des § 1649 Abs 2 hinaus Einkünfte aus dem Kindesvermögen für sich oder für den Unterhalt der Geschwister des Kindes verwenden (vgl § 1649 Rn 38) oder wenn sie das Vermögen des Kindes zu Aufwendungen heranziehen, für die sie dem Kind gegenüber keinen Ersatzanspruch haben (so – für die Schaffung von Wohnraum für das Kind – AG Bad Schwartau FamRZ 1999, 315). **14**

Dritten gegenüber haften die Eltern nach den allgemeinen Regeln (s insbes § 832 für die Fälle der Verletzung der Aufsichtspflicht).

1. Verletzung einer Pflicht bei der Ausübung der elterlichen Sorge

15 § 1664 knüpft die in Abs 1 vorgesehene Rechtsfolge der Haftungserleichterung lediglich daran, daß die Eltern „bei der Ausübung der elterlichen Sorge" eine Pflicht verletzt haben. Es muß sich um eine Pflicht handeln, die dem Inhaber der elterlichen Sorge gerade auf Grund dieser Stellung oblag. Die Pflichtverletzung kann sowohl auf tatsächlichem Gebiet liegen (zB Verletzung der Aufsichtspflicht, verspätetes Hinzuziehen eines Arztes, aber auch unmittelbare Schädigung etwa durch einen Verkehrsunfall) wie auf rechtlichem (Abschluß eines unvorteilhaften Vertrags im Namen des Kindes; Zustimmung zu einer riskanten Operation).

16 Ob eine derartige Pflicht bestand, ist ausschließlich nach objektiven Maßstäben zu beurteilen, wobei freilich auch die individuellen Verhältnisse der Eltern zu berücksichtigen sind. Ausschlaggebend sind hierbei im wesentlichen dieselben Kriterien wie bei der Frage, ob die Eltern Dritten gegenüber ihre Aufsichtspflicht verletzt haben (vgl STAUDINGER/BELLING [2008] § 832 Rn 52 ff mit vielen Nachweisen). Es ist daher zu prüfen, was unter den jeweiligen Umständen verständige Eltern nach den vernünftigerweise an sie zu stellenden Anforderungen hätten tun müssen (RGZ 50, 62), was ihnen unter Berücksichtigung ihrer wirtschaftlichen Lage und ihrer Kräfte billigerweise zugemutet werden konnte (RGZ 98, 248; BGH FamRZ 1964, 84 f [zu § 832]). Dabei kommt es entscheidend auf das Alter und die Eigenschaften des Kindes und auf seine geistige und charakterliche Anlage und Entwicklung an; insbesondere geben die Fortschritte der Erziehung einen Maßstab für das Bedürfnis der Aufsicht, Fürsorge und Betreuung.

17 **Ruht die elterliche Sorge** eines Elternteils (§§ 1673, 1674), so fehlt regelmäßig eine Grundvoraussetzung seiner Haftung; wer die elterliche Sorge nicht ausüben darf, kann auch nicht verpflichtet sein, sie auszuüben, und daher auch nicht eine auf der elterlichen Sorge beruhende familienrechtliche Pflicht verletzen. Fügt dieser Elternteil dem Kind einen Schaden zu, so haftet er nach allgemeinen Grundsätzen (freilich auch mit den allgemeinen Einschränkungen, zB im Falle des Ruhens nach § 1673 mit denjenigen der §§ 827, 829).

18 Gleiches gilt, wenn einem Elternteil die **elterliche Sorge nicht zusteht** (etwa, weil sie nach § 1671 dem anderen Elternteil übertragen wurde). Es fragt sich jedoch, ob in diesen Fällen eine familienrechtliche Haftung stets außer Betracht zu bleiben hat, also auch dann, wenn nur sie einen Schadensersatzanspruch des Kindes begründen könnte. Man denke etwa an den Fall, daß nach Scheidung der Ehe die elterliche Sorge auf die Mutter übertragen worden ist und daß nun der Vater das Kind ohne Aufsicht an einem gefährlichen Ort spielen sieht oder daß er erfährt, daß die Mutter im Begriff steht, bei Anlage des Kindesvermögens einem Betrüger in die Hände zu fallen. Eine allgemeine Rechtspflicht zum Eingreifen besteht hier nicht; eine Haftung aus § 826 wird nur in krassen Fällen zu bejahen sein.

Eine **Pflicht des nicht sorgeberechtigten Elternteils** zum Handeln ergibt sich in solchen Fällen aus dem natürlichen Eltern-Kind-Verhältnis, das in besonderen Fällen

Titel 5
Elterliche Sorge

§ 1664
19–22

rechtliche Verpflichtungen auch eines Elternteils begründen kann, der die elterliche Sorge nicht innehat oder sie nicht ausüben darf. Bleibt dann dieser Elternteil untätig (sei es, daß er es unterläßt, tatsächlich einzugreifen, sei es, daß er den anderen Elternteil nicht warnt oder notfalls das Familiengericht anruft), so kann ihn eine Schadensersatzpflicht treffen, auf die § 1664 entsprechend anzuwenden ist. Diese Grundsätze sind allerdings zurückhaltend anzuwenden; es darf nicht so weit kommen, daß etwa nach Scheidung der Ehe der Elternteil, dem die elterliche Sorge nicht übertragen wurde, den Hinweis auf eine drohende Haftung als Vorwand benutzt, den anderen Elternteil in unangebrachter Weise bei der Ausübung der elterlichen Sorge zu überwachen.

Eine **entsprechende Anwendung** des § 1664 Abs 1 ist geboten, wenn ein Elternteil, **19** dem die elterliche Sorge nicht zusteht, die Sorge **tatsächlich ausübt** oder von seiner Befugnis zum persönlichen **Umgang mit dem Kind** nach § 1684 Gebrauch macht (allgM; vgl BGB-RGRK/ADELMANN Rn 4; MünchKomm/HUBER Rn 5; SOERGEL/STRÄTZ Rn 3; PALANDT/DIEDERICHSEN Rn 2; LÜDERITZ/DETHLOFF § 13 Rn 7 aE; BGHZ 103, 338, 345 = NJW 1988, 2667, 2669).

2. Haftung eines Elternteils nur für eigenes Verschulden

Jeder Elternteil haftet an sich nur für die Verletzung einer eigenen Pflicht, der Vater **20** also nicht, wenn die gewissenhafte Mutter ausnahmsweise und unvorhersehbar ihre Aufsichtspflicht verletzt, die Mutter nicht, wenn der von ihr bevollmächtigte Vater sich beim Abschluß eines Vertrags im Namen des Kindes unerwartete Bedingungen aufreden läßt.

Daß ein Elternteil **nicht für ein Verschulden des anderen Teils** haftet, ergibt sich aus **21** der Bestimmung des Abs 2, die die gesamtschuldnerische Haftung beider Eltern nur dann eintreten läßt, wenn beide „verantwortlich" sind, wenn also bei jedem Elternteil ein eigenes Verschulden festgestellt werden kann (ebenso SOERGEL/STRÄTZ Rn 5; ERMAN/MICHALSKI Rn 5; BGB-RGRK/ADELMANN Rn 19; MünchKomm/HUBER Rn 4; DÖLLE § 92 I 5; GERNHUBER/COESTER-WALTJEN § 57 Rn 41; aA noch STAUDINGER/DONAU[10/11] § 1664 Rn 13 ff, der aus einer generellen „Eigenverantwortung" heraus einen Elternteil dem Kinde gegenüber auch für das Tun und Unterlassen des anderen Elternteils haften lassen wollte, und zwar nicht nur, wenn er den anderen nicht hinreichend „überwacht" hatte; vgl auch H KRÜGER, in: KRÜGER/BREETZKE/NOWACK Rn 6).

Häufig wird es freilich so sein, daß **beide Eltern verpflichtet** sind, eine Maßnahme **22** zugunsten des Kindes zu treffen, insbesondere durch geeignete Aufsicht Gefahren vom Kind fernzuhalten. Ein Elternteil darf sich, wenn keine Absprachen getroffen sind, nicht ohne weiteres darauf verlassen, daß der andere das Nötige tun wird. Anders aber, wenn die Maßnahmen festgelegt und die Aufgaben eindeutig verteilt sind. Insoweit handelt es sich nicht um eine Übertragung der elterlichen Sorge oder um einen Verzicht auf das Sorgerecht, die unzulässig wären (vgl H KRÜGER, in: KRÜGER/BREETZKE/NOWACK Rn 7). Deshalb kann beispielsweise der Vater, der untertags zur Arbeit geht, während die Mutter zuhause das Kind beaufsichtigt, nicht verantwortlich gemacht werden, wenn sich die Eltern geeinigt haben, daß ein gefährliches Spielzeug grundsätzlich unter Verschluß zu halten ist, und die Mutter versehentlich den Schrankschlüssel stecken läßt, das Kind nun das Spielzeug herausholt und damit zu Schaden kommt. Der Vater haftet aber, wenn er wußte oder damit rechnen mußte, daß die Mutter aus Mangel an Einsicht oder aus Schwäche ihrer Pflicht, die Sache wegzuschließen, nicht nachkommen werde (vgl KOEBEL NJW 1960, 2227). In einem solchen Fall muß ein Elternteil den anderen, der die unmittelbare Aufsicht führt, mit dem erforderlichen Nachdruck auf seine Pflichten und seine Verantwortung hinweisen und notfalls weitere Maßnahmen treffen, zB das Luftgewehr außer Haus verwahren oder für zusätzliche Aufsicht sorgen, wenn die Mutter das Kleinkind immer wieder auf die verkehrsreiche Straße läßt.

3. Haftung der Eltern für die Tätigkeit eines Erfüllungsgehilfen

23 Vielfach müssen sich die Eltern eines „Erfüllungsgehilfen" bedienen, um dem Kind gegenüber ihre Elternpflicht zu erfüllen, zB einen Arzt zur Behandlung des Kindes rufen, einen Rechtsanwalt mit seiner Prozeßvertretung beauftragen, einen Geschäftsführer für das vom Kind geerbte Unternehmen oder einen Gutsverwalter bestellen usw. Übertragen sie in zulässiger Weise die Ausübung der elterlichen Sorge oder ihrer Bestandteile (insbes Erziehung und Aufsicht) auf Dritte (Pflegeeltern, Hauspersonal, Lehrkräfte eines Internats usw), so sind diese insoweit ebenfalls „Erfüllungsgehilfen" der Eltern.

24 War die **Übertragung unzulässig** (vgl zur Zulässigkeit die Erl bei STAUDINGER/PESCHEL-GUTZEIT [2007] § 1626 Rn 28 f, 109 ff; GERNHUBER/COESTER-WALTJEN § 57 Rn 18), so haften die Eltern für einen Schaden, den der Dritte dem Kind verursacht, schon aus eigenem Verschulden; es liegt darin, daß sie eben ihre Rechte und Pflichten nicht hätten übertragen dürfen.

25 War die **Übertragung zulässig**, so gilt der Grundsatz des § 278, daß der Schuldner ein Verschulden der Personen, deren er sich zur Erfüllung seiner Verbindlichkeit bedient, in gleichem Umfang zu vertreten hat wie eigenes Verschulden. Soweit den Eltern die Haftungserleichterung des § 1664 Abs 1 zugutekommt, sind sie nur dafür verantwortlich, daß die Hilfspersonen nicht weniger sorgfältig handeln, als sie – die Eltern – selbst in ihren eigenen Angelegenheiten zu handeln pflegen (vgl STAUDINGER/ LÖWISCH [2004] § 278 Rn 58; zu diesem Fragenkreis allgemein DÖLLE § 92 I 5; BGB-RGRK/ADELMANN Rn 7 f; MünchKomm/HUBER Rn 15; ERMAN/MICHALSKI Rn 7; SOERGEL/STRÄTZ Rn 2; HENRICH § 18 III 3). Dabei ist zu unterscheiden:

26 a) Für die **Auswahl des Erfüllungsgehilfen** haften die Eltern nach § 1664, also mit der Beschränkung auf die Sorgfalt, die sie in eigenen Angelegenheiten anzuwenden pflegen. Sie sind ferner verpflichtet, **darüber zu wachen**, daß der Dritte die ihm übertragenen Aufgaben (Aufsicht, Erziehung) in einer Weise ausübt, die dem Besten des Kindes dient; auch für diese Pflicht muß die Haftungsbeschränkung des § 1664 gelten. Oft wird eine Übertragung auf Dritte unvermeidlich sein (der Vater ist beruflich überlastet, die Mutter krank uä). Es wäre nicht vertretbar, in derartigen Fällen bei Auswahl und Überwachung des „Erfüllungsgehilfen" strengere Maßstäbe anzulegen als bei der Ausübung der elterlichen Sorge durch die Eltern selbst. Es wäre aber auch kaum möglich, zu unterscheiden zwischen Fällen, in denen die Übertragung von Teilfunktionen der elterlichen Sorge auf Dritte unumgänglich oder „nur" zulässig war.

Darüber hinaus erscheint es nicht angebracht, die Eltern für jedes Verschulden des **27** Dritten haften zu lassen, etwa mit der Folge, daß sie für eine Aufsichtspflichtverletzung des Kindermädchens einzustehen hätten, obwohl sie selbst (wegen § 1664 Abs 1) die gleiche Nachlässigkeit hätten begehen können, ohne sich schadensersatzpflichtig zu machen. Man wird vielmehr annehmen müssen, daß eine Verantwortung der Eltern dem Kind gegenüber dann entfällt, wenn die Hilfsperson die Sorgfalt angewandt hatte, die die Eltern in eigenen Angelegenheiten anzuwenden pflegen (sie selbst haftet dem Kind gegebenenfalls für jedes Verschulden). Die Eltern können sich jedoch nicht mit dem Hinweis entlasten, diese Hilfsperson sei in ihren eigenen Angelegenheiten nachlässig (auch nicht, wenn sie dies ohne grobe Fahrlässigkeit nicht hatten voraussehen können): **Haftungsmaßstab** kann hier immer nur die **eigene Sorgfalt der Eltern** sein.

b) Handelt es sich um eine Tätigkeit, die die Eltern nicht selbst vorzunehmen **28** brauchen oder nicht einmal selbst vornehmen könnten (ärztliche Behandlung, Prozeßvertretung usw), so haften sie keinesfalls für jedes Verschulden des „Erfüllungsgehilfen". Sie haften vielmehr nur dafür, daß sie einen geeigneten „Erfüllungsgehilfen" (Arzt, Rechtsanwalt usw) **auswählen** (culpa in eligendo), ferner aber auch dafür, daß sie diesen in der ihnen möglichen Weise **überwachen** (culpa in custodiendo); wenn sie also später seine mangelnde Eignung oder seinen ungenügenden Einsatz erkennen können, sind sie verpflichtet, die erforderlichen Maßnahmen zu treffen (Abmahnung, Widerruf des Auftrags, Kündigung usw).

Bei der Frage, ob ein **Auswahl- oder Überwachungsverschulden** vorliegt, beschränkt **29** sich die Haftung der Eltern wiederum auf die culpa in concreto. Daher entfällt möglicherweise ihre Haftung, wenn sie zwar einen ungeeigneten „Erfüllungsgehilfen" ausgewählt, dessen mangelnde Eignung aber nur leichtfahrlässig nicht erkannt haben. Dies folgt aus der Überlegung, daß die Eltern in derartigen Fällen nur die Pflicht haben, für einen (notwendigen) „Erfüllungsgehilfen" (Arzt, Rechtsanwalt) zu sorgen, daß sie aber – von der Frage einer möglichen Überwachung abgesehen – nicht für den Erfolg seiner Tätigkeit einzustehen haben (vgl RGZ 138, 5).

4. Umfang der Haftung

Die Eltern haben bei Ausübung der elterlichen Sorge nur für die **Sorgfalt** einzu- **30** stehen, **die sie in eigenen Angelegenheiten anzuwenden pflegen**. Sie haften daher in jedem Fall für Vorsatz und grobe Fahrlässigkeit (§ 277), im übrigen (also bei leichter Fahrlässigkeit) dann nicht, wenn sie in eigenen Angelegenheiten mit der gleichen Fahrlässigkeit zu verfahren pflegen.

Im Einzelfall kann daher die **Haftung beider Eltern verschieden** sein; der gewissenhafte Elternteil haftet für jede Fahrlässigkeit, der zur Schlamperei neigende braucht nur für grobe Fahrlässigkeit und Vorsatz einzustehen (H Krüger, in: Krüger/Breetzke/ Nowack Rn 1; BGB-RGRK/Adelmann Rn 6; MünchKomm/Huber Rn 16; Bamberger/Roth/ Veit Rn 6.1). Dies gilt auch in den Fällen des „Überwachungsverschuldens" (vgl oben Rn 26 ff).

Die Frage, ob die Eltern dafür einzustehen haben, daß sie die „im Verkehr er- **31** forderliche" **Eignung** besitzen, **die elterliche Sorge auszuüben**, gehört, streng genommen, zur Erörterung über den Grund der Haftung, nicht zu der über ihren Grad. Ob jemand sorgfältig und gewissenhaft handelt, ist eine andere Frage als die, ob er auf bestimmten Gebieten geeignet und befähigt ist. Allerdings wird man meist sagen müssen, daß ein gewissenhafter Mensch sich einer Tätigkeit zu enthalten habe, die seine Fähigkeiten übersteigt; das läßt sich aber, abgesehen davon, daß hier gerade die Frage der Einsichtsfähigkeit berührt ist, auf das Gebiet der elterlichen Sorge nicht ohne weiteres übertragen, zumal die Eltern nicht das Recht hätten, etwa „mangels Eignung" auf die elterliche Sorge zu verzichten.

Während im allgemeinen der objektive Fahrlässigkeitsmaßstab gilt (vgl STAUDINGER/ LÖWISCH [2004] § 276 Rn 28 ff), ist nach § 1664 Abs 1 ein **subjektiver, konkreter Maßstab** anzulegen. Da jedoch nach § 277 auch in diesem Fall für grobe Fahrlässigkeit uneingeschränkt gehaftet wird, ist die Unterscheidung nach abstrakter und konkreter Fahrlässigkeit nur **innerhalb der leichten Fahrlässigkeit** von Bedeutung. Daraus folgt: Hat ein Elternteil dem Kind einen Schaden zugefügt, der (nach objektiven Maßstäben) nur leicht fahrlässig verschuldet worden ist, so kann er sich damit entlasten, daß seine Fähigkeiten nicht ausreichen, um die betreffende Angelegenheit zu meistern; liegt dagegen (nach objektiven Maßstäben) grobe Fahrlässigkeit vor, so besteht diese Entlastungsmöglichkeit nicht.

III. Ausnahmen von der Haftungserleichterung

32 Die in § 1664 Abs 1 vorgesehene Haftungsmilderung greift in einer großen Zahl praktisch wichtiger Fälle nicht ein, weil dort vorrangige Interessen eine unbeschränkte Verschuldenshaftung nach den allgemeinen Maßstäben gebieten. Bei dieser Frage kommt es übrigens nicht darauf an, ob man § 1664 Abs 1 über den darin ausdrücklich normierten Haftungsmaßstab hinaus auch als Anspruchsgrundlage betrachtet oder ob man das Bestehen von Schadensersatzansprüchen des Kindes auf allgemeine Rechtsgrundsätze in Verbindung mit der Gesamtregelung der elterlichen Sorge stützt (vgl oben Rn 6 f). Ein weitgehender Ausschluß der Haftungserleichterung ist schon im Hinblick auf den Schutzcharakter der elterlichen Sorge angebracht (vgl oben Rn 5; MünchKomm/HUBER Rn 2).

1. Verletzung der Aufsichtspflicht

33 Die Aufsichtspflicht ist – aus der Sicht der Unversehrtheit des Kindes, der Fernhaltung von Schäden und Gefahren – ein **Kernstück der elterlichen Sorge**. Schon aus diesem Grund ist für einen Vergleich der fremdnützigen elterlichen Sorge mit dem Verhalten der Eltern im eigenen Interesse, der die gedankliche Grundlage des Haftungsprivilegs des § 1664 Abs 1 bildet, kein Raum. Deshalb ist der Auffassung beizutreten, daß sich aus dem Schutzzweck der nach objektiven Grundsätzen zu bestimmenden Aufsichtspflicht der Eltern deren Haftung auch für leichte Fahrlässigkeit ergibt, selbst wenn die Eltern verhältnismäßig leichtfertig ihre eigene Sicherheit und Gesundheit aufs Spiel zu setzen pflegen. Sie sind auch dann verpflichtet, die Unversehrtheit des Kindes höher zu bewerten und das Kind insbesondere vor den vielfältigen Möglichkeiten einer Schädigung durch gefährliche Gegenstände und insbesondere im Straßenverkehr zu schützen (ebenso im Ergebnis BGB-RGRK/ADELMANN Rn 13; BAMBERGER/ROTH/VEIT Rn 3 aE; LÜDERITZ/DETHLOFF § 13 Rn 8; vgl auch RGZ 75, 251, 253 ff; OLG Stuttgart VersR 1980, 952; LG Hanau NJW 1988, 74; **aA** SOERGEL/STRÄTZ

Rn 4; jetzt auch MünchKomm/HUBER Rn 12; OLG Düsseldorf FamRZ 2000, 438 = NJW-RR 1999, 1042).

2. Haftung aus unerlaubter Handlung

Eine Verletzung der sich aus der elterlichen Sorge ergebenden Pflichten kann zugleich den Tatbestand einer unerlaubten Handlung erfüllen, zB eine Körperverletzung oder ein Vermögensdelikt. Nach heute wohl überwiegender Auffassung greift die Haftungsbeschränkung des § 1664 Abs 1 nicht ein, wenn das Kind durch ein Verhalten der Eltern geschädigt wurde, das den Anforderungen der Personen- oder Vermögenssorge nicht entspricht und zugleich gegen die Bestimmungen der §§ 823 ff, also gegen eine allgemeine, jedermann gegenüber jedem obliegende Rechtspflicht verstößt (RGZ 75, 251; RG Gruchot 56, 586 = JW 1912, 190; OLG Nürnberg OLGE 30, 68; OLG Düsseldorf NJW 1978, 891; ebenso DÖLLE § 92 I 5 aE; aA BGB-RGRK/ ADELMANN Rn 11; MünchKomm/HUBER Rn 9). **34**

Die abweichende Meinung will den reduzierten Haftungsmaßstab des § 1664 Abs 1 auch dann eingreifen lassen, wenn ein Zusammenhang der unerlaubten Handlung mit der elterlichen Sorge besteht; ist dies nicht der Fall, so läßt sie die Eltern stets auch für leichte Fahrlässigkeit haften, zB dann, wenn das Kind infolge einer Verletzung der auf der allgemeinen Verkehrssicherungspflicht beruhenden Streupflicht zu Schaden gekommen ist (BGB-RGRK/ADELMANN Rn 12; STAUDINGER/PESCHEL-GUTZEIT [2007] § 1626 Rn 75; vgl auch ERMAN/MICHALSKI Rn 6, der die uneingeschränkte Haftung nur dann eintreten lassen will, wenn die unerlaubte Handlung in keinem Zusammenhang mit der Ausübung der elterlichen Sorge steht; s auch SCHWAB[11] Rn 620, der die Haftungserleichterung auf Deliktsansprüche erstrecken will, soweit die unerlaubte Handlung „mit der Ausübung der elterlichen Sorge in einem inneren Zusammenhang steht"). **35**

§ 1664 Abs 1 ist nicht anzuwenden, wenn das Kind bei einem von einem Elternteil verursachten **Verkehrsunfall** verletzt wurde. Für den Fall der schuldhaften Schädigung eines Ehegatten bei einem vom anderen Ehegatten verursachten Verkehrsunfall hat der BGH mehrfach entschieden, daß der mildere Haftungsmaßstab des § 1359 nicht eingreife, weil eine Haftungsprivilegierung, die sich auf eine personenbezogene Minderung der Sorgfaltsanforderungen gründe, der Schutzfunktion des Haftungsrechts, der bei der Ausdehnung und Gefährlichkeit des Straßenverkehrs besondere Bedeutung zukomme, nicht gerecht werde (BGHZ 53, 352, 355 = NJW 1970, 1271, 1272 = FamRZ 1970, 386 m Anm JAYME; BGHZ 61, 101 = NJW 1973, 1654; ebenso OLG Frankfurt NJW 1979, 2214; OLG Hamm NJW 1993, 542). Daß dies auch bei Schädigung eines Kindes durch ein verkehrswidriges Verhalten eines Elternteils gelten muß, ist heute allgemein anerkannt (STAUDINGER/VIEWEG [2007] § 840 Rn 77; BGB-RGRK/ADELMANN Rn 14; MünchKomm/HUBER Rn 10; SOERGEL/STRÄTZ Rn 4; BÖHMER JZ 1967, 356; PALANDT/DIEDERICHSEN Rn 4; ERMAN/MICHALSKI Rn 6). **36**

3. Gefährdungshaftung

§ 1664 Abs 1 ist auch nicht anwendbar in den Fällen der Gefährdungshaftung, zB wenn der Vater bei einem Verkehrsunfall als Halter des – von einem Dritten gelenkten – Kraftwagens für den dem Kind erwachsenen Schaden einzustehen hat. Der Vater kann also den nach § 7 Abs 2 StVG erforderlichen Entlastungsbeweis **37** nicht mit dem Hinweis führen, daß er in eigenen Angelegenheiten nicht „jede nach den Umständen gebotene Sorgfalt" zu beobachten pflege.

4. Haftung aus Vertrag

38 Hat ein Elternteil mit dem (dabei durch einen Pfleger vertretenen) Kind einen Vertrag geschlossen, so gelten die **allgemeinen Haftungsvorschriften**; für eine Herabminderung der Haftung auf eine culpa in concreto ist dabei kein Raum (MünchKomm/HUBER Rn 14; BGB-RGRK/ADELMANN Rn 10; SOERGEL/STRÄTZ Rn 4 aE; ERMAN/MICHALSKI Rn 4).

39 Ist jedoch ein Vertrag des Inhabers der elterlichen Sorge mit dem Kind **nicht wirksam zustandegekommen** (insbesondere, weil das Kind nicht durch einen Pfleger vertreten war), so bewendet es bei der Haftung nach § 1664. Es mag zunächst befremden, daß die Eltern sich auf das Fehlen eines Vertrags berufen können, obwohl sie nach § 1909 Abs 2 verpflichtet waren, dem Vormundschaftsgericht anzuzeigen, daß die Bestellung eines Ergänzungspflegers notwendig war. Jedoch haben sie durch diese Unterlassung lediglich eine familienrechtliche Pflicht verletzt, wofür eben die Haftungsbeschränkung des § 1664 gilt. Daß gewissenhafte Eltern, die eine Pflegerbestellung veranlaßt haben, nach strengeren Maßstäben haften als Eltern, die dies aus Nachlässigkeit unterlassen haben, ist eine Folge, die dem Sinn des § 1664 Abs 1 entspricht. Fälle, in denen dies praktische Bedeutung hat, werden jedoch sehr selten vorkommen.

IV. Geltendmachung der Haftung

1. Keine Sperre während des Bestehens der elterlichen Sorge

40 Wie alle anderen Ansprüche des Kindes gegen den Inhaber des Sorgerechts können die, die auf einer Verletzung einer familienrechtlichen Pflicht beruhen, auch während der Dauer der elterlichen Sorge geltend gemacht werden; dies ist unstreitig, obwohl im Recht der elterlichen Sorge eine dem § 1843 Abs 2 entsprechende Vorschrift fehlt.

Jedoch ist während der Minderjährigkeit des Kindes die Verjährung von Ansprüchen des Kindes gegen die Eltern gehemmt (§ 207 Abs 1 Nr 2).

2. Bestellung eines Pflegers

41 Solange das Kind unter elterlicher Sorge steht, können Ansprüche gegen die Eltern nur durch einen Pfleger geltend gemacht werden (§§ 1629 Abs 2 S 1, 1795 Abs 1 Nr 1, 3, Abs 2, § 181, § 1909 Abs 1 S 1). Dies gilt auch, wenn der Anspruch des Kindes nur gegen *einen* Elternteil geltend zu machen ist, und zwar gleichgültig, ob der andere Elternteil etwa Alleininhaber der elterlichen Sorge ist (unrichtig insoweit H KRÜGER, in: KRÜGER/BREETZKE/NOWACK Rn 4, die § 1795 Abs 1 Nr 1 und 3 übersieht); anders dagegen, wenn die Ehe der Eltern nicht mehr besteht.

3. Beweislast

Entsprechend den allgemeinen Grundsätzen muß das Kind beweisen, daß ihm ein **42** Schaden entstanden und daß dieser durch ein Verschulden der Eltern oder eines Elternteils verursacht worden ist. Beruft sich demgegenüber ein Elternteil darauf, daß er in eigenen Angelegenheiten nicht mit größerer Sorgfalt zu verfahren pflege, so hat er die Beweislast für die Tatsachen, aus denen sich dies ergibt (allgM; s BAUM-GÄRTEL/LAUMEN Rn 1).

V. Haftung mehrerer Personen; Ausgleichsansprüche

1. Gesamtschuldnerische Haftung der Eltern

Sind beide Eltern für einen Schaden verantwortlich, den sie dem Kind bei Ausübung **43** der elterlichen Sorge zugefügt haben, so haften sie nach § **1664 Abs 2** als Gesamtschuldner; das Kind kann daher von jedem von ihnen Ersatz seines vollen Schadens verlangen (§ 421).

Entsprechendes muß gelten, wenn der familienrechtliche Schadensersatzanspruch **44** sich nur gegen einen Elternteil richtet, der andere Elternteil aber aus einem anderen Rechtsgrund (Vertrag, Gefährdungshaftung, unerlaubte Handlung usw) dem Kinde schadensersatzpflichtig ist. Denn die Gesamtschuld setzt nicht die Gleichartigkeit des den Einzelverpflichtungen zugrundeliegenden Rechtsgrundes voraus (vgl die Erl bei STAUDINGER/NOACK [2005] §§ 421, 426).

2. Ausgleichspflicht der Eltern untereinander

a) Die in § 426 geregelte Ausgleichspflicht unter Gesamtschuldnern setzt voraus, **45** daß jeder Schuldner den Schaden zu verantworten hat. Da nach § 1664 Abs 1 die Haftung auf die culpa in concreto beschränkt ist, kann es bei unterschiedlicher Beantwortung der Frage nach der von den Eltern geübten Sorgfalt vorkommen, daß dem Kind ein Schadensersatzanspruch **nur gegen einen Elternteil** zusteht, obwohl beide Eltern den Schaden bei Ausübung der elterlichen Sorge verursacht haben (vgl oben Rn 30). In einem solchen Fall besteht auch keine Ausgleichspflicht unter den Eltern. Dies ergibt sich auch aus dem Zusammenhang des § 1664 Abs 1 mit § 1359; beide Bestimmungen legen den gleichen Haftungsmaßstab fest. Ist ein Elternteil nach §§ 1664 Abs 1, 277 von einem Schadensersatzanspruch des Kindes frei, so würde er nach §§ 1359, 277 gleichermaßen dem anderen Elternteil nicht haften, wenn er diesem bei Erfüllung der sich aus dem ehelichen Verhältnis ergebenden Verpflichtungen einen entsprechenden Schaden zugefügt hätte. Dann kann er aber auch nicht über §§ 1664 Abs 2, 426 ausgleichspflichtig werden.

b) Sind **beide Eltern** für einen Schaden des Kindes verantwortlich, so wären sie **46** nach der Bestimmung des § 426 Abs 1 S 1 im Verhältnis zueinander zu gleichen Teilen ausgleichspflichtig. Diese „Hilfsregel" (RGZ 75, 251, 256) gilt aber nur, soweit nicht „ein anderes bestimmt ist"; praktisch ist sie die Ausnahme. Denn eine anderweitige Regelung im Sinne von § 426 Abs 1 S 1 ist auch das Rechtsverhältnis zwischen den Gesamtschuldnern (RGZ 75, 251, 256), und dazu gehören auch gesetzliche

Bestimmungen wie § 254 und vor allem die Umstände, die zur Haftung der Gesamtschuldner geführt haben.

47 Der **Umfang der Ausgleichspflicht** hängt daher insbesondere davon ab, in welchem Maß der eine und der andere Elternteil den Schaden verursacht und verschuldet haben, ob sie jeweils wegen leichter oder grober Fahrlässigkeit oder gar wegen Vorsatzes oder andererseits nur aus dem Gesichtspunkt der Gefährdungshaftung verantwortlich sind (zB als Halter des vom anderen Elternteil gelenkten Kraftfahrzeugs). Haben die Eltern untereinander eine Vereinbarung über die Wahrnehmung bestimmter Aufgaben gegenüber dem Kind getroffen, so kann dies für das Bestehen oder Nichtbestehen und den Umfang einer Ausgleichspflicht von Bedeutung sein, auch wenn sich der durch eine solche Vereinbarung „entlastete" Elternteil damit nicht von einer Verantwortung gegenüber dem Kind befreit hat (vgl oben Rn 22). Entsprechendes gilt, wenn ein Elternteil dem Kind gegenüber lediglich deswegen verantwortlich ist, weil er den anderen Elternteil nicht in dem erforderlichen Maß „überwacht" hat.

3. Haftung der Eltern neben einem Dritten

48 Während die Schadensersatzpflicht der Eltern gegenüber dem Kind und die Frage der Ausgleichspflicht unter den Eltern praktisch kaum eine Rolle spielen, ist von erheblicher Bedeutung die Frage, wie es sich rechtlich auswirkt, wenn für einen Schaden sowohl die Eltern (oder ein Elternteil) als auch ein Dritter verantwortlich sind. Ein Ausgleichsanspruch steht dem Dritten auch in diesem Fall nur zu, wenn die Eltern nicht wegen des milderen Haftungsmaßstabs des § 1664 Abs 1 von der Haftung freigestellt sind (BGHZ 103, 338 = NJW 1988, 2667, 2669 = FamRZ 1988, 810 unter Aufgabe von BGHZ 35, 317 = NJW 1961, 1966 = FamRZ 1962, 60; OLG Düsseldorf FamRZ 2000, 438 = NJW-RR 1999, 1042; dem BGH zustimmend auch HAGER NJW 1989, 1640, 1647 und ausführlich STAUDINGER/VIEWEG [2007] § 840 Rn 68).

49 a) Haften beide Eltern (oder haftet der alleinverantwortliche Elternteil) **ausschließlich auf Grund allgemeiner Bestimmungen** (Vertrag, unerlaubte Handlung, Gefährdungshaftung usw), nicht aber wegen Verletzung einer familienrechtlichen Pflicht, so gelten für die Ausgleichspflicht die allgemeinen Grundsätze, also insbes die §§ 421, 426, sofern ein Fall der Gesamtschuld vorliegt (vgl RGZ 75, 251; RG Gruchot 65, 477).

50 b) Haften beide Eltern (oder haftet der alleinverantwortliche Elternteil) ausschließlich wegen Verletzung einer familienrechtlichen Pflicht, so ist zu unterscheiden:

aa) Handelt es sich hierbei um eine **Verletzung der Aufsichtspflicht**, so muß sich das Kind uU ein Verschulden der aufsichtspflichtigen Eltern entsprechend § 254 anrechnen lassen, wobei es dann keine Rolle spielt, ob etwa der verantwortliche Elternteil oder beide Eltern nach § 1664 Abs 1 dem Kind gegenüber von einer Haftung befreit wären (andererseits spielt es für den Umfang des Ersatzes, den der Dritte zu leisten hat, grundsätzlich keine Rolle, ob „nur" ein Elternteil seine Aufsichtspflicht verletzt hat oder beide Eltern; das elterliche Verschulden ist nicht etwa zu summieren). Der Dritte hat daher uU dem Kind nur einen Teil des Schadens zu ersetzen. Unabhängig von der Frage, ob in einem derartigen Fall überhaupt ein Gesamtschuldverhältnis zwischen den Eltern und dem Dritten anzunehmen ist, scheidet eine Ausgleichspflicht der Eltern im Verhältnis zum Dritten schon aus diesem Grund aus; andernfalls würde das Verschulden der Eltern den Dritten doppelt entlasten, einmal bei entsprechender Anwendung des § 254 zu Lasten des Kindes, zum anderen durch den Ausgleichsanspruch.

bb) Diese Überlegung muß auch dazu führen, die Ausgleichspflicht der Eltern **51** (oder eines Elternteils) zu verneinen, wenn die Verletzung der Aufsichtspflicht zugleich den **Tatbestand einer unerlaubten Handlung** (zB einer Körperverletzung) erfüllt. Hat zB das Kind einen Schaden von 1000 Euro erlitten, der in gleichem Maß auf ein Verschulden beider Eltern und eines Dritten zurückzuführen ist, so wirkt sich allein die Verletzung der Aufsichtspflicht dahin aus, daß bei entsprechender Anwendung des § 254 der Dritte dem Kind uU nur 500 Euro zu ersetzen hat, während dieses die weiteren 500 Euro von seinen Eltern verlangen muß. Es wäre nicht zu rechtfertigen, daß die Eltern nur deshalb, weil die Aufsichtspflichtverletzung hier zugleich den Tatbestand einer unerlaubten Handlung erfüllte, dem Dritten ausgleichspflichtig würden; auch dies würde zu einer doppelten Entlastung des Dritten führen.

cc) Fraglich ist, ob auch in **sonstigen Fällen der Verletzung einer familienrechtlichen** **52** **Pflicht** (also nicht der Aufsichtspflicht) der dritte Schädiger einen Ausgleichsanspruch gegen die Eltern haben kann oder ob dies nur möglich ist, wenn die Pflichtverletzung der Eltern zugleich den Tatbestand einer unerlaubten Handlung erfüllt. Hat zB (ohne daß die Eltern ihre Aufsichtspflicht verletzt hätten) ein Dritter das Kind verletzt und rufen die Eltern zu spät den Arzt, der nun bei der Behandlung auch noch einen ärztlichen Kunstfehler begeht, so ist für den Dritten sicherlich § 254 anwendbar. Der Arzt wird dagegen diese Bestimmung nicht für sich in Anspruch nehmen können; kann er aber gegen die Eltern einen Ausgleichsanspruch geltend machen mit der Begründung, der Schaden sei auch dadurch verursacht worden, daß die ärztliche Behandlung zu spät veranlaßt wurde?

Man wird die Möglichkeit einer **Ausgleichspflicht** in diesen Fällen – auch zugunsten des dritten Schädigers – nicht allgemein ausschließen können. Ebenso, wie der Dritte bei Verletzung der Aufsichtspflicht uU entsprechend § 254 dem Kind gegenüber eine Minderung seiner Schadensersatzpflicht geltend machen kann, sollte man ihm die Möglichkeit offenlassen, gegebenenfalls einen Ausgleichsanspruch gegen die Eltern zu erheben, auch wenn diese nur wegen der Verletzung einer anderen familienrechtlichen Pflicht haften. Allerdings wird man in derartigen Fällen meist zu dem Ergebnis kommen, daß nach den Umständen des Falles der Dritte auch im Innenverhältnis den Schaden allein zu tragen habe. In dem hier gegebenen Beispiel könnte sich der Arzt wohl nur unter ganz besonderen Umständen den Eltern gegenüber darauf berufen, daß ihm ein Behandlungsfehler nicht unterlaufen wäre, wenn man ihn früher hinzugezogen hätte.

c) Besondere Schwierigkeiten ergeben sich, wenn zwar **neben dem Dritten beide** **53** **Eltern** für den Schaden verantwortlich sind, jedoch **aus verschiedenen Rechtsgründen**, zB bei einem Verkehrsunfall die Mutter nur wegen Verletzung der Aufsichtspflicht, der Vater auch (oder nur) wegen unerlaubter Handlung (Körperverletzung).

aa) Hat die Mutter nur die Aufsichtspflicht verletzt, während der Vater sowohl wegen Verletzung dieser Aufsichtspflicht als auch wegen Körperverletzung und der Dritte naturgemäß nur wegen unerlaubter Handlung haftet, und ist das Verschulden der drei Verantwortlichen gleich hoch, so wird die Aufsichtspflichtverletzung der Eltern dazu führen, daß uU der Dritte entsprechend § 254 nur die Hälfte des Schadens zu ersetzen hat (s oben Rn 50); eine „Addierung" des Aufsichtsverschuldens von Vater und Mutter kommt nicht in Betracht, und ein Ausgleichsanspruch des Dritten gegen den Vater ist ebenfalls zu verneinen, da sonst der Dritte wegen des Verschuldens des Vaters doppelt entlastet würde.

54 Gleiches muß gelten, wenn das Verschulden des Vaters und das des Dritten gleich hoch sind, aber höher als das der Mutter (das Verschulden des Vaters führt schon über § 254 zu einer Teilentlastung des Dritten, für einen Ausgleichsanspruch des Dritten gegen den Vater ist daher kein Raum), aber auch, wenn umgekehrt die Mutter grob fahrlässig ihre Aufsichtspflicht verletzt hätte, während dem Vater und dem Dritten nur leichte Fahrlässigkeit vorzuwerfen wäre; das höhere Verschulden der Mutter führt hier sogar zu einer stärkeren Entlastung des Dritten (der dann vielleicht nur ein Drittel des Schadens zu ersetzen hätte), als sie durch die Aufsichtspflichtverletzung des Vaters gerechtfertigt wäre.

55 Erst recht muß dies gelten, wenn das Verschulden des Vaters geringer ist als das des Dritten, wobei es keine Rolle spielen kann, ob das Verschulden der Mutter geringer, gleich hoch oder höher ist als das des Dritten; das kann sich zwar über § 254 zum Nachteil des Kindes auswirken und zu einer Entlastung des Dritten gegenüber dem Kind führen, nicht aber zu einem Ausgleichsanspruch gegen den Vater.

56 Ist schließlich das Verschulden des Vaters höher als das das Dritten, so führt dies wiederum über § 254 dazu, daß der Dritte nur für einen Teil des Schadens aufzukommen hat; für eine Ausgleichspflicht gegenüber dem Vater bleibt wiederum kein Raum.

57 Hieraus folgt, daß – wenn beide Eltern die Aufsichtspflicht verletzt haben und das Kind sich dies entsprechend § 254 anrechnen lassen muß – dem Dritten auch dann kein Ausgleichsanspruch gegen einen Elternteil zusteht, wenn dieser zugleich dem Kind nach allgemeinen Grundsätzen haftet. Es versteht sich von selbst, daß in allen diesen Fällen die Eltern als Gesamtschuldner dem Kind den Teil des Schadens ersetzen müssen, für den der Dritte nicht aufzukommen hat; für die Ausgleichspflicht zwischen den Eltern gilt das oben Rn 46 f Gesagte.

58 bb) Dagegen muß es bei den allgemeinen Bestimmungen bewenden, wenn nur ein Elternteil (zB die Mutter) die Aufsichtspflicht verletzt hat, nicht aber der andere, dieser jedoch aus anderen Gründen (zB der Vater als Halter des nicht betriebssicheren Fahrzeugs) neben dem Dritten den Schaden mitverursacht oder mitverschuldet hat.

59 Wäre in diesem Beispiel nicht der Vater, sondern ein Fremder (Vierter) Halter des Kraftfahrzeugs, so wäre die Rechtslage die, daß der Schadensersatzanspruch des Kindes sich gegen den Dritten und den Vierten als Gesamtschuldner richtete, aber entsprechend § 254 wegen des Verschuldens der Mutter gegebenenfalls zu mindern wäre; Dritter und Vierter wären untereinander nach dem Umfang von Verursachung und Verschulden ausgleichspflichtig. Es besteht kein zwingender Grund, anders zu entscheiden, wenn der „Vierte" nicht ein Fremder, sondern der Vater des verletzten Kindes ist. Es mag zunächst befremden, daß seine Rechtslage hier eine ungünstigere sein soll als in den vorstehend Rn 53–56 aufgeführten Beispielen, nur weil er „nicht auch noch" für eine Verletzung der Aufsichtspflicht einzustehen hat. Entscheidend ist aber wohl, daß er in diesem Beispiel den Schaden gerade nicht „bei Ausübung der elterlichen Sorge" verursacht hat; nur dann könnte ihm aber ein Aufsichtsverschulden der Mutter „zugutekommen" (vgl Rn 52).

Gegebenenfalls wird das Kind in einem derartigen Fall (wenn zB das Verschulden **60** oder die Verursachung jeweils gleichgewichtig ist) entsprechend § 254 von dem Dritten nur Ersatz von zwei Dritteln seines Schadens verlangen können; für das Drittel, das der Dritte nicht zu ersetzen hat, haftet ihm die Mutter. Der Dritte hat gegen den Vater einen Ausgleichsanspruch in Höhe der Hälfte seiner (des Dritten) Ersatzpflicht, also von einem Drittel des Schadens. Der Vater freilich wird sich dem Kind gegenüber nicht auf die Aufsichtspflichtverletzung der Mutter berufen können; eine Anwendung des § 254 gegenüber dem Kind wird für den Mitinhaber der elterlichen Sorge nicht in Betracht kommen. Infolgedessen haftet der Vater dem Kind (auch, wenn er diesem gegenüber für die Aufsichtspflichtverletzung der Mutter nicht mitverantwortlich ist) für den vollen Schaden, und zwar als Gesamtschuldner (mit internem Ausgleichsanspruch): zu einem Drittel mit der Mutter, zu zwei Dritteln mit dem Dritten. Von diesem kann er Ausgleich in Höhe eines Drittels des Schadens verlangen, von der Mutter Ersatz des von ihr zu tragenden Drittels.

Wegen der schwierigen Fragen der Schadensverteilung in Fällen, in denen mehrere **61** für den Schaden haften, der Verletzte sich aber ein eigenes Verschulden (oder dasjenige seines gesetzlichen Vertreters) anrechnen lassen muß, vgl die grundlegende Entscheidung BGHZ 30, 203 = NJW 1959, 1772 m krit Anm ENGELHARDT NJW 1959, 2059 = JZ 1959, 601 m Stellungnahme DUNZ JZ 1959, 592 = MDR 1959, 746 m Anm REINECKE MDR 1959, 1000; s ferner STAUDINGER/VIEWEG (2007) § 840 Rn 33 ff und die Schrifttumshinweise zu § 840.

§ 1665
(weggefallen)

§ 1665 ist durch GleichberG vom 18. 6. 1957 Art 1 Nr 22 aufgehoben und durch **1** § 1693 ersetzt worden (s auch STAUDINGER/BGB-Synopse 1896–2005 §§ 1665, 1693).

§ 1666
Gerichtliche Maßnahmen bei Gefährdung des Kindeswohls

(1) Wird das körperliche, geistige oder seelische Wohl des Kindes oder sein Vermögen gefährdet und sind die Eltern nicht gewillt oder nicht in der Lage, die Gefahr abzuwenden, so hat das Familiengericht die Maßnahmen zu treffen, die zur Abwendung der Gefahr erforderlich sind.

(2) In der Regel ist anzunehmen, dass das Vermögen des Kindes gefährdet ist, wenn der Inhaber der Vermögenssorge seine Unterhaltspflicht gegenüber dem Kind oder seine mit der Vermögenssorge verbundenen Pflichten verletzt oder Anordnungen des Gerichts, die sich auf die Vermögenssorge beziehen, nicht befolgt.

(3) Zu den gerichtlichen Maßnahmen nach Absatz 1 gehören insbesondere

1. Gebote, öffentliche Hilfen wie zum Beispiel Leistungen der Kinder- und Jugendhilfe und der Gesundheitsfürsorge in Anspruch zu nehmen,

2. Gebote, für die Einhaltung der Schulpflicht zu sorgen,

3. Verbote, vorübergehend oder auf unbestimmte Zeit die Familienwohnung oder eine andere Wohnung zu nutzen, sich in einem bestimmten Umkreis der Wohnung aufzuhalten oder zu bestimmende andere Orte aufzusuchen, an denen sich das Kind regelmäßig aufhält,

4. Verbote, Verbindung zum Kind aufzunehmen oder ein Zusammentreffen mit dem Kind herbeizuführen,

5. die Ersetzung von Erklärungen des Inhabers der elterlichen Sorge,

6. die teilweise oder vollständige Entziehung der elterlichen Sorge.

(4) In Angelegenheiten der Personensorge kann das Gericht auch Maßnahmen mit Wirkung gegen Dritte treffen.

Materialien: E I § 1546; II § 1557; III § 1643; Mot IV 803 ff; Prot IV 619 ff, 654 ff; GleichberG Art 1 Nr 22; SorgeRG Art 1 Nr 16; KindRG Art 1 Nr 17; KiWoMaG 2008 Art 1 Nr 3 (vgl STAUDINGER/BGB-Synopse 1896–2005 § 1666).

Schrifttum

ABRAMOWSKI, Staatliche Schutzmaßnahmen für Kinder ausländischer Eltern in Deutschland (Diss Göttingen 1991)
AKKENT/FRANGER, Mädchen in der Türkei und in Deutschland, RdJ 1986, 137
Arbeitsgruppe „Familiengerichtliche Maßnahmen bei Gefährdung des Kindeswohls", Abschlußbericht vom 17. November 2006 (zitiert: Arbeitsgruppe 2006)
dies, Abschlußbericht vom 14. Juli 2009 (zitiert: Arbeitsgruppe 2009)
BÄUERLE/PAWLOWSKI (Hrsg), Rechtsschutz gegen staatliche Erziehungsfehler (1996)

BRISCH, Bindung und Umgang, in: 17. DFGT 2007, Brühler Schriften zum Familienrecht Band 15 (2008) 89
Bundesjugendkuratorium, Schutz vor Kindeswohlgefährdungen, ZKJ 2008, 200
COESTER, Das Kindeswohl als Rechtsbegriff (1983)
ders, Elterliche Sorge im deutschen Recht, insbesondere die deutsche Praxis bei türkischen Familien, DAVorm 1990, 847
ders, Die Bedeutung des Kinder- und Jugendhilfegesetzes (KJHG) für das Familienrecht, FamRZ 1991, 253

ders, Inhalt und Funktionen des Begriffs der Kindeswohlgefährdung – Erfordernis einer Neudefinition?, in: LIPP/SCHUMANN/VEIT, Kindesschutz 19
ders, Verfahren in Kindschaftssachen, in: LIPP/SCHUMANN/VEIT, Reform 39
ders, Aufgabe des Staates: Funktionen und Grenzen des Familienrechts im Bezug auf das Kindeswohl, in: HÖFLING (Hrsg), Studies & Comments 8: Interventions for the Best Interest of the Child in Family Law Procedures/Interventionen zum Kindeswohl (2009) 11 (zit: COESTER, Aufgabe des Staates)
COESTER-WALTJEN, Befruchtungs- und Gentechnologie beim Menschen – rechtliche Probleme von morgen?, FamRZ 1984, 230
dies, Der Schwangerschaftsabbruch und die Rolle des künftigen Vaters, NJW 1985, 2175
dies, Die künstliche Befruchtung beim Menschen – Zulässigkeit und zivilrechtliche Folgen, Gutachten B für den 56. DJT (1986)
CZERNER, Vorläufige Freiheitsentziehung bei delinquenten Jugendlichen zwischen Repression und Prävention (2008)
DETTENBORN, Die Beurteilung der Kindeswohlgefährdung als Risikoentscheidung, FPR 2003, 293
DIERKS/GRAF/BAUMANN/LENARD (Hrsg), Therapieverweigerung bei Kindern und Jugendlichen (1995)
ERICHSEN/REUTER, Elternrecht – Kindeswohl – Staatsgewalt: Zur Verfassungsmäßigkeit staatlicher Einwirkungsmöglichkeiten auf die Kindererziehung ... (1985)
EHRINGFELD, Eltern-Kind-Konflikte in Ausländerfamilien (1997)
ERNST, Der Maßnahmenkatalog des § 1666 BGB, FPR 2008, 602
FELLENBERG, Die Anordnung von Maßnahmen durch das Familiengericht nach § 1666 BGB versus Entscheidungskompetenz des Jugendamts, in: LIPP/SCHUMANN/VEIT, Kindesschutz 65
dies, Das sogenannte „Erziehungsgespräch" beim Familiengericht – Neue Aufgaben für den Familienrichter?, in: LIPP/SCHUMANN/VEIT, Kindesschutz 91
FINGER, Gefährdung des Kindeswohls, RdJ 1988, 177

GERNHUBER, Kindeswohl und Elternwille, FamRZ 1973, 229
GERSTEIN, Der Familienrichter als Erzieher und „Jugendrichter light", KindPrax 1999, 48
GIESEN, Kindesmißhandlung (1979)
GOLDSTEIN/FREUD/SOLNIT, Jenseits des Kindeswohls (1974) (zit: GOLDSTEIN ua I)
dies, Diesseits des Kindeswohls (1982) (zit: GOLDSTEIN ua II)
GOLDSTEIN ua, Das Wohl des Kindes (1988) (zit: GOLDSTEIN ua III)
HÄFELE, Seelisch erkrankte Eltern und Kindeswohlgefährdung, FPR 2003, 307
HAESLER (Hrsg), Kindesmißhandlung (2. Aufl 1985)
HARMS, Die Funktion des elterlichen Fehlverhaltens als Voraussetzung für Eingriffe in das Personensorgerecht (Diss Freiburg 1988)
HEILMANN, Kindliches Zeitempfinden und Verfahrensrecht (1998)
ders, Die Verfahrenspflegschaft in den Fällen des § 1666 BGB, KindPrax 2000, 79
ders, Jugendhilfe und Familiengericht: Verantwortungsgemeinschaft zum Schutz des Kindes?, in: ELZ (Hrsg), Kooperation von Jugendhilfe und Justiz bei Sexualdelikten gegen Kinder (2007) 89
HEILMANN/SALGO, Der Schutz des Kindes durch das Recht – Eine Betrachtung der deutschen Gesetzeslage, in: HELFER/KEMPE/KRUGMANN, Das mißhandelte Kind 955
HELFER/KEMPE/KRUGMANN (Hrsg), Das mißhandelte Kind (2002)
HINZ, Kindesschutz als Rechtsschutz und elterliches Sorgerecht (1976)
ders, Zu den Voraussetzungen der Trennung eines gesunden Kindes von seinen behinderten Eltern, NJW 1983, 377
vHIPPEL, Besserer Schutz des Embryos vor Abtreibung?, JZ 1986, 53
ders, Der Schwangerschaftsabbruch in rechtsvergleichender Sicht, in: vVoss ua (Hrsg), Chancen für das ungeborene Leben (1988) 69
HIRSCH, Entzug und Beschränkung des elterlichen Sorgerechts (1965)
HÖHNE, Gerichtliche Kontrolle elterlicher Fehlentscheidungen (Diss Frankfurt aM 1974)
HORNDASCH, Zum Wohle des Kindes: Möglichkeiten und Grenzen staatlicher Einwirkung

auf die Erziehungsverantwortung der Eltern (Diss Göttingen 1983)
JÄGER, Mitspracherechte Jugendlicher bei persönlichkeitsrechtlichen Entscheidungen (Diss Freiburg 1988)
JEAND,HEUR, Verfassungsrechtliche Schutzgebote zum Wohl des Kindes und staatliche Interventionspflichten aus der Garantienorm des Art 6 Abs 2 S 2 GG (1993)
JESTAEDT, Staatlicher Kindesschutz unter dem Grundgesetz – Aktuelle Kindesschutzmaßnahmen auf dem Prüfstand der Verfassung, in: LIPP/SCHUMANN/VEIT, Kindesschutz 5
KALLABIS, Aids und das Jugendamt, ZfJ 1988, 54
KINDLER/LILLIG/BLÜML/WERNER, Handbuch Kindeswohlgefährdung nach § 1666 BGB und Allgemeiner Sozialer Dienst (2006)
KINDLER/SALZGEBER/FICHTNER/WERNER, Familiäre Gewalt und Umgang, FamRZ 2004, 1241
KLUSSMANN, Das Pflegekind Janina in Glanz und Elend, ZfJ 1988, 478
KNÖPFEL, Elternrecht, Kindesrecht und Zwang gegen Jugendliche, FamRZ 1985, 1211
KRESS, Internationale Zuständigkeit und elterliche Verantwortung in der EU (2006)
LEMPP, Kinder- und jugendpsychiatrische Anmerkungen zur Frage, wieweit das Erziehungsrecht der Eltern durchgesetzt werden kann und darf, FamRZ 1986, 1061
LINK, Schwangerschaftsabbruch bei Minderjährigen (2002)
LIPP/SCHUMANN/VEIT (Hrsg), Kindesschutz bei Kindeswohlgefährdung – Neue Mittel und Wege? (2008)
dies, Die Reform des familiengerichtlichen Verfahrens (2009)
LOOSCHELDERS, Die Europäisierung des internationalen Verfahrens für Entscheidungen über die elterliche Verantwortung, JR 2006, 45
MAYWALD, Misshandlung, Vernachlässigung und sexueller Missbrauch, FPR 2003, 299
MENNE, Der Verfahrensbeistand im neuen FamFG, ZKJ 2009, 68
MEYSEN, Steuerungsverantwortung des Jugendamts nach § 36a SGB VIII: Anstoß zur Verhältnisklärung oder anstößig?, FamRZ 2008, 562
ders, Familiengerichtliche Anordnung von Maßnahmen nach § 1666 BGB und Entscheidungskompetenz des Jugendamts, in: LIPP/SCHUMANN/VEIT, Kindesschutz 75
MITTENZWEI, Die Rechtsstellung des Vaters zum ungeborenen Kind, AcP 187 (1987) 247
MORITZ, Bedeutung des Elternvotums für den Abbruch der Schwangerschaft Minderjähriger, ZfJ 1999, 92
MÜNDER, „Wohl des Kindes" in familiengerichtlichen Entscheidungen, RdJ 1981, 82
ders, Kindschaftsrecht und Staatsintervention, RdJ 1988, 196
ders, Die Entwicklung autonomen kindschaftsrechtlichen Denkens, ZfJ 1988, 10
ders, Verhältnis zwischen Hilfen nach dem SGB VIII und familiengerichtlichen Maßnahmen nach § 1666 BGB, FPR 2003, 280
MÜNDER/MUTKE/SCHONE, Kindeswohl zwischen Jugendhilfe und Justiz (2000)
NOTHHAFFT, Verantwortungsgemeinschaft zwischen Familiengerichten und Trägern der öffentlichen Jugendhilfe in kindschaftsrechtlichen Verfahren, FPR 2008, 613
OBERLOSKAMP, Rechtlicher Schutz für Kinder bei häuslicher Gewalt, ZfJ 2004, 267
dies, Das Jugendamt zwischen Hilfe und Kontrolle – Neue Herausforderung für die Jugendhilfe?, in: LIPP/SCHUMANN/VEIT, Kindesschutz 45
OSTENDORF/HINGHAUS/KASTEN, Kriminalprävention durch das Familiengericht, FamRZ 2005, 1514
PESCHEL-GUTZEIT, Die Regelung des Umgangs nach der Herausnahme des Kindes aus dem Elternhaus, FPR 2003, 290
RAACK, Kinderschutz in gerichtlichen Verfahren, KindPrax 2002, 39
RAKETE-DOMBECK, Das familienpsychologische Sachverständigengutachten aus anwaltlicher Sicht, FPR 2003, 508
RÖCHLING, Vormundschaftsgerichtliches Eingriffsrecht und KJHG – unter besonderer Berücksichtigung der „öffentlichen Hilfen" nach § 1666a Abs 1 BGB (1997)
ders, Anmerkungen zum Abschlußbericht der Arbeitsgruppe „Familiengerichtliche Maßnahmen bei Gefährdung des Kindeswohls", FamRZ 2007, 431
ders, Überlegungen zum Entwurf eines Gesetzes

des Freistaats Bayern vom 3.5.2006 zur Änderung des § 1666 BGB und weiterer Vorschriften, FamRZ 2006, 1732
ders, Neue Aspekte zum Kinderschutz und Kindeswohl?, FamRZ 2007, 1775
Röcker, Sexueller Mißbrauch in der Scheidungsfamilie, in: Du Bois (Hrsg), Praxis und Umfeld der Kinder- und Jugendpsychiatrie (1989) 145
Rosenboom, Die familiengerichtliche Praxis in Hamburg bei Verfahren nach § 1666, 1666a BGB in Fällen einer Gefährdung des Kindeswohls durch Gewalt oder Vernachlässigung – eine qualitative Untersuchung (2006)
dies, Kindeswohlgefährdung – eine Untersuchung der familiengerichtlichen Praxis in Hamburg, ZKJ 2007, 55
Rosenboom/Rotax, Ein kleiner Meilenstein auf dem Weg zum besseren Kindesschutz, ZRP 2008, 1
Rotax, Kinder und häusliche Gewalt. Voraussetzungen gerichtlichen Eingreifens nach §§ 1666, 1666a BGB, FPR 2001, 251
Roth, Die Grundrechte Minderjähriger im Spannungsfeld selbstständiger Grundrechtsausübung, elterlichen Erziehungsrechts und staatlicher Grundrechtsbindung (2003) (zit: Roth, Grundrechte)
Rünz, Die Entscheidungsmöglichkeiten des Familiengerichts gemäß § 1666a BGB (Diss Mainz 1988)
Salgo, Der Anwalt des Kindes (1993)
ders, Das Kindeswohl in der neueren Rechtsprechung des Bundesverfassungsgerichts, in: Du Bois (Hrsg), Praxis und Umfeld der Kinder- und Jugendpsychiatrie (1989) 156
ders, Grenzen der Staatsintervention zur Durchsetzung des Umgangsrechts, in: FS Schwab (2005) 891
Salgo/Zenz/Fegert/Bauer/Weber/Zitelmann (Hrsg), Verfahrenspflegschaft für Kinder und Jugendliche (2002)
Schauder, Umgang während eines laufenden Verfahrens nach § 1666 BGB, ZKJ 2007, 92
Scherer, Schwangerschaftsabbruch bei Minderjährigen und elterliche Zustimmung, FamRZ 1997, 589
ders, Aufenthalts- und Umgangsbestimmungsrecht der Eltern contra Selbstbestimmungsrecht des Kindes?, ZfJ 1999, 86
Ursula Schneider, Körperliche Gewaltanwendung in der Familie (1987)
Schulz, Internationale Regelungen zum Sorge- und Umgangsrecht, FPR 2004, 299
Schumann, Kindeswohl zwischen elterlicher und staatlicher Verantwortung, in: Behrends/Schumann (Hrsg), Gesetzgebung, Menschenbild und Sozialmodell im Familien-und Sozialrecht, Abhandlungen in der Akademie der Wissenschaften zu Göttingen Bd 3 (2008) 169 (zit: Schumann, Kindeswohl)
Seidel, Zivilrechtliche Mittel gegen Schwangerschaftsabbrüche? (1994)
Siegfried, Kindstötung: Der hohe Wächter- und Schutzauftrag des Jugendamts, FPR 2008, 264
Simitis ua, Kindeswohl. Eine interdisziplinäre Untersuchung über seine Verwirklichung in der vormundschaftsgerichtlichen Praxis (1979)
ders, Kindschaftsrecht – Elemente einer Theorie des Familienrechts, in: FS Müller-Freienfels (1986) 579
ders, Das Kindeswohl als Entscheidungsziel: Von der Euphorie zur Skepsis, in: Goldstein ua III 191
Solomon, „Brüssel IIa" – Die neuen europarechtlichen Regeln zum internationalen Verfahrensrecht in Fragen der elterlichen Verantwortung, FamRZ 2004, 1409
Stürner, Der Schutz des ungeborenen Kindes im Zivilrecht, Jura 1987, 75
Tiedemann, Aids – Familienrechtliche Probleme, NJW 1988, 729
Van Els, KiWoMaG – Zugleich eine Anmerkung zum Beschluß des OLG Köln vom 11.3.2008 – 4 UF 119/07, FF 2009, 157
Veit, Das Gesetz zur Erleichterung familiengerichtlicher Maßnahmen bei Gefährdung des Kindeswohls im Überblick, FPR 2008, 598
dies, Verbleibensanordnung versus Entziehung der elterlichen Sorge bei Dauerpflege, FF 2008, 358
Wengler, Nochmals: Die entlaufenen Töchter der islamischen Eltern, IPRax 1985, 334
Wieser, Die gewaltsame Rückführung eines Kindes zu seinen Eltern, FamRZ 1990, 693

WIESNER, Schutzauftrag des Jugendamts bei Kindeswohlgefährdung, FPR 2007, 6
ders, Leistungen der Kinder- und Jugendhilfe nach dem SGB VIII, FPR 2008, 608
ders, Kindesschutz aus Sicht der Jugendhilfe, ZKJ 2008, 143
WILLUTZKI, Der Schutzauftrag der Jugendhilfe im neuen Recht, FPR 2008, 488
ders, Kinderschutz aus Sicht des Familiengerichts, ZKJ 2008, 139

ZENZ, Kindesmißhandlung und Kindesrechte (1979)
dies, Rechtsgrundlagen für Eingriffe in das Sorgerecht bei festgestellter Alkoholabhängigkeit der Eltern, FPR 1998, 17
dies, Interventionen bei Kindesmißhandlung und Vernachlässigung, in: SALGO/ZENZ ua, Verfahrenspflegschaft 184
ZITELMANN, Kindeswohl und Kindeswille im Spannungsfeld von Pädagogik und Recht (2001).

Systematische Übersicht

I. Allgemeines
1. Normbedeutung, Verfassungsrecht, EMRK ... 1
2. Entstehungsgeschichte ... 6
3. § 1666 im System des Rechtsschutzes für Kinder ... 10
4. Jugendhilferechtlicher Schutzansatz ... 16

II. Anwendungsbereich
1. Persönlich ... 20
a) Inhaber der elterlichen Sorge ... 20
b) Kind ... 21
c) Nasciturus ... 22
aa) Fragestellungen ... 22
bb) Schutz vor Abtreibung: verfassungs- und familienrechtliche Vorfragen ... 25
cc) Auswirkungen des strafrechtlichen Schutzkonzepts ... 29
2. Sachlich ... 37
a) Personen- und Vermögenssorge ... 37
b) Abgrenzung zu §§ 1671, 1696 (Trennung und Scheidung) ... 38
aa) Grundsätze ... 38
bb) Weitere Konsequenzen ... 42
cc) Sorgerechtseingriffe gem § 1666 vor Antragstellung gem § 1671 ... 44
c) Abgrenzung zu §§ 1678, 1680, 1681 ... 45
d) Abgrenzung zu § 1672 ... 46
e) Spezielle Schutzvorschriften ... 48
f) Regelungskonflikte ... 53
g) Ruhen der elterlichen Sorge ... 55
h) Ersetzung der Einwilligung in eine Adoption ... 56
3. International ... 57

III. Schutz des persönlichen Kindeswohls
1. Tatbestand des § 1666 Abs 1 ... 58
a) Tatbestandsaufbau, Generalklausel ... 58
b) Bisheriges Recht und Neufassung durch das KiWoMaG 2008 ... 59
aa) Inhalt und Gründe für die Neufassung ... 59
bb) Kritik ... 61
cc) Bedeutung des Art 6 Abs 3 GG ... 63
dd) Restbedeutung des Elternverhaltens im Rahmen von § 1666 ... 64
2. Die Tatbestandselemente im einzelnen ... 65
a) Kindeswohl ... 65
aa) Grundsätzliche Bedeutung ... 65
bb) Bestimmung des Kindeswohls ... 66
cc) Kindeswohl und Kindeswille ... 74
b) Gefährdungsbegriff ... 81
aa) Grundsätze ... 81
bb) Änderungen durch das KiWoMaG 2008? ... 86
cc) Statischer oder relativer Gefährdungsbegriff? ... 90
α) Hermeneutische Relativierungen ... 91
β) Konflikt zwischen nichtehelichen Eltern ... 94
γ) Kontrolle autonomer Elternentscheidungen im Rahmen von § 1671 ... 95
3. Fallgruppen ... 96
a) Gesundheitsgefährdungen ... 96
aa) Kindesmißhandlung ... 96
bb) Ausbeutung der Arbeitsleistung ... 101
cc) Behandlungsverweigerung ... 102
dd) Schwangerschaftsabbruch ... 107
α) Dissens zwischen Tochter und Eltern ... 108

β)	Konsens zwischen Tochter und Eltern	113		3.	Gefahrabwendungsprimat der Eltern	204
ee)	Aids-Probleme	116		V.	**Rechtsfolge: Maßnahmen des Familiengerichts, Abs 1, 3, 4**	
ff)	Vernachlässigung	117				
gg)	Overprotection	121				
hh)	Gefährdung der Wertbildung	122		1.	Allgemeines und Personensorge	206
b)	Störungen der Bindungs- und Erziehungskontinuität	129		a)	Grundsätze	206
				b)	Einzelfragen	218
c)	Beschränkungen von Entwicklungs- und Entfaltungsmöglichkeiten	137		aa)	Bedeutung des Maßnahmenkatalogs in Abs 3	218
d)	Beschneidung des sozialen Kontakts	142		bb)	Maßnahmen unterhalb eines Sorgerechtsentzugs	219
e)	Adoleszenzkonflikte	151				
f)	Konflikte in Familien mit abweichendem kulturellen Hintergrund	160		cc)	Ersetzung von Erklärungen des Sorgerechtsinhabers, Abs 3 Nr 5	224
aa)	Problemstellung	160		dd)	Entzug der elterlichen Sorge, Abs 3 Nr 6	225
bb)	Internationalprivatrechtliche Vorfragen	162		ee)	Maßnahmen gegen die Eltern persönlich	229
cc)	Sachliche Probleme im einzelnen	165		ff)	Maßnahmen gegen Dritte, Abs 4	236
4.	Gefahrabwendungsprimat der Eltern	169		gg)	Dauer familiengerichtlicher Maßnahmen	238
a)	Grundsätze	169		2.	Insbesondere Vermögenssorge	239
b)	Einzelheiten	173		a)	Grundlagen	239
IV.	**Schutz des Kindesvermögens**			b)	Grundsatz der Erforderlichkeit und Verhältnismäßigkeit	240
1.	Tatbestandsstruktur	177		c)	Entzug der Vermögenssorge	243
a)	Fragestellung	177		d)	Sonstige Maßnahmen	246
b)	Kein Verschuldenserfordernis	179		e)	Maßnahmen gegen Dritte	249
c)	Pflichtwidrigkeit und Vermögensgefährdung	180		3.	Folgen familiengerichtlicher Eingriffe in die elterliche Sorge	250
d)	Kein Verhaltensbezug	184				
e)	Elterlicher Abwendungsprimat	185		VI.	**Verfahrensfragen**	
f)	Ergebnis	186		1.	Zuständigkeit	256
2.	Die Tatbestandselemente im einzelnen	187		2.	Verfahren	257
				a)	Grundsätze	257
a)	Kindesvermögen	187		b)	Einleitung	261
b)	Vermögensgefährdung im allgemeinen	189		c)	Früher erster Termin, § 155 Abs 2, 3 FamFG	263
c)	Elterliche Pflichtverletzungen als Regelbeispiele, Abs 2	191		d)	Erörterung der Kindeswohlgefährdung, § 157 FamFG	264
aa)	Funktion der Regelbeispiele	191		e)	Ermittlungen	267
bb)	Unterhaltspflichtverletzung, Abs 2 Alt 1	193		f)	Insbesondere: Verfahrenspfleger für das Kind, § 158 FamFG	269
cc)	Verletzung von Vermögenssorgepflichten, Abs 2 Alt 2	197		g)	Insbesondere: Anhörungspflichten	273
dd)	Nichtbefolgung gerichtlicher Anordnungen, Abs 2 Alt 3	201		h)	Insbesondere: Sachverständigengutachten	281
				i)	Beschlüsse	289
d)	Sonstige Gefährdungsursachen	202		k)	Vollzug	290
				l)	Spätere Überprüfung, § 166 FamFG	293

3.	Rechtsmittel	300	
a)	Beschwerde	300	
b)	Rechtsbeschwerde	304	
4.	Einstweilige Anordnungen	305	
5.	Kosten	312	

VII. Auslandsbezüge
1. Internationale Zuständigkeit _____ 313
2. Anzuwendendes Recht _____ 315
3. Anerkennung und Vollstreckung ausländischer Schutzmaßnahmen _____ 317

Alphabetische Übersicht zu §§ 1666 und 1666a

Abgrenzung/Bezug zu anderen Vorschriften
- § 1626 Abs 2 _____ 152
- § 1628 _____ 11, 15, 27, 53
- § 1629 iVm §§ 1795/1796   15, 27, 48, 247, 269
- § 1631 Abs 2 _____ 11, 97 ff
- § 1631b _____ 48, 139
- § 1632 Abs 2, 3 _____ 54
- § 1632 Abs 4 s Verbleibensanordnung gem § 1632 Abs 4
- § 1671 _____ 38 ff, 44, 47, 95, 146 ff, 212, 250 ff
- § 1672 _____ 20, 39, 46 f, 94, 250, 274
- §§ 1673, 1674 _____ 15, 55, 140; **1666a** 3
- §§ 1678, 1680, 1681 _____ 15, 45, 55, 250, 274
- § 1682 _____ 48, 52, 71, 129, 133, 213; **1666a** 8
- § 1688 Abs 3 _____ 20
- § 1693 _____ 55
- § 1696   42, 47, 55, 125, 145, 155, 238; **1666a** 26
- § 1748 _____ 56, 228; **1666a** 3
- Art 8 EMRK _____ 5, 85, 273, 258
- GewaltschutzG _____ 231 ff; **1666a** 25
- KinderrechteverbesserungsG
  _____ 1, 26, 231; **1666a** 25
Ablösung des Kindes _____ 151, 158 f, 165
  (s Adoleszenzkonflikte)
Abstammung _____ 102 f, 119
Abtreibung
  s Schwangerschaftsabbruch
Abwendungsprimat der Eltern _____
  _____ 13, 14, 58, 61, 99, 169 ff, 185, 204
Adoleszenzkonflikte _____
  _____ 74, 143 f, 151 ff, 160 f, 165 ff
Adoption _____ 56, 105, 120, 227 f; **1666a** 5
Adoptiveltern _____ 20, 84
Adoptivfamilie _____ **1666a** 8
Adoptivkind _____ 52
Aids _____ 24, 91, 105, 116, 224
Ärztliche Behandlung _____
  _____ 22, 76, 91, 96, 102, 107, 151, 224, 225
Alkoholabhängigkeit
- der Eltern _____ 24, 118 f, 172, 203
- des Kindes _____ 154

Alter des Kindes _____
  _____ 11, 76 f, 82, 120, 139, 151 f, 166, 275, 291
Analphabeten _____ 138
Androhung durch FamG _____ 244, 264 ff, 290
Anhörung _____ 273 ff, 302 f, 308
- der Eltern _____ 170, 274, 299, 302 f
- der Pflegepersonen _____ 273
- des Jugendamts _____ 273, 280, 302
- des Kindes _____ 74, 80, 266, 275 ff, 302, 308
- Dritter _____ 273
Anstaltsunterbringung
- der Eltern _____ 128, 139
- des Kindes _____ 48, 139, 163, 291; **1666a** 11
Antrag, Anregung _____ 261 f
Anwalt des Kindes
  s Verfahrensbeistand
Arbeitsleistung des Kindes _____ 101
Arrest, dinglicher _____ 248
Aufenthalt _____ 57, 131 ff, 162 ff, 206, 274, 313
Aufenthaltsbestimmungsrecht _____
  44, 49 ff, 107, 112, 150, 158 f, 166, 214; **1666a** 4
Ausbildung _____ 84, 137, 153, 160, 163, 165, 217
Ausgehverbot _____ 156
Ausländerfamilie _____ 97 f, 160 ff
Ausländerkind _____
  _____ 57, 85a, 97, 158 ff, 284, 313; **1666a** 4
Auswanderung s Übersiedlung ins Ausland

Beeinflussung des Kindes _____ 67, 79 f, 123
Beistands- und Dienstpflicht
  gem §§ 1618a, 1619 _____ 101
Beruf
- der Eltern _____ 212, 230; **1666a** 10, 28
- des Kindes _____ 137, 151, 153
Beschneidung _____ 82, 91756, 163
Beschwerdeverfahren _____ 170,
  254, 262, 269, 275, 284, 300 ff, 311; **1666a** 2, 13
Betreuung des Kindes _____
  26, 71, 85, 130 ff, 140, 147, 172, 175, 206, 226
Betreuungsdefizit   118, 134, 140, 212; **1666a** 10
Bewährungschancen _____ 172, 209 ff; **1666a** 5

Beweiserhebung
 92 f, 100, 192, 267 f, 283, 300, 302
Bezugsperson 130 ff, 143, 149 f, 217, 253
Bindungen des Kindes 49, 51, 67, 71, 75, 76, 85, 92, 117, 123, 129 ff, 139 f, 144, 147, 158 f, 165, 167, 227 f, 238, 257, 275, 301; **1666a** 5 f
Bluttransfusion 82, 102
Brüssel II a-VO 313 ff

Dritte 20, 236, 261
- Anhörung Dritter 273
- Eltern als Dritte 20, 51, 236
- Maßnahmen gegen Dritte 3, 6, 14 f, 27, 54, 127, 236 f, 249, 262, 273; **1666a** 9
- Umgang mit Dritten s Umgangsbestimmungsrecht gem § 1632 Abs 2, 3
- Verhalten eines Dritten 6, 15, 27, 124 f, 128, 172, 176, 184, 203 f, 232, 236, 261, 290
- Verhältnis zu Dritten
 14, 85, 130, 158 f, 195, 305 f
Drogenabhängigkeit
- der Eltern 83, 118, 172, 229
- des Kindes 127, 154; **1666a** 11

Ehewidrige Beziehung 135, 230
Eidesstattliche Versicherung 246; **1666a** 7, 9
Einsichtsfähigkeit 107, 140, 224, 281; **1666a** 5
Einstweilige Anordnung
 93, 134, 208, 216, 238, 268, 273, 280, 301, 305 ff
Einvernehmen 260, 263
Einwanderung s Übersiedlung aus dem Ausland
Einwilligung, elterliche 22, 56, 91, 105 ff, 112, 145, 155, 224, 281, 290; **1666a** 5
Einwilligungsfähigkeit 153 f, 224, 281
Einzelfallgerechtigkeit 11, 58, 66, 73, 162, 206
Elterliche Sorge 1, 3, 11 ff, 26, 38 ff, 45 ff, 54 ff, 76, 107, 113 f, 125 f, 130, 133, 137, 145, 155, 158 f, 164, 181, 197 ff, 201, 213 ff, 226, 250, 261, 284; **1666a** 3 f, 8, 12, 20
- Rechtliche und tatsächliche Sorge 134, 147
- Sorgekonflikt 53, 94, 158 f, 213 ff
- Sorgerechtseingriff 6, 12, 49 ff, 62, 65, 67, 91, 140, 145, 153, 172, 209, 213 ff, 225, 233 ff, 250 f, 267, 291, 300; **1666a** 7, 11
- Sorgerechtsentzug
 22, 38 ff, 49 ff, 56, 146 ff, 150, 172, 198, 207, 212 ff, 225, 250 ff, 290, 305; **1666a** 4, 12

- Sorgerechtsentscheidung gem §§ 1671, 1672
 38 ff, 46 f, 67, 94, 129, 250, 277 ff; **1666a** 8
- Totensorgerecht 21
Elternhaus 125, 158 f, 165, 229, 284; **1666a** 9
Elterninteressen 69, 312
Eltern-Kind-Verhältnis
 11 ff, 84, 96, 99, 117, 119 ff, 123, 125, 131, 139, 158, 203, 216, 240 ff; **1666a** 8
Elternkonflikte 94
Elternvorrang s Erziehungsprimat
Elternwille **1666a** 7
Embryo 24;
s auch nasciturus
Endgültigkeit der Regelung
 130, 140, 210, 216, 227 f, 310; **1666a** 5 f
Entfremdung 65, 98, 168, 216
Entscheidungskompetenz
 76 f, 80, 102, 107 ff, 152, 224
Entscheidungsübertragung gem § 1628
 11, 15, 27, 53
Entwicklung des Kindes
 3 f, 10, 70, 74, 125, 227 f, 285; **1666a** 5
Entwicklungsbedingungen 82, 84 f, 94 f, 126 f, 129, 137 ff, 142 f, 181; **1666a** 6
Entwicklungsstörungen
 82, 119 ff, 131 f, 139 f, 141, 155, 209 ff, 217
Ernährung
 69, 102, 116, 118, 127, 193; **1666a** 4, 21
Ersatzmuttervereinbarung 67
Ersetzung von Erklärungen 224
Erziehung 3, 26, 50, 79, 85, 118, 172, 209 f, 229 f; **1666a** 5, 7, 10 f
Erziehungsbedingungen 227 f; **1666a** 12
Erziehungsdefizit 2, 83, 140
Erziehungsfehler 152, 159, 164
Erziehungskompetenz 226, 292
Erziehungsmethode
 84, 98 ff, 152, 160 ff, 165, 168, 181
Erziehungsprimat der Eltern
 3 ff, 65, 81, 91, 143, 152, 165
- Gefahrenabwehrprimat 6, 12 ff, 26, 37, 62, 84, 117, 169 ff, 184, 185, 189 ff, 204, 274
- Interpretationsprimat
 11 f, 51, 69, 84, 108 ff, 181
Erziehungsunvermögen 59 ff, 184
Erziehungsziel
 71, 98 f, 122 f, 126 f, 137, 152, 156, 158

Europäische Menschenrechtskonvention
  (EMRK) _____ 4, 258
Europäisches Sorgerechtsübereinkommen
  (ESÜ) _____ 313 ff

Familie
  s auch Adoptivfamilie, Ausländerfamilie,
  Pflegefamilie, Refunktionalisierung
– Ersatzfamilie _____ 228; **1666a** 5 f
– Familiengemeinschaft _____ 4,
  11 f, 69, 93, 158 f, 162 f, 230, 268; **1666a** 5, 7, 8
– Familienverhältnisse _____
  _____ 125, 155, 165, 182; **1666a** 1, 5
– Herkunftsfamilie _____
  _____ 131, 209 f, 225, 227 f; **1666a** 6, 12
– Teilfamilie _____ **1666a** 8
Familiengericht
– Entscheidungsbegründung _____
  _____ 73, 172, 207, 216, 258,
  269, 277 ff, 285, 287 ff, 300; **1666a** 1 f, 4, 22
– Entscheidungskompetenz _____
  ____ 41, 107 f, 145, 208, 224, 249 f, 268, 285
– Entscheidungsmaßstab _____
  _____ 65 f, 81, 91, 150, 162, 168, 189 f,
  192, 197, 201 ff, 250 ff, 274, 277 ff; **1666a** 6
– Entscheidungsspielraum _____
  58, 84 f, 165, 172, 185, 206, 269; **1666a** 17, 22
– Ermessen _____
  __ 11, 181, 206, 267, 269, 271, 183, 307 f, 312
– Ermittlungen _____
  _____ 96, 187 f, 197, 201 ff, 225, 261 ff,
  277 ff, 283, 303 f, 307 f; **1666a** 1, 10, 12, 24
– Genehmigung _____ 48, 139, 198
– Sachkunde ____ 72, 281, 284, 287 f; **1666a** 17
– Zuständigkeit _____ 1, 6, 253, 313
Familienunterstützende
  Hilfspflicht des Staates _____
  __ 4, 34, 55, 62, 99, 140 f, 165, 169 ff, 174 ff,
  209, 212, 216, 220, 268; **1666a** 1 f, 3 ff, 10 ff, 26
– Anordnungskompetenz des
  FamG _____ § **1666a** 13 ff
FKK-Anhängerschaft _____ 125
Freizeitgestaltung _____ 69, 144
Früher Termin _____ 263, 264, 266
Fürsorge _____ 10 f, 21, 249
Fundamentalismus s Radikalismus

Gebote
– an die Eltern _____ 220 ff

– an das Kind _____ 223
Gefahrabwendung _____
  __ 14, 58, 100, 169 ff, 185, 204 f, 209 f, 213 ff,
  219, 243 ff, 249, 274; **1666a** 2, 4, 9, 11, 17, 22
Gefahrabwendungsprimat
  s Abwendungsprimat der Eltern
Gefährdungsbegriff _____
  __ 26, 49, 54, 59 ff, 81 ff, 86 ff, 90 ff, 98, 122,
  163, 169, 181 f, 185, 189, 196, 200; **1666a** 1
Gefährdungserörterung _____ 264 ff
Gefährdungsgrenze _____
  __ 12, 58, 81 ff, 98, 133, 145 f, 152, 156, 182
Gefährdungsursachen _____
  __ 6, 58 ff, 62 ff, 96, 191 ff, 202 f, 209 f, 216
Gefährdungsvermutung __ 6, 192, 202 f, 307
Geistig behinderte Eltern __ 55, 140 f; **1666a** 5
Geistig behindertes Kind _____ 140
Geldmangel _____ **1666a** 21
Gemeinschaftsfähigkeit __ 71, 123, 152, 158 ff
Generalklausel _____
  _____ 1, 58, 66, 162, 178, 191, 197, 239
Generalprävention __ 2, 34, 100, 147, 217, 291
Geschwister _____ 20, 69, 133, 172, 216, 236
Gesellschaftsinteressen ____ 67, 81, 123, 147
Gesundheitsfürsorge _____ 221
Gesundheitsgefährdung 24, 82, 96–121, 153 ff
Gewalt _____ 82, 85, 96 ff,
  128, 163, 231 ff, 237, 284, 291; **1666a** 9, 11, 25, 27
Großeltern _____
  _____ 20, 51, 67, 85, 130 ff, 149, 159, 172, 284
Grundrechte
– der Eltern _____ 3 f, 51, 58, 63, 81, 84,
  91, 94, 126, 131, 140, 149, 163, 165, 169, 180,
  187, 204, 209, 229, 258, 269, 291; **1666a** 1 f, 7, 16
– des Kindes _____
  _____ 3 f, 10–12, 15, 74, 77, 91 f, 108 ff, 115,
  126 f, 131 f, 152, 157, 209 ff, 258, 291; **1666a** 6
– des nasciturus _____ 25 ff
Grundrechtsfähigkeit _____ 3, 25

Haager Kindesentführungs-Übereinkommen
  (HKÜ) _____ 313 ff
Haager Kindesschutzübereinkommen
  (KSÜ) _____ 314 ff
Haager Minderjährigenschutzabkommen
  (MSA) _____ 314
Hausbewohner _____ 236; **1666a** 9
Heimeinweisung _____
  _____ 85, 217, 226, 287; **1666a** 4, 6, 12

Titel 5 § 1666
Elterliche Sorge

Heimerziehung _____ 85, 210, 226; **1666a** 12
Heimkind _____ 131, 210, 284; **1666a** 5
Heranwachsender _____ 77, 80, 102, 124, 127, 143, 151 ff, 165, 262, 275, 291, 301; **1666a** 11
Herausgabeanordnung _____
_____ 67, 146 ff, 166, 291 f, 306
Herausgabestreit _____
_____ 49 ff, 130 ff, 166 ff, 172, 305; **1666a** 4
Hilfe des Staates s Familienunterstützende Hilfspflicht des Staates
Hygiene _____ 118

Impfung _____ 104
Indikation _____ 29 ff, 108 ff
Inhaftierte Eltern s Anstaltsunterbringung der Eltern
Inobhutnahme _____ 17, 261; **1666a** 17
IPR _____ 57, 162 ff, 313 ff
Isolierung des Kindes _____
_____ 121, 128, 137 ff, 143 f, 163, 165

Jugendamt _____
70, 83, 99, 140, 172, 208, 219, 226, 252, 261, 268, 273 f, 280, 301 f, 307 f; **1666a** 1 f, 4, 9 ff, 28
– Steuerungsverantwortung _____ § **1666a** 13 ff
Jugendhilfe _____ 16 ff, 81 ff, 96 ff; § **1666a** 1, 10 ff
Jugendlicher s Heranwachsender
Jugendstrafrecht _____ 2, 128

Kausalität _____ 62, 180, 184, 186, 236
Kind _____ 21
– Adoptivkind _____ 20, 52
– Ausländerkind _____
_____ 57, 85, 97, 158 ff, 284, 313 ff; **1666a** 4
– Heimkind _____ 131, 210, 284; **1666a** 5
– Kleinkind _____ 75, 85, 96, 118 ff, 131, 139, 143, 172, 227, 157, 284; **1666a** 6
– Rechtsschutz _____ 10 ff
Kinderdorf _____ 155
Kindergarten(besuch) _____ 91, 120, 138, 261
Kindesentführung _____ 146 ff, 236, 314
Kindesförderung _____ 84 f, 137, 181
Kindesmisshandlung _____ 96
Kindesvermögen s Vermögen des Kindes
Kindesvertretung _____ 14 f, 22, 27, 48, 74, 225, 246 f, 262, 269 ff, 301; **1666a** 29
Kindeswille _____ 71, 74 ff, 85, 108 ff, 119, 130 ff, 147, 153 ff, 158, 165, 275 ff, 291

Kindeswohl, persönliches 1, 11, 37, 65 ff, 96 ff, 123, 126, 146 ff, 181, 198, 206, 30, 269; **1666a** 1
– als Eingriffslegitimation _____
_____ 12, 37, 58, 65 ff; **1666a** 4
– als Entscheidungsmaßstab _____
_____ 11, 65 ff, 70 ff, 131 f, 240 ff; **1666a** 6
– als Verfahrensrichtlinie _____
_____ 65, 257, 281 ff, 286, 291
KiWoMaG 2008 _____ 8, 18, 58 ff, 86 ff, 264 ff
Kleidung _____ 163; **1666a** 4, 21
Kontaktbeschränkungen _____
_____ 100, 116, 142 ff, 152, 156, 165, 236
Kontinuität _____ 71, 123, 129 ff, 139, 167, 209 f, 285, 287 f, 310; **1666a** 5
Kontrollschwelle _____ 88, 265
Kosten _____ 261, 312; **1666a** 15, 21
Kriminalität _____ 6, 128
Kultureller Konflikt s Ausländerkind

Lebensbedingungen _____ 116, 117 ff, 122 f, 129 ff, 140, 167, 209 ff, 216, 227 f; **1666a** 21
Lebensbeendigung _____ 106
Lebensgefahr _____ 26, 115
Lebensgefährte _____ 237; **1666a** 4
Lebensgestaltung _____ 69, 118, 152, 165
Leihmutter _____ 67

Mädchen _____ 82, 96, 161 ff, 165, 291
Minderjährigkeit _____ 22, 36, 48, 52, 57, 76, 80, 107, 126 f, 153 f, 198, 269
Mißhandlung _____ 70, 83, 96 ff, 140, 162, 172, 225, 268, 277, 284; **1666a** 4 f
Moralische Gefährdung s Sittlichkeit
Mündigkeit _____ 10, 152, 156
– Teilmündigkeit _____ 76, 153
Mutter s Ersatzmuttervereinbarung, Leihmutter, nichteheliche Mutter

Nachbarn _____ 236, 261; **1666a** 27
Nasciturus 11, 22 ff, 29 ff, 34, 107 ff, 113 ff, 118
Nichtbefolgung gerichtlicher Anordnungen _____ 178, 180, 191 f, 201
Nichteheliche Eltern _____ 94, 130, 159, 214
Nichteheliche Lebensgemeinschaft _____ 121, 130
Nichteheliche Mutter _____ 62, 131, 145; **1666a** 8
Nichtehelicher Vater _____ 20, 46, 56, 198; **1666a** 8

Öffentliche Hilfen
 s Familienunterstützende Hilfspflichten
  des Staates
Öffentliches Recht ___ 2, 104, 137, 163 f, 165
Operation ___ 102, 154 f
Ordnungsstrafe, Androhung ___ 290
Organentnahme ___ 21, 102, 153
Overprotection ___ 121, 137, 148, 155, 217

Partnerwechsel ___ 134
PAS ___ 217
Persönlichkeit
- der Eltern ___ 118, 229 f
- des Kindes 10, 15, 27, 29 ff, 33, 71, 74, 108 ff,
  115, 126 f, 129, 152, 154, 157, 161, 163, 275
Persönlichkeitsrechte s Grundrechte
Personensorge
- Entzug ___
  _ 6, 206, 225, 252, 169, 301; **1666a** 1, 3 f, 28 f
Pflegeeltern ___
  20, 49 ff, 67, 84 f, 129, 130 ff, 164, 166 ff, 209 f,
  226 f, 238, 257 f, 273, 284, 291, 301; **1666a** 6, 12
Pflegekind ___ 50 f, 85, 130 ff, 143 f, 159,
  166 ff, 226 f, 238, 257 f, 284, 291; **1666a** 4, 6, 12
Pfleger ___
  20, 41 ff, 45, 53, 112, 187 f, 208, 219 ff, 224,
  231, 247, 249, 252 ff, 269, 292; **1666a** 7, 11, 25
- Ergänzungspfleger ___ 146 ff, 252
Pflichtgebundenheit der elterlichen Sorge _
  ___ 3, 11 f, 54, 180 f, 291
Pflichtteilsansprüche ___ 242
Pflichtwidrigkeit elterlichen Verhaltens ___
  ___ 59 ff, 180 ff
Prävention ___ 9, 17, 19, 86 f, 265
Prostitution ___ 125; **1666a** 11
Psychiatrische Zwangsbehandlung
 s Anstaltsunterbringung des Kindes
Psychisch gestörte Eltern ___ 118, 121, 203
Psychisch gestörtes Kind ___
  ___ 102, 121, 155, 225; **1666a** 4 f
Psychische Misshandlung ___ 70, 96
Psychologische Begutachtung ___
  ___ 102, 145, 283, 300
Psychotherapeutische Behandlung ___
  ___ 96, 102, 155, 225, 268, 287
Pubertät s Adoleszenzkonflikte,
 Heranwachsender

Radikalismus ___ 123, 128
Rauchen
- der Eltern ___ 69, 116
- des Kindes ___ 163
Rechnungslegung ___ 246, 255
Rechtsbeschwerde ___ 304
Refunktionalisierung der Familie ___
  ___ 4, 209 f, 216; **1666a** 1, 5, 12, 15
Reife ___ 77, 165
Religion ___ 115, 126 f, 136, 160, 162 f, 165
Rückführung ___
  ___ 119, 147 f, 184, 188; **1666a** 4 ff, 12

Sachverständigengutachten ___
  ___ 131 ff, 165 f, 216, 226
Sanktion von Erwachsenenverhalten ___
  ___ 67, 68, 146 f
Scheidung ___ 38 ff; **1666a** 8
Scheidungsverbund ___ 42, 257, 300
Scheinvater ___ 20
Schicksal _ 78, 84, 122, 133, 140, 146, 159, 165
Schminken ___ 163
Schönheitsoperation ___ 102
Schulbesuch ___ 82, 137 f, 165, 217, 221
Schulphobie ___ 102, 137
Schwangerschaftsabbruch s nasciturus
- bei Tochter ___ 22 ff, 107 ff, 119, 153 ff, 224
Scientology ___ 126
Sekte ___ 126, 162
Selbstbestimmung des Kindes ___
  ___ 74 ff, 137, 144, 151 f, 156 ff, 165, 167, 224
Selbstmordgefahr ___ 165, 279, 291
Sexualität
- der Eltern ___ 82, 124 f, 230
- des Kindes ___ 98, 124, 157, 163
Sexueller Mißbrauch ___
  100, 124, 237, 267, 279, 286 ff, 306; **1666a** 9, 26
SGB VIII ___
  _ 16 ff, 50, 71, 99, 119, 152, 209, 219 f, 227 f,
  261, 268, 273, 280; **1666a** 1 f, 8, 10 ff, 13 ff
Sittlichkeit ___ 67, 122, 125, 163, 230
Sorgerecht s elterliche Sorge
Stabilität s Kontinuität
Stalking ___ 231, 237
Sterilisation ___ 154
Stiefeltern(teil) ___ 20, 130, 301; **1666a** 8
Strafrecht ___ 2, 29 ff, 96,
  102, 107 ff, 118, 122, 139, 145, 236 f, 268, 290, 291
Subsidiaritätsklausel s Erziehungsprimat

Titel 5 § 1666
Elterliche Sorge

Tagesstätte ——————— 120, 287; **1666a** 10
Taufe ——————————— 166
Trennung der Eltern ——— 38, 277; **1666a** 8
Trennung von Eltern und Kind — 6, 49, 63, 85, 116, 137, 139 f, 164 f, 206, 216 f, 219 ff, 226 ff, 257 f, 268 f, 297, 306, 309; **1666a** 1, 3 ff, 7 ff, 12

Überforderung ——— 75, 179, 216; **1666a** 4, 9
Übersiedlung aus dem Ausland ————— 166
Übersiedlung ins Ausland ——————
——————— 85a, 131 f, 145, 149, 165 f, 284, 291
Überwachungs- und Schutzpflicht —— 3, 86 ff
Umgangsbestimmungsrecht
gem § 1632 Abs 2, 3
—— 124, 126 f, 134, 142 f, 151, 163, 217, 236
Umgangsblockade ——————— 145 ff
Umgangspflegschaft ——————— 146
Umgangsrecht des Kindes 54, 142 ff, 156, 291
– der Geschwister ——————— 142 ff, 150
– der Großeltern ——————— 67, 142 ff, 150
– der Pflegeeltern ——————— 142 ff, 150
– der Eltern 142, 145, 150, 212, 216, 236 f, 255
– der Stiefeltern ——————— 142 ff, 150
– sonstiger Bezugspersonen — 143 f, 150, 217
Umgebungswechsel ——————— 284
Umplazierung ———————
——— 51, 74, 85, 130 ff, 146 ff, 172, 209 f, 212 ff, 226, 261, 284, 291, 305 f; **1666a** 4, 7, 9, 12
Umzug ——————————— 69, 149, 229 ff
Unbestimmter Rechtsbegriff ———————
——————————— 58, 304; **1666a** 13
UN-Kinderkonvention ——————— 5
Unschuldsvermutung ——————— 100
Untätigkeitsbeschwerde ——————— 259
Unterbringung des Kindes ———————
——————— 48, 84 f, 172, 195, 226; **1666a** 5 f, 21
Unterhalt ——————————— 188, 193
Unterhaltspflichtverletzung — 180, 191 f, 193 ff
Untersuchungsgrundsatz ———————
——————————— 261, 267, 273; **1666a** 2
Unvernunft, elterliche ——————— 91
Urteilsfähigkeit ——————— 107, 112, 153, 275

Vater (biologischer, rechtlicher) ——— 150
s auch nichtehelicher Vater, Scheinvater
Vaterschaftsfeststellung ——— 103, 119 f, 198
Verantwortungsgemeinschaft ———————
——————————— 8, 19, 67; **1666a** 13 ff

Verbleibensanordnung gem § 1632 Abs 4 ——
—— 48 ff, 129 f, 214, 226, 238; **1666a** 3, 4, 8, 28
Verfahren — 65, 70, 74, 256 ff; **1666a** 2, 10, 26
– Beschwerdeverfahren ———————
——————— 170, 254, 262, 269, 273, 275, 284, 287 ff, 300 ff, 305 ff, 310 ff; **1666a** 2, 17
Verfahrensbeistand ——— 262, 269 ff, 300, 312
Verfahrensbeteiligung ——— 257, 260, 263, 266
Verfahrenseinleitung ——————— 88, 261
Verfahrensfähigkeit ——————— 257
Verfahrenspfleger s Verfahrensbeistand
Verhältnismäßigkeitsgrundsatz ———————
——————— 6, 12, 43, 48 f, 54, 92, 143 f, 146, 150, 169 ff, 201, 211 ff, 232, 240 ff, 247, 249, 268, 291, 309, 310; **1666a** 1, 3 f, 9, 17, 22 ff
Verheiratung ——————— 163, 165
Vermächtnisansprüche ——— 188, 198, 243
Vermögen des Kindes ——— 182 f, 186 ff, 194, 196, 198, 201, 203, 207, 240 ff, 248, 255
– Vermögensbeseitigung ——————— 248
– Vermögensübergriffe ——————— 202 f
– Vermögensverwaltung ———————
——————— 179, 181, 185, 187 f, 196, 198
Vermögensgefährdung ——— 6, 37, 178 ff
– als Eingriffslegitimation ———————
——————— 180, 183, 186, 189 ff, 249
Vermögensinteressen — 6, 37, 181 f, 189 f, 246
Vermögensschutz ———————
1, 37, 178, 179, 186, 193, 201 f, 207, 239, 243
Vermögenssorgeentzug ———————
—— 201, 204 f, 207, 213 ff, 225, 239 ff, 247, 255
Vermögenssorgepflichtverletzung ———
——————————— 178, 191 f, 197 ff
Vermögensverfall der Eltern — 178, 191, 202
Vernachlässigung ———————
——— 37, 117 ff, 126 f, 140, 172; **1666a** 4 f
Versagen, elterliches 58 ff, 63, 83; **1666a** 4, 14
Verschulden, elterliches ———————
——————— 3, 96, 140, 173, 179, 181, 184
Verschuldung des Kindes ——— 187, 190, 199
Vertretung
s Kindesvertretung
Verwahrlosung ——————— 119 ff
Verwandte ——— 124, 172, 195, 253, 261, 271
Volljährigkeit ———————
——————— 21, 115, 151 f, 155, 165, 227 f, 238
Vollstreckung ———————
—— 109, 115, 145, 166, 248, 290 ff, 300 f, 317
Vormund — 20, 41 ff, 45, 49, 130, 145, 231, 292

Vorranggebot 259	Zeitfaktor ...... 172, 209 f, 227 f, 238, 249, 257 ff, 263, 267, 283 f, 303, 305 f; **1666a** 5 f, 12, 24
Wächteramt des Staates .... 1, 3, 19, 37, 58, 65, 81, 84, 91, 117, 122, 126 f, 146, 152, 169 ff, 189, 201, 261, 265	Zeugen Jehovas 82, 102
	Zeugnisverweigerungsrecht 268
	Züchtigung .... 97 f, 163
Wegzug s Umzug	Zuständigkeit, internationale 313
Wertbildung .... 66 f, 72 f, 117, 122 f, 160, 230	Zwang 108 ff, 115, 137, 157, 163, 290 ff; **1666a** 8, 22 f
Wissenschaftliche Erkenntnisse 72, 116, 285 ff	
Wohnungsausweisung („go-order") .... 231 ff, 237, 238; **1666a** 9, 25 ff	

I. Allgemeines

1. Normbedeutung, Verfassungsrecht, EMRK

1 § 1666 ist die **Zentralvorschrift des zivilrechtlichen Kindesschutzes** und unmittelbare Umsetzung des staatlichen Wächteramts gem Art 6 Abs 2 S 2 GG (zum Verfassungsbezug näher Rn 3 f). Die Vorschrift wird ergänzt und flankiert durch spezielle Interventionsmöglichkeiten in die elterliche Sorge, die für ihren Bereich vorrangig sein können (ie Rn 37–56); aber auch gegenüber diesen Sondertatbeständen entfaltet § 1666 eine lückenfüllende **Auffangfunktion** – die Abwehr von Kindeswohlgefährdungen gehört generell und ausnahmslos zur Verantwortung (auch) der Familiengerichte. Die Integration auch des Vermögensschutzes in § 1666 durch das KindRG 1998 (s Rn 7, 37) hat die Bedeutung der Vorschrift noch erhöht, sie ist (zusammen mit § 1666a) die beherrschende **Generalklausel** des Kindschaftsrechts, soweit die Grenzen elterlicher Sorge und der Einsatz sowie die Ausgestaltung der staatlichen Subsidiärverantwortung für Kindeswohl und Kindesrechte betroffen sind (zu methodischen Konsequenzen s Rn 58).

2 Flankierende Interventionsansätze finden sich auch im Strafrecht und im öffentlichen Recht, allerdings mit unterschiedlicher Stoßrichtung. Im **Strafrecht** (dazu unter dem Gesichtspunkt des Kindeswohls übergreifend BRINGEWAT ZKJ 2007, 225 ff; vgl auch REICH/WULF ZKJ 2007, 343 ff [Kriminologie, Viktimologie]; zur Vernetzung von JGG und § 1666 OSTENDORF/HINGHAUS/KASTEN FamRZ 2005, 1514 ff) stellt § 171 StGB die gröbliche Verletzung der Fürsorge- oder Erziehungspflicht unter Strafe, wenn hierdurch der Schutzbefohlene in die Gefahr gerät, erheblich geschädigt zu werden (Freiheitsstrafe bis zu 3 Jahren oder Geldstrafe); § 225 StGB betrifft Mißhandlung oder böswillige Vernachlässigung Schutzbefohlener (Freiheitsstrafe von 6 Monaten bis 10 Jahren), § 235 StGB die Entziehung Minderjähriger (Freiheitsstrafe bis zu 5 Jahren); auch § 238 StGB (Stalking) kann gegenüber Kindern relevant werden (Rn 231). Darüber hinaus haben die Eltern, aber auch die involvierten Staatsorgane (OLG Stuttgart NJW 1998, 3131, 3132: Sozialarbeiter) eine Garantenstellung für die Integrität des Kindes (zur – zu Unrecht umstrittenen – Garantenpflicht der JH-Mitarbeiter vgl BRINGEWAT ZKJ 2006, 233 ff; ders, Strafrechtliche Risiken beruflichen Handelns von ASD-MitarbeiterInnen ... [2002]; DIESSNER, Die Unterlassungsstrafbarkeit der Kinder- und Jugendhilfe bei familiärer Kindeswohlgefährdung [2008]). Während Maßnahmen des FamG nach § 1666 unvermittelt auf den Schutz des Kindes vor Gefährdungen ausgerichtet sind und elterliches Verhalten nur mittelbar eine Rolle spielt (Rn 59 ff), geht es im Strafrecht um die Sanktionierung grob pflichtwidrigen Elternverhaltens bzw – präventiv – um die Verhinderung kindesgefährdenden Verhaltens durch Strafandrohung. Enge Verbindungen bestehen demgegenüber zwischen familiengerichtlichem Kindesschutz und dem **Jugendstrafrecht** (JGG; vgl § 151 Nr 8 FamFG). Adressat ist hier der Jugendliche selbst als Straftäter; gleichzeitig ist Jugenddelinquenz eine Erscheinungsform der „Kindeswohlgefährdung" im Sinne § 1666 (s Rn 128). Die Maßnahmen des JugG (bei schuldfähigen Jugendlichen) liegen auf der Schnittlinie zwischen erzieherischer Einwirkung und Strafsanktion: Als „Erziehungsmaßregeln" (§ 9 JGG) kommen Weisungen an den Jugendlichen (§§ 10, 11 JGG) oder die Anordnung von „Hilfen zur Erziehung" im Sinne des SGB VIII in Betracht (§ 12 JGG = Erziehungsbeistandschaft gem § 30 SGB VIII oder Heimerziehung gem § 34 SGB VIII). Darüber hinaus sollen gem § 34 Abs 2, 3 JGG dem Jugendrichter auch genuin familienrichterliche Aufgaben, insbesondere auch nach §§ 1666 ff, übertragen werden – diese folgen dann allerdings kindschaftsrechtlichen Grundsätzen (EISENBERG JGG [12. Aufl 2007] § 34 Rn 14). Bei strafunmündigen Jugendlichen kann der Jugendrichter sogar unmittelbar auf das familiengerichtliche Maßnahmenarsenal zurückgreifen, § 3 S 2 JGG. Auch sonst ist die funktionale Vernetzung beider Gerichtszweige eng: Die Auswahl und Anordnung von Erziehungsmaßregeln der §§ 9 ff JGG kann der Jugendrichter nach seinem Ermessen dem Familienrichter überlassen, § 53 JGG (das allgemeine Strafgericht muss dieses sogar, § 104 Abs 4 JGG), und Mitteilungspflichten sichern die Information und eigenverantwortliche Fallprüfung durch das Familiengericht (§ 22a FamFG; Nr 31 MiStra; vertiefend zur Vernetzung von JGG und familiengerichtlichem Kindesschutz OSTENDORF/HINGHAUS/KASTEN, Kriminalprävention durch das Familiengericht, FamRZ 2005, 1514 ff; ferner CZERNER, Vorläufige Freiheitsentziehung bei delinquenten Jugendlichen [2008]). Im **öffentlichen Recht** erlauben Landesgesetze gelegentlich Maßnahmen gegen Eltern, deren Kinder wegen unzureichender Beaufsichtigung und Erziehung Straftaten begehen (zB Art 7 Bayerisches LStVG). Im Zentrum dieser Regelung steht nicht der Schutz des Kindes, sondern der öffentlichen Ordnung vor dem Kind; die versagenden Eltern stehen insoweit in der Rolle von Verursachern oder Störern.

§ 1666 erlaubt gerichtliche Eingriffe in die elterliche Sorge (oder gegenüber Dritten, Abs 4), wenn das Kindeswohl gefährdet ist und die Eltern in ihrer gem Art 6 Abs 2 S 1 GG vorrangigen Schutzfunktion ausfallen. Die Begriffe *elterliche Sorge* und *Pflege und Erziehung* iSd Art 6 Abs 2 GG sind weitgehend inhaltsgleich. §§ 1666, 1666a können demnach als **zivilrechtliche Ausführungsvorschriften von Art 6 Abs 2, 3 GG** angesehen werden (vgl ERICHSEN/REUTER 30: „Abbildung und Entfaltung verfassungsrechtlicher Vorgabe"; zur sozialrechtlichen Komponente des staatlichen Wächteramtes s unten 4. Rn 16 ff). § 1666 Abs 1 zieht die Konsequenz aus der Pflichtgebundenheit elterlichen Sorgerechts (BVerfGE 24, 119, 144; ie STAUDINGER/PESCHEL-GUTZEIT [2007] § 1626 Rn 19) und bezeichnet die Grenze, an der der Staat mangels elterlicher „Sorge" für das Kind iSd Art 6 Abs 2 S 1 GG kraft seines Wächteramtes (Art 6 Abs 2 S 2 GG) zum Einschreiten befugt ist (Sondervorschriften zur selben Thematik §§ 1631b; 1632 Abs 4; 1682; vgl auch 1631 Abs 2; zum SGB VIII s Rn 16 ff). Dabei verfolgt § 1666 einen konkret-individuellen, einzelfallbezogenen Schutzansatz, um dem Persönlichkeitsbezug der Sachverhalte angemessen Rechnung tragen zu können; flankierende generell-abstrakte Grenzen elterlicher Handlungsmacht werden dadurch nicht ausgeschlossen (zB §§ 1631b, 1631c, § 7 Abs 1 S 1 Nr 1 Transplantationsgesetz, sowie die allgemeinen Vorschriften der §§ 134, 138, 826, dazu OVG Lüneburg FamRZ 1998, 707, 708; vgl auch Rn 48–50). Die Einsatzschwelle des staatlichen Wächteramts wird vom **Kind** her definiert: Es ist (spätestens) mit der Geburt **Rechts- und Grundrechtsträger** (vgl JESTAEDT, in: LIPP/SCHUMANN/VEIT [Hrsg], Kindesschutz 5, 12: „Das Wohl des Kindes markiert die spezifische Adaption der in Art 1 Abs 1 GG verbürgten Menschenwürde angesichts der Sondersituation des Kindes" [mwN]; zum nasciturus s Rn 22–36), und die Überantwortung seines persönlichen Schutzes und Entwicklungsanspruchs an Privatpersonen (Eltern) muß ihre Exklusivität (Art 6 Abs 2 S 1 GG: *zuvörderst)* einbüßen, wenn es dennoch – aus welchen Gründen auch immer – zu erheblichen Gefährdungen des Kindeswohls kommt, die die Eltern nicht abwehren können oder wollen (vgl Rn 12 f). Demgemäß wird § 1666 in erster Linie auf Art 6 Abs 2 S 2 GG bezogen, beide Vorschriften dienen nach allgemeiner Auffassung der **Wahrung der Kindesgrundrechte** (BVerfGE 24, 119, 144; NJW 1982, 1379; NJW 1986, 3129 f; ERICHSEN/REUTER 47 f mwN). Sind diese gefährdet, besteht nicht nur ein Eingriffs*recht,* sondern – dem Kind gegenüber – eine Eingriffs*pflicht* des staatlichen Wächters (BVerfG aaO; ROTH, Grundrechte 13 ff). Diese Funktion läßt staatliche Schutzeingriffe auch dann als verfassungsrechtlich legitim erscheinen, wenn die Eltern an der Kindesgefährdung kein Verschulden trifft (BVerfG NJW 1982, 1379, 1380, unter Betonung jedoch von § 1666a; NJW 1986, 3129, 3130; zum Verschuldensaspekt noch Rn 59 ff, 64). Zugleich dienen §§ 1666, 1666a aber **auch** dem **Recht der Eltern** aus Art 6 Abs 2 S 1 und Abs 3 GG, soweit diese Vorschriften auch den Rahmen der elterlichen Handlungsfreiheit und ihres Rechts auf Zusammenleben mit dem Kind sowie auf gelebte Elternschaft schlechthin bezeichnen (vgl BVerfGE 55, 171, 181; NJW 1982, 1379, 1380; NJW 1986, 3129, 3130; ROTH, Grundrechte 115 ff mwN). Schließlich soll § 1666 noch dem „legitimen Interesse der staatlichen Gemeinschaft an der Erziehung des Nachwuchses" dienen (BVerfGE 24, 119, 144; vgl aber auch Rn 67, 122).

4 Über die Supplementärnorm des **§ 1666a** gerät darüber hinaus Art 6 Abs 1 GG in das Blickfeld kindesschutzrechtlichen Denkens. Diese Vorschrift will einer verkürzten Sicht der Familie als „Arena für einen Zweikampf zwischen Eltern- und Kindesrechten" wehren (**krit** schon SIMITIS, in: GOLDSTEIN ua I 108). Konzeptionell familienzerstörender Individualschutz für das Kind wäre nicht nur unverträglich mit Art 6 Abs 1 GG, sondern würde auch den wohlverstandenen Interessen des Kindes zuwiderlaufen: Bindungen, Verhaltensweisen und persönliche Entwicklung der einzelnen Familienmitglieder sind eng miteinander verknüpft, grobes Fehlverhalten der einen oder anderen Seite ist – soweit man die Hilfe für das betroffene Kind in den Mittelpunkt stellt – nur Indiz für ein „familienpathologisches Syndrom" (für viele ZENZ, Kindesmißhandlung 70, 96, 243, 245, 255, 262, 296, 304–306, 321, 328 f, 338, 340 f, 343, 378 f, 391). Die beste Hilfe für das Kind besteht in **Unterstützung und Refunktionalisierung seiner Familie**. Die Verpflichtung des Staates auf vorrangige Ausschöpfung familienunterstützender Interventionsmöglichkeiten ist verfassungsrechtlich notwendiges Pendant zur Ablösung staatlichen Kindesschutzes von subjektiver elterlicher Verantwortlichkeit in § 1666 Abs 1 (BVerfG NJW 1982, 1379, 1380; Einzelheiten bei § 1666a). Diese Verpflichtung setzt schon im Vorfeld von Kindeswohlgefährdungen ein, wenn sich die Möglichkeit einer Gefährdung abzeichnet, diese aber noch nicht feststeht (dazu Rn 86 ff). Sie besteht möglicherweise auch schon als Pflicht des Staates, der Erosion elterlicher Einwirkungsmöglichkeiten und dem Gefährdungspotential aus dem gesellschaftlichen Raum entgegenzuwirken (JEAND'HEUR 112 f, gestützt auf Art 6 Abs 2 S 2; vgl auch DIEDERICHSEN NJW 1998, 3471; Darstellung der einzelnen Ansätze staatlicher

Maßnahmen bei JESTAEDT, in: LIPP/SCHUMANN/VEIT [Hrsg], Kindesschutz 5, 6 ff; weitreichende Postulate de lege ferenda bei ROSENBOOM 194, 201; dies ZKJ 2007, 55, 57). Die Verpflichtung zum Familienschutz kann aber auch eine **nachwirkende** sein, dh die staatliche Intervention darf mit einem notwendigen Eingriff in das elterliche Sorgerecht nicht abgeschlossen werden, vielmehr sind die Bemühungen nunmehr darauf zu richten, die Voraussetzungen für kindgerechte Lebensbedingungen in der Familie wiederherzustellen (vgl § 1666a Rn 12).

Dem läuft der Familienschutz der **Europäischen Menschenrechtskonvention (EMRK)** parallel, die in Deutschland den Status bindenden einfachen Rechts besitzt, aber auch die Auslegung der Grundrechte und der rechtsstaatlichen Grundsätze des GG beeinflußt (BVerfG NJW 2009, 1133, 1134 Nr 22–24 mwN). Aus **Art 8 Abs 2 EMRK** folgt nicht nur das Gebot der Notwendigkeit und Verhältnismäßigkeit von Eingriffen in die Familie (EGMR v 24. 3. 1988 [Olson gegen Schweden(1)] EuGRZ 1988, 591 m Anm FAHRENHORST; EGMR v 26. 2. 2002 [Kutzner gegen Deutschland] FamRZ 2002, 1393, 1395; EGMR v 8. 4. 2004 [Haase gegen Deutschland] FamRZ 2005, 585 Nr 88; vgl unten Rn 181 ff), sondern auch der „Nachsorge" für die Familie nach notwendigen Trennungen (EGMR v 27. 4. 2000 [K und L gegen Finnland] FamRZ 2000, 1353 m Anm SCHERPE, sowie vom 12. 7. 2001 in derselben Sache [Große Kammer] FamRZ 2002, 305 [Bericht von SCHERPE]; EGMR v 26. 2. 2002 [Kutzner gegen Deutschland] FamRZ 2002, 1393, 1395 [Nr 61 mwN]; EGMR v 8. 4. 2004 [Haase gegen Deutschland] FamRZ 2005, 585 Nr 84, 93; vgl zum ganzen auch BRÖTEL RabelsZ 63 [1999] 581 ff; ders, Der Anspruch auf Achtung des Familienlebens [1991]; RIXE ZKJ 2006, 276 ff; ders FamRZ 2005, 589 f; vgl unten Rn 216 sowie § 1666a Rn 12). Auch die **UN-Kinderkonvention** enthält zu beachtende Maßgaben, die allerdings – in Kontrast zur EMRK – nicht den Familienschutz, sondern den effektiven Kindesschutz in den Mittelpunkt stellen (so gebietet Art 19 Abs 2 insbesondere Vorbeugung und „Maßnahmen zur Aufdeckung, Meldung, Weiterverweisung, Untersuchung, Behandlung und Nachbetreuung"; Zweifel an der Erfüllung dieser Maßgaben im deutschen Recht bei SIEGFRIED FPR 2008, 264, 265 f).

2. Entstehungsgeschichte

§ 1666 ist zunächst durch das **SorgeRG 1979** wesentlich verändert worden – zuvor hatte die ursprüngliche Fassung durch das GleichberG nur textliche Anpassungen und marginale Veränderungen erfahren (zur Vorgeschichte und gesetzlichen Entwicklung ie STAUDINGER/GÖPPINGER[10/11] Rn 2–6; STAUDINGER/BGB-Synopse 1896–2005 § 1666; ZENZ, Kindesmißhandlung 311 ff; HIRSCH 78 ff). Die Sorgerechtsreform von 1979 zielte auf die Verbesserung des Schutzes gefährdeter Kinder. Dem diente die Erweiterung der beachtlichen Gefährdungsursachen (unverschuldetes Elternversagen, gefährdendes Verhalten Dritter) sowie der Handlungsmöglichkeiten des Gerichts (Möglichkeit von Maßnahmen mit unmittelbarer Wirkung gegen Dritte und der Ersetzung von elterlichen Erklärungen). Als Gegengewicht für die erweiterten Interventionsmöglichkeiten wurde der elterliche Primat zur Gefahrenabwehr in Abs 1 betont; gleiches gilt für die Hervorhebung und Konkretisierung des Grundsatzes der Erforderlichkeit und Verhältnismäßigkeit bei besonders schwerwiegenden Eingriffen in die elterliche Sorge, dh den Entzug der gesamten Personensorge und die Trennung von Eltern und Kindern, § 1666a.

Das **KindRG 1998** hat im wesentlichen strukturelle Änderungen gebracht: Der Schutz der *Vermögensinteressen* des Kindes, bisher separat in § 1667 aF geregelt, wurde dem Tatbestand des § 1666 integriert (dazu näher Rn 37), die Vermögensgefährdung in Abs 2 durch Vermutungen verdeutlicht (§ 1667 enthält nur noch einen Katalog vermögensspezifischer Schutzmaßnahmen). Verfahrensrechtlich ist der Kindesschutz nunmehr dem *FamG* übertragen (mit Rechtszug zum OLG, BGH, §§ 119 Abs 1 Ziff 1 Buchst a, 133 GVG).

8 Vor dem Hintergrund spektakulärer Fälle von Kindesvernachlässigung, Kindesmißbrauch sowie von Jugenddelinquenz und entsprechenden öffentlichen Diskussionen wurde mit dem **„Gesetz zur Erleichterung familiengerichtlicher Maßnahmen bei Gefährdung des Kindeswohls"** vom 4. 7. 2008 (**KiWoMaG 2008**; BGBl I 1188) erneut versucht, das staatliche Wächteramt zugunsten von Kindern zu konkretisieren und effektiver auszugestalten (dazu ausführlich COESTER, in: LIPP/SCHUMANN/VEIT, Kindesschutz 19 ff = JAmt 2008, 1 ff). Im Rahmen des § 1666 wurden in Abs 1 die als „Tatbestandshürde" bezeichneten Bezüge der Kindeswohlgefährdung zu elterlichem oder Drittverhalten gestrichen (dazu näher Rn 86 ff), dafür aber der elterliche Gefahrabwendungsprimat sprachlich hervorgehoben (Rn 169). Auf der Rechtsfolgenseite werden nun in Abs 3 die vom FamG zu treffenden Maßnahmen, insbesondere solche unterhalb der Schwelle einer Sorgerechtsentziehung, ausführlicher beispielhaft aufgelistet (näher Rn 218 ff). Diese Veränderungen des § 1666 sind Teil des übergreifenden, schon mit der Jugendhilferechtsreform 2005 (KICK) eingeleiteten Tendenz, den staatlichen „Wächter" näher und früher an die Problemfamilien heran zu schieben und der Prävention von Kindesschädigungen ein vorrangiges Gewicht vor repressiven Sorgerechtseingriffen zu verleihen (zu Problemen dieser Tendenz Bundesjugendkuratorium ZKJ 2008, 200 f; SCHUMANN, Kindeswohl 177 ff). Hatte das KICK 2005 den Fokus vor allem auf die eigenständige Wächteraufg*abe der Jugendhilfe* gerichtet und diese konkretisiert (vor allem § 8a SGB VIII; näher unten Rn 17), so zieht das KiWoMaG 2008 nach durch Aktivierung und Konkretisierung der *familiengerichtlichen* Wächterfunktion (Rn 86 ff; zu diesbezüglichen Unsicherheiten s WILLUTZKI FPR 2008, 488, 491; COESTER, in: LIPP/ SCHUMANN/VEIT, Kindesschutz 19, 36 = JAmt 2008, 1, 7). Die Veränderungen im Tatbestand des § 1666 stehen deshalb in engem Zusammenhang mit weiteren materiellrechtlichen und verfahrensrechtlichen Reformen des KiWoMag 2008: Schon im Vorfeld festgestellter Kindeswohlgefährdung, bei nur „möglichen Gefährdungen", soll das FamG die Eltern in Pflicht nehmen und zu einer Erörterung der Familiensituation und der Möglichkeiten einer Gefährdungsabwendung laden – zusammen mit dem Jugendamt und sonstigen Beteiligten (§ 157 FamFG; näher Rn 264). Aber auch eine „Nachkontrolle" wurde eingeführt: Sieht das FamG in Verfahren nach § 1666 von Maßnahmen noch ab, so verpflichtet § 166 Abs 3 FamFG es zur Überprüfung der Familiensituation in „angemessenem Zeitabstand" (dazu BT-Drucks 16/6815, 5, 21 sowie BT-Drucks 16/8914, 12; COESTER, in: LIPP/SCHUMANN/VEIT, Kindesschutz 37 f = JAmt 2008, 1, 8; VEIT FPR 2008, 598, 600 f; WILLUTZKI ZKJ 2008, 139, 142). Insgesamt zielen die Reformen von 2005 und 2008 auf die Etablierung einer vom Gesetzgeber wiederholt beschworenen „Verantwortungsgemeinschaft" von FamG und Jugendhilfe in – jeweils fachspezifischer – Wahrnehmung des staatlichen Wächteramtes aus Art 6 Abs 2 S 2 GG zugunsten der Gefährdungsabwehr von Kindern (s auch Rn 19, 67 sowie § 1666a Rn 16).

9 Die derzeit jüngste Gesetzesänderung (auch) im Bereich des Kindesschutzrechts betrifft das Verfahrensrecht: Mit dem im Rahmen der FGG-Reform erlassenen und am 1. 9. 2009 in Kraft getretenen **FamFG** ist das gerichtliche Kindesschutzverfahren auf völlig neue Grundlage gestellt (näher Rn 257 ff; vgl COESTER, in: LIPP/SCHUMANN/VEIT, Reform 39 ff).

3. § 1666 im System des Rechtsschutzes für Kinder

Die im Grundsatz unbestrittene Anerkennung des Kindes als Rechtspersönlichkeit **10** und Grundrechtsträger verbietet eine systematische Einordnung des § 1666 in eine (diffuse) Kategorie „staatliche Fürsorge für Unmündige" oder bloßer „Jugendhilfe" (grundlegend HINZ, Kindesschutz 22 und passim). Vielmehr ist die Vorschrift integrativer **Teil eines Rechtsschutzsystems für das Rechtssubjekt Kind.** Allerdings ist dieser Rechtsschutz im Vergleich zum allgemeinen, auf Erwachsene bezogenen zivilrechtlichen Rechtsschutzsystem in besonderer Weise ausgestaltet (HINZ 25–27: Rechtsschutzmethode sui generis) – bedingt durch die Fürsorge- und Entwicklungsbedürftigkeit von Kindern und die vorrangige Übertragung der umfassenden Verantwortung für das Kind auf seine Eltern. Demgemäß ist hinsichtlich des Kindesrechtsschutzes zu unterscheiden zwischen dem Verhältnis des Kindes zu seinen Eltern und zu Dritten.

Auch wenn man im **Verhältnis zu den Eltern** einen familienrechtlichen Anspruch des **11** Kindes auf pflichtgemäße Ausübung der elterlichen Sorge bejaht (so schon HINZ 23 f; zum verfassungsrechtlichen Recht des Kindes gegen seine Eltern aus Art 6 Abs 2 GG BVerfG FamRZ 2008, 845 ff; 2009, 1389, 1390; zur Frage, ob dies einen zivilrechtlichen Anspruch impliziert, COESTER, in: Deutscher Sozialrechtsverband [Hrsg], Kinder und Jugendliche im Sozialrechtssystem, Schriftenreihe Bd 58 [2009], 7 ff, 13 ff), so folgt hieraus nach allgemeiner Auffassung doch nicht die Möglichkeit, diesen Anspruch durch Verpflichtungs- und Unterlassungsklage gegen die Eltern durchzusetzen – **allgemein-zivilrechtlicher Rechtsschutz im Verhältnis zu den Eltern findet nicht statt** (GERNHUBER/COESTER-WALTJEN § 57 IX 2; HINZ 22 ff; COESTER-WALTJEN NJW 1985, 2175, 2176 f; vgl auch OLG Düsseldorf FamRZ 1981, 85 f; unzutreffend deshalb AG Köln NJW 1985, 2201; ROTH-STIELOW NJW 1985, 2746 [Unterlassungsanspruch des ungeborenen Kindes gegen die Mutter, geltendgemacht durch den Vater nach Übertragung gem § 1628, dazu noch Rn 27]). Im Zusammenhang mit dem 2000 eingeführten „Recht auf gewaltfreie Erziehung" (§ 1631 Abs 2 S 1) ist dies nochmals hervorgehoben worden (BT-Drucks 14/1247, 5; PALANDT/DIEDERICHSEN § 1631 Rn 37; MünchKomm/HUBER § 1631 Rn 37; HUBER/SCHERER FamRZ 2001, 797, 800; zur Thematik s noch unten Rn 97 ff). Der Grund hierfür liegt zum einen in der existentiellen Verbindung von Eltern und Kind in einer Familiengemeinschaft (s Rn 69), deren Komplexität durch Annahme eines schuldrechtlichen Anspruchsverhältnisses grob verfehlt würde (zu Tendenzen der „Verschuldrechtlichung" der internen Familienbeziehungen SCHWAB FamRZ 2002, 1297 ff; ders, Familienrecht Rn 536; HEIDERHOFF FamRZ 2004, 324, 327; HENRICH JZ 2003, 49; COESTER, in: Deutscher Sozialrechtsverband aaO). Zum zweiten ist den Eltern nicht nur die Wahrung und Förderung der Kindesinteressen übertragen, sondern schon – in einem weiten Vertretbarkeitsrahmen – deren Interpretation: Was „Kindeswohl" und damit zu einem guten Teil auch „Kindesrecht" ist, ist im Regelfall nicht objektiv vorgegeben, sondern wird durch die Eltern im Rahmen ihres pflichtgemäßen Ermessens erst bestimmt (ERICHSEN/REUTER 36, 51–53; KNÖPFEL FamRZ 1986, 1211, 1213 f; ROTH, Grundrechte 118: „Definitionskompetenz"; im Grundsatz auch BVerfG FamRZ 1986, 871, 874; FamRZ 1986, 1079). Drittens schließlich ist das Instrumentarium zivilistischen Rechtsschutzes auch bei klaren Rechtsverletzungen – jenseits vertretbaren Elternverhaltens – ungeeignet, die Interessen des Kindes zu verwirklichen: Das alters- und umständebedingte, höchstpersönliche Fürsorgebedürfnis des Kindes bleibt auch bei sachlichem Ausfall der Eltern bestehen, die Verwirklichung seiner Rechte erfordert entsprechende Ermessens- und Handlungsfreiheit des Richters an Stelle antragsgebundener Anspruchsdurchsetzung.

12 Die situationsbedingte Ungeeignetheit allgemein-zivilistischen Rechtsschutzes ändert jedoch nichts an der Verpflichtung des Staates, den Rechtsschutz und die Grundrechtsverwirklichung von Kindern zu gewährleisten (zu dieser Verpflichtung zuletzt BVerfG FamRZ 2008, 845 Nr 71; näher Erichsen/Reuter 17 ff, 26 f: folgend aus dem Sozialstaatsprinzip und der objektiven Wertordnung des GG; Jeand,Heur 90 ff, 99: Garantienorm, Schutzgebotsfunktion des Art 6 Abs 2 S 2, vgl dazu auch Rn 4 und Coester FamRZ 1995, 399 f).
§ 1666 ist deshalb als Erfüllung dieses verfassungsrechtlichen Auftrags, als in **Tatbestand und Rechtsfolge modifizierte Form des Rechtsschutzes für Kinder an Stelle des allgemein-zivilistischen Rechtsschutzes** zu verstehen (nähere dogmatische Grundlegung und Verteidigung bei Hinz, Kindesschutz, passim; s schon oben Rn 3). Im einzelnen gilt: Interessenverwirklichung und Rechtsschutz des Kindes sind zunächst der umfassenden Verantwortung der Eltern zugewiesen (das gilt auch für nicht-disponible Fundamentalrechte des Kindes: Lebens- und Gesundheitsschutz zB ist selbstverständlich zuvörderst elterliche Sorgepflicht; zu gegenteiligen Auffassungen im Rahmen der Abtreibungsdiskussion s Rn 26). Staatlicher Rechtsschutz gem §§ 1666, 1666a setzt erst bei Erreichung der gesetzlich bezeichneten *Eingriffsgrenze* ein; elterliche Sorgepflichtverletzungen, die nicht zu einer erheblichen Kindesgefährdung führen, bleiben sanktionslos (Gernhuber/Coester-Waltjen § 57 IX 1). Derartige mindere Einbußen seines Individualinteresses werden dem Kind von der Rechtsordnung zugemutet im Hinblick auf den übergreifenden Vorteil der familiären Eingebundenheit und Integrität (vgl Goldstein ua II 19 und öfter: primäres Bedürfnis nach autonomen Eltern; Coester, in: 6. DFGT 35, 37; s noch Rn 84). Staatsintervention unterhalb der Gefährdungsgrenze würde mehr schaden als nützen, ist also generell nicht „geeignet und erforderlich" iS des Verhältnismäßigkeitsgrundsatzes (vgl Rn 211–217). Überdies fehlen zumeist schon objektive Kriterien zur Feststellbarkeit elterlicher Pflichtverletzung: Neben dem Interpretationsprimat der Eltern (Rn 11) ist zu beachten, daß die Eltern nicht nur die Interessen dieses Kindes, sondern auch die der anderen Familienmitglieder legitimerweise berücksichtigen dürfen (vgl Coester, Kindeswohl 209–214; Zenz, Kindesmißhandlung 69). Das Zurückstecken von Individualpositionen gehört zur täglichen Realität einer harmonischen Familiengemeinschaft, ist gewissermaßen deren Funktionsbedingung, insoweit darf es von den Eltern auch dem Kind angesonnen werden (Rn 69).

13 Aber auch bei Kindesgefährdungen iS des § 1666 Abs 1 sind zunächst noch einmal *primär die Eltern* zum gefahrenabwendenden Kindesschutz aufgerufen (Rn 169–171), staatlicher Schutz ist subsidiär und auch dann vorzugsweise *mit* den Eltern und nicht gegen sie zu verwirklichen (**Abwendungsprimat der Eltern**). Das gilt auch, wenn die Gefahr nur von einem Elternteil ausgeht: Hier ist primär der andere Elternteil zur Abwehr berufen (Coester-Waltjen NJW 1985, 2175, 2176), staatlicher Rechtsschutz wird erst ausgelöst, wenn auch dieser Elternteil insoweit versagt (unbeschadet der Möglichkeit, daß der Elternteil in Ausübung seiner Sorgepflicht staatlichen Schutz „hinzuruft", weil er allein zur Gefahrenabwehr nicht imstande ist [kein Fall des § 1631 Abs 3], vgl Coester-Waltjen 2177; verkannt von Roth-Stielow NJW 1985, 2746; s auch Rn 14, 169–172).

14 Im **Verhältnis zu Dritten** verläuft der gerichtliche Rechtsschutz für Kinder *zweispu-*

rig. Die Eröffnung von familiengerichtlichen Handlungsmöglichkeiten Dritten gegenüber (Abs 4) kann nicht verstanden werden als Ausschluß *allgemein-zivilrechtlichen Rechtsschutzes,* den einzuschränken oder zu modifizieren insoweit kein Anlaß besteht. Die Eltern sollten nur nicht mehr gezwungen sein, die Rechte des Kindes auf dem „Umweg über das Zivilgericht" wahren zu müssen (BT-Drucks 8/2788, 39, 59). Sie *können* diesen Weg aber nach wie vor gehen (als Vertreter des Kindes; nicht zu erörtern ist hier ein Vorgehen der Eltern aus eigenem Recht, etwa gem §§ 823, 1004), unabhängig von der Möglichkeit familiengerichtlichen Einschreitens von Amts wegen oder auf elterliche Anregung hin. Das Verhältnis beider Rechtsschutzmöglichkeiten im einzelnen ist noch unausgelotet, etwa die Auswirkungen familiengerichtlichen Vorgehens auf das zivilprozessuale Rechtsschutzinteresse des Kindes. Sind umgekehrt die Eltern für das Kind bereits auf dem Zivilrechtsweg gegen den Dritten vorgegangen, so haben sie damit idR ihren Primat zur Gefahrabwendung (Abs 1) wahrgenommen, der Eingriffstatbestand für das FamG entfällt. Ziehen es die Eltern hingegen vor, familiengerichtliche Maßnahmen gegen den Dritten anzuregen, so bedarf es bei sinnvoller Gesetzesinterpretation vor einem Einschreiten nicht mehr der richterlichen Feststellung, daß die Eltern zur Gefahrabwendung nicht gewillt oder in der Lage seien: Elterlicher und familiengerichtlicher Kindesschutz fallen bei der *„gerufenen"* Intervention zusammen, der elterliche Primat ist gegenstandslos (andernfalls könnten Eltern die durch Abs 4 intendierte Entlastung nur um den Preis wahrnehmen, sich Unfähigkeit oder Unwillen zur Gefahrabwendung attestieren zu lassen; so auch OLG Zweibrücken FamRZ 1994, 976).

Ist nur einer von beiden Elternteilen bereit, die vom Dritten ausgehende Kindesgefährdung mit gerichtlicher Hilfe abzuwenden, so genügt seine Anregung beim FamG. Bei zivilprozessualem Vorgehen hingegen erweist sich die **Kindesvertretung** als problematisch: Grundsätzlich gilt Gesamtvertretung (§ 1629 Abs 1 S 2), ein gesetzlicher Fall der Alleinvertretung (§§ 1629 Abs 1 S 3, 1673–1675, 1678) liegt nicht vor. Da es regelmäßig um den notwendigen Schutz des Kindes und nicht um Entscheidungsfragen im Rahmen elterlicher Sorgeausübung geht, entfällt die Möglichkeit einer Entscheidungsübertragung nach § 1628 (**aA** STÜRNER Jura 1987, 75, 80). Dennoch gibt es Wege, zu einer Alleinvertretung des Kindes durch einen Elternteil zu gelangen (übersehen von BIENWALD FamRZ 1985, 1096, 1101): (1) Das FamG kann dem Elternteil, der Klage gegen den Dritten nicht erheben will, gem §§ 1629 Abs 2 S 3 iVm 1796 das Vertretungsrecht entziehen mit der Folge, daß der andere Teil das Kind allein vertritt (STAUDINGER/PESCHEL-GUTZEIT [2007] § 1629 Rn 318); (2) bei der Erfüllung elterlicher Pflichten ohne Ermessensspielraum wird in teleologischer Reduktion des § 1629 Abs 1 S 2 häufig Alleinvertretung durch jeden Elternteil angenommen (so zB für öffentlich-rechtliche Pflichten, vgl STAUDINGER/PESCHEL-GUTZEIT [2007] § 1629 Rn 17 ff, 65 mwN) – dies könnte auch für gebotene Kindesschutzmaßnahmen gelten; (3) bei Gefahr für Persönlichkeitsrechte des Kindes aus Art 1, 2 GG hat das BVerfG in Einzelfällen die Vertretungsregeln des § 1629 aus verfassungsrechtlichen Gründen suspendiert (BVerfGE 55, 171, 176, 178; NJW 1986, 3129, 3130; vgl auch FamRZ 1986, 769, 772 f; dem Rechnung tragend jetzt § 1629a) – auch unter diesem Aspekt könnte die Vertretung des Kindes allein durch einen Elternteil begründet werden.

4. Jugendhilferechtlicher Schutzansatz

Ursprünglich standen neben dem zivilrechtlichen Schutzansatz des § 1666 die öffentlichrechtlichen (polizeirechtlichen) Eingriffsmöglichkeiten nach dem JWG von 1922/ 1961 (§§ 55 ff JWG, insb Erziehungsbeistandschaft, § 55–61 JWG, und Fürsorgeerziehung, §§ 62–77 JWG). Mit dem Inkrafttreten des **KJHG = SGB VIII von 1991** sind diese Eingriffsmöglichkeiten ersatzlos weggefallen – das Jugendhilferecht wurde neu konzipiert als ein *Leistungsrecht,* gerichtet auf Beratung und Unterstützung für Familien. An die Stelle hoheitlicher Eingriffe in das elterliche Erziehungsrecht traten Leistungsansprüche der Eltern gegen die Jugendhilfeorgane in bestimmten Problemsituationen (insb die „Hilfen zur Erziehung", §§ 27 ff SGB VIII). Eingriffe in die elterliche Sorge sind seitdem ausschließlich dem FamG vorbehalten, das vom Jugendamt gegebenenfalls mit entsprechendem Ziel anzurufen ist (zu diesem „Paradigmenwechsel" in der Jugendhilfe vgl COESTER FamRZ 1991, 253 ff). Einzige Ausnahme bildet nur die *Inobhutnahme* nach § 42 SGB VIII, ein Instrument vorläufigen Kindesschutzes („erster Zugriff") in aktuellen Notlagen, das ein Handeln der Jugendhilfe auch ohne oder sogar gegen die Eltern erlaubt bzw sogar erfordert (s näher die Kommentarliteratur zu § 42 SGB VIII; zur weitergehenden Funktionsübertragung durch das Jugendgericht s oben Rn 2).

17 Dieses Modell von SGB VIII erwies sich in der Folgezeit als korrekturbedürftig. Der Angebotscharakter der Jugendhilfeleistungen wurde in der Praxis oft mißverstanden im Sinne einer Reduzierung der Jugendhilfe auf eine reine Dienstleistungsorganisation, bei Auslagerung und Konzentrierung der staatlichen Wächterfunktion gem Art 6 Abs 2 S 2 GG allein auf die FamG (so der Befund im 10. Kinder- und Jugendbericht, BT-Drucks 13/11368, 262, 276; FIESELER, GK-SGB VIII § 8a Rn 3; SALGO ZKJ 2006, 531, 533 f; BRINGEWAT ZKJ 2006, 233; MÜNDER JAmt 2008, 294, 297 f; CZERNER 11, 494 ff). Auch führte der ultima-ratio-Charakter des familiengerichtlichen Schutzeingriffs in der Praxis dazu, daß die Familiengerichte bei eskalierenden Familienproblemen oft erst in einem Stadium angerufen wurden, in dem alle Einwirkungsversuche der Jugendhilfe versagt hatten und nur noch Sorgerechtseingriffe in Betracht kamen (BT-Drucks 16/6815 S 7 ff; Arbeitsgruppe 2006 S 15 ff). Dies veranlaßte den Gesetzgeber dazu, in einem ersten Reformschritt die **Einbindung auch der Jugendhilfe in das übergreifende Wächteramt des Staates** (§ 1 Abs 3 Nr 3 SGB VIII) klarzustellen und ihre diesbezügliche, fachspezifische Verantwortlichkeit zu konkretisieren (KICK 2005; dazu SALGO ZKJ 2006, 531 ff; ZKJ 2007, 12 ff; BRINGEWAT ZKJ 2007, 55, 57; WIESNER FPR 2008, 608 ff; ders ZKJ 2008, 143, 145 ff; WILLUTZKI FPR 2008, 488 ff; KATZENSTEIN ZKJ 2008, 148 ff; HEILMANN, in: Elz [Hrsg], Kooperation 89, 97 ff; krit FRINGS JAmt 2008, 461 ff; zur Einbindung auch der Polizei in die staatliche Wächterfunktion BECKER ZKJ 2008, 185 ff). Leitgedanke ist dabei die generelle Erkenntnis, „daß Prävention das beste Mittel zum Schutz von Kindern ist" (Arbeitsgruppe 2006 S 26; SALGO ZKJ 2006, 531, 532). In diese Präventionsaufgaben sind auch die freien Träger der Jugendhilfe einzubinden (näher SALGO ZKJ 2007, 12, 15; MÜNDER/SMESSAERT ZKJ 2007, 232 ff; KRÜGER JAmt 2007, 397 ff [zur „Münchner Grundvereinbarung"]). Zentrale Regelung insoweit ist **§ 8a SGB VIII** („Schutzauftrag bei Kindeswohlgefährdung"; zum Folgenden ausführlich COESTER, in: LIPP/SCHUMANN/VEIT, Kindesschutz 19 ff = JAmt 2008, 1 ff): Bei „gewichtigen Anhaltspunkten" für eine Gefährdung des Kindeswohls (zu den schon vorgelagerten Informations- und Aufklärungspflichten des Jugendamts WILLUTZKI FPR 2008, 488, 489; KUNKEL ZKJ 2008, 52) werden die Jugendämter zu einer fachlich fundierten **Risikoabschätzung** verpflichtet (dazu ausführlich KINDLER, in: DEEGENER/ KÖRNER [Hrsg], Kindesmißhandlung und Vernachlässigung [2005] 385 ff; OFFE ZKJ 2007, 236 ff; WULF/REICH ZKJ 2007, 266; KUNKEL ZKJ 2008, 52 ff; MÜNDER JAmt 2008, 294 ff; BÜTTNER/WIESNER ZKJ 2008, 292 ff; BRINGEWAT ZKJ 2008, 297 ff; KINDLER/LUKASCYK/REICH ZKJ 2008, 500 ff;

verfassungsrechtliche Bedenken wegen der Unbestimmtheit dieser Vorschrift bei SIEGFRIED FPR 2008, 264 ff), an deren Ende sie entscheiden müssen: Kann, wenn eine Gefährdung festgestellt wird, diese durch das Angebot von jugendhilferechtlichen Leistungen abgewendet werden (§ 8a Abs 1 S 3 SGB VIII)? Wenn nein, so ist das FamG gem § 1666 anzurufen (§ 8a Abs 3 S 1 HS 1 SGB VIII); dies gilt auch, wenn eine fundierte Risikoabschätzung mangels Kooperation der Eltern nicht möglich ist (§ 8a Abs 3 S 1, HS 2 SGB VIII) oder wenn die Eltern eine vom Jugendamt für notwendig erachtete Hilfe ablehnen (WILLUTZKI FPR 2008, 488, 489). Für den Fall einer dringenden Gefahr für das Kind betont das Gesetz die Pflicht des Jugendamtes zum **sofortigen vorläufigen Kindesschutz** – unabhängig von einem laufenden Kindesschutzverfahren (§ 8a Abs 3 S 2 SGB VIII: Inobhutnahme nach § 42 SGB VIII, dazu TRENCZEK, Inobhutnahme – Krisenintervention und Schutzverpflichtung [2008]; § 8a Abs 4 S 2 SGB VIII: Einschaltung sonstiger Stellen wie Polizei oder Einrichtungen der Gesundheitshilfe).

Der zweite Reformschritt erfolgte durch das **KiWoMaG 2008**, in dem die korrespondierenden **Verantwortlichkeiten und Funktionen des FamG** konkretisiert wurden (näher Rn 7, 8). Demnach soll das FamG früher als bisher, schon unterhalb der Schwelle von Sorgerechtsentziehungen, mit Ermahnungen und Geboten den Einwirkungsbemühungen der Jugendhilfe zur Seite treten. Insbesondere ist mit der „Erörterung der Kindeswohlgefährdung" schon bei nur „möglicher Gefährdung" des Kindeswohls (§ 157 FamFG; dazu Rn 264–266) eine Reaktionsmöglichkeit des FamG betont worden, wenn dem Jugendamt mangels Kooperation der Eltern eine fundierte Risikoabschätzung nicht möglich ist, es aber wegen „gewichtiger Anhaltspunkte" für eine Kindesgefährdung gem § 8a Abs 3 S 1 HS 2 das FamG angerufen hat (siehe dazu auch die Erläuterungen zum Gefährdungsbegriff, unten Rn 59 ff, 82 ff, insb 86 ff). **18**

Diese Reformen bringen einen – über die Einzelregelungen hinausgehenden, aber in den Gesetzesmaterialien durchgehend betonten – **Leitgedanken** zum Ausdruck, der die grundsätzliche Funktion und Zuordnung von FamG und Jugendhilfe betrifft: Das staatliche Wächteramt aus Art 6 Abs 2 S 2 GG beginnt nicht erst mit Eingriffen in das elterliche Sorgerecht; der Schutz von Persönlichkeit und Rechten des Kindes ist schon und sogar vorrangig durch **Prävention** zu gewährleisten. Insoweit ist auch schon die **Jugendhilfe** – neben dem FamG – ein wesentlicher **Mitträger des staatlichen Wächteramts** (WIESNER, SGB VIII, vor § 11 Rn 46 ff; SALGO ZKJ 2007, 12, 15; MEYSEN/SCHINDLER JAmt 2004, 449, 454). Die Jugendhilfe hat damit eine – durchaus spannungsgeladene – Doppelfunktion: Neben dem Wächteramt, bzw diesem vorgelagert, ist es auch zentrales Organ des staatlichen Erziehungs- und Unterstützungsauftrags *unterhalb* der Interventionsgrenze des § 1666 (näher JESTAEDT, in: MÜNDER/WIESNER, Kinder- und Jugendhilferecht [2007] Kap 1.5 Rn 17–20; ders, in: LIPP/SCHUMANN/VEIT, Kindesschutz 5, 16 f; COESTER ebenda 19, 22 ff, 41 f; WIESNER ZKJ 2008, 143 ff). Die Jugendhilfe kann sich dem praktischen Dilemma, sowohl (auf Vertrauen und Kooperation angewiesene) Hilfsinstitution für Eltern und Familie zu sein als auch gleichzeitig Kontroll- und Anzeigefunktionen, gegebenenfalls Kooperationsfunktionen mit dem FamG innezuhaben, nicht durch Beschränkung auf *eine* Komponente dieser komplexen Aufgabe (nämlich „Hilfe und Dienstleistung für die Familie") entziehen (WIESNER ZfJ 2004, 161, 167; OBERLOSKAMP, in: LIPP/SCHUMANN/VEIT, Kindesschutz 45, 61 f). Auch die befürchtete vorschnelle Verantwortungsabwälzung der Jugendämter auf das FamG angesichts dessen frühzeitiger Handlungsmöglichkeit gem § 157 FamFG und die Belastung des **19**

Vertrauensverhältnisses zwischen Jugendamt und Eltern (VEIT FPR 2008, 598, 600; WIESNER FPR 2008, 608, 613; HILDEBRANDT ZKJ 2008, 396 ff, 401; SALGO ZKJ 2007, 12, 15) droht eigentlich nur, wenn das Jugendamt seiner in § 8a SGB VIII konkretisierten Verantwortung nicht pflichtgemäß nachkommt. Die schwierige Balance zwischen Unterreaktion und Überreaktion bei Gefährdungsindizien (dazu HILDEBRANDT ZKJ 2008, 296 ff) kann ihm niemand abnehmen. Andererseits ist die Jugendhilfe aber nicht nur ein „vorgeschobener Kontroll- und Meldeposten" oder ein Hilfsorgan des FamG. Sie ist eine **sozialpädagogische Fachbehörde** mit spezifischer Kompetenz und Verantwortlichkeit (COESTER, in: LIPP/SCHUMANN/VEIT 19, 29 f = JAmt 2008, 1, 4 f), die der „juristischen Fachbehörde" FamG ergänzend und unterstützend zur Seite steht. Es handelt sich um zwei zentrale Institutionen des staatlichen Kindesschutzrechts, die sich in ihrer wechselseitigen Eigenständigkeit und Fachlichkeit grundsätzlich anerkennen müssen und die unter dem Dach des staatlichen Wächteramts aus Art 6 Abs 2 S 2 GG in eine **„Verantwortungsgemeinschaft"** eingebunden sind. Mit der Realisierung dieser Verantwortungsgemeinschaft in der täglichen Praxis steht und fällt die Effektivität staatlichen Kindesschutzes (vgl BT-Drucks 16/6815, 8; WIESNER ZfJ 2003, 121 ff; ders ZKJ 2008, 142, 145; zum vielfach geforderten „Runden Tisch" WILLUTZKI ZKJ 2008, 139, 141; **krit** dazu Bundesjugendkuratorium ZKJ 2008, 200, 204 [„Vereinfachung"]).

II. Anwendungsbereich

1. Persönlich

20 a) Die Vorschrift gilt für **jeden Inhaber der elterlichen Sorge** iSd §§ 1626 ff, gleich, ob allein oder mitsorgeberechtigt. Miterfaßt sind deshalb ohne weiteres auch der nichteheliche Vater nach Sorgeerklärung gem § 1626a Abs 1 Nr 1 oder gerichtlicher Übertragung gem §§ 1672, 1678 Abs 2, 1680 Abs 2 S 2, Abs 3, Adoptiveltern (§ 1754) oder der Scheinvater vor rechtskräftiger Vaterschaftsanfechtung (§§ 1592 Nr 1, 1600 ff; vgl KG FamRZ 1985, 735). Die Vorschrift gilt auch bei **teilweiser Innehabung** des elterlichen Sorgerechts, soweit Eingriffe in diesen Teil in Frage stehen – etwa nur der Personensorge im Fall des § 1673 Abs 2 S 2, nur der Vermögenssorge bei entsprechenden gerichtlichen Vorentscheidungen oder sonstiger Teilsorgerechte. Soweit **Dritte** als *Vormund* oder *Pfleger* für das Kind sorgen, sind §§ 1666, 1666a kraft gesetzlichen Verweises anwendbar (§§ 1837 Abs 4, 1915 Abs 1, unbeschadet spezieller Eingriffsmöglichkeiten nach §§ 1796, 1837 Abs 2, 3, 1886; vgl BayObLG FamRZ 1991, 1080, 1082; 1997, 1429; OLG Frankfurt FamRZ 2000, 1240). Sorgebefugnisse von *Pflegeeltern* sind nach § 1688 Abs 3 S 2, Abs 4 einschränkbar (vgl Rn 50), § 1666 ist insoweit nicht einschlägig (zum Schutz des Kindes in der Pflegefamilie durch das Jugendamt MARQUARDT/WILHELM FPR 2004, 437 ff). Anderes gilt, soweit die Abwendung der Kindesgefährdung nicht durch Sorgerechtseinschränkungen, sondern durch sonstige Ge- oder Verbote erreicht werden soll: Hier können Pflegeeltern wie auch *alle anderen Personen,* die nur tatsächlich für das Kind sorgen (Großeltern, Stiefeltern, Geschwister oä) oder sonst mit ihm Kontakt haben, als „Dritte" iSv Abs 4 in den Einzugsbereich der Norm geraten, etwa als Adressat einer Herausgabeanordnung oder eines Unterlassungsgebots. Die Streichung der Gefährdungsursache „Verhalten eines Dritten" im Tatbestand des § 1666 Abs 1 durch das KiWoMaG 2008 sollte an dieser Rechtslage nichts ändern. § 1666 will absoluten, subjektbezogenen Rechtsgüterschutz für das Kind gewährleisten, gleich, von welcher Seite Gefahr droht; daß sich der Schutz auch gegen Dritte wendet, wird überdies bezüglich der Person des Kindes in Abs 4 hinreichend verdeutlicht (BT-Drucks 16/6815, 14 f; vgl Rn 236, 249).

b) Der Begriff des **Kindes** bestimmt sich nach §§ 1, 2 BGB. Wird das Kind während des Verfahrens *volljährig,* erledigt sich dies (unklar BayObLG FamRZ 1994, 1191, 1193). Für das *tote Kind* kann die elterliche Sorge als Totensorgerecht nachwirken (§ 1698b), bis es von der allgemeinen Totenfürsorge abgelöst wird (zu letzterer LANGE/ KUCHINKE, Erbrecht [4. Aufl 1995] § 5 III 5 g; iü STAUDINGER/PESCHEL-GUTZEIT [2007] § 1626 Rn 38, 59; Sonderregelung zur Organentnahme in § 4 Abs 1, 2 Transplantationsgesetz, dazu WALTER FamRZ 1998, 201, 204 ff, 207 ff).

c) Nasciturus
aa) Fragestellungen
Problematisch ist die Anwendbarkeit des § 1666 auf den **nasciturus**. Streit über diese Frage wurde ausgelöst durch eine Entscheidung des AG Köln (NJW 1985, 2201: Antrag des ungeborenen Kindes, vertreten durch den Ehemann der Schwangeren, auf Verbot der von letzterer geplanten Schwangerschaftsunterbrechung) sowie mehrere familiengerichtliche Entscheidungen in Fällen, in denen abtreibungswillige minderjährige Frauen gem § 1666 die Ersetzung der (versagten) elterlichen Einwilligung zum Abschluß des Arztvertrages und zur Vornahme der Schwangerschaftsunterbrechung begehrten (**keine** Ersetzung: LG Köln FamRZ 1967, 207; LG München I FamRZ 1979, 850 f; AG Celle FamRZ 1987, 738; AG Helmstedt ZBlJugR 1987, 85 f; **Eingriff** in die elterliche Kompetenz: LG Berlin FamRZ 1980, 285). Umgekehrt kommt auch ein Sorgerechtsentzug bei Eltern in Betracht, die ihre widerstrebende Tochter zur Abtreibung drängen (AG Dorsten DAVorm 1978, 131 ff).

Die Problematik zivilrechtlichen Schutzes ungeborenen Lebens ist vielschichtig. Sie umfaßt die Vorfrage, ob der nasciturus überhaupt als Subjekt zivilrechtlichen Rechtsschutzes angesehen werden kann und ob insbes auch § 1666 grundsätzlich anwendbar ist (Rn 25–28). In der konkreten Anwendung wird sodann nach den Auswirkungen der strafrechtlichen Indikationenregelungen auf die zivilrechtliche Beurteilung zu fragen sein (Rn 29–36). Zur Erörterung weiterer, straf- oder verfassungsrechtlicher Probleme des Schwangerschaftsabbruchs besteht an dieser Stelle kein Anlaß (zur Erhaltung des nasciturus im Körper der toten Mutter s GERNHUBER/COESTER-WALTJEN § 57 Rn 114).

Offenbleiben muß auch die derzeit noch völlig **ungeklärte Frage, ob über § 1666 der schwangeren Frau Verhaltensweisen untersagt werden können, die** nicht auf Tötung des Embryo abzielen, wohl aber **zu schweren gesundheitlichen Schädigungen oder auch zu seinem Tod führen können** (vgl BERZEWSKI FPR 2003, 312, 314; das Verhaltensspektrum reicht von Drogen- und Alkoholmißbrauch über Rauchen, ungeschützten Verkehr mit flüchtigen Bekannten [Aids] bis zu gefährlichen Sportarten; zu den empirisch festgestellten Kindesschädigungen bei Alkoholkonsum der werdenden Mutter [Alkoholembryopathie] vgl LÖSER/GRÄVINGHOFF/RUSTEMEYER, Kinderheilkunde [1989] 764 ff; LÖSER Münch Med Wochenschr 1989, 24 ff; ders, in: SINGER/TEYSSEN, Alkohol und Alkoholfolgekrankheiten [2005] 442 ff; LÖSER/ILSE, Sozialpädiatrie in Praxis und Klinik [1987] 614 ff; LÖSER/GRANDE/SCHUBERT, Atemalkohol [1985] 164 ff. In den USA gibt es vereinzelt Staatengesetze, die das Verhalten von Schwangeren reglementieren, vgl R SCOTT, Rights, Duties and the Body – Law and Ethics of the Maternal-Fetal Conflict [Oxford 2002]). Von präventiven Maßnahmen des FamG nach § 1666 ist dabei die deliktsrechtliche

Haftung gegenüber dem geschädigten Kind zu unterscheiden (dazu COESTER-WALTJEN, in: FS Gernhuber [1993] 837, 847 f; STAUDINGER/HAGER [1999] § 823 Rn B 48 f mwN). Die Praxis in Deutschland scheint bereit, bei grundsätzlicher Bejahung einer Eingriffsmöglichkeit der Mutter weitgehende Ermessensfreiheit in der Lebensführung zuzugestehen (vgl MünchKomm/OLZEN Rn 43; vgl auch DIJuF-Gutachten JAmt 2001, 34 [drogenabhängige Schwangere]); gegen eine Anwendung des § 1666, aber für einen Ausbau sozialrechtlicher Hilfsangebote Arbeitsgruppe 2009, 34 ff.

bb) Schutz vor Abtreibung: verfassungs- und familienrechtliche Vorfragen

25 Am Anfang steht die Frage, **ob und inwieweit der nasciturus grundrechtsfähig und rechtsschutzfähig ist**. Die Antwort ist weder wissenschaftlich (L ROSENBERG, in: GOLDSTEIN ua III 34 f) noch logisch begründbar (HOERSTER JuS 1989, 172 ff), sondern eine rechtsethische und -politische Wertentscheidung. Anhänger einer Fristenlösung verneinen die Frage, aber auch sonst wird die (zumindest zivilrechtliche) Rechts- und Schutzfähigkeit des nasciturus vereinzelt abgelehnt (JAGERT FamRZ 1985, 1173, 1174; VENNEMANN FamRZ 1987, 1069; HOERSTER 178). Das BVerfG hingegen bejaht (mit der wohl überwiegenden Literaturmeinung) die zumindest teilweise Grundrechtsfähigkeit des ungeborenen Kindes und damit seine diesbezügliche Schutzfähigkeit (BVerfGE 39, 1, 35 f = NJW 1975, 573, 574; 1993, 1751, 1753; aus der Lit insbes MITTENZWEI AcP 187 [1987] 247, 271–274 mwN; STÜRNER JZ 1990, 709, 720; Darstellung des Meinungsstandes auch bei vMUTIUS Jura 1987, 109–111; LANZ-ZUMSTEIN, Die Rechtsstellung des unbefruchteten und befruchteten menschlichen Keimguts [1990] 255 ff, 290 ff). Dem ist zu folgen (unter Offenlassung zeitlicher Fixierungen im einzelnen). Die verfassungsrechtliche Grundlage des gebotenen Schutzes wird teils in der „objektiven Wertordnung" des GG oder in Art 1 Abs 1 GG gefunden (so BVerfG), teils – unter Ablehnung dieses Ansatzes – in Art 6 Abs 2 S 1 u 2 GG (BURMEISTER JR 1989, 52 ff mit in sich widersprüchlicher Argumentation). Richtig ist die Kumulierung beider Ansätze (so AG Celle FamRZ 1987, 738, 739): Der nasciturus genießt als Grundrechtssubjekt allgemein-verfassungsrechtlichen Schutz und unterfällt zugleich als künftiges Kind dem besonderen Schutzsystem des Art 6 Abs 2.

26 Sodann stellen sich die Fragen, **ob der nasciturus generell der elterlichen Sorge unterliegt** und ob speziell auch die Entscheidung über seine Tötung zum elterlichen Sorgebereich gehört. Zur Bejahung der ersten Frage verweist man auf Art 6 Abs 2 S 1 (AG Celle aaO; BURMEISTER JR 1989, 52, 53 f; GEIGER FamRZ 1987, 1177) und auf § 1912 Abs 2 (SEIDEL 49 ff; MITTENZWEI 275 f). Diese Vorschrift spricht zwar von „künftigen Rechten" der Leibesfrucht (**abl** deshalb HARRER ZBlJugR 1989, 238, 240; VENNEMANN FamRZ 1987, 1069), ist jedoch aus ihrem historischen Kontext heraus zu verstehen und seit der obigen Entscheidung des BVerfG verfassungskonform auf schon bestehende Rechte des nasciturus auszudehnen (ähnl SOERGEL/STRÄTZ § 1626 Rn 4; STAUDINGER/BIENWALD [2006] § 1912 Rn 2; GEIGER FamRZ 1987, 1177). Die zweite Frage wird hingegen häufig verneint, weil die Tötung eines Kindes oder nasciturus nicht zur Disposition der Eltern stehe und deshalb nicht als Ausübung der „elterlichen Sorge" angesehen werden könne (BIENWALD FamRZ 1985, 1096, 1099; COESTER-WALTJEN NJW 1985, 2175, 2176; MITTENZWEI 276). Diese Auffassung ist unzutreffend. Zum Sorgebereich gehört nicht nur die Betreuung und Erziehung des Kindes, sondern – wie dargelegt (Rn 12 f) – auch die Abwehr von Rechtsverletzungen: Der gesamte Kindesschutz ist primär den Eltern anvertraut. Niemand hat je bezweifelt, daß Lebensgefahr unter den Begriff der „Kindeswohlgefährdung" des § 1666 und damit unter das allgemeine Kindesschutzsystem fällt. Die Existenz von Entscheidungsspielraum ist kein Kriterium für

die Abgrenzung des elterlichen Sorgebereichs (wohl aber für die Anwendbarkeit des § 1628, dazu sogleich Rn 27).

Damit ist als **Zwischenergebnis** festzuhalten, daß schon der nasciturus im Grundsatz verfassungsrechtlichen wie auch zivilrechtlichen Rechtsschutz genießt (MünchKomm/ Olzen Rn 42; Johannsen/Henrich/Büte Rn 6; AnwK-BGB/Rakete-Dombek Rn 3). Letzterer ist strukturell identisch mit dem Rechtsschutz für geborene Kinder (dazu Rn 10–15). Also ist danach zu differenzieren, von wem die Gefahr ausgeht und gegen wen Maßnahmen zu treffen sind (Eltern: § 1666 Abs 1; Dritte [hier typischerweise der zur Abtreibung bereite Arzt]: entweder § 1666 Abs 4 oder allgemein-zivilrechtlicher Rechtsschutz, etwa in Form einer Unterlassungsklage des Kindes). Wollen der Ehemann (Fall AG Köln NJW 1985, 2201) oder Dritte die von der Frau geplante Abtreibung verhindern, so gilt demnach: 27

Gegen die Frau gibt es keine Unterlassungsklage des *Kindes* (also auch keine diesbezügliche Entscheidungs- und Vertretungsübertragung auf den Vater gem § 1628 oder § 1629 Abs 2 S 3 iVm § 1796, Stürner Jura 1987, 75, 80), der Mann kann aber möglicherweise staatlichen Schutz gem § 1666 Abs 1 hinzurufen durch Anregung familiengerichtlichen Einschreitens (Coester-Waltjen NJW 1985, 2175, 2177; Harrer ZfJ 1989, 238, 242; vgl Rn 12, 13).

Gegen den Arzt gilt letzteres über § 1666 Abs 4 gleichermaßen (vgl Rn 14), es kommt aber auch eine Unterlassungsklage des Kindes in Betracht (neben Klagen des Mannes aus eigenem Recht, vgl dazu Seidel 70 ff). Auch insoweit scheidet jedoch eine Entscheidungsübertragung auf den Mann gem § 1628 aus (Bienwald FamRZ 1985, 1096, 1099 f; Coester-Waltjen NJW 1985, 2175, 2176 f; Finger KJ 1986, 326, 327 f; Harrer ZfJ 1989, 238, 239 f; **aA** AG Köln aaO; Mittenzwei AcP 187 [1987] 247, 277; Roth-Stielow NJW 1985, 2746; Stürner Jura 1987, 75, 80): Diese Vorschrift setzt begrifflich elterlichen Entscheidungsspielraum in Ausübung elterlicher Sorge voraus. Das Lebensrecht ihrer Kinder ist den Eltern zwar zum Schutz, nicht aber zur Disposition anvertraut. Bei nicht erlaubten Schwangerschaftsabbrüchen gibt es zivilrechtlich ohnehin nichts zu „entscheiden" (Seidel 103). Soweit § 218a StGB der Schwangeren Entscheidungsfreiheit eröffnet, ist dies keine sorgerechtliche, sondern (nach dem Verständnis des BVerfG) eine persönlichkeitsrechtliche Entscheidung, an der der Ehemann von vornherein nicht beteiligt ist (Coester-Waltjen aaO; letzteres gilt vorbehaltlich einer Innenbindung aus § 1353, die jedoch auch nicht zu § 1628 führt). Alleinhandeln des Ehemannes ist jedoch auf den oben gezeigten Wegen zu ermöglichen (Rn 15; **aA** offenbar Seidel 104).

Durch die vorstehenden Überlegungen ist nur geklärt worden, ob und welche zivilrechtlichen Rechtsbehelfe zum Schutz des nasciturus überhaupt zur Verfügung stehen. Die Erfolgsaussichten in der Sache hängen davon ab, ob jede Schädigung oder Tötung des nasciturus per se eine „Gefährdung" iSv § 1666 Abs 1 darstellt (wie bei geborenen Kindern) oder ob der Schutz des werdenden Kindes in § 1666 gewissen Einschränkungen unterworfen ist. Solche Einschränkungen könnten sich nur als Fernwirkung der strafrechtlichen Regelungen ergeben, die ihrerseits einen Ausgleich zwischen den verfassungsrechtlichen Rechtspositionen des nasciturus und der schwangeren Frau darstellen (BVerfG NJW 1975, 573; 1993, 1751; Otto Jura 1996, 135; Tröndle NJW 1995, 3009). 28

cc) Auswirkungen des strafrechtlichen Schutzkonzepts

29 (1) Die **präjudizielle Wirkung der strafrechtlichen Regelungen** in §§ 218 ff StGB war bis zum zweiten Abtreibungsurteil des BVerfG im Jahre 1993 heftig umstritten. So wurde zT vertreten, daß der Gesetzgeber in § 218a StGB nur darauf verzichtet habe, den Schwangerschaftsabbruch mit Mitteln *des Strafrechts* zu verhindern – der zivilrechtliche Lebensschutz sei hierdurch nicht eingeschränkt (TRÖNDLE ZRP 1989, 54, 58; GEIGER FamRZ 1986, 1 ff). Überwiegend wurden jedoch indizierte Abbrüche als gerechtfertigt eingestuft und diese Abgrenzung auch als verbindlich für das Zivilrecht angesehen (BIENWALD FamRZ 1985, 1096, 1101; COESTER-WALTJEN NJW 1985, 2175, 2176; HARRER ZfJ 1989, 238, 240 f; JAGERT FamRZ 1985, 1173, 1174 f; SCHWAB, in: NEUER/MIESBACH/ KREBS, Schwangerschaftsverhütung [1988] 136 f; STÜRNER Jura 1987, 75, 81; dem zuneigend auch AG Celle FamRZ 1987, 738, 740). Nach dieser Auffassung war damit jedenfalls bei indiziertem Schwangerschaftsabbruch die Entscheidung über das Leben des nasciturus der Schwangeren zugewiesen, zivilrechtlicher Lebensschutz sollte daneben nicht stattfinden. Eine differenzierende Position vertrat MITTENZWEI (AcP 187 [1987] 247, 270, 282 f), der Rechtfertigung auch für den Bereich des Zivilrechts nur für die medizinische Indikation annehmen wollte, im übrigen aber ein eigenständiges Überprüfungs- und Eingriffsrecht des Zivilgerichts bejahte.

30 Die Frage dürfte durch das **BVerfG 1993** entschieden worden sein. Das Gericht spricht von einer verfassungsrechtlichen Pflicht des Gesetzgebers, ein *Schutzkonzept* für das ungeborene Leben zu entwickeln, das allerdings auch den Persönlichkeitsrechten der Frau angemessen Rechnung zu tragen habe (NJW 1993, 1751, 1753 ff). Als Ansatzpunkt des Schutzes „dient insbesondere das Strafrecht" (1758) – also immerhin nicht *allein*. Allerdings dürfe das Rechtsbewußtsein der Bürger nicht durch widersprüchliche rechtliche Bewertungen verunsichert werden (1759): „Die Durchschlagskraft, die einem strafrechtlichen Rechtfertigungsgrund für die gesamte Rechtsordnung jedenfalls dann zukommt, wenn es sich um den Schutz elementarer Rechtsgüter handelt, schließt es aus, ihn in seinen Wirkungen allein auf das Strafrecht zu beschränken" (1758). Folgerichtig müßte es möglich sein, „in dem jeweils einschlägigen Rechtsbereich davon abzusehen, den nach Beratung vorgenommenen Schwangerschaftsabbruch, obwohl er nicht gerechtfertigt ist, als Unrecht zu behandeln" (1760). Der zu gewährleistende Schutz des ungeborenen Lebens sei *mit* der schwangeren Frau anzustreben, zu vermeiden seien Regelungen, „die der Frau Veranlassung geben könnten, sich dem Beratungsverfahren und dem ärztlichen Gespräch zu entziehen" (1760).

31 Mit diesen verfassungsgerichtlichen Vorgaben verträge sich nicht der Versuch, auf zivilrechtlicher Ebene eine „zweite Front" gegen Schwangerschaftsabbrüche aufzubauen und eine Revision der strafrechtlichen Grenzziehung zu versuchen. Vielmehr präjudiziert das strafrechtliche Schutzmodell der §§ 218 ff StGB den zivilrechtlichen Schutz ungeborener Kinder in doppeltem Sinn: (a) Soweit die Letztentscheidung in § 218a StGB der Frau überlassen wird, ist auch der zivilrechtliche Kindesschutz eingeschränkt (ebenso AG Schlüchtern FamRZ 1998, 968, 969). (b) Soweit das Strafrecht Lebensschutz über die Entscheidungsfreiheit der Frau stellt, besteht kein Grund oder auch nur Legitimation zur Einschränkung flankierender und ergänzender Schutzmaßnahmen durch die Zivilgerichte, insbesondere das FamG. Dies ist im folgenden zu konkretisieren:

(2) Ausgangspunkt sind die **Differenzierungen des Schutzkonzepts der §§ 218 ff StGB**: 32

– Der Schwangerschaftsabbruch ist grundsätzlich verboten und strafbar, § 218 Abs 1 StGB.

– Er ist ausnahmsweise rechtmäßig bei medizinisch-sozialer Indikation (§ 218a Abs 2 StGB) oder kriminologischer Indikation (§ 218a Abs 3 StGB, fristgebunden).

– Er ist nicht gerechtfertigt, aber vom Tatbestand des § 218 Abs 1 ausgenommen, wenn das Frist- und Beratungskonzept der §§ 218a Abs 1, 219 StGB gewahrt ist.

– Bei rechtswidrigen und schuldhaften Schwangerschaftsabbrüchen ist unter den Voraussetzungen des § 218a Abs 4 StGB lediglich die Strafbarkeit der Schwangeren ausgeschlossen oder gerichtlich disponibel.

(3) Ein **Ausschluß des zivilrechtlichen Kindesschutzes** ergibt sich demnach vor allem 33 **bei indizierten, dh gerechtfertigten Schwangerschaftsabbrüchen**: Der in § 218a Abs 2, 3 StGB zum Ausdruck kommende, verfassungsrechtlich legitime Vorrang der Persönlichkeitsrechte der Frau (BVerfG NJW 1993, 1751, 1757) muß sich in der gesamten Rechtsordnung durchsetzen. Nichts anderes kann im Ergebnis für den **tatbestandslosen Eingriff** im Rahmen des *Beratungskonzepts* gem § 218a Abs 1 StGB gelten (MünchKomm/OLZEN Rn 68; gegen MITTENZWEI AcP 187 [1987] 247, 270, 282 f): Kernpunkt dieses Konzepts ist die „Letztverantwortung" der beratenen und zum Austragen des Kindes ermutigten Frau (BVerfG NJW 1993, 1751, 1757), und es wäre ein unerträglicher innerer Widerspruch der Rechtsordnung, wenn der Frau diese Letztverantwortung durch die Familiengerichte wieder genommen werden könnte. Drohende Eingriffe nach § 1666 könnten sie – konzeptionswidrig – dazu verleiten, sich dem ganzen Beratungsverfahren zu entziehen und den Abbruch illegal vornehmen zu lassen.

(4) **Verbleibende Möglichkeiten für zivilrechtlichen Schutz ungeborenen Lebens** er- 34 geben sich demnach ohne weiteres für geplante Schwangerschaftsabbrüche, die nach den strafrechtlichen Wertungen tatbestandsmäßig und rechtswidrig sind, dh die weder dem Beratungskonzept des § 218a Abs 1 StGB noch den Indikationen des § 218a Abs 2, 3 StGB unterfallen. Hier folgt aus der rechtsgebietübergreifenden, verfassungsrechtlichen Schutzpflicht des Staates sogar die *Mitverantwortung des Zivilrechts* für den insgesamt zu gewährleistenden Schutz der nascituri, die Familiengerichte können sich dieser Pflicht nicht durch Verweis auf das Strafrecht entledigen. Die Präventivwirkung der Strafandrohung kann durch familiengerichtliche Maßnahmen gem § 1666 sinnvoll ergänzt werden (insbesondere durch Verbote gegen Arzt und Schwangere, aber auch gegenüber Einflüssen durch Dritte). Dies gilt *auch,* wo es (nur) an der subjektiven Schuld der Frau fehlen würde, und erst recht, wo lediglich strafausschließende Gründe vorliegen (§ 218a Abs 4 StGB; MünchKomm/ OLZEN Rn 68; STÜRNER JZ 1990, 709, 723). In beiden Fällen gebührt nach der strafrechtlichen Konzeption grundsätzlich dem Lebensrecht des werdenden Kindes Vorrang, lediglich die Sanktion ex post facto wird zurückgenommen. Das läßt *präventive* Schutzeingriffe durch das FamG aber unberührt – hier wird aus der Mitverantwortung für den Lebensschutz sogar weitgehend Alleinverantwortung (**aA** AG Schlüchtern FamRZ 1998, 968, 969).

Plant eine Frau einen nicht indizierten Schwangerschaftsabbruch ohne Wahrnehmung des Beratungskonzepts gem § 218a Abs 1, 219 StGB, ist die 12-Wochen-Frist aber nicht abgelaufen, so werden sich die familiengerichtlichen Maßnahmen nach § 1666 (zunächst) auf Durchsetzung des Beratungskonzepts zu beschränken haben: Hinwirken auf Erfüllung der Beratungspflichten, bis dahin Verbot des Abbruchs an Frau und Arzt (und ggf negatives Einwirkungsverbot gegen Dritte; vgl SEIDEL 104 f).

35 (5) Problematisch bleiben **Zweifel über die Erfüllung der strafrechtlichen Ausnahmetatbestände.** Kann das FamG auf der Basis des § 1666 die von Schwangerer und Arzt übereinstimmend bejahte Indikationslage eigenständig überprüfen und die Abtreibung, wenn sie sich seiner Meinung nach als „objektiv" nicht indiziert erweist, verhindern? Kann es die Ordnungsgemäßheit einer Beratung nach § 219 StGB bezweifeln und insoweit weitere Ermittlungen anstellen? Vor dem Inkrafttreten des Schwangeren- und FamilienhilfeänderungsG wurden entsprechende Befugnisse des Zivilgerichts überwiegend bejaht – man mißtraute der Beurteilung durch Arzt und schwangere Frau (LG Köln FamRZ 1987, 207; AG Celle FamRZ 1987, 738, 741; AG Dorsten DAVorm 1978, 131, 134; COESTER-WALTJEN NJW 1985, 2175, 2177; dies, Gutachten zum 56. DJT, B 89; ROTH-STIELOW NJW 1985, 2756 f; STÜRNER Jura 1987, 75, 77, 80; MITTENZWEI AcP 187 [1987] 247, 282; gegenteiliger Ansicht [abschließende Kompetenzregelung im Strafrecht] FINGER KJ 1986, 326, 336 f, 338; JAGERT FamRZ 1985, 1173, 1174; vHIPPEL, in: vVoss ua [1980] 75, 85, 89; zweifelnd auch BIENWALD FamRZ 1986, 1096, 1102 Fn 56). Die hierin liegende Abkoppelung des Zivilrechts vom Strafrecht war jedoch wesentlich beeinflußt durch die im damaligen Recht noch vorgesehene „allgemeine Notlagenindikation" (§ 218a Abs 2 Nr 3 aF StGB), die der subjektiven Einschätzung durch die Frau und den Arzt weiten, kaum begrenzten Spielraum einräumte (hierauf abstellend auch STAUDINGER/COESTER[12] Rn 34). Im Hinblick auf mißbräuchliche Kollusionen zwischen Arzt und Schwangerer wollte die Literatur überwiegend nicht einmal einen Beurteilungsspielraum für den Arzt zugestehen (KLUTH NJW 1986, 2348 ff; STÜRNER Jura 1987, 75, 80; ESER ArztR 1981, 260, 295).

36 Diese Position kann auf der Grundlage des geltenden Rechts nicht mehr aufrecht erhalten werden. Zwar können die Beurteilungen von Arzt und Schwangerer hinsichtlich der Ordnungsgemäßheit einer Beratung oder des Vorliegens einer Indikation nicht für die Gerichte *verbindlich* sein, maßgeblich ist insoweit allein das objektive Recht (vgl AG Celle FamRZ 1987, 738, 741: „Das an Gesetz und Recht gebundene Gericht kann die geübte Praxis deshalb nicht zum Maßstab nehmen"). Aber immerhin steht das FamG dem Sachverhalt nicht näher als die unmittelbar Beteiligten, und zu Recht billigen die Zivilgerichte immer dort, wo es inzident auf das Vorliegen einer Indikation ankommt (etwa bei Schadensersatz für ein „planwidriges Kind", weil die Abtreibung fehlgeschlagen ist, BGH NJW 1987, 671 [Anm DEUTSCH] = JZ 1987, 331 [Anm GIESEN]; NJW 1985, 2752), dem **Arzt** einen **Beurteilungsspielraum** zu (in einem Fall wurde sogar eine *Vermutung der Richtigkeit* der ärztlichen Feststellung angenommen, BGH JZ 1986, 140, 143, gerichtet allerdings gegen den auf Schadensersatz in Anspruch genommenen Arzt, der jetzt selbst die Rechtswidrigkeit der [versuchten] Abtreibung behauptete, dazu STÜRNER Jura 1987, 75, 76). Ein solcher Beurteilungsspielraum ist auch nach neuem Recht zugrunde zu legen – im ersten Quartal der Schwangerschaft ist dem Entscheidungsrecht der Frau ohnehin das maßgebliche Gewicht eingeräumt, und hinsichtlich der Indikationen des § 218a Abs 2, 3 StGB besteht kein Grund zu generellem Mißtrauen gegen die Ärzte. Es ist schon der Gefahr zu wehren, daß die FamG durch nicht herausgeforderte, breitflächige Inquisition Frauen doch wieder in die Illegalität treiben. Der Beurteilungsspielraum endet und die Überprüfungskom-

petenz der FamG beginnt allerdings dort, wo konkrete Umstände den Verdacht begründen, daß die Voraussetzungen strafrechtlicher Abtreibungsfreiheit zu Unrecht behauptet werden. Die Gesamtverantwortung des Staates für effektiven Lebensschutz eröffnet hier zunächst die Kompetenz für eine objektive Überprüfung, ggf zu einem endgültigen Verbot des Schwangerschaftsabbruchs (zu Entscheidungskonflikten zwischen minderjährigen Frauen und ihren Eltern s Rn 107–115).

2. Sachlich

a) Personen- und Vermögenssorge

Das KindRG 1998 hat den (bisher separat in § 1667 geregelten) **Vermögensschutz** des 37 Kindes grundsätzlich **in § 1666 integriert** (Rn 1, 7); Schutzgut der Vorschrift ist damit das gesamte Wohl des Kindes. Dies ist grundsätzlich sachgerecht, denn das staatliche Wächteramt gem Art 6 Abs 2 S 2 GG ist als einheitliches konzipiert, und auch die Grundlagenvorschriften der §§ 1626, 1627 umfassen ohne weiteres persönliche wie Vermögensinteressen des Kindes. Die Integration der Personen- und Vermögenssorge in eine Vorschrift hat den Vorteil, daß trotz der vielfältigen Überschneidungen beider Bereiche (dazu STAUDINGER/COESTER[12] Rn 36 sowie BRÜGGEMANN ZBlJugR 1980, 53, 59 f) eine einheitliche Eingriffsgrundlage zur Verfügung steht, was übergreifende Schutzmaßnahmen erleichtern sollte. Allerdings werfen Personen- wie Vermögensschutz jeweils spezifische Probleme auf, die nicht nur zahlreiche Sondervorschriften insbesondere für den Vermögensbereich bedingen (§§ 1638 ff, 1666 Abs 2, 1667; umgekehrt für die Personensorge §§ 1631b, 1631c, 1666 Abs 4, 1666a), sondern auch eine getrennte Darstellung im Rahmen dieser Kommentierung (s unten III. Rn 58 und IV. Rn 178 ff).

b) Abgrenzung zu §§ 1671, 1696 (Trennung und Scheidung)
aa) Grundsätze

Leben Eltern mit gemeinsamem Sorgerecht nicht nur vorübergehend getrennt, so 38 kann das FamG gem § 1671 Abs 1, 2 auf Antrag eines Elternteils diesem (ganz oder teilweise) die Alleinsorge übertragen (und damit dem anderen Elternteil das Sorgerecht insoweit entziehen). Dem Antrag ist nach **§ 1671 Abs 3** nicht stattzugeben, „*soweit* die elterliche Sorge aufgrund anderer Vorschriften *abweichend* geregelt werden muß" (Hervorhebungen vom Verf; Einzelheiten s § 1671 Rn 262 ff). Hiermit ist vor allem das Wächteramt des FamG nach § 1666 gemeint (BT-Drucks 13/4899, 64, 100). Daraus wird zT ein allgemeiner Vorrang des § 1666 gefolgert, sofern der Tatbestand der Kindeswohlgefährdung erfüllt ist (JOHANNSEN/HENRICH/JAEGER § 1671 Rn 11). Das ist so nicht richtig, der Wortlaut des § 1671 Abs 3 führt zu einer anderen Abgrenzung beider Vorschriften:

(1) Auch wenn eine Kindeswohlgefährdung iSv § 1666 Abs 1 vorliegt, ist **vorrangig** 39 **nach § 1671 Abs 1, 2** zu entscheiden, wenn im Rahmen dieser Vorschrift die Gefährdung beseitigt werden kann. Beispiel: Ein Elternteil gefährdet das Kind, der andere begehrt Übertragung der Alleinsorge auf sich nach § 1671 Abs 2 Nr 2 oder Nr 1. Gibt das FamG diesem Antrag statt, ist zugleich die Kindesgefährdung abgewendet (SCHWAB, Familienrecht Rn 681; ders FamRZ 1998, 457, 467; SCHLÜTER, Familienrecht Rn 358). Oder: Erst die begehrte Alleinsorge würde eine Gefahr für das Kindeswohl bedeuten – Zurückweisung des Antrags nach § 1671 Abs 2 Nr 2 genügt (ebenso MünchKomm/OLZEN Rn 7).

40 (2) Nur soweit eine nach § 1671 Abs 1, 2 beantragte Entscheidung nicht geeignet ist, eine bestehende Kindesgefährdung abzuwenden, gebührt nach § 1671 Abs 3 dem **§ 1666 Vorrang.** Dabei ist eine echte Normenkonkurrenz nur in Fällen des § 1671 Abs 2 Nr 1 denkbar (übereinstimmender Elternantrag oder Zustimmung des anderen Elternteils zum Antrag des einen): Hier ist das FamG nach § 1671 an den elterlichen Antrag *gebunden,* eine vom Elternkonsens abweichende Entscheidung aus Gründen des Kindeswohls ist erst über §§ 1671 Abs 3, 1666 eröffnet (SCHLÜTER, Familienrecht Rn 358; näher § 1671 Rn 20, 262 ff).

41 (3) Mangels einer Normenkonkurrenz ist **allein nach § 1666 zu entscheiden,** wenn eine Entscheidungskompetenz des FamG nach § 1671 mangels Elternantrags nicht besteht (OLG Karlsruhe FamRZ 2002, 1272, 1273) oder ein gestellter Antrag schon nach dieser Vorschrift zurückzuweisen ist, die Kindesgefährdung aber nicht beseitigt ist. Zu denken ist bei Fällen, in denen gemeinsames Sorgerecht der Eltern und Kindeswohlgefährdung zusammentreffen, an folgende Varianten:

– Kein Elternteil stellt einen Antrag nach § 1671: Normalfall des § 1666.

– Beide Eltern gefährden das Kindeswohl, einer stellt den Übertragungsantrag nach § 1671: Abweisung dieses Antrags nach § 1671 Abs 2 Nr 2, *sodann* bzw *sogleich* Maßnahmen nach § 1666 von Amts wegen gegen beide Elternteile.

– Der gefährdende Elternteil stellt den Übertragungsantrag, der andere, nicht gefährdende Elternteil bleibt passiv: hier ist der Antrag nach § 1671 Abs 2 Nr 2 abzulehnen; vor Maßnahmen nach § 1666 sollte das FamG versuchen, den anderen Elternteil zu einem eigenen Antrag nach § 1671 zu bewegen (vgl § 1671 Rn 148; JOHANNSEN/HENRICH/JAEGER § 1671 Rn 43), mit dessen Stattgabe dann auch das Gefährdungsproblem beseitigt wäre (Rn 39). Gelingt dies nicht, ist das Sorgerecht des gefährdenden Elternteils zu beschränken oder zu entziehen, die Alleinsorge des anderen Elternteils folgt aus § 1680 Abs 1, 3 (sofern nicht dessen Weigerung zur Antragstellung nach § 1671 ihrerseits einen Disqualifikationstatbestand iSv § 1666 darstellt; dann Vormund- oder Pflegerbestellung; vgl – insoweit nicht fehlerfrei – AG Rheinbach FamRZ 2000, 511).

bb) Weitere Konsequenzen

42 Wird nach den vorstehenden Abgrenzungen eine Entscheidung gem § 1671 getroffen (Rn 38 f), so richtet sich ihre spätere Abänderung allein nach § **1696 Abs 1**, auch wenn sie der Sache nach zugleich eine Kindesgefährdung durch den Antragsgegner des Erstverfahrens abgewehrt hat. Der Prüfungsmaßstab des § 1696 Abs 1 genügt, um fortbestehenden Kindeswohlproblemen bei ihm, dem jetzigen Antragsteller, Rechnung zu tragen. Lehnt das Gericht den Änderungsantrag ab, sieht aber Probleme auf Seiten des bisherigen Sorgeinhabers, so genügt für Eingriffe in dessen Sorgekompetenzen keinesfalls der Änderungsmaßstab des § 1696 Abs 1 – insoweit muß die Gefährdungsschwelle des § 1666 erreicht sein (BVerfG Beschl v 17. 6. 2009 – 1 BvR 467/ 09 – Rn 25). Ist im Rahmen von Verfahren gem § 1671 oder § 1696 nach § 1666 zu entscheiden, so kann dies auch im Rahmen eines Scheidungsverbunds erfolgen (§ 137 Abs 3 FamFG); die materiellrechtlichen Folgen ergeben sich, soweit nicht in das Sorgerecht beider Eltern eingegriffen worden ist, für den nicht betroffenen Elternteil aus § 1680 Abs 3 (dazu Rn 45), bei beiderseitigen Einschränkungen aus

§ 1909 Abs 1, bei vollständigem beiderseitigen Entzug aus § 1773 Abs 1; Änderungen sind von Amts wegen periodisch zu überprüfen (§ 166 Abs 2 FamFG) und ggf aufzuheben (§ 1696 Abs 2).

Dem kann nicht – etwa im Kontinuitätsinteresse des Kindes – dadurch entgangen **43** werden, daß über § 1671 Abs 3 die Eingriffskompetenz nach § 1666 nur punktuell im Rahmen des § 1671 Abs 2 eingesetzt wird, um dortige Hindernisse für eine sachgerechte Entscheidung zu beseitigen – zB Übertragung der Alleinsorge auf einen Elternteil auch ohne dessen Antrag, wenn beim anderen, antragstellenden Elternteil eine Kindeswohlgefährdung zu besorgen ist. Die Fundierung der familiengerichtlichen Entscheidung auf § 1671 hätte den Vorteil einer größeren Stabilität im Lichte des § 1696. Allerdings eröffnet § 1671 *nur* Entscheidungskompetenzen über elterliche *Anträge* (stattgebend oder ablehnend), nicht eigenständige, positive Gestaltungsmöglichkeiten des FamG. Diese können allein aus § 1666 folgen und sollten dann auch den übrigen Grundsätzen für staatliche Schutzeingriffe in die elterliche Sorge unterstellt werden. Hierzu gehören vor allem der Grundsatz der Erforderlichkeit und Verhältnismäßigkeit (Rn 211–217), insbesondere der Vorrang öffentlicher Hilfen (§ 1666a Rn 10–12), und die Überprüfungs- und Aufhebungspflicht nach § 166 Abs 2 FamFG, § 1696 Abs 2. Zwar würde nach Aufhebung des Eingriffs das gemeinsame Sorgerecht automatisch wieder aufleben – dies entspricht jedoch nur der gesetzlichen Favorisierung des gemeinsamen Sorgerechts; bei Unzuträglichkeiten wäre dann der Weg des § 1671 zu beschreiten.

cc) Sorgerechtseingriffe gem § 1666 vor Antragstellung gem § 1671
Ist einem Elternteil nach § 1666 das Sorgerecht entzogen worden, fehlt es für Ent- **44** scheidungen nach § 1671 an der tatbestandlichen Grundlage, dh dem *gemeinsamen* Sorgerecht. Das gilt aber nur, *soweit* der Entzug reicht: Ist einem Elternteil zB nur das Aufenthaltsbestimmungsrecht oder die Vermögenssorge entzogen worden, bleibt Raum für einen Übertragungsantrag nach § 1671 bezüglich des *Restbereichs gemeinsamer Sorge* (im Hinblick auf § 1687 Abs 1 wird nach § 1671 ohnehin regelmäßig nur über eine Restgemeinsamkeit entschieden). Maßnahmen nach § 1666, die die Substanz der elterlichen Sorge unberührt gelassen haben (Ermahnungen, Auflagen, Ge- oder Verbote, Abs 3 Nr 1, 2; vgl Rn 219), beschränken auch den Entscheidungsbereich nach § 1671 in keiner Weise.

c) Abgrenzung zu §§ 1678, 1680, 1681
Diese Vorschriften regeln die Folgen eines Ausfalls oder Wegfalls der elterlichen **45** Sorge bei einem Elternteil (tatsächliche Verhinderung, Ruhen, Tod oder Todeserklärung, gerichtlicher Entzug; zur Abgrenzung zu § 1674 s dort Rn 6). Bei bisher gemeinsamem Sorgerecht wird die Mitsorge des anderen Elternteils ex lege zur Alleinsorge (§§ 1678 Abs 1 und 1680 Abs 1) – ist insoweit eine Gefährdung des Kindeswohls zu besorgen, hat das FamG gem § 1666 einzuschreiten. Bei bisheriger Alleinsorge des ausgefallenen Elternteils hat das Gesetz dem Sorgeerwerb des anderen Elternteils grundsätzlich eine gerichtliche Kindeswohlkontrolle als Filter vorgeschaltet, deren Maßstäbe je nach Situation differenziert ausgestaltet sind (*dient* die Übertragung dem Kindeswohl? §§ 1678 Abs 2, 1680 Abs 2 S 2; *widerspricht* sie ihm? § 1680 Abs 2 S 1; ist sie durch triftige, das Kindeswohl nachhaltig berührende Gründe angezeigt? § 1696 Abs 1 [dazu § 1678 Rn 14; § 1680 Rn 19, 22]). In allen Fällen ist die Eingriffsschwelle jedoch niedriger als in § 1666, so daß einer etwaigen Kindeswohlgefährdung

beim bisher nicht sorgeberechtigten Elternteil schon durch Nichtübertragung auf der Grundlage der §§ 1678 Abs 2, 1680 Abs 2, 3, 1681 begegnet werden kann. § 1666 wird nicht verdrängt, sondern kommt gar nicht erst zum Zuge, weil schon der Sorgerechtserwerb durch den gefährdenden Elternteil verhindert wird (weitere Konsequenzen: Pfleger- oder Vormundbestellung für das Kind, §§ 1909 Abs 1, 1773 Abs 1).

d) Abgrenzung zu § 1672

46 § 1672 Abs 1 regelt, wie der *nichteheliche Vater* in Korrektur zur originären Sorgezuweisung an die Mutter nach § 1626a Abs 2 das *alleinige Sorgerecht* erlangen kann: Durch familiengerichtliche Übertragung, wenn (1) die Mutter seinem diesbezüglichen Antrag zustimmt und (2) das FamG die Übertragung für kindeswohldienlich hält. Wäre das Kindeswohl beim Vater gefährdet, findet demnach eine Übertragung ohnehin nicht statt, § 1666 kommt nicht zum Einsatz (vgl Rn 45). Stellt sich *nach* Übertragung des Sorgerechts auf den Vater heraus, daß das Kindeswohl bei ihm gefährdet ist, kann in sein Sorgerecht nach § 1666 eingegriffen werden (Konsequenz für die Mutter: § 1680 Abs 2 S 1). Verweigert die Mutter ihre Zustimmung zum väterlichen Antrag, so kennt § 1672 Abs 1 keine Ersetzungsmöglichkeit; in das mütterliche Sorgerecht kann nur unter den Voraussetzungen des § 1666 eingegriffen werden (vgl § 1672 Rn 9; zu den Konsequenzen für den Vater: § 1680 Abs 3 iVm Abs 2 S 2).

47 § 1672 Abs 2 regelt den Weg in das *gemeinsame Sorgerecht* der Eltern, wenn zuvor dem Vater die Alleinsorge gem Abs 1 übertragen worden war (Abs 2 S 1) oder der Mutter wieder die Alleinsorge zusteht, nachdem die Übertragung auf den Vater nach Abs 1 gem § 1696 Abs 1 wieder „aufgehoben" worden ist (das Instrument der Sorgeerklärung steht den Eltern in diesen Fällen nicht mehr zu, § 1626b Abs 3). § 1672 Abs 2 sieht die familiengerichtliche Begründung des gemeinsamen Sorgerechts nach einer negativen Kindeswohlkontrolle vor (näher § 1672 Rn 19, 22). Gefahren für das Kindeswohl durch die Gemeinsamkeit der elterlichen Sorge kann schon im Rahmen dieser Kontrolle Rechnung getragen werden; stellen sich Kindeswohlgefährdungen erst nach Begründung des gemeinsamen Sorgerechts heraus, ist ihnen durch familiengerichtliche Entscheidung nach § 1671 oder § 1666 zu begegnen – zwischen diesen beiden Vorschriften gelten die allgemeinen Abgrenzungen (s Rn 38–44).

e) Spezielle Schutzvorschriften

48 Spezielle Schutzvorschriften wie §§ 1629 iVm 1795, 1796; 1631b, 1632 Abs 4 oder 1682 verdrängen grundsätzlich Maßnahmen nach § 1666. Dies gilt auch für den Konflikt zwischen dem heiratswilligen minderjährigen Kind und seinen widersprechenden Eltern, § 1303 Abs 3, 4 (Palandt/Diederichsen Rn 3). Im einzelnen:

Interessengegensätze bei der gesetzlichen Vertretung des Kindes führen gem **§§ 1629, 1795, 1796** zu einem Entfall oder der Möglichkeit eines Entzugs der Vertretungsmacht durch das FamG. Hierfür genügt schon ein erheblicher Interessengegensatz, eine Gefährdung des Kindeswohls ist nicht erforderlich. §§ 1629, 1796 sind deshalb *vorrangig* anzuwenden, weitergehende Eingriffe nach § 1666 wären unverhältnismäßig (BayObLG FamRZ 1994, 1196, 1197).

§ **1631b** schützt das Kind vor ungerechtfertigter, mit Freiheitsentziehung verbundener Unterbringung durch das Genehmigungserfordernis des FamG. Deshalb bedarf

es selbst bei mißbräuchlichen Anträgen der Eltern nicht einer Maßnahme nach
§ 1666 (JOHANNSEN/HENRICH/BÜTE RN 14; aA MünchKomm/OLZEN Rn 19); solche Anträge
können aber Anlaß zur Verfahrenseinleitung nach § 1666 (vgl Rn 91, 261), Ermittlungen zur Familiensituation und gegebenenfalls einer Gefährdungserörterung nach
§ 157 FamFG sein. Maßnahmen nach § 1666 kommen aber in Betracht bei ungenehmigten Unterbringungen oder bei der Unterlassung von Anträgen nach § 1631b
bei notwendiger Behandlung und Unterbringung des Kindes (vgl STAUDINGER/SALGO
[2007] § 1631b Rn 18). § 1666 bietet auch angemessene, dh flexible und ausreichende
Standards für **unterbringungsähnliche Maßnahmen**, die weder von § 1631b noch von
§ 1906 Abs 4 (bezüglich Minderjähriger) erfaßt werden (OLG Karlsruhe JAmt 2002, 418 f;
OLG Brandenburg FamRZ 2000, 1033; MünchKomm-ZPO/HEILMANN § 167 FamFG Rn 3; aA
MünchKomm-BGB/HUBER § 1631b Rn 8; STAUDINGER/SALGO [2007] § 1631b Rn 14 f).

Eine **Verbleibensanordnung nach § 1632 Abs 4** im Herausgabestreit zwischen Eltern 49
und Pflegeeltern (oder Vormund und Pflegeeltern, BayObLG FamRZ 1991, 1080 ff) kann
selbst dann ergehen, wenn bei der früheren Trennung des Kindes von den Eltern die
Voraussetzungen des § 1666 nicht vorgelegen hatten (BVerfGE 68, 176 = NJW 1985, 423;
424; NJW 1986, 3129, 3131; SALGO NJW 1983, 413; GLEISSL/SUTTNER FamRZ 1982, 122, 126) oder
wenn diese Voraussetzungen inzwischen weggefallen sind (OLG Naumburg FamRZ 2002,
1274 ff; 2007, 1351 [LS]; VEIT FF 2008, 358, 363). Erforderlich ist nur, daß eine Störung der
inzwischen gewachsenen Bindung des Kindes an die Pflegeeltern das Kindeswohl
gefährden würde. Der Gefährdungsbegriff ist in beiden Vorschriften grundsätzlich
der gleiche (s auch Rn 118). Die Rechtsprechung versteht die Anordnung nach § 1632
Abs 4 nicht als Eingriff in das *Sorgerecht* der Eltern, sie wird deshalb im Verhältnis
zum Entzug des Sorgerechts oder auch nur des Aufenthaltsbestimmungsrechts als
milderes (und damit gem § 1666a vorrangiges) *Mittel* angesehen (s Rn 213 ff; BVerfG
FamRZ 1989, 145, 146; BayObLG DAVorm 1982, 611, 615; ZBlJugR 1983, 302, 306; FamRZ 1984,
817, 818; FamRZ 1984, 932, 933; FamRZ 1985, 100, 101; FamRZ 2001, 563; OLG Frankfurt FamRZ
2000, 1037, 1038; OLG Koblenz FamRZ 2005, 1923; OLG Naumburg FamRZ 2002, 1274, 1276; OLG
Bremen FamRZ 2003, 54, 55).

Dennoch bleiben für **über die Anordnung nach § 1632 Abs 4 hinausgehende Sorge-** 50
rechtseingriffe nach § 1666 mehrere **Fallgruppen**. So soll das Sorgerecht beschränkt
oder entzogen werden können, wenn die Kindesgefährdung nicht nur im elterlichen
Herausgabeverlangen zur Unzeit begründet ist, sondern die Eltern das Kind herausverlangen, obwohl es auf Grund von den Eltern verursachter Gefährdungen zu
den Pflegeeltern gekommen ist (BayObLG aaO). Weiterhin sind Sorgerechtseingriffe
angezeigt, wenn bei Verbleiben des Kindes bei den Pflegeeltern mit „Störfeuer" der
Eltern zu rechnen ist (OLG Bamberg DAVorm 1987, 664, 667 f; BAER FamRZ 1982, 221, 230 f),
etwa mit der Rücknahme des Antrags auf Vollzeitpflege (§ 33 SGB VIII), um die
Verbleibensanordnung des FamG zu unterlaufen (OVG Lüneburg FamRZ 1998, 707, 708
hält die Rücknahmeerklärung nach allgemeinen Vorschriften [§§ 138, 826] für rechtsmißbräuchlich
und nichtig; man könnte auch das elterliche Sorgerecht als insoweit implizit miteingeschränkt betrachten). Weitere Eingriffe kommen auch in Betracht, wenn es notwendig ist, das
Aufenthaltsbestimmungsrecht in kompetente, neutrale Hände zu legen (BayObLG
DAVorm 1985, 817, 819 f; OLG Hamm FamRZ 1995, 1507). Bei offenbar *dauerhaftem* Verbleiben des Kindes bedarf es zur sinnvollen Kindeserziehung entsprechender rechtlicher Befugnisse der Pflegeeltern. § 1688 hilft hier mit einer (allerdings durch die
Eltern widerruflichen) Rechtsübertragung (vgl näher Rn 226).

51 Nur § 1666 ist anwendbar, wenn wegen dauernden Wechsels der Pflegestelle eine Bindung Kind-Pflegeeltern bisher nicht entstehen konnte und die Eltern das Kind erneut umplazieren wollen (BayObLG FamRZ 1983, 942 [LS]; GLEISSL/SUTTNER FamRZ 1982, 122, 127). Auch für Eltern, denen das Sorgerecht entzogen worden ist und die, gestützt auf ihr Elternrecht aus Art 6 Abs 2 GG, die Aufhebung der Pflegschaft und Herausgabe des Kindes fordern, ist § 1632 Abs 4 nicht einschlägig (§ 1632 regelt den Inhalt der Personensorge; vgl BayObLG FamRZ 1990, 1379, 1382 [nicht § 1632 Abs 4 bei fehlendem Aufenthaltsbestimmungsrecht der Eltern]). Maßnahmen zur Abwehr von Kindesgefährdungen haben nach § 1666 zu erfolgen (OLG Hamburg FamRZ 1983, 1271, 1272).

Verfehlt ist hingegen eine *Kumulierung beider Vorschriften* (vgl OLG Bamberg DAVorm 1987, 664, 667: Verbleibensanordnung, dann Entzug der gesamten elterlichen Sorge [Regelung nach § 1666 hätte genügt]) oder ihre völlige verfahrensrechtliche *Trennung* (BayObLG EzFamR § 1666 Nr 4: Herausgabestreit Eltern-Großmutter, beantragte Sorgerechtsbeschränkung nach § 1666 abgelehnt, Verweis auf mögliches späteres Verfahren nach § 1632 Abs 4 mit neuen Anhörungen und weiteren Gutachten; krit insoweit MÜNDER, ebenda Bl 13): Damit werden einheitliche Konfliktsachverhalte künstlich aufgespalten und den Beteiligten (vor allem auch dem Kind) Steine statt Brot gegeben.

52 Wegen der Strukturgleichheit mit § 1632 Abs 4 gelten die vorstehenden Ausführungen im wesentlichen auch für **§ 1682** (Einzelheiten s STAUDINGER/SALGO § 1682 Rn 25, 34).

Das **minderjährige Adoptivkind** wird über § 1666 hinaus durch **§ 1763** geschützt (Aufhebung des Annahmeverhältnisses aus schwerwiegenden Gründen).

f) Regelungskonflikte

53 Regelungskonflikte zwischen den Eltern sind vorrangig nach **§ 1628** zu lösen, auch wenn die von *einem* Elternteil verfolgte Gestaltung das Kindeswohl gefährden würde (PALANDT/DIEDERICHSEN Rn 3; unzutreffend OLG München FamRZ 2008, 1103, 1104 [dort stand nur das Verhältnis von § 1628 zu § 1671 in Frage]). Will der Familienrichter *beide* elterlichen Vorschläge verwerfen und eine eigene Entscheidung treffen, so ist dies nur zulässig, wenn beide Vorschläge wie auch das Unterbleiben einer Regelung zu einer Kindeswohlgefährdung iSd § 1666 führen würden. Ist der Status quo hingegen unbedenklich, genügt die Zurückweisung der (gefährdenden) Elternanträge nach § 1628, ggf verbunden mit einem Änderungsverbot auf der Grundlage von § 1666 Abs 1.

Ähnliches gilt bei **Meinungsverschiedenheiten zwischen Eltern und Pfleger** gem **§ 1630 Abs 2 oder § 1688 Abs 4** (vgl BT-Drucks 13/4899, 108; MünchKomm/HUBER § 1630 Rn 10).

54 Umgangskonflikte mit Dritten (und ggf dem Kind) sind Thema des **§ 1632 Abs 2, 3**. Streitentscheidungen durch das FamG erfolgen nur auf elterlichen Antrag, sie wollen die Eltern von der Notwendigkeit entlasten, auf dem Prozeßweg gegen Dritte vorgehen zu müssen (vgl auch Rn 14). Damit geht es in § 1632 Abs 3 nicht um die Abwehr von Kindesgefährdungen, sondern um die familiengerichtliche Unterstützung der Eltern bei der Sorgeausübung (Sonderregelung zu § 1631 Abs 3). Diese Unterstützung wird den Eltern nicht schon stets gewährt, wenn sie sich im Vertretbarkeitsrahmen unterhalb der Eingriffsgrenze des § 1666 halten (aA PALANDT/DIEDERICHSEN § 1632 Rn 23), sondern nur bei positiv pflichtgemäßer Sorgeentscheidung

– schlicht pflichtwidriges, gem § 1666 aber noch sanktionsloses Verhalten findet schon keine familiengerichtliche Unterstützung mehr. Die Eltern müssen die Pflichtgemäßheit ihrer Entscheidung deshalb durch triftige sachliche Gründe dartun (s Erl bei STAUDINGER/SALGO [2002] § 1632).

Das FamG kann auch gem § 1666 in Umgangsfragen entscheiden, sofern keine spezialgesetzliche Grundlage besteht (s näher Rn 142–150). Ein elterlicher Antrag ist dann nicht erforderlich, statt dessen aber eine Kindesgefährdung. Auf triftige Gründe für die elterliche Haltung kommt es hier im Grundsatz nicht an; allerdings können sie bei der Konkretisierung des Gefährdungsbegriffs (insbes bei Heranwachsenden, s Rn 156) eine Rolle spielen.

g) Ruhen der elterlichen Sorge
Ruhen der elterlichen Sorge (§ 1675) kommt nach §§ **1673 oder 1674** in Betracht bei 55 längerdauernder rechtlicher oder tatsächlicher Ausübungsverhinderung der Eltern (Folge: §§ 1678, 1909 Abs 1 oder 1773; nach § 1693 kann das FamG vorübergehende Maßnahmen für das Kind treffen). Das Verhältnis zu § 1666 ist unklar (vgl auch § 1674 Rn 6, 16): Die vorgenannten Vorschriften füllten ursprünglich eine Lücke in einem schuldorientierten Kindesschutzsystem (§ 1666 aF). Sie wurden im Rahmen der Sorgerechtsreform 1979 nicht angepaßt, obwohl jetzt Überschneidungen (vgl BayObLG FamRZ 1981, 565, 567) und Wertungswidersprüche drohen (Versuch einer Abgrenzung in OLG Hamm FamRZ 1996, 1029, 1030). Bei geistig Behinderten etwa würde die Anwendung der §§ 1673, 1674 zur völligen Disqualifizierung führen, ohne daß dem Grundsatz der Verhältnismäßigkeit Rechnung getragen und öffentliche Hilfen eingesetzt werden könnten (§ 1666a; andeutungsweise Bedenken bei OLG Frankfurt FamRZ 1966, 109, 110; LG Berlin FamRZ 1988, 1308, 1310 hält § 1666a offenbar auch im Rahmen des § 1674 für anwendbar – eine verfassungskonforme Notlösung). Mit dem neugefaßten § 1666 (oder mit § 1696) können die Fallgestaltungen der §§ 1673, 1674 und 1693 weitgehend und sachlich befriedigender erfaßt werden (ebenso JOHANNSEN/HENRICH/BÜTE Rn 10; vgl unten Rn 140); ein sinnvoller Anwendungsbereich bleibt für diese Vorschriften allerdings bei physischer Abwesenheit der Eltern – hier braucht nicht auf eine Kindesgefährdung abgestellt zu werden (vgl COESTER ZfJ 1989, 350, 352); diese kann gegebenenfalls bei Rückkehr der Eltern konkret geprüft werden (OLG Brandenburg ZKJ 2009, 293, 294; s § 1674 Rn 6).

h) Ersetzung der Einwilligung in eine Adoption
Die Ersetzung elterlicher Einwilligung in die Adoption des Kindes gem § **1748** hat 56 tiefgreifendere Folgen als ein Sorgerechtsentzug und ist deshalb an die speziellen Voraussetzungen des § 1748 gebunden. Diese sind auch nach einem Entzug gem § 1666 stets noch gesondert festzustellen (OLG Hamm ZfJ 1984, 366, 368; AG Kerpen ZfJ 1985, 470, 471; MünchKomm/MAURER § 1748 Rn 2; vgl aber noch Rn 227, 228).

Merklich niedriger liegt allerdings die Eingriffsschwelle für die Ersetzung der Einwilligung des **nichtehelichen, niemals sorgeberechtigten Vaters, § 1748 Abs 4**. Mangels Sorgerechts kommt hier eine Konkurrenz zu § 1666 von vornherein nicht in Betracht (im übrigen dürfte die Eingriffsschwelle des „unverhältnismäßigen Nachteils" niedriger liegen als die der „Gefährdung").

3. International

57 Internationalprivatrechtlich ist der Kindesschutz vorrangig im *Haager Kindesschutzabkommen* (KSÜ) geregelt (näher Rn 240 ff; zum bis zum Inkrafttreten des KSÜ noch geltenden MSA s Voraufl Rn 46; zu Sachverhalten mit Auslandsbezug s auch Rn 162 ff). Es gilt für alle Minderjährigen, die ihren gewöhnlichen Aufenthalt in der Bundesrepublik haben, Art 5 Abs 1 KSÜ. Für die Anwendbarkeit durch deutsche Gerichte ist nicht Voraussetzung, daß das Kind die Staatsangehörigkeit eines Vertragsstaates hat. Nach Art 15 Abs 1 KSÜ haben die Gerichte des gewöhnlichen Aufenthaltsstaates ihr eigenes Recht anzuwenden. Im Ergebnis unterliegen also auch alle Ausländerkinder in der Bundesrepublik dem Kindesschutz nach deutschem Recht (BayObLG FamRZ 1999, 178; näher Rn 315, 316; zu diesbezüglichen Anwendungsproblemen des § 1666 s Rn 162–164).

III. Schutz des persönlichen Kindeswohls

1. Tatbestand des § 1666 Abs 1

a) Tatbestandsaufbau, Generalklausel

58 § 1666 Abs 1 enthält seit der Neufassung durch das KiWoMaG 2008 nur noch zwei Tatbestandselemente: (1) eine **Gefährdung des Kindeswohls** sowie (2) **Unwilligkeit oder Unfähigkeit der Eltern zur Abwendung dieser Gefährdung**. Die Ursache der Gefährdung und von wem sie herrührt (von den Eltern selbst, von Dritten oder höhere Gewalt) ist für den Tatbestand des § 1666 gleichgültig (vgl Rn 60). Diese Tatbestandsstruktur der Vorschrift sollte jedoch nicht darüber hinwegtäuschen, daß sie keine lex descriptiva, sondern **die Generalklausel des Kindesschutzrechts** ist, die stets eingreift, soweit nicht einzelne Schutzthemen in Sondervorschriften „ausgelagert" sind (s Rn 38–56). Das gestalterische, rechtsschöpferische Element familienrichterlicher Tätigkeit ist unübersehbar auf der Rechtsfolgenseite der Norm („erforderliche Maßnahmen"), es liegt aber mit dem Begriff der „Gefährdung" des Kindeswohls auch schon auf der Tatbestandsseite vor: Dieser Begriff überantwortet dem Richter die einzelfallbezogene Entscheidung, ob die im allgemeinen von der Rechtsordnung vorgegebene Abgrenzung elterlicher und staatlicher Kompetenzen im konkreten Fall ein Einschreiten legitimiert, maW, ob die Gefährdung *dieses* Kindes im Lichte seiner rechtlich geschützten Interessen, des Elternrechts aus Art 6 Abs 2 S 1 GG und des staatlichen Wächteramts so schwerwiegend ist, daß gerichtlich zum Schutz des Kindes eingegriffen werden muß. Angesichts der Umstände- und Individualitätsbezogenheit dieser Fragestellung gibt es zur generalklauselartigen Lösung im Gesetz keine Alternative, die Kritik am richterlichen Entscheidungsspielraum (MNOOKIN FamRZ 1975, 1 ff; DIEDERICHSEN FamRZ 1978, 461, 468; GERNHUBER, Neues Familienrecht 52, 90 ff; ders FamRZ 1973, 229, 230; GIESEN FamRZ 1977, 594) verkennt die rechtliche Regelungsproblematik (zur Konkretisierung des Kindeswohls noch Rn 66–73).

b) Bisheriges Recht und Neufassung durch das KiWoMaG 2008
aa) Inhalt und Gründe für die Neufassung

59 Die bis zum KiWoMaG vom 4.7.2008 geltende Fassung des Abs 1 forderte noch eine kausale Verknüpfung zwischen der eingetretenen Kindeswohlgefährdung und elterlichem Verhalten bzw dem Verhalten Dritter („durch mißbräuchliche Ausübung der elterlichen Sorge, durch Vernachlässigung des Kindes, durch unverschuldetes Versagen der Eltern oder durch das Verhalten eines Dritten"). Konsequenterweise hätte staatlicher Kindesschutz verweigert werden müssen bei Gefährdungen des Kindeswohls, bei denen ein solcher Bezug zu elterlichem oder Drittverhalten fehlte (so in der Tat ERICHSEN/REUTER 55 f mwN; dagegen die Begründung zum KiWoMaG 2008, BT-Drucks 16/6815, 10). Diese Konsequenz hat die Rechtspraxis aber nie gezogen. Vielmehr wurde die Alternative des „unverschuldeten Versagens" der Eltern verbreitet als Auffangtatbestand angesehen, der „jedenfalls" – ungeachtet der Schuld oder Pflichtwidrigkeit der Eltern – familiengerichtliches Eingreifen legitimierte. Der Sache nach wurde auch das „Versagen" seines Handlungsbezugs entkleidet und erfolgsbezogen definiert: Es äußerte sich schon im objektiven Ausfall der elterlichen Schutzfunktion (vgl Rn 63). Diese Sicht des alten Tatbestandes von Abs 1 blieb jedoch bis zuletzt umstritten; insbesondere in der Literatur wurde die (Rest-)Bedeutung elterlichen Verschuldens oder ein angeblich normimmanentes Erfordernis elterlicher „Pflichtwidrigkeit" kontrovers diskutiert (ausführliche Darstellung mwN in STAUDINGER/COESTER [2004] Rn 48 ff; Hinweis auf die historische Belastung des Themas [Nazizeit] bei SALGO ZKJ 2007, 12, 13, 16). Die tatbestandliche Referenz zu elterlichem Fehlverhalten und damit – implizit – auch zum vorrangigen Elternrecht des Art 6 Abs 2 S 1 GG beeinflußte mehr oder weniger unausgesprochen auch die Interventionsentscheidungen vom FamG und Jugendämtern. Notwendige Kindesschutzmaßnahmen wurden oft zu lange hinausgeschoben, und in der Sache wurde die angemessene Balance von Elternrecht und staatlichem Schutzauftrag zugunsten gefährdeter Kinder nicht immer getroffen (neben der Tatbestandsfassung von § 1666 waren dafür allerdings auch Ausbildungs- und Kompetenzdefizite in Jugendamt und FamG ursächlich, zu deren Beseitigung auch im neuen Recht kein Ansatz erkennbar ist; vgl SALGO ZKJ 2006, 531, 533, 535; ders ZKJ 2007, 12, 13, 16; Arbeitsgruppe 2006 S 12, 52 f sowie allgemeiner Konsens in Fachkreisen).

Die nunmehr durch das KiWoMaG 2008 normierte Alleinstellung der *Gefährdungs-* **60** *tatsache* als Tatbestandsmerkmal und die Eliminierung der Gefährdungsursachen in § 1666 Abs 1 entspricht einer in der Literatur schon seit langem erhobenen Forderung (insb ZENZ, Kindesmisshandlung 320 ff; HARMS 169; HÖHNE 145–148, 253 f; BECKER MDR 1970, 1, 2, sowie dieser Kommentar seit STAUDINGER/COESTER[12]; weit Nachw in STAUDINGER/COESTER [2004] Rn 52, 54, 62). Eine entsprechende Neufassung des § 1666 Abs 1 war auch schon in Entwürfen zu früheren Reformgesetzen erwogen worden (Fraktionenentwurf zum SorgeRG 1979, BT-Drucks 8/111; Entwurf zum KindRG 1998, BT-Drucks 13/4899 S 64 f), ist unter dem Druck massiver, auf Elternrecht und Familienautonomie hinweisende Kritik dann aber fallen gelassen worden. Für den Gesetzgeber des KiWoMaG 2008 waren hingegen folgende Überlegungen ausschlaggebend: (1) Der gesetzliche Bezug auf Fehlverhalten der Eltern zwinge zu vergangenheitsorientierten Ermittlungen, ein entsprechender Nachweis sei oft schwierig; (2) außerdem lenkten diese Ermittlungen von den für die Intervention wesentlichen Umständen ab; (3) der notwendige Vorwurf elterlichen Versagens wirke sich negativ auf die Kooperationsbereitschaft der Eltern im sozialpädagogischen Hilfeprozess aus; (4) die „hohe Hürde" des Tatbestandsmerkmals „elterliches Erziehungsversagen" verhindere häufig eine frühzeitige Einschaltung des FamG (BT-Drucks 16/6815, 9, 10, 14; 16/8914 S 12; Arbeitsgruppe 2006 S 5, 27; zustimmend WILLUTZKI FPR 2008, 488, 491; ders ZKJ 2008, 139, 140). Da die Ursachen der Kindesgefährdung im neuen Tatbestand des § 1666 keine Rolle mehr spielen, wird konsequenterweise nicht nur das Elternverhalten, sondern auch das „Verhalten eines Dritten" nicht mehr aufgeführt. Auf der Rechtsfolgenseite stellt Abs 4 klar, dass Maßnahmen selbstverständlich auch gegen Dritte ergriffen werden können, wenn von ihnen die Gefährdung ausgeht. § 1666 zielt auf umfassenden Kindesschutz, nicht auf Sanktion von Erwachsenenverhalten.

bb) Kritik

61 Die Reduzierung des Tatbestands von § 1666 Abs 1 auf die „Kindeswohlgefährdung" und den Ausfall der Eltern bei der Gefahrabwendung (vgl BT-Drucks 16/6815, 10) ist – wenig überraschend – erneut auf Kritik gestoßen, die teils auf das verfassungsrechtliche Elternrecht, teils aber auch auf die angebliche Unbestimmtheit des neuen Tatbestandes verweist (OBERLOSKAMP, in: LIPP/SCHUMANN/VEIT, Kindesschutz 45, 51 ff; CZERNER 28 f, 222 f m Fn 887). Diese Kritik ist im Grundsatz ungerechtfertigt. Ihr ist zwar zuzugeben, daß das Elternverhalten in Verfahren nach § 1666 gar nicht ausgeklammert werden kann – es ist nun einmal oft die Ursache von Kindesgefährdungen und außerdem bedeutungsvoll hinsichtlich der zu treffenden Maßnahmen (unten Rn 64; vgl VEIT FPR 2008, 598, 599 f). Dennoch macht es einen Unterschied, ob das Elternversagen kumulatives, konstitutives Element der Eingriffslegitimation nach § 1666 ist oder ob es nur Teil des aufzuklärenden Sachverhalts ist, der die rechtlich maßgebliche Beurteilung einer „Kindeswohlgefährdung" und deren Abwendung erlaubt. Im übrigen verkennt der Verweis auf das Elternrecht das Grundanliegen des § 1666: Hier geht es um Rechtsgüterschutz (des Kindes), nicht um Sanktionen für Verhalten (anderer Personen; oben Rn 3; vgl BVerfG NJW 1982, 1379, 1380; BayOLG FamRZ 2001, 563; ERICHSEN/ REUTER 67 f). Anderes sollte auch nicht aus den Entscheidungen des BVerfG hergeleitet werden, die bis in jüngste Zeit das elterliche Fehlverhalten oder Versagen als kumulative Voraussetzung staatlicher Intervention nennen (vgl BVerfG FamRZ 2008, 492 mwN). Dies ist ein offensichtlicher Bezug zur alten Fassung des § 1666; unmittelbar aus Art 6 Abs 2 GG ergibt sich nichts in diesem Sinn. Es stünde auch im Widerspruch zur sonst vom BVerfG betonten vollen Pflichtgebundenheit des Elternrechts.

Die nunmehr geltende Gesetzesfassung erlaubt einen unverstellten Blick und Zugriff auf die für die Auslösung des staatlichen Wächteramtes konstitutiven, aber auch alleinmaßgeblichen Gesichtspunkte: (1) die **Gefährdung des Kindeswohls** und (2) die **Unwilligkeit oder Unfähigkeit der Eltern, diese Gefährdung abzuwenden**. Der von den Kritikern angemahnte Schutz des Elternrechts findet angemessen und ausreichend im Rahmen der **Konkretisierung des Gefährdungsbegriffs** statt sowie im vorerwähnten **Elternprimat zur Gefahrabwendung**. Der Gefährdungsbegriff, wie er vom BVerfG konkretisiert worden ist, bezeichnet nicht nur die Grenze, sondern – als Kehrseite – auch den Umfang elterlichen Sorgeermessens iS des Art 6 Abs 2 S 1 GG (näher Rn 79–94, 96–168); er definiert die Demarkationslinie zwischen elterlicher Freiheit und staatlicher Intervention zum Schutz des Kindes.

62 Im zweiten Erfordernis, dem **Abwendungsprimat der Eltern**, liegt aber die entscheidende Reverenz vor dem Elternrecht, hier wird der verfassungsrechtlich unverzichtbare Kausalbezug zur elterlichen Verantwortung hergestellt (völlig verfehlt deshalb die Überlegung der Gesetzesverfasser des KindRG 1998, ob auch dieses Kriterium abgeschafft werden sollte, BT-Drucks 13/4899, 65). Bringt beispielsweise eine nichteheliche Mutter, die keinerlei Beziehung zum Kind hat, dieses in einer Pflegefamilie unter, so scheitert ein Sorgerechtseingriff nicht an mangelndem Fehlverhalten (so OLG Hamm FamRZ 1997, 1550, 1551), sondern daran, daß die Mutter die zur Abwendung einer Kindesgefährdung notwendigen Maßnahmen selbst ergriffen hat (OLG Brandenburg FamRZ 2008, 1102, dazu noch Rn 94; ein vorrangiges Recht des Vaters, die Sorge zu übernehmen, § 1672 Abs 1, kann so aber nicht unterlaufen werden, s § 1672 Rn 8). Damit wird die Gleichrichtung von tatbestandlichen Ermittlungen, Eingriffszweck und staatlichen Maßnahmen erreicht: In § 1666 geht es nicht um Sanktionen, sondern um Abwehr künftiger Schäden vom Kind. Im neuen Tatbestand erscheinen die Eltern nicht (nur) als frühere Versager, sondern werden in die Überlegungen zur Gefahrabwendung einbezogen: Sind sie dazu allein, nur mit öffentlicher Hilfe (§ 1666a) oder gar nicht in der Lage? Damit bleibt der Gesamtkontext der familiären Situation im Blickfeld (vgl Rn 4) und wird die – in § 1666a betonte – Verbindung hergestellt zwischen dem eingriffsorientierten Interventionsansatz des § 1666 und dem sozialrechtlichen, jedem Eingriff vorrangigen Hilfsansatz (vgl Rn 18 f; Arbeitsgruppe 2006 S 28; MÜNDER FPR 2003, 280, 284;).

cc) Bedeutung des Art 6 Abs 3 GG

Im Gesetzgebungsverfahren zum KiWoMaG 2008 ist die Frage aufgeworfen worden, **63** ob die Unmaßgeblichkeit des Elternverhaltens für die allein ausschlaggebende Kindesgefährdung mit Art 6 Abs 3 GG verträglich ist. Nach dieser Vorschrift dürfen Kinder nur dann von der Familie getrennt werden, „wenn die Erziehungsberechtigten versagen oder die Kinder aus anderen Gründen zu verwahrlosen drohen" (vgl dazu BVerfGE 107, 104, 118 f; BVerfG FamRZ 2008, 492). Art 6 Abs 3 GG ist vor dem Hintergrund der Erfahrungen unter dem Naziregime formuliert worden, die Vorschrift sollte ein Bollwerk gegen familienzerstörerische Eingriffe totalitärer Regime sein (vgl SCHUMANN, Kindeswohl 175 mwN). Den Gedanken, im Hinblick auf Art 6 Abs 3 GG elterliches Versagen jedenfalls als Voraussetzung für solche Kindesschutzmaßnahmen doch beizubehalten, die zu einer Trennung von Kind und Eltern führen, haben die Gesetzesverfasser dennoch verworfen: Sorgerechtseingriffe nach § 1666 setzten voraus, daß die primär zur Gefahrabwendung berufenen Eltern hierzu nicht willens oder in der Lage seien. Fielen sie in diesem Sinne in ihrer Schutzfunktion aus, so liege hierin „der eigentliche Vorwurf elterlichen Versagens" (BT-Drucks 16/6815, 14; vgl schon Arbeitsgruppe 2006 S 29).

Das überzeugt im Ergebnis, nicht aber in der Begründung. Eltern, die weder die Gefährdung verursacht haben noch zur Gefahrabwendung in der Lage sind, verdienen keinen „Vorwurf". Richtigerweise ist das „Versagen" nicht handlungsbezogen, sondern ausschließlich erfolgsbezogen zu definieren (so auch BT-Drucks 16/6815, 14; vgl Rn 59) – entsprechend dem Konzept des staatlichen Wächteramtes als objektiver Rechtsgüterschutz des Kindes und nicht als Verhaltenskontrolle der Eltern. Die elterliche Sorge schützt das Kind und schirmt es vor Gefährdungen ab. Tritt gleichwohl eine Kindesgefährdung ein und wird sie – warum auch immer – von den Eltern nicht abgewendet, so hat der elterliche Schutzschirm offenkundig „versagt" im Sinne eines objektiven Ausfalls (verfehlt deshalb die bis in jüngste Zeit fortgeführte Diktion des BVerfG, der „Versagensvorwurf" enthalte eine Beurteilung der Persönlichkeit der Eltern und berühre sie deshalb in ihrem Grundrecht aus Art 2 Abs 1 GG [zuletzt FamRZ 2008, 492]). Mehr hatte schon die bisherige Fassung des § 1666 Abs 1 der Sache nach nicht verlangt (vgl STAUDINGER/COESTER [2004] Rn 58–60), und mehr kann auch das GG in Art 6 Abs 3 nicht verlangen, nachdem es in Art 1 und 2 GG das Persönlichkeitsrecht des Kindes begründet hat, sich im Sinne des Menschenbildes des Grundgesetzes entwickeln zu können. Art 6 Abs 3 GG selbst löst in seinem Alternativtatbestand den Bezug zu den Eltern völlig, wenn sich die Kindesentwicklung „aus anderen Gründen" grob von diesem Menschenbild entfernt, und bestätigt damit die vorstehende Interpretation.

dd) Restbedeutung des Elternverhaltens im Rahmen von § 1666

64 Die Abstrahierung von Elternverhalten im Tatbestand des § 1666 Abs 1 will nicht negieren, daß die meisten Fälle von Kindesgefährdungen auf elterlichen Sorgemißbrauch oder Vernachlässigung zurückgehen. Die einzelnen Varianten elterlicher Pflichtwidrigkeit und Schuld bleiben weiterhin bedeutsam für die phänomenologische Erfassung, Analyse und Beurteilung von Kindesgefährdungen und der Aussichten elterlicher Gefahrabwendung (vgl Rn 96 ff; RÖCHLING FamRZ 2007, 431, 433). Sie behalten aber auch erhebliche Bedeutung auf der *Rechtsfolgenseite* – sowohl für die Aussichten sozialpädagogischer Interventionen, die nach dem Grundsatz der Erforderlichkeit vorrangig sind (unten Rn 213 und § 1666a Rn 10 ff), wie auch für die angemessenen familiengerichtlichen Maßnahmen (ROSENBOOM/ROTAX ZRP 2008, 1; VEIT FPR 2008, 598, 600).

2. Die Tatbestandselemente im einzelnen

a) Kindeswohl
aa) Grundsätzliche Bedeutung

65 Das „Wohl des Kindes" ist das **zentrale Schutzgut des § 1666 und Richtpunkt für die Ausübung des staatlichen Wächteramts und Eingriffe in die elterliche Sorge** (BVerfGE 24, 119, 144; 68, 176, 188; 75, 201, 218; FamRZ 2000, 1489). Diese Aussage muß durch gedankliche Trennung verschiedener Funktionen des Kindeswohlbegriffs präzisiert werden: Zum einen ist das Kindeswohl (genauer: dessen Gefährdung) zentraler Anknüpfungspunkt für die Definition der staatlichen Eingriffsschwelle in den elterlichen Sorgeprimat (Rn 47, 81 f) – insofern fungiert das Kindeswohl als **Eingriffslegitimation** (COESTER, Kindeswohl 135 ff; ders, 6. DFGT 35, 37 f).

Daneben ist das Kindeswohl aber auch entscheidungsleitender Gesichtspunkt für die Auswahl der notwendigen Kindesschutzmaßnahmen – insofern ist es auch **Entscheidungsmaßstab** für den Familienrichter (COESTER, Kindeswohl 143 ff; ders, 6. DFGT 35, 39 ff). Aus der Funktion des Verfahrensrechts, der Verwirklichung der vom materiellen Recht verfolgten Zwecke zu dienen (BGHZ 10, 350, 359; HABSCHEID ZZP 86 [1973] 20, 24), folgt schließlich, daß dem Kindeswohl Bedeutung auch als **verfahrensleitendes Prinzip** zukommt (COESTER, 6. DFGT 35, 38 f; ie Rn 257).

bb) Bestimmung des Kindeswohls

66 Das Kindeswohlprinzip enthält *zwei Grundwertungen:* (1) Vorrang der Kindesinteressen vor allen anderen beteiligten Interessen; (2) Vorrang von Einzelfallgerechtigkeit vor allgemeinen Regeln. Der Kindeswohlbegriff ist auch nach der Intention des Gesetzes kein deskriptives Tatbestandsmerkmal, sondern Herzstück der **Generalklausel** des § 1666 (Rn 47). Diese Normfunktion verbietet es, das Kindeswohl als Verweisungsklausel in positivistischem Sinn auf rechtliche oder außerrechtliche Kindeswohlmaßstäbe zu verstehen, um so doch noch zu einem subsumtionsfähigen Begriff zu gelangen (COESTER, Kindeswohl 162 ff; ders, 6. DFGT 35, 39 ff). Wie in anderen Generalklauseln auch, steckt im Kindeswohlbegriff des § 1666 der Auftrag zur richterlichen Rechtskonkretisierung, dh zur schöpferischen Umsetzung des Gesetzeszwecks für den Einzelfall (Bildung einer Fallnorm; zur Konkretisierung von Generalklauseln im allgemeinen vgl WIEACKER, Zur rechtstheoretischen Präzisierung des § 242 [1956]; TEUBNER, Standards und Direktiven in Generalklauseln [1971]; ders, Generalklauseln als sozio-normative Modelle, in: Generalklauseln als Gegenstand der Sozialwissenschaften [1978] 13 ff). Zum „Einzelfall" gehört auch das Wertverständnis und der fachliche Erkenntnisstand *einer gegebenen Zeit* – so unterscheidet sich das herrschende Verständnis von „Kindeswohl" zu Beginn des 21. Jahrhunderts doch deutlich von dem der 60er und 70er Jahre des 20. Jahrhunderts (näher mit Beispielen COESTER, in: LIPP/SCHUMANN/VEIT [Hrsg], Kindesschutz 19, 27 f = JAmt 2008, 1, 4). Insgesamt ist der Kindeswohlbegriff ein *heuristisches Prinzip,* das gerichtet ist auf das Auffinden und Umsetzen von wesentlichen Seinselementen und Wertmaßstäben innerhalb des allgemeinen Rahmens des Rechts. MaW, der Richter hat das im allgemeinen bleibende, vorgegebene Netz von Seinsdeutungen und Wertsetzungen fertig zu knüpfen für den jeweiligen Einzelfall. Die zentrale Verantwortung des Richters liegt dabei in der unverkürzten Erfassung des individuellen Sachverhalts und der Herausschälung eines maßgeblichen Tatbestandes bei gleichzeitigem Aufbau eines korrespondierenden Wertsystems für diesen Fall (näher COESTER, Kindeswohl 169 f; ders, 6. DFGT 35, 40; ders, in: LIPP/SCHUMANN/VEIT [Hrsg], Kindesschutz 19, 26 ff = JAmt 2008, 1, 3 ff; vgl GERNHUBER, Neues Familienrecht [1977] 91).

Bausteine der richterlichen Normkonkretisierung sind **Kindeswohlkriterien** innerhalb 67 und außerhalb des Rechts – der Kindeswohlbegriff weist per definitionem über den Bereich des Rechts hinaus (zur Diskussion COESTER, Kindeswohl 419–426 mwN). Auf *rechtlicher Ebene* ist zunächst die entscheidende Blickrichtung vorgegeben: **Das Wohl des Kindes, und nur dieses, legitimiert staatliche Eingriffe**. Das betroffene Kind pflegt leicht aus den Augen zu geraten, wenn es um die Durchsetzung für wichtig empfundener **gesellschaftlicher Werte** (vor allem politischer oder sittlicher Art) geht (vgl BVerfG FamRZ 2008, 218 Nr 2 3, 24: aufenthaltsrechtliche Interessen der BRD unmaßgeblich; zu amerikanisch-deutschen Verstimmungen über die deutsche Gerichtspraxis in Kindesherausgabe-Fällen SALGO, in: FS Schwab [2005] 891, 897; davon beeinflusst offenbar AG Frankfurt aM FamRZ 2004, 1595; OLG Frankfurt FamRZ 2005, 1700; vgl noch Rn 111) oder um die **Sanktionierung** von Fehlverhalten beteiligter **Erwachsener** (zu elterlichem Fehlverhalten BVerfG FamRZ 2007, 1626; FamRZ 2009, 189; 2009, 1389, 1390 f). Politischer Mißbrauch von Sorgerechtsentscheidungen ist zwar derzeit kein Problem in der Bundesrepublik (zum Dritten Reich und der DDR vgl HIRSCH 46–77), aber ernstzunehmen sind auch jüngst geäußerte Bedenken, daß der allgemeine Trend zur Ökonomisierung und staatlicher Regulierung auch die Rechts- und Familienpolitik erfassen könnte – im Sinne eines „optimalen Einsatzes des Humankapitals " und einer hierauf ausgerichteten „gesellschaftlichen Tüchtigkeit" als Erziehungsleitbild für die elterliche Sorgeaufgabe (SCHUMANN, Kindeswohl 190 ff, 213 ff, 224 f; vgl dazu noch Rn 123). Auch wenn diese Bedenken das KiWoMaG letztlich noch nicht treffen (Rn 61 ff; anders aber SCHUMANN aaO, nach der aus der „Verantwortungsgemeinschaft Jugendhilfe/FamG" eine „Verantwortungsgemeinschaft der Staat/Eltern" bei der Kindeserziehung zu werden droht), ist doch Wachsamkeit angebracht. Das Kindeswohl wird gleichermaßen verfehlt, wenn die **Sanktionierung von Fehlverhalten beteiligter Erwachsener** (zu elterlichem Fehlverhalten BVerfG FamRZ 2007, 1626; FamRZ 2009 189) zum Leitgedanken von Entscheidungen wird. Dem entspricht eine frühere Tendenz der Rechtsprechung, Sorgerechtsentscheidungen zur moralischen Disziplinierung der Eltern einzusetzen (Nachw u Kritik bei HÖHNE 70 ff, 151). Diese ist heute weitgehend pluralistischem Konsenszerfall auf moralischem Gebiet, größerer Toleranz und gewachsener Sensibilität für Kindesbedürfnisse gewichen (Extremfall OLG Stuttgart NJW 1985, 67 = JZ 1985, 848; krit in traditionellem Sinn dagegen WEGENER, Anm in JZ 1985, 848; SCHÜTZ FamRZ 1986, 947 ff). Nur mit moralischer Empörung und nicht mit Kindeswohl ist aber zB die generelle Disqualifizierung einer *Leihmutter* als Elternteil zu erklären (so GIESEN JZ 1985, 652, 660; JZ 1985, 1056, 1057; aA KG FamRZ 1985, 735 f = NJW 1985, 2201; COESTER-WALTJEN FamRZ 1992, 369, 371). Auch fällt es den Gerichten offenbar nicht leicht, Fehlverhalten von Erwachsenen zu ignorieren – dieses tritt dann leicht in den Mittelpunkt der Erwägungen, anstelle der allein maßgeblichen Kindesgefährdung (vgl BayObLG EzFamR § 1666 Nr 4 [7-jähriges Kind seit 3 1/2 Jahren bei Großmutter, dort gegen Eltern beeinflußt, deshalb jetzt an letztere herauszugeben]; BayObLG ZBlJugR 1981, 272, 274 f; DAVorm 1982, 604, 609 f [Umgangsrecht Großeltern-Kind trotz tiefgreifenden Zerwürfnisses Großeltern-Mutter, weil feindselige Haltung der Mutter „objektiv unbegründet" sei]; OLG Oldenburg FamRZ 1981, 811 ff [treuwidrige Entfremdungs- und Verzögerungstaktik von Pflegeeltern, Herausgabe trotz zwischenzeitlicher Verwurzelung des Kindes]; OLG Saarbrücken FamRZ 2008, 711, 712 [unangemessenes Auftreten der Mutter gegenüber Kindergartenpersonal oder Vater]; vgl auch BVerfG FamRZ 1989, 145 ff).

68 Die **Sanktionierungstendenz** kann aber auch **gegen andere staatliche Organe** (untere Gerichtsinstanzen und/oder Jugendamt) gerichtet sein, als Folge von deren Fehlentscheidungen oder mangelnder Befolgung obergerichtlicher Weisungen – mit der (möglicherweise unbewussten) Devise „fiat iustitia, et pereat infans" geraten individuelles Kindeswohl im Entscheidungszeitpunkt und Einzelfallgerechtigkeit als Grundziel des § 1666 (und verwandter Normen) aus dem Blickfeld (zum Fall „Görgülü" s nur ZENZ FamRZ 2007, 2060). Völlig ungeklärt und hoch problematisch ist schließlich der Stellenwert **genereller Kindesschutzstrategien** im Rahmen des auf Individualschutz ausgerichteten § 1666. Auf internationaler Ebene verfolgt das HKÜ (dazu Rn 314) mit seiner strikten Rückgabepolitik entsprechende Tendenzen – das Interesse *aller* Kinder (im Sinne von Generalprävention) hat jedenfalls grundsätzlichen Vorrang vor dem Kindeswohl im Einzelfall. Auch darüber hinaus hat das BVerfG generalpräventiven Erwägungen offenbar erhebliches Gewicht beigemessen (FamRZ 2006, 1593 f: afghanisches Mädchen, im Rahmen humanitärer Hilfsaktionen nach Deutschland eingereist, lebt seit 5 Jahren hier bei Pflegeeltern; Verbleibensanordnung hätte „abschreckende Wirkung" auf andere Eltern im Ausland, die humanitären Hilfsangebote zugunsten ihrer Kinder zu nutzen; s dazu noch Rn 81). Der Konflikt zwischen allgemeinem und individuellem Kindeswohl ist im Rahmen des § 1666 konzeptionsbedingt nicht lösbar.

69 Zumindest idealtypisch können die Kindesinteressen auch von den **Elterninteressen** unterschieden werden, so daß rücksichtslose Verfolgung von Eigeninteressen durch die Eltern durchaus das Kindeswohl gefährden kann. Allerdings darf hier nicht in grober Verkürzung der familialen Wirklichkeit Kindesrecht gegen Elternrecht gesetzt werden: Zum einen steht den Eltern schon ein Interpretationsprimat hinsichtlich der Kindesinteressen zu (Rn 7), zum zweiten sind Schutzobjekte des § 1666 nicht isolierte Individualinteressen des Kindes, sondern sein *Gesamtwohl,* das sich auch aus seiner Eingebundenheit in und Angewiesenheit auf die familiäre Gemeinschaft definiert. Seine Individualinteressen sind mit denen der Geschwister und Eltern in Einklang zu bringen (§ 1618a), dh sie müssen in concreto auch einmal zurücktreten, insbesondere bei Fragen der gemeinsamen familiären Lebensgestaltung (zum „Elternwohl" FINKE JAmt 2008, 6 ff). Die Interesseneinbußen, die dabei ein Erwachsener zugunsten der Gemeinschaft verständigerweise hinnehmen würde, sind auch dem Kind zuzumuten – hierin liegt idR schon keine Beeinträchtigung des Gesamtwohls des Kindes, zumindest aber keine Kindeswohlgefährdung iSv § 1666 (vgl COESTER, Kindeswohl 209 ff, 212 f; ie noch Rn 84 f, 116, 118). Insofern wird sich das Kind abzufinden haben mit einer ungesunden, aber familienüblichen Ernährung; mit dem Rauchen seiner Eltern (BayObLG FamRZ 1993, 1350 ff); mit aus dem Elterninteresse begründeten Umzugsentscheidungen, die es aus seinem sozialen Netz herausreißen; mit dem Ausbleiben geistiger Anregungen bei niveauloser familiärer Freizeitgestaltung (s auch Rn 84, 85).

Soweit der **Inhalt des Kindeswohls** selbst betroffen ist, unterscheidet schon § 1666 **70** Abs 1 – neben den Vermögensinteressen des Kindes – eine körperliche, geistige und seelische Komponente. Das **seelische Wohl** ist unter dem Eindruck wiss Erkenntnisse der Kindesentwicklung aus neuerer Zeit durch das SorgeRG hervorhebend eingefügt worden. Es hatte zuvor in kindschaftsrechtlichen Verfahren zu wenig Beachtung erfahren (SIMITIS ua, Kindeswohl 34–50, 163 f [speziell zu § 1666], 165 ff [in Jugendamtsberichten], 172 ff [durch die Betroffenen selbst] 179–181, 265 [durch die Richter]). Seine besondere Berücksichtigung ist auch unter dem Aspekt geboten, daß sich heute die Aggressionen von Eltern und Erwachsenenwelt gegen Kinder vom körperlichen auch auf den psychischen Bereich erstreckt haben (ZENZ, Kindesmißhandlung 61; auch in der Rechtspraxis einflußreich der Vorstoß von GOLDSTEIN/FREUD/SOLNIT I zugunsten des psychischen Kindeswohls – zu Recht weitgehend unbeachtet hingegen der spätere Rückzieher durch dieselben Autoren II gerade für den Bereich des Kindesschutzrechts, dazu COESTER FamRZ 1981, 614; SIMITIS, in: GOLDSTEIN ua II 177 f; ders, in: GOLDSTEIN ua III 198). Auch sind die seelischen Schäden etwa bei Kindesmißhandlungen unter Umständen schwerwiegender (wenngleich weniger augenfällig) als die körperlichen (vgl auch AG Moers ZfJ 1986, 113, 114). Dennoch ist das Gesetz nicht iS einer separaten Betrachtung einzelner Segmente des Kindeswohls zu verstehen – insbes körperliche und seelische Beeinträchtigungen sind in der Praxis nicht voneinander trennbar (hinsichtlich Kindesmißhandlungen ZENZ 96, 227, 249, 287, 308, 342; vgl auch Rn 96 f, 118), die gesetzliche Aufzählung verweist auf die *umfassende* Beachtung aller Facetten des persönlichen Wohls des Kindes (vgl SIMITIS, in: FS Müller-Freienfels [1986] 579, 606 Fn 71: Oberbegriff „persönliches Wohl" für körperliche und psychische Komponente; speziell zum „geistigen Wohl" BayObLG FamRZ 1981, 86).

Entscheidungsleitendes rechtliches Kriterium des Kindeswohls ist darüber hinaus **71** das im GG verankerte **Erziehungsziel** der selbständigen und eigenverantwortlichen, zu sozialem Zusammenleben fähigen Persönlichkeit (BVerfG FamRZ 2008, 1737, 1738; s auch §§ 1 Abs 1, 9 Nr 2, 11 Abs 1, 22 Abs 1 SGB VIII; COESTER, Kindeswohl 183 ff mwN; ERICHSEN/REUTER 39–44). Diesem Kriterium sind alle anderen Maßstäbe untergeordnet. Als rechtlich abgesichert können insoweit noch angesehen werden die Wichtigkeit von **Kontinuität und Stabilität** der Betreuungs- und Erziehungsverhältnisse (vgl §§ 1632 Abs 4, 1666a Abs 1, 1682; dazu Rn 129–136), die **Beachtlichkeit innerer Bindungen** des Kindes (neben der „seelischen" Komponente in § 1666 Abs 1 vor allem §§ 1632 Abs 4, 1682), seines subjektiven **Willens** (Rn 74–80) sowie des **familiären Gesamtzusammenhangs** des Kindesschutzes (§ 1666a, vgl Rn 4).

Im übrigen sind zur Vervollständigung des Kindeswohlbegriffs **außerrechtliche Maß- 72 stäbe** heranzuziehen, insbes **wissenschaftliche Erkenntnisse**, die im Einzelfall auch mittels Sachverständigengutachten nutzbar zu machen sind (zur Einholung, Überprüfung und Sachkunde des Richters s Rn 281; zum zunehmenden Einzug wiss Erkenntnisse in die Rechtspraxis SIMITIS, in: GOLDSTEIN ua III 194 f; vorbildlich OLG Hamburg FamRZ 1983, 1271, 1272; AG Frankfurt aM DAVorm 1982, 368 ff; FamRZ 1982, 1120; zur Problematik wiss Standards COESTER,

Kindeswohl 426 ff; SIMITIS, in: FS Müller-Freienfels [1986] 599 f). Daneben kann auf **gesellschaftliche Standards**, einen gesellschaftlichen „Grundkonsens" (KNÖPFEL FamRZ 1986, 1211, 1214) über die Bedürfnisse des Kindes und angemessenes Elternverhalten zurückgegriffen werden. Mangels Positivierung dieser Maßstäbe und einschlägiger rechtstatsächlicher Erhebungen ist insoweit allerdings Vorsicht geboten, will man nicht der Versuchung einer Projektion subjektiven Richtigkeitsempfindens auf das der Allgemeinheit erliegen. Feststellbarer Konsens außerhalb wiss Aussagen besteht regelmäßig nur innerhalb der *Rechtsprechung* (im übrigen kann die Berufung auf „allgemeine Überzeugung" Ausdruck sein vom Bemühen um Plausibilität der richterlichen Wertkonkretisierung für die weitere Rechtsgemeinschaft [ausf COESTER, Kindeswohl 411–419, 439–449]).

73 Die Übernahme von außerrechtlichen Kindeswohlkriterien in die Rechtsentscheidung unterliegt der verantwortlichen **Kontrolle durch den Richter**: Sie müssen – für sich gesehen – mit der allgemeinen Wertordnung des Rechts verträglich sein („Stimmigkeitskontrolle"; hierbei kann vorhandener Konsens in Rechtsprechung und Rechtswissenschaft teilweise entlasten); sie müssen auf ihre konkrete Bedeutung für das betroffene Kind überprüft, ggf relativiert werden („Individualisierung" allgemeiner Kriterien, als Konsequenz der gesetzlichen Entscheidung zugunsten von Einzelfallgerechtigkeit); sie bedürfen schließlich der Zusammenschau mit allen anderen Aspekten des Einzelfalls, der integrierenden Abwägung zur Formung eines Gesamtbilds „Kindeswohl" für die zu treffende Entscheidung („Integration"; zum ganzen COESTER, 6. DFGT 35, 40–43; ders, Kindeswohl 452 f, 465–482, auch zu Begründungsmustern wie Vermutungen, Erfahrungssätzen und „allgemeinen Erwägungen").

cc) Kindeswohl und Kindeswille

74 Das „Wohl" des Kindes ist Schutzgegenstand des § 1666, weil das Kind zu einer Selbstbestimmung seiner Interessen rechtlich nicht in der Lage ist und deshalb sein objektiv bestimmtes „wohlverstandenes Interesse" in den Vordergrund tritt. Dient aber der Kindesschutz generell der Wahrung der Grundrechte des Kindes (Rn 3) und seiner Entwicklung zu einer selbständigen, eigenverantwortlichen Persönlichkeit (Rn 71), dann kann der subjektive Wille des Kindes bei der Konkretisierung seines Wohls nicht unberücksichtigt bleiben (vgl BVerfGE 55, 171, 182; FamRZ 2007, 1797, 1798 mwN; 2008, 1737, 1738; OLG Frankfurt FamRZ 2009, 990, 991; grundlegend ZITELMANN, Kindeswohl und Kindeswille [2001]; COESTER, Kindeswohl 255 ff). Die Frage nach der Bedeutung des Kindeswillens wird im Rahmen des § 1666 bedeutsam vor allem bei Adoleszenzkonflikten zwischen Eltern und Kindern (Rn 151–159) sowie bei Entscheidungen über die Umplazierung des Kindes (Rn 130, 133) und deren Durchsetzung (Rn 290–292). Das materielle Gewicht des Kindeswillens ist präjudiziell für die Anhörung und die Interessenwahrnehmung des Kindes im Verfahren (Rn 262, 275).

75 Die Rechtsprechung hält den Kindeswillen dann für erheblich, wenn er auf beachtlichen Gründen beruht (BayObLG FamRZ 1975, 169, 171; DAVorm 1981, 216, 222; AG und LG Hamburg ZBlJugR 1984, 370, 371) oder auf einer „ereignisbedingten Hinwendung" zu der Person, bei der das Kind bleiben möchte (BayObLG DAVorm 1981, 216, 222; OLG Karlsruhe Justiz 1975, 29, 30; vgl unten Rn 158 f). Insoweit wird zunehmend auch der Wille kleinerer Kinder für erheblich gehalten (zB BayObLG FamRZ 1985, 1179, 1180 [8 Jahre]; FamRZ 1983, 948 [4 Jahre]; ZfJ 1985, 36 [3 Jahre]; OLG Hamburg FamRZ 1983, 1271, 1272 [3 1/2 Jahre]; anders aber OLG Oldenburg FamRZ 1981, 811, 813 [4 Jahre]). Umgekehrt darf keine

Kindesentscheidung für oder gegen einen Elternteil verlangt werden, wenn diese im Einzelfall für das (auch ältere) Kind eine *Überforderung* bedeutet (OLG Frankfurt FamRZ 2003, 1317, 1318); die diesbezügliche Entscheidung des Kindes ist zu akzeptieren (vgl Rn 78).

Dabei sollten **zwei Funktionen des Kindeswillens** unterschieden werden (so jetzt auch BVerfG FamRZ 2007, 1797, 1798; 2008, 1737, 1738; vgl auch § 1671 Rn 235 ff): Zum einen kann der Kindeswille *Kundgabe und Indiz für die psychosozialen* **Bindungen des Kindes**, also ein Kriterium seines objektiven Wohls sein. Altersmäßig kann es nur auf die Fähigkeit des Kindes ankommen, insoweit zutreffend Mitteilungen zu machen – eine untere Altersgrenze scheidet dabei aus (vgl BVerfG FamRZ 2007, 105, 107 [Kind 3 Jahre] 2007, 1078, 1079; OLG Hamburg FamRZ 1983, 1271, 1272; LEMPP und FEHMEL FamRZ 1986, 530 f, 532). Die Forderung „beachtlicher Gründe" ist insoweit sachfremd (COESTER, Kindeswohl 263 f). Zum zweiten kann der geäußerte Kindeswille als **Ausdruck bewußter Eigenentscheidung**, als kindliche Selbstbestimmung erscheinen (vgl Rn 159, 165). Minderjährigkeit schließt wachsende Entscheidungsfähigkeit nicht aus, die elterliche Sorge soll sie sogar fördern (§ 1626 Abs 2). Selbstbestimmungsfähigkeit des Kindes ist auch außerhalb gesetzlicher Teilmündigkeiten zu beachten, wenn das Kind zentral und in höchstpersönlichen Dingen betroffen ist (etwa: Einwilligung in körperliche Eingriffe, Rn 102). Dies gilt um so mehr, je älter das Kind ist (BVerfG FamRZ 2007, 105, 107; 2007, 1078, 1079; BayObLG FamRZ 1985, 737, 738; FamRZ 1997, 954, 955; OLG Frankfurt FamRZ 2009, 990, 991; OLG Köln FamRZ 2001, 1087, 1088; AG München FamRZ 2002, 690, 691). **76**

Setzt der festgefügte Wille von Jugendlichen der **Durchsetzung von Entscheidungen** eine wegen Art 1, 2 GG unüberschreitbare Barriere entgegen (s Rn 291), dann muß die Beachtung auch schon im Rahmen der Entscheidung selbst möglich sein (BayObLG FamRZ 1997, 954, 956). Auch in dieser Funktion ist die Forderung nach „beachtlichen Gründen" zu relativieren: Letztere werden bei Selbstbestimmungsfähigkeit grundsätzlich nicht gefordert (die volitive Eigenentscheidung schiebt sich vor das „wohlverstandene Interesse"); wohl aber können vernünftige Gründe Indiz sein für die im Einzelfall vorliegende Selbstbestimmungsfähigkeit (neben anderen Indizien, vgl OLG Hamm FamRZ 2006, 1478, 1479). Das gilt aber auch umgekehrt: Ersichtlich unreife und mißbilligungswürdige Motive des Jugendlichen sprechen gegen seine Fähigkeit zur verantwortlichen Selbstbestimmung (OLG Frankfurt FamRZ 2003, 1314, 1315). Allerdings setzt die Beachtung des Kindeswillens als Ausdruck von Selbstbestimmung die Erreichung eines gewissen Alters voraus. Während das Gesetz beachtliche Reife eines Jugendlichen häufig mit Vollendung des 14. Lebensjahres unterstellt (vgl §§ 1671 Abs 2 Nr 1; 151 Abs 1 S 1 FamFG; 5 RKEG), hält die Rechtsprechung zunehmend die konkrete Entscheidungsfähigkeit des Kindes schon ab dem 10. Lebensjahr für möglich und prüfenswert (OLG Karlsruhe FamRZ 1968, 170; OLG Köln FamRZ 1972, 144; FamRZ 1972, 262, 264; FamRZ 1976, 32, 34). **77**

Besonderes Gewicht ist der Selbstbestimmung des Kindes beizumessen, wenn es in einer **schicksalhaften Konfliktlage**, der nur es selbst ausgesetzt ist, eine sachlich verständliche, vertretbare Entscheidung trifft (für das bikulturell geprägte Kind s Rn 165; für seine Entscheidung zwischen beiden Eltern s Rn 130 ff, 145 ff, 158 f). **78**

Zu differenzieren ist auch beim offensichtlich **beeinflußten Kindeswillen**. Es entspricht gefestigter Rechtspraxis, den Kindeswillen in diesen Fällen nicht zu beachten **79**

(BVerfG FamRZ 2001, 1057; OLG Frankfurt FamRZ 2002, 1585, 1586; BayObLG FamRZ 1975, 169, 171 f; FamRZ 1977, 650, 653; DAVorm 1982, 604, 609; EzFamR § 1666 Nr 4; OLG Köln FamRZ 1972, 144, 145; FamRZ 1972, 574, 576; AG Daun FamRZ 2008, 1879, 1881). Dem sollte so pauschal nicht gefolgt werden: Fungiert der Kindeswille als Anzeichen für **emotionale Bindung**, so kommt es allein auf letztere an – auch durch Beeinflussung kann echte (und damit schützenswerte) Bindung entstehen (Erziehung ist per definitionem „Beeinflussung"). Die Disqualifizierung beeinflußten Kindeswillens ist deshalb hier nur gerechtfertigt, wenn die Äußerung des Kindes manipuliert ist und die wirklichen Bindungsverhältnisse nicht zutreffend bezeichnet (vgl BVerfG FamRZ 2001, 1057; OLG Frankfurt FamRZ 2009, 990, 991; BayObLG DAVorm 1982, 604, 609) – das Indiz „Kindeswille" wird dann durch andere Indizien widerlegt.

80 Ist der Kindeswille als **verantwortliche Eigenentscheidung** des Jugendlichen zu beachten, sollte berücksichtigt werden, daß *keine* persönliche Entscheidung (auch von Erwachsenen) „unbeeinflußt" ist – nur wo die Fremdsteuerung die Eigenentscheidung des Minderjährigen praktisch verdrängt, kommt es auf den geäußerten „Kindeswillen" nicht an (aber auch hier kann auf der Durchsetzungsebene eine verhärtete Kindesposition Grenzen setzen, Rn 291). Die vorstehend vertretene Differenzierung verschiedener Funktionen des Kindeswillens (dazu ausf COESTER, Kindeswohl 257 ff; § 1671 Rn 235) erlaubt auch eine präzisere Beurteilung der Anhörungsnotwendigkeit (vgl OLG Hamm DAVorm 1986, 804, 807 f: keine Anhörung; Kind für eigene Entscheidung zu klein, und Bindung scheidet aus, weil das Kind die Eltern praktisch nicht kennt; zur Anhörung des Kindes s Rn 275 ff).

b) Gefährdungsbegriff
aa) Grundsätze

81 Die Gefährdungsgrenze ist das **zentrale Tatbestandsmerkmal des § 1666**, sie bezeichnet zugleich die Demarkationslinie zwischen elterlichem Erziehungsprimat und staatlichem Wächteramt (Rn 3). Ihre Konkretisierung kann nicht im Wege der Subsumtion unter einen vorgegebenen Gefährdungsbegriff erfolgen, sondern ist das Ergebnis eines komplexen Abwägungsprozesses, den der Familienrichter in jedem Einzelfall neu vorzunehmen hat. Was insoweit zur Konkretisierung des Kindeswohlbegriffs gesagt worden ist (Rn 64), gilt im wesentlichen auch für den Gefährdungsbegriff (ausführlich COESTER, in: LIPP/SCHUMANN/VEIT [Hrsg], Kindesschutz 19, 26 ff = JAmt 2008, 1, 3 f). Zentrale Elemente der Abwägung sind die Rechte und Interessen des *Kindes* als Grundrechtsträger gem Art 1, 2 GG (mit dem daraus abgeleiteten Erziehungsleitbild des § 1 Abs 1 SGB VIII), das *Elternrecht* gem Art 6 Abs 2 S 1 GG sowie legitime *Gesellschaftsinteressen* an einer nachfolgenden Generation, die dem Menschenbild des GG entspricht. Dabei ist der Kompromißcharakter des geltenden Rechts unverkennbar (und unvermeidbar): Das Recht will das Kind schützen, aber den Eltern „nicht weh tun" (ZENZ, Kindesmißhandlung 307, 336). Es gilt eine delikate Balance zu halten zwischen einer Sicht, die das Kind fast nur mediatisiert durch elterliche Bestimmungsmacht wahrnimmt (krit SIMITIS, in: GOLDSTEIN ua I 101 f; ders, in: GOLDSTEIN ua III 198; ders, in: FS Müller-Freienfels [1986] 579, 606), und andererseits „Rettungsphantasien" professioneller Kindesschützer (vgl GOLDSTEIN ua II 92, 116, 117; s auch die scharfe Kritik des BVerfG [FamRZ 2006, 1593, 1595 f] an OLG Hamm FamRZ 2004, 1396). Die verantwortliche richterliche Abwägung wird vom Gesetz nicht erleichtert oder vorstrukturiert durch eine *gesetzliche Definition* des Gefährdungsbegriffs (ablehnend zuletzt Arbeitsgruppe „Familiengerichtliche Maßnahmen bei Gefährdung des Kindeswohls", Abschlußbericht v 17.11.2006, S 29), die mit dem notwendigen generalklauselartigen Charakter des § 1666 auch gar nicht verträglich wäre. Zu Recht wurde auch darauf verzichtet, in Anlehnung an einen Gesetzesantrag Bayerns (BR-Drucks 296/06) für bestimmte Fälle (Jugenddelinquenz, Drogenabhängigkeit) eine *Vermutung* zugunsten einer Kindeswohlgefährdung zu normieren (BT-Drucks 16/6815, 10 f; Arbeitsgruppe aaO S 30).

Die *Rechtsprechung* versteht unter Gefährdung **"eine gegenwärtige, in einem solchen Maße vorhandene Gefahr, daß sich bei der weiteren Entwicklung eine erhebliche Schädigung mit ziemlicher Sicherheit voraussehen läßt"** (BGH FamRZ 1956, 350; FamRZ 2005, 344, 345; vgl BayObLG FamRZ 1977, 473, 474; DAVorm 1981, 897, 898; DAVorm 1983, 78, 81; OLG Dresden FamRZ 2003, 1862, 1863; OLG Hamm FamRZ 2006, 359). **82**

Die eigentliche *Schädigung* des Kindesinteresses muß künftig drohen, schon eingetretene Schäden sind weder erforderlich noch ausreichend (OLG Karlsruhe FamRZ 2006, 576 [einmalige Verletzung]), ungeachtet ihrer Indizfunktion für auch künftige Schädigungen des Kindes (vgl OLG Stuttgart FamRZ 2002, 1279 [„psychosozialer Minderwuchs"]). Andererseits muß sich der Schadenseintritt schon mit **hinreichender Wahrscheinlichkeit** abzeichnen, eine erst „künftige Gefährdung" (so BVerfG NJW 1982, 1379, 1381) berechtigt nicht zur Intervention (Hinz NJW 1983, 377, 378; OLG Celle FamRZ 2003, 1490, 1491; OLG Dresden FamRZ 2003, 1862, 1863 [konkrete Gefährdung bejaht]; OLG Hamm FamRZ 2006, 359; vgl FamG Meschede FamRZ 1997, 958: Bloße Zugehörigkeit der Eltern zu den Zeugen Jehovas begründet noch keine Gesundheitsgefahr für das Kind, wenn eine medizinische Behandlung des Kindes nicht konkret bevorsteht; die Gefährdung ist jedoch zu bejahen, wenn bei einer Frühgeburt mit der kurzfristig auftretenden Notwendigkeit von Bluttransfusionen gerechnet werden muß; OLG Celle NJW 1995, 792, 793; vgl Rn 98; BayObLG FamRZ 1996, 1031, 1032: Bloße Möglichkeit späterer Schädigung des Kindes durch „sexualisierte Familienatmosphäre" genügt nicht, vgl Rn 113). Liegt eine „aktuelle Gefährdung des Kindeswohls" nicht vor, fehlt gerichtlichen Eingriffen nach § 1666 die Tatsachengrundlage, es handelt sich um unzulässige Präventivmaßnahmen (BVerfG Beschl v 17.6.2009 – 1 BvR 467/09 – Rn 39). Die „ziemliche Sicherheit", mit der eine Schädigung drohen muß, ist eine **ernst zu nehmende Interventionsschwelle**, die nicht durch pauschale Unterstellungen (die sich typischerweise gegen Minderheiten richten) unterlaufen werden darf (s die vorgenannten Beispiele). So ist im Einzelfall die konkrete Gefahr der **Beschneidung** eines gambischen Mädchens bei Rückkehr nach Gambia noch plausibel belegt worden (OLG Dresden FamRZ 2003, 1682 f und BGH FamRZ 2005, 344, 346; AG Bremen ZKJ 2008, 338 ff; eher ein Grenzfall AG Bonn ZKJ 2008, 256). Der bloße Umstand, daß im Herkunftsland der Eltern noch Beschneidungen vorgenommen werden, wird aber kaum ein generelles Reiseverbot in dieses Land für die Kinder rechtfertigen (vgl Fallschilderung in SZ v 28.1.2009 S 3, betr Äthiopien; zu Beschneidungen s noch Rn 96, 163) – die konkrete Schädigungsgefahr muß aus jedem Einzelfall heraus belegt werden. Dies gilt um so mehr, als Beschneidungen auch in Deutschland (illegal) vorgenommen werden (vgl AG Bremen aaO; OLG Karlsruhe ZKJ 2008, 428, 429; Wüstenberg ZKJ 2008, 411, 414). Ist die Gefährdung „gegenwärtig" in diesem Sinne, muß sich nicht notwendig auch die Beeinträchtigung selbst in naher Zukunft verwirklichen, es genügen auch „Fernschäden", die ihre Ursache in den jetzigen Verhältnissen haben: Es geht „nicht nur um das augenblickliche oder vorübergehende Befinden ..., sondern darum, daß die Voraussetzungen für eine gedeihliche altersgemäße Entwicklung ... sichergestellt sind" (BayObLG DAVorm 1981, 901, 903 [permanenter Streit und Gewalt zwischen den Eltern, dadurch langfristige Beeinträchtigung der Kindesentwicklung]; vgl BayObLG FamRZ 1984, 932, 933; BayObLGZ 1983, 231, 237 [Verweigerung des Schulbesuchs]).

83 Die erforderliche *gegenwärtige, begründete Besorgnis der Schädigung* (OLG Nürnberg FamRZ 1981, 707 [LS]) wird durch (uU vereinzelt gebliebene) **Vorfälle in der Vergangenheit** regelmäßig noch nicht hervorgerufen (BayObLG DAVorm 1981, 897, 899; OLG Naumburg FamRZ 2007, 1351; OLG Celle FamRZ 2003, 549, 550 f; OLG Thüringen FamRZ 2003, 1319 f; OLG Naumburg FamRZ 2002, 1274, 1275 [versuchte Kindstötung]; OLG Karlsruhe FamRZ 1974, 661, 662; OLG Stuttgart NJW 1985, 67, 68; im Einzelfall **anders**, aber problematisch BayObLG FamRZ 1988, 748, dazu § 1666a Rn 4). Noch weniger reicht es im Grundsatz aus, daß die Eltern bei der Erziehung früherer Kinder versagt haben (KG FamRZ 1985, 735, 737 [für Jugendamt allerdings Grund zu erhöhter Aufmerksamkeit]; LG Freiburg FamRZ 1985, 95, 96). Besondere Zurückhaltung mahnt der EGMR an, wenn schon Säuglinge gleich nach der Geburt von ihren Eltern getrennt werden sollen (Urt v 12. 7. 2001 [K u T versus Finnland] FamRZ 2002, 305 Nr 168; Urt v 8. 4. 2004 [Haase versus Deutschland] FamRZ 2005, 585 Nr 91, 101, 102); andererseits sind Säuglinge besonders verletzlich, und jedenfalls im Extremfall muß sofort eingegriffen werden können (vgl KG FamRZ 1981, 590 [beide Elternteile haben jeweils frühere Kinder im Säuglingsalter ermordet]). Bei konkretem Mißhandlungsverdacht sind feststehende Mißhandlungen anderer Kinder zu berücksichtigen (OLG Oldenburg NJWE-FER 1998, 67). Des weiteren kann aus lang andauerndem und wiederholtem Versagen in der Vergangenheit die Besorgnis auch künftiger Kindesgefährdung gefolgert werden (LG Berlin ZBlJugR 1980, 188, 191 [drogenabhängige Mutter]). Diese Besorgnis wird durch das bloße Versprechen künftiger Besserung im Rahmen der mündlichen Verhandlung nicht beseitigt (OLG Köln FamRZ 2004, 828). Schließlich ist es auch möglich, daß eine **frühere Gefährdungslage beendet** ist, inzwischen aber eine **neue Gefährdung** an deren Stelle tritt (BVerfG FamRZ 1993, 782, 784; OLG Naumburg FamRZ 2002, 1274, 1275; OLG Frankfurt FamRZ 2002, 1277, 1278 [Anm Doukkani-Bördner]; Hoffmann FamRZ 2002, 1276, 1277). Typische Fallgestaltung: Fremdplazierung des Kindes wegen ursprünglicher Gefährdungslage; psychosoziale Verwurzelung dort, deshalb Gefährdung durch spätere Herausnahme (vgl Rn 130–132).

84 Hinsichtlich der **Schwere der drohenden Interessenbeeinträchtigung** sind verfassungsrechtliche Vorgaben (Art 6 Abs 2 S 1 GG) zu beachten. Das BVerfG verlangt eine „nachhaltige Gefährdung" (BVerfGE 60, 79, 91; BVerfG FamRZ 2008, 492). Der Familienrichter hat nicht darüber zu entscheiden, ob eine andere Unterbringung oder andere Erziehungsmaßnahmen besser oder zweckmäßiger wären – die Wahrung und Interpretation der Kindesinteressen liegt in einem breiten Vertretbarkeitsrahmen bei den Eltern, staatlicher Kindesschutz setzt erst bei Überschreitung der Vertretbarkeitsgrenzen ein (BVerfGE 24, 119, 145; BVerfG FamRZ 2008, 492; BayObLG DAVorm 1981, 897, 898 f; FamRZ 1982, 638; DAVorm 1983, 78, 81; OLG Stuttgart FamRZ 1966, 256, 257; LG Mannheim DAVorm 1964, 9 f; Erichsen/Reuter 36, 43, 51–53; Schmitt/Glaeser DÖV 1978, 629, 634; Jestaedt, in: Lipp/Schumann/Veit [Hrsg], Kindesschutz 13 ff. Zum Streit über die „Erheblichkeit" der Gefährdung vgl BT-Drucks 8/2788, 39 f; Knöpfel FamRZ 1977, 600, 605). Es gehört nach Auffassung des BVerfG **nicht zum staatlichen Wächteramt, „für eine den Fähigkeiten des Kindes bestmögliche Förderung zu sorgen"**. Regelmäßig seien die Eltern die besten Interessenwahrer des Kindes. Dabei werde „die Möglichkeit in Kauf genommen, daß das Kind ... wirkliche oder vermeintliche Nachteile erleidet, die im Rahmen einer nach objektiven Maßstäben betriebenen Begabtenauslese vielleicht vermieden werden könnten" (BVerfGE 34, 165, 184; zuvor schon BVerfGE 24, 119, 144 f; vgl

Titel 5 § 1666
Elterliche Sorge 85, 85a

JESTAEDT aaO S 14 f). Die schon bald erfolgte Übertragung dieser im Zusammenhang mit Ausbildungsfragen geprägten Feststellung auf die Entwicklungschancen des Kindes schlechthin (BVerfGE 60, 79, 94; NJW 1986, 3129, 3131; FamRZ 2008, 2185 Nr 15 sowie inzwischen gefestigte Rechtsprechung der Familiengerichte) ist im Grundsatz zutreffend (vgl OLG Hamburg FamRZ 2001, 1088, 1089; so auch die Position der EMRK, EGMR FamRZ 2005, 585 Nr 95; OLG Brandenburg ZKJ 2009, 291, 292; OLG Hamm FamRZ 2004, 1664, 1665; 2006, 1476, 1477; näher COESTER, in: LIPP/SCHUMANN/VEIT, Kindesschutz 34; **krit** hingegen OBERLOSKAMP ebenda 45, 54). Seine **Eltern und deren sozio-ökonomischen Verhältnisse gehören grundsätzlich zum Schicksal und Lebensrisiko eines Kindes.** Dies ist nicht so sehr eine Konzession an das Elternrecht als vielmehr schon eine gesellschaftspolitische Notwendigkeit; sie verhindert, daß mit staatlicher Hilfe gebildetere, reifere oder wirtschaftlich besser situierte Personen den leiblichen Eltern auf breiter Front die Kinder entziehen können (vgl auch Art 7 Abs 1 UN-Kinderkonvention 1989; Art 8 EMRK; vgl EGMR FamRZ 2002, 1393, 1396 [Ziff 69]; OLG Düsseldorf FamRZ 1994, 1541 ff; OLG Hamm FamRZ 2006, 1476, 1477; de facto ist dies bei Pflege- und Adoptiveltern dennoch häufig genug der Fall; ähnl BVerfG NJW 1986, 3129, 3131; DIEDERICHSEN FamRZ 1978, 1, 4; ERICHSEN/REUTER 52; ZENZ, Kindesmißhandlung 325). Im Auge zu behalten ist auch die Grenzlinie zwischen staatlicher Verantwortung und Kindesschutz einerseits, gesellschaftlicher Freiheit und Vielfalt andererseits (vgl Bundesjugendkuratorium ZKJ 2008, 200, 201 f).

Demgemäß müssen vom Kind „wirkliche oder vermeintliche Nachteile ... durch 85 bestimmte Entscheidungen oder Verhaltensweisen der Eltern in Kauf genommen werden" (BVerfGE 60, 79, 94; 72, 122, 139 f; BVerfG FamRZ 2008, 492; 2008, 2185 Nr 15; BayObLG FamRZ 1993, 1350, 1351); schlichte Pflichtwidrigkeiten unterhalb der Gefährdungsgrenze bleiben sanktionslos (unterlassene Förderung oder Ausbildung kann aber durchaus die Kindesinteressen gefährden; zum Schulbesuch s unten Rn 137). Ebenso reicht eine nur „bessere" Betreuung und Erziehung bei Dritten nicht aus, um den Eltern das Kind zu nehmen (neben obigen Nachw EGMR v 8. 4. 2004 [Haase versus Deutschland] FamRZ 2005, 585 Nr 95; BayObLG EzFamR § 1666 Nr 4 [Großeltern]; FamRZ 1996, 1031 [Heim]; OLG Hamburg FamRZ 1983, 1271, 1273; FamRZ 2001, 1088, 1089 [Internat]; OLG Celle FamRZ 2003, 549, 550; AG Frankfurt aM DAVorm 1982, 365, 367 [jeweils Pflegeeltern]; bedenklich jedoch die Anwendung dieses Grundsatzes, wenn die Eltern das Kind nicht selbst betreuen, sondern lediglich eine dem Kind vorteilhafte Unterbringung durch eine schlechtere ersetzen wollen, vgl BayObLG FamRZ 1985, 522, 523). Die **Grenze** dieses „Familienrisikos" (Rn 84) und damit auch des elterlichen Erziehungsvorrangs ist jedoch erreicht, wenn die Entwicklung des Kindes im Sinne des Menschenbildes des GG und des daraus abgeleiteten Erziehungsziels des § 1 Abs 1 SGB VIII konkret und schwerwiegend gefährdet erscheint. Dieser Befund ergibt sich entweder aus (der Gefahr von) einzelnen, persönlichkeitsbedrohenden Rechtsverletzungen (zB Gewalt, sexueller Mißbrauch) oder aus langfristig gewachsenen schwerwiegenden Entwicklungsdefiziten ohne Besserungsperspektive (vgl OLG Köln JAmt 2008, 45 ff [Verwahrlosung und massive Persönlichkeitsstörungen von Jugendlichen in Großfamilie mit 11 Kindern]; eher ein Grenzfall OLG Brandenburg FamRZ 2008, 1556 f).

Besondere Zurückhaltung ist geboten, wenn es um eine geplante **Umsiedlung des** 85a **Kindes ins Ausland** geht, etwa bei ausländischen Eltern, die ihr Kind von deutschen Pflegeeltern herausverlangen, oder wenn deutsche Elternteile ihr Kind ins Ausland mitnehmen wollen. Vor allem bei stark abweichenden kulturellen, sozialen und ökonomischen Lebensbedingungen im Ausland besteht die Gefahr, daß das Kindeswohl allein durch Verbleiben im deutschen Lebensbereich als gewahrt angesehen wird und den ausländischen (bzw auswanderungswilligen) Eltern damit praktisch die Kinder genommen werden (vgl OLG Düsseldorf FamRZ 1984, 1258; die Vorinstanzen in OLG Oldenburg FamRZ 1981, 811 ff). Überwiegend ist man jedoch zu Recht der Auffassung, daß die – aus deutscher Sicht – ungünstigeren Entwicklungsbedingungen im fremden Land für sich allein noch keine „Kindesgefährdung" begründen (vor allem, wenn die Familie von dort stammt; vgl BVerfG NJW 1986, 3129, 3131 [Eltern aus Zaire]; OLG Hamburg FamRZ 1983, 1271, 1273 [Eltern aus Ghana]; OLG Zweibrücken FamRZ 1984, 931, 932 [deutsche Mutter will mit zwei Kleinkindern nach Pakistan]; BayObLG FamRZ 1984, 1259 [aber später: FamRZ 1985, 737]; FamRZ 1997, 954, 955; LG Berlin FamRZ 1982, 841, 843 [jeweils türkische Familien]; BayObLG ZfJ 1985, 36, 37 [Vater aus USA]). Allerdings können andere Aspekte hinzutreten, aus denen sich eine Gefährdung des Kindeswohls ergibt – etwa die aus einem Abbruch gewachsener Bindungen drohenden Schäden (OLG Hamburg aaO; BayObLG ZfJ 1985, 36, 37), die dauerhafte Trennung des Kindes von einem Elternteil (OLG Karlsruhe FamRZ 1994, 1544 f) oder der Umstand, daß die Umsiedlung nur durch gewaltsames Brechen des Kindeswillens durchsetzbar wäre (BayObLGZ 1974, 317; BayObLG FamRZ 1985, 737; FamRZ 1997, 954 ff; vgl Rn 229). Richterlicher Chauvinismus ist ebenso fehl am Platz wie umgekehrt übertriebene Höflichkeit, die elementare Kindesbedürfnisse aus den Augen verliert (zur Ausländerproblematik s noch Rn 165–168).

bb) Änderungen durch das KiWoMaG 2008?

86 Obwohl es das Ziel des KiWoMaG 2008 war, „die Eltern stärker in die Pflicht zu nehmen" (vgl nur BT-Drucks 16/6815, 7) und eine „frühzeitige Anrufung des Familiengerichts zu fördern" (BT-Drucks 16/6815, 11, 14), betonen die Gesetzesverfasser, daß die Reform **keine Absenkung der** durch den Gefährdungsbegriff bezeichneten **Eingriffsschwelle** für familiengerichtliche Eingriffe in die elterliche Sorge bedeuten sollte (BT-Drucks 16/6815, 14; 16/8914, 8, 10, 12). Die generellen Ansätze, den unbestimmten Rechtsbegriff der „Kindeswohlgefährdung" zu konkretisieren (dazu im Folgenden Rn 96 ff), behalten deshalb weiterhin grundsätzlich Gültigkeit. Es sollte aber nicht verkannt werden, daß das erklärte Ziel der Reform, die Effektivität des Kindesschutzes zu verbessern und den staatlichen Wächter „näher an die Familie zu rücken" (Rn 18 f), doch ohne gewisse Modifikationen nicht zu erreichen war. Nur setzen diese nicht bei der *Schwere* (Erheblichkeit) *der drohenden Schädigung* (Rn 84) an, sondern bei der Umschreibung der *„Gefährdung"* als Vorstufe der eigentlichen Schädigung. Da das staatliche Wächteramt nicht auf Sanktionen (von Erwachsenenverhalten), sondern auf Prävention von Kindesschädigungen zielt (vgl Rn 67), muß die Interventionsentscheidung im *Vorfeld* der Schädigung fallen, eben schon bei der „Gefährdung". Diese setzt einen gewissen Grad an Schadens*wahrscheinlichkeit* voraus. Letztere ergibt sich aus zwei Komponenten: Erforderlich ist zum einen eine gewisse *zeitliche Nähe* zum drohenden Schadenseintritt sowie zum anderen eine gewisse *Verdichtung der Kausalfaktoren,* die eine künftige Schädigung nicht nur als denkbar, sondern als konkret voraussehbar erscheinen lassen (COESTER, in: LIPP/SCHUMANN/VEIT, Kindesschutz 24 = JAmt 2008, 1, 3). Im etablierten Gefährdungsbegriff der Rechtsprechung wird das zeitliche Element mit „gegenwärtige" Gefahr, das Wahrscheinlichkeitselement mit „ziemlicher Sicherheit" umschrieben (Rn 82). In § 8a Abs 1 SGB VIII werden daraus „gewichtige Anhaltspunkte" für eine Gefährdung, in § 157 Abs 1 FamFG eine **„mögliche Gefährdung"** – beide Begriffe dürften – mit unterschiedlichen Nuancierungen – das zeitliche Element wie die Schädigungswahrscheinlichkeit gleichermaßen umfas-

sen (dies ergibt sich schon aus der Korrespondenz der Anrufung des FamG durch das Jugendamt nach § 8a Abs 1, 3 S 1 SGB VIII mit der Gefährdungserörterung durch das FamG gem § 157 FamFG als Reaktion hierauf).

Mit beiden Begriffen soll die **staatliche Intervention vorverlagert** werden, entsprechend dem Reformziel, die Eltern „stärker in die Pflicht zu nehmen" und das FamG „frühzeitiger" einzuschalten (Rn 86). Die Vorverlagerung bezieht sich aber *nicht* auf die substantielle Grenzlinie zwischen elterlichem Erziehungsprimat und staatlichem Wächteramt – insoweit ist die Eingriffsschwelle des § 1666 Abs 1 in der Tat nicht abgesenkt. Vorverlagert (und damit erleichtert) sind jedoch die staatlichen Handlungsmöglichkeiten im *Vorfeld* des klassischen Gefährdungsbegriffs – an zeitliche Nähe und Eintrittswahrscheinlichkeit der Kindesschädigung werden geringere Anforderungen gestellt. Der Vorverlagerung entsprechen jedoch (zunächst) nur abgeschwächte Einwirkungsmöglichkeiten auf die Eltern: Erörterung, Aufklärung des Sachverhalts, Hilfsangebote, Versuch autoritativer Beeinflussung des Elternverhaltens. Für *Eingriffe* in die Sorgesubstanz, auch durch sogenannte „niedrigschwellige Maßnahmen" gem Abs 3 Nr 1, 2, 5 bedarf es hingegen stets auch künftig der Feststellung des Familiengerichts, daß die herkömmliche Gefährdungsschwelle des § 1666 Abs 1 erreicht ist (die Kritik am KiWoMaG 2008 differenziert nicht im vorstehenden Sinn, vgl ROSENBOOM/ROTAX ZRP 2008, 1, 3; VEIT, in: LIPP/SCHUMANN/VEIT, Kindesschutz 4; SCHUMANN, Kindeswohl 185 ff; RÖCHLING FamRZ 2007, 1775, 1778; vgl auch VAN ELS FF 2009, 157 ff; weitergehend für eine substantielle Herabsetzung der Gefährdungsschwelle ROSENBOOM 194, 201; dies ZKJ 2007, 55, 57; RÖCHLING FamRZ 2007, 431, 432 f; OBERLOSKAMP, in: LIPP/SCHUMANN/ VEIT, Kindesschutz 54; offenbar auch CZERNER 218 ff; so auch schon der Deutsche Juristinnenbund, Neues elterliches Sorgerecht [1977] 18, 52 ff, 167). Darüber darf auch nicht der mißverständliche Wortgebrauch „niedrigschwellige Maßnahmen" im Rahmen der Reformdiskussion und Gesetzesbegründung hinwegtäuschen (krit dazu COESTER, in: LIPP/SCHUMANN/VEIT, KINDESSCHUTZ 19, 32). Gemeint sind hier weniger eingriffsintensive Maßnahmen „unterhalb der Schwelle der Sorgerechtsentziehung" (BT-Drucks 16/ 6815, 9, 11). Um eine „Schwelle" handelt es sich dabei nur insoweit, als mildere Maßnahmen nach dem Grundsatz der Verhältnismäßigkeit Vorrang haben (dazu unten Rn 213). 87

Liegt demnach in der vorverlagerten „Inpflichtnahme" der Eltern noch kein Eingriff in ihre Sorgesubstanz gem § 1626 ff, so läßt sich aber doch eine Beeinträchtigung ihrer Elternautonomie aus Art 6 Abs 2 S 1 GG nicht leugnen. Diese Beeinträchtigung ist jedoch, genau besehen, nicht so neu, wie es scheint: Schon nach bisherigem Recht hatte das FamG nach Hinweisen und Anzeigen aller Art ein Verfahren nach § 1666 zu eröffnen und von Amts wegen Ermittlungen anzustellen, sofern hierfür „bei sorgfältiger Überlegung Anlaß" bestand (andere sprechen von einem „Anfangsverdacht", KEMPER FamRB 2008, 345, 347; MünchKomm-FamFG/ULRICI § 24 Rn 3; s auch § 1667 Rn 4; vgl unten Rn 261, 267). Diese **Einleitungsschwelle** für Kindesschutzermittlungen dürfte der Sache nach mit den „gewichtigen Anhaltspunkten" des § 8a Abs 1 SGB VIII oder der „möglichen Gefährdung" des § 157 Abs 1 FamFG übereinstimmen (in diesem Sinne ist auch § 166 Abs 3 FamFG zu verstehen; zur entspr jugendhilferechtlichen „Einleitungsschwelle" WILLUTZKI FPR 2008, 488, 489; krit zur unterschiedlichen Terminologie des Gesetzes COESTER, in: LIPP/SCHUMANN/VEIT, Kindesschutz 38). Auch die Erörterung von Gefahrabwendungsmöglichkeit mit den Eltern und entsprechender Einwirkungsversuche des Gerichts waren bisher schon im Rahmen der Elternanhörung möglich 88

(§ 50a Abs 1 S 3 FGG aF; RÖCHLING FamRZ 2006, 1732, 1737). Die Reformen des KICK (SGB VIII) 2005 und des KiWoMaG 2008 haben nur versucht, diese vorgelagerten Aufklärungs- und Einwirkungsmöglichkeiten stärker zu betonen, zu konkretisieren und zu strukturieren. Diese lassen sich anschaulich mit dem Begriff des **„Gefahrerforschungseingriffs"** (als Gegenpol, unter Umständen aber auch als Vorstufe zum Sorgerechtseingriff nach § 1666) kennzeichnen (so – in Übernahme eigentlich polizeirechtlicher Terminologie – JESTAEDT, in: LIPP/SCHUMANN/VEIT, Kindesschutz 17; CZERNER 225, 495) oder aber mit einer Differenzierung von **Kontroll- und Eingriffsschwelle** (so COESTER, in: LIPP/SCHUMANN/VEIT, Kindesschutz 35 ff; vgl auch WIESNER SGB VIII § 8a Rn 13: „Bestimmte Risikoschwelle als „Eingangsvoraussetzung" für die Wahrnehmung des Schutzauftrags"; ebenso BRINGEWAT ZKJ 2007, 225, 230 [der Gefährdungsschwelle des § 1666 vorgelagert]). Die Duldungspflicht der Eltern ergibt sich generell aus der inneren Pflichtbindung des verfassungsrechtlichen Elternrechts (BVerfGE 24, 119, 143; 56, 363, 382) sowie aus der Verpflichtung des Staates zum effektiven Rechtsschutz für das Kind gem Art 6 Abs 2 S 2 GG (COESTER, in: LIPP/SCHUMANN/VEIT, Kindesschutz 19, 38 f; befürwortend auch JESTAEDT, ebenda 5, 17 f). Allerdings muß die durch § 8a Abs 1 SGB VIII und § 157 Abs 1 FamFG bezeichnete vorgelagerte Schwelle für Gefahrerforschung und Kontrolle erreicht sein – eine „flächendeckende und verdachtsunabhängige, mitlaufende Erziehungskontrolle" des Staates würde gegen die Verantwortungsaufteilung zwischen Staat und Eltern gem Art 6 Abs 2 GG verstoßen (JESTAEDT 17; vgl COESTER, ebenda 33, 34; zumindest missverständlich SCHUMANN, Kindeswohl 179, wonach die Eltern nunmehr „bloße Verdachtsermittlungseingriffe" dulden müssten; zutreffend unterscheidet JESTAEDT aaO zwischen „begründetem Verdacht" und „anhaltlosen Verdachtsermittlungseingriffen").

89 Damit lassen sich **im Ergebnis drei Einsatzlinien** der staatlichen Verantwortung gegenüber Problemfamilien unterscheiden (COESTER, in: LIPP/SCHUMANN/VEIT, Kindesschutz 39):

(1) Schlichte Erziehungsdefizite lösen Hilfsangebote der Jugendhilfe aus (§§ 27 ff SGB VIII);

(2) Bei „gewichtigen Anhaltspunkten" für eine erhebliche Schädigungsgefahr (§ 8a Abs 1 S 1 SGB VIII) bzw schon bei konkret „möglicher Gefährdung" (§ 157 Abs 1 S 1 FamFG) werden Eltern von Familiengericht und Jugendamt in die Pflicht genommen, bei der Aufklärung und Maßnahmenerörterung mitzuwirken;

(3) Bei aktuell drohender Schädigung kann das FamG zum Schutze des Kindes in die elterliche Sorge eingreifen (§§ 1666 ff).

cc) Statischer oder relativer Gefährdungsbegriff?
90 Die Abhängigkeit des Gefährdungsbegriffs von den Wertungen und dem Erkenntnisstand der jeweiligen Zeit ist evident – insoweit gilt das gleiche wie beim Kindeswohlbegriff selbst (Rn 64). Geht es dort um den generellen Inhalt der Kindesinteressen, so hier um die Toleranzgrenzen bei Kindeswohlbeeinträchtigungen: Was eine Zeit hinzunehmen bereit ist, muß in einer späteren Zeit nicht mehr gelten (zur Gewaltanwendung bei der Erziehung Rn 97). Insofern wäre ein „statischer" Gefährdungsbegriff unvereinbar mit der Funktion des § 1666 als Generalklausel. Es bleibt nur zu fragen, ob der Gefährdungsbegriff auch in anderer Weise, je nach Kontext, relativiert werden kann.

α) Hermeneutische Relativierungen

Die *Grenze zwischen „nachteilig" und „unvertretbar"* ist nicht leicht zu ziehen. Dabei stellt sich die Grundsatzfrage, ob die Gefährdungsgrenze gewissermaßen „statisch" ist, gleichbleibend für alle Konfliktthemen und in Betracht kommenden Maßnahmen, oder ob sie relativiert wird durch unverkennbare hermeneutische Zusammenhänge, etwa: Je eindeutiger das „Richtige" für das Kind, um so eher „Unvertretbarkeit" anderweitiger elterlicher Entscheidungen. Oder: Je geringfügiger die staatliche Intervention, auch in Relation zum Schadenspotential bei Nichteingriff, um so niedriger die Eingriffsschwelle (näher COESTER, in: LIPP/SCHUMANN/VEIT, Kindesschutz 32 ff = JAmt 2008, 1, 6 f). Und in der Tat, je sicherer die Gerichte im Einzelfall die „richtige" Entscheidung zu wissen glauben, um so eher drohen richterliche Übergriffe in den elterlichen Erziehungsprimat (problematisch insoweit BayObLG FamRZ 1982, 86 [Erzwingung des Kindergartenbesuchs]; vgl auch Rn 117). Nicht die vermeintliche Gewißheit über das eigentlich Gebotene ist aber entscheidend, sondern die Vertretbarkeit der elterlichen Bestimmung im Lichte der verfassungsrechtlich vorgezeichneten Verantwortungsverteilung zwischen Eltern und Staat mit Bezug auf Kinder. Es darf nicht verkannt werden: Beim Gefährdungsbegriff geht es um Risikofragen. „Gefährdung" ist kein deskriptives, schlicht subsumtionsfähiges Tatbestandsmerkmal, sondern überantwortet dem Familienrichter die verantwortliche Risikoabwägung für Kind und Eltern (bezogen auf Eingriff bzw Nichteingriff) für jeden Einzelfall – und damit letztlich die konkrete Grenzziehung zwischen Elternrecht, Kindesrecht und staatlichem Wächteramt. Dabei können die Höhe eines Risikos und das Gewicht eines Eingriffs in die elterlichen Befugnisse nicht unbeachtlich sein. Allerdings setzt § 1666 in ersterer Hinsicht eine *Mindestgrenze:* Die nur marginale Beeinträchtigung elterlicher Kompetenz, etwa bei familiengerichtlichen Ermahnungen, Auflagen, Ge- oder Verboten, legitimiert nicht staatliche Mitsprache bei der Erziehung, sofern dem Kind nicht andernfalls erheblicher Schaden droht (zur insoweit mißverständlichen Wendung „niedrigschwellige Maßnahmen" im Rahmen der KiWoMaG-Gesetzgebung s Rn 87). Das gleiche gilt für (vermeintlich) offenbare elterliche Unvernunft, die dem staatlichen Eingriff sein Gewicht zu nehmen scheint. Die für den Gefährdungsbegriff des § 1666 erforderliche *Erheblichkeit* der drohenden Kindesschädigung (Rn 82, 84) steht nicht zur Disposition des Rechtsanwenders, sie ist nicht relativierbar. Dies erlaubt auch nicht der „Grundsatz der Erforderlichkeit und Verhältnismäßigkeit" (so aber – wohl de lege ferenda – OBERLOSKAMP, in: LIPP/SCHUMANN/VEIT, Kindesschutz S 45, 54). Dieser Grundsatz beherrscht die Maßnahmen auf der Rechtsfolgenseite (Rn 211 ff), nicht aber schon den Tatbestand des § 1666 Abs 1 (RÖCHLING FamRZ 2007, 431, 432; COESTER, in: LIPP/SCHUMANN/VEIT, Kindesschutz 34 = JAmt 2008, 1, 6). Nur hinsichtlich der *Wahrscheinlichkeit* des Schadenseintritts, bestehend aus einem kausalen und einem zeitlichen Element (Rn 82), wird man die Gewißheitsanforderungen variieren dürfen, je nach Verhältnis von Gewicht des drohenden Schadens einerseits, des Eingriffs in die elterliche Autonomie andererseits (COESTER, in: LIPP/SCHUMANN/VEIT, Kindesschutz 34 f = JAmt 2008, 1, 7; HEILMANN, in: ELZ, Kooperation 89, 92; ERNST FPR 2008, 602, 605; beispielhaft AG Bremen ZKJ 2008, 338, 339 [s Rn 82]; vgl TIEDEMANN NJW 1988, 729, 735 betr die Ersetzung elterlicher Zustimmung zu einem Aids-Test am möglicherweise infizierten Kind, dazu noch Rn 100; zur Notwendigkeit eines flexiblen Beweismaßes grundlegend ZENZ, Kindesmißhandlung 379–389; zur Vermögenssorge s § 1667 Rn 4). Dies legitimiert auch einen gegenüber endgültigen Eingriffen **vorgelagerten** Schutz durch **einstweilige Maßnahmen** (Rn 307).

Ist umgekehrt die **Eingriffsbetroffenheit der Eltern extrem hoch**, so verbietet doch das

Kindesrecht eine entsprechende Heraufsetzung der Gefährdungsschwelle oder auch nur des Beweismaßes – Schutzgut des § 1666 ist allein das Recht des Kindes aus Art 1, 2 GG. Dessen Gefährdung kann durch Belastungen für die Eltern nicht relativiert werden, zumal das Elternrecht als „Pflichtrecht" (BVerfGE 24, 119, 143 f; FamRZ 2008, 845, 848 Nr 70) schon konzeptionell nicht gegen das Kindeswohl in Stellung gebracht werden kann. Statt dessen bindet § **1666a** die familiengerichtlichen Maßnahmen nachdrücklich an den Verhältnismäßigkeitsgrundsatz. Hierdurch wird dem Elternrecht angemessen Rechnung getragen, nicht durch eine generell höhere, qualifizierte Gefährdungsgrenze (mißverständlich deshalb die Forderung einer „nachhaltigen Gefährdung" [offenbar im Gegensatz zu einer „durchschnittlichen"] durch das BayObLG FamRZ 1998, 1044, 1045; andeutungsweise schon FamRZ 1993, 846, 847; vgl auch § 1666a Rn 1).

93 Die Gefährdungsgrenze wird schließlich auch nicht relativiert durch die **familiäre Eingebundenheit des Kindes**. Die Konzessionen, die das Individualinteresse der gemeinsamen Lebensgestaltung aller Familienmitglieder machen muß, sind im Grundsatz schon keine „Beeinträchtigungen", sondern konstituierende Faktoren des übergreifenden Gesamtwohls des Kindes (Rn 69). Die konkrete Abwägung im Einzelfall kann aber anderes ergeben – eine echte Beeinträchtigung, möglicherweise sogar eine Gefährdung der Kindesinteressen (dazu noch Rn 117 ff). Dabei ist die Gefährdungsschwelle aber nicht prinzipiell höher anzusetzen, nur weil die Belastung des Kindes im Rahmen gesamtfamiliärer Entscheidungen oder Verhaltensweisen erfolgt (mißverständlich insoweit BayObLG FamRZ 1993, 1350, 1351; FamRZ 1997, 954, 955).

Eine sachliche Relativierung der Gefährdungsschwelle ist also im Grundsatz abzulehnen (unbeschadet einer unvermeidlichen hermeneutischen Schwankungsbreite sowie der angedeuteten Flexibilisierung des Beweismaßes; auch die Dringlichkeit einer einstweiligen Anordnung [Rn 305] wird sich an der Schwere der Gefahr und des Eingriffs orientieren dürfen, BayObLG FamRZ 1997, 387).

β) Konflikt zwischen nichtehelichen Eltern

94 Auch nach dem KindRG 1998 markiert der Gefährdungsbegriff des § 1666 die Grenze, ab der erst der Vater gegen den Willen der Mutter das Sorgerecht übernehmen kann (vgl § 1672 Rn 8 ff). Schon vor der Reform hat der Gesichtspunkt, daß es bei entsprechenden Konflikten um die Entscheidung zwischen beiden *Eltern* und damit um die Entwicklungschancen des Kindes im Vergleich zu dem Kind verheirateter Eltern geht, zu der Forderung geführt, hier die Gefährdungsschwelle wesentlich abzusenken (AG Melsungen FamRZ 1993, 108, 110). Nach der Anerkennung des väterlichen Elternrechts aus Art 6 Abs 2 GG durch das BVerfG (FamRZ 1995, 789 ff) sowie der hiermit unvereinbaren Regelung des § 1672 (s dort Rn 9, 10) drängt sich diese Forderung noch stärker auf (demgemäß BGH FamRZ 2001, 907, 910 [„verfassungskonforme Auslegung"] m Anm COESTER in LM Nr 1 zu § 1626a). *Dennoch eignen sich § 1666 und seine grundlegende Grenzziehung zwischen elterlicher und staatlicher Kindeswohlverantwortung nicht als Ort, an dem anderweitige Fehler des Gesetzgebers zu reparieren wären* (BVerfG FamRZ 2003, 285, 291; dazu COESTER FamRZ 2004, 87, 88; ders Anm zu BGH LM Nr 1 zu § 1626a BGB; OLG Karlsruhe FamRZ 2005, 831, 832; SCHUMANN FPR 2002, 1, 12; vgl Rn 159 aE und STAUDINGER/COESTER [2007] § 1626a Rn 38). Relativierungen des Gefährdungsbegriffs an einer Stelle würden die Gefahr seiner Manipulierung auch in anderen Zusammenhängen erhöhen sowie seine Orientierungs- und Schwellenfunktion beeinträchtigen. Nicht der Gefährdungsbegriff ist korrekturbedürftig oder verfehlt, sondern seine Maßgeblichkeit für den Konflikt zwischen nichtehelichen Eltern; also hat die Korrektur in § 1672 zu erfolgen (abgelehnt jedoch durch BVerfG FamRZ 2003, 1447, 1448; krit dazu COESTER FamRZ 2004, 87 f). Dies ist besonders evident, wenn eine betreuungsungeeignete Mutter das Kind in eine Pflegefamilie gibt und damit die Kindesgefährdung selbst abwendet (OLG Brandenburg FamRZ 2008, 1102) – hier stehen Vaterrecht und Kindesrecht auf elterliche Betreuung in Frage, nicht eine Gefährdung des Kindeswohls. Ist ein Eingriff jedoch nach § 1666 gerechtfertigt, so ist dem Umstand, daß hier zwei verfassungsrechtlich gleichberechtigte Eltern in Konflikt stehen, bei den Maßnahmen Rechnung zu tragen (kein Grundsatz der Verhältnismäßigkeit, vgl Rn 213; vgl AG Potsdam FamRZ 2006, 500 f).

γ) **Kontrolle autonomer Elternentscheidungen im Rahmen von § 1671**
Die gleichen Grundsätze gelten auch für Versuche, den Gestaltungsfreiraum, den das Gesetz in § 1671 gemeinsam sorgeberechtigten Eltern einräumt, über eine extensive Interpretation der verbliebenen staatlichen Kontrollfunktion gem §§ 1671 Abs 3, 1666 wieder einzuschränken (näher § 1671 Rn 263). **95**

3. Fallgruppen

a) Gesundheitsgefährdungen
Auf Grund der untrennbaren Verflochtenheit körperlicher, geistiger und seelischer Beeinträchtigungen des Kindeswohls (Rn 70) wird hier ein Gesundheitsbegriff zugrunde gelegt, der alle Komponenten des persönlichen Kindeswohls gleichermaßen umfaßt. **96**

aa) Klassischer Eingriffsfall im Rahmen des § 1666 ist die auf **Kindesmißhandlung** beruhende Schädigung der körperlichen und seelischen Integrität des Kindes. Sie erreicht auch in der heutigen Familienwirklichkeit eine bedrückend hohe, wenngleich wohl nicht zunehmende Zahl (grundl ZENZ, Kindesmißhandlung [1981]; SALGO/ZENZ ua, Verfahrenspflegschaft [2002], mit Beiträgen von MAYWALD Rn 462 ff, FEGERT Rn 486 ff und ZENZ Rn 530 ff; HELFER/KEMPE/KRUGMANN [2002]; GIESEN [1979]; HAESLER [Hrsg], Kindesmißhandlung [2. Aufl 1985]; MAYWALD FPR 2003, 299 ff; HURRELMANN, Warum Eltern zu Tätern werden, Forschung, Mitt der DFG 1/89, 10–12; BARTH ZfJ 1986, 236 ff; zu den Rechtstatsachen- SCHUMANN, Kindeswohl 181 ff). Dabei kann es sich handeln um gezielte Schädigungen (die nicht notwendig auf bösem Willen, sondern auch auf religiös-kultureller Verblendung beruhen können, wie zB die Beschneidung von Mädchen im afrikanisch-islamischen Kulturkreis, dazu Rn 82 und 163 mwN), um unkontrollierte Affekthandlungen oder auf das Kind umgeleitete Aggressionen, oft von den überforderten Eltern einer isolierten und emotionalisierten Kernfamilie (ZENZ 55 ff, zu den komplexen Ursachen von Kindesmißhandlungen 183–224; ROTAX FPR 2001, 251 ff; MAYWALD FPR 2003, 301 ff; zu Versuchen der *Kindestötung* vgl BayObLG DAVorm 1985, 335; OLG Naumburg FamRZ 2002, 1274 [Anm HOFFMANN]; JOHANNSEN/HENRICH/BÜTE Rn 31). Die Kindesgefährdung durch Gewalt kann auch durch *elterliche Passivität* begründet sein, wenn von außen drohende Verletzungen nicht verhindert werden (OLG Celle FamRZ 2007, 1265). Auch die Projektion eigener psychischer Erwartungen auf das Kind in Form des „Münchhausen-by-proxy-Syndroms" kann zu dessen erheblicher Gefährdung führen (vgl OLG Celle FamRZ 2006, 1478 [LS] m Anm LUTHIEN; OLG Dresden FamRZ 2008, 712). Demgemäß steht beim Kindesschutz nicht die retrospektive Aufklärung der elterlichen „Tat" im Mittelpunkt, sondern der Versuch, die komplexe Beziehungsstörung im Eltern-

Kind-Verhältnis zu erfassen (als deren Symptom die Tat gewertet werden muß), um ihre Ursachen zu beseitigen (ZENZ, Kindesmißhandlung 96, 243, 245, 351 ff). Kindesmißhandlung ist in der Regel kein einmaliger Fehltritt, sondern Teil eines komplexen, lang dauernden Prozesses kranker Sozialbeziehungen (MAYWALD FPR 2003, 299, 301). Die Ergebnisse paralleler strafrechtlicher Ermittlungen sind deshalb nur begrenzt von Bedeutung: Neben der Unerheblichkeit von Schuld im Rahmen des § 1666 ist auch das Ermittlungsthema nicht dasselbe. Betroffen sind meist kleinere Kinder. Ausgelöst werden staatliche Maßnahmen zumeist durch gravierende **körperliche Verletzungen** (von den Eltern oft als „Unfälle" getarnt, ZENZ, Kindesmißhandlung 244; OLG Thüringen FamRZ 2003, 1319, 1320 [Bisse in den Po]), was jedoch nicht den Blick dafür versperren sollte, daß die durch körperliche Mißhandlung verursachten **seelischen Schädigungen** oft schwerwiegender und nachhaltiger sind (unbeschadet der, offenbar zunehmenden, Möglichkeit rein **psychischer Mißhandlungen**). Auf letztere sind die Ermittlungen zur „Kindesgefährdung" deshalb besonders zu richten (ZENZ, Kindesmißhandlung 342, mit entspr Konsequenzen für die zu treffenden Maßnahmen: Nicht nur ärztliche Behandlung der Körperverletzung, sondern auch psychotherapeutische Behandlung, ebd 287, 296, vgl MAYWALD FPR 2003, 299, 301 f; KINDLER/SALZGEBER/FICHTNER/WERNER FamRZ 2004, 1241, 1243 f; s Rn 227 f, 268).

97 Neben der klassischen „Mißhandlung", dh der gezielten, kriminellen Schädigung des Kindes steht die **Gewaltanwendung im Rahmen elterlicher Sorgeausübung**, insbesondere Züchtigungen oder sonstige Bestrafungen für (vermeintliches) Fehlverhalten des Kindes. Psychologisch und soziologisch handelt es sich um eine ganz andersartige Verhaltensweise und Tätergruppe; *rechtlich* besteht jedenfalls im Grundsatz aber kein Unterschied. Während noch § 1631 Abs 2 S 1 in seiner Originalfassung dem Vater „angemessene Zuchtmittel" gegen das Kind zugestand (dazu STAUDINGER/ENGELMANN [1. Aufl 1899] § 1631 Anm 5), wurde das elterliche Züchtigungsrecht nach dem 2. Weltkrieg mehr und mehr zurückgedrängt bis zum heutigen Recht des Kindes „auf gewaltfreie Erziehung", § 1631 Abs 2 S 1 (in der Fassung des Gesetzes zur Ächtung der Gewalt in der Erziehung vom 6. 7. 2000; zur Gesetzesgeschichte ie STAUDINGER/SALGO [2007] § 1631 Rn 66; HUBER/SCHERER FamRZ 2001, 797; MAYWALD FPR 2003, 299 ff). § 1631 Abs 2 S 2 konkretisiert die verbotene Gewaltanwendung als „körperliche Bestrafungen, seelische Verletzungen und andere entwürdigende Maßnahmen" (iS des hier zugrunde gelegten Gesundheitsbegriffs s Rn 96). Demnach gibt es, im Gegensatz zu der früher noch herrschenden Auffassung, **keine aus einem „Erziehungszweck" her „gerechtfertigte Züchtigung"** mehr, Erziehung und Gewalt schließen sich gegenseitig aus (STAUDINGER/SALGO [2007] § 1631 Rn 73; PESCHEL-GUTZEIT FPR 2000, 231; KELLNER NJW 2001, 796, 797; KNÖDLER ZKJ 2007, 58; ausführlich COESTER, in: FS Schwab [2005] 747 ff; BAMBERGER/ROTH/VEIT § 1631 Rn 20 ff). Für in Deutschland lebende **Familien aus fremdem Kulturkreis** gelten keine Ausnahmen (OLG Köln FamRZ 2001, 1087, 1088; MünchKomm/OLZEN Rn 60; anders noch LG Berlin FamRZ 1983, 943, 944; vgl Rn 163) – innerhalb Deutschlands gilt deutsches Recht (Art 15 Abs 1 KSÜ; Art 21 EGBGB), „Gewaltenklaven" im deutschen Rechtsraum kann es nicht geben (konsequent LG Berlin ZKJ 2006, 103 ff [2jährige Freiheitsstrafe für gewalttätig erziehenden muslimischen Vater]). Aus dem „Recht auf gewaltfreie Erziehung" kann auch nicht im Umkehrschluß gefolgert werden, außerhalb des Erziehungsbereichs sei Gewalt nicht verboten (so HOYER FamRZ 2001, 521, 524 f; dazu treffend STAUDINGER/SALGO [2007] § 1631 Rn 83, 84: „aberwitzig"). Allerdings ist das Gewaltverbot des § 1631 Abs 2 nicht absolut: Selbstverständlich kann der Einsatz von Gewalt gerechtfertigt sein (und damit von vornherein aus dem Tatbestand auch des

§ 1666 herausfallen) zur **Abwehr von Gefahren** für das Kind oder Dritte (näher dazu COESTER, in: FS Schwab [2005] 747 ff; STAUDINGER/SALGO [2007] § 1631 Rn 85; PALANDT/DIEDERICHSEN § 1631 Rn 15; HUBER/SCHERER FamRZ 2001, 797, 799; KELLNER NJW 2001, 796, 797) oder auch – unbeschadet staatlicher Unterstützungsmöglichkeiten – als **Vollzug elterlicher Sorgemaßnahmen** (zB Zurückholen des entlaufenen oder entführten Kindes; Zurückhalten zur Durchsetzung rechtmäßig beschränkten Umgangs mit Dritten, § 1632 Abs 2; vgl BT-Drucks 14/1247, 7; STAUDINGER/SALGO [2007] § 1631 Rn 85; PALANDT/DIEDERICHSEN § 1631 Rn 15; JAUERNIG/BERGER § 1631 Rn 3). Damit sind jedoch heikle Abgrenzungsfragen aufgeworfen (insoweit zutreffend BAMBERGER/ROTH/VEIT § 1631 Rn 20), wird doch insoweit zweifellos Gewalt zu Erziehungszwecken eingesetzt. Dies zeigt, daß S 2 des § 1631 Abs 2 das „Recht auf gewaltfreie Erziehung" gem S 1 einschränkt: Nur die in S 2 aufgezählten Verhaltensweisen sind verboten; Gewalt zur Durchsetzung von Sorgemaßnahmen muß im übrigen strikt verhältnismäßig bleiben (so STAUDINGER/SALGO [2007] § 1631 Rn 85; HUBER/SCHERER FamRZ 2001, 797, 799; für einen Fall der Unverhältnismäßigkeit s OLG Köln FamRZ 2001, 1087 f: gewaltsamer Versuch der Eltern, die 17jährige Tochter aus der Obhut des Jugendamts herauszuholen, in die sie sich freiwillig begeben hatte – vom Gericht als unzulässige Gewaltanwendung gewertet).

Das Gewaltverbot des § 1631 Abs 2 ist nicht unmittelbar sanktionsbewehrt, verbotswidriges Verhalten der Eltern kann aber im Rahmen anderer Normen Bedeutung erlangen (entspr dem System des kindlichen Rechtsschutzes, oben Rn 11, ist das „Recht auf gewaltfreie Erziehung" *nicht zivilprozessual einklagbar,* vgl PALANDT/DIEDERICHSEN § 1631 Rn 6; MünchKomm/HUBER § 1631 Rn 32 ff; HUBER/SCHERER FamRZ 2001, 797, 799; *Schadensersatzansprüche* werden für möglich gehalten, PALANDT/DIEDERICHSEN aaO; MünchKomm/HUBER § 1631 Rn 37; HUBER/SCHERER FamRZ 2001, 797, 801; zu *strafrechtlichen Sanktionen* s STAUDINGER/SALGO [2007] § 1631 Rn 76 82 mwN). Demgemäß ist anerkannt, daß gewalttätige Erziehung (iSd § 1631 Abs 2 S 2) **auch zu Kindesschutzmaßnahmen nach § 1666** führen kann – allerdings nur unter dessen allgemeinen tatbestandlichen Voraussetzungen. Hierzu gehört das Erfordernis der „Kindesgefährdung" (Rn 81 ff) und der Abwendungsprimat der Eltern (Rn 62, 169 ff; dazu noch Rn 99). Allgemeinen Grundsätzen des § 1666 entsprechend bleibt also elterliches Fehlverhalten solange kindesschutzrechtlich sanktionslos, als es die Gefährdungsschwelle nicht überschreitet (vgl Rn 84, 85), ein Sanktionsautomatismus zwischen § 1631 Abs 2 und § 1666 besteht nicht (zu diesen Grundsätzen s BT-Drucks 14/1247, 5 f; OLG Thüringen FamRZ 2003, 1319, 1320; STAUDINGER/SALGO [2007] § 1631 Rn 67; PALANDT/DIEDERICHSEN § 1631 Rn 6; PESCHEL-GUTZEIT FPR 2000, 231; HUBER/SCHERER FamRZ 2001, 797, 800). So folgt aus der Präventivfunktion des Kindesschutzes und der Zukunftsorientiertheit des Gefährdungsbegriffs (Rn 83), daß vereinzelt gebliebene Gewalttätigkeiten ohne Wiederholungsgefahr Maßnahmen nach § 1666 noch nicht auslösen (BT-Drucks 14/1247, 5; PESCHEL-GUTZEIT FPR 2000, 231; WILL FPR 2004, 233, 234; ROTAX FPR 2001, 251, 252). Andererseits sind **Ausstrahlungswirkungen des § 1631 Abs 2 auf die Gefährdungsschwelle des § 1666** nicht zu verkennen: Das strikte Verbot gewalttätiger Erziehung hat die Demarkationslinie zwischen Hinnehmbarem und Kindesgefährdung deutlich nach unten gesenkt (in diesem Sinne BT-Drucks 12/1247, 5; STAUDINGER/SALGO [2007] § 1631, Rn 67, 83; MünchKomm/HUBER § 1631 Rn 31; MünchKomm/OLZEN Rn 61; JOHANNSEN/HENRICH/BÜTE Rn 29; HUBER/SCHERER FamRZ 2001, 797, 800; BUSSMANN FPR 2002, 289, 290; anders nur ERMAN/MICHALSKI § 1631 Rn 8 [keine geänderten Sanktionen]). Familiengerichtliche Intervention ist also nicht nur in den Fällen geboten, in denen schon nach bisherigem Recht eingeschritten wurde (Stichwort: „Übermaßzüchtigungen", vgl BayObLG DAVorm 1981, 897,

899; DAVorm 1983, 78, 82; FamRZ 1984, 928, 929; DAVorm 1985, 914, 916; FamRZ 1993, 229, 230; 1994, 975; 1997, 572; OLG Stuttgart FamRZ 1974, 538, 539; OLG Thüringen FamRZ 2003, 1319 f) – hier hat § 1631 Abs 2 nur den gerichtlichen Begründungsaufwand abgesenkt (vgl auch die Fallberichte bei STAUDINGER/SALGO [2007] § 1631 Rn 86–89). Der Wegfall einer Rechtfertigung für elterliche Züchtigungen muß sich auch auf die *Schwere* der Gewaltanwendung und ihre *Regelmäßigkeit* im Rahmen des Gefährdungsbegriffs auswirken. So kann eine Erziehungspraxis, die auf regelmäßiger, wenngleich herkömmlich als „angemessen" angesehener Gewaltanwendung aufbaut (Ohrfeigen, Tracht Prügel etc), auch dann Anlaß zu Maßnahmen nach § 1666 geben, wenn der jeweilige Einzelakt den Grad einer Gesundheitsgefährdung nicht erreicht, wohl aber die ständig präsente Gewaltdrohung die Entwicklung des Kindes beeinträchtigt. Dies gilt schließlich auch für *seelische* Schädigungen des Kindes, das wiederholt Zeuge von **Gewalttätigkeiten zwischen den Eltern** ist („mittelbare Gewalterfahrungen"; dazu WEBER-HORNIG/KOHAUPT FPR 2003, 315 ff; WILL FPR 2004, 233, 234; KINDLER/SALZGEBER/FICHTNER/WERNER FamRZ 2004, 1241, 1245; BRISCH 17. DFGT 2007 S 89 ff, 107 f; vgl OLG Köln Urt v 10. 4. 2007 – 4 UF 249/06 – = FamRZ 2007, 1682 [LS]) oder gar die Tötung seiner Mutter durch den Vater miterleben mußte (OLG Frankfurt FamRZ 2008, 1554 ff).

99 Besonders zu betonen ist in diesem Zusammenhang allerdings der (eigentlich generelle) **Vorrang sozialrechtlicher Hilfe vor familiengerichtlichen Eingriffen in das Sorgerecht** (vgl § 1666a Rn 10 ff). Im Hinblick darauf, daß das Gesetz mit § 1631 Abs 2 dem Bewußtseinsstand weiter Bevölkerungskreise vorausgeeilt ist (zur Statistik MAYWALD FPR 2003, 299, 302 mwN), hat der Gesetzgeber mit § **16 Abs 1 S 3 SGB VIII** gezielt ein Hilfsangebot ins Sozialrecht aufgenommen, das betroffenen Familien „Wege aufzeigen (soll), wie Konflikte in der Familie gewaltfrei gelöst werden können" (vgl BT-Drucks 14/1247, 5: „Nicht die Strafverfolgung oder der Entzug der elterlichen Sorge dürfen deshalb in Konfliktlagen im Vordergrund stehen, sondern Hilfen für die betroffenen Kinder, Jugendlichen und Eltern"; vgl auch BT-Drucks 13/11368, 167; BR-Drucks 273/01 Nr 481 ff; dazu SALGO RdJB 2001, 282, 289 ff; STAUDINGER/SALGO [2007] § 1631 Rn 67). Umsetzung und Effektivität dieser Hilfen in der Praxis werden zu beobachten sein (zum Inhalt möglicher Hilfen und den Schwierigkeiten der Realisierung s WIESNER, Welche Hilfen bietet das SGB VIII zur gewaltfreien Erziehung? in: BMFSFJ [Hrsg], Gewaltfreie Erziehung, Materialien zur Erziehungspolitik Nr 9 [2000] 56 ff; SALGO RdJB 2001, 283, 289 ff; STAUDINGER/SALGO [2007] § 1631 Rn 80; KINDLER/SALZGEBER/FICHTNER/WERNER FamRZ 2004, 1241, 1250 ff; BALTZ ZfJ 2000, 210, 213 f). Sie können vom Jugendamt gewaltgeneigten Eltern unmittelbar angeboten werden – bei Erfolglosigkeit wäre dann das FamG entsprechend zu unterrichten (§ 8a Abs 3 SGB VIII). Sind bei Anhängigkeit eines Verfahrens nach § 1666 Hilfen gem § 16 Abs 1 S 3 SGB VIII noch nicht angeboten worden, so kann das FamG hierauf zunächst verweisen, es kann sie aber auch schon im Maßnahmenkatalog des § 1666 berücksichtigen, indem es entsprechende Auflagen oder Gebote für die Eltern erläßt, Abs 3 Nr 1 (zum Problem der Risikoabwägung zwischen Eingriff und Hilfsversuch s DETTENBORN FPR 2003, 293 ff). Gelingt es – mit oder ohne familiengerichtlichen Nachdruck –, die Eltern durch Hilfen gem § 16 Abs 1 S 3 SGB VIII von ihrer gewalttätigen Erziehung abzubringen, so ist damit auch dem **elterlichen Gefahrabwendungsprimat** (Rn 61) genüge getan (STAUDINGER/SALGO [2007] § 1631 Rn 82). Umgekehrt verschafft die Erfolglosigkeit angebotener oder erbrachter Hilfen des Jugendamtes dem FamG eine gesicherte Grundlage für dann notwendige Kindesschutzmaßnahmen.

100 Zu den Gesundheitsgefährdungen gehört schließlich noch in besonderem Maße der sexuelle Mißbrauch, der offenbar eine besonders hohe Dunkelziffer aufweist (TRUBE/ BECKER, in: HAESLER [Hrsg] 117–134; RÖCKER, in: DU BOIS [Hrsg], Praxis und Umfeld der Kinder- u Jugendpsychiatrie [1989] 145 ff; nach MÜNDER/MUTKE/SCHONE 101 handelt es sich [nach der Vernachlässigung] um die zweithäufigste Gefährdungsursache; s auch die Beiträge in HELFER/KEMPE/ KRUGMANN [2002]). Die Probleme liegen hier weniger im materiellen Recht als in Ermittlungs- und Beweisfragen (OLG Bremen FamRZ 2003, 54, 55: Sexualisiertes Verhalten des Kindes hat noch keine hinreichende Indizfunktion; vgl OLG Naumburg FamRZ 2001, 770; MAYWALD FPR 2003, 299, 302 f; zum Gutachtenbeweis ausf BGH FamRZ 1999, 1648 ff; zur Kindesanhörung s Rn 220) sowie im Finden kindgerechter Maßnahmen (schon die Ermittlungen, insbesondere Befragungen und Untersuchungen des Kindes enthalten allerdings ein eigenständiges Gefährdungspotential für das Kind; vgl OLG Bamberg NJW 1995, 1684; zu diesen „sekundären Kindeswohlgefährdungen" durch Professionelle und zu der richterlichen Risikoabwägung vgl DETTENBORN FPR 2003, 293, 296). Bei nicht voll bewiesenem Verdacht sexuellen Mißbrauchs ist nicht – elternorientiert – die Unschuldsvermutung maßgeblich (so aber offenbar LG Köln FamRZ 1992, 712 f), vielmehr hat eine kindesorientierte Wahrscheinlichkeits- und Risikoabwägung stattzufinden; das Gebot der schonendsten Gefahrabwendung erlangt zentrale Bedeutung (vgl Rn 213 f; vertretbar OLG Thüringen FamRZ 2003, 1319, 1320; OLG Frankfurt FamRZ 2001, 1086 f; sehr fragwürdig insoweit KG FamRZ 1994, 119 ff). Eine Gefährdung des Wohls sexuell mißbrauchter Kinder kann sich auch noch eigenständig daraus ergeben, daß sich der Täter weiterhin in ihrer engsten Nachbarschaft aufhält (OLG Zweibrücken FamRZ 1994, 976, 977: Wegzugsanordnung und Kontaktverbot, vgl Rn 236).

bb) Die **Ausbeutung der Arbeitsleistung** des Kindes kann unter dem Gesichtspunkt **101** körperlicher oder geistiger Gefährdung zum familiengerichtlichen Eingriff berechtigen. Dabei ist die Vorgabe der §§ 1618a, 1619 (Beistands- und Dienstpflicht) zu beachten (näher mwN STAUDINGER/COESTER [2007] § 1619 Rn 44).

cc) Eine **Gesundheitsgefährdung** kann auch drohen, wenn die Eltern eine objektiv **102** gebotene oder vom Kind gewünschte **ärztliche Behandlung verweigern**. Voraussetzung familiengerichtlicher Maßnahmen nach § 1666 ist hier wie auch bei sonstigen Fragen medizinischer Behandlung, daß die Eltern (und nicht schon das Kind selbst) insoweit noch *entscheidungsbefugt* sind (dazu ie Rn 136–138; zu Adoleszenzkonflikten Rn 155). So wurde eingegriffen zugunsten der Behandlung psychisch gestörter Kinder (BayObLG FamRZ 1984, 929, 930; FamRZ 1984, 933, 934; ZfJ 1996, 106, 107 [Schulphobie]; KG FamRZ 1972, 646; vgl Rn 138). Die elterliche *Einwilligung* zur **gerichtspsychologischen Begutachtung** des Kindes hingegen begründet regelmäßig, trotz der damit verbundenen seelischen Belastungen, noch keine Kindesgefährdung iSd § 1666 (BayObLG FamRZ 1987, 87 f, vgl Rn 282), möglicherweise aber umgekehrt die *Verweigerung der Einwilligung,* wenn die aufzuklärende Gefährdung des Kindes wesentlich schwerer wiegt als die Belastungen durch die Begutachtung (vgl BVerfG FamRZ 2004, 1166, 1167 f; OLG Zweibrücken FamRZ 1999, 521; OLG Rostock FamRZ 2006, 1623, 1624; vgl Rn 282). Eingegriffen wurde des weiteren bei **Zeugen Jehovas**, die eine medizinisch indizierte **Bluttransfusion** bei ihren Kindern ablehnten (OLG Celle NJW 1995, 792; OLG Düsseldorf DAVorm 1992, 878; OLG Hamm FamRZ 1968, 221 f; die bloße Möglichkeit künftiger Verweigerung genügt aber nicht, BayObLG FamRZ 1976, 43, 46; OLG Oldenburg NJW 1997, 2962 [zust HESSLER NJW 1997, 2930]; OLG Saarbrücken FamRZ 1996, 561; FamG Meschede FamRZ 1997, 958 [zu § 1671]; s Rn 82, 233 sowie DIEDERICHSEN, in: DIERKS ua [Hrsg], Therapieverweigerung 97; zu den Erziehungsgrundsätzen der Zeugen Jehovas und den damit verbundenen rechtlichen Problemen

OELKERS FuR 1997, 161 ff) oder bei **sonstigen Behandlungsnotwendigkeiten** (KG FamRZ 1970, 491, 492 [Verdacht auf frühkindliche Hirnschädigung]; BayObLG FamRZ 1988, 748 [Ernährungsmängel]; FamRZ 1995, 1437 [LS]; zu Krebserkrankungen GÖBEL und TAUTZ, in: DIERKS ua [Hrsg], Therapieverweigerung 7 ff und 13 ff; dort auch Stellungnahme der Bundesärztekammer 129 ff; zu strafrechtlichen Aspekten ebenda ULSENHEIMER 65 ff). In eine **Lebendorganspende** können weder Kind (§ 7 Abs 1 Nr 1a TransplantG) noch die Eltern für dieses einwilligen; tun sie es dennoch, hat das FamG nach § 1666 einzugreifen (WALTER FamRZ 1998, 201, 203; MünchKomm/OLZEN Rn 77). Die Verweigerung medizinisch nicht notwendiger Eingriffe („**Schönheitsoperationen**") führt idR nicht zu einer Kindeswohlgefährdung; anders mag sich die Lage darstellen, wenn es um die medizinisch problemlose Beseitigung körperlicher Entstellungen geht, die den Heranwachsenden seelisch erheblich belasten.

103 Verweigert der sorgeberechtigte Elternteil eine **zur Abstammungsklärung angeordnete Blutentnahme**, so ist zu differenzieren: Im Verfahren auf (bloße) **Klärung der Abstammung** (§ 1598a) können die Eltern das Kind bei dessen erforderlicher Einwilligung nicht vertreten (§ 1629 Abs 2a), es ist stets einer Ergänzungspfleger zu bestellen, der die materielle Duldungspflicht des Kindes (§ 1598a Abs 1 S 1; § 178 Abs 1 FamFG) umzusetzen hat. Im Verfahren auf **Anfechtung oder Feststellung der (rechtlichen) Vaterschaft** ist der sorgeberechtigte Elternteil nicht nur vertretungsbefugt, ihm kann das Vertretungsrecht auch nicht generell wegen Interessenkollision gem § 1796 entzogen werden (§ 1629 Abs 2 S 3). Nur wenn die Einwilligungsverweigerung im Einzelfall zu einer Kindeswohlgefährdung führt (was von den Umständen abhängt, vgl BAMBERGER/ROTH/VEIT § 1629 Rn 39.1 mwN), kann nach § 1666 die elterliche Einwilligung ersetzt oder ein Ergänzungspfleger bestellt werden, der über die Einwilligung entscheidet und gegebenenfalls die Durchführung der Probeentnahme sichert (BT-Drucks 13/892, 34; OLG Karlsruhe FamRZ 2007, 738, 739; BAMBERGER/ROTH/VEIT aaO); notfalls kann das Gericht Zwangsmaßnahmen anordnen (§ 178 Abs 2 FamFG [hier vorrangig gegenüber § 372a ZPO]). Die faktische Blockade dieser Maßnahmen durch den Betreuungselternteil kann eine eigenständige Gefährdung des Kindeswohls begründen, der gegebenenfalls – sofern geeignete, dh kindeswohlverträgliche Maßnahmen ersichtlich sind – nach § 1666 zu begegnen ist (abzulehnen die pauschale Drohung gegen die sorgeberechtigte Mutter in OLG Karlsruhe FamRZ 2007, 738, 740: „... wird ihre Erziehungseignung zu überprüfen sein [§ 1666 BGB]").

104 **Die Ablehnung ärztlich empfohlener Impfungen** führt noch nicht regelmäßig zu einer hinreichend konkreten Kindesgefährdung; das gleiche gilt bei gesetzlich vorgeschriebenen Impfungen, die vorrangig der Volksgesundheit dienen (nur öffentlich-rechtliche Sanktionen, InfektionsschutzG). Anders wäre zu entscheiden, wenn die Eltern ihr Kind in infektionsgefährdete Gebiete (Tropen) mitnehmen und die erforderlichen Schutzimpfungen nicht vornehmen lassen wollen.

105 Ob die Ablehnung eines **Aids-Tests** für das Kind dessen Wohl gefährdet, hängt von den Indizien für eine eingetretene HIV-Infektion ab. Die Wahrscheinlichkeit einer Infektion steht in direkt proportionalem Verhältnis zur Konkretheit einer Kindesgefährdung – die elterliche Ablehnung eines Tests verschließt uU noch mögliche Heilungs- oder zumindest Linderungschancen (TIEDEMANN NJW 1988, 729, 735: Ersetzung der elterlichen Einwilligung gem § 1666 Abs 3; zum Aids-Test bei geplanter Adoption KALLABIS ZfJ 1988, 54, 58).

Eine eigenständige Problemdimension ist erreicht, wenn die Behandlungsverweigerung durch die Eltern auf die **Beendigung lebenserhaltender Maßnahmen für ein unheilbar schwerstkrankes Kind** zielt (vgl OLG Hamm FamRZ 2007, 2098; BVerfG FamRZ 2007, 2046 f m Anm SPICKHOFF). Die Problematik der „Patientenautonomie" begegnet hier in noch komplizierterer Version, weil – wie im Betreuungsrecht – die autonome Entscheidung zugunsten des Sterbens nicht vom Rechtsträger selbst, sondern von treuhänderischen Wahrern seiner Grundrechte getroffen werden muß. Soweit in diesem Zusammenhang privatautonomes Entscheiden zugelassen wird, muß dieses bei entscheidungsunfähigen Personen jedoch ihren rechtlichen Vertretern zustehen, um eine Rechtsverkürzung dieser Personen zu vermeiden. Folglich wird auch die Entscheidung über lebensbeendende Maßnahmen zum Verantwortungsbereich der elterlichen Sorge gerechnet (OLG Brandenburg NJW 2000, 2361). Dann erscheint es aber auch konsequent, die Entscheidung der Eltern für „passive Sterbehilfe" in gleichem Umfang als vertretbare Interpretation des „Kindeswohls" zu akzeptieren, wie dies dem entscheidungsfähigen Patienten selbst zugestanden wird (unter Umständen auf der Grundlage einer Patientenverfügung, § 1901a). § 1666 erlaubt keine Sachentscheidung anstelle der Eltern, sondern nur Intervention bei der Überschreitung von Vertretbarkeitsgrenzen (OLG Hamm FamRZ 2007, 2098, 2100; SPICKHOFF aaO 2048). Für eine Bindung der elterlichen Entscheidung an eine gerichtliche Genehmigung fehlt es an einer gesetzlichen Grundlage (OLG Brandenburg FamRZ 2000, 1033 ff).

106

dd) Besondere Probleme stellen sich beim **Schwangerschaftsabbruch**, wenn die werdende Mutter als Minderjährige noch unter elterlicher Sorge steht. Zum zivilrechtlichen *Schutz des nasciturus* ist bereits oben Stellung genommen worden (Rn 22–36), hier geht es um mögliche *Gefährdungen der schwangeren Tochter*. Immerhin entfalten die Regelungen der §§ 218 ff StGB aber auch insoweit rahmensetzende und präjudizielle Wirkung.

107

Vorab ist die Frage nach der **rechtlichen Entscheidungskompetenz** zu klären – liegt diese bei der insoweit schon einsichts- und urteilsfähigen Tochter (dazu Rn 153; speziell zu Schwangerschaftsabbrüchen AG Schlüchtern FamRZ 1998, 968 f; STAUDINGER/PESCHEL-GUTZEIT [2007] § 1626 Rn 98; BELLING/EBERL FuR 1995, 287 ff; MORITZ ZfJ 1999, 92 ff; extrem restriktiv OLG Hamm NJW 1998, 3424, 3425; SCHERER FamRZ 1997, 589 ff; krit dazu SCHWERDTNER NJW 1999, 1525 ff; generell abl OLG Hamm NJW 1998, 3424; MünchKomm/OLZEN Rn 72 f [zugunsten eines Einigungszwangs, notfalls über das FamG gem Abs 3 Nr 5]; ebenso JOHANNSEN/HENRICH/BÜTE Rn 32), kann deren Wohl durch elterliches Verhalten nur gefährdet sein, wenn die Eltern ihre Zustimmung zum (von der Tochter gewünschten) ärztlichen Behandlungsvertrag verweigern oder versuchen, durch faktisch-psychischen Druck ihren Willen gegen den der Tochter durchzusetzen (mögliche Maßnahmen des FamG in diesem Fall: Ermahnungen, Ge- oder Verbote, äußerstenfalls Entzug des Aufenthaltsbestimmungsrechts). Die Frage einer Kindesgefährdung hängt aber auch hier, wie bei Konflikten mit einer rechtlich nicht entscheidungsfähigen Tochter, von den inhaltlichen Positionen der Beteiligten und den strafrechtlichen Vorgaben ab. Dabei sind folgende Konstellationen zu unterscheiden:

α) **Dissens zwischen Tochter und Eltern**
Fall 1: Eltern wollen Abtreibung, Tochter nicht. Ist der Abbruch nach § 218a Abs 2, 3 StGB *indiziert,* liegt in dem Drängen der Eltern nicht ohne weiteres eine Gefährdung der Tochter (**aA**, weil zwischen Tochter und nasciturus nicht differenzierend, MORITZ ZfJ

108

1999, 92, 98; BELLING/EBERL FuR 95, 287, 290; SCHERER FamRZ 1997, 589, 591). Vielmehr ist es Pflicht der Eltern, die wohlverstandenen Interessen ihres Kindes auch im Rahmen der nach diesen Vorschriften vorzunehmenden Güterabwägung zu wahren. Allerdings setzt hierbei auch der Tochterwille ein wesentliches Datum (Rn 74-80) – dessen Mißachtung in einer so existentiellen Frage kann, jedenfalls wenn er festgefügt ist, eine Gefährdung des geistig-seelischen Wohls der Tochter begründen, zumal deren Entscheidung für das ungeborene Leben der verfassungsrechtlichen und strafrechtlichen Grundwertung entspricht. Die Gefährdung wird um so eher zu bejahen sein, als es den Eltern möglich wäre, die mit einer Austragung des Kindes verbundene Belastung der Tochter auf andere Weise abzumildern (etwa bei der kriminologischen Indikation oder bei Gefahr für den „seelischen Gesundheitszustand" iS § 218a Abs 2 StGB). Umgekehrt sollten sich bei der medizinischen Indikation im engen Sinne die Familiengerichte nicht anmaßen, die Entscheidung der Eltern für das Leben ihrer Tochter auf Kosten des nasciturus über § 1666 zu revidieren.

109 Selbst wenn nach den vorstehenden Grundsätzen die elterliche Entscheidung als solche nicht als Gefährdung des Kindeswohls einzustufen ist, so wäre es aber doch jedenfalls die *zwangsweise Durchsetzung* gegen die immer noch widerstrebende Tochter – hier setzt der Persönlichkeitsschutz eine absolute Grenze (vgl Rn 290, 291 für staatliche Vollstreckungsmaßnahme). Derartigen Durchsetzungsversuchen hätte das FamG durch Maßnahmen nach § 1666 entgegenzuwirken; ebenso bei unangemessenem Druck auf die rechtlich schon entscheidungskompetente Tochter (Rn 107, 153).

110 Gleiches gilt um so eher beim nur *tatbestandslosen Abbruch* (§ 218a Abs 1 StGB): Auch hier mögen die Eltern gute Gründe für ihre Entscheidung haben, gegen den Willen der Tochter zum Austragen können sie sich aber nicht durchsetzen (STAUDINGER/PESCHEL-GUTZEIT [2007] § 1626 Rn 99). Einzugreifen ist insbesondere bei unangemessenem Druck zugunsten einer Abtreibung (AG Dorsten DAVorm 1978, 131 [Drohung mit Hinauswurf aus dem Elternhaus]; LG Hamburg FamRZ 1981, 309 f [Schläge und Einsperren]).

111 Wäre der Abbruch nur straflos (§ 218a Abs 4 StGB) oder gar strafbar, gefährdet entsprechendes Drängen der Eltern stets auch das Wohl ihrer Tochter als werdender Mutter, neben das strafrechtliche Verbot zugunsten des nasciturus tritt der (gleichgerichtete) Schutz durch das FamG zugunsten der Tochter.

112 Fall 2: Tochter will abtreiben, Eltern verweigern Zustimmung. Bei gem § 218a Abs 2, 3 StGB *indiziertem* Schwangerschaftsabbruch liegt es nahe, daß die Eltern hier schwerwiegende Interessen ihrer Tochter mißachten und damit deren Wohl gefährden (vgl LG Berlin FamRZ 1980, 285 ff; BELLING/EBERL FuR 1995, 287, 293; MORITZ ZfJ 1999, 92, 98; SCHERER FamRZ 1997, 589, 593); in ihrer Verweigerung der Einwilligung (in den Abbruch oder auch nur in den Behandlungsvertrag, vgl Rn 107) liegt idR nur dann keine Kindesgefährdung, wenn sie durch flankierende Hilfsangebote die Konfliktlage der Tochter nennenswert entschärfen können (vgl LG Köln FamRZ 1987, 207; LG München I FamRZ 1979, 850 f; AG Helmstedt ZfJ 1987, 85 f; STAUDINGER/PESCHEL-GUTZEIT [2007] § 1626 Rn 100). Hält sich die Tochter nur innerhalb des *Beratungsmodells* (§ 218a Abs 1 StGB), ist die Regel-/Ausnahmebewertung eher umgekehrt: Durch ihre Weigerung bekräftigen die Eltern die grundsätzliche rechtliche Austragungspflicht der werdenden Mutter (OLG Hamm NJW 1998, 3424, 3425; OLG Naumburg FamRZ 2004, 1806);

sie gefährden nur dann und insoweit das Kindeswohl, als sie gleichzeitig dem Kind die mögliche und nötige Unterstützung in seelischer, materieller und organisatorischer Hinsicht versagen (OLG Naumburg FamRZ 2004, 1806 f; ähnlich wohl MORITZ ZfJ 1999, 92, 98; aA SCHERER FamRZ 1997, 589, 593: auch dann kein gerichtlicher Eingriff; offenlassend OLG Hamm NJW 1998, 3424, 3425). Anders wird bei einer *schon urteilsfähigen Tochter* zu entscheiden sein: Hier bedeutet die Zustimmungsverweigerung zum Behandlungsvertrag regelmäßig eine Kindeswohlgefährdung (familiengerichtliche Maßnahme in beiden Fällen: Ersetzung der elterlichen Zustimmung gem § 1666 Abs 3 Nr 5; bei einer voraussehbaren Vielzahl von künftig notwendigen Entscheidungen oder von Komplikationen wird eher an Ergänzungspflegschaft zu denken sein, DIEDERICHSEN, in: DIERKS ua [Hrsg], Therapieverweigerung 110; bei stationärer Behandlung ist evtl auch das Aufenthaltsbestimmungsrecht zu entziehen).

Die elterliche Ablehnung eines strafbaren oder lediglich straflosen Abbruchs (§ 218a Abs 4 StGB) ist niemals kindeswohlgefährdend (vgl LG Köln FamRZ 1987, 207; AG Celle FamRZ 1987, 738).

β) **Konsens zwischen Tochter und Eltern**
Fall 1: Beide Seiten wollen den Schwangerschaftsabbruch. Ist dieser *indiziert,* hält sich **113** die Einwirkung der Eltern im Rahmen pflichtgemäßer Sorgeausübung, eine Gefährdung der Tochter iS von § 1666 liegt regelmäßig nicht vor. Beim *Beratungsmodell* üben die Eltern zusammen mit ihrer Tochter die durch § 218a Abs 1 StGB zugewiesene Letztverantwortung aus, eine Gefährdung des Wohls der Tochter kann darin nicht gesehen werden (ebenso MünchKomm/OLZEN Rn 71; JOHANNSEN/HENRICH/BÜTE Rn 32; aA MORITZ ZfJ 1999, 92, 98; SCHERER FamRZ 1997, 589, 593).

Anders sieht es nur bei tatbestandsmäßigen und rechtswidrigen, wenngleich mögli- **114** cherweise straffreien Abbrüchen aus: Hier verbinden sich familiengerichtlicher Lebensschutz des nasciturus (Rn 22–36) mit gleichzeitigem Schutz der werdenden Mutter vor Konflikten mit der Rechtsordnung, die ihr geistig-seelisches Wohl zu beeinträchtigen geeignet wären (AG Celle MedR 1988, 41 m Anm MITTENZWEI; MünchKomm/OLZEN Rn 71).

Fall 2: Beide Seiten lehnen den Schwangerschaftsabbruch ab. Bei allen Varianten des **115** *nichtindizierten* Abbruchs ist diese Entscheidung konform mit Recht und Kindeswohl. Gleiches gilt weitgehend auch bei der *kriminologischen Indikation* (§ 218a Abs 3 StGB) oder einer *medizinisch-seelischen Indikation* iSv § 218a Abs 2 StGB: Die gemeinsame Entscheidung von Eltern und Tochter zur Inkaufnahme dieser Belastungen mindert deren Gewicht, das FamG wird kaum in der Lage sein, demgegenüber eine objektive Kindeswohlgefährdung festzustellen. Problematisch ist allenfalls die aus *Lebensgefahr für die werdende Mutter* resultierende Indikation: Hier stellen die Eltern tendenziell das Lebensinteresse des nasciturus über das ihrer Tochter. Da auch eine volljährige Schwangere in vergleichbarer Situation nicht gezwungen wäre, die Schwangerschaft abzubrechen, bedeutet allerdings auch diese Entscheidung der Eltern nicht per se eine Überschreitung der Demarkationslinie des § 1666 zwischen elterlicher und staatlicher Verantwortung. Je wahrscheinlicher das Austragen des nasciturus jedoch zum Tod der Mutter führen würde, um so eher sind die Familiengerichte aufgerufen, über § 1666 einer (idR weltanschaulich-religiös motivierten) „Opferung" der Tochter entgegenzuwirken (MünchKomm/OLZEN Rn 70; JOHANNSEN/HENRICH/BÜTE Rn 32; aA SCHERER FamRZ 1997, 589, 594). Vollstreckungszwang kann sich allerdings auch hier am festgefügten entgegenstehenden Willen und damit am Persönlichkeitsrecht der Tochter brechen (vgl Rn 108 ff, 291).

116 ee) Durch **Aids** besonders aktuell geworden ist die Frage, ob das gesunde Kind durch **Verbleib bei infizierten Eltern** gefährdet ist (zum Aids-Test beim Kind s Rn 105). Die Antwort hängt, wie bei anderen Krankheiten auch, von der Infektionsgefahr ab, wie sie nach dem jeweiligen Stand der medizinischen Erkenntnis zu beurteilen ist. Keinesfalls berechtigt zur Trennung von Eltern und Kindern der Aspekt, daß die Kinder ihre infizierten Eltern später (auf Grund des Krankheitsfortschritts) ohnehin verlieren werden. Soweit eine Übertragung des Aids-Virus durch Muttermilch möglich ist (LAUFS/LAUFS NJW 1987, 2257, 2259), genügt Aufklärung und ggf ein Stillverbot gegenüber der Mutter. Im übrigen geht man derzeit davon aus, daß der bloße soziale Kontakt auch innerhalb der Familie (einschl Umarmungen, Niesen usw) noch keine Infektionsgefahr mit sich bringt (LAUFS/LAUFS 2260). Demgemäß rechtfertigt die HIV-Trägerschaft eines oder beider Elternteile allein noch keine Herausnahme des Kindes aus der Familie (TIEDEMANN NJW 1988, 729, 730, 735; vgl OLG Hamm NJW 1989, 2336). Im Ergebnis gilt gleiches für **gesundheitswidrige**, aber noch nicht kindesgefährdende **Lebensbedingungen in der Familie** wie ungesunde Ernährung, **Rauchen der Eltern** (BayObLG FamRZ 1993, 1350 ff). Eine Gefährdung kann trotz Sozialüblichkeit solcher Verhaltensweisen jedoch zu bejahen sein, wenn das Kind insoweit besonders anfällig ist (Asthma, Allergie usw; vgl BayObLG aaO).

117 ff) Auch **Vernachlässigung** kann zur Gefährdung der körperlichen, seelischen und geistigen Gesundheit des Kindes führen. Hier liegt in der Praxis sogar der quantitative Schwerpunkt von Kindesgefährdungen (MÜNDER/MUTKE/SCHONE 99 ff, vgl CAUTWELL, in: HELFER/KEMPE/KRUGMANN 515 ff). Dies allerdings nicht schon dann, wenn Sauberkeit und Ordnung in der elterlichen Wohnung hinter dem gewünschten Maß zurückbleiben (LG Mannheim DAVorm 1964, 9 ff). Eine frühere Tendenz zur Überbetonung solcher Äußerlichkeiten (vgl OLG Hamm NJW 1950, 393 f; OLG Celle ZBlJugR 1954, 305 f; krit OLG Brandenburg FamRZ 2008, 713) übersah nicht nur die Lebensrealitäten von Familien in beengten Wirtschafts- und Wohnverhältnissen, sondern vor allem den weit gewichtigeren seelisch-emotionalen Faktor, dh die möglicherweise intakten Eltern-Kind-Bindungen trotz äußerlich ungünstiger Verhältnisse. Außerdem bestand die Gefahr der Oktroyierung mittelschichtspezifischer Standards. Gerade auch in den Vernachlässigungsfällen leistet das Gefährdungskriterium die entscheidende Abgrenzung zwischen elterlicher Freiheit und staatlichem Wächteramt (vgl OLG Brandenburg FamRZ 2008, 713). Auch bei gegebener Gefährdung steht in Vernachlässigungsfällen der **Vorrang und das Gebot öffentlicher Hilfen** (§ 1666a Rn 10 ff) besonders im Vordergrund (vgl OLG Brandenburg FamRZ 2008, 713).

118 Insbes bei Kleinkindern können **Betreuungsdefizite** allerdings zu körperlichen **Gesundheitsgefährdungen** führen, etwa bei schwerwiegenden Ernährungs- oder Hygienemängeln (BayObLG FamRZ 1988, 748 [alimentär bedingte Dystrophie und Austrocknung]; FamRZ 1989, 421, 422 [extrem unhygienische Verhältnisse, Ernährung der 1–3jährigen Kinder mit Popcorn]; AG Kamen DAVorm 1995, 996, 1000; vgl auch BGH NStZ-RR 1996, 197 [§ 223b StGB bei schweren Folgeschäden]) oder bei nichtentdeckten oder -behandelten Krankheiten (OLG Brandenburg FamRZ 2008, 713). Betreuungs- oder Hygienemängel als solche, ohne eine daraus folgende, medizinisch relevante Kindesgefährdung, reichen allerdings nicht aus für einen Staatseingriff (OLG Hamm FamRZ 2002, 691 f [Läusebefall]; vgl Rn 91).

Häufig erstreckt sich die vernachlässigungsbedingte Gefährdung der Kinder aber auch gleichzeitig auf den geistig-seelischen Bereich, etwa bei sozialer Ausgrenzung in der Schule wegen Körpergeruchs und Unsauberkeit (OLG Brandenburg FamRZ 2008, 713) oder bei langjährig unstetem, desinteressiertem Verhalten der Eltern und häufiger Abwesenheit (BayObLG FamRZ 1980, 1062, 1064 [aber abgeändert DAVorm 1982, 611, 614 wegen Konsolidierung der elterlichen Verhältnisse]; NJW 1999, 293, 294; OLG Koblenz FamRZ 2005, 1923 f; OLG Brandenburg ZKJ 2008, 208, 210 [ungehemmtes Kaufverhalten der Mutter, unbewohnbar voll gestopfte Wohnung, emotionale Mangelversorgung]; LG Berlin ZBlJugR 1980, 188 f; AG Wermelskirchen NJW 1999, 590 f [Abgleiten des Sohnes in Kriminalität]). Dieses Verhalten kann auch durch Probleme der Eltern in ihrem eigenen Persönlichkeitsbereich begründet sein (Drogen, Halt- und Orientierungslosigkeit, Antriebsarmut usw; vgl BayObLG FamRZ 1986, 102, 103; 1997, 387 [psychisch gestörte Mutter übernachtet im Winter mit Kind im Freien]; LG Berlin aaO; LG Leipzig DAVorm 1996, 620; AG Kerpen ZBlJugR 1985, 470, 471 f); zur Abgrenzung von nachteiligen Auswirkungen der familiären Lebensgestaltung s Rn 69. Schon im embryonalen Stadium durch Drogen- oder Alkoholkonsum der Mutter (vgl Rn 24) geschädigte Kinder bedürfen besonderer Zuwendungs- und Erziehungsqualität. Bei weiterer Konsumabhängigkeit der Eltern kann hier zur Abwehr zusätzlicher Gefährdungen einzuschreiten sein (LÖSER/ILSE, Sozialpädiatrie in Praxis und Klinik [1987] 614, 616 f).

Die Vernachlässigung kann auf den **seelisch-emotionalen Bereich** beschränkt sein – **119** sie ist dann „diskreter", aber für das Kind nicht weniger schwerwiegend. Sie äußert sich in fehlender persönlicher Zuwendung und der Verweigerung eines Beziehungsaufbaus und kann gravierende Spätfolgen für das Kind nach sich ziehen (BayObLG FamRZ 1994, 1412; 1995, 502, 503; NJW 1999, 293, 294; FamRZ 2001, 562; OLG Hamm FamRZ 2000, 1239; OLG Saarbrücken JAmt 2008, 441, 442; OLG Brandenburg ZKJ 2008, 208, 210 [Unfähigkeit, die emotionalen Bedürfnisse des Kinder wahrzunehmen und zu befriedigen]; AG München FamRZ 2002, 690 f [kein emotionaler Zugang zu den Kindern]; vgl die Beiträge in HAESLER [Hrsg], Kindesmißhandlung [2. Aufl 1985] von SOLMS 135–146, HELLBRÜGGE 155–174 [auch zu den „Lebensborn-Kindern"] und BETTSCHART 175–191 [mit der Unterscheidung Armuts-/Luxusverwahrlosung]; grundlegend BRISCH, in: 17. DFGT 2007 S 89 ff). Häufig steht solches Verhalten der Eltern mit **Alkohol- und Drogenabhängigkeit** in Zusammenhang; das Hauptproblem liegt hier nicht nur auf der Feststellungsebene, sondern im angemessenen Interventionsansatz (näher ZENZ FPR 1998, 17, 19 ff; NIESTROJ, in: SALGO, Der Anwalt des Kindes [1993] 258 ff; vgl OLG Hamburg FamRZ 2001, 1088 f). Die Vernachlässigung kann auch darin bestehen, daß die Eltern das Kind in einer schwierigen Lebenssituation ohne Rat und Unterstützung seinen Problemen überlassen (KG JW 1937, 473; LG Berlin FamRZ 1980, 285, 287; AG Dorsten DAVorm 1978, 131 [jeweils schwangere Tochter]; OLG Köln NJW 1948, 342 [bettnässender älterer Sohn]). Enthält eine nichteheliche Mutter dem Kind seinen Vater vor (durch **Nichtbetreibung der Vaterschaftsfeststellung** oder die Verweigerung entsprechender Auskunft; zur Verweigerung von Abstammungsuntersuchungen für das Kind s Rn 102), so bedeutet dies einen gravierenden Nachteil für das Kind (zu dessen Recht auf Kenntnis seiner genetischen Herkunft BVerfG NJW 1988, 3010; BVerfGE 79, 256; 96, 56). Von einer Gefährdung des Kindeswohls kann dennoch nicht pauschal ausgegangen werden, es wird wesentlich auf den Einzelfall ankommen (zB Alter und Wunsch des Kindes; Lebensverhältnisse der Beteiligten; vgl [für Vermögensinteressen] unten Rn 171 sowie STAUDINGER/COESTER [2007] § 1618a Rn 52; AG Fürth FamRZ 2001, 1089 f).

Die **Überlassung** von Kindern unter drei Jahren **in Tagesbetreuung** führt nach dem **120** derzeitigen Wissensstand regelmäßig nicht zur seelischen Kindesgefährdung (vgl BayObLG ZfJ 1990, 313, 314; HÄBEL ZfJ 1988, 530, 534, sowie die Förderung dieser Betreuungsform im neuen Jugendhilferecht, §§ 22–24 SGB VIII [dazu BT-Drucks 11/5948, 62–64; 10/6730, 36]; auch ist die Tagesbetreuung von Kleinkindern im Ausland zT wesentlich verbreiteter als in der Bundesrepublik). Gleiches gilt für die Überlassung eines Säuglings an ungeeignete Adoptivbewerber, wenn sie alsbald revidiert wird (BayObLG ZfJ 1990, 313, 314).

121 gg) Umgekehrt ist die seelische Gesundheit des Kindes ernsthaft gefährdet, wenn seine Entwicklung durch überfürsorgliches „Bemuttern" gehemmt wird (Fälle der **overprotection**). So etwa bei Mutter-Sohn-Symbiosen, in denen das Kind von Außeneinflüssen ganz abgeschottet und seelisch völlig von der Mutter abhängig ist mit der Folge von Entwicklungsrückständen oder gar psychosomatischen Krankheiten (BayObLG FamRZ 1987, 1080 [„geistige Verwahrlosung"]; VG Darmstadt JAmt 2008, 323, 325 ff und hess VGH JAmt 2008, 327 f [derselbe Fall; dazu auch MEYSEN FamRZ 2008, 562, 565 f]; AG Moers ZfJ 1986, 113 [die Mutter wirke „erstickend"]; vgl HIRSCH 21 f; es gibt auch entsprechende Vater-Tochter-Beziehungen, vgl OLG Köln FamRZ 1996, 1027). Ähnliche Gefahren für das seelische Wohl des Kindes drohen, wenn die Mutter aus einer unrealistischen Überhöhung ihres Sohnesbildes heraus diesem eine entsprechende Selbstwahrnehmung vermittelt, nicht aber die Grundelemente sozialer Anpassung und Rücksicht (OLG Koblenz FamRZ 2007, 1680 f: 10-Jähriger „asozial und schulunfähig"; vgl Rn 137). Das Verhalten der Mutter kann auch durch eigene **psychische Erkrankung** verursacht sein (BayObLG FamRZ 1997, 387 f). Es genügt auch, wenn die Eltern gegen eine krankhafte Selbstisolierung des Kindes nicht einschreiten (BayObLG ZfJ 1996, 106 f). Das seelische Kindeswohl kann auch durch die weitere Betreuung durch den Vater gefährdet sein, der die Mutter (wenn auch möglicherweise nicht vorsätzlich) getötet hat (OLG Hamm FamRZ 1996, 1029, 1030).

hh) Gefährdung der Wertbildung

122 Zur geistig-seelischen Gesundheit des Kindes ist auch seine **sittliche, moralische und soziale Wertbildung** zu rechnen. Allerdings ist in diesem Bereich in doppelter Hinsicht Vorsicht geboten:

α) Das Menschenbild des GG ist inhaltlich nicht durchgezeichnet. Es postuliert das selbstbestimmungsfähige, selbstverantwortliche und gemeinschaftsfähige Individuum, ist im übrigen aber *wertoffen*. Dementsprechend werden rechtsverbindliche inhaltliche Erziehungsziele, die über das vorgenannte Menschenbild hinausgehen, abgelehnt (COESTER, Kindeswohl 183 ff, 189 ff). An der Wertoffenheit der Verfassung sind sowohl die Freiheit der Eltern in der Erziehung wie auch der Begriff der Kindeswohlgefährdung zu orientieren – Kindesschutz gem § 1666 kann nicht der Ort sein, gesellschaftliche oder moralische Werte gerichtlich durchzusetzen, die für den erwachsenen Staatsbürger keine rechtliche Verbindlichkeit besitzen (vgl schon Rn 65). Insbesondere kann nicht – entgegen einer früheren Tendenz vor allem im sittlichen Bereich (dazu HIRSCH 13–16; HÖHNE 254–267) – Erziehung des Kindes in Konformität mit gesellschaftlich vorherrschenden Werten verlangt werden, seien diese nun hochstilisiert zum „Sittengesetz" (vgl die strafrechtliche Entscheidung BGHSt 6, 46, 53, stellvertretend für häufige Begründungspraxis), als „gelebte Normen unserer Gesellschaft" (WEGENER JZ 1985, 850, 851) oder als „Grundwerte" bezeichnet (BOSCH FamRZ 1985, 1286). Die Forderung nach gerichtlicher Sanktionierung dieser Werte verläßt den Boden der verfassungsrechtlichen Ordnung und des hieraus zu definierenden staatlichen

Wächteramts. Das Kind ist nicht Instrument gesellschaftlicher Wertmajorisierung (oder gar der Oktroyierung schichtenspezifischer Werte), vielmehr gelten die allgemeinen Grundsätze des Kindesschutzes: Nicht nur in ökonomischer, sozialer und bildungsmäßiger Hinsicht sind die Eltern grundsätzlich „Schicksal" für ihre Kinder, sondern auch hinsichtlich der Wertatmosphäre im Elternhaus; es genügt nicht für einen Eingriff, daß andere Verhältnisse für das Kind besser oder wünschenswerter wären (vgl Rn 84).

β) Auch bei rechtlich beachtlicher Wertgefährdung ist auf die **proportional angemessene Gewichtung im Rahmen des Gesamt-Kindeswohls** zu achten. Das *gesellschaftliche/staatliche Eigeninteresse* am Schutz der rechtlichen Wertordnung führt häufig zu einer Überbetonung oder gar Absolutsetzung dieses Aspekts. Zwar ist über das Erziehungsziel der „Gemeinschaftsfähigkeit" auch das individuelle Kindesinteresse auf Einführung in das gesellschaftlich herrschende Wertsystem gerichtet. Dieses Teilinteresse steht aber *neben* anderen, ebenfalls wichtigen Kindesinteressen, etwa dem an Kontinuität der Lebensverhältnisse und Erhaltung positiver, gewachsener Elternbindungen (ie COESTER, Kindeswohl 235–241). Die schädigende Wertbeeinflussung ist abzuwägen gegen den Schaden, der aus dem Eingriff in letztere Beziehungen droht (vgl Rn 217; vorbildlich insoweit OLG Stuttgart NJW 1985, 67 f, mit krit Bespr von WEGENER JZ 1985, 850 f; SCHÜTZ FamRZ 1986, 947 ff; BOSCH FamRZ 1985, 1286; zu rechtsradikalen Eltern ROTAX NJW-aktuell 29/2009, XII ff) – dessen verbreitete Ignorierung oder Geringschätzung entgegen allgemeinen Grundsätzen deutet darauf hin, daß an Stelle des individuellen Kindesinteresses das Interesse der Allgemeinheit an „geeignetem Nachwuchs" (SCHÜTZ FamRZ 1986, 947 ff, 948, 949), an „tüchtigen Gliedern der Gesellschaft", an „Demokraten" (GEIGER FamRZ 1979, 457, 459) entscheidungsleitend war oder staatlicher Wert- und Institutionenschutz (s Rn 67).

Im einzelnen: Im **sexuellen Bereich** ist das Kindeswohl stets gefährdet, wenn das Kind von den Eltern, sonstigen Verwandten oder Dritten unmittelbar in sexuelle Handlungen hineingezogen wird (BayObLGZ 1958, 97 ff; LG Lübeck SchlHA 1960, 257 f; AG Kiel NDV 1953, 347 f; zum sexuellen Mißbrauch s Rn 100). Anderes kann gelten für partnerschaftliche Sexualbeziehungen des/der Heranwachsenden: Sie sowie ihre Duldung durch die Eltern führen nicht schon allein zur Kindesgefährdung (**anders** noch STAUDINGER/GÖPPINGER[11] § 1666 Rn 51, 55, 182), elterliche Verbote sind nach § 1632 Abs 2 zu beurteilen (s STAUDINGER/SALGO [2007] § 1632 Rn 22 ff; vgl LG Berlin FamRZ 1985, 519: Verbot bei lesbischer Beziehung).

Das seelisch-geistige Wohl des Kindes kann auch dadurch gefährdet sein, daß es **dem elterlichen Sexualleben exponiert** ist. Hierzu genügt allerdings noch nicht, daß das elterliche Verhalten für sich genommen von herrschenden sittlichen Standards abweicht (auf Grund rapiden Standardzerfalls sind viele Situationen heute ohnehin kein Eingriffsthema mehr, zB die nichteheliche Lebensgemeinschaft des sorgeberechtigten Elternteils mit einem Dritten oder FKK-Anhängerschaft, vgl noch STAUDINGER/GÖPPINGER[11] § 1666 Rn 221 ff, 84 ff sowie BVerfGE 7, 320, 325 f; HÖHNE 255 ff). Es bleiben aber zB Fälle der dem Kind erkennbaren Prostitution (BayObLG ZBlJugR 1954, 28 f) oder der elterlichen Sexualbetätigung vor Augen des Kindes (OLG Stuttgart NJW 1985, 67 f [Fall des § 1696; kein Eingriff, da einmaliger Vorfall sowie harmonische Mutter-Kind-Beziehung und bislang positive Kindesentwicklung, vgl Rn 123]; BGH NStZ 1995, 178 [zu § 170d StGB aF, jetzt § 171]). Aber auch bei einer „sexualisierten Familienatmosphäre" muß eine aktuelle Kindesgefährdung konkret belegt werden, pauschale Folgerungen tragen einen Eingriff nicht (BayObLG FamRZ 1996, 1031 f). Auch ehewidrige Geschlechtsbeziehungen innerhalb der Familienwohnung dürften das Kind seelisch erheblich belasten (vgl OLG Hamm JMBl NRW 1962, 243: Gebot an Vater, die Geliebte nicht in Ehewohnung übernachten zu lassen; vgl BGH NJW 1953, 74 zu § 170d StGB aF).

126 **In religiösen Fragen** gebietet schon Art 4 GG Toleranz. Die Zuführung des Kindes zu einer Minderheitsreligion oder Sekte kann familiengerichtliche Eingriffe allein nicht rechtfertigen – auch über das Kindeswohl darf der Staat nicht Glaubensgemeinschaften bewerten (näher COESTER, Kindeswohl 230 ff); die Rechtsprechung verhält sich dementsprechend neutral (vgl BayObLG FamRZ 1963, 195, 196; FamRZ 1976, 43, 45; LG Lübeck SchlHA 1964, 170 f; AG Hofgeismar FamRZ 1955, 216). **Die Toleranz ist allerdings nicht grenzenlos**: Die Glaubensfreiheit der Eltern gibt ihnen nicht das Recht, das Kind zum Instrument und Objekt ihrer religiösen Überzeugung zu machen unter grober Beschneidung von dessen Entwicklungschancen iSd grundgesetzlichen Erziehungsziels (COESTER, Kindeswohl 234). Das gilt für Kindeswohlbeeinträchtigungen in Ausübung inhaltlich grundsätzlich akzeptabler Religionen (etwa Vernachlässigung [vgl AG München FamRZ 2002, 690 f] oder Mitschleppen des Kindes bei Missionstätigkeit bis in die Nachtstunden), aber auch für Religionen oder Sekten, die die Persönlichkeitsentfaltung der Kinder schon konzeptionell erheblich beeinträchtigen (zB bei den „Moonies" oder „Hare Krishna"; nach OLG Hamburg FamRZ 1985, 1284, 1285 nicht generell bei der Baghwan-Bewegung; ebenso für die Scientology Church der ÖstOGH ÖJZ 1997, 25 ff; OLG Frankfurt FamRZ 1997, 573, 574 [zu § 1671]; Eingriff bei Ablehnung durch das Kind: AG Tempelhof-Kreuzberg FamRZ 2009, 987; zum Problem auch SIMITIS, in: FS Müller-Freienfels [1986] 579, 607 f; COESTER, Kindeswohl 233). Gleiches gilt für Gewalt, Beschneidung von Mädchen (oder Jungen) oder Zwangsheirat, soweit diese Handlungen als religiöses Gebot behauptet werden (PUTZKE FS Herzberg (2008) 673 ff; HERZBERG JZ 2009, 332 ff; aA SCHWARZ JZ 2008, 1125 ff; vgl Rn 82, 97, 163).

127 Hat sich das heranwachsende **Kind** einer solchen **Sekte zugewandt**, ist jedoch § 5 S 1 RKEG zu beachten: Ab Vollendung des 14. Lebensjahres erlöschen hinsichtlich der Religionswahl elterliche Personensorge und staatliches Wächteramt (HABSCHEID/ HEINEMANN, in: ENGSTFELD ua [Hrsg], Juristische Probleme im Zusammenhang mit den sog neuen Jugendreligionen [2. Aufl 1982] 64 ff, 70). Elterliche und staatliche Schutzkompetenz bleiben jedoch erhalten, wenn im Einzelfall die Sekte nicht als „religiöses Bekenntnis" iSd § 5 S 1 RKEG zu qualifizieren ist (hier kommen Maßnahmen gegen Dritte, § 1666 Abs 4, zur Unterstützung der Eltern in Betracht). Erhalten bleibt auch sonst jedenfalls das elterliche Aufenthaltsbestimmungsrecht (§ 1632 Abs 2, 3, HABSCHEID/ HEINEMANN 75; bei Nichtausübung durch die Eltern könnte möglicherweise nach § 1666 Abs 1 eingegriffen werden). Aber auch andere Sorgekompetenzen der Eltern können durch die Religionsausübung des Kindes berührt sein (etwa die Gesundheitssorge bei übermäßigem Fasten oder Drogenkonsum). Zwar umfaßt das Wahlrecht des Minderjährigen gem § 5 S 1 RKEG im Grundsatz auch die Ausübung der gewählten Religion, letztere muß sich jedoch für die Zeit der Minderjährigkeit unter die elterliche Sorgeverantwortung fügen.

Zu Fragen des **Religionswechsels** s noch Rn 136.

128 Beeinträchtigungen der kindlichen Wertbildung sind auch in anderen Zusammen-

hängen denkbar, etwa wenn das Kind **kriminelles Verhalten** der Eltern (OLG Hamm FamRZ 1996, 1029: Vater tötet Mutter) oder Dritter miterlebt oder zu **Terrorismus** oder **Anarchismus** erzogen wird. Die Grenze zur Kindeswohlgefährdung ist auch überschritten bei massiver Erziehung zum Rechts- oder Linksradikalismus oder sonstigem fundamentalistischen Außenseitertum (uU verbunden mit Ghettoisierung des Kindes, vgl ROTAX NJW-aktuell 29/2009, XII, XIV; zur Scientology s Rn 126). Straffälligkeit und Inhaftierung der Eltern allein reichen jedoch für einen Eingriff noch nicht aus (LG Freiburg FamRZ 1985, 95, 96). Eingegriffen wurde auch, wo die Eltern ständig **grobe, gewalttätige Konflikte** vor dem Kind austrugen (BayObLG DAVorm 1981, 901; 1983, 381). Daneben kann eine Gefährdung des Kindes auch in seiner eigenen Neigung zu **Jugenddelinquenz** liegen (ohne daß es – insbesondere nach der Neufassung des § 1666 Abs 1 – auf einen elterlichen Verursachungsbeitrag ankäme). Eine Sicht der Jugenddelinquenz auch unter dem Gesichtspunkt der Entwicklungsgefährdung des „Täters" selbst eröffnet – neben den jugendgerichtlichen Kompetenzen (Rn 2) – wertvolle Einwirkungsmöglichkeiten auch des FamG und des Jugendamts (OSTENDORF/HINGHAUS/KASTEN FamRZ 2005, 1514 ff; **krit** zum mangelnden Informationsfluß zwischen Jugendgericht und Familiengericht PRESTIEN ZKJ 2008, 59, 62). Eine Vernetzung beider Institutionen auch mit den Eltern, die die Kontrolle über ihr Kind verloren haben, kann dazu beitragen, den Gefahrabwendungsprimat der Eltern zu refunktionalisieren (vgl Rn 169).

b) Störungen der Bindungs- und Erziehungskontinuität
Die fundamentale Bedeutung kontinuierlicher Lebensverhältnisse und menschlicher Beziehungen für die kindliche Persönlichkeitsentwicklung ist entwicklungspsychologisch belegt (vgl Rn 70; BRISCH, in: 17. DFGT 89 ff; zum Bindungsstreit im Scheidungszusammenhang s § 1671 Rn 217 ff; COESTER, in: 6. DFGT 35 ff; 43 ff) und inzwischen als gesicherter Grundsatz des Rechts übernommen worden (vgl §§ 1632 Abs 4, 1682; für die ständige Rechtsprechung nur BVerfG FamRZ 2007, 1626; 2009, 189 f; BayObLG FamRZ 1981, 999, 1000; DAVorm 1985, 701, 705; FamRZ 1991, 1080, 1082 f; OLG Hamburg FamRZ 1983, 1271, 1273; AG Frankfurt aM FamRZ 1982, 1120 ff).

Demgemäß kann das Kindeswohl gefährdet werden durch einen **Abbruch gewachsener Bindungen** an bisherige Betreuungspersonen und einen Wechsel der sonstigen Lebensumgebung (BRISCH, in: 17. DFGT 89 ff, 97 ff). Diese Fälle werden weitgehend auch von § 1632 Abs 4 erfaßt (vgl Erl dort sowie § 1682 Rn 27 ff; zum Verhältnis zu § 1666 s Rn 49–51; zu Umgangskonflikten s Rn 128–133); Vorschläge, auch im innerstaatlichen Bereich das strikte Rückführungsgebot des HKÜ (Rn 313) umzusetzen (dazu GERNHUBER/COESTER-WALTJEN, FamR § 57 V 2; ROTAX, Praxis des Familienrechts [2001] Teil 4 Rn 42; 14. DFGT [2001] FPR 2002, 78, 79; P HUBER, in: FS Schwab [2005] 793 ff, 806 ff; eher zurückhaltend STAUDINGER/SALGO [2007] § 1632 Rn 15), haben sich noch nicht durchgesetzt – § 1666 wäre wegen seiner Gefährdungsschwelle dafür auch nicht der geeignete dogmatische Aufhänger. Im Rahmen des § 1666 stellt sich regelmäßig die Frage, ob ein elterliches Herausgabeverlangen wegen des damit verbundenen Kontinuitätsbruchs ausnahmsweise als kindesgefährdend einzustufen ist (Streit **Eltern/Pflegeeltern**: BVerfG NJW 1985, 423, 424; NJW 1986, 3129, 3131; FamRZ 1989, 145 ff; BayObLG DAVorm 1982, 611, 615; 1983, 78, 82; ZBlJugR 1983, 302; DAVorm 1985, 335, 338; 1985, 522, 523; ZfJ 1990, 313, 314 f; FamRZ 1995, 626 ff; 2001, 563, 564; OLG Naumburg FamRZ 2002, 1274, 1275; OLG Hamm FamRZ 1995, 1507; 1998, 447; OLG Köln FamRZ 2009, 289 f; KG FamRZ 1971, 267, 268; OLG Schleswig SchlHA 1988, 84; OLG Stuttgart FamRZ 2005, 1273 f; LG Aurich FamRZ 1998, 449; AG Frankfurt aM FamRZ 1982, 1120;

DAVorm 1982, 365; AG Kamenz FamRZ 2005, 124. **Eltern/Großeltern**: BayObLG FamRZ 1981, 999, 1000 f; FamRZ 1984, 932; FamRZ 1982, 1118 u ZfJ 1985, 36; OLG Frankfurt FamRZ 2009, 990 ff; KG FamRZ 1986, 1245. **Vormund/Pflegeeltern**: BayObLG FamRZ 1991, 1080 ff. Eltern/Stiefeltern: BayObLG DAVorm 1981, 216, 220; vgl OLG Schleswig SchlHA 1988, 84 [Lebensgefährtin]. **Getrenntlebende Eltern untereinander**: BGH FamRZ 1963, 560, 563; BayObLG DAVorm 1985, 701; AG und LG Hamburg ZfJ 1984, 370, 372; AG Korbach FamRZ 2003, 1496; AG München DAVorm 1995, 1004 f; AG Tübingen FamRZ 1988, 428 ff. Weitere Nachw und Diskussion bei HARMS 120 Fn 87; KLUSSMANN DAVorm 1985, 169 ff. **Eltern/Wohngruppe**: KG FamRZ 2004, 483). Zwischen den Eltern kann diese Situation bei gemeinsamem Sorgerecht trotz Getrenntlebens, aber auch dann entstehen, wenn eine langjährige nichteheliche Lebensgemeinschaft aufgelöst wird und die nach § 1626a Abs 2 allein sorgeberechtigte Mutter das Kind dem bisher mitbetreuenden Vater entzieht (vgl BVerfG FamRZ 1997, 605). Dabei kann die Gefährdung des Kindes gerade darin liegen, daß es „unvermittelt aus den persönlichen und sachlichen Beziehungen des Lebenskreises, mit denen es bis dahin bereits fest verwachsen ist, herausgerissen und damit einer inneren und äußeren Entwurzelung anheimgegeben würde" (BayObLG DAVorm 1981, 216, 220; FamRZ 1981, 999, 1000; AG Kamenz FamRZ 2005, 124). Diese Gefahr droht aber nicht nur durch rücksichtslose *unvermittelte Herausnahme* beim grundsätzlich wechselfähigen Kind, sondern kann einem *Wechsel schlechthin* entgegenstehen (zur sodann zu treffenden Dauerregelung s Rn 189). Der Kontinuitätsaspekt kann verstärkt werden durch den strikten Willen des Kindes zum Verbleib bei der bisherigen Betreuungsperson (AG und LG Hamburg ZfJ 1984, 370, 372 [Kindeswille als „Ausdruck einer Existenznot"]; OLG Köln FamRZ 2004, 827; BayObLG FamRZ 1984, 932; FamRZ 1998, 1040 [nach früherem elterlichen Hinauswurf]; KG FamRZ 2004, 483 [Verbleib in der Wohngruppe]); anders bei einem „aufgesetzten" Willen, der eine im Kern unberührte Bindung zu den herausverlangenden Eltern überdeckt (BayObLG FamRZ 1998, 450 f; EzFamR § 1666 Nr 4), oder bei einem schwankenden Kindeswillen, der Ausdruck eines Loyalitätskonflikts zwischen Eltern und Pflegeeltern ist (BayObLG FamRZ 1995, 626, 628). Umgekehrt liegt eine Kindeswohlgefährdung nicht schon in dem langfristigen Auseinanderfallen von rechtlicher Sorgemacht beim Elternteil und tatsächlicher Sorge durch die Pflegeeltern und einer dadurch verursachten Verunsicherung des Kindes, wenn der Elternteil das Kind bei den Pflegeeltern belassen will und diese in der Wahrnehmung ihrer Aufgabe nicht behindert (BVerfG FamRZ 1993, 1045 sowie Parallelentscheidung vom selben Tag [18. 5. 1993] AZ 1 BvR 529/90; OLG Hamm FamRZ 1997, 1550, 1551). Außerdem wird das Problem jetzt durch § 1688 wesentlich abgemildert.

131 Wann eine Umplazierung eine **Kindeswohlgefährdung** bedeutet, hängt vom **Zusammenspiel mehrerer Faktoren** ab. Die Abwägung bezüglich einer Staatsintervention erfolgt im Spannungsfeld kollidierender verfassungsrechtlicher Positionen: Dem Elternrecht aus Art 6 Abs 2 GG, dem allgemeinen Persönlichkeitsrecht des Kindes aus Art 2 Abs 1 GG iVm Art 1 Abs 1 GG sowie dem Familienschutz der Pflegefamilie aus Art 6 Abs 1, 3 GG (BVerfG FamRZ 2000, 1489; BVerfGE 79, 51, 60; 68, 176, 189). Bei der Abwägung im Einzelfall sind der Stärke der Gebundenheit des Kindes an die bisherige Betreuungsperson die Beziehungen zu den herausverlangenden Eltern gegenüberzustellen (vgl einerseits BayObLG EzFamR § 1666 Nr 4: „ebenfalls gut" [ähnlich BayObLG FamRZ 1995, 626, 628], andererseits BayObLG DAVorm 1983, 78, 82: Eltern-Kind-Beziehung „völlig gescheitert", bzw BayObLG FamRZ 1982, 1118: „Eltern dem Kind praktisch unbekannt"; ähnlich OLG Karlsruhe FamRZ 1994, 1544 f; vgl BayObLG FamRZ 2001, 563, 564: Kinder bei instabiler Mutter emotional bereits erheblich geschädigt und wechselanfällig). Diese

Beziehungen und das Elternrecht insgesamt haben nur nachrangiges Gewicht, wenn die Eltern nur einen Wechsel der Pflegestelle beabsichtigen (OLG Brandenburg FamRZ 2006, 1697; OLG Frankfurt FamRZ 2009, 990; vgl Rn 134), es sei denn, das Kindeswohl selbst erfordert einen solchen Wechsel (OLG Brandenburg FamRZ 2007, 851, 853). Auch der *Kindeswille* wird eine wichtige Rolle zu spielen haben (OLG Frankfurt FamRZ 2002, 1277, 1278 [m zust Anm DOUKKANI-BÖRDNER]). Zu vergleichen sind auch die sonstigen Umweltbedingungen – Kontinuität der Lebensumwelt kann sogar zentrale Bedeutung erlangen, wenn das Kind durch Verlust seiner Hauptbezugsperson ohnehin schwer belastet ist (BayObLG FamRZ 1981, 814, 816: Tod der Mutter, Verbleib im Haus der Großmutter, in dem Mutter und Kind seit dessen Geburt gelebt hatten, statt Verpflanzung zum anderwärts wohnenden Onkel; ähnlich BayObLG FamRZ 1991, 1080 ff; OLG Karlsruhe FamRZ 1994, 1544 f). Auch der Grund für die Entstehung des Pflegeverhältnisses (Schuld der Eltern oder nicht?) mag eine Rolle spielen (BVerfG FamRZ 1985, 39, 42; BayObLG FamRZ 2001, 563, 564), wenngleich bei Voranstellung des Kindeswohls nur eine untergeordnete (s aber BayObLG FamRZ 1998, 1040, 1041: Heranwachsende Tochter, von Eltern grundlos des Hauses verwiesen, lebt seit 14 Monaten in Pflegefamilie, jetzt Herausgabeverlangen der Eltern: rechtsmißbräuchlich). Schließlich ist, wie erwähnt, auch die Art des intendierten Wechsels bedeutsam (schonend/abrupt) sowie das Alter des Kindes. So macht es einen Unterschied, ob das Kind bisher im Heim lebt, wo ein Wechsel der Betreuungspersonen ohnehin bevorsteht (BVerfG NJW 1986, 2129), oder ob das Kind seit Geburt enge Bindungen allein an den Großvater hat, bei ihm auf dem Bauernhof aufwächst und nun von dem ihm praktisch unbekannten amerikanischen Vater, mit dem es sich mangels englischer Sprachkenntnisse kaum verständigen kann, unvermittelt in die USA verpflanzt werden soll (BayObLG ZfJ 1985, 36). Hat das (10jährige) Kind im Rahmen von Besuchen wieder positive Beziehungen zur Herkunftsfamilie aufgebaut, so steht auch ein 8-jähriger Aufenthalt in der Pflegefamilie einem Wechsel nicht entgegen (BayObLG FamRZ 1995, 626 ff). Umgekehrt kann auch ein kürzeres, sich aber positiv entwickelndes Pflegeverhältnis aufrechtzuerhalten sein, wenn das Kind bisher durch häufige Wechsel am Aufbau menschlicher Beziehungen gehindert oder aus anderen Gründen bereits in seiner Entwicklung gestört wurde (BayObLG ZBlJugR 1983, 302, 304, 305 f; ZBlJugR 1983, 308, 310 f; DAVorm 1986, 269, 272 und FamRZ 1986, 102, 103 [Folgeentscheidung; FamRZ 1995, 1438]; OLG Hamm FamRZ 1995, 1507). Wiederum umgekehrt wurde der bisherige Aufenthalt des einjährigen Kindes bei Pflegeeltern nicht als Grund angesehen, es der herausverlangenden nichtehelichen Mutter endgültig vorzuenthalten (BayObLG ZfJ 1990, 313, 315; ähnlich FamRZ 1998, 450 f bei 7jährigem Aufenthalt bei den Pflegeeltern; vgl demgegenüber jedoch LG Aurich FamRZ 1998, 449 f).

132 Erweist sich eine zunächst angeordnete Umplazierung des Kindes wegen der damit verbundenen Beziehungsstörung als *Fehlschlag* (schwerwiegende Konflikte in der Familie der Eltern), besteht die Kindesgefährdung aufgrund Kontinuitätsbruchs fort und rechtfertigt einen korrigierenden Eingriff (KG FamRZ 1986, 1245 ff: Rückführung zu den Großeltern, bei denen das Kind zehn Jahre lang gelebt hatte).

133 Die vorstehenden Grundsätze gelten entsprechend, wenn es um **gewachsene Beziehungen** nicht zu Betreuungspersonen, sondern **zu anderen Menschen** aus der Lebenswelt des Kindes geht (vgl Rn 129, 133). Weitgehend kann hier mit einer Verbleibensanordnung gem § 1682 S 2 iVm § 1685 Abs 1 geholfen werden; Im übrigen gilt: Wann immer die Wechselbelastungen des Kindes unter der Gefährdungsgrenze bleiben, setzen sich im Konflikt zwischen Eltern und Nichteltern erstere durch – nicht nur als

Ausdruck des Elternrechts (Art 6 Abs 2 S 1 GG), sondern auch des generellen Kindesinteresses am Aufwachsen bei den leiblichen Eltern (BVerfGE 68, 176, 187; BayObLG FamRZ 1995, 626, 628). Die unvermeidlichen Belastungen und ein gewisses Restrisiko muß das Kind schicksalhaft tragen (Rn 84; BVerfGE 75, 201, 220; BayObLGZ 1991, 17, 22; FamRZ 1995, 626, 628).

134 Neben der Störung gewachsener Beziehungen kommt auch schon die **Verhinderung notwendiger Lebenskontinuität** als Gefährdungsgrund in Betracht, etwa aufgrund ständiger Umplazierung des Kindes (vgl Rn 131) und unsicherer Lebensverhältnisse der Eltern (Rn 39 sowie die zuvor zit Entscheidungen des BayObLG; OLG Bremen FamRZ 2003, 54 f; OLG Hamm FamRZ 2003, 54; OLG Rostock FamRZ 2001, 1633; OLG Frankfurt FamRZ 2003, 1317 f; [instabiler Lebenswandel der Mutter und mangelnde Einsicht in Bedürfnisse der Tochter]; AG Kamen DAVorm 1995, 996, 1000; vgl auch OLG Dresden FamRZ 2003, 1306, 1307); häufiger Partnerwechsel des alleinsorgeberechtigten Elternteils genügt für sich genommen nicht (mißverständlich AG Kamenz aaO), sondern nur, wenn mangelhafte Kindesbetreuung hinzutritt. Insofern kann auch die *Gestattung kindesschädlichen Umgangs* durch die Eltern eine Gefährdung des Kindes begründen, wenn dieses dadurch im Aufbau stabiler psychologischer Beziehungen gehindert wird (OLG Hamm FamRZ 1997, 1550, 1551: Entzug des Umgangsbestimmungsrechts).

Unter diesem Aspekt erweisen sich **einstweilige Anordnungen** als legitim, mit denen verhindert werden soll, daß Streit zwischen den Beteiligten oder unterschiedliche gerichtliche Entscheidungen im Instanzenzug zu ständigem Wechsel der Kindesplazierung führen (ie Rn 305, 306).

135 Die notwendige Stabilität und Kontinuität der Lebensbedingungen des Kindes ist des weiteren auch dann gefährdet, wenn **tatsächliche Betreuung und rechtliche Sorgekompetenz dauerhaft auseinanderfallen** und erhebliche **Konflikte** zwischen den beteiligten Erwachsenen bestehen. Hier kann eine Zusammenführung von tatsächlicher und rechtlicher Sorge geboten sein (AG Potsdam FamRZ 2006, 500 f betr nichteheliche Eltern; SALGO, in: FS Schwab [2005] 891, 909 f gegen OLG Frankfurt FamRZ 2005, 1700 ff [Betreuung der Kinder durch Mutter in Deutschland, Alleinsorgerecht bei Vater in Kalifornien, der Kinder kaum kennt]; vgl auch Rn 227).

136 Eine besondere Rolle hat in der Rechtsprechung die **Kontinuität des religiösen Bekenntnisses** gespielt (dazu HÖHNE 219 ff; HIRSCH 38 ff). Eine Gefährdung des jüngeren Kindes (ab 12. Lebensjahr: § 5 S 2 RKEG) wird nur bejaht, wenn das bisher schon in einem bestimmten Glauben verwurzelte Kind durch schroffen Wechsel in Verwirrung oder Gewissensnot gestürzt wird (BayObLG NJW 1963, 590, 591).

c) Beschränkungen von Entwicklungs- und Entfaltungsmöglichkeiten

137 Die elterliche Sorge umfaßt die Pflicht der Eltern, die Entwicklung des Kindes zum selbstbestimmungsfähigen, selbstverantwortlichen und gemeinschaftsfähigen Erwachsenen zu ermöglichen und zu fördern. Auch wenn es kein Recht des Kindes auf optimale Erziehungsbedingungen und optimale Förderung gibt (Rn 84, 85), so wird das notwendige Mindestmaß an Sozialfähigkeit und Eigenverantwortlichkeit doch verfehlt, wenn es die Eltern insoweit an jeglicher Erziehung fehlen lassen und das Kind deshalb asozial oder extrem unselbständig zu werden droht; das gleiche gilt, wenn diese Entwicklung auf einer aktiven Erziehung beruht, der ein unreali-

stisch überhöhtes Persönlichkeitsbild des Kindes zugrunde liegt, dem soziale Anpassung nicht zuzumuten sei (OLG Koblenz FamRZ 2007, 1680 f; vgl Rn 121). Des weiteren werden das Erreichen des vorgenannten Erziehungsziels wie auch die beruflichen Lebenschancen des Kindes gefährdet, wenn die Eltern das Kind **vom Schulbesuch abhalten**. Eltern tun dies gelegentlich aus weltanschaulicher oder sonstiger Überzeugung (BGH FamRZ 2008, 45 [Baptisten]; OLG Hamm FamRZ 2006, 358 [Vorinstanz]; OLG Hamm JAmt 2006, 203; OLG Brandenburg FamRZ 2006, 358 [Siebenten Tags-Adventisten]; OVG Münster FamRZ 2008, 893; BayObLGZ 1983, 231 ff; BayObLG FamRZ 1985, 635 f; OLG Stuttgart DAVorm 1982, 995 f) oder in symbiotischer Abkapselung mit dem Kind von der Außenwelt (Fälle der overprotection, BayObLG FamRZ 1987, 1080 ff; 1997, 387, 388; AG Moers ZfJ 1986, 113 ff; AG Saarbrücken FamRZ 2003, 1859 f; vgl Rn 110), möglich aber auch krankhafte Depressionen (AG Saarbrücken FamRZ 2003, 1859 ff) oder einfach aus Nachlässigkeit bzw eigener Bildungsferne (OLG Koblenz FamRZ 2006, 57 f; vgl OLG Köln FamRZ 1992, 1093, 1094). Daneben steht aber auch die zunehmende Zahl von **jugendlichen Schulverweigerern**, bei denen es die Eltern an der notwendigen Kontrolle und Durchsetzung fehlen lassen oder die sich der elterlichen Kontrolle faktisch entzogen haben – in beiden Fällen ist der Weg in die Jugenddelinquenz praktisch vorgezeichnet (vgl Raack FPR 2007, 478 ff; Lorenz FPR 2007, 33 ff). Es genügt auch, wenn die Eltern gegen eine krankhafte Schulphobie des Kindes keine sachgerechten Maßnahmen (Therapie) einleiten (BayObLG ZfJ 1996, 106 f). Die Möglichkeit öffentlich-rechtlichen Schulzwangs steht familiengerichtlichen Eingriffen nicht entgegen (BayObLGZ 1983, 231, 238). Die Gefährdung der Kindesinteressen wird auch nicht dadurch beseitigt, daß die Eltern bereit und möglicherweise in der Lage sind, das Kind selbst zu unterrichten (vgl BayObLG aaO: Die Mutter war ehemalige Lehrerin). Durch den Schulbesuch wird das Kind auch in größere Gemeinschaften (auch Gleichaltriger) eingeführt, erlebt über das Elternhaus hinausgehende Anregungen und Einflüsse und erhält vor allem mit dem Schulabschluß eine formelle Qualifikation, die heutzutage Zugangsvoraussetzung für nahezu jeden Beruf ist (BayObLG 237 f; andeutungsweise auch BGH FamRZ 2008, 45, 47 Nr 14). Die gesetzliche Hervorhebung des Schulbesuchs in Abs 3 Nr 2 unterstreicht das Gewicht der schulischen Sozialisation im Rahmen des Kindeswohls (zum ganzen auch Raack FF 2006, 295 ff).

Als **Maßnahme** reicht in solchen Fällen die familiengerichtliche Schulanmeldung (Abs 3 Nr 5) idR nicht aus. Angesichts oft jahrelanger, erfolgloser Bemühungen der Einwirkung auf die Eltern sehen die Gerichte als letztes Mittel oft nur die Trennung von Eltern und Kindern (AG Saarbrücken FamRZ 2003, 1859, 1860 f [Einweisung in Fünftagesgruppe des Jugendamts]; dazu aber noch Rn 217).

Entsprechende Grundsätze wird man nicht ohne weiteres auf den **Kindergartenbesuch** anwenden – idR ist er für die Kinder wünschenswert, aber nicht unverzichtbar. Eine allgemeine Kindergartenpflicht hätte der Staat angelehnt an Art 7 GG durchzusetzen, § 1666 ist nicht der richtige Ansatzpunkt. Anderes mag gelten, wenn beide Eltern Analphabeten sind und das Kind mangels intellektueller Förderung in der Familie konkret Gefahr läuft, schon bei der Einschulung den Anschluß zu verlieren (BayObLG FamRZ 1981, 86 f). Aber auch solche Ausnahmefälle tragen keine breitflächige, auf § 1666 gestützte Erziehungsstrategie etwa gegenüber Migrantenfamilien. 138

Die Entwicklung des Kindes kann gefährdet sein beim **Aufwachsen in geschlossenen** 139

Anstalten. Bei *Unterbringung des Kindes* wird das Kindeswohl durch familiengerichtliches Genehmigungserfordernis gewahrt, § 1631b; sie ist ihrerseits regelmäßig nur zulässig, wenn sie zur Abwehr von Gefährdungen des Kindes oder Dritter erforderlich ist (§ 1631b Abs 1 S 2 idF des KiWoMaG 2008). Problematisch ist hingegen die Lebensgemeinschaft des Kindes mit den *Eltern,* wenn diese in *geschlossenen Anstalten* leben. Verbüßen die Eltern eine Freiheitsstrafe in einer Vollzugsanstalt, so steht es zunächst im Ermessen der Strafvollzugsbehörde, ob das Kind mit aufgenommen werden oder – bei Geburt in der Vollzugsanstalt – dort bleiben kann (§§ 80, 142 StVollzG). Maßgebliche Gesichtspunkte sind dabei die Erhaltung vorhandener Eltern-Kind-Bindungen oder die ungestörte Bindungsentwicklung, wenn die Entlassung in absehbarer Zeit bevorsteht. Ob das demnach mögliche Aufwachsen des Kindes in der Anstalt dessen Wohl gefährdet, wird wesentlich vom Kindesalter abhängen – ab 2. Lebensjahr hält man Entwicklungshemmungen auf Grund der Isoliertheit und reduzierten Erfahrungswelt für möglich. Sind jedoch beim älteren Kind keine Anhaltspunkte für Störungen erkennbar, würde eine Trennung des Kindes von seinen Eltern es mehr belasten als der einstweilig weitere Verbleib in der Anstalt (LG Freiburg FamRZ 1985, 95, 96). Bei lebenslanger Freiheitsstrafe der Eltern wird jedoch eine Trennung langfristig unvermeidbar sein; um eine Kumulierung von Anstaltsschädigung und Trennungsbelastung zu vermeiden, wird das Kind eher früher als später aus der Anstalt genommen werden müssen. Bei Geburt in der Anstalt bedeutet dies möglichst sofortige Herausnahme des Kindes (KG FamRZ 1981, 590 ff). Ähnliches muß gelten, wenn die Eltern aus anderen Gründen in geschlossenen Anstalten leben müssen.

140 Besonders problematisch ist die Situation bei **geistig behinderten Eltern**. Diese Behinderung gehört nach Feststellung des BVerfG (NJW 1982, 1379 = FamRZ 1982, 567) grundsätzlich zu den Lebensumständen der Eltern, die (auch das gesunde) Kind als schicksalhaft hinzunehmen hat, sie rechtfertigt als solche also noch keinen Eingriff (s Rn 84; vgl auch BayObLG FamRZ 1996, 1031 [schizophrene Mutter]; LG Berlin FamRZ 1988, 1308, 1310). Andererseits steht die mangelnde Einsichts- und Schuldfähigkeit der Eltern kindesschützenden Maßnahmen nicht entgegen (BVerfG aaO). Vorhandene **Erziehungsdefizite sind vorrangig mit öffentlichen Hilfen auszugleichen**, ggf auf der Grundlage begrenzter Sorgerechtsbeschränkungen. Eine bei den Jugendämtern verbreitete, routinemäßige Trennung von Eltern und Kindern sofort nach Geburt (oft schon pränatal vorbereitet) verstößt gegen dieses aus Art 6 Abs 2 S 1 GG folgende Gebot (BVerfG aaO; in diesem Sinne auch Art 23 UN-Übereinkommen über die Rechte von Menschen mit Behinderungen, in Kraft seit 3. 5. 2008; zu möglichen Hilfsansätzen aus medizinisch-psychologischer Sicht s PRETIS/DIMOVA, Frühförderung mit Kindern psychisch kranker Eltern [2004]; vgl im übrigen HINZ NJW 1983, 377, 378 f: „mehr Phantasie" vonnöten; vorbildlich LG Berlin aaO; vgl auch BayObLG FamRZ 1996, 1031 f; OLG Köln FamRZ 1999, 530 f). Deshalb enthalten auch die §§ 1673, 1674 für geistig behinderte Eltern keine angemessene Regelung (Rn 55). Erscheint (mit öffentlichen Hilfen) die Kindesbetreuung auf absehbare Zeit befriedigend gewährleistet, so ist eine auf lange Sicht doch unvermeidliche Trennung von Kind und Eltern kein Grund, sie schon jetzt zu vollziehen (OLG Köln FamRZ 1999, 530 f). Andererseits kann sich die Trennung des Kindes von den Eltern im Einzelfall doch als unausweichlich erweisen, wobei typischerweise nicht Schwächen im kognitiven Bereich ausschlaggebend sind, sondern emotionale Defizite (seelische Vernachlässigung, Bindungslosigkeit, Kindesmißhandlung; so auch im vom BVerfG aaO entschiedenen Fall, s AG Kassel v 19. 8. 1983 – Az 73 F 984/78 – [endgültige Herausnahme des

Kindes aus der Familie]; vgl KNÖPFEL FamRZ 1977, 600, 604; ie COESTER ZfJ 1989, 350 ff mwN; EHINGER FPR 2005, 253, 255 ff; zur Abhängigkeit emotionaler von intellektueller Leistungsfähigkeit im zwischenmenschlichen Bereich BRUDER, GutA C zum 57. DJT [1988] C 10 f, 28). Gebotener Schutz und Förderung von Behinderten finden ihre Grenze an den elementaren Entwicklungsinteressen des Kindes – Behindertenschutz ist Elternschutz, und dieser hat im Rahmen von Art 6 Abs 2 GG, §§ 1666, 1666a konzeptionell dem Kindesschutz zu weichen. Ist auch das Kind behindert, werden die notwendigen Betreuungsleistungen die Eltern oft überfordern, so daß Trennungen auch aus diesem Grund unvermeidlich werden können.

141 Für die im Einzelfall zu findende Balance zwischen Elternschutz auch für Behinderte und Kindesschutz ist, bei aller notwendigen Aktivierung öffentlicher Hilfen für die Familie, auch auf die Gefahr zu achten, daß das Kind zum Experimentierobjekt gesellschaftlicher Behindertenförderung wird und es – nach jahrelangen, letztlich aber erfolglosen Hilfsbemühungen – in einem Zeitpunkt aus der Familie genommen wird, in dem es in seiner Entwicklung bereits irreversibel geschädigt ist (s noch § 1666a Rn 5 f). Auch dürfte dem Elternrecht geringeres Gewicht zukommen, wenn sich die Eltern behinderungsbedingt gleichgültig gegenüber dem Kind zeigen.

d) Beschneidung des sozialen Kontakts

142 Absolute Kontaktbeschränkungen sind tendenziell geeignet, die Entwicklungsmöglichkeiten des Kindes zu behindern, sie fallen unter die zuvor behandelte Rubrik (Rn 137–141). Relative, also nur auf bestimmte Dritte bezogene Kontaktbeschränkungen sind idR nicht entwicklungsgefährdend, können im Einzelfall aber das seelisch-soziale Kindeswohl so erheblich beeinträchtigen, daß ein Eingriff geboten ist. Dabei ist zu unterscheiden zwischen elterlichen Umgangsregelungen in bezug auf Dritte (§ 1632 Abs 2) und Umgangsverweigerungen gegenüber Personen mit einem gesetzlichen Umgangsrecht (§§ 1684, 1685; zum umgekehrten Fall der kindesgefährdenden Umgangs*gewährung* s Rn 134).

143 Gegenüber (nicht gem § 1685 umgangsberechtigten) **Dritten** ist die materielle Grenze elterlichen Umgangsbestimmungsrechts in § 1632 Abs 2, 3 nicht eigenständig festgelegt (dort finden die Eltern familiengerichtliche Unterstützung nur bei *pflichtgemäßem* Handeln, vgl Rn 42), sondern § 1666 zu entnehmen. Grundsätzlich ist dabei dem elterlichen Erziehungsermessen breiter Raum zuzugestehen (SCHERER ZfJ 1999, 86, 88 f). Nachdem der typische Kreis enger Bezugspersonen des Kindes in § 1685 generalklauselartig bezeichnet ist, wird § 1666 künftig nur noch in Ausnahmefällen als Grundlage einer Umgangsregelung in Betracht kommen; idR wird die Umgangsunterbindung durch die Eltern nicht zu einer einen Eingriff rechtfertigenden Kindesgefährdung führen. Aber auch ohne schon bestehende Beziehungen brauchen Kinder für ihre gesunde Entwicklung den sozialen Kontakt zur Umwelt; werden sie nach außen abgeschirmt (vgl Rn 121, 137), kann hierdurch ihr geistig-seelisches Wohl beeinträchtigt sein. Das gleiche gilt für eine **krankhafte Selbstisolation des Kindes**, gegen die die Eltern nichts unternehmen (BayObLG ZfJ 1996, 106 f).

144 Bei elterlichen Kontaktverboten gegenüber **Heranwachsenden** spielen besondere Gesichtspunkte herein, wie deren Bedürfnis nach Selbstbestimmung, gesteigertem Außenkontakt im allgemeinen sowie speziell zu Personen des anderen Geschlechts und nach altersgemäßer Freizeitbetätigung mit Gleichaltrigen. Für Heranwachsende verschiebt sich der Problemschwerpunkt deshalb zu den *Adoleszenzkonflikten* (Rn 156).

145 Geht es um den **Umgang mit dem Elternteil**, der mit dem Kind nicht zusammenlebt, so enthält § 1684 Abs 3, 4 vorrangige Regelungen und Entscheidungsbefugnisse des FamG zur Abwehr von **Kindeswohlschädigungen durch Umgang**, dh Entscheidungen über Ausgestaltung, Einschränkung oder Ausschluß des wechselseitigen Umgangsrechts von Elternteil und Kind (BayObLG FamRZ 1997, 1108 f [noch zu § 1711 aF]). Für den umgekehrten Fall einer **Kindeswohlgefährdung durch Umgangsvereitelung**, dh einer strikten und beharrlichen Umgangsblockade durch den Betreuungselternteil sind rechtliche Maßnahmen hingegen nur über § 1666 möglich (BVerfG FamRZ 2004, 1167 f rügt die Nichtprüfung von Maßnahmen bei Kindesgefährdung; BGH Forum 1999, 85 ff will sogar § 235 StGB [Kindesentziehung] anwenden, wenn der allein Sorgeberechtigte das Kind abredewidrig ins Ausland verbringt; skeptisch RAKETE-DOMBEK ebenda 87). Derartige Fälle werden zunehmend zu einem zentralen Schauplatz pathologischer Elternkonflikte. In Betracht kommen aber auch Fälle, in denen ein *Vormund* den Umgang des Kindes mit den leiblichen Eltern verhindert (OLG Frankfurt NJW 2000, 368: Ergänzungspflegschaft nach § 1666). Die im Lichte des Verhältnismäßigkeitsprinzips und des Vorrangs milderer Mittel (Rn 211 ff) grundsätzlich gebotenen Bemühungen des Gerichts um einvernehmliche Lösungen (§ 156 FamFG in allgemeinen sowie Vermittlungsverfahren nach § 165 FamFG im besonderen, dazu Rn 260) werden situationsbedingt kaum noch erfolgversprechend sein. Des weiteren wäre vor Maßnahmen nach § 1666 zunächst an die zwangsweise Durchsetzung von Umgangsanordnungen nach § 1684 Abs 3 zu denken (OLG Thüringen FamRZ 2006, 280, 281; vgl OLG Zweibrücken ZKJ 2007, 319, 320 f). Die Praxis zeigt jedoch, daß bei Umgangsregelungen Vollstreckungszwang gem § 89 ff FamFG entweder kindeswohlwidrig wäre oder den Obhutsinhaber oft nicht zum Einlenken bewegt. Die in dieser Situation zu erwägenden Eingriffe in das Sorgerecht des Obhutselternteils können – je nach Sorgerechtslage – gem § 1696 (bei früherer gerichtlicher Sorgeentscheidung; dazu ausf STAUDINGER/COESTER [2007] § 1696 Rn 70 ff) oder gem § 1671 (vgl § 1671 Rn 207) oder sonst gem § 1666 erfolgen (insbes bei der nach § 1626a Abs 2 alleinsorgeberechtigten nichtehelichen Mutter).

146 Trotz höherer Eingriffsschwelle in § 1666 liegt das Problem dabei weniger auf der Tatbestandsseite der Vorschrift: Vereitelungen des Kontakts zum anderen Elternteil stellen eine schwerwiegende Beeinträchtigung des Kindeswohls dar, die im Regelfall die Gefährdungsgrenze des Abs 1 erreichen dürfte (OLG Rostock FamRZ 2006, 1623, 1624; OLG Frankfurt FamRZ 2005, 1700; OLG Brandenburg FamRZ 2007, 577, 579; OLG Zweibrücken ZKJ 2007, 319, 320; GOTTSCHALK FPR 2007, 308, 310; **zweifelnd** SALGO, in: FS Schwab [2005] 891, 893). Allerdings bleibt zu fragen, ob die eigentlich **erforderliche Sanktion** (bis hin zu Sorgerechtsentzug, Umplazierung des Kindes) im Lichte des Verhältnismäßigkeitsprinzips **auch „geeignet" ist, die Kindesinteressen insgesamt zu fördern** – *nur diese* können einen Eingriff nach § 1666 legitimieren (OLG Hamm FamRZ 2007, 1677; vgl Rn 212), nicht noch so berechtigte Sanktionsinteressen des Staates (Rn 65; s auch § 1671 Rn 209). Im Maßnahmenbereich des § 1666 (zur Erzwingung von Anordnungen nach § 1684 Abs 3, s o Rn 145; zu den sonstigen familienrechtlichen Sanktionsmöglichkeiten KLOECKNER, Die Durchsetzung der Kindesherausgabe und der Umgang im Elternstreit [2002]; GOTTSCHALK FPR 2007, 308 ff) versuchen die Gerichte zunächst, die Verweigerungshaltung des sorgeberechtigten Elternteils durch eine auf § 1666 gestützte **Ergänzungspflegschaft** für den Umgang mit dem anderen Elternteil **(Umgangspflegschaft)** zu überwinden (dazu generell MENNE ZKJ 2006, 445 ff). Eine derartige Umgangspflegschaft kann zum einen konfliktvermeidend wirken insoweit, als die Organisation, Vorbereitung und Durchführung des Umgangs in den Händen einer neutralen Fachkraft liegt (vgl OLG Rostock FamRZ 2004, 54 f; OLG Frankfurt FamRZ 2002, 1585 ff; OLG Zweibrücken FamRZ 2007, 1678, 1679; JAmt 2008, 109 ff; OLG Frankfurt FamRZ 2009, 354 f; OLG Brandenburg FamRZ 2007, 577, 579; OLG München FamRZ 2007, 1902 f; AG Nördlingen JAmt 2006, 254, 255; SALZGEBER/MENZEL KindPrax 2004, 15, 17 ff). Realisieren sich diese positiven Wirkungsmöglichkeiten nicht, dient sie aber auch dazu, den Widerstand des Sorgeberechtigten gegen den Umgang zu brechen. Dabei kann bezüglich der Herausgabe des Kindes an den Ergänzungspfleger in mehrfacher Weise Druck ausgeübt werden: Anordnung von Zwangsgeld oder Zwangshaft gegen den Sorgeberechtigten, ggf auch Anordnung der Gewaltanwendung gegen den Sorgeberechtigten zur Durchsetzung der Herausgabe (§ 90 Abs 1 FamFG; Gewalt gegen das Kind scheidet gem § 90 Abs 2 S 1 FamFG aus; vgl OLG Frankfurt FamRZ 2002, 1585 ff [dazu noch Rn 187]; FamRZ 2001, 638; FamRZ 2000, 1240; OLG Rostock FamRZ 2006, 1623 f; OLG Brandenburg FamRZ 2003, 1952 f; OLG Dresden FamRZ 2002, 1588 [LS]; OLG Köln FamRZ 1998, 1463). Es ist nicht zu verkennen, daß diese Anordnungen in der Hoffnung erlassen werden, den Sorgeberechtigten zum Einlenken zu bewegen, aber letztlich nicht realisiert werden zu müssen. Auch aus generalpräventiven Gründen mag eine strenge Haltung der Gerichte zwar durchaus zu begrüßen sein (vgl Rn 65). Allerdings werden vollzogene Zwangsinhaftierung des Sorgeberechtigten oder Polizeieinsätze bei der Kindesabholung idR zu eigenständigen, gewichtigen Beeinträchtigungen des Kindeswohls führen, zumal Gewalt gegen den Obhutsinhaber und gegen das (insbesondere kleinere) Kind praktisch kaum getrennt werden können (GOTTSCHALK FPR 2007, 308, 309). Darüber hinaus besteht die Gefahr, daß sie in der Praxis zum Selbstzweck denaturieren: fiat iustitia, et pereat infans. Damit wäre das Verhältnismäßigkeitsprinzip der staatlichen Intervention (Rn 217) verletzt. Ob in diesen Fällen die **zusätzliche Entziehung des Aufenthaltsbestimmungsrechts** und seine Übertragung auf einen Pfleger ein hilfreicher Ausweg ist (OLG Frankfurt FamRZ 2004, 1311 f), wird sich zeigen müssen. **Ergibt die Abwägung im Einzelfall, daß das Kind im Falle eines Eingriffs letztlich stärker belastet würde als bei Fortbestand des status quo, so hat eine familiengerichtliche Anordnung nach § 1666 zu unterbleiben** – die Wächtermacht des Staates ist an ihre Grenzen gestoßen (Nachweise Rn 212), die vom Obhutselternteil dem Kind zugefügte Interessenbeeinträchtigung ist von diesem als Schicksal zu tragen (Rn 84).

Sind die Versuche, den Umgang über sozialpädagogische Hilfen und Umgangspflegschaft sicherzustellen, gescheitert, stellt sich die Frage, ob einschneidendere Maßnahmen möglich sind. Als **wenig kindeswohlgerecht** erscheint ein **Sorgerechtswechsel** (§§ 1666 mit 1680) **ohne Betreuungswechsel** (so AG Frankfurt FamRZ 2004, 1595; OLG Frankfurt FamRZ 2005, 1700 ff; **krit** dazu SALGO, in: FS Schwab [2005] 891 ff, 909 f) – der Auseinanderfall von tatsächlicher und rechtlicher Verantwortung schadet dem Kind und fördert die Beziehung des Kindes zum Umgangsberechtigten eher nicht (vgl Rn 134). Konsequenter erschiene ein **Sorgerechtswechsel mit Plazierungswechsel zum bislang Umgangsberechtigten** (AG Daun FamRZ 2008, 1879 ff; bejahend auch HEUMANN ZKJ 2008, 280, 284; angedroht in OLG Zweibrücken ZKJ 2007, 319, 321; so insb die Anhänger des **PAS**-Konzepts, dazu § 1671 Rn 208 und insb PESCHEL-GUTZEIT FPR 2003, 273 ff gegen OLG Dresden FPR 2003, 140; **abgelehnt** iE in OLG Koblenz FamRZ 2008, 1973 f). Überwiegend wird diese Maßnahme jedoch als kindeswohlwidrig und unverhältnismäßig abgelehnt (OLG Hamm FamRZ

2007, 1677 f; OLG Schleswig ZKJ 2008, 518, 519; OLG Koblenz FamRZ 2008, 1973, 1974 f; AG Nördlingen JAmt 2006, 244, 245; GOTTSCHALK FPR 2007, 308, 310; vgl unten Rn 275): Nach jahrelangem Elternstreit kennt das Kind den anderen Elternteil in der Regel kaum (noch) und lehnt ihn strikt ab; es verliert seine bisherige faktische und psychosoziale Lebenswelt; die zwangsweise Verpflanzung zum abgelehnten Elternteil muß zu einer tief greifenden Verletzung des Selbstwertgefühls und Traumatisierung führen. Das „Zwischenparken" des Kindes bei Dritten (Pflegeeltern, Internat, Institution der Jugendhilfe), also seine **Fremdplazierung** (AG Daun FamRZ 2008, 1879 ff; angedroht in OLG Frankfurt FamRZ 2005, 1700, 1701; krit dazu SALGO, in: FS Schwab [2005] 891 ff, 903, 909) mildert diese Konsequenzen nicht, sondern verschärft sie: Wegen des Fehlverhaltens (zumindest) eines Elternteils verliert das Kind praktisch beide. Die Instrumentalisierung des Kindes zu Zwecken der Sanktion von Elternverhalten und zur Generalprävention ist vollends unübersehbar, zur Verletzung des Kindeswohls tritt die des Elternrechts. Im Rahmen des Kindeswohls ist – als eigenständiges Element – insb auch noch der **Kindeswille** zu beachten: Obwohl die Kinder regelmäßig vom Obhutselternteil massiv beeinflußt worden sind, haben sie die strikte Ablehnung des anderen Elternteils doch, in Identifikation mit dem Obhutselternteil, als eigene übernommen. Die Mißachtung dieser strikten Ablehnung durch staatliche Instanzen kann ihrerseits die Persönlichkeitsentwicklung des Kindes *erheblich schädigen* (so genannte „sekundäre Kindeswohlgefährdung", vgl OLG Schleswig ZKJ 2008, 518 f; OLG Hamm FamRZ 2007, 1677, 1678; OLG Saarbrücken FamRZ 2007, 495; GOTTSCHALK FPR 2007, 308, 312). Entwicklungspsychologisch scheint sie darüber hinaus für die Beziehungen zum anderen Elternteil eher *kontraproduktiv:* Der aufgezwungene Elternteil wird dauerhaft abgelehnt; ohne Zwang und Umgang lösen sich aber die Kinder häufig später aus dem Einfluß des Obhutselternteils und entwickeln Interesse an der Person des anderen Elternteils und am Kontakt mit ihm (WALLERSTEIN/LEWIS/BLAKESLEE, Scheidungsfolgen – die Kinder tragen die Last [2002], insb 318). Schließlich muß die Bedeutung des Kindeswillens in Umgangsfragen grundsätzlich überdacht werden, seit das BVerfG den einem *Elternteil* aufgezwungenen Umgang als nicht kindeswohldienlich gewertet hat (FamRZ 2008, 845 ff). Daß dann Umgangszwang gegenüber einem verfestigten und artikulierten *Kindeswillen* gleichermaßen funktionswidrig ist, drängt sich auf (PESCHEL-GUTZEIT NJW 2008, 1922, 1925; COESTER, Aufgabe des Staates 11, 22). Dies wird auch für eine Umgangserzwingung durch Maßnahme nach § 1666 zu beachten sein (so ausdr OLG Schleswig ZKJ 2008, 518, 519).

148 Im **Ergebnis** gibt es gegenüber der strikten und nachhaltigen Umgangsblockade durch Obhutselternteil und Kind keine staatliche Lösungsmöglichkeit, wenn der Zweck des staatlichen Wächteramts, der Schutz des Kindeswohls, als ausschlaggebender Leitgedanke beachtet wird: Die Interessen des Kindes werden durch die Haltung des Obhutselternteils erheblich geschädigt; staatliche Instanzen könnten diese Haltung – wenn Hilfsangebote und Druck auf den Elternteil versagen – idR aber nur aufbrechen, wenn sie die Kindesschädigung durch den Elternteil durch eine andersartige, aber nicht weniger gewichtige Kindesschädigung durch staatlichen Eingriff ersetzen. Hierzu legitimiert das staatliche Wächteramt in Art 6 Abs 2 S 2 GG aber nicht (vgl Rn 212). Der Obhutselternteil bleibt der richtige Adressat für spätere Schädigungsvorwürfe des Kindes (iE ähnlich OLG Koblenz FamRZ 2008, 1973, 1975; GOTTSCHALK FPR 2007, 308, 312; SALGO, in: FS Schwab [2005] 891 ff, 903 ff). Anderes mag ausnahmsweise gelten, wenn zur Umgangsvereitelung eine **krankhafte Eltern-Kind-Symbiose** hinzutritt, die dem Kind keinen Raum für eine eigenständige gesunde

Persönlichkeitsentwicklung läßt (vgl Rn 121): Hier kann das Aufbrechen dieser symbiotischen Abkapselung, wie auch außerhalb von Umgangskonflikten, eine zwar schmerzhafte, aber langfristig für das Kind überwiegend förderliche Maßnahme sein (vgl AG Daun FamRZ 2008, 1879, 1881 [Lösung „aus der krank machenden Beziehung zur Mutter"]; s auch den Sachverhalt in OLG Rostock FamRZ 2006, 1623). Das bloße psychosoziale „Zusammenrücken" von Mutter und Kind in Abschottung vom umgangsberechtigten Vater *bei ansonsten ordentlicher Betreuung und Erziehung des Kindes* stellt aber noch keine derartige Symbiose dar: Der Schaden für das Kind bei zwangsweiser Intervention wäre deutlich größer als bei Nichtintervention (vgl Rn 217, 291).

Das gilt letztlich auch für Kontaktvereitelungen, die sich als faktische Konsequenz **149** aus einem **Wegzug** oder gar einer **Auswanderung** der Obhutsperson ergeben – sei es der andere Elternteil, sei es die wesentliche Bezugsperson des Kindes (vgl OLG Karlsruhe FamRZ 1994, 1544 f: Großmutter, bei der das 6jährige Kind seit seinem 4. Lebensmonat aufgewachsen ist). Hier geraten Kindeswohl und Elternrecht oft in einen unauflösbaren Konflikt. Soweit § 1666 als Ansatzpunkt für Interventionen in Betracht gezogen wird (zu anderen Ansätzen vgl § 1671 Rn 210 f; STAUDINGER/COESTER [2007] § 1696 Rn 73 ff; zu § 1684 Abs 3 S 2 HEUMANN ZKJ 2008, 280, 286; zur analogen Anwendung des HKÜ P. HUBER FS Schwab [2005] 793, 804 ff m umf Nachw; GUTDEUTSCH/RIECK FamRZ 1998, 1488 ff; HEUMANN ZKJ 2008, 280, 284; zur fakultativen örtlichen Zuständigkeit des FamG am bisherigen gewöhnlichen Aufenthalt des Kindes § 154 FamFG, s dazu Rn 256), ist festzustellen, daß die Vergrößerung der räumlichen Distanz zwischen Kind und Umgangsberechtigtem als solche noch keine „Gefährdung des Kindeswohls" begründen kann. Der grundsätzliche Vorrang des Sorgerechts sowie die Freizügigkeit und Lebensgestaltungsfreiheit des Betreuungselternteils vor der Rechtsposition des Umgangsberechtigten ist weitgehend anerkannt (BVerfG FamRZ 2003, 1731; BGH FamRZ 1990, 392, 393; FamRZ 1995, 215; OLG Köln FamRZ 2006, 1625; OLG Frankfurt FamRZ 2007, 759 f; OLG Karlsruhe FamRBint 208, 5; **aM** HEUMANN ZKJ 2008, 280, 285); er gilt allerdings nicht bei böswilligen, gezielt der Umgangsvereitelung dienenden Umzügen (BGH NJW 1987, 893; s STAUDINGER/COESTER [2007] § 1696 Rn 77). Aber auch, wenn im Einzelfall eine Kindesgefährdung zu bejahen wäre, bedarf es für Maßnahmen nach § 1666 derselben Abwägung wie bei „stationären" Umgangsvereitelungen (oben Rn 146 ff). Im übrigen schuldet der Betreuungselternteil dem Umgangselternteil nicht die Beibehaltung der bisherigen Wohnsituation. Für generelle Umzugsbeschränkungen (als Einschränkung des Aufenthaltsbestimmungsrechts) bietet § 1666 auch dann keine Grundlage, wenn ein **Umzug ins Ausland** in Frage steht (**aA** OLG Frankfurt FamRZ 2003, 1491 f; OLG München FamRZ 2003, 1493; vgl HEUMANN ZKJ 2008, 280, 286 [auf der Grundlage von § 1684 Abs 3 S 2]; so auch verbreitet die US-amerikanische Gerichtspraxis bei Sorgerechtsübertragungen). Das gilt auch für eine Übertragung des Aufenthaltsbestimmungsrechts auf den Umgangselternteil mit der Maßgabe, davon keinen eigenmächtigen Gebrauch zu machen (so HEUMANN ZKJ 2008, 280, 284; dagegen OLG Frankfurt FamRZ 2007, 759), und erst recht für einen Sorgerechtswechsel gem § 1666, 1680 (dagegen aus psychologischer Sicht SALZGEBER ZKJ 2007, 274, 276).

Verweigern die Eltern den Kontakt des Kindes zu **sonstigen gem § 1685 Umgangs- 150 berechtigten** (zu nach dieser Vorschrift nicht Umgangsberechtigten s Rn 143), wozu nunmehr auch der biologische, aber nicht rechtliche Vater zählen kann, so ist auf vorgelagerter Ebene zunächst vom FamG zu prüfen, ob der Umgang überhaupt „dem Wohl des Kindes dient" (§§ 1685 Abs 1–3 mit 1684 Abs 2–4). Die in der Praxis häufig bestehenden Streitigkeiten oder gar Zerwürfnisse zwischen den Eltern und den sonstigen Bezugspersonen des Kindes können hier schon auf tatbestandlicher Ebene dazu führen, daß ein Umgangsrecht dieser Personen vom FamG als nicht kindeswohldienlich und damit als nicht bestehend angesehen wird (vgl – noch zum alten Recht – LG Kassel FamRZ 1997, 1552 f [Großeltern]; OLG Köln FamRZ 1998, 695 f; näher Erl zu § 1685). In diesen Fällen scheidet eine Einstufung der elterlichen Umgangsverweigerung als Kindesgefährdung iSd § 1666 aus. Bejaht das FamG hingegen ein Umgangsrecht und trifft es diesbezüglich möglicherweise eine ausgestaltende Anordnung, so stellt sich bei fortdauernder Umgangsvereitlung durch die Eltern das Sanktionsproblem ähnlich wie bei elterlichem Umgangsrecht (Rn 145). Die **Unproportionalität eines Sorgerechtsentzugs** wird hier allerdings *regelmäßig* vorliegen; zu erwägen bleibt ein teilweiser, auf die Umgangszeiten beschränkter Entzug des Aufenthaltsbestimmungsrechts und Bestellung eines Umgangspflegers. Aber auch vor einer solchen Maßnahme wird sorgfältig zu prüfen sein, ob sie dem Kind insgesamt nicht mehr schadet als nützt (zurückhaltend auch JOHANNSEN/HENRICH/BÜTE Rn 36).

e) Adoleszenzkonflikte

151 Natur und Recht zielen auf eine allmähliche Ablösung des Kindes von seinen Eltern. Selbstbestimmungs- und Selbstverantwortungsfähigkeit des Individuums (Rn 71) entstehen nicht schlagartig mit Volljährigkeit, sondern wachsen kontinuierlich vom frühesten Alter an und sind jeweils angemessen von den Eltern zu achten und zu fördern (s vor allem § 1626 Abs 2). Vor allem ab Pubertät findet beim Kind bewußtes Einüben in selbständige (und damit häufig auch tendenziell gegen die Position der Eltern gerichtete) Entscheidungen statt. Durch Verhinderung dieses Einübungsprozesses oder durch grobe Mißachtung der Eigenentscheidung des Heranwachsenden kann dessen seelisches und geistiges Wohl so erheblich beeinträchtigt werden, daß im Einzelfall familiengerichtliches Einschreiten nach § 1666 gerechtfertigt ist – auch wenn die elterliche Sachentscheidung als solche (etwa Berufs- oder Umgangsbestimmung, Unterlassung ärztlicher Behandlung) das Kindeswohl noch nicht gefährdet (generell zum Problem der „Adoleszenz-" oder „Autonomiekonflikte" ZENZ, Kindesmißhandlung 86–89; HÖHNE 231 ff).

152 Unklar ist insoweit das **Verhältnis von § 1626 Abs 2 zu § 1666**. § 1626 Abs 2 enthält ein Leitbild elterlicher Erziehung, formuliert im Lichte des verfassungsrechtlichen Erziehungsziels des selbstbestimmungs- und gemeinschaftsfähigen Staatsbürgers (vgl auch §§ 1 Abs 1, 8 Abs 1, 9 Nr 2 SGB VIII). Die Verletzung der vorgeschriebenen Erziehungsweise ist nicht unmittelbar sanktionsbedroht (BT-Drucks 8/2788, 33–35; vgl BT-Drucks 7/2060, 16; STAUDINGER/PESCHEL-GUTZEIT [2007] § 1626 Rn 125), und überwiegend wird davon ausgegangen, daß nicht jede elterliche Mißachtung des § 1626 Abs 2 die Eingriffsschwelle des § 1666 auslöst (GERNHUBER/COESTER-WALTJEN § 57 VII 7; DIEDERICHSEN NJW 1980, 1, 3; **aA** SCHMITT GLAESER, Das elterliche Erziehungsrecht 31, 59; ders DÖV 1978, 629, 631 [allerdings in kritischem Sinne]; vgl auch LISSEK, Diskussionsbeitrag in: KRAUTSCHEIDT/ MARRÉ [Hrsg], Essener Gespräche zum Thema Staat und Kirche Bd 14 [1980] 148). § 1626 Abs 2 verschiebt also nicht die Demarkationslinie zwischen elterlichem Erziehungsprimat und staatlichem Wächteramt, das elterliche Verhalten wird erst dann erheblich für § 1666, wenn es das Kindeswohl gefährdet iS dieser Vorschrift (SOERGEL/STRÄTZ § 1626 Rn 39; SIMON JuS 1979, 752 f; ERICHSEN/REUTER 75 f mwN). Dies wird regelmäßig noch nicht anzunehmen sein bei Erziehungsfehlern der Eltern und familiären Störungen, die sich noch im Rahmen des üblichen Generationenkonflikts halten (OLG Köln FamRZ

1996, 1027, 1028). Die Gefährdungsgrenze ist jedoch überschritten, wenn dem Jugendlichen eine eigenständige Entfaltung seiner Persönlichkeit und Sozialkompetenz weitgehend unmöglich gemacht wird, etwa durch strikt-autoritäres Verhalten der Eltern und Unterbindung von altersgemäßen Außenkontakten (OLG Köln FamRZ 1996, 1027, 1028; FamRZ 2001, 1087, 1088; vgl auch OLG Karlsruhe FamRZ 1989, 1322 f). Generell ist eine Mißachtung des § 1626 Abs 2 über § 1666 sanktionierbar, wenn Berücksichtigung und Einbeziehung des Kindes „unabdingbar zur Erreichung des Erziehungsziels der Mündigkeit des Kindes ist" (ERICHSEN/REUTER aaO m Beispiel: Eltern verweigern ihrem 16jährigen Sohn grundlos jede Diskussion über das von ihnen aufgestellte nachmittägliche Ausgangsverbot). Bei Entscheidungen mit weichenstellender oder auch nur schwerwiegender Bedeutung für das weitere Leben des Kindes wird man dies stets bejahen müssen. Darüber hinaus liegt es nahe, das grundsätzlich nur anzustrebende, nicht aber entscheidungsnotwendige „Einvernehmen" zwischen Eltern und Kind (§ 1626 Abs 2 S 2) dann zur unverzichtbaren Voraussetzung elterlicher Entscheidung zu erheben, wenn der Eintritt der Volljährigkeit in absehbarer Zeit bevorsteht und die Auswirkungen sich im wesentlichen auf die spätere Zeit erstrecken (vgl in anderem Zusammenhang BVerfG FamRZ 1986, 769, 772 f, wonach elterliche Maßnahmen, die die Lebensgestaltung des Kindes nach Erreichung der Volljährigkeit wesentlich beeinträchtigen, am Persönlichkeitsrecht des Kindes nach Art 1, 2 GG scheitern; grundsätzlich aA BayObLG FamRZ 1982, 634, 637 [zu § 1631a: Verantwortung und Entscheidungspflicht der Eltern bis zum Tage der Volljährigkeit]).

Ähnliches gilt schließlich, wenn dauerndes Versagen der Eltern iSd § 1626 Abs 2 zu einem endgültigen Bruch mit dem bald volljährigen Kind geführt hat (OLG Karlsruhe FamRZ 1989, 1322 f; vgl Rn 158 f).

Im einzelnen zu den typischen sachlichen Konfliktbereichen: **153**

Für Fragen der **Ausbildung und des Berufs** ist mit § **1631a** eine Sonderregelung eingeführt worden, Eingriffe in die elterliche Sorge richten sich jedoch allein nach § 1666 (Einzelheiten bei STAUDINGER/SALGO [2007] Erl zu § 1631a). In Fragen der **Gesundheit und körperlicher Eingriffe** sind **Lebendorganspenden** durch Kinder oder Jugendliche generell nicht einwilligungsfähig (§ 8 Abs 1 Nr 1 TPG). **Im übrigen** hat sich der Vorschlag einer vorgezogenen Teilmündigkeit des Heranwachsenden nicht durchsetzen können (vgl COESTER-WALTJEN, in: Juristinnenbund [Hrsg], Neues elterliches Sorgerecht [1977] 67, 80 ff mwN; für postmortale Organentnahmen jetzt allerdings § 2 Abs 2 S 3 Transplantationsgesetz [Einwilligung ab 16, Widerspruch schon ab 14 Jahren]). Angesichts seiner höchstpersönlichen Betroffenheit sind Entscheidungen über den Kindeswillen hinweg jedoch besonders geeignet, das geistig-seelische Wohl des Kindes zu gefährden. Dem im natürlichen Sinne einwilligungsfähigen Minderjährigen hat die Rechtsprechung allerdings ein Vetorecht hinsichtlich von ihm nicht gewünschter Eingriffe zuerkannt (BGHZ 29, 33, 36; NJW 1964, 1177; 1972, 335, 337; VersR 2007, 66, 67 [für nicht zwingend gebotene Eingriffe]; OLG Celle MDR 1960, 136; OLG Hamm FamRZ 1983, 310 [**aA** aber offenbar in NJW 1998, 3424, 3425]; STAUDINGER/PESCHEL-GUTZEIT [2007] Erl zu § 1626 sowie DIEPOLD, in: DIERKS ua [Hrsg], Therapieverweigerung 39 [zur Einsichts- und Urteilsfähigkeit von Kindern aus psychologischer Sicht]; speziell zur Einwilligungsfähigkeit bei Schwangerschaftsabbrüchen s Rn 107–115; **anders** MünchKomm/OLZEN Rn 81, der diese Grundsätze nicht auf das Kindschaftsrecht übertragen möchte, sondern ein gemeinsames Entscheidungsrecht von Eltern und Kind propagiert; ebenso JOHANNSEN/HENRICH/BÜTE Rn 32, 33; vgl oben Rn 107). Begehrt umgekehrt der Minderjährige seinerseits ärztliche Beratung, Behandlung oder Eingriffe, so verhilft ihm seine „natürliche Einwilligungsfähigkeit" allerdings noch nicht zum gewünschten Erfolg: Zum einen ist unklar, inwieweit *neben* seiner Einwilligung noch die seiner Eltern erforderlich ist (vgl BGHZ 29, 33, 36 f; BGH NJW 1972, 335, 337; BayObLG FamRZ 1987, 87, 89; MünchKomm/OLZEN Rn 81; STAUDINGER/PESCHEL-GUTZEIT [2007] § 1626 Rn 98 [ablehnend]; MünchKomm/GITTER Rn 89 vor § 104; SOERGEL/HEFERMEHL § 107 Rn 19; SCHWERDTNER NJW 1999, 1525, 1526; ZENZ StAZ 1973, 257, 259 f), und zum zweiten kann er wirksam nur in den körperlichen Eingriff rechtfertigend einwilligen, nicht jedoch selbständig den notwendigen Behandlungsvertrag schließen (vgl BGHZ 29, 33, 37; LG München I FamRZ 1979, 850 f; RAUSCHER FamR Rn 1026; **krit** STAUDINGER/PESCHEL-GUTZEIT [2007] § 1626 Rn 103 ff). Die insoweit stets notwendige elterliche Zustimmung kann allenfalls beim mindestens 15 Jahre alten Kind gem § 36 SGB I umgangen werden, wenn die ärztliche Maßnahme als soziale Leistung beansprucht werden kann (COESTER FamRZ 1985, 982 ff).

154 Hinsichtlich einer etwaigen Kindesgefährdung wird zu differenzieren sein: **Wollen die Eltern eine Behandlung** oder Operation gegen den Willen des (noch nicht einwilligungsfähigen) Kindes durchsetzen, kommt es zum einen auf Schwere und Bedeutung des Eingriffs in dessen körperliche Integrität an: Bloße professionelle Beratung (auch bei Drogen- und Alkoholproblemen) wird das Kind stets akzeptieren müssen, im allgemeinen ebenso ungefährliche und wenig belastende Heilbehandlungen. Bei schwerer wiegenden Eingriffen erscheint die Übergehung des Willens eines heranwachsenden Kindes stets bedenklich. Hier kommt es entscheidend auf den zweiten Gesichtspunkt an – die objektive Notwendigkeit des Eingriffs und die Gründe für die Haltung des Kindes. Sind diese vertretbar und besteht bei Unterbleiben des Eingriffs nicht eine wahrscheinliche Gefahr für Leben oder schwerwiegende gesundheitliche Dauerschäden, ist nicht auszuschließen, daß der Minderjährige den dennoch vorgenommenen Eingriff als Mißachtung seiner Persönlichkeit empfindet und objektiv in seinem geistig-seelischen Wohl gefährdet wird. Die spezielle Problematik beim **Schwangerschaftsabbruch** ist bereits oben zusammenhängend erörtert (Rn 107–115); die **Sterilisation** Minderjähriger ist in § 1631c generell verboten.

155 Verweigern die Eltern eine vom Kind gewünschte Behandlung oder Operation, liegt hierin möglicherweise eine geistig-seelische Kindesgefährdung, wenn der Wunsch des Kindes vernünftig erscheint und die Eltern sachliche Gründe nicht entgegenzusetzen haben (für den Fall, daß die Verweigerung schon physisch zur Gesundheitsgefährdung des Kindes führt, vgl Rn 102–115). Dies gilt insbes, wenn die ärztliche Maßnahme nicht oder nicht ohne Schadensgefahr bis zur Volljährigkeit aufgeschoben werden kann (AK-BGB/MÜNDER Rn 29) – allerdings wird in diesen Fällen regelmäßig schon eine Gesundheitsgefährdung des Kindes vorliegen (dazu Rn 102). So wurde eingegriffen bei verweigerter Zustimmung zu einer psychiatrischen Untersuchung (KG FamRZ 1972, 646: 19-jähriger wird auf Grund elterlicher overprotection zum Sonderling) oder Behandlung bei psychisch gestörtem Kind (BayObLG FamRZ 1984, 933, 934: 14jähriger ist auf Grund ungesicherter und wechselhafter Familienverhältnisse verhaltensgestört und behandlungsbedürftig, sorgeberechtigte Mutter erkennt dies nicht und will Kind wieder zu sich nehmen, obwohl dieses im Kinderdorf, wo es behandelt wird, bleiben will; vgl BayObLG FamRZ 1979, 737, 740; BÖHM DAVorm 1985, 731, 739). – Zur elterlichen Weigerung, einer Abtreibung zuzustimmen, s Rn 112.

Im Bereich des **persönlichen Umgangs** (vgl Rn 143) ist für den Heranwachsenden nicht **156** nur der Kontakt als solcher mit der Außenwelt, insbes Gleichaltrigen und dem anderen Geschlecht unabdingbare Voraussetzung seines Mündigwerdungsprozesses, sondern auch die Auswahl der Kontakte nach subjektiven Präferenzen. So wenig wie vom Erwachsenen die Begründung erwartet wird, warum er jemanden „mag", so wenig kann der Heranwachsende zur positiven Rechtfertigung seines Umgangs verpflichtet sein. Erziehung zur Mündigkeit fordert in diesem Bereich einen Rückzug elterlicher Bestimmungsmacht zugunsten bloßer elterlicher Kontrolle kindlicher Selbstbestimmung (GERNHUBER/COESTER-WALTJEN § 57 VII 7; MünchKomm/HUBER § 1632 Rn 63). Deren Mißachtung unter Ausnutzung formal fortbestehender Sorgemacht im Außenverhältnis kann das psychosoziale Kindeswohl gefährden – elterliche Beschränkungen werden rechtfertigungsbedürftig. Zutreffend wird die *Gefährdungsgrenze* deshalb, gemessen am grundsätzlichen elterlichen Erziehungsfreiraum, *vorverlagert:* Das Wohl des älteren Kindes gilt durch ein Umgangsverbot stets als dann gefährdet, wenn die Eltern nicht „triftige und sachliche Gründe" dafür vorbringen können (PALANDT/DIEDERICHSEN § 1632 Rn 23; MünchKomm/HUBER § 1632 Rn 67; STAUDINGER/ SALGO [2007] § 1632 Rn 24; **aA** SCHERER ZfJ 1999, 86, 88, bei der jedoch Verbot des Kontakts und eines [weitergehenden] Aufenthaltswechsels in eins gesetzt werden; vgl noch Rn 158 f). Im Ergebnis sind damit die zu § 1632 Abs 2, 3 entwickelten Grundsätze (Rn 54) gleichzeitig maßgeblich für die Eingriffsgrenze nach § 1666, soweit Heranwachsende betroffen sind. Sie gelten im wesentlichen auch für den brieflichen und telefonischen Kontakt des Kindes mit Dritten sowie generelle, altersunangemessene Ausgehverbote (OLG Köln FamRZ 1996, 1027, 1028; ERICHSEN/REUTER 75 f).

Im **sonstigen Persönlichkeitsbereich** sind Gefährdungen des Kindes denkbar bei **157** Mißachtung seiner Privat- und Intimsphäre (Öffnen von Briefen, Lesen, Bekanntmachen oder gar Veröffentlichen des Inhalts von Tagebüchern oder von Gedichten, vgl H KRÜGER FamRZ 1956, 333; Zwang zu gemeinsamem Übernachten von Vater und 16jähriger Tochter im Ehebett, OLG Köln FamRZ 1996, 1027; entwürdigende Untersuchungen im Intimbereich, vgl BayObLG DAVorm 1983, 78, 79).

Lockerung der elterlichen Sorge und wachsende Selbstbestimmung des Jugendlichen **158** berühren jedoch grundsätzlich nicht die Entscheidung betr **Betreuung und Aufenthalt**. Aus der vom Erziehungsziel mitumfaßten Gemeinschaftsfähigkeit (Rn 71) folgt, daß der Ablösungsprozeß des Heranwachsenden von seinen Eltern zunächst *innerhalb* der Familie stattzufinden hat. Bloßer Generationenkonflikt oder sonstige Unverträglichkeiten genügen nicht, um den Verbleib des Kindes im Elternhaus gegen seinen Willen als kindeswohlgefährdend anzusehen – das geistig-seelische Kindeswohl wäre eher gefährdet, wenn das Kind nicht lernen könnte und müßte, Konflikte im menschlichen Zusammenleben auszuhalten und konstruktiv auszutragen (vgl OLG Frankfurt FamRZ 2003, 1314 f; SCHERER ZfJ 1999, 86, 89 ff).

Dennoch können besondere Umstände die Entscheidung des Kindes gegen Eltern **159** und elterliche Wohnung als **achtenswerte Selbstbestimmung in schicksalhafter Konfliktsituation** erscheinen lassen, so daß das elterliche Beharren auf Verbleib oder Rückkehr in die Familie als kindeswohlgefährdend eingestuft werden muß. Hierher gehören die zahlreichen Fälle, in denen das Kind eine Rückkehr zu den Eltern ablehnt, weil es inzwischen bei Dritten eine positive Lebensbasis gefunden hat (dazu Rn 130 ff): Bindungsschutz und Achtung jugendlicher Selbstentscheidung laufen dabei zusammen (vgl auch KG FamRZ 1986, 1245 ff: 16jährige will zurück zu Großeltern, bei denen sie 10 Jahre gelebt hatte, nachdem die Übersiedlung in die Familie zu schwersten Konflikten mit Mutter und Stiefvater geführt hatte; KG FamRZ 2004, 483: 15- und 16jähriger wollen in Wohngruppe des Jugendamts bleiben, wo sie sich seit 2 Jahren gut entwickelt haben). Es können aber auch andere Umstände der Eigenentscheidung des Kindes solches Gewicht verleihen, daß der Kindeswille nicht ohne Gefährdung des Kindeswohls übergangen werden kann – etwa eine hoffnungslose Zerrüttung des Verhältnisses von heranwachsendem Kind und Eltern auf Grund deren langjähriger Erziehungsfehler (OLG Karlsruhe FamRZ 1989, 1322 f [17-jährige Tochter], vgl Rn 135; OLG Köln FamRZ 1996, 1027, vgl Rn 110; AG Hannover FamRZ 2000, 1241) oder der kulturelle und familiäre Zwiespalt von Migrantenkindern (dazu sogleich Rn 160 ff). Auch im **Sorgekonflikt zwischen nichtehelichen Eltern** (dazu Rn 94) mag im Einzelfall der Kindeswille eine entscheidende Rolle spielen (vgl OLG Hamm FamRZ 2000, 1239; **dagegen** OLG Frankfurt 2003, 1314 f); ebenso im **Konflikt zwischen leiblichen Eltern und Pflegeeltern** (dazu OLG Stuttgart JAmt 2007, 371 ff, 374 m Red-Anm 375 f; vgl Rn 195).

f) Konflikte in Familien mit abweichendem kulturellen Hintergrund
aa) Problemstellung

160 Die bislang besprochenen Fallgruppen zur Kindesgefährdung begegnen gleichermaßen, aber in besonderer Ausformung in Familien, deren innere Struktur und Atmosphäre, vor allem auch hinsichtlich der Kindererziehung, von der deutschen „Normalfamilie" wesentlich abweichen. Als Gründe des andersartigen Familienlebens kommen in Betracht: Herkunft aus fremdem Rechts- und Kulturbereich oder/und religiöse Überzeugungen. Der Schwerpunkt bekanntgewordener Konflikte betrifft Auseinandersetzungen türkischer Gastarbeiter mit ihren in der Bundesrepublik aufwachsenden Kindern (ABRAMOWSKI 130; EHRINGFELD 167), berührt sind aber letztlich eine Vielzahl ethnischer oder kultureller Minderheiten in Deutschland (Überblick bei EHRINGFELD 38 ff, 123 ff). Die Problematik ist nicht notwendig auf Gastarbeiter oder Ausländer beschränkt, sie betrifft im Grundsatz alle Minoritäten mit stark abweichender Kindeserziehung (strikte Entfaltungsbeschränkungen implizieren zB die Erziehungsgrundsätze der Hutterer oder Amish People in den USA, vgl HOLZACH, Das vergessene Volk [1979]; US-Supreme Court in Wisconsin v Yoder 406 US 205 [1972]: grundsätzliche Verweigerung höherer Schulbildung keine Rechtfertigung für staatliche Intervention). Die quantitative Bedeutung des Problems ist groß angesichts des Ausmaßes internationaler Migration (europäische Nachbarstaaten sind gleichermaßen betroffen, vgl WENGLER IPRax 1984, 177–179 [niederländische Entscheidung betr marokkanische Muslim]; IPRax 1985, 334, 335 [englische betr Pakistani]).

161 Entsprechend der Rolle der Frau im Islam oder in südländischer Sitte ergeben sich Reibungen mit deutschen Grundsätzen vor allem hinsichtlich der Erziehung von *Mädchen* (KG FamRZ 1985, 97; BayObLG FamRZ 1993, 229 ff). Zwar muß auch das nicht notwendig so sein, dieser Aspekt ist im Lichte von Art 3 Abs 2 GG jedoch im Auge zu behalten. Der Umstand, daß auch deutsche Mädchen uU (schichten- und wohnortabhängig) Entfaltungsschwierigkeiten haben (AKKENT/FRANGER RdJ 1986, 137 ff, insbes 143), macht die hier zu erörternde Frage nicht zu einem allgemeinen Mädchenproblem, denn der fremdkulturelle Hintergrund der Familie verschärft den Konflikt entscheidend.

bb) Internationalprivatrechtliche Vorfragen

Familiengerichtliche Schutzmaßnahmen erfolgen nach **deutschem Recht**, wenn das **162** Kind (gleich welcher Nationalität) seinen gewöhnlichen Aufenthalt in der Bundesrepublik hat (Rn 57, 315 f). Die kollisionsrechtliche Maßgeblichkeit deutschen Rechts für Schutzmaßnahmen bedeutet jedoch nicht, daß Ausländereigenschaft und ausländisches Recht schlechthin ignoriert werden dürften (OLG Dresden FamRZ 2003, 1862, 1863; vermittelnd schon auf kollisionsrechtlicher Ebene EHRINGFELD 258 f: bei Verwurzelung im Ausland gilt dortiges Recht). Als Generalklausel stellt § 1666 die **Einzelfallgerechtigkeit** in den Vordergrund und lenkt das richterliche Augenmerk maßgeblich auf die konkreten Umstände des individuellen Falles (Rn 66–73). Hierzu gehört ohne weiteres auch die **Herkunft der Familie aus fremdem Rechts- und Kulturkreis** – die auf Grund der Generalklausel des § 1666 zu bildende „Fallnorm" kann anderen Inhalt haben je nachdem, ob es sich um eine deutsche oder ausländische Familie handelt (zur sog „zweistufigen Theorie" des IPR im Familienrecht vgl HESSLER, Sachrechtliche Generalklausel und internationales Familienrecht [1985]; dazu LORENZ FamRZ 1987, 645 ff; JAYME, in: FS Müller-Freienfels [1986] 341 ff, 369 f; vgl KG FamRZ 1985, 97, 98). Damit schwindet die Bedeutung der Frage, ob die praktizierten Erziehungsgrundsätze im Einzelfall Ausprägung fremden Rechts oder eher fremder Kultur sind (dazu KG FamRZ 1985, 97, 98 bezügl türkisch-mohammedanischer Familie: restriktive Mädchenerziehung Folge aus Grundsätzen des Islam, nicht des staatlichen türkischen Rechts; BayObLG FamRZ 1993, 229, 230: körperliche Mißhandlung und Verletzung auch im türkischen Recht nicht erlaubt; ebenso OLG Düsseldorf FamRZ 1984, 1258, 1259), auch „Recht" wirkt auf dieser Ebene der Berücksichtigung nicht normativ, sondern ist nur beachtliche Gegebenheit der familiären Struktur (zur Datums-Theorie im IPR vgl JAYME, in: Gedächtnisschrift Ehrenzweig [1976] 35 ff). Damit reihen sich Ausländereigenschaft, fremdes Recht, Kultur und Religion in die „besonderen Umstände des Einzelfalls" ein, die vom Familienrichter auch bei reinen Inlandsfällen (etwa bei Sektenzugehörigkeit) der Entscheidung zugrunde zu legen sind (diese Dimension wird übersehen von EHRINGFELD 258 ff; dagegen ABRAMOWSKI 33 ff, im Ansatz wie die hier vertretene Auffassung 46 ff).

Hieraus folgt auch das **Ausmaß der Beachtung**: Respekt vor fremdem Recht und **163** fremder Kultur haben den Gedanken aufkommen lassen, die hierdurch geprägten Erziehungsgrundsätze anzuerkennen bis zur Grenze der deutschen öffentlichen Ordnung (entspr der **ordre-public-Klausel des Art 6 EGBGB**; so LG Berlin als Vorinstanz zu KG FamRZ 1985, 97; OLG Dresden FamRZ 2003, 1862, 1863; ZACHER, Elternrecht, in: Handbuch des Staatsrechts Bd VI [1989] § 134 Rn 13 Fn 27; der Sache nach auch LG Berlin FamRZ 1983, 943, 946; FamRZ 1983, 947). Diese Grenze gilt jedoch (als „Notbremse") nur bei im Grundsatz alleiniger Maßgeblichkeit fremden Rechts, sie kann **nicht entscheidend** sein für die Frage, inwieweit bei der Anwendung deutschen Rechts fremde Rechts- und Kulturvorstellungen zu berücksichtigen sind (zust MünchKomm/OLZEN Rn 58). Zentrale Thematik des § 1666 ist der Schutz vor Kindesgefährdungen, nicht die Beurteilung von Elternverhalten (Rn 61, 68). Einer Zurücknahme des Gefährdungsbegriffs bis zur ordre-public-Grenze stehen der regelmäßig starke Inlandsbezug entgegen (die Kinder haben ihren gewöhnlichen Aufenthalt, oft seit Geburt, in der Bundesrepublik) sowie die persönlichkeitsrechtliche Dimension des Kindesschutzes, Art 1, 2 u 3 GG (KG FamRZ 1985, 97; OLG Düsseldorf FamRZ 1984, 1258; ABRAMOWSKI 42 f). Der Kindesschutz erleidet auch keine prinzipielle Einschränkung durch die elterliche Religionsfreiheit (Art 4 GG; s Rn 126 f). **Geboten ist nur ein den individuellen Lebensstrukturen der Familie angepaßter und sie möglichst schonender Schutzansatz.** Die derart erforderlichen Zugeständnisse werden vor allem den Stil der familiären Kommunikation und äußere Verhaltensweisen betreffen (vgl EHRINGFELD 49 ff), rechtfertigen aber keine substantiellen Rechts- und Entfaltungseinbußen des Kindes. So wird beispielsweise das heranwachsende türkische Mädchen eine im Vergleich zu seiner deutschen Umwelt restriktivere Haltung seiner Eltern etwa in Kleidungs- und Umgangsfragen (beim Kopftuchgebot wäre § 5 RelKErzG zu beachten) sowie bei den sog „kleinen Freiheiten" (Rauchen, Schminken, Bilder usw) grundsätzlich hinnehmen müssen, ebenso elterliche Reaktionen auf eigenes Fehlverhalten, die bei deutschen Eltern überzogen wirken würden. Die **Grenze** ist aber schon erreicht bei **gewalttätigen Erziehungsmaßnahmen** oder Sanktionen (dazu Rn 97, 98; vgl LG Berlin FamRZ 1983, 943, 945 f: Züchtigung mit Körperverletzungen bei Vorwurf von Ladendiebstahl, schlechten Umgangs und mangelnder Hilfe im Haushalt; ähnlich der Sachverhalt in BayObLG FamRZ 1991, 1218 ff [tunesische Familie]; OLG Düsseldorf FamRZ 1984, 1258; BayObLG FamRZ 1990, 780; 1993, 229 ff; LG Bochum ZfJ 1993, 212; AG Ingolstadt IPRax 1992, 306; der Sache nach auch BayObLG DAVorm 1983, 78 ff; LG Hamburg FamRZ 1981, 309 ff). Die Grenze der Toleranz ist weiterhin erreicht etwa bei **sozialer Isolierung des Kindes** (Rn 137–141), bei der **Verweigerung angemessener Ausbildung** unter Verweis auf baldige Verheiratung (so in LG Berlin FamRZ 1983, 943; vgl OLG Köln FamRZ 2001, 1087 f), beim Versuch der **zwangsweisen Unterbringung** in einer geschlossenen psychiatrischen Station (AG Ingolstadt IPRax 1992, 306, 307), ganz ohne Frage auch bei geplanter **Zwangsheirat** (vgl Anm JOHN FamRZ 1983, 1274 zum Fall LG Berlin aaO; vgl OLG Köln FamRZ 2001, 1087 f), bei **Beschneidung von Mädchen** (OLG Dresden FamRZ 2003, 1862 f und BGH FamRZ 2005, 344, 346 [derselbe Fall]; AG Bremen ZKJ 2008, 338 ff; AG Bonn ZKJ 2008, 256; dazu auch WÜSTENBERG FamRZ 2007, 692 ff; SCHWARZ JZ 2008, 1125; vgl Rn 79) oder auch von **Jungen** (vgl OLG Frankfurt FamRZ 2008, 785 [Schadenersatz wegen Persönlichkeitsrechtsverletzung]; AG Erlangen v 30. 7. 2007 – 4 F 1092/01; zur Beschneidungsproblematik übergreifend und mit umfass Nachw WÜSTENBERG ZKJ 2008, 411 ff; zur Reaktion im Inland [begleiteter Umgang] OLG Karlsruhe ZKJ 2008, 428 ff; zur strafrechtlichen Beurteilung bei religiös motivierter Beschneidung von Jungen Putzke NJW 2008, 1568 ff; SCHWARZ JZ 2008, 1125 ff; HERZBERG JZ 2009, 332 ff; zur Unbeachtlichkeit religiöser Motivation oben Rn 126) oder gar bei **Morddrohung** (vgl KG FamRZ 1985, 97; BayObLG FamRZ 1991, 1218; SCHERER ZfJ 1999, 86, 92) oder bei **sonst entwürdigender Behandlung** (BayObLG DAVorm 1983, 78 [Kontrolle der Geschlechtsorgane bei 14jähriger Tochter durch italienische Eltern]). Besondere Toleranz ist hier schon deshalb nicht angebracht, weil solches Elternverhalten idR auch den Erziehungsstandards im Heimatland nicht entspricht (ABRAMOWSKI 217 ff).

164 Eine **andere Grenzziehung** wird geboten sein, wenn der Inlandsbezug schwächer ist, insbesondere wenn sich das zu beurteilende Familienleben nicht in der Bundesrepublik, sondern im Ausland verwirklicht hat (vgl BayObLG FamRZ 1984, 1259; FamRZ 1985, 737: Kind besucht frühere Pflegeeltern in der Bundesrepublik, bleibt hier und wirft Eltern in der Türkei Erziehungsfehler vor). Hier werden die Schranken elterlicher Sorgekompetenz, sofern überhaupt ein gewöhnlicher Aufenthalt in Deutschland und damit die Anwendbarkeit deutschen Rechts zu bejahen ist, eher in Anlehnung an das Heimatrecht der Familie (zB also türkisches Recht) zu bestimmen sein (ganz verfehlt die Messung des Familienlebens in der Türkei an §§ 1626 ff, so aber BayObLG aaO). Der Kindesschutz nach § 1666 kann sich dann uU auf einen der öffentlichen Ordnung zuzurechnenden Kernbereich reduzieren (insbesondere die Frage, ob [im vorerwähnten Fall] die Rückkehrweigerung des Mädchens einen eigenständigen Eingriffsgrund darstellt).

cc) Sachliche Probleme im einzelnen

In den bekannt gewordenen Fällen betr Migrantenfamilien begegnen zwei Grundprobleme des Kindesschutzes wieder, der Adoleszenzkonflikt (Rn 151–159) und – wenn das Kind längere Zeit in einer deutschen Familie gelebt hat – der Bindungsaspekt (Rn 129–136; weitere Aufschlüsselung der Konfliktfelder bei ABRAMOWSKI 130 ff). Auch wenn sie in concreto zusammentreffen, sollten sie doch gedanklich getrennt und entsprechend gewürdigt werden (nicht gelungen in BayObLG FamRZ 1985, 737; LEMPP FamRZ 1986, 1061). **165**

Adoleszenzkonflikte können wesentlich verschärft auftreten, zur natürlichen Ablösung von den Eltern tritt die Ablehnung und versuchte Lösung des Kindes von den als einengend empfundenen Verhaltensregeln und Rollenbildern, die die Eltern aus ihrer Heimat mitgebracht haben und auch in der nächsten Generation durchsetzen wollen (LG Berlin FamRZ 1983, 943, 945). Zum grundsätzlichen Interventionsansatz, soweit begrenzte familiengerichtliche Maßnahmen in Frage stehen (Ge- oder Verbote, Beschränkung elterlicher Bestimmungsmacht, Schulanmeldung oä), vgl bereits Rn 163. Oft sind die beiderseitigen Positionen aber so verhärtet, daß als Entscheidungsalternativen nur noch Bestätigung des elterlichen Erziehungsprimats oder Trennung des Kindes von seiner Familie in Betracht kommen (die Belassung des Kindes bei den Eltern unter Auflagen und Ermahnungen läßt das Kind, wie die Erfahrungen zeigen, ohne effektiven Schutz, vgl JOHN FamRZ 1983, 1274; zutr OLG Köln FamRZ 2001, 1087, 1088; bei geplanter Mitnahme des Kindes in das Heimatland kann nicht auf später mögliche Kindesschutzmaßnahmen durch dortige Behörden verwiesen und dem bikulturell geprägten Kind der hier gebotene Schutz versagt werden, so aber LG Berlin FamRZ 1982, 841, 843). Auch wenn ein derart zugespitzter Konflikt mitverursacht sein sollte durch das Fehlen öffentlicher Hilfen für Migrantenfamilien in der Bundesrepublik, berechtigt dieser Umstand doch nicht zu einer grundsätzlichen Verweigerung gebotener, kindesschützender Eingriffe in das Elternrecht (gegen LG Berlin FamRZ 1983, 947; vgl § 1666a Rn 22 f). Während die Entscheidung über den weiteren Verbleib in der Familie dem Jugendlichen auch unter dem Gesichtspunkt wachsender Reife und Selbstbestimmungsfähigkeit in aller Regel nicht zusteht (Rn 158 f), sind hier die besonderen Umstände zu beachten. Die Kinder sind aufgewachsen in einem Spannungsverhältnis zwischen zB türkisch-islamischer Familienwelt und westlich-pluralistischer Umwelt, sie sind notwendigerweise (Schulpflicht!) **bikulturell geprägt**. Insofern befinden sie sich auch innerlich in einem „tragischen Zwiespalt" (LG Berlin FamRZ 1982, 841, 843; FamRZ 1983, 943, 945), der durch Hinweis auf ihre ausländische Staatsangehörigkeit oder die andersartige Familienkultur nicht überspielt werden kann (so aber LG Berlin FamRZ 1982, 841, 843: Staatsangehörigkeit und „Heimat" iS kultureller Zugehörigkeit können auseinanderfallen; zutr AG Korbach FamRZ 2003, 1497 [traditionell-islamische Erziehung in deutscher Umwelt nicht möglich]). Sie gehören sowohl in die deutsche wie in die (zB) islamische Lebenswelt, so daß ihre ausschließliche Unterstellung unter die Maßstäbe der einen oder der anderen Ordnung gleichermaßen falsch ist: Was für die Eltern recht ist, gilt nicht mehr ohne weiteres für die zweite Generation der Migrantenfamilien, gleich, ob die Kinder eine fremde oder (auch) die deutsche Staatsangehörigkeit haben. Wenngleich die bikulturellen Einflüsse und die daraus folgenden Spannungen grundsätzlich zum Lebensschicksal der Jugendlichen gehören und von ihnen zu ertragen sind (vgl Rn 84; BayObLG FamRZ 1991, 1218, 1219), so ist es doch auch Sache der Eltern, in ihrer Erziehung dieser Situation der Kinder Rechnung zu tragen. Beharren sie auch (und gerade) der heranwachsenden Tochter gegenüber auf strikter Konformität mit dem islamischen Frauenbild, einschl der damit verbundenen Kontakt- und Ausbildungsbeschränkungen bis hin zur frühen, elternbestimmten Verheiratung, kann dies die Tochter in existentielle Konflikte (häufig bis zum Selbstmordversuch, vgl KG FamRZ 1985, 97 ff; vgl auch BayObLG FamRZ 1993, 229 ff [Selbstmorddrohung]; JOHN FamRZ 1983, 1274) stürzen. Verweigern sich die Eltern dieser Erkenntnis oder halten sie dennoch starr an ihrem Autoritätsanspruch fest, *verfehlen* sie ihre elterliche Verantwortung und gefährden das Kindeswohl (KG FamRZ 1985, 97, 99; BayObLG FamRZ 1985, 737, 739; 1993, 229, 230 f; OLG Köln FamRZ 2001, 1087, 1088; AG Ingolstadt IPRax 1992, 326, 327). Erst ihre Inflexibilität stellt die Jugendliche vor die Alternative: Elternhaus oder Lebensgestaltung entspr deutschen Umwelterfahrungen. Diese Entscheidung aber kann für bikulturell geprägte Jugendliche nur von diesen selbst getroffen werden, mangels dem Kind voll gerecht werdender Maßstäbe (weder ausländische noch deutsche Standards allein sind diesem Kind angemessen). Hier gewinnt der festgefügte **Kindeswille entscheidende Bedeutung** (6. DFGT, Arbeitskreis 14, in: Brühler Schriften zum Familienrecht Bd 4 [1986] 80 f; KG FamRZ 1985, 97, 98 f; BayObLG FamRZ 1985, 737, 738 f; OLG Köln FamRZ 2001, 1087, 1088; AG Korbach FamRZ 2003, 1497; COESTER DAVorm 1990, 847 ff; ABRAMOWSKI 152, 205; nicht unvermittelt umsetzbar, aber doch im Grundsatz entspr zu beachten sind die öffentlich-rechtlichen Kriterien zur „volkstumsmäßigen Prägung" als Deutscher iS § 6 BVFG: Das Bekenntnis zum deutschen Volkstum setzt Volljährigkeit nicht voraus, vgl zuletzt BVerwG NJW 1989, 1875 mwN; grundsätzlich anders SCHERER ZfJ 1999, 86, 89 ff, 92). Schlägt der Kindeswille zugunsten des als besser und zukunftsträchtiger empfundenen Lebens in freiheitlich-pluralistischer Ordnung aus, so kann dies von deutschen Instanzen kaum beanstandet werden (BayObLG FamRZ 1985, 737, 739; FamRZ 1997, 954 ff; vgl Rn 85). Die Möglichkeit aufenthaltsrechtlicher Probleme nach Volljährigkeit hat als zu theoretisch außer Betracht zu bleiben (KG FamRZ 1985, 97, 100; anders noch LG Berlin FamRZ 1983, 943, 946; denkbar immerhin Einbürgerungsantrag oder Heirat eines Deutschen). Selbst bei notwendiger Rückkehr in die Heimat ist die Entscheidung zu freiheitlicher Lebensgestaltung nicht zunichte gemacht: Auch in den Großstädten der Türkei beispielsweise ist eine selbständige, emanzipierte Lebensführung möglich, auch für Frauen. Diesen Konflikt können die Eltern vermeiden durch Anpassung der Erziehung an ihre Umwelt oder durch frühzeitige Rückführung der Kinder in jungen Jahren in ihre Heimat (KG FamRZ 1985, 97, 99; das von WENGLER IPRax 1985, 334, 335 empfohlene strenge „Apart-Halten" ist keine diskutable Alternative).

166 Bei dieser Auffassung bleibt fraglich, **wann von einer „bikulturellen Prägung"** im vorgenannten Sinne **gesprochen werden kann** – kurze Berührungen zum deutschen Kulturkreis reichen ebensowenig aus wie der bloße Übersiedlungswunsch aus dem Ausland (BayObLG FamRZ 1984, 1259, 1261 f). Auch muß mit der Möglichkeit gerechnet werden, daß Jugendliche in dem Bestreben, sich dem elterlichen Einfluß zu entziehen, die fremdkulturelle Prägung der Eltern zum Vorwand und Anknüpfungspunkt unberechtigter Vorwürfe nehmen (vgl BayObLG FamRZ 1991, 1218 ff). Hinsichtlich der Ernsthaftigkeit des Kulturkonflikts sollte statt auf einen abstrakten Mindestaufenthalt eher auf das Alter des Kindes während des Aufenthalts und die Entschiedenheit seiner Hinwendung zum deutschen Kulturkreis abgestellt werden (vgl BayObLG FamRZ 1984, 1259, 1263 [15-jährige Türkin läßt sich taufen]; Kindeswille auch akzeptiert in KG FamRZ 1985, 97, 99 [Kind nur 4 1/2 Jahre in der Bundesrepublik, aber in der entscheidenden Zeit vom 11.–16. Lebensjahr]; OLG Düsseldorf FamRZ 1984, 1258 f [nur 1 1/2 Jahre Inlandsaufenthalt]; nicht akzeptiert in LG Berlin FamRZ 1983, 947 [2 ½-jähriger Aufenthalt zwischen dem 14. und 17.

Lebensjahr zu kurz]; Zweifelsfall: Kind lebt bis zum 6. Lebensjahr bei deutschen Pflegeeltern, zieht sodann ohne erkennbare Probleme zu seinen Eltern in die Türkei [7.–13. Lebensjahr], bleibt dann nach Besuch der Pflegeeltern in der Bundesrepublik [BayObLG FamRZ 1984, 1259, 1261 f: kein bikulturelles Spannungsverhältnis, Rückführung; später in FamRZ 1985, 737: Kindeswille setzt sich auf Vollstreckungsebene doch durch]). Selbst wenn demnach im Einzelfall der Lösungswille des Kindes einen familiengerichtlichen Eingriff in das elterliche Aufenthaltsbestimmungsrecht nicht rechtfertigt, kann er dennoch, allgemeinen Grundsätzen entsprechend, auf Vollstreckungsebene einer von den Eltern beantragten Herausgabe entgegenstehen (BayObLG aaO; dazu noch Rn 291 f).

Der **Bindungsaspekt** kann allein oder neben der Adoleszenzproblematik eine Rolle **167** spielen, wenn das Kind längere Zeit bei einer *deutschen Pflegefamilie* gelebt hat (vgl BayObLG ZfJ 1985, 36 f; OLG Hamburg FamRZ 1983, 1271 ff; OLG Oldenburg FamRZ 1981, 811 ff). Statt einer bikulturellen Prägung des Kindes kommt hier, je nach den verbliebenen Kontakten zu seinen Eltern, auch ein überwiegendes oder ausschließliches Hineinwachsen in den deutschen Kulturkreis in Betracht. Beim älteren Kind verstärkt der Gesichtspunkt der Bindungskontinuität das Gewicht seiner Selbstentscheidung zugunsten der Pflegeeltern; im übrigen ist das Gewicht des Kontinuitätsaspekts selbst erhöht durch den auch kulturellen Kontrast zwischen der erlebten Umwelt und den Lebensgewohnheiten und -auffassungen im Elternhaus (vgl Rn 131 f).

Wie im Einzelfall auch immer entschieden wird, die Gerichte werden die **Balance 168 zwischen zwei Fehlhaltungen** zu finden haben: Einerseits die schutzlose Überantwortung von Kindern an eine kulturell bedingt einengende, die Persönlichkeitsentfaltung erheblich behindernde Erziehung, obwohl die Kinder bisher andere Erziehung genossen haben oder aber dieser Kultur inzwischen entwachsen sind (so dem Ergebnis nach die zit Entscheidungen des LG Berlin; OLG Köln FamRZ 2001, 1087 f; den kulturellen Zwiespalt der Ausländerkinder völlig ignorierend SCHÜTZ FamRZ 1986, 528, 529 f; KNÖPFEL FamRZ 1985, 1211, 1216; auch [m anderer Tendenz] LEMPP FamRZ 1986, 1061; krit zu dieser Ignoranz BAER FamRZ 1982, 221, 226; zutr hingegen WIESER FamRZ 1990, 693, 697), andererseits vorschnelle „rettende" Eingriffe in ausländische oder Minderheitsfamilien, die die Entfremdung von Eltern und Kindern erst endgültig herbeiführen (problematisch deshalb OLG Düsseldorf FamRZ 1984, 1258), möglicherweise aber die Familienflucht Heranwachsender in normalen Adoleszenzkonflikten fördern (vgl Rn 158 f, 166) oder die das Pflegekindschaftswesen dem Vorwurf aussetzen, es ermögliche der Mittelschicht, ökonomisch und sozial benachteiligten Familien die Kinder zu nehmen (bedenklich OLG Oldenburg FamRZ 1981, 811; zum Problem LÜDERITZ AcP 178 [1978] 263, 293; SIMITIS, in: GOLDSTEIN ua II 188).

4. Gefahrabwendungsprimat der Eltern

a) Grundsätze

Die Feststellung einer Kindeswohlgefährdung impliziert, daß die Eltern ihrer **169** Schutzfunktion bislang nicht genügt haben. Damit ist der verfassungsrechtlich abgesicherte Elternvorrang gegenüber dem Staat aber noch nicht gegenstandslos geworden, die Eltern werden noch einmal aufgerufen, wenigstens jetzt und für die Zukunft ihren Pflichten zu genügen und die eingetretene Gefährdung abzuwenden (Abs 1): „Wer seinen Pflichten nicht nachkam, hat sich damit noch nicht zur Folgenbeseitigung als unfähig oder unwillig erwiesen" (GERNHUBER[3] § 49 VIII 3[S 735]). Erst die Feststellung des elterlichen Ausfalls auch für die Zukunft – aus welchem Grund auch immer (Unfähigkeit, Gleichgültigkeit, Unwilligkeit) – eröffnet die Möglichkeit familiengerichtlicher Eingriffe. Im bisherigen Recht war der elterliche Gefahrabwendungsprimat als Subsidiaritätsvorbehalt bezüglich staatlicher Eingriffe formuliert; das KiWoMaG 2008 hat – als Gegengewicht für die Eliminierung des Elternverhaltens aus § 1666 Abs 1 – den elterlichen Ausfall auch insoweit nunmehr als *positive Eingriffsvoraussetzung* neben der Kindeswohlgefährdung normiert (BT-Drucks 16/6815, 14). Eine sachliche Änderung ist damit nicht verbunden. Auch ohne Hervorhebung im Gesetz wäre der Abwendungsvorrang der Eltern aus dem System des familiengerichtlichen Kindesschutzes zu folgern gewesen (Rn 13) sowie aus dem zukunftsorientierten Gefährdungsbegriff (Rn 79; BGB-RGRK/ADELMANN Rn 54). Lediglich im Fall der von den Eltern „gerufenen Intervention" des FamG (Rn 14) fallen Abwendungsprimat der Eltern und staatliches Wächteramt zusammen.

170 Konsequenterweise haben die elterlichen Möglichkeiten zur Gefahrabwendung zentrales Thema bei der richterlichen **Anhörung der Eltern**, insbesondere aber bei der „Erörterung der Kindeswohlgefährdung" gem § 157 FamFG zu sein; hat eine diesbezügliche Erörterung mit den Eltern in der ersten Instanz nicht stattgefunden oder ist sie aus den Akten nicht ersichtlich, muß sie vom Beschwerdegericht nachgeholt werden (BayObLG FamRZ 1980, 1150, 1151; BayObLGZ 1983, 231, 235; vgl BayObLG FamRZ 1982, 634, 637; s Rn 274).

171 Trotz anderen Standortes im Normaufbau korrespondiert der Subsidiaritätsgedanke eng mit dem Grundsatz der Erforderlichkeit und Verhältnismäßigkeit familiengerichtlicher Maßnahmen (Rn 211; § 1666a). Sind die Eltern fähig und willens, die Gefahr abzuwenden, ist familiengerichtliches Einschreiten nicht nur unzulässig, sondern ohnehin nicht erforderlich; sind sie es nicht, ist der staatliche Interventionsansatz vorrangig daran auszurichten, die Eltern wieder in den Stand zu versetzen, ihrer Verantwortung nachkommen zu können (Vorrang der „Hilfe zur Selbsthilfe", vgl Rn 4, 62; mit „Erziehung" der Eltern zur Selbsthilfe [so JOHANNSEN/HENRICH/BÜTE Rn 42] hat das allerdings nichts zu tun). Konsequenterweise findet der elterliche Vorrang bei der Gefahrabwendung auch schon seinen Ausdruck auf der dem FamG vorgelagerten Ebene der Jugendhilfe, § 8a Abs 1 und 4 SGB VIII – implizit liegt hierin auch eine Bestätigung der Einbindung der Jugendhilfe in das staatliche Wächteramt (Rn 17, 19). Die Hilfe hat in erster Linie darauf gerichtet zu sein, die **Eltern** (wieder) zur Gefahrabwendung zu befähigen – insbesondere auch in den Fällen, in denen sich Jugendliche dem Einfluß ihrer Eltern weitgehend entzogen haben (Jugenddelinquenz, vgl Rn 2, 128).

172 Die Bedeutung des Elternprimats in der **Entscheidungspraxis** blieb bisher hinter seinem systematischen und rechtspolitischen Stellenwert zurück. Die Möglichkeit einer Gefahrabwendung durch die Eltern selbst wurde in den Entscheidungsbegründungen zumeist gar nicht ausdrücklich erwähnt. Beruhte die Gefährdung auf dauerhaften Verhaltensweisen der *Eltern* (zB Mißhandlungen, Vernachlässigung auf Grund von Gleichgültigkeit, Drogen- oder Alkoholmißbrauch), wurde angesichts des ohnehin oft sehr späten Eingriffszeitpunkts eine elterliche Verhaltensänderung offenbar nicht mehr erwartet. Diese Haltung der Gerichte ist dann berechtigt und macht längere Erörterungen oder gar „Bewährungsversuche" überflüssig, wenn dem

Verfahren langfristige, aber letztlich erfolglose öffentliche Hilfen für die Familie vorangegangen sind oder von den Eltern abgelehnt wurden (BayObLG FamRZ 1981, 86; OLG Hamm DAVorm 1986, 540, 542; DAVorm 1986, 804, 806 f; OLG Brandenburg FamRZ 2004, 720: unbegrenzte Hilfen sind nicht geschuldet; vgl § 1666a Rn 22 f). Im übrigen zielt aber die Gefährdungserörterung gem § 157 FamFG auf eine intensivere und vorrangige „Inpflichtnahme" der Eltern (BT-Drucks 16/6815, 7); selbst bei notwendigen familiengerichtlichen Eingriffen verfolgt der gestufte Maßnahmenkatalog des Abs 3 eine entsprechende Tendenz.

b) Einzelheiten

Entsprechend der Unmaßgeblichkeit elterlicher Schuld oder Pflichtwidrigkeit für **173** das Tatbestandsmerkmal der „Kindeswohlgefährdung" kommt es für die Prüfung künftiger Gefahrabwendung nicht darauf an, *warum* die Eltern gegebenenfalls auch insoweit ihrer Verantwortung nicht nachkommen. Aus dem rechtsgutbezogenen Schutzansatz des § 1666 folgt, daß es auch hier allein maßgeblich ist, *ob* die grundsätzlich vorrangige Elternverantwortung auch für die Zukunft als Schutzschild für das Kind ausfällt (vgl Rn 63). Dem entsprechend stellt Abs 1 die Unwilligkeit und die Unfähigkeit der Eltern zur Gefahrenabwehr alternativ nebeneinander. Ursache mangelnder Kompetenz der Eltern zur Gefahrabwendung können deshalb auch geistige, psychische oder sonstige *Krankheiten der Eltern* sein, soweit sie die Eltern an der Wahrnehmung ihrer Sorgeverantwortung hindern (zu geistig behinderten Eltern s § 140; zu psychischen Erkrankungen BayObLG FamRZ 1995, 502, 503; 1997, 956, 1999, 318 ff; zu Suchterkrankungen BERZEWSKI FPR 2003, 312; s auch § 1673 Rn 8 ff, § 1674 Rn 16). Entsprechendes gilt für die schlichte Unfähigkeit der Eltern, elementare Bedürfnisse ihres Kindes zu erkennen oder sachgerecht zu reagieren (BayObLG FamRZ 1993, 229, 230 f; ZfJ 1996, 106, 107; NJW 1999, 293, 294; FamRZ 1999, 178; OLG Frankfurt FamRZ 2003, 1317 f [vgl Rn 134]; OLG Dresden FamRZ 2003, 1862, 1863; AG Korbach FamRZ 2003, 1496), oder die Unfähigkeit eines Elternteils, die Kindesmißhandlungen durch den anderen Elternteil abzuwehren (BayObLG FamRZ 1999, 178, 179; OLG Thüringen FamRZ 2003, 1319, 1320). Hierzu gehören auch die offenbar zunehmenden Fälle, in denen die heranwachsenden Kinder außer Kontrolle der Eltern geraten (vgl BayObLG FamRZ 1995, 1437 f sowie DIEDERICHSEN NJW 1998, 1977 ff).

Einer sorgfältigen Würdigung bedarf die **Bereitschaft der Eltern, öffentliche Hilfen 174 nach dem SGB VIII zu akzeptieren.** Hierin kann verantwortliche Gefahrabwendung durch die Eltern liegen, die nach Abs 1 die familiengerichtliche Eingriffsbefugnis verdrängt (RÖCHLING 234 f, 283, 289) − so für schwerwiegende Eingriffe ausdrücklich § 1666a. Auch die unterstützende Zustimmung zu Maßnahmen nach § 1666 kann noch Wahrnehmung von Elternverantwortung sein (OLG Karlsruhe FamRZ 2004, 706: deshalb Berechtigung zu PKH). Andererseits muß sich das FamG nicht auf verbale, möglicherweise sogar ernstgemeinte Beteuerungen der Eltern einlassen, wenn die Fallgeschichte zeigt oder zu befürchten ist, daß die Eltern doch immer wieder rückfällig werden (OLG Frankfurt FamRZ 1983, 530 f: Drogenabhängigkeit; BayObLG FamRZ 1995, 948, 950; OLG Oldenburg FamRZ 1999, 38). Auch eine nur passive, erkennbar widerwillige oder nur zur Vermeidung von „Schlimmerem" erklärte Akzeptanz löst den Abwendungsprimat der Eltern noch nicht aus. Dieser setzt positive Verantwortungsübernahme und auf innerer Einsicht beruhende Entschlossenheit der Eltern voraus, die Kindesgefährdung abzuwenden. Die Ernsthaftigkeit und Verläßlichkeit elterlichen Kooperationsversprechens muß zur Überzeugung des FamG feststehen (sehr skeptisch insoweit WIESNER FPR 2008, 608, 612; vgl auch MEYSEN JAmt 2008, 233, 234), wenn es trotz Kindeswohlgefährdung von Maßnahmen (einstweilen) absehen will. Die in § 166 Abs 3 FamFG eingeführte Überprüfungspflicht des FamG „in angemessenem Zeitabstand" ist **nicht** als **„Experimentierklausel"** mißzuverstehen, wonach in Zweifelsfällen zunächst von Eingriffen abzusehen sei. Vielmehr gebietet es die staatliche Verantwortung gegenüber dem Kind, **in Zweifelsfällen** den jugendhilferechtlichen Hilfsansatz durch eine „niedrigschwellige" Anordnung **gem § 1666 Abs 3 Nr 1** sicherzustellen (vgl ERNST FPR 2008, 602, 605).

175 Nicht ganz unproblematisch ist auch der in der Praxis offenbar zunehmend beschrittene Weg, daß die Eltern den Teil ihres Sorgerechts, dessen Entzug oder Beschränkung in Frage steht, **zur Ausübung „freiwillig" dem Jugendamt übertragen**: So bleiben sie Rechtsinhaber, haben aber die Gefahrabwendung in die Hände des Jugendamts gelegt. Auch unter dem Aspekt des „geringst möglichen Eingriffs" könnte diese Vorgehensweise (elterliche Bereitschaft unterstellt) vorrangig vor Sorgerechtseingriffen sein. Sie hat allerdings auch ihre Schwächen (Widerruflichkeit der Ausübungsüberlassung [STAUDINGER/PESCHEL-GUTZEIT [2007] § 1626 Rn 29]; neben dem Jugendamt fortbestehende Handlungsmacht der Eltern; weitere Bedenken in DIJuF-Gutachten JAmt 2007, 527 f) und sollte als elterliche Gefahrabwendung nur akzeptiert werden, wenn insoweit voller Konsens zwischen Eltern und Jugendamt besteht und künftiges „Störfeuer" der Eltern nicht zu befürchten ist. Ähnliches gilt, wenn ein alleinsorgeberechtigter Elternteil wegen Erziehungs- und Sorgeproblemen in seinem Bereich die **tatsächliche Betreuung dem anderen Elternteil überläßt**. Bei hinreichender Kommunikations- und Konsensfähigkeit der Eltern ist dies als effektive Gefahrabwendung zu akzeptieren; der dauerhafte Auseinanderfall von tatsächlicher und rechtlicher Sorge ist mißlich (Rn 134, 147), aber unter diesen Voraussetzungen noch nicht für sich genommen kindesgefährdend (OLG Brandenburg FamRZ 2009, 63, 64 [mit Appell an die Mutter, dem gemeinsamen Sorgerecht mit dem betreuenden Vater zuzustimmen]). Bei Elternkonflikten und häufiger Einigungsunfähigkeit hingegen beseitigt die bloße Ausübungsüberlassung der elterlichen Sorge die Kindesgefährdung nicht.

176 Zentraler Stellenwert muß der elterlichen Abwendungsmöglichkeit zukommen, wenn die **Gefährdung von einem Dritten ausgeht**. Nur wenn den Eltern (nochmals oder erstmals) Gelegenheit zur Abwendung gegeben wird, sind ihr Sorgevorrang gem Art 6 Abs 2 S 1 GG und die Subsidiarität staatlichen Kindesschutzes (Art 6 Abs 2 S 2 GG) gewährleistet (vgl Rn 91; BGB-RGRK/ADELMANN Rn 50, 52). Der Ausnahmefall der durch die Eltern herbeigerufenen Intervention des FamG (Rn 14, 169 ff) wird hier praktisch am bedeutsamsten sein (vgl Abs 4).

IV. Schutz des Kindesvermögens

1. Tatbestandsstruktur

177 a) Fragestellung
Der einzelfallbezogene Schutz des Kindes vor Gefährdungen in § 1666 gilt nicht nur seiner Person, sondern auch seinen Vermögensinteressen. Der Vermögensschutz war früher in einer Sondervorschrift geregelt (§ 1667 aF), ist durch das KindRG 1998 aber mit dem Personenschutz in § 1666 zusammengefaßt worden; der jetzige § 1667 konkretisiert nur noch einzelne Maßnahmen auf dem Gebiet des Vermögensschut-

zes. Der Gefährdungsschutz der §§ 1666, 1667 ist gewissermaßen das letzte Sicherungsnetz in einem übergreifenden System der präventiven Kontrolle und genereller Sicherheitsvorkehrungen – beginnend mit den Vorschriften über die Vermögensverwaltung (§§ 1638 ff) über Beschränkungen elterlicher Vertretungsmacht bei Interessenkollisionen (§§ 1629 Abs 2, 1795, 1796) bis hin zu familiengerichtlichen Genehmigungserfordernissen bei riskanten Geschäften (§§ 1643, 1821, 1822).

Bei der Integration des Vermögensschutzes in § 1666 handelte es sich scheinbar um **178** eine reine Strukturveränderung (vgl BT-Drucks 13/4899, 64: „Das geltende Recht soll inhaltlich nicht angetastet werden"); bei näherem Hinsehen zeigt sich jedoch, daß sie auch mit materiellen Änderungen verbunden ist (**anders** MünchKomm/OLZEN Rn 132). Mehrere besondere Eingriffstatbestände in die Vermögenssorge sind weggefallen, weil sie nunmehr von der Generalklausel des § 1666 Abs 1 mit abgedeckt werden (Vermögensverfall, § 1667 Abs 1 aF; Insolvenz, § 1670 aF; vgl dazu Rn 202) oder als Konkretisierung der Vermögensgefährdung in § 1666 Abs 2 übernommen sind (Pflichtverletzung, §§ 1639 Abs 1 S 2 aF, 1683 Abs 4 aF; Nichtbefolgung gerichtlicher Anordnungen, § 1640 Abs 4 aF). Zu den ausdrücklichen gesetzlichen Differenzierungen im neuen Recht gehört auch der Katalog spezifischer Vermögensschutzmaßnahmen in § 1667 (Sonderregel für die Personensorge demgegenüber in § 1666 Abs 4 und 1666a). Aber auch wo ausdrückliche Sonderregeln für den Vermögensschutz fehlen, gelingt die Unterstellung des Vermögensschutzes unter den überkommenen, für die Personensorge konzipierten Schutzansatz des § 1666 (oben Rn 1–176) nicht immer reibungslos.

b) Kein Verschuldenserfordernis

Dies gilt noch nicht für die letztliche **Unmaßgeblichkeit elterlicher Schuld** an der **179** Vermögensgefährdung (vgl Rn 48–52). Hiervon war schon nach altem Recht auszugehen (BayObLG FamRZ 1977, 144, 146; ZBlJugR 1983, 302, 307; FamRZ 1989, 1215, 1216; FamRZ 1994, 1191, 1192), jetzt ist der Bezug der Vermögensgefährdung in § 1666 Abs 1 zu elterlichem Verhalten insgesamt – und damit auch zu etwaigem elterlichem Verschulden – gelöst (vgl zur Personensorge oben Rn 59 ff). Für den Vermögensschutz des Kindes ist diese Feststellung sogar besonders wichtig, weil die Schwierigkeiten korrekter Vermögensverwaltung viele Eltern überfordern, also Fehlverhalten ohne subjektive Schuld eher zu befürchten ist als bei der Personensorge.

c) Pflichtwidrigkeit und Vermögensgefährdung

Hinsichtlich der **Pflichtwidrigkeit elterlichen Verhaltens** als Eingriffsvoraussetzung **180** besteht jedoch weniger Klarheit. Bei der Personensorge ist der Pflichtwidrigkeit kein eigenständiger Stellenwert beizumessen (Rn 60 f). Für die Vermögenssorge hatte der § 1667 Abs 1 aF hingegen ausdrücklich einen Kausalbezug der Vermögensgefährdung zur elterlichen Pflichtverletzung gefordert (dazu STAUDINGER/COESTER[12] § 1667 Rn 9–11). Diese tatbestandliche Koppelung findet sich in § 1666 Abs 1 nicht mehr, wie beim persönlichen Kindeswohl steht allein die Gefährdung der Kindesinteressen im Mittelpunkt. Allerdings konkretisiert das Gesetz dieses Merkmal in Abs 2 durch Regelbeispiele, die allesamt elterliche Pflichtwidrigkeiten bezeichnen: Bei der dort an zweiter Stelle genannten Alternative ist die Verletzung vermögenssorgerechtlicher Pflichten sogar unvermittelt alleiniger Anknüpfungspunkt (s ie Rn 197–200), aber auch bei beiden anderen Alternativen (Unterhaltspflichtverletzung, Nichtbefolgung gerichtlicher Anordnungen; vgl Rn 193–196, 201) ist der elterliche Pflichtverstoß offenkundig. Demgemäß wird zT vertreten, daß die elterliche Pflichtwidrigkeit bei Eingriffen in die Vermögenssorge auch im neuen Recht als konstitutives Tatbestandserfordernis verstanden werden müsse (BAMBERGER/ROTH/VEIT Rn 26; JOHANNSEN/ HENRICH/BÜTE Rn 44), mit der weiteren Konsequenz, daß Abs 2 als ausschließliche Aufzählung möglicher Tatbestandsverwirklichungen des Abs 1 anzusehen sei. Ein Kausalbezug von Pflichtverletzung und Vermögensgefährdung sei aus rechtsstaatlichen Gründen geboten, um die staatlichen Eingriffsbefugnisse zu beschränken.

181 **Stellungnahme**: In der Tat droht bei unreflektierter Handhabung des Begriffs der „Vermögensgefährdung" übermäßige staatliche Bevormundung im Bereich der elterlichen Vermögensverwaltung, die nicht mit Art 6 Abs 2 S 1 GG vereinbar wäre. Bei der *Personensorge* führen der elterliche Konkretisierungsprimat für das Kindeswohl, die Unsicherheiten bei dessen objektiver Bestimmung sowie die Begrenztheit tauglicher staatlicher Alternativen zur Familienerziehung (Rn 212) zu einem weiten Vertretbarkeitsrahmen elterlichen Verhaltens; staatlicher Kindesschutz kann nicht optimale Kindesförderung, sondern nur die unverzichtbaren Basisvoraussetzungen gesunder kindlicher Entwicklung zu gewährleisten versuchen (Rn 84 f). Bei der *Vermögenssorge* steht das „Richtige" regelmäßig objektiv fest, ein Vertretbarkeitsrahmen existiert nur begrenzt, auch kleine Abweichungen sind als Verletzung der Vermögensinteressen des Kindes nachweisbar. Will man das – auch ohne Blick auf die Verfassung – unerwünschte Ergebnis vermeiden, daß die Vermögensinteressen des Kindes praktisch vollen, seine persönlichen Interessen hingegen nur minimalen Schutz genießen, so bedarf es eingriffsbegrenzender Kriterien.

Die Bindung an die *Pflichtwidrigkeit elterlichen Verhaltens* ist nun allerdings ungeeignet, diese Wirkung zu erzeugen: Wird sie richtigerweise *objektiv* definiert und nicht mit Schuldaspekten vermengt, so bedeutet eine Interessenverletzung des Kindes nahezu stets auch eine Pflichtverletzung der Eltern – es gehört zu ihrer Sorgeverantwortung, solche Interessenverletzungen weder herbeizuführen noch zuzulassen. Nur bei fehlender Möglichkeit zu objektiv gebotenem Handeln entfiele der Vorwurf einer Pflichtverletzung – ein eher seltener Fall. Hinreichende Filterwirkung gegen staatliche Eingriffe kann so nicht erreicht werden (insoweit ebenso MünchKomm/ OLZEN Rn 161–165; RAUSCHER, FamR Rn 1075). Sie kann auch nicht dem richterlichen Ermessen erst auf der *Rechtsfolgenseite* überantwortet werden („ob" und „wie" einer Maßnahme; so MünchKomm/OLZEN Rn 167), dies wäre mit rechtsstaatlichen Grundsätzen nicht vereinbar.

182 Der richtige Ansatz liegt demgegenüber im **Begriff der Vermögensgefährdung** iS von Abs 1: Entsprechend zum Gefährdungsbegriff im persönlichen Bereich erfüllt nur eine **voraussehbare erhebliche Schädigung des Kindesvermögens** den Tatbestand (vgl Rn 82; gegen die Beschränkung auf „erhebliche" Schädigungen MünchKomm/OLZEN Rn 166). Daß anstelle der elterlichen Maßnahmen sachdienlichere möglich waren und sind, genügt hierfür nicht – auch im Vermögensbereich ist es nicht Aufgabe des Kindesschutzes, für eine optimale Wahrung der Kindesinteressen zu sorgen. Schutzobjekt des Abs 1 ist nicht jedes Einzelinteresse des Kindes, sondern „sein Vermögen", dh seine vermögensrechtliche Position insgesamt – *hierauf* ist das Erfordernis einer „erheblichen Schädigung" zu beziehen. Die Beeinträchtigung von Vermögensinteressen unterhalb der Grenze der Vermögensgefährdung bleibt sanktionslos (zur Personensorge vgl Rn 8, 12, 84–93). Dies ist nicht idS mißzuverstehen, daß nur wohlhabende

Kinder in den Genuß staatlichen Schutzes nach § 1666 kämen; was als wesentliche Substanz des Vermögens und als erhebliche Schädigungsgefahr anzusehen ist, richtet sich – wie auch bei der Personensorge – nach den individuellen sozialen Verhältnissen des Kindes und seiner Familie. Abgrenzungsschwierigkeiten im Einzelfall sind kein Gegenargument, sie sind der Generalklausel des § 1666 wesensimmanent.

Damit kann auch der **Stellenwert elterlicher Pflichtwidrigkeit** bestimmt werden: Sie **183** ist nicht konstitutives Merkmal des Eingriffstatbestandes, sondern nur *Indiz* für die allein ausschlaggebende Vermögensgefährdung. Dem entspricht der eindeutige Wortlaut von Abs 2, über Vermögensgefährdungen aus anderen Gründen sagt diese Vorschrift nicht aus. Daraus folgt auch, daß die *Schwere* der Pflichtverletzung allenfalls für ihre Indizwirkung von Bedeutung sein kann, nicht aber als Kriterium für die Eingriffslegitimation des Staates – letztere folgt allein aus dem Gefährdungstatbestand. Eine Gefährdung kann uU auch durch geringfügige Pflichtverletzungen verursacht werden (BayObLG FamRZ 1983, 528, 529 zu § 1667 aF), wie umgekehrt grobe Pflichtverletzungen sanktionslos bleiben, sofern sie nicht zu einer Gefährdung des Kindesvermögens führen.

d) Kein Verhaltensbezug

Ebensowenig wie eine Pflichtverletzung ist ein kausaler Bezug zu **elterlichem Ver-** **184** **halten überhaupt** erforderlich – dies ergibt sich jetzt eindeutig aus der Streichung aller Gefährdungsursachen im Tatbestand des Abs 1. Alleiniger Maßstab ist die Gefährdung der Vermögensinteressen des Kindes (OLG Köln NJW-RR 2000, 373).

e) Elterlicher Abwendungsprimat

Bedeutungsvoll auch im Bereich der Vermögenssorge ist hingegen schließlich der **185** **Abwendungsprimat der Eltern** (zur Personensorge s Rn 169 ff). Neben einem restriktiv verstandenen Gefährdungsbegriff liegt hier die zweite verfassungsrechtlich gebotene Eingriffshürde; ob die Eltern angesichts früherer Fehler in der Vermögensverwaltung als „gewillt" und „in der Lage" zur Gefahrabwendung angesehen werden können, ist eine Frage richterlicher Beurteilung und Risikoabwägung im Einzelfall, ein grundsätzlicher Unterschied zur Personensorge besteht insoweit nicht (MünchKomm/OLZEN Rn 169; Einzelheiten s unten Rn 204 f).

f) Ergebnis

Im wesentlichen, wenngleich nicht ohne gewisse Schwierigkeiten läßt sich der Ver- **186** mögensschutz des Kindes dem zur Personensorge entwickelten Interventionsmodell des § 1666 einpassen. Zum **maßgeblichen Tatbestand** gehört, daß

– das Vermögen des Kindes

– der Gefahr einer erheblichen Schädigung ausgesetzt ist und

– die Eltern nicht gewillt oder in der Lage sind, die Gefahr abzuwenden.

Elterliche Pflichtverletzungen haben eine Indizfunktion für eine Vermögensgefährdung (Abs 2), sind aber im übrigen keine konstitutive Eingriffsvoraussetzung. Ein kausaler Bezug der Vermögensgefährdung zu elterlichem Verhalten muß nicht hergestellt werden.

2. Die Tatbestandselemente im einzelnen

a) Kindesvermögen

187 Das frühere Schutzkonzept der §§ 1666, 1667 aF setzte bei Sorgepflichtverletzungen der Eltern an. Konsequenterweise war im Vermögensbereich *bestehende Vermögenssorge* der Eltern iSd §§ 1626 Abs 1 S 2, 1638 ff Voraussetzung für gerichtliche Beschränkungen; die Vermögenssorge setzte wiederum das Vorhandensein von „Kindesvermögen" im weitesten Sinne voraus (STAUDINGER/COESTER [2004] Rn 162). Die Neufassung des Tatbestandes von § 1666 Abs 1 zugunsten eines rein rechtsgutbezogenen, von elterlichem Verhalten unabhängigen Schutzes (vgl Rn 59 ff) muß jedoch auch Konsequenzen für den Vermögensschutz des Kindes haben: Während die *Vermögensverwaltung* gem §§ 1638 ff naturgemäß vorhandene Vermögenssubstanz und Sorgeverantwortung voraussetzt, **müssen die in § 1666 geschützten *Vermögensinteressen* des Kindes** (wie auch die Vermögenssorge des § 1626 Abs 1 S 2 generell) **umfassender definiert werden**: Sie sind **nicht nur** (positiv) gerichtet auf die **Erhaltung und Mehrung vorhandenen Vermögens**, sondern auch (negativ) *gegen* eine **wirtschaftlich nicht zu rechtfertigende *Verschuldung* des Kindes**. Ein entsprechender Schutz wird durch § 1629a nur begrenzt und unvollkommen bewirkt (immerhin Verlust aller Aktiva; Schufa-Nachteile ua, vgl DIJuF-Gutachten JAmt 2007, 81, 82). Das Vorhandensein aktiven Vermögens ist dabei nicht vorausgesetzt, § 1645 kann als spezielle Ausprägung dieses Schutzzwecks verstanden werden (vgl STAUDINGER/ENGLER § 1645 Rn 1). Damit können auch „moderne" Formen des elterlichen Sorgemißbrauchs (genauer: des Vertretungsmißbrauchs in Vermögensangelegenheiten) vom Schutzansatz des § 1666 erfaßt werden (zu Einzelheiten Rn 198, 199). So wie die Schädigung der Kindesperson ohne weiteres zum Schutzspektrum des § 1666 Abs 1 zählt (Rn 96 ff), auch wenn sie mit „Sorgeausübung" nicht mehr das geringste zu tun hat, so schützt § 1666 Abs 1 auch das Kindesvermögen – auch dasjenige, das der elterlichen Vermögensverwaltung nicht unterliegt, sowie umfassend alle Vermögensinteressen des Kindes.

188 Soweit der Schutz vorhandenem Kindesvermögen gilt, sind umfaßt neben Sach- und Barvermögen sowie anfallenden Zinsen (BayObLG FamRZ 1989, 1215, 1216) auch Forderungen (auch Schmerzensgeld KG JFG 22, 174, 176) einschließlich solcher, die sich gegen die Eltern selbst richten (vgl BayObLG FamRZ 1982, 640: Vermächtnisansprüche). Zum Vermögen gehören auch Unterhaltsansprüche des Kindes (vgl Abs 2 Alt 1; Rn 193). Das *Vorhandensein* von Kindesvermögen ist von Amts wegen zu ermitteln (§ 29 FamFG); „auf Verdacht" kann auch nicht ein Vermögensverzeichnis verlangt werden (§ 1667 Abs 1; dazu § 1667 Rn 4; LG Münster DAVorm 1981, 604).

b) Vermögensgefährdung im allgemeinen

189 Zum Begriff der Vermögensgefährdung siehe bereits grundsätzlich Rn 182. Demnach ist der Tatbestand nicht schon bei jeder Interesseneinbuße des Kindes verwirklicht, vielmehr ergeben sich aus dem von Art 6 Abs 2 GG vorgegebenen Rangverhältnis zwischen Elternautonomie und Staatskontrolle wesentliche Einschränkungen:

Schutzobjekt ist die **Vermögensposition des Kindes in ihrer Gesamtheit**; die Verletzung eines einzelnen Vermögensinteresses genügt als solche noch nicht, sondern nur, wenn sie wegen ihres Gewichts auf die gesamte Vermögenslage des Kindes nennenswerte Auswirkungen hat. Aber auch dann ist eine **Gefährdung** des Vermögens nur anzunehmen, wenn eine **erhebliche Schädigung** droht (vgl Rn 82); mindere Beeinträchtigungen lösen wie bei der Personensorge noch keine Staatsintervention aus (Rn 182).

Die Vermögensschädigung muß noch nicht eingetreten sein; ausreichend, aber auch **190** erforderlich ist die **Wahrscheinlichkeit oder zumindest naheliegende Möglichkeit künftigen Schadenseintritts** (BayObLG DAVorm 1989, 153, 156; FamRZ 1991, 1339, 1340; Münch-Komm/OLZEN Rn 137, 138). Hat das Kind derzeit kein zu verwaltendes Vermögen, so droht selbst bei zur Vermögenssorge ungeeigneten Eltern keine konkrete Gefährdung, die zum Sorgerechtsentzug berechtigen würde (OLG Brandenburg FamRZ 2009, 63, 64 [Mutter steht ihrerseits unter Vermögensbetreuung]). Anderes gilt jedoch, wenn die Eltern das Kind in eine **Verschuldung** zu verstricken drohen (Rn 187, 199). Die bloße, nicht durch konkrete Anhaltspunkte belegte Möglichkeit künftiger Gefahr reicht jedoch nicht aus (BayObLG FamRZ 1999, 316, 317; DAVorm 1989, 153, 156; OLG Frankfurt NJW 1953, 67; FamRZ 1963, 453), ebensowenig schädigende Handlungen in der Vergangenheit ohne konkrete Wiederholungsgefahr (KG KJG 38, A 23). Bei Prüfung einer Vermögensgefährdung hat das FamG stets alle Umstände des Einzelfalls zu berücksichtigen (BayObLG DAVorm 1989, 153, 156).

c) **Elterliche Pflichtverletzungen als Regelbeispiele, Abs 2**
aa) **Funktion der Regelbeispiele**
Abs 2 stellt Regelzusammenhänge her zwischen bestimmten elterlichen Pflichtver- **191** letzungen und einer nach Abs 1 eingriffslegitimierenden Vermögensgefährdung. Zur inhaltlichen und methodischen Bedeutung des Abs 2 ist klarzustellen:

Die drei dort aufgeführten Regelbeispiele stellen **keine abschließende Definition der Vermögensgefährdung** iS Abs 1 dar (FamRefK/ROGNER Rn 4 ff; MünchKomm/OLZEN Rn 139–143; RAUSCHER, FamR Rn 1075; JOHANNSEN/HENRICH/BÜTE Rn 43), sondern lassen Raum für andere Verwirklichungstatbestände, insbesondere auch ohne Bezug zu elterlichen Pflichtwidrigkeiten (näher unten Rn 202 f). Dies ist eindeutig auch die Position der Gesetzesverfasser, die zB eine Erwähnung des noch in § 1667 Abs 1 aF enthaltenen „Vermögensverfalls" der Eltern in § 1666 Abs 2 für nicht erforderlich hielten, weil diese Situation „von der neuen Generalklausel des Abs 1 aufgefangen" werde (BT-Drucks 13/4899, 97; vgl auch Rn 178).

Die Beispielstatbestände erfüllen auch noch nicht per se den Gefährdungstatbe- **192** stand, sondern **indizieren** nur dessen Erfüllung („in der Regel ... anzunehmen"). Stets bleibt es Pflicht und Verantwortung des FamG, eine aus der elterlichen Pflichtverletzung folgende Vermögensgefährdung des Kindes festzustellen. Die hierbei erforderliche Ursachen- und Risikoabwägung kann durch die gesetzliche Regelwertung geleitet, aber nicht ersetzt werden. Das Gesetz läßt auch die Möglichkeit offen, daß die erwähnten Pflichtverletzungen nicht zu einer Gefährdung führen. Nach Auswertung aller Umstände des Einzelfalls verbleibende Zweifel können allerdings mit Hilfe der Regelwertung zu Lasten der Eltern aufgelöst werden. Abs 2 begründet jedoch *keine Gefährdungsvermutung* im prozessualen Sinn; die Eltern tragen nicht die Beweislast dafür, daß ausnahmsweise keine Gefährdung zu besorgen sei – der Tatbestand des Abs 1 ist vom Gericht verantwortlich festzustellen.

bb) Unterhaltspflichtverletzung, Abs 2 Alt 1

193 Die Erfüllung der elterlichen Unterhaltspflicht **berührt sowohl Personen- wie Vermögenssorge** (vgl Rn 37); dies hat schon im alten Recht zur punktuellen Übernahme dieses Aspekts in § 1666 Abs 3 aF geführt. Soweit eine Unterhaltspflichtverletzung das persönliche Kindeswohl gefährdet, bleibt ohne weiteres Abs 1 die maßgebliche Grundlage für Eingriffe in die elterliche Personensorge (entgegen MünchKomm/OLZEN Rn 133 ist dies keine „Ermessensfrage"; typischer Fall: mangelhafte Ernährung und Versorgung des Kindes, vgl OLG Hamm DAVorm 1986, 804, 807 und Rn 118). Abs 2 stellt nur klar, daß *auch* und sogar regelmäßig der Vermögensbereich des Kindes betroffen und durch entsprechende Maßnahmen zu schützen ist. Nach altem wie nach neuem Recht will das Gesetz die Gerichte dazu anhalten, bei Unterhaltspflichtverletzungen beide Aspekte des Kindeswohls im Auge zu behalten und erforderlichenfalls zu schützen.

194 Zu den einzelnen **Voraussetzungen** des Regelbeispiels:

Der Inhaber der Vermögenssorge muß **unterhaltspflichtig** sein, entweder unmittelbar aus § 1601 ff oder aufgrund einer die gesetzliche Unterhaltspflicht konkretisierenden Unterhaltsvereinbarung. Der Bestand der Unterhaltspflicht beurteilt sich nach den allgemeinen Voraussetzungen, insbesondere sind Bedürftigkeit des Kindes (§ 1602) und Leistungsfähigkeit der Eltern erforderlich (§ 1603 Abs 2). Bar- und Naturalunterhalt stehen sich gleich (BRÜGGEMANN ZBlJugR 1980, 53, 68; PALANDT/DIEDERICHSEN Rn 26). In entsprechender Anwendung des Abs 2 miterfaßt wird auch die Pflicht der Eltern eines vermögenden Kindes, diesem die Erträgnisse seines Vermögens oder seiner Arbeit zur Unterhaltsbestreitung zur Verfügung zu stellen (§ 1602 Abs 2) oder den Stamm seines Vermögens im Fall des § 1603 Abs 2 S 3 (PALANDT/DIEDERICHSEN Rn 26; zu § 1666 Abs 3 aF BayObLG FamRZ 1964, 638 f; DAVorm 1989, 153, 155; KG JFG 14, 423, 427 f; vertretbar auch die Erfassung dieser Fälle unmittelbar über Abs 1). Ein Rechtsirrtum der Eltern über das Bestehen ihrer Unterhaltspflicht ist stets unbeachtlich (vgl Rn 179; MünchKomm/OLZEN Rn 149; PALANDT/DIEDERICHSEN Rn 26).

195 Die Unterhaltspflicht muß **verletzt** sein, ganz oder auch nur teilweise. Die Verletzung kann auch darin bestehen, daß die Eltern Arbeits- oder Vermögenseinkünfte des Kindes entgegen § 1649 nicht zu dessen Unterhalt verwenden (SOERGEL/STRÄTZ Rn 47; MünchKomm/OLZEN Rn 146; zweifelnd BAMBERGER/ROTH/VEIT Rn 14.1). Eine Verletzung liegt nicht vor, wenn die Eltern die Versorgung des Kindes durch Dritte arrangiert haben (Unterbringung bei Verwandten; BayObLG DAVorm 1989, 153, 155 f; FamRZ 1964, 638 f; STAUDINGER/ENGLER [2000] § 1606 Rn 20). Im übrigen ändert die Übernahme der Kindesversorgung durch Dritte jedoch nichts an der Unterhaltspflichtverletzung (PALANDT/DIEDERICHSEN Rn 26; MünchKomm/OLZEN Rn 147; **aA** wohl OLG Frankfurt FamRZ 1983, 530, 531; im Fall des § 1603 Abs 2 S 3 entfällt allerdings die Unterhaltspflicht schon dem Bestande nach). Der Umstand, daß dem Unterhaltspflichtigen das Kind oder der persönliche Kontakt mit ihm vorenthalten wird, berechtigt nicht zur Unterhaltsverweigerung (MünchKomm/OLZEN Rn 148; **aA** OLG Düsseldorf FamRZ 1968, 89 f; vgl auch OLG Hamm FamRZ 1973, 40, 42). Für die Verweigerung von Ehegattenunterhalt gilt insoweit anderes (§ 1579 Nr 7; GOTTSCHALK FPR 2007, 308, 310 f), sie darf aber nicht de facto auf das Kind „durchschlagen" (OLG Karlsruhe FamRZ 1999, 92, 93).

196 Die Unterhaltspflichtverletzung muß zu einer **Vermögensgefährdung** des Kindes führen (hierin liegt eine wichtige Veränderung des Bezugspunkts: § 1666 Abs 3 aF sprach nur von einer *Unterhaltsgefährdung;* nach neuem Recht bedeutet diese zwar regelmäßig, aber nicht stets eine *Vermögensgefährdung* – letztere ist gesondert festzustellen). Daß bloße Unterhaltspflichtverletzungen und Schädigungen in der Vergangenheit nicht genügen, sondern nur *zukünftige* Gefährdungen zum Einschreiten berechtigen, ergibt sich schon aus dem allgemeinen Gefährdungsbegriff (Rn 82 f, 189 f); entbehrlich ist deshalb die frühere Hervorhebung in § 1666 Abs 3 aF (BT-Drucks 13/4899, 97); auch die Bereitschaft und Fähigkeit der Eltern, künftig den geschuldeten Unterhalt zu leisten, läßt eine Vermögensgefährdung entfallen (vgl Rn 204 f). Im übrigen kommt eine Vermögensgefährdung durch Unterhaltspflichtverletzung in zweierlei Hinsicht in Betracht: (1) Der Ausfall der Unterhaltsleistungen kann die Gefahr begründen, daß überobligationsmäßig das Stammvermögen des Kindes zu Unterhaltszwecken angegriffen wird; (2) schon der endgültige Ausfall der Unterhaltsforderungen des Kindes kann – auch oder gerade wenn sonstiges Vermögen nicht vorhanden ist – als Gefährdung seines Vermögens angesehen werden. Der weitergehende Schluß von Unterhaltspflichtverletzungen der Eltern auf sonstige Fehler in der Vermögensverwaltung wird hingegen nicht generell berechtigt sein (vgl MünchKomm/OLZEN Rn 150: Einzelfallfrage). In jedem Fall aber muß, dem allgemeinen Erfordernis des Abs 1 entsprechend (Rn 12, 82, 182), die Unterhaltspflichtverletzung so *erheblich* sein, daß von einer Gefährdung (auch) der Gesamtvermögenslage des Kindes gesprochen werden kann (zu § 1666 Abs 3 aF BayObLG DAVorm 1989, 153, 155; SOERGEL/STRÄTZ Rn 46).

cc) Verletzung von Vermögenssorgepflichten, Abs 2 Alt 2

Dieses Regelbeispiel umfaßt generalklauselartig die früheren Tatbestände der §§ 1667 Abs 1 aF, 1639 Abs 1 S 2 aF und 1683 Abs 4 aF. Deutlicher als bisher bringt das Gesetz zum Ausdruck, daß eine Pflichtverletzung nicht stets, sondern nur „in der Regel" zur Vermögensgefährdung führt. Dabei ist insbesondere bei dieser Alternative zu betonen, daß Bezugspunkt der Gefährdung nicht das einzelne Vermögensinteresse, sondern die Vermögensposition des Kindes insgesamt ist (Rn 189 f). So bedeuten zB ungünstige Geldanlage oder zu teure Kreditaufnahme zwar Interessenverletzungen des Kindes, keineswegs aber stets eine „Gefährdung seines Vermögens". Soweit in Abs 2 Alt 2 *jede* Pflichtverletzung als Regelbeispiel für eine Vermögensgefährdung genannt wird, bedarf die Vorschrift folglich der teleologischen Reduktion. Die Indizwirkung einer Pflichtverletzung ist hier eher schwach, die Verantwortung des FamG bei der eigenständigen Prüfung und Feststellung einer „Vermögensgefährdung" umgekehrt besonders zu betonen.

Einzelbeispiele: Die elterlichen Pflichten, auf deren Verletzung die Gefährdung beruhen muß, ergeben sich neben der allgemeinen Kindeswohlbindung gem § 1627 S 1 vor allem aus §§ 1639–1649. Eine Billigung durch das minderjährige Kind beseitigt nicht die Pflichtwidrigkeit (BayObLG FamRZ 1994, 1191, 1193). In Betracht kommen insbesondere die Verminderung oder der ordnungswidrige Verbrauch vorhandenen Kindesvermögens (BayObLG DAVorm 1989, 153, 156; FamRZ 1991, 1339, 1340; FamRZ 1994, 1191, 1192), etwa zum Zweck der Tilgung eigener Schulden (BayObLG FamRZ 1989, 1215, 1216; FamRZ 1977, 144, 147: Aber genaue Prüfung, ob nicht diesbezügliche Erstattungsansprüche der Eltern gegen das Kind bestehen, etwa aus § 1648) oder zum Eigenerwerb von Gegenständen (vgl STAUDINGER/ENGLER § 1646 Rn 5) oder für das eigene Geschäft (OLG Frankfurt FamRZ 1963, 453). Weiterhin zählt hierher die pflichtwidrige Verwendung der Vermögenseinkünfte (vgl § 1649; BayObLG ZBlJugR 1983, 302, 307), die Nichterfüllung oder Nichtsicherstellung von Vermächtnisansprüchen des Kindes gegen den Elternteil selbst (BayObLG FamRZ 1982, 640) oder die Nichtnutzung üblicher Möglichkeiten der Vermögensmehrung (vgl § 1642; BayObLG FamRZ 1983, 528, 530: Nichtanlage von Geld, Nichtvermietung von Grundstücken, Unterlassung zulässiger und angemessener Mieterhöhung für eine dem Kind gehörende Wohnung, Nichterstellung einer Heizkostenrechnung; vgl auch BayObLG FamRZ 1989, 652, 653; FamRZ 1991, 1339; FamRZ 1994, 1191; s STAUDINGER/ENGLER § 1642 Rn 7 ff). Hierzu kann auch die *Nichtfeststellung des Vaters* gehören, wenn hieraus eine notwendige und erhebliche Verbesserung der wirtschaftlichen Situation des Kindes zu erwarten wäre (vgl Rn 119 f sowie STAUDINGER/COESTER [2007] § 1618a Rn 52 mwN; s auch AG Fürth FamRZ 2001, 1089, 1090). Eine Pflichtverletzung kann auch darin liegen, daß die Eltern bei der Anlage von Kindesvermögen gleichermaßen risikobereit sind wie bei eigenem Vermögen (vgl STAUDINGER/ENGLER § 1642 Rn 7; der von RAUSCHER, FamR Rn 1075 ins Spiel gebrachte § 1664 sollte auf die Haftungsfrage beschränkt bleiben), daß sie ein Erwerbsgeschäft im Namen des Kindes ohne Genehmigung des FamG beginnen (vgl § 1645; s auch folgende Rn) oder daß sie einen Schadensersatzprozeß für das Kind nachlässig führen (KG JFG 22, 174, 177). Pflichtwidrig ist auch die Ablehnung der Vermögensverwaltung schlechthin (BayObLG DAVorm 1989, 153, 157: Noch keine Pflichtwidrigkeit, wenn Elternteil die Kindeserbschaft im Hinblick auf einen vom Kind beantragten Sorgerechtsentzug einstweilen beim Rechtsanwalt als Treuhänder beläßt und nicht anlegt).

199 Besonderes gilt für **Kreditaufnahmen** oder sonstige **Schuldenbegründung** für das Kind. Geldkredite sind gem §§ 1643, 1822 Nr 8 genehmigungsbedürftig. Liegt die familiengerichtliche Genehmigung vor, wird eine Pflichtverletzung der Eltern in aller Regel ausscheiden; liegt sie nicht vor, ist der Kreditvertrag unwirksam. Nicht unter § 1822 Nr 8 fallen alle Sachkredite (zB Ratenzahlungskauf); eine wirtschaftlich gleichbedeutende Verschuldung des Kindes wird aber auch durch sonstige Bestellungen von Sach- und Dienstleistungen im Namen des Kindes verursacht. Eine Pflichtverletzung der Eltern liegt hierin, wenn sie vorhandenes Kindesvermögen zu diesem Erwerb nach den Regeln der Vermögensverwaltung nicht nutzen dürfen oder wenn das Kind vermögenslos ist. Dies gilt insbesondere, wenn die Eltern unter Mißbrauch ihrer Vertretungsmacht das Kind als Vertragspartner etwa im Versand- oder im Internethandel vorschieben, in der (berechtigten) Erwartung, daß die Zwangsvollstreckung gegen das Kind letztlich wegen dessen Vermögenslosigkeit eingestellt werden wird (zur entsprechenden Praxis DIJuF-Gutachten JAmt 2007, 81 ff). Eine aus dieser Pflichtverletzung resultierende Gefährdung der Vermögensinteressen des Kindes ist gleichwohl zu bejahen, der Schutz des § 1629a reicht nicht aus (DIJuF-Gutachten aaO; vgl Rn 178).

200 Die Variante einer nicht schon eingetretenen, sondern **erst drohenden Pflichtverletzung** (§ 1667 Abs 1 aF) enthält Abs 2 nicht mehr, dennoch hat sich das geltende Recht insoweit nicht verändert: Die drohende Gefahr genügt für den Gefährdungsbegriff (Rn 82, 189 f), sie kann ohne weiteres auch aus einer erst drohenden Pflichtverletzung der Eltern resultieren (so BAMBERGER/ROTH/VEIT Rn 23). Allerdings fehlt dann die Indizwirkung vollendeter Pflichtverletzung, so daß einschlägige Fälle besser unmittelbar nach Abs 1 statt über Abs 2 behandelt werden sollten (näher deshalb unten Rn 203).

dd) Nichtbefolgung gerichtlicher Anordnungen, Abs 2 Alt 3

Aus dem das staatliche Wächteramt beherrschenden Grundsatz der Erforderlichkeit **201** und Verhältnismäßigkeit (Rn 211 ff, 238) folgt, daß das FamG vor einem (teilweisen) Entzug der Vermögenssorge zu prüfen hat, ob nicht der Gefährdung des Kindesvermögens schon mit einer Steuerung des Elternverhaltens durch Ermahnungen oder Anordnungen oder Sicherungsmaßregeln entgegengewirkt werden kann (dazu Rn 246–248). Grundlage solcher Anordnungen könne insbesondere §§ 1640 Abs 3, 1667 Abs 1–3 sein. Befolgt der Inhaber der Vermögenssorge die Anordnung nicht, wird dadurch nicht nur die Erwartung des FamG widerlegt, sie genüge als erforderlicher Vermögensschutz; vielmehr dokumentiert der Sorgerechtsinhaber nachdrücklich seine mangelnde Bereitschaft, den Anforderungen der Vermögenssorge und des Rechts zu genügen. Die Indizwirkung des Abs 2 Alt 3 für eine weitergehende Vermögensgefährdung des Kindes dürfte deshalb besonders stark sein (vgl § 1667 Rn 5; anders bei der Personensorge, oben Rn 82). Effektiver Vermögensschutz des Kindes wird hier in aller Regel einen zumindest teilweisen Entzug der Vermögenssorge nach Abs 1 gebieten (MünchKomm/Olzen Rn 154).

d) Sonstige Gefährdungsursachen

Als von den Regelbeispielen des Abs 2 nicht erfaßte mögliche Ursache einer Ver- **202** mögensgefährdung kommt vor allem ein **Vermögensverfall der Eltern** in Betracht. Der Gesetzgeber hat die einschlägigen §§ 1667 Abs 1 aF, 1670 aF ersatzlos aufgehoben, weil vor dem Hintergrund der neuen Insolvenzordnung nicht mehr generalisierend von einer Ungeeignetheit des Elternteils zur Vermögenssorge oder der Gefahr von Vermögensübergriffen ausgegangen werden könne (vgl BT-Drucks 13/4899, 115 f). Nicht einmal als Regelbeispiel in Abs 2 ist der eigene Vermögensverfall der Eltern aufgenommen worden. Dennoch bleibt natürlich im Einzelfall die Möglichkeit mißbräuchlicher Übergriffe, denen das FamG bei festgestellter Vermögensgefährdung des Kindes durch Schutzmaßnahmen nach §§ 1666 Abs 1, 1667 entgegenzuwirken hat. Nur sind angesichts der Neufassung des Gesetzes Pauschalierungen und Vermutungen unzulässig, die Vermögensgefährdung muß konkret belegt werden (Palandt/Diederichsen Rn 29; MünchKomm/Olzen Rn 158).

Des weiteren sind unmittelbar nach Abs 1 Vermögensgefährdungen aus erst **dro-** **203** **henden Pflichtverletzungen** der Eltern zu behandeln (Johannsen/Henrich/Büte Rn 51; s Rn 200). Auch dabei dürfen jedoch Unterstellungen und Vermutungen nicht an die Stelle konkreter Gefährdungsfeststellung durch das Gericht treten (vgl entsprechende Befürchtungen in BT-Drucks 8/2788, 30, 60 f). Unstimmigkeiten und Zerwürfnisse zwischen Eltern und Kind begründen allein noch nicht die Besorgnis von Pflichtverletzungen (BayObLG DAVorm 1989, 153, 157; vgl auch BayObLG FamRZ 1983, 528, 529; **anders** OLG Köln NJW-RR 2000, 373, 374 bei bereits entzogener Personensorge). Anders aber bei persönlicher Labilität der Eltern (Alkohol, psychische Probleme) und beengten wirtschaftlichen Verhältnissen, aus denen sich die Versuchung zu Übergriffen auf das Kindesvermögen aufdrängt (BayObLG ZBlJugR 1983, 302, 307).

Schließlich gehören hierher auch **Vermögensgefährdungen durch Dritte**, die vom Tatbestand des Abs 1 ohne weiteres mitumfaßt, vom Gesetzgeber aber im übrigen offenbar übersehen worden sind (näher Rn 249).

3. Gefahrabwendungsprimat der Eltern

204 Der Abwendungsvorrang der Eltern ist, wie dargelegt (Rn 185), auch in Fragen der Vermögenssorge sinnvoll und damit verfassungsrechtlich geboten. Allerdings hat, wie bei der Personensorge, eine sorgfältige Risikoabwägung des FamG stattzufinden; bloße Bekundungen guten Willens reichen um so weniger aus, je mehr und schwerere Pflichtverletzungen in der Vergangenheit vorgekommen sind. Die elterliche Bereitschaft zur Gefahrabwendung kann aber, bei richterlichen Zweifeln an der entsprechenden Fähigkeit, immerhin Anlaß sein, es statt des sonst gebotenen Entzugs der Vermögenssorge zunächst mit leitenden und sichernden Anordnungen nach § 1667 Abs 1–3 zu versuchen.

205 Besondere Bedeutung kommt dem elterlichen Abwendungsprimat bei *Vermögensgefährdungen durch Dritte* zu (Rn 203 und 249). Zwar zeigt die Tatsache der Vermögensgefährdung, daß regelmäßig auch die Eltern in ihrer Schutzfunktion bisher versagt haben. Nach entsprechenden Hinweisen und Ermahnungen des FamG liegt jedoch die Erwartung, daß die Eltern nunmehr die Einwirkung des Dritten pflichtgemäß abwehren, näher als bei eigenem Gefährdungsverhalten.

V. Rechtsfolge: Maßnahmen des Familiengerichts, Abs 1, 3, 4

1. Allgemeines und Personensorge

a) Grundsätze

206 Als auf Einzelfallgerechtigkeit abzielende Norm konnte das Gesetz die zu treffenden Maßnahmen nicht vorschreiben, sondern mußte sie dem **Auswahlermessen** des Tatrichters überlassen (BayObLG FamRZ 1997, 956, 957; 1999, 318, 319). Die offene Formulierung des Gesetzes in Abs 1 gibt dem Gericht **weitgehende Gestaltungsfreiheit**, die eine routinemäßige Verengung des Maßnahmespektrums nicht zuläßt (zur traditionellen Praxis vgl Simitis ua, Kindeswohl 174 ff). Um dieser entgegenzuwirken, gebietet § 1666a bei besonders schweren Eingriffen (Trennung Kind-Eltern, Entzug der gesamten Personensorge) die vorherige Ausschöpfung aller Hilfsmöglichkeiten – mehr „Phantasie" (Simitis ua aaO) ist aber auch bei allen anderen Maßnahmen erforderlich. Da diese in der Vergangenheit oft gefehlt hat oder wegen verspäteter Anrufung des FamG kein Wirkungsfeld mehr vorfand, hat das KiWoMaG 2008 neben frühzeitigerer Einschaltung des FamG auch die möglichen Maßnahmen – vor allem unterhalb eines Sorgerechtsentzugs – im beispielhaften Katalog des Abs 3 verdeutlicht (näher Rn 219 ff). Die Nichtausschöpfung des Auswahlermessens ist ein Rechtsfehler, der zur Aufhebung des Beschlusses in der höheren Instanz führen kann (BGH FamRZ 2005, 343, 347).

207 Nachdem der Schutz des Kindesvermögens voll in den Tatbestand des § 1666 integriert worden ist (s Rn 37), ist nach dieser Vorschrift nunmehr – anders als nach bisherigem Recht (dazu zuletzt BayObLG FamRZ 1997, 1553; 1999, 179, 180 sowie Staudinger/ Coester[12] Rn 36, 132) – auch ein **Entzug der gesamten elterlichen Sorge** möglich. Allerdings müssen dafür die Voraussetzungen sowohl für den Entzug der Personensorge wie der Vermögenssorge vorliegen, der Entzug ist für beide Bereiche eigenständig zu begründen – dies ist für die Neufassung der §§ 1666, 1667 noch nachdrücklicher zu betonen als im bisherigen Recht (dazu BayObLG FamRZ 1996, 1352; NJW 1999, 293, 294; FamRZ 1999, 179, 180; 1999, 316, 317; OLG Köln NJW-RR 2000, 373 f).

Die richterliche Verantwortung umfaßt in vollem Umfang auch die einzelnen Maß- **208** nahmen selbst, nicht nur die grundsätzliche Eingriffsentscheidung. Unzulässig ist deshalb die Einsetzung des Jugendamts als Pfleger unter Überlassung aller konkret zu treffenden Schutzmaßnahmen (BVerfG Beschl v 17. 6. 2009 – 1 BvR 467/09 – Rn 39; ZENZ, Kindesmißhandlung 345, 362 ff, 399). Anderes kann gelten bei *einstweiligen Anordnungen* (vgl BayObLG DAVorm 1985, 914, 917; FamRZ 1989, 421 ff; LG Berlin DAVorm 1980, 143, 146; dazu ie Rn 236–238). Hängen die Erfolgsaussichten eigentlich gebotener Hilfen nach dem SGB VIII von schwierigen, unter Umständen erst ad hoc möglichen sozialpädagogischen Einschätzungen ab, so ist ebenfalls die Übertragung der Letztentscheidungsbefugnis auf das Jugendamt als Pfleger zulässig (vgl Rn 219 f).

Ziel der Maßnahmen ist die **Gefahrabwendung für das Kind**. Dabei folgt nicht nur aus **209** der verfassungsrechtlichen Stellung der Familie und des Elternrechts, sondern auch aus dem materiellen Kindesinteresse, daß die staatliche Intervention vorrangig nicht **gegen** die Familie, sondern auf ihre Unterstützung und Refunktionalisierung gerichtet sein muß (BVerfG FamRZ 1989, 145, 146; vgl ZENZ, Kindesmißhandlung 351: „Das Kind kann letztlich nur zu seinem **Recht** kommen, wenn **Hilfe** geleistet wird"; s auch Rn 4 sowie § 1666a Rn 1, 4, 5). Es ist also bei den **Ursachen** des elterlichen Versagens anzusetzen, nicht nur bei den unmittelbar die Kindesgefährdung begründenden Symptomen. Kurz gesagt fordert § 1666 Hilfe statt Sanktion, und zwar nicht primär isolierende Hilfe für das Kind, sondern einen die ganze Familie erfassenden Hilfsansatz. Erst wenn Hilfe „über die Familie" erfolglos oder aussichtslos ist, richtet sich der gebotene Kindesschutz notwendigerweise auch gegen die Eltern. Der ernstliche Versuch, zunächst die Konfliktquellen innerhalb der Familie zu entschärfen und die Eltern zu unterstützen, sollte es bei Fehlschlagen dieses Versuchs aber auch erleichtern, die anderweitige Interessenwahrung des Kindes konsequent und konzentriert zu verfolgen. Zwar darf auch nachhaltig versagenden Eltern nicht generell jede Chance auf ihr Kind für den Fall späterer Konsolidierung verschlossen werden; bei Fremdplazierung des Kindes gebietet § 37 Abs 1 SGB VIII folgerichtig die „begleitende Arbeit mit der Herkunftsfamilie" mit dem Ziel ihrer Refunktionalisierung (zur gebotenen „Nachsorge" s noch Rn 216). Dies ist auch verfassungs- und völkerrechtlich geboten (Rn 216).

Das Kindesrecht auf Lebensbedingungen, die ihm ein „gesundes Aufwachsen" er- **210** möglichen (BVerfGE 24, 119, 145), kann aber halbherzigen, grundsätzlich „vorläufigen" Eingriffen in die elterliche Sorge ebenso entgegenstehen (vgl BayObLG FamRZ 1997, 956, 957) wie immer wieder neuen Bewährungschancen für bisher versagende Eltern (s § 1666a Rn 5, 6). Das **„Hängenlassen" des Kindes in nicht-endgültigen Arrangements** kann zu dessen fortdauernder Verunsicherung und damit Hemmung seiner Entwicklung führen. Ist die für das Kind unverzichtbare Kontinuität und Stabilität seiner Lebensbedingungen trotz allen Bemühens nicht innerhalb eines im Lichte der Kindesinteressen vertretbaren Zeitraums *mit* den Eltern herzustellen (zu den Kriterien und Erfolgschancen einer Rückführung des Kindes zu den Eltern s die sozialwissenschaftlichen Berichte bei KINDLER/LILLIG/BLUME/WERNER Kap 61–67, 70; KINDLER/LILLIG/KÜFNER JAmt 2006, 9 ff), dann ohne und notwendigerweise gegen sie: § 1666 stellt, im Einklang mit der Verfassung, das Kindesrecht bei echten und schwerwiegenden Konflikten über das

Elternrecht (vgl SIMITIS, in: GOLDSTEIN ua III 197 f: die „Vorläufigkeit" aller Maßnahmen macht den Gerichten das Entscheiden leichter, schadet aber oft den Kindern; ähnl ZENZ, Kindesmißhandlung 361; zutr OLG Hamm FamRZ 2002, 692). Dem entspricht das jugendhilferechtliche Gebot, in diesen Fällen für das Kind eine andere, **dauerhafte Lebensperspektive** zu erarbeiten (§ 37 Abs 1 S 4 SGB VIII; vgl auch §§ 33, 36 Abs 1 SGB VIII sowie Rn 189). Dabei ist die Erkenntnis zu beachten, daß professionelle Kindesbetreuung und -erziehung, so gut sie im Einzelfall auch sein mag (Heim, Pflegeeltern), niemals das Grundbedürfnis des Kindes nach autonomen „Eltern" und „Familie" zu befriedigen vermag (GOLDSTEIN ua III 28 und passim; ie noch § 1666a Rn 6).

211 Auch wenn dies in § 1666a nur für schwerwiegende Eingriffe ausgesprochen wird, so steht doch *jegliche Maßnahme* nach § 1666 unter dem Vorbehalt der **Erforderlichkeit und Verhältnismäßigkeit**. Dieser allgemein anerkannte Grundsatz folgt aus Art 6 Abs 1 GG (ERICHSEN/REUTER 58 f), aus dem Elternrecht des Art 6 Abs 2 S 1 GG (BVerfGE 24, 119, 145; 60, 79, 89; FamRZ 1989, 145, 146; FamRZ 2008, 492 f) sowie auch aus dem Kindesrecht (Art 1, 2 GG): Gegen ungerechtfertigte Eingriffe des Staates in die Familie streiten Elternrecht und Kindesrecht gleichermaßen. Im übrigen ist zu beachten, daß die Auswirkungen einer Maßnahme bzw Nicht-Intervention für Eltern und Kind verschieden sein können; sie sind im Lichte des Verhältnismäßigkeitsgrundsatzes getrennt zu prüfen. Die so festgestellten Beeinträchtigungen von Eltern und Kind müssen dann gegeneinander abgewogen werden (ZENZ, Kindesmißhandlung 370 f). Auch unter diesem Aspekt kann sich ergeben, daß weiteres Zuwarten auf Bewährung der Eltern oder Besserung ihrer Lebensverhältnisse zwar nicht hoffnungslos und für die Eltern damit gerecht wäre, für das Kind aber zu erheblichen, irreversiblen Schäden führen würde und damit unzumutbar wäre (§ 1666a Rn 5).

212 Der Grundsatz der Erforderlichkeit und Verhältnismäßigkeit impliziert das **Gebot der Geeignetheit** der gewählten Maßnahme. Geeignet sind nur Maßnahmen, die **effektive Gefahrenabwehr** gewährleisten (BGH FamRZ 2005, 344, 347 [Ausreiseverbot, auch in ein bestimmtes Land, ist wegen Freizügigkeit im Schengener Raum nicht effektiv]; *anders* AG Bremen ZKJ 2008, 338, 339 f [aber Aushändigung des Reisepasses allein genügt nicht]; AG Bonn ZKJ 2008, 256; zur Durchsetzung des Schulbesuchs BGH FamRZ 2008, 45, 47 f; grundsätzlich ERNST FPR 2008, 602, 603; WIESNER FPR 2008, 608, 612; ders FPR 2007, 6, 8 [„Untermaßverbot"]). Hierauf ist insbesondere bei den sog „niedrigschwelligen" Maßnahmen nach Abs 3 zu achten (s Rn 219 ff). Was geeignet ist, läßt sich erst nach genauer Ermittlung der Familiensituation und der erreichbaren öffentlichen und privaten Hilfsmöglichkeiten beurteilen. Geeignet und damit erforderlich können nur Maßnahmen sein, die die Kindessituation objektiv verbessern (BayObLG FamRZ 1997, 1108, 1109; vgl VG Darmstadt und Hess VGH JAmt 2008, 323 und 327 [symbiotische Mutter-Sohn-Beziehung – ungeeignet eine institutionelle Unterbringung, die die Mutter eng einbezieht]). Ist ein Eingriff grundsätzlich gerechtfertigt, kann dem Kind staatlicherseits aber die eigentlich gebotene Hilfe nicht zur Verfügung gestellt werden, so muß ein Eingriff zwar nicht stets ausscheiden (mißverständlich WIESNER ZBlJugR 1981, 509, 517; ZENZ, Kindesmißhandlung 374). Wohl aber sind die Auswirkungen von Nichteingriff bzw verbleibenden Eingriffsmöglichkeiten sorgfältig zu vergleichen (zur Verhältnismäßigkeit ieS noch Rn 217); **familiengerichtliche Maßnahmen haben zu unterbleiben, wenn die Nachteile des Eingriffs die Belastungen des Kindes bei Nichtintervention aufwiegen oder sogar überwiegen** (BGH NJW-RR 1986, 1264, 1265; BayObLG FamRZ 1995, 948; 1997, 1108; 1998, 1044, 1045; AG Lahr FamRZ 2003, 1861 f – alle zur Umgangsrechtsverweigerung durch den sorgeberechtigten Elternteil, dazu auch Rn 146;

des weiteren OLG Hamm FamRZ 2007, 2002 f [zusätzlich auch mangelnde sprachliche und schulische Förderung]; dieser Grundsatz ist im englischen Recht sogar positiviert, sec 1 [5] Children Act 1989 – sog „no-order-principle"; zur „prinzipiellen Verspätung" staatlicher Interventionsmaßnahmen vgl ZENZ FPR 1998, 17). Die Wahl zwischen Eingriff oder Nichteingriff (uU verbunden mit Hilfsangeboten) kann im Einzelfall zu einer schwierigen Risikoentscheidung werden (DETTENBORN FPR 2003, 299, 305 zu Mißhandlungs- und Mißbrauchsfällen). Damit ergibt sich eine teleologisch begründete Einschränkung auch schon im *Normtatbestand:* Rechtsfolgen werden nur ausgelöst, wenn geeignete und erforderliche Maßnahmen in concreto möglich sind. Das ist nicht der Fall, wenn sich Eltern und Kind dem staatlichen Zugriff entzogen haben (OLG Hamm FamRZ 2006, 359: unbekannter Aufenthalt im Ausland). Im übrigen sind auch bei groben Pflichtverletzungen des Sorgeberechtigten vor einem Entzug die Plazierungsalternativen aus der Sicht der Kindesinteressen zu überprüfen (vgl BayObLG FamRZ 1998, 1044, 1045: Vater als Sorgerechtsprätendent könnte wegen seiner Berufstätigkeit das Kind nicht persönlich betreuen; OLG Frankfurt FamRZ 2003, 1314: Kind bei nichtehelicher Mutter gefährdet, bei Vater droht aber ebenfalls [andere] Gefährdung; Ausweg: Drittplazierung; vgl auch OLG Frankfurt FamRZ 2003, 1317, 1318). Im Verhältnis zwischen nichtehelichen Eltern (vgl Rn 94) kommt es so auf der Ebene des § 1666 zu einer Plazierungsabwägung analog § 1671 (vgl OLG Frankfurt aaO). Auch bei *groben Fehlentwicklungen des Kindes muß ein Eingriff unterbleiben, wenn keine* wirkungsvollen Maßnahmen zur Verfügung stehen (BayObLG FamRZ 1995, 948, 949 f). Unzulässig wäre es jedoch, den Schutz eines jetzt gefährdeten Kindes zu versagen, weil der Familie in der Vergangenheit die erforderlichen öffentlichen Hilfen nicht gewährt worden sind (so aber LG Berlin FamRZ 1983, 947; dazu Rn 165).

Erforderlich und verhältnismäßig ist immer nur der **geringstmögliche Eingriff** (OLG **213** Karlsruhe FamRZ 1989, 1322 f; OLG Köln FamRZ 1996, 1027, 1028). Der Grundsatz der Erforderlichkeit darf allerdings nicht dahin *mißverstanden* werden, daß in jedem Fall die Skala von leichten bis zu eingriffsintensiven Maßnahmen „abgearbeitet" werden müßte – er verlangt in erster Linie *Effektivität* der Maßnahme zur Abwendung der Kindesgefährdung (Rn 182), und nur *innerhalb* des Spektrums der insoweit in Betracht kommenden Maßnahmen ist die das Elternrecht schonendste zu wählen (OBERLOSKAMP, in: LIPP/SCHUMANN/VEIT [Hrsg], Kindesschutz 45, 55 f). So ist auch der Maßnahmenkatalog des Abs 3 zu verstehen – er schließt nicht aus, daß erforderlichenfalls das Sorgerecht sofort entzogen und das Kind von den Eltern getrennt wird (BT-Drucks 16/6815, 11; Arbeitsgruppe Kindesschutz S 33; näher § 1666a Rn 22).

In diesem Rahmen gilt für den *geringstmöglichen Eingriff* im einzelnen: **214**

Genügt eine Verbleibensanordnung nach § 1632 Abs 4 oder § 1682, gesetzlich ergänzt durch die Sorgebefugnisse des § 1688 Abs 4, so bedarf es im Grundsatz keines Entzugs des Sorgerechts nach § 1666 (OLG Hamm FamRZ 2006, 1476 f; vgl Rn 49). Gebote gem Abs 3 Nr 1, 2 zu bestimmtem Verhalten oder zur Abgabe von Erklärungen sind – soweit erfolgversprechend – vorrangig vor Einschränkungen des Sorgerechts oder der Ersetzung elterlicher Erklärungen (vgl AG Bremen ZKJ 2008, 338, 340: Entbindung des Arztes von der Schweigepflicht). Das gleiche gilt, wenn bei Behandlungsverweigerung durch die Eltern deren Einwilligung nach Abs 3 Nr 5 ersetzt werden kann (OLG Celle NJW 1995, 792, 793; vgl Rn 224). Wird vom Sorgeberechtigten eine gerichtliche Umgangsanordnung nicht befolgt, so sind Androhung und Festsetzung von Zwangsmitteln nach § 90 FamFG das mildere Mittel gegenüber einem Sorgerechtsentzug (OLG

Thüringen FamRZ 2006, 280, 281; vgl Rn 146, 147). Eine *Trennung* von Eltern und Kind ist nur zulässig, wenn die Betreuungsdefizite nicht durch *öffentliche Hilfen* ausgeglichen werden können (§ 1666a Abs 1; Näheres s Kommentierung dort). Häufig reicht auch zur Gefahrabwendung ein Entzug des Aufenthaltsbestimmungsrechts (ggf mit weiteren Einzelbefugnissen, etwa dem Antragsrecht auf Jugendhilfeleistungen; vgl BayObLG FamRZ 1999, 316 f und 318 ff) aus, ein völliger Entzug der Personensorge ist dann unverhältnismäßig (BayObLG FamRZ 1990, 1132 ff; ZfJ 1990, 605, 606 f; FamRZ 1996, 1352, 1353; OLG Celle FamRZ 2007, 1265; OLG Hamm FamRZ 1997, 1550, 1551; s aber näher Rn 226 ff). Können die Kinder trotz einer Gefährdungslage noch in der Familie gelassen werden, ist ein vollständiger Sorgerechtsentzug (mit Sorgerechtsübertragung auf das Jugendamt) nur als Druckmittel zur Gebotseinhaltung nicht „erforderlich" und damit unverhältnismäßig (OLG Köln FamRZ 2006, 877 f; Schumann, Kindeswohl 189). Andere Maßstäbe müssen hingegen gelten, wenn § 1666 im **Sorgestreit zwischen nichtehelichen Eltern** eingesetzt wird (vgl Rn 94). Ist hier eine Umplazierung des Kindes zum Vater geboten, ist der „geringstmögliche Eingriff in das Elternrecht der Mutter" ein verfehlter Maßstab: Das prinzipiell gleichwertige Elternrecht des Vaters verdrängt das der Mutter; ihm gebührt (im Kindesinteresse) das volle Sorgerecht (AG Potsdam FamRZ 2006, 500 f; verkannt von OLG München 30. 8. 2001, berichtet FamRZ 2002, 691 im Anschluß an AG München ebd 690 f. Verfehlt auch AG Fulda FamRZ 2002, 900 f m zutr Anm Doukkani-Börnder). Eine Sorgerechtsübertragung auf den Vater ist bei notwendiger Trennung von Mutter und Kind das „mildere Mittel" gegenüber einer Fremdplazierung (vgl § 1680 Rn 15).

215 Genügt zur Gefahrenabwehr die *Mitsorge* des anderen Elternteils, so kann dies dem Entzug der gesamten Sorge (mit Erwerb der Alleinsorge des anderen Elternteils) entgegenstehen (AG Korbach FamRZ 2003, 1496). Aber auch wenn ein Entzug der Personensorge unvermeidlich ist, kann er nicht ohne weiteres auch auf die Vermögenssorge und damit auf das **Gesamtsorgerecht** erstreckt werden (Rn 207; BayObLG NJW 1999, 293, 294). Kümmern sich jedoch die Eltern, denen nur noch die Vermögenssorge zusteht, nach dem Entzug der Personensorge überhaupt nicht mehr um das Kind oder blockieren sie sachgerechte Entscheidungen auch hinsichtlich seiner Vermögensinteressen, so kommt ein späterer Entzug auch der Vermögenssorge in Betracht (OLG Köln NJW-RR 2000, 373 f bei Zerwürfnis zwischen Elternteil und Kind).

216 Beruht das elterliche Versagen auf „Überforderung", so schießt eine Herausnahme des Kindes aus der Familie offenbar über das Ziel hinaus, wenn die Entscheidungsgründe nicht die Unmöglichkeit einer elterlichen Entlastung belegen (OLG Celle FamRZ 2003, 549, 550 f; bedenklich deshalb BayObLG DAVorm 1985, 335, 337 f; LG Frankenthal DAVorm 1984, 320 ff [beengte Lebensverhältnisse und geringes Einkommen als Konfliktursachen]). Ist der Eingriff unumgänglich, so kann sich ein **Gebot der „Nachsorge"**, der flankierenden Hilfen mit dem Ziel der Reetablierung der Familie ergeben (§ 1666a Rn 12; BVerfG FamRZ 2006, 1593, 1594; 2008, 492; OLG Celle FamRZ 2003, 549, 550 f; OLG Oldenburg FamRZ 1981, 811, 813; OLG Hamm FamRZ 2006, 1476, 1477; BayObLG ZBlJugR 1983, 308, 311; Zenz, Kindesmißhandlung 152, 243, 256 f, 261; dies FPR 1998, 17, 20; so auch nachdrücklich der EGMR zu Art 8 EMRK, FamRZ 2005, 585 Nr 84, 93, 103; FamRZ 2004, 1456 Nr 45; darauf gestützt auch OLG Hamm FamRZ 2006, 1476, 1477; OLG Karlsruhe FamRZ 2007, 576, 577; 2008, 1554) – vorbehaltlich eines etwaigen Kindesanspruchs auf Endgültigkeit der Regelung (Rn 209 f). Das gilt insbes bei Maßnahmen auf Grund vorläufiger Anordnungen (EGMR aaO; versäumt zB in BayObLG FamRZ 1989, 421 ff). Das „mildeste Mittel" ist insbes auch mit Blick auf das *Kind* zu erwägen. Erweist sich eine Trennung des Kindes von den Eltern als erforderlich, sollten wenigstens die **Geschwister nach Möglichkeit zusammenbleiben** (GÖTZINGER/PECHSTEIN ZfJ 1985, 477 ff; vgl – in anderem Zusammenhang – OLG Hamm FamRZ 1997, 957). In der Regel ist einer Entfremdung zwischen Kind und Eltern durch eine familiengerichtliche **Umgangsregelung** gem § 1684 Abs 3 entgegenzuwirken, damit die Chance einer späteren Rückführung erhalten bleibt (vgl Rn 129; OLG Frankfurt FamRZ 1993, 228, 229) oder auch nur die Wechselschwierigkeiten des Kindes abgemildert werden (OLG Hamm FamRZ 2000, 1238 f; EGMR [Kutzner gegen Deutschland] FamRZ 2002, 1393, 1397; OLG Hamm FamRZ 2004, 1310). Einschränkungen richten sich nach § 1684 Abs 4 S 1, bei schwerwiegenderen Beschränkungen oder Ausschluß des Umgangsrechts sind die Eingriffsschwellen der §§ 1684 Abs 4 S 2 und 1666 gleichgeschaltet.

Speziell das Prinzip der **Verhältnismäßigkeit** gebietet es, auch „erforderliche" Maßnahmen in vorstehendem Sinn noch einmal **abzuwägen** gegen das **mit dem vorgesehenen Eingriff verbundene Schadenspotential einerseits** und die **Risiken für das Kind bei Nichteingriff andererseits** (BVerfG FamRZ 2002, 1021, 1023; EGMR FamRZ 2002, 1393, 1395 [Nr 60, 76]; s auch Rn 212). So wird es sich regelmäßig als unverhältnismäßig erweisen, bei zerrüttetem Verhältnis zwischen Eltern und einer dritten Bezugsperson des Kindes (außerhalb des Tatbestands von § 1685) einen Umgang gerichtlich anzuordnen (Rn 143 f). Besonders problematisch sind auch *Trennungen* von Kind und Eltern, wenn beide Seiten das Verhältnis als positiv empfinden: Die drohende psychosoziale Schädigung des Kindes ist hier sehr groß, so daß nur schwerstwiegende Gefahren bei Verbleib des Kindes einen Eingriff rechtfertigen können (vgl OLG Hamm FamRZ 2004, 1664 ff: Rückkehr in den mütterlichen Haushalt trotz gewisser Probleme und Defizite dort; vgl dazu auch Rn 84, 85 und 123). Dies wird man für den Fall einer **neurotischen Mutter-Sohn-Symbiose**, die die Sohnesentwicklung weitgehend blokkiert, möglicherweise noch bejahen können (vgl Rn 121, 137; für eine Mutter-Tochter-Konstellation s AG Saarbrücken FamRZ 2003, 1859 ff). Eher ein Grenzfall ist aber die harmonische, alternativ-bäuerliche „Aussteigerfamilie", deren Kinder vom **Schulbesuch** abgehalten werden (BayObLGZ 1983, 231, 238 f; zur Problematik Rn 137): Die gerichtlich angeordnete Heimeinweisung der Kinder konnte nur auf der (unausgesprochenen) Wertung beruhen, daß mangelnde Ausbildung einen schwererwiegenden Nachteil darstellt als seelisch-soziale Entwurzelung (illegitim wären jedenfalls generalpräventive Erwägungen oder der Einsatz der kindesschädigenden Heimeinweisung zur Druckausübung auf die Eltern [vgl Rn 67]). Sehr problematisch sind auch die häufigen sog **PAS-Fälle** (dazu Rn 145): Die Verpflanzung des bei der Mutter verwurzelten Kindes in den Haushalt des vehement abgelehnten, oft kaum bekannten Vaters läßt sich nur mit Mühe als „Kindeswohlverwirklichung" begreifen – eher dürften Generalprävention und Sanktionstendenzen im Vordergrund stehen (vgl auch Rn 68, 146 f). **217**

b) Einzelfragen
aa) Bedeutung des Maßnahmenkatalogs in Abs 3
Der durch das KiWoMaG 2008 eingefügte Maßnahmenkatalog des Abs 3 beruhte auf dem Befund der Gesetzesverfasser, daß „in der Praxis ... die Vielfalt der möglichen Eingriffsmaßnahmen kaum genützt" wird (BT-Drucks 16/6815, 9, 11, 15; Arbeitsgruppe 2006 S 24 f; beide gestützt auf die rechtstatsächlichen Untersuchungen von MÜNDER/MUTKE/ SCHONE, Kindeswohl zwischen Jugendhilfe und Justiz, Professionelles Handeln im Kindeswohlver- **218**

fahren [2000] 120 ff). Vor allem frühzeitiges, präventives Eingreifen des FamG finde weitgehend nicht statt, im Zentrum der Entscheidungspraxis stehe der (teilweise oder vollständige) Sorgerechtsentzug. Damit werde aber die Effektivität des staatlichen Wächteramtes geschwächt (vgl Rn 8). Demgemäß lenkt der Maßnahmenkatalog des Abs 3 das richterliche Augenmerk vorrangig auf „niedrigschwellige" Maßnahmen unterhalb des Sorgerechtsentzugs. Diese Bezeichnung darf nicht dahin mißverstanden werden, daß weniger eingriffsintensive Maßnahmen (wie Auflagen, Ge- oder Verbote) schon unterhalb der Gefährdungsschwelle zulässig seien: Die Feststellung des Tatbestands **„Kindeswohlgefährdung"** ist **unverzichtbare Voraussetzung jeder Rechtsfolge** (Maßnahme) gem § 1666 (vgl näher oben Rn 86 und – zu Relativierungen des Gefährdungsbegriffs – Rn 90 ff; wie im Text auch BT-Drucks 16/6815, 14; 16/8914, 8, 10, 12; VEIT FPR 2008, 598, 600). Die Auflistung in Abs 3 ist betont **beispielhaft** („insbesondere"; vgl BT-Drucks 16/6815, 11); beherrschender Grundsatz auf der Rechtsfolgenseite des § 1666 bleibt die allein dem Gesetzesziel „Kindesschutz" verpflichtete **Gestaltungsfreiheit, aber auch Gestaltungsverantwortung des FamG** (Rn 206). Das liegt durchaus im Sinne der Reform: Sie wollte mit Abs 3 die Phantasie und Initiative der FamG anregen, nicht aber ersetzen. Die vor allem von der die Reform vorbereitenden *Arbeitsgruppe* empfohlene, stärkere Vernetzung aller öffentlichen, mit Kindern befaßten Institutionen (vor allem Jugendamt, Gesundheitsfürsorge, Polizei, Schule, Jugendgerichte, vgl Arbeitsgruppe 2006 S 25 ff, 32, 49 ff) sollte auch von familiengerichtlicher Seite gesucht und unterstützt werden: Sie bedeutet unerläßliche Hilfe für den Juristen sowohl auf der Tatbestands- wie (vor allem auch) auf der Rechtsfolgenseite des § 1666. Der gesetzliche Ansatz („niedrigschwellige" Maßnahmen; Vernetzung Familiengericht/Jugendamt) darf jedoch nicht dazu mißbraucht werden, die Verantwortung für den Schutz gefährdeter Kinder letztlich wieder auf das Jugendamt zurückzuverlagern (WIESNER FPR 2008, 608, 612, 613) – mit der Anrufung des Gerichts gem § 8a Abs 3 SGB VIII trägt dieses die Letztverantwortung für effektiven Kindesschutz (vgl auch Rn 19).

Da sich die zu treffenden Maßnahmen allein nach der Erforderlichkeit für die Gefahrabwendung bestimmen (Abs 1 aE), beschränkt sich die folgende Darstellung nicht auf die in Abs 3 aufgeführten Beispiele.

bb) Maßnahmen unterhalb eines Sorgerechtsentzugs
219 Das Spektrum der in Betracht kommenden Maßnahmen beginnt mit **Ermahnungen, Auflagen, Ge- und Verboten** (vgl OLG Frankfurt FamRZ 1997, 571 f: Herausgabe des Reisepasses des Kindes durch Elternteil, wenn Kind von diesem getrennt; OLG Karlsruhe FamRZ 2002, 1272 f: wechselseitiges Ausreiseverbot; AG Saarbrücken FamRZ 2003, 1859, 1861: „Ausreisesperre" für die Kinder, dh der Sache nach Wegzugs- und Ausreiseverbot; OLG Karlsruhe FamRZ 2007, 576, 577 [„therapeutische Beratung" der Eltern]; ERNST FPR 2008, 602, 604 [„Antigewalttraining", Kurs über Säuglingspflege]; AG Bremen ZKJ 2008, 338, 340 [Sicherstellung von Kindergartenbesuch]). Diese wenig einschneidenden Interventionen reichen in der Praxis allerdings dann kaum aus, wenn vor der Einschaltung des FamG die Bemühungen des Jugendamtes um kooperative Konfliktlösungen bereits gescheitert sind oder schwerwiegende Gefahren drohen. In beiden Fällen genügen Maßnahmen mit überwiegender Appellfunktion nicht den Anforderungen an effektiven Kindesschutz (WIESNER ZBlJugR 1981, 509, 512; SIMITIS ua, Kindeswohl, 159, 175; RÖCHLING 243; ders FamRZ 2007, 431, 433; ders FamRZ 2007, 1775, 1778). Insofern sollte die Effektivität solcher Maßnahmen nicht überschätzt werden: Selbst wenn die Gebote im frühen ersten Termin (§ 155 Abs 2

FamFG) oder im Anschluß an die Gefährdungserörterung des § 157 FamFG erlassen werden, setzen sie doch voraus, daß die Eltern sich freiwillig zu entsprechenden Verhaltensverpflichtungen nicht bereit gefunden haben (andernfalls wären gerichtliche Gebote nicht „erforderlich"). Das FamG hat abzuwägen, ob auf die Wirkung des autoritativen Ge- oder Verbots an die Eltern vertraut werden kann oder ob das gewünschte Verhalten durch gerichtliche Ersetzung elterlicher Erklärungen (Abs 3 Nr 5, s Rn 224) bzw durch teilweisen Sorgerechtsentzug mit Pflegerbestellung sichergestellt werden muss – die bisherige Praxis ist ganz überwiegend den zweiten Weg gegangen (vgl folgende Rn). Ein Sorgerechtsentzug nur als Druckmittel zur Förderung elterlicher Kooperation ist hingegen unzulässig (OLG Köln FamRZ 2006, 877 f; s Rn 225). Hält das FamG Gebote aber für erfolgversprechend, sollten sichernde Maßnahmen, enge Folgenkontrolle (§ 166 Abs 2 FamFG, vgl Rn 294) und Ankündigung weiterer Eingriffe diesen Maßnahmen Nachdruck verleihen.

Zu den möglichen Weisungen kann insbesondere das **Gebot** an die Eltern gehören, **220** bestimmte, vom Jugendamt angebotene **Hilfen nach dem SGB VIII anzunehmen** und hierbei mit dem Jugendamt in erforderlichem Ausmaß zu kooperieren (Abs 3 Nr 1; OLG Brandenburg ZKJ 2009, 291 ff; zum früheren Recht vgl AG Bremen ZKJ 2008, 338, 340 [Inanspruchnahme einer Tagesmutter]; RÖCHLING 239 f [vgl auch 131 f, 235]; zu Anordnungen des FamG gegenüber dem *Jugendamt* s § 1666a Rn 13 ff). In der Regel ist davon auszugehen, daß die „öffentliche Hilfe" seitens des Leistungsträgers zur Verfügung steht, aber von den Eltern bislang abgelehnt wurde (zu unrecht zweifelnd Stellungnahme AGJ ZKJ 2007, 312 f; zur Anordnungsbefugnis des FamG auch gegenüber dem Jugendamt s § 1666a Rn 13 ff). Ein Gebot nach Abs 3 Nr 1 setzt richterliche Kenntnis der Hilfsansätze des SGB VIII voraus (speziell für Gefährdungsfälle eingehend WIESNER FPR 2008, 608, 611 ff); dabei ist eine enge Abstimmung mit dem Jugendamt unverzichtbar (WIESNER 610; NOTHAFFT FPR 2008, 613, 615 f). Den nach § 27 SGB VIII erforderlichen Elternantrag kann das FamG nach Abs 3 Nr 5 ersetzen (Rn 224); das an die Eltern gerichtete Gebot nach Abs 3 Nr 1 ergänzt diese Erklärungsersetzung und soll die elterliche Kooperation mit dem Jugendamt und damit letztlich die erfolgreiche Durchführung der Hilfe gewährleisten. Allerdings ist angesichts widerstrebender Elternhaltung stets zu prüfen, ob eine öffentliche Hilfe dennoch sinnvoll erbracht werden kann (vgl Rn 212; zweifelnd auch ROSENBOOM/ROTAX ZRP 2008, 1, 2 [insb bei Gebotsdurchsetzung mit Zwangsmitteln gem § 35 FamFG]; vorsichtig bejahend Bundeskonferenz für Erziehungsberatung ZKJ 2007, 361). Das FamG muß diese primär sozialpädagogische Frage nicht selbst, beraten durch das Jugendamt, beantworten; anstelle eigener Entscheidung im vorerwähnten Sinne kann es auch die Entscheidungs- und Antragsbefugnis den Eltern entziehen und auf einen Pfleger übertragen (BVerfG FamRZ 2008, 492, 493; KG FamRZ 2004, 483; OLG München FamRZ 2004, 1597; OLG Hamm FamRZ 2004, 1664, 1666; OLG Koblenz FamRZ 2006, 57; AG Saarbrücken FamRZ 2003, 1859; s Rn 225 und § 1666a Rn 11).

Das FamG kann den Eltern auch gebieten, Leistungen der **Gesundheitsfürsorge** in **221** Anspruch zu nehmen (vgl schon OLG Karlsruhe FamRZ 2007, 576, 577; OLG Frankfurt FamRZ 2007, 759 [Pflicht zur periodischen Vorlage ärztlicher Atteste]). Hintergrund ist die rechtspolitische Tendenz des Gesetzgebers, durch Einbindung und Verzahnung von Jugendhilfe und Gesundheitsfürsorge im Vorfeld des FamG eine Art „Frühwarnsystem" zu entwickeln (Arbeitsgruppe 2006 S 26; vgl JESTAEDT, in: LIPP/SCHUMANN/VEIT, Kindesschutz S 5, 6 f [auch zu den entsprechenden Gesetzgebungsaktivitäten der Bundesländer]; zur „Familienhebamme" WAGENER FamRZ 2008, 457 ff; MEYSEN/SCHÖNECKER FamRZ 2008,

1498 ff); demgemäß fallen vor allem **Früherkennungsuntersuchungen** unter den Begriff der „Gesundheitsfürsorge". Sie ermöglichen das frühzeitige Erkennen von Fehlentwicklungen der Kinder, aber auch der Anzeichen von Vernachlässigung, Gewalt oder sonstigen Sorgerechtsmißbräuchen (Arbeitsgruppe 2006 S 32). Da gerade die betroffenen Familien in der Regel selten von sich aus die Leistungen der Gesundheitsfürsorge in Anspruch nehmen, kann ein entsprechendes Gebot des FamG erforderlich sein. Voraussetzung im Rahmen des § 1666 ist allerdings stets, daß das Gericht schon eine konkrete Kindeswohlgefährdung festgestellt hat. Abs 3 Nr 1 kann nicht so verstanden werden, daß die Nichtwahrnehmung allgemein empfohlener Gesundheitsfürsorge generell eine Gefährdung des Kindeswohls bedeuten soll (vgl Rn 86). Eine flächendeckende Pflicht zu Früherkennungsuntersuchungen müßte vom Gesetzgeber allgemein und außerhalb des einzelfallorientierten Tatbestands des § 1666 angeordnet werden.

222 Das familiengerichtliche Gebot kann sich gem Abs 3 Nr 2 auch auf die **Einhaltung der Schulpflicht** beziehen. Da diese Pflicht öffentlichrechtlich ohnehin besteht, erschöpft sich das familiengerichtliche Gebot in der konkretisierenden Umsetzung auf den Einzelfall und in seinem immanenten Sanktionsdruck (vgl Rn 217). Das Gebot kann sich darauf erstrecken, das Kind regelmäßig zur Schule zu bringen oder seinen Schulbesuch in anderer Weise zu kontrollieren. Auch Kontaktaufnahme mit den Lehrern kann geboten werden (ERNST FPR 2008, 602, 604). Wie auch bei der Gesundheitsfürsorge (Abs 3 Nr 1) korrespondiert die gesetzliche Hervorhebung der Schulpflicht mit den neueren Erkenntnissen über die Ursachen von Kindesgefährdungen und Jugenddelinquenz. Folgerichtig ist deshalb auch der Appell an die Schulen, intensiver und uU unmittelbar mit dem FamG zusammenzuarbeiten (Arbeitsgruppe 2006 S 52; zur Informationspflicht gegenüber dem Jugendamt s KUNKEL ZKJ 2008, 52, 55; sehr krit zur bürokratischen Regulierung dieser Kommunikation PRESTIEN ZKJ 2008, 59 ff). Die für ein Gebot gem Abs 3 Nr 2 erforderliche (geistige und soziale) Kindesgefährdung wird bei Vernachlässigung des Schulbesuchs regelmäßig zu bejahen sein (Rn 137). Ein Gebot nach Abs 3 Nr 2 hat aber nur Sinn, wenn die Eltern tatsächlich noch Einflußmöglichkeiten auf das Kind haben – **Gebote an jugendliche Schulverweigerer selbst** sind durch Abs 3 Nr 2 nicht eröffnet (s Rn 223). Gebote an die Eltern sollten in der Regel mit dem Gebot gem Abs 3 Nr 1 verbunden werden, Unterstützung der Jugendhilfe in Anspruch zu nehmen.

223 **Verhaltensgebote an das Kind selbst** sind im Rahmen der Reformdiskussion zum KiWoMaG 2008 erwogen, aber letztlich **abgelehnt** worden (BT-Drucks 16/6815, 11; Arbeitsgruppe 2006 S 33; anders noch der bayerische Gesetzesvorschlag BR-Drucks 296/06): Von der Gesetzessystematik her bietet § 1666 nur die Grundlage für Anordnungen an Eltern oder Dritte, nicht aber an das Kind selbst; andernfalls droht auch eine Vermengung mit den Erziehungsmaßregeln des Jugendgerichts gem § 10 JGG (die allerdings dem FamG übertragen werden können, § 53 JGG, vgl Rn 2). **Diese Position wird zu überprüfen sein.** Der neue Tatbestand des § 1666 hat den Bezug zum elterlichen Verhalten völlig gelöst, der rechtsgutbezogene Schutz des Kindes vor Gefährdungen ist alleiniges Thema der Norm – warum nicht auch der „Schutz vor sich selbst"? Unmittelbare Einwirkungen auf das Kind selbst und den kindlichen Willen sind im Rahmen des staatlichen Wächteramtes auch kein Fremdkörper – sie sind offenkundig bei sozialpädagogischen Maßnahmen des Jugendamtes (als Mitträger des staatlichen Wächteramtes, Rn 19), aber auch zB bei Umgangsentscheidungen des FamG gem §§ 1666 oder 1684 (auch wenn man eine formale Bezeichnung des Kindes als Anordnungsadressaten scheut; vgl STAUDINGER/RAUSCHER [2006] § 1684 Rn 177, 178). Das „Kind" als Jugendlicher, als weitgehend selbstgesteuert handelndes Subjekt ist Adressat des Jugendhilferechts und des Jugendstrafrechts, seine Rolle im familienrechtlichen Kindesschutzrecht bedarf aber noch der Entfaltung. Die historische Elternorientierung dieser Rechtsthematik wirkt auf der Rechtsfolgenseite noch nach, wird aber zu überwinden sein. Parallelen zu Maßnahmen nach § 10 JGG sind schon deshalb kein Gegenargument, weil der Ausgangspunkt ein ganz anderer ist (§ 1 JGG = Straftat des Jugendlichen; § 1666 = Gefährdung seines Wohls).

cc) Ersetzung von Erklärungen der Eltern, Abs 3 Nr 5

Als besondere Maßnahme erlaubt **Abs 3 Nr 5** die **Ersetzung von Erklärungen der** **224** **Eltern** durch das Gericht (dazu VOGEL FPR 2008, 618 f). Damit wird der vor dem SorgeRG notwendige Umweg über einen teilweisen Sorgerechtsentzug mit Pflegerbestellung zum Zwecke der Erklärungsabgabe oft überflüssig (Abs 3 Nr 5 kann als spezialgesetzliche Ausweitung der unmittelbaren Handlungsmöglichkeiten des FamG gem § 1693 verstanden werden, MünchKomm/OLZEN Rn 202). Im Lichte des Verhältnismäßigkeitsprinzips ist dieser Umweg sogar als nicht „erforderlich" und damit als unzulässig anzusehen (zB im Fall OLG Rostock FamRZ 2006, 1623 f) – es sei denn, dem Pfleger werden Abwägungen und Entscheidungen überantwortet, die das Gericht noch nicht selbst treffen kann (vgl VOGEL FPR 2008, 617; JOHANNSEN/HENRICH/BÜTE Rn 69). In Betracht kommen bei Abs 3 Nr 5 rechtsgeschäftliche Erklärungen und rechtfertigende Einwilligungen, etwa in ärztliche Eingriffe oder sonstige Untersuchungen (BT-Drucks 7/2060, 29; KG FamRZ 1970, 491; FamRZ 1972, 646; OLG Brandenburg FamRZ 2008, 2147 [LS]: psychol Begutachtung; ebenso OLG Karlsruhe FamRZ 2002, 1210, 1211; OLG Celle NJW 1995, 792, 793; OLG Zweibrücken FamRZ 1999, 521; vgl Rn 102; zur Ersetzung der elterlichen Einwilligung bei Schwangerschaftsunterbrechungen s Rn 112; zum Aids-Test Rn 105), aber auch Anträge auf sozialrechtliche Hilfen gem §§ 27 ff SGB VIII (oben Rn 219).

Mit Rechtskraft des familiengerichtlichen Beschlusses gilt die elterliche Erklärung als abgegeben – dies folgt aus der zumindest entsprechenden Anwendung von § 40 Abs 3 FamFG. Ähnlich den dort genannten Fällen bewirkt die Ersetzung elterlicher Erklärungen „eine so gravierende Rechtsänderung ..., daß die Wirksamkeit erst mit der formellen Rechtskraft eintreten soll" (RegE FamFG zu § 40). Bei akuter Gefahr kann nach § 40 Abs 3 S 2 die sofortige Wirksamkeit angeordnet werden. Soweit das *Kind* zur Eigenentscheidung (mit-)berufen ist, wie etwa das insoweit einsichtsfähige Kind bei körperlichen Eingriffen (vgl Rn 153), kann seine Erklärung *nicht* gem Abs 2 ersetzt werden (SOERGEL/STRÄTZ Rn 40): Selbstbestimmung verträgt sich nicht mit familiengerichtlicher Kontrolle. Bei selbstgefährdender Haltung des Kindes besteht allerdings Anlaß zu sorgfältiger Prüfung seiner Entscheidungsreife.

dd) Entzug der elterlichen Sorge, Abs 3 Nr 6

Echte **Eingriffe in die elterliche Sorge** können auf den Entzug **einzelner Befugnisse** **225** (Entscheidung über Schulbesuch, Gesundheitsfürsorge; vgl OLG Frankfurt FamRZ 2002, 1585, 1588: Übertragung der Auskunftspflicht gem § 1586 auf Ergänzungspfleger), ganzer **Teilbereiche** (zB Vertretung), der Personensorge, der Vermögenssorge oder der **gesamten elterlichen Sorge** gerichtet sein (Rn 206 f; zu den Folgen des Entzugs s Rn 250–255). Die elterliche Sorge kann auch zwecks Durchführung weiterer Sachaufklärung beschränkt werden (zB stationäre Untersuchung des Kindes), um die Notwendigkeit und Art weiterer Schutzmaßnahmen beurteilen zu können (BayObLG FamRZ 1995, 501, 502; ZfJ 1996, 106, 107); dies setzt allerdings schon die Feststellung voraus, daß das Kindeswohl gefährdet ist (vgl Rn 102). Der Entzug der **gesamten Personensorge** wie auch die faktische Trennung des Kindes von der elterlichen Familie sind – als schwerstwiegende Eingriffe – nur unter den Voraussetzungen des § 1666a zulässig (s Erl dort). Ein **Sorgerechtsentzug ohne faktische Trennung der Familie, nur als Druckmittel** für die Akzeptanz sozialpädagogischer Unterstützung, ist unverhältnismäßig und unzulässig (OLG Köln FamRZ 2006, 877 f; SCHUMANN, Kindeswohl 189; Rn 219). Zum Maßnahmespektrum gehören schließlich auch **Folgeregelungen**, wie etwa die Anordnung psychotherapeutischer Behandlung des aus der Familie genommenen, psychisch geschädigten Kindes (etwa nach Kindesmißhandlungen, ZENZ, Kindesmißhandlung 287, 296; vgl Rn 96, 262). Zur eingriffsbegleitenden Arbeit mit der Herkunftsfamilie s Rn 209 f.

226 Eine besondere Rolle spielt in der Praxis die **Entziehung des Aufenthaltsbestimmungsrechts**, als zur Trennung des Kindes von seinen Eltern führende oder sie perpetuierende Maßnahme (vgl aber BayObLG DAVorm 1984, 1048, 1054 f: Rückübertragung der elterlichen Sorge auf die Eltern, aber Aufenthaltsbestimmungsrecht bleibt beim Pfleger zwecks kontrollierter, versuchsweiser Rückführung der Kinder in die Familie). Eines Entzugs dieses Rechts bedarf es nur, wenn seine bloße Beschränkung nicht ausreicht (BayObLG FamRZ 1965, 280, 281: Sorgeberechtigte Mutter darf nicht Rückkehr des Kindes zu sich bestimmen; OLG Frankfurt FamRZ 2003, 1491 [Ausreiseverbot ohne Zustimmung des anderen Elternteils]; OLG Dresden FamRZ 2003, 1862, 1863 [Verbot der Verbringung nach Gambia, wegen Beschneidungsgefahr]) oder wenn eine Verbleibensanordnung gem § 1632 Abs 4 nicht genügt (Rn 49 f, 213 ff). Muß hingegen das Aufenthaltsbestimmungsrecht voll und auf nicht von vornherein begrenzte Zeit entzogen werden, sollte diese Maßnahme regelmäßig nicht isoliert erfolgen. Zwar überträgt § 1688 Abs 1, 2 den Pflegepersonen die für die tägliche Betreuung notwendigen Rechtskompetenzen (vgl OLG Hamm FamRZ 1998, 447, 448 f), dies hilft jedoch nicht bei grundlegenden Entscheidungen oder wenn der Sorgeinhaber die Befugnisse nach § 1688 widerruft (Abs 3 S 1). Dann ergibt sich die unzuträgliche Situation, daß das Kind in einem Heim oder einer Familie plaziert wird, ohne daß die Pflegepersonen die zur Erziehung und Betreuung notwendigen Befugnisse haben (WIESNER ZfJ 2003, 121, 127; zu vermutlich dauerhaften Plazierungen s noch Rn 227 f). Letztere sind dann dem mit dem Aufenthaltsbestimmungsrecht betrauten Pfleger mitzuübertragen (unter entspr Entzug bei den Eltern) – auch zum Schutz des Pflegeverhältnisses vor elterlichem „Störfeuer" (BayObLG DAVorm 1977, 583, 586 ff; FamRZ 1978, 135, 137; BayObLGZ 1980, 215, 221 f; 1983, 231, 239; ZBlJugR 1983, 302, 306; DAVorm 1985, 335, 338; FamRZ 1985, 100, 101; FamRZ 1989, 421, 422; FamRZ 1993, 229, 231; 1995, 948, 950; FamRZ 1997, 954, 956; FamRZ 1997, 572 f [Mitentzug des Antragsrechts auf jugendhilferechtliche Leistungen]; OLG Naumburg FamRZ 2002, 1274, 1276 [Mitübertragung der Gesundheitsfürsorge bei epileptischem Kind]; weitergehend OLG Frankfurt FamRZ 2002, 1277, 1278 [volles Sorgerecht bei Pflegeeltern]; OLG Frankfurt FamRZ 1983, 530, 531; OLG Köln FamRZ 2004, 827, 828; LG Berlin DAVorm 1980, 143, 146; AG Frankfurt aM DAVorm 1982, 365, 368; FamRZ 1982, 1120, 1123 [Übertragung nicht auf Pflegeperson, sondern auf Jugendamt als „neutralen Dritten"]; CERTAIN ZBlJugR 1968, 104 ff; DIV-Gutachten DAVorm 1987, 972; KLUSSMANN ZfJ 1988, 478, 481; zur ähnl Problematik bei **Verbleibensanordnungen** nach § 1632 Abs 4 s Rn 49 f; GLEISSL/SUTTNER FamRZ 1982, 122, 126; HOFFMANN FamRZ 2002, 1276, 1277; OVG Thüringen FamRZ 2002, 1725 ff; zum Problem mangelnder Erziehungskompetenz SCHÜTZ FamRZ 1986, 528, 529; KNÖPFEL FamRZ 1985, 1211, 1216 [beide in anderem Zusammenhang]). Die zusätzliche Übertragung von

Erziehungsrechten wird nicht dadurch erübrigt, daß diese bei richtiger Auslegung des Gerichtsbeschlusses als „mitübertragen" angesehen werden könnten (so LG Darmstadt FamRZ 1995, 1435, 1436: „Annex des Aufenthaltsbestimmungsrechts") – die Beteiligten brauchen Klarheit und Rechtssicherheit (vgl BayObLG FamRZ 1995, 1437: „deklaratorische" Übertragung). Die Übertragung sollte auch nicht erst späteren Entscheidungen nach § 1696 vorbehalten werden (so aber BayObLG DAVorm 1977, 583, 586 f; 1981, 901, 903 f; ähnl DAVorm 1983, 381, 385 f; ZfJ 1990, 363, 364). Sie kann jedoch ausnahmsweise unterbleiben, wenn die Eltern mit der Unterbringung des Kindes in der Pflegefamilie einverstanden und zur Kooperation, dh zur Ausübungsüberlassung ihrer Sorgerechte bereit sind (AG Frankfurt aM DAVorm 1982, 368, 372).

Ist die Trennung des Kindes von den Eltern **voraussichtlich endgültig**, so genügt der Entzug des Aufenthaltsbestimmungsrechts, selbst wenn er durch einzelne Erziehungsrechte ergänzt wird, vor allem bei kleineren Kindern regelmäßig nicht deren Interessenwahrung (anders kurz vor der Volljährigkeit, vgl BayObLG FamRZ 1997, 954 ff). Bei Eingriffen nach § 1666 gehört es auch zu den Verpflichtungen des Staates, „positiv die Lebensbedingungen für ein gesundes Aufwachsen des Kindes zu schaffen" (BVerfGE 24, 119, 145). Diese verbieten, wenn die Eltern auf Dauer ausfallen, nicht nur die Störung neugewachsener Bindungen, etwa zu Pflegeeltern (BVerfGE 75, 201, 219 ff; FamRZ 1989, 145, 146), sondern *gebieten* auch die Ermöglichung neuen Beziehungsaufbaus und dessen rechtliche Absicherung. Der dauernde Auseinanderfall von tatsächlicher Betreuung und rechtlicher Sorgekompetenz bedeutet (jedenfalls bei mangelndem Konsens der beteiligten Erwachsenen) schon als solcher eine Gefährdung des Kindeswohls (Rn 135). Geboten ist also nicht nur die faktische, sondern auch die rechtliche Eingliederung des Kindes in eine Ersatzfamilie. Der ungesicherte Status des Pflegekindes wird in anderen Zusammenhängen als auf Dauer kindeswohlwidrig eingestuft (BVerfG FamRZ 1989, 145, 146; SCHÜTZ FamRZ 1986, 528, 529); dies gilt nicht nur aus erzieherischen, sondern vor allem auch aus entwicklungspsychologischen Gründen (ZENZ, Kindesmißhandlung 264 f, 297, 301 ff, 358–361; GOLDSTEIN ua III 28 ff; SIMITIS ebenda 197 f; KLUSSMANN ZfJ 1988, 478, 481 ff). **227**

Dieser Erkenntnis trägt § 37 Abs 1 S 4 SGB VIII Rechnung: Gelingt innerhalb eines im Hinblick auf die Kindesentwicklung vertretbaren Zeitraumes (vgl hierzu BVerfG FamRZ 2001, 753 f; HEILMANN 15 ff) nicht die nachhaltige Verbesserung der Erziehungsbedingungen in der Herkunftsfamilie, so ist eine andere, kindeswohlgemäße und auf Dauer angelegte Lebensperspektive zu erarbeiten (zutr HOFFMANN FamRZ 2002, 1276, 1277; VEIT FF 2008, 358, 364 f; vgl auch § 1666a Rn 5).

Die demnach regelmäßig anzustrebende Dauerlösung durch Adoption (vgl § 36 Abs 1 S 2 SGB VIII; vgl LONGINO, Die Pflegekinderadoption [1998]; BayObLG ZfJ 1990, 605, 607: Pflegschaft gem § 1909 Abs 1 S 1 für den Antrag des Kindes nach § 1748 Abs 1 S 1; DAVorm 1985, 335, 338; KG FamRZ 1981, 590, 592; OLG Hamm JugWohl 1994, 284 ff) wird jedoch vereitelt, wenn die Eingriffsschwelle für eine Ersetzung der elterlichen Zustimmung (§ 1748) wesentlich höher angesetzt wird als die des § 1666: Man schafft so eine Gruppe von Kindern, denen gem § 1666 die Eltern voraussichtlich auf Dauer genommen, denen vollwertige Ersatzeltern aber verweigert werden (Fallbeispiele OLG Frankfurt FamRZ 1983, 531; OLG Hamm ZfJ 1984, 364 ff, KG FamRZ 1985, 526 f; AG Kerpen ZfJ 1985, 470; **krit** ZENZ, Kindesmißhandlung 358 ff; COESTER FamRZ 1991, 253, 259 f; **aA** [mit unzutreffenden Argumenten] RÖCHLING 221 ff, 260 ff; ders ZfJ 2000, 214 ff). **228**

ee) Maßnahmen gegen die Eltern persönlich

229 Maßnahmen gem § 1666 Abs 1 betreffen idR das Sorgeverhalten der Eltern gegenüber dem Kind. Die Übergänge zwischen Sorgeverhalten und **persönlicher Lebensführung der Eltern** sind allerdings fließend. Soweit Ge- oder Verbote auf persönliches Verhalten der Eltern zielen, um deren grundsätzliche Erziehungseignung oder -qualifikation sicherzustellen (zB Besuch eines Säuglingspflegekurses; eines sozialen Trainingskurses; Inanspruchnahme von Erziehungsberatung gem § 18 SGB VIII), erscheinen sie auch unter dem Blickwinkel des elterlichen Persönlichkeitsrechts unproblematisch: Dieses umfaßt nicht das Recht, die Grundqualifikationen für die Wahrnehmung elterlicher Sorgeverantwortung nicht zu erfüllen. Das gleiche gilt letztlich auch für das Gebot einer Entzugstherapie bei Alkohol- oder Drogenabhängigkeit (ERNST FPR 2008, 602, 604): Zwang im Persönlichkeitsbereich ist damit nicht verbunden, es wird dem Elternteil nur ein Weg aufgezeigt, wie er einen Sorgerechtsentzug vermeiden kann.

230 Ausnahmsweise können Ver- oder Gebote jedoch auch den nicht unmittelbar kindesbezogenen **Persönlichkeitsbereich der Eltern** betreffen (etwa Verbot an den verheirateten Vater, die Freundin in die Familienwohnung aufzunehmen und dort nächtigen zu lassen, vgl OLG Hamm JMBl NRW 1962, 243; vgl auch BayObLG ZBlJugR 1969, 131). Zur elterlichen Erziehungsleistung gehört wesentlich auch das elterliche Vorbild (§ 1671 Rn 190), auch kann elterliches Privatverhalten (wie in OLG Hamm aaO) das Kind seelisch erheblich verletzen. Allerdings ist gerade in diesem Zusammenhang eine streng kindzentrierte Betrachtung zu fordern; die früher häufige Benutzung des Kindeswohlarguments als Vehikel moralischer Gängelung elterlichen Privatverhaltens ist abzulehnen (vgl Rn 67 f, 122). Außerdem bedarf es selbst bei festgestellter erheblicher Kindesbetroffenheit noch einer Abwägung mit den Persönlichkeitsrechten der Eltern – die Einschränkungen, die man dem Kindesinteresse zumutet im Hinblick auf seine familiäre Eingebundenheit (COESTER, Kindeswohl 209–214; ZENZ, Kindesmißhandlung 69; vgl Rn 69, 93), gelten dabei auch für die übrigen Familienmitglieder. So bleiben die Eltern grundsätzlich frei in ihrer Entscheidung über sie persönlich zentral berührende Fragen (zB Beruf, Umzug, persönliche Beziehungen), auch wenn sie die dem Kindeswohl abträgliche Alternative wählen (vgl BayObLGZ 1993, 203, 205 f; FamRZ 1997, 954, 955). Einem Elternteil kann also in Anwendung des § 1666 Abs 1 beispielsweise nicht geboten werden, einen besser bezahlten Arbeitsplatz anzunehmen, eine mit Familienumzug verbundene berufliche Veränderung abzulehnen, ehewidrige Beziehungen einzustellen und in die Familie zurückzukehren.

231 Ein Sonderfall in diesem Zusammenhang betrifft **Maßnahmen bei häuslicher Gewalt**. Der „Gewalt" gleichzusetzen ist die **„Nachstellung"** (Stalking, vgl § 1 Abs 2 GewSchG, dazu noch Rn 234). Das Gewaltschutzgesetz von 2001 und das Kinderrechteverbesserungsgesetz von 2002 hatten die Rechtslage insoweit beeinflußt, aber nicht geradezu verdeutlicht (daneben existieren Eingriffsmöglichkeiten nach landesrechtlichen Polizeigesetzen, zB § 34a PolG NRW; dazu OBERLOSKAMP ZfJ 2004, 267, 268 f). Es ist zu unterscheiden:

(1) Bei verheirateten Eltern, die mit dem Kind zusammenleben, kann der eine Elternteil die Ausweisung des gewalttätigen Elternteils aus der Wohnung nach § **1361b** beantragen. Die „unbillige Härte" iS dieser Vorschrift kann auch gegeben

sein, wenn *nur* gegen das Kind Gewalt ausgeübt wird (§ 1361b Abs 1 S 2). Gleiches gilt für registrierte Lebenspartner gem § 14 LPartG.

(2) Ist die gewalttätige Person Vormund oder Pfleger des Kindes, so kann schon mit Mitteln des **Vormundschafts-/Pflegschaftsrechts** eingeschritten werden (§§ 1837 Abs 2, 1886, 1915 Abs 1; vgl BT-Drucks 14/5429, 17; SCHUMACHER FamRZ 2002, 645, 647).

(3) Das **GewaltSchG** ist hingegen nicht anwendbar, sondern verweist, soweit die Gewalt vom sorgeberechtigten Elternteil (Vormund/Pfleger) ausgeht, auf das allgemeine Kindesschutzrecht (§ 3 Abs 1 GewaltSchG).

(4) Daß dementsprechend § **1666 Abs 1** auch Maßnahmen gegen einen gewalttätigen Elternteil – unabhängig von den Sorgerechtsverhältnissen – erlaubt, hatte schon der Gesetzgeber im durch das KinderRVerbG neu gefaßten § 1666a Abs 1 S 2, 3 vorausgesetzt und nur im einzelnen (Grundsatz der Verhältnismäßigkeit) näher geregelt (BT-Drucks 14/8131, 8; JANZEN FamRZ 2002, 785, 790; ROTH JZ 2002, 651, 654; näheres insoweit § 1666a Rn 25 ff). Das KiWoMaG 2008 hat diesen Ansatz weiter ausgebaut und in **Abs 3 Nr 3, 4** mögliche Maßnahmen des FamG – in Anlehnung an das GewaltSchG – explizit aufgeführt. Auch diese Aufzählung ist nur beispielhaft (vgl Rn 218), andere Maßnahmen können ohne weiteres getroffen werden, wenn sie erforderlich sind. Obwohl Maßnahmen gegen **gefährdende Dritte** auf der Grundlage des GewaltSchG erlassen werden könnten, steht nichts entgegen, auch sie auf Abs 3 Nr 3 oder 4 zu stützen (vgl Abs 4: Kindesschutz auch gegenüber Dritten, dazu unten Rn 236). Als Kindesschutz im Offizialverfahren können Maßnahmen nach § 1666 *neben* den obigen Rechtsgrundlagen ergriffen werden; besondere Bedeutung erlangen sie bei faktischen Wohngemeinschaften, bei nicht zusammenlebenden Eltern oder wenn der nicht gewalttätige Elternteil keinen Antrag nach § 1361b (oder § 14 LPartG) stellt (vgl MOTZER FamRZ 2003, 793, 797; ist eine Ausweisung nach diesen Vorschriften möglich, erübrigen sich Maßnahmen nach § 1666, vgl OLG Köln KindPrax 2002, 205 f). Voraussetzung ist stets eine *Gefährdung des Kindes* durch den gewalttätigen Elternteil – entweder durch unmittelbare Gewaltanwendung (auch ernsthafte Drohungen können genügen, vgl OLG Schleswig ZfJ 2004, 307) oder durch Miterleben der Gewalt gegen den anderen Elternteil (psychische Kindesgefährdung; vgl; OBERLOSKAMP ZfJ 2004, 267, 270). Gewalt nur gegen den anderen Elternteil genügt für § 1666 nicht (wohl aber § 1361b BGB oder GewaltSchG).

232

Als **Maßnahmen im einzelnen** kommen in Betracht:

233

(1) Die **Ausweisung** des gewalttätigen Elternteils aus der **Familienwohnung** („go-order"). Wegen der damit verbundenen Eltern-Kind-Trennung betont § 1666a Abs 1 S 2 insoweit die Vorrangigkeit öffentlicher Hilfen (näher § 1666a Rn 18). Die Ausweisung kann befristet oder unbefristet erfolgen (Abs 3 Nr 3; Aufhebung gem § 1696 Abs 2). Die *Geeignetheit* dieser Maßnahme zur Abwehr der Kindesgefährdung ist allerdings zweifelhaft, wenn der verbleibende Elternteil unter dem Einfluß des gewalttätigen Elternteils steht und nichts gegen ihn unternimmt – er wird dann wohl auch gegen dessen verbotswidriges Verhalten nicht einschreiten (JANZEN FamRZ 2002, 785, 787 f; MünchKomm/OLZEN § 1666a Rn 22a; s auch HÖFLINGER ZfJ 2004, 63 ff).

(2) Der Elternteil kann auch aus einer **anderen Wohnung** ausgewiesen werden (vgl

§ 1666a Abs 1 S 3), etwa wenn sie sich in der Nähe der Kindeswohnung befindet. In jedem Fall einer „go-order" nach (1) oder (2) sind die zivilrechtlichen Nutzungsrechte an der Wohnung zu beachten (§ 1666a Abs 1 S 3; s § 1666a Rn 27).

234 (3) Daneben sind aber auch – ohne Wegweisung aus der Wohnung oder flankierend zu dieser (BT-Drucks 14/8131, 9; JANZEN FamRZ 2002, 785, 788 f) – **alle anderen Maßnahmen** möglich, die im Rahmen des § 1666 Abs 1 zum Schutze des Kindes geeignet und erforderlich sind; hierzu gehört auch der beispielhaft in Abs 3 Nr 3 und 4 aufgeführte Maßnahmenkatalog (**Näherungs- oder Kontaktverbote**, insbesondere bei Nachstellungen; BT-Drucks 14/5429, 27; BAMBERGER/ROTH/VEIT § 1666a Rn 10; JANZEN FamRZ 2002, 785, 788; zum Thema „Stalking und Kinder" BALLOFF ZKJ 2008, 190, 192 f). Die persönliche Freiheit des betroffenen Elternteils muß dabei hinter dem Gefährdungsschutz des Kindes zurücktreten.

235 Zusätzlich kommen auch **Sorgerechtseingriffe** in Betracht, soweit sie zur sachgerechten Sorgeausübung durch den zurückbleibenden Elternteil (oder einen Pfleger) erforderlich sind (JANZEN FamRZ 2002, 785, 788 f). Bei gemeinsamem Sorgerecht wird idR schon die gesetzliche Kompetenzverteilung des § 1687 ausreichen (vgl OBERLOSKAMP ZfJ 2004, 267, 270: jedenfalls bei unbefristeter Ausweisung); flankierende Umgangsregelungen haben nach § 1684 Abs 3 oder 4 zu erfolgen (dazu BT-Drucks 14/8131, 9; JANZEN FamRZ 2002, 785, 788).

ff) Maßnahmen gegen Dritte, Abs 4

236 Auch Maßnahmen mit unmittelbarer Wirkung gegen Dritte sind im Bereich der Personensorge zulässig (Abs 4; zur Vermögenssorge vgl Rn 249). Mit der Eröffnung dieser Möglichkeit durch das SorgeRG 1979 sollten die Eltern davon entlastet werden, zur Wahrnehmung ihrer Sorge- und Schutzfunktion auf dem Prozeßweg (oder auch gem § 1632 Abs 3) gegen kindesgefährdende Dritte vorgehen zu müssen (BT-Drucks 8/2788, 59; s Rn 14). In teleologischer Reduktion muß das Gesetz deshalb so verstanden werden, daß der durch die Eltern angeregte familiengerichtliche Schutz gegen Dritte nicht mit Hinweis auf ihre vorrangige Verantwortung zur Gefahrabwendung verweigert werden darf – die „gerufene" Intervention des FamG gegen den Dritten *ist* Wahrnehmung des elterlichen Gefahrabwendungsprimats gem Abs 1 (vgl Rn 14, 169 ff). Allerdings ist nicht ausgeschlossen, daß *neben* den Maßnahmen gegenüber Dritten auch solche gegenüber den Eltern erforderlich sind (vgl BayObLG FamRZ 1995, 948, 950; FamRZ 1994, 1413; OLG Düsseldorf NJW 1995, 1970 f).

237 Dritter iS der Vorschrift ist jeder Nichtelternteil (vgl BayObLG FamRZ 1994, 1413: Stiefvater; FamRZ 1995, 948: ältere Schwester; OLG Düsseldorf NJW 1995, 1970; OLG Köln FamRZ 2001, 37: Lebensgefährte der Mutter; AG Berlin-Tiergarten Streit 1992, 90: Hausbewohner; AG Berlin-Wedding WuM 1992, 470: Betreiberin eines Wohnheims [vgl § 1666a Rn 9]; AG Kassel DAVorm 1996, 411: psychiatrische Klinik, die die gebotene Aufnahme eines Kindes grundlos verweigert). Das Verhalten des Dritten muß zumindest mitursächlich sein für die Kindesgefährdung (aA SOERGEL/STRÄTZ Rn 39; zur Beteiligtenstellung des Dritten im Verfahren und seinem Recht auf Akteneinsicht s OLG Köln FamRZ 2001, 37 f; § 7 Abs 2 Nr 1 FamFG). Insbes wenn die Kindesgefährdung auf **Gewalt** oder **sexuellem Mißbrauch** seitens des Dritten beruht, kommen ähnliche Schutzmaßnahmen in Betracht wie gegen einen Elternteil (Rn 231 ff): (1) Lebt der Dritte mit dem Kind und dessen Elternteil in **Wohngemeinschaft** (Stiefelternteil oder Lebensgefährte des Elternteils; Verwandte), kann eine **Ausweisung** („go-order") erfolgen. Rechtsgrundlage ist insoweit § 1666 Abs 1, 4 (Oberloskamp ZfJ 2004, 267, 271) oder – wenn das Kind (vertreten durch seinen Elternteil) einen entsprechenden Antrag stellt – § 2 Abs 1, 6 GewaltSchG (im Verhältnis Kind-Dritter kein Ausschluß durch § 3 GewaltSchG, BT-Drucks 14/5429, 32; Motzer FamRZ 2003, 793, 797; zum GewaltSchG ie Schumacher FamRZ 2002, 645, 647 ff). Der Vorrang öffentlicher Hilfen gilt hier mangels eines Eltern-Kind-Verhältnisses nicht (§ 1666a Abs 1 S 2). Hat der Dritte ein Recht auf Nutzung der Wohnung (dinglich oder mietvertraglich), so ist die Ausweisung regelmäßig zu befristen (BT-Drucks 14/8131, 9; Roth JZ 2002, 651, 654; Janzen FamRZ 2002, 785, 789); bei Vorgehen nach dem GewaltSchG ist die Befristung zwingend (§ 2 Abs 2). (2) Bei **außenstehenden Dritten** kommt, etwa bei nachbarschaftlichen Verhältnissen, nach § 1666 Abs 1 ebenfalls eine **Wohnungsausweisung** in Betracht (vgl Abs 3 Nr 3, § 1666a Abs 1 S 3: „oder einer anderen Wohnung", s § 1666a Rn 9; dazu schon OLG Zweibrücken FamRZ 1994, 976; Vorinstanzen: LG Koblenz Streit 1993, 153 ff; AG Weiterburg Streit 1993, 112 ff; OLG Köln KindPrax 1999, 95 f; ähnlich AG Berlin-Tiergarten Streit 1992, 89 ff; AG Osnabrück Streit 1993, 113 f; AG Berlin-Wedding WuM 1992, 470; Roth JZ 2002, 651, 654), auch hier in aller Regel nur befristet. Es steht aber (wie gegen einen Elternteil, Rn 192) auch der **gesamte sonstige Maßnahmenkatalog** des § 1666 zur Verfügung, typischerweise Näherungs-, Kontakt- oder sonstige Einwirkungsverbote (Abs 3 Nr 4).

gg) Die **Dauer familiengerichtlicher Maßnahmen** wird von der Kindesgefährdung **238** bestimmt. **Befristungen** kommen regelmäßig nicht in Betracht, da das Ende der Gefährdung allenfalls in Ausnahmefällen kalendermäßig feststehen wird (OLG Stuttgart FamRZ 1974, 538, 540; OLG Karlsruhe FamRZ 2005, 1272; OLG Frankfurt FamRZ 2008, 1554, 1555); anderes kann für einstweilige Anordnungen gelten (Rn 310 und § 1666a Rn 24); auch bei der Wohnungsausweisung sind Befristungen möglich, zT sogar geboten. Die Befristung einer Verbleibensanordnung bis zum 14. Geburtstag des Kindes, um dieses dann selbst zwischen Pflege- und Herkunftsfamilie entscheiden zu lassen (OLG Stuttgart JAmt 2007, 371, 374), verschafft diesem keine formale Entscheidungsbefugnis. Sie kann nur als Appell an Eltern und Pflegeeltern, notfalls an die dann zuständigen Familienrichter verstanden werden, dem Kindeswillen in schicksalhaften Konfliktsituationen ausschlaggebende Bedeutung beizumessen (Red-Anm ebenda 376; vgl oben Rn 158). Im allgemeinen jedoch ist statt befristeter Maßnahmen die Situation des Kindes von Amts wegen (ggf auf Anregung der Beteiligten) zu *überprüfen* (§ 166 Abs 2 FamFG), nicht mehr erforderliche Maßnahmen sind nach § 1696 Abs 2 aufzuheben (BayObLG FamRZ 1990, 1132, 1134 f). Der bloße Wegfall des früheren Eingriffsgrundes genügt hierfür jedoch noch nicht, es bleibt zu prüfen, ob nicht nunmehr neue Gesichtspunkte für den Fortbestand der Maßnahme sprechen (zB Bindung des Kindes an die Pflegeperson, vgl § 1632 Abs 4; OLG Karlsruhe Justiz 1982, 90, 91). Aus Klarheitsgründen scheiden auch (aufschiebend oder auflösend) bedingte Eingriffe aus (BayObLG NJW 1952, 320). Generell finden alle Kindesschutzmaßnahmen ihr **Ende mit** Eintritt der **Volljährigkeit des Kindes** (Johannsen/Henrich/Büte Rn 59).

2. Insbesondere Vermögenssorge

a) Grundlagen
Grundlage für familiengerichtliche Maßnahmen auf dem Gebiet der Vermögens- **239** sorge ist ebenfalls Abs 1, so daß die für die Personensorge entwickelten Grundsätze (Rn 206–237) im wesentlichen auch hier gelten (vgl insb Rn 207). Allerdings trägt das

Gesetz den besonderen Strukturen im Vermögensbereich dadurch Rechnung, daß es in § **1667 Abs 1–3** spezifische Sicherungs- und Schutzmaßnahmen ausdrücklich benennt und inhaltlich ausgestaltet (s § 1667 Rn 2). Damit ist das Maßnahmespektrum im Vermögensbereich jedoch nicht erschöpfend bezeichnet, ergänzend und subsidiär bleiben andere Maßnahmen aufgrund der Generalklausel des Abs 1 möglich (Rn 246–248) – insbesondere der teilweise oder völlige Entzug der Vermögenssorge (früher § 1667 Abs 5 aF).

b) Grundsatz der Erforderlichkeit und Verhältnismäßigkeit

240 Nachdem die früher vorgeschriebene Stufenfolge vermögensschützender Maßnahmen schon durch das SorgeRG 1979 aufgegeben worden ist (vgl STAUDINGER/GÖPPINGER[10/11] § 1667 Rn 16), unterstehen diese nunmehr flexibel und in vollem Umfang dem Grundsatz der Verhältnismäßigkeit (Rn 211–217; BayObLG FamRZ 1991, 1339, 1341; FamRZ 1994, 1191, 1192; SCHLÜTER, Familienrecht Rn 407; SCHWAB, Familienrecht Rn 647). Aus Abs 2 Alt 3 kann die gesetzliche Wertung entnommen werden, daß sichernde Anordnungen des Gerichts (§§ 1640 Abs 3, 1667 Abs 1–3) einem Entzug der Vermögenssorge regelmäßig voranzugehen haben (BT-Drucks 13/4899, 97; vgl § 1667 Rn 5). Dies aber nur unter dem allgemeingültigen Vorbehalt, daß Maßnahmen nach Abs 1 und § 1667 nur zulässig sind, wenn sie geeignet und erforderlich zur Gefahrabwehr und auch insgesamt verhältnismäßig sind:

241 So ist eine Maßnahme **nicht geeignet**, wenn sie (etwa wegen Uneinsichtigkeit der Eltern) von vornherein keinen Erfolg verspricht (KG JFG 22, 174, 179; BayObLG FamRZ 1979, 71, 73) oder elterliche Pflichtwidrigkeiten nur teilweise verhindert (BayObLG ZBlJugR 1983, 302, 307). Weiterhin müssen Maßnahmen **erforderlich** sein. Hieran fehlt es, wenn noch unklar ist, ob überhaupt Kindesvermögen vorhanden ist (LG Münster DAVorm 1981, 604; vgl Rn 187 f). Andererseits sind erforderliche mildere Maßnahmen von Amts wegen auch dann zu erwägen und anzuordnen, wenn sich die begehrte weitergehende Maßnahme (zB Entzug der Vermögenssorge) als nicht gerechtfertigt erweist; eine gänzliche Ablehnung gerichtlichen Einschreitens ist in diesem Fall nur zulässig, wenn der Tatbestand des § 1666 Abs 1 nicht erfüllt ist (BayObLG FamRZ 1983, 528, 530). Sicherungsmaßnahmen nach § 1667 sind regelmäßig vorrangig vor einem Entzug der Vermögenssorge (§ 1667 Rn 5).

242 Die Maßnahmen müssen schließlich **verhältnismäßig** sein, dh dem Kindesinteresse insgesamt dienen. Dies bedarf sorgfältiger Prüfung, etwa wenn es um Pflichtteilsansprüche des Kindes gegen den überlebenden Elternteil und Inhaber der elterlichen Sorge geht (BayObLG FamRZ 1963, 578). Auch das persönliche Wohl des Kindes ist dabei in die Abwägung miteinzubeziehen (zB die Ungestörtheit des Eltern-Kind-Verhältnisses).

c) Entzug der Vermögenssorge

243 Statt oder nach erfolglosen Anordnungen des FamG gem § 1667 (dazu ausf Erl dort) kommt als schwerstwiegender Eingriff der teilweise oder völlige Entzug der Vermögenssorge nach Abs 1 in Betracht (BT-Drucks 8/2788, 60; BayObLG FamRZ 1977, 144, 146; 1979, 71, 73; 1986, 480, 481; DAVorm 1989, 153, 156). Im Lichte des Verhältnismäßigkeitsprinzips ist ein Teilentzug, soweit er zur Gefahrabwendung genügt, vorrangig (etwaige Beschränkung auf einzelne Vermögensgegenstände, auf die die Gefährdung begrenzt ist, vgl BayObLG FamRZ 1982, 640 [Geltendmachung von Vermächtnisansprüchen]; FamRZ 1983, 528,

530 [Verwaltung einer Mietwohnung]; FamRZ 1986, 480, 481 f). Trotz des generellen Vorrangs milderer Mittel kann ein Entzug uU aber auch sofort erfolgen, wenn sich dies als geboten erweist (BT-Drucks 8/2788, 60). Auch ist ein Entzug gerechtfertigt, wenn die Gefährdung durch mildere Mittel nur zT beseitigt werden könnte (BayObLG ZBlJugR 1983, 302, 307 [Anlagebestimmung nach § 1667 Abs 2 sichert nicht pflichtgemäße Verwendung der Kindeseinkünfte]).

Eine **vorherige Androhung** der Entziehung ist aus dem Verhältnismäßigkeitsprinzip **244** regelmäßig geboten; es bedarf ihrer jedoch nicht, wenn dadurch ein effektiver Schutz des Kindesvermögens gefährdet würde (SOERGEL/STRÄTZ Rn 10). *Elterliche Zustimmung zum Entzug* rechtfertigt diesen noch nicht, da die Vermögenssorge als Teil der elterlichen Sorge unverzichtbar ist (BayObLG DAVorm 1989, 153, 156; OLG Neustadt MDR 1955, 479, 480).

Bei gemeinsamem Sorgerecht überlassen die Eltern intern oft die Vermögenssorge **245** einem von ihnen. Allerdings trifft auch dann den anderen Elternteil eine Überwachungs- und Schutzpflicht bezüglich Kindesgefährdungen, so daß bei Versäumung dieser Pflicht auch ein Entzug beim zweiten sorgeberechtigten Elternteil in Betracht kommt (iE ebenso MünchKomm/OLZEN Rn 196).

d) **Sonstige Maßnahmen**
Abs 1 bietet aber auch die Grundlage für sonstige, in § 1667 nicht aufgeführte Maß- **246** nahmen (Rn 239). Als zulässig kommen insoweit in Betracht: die Auflage, den Erlös für den Verkauf eines Grundstücks des Kindes bei Gericht zu hinterlegen (BayObLG Recht 1916 Nr 1538), das Gebot, einen geeigneten Prozeßbevollmächtigten für das Kind zu bestellen, um nachlässiger Prozeßführung durch die sorgeberechtigten Eltern entgegenzuwirken (KG JFG 22, 174, 179 f), oder eine Rechnungslegung durch eidesstattliche Versicherung glaubhaft zu machen, § 30 Abs 1 FamFG (zu § 15 Abs 2 aF FGG BayObLG FamRZ 1994, 1191, 1192). Das FamG kann auch im Bereich der Vermögenssorge gem Abs 3 Nr 5 elterliche Erklärungen ersetzen, etwa die Genehmigung von Rechtsgeschäften des Kindes oder die Kündigung eines Mietverhältnisses in einem dem Kind gehörenden Haus (VOGEL FPR 2008, 617, 618; PALANDT/DIEDERICHSEN Rn 21).

Liegt eine Klageerhebung im Vermögensinteresse des Kindes, kann das FamG den **247** Eltern gebieten, Klage im Namen des Kindes zu erheben (aA KG JW 1937, 2042; MünchKomm/OLZEN Rn 197; BAMBERGER/ROTH/VEIT Rn 31; JOHANNSEN/HENRICH/BÜTE Rn 64). Bestehen jedoch Zweifel, ob die Eltern diesem Gebot folgen werden, so kann das Gericht den Eltern auch das Vertretungsrecht insoweit gem § 1629 Abs 2 S 3 iVm § 1796 entziehen oder insoweit teilweise die Vermögenssorge nach Abs 1. Die Bestellung eines generellen „Überwachungspflegers" neben den weiterhin sorgeberechtigten Eltern muß ebenso zulässig sein wie im Bereich der Personensorge (vgl Rn 225 hierfür spricht vor allem das Gebot des geringstmöglichen Eingriffs [anders noch KG KJG 35, A 9 ff, 11 f; OLG Neustadt MDR 1955, 479, 480; dem folgend BAMBERGER/ROTH/VEIT Rn 31; JOHANNSEN/HENRICH/BÜTE Rn 64]). Das Gericht kann auch eine Ergänzungspflegschaft zur Geltendmachung von Kindesansprüchen anordnen (PALANDT/DIEDERICHSEN § 1667 Rn 3).

Nicht auf der Grundlage des § 1666, wohl aber ergänzend dazu ist der Erlaß eines **248**

dinglichen Arrests in das Vermögen der Eltern gem §§ 916 ff ZPO möglich, wenn zum Kindesvermögen eine Forderung gegen die Eltern gehört und Besorgnis der Vermögensbeseitigung oder Vollstreckungsvereitelung besteht (RG JW 1907, 203; PALANDT/DIEDERICHSEN § 1667 Rn 9). Den Arrest in das Vermögen Dritter kann das Gericht über §§ 1666 Abs 3 Nr 5, 920 ZPO bewirken.

e) Maßnahmen gegen Dritte

249 Maßnahmen mit unmittelbarer Wirkung gegen Dritte läßt Abs 4 nur in Angelegenheiten der Personensorge zu (vgl Rn 236 f). Dies befremdet, da solche Maßnahmen auch auf Vermögensgebiet sinnvoll und geboten sein können. Immerhin hatte das FamG gem Abs 1 aF auch bei Vermögensgefährdungen durch Dritte die zur Gefahrabwendung erforderlichen Maßnahmen zu treffen. Der Gesetzgeber des KiWoMaG 2008 meinte, neben den Gefährdungsursachen auf Elternseite auch das „Verhalten eines Dritten" ersatzlos streichen zu können, weil die Eingriffsmöglichkeit auch gegen Dritte in Abs 4 hinreichend klargestellt sei (BT-Drucks 16/6815, 14 f). Dabei wurde offenbar übersehen, daß Abs 4 auf die Personensorge beschränkt ist. Damit hat das KiWoMaG eine Rechtsänderung bewirkt, die offenkundig nicht beabsichtigt war.

Hinter der restriktiven Fassung des Abs 4 steht wohl die Befürchtung, daß das FamG sonst selbst die Ausübung der Vermögenssorge in die Hand nehmen könnte oder gar müßte (vgl PALANDT/DIEDERICHSEN Rn 46). Bei richtiger Anwendung des Verhältnismäßigkeitsprinzips ist diese Befürchtung aber unbegründet: In erster Linie sind die Eltern durch Gebote und Anordnungen zur pflichtgemäßen Abwehr der vom Dritten ausgehenden Gefährdung anzuhalten (PALANDT/DIEDERICHSEN Rn 46). Genügt dies nicht, so ist die dann notwendige Ersetzung der privaten Fürsorge der Eltern durch die eines Ergänzungspflegers, der gegen den Dritten sachgerecht vorzugehen hat (Rn 252), der mildere Eingriff im Vergleich zu unmittelbarem Gerichtshandeln. Es bleiben aber Fälle, in denen wegen Eilbedürftigkeit, Fristwahrung oä nur eine unmittelbare Intervention des Gerichts effektiven Kindesschutz gewährleisten kann – diese müßte in vorsichtiger Analogie zu Abs 4 ermöglicht werden (zum Sperrvermerk bei Bankkonten des Kindes s § 1667 Rn 11). Auch in den weiten Überschneidungsbereichen von Personen- und Vermögenssorge (STAUDINGER/PESCHEL-GUTZEIT [2007] § 1626 Rn 67 ff) sollten Maßnahmen des FamG gegen Dritte nicht daran scheitern, daß *auch* Vermögensaspekte betroffen sind (MünchKomm/OLZEN Rn 200 [teleologische Ausweitung des Abs 4]; JOHANNSEN/HENRICH/BÜTE Rn 72; BAMBERGER/ROTH/VEIT Rn 24).

3. Folgen familiengerichtlicher Eingriffe in die elterliche Sorge

250 Wird bei *gemeinsamer Sorge* das Sorgerecht nur einem Elternteil ganz oder teilweise entzogen, folgen die Konsequenzen aus § 1680 Abs 3 mit Abs 1. Vorauszugehen hat allerdings die Prüfung durch das FamG, ob die Gefährdung des Kindes auch vom anderen Elternteil droht. Dies kann auch eine *andere* Gefährdung sein, etwa speziell aus seiner Alleinfürsorge (mangelnde Kompetenz oder mangelnde Durchsetzungskraft gegenüber dem gefährdenden Elternteil, vgl OLG Koblenz FamRZ 2007, 1680, 1681) oder mangelnder Eltern-Kind-Beziehungen (vgl OLG Dresden FamRZ 2008, 712 f; OLG Hamm FamRZ 2006, 1476 f: zunächst behutsamer Bindungsaufbau; s auch § 1680 Rn 17). Ansonsten hat das FamG im Beschluß deklaratorisch auszusprechen, daß der andere Elternteil die betr Befugnisse nunmehr allein ausübt (KG FamRZ 1971, 267, 269; BayObLG

NJW 1962, 2204; vgl § 1680 Rn 17). Tritt erst *nach* dem Entzug beim Sorgeberechtigten der andere Teil als Sorgeberechtigter hinzu (etwa durch Heirat, § 1626a Abs 1 Nr 2), so erwirbt er ex lege zunächst nur – gemeinsam mit dem anderen Elternteil – den nach § 1666 *nicht* entzogenen Sorgeteil; die dem anderen Elternteil entzogene Sorgebefugnis ist ihm durch Gerichtsbeschluß gem § 1680 Abs 2 S 2 zu übertragen (näher STAUDINGER/COESTER [2007] § 1626a Rn 26).

Eingriffe in die *Alleinsorge* eines Elternteils sind mit der Prüfung zu verbinden, ob **251** das Sorgerecht, soweit es entzogen werden soll, dem *anderen Elternteil* zu übertragen ist (vgl BayObLG NJW 1999, 293, 294). Nach der verfehlten gesetzlichen Konzeption ist dabei nach dem Grund der bisherigen Alleinsorge zu unterscheiden. Bei der gem § 1626a Abs 2 sorgeberechtigten Mutter ist für eine Übertragung auf den Vater § 1680 Abs 3 mit Abs 2 S 2 maßgeblich; beruhte das Alleinsorgerecht des betroffenen Elternteils hingegen auf familiengerichtlichen Entscheidungen nach §§ 1671 oder 1672, soll sich eine Übertragung auf den anderen Teil nach § 1696 richten (zur Problematik s §§ 1678 Rn 14, 15, 35 ff; 1680 Rn 19). Welches der Prüfungsmaßstab auch sei – bei mangelnder Eignung auch des anderen Teils kann eine Übertragung abgelehnt werden, ohne daß es auf eine hypothetische Gefährdung des Kindes iS § 1666 ankäme (vgl BayObLG NJW 1999, 293, 294). Ist der gem § 1626a Abs 2 alleinsorgeberechtigen Mutter das Sorgerecht (ganz oder teilweise) schon entzogen und nicht gem § 1680 auf den Vater übertragen worden, so können die Eltern das Sorgerecht des Vaters nicht mehr durch Heirat oder Sorgeerklärung herbeiführen (§ 1626a Abs 1), es bedarf stets einer gerichtlichen Übertragungsentscheidung bezüglich des der Mutter entzogenen Sorgebereichs (näher STAUDINGER/COESTER [2007] § 1626a Rn 26, 73).

Wird beiden Eltern oder dem Alleinsorgeberechtigten das Sorgerecht entzogen, **252** ohne daß eine Übertragung auf den anderen Elternteil in Betracht kommt, so ist bei *teilweisem* Entzug nach § 1909 Abs 1 S 1 **Ergänzungspflegschaft** anzuordnen (BayObLG FamRZ 1990, 1132, 1133; FamRZ 1997, 1552, 1554; örtliche Zuständigkeit des Jugendamts § 87c Abs 3 SGB VIII; vgl OLG Karlsruhe DAVorm 1993, 89 ff); auch der Entzug der gesamten Personensorge ist Teilentzug in diesem Sinne (BayObLG FamRZ 1997, 1553, 1554; NJW 1999, 293, 294; FamRZ 1999, 316, 318). Bei Entzug der *gesamten* elterlichen Sorge ist **Vormundschaft** anzuordnen (§§ 1773 ff; BayObLG FamRZ 1990, 1012; GERNHUBER/COESTER-WALTJEN § 70 I 1).

Zugleich mit dem Beschluß ist ein **Pfleger** oder **Vormund** zu bestellen. Zuständig für **253** die Bestellung ist nach allgemeinen Grundsätzen das FamG. Für die Auswahl ist allein das Kindeswohl maßgeblich, §§ 1697a, 1779 Abs 2. Insoweit können Verwandte oder andere Bezugspersonen vorrangig zu berücksichtigen sein (BVerfG NJW 2009, 1133 ff [Nichtberücksichtigung verletzt Art 6 Abs 1 GG]; BVerfGE 33, 236, 238 f; KG FamRZ 1971, 267, 269); sie können aber auch ausscheiden wegen eines Spannungsverhältnisses zu den Eltern oder wegen Interessengegensätzen (BayObLG FamRZ 1994, 781 [LS]) oder aus Gründen des Kindeswohls.

Ist den Eltern das Sorgerecht schon wirksam entzogen, steht ihnen gegen eine **254** spätere Vormund- oder Pflegerbestellung grundsätzlich *kein Beschwerderecht* mehr zu (zu § 57 Abs 1 Nr 9 FGG aF vgl BGH NJW 1956, 1755; **aA** BayObLGZ 1964, 284, 285 f; s jetzt § 58 FamFG). Anderes sollte jedoch gelten, soweit sich die Eltern nur gegen die *Person* des ausgewählten Pflegers oder Vormunds wenden (KG FamRZ 1986, 1245, 1246).

255 Das **Umgangsrecht** der Eltern nach Entzug des Sorgerechts sowie seine Einschränkung oder sein Ausschluß richten sich nach § 1684 (ausf PESCHEL-GUTZEIT FPR 2003, 290 ff), ein automatischer Ausschluß ist nicht zulässig (EGMR FamRZ 2002, 1393; OLG Hamm FamRZ 2004, 1310). Bei einem völligen oder auch nur teilweisen Entzug der **Vermögenssorge** ergeben sich weitere Folgerungen aus § 1698 (Herausgabe des Kindesvermögens und Rechnungslegung, s Erl dort); die Verwendungsbefugnis nach § 1649 Abs 2 entfällt (s STAUDINGER/ENGLER § 1649 Rn 36).

VI. Verfahrensfragen

1. Zuständigkeit

256 Die *sachliche* Zuständigkeit für Maßnahmen nach § 1666 liegt beim **FamG** (Richtervorbehalt, § 14 Abs 1 Nr 1 RPflG) als Abteilung des Amtsgerichts (§§ 23a Nr 1, 23b GVG iVm 111, 151 Nr 1 FamFG). Die *örtliche* Zuständigkeit ergibt sich aus §§ 152–154 FamFG (die Verweisungsmöglichkeit bei Kindesentführungen an das bisher zuständige FamG gem § 154 soll Verzögerungstaktiken des Entführers entgegenwirken, ist aber insoweit ineffizient, vgl HEUMANN ZKJ 2008, 280, 284; COESTER, in: LIPP/SCHUMANN/VEIT [Hrsg], Reform 45 f). *Zur internationalen* Zuständigkeit s Rn 313 f.

2. Verfahren

a) Grundsätze

257 Das Verfahren ist entweder ein selbständiges oder eingebettet in den Scheidungsverbund (§ 1671 Abs 3; § 137 Abs 3 FamFG; dazu ie LÖHNIG FamRZ 2009, 737 ff). **Verfahrensbeteiligt** sind Eltern und Kind (§§ 7, 8 FamFG; zur Verfahrensbeteiligung des Kindes ausführlich SCHAEL FamRZ 2009, 265, 266 ff); daneben können Pflegeeltern (§§ 161 Abs 1, 7 Abs 3 FamFG), Jugendamt (§ 162 Abs 2 FamFG) und Verfahrensbeistand (Rn 269) die Stellung eines Verfahrensbeteiligten erlangen. **Verfahrensfähig** ist gem § 9 Abs 1 Nr 3 FamFG nicht auch das Kind ab Vollendung des 14. Lebensjahres: Sein vom BVerfG bejahtes Recht auf Pflege und Erziehung richtet sich zwar auch gegen die Eltern (BVerfG FamRZ 2008, 845, 848 Nr 72), folgt aber unmittelbar aus der Verfassung und ist kein nach bürgerlichem Recht durchsetzbarer Anspruch (vgl BVerfG aaO Nr 73; HEITER FamRZ 2009, 85, 87; s oben Rn 7; zur begrenzten Verfahrensfähigkeit des Kindes nach § 9 Abs 1 Nr 3 FamFG s SCHAEL FamRZ 2009, 265, 267 ff).

258 Aus der dienenden Funktion des Verfahrensrechts gegenüber dem materiellen Recht folgt, daß der in § 1666 konkretisierte **Grundrechtsschutz des Kindes wie auch der Eltern** auch durch die **Verfahrensgestaltung** unterstützt werden muß (BVerfG NJW 2009, 1133, 1135 Nr 33; FamRZ 2008, 492, 493; 2008, 2185 Nr 19; FamRZ 2004, 1267, 1269; BVerfGE 81, 124, 126; 72, 122, 124). Entsprechendes gilt für den **Familienschutz nach Art 8 EMRK** (EGMR FamRZ 2008, 1319, 1320; zur EMRK s Rn 5). Insbesondere muß das **Kindeswohl** auch die **beherrschende Richtlinie** für die gesamte Verfahrensgestaltung sein (BVerfG FamRZ 2007, 1078, 1079; COESTER, in: 6. DFGT 35 f; vgl Rn 65). Dies gilt für die Entscheidungsfindung, -begründung und ggf -durchsetzung.

259 Die Leitfunktion des Kindeswohls gilt insbes auch für die **Verfahrensdauer**, die nicht selten weit über das hinausgeht, was für das Kind angemessen oder noch erträglich ist (SIMITIS ua, Kindeswohl 153–157, 164; SIMITIS, in: FS Müller-Freienfels [1986] 579, 615 f). Die

Besonderheiten des **kindlichen Zeitempfindens** werden von den Gerichten oft nicht gebührend beachtet, oft werden durch Zeitablauf vollendete Tatsachen geschaffen (krit BVerfG FamRZ 2001, 753, 754; 2000, 413, 414; 1997, 871, 873; EGMR FamRZ 2005, 585 Nr 103; grundlegend HEILMANN, Kindliches Zeitempfinden und Verfahrensrecht [1998], insbes 15 ff, 111 ff, 147 ff). Aber auch das **Elternrecht** kann durch überlange Verfahrensdauer verletzt sein (BVerfG FamRZ 2008, 2185, 2188 Nr 38; EGMR FamRZ 2005, 585 Nr 103). Dem wirkt nun **§ 155 Abs 1 FamFG** mit einem generellen **Vorrang- und Beschleunigungsgebot** für Kindesschutzverfahren entgegen (zum völkerrechtlichen Hintergrund s HEILMANN aaO 38 ff; MünchKomm-ZPO/HEILMANN § 155 FamFG Rn 5; zu den verfassungsrechtlichen Vorgaben ebenda Rn 6; zum „frühen ersten Termin" gem § 155 Abs 2, 3 FamFG unten Rn 263; zur Verweisungsmöglichkeit an das bisher zuständige FamG gem § 154 FamFG; zur Gefährdungserörterung gem § 157 FamFG unten Rn 264 ff). Das **Vorranggebot** gebietet die zeitliche Bevorzugung der in § 155 Abs 1 FamFG genannten Kindschaftssachen vor anderen Verfahren (ungeregelt das Verhältnis der Kindschaftssachen untereinander; entsprechende Vorschläge bei HEILMANN aaO 240); das **Beschleunigungsgebot** zielt auf die Verfahrensdurchführung; insbesondere sind Terminverlegungen nur noch aus zwingenden Gründen zulässig (ROSENBOOM/ROTAX ZRP 2008, 1, 3; skeptisch zur Umsetzbarkeit in der Praxis WILLUTZKI ZKJ 2008, 139, 142; flankierende Ansätze in § 156 Abs 1 S 4 und § 158 Abs 3 S 3 FamFG [Unanfechtbarkeit einer Beratungsanordnung bzw der Entscheidung über einen Verfahrensbeistand]; §§ 156 Abs 3, 157 Abs 3 [verstärkter Einsatz einstweiliger Anordnungen, dazu unten Rn 305 ff]). Konsequenterweise kommt im Kindesschutzverfahren eine *Verfahrensaussetzung* gem § 21 FamFG in der Regel nicht in Betracht (BT-Drucks 16/6308, 184). Die Umsetzung des Beschleunigungsgebots in der gerichtlichen Praxis wird allerdings dadurch behindert, daß ein entsprechendes Gebot für die *Jugendämter* fehlt (krit ROSENBOOM/ROTAX ZRP 2008, 1, 3; COESTER, in: LIPP/SCHUMANN/VEIT, Reform 48). Hinweise, das Beschleunigungsgebot dürfe nicht „schematisch" gehandhabt werden, im Einzelfall – etwa bei aussichtsreichen Bemühungen um einvernehmliche Lösungen – könne auch Zuwarten legitim sein (BT-Drucks 16/8914, 9; MünchKomm-ZPO/HEILMANN § 155 FamFG Rn 34; vgl FELLENBERG FPR 2008, 125, 128; MEYSEN JAmt 2008, 233, 236), sind richtig, so lange damit der *Beschleunigungsgrundsatz* nicht unterlaufen wird (MünchKomm-ZPO/HEILMANN Rn 29). Die allgemeine Möglichkeit einer *Untätigkeitsbeschwerde* hat auch das FamFG nicht eingeführt (krit EGMR FamRZ 2009, 105 Nr 44, 45; RIXE FamRZ 2009, 1038 f mwN); sie besteht allerdings bereits kraft Richterrechts (BVerfG FamRZ 2001, 753; OLG Bamberg FamRZ 2003, 1310; weitere Nachw u Darstellung bei MünchKomm-ZPO/HEILMANN § 155 FamFG Rn 66).

Übergreifender Verfahrensgrundsatz ist des weiteren die richterliche Pflicht, auf **260 einvernehmliche Konfliktlösungen hinzuwirken** (§ 156 FamFG als Konkretisierung der generellen Pflicht aus § 36 Abs 1 FamFG; s auch §§ 165 FamFG [Vermittlungsverfahren], 158 Abs 4 S 3 FamFG [Verfahrensbeistand], 163 Abs 2 [Sachverständige]). Diese Pflicht hat auch im Kindesschutzverfahren Bedeutung, da alle in § 156 Abs 1 S 1 FamFG genannten Themenbereiche auch Berührungspunkte zu § 1666 haben können. Der Vorrang einvernehmlicher Gefährdungsabwendung ergibt sich auch materiellrechtlich aus dem Gefahrabwendungsprimat der Eltern (Rn 169 ff) und verfassungsrechtlich aus der darauf aufbauenden Gefährdungserörterung gem § 157 FamFG (dazu Rn 264 ff). Das besondere Befriedungspotential einvernehmlicher Problemlösungen (zu Sorgestreitigkeiten § 1671 Rn 69, 85) kann auch in Kindesschutzverfahren bestehen und ist dann zu nutzen. Es ist aber der Gefahr zu wehren, daß im Konsensstreben der beteiligten Erwachsenen die Interessen der gefährdeten Kinder in den Hintergrund treten (vgl WILLUTZKI ZKJ 2008, 139, 142). Das anzustrebende „Einvernehmen" umfaßt grundsätzlich auch die Person des (insoweit entscheidungsfähigen) **Kindes**: Daß es auch insoweit zu den „Beteiligten" iS § 156 Abs 1 S 1 FamFG (Rn 257) gehört, folgt aus seiner ausdrücklichen Einbeziehung in die Gefährdungserörterung gem § 157 Abs 1 S 1 FamFG (zur psychologischen Bedeutung seiner Einbeziehung SALZGEBER FamRZ 2008, 656, 659; vgl COESTER, in: LIPP/SCHUMANN/VEIT, Reform 55 f). Die nach § 156 Abs 1 S 4 FamFG eröffnete Möglichkeit, zur Unterstützung des Einigungsprozesses die Teilnahme der Eltern an einer jugendhilferechtlichen Erziehungsberatung anzuordnen, entspricht materiellrechtlich § 1666 Abs 3 Nr 1; dabei stellt § 156 Abs 1 S 4 FamFG klar, daß das Persönlichkeitsrecht der Eltern der Anordnung nicht entgegensteht (vgl Rn 229; zur mangelnden Durchsetzbarkeit jedoch § 156 Abs 1 S 5 FamFG).

b) Einleitung

261 Die **Einleitung des Verfahrens** erfolgt **von Amts wegen**, unbeschadet des Umstands, daß das FamG Kenntnis von möglichen Kindeswohlgefährdungen in aller Regel nur über Dritte (als „Anzeigen", „Anregungen" oder „Anträge") erhält (vgl § 24 Abs 1 FamFG). Dies ergibt sich aus der Funktion des staatlichen Wächteramtes, dessen Ausübung nicht von der Initiative Privater oder von Behörden abhängen kann. Immerhin eröffnet das Anregungsrecht gem § 24 Abs 1 FamFG auch dem *minderjährigen Kind* die Möglichkeit, „in eigener Sache" die Prüfung von Schutzmaßnahmen zu veranlassen (vgl MünchKomm-FamFG/ULRICI § 24 Rn 3; KEMPER FamRB 2008, 345, 348; ROTH, Grundrechte 229 f). Allerdings muß das FamG nicht *jedem* Hinweis nachgehen; es obliegt seiner verantwortlichen Beurteilung, ob konkrete, gewichtige Anhaltspunkte für eine Kindesgefährdung die Einleitung des Verfahrens und die Aufnahme weiterer Ermittlungen erfordern (zur **„Verfahrenseinleitungsschwelle"** Rn 88, 267). Bleibt es dennoch untätig, kann Untätigkeitsbeschwerde erhoben werden (vgl Rn 259). Als Informationsquellen kommen insbesondere in Betracht: Dem **Jugendamt** obliegt gem § 8a Abs 3 SGB VIII eine Anzeigepflicht, wenn es nach seiner fachlichen Risikoabschätzung dessen Eingreifen für erforderlich hält oder wenn es mangels elterlicher Kooperation das Risiko nicht abschätzen kann (Rn 18). Nach einstweiliger Inobhutnahme oder Umplazierung durch das Jugendamt hat es ebenfalls das FamG anzurufen, wenn die Personensorgeberechtigten widersprechen (§§ 42, 43 SGB VIII). Auch **Anregungen Dritter** muß das FamG von Amts wegen nachgehen (§ 24 FamFG); als derartige Anregung sind auch formelle „Anträge" Dritter zu qualifizieren (BayObLGZ 1993, 203, 205; FamRZ 1996, 1352; BayObLG NJWE-FER 1998, 53), selbst wenn diese als Anträge auf anderer Rechtsgrundlage beruhen (zB §§ 1671, 1672), aber mit einer Kindesgefährdung begründet werden (AG Luckenwalde FamRZ 2008, 1553). Auch Regelungsanträge, die das Jugendamt mit einer Anrufung des FamG gem § 8a Abs 3 S 1 SGB VIII verbindet, beschränken dessen Ermittlungs- und Entscheidungspflichten nicht (OLG Saarbrücken JAmt 2007, 432). Die „Antragsteller" sind deshalb auch nicht Kostenschuldner (BayObLG FamRZ 1997, 959, 960). Als „Dritte" kommen öffentliche Institutionen wie Schule und Kindergarten in Betracht (zur stärkeren Einbindung der Schulen s Arbeitsgruppe 2006 S 52), Organe der Gesundheitsfürsorge (vgl Abs 3 Nr 1; zum Aufbau „sozialer Frühwarnsysteme" s Arbeitsgruppe 2006 S 26; Bundesprogramm „Frühe Hilfen für Eltern und Kinder und soziale Frühwarnsysteme" [www.fruehehilfen.de] und das 2007 errichtete „Nationale Zentrum frühe Hilfen" in Köln, s ZKJ 2007, 261), aber auch private Dritte wie Nachbarn, Ärzte oder Verwandte (zur Beschwerdeberechtigung dieser Personen s Rn 301; zur Beteiligung in 1. Instanz OLG Köln FamRZ 1995, 199, 200;

OLG Celle FamRZ 2004, 1879 m krit Anm FABRICIUS-BRAND). Auch die Eltern oder ein Elternteil können familiengerichtliche Maßnahmen erbitten, wenn das Kind durch Verhalten eines Dritten oder durch den anderen Elternteil gefährdet ist (s Rn 13 f, 231).

Auch dem betroffenen **Kind** wird von der hM **kein formelles Antragsrecht** zugebilligt; **262** seine „Anregung", Maßnahmen zu treffen, hat das FamG pflichtgemäß zu überprüfen wie andere Anregungen auch. Dies gilt auch, soweit das (mindestens 14-jährige) Kind gegen die erstinstanzliche Entscheidung ein eigenständiges Beschwerderecht gem § 60 FamFG hat (BT-Drucks 7/2060, 29; krit zugunsten eines Antragsrechts des Kindes HINZ, Kindesschutz 56–63). Da der 14-jährige Jugendliche gegen die Ablehnung der angeregten richterlichen Schutzmaßnahme eigenständig Beschwerde gem § 60 FamFG einlegen kann, fordern sachliche Gesichtspunkte nicht die Aufwertung seiner Anregungsmöglichkeit zu einem formellen Antragsrecht. Auf seine Verfahrensrechte ist das Kind schon vom Jugendamt hinzuweisen, § 8 Abs 1 S 2 SGB VIII.

c) Früher erster Termin, § 155 Abs 2, 3 FamFG
Als Ausprägung des Beschleunigungsgebots (Rn 259) schreibt § 155 Abs 2 FamFG die **263** Anberaumung eines „frühen ersten Termins" vor, der binnen eines Monats nach Verfahrensbeginn stattfinden soll. Eine Terminverlegung ist nur aus zwingenden Gründen zulässig (§ 155 Abs 2 S 3 FamFG). Im Hinblick auf die Kürze der Frist (krit dazu BERGSCHNEIDER, in: 17. DFGT 63 ff, 79) sind *schriftliche* Stellungnahmen der Beteiligten oder des Jugendamts nicht erforderlich (für Schriftlichkeit seitens des Jugendamts hingegen MEYSEN JAmt 2008, 233, 236; die Begründung zum RegE geht von mündlichen Stellungnahmen aus, BT-Drucks 16/6308, 236; ebenso MünchKomm-ZPO/HEILMANN § 155 FamFG Rn 60; nachdrücklich MÜLLER/MAGDEBURG ZKJ 2009, 184, 185 [nicht nur „verzichtbar", sondern sogar „unerwünscht"]). Dies sowie die Frühzeitigkeit des Termins sollen einer Konflikteskalation vorbeugen; das persönliche Erscheinen aller (verfahrensfähigen) Beteiligten sowie des Jugendamtes soll Problemerörterung und die Suche nach einvernehmlichen Lösungen ermöglichen (BT-Drucks aaO; TRENCZEK ZKJ 2009, 97, 101; MEYSEN JAmt 2008, 233, 236; RÜTING ZKJ 2006, 203, 204; REICHERT ZKJ 2006, 230, 231; BÜCHNER ZKJ 2006, 412, 413). Insofern ist eine klare Abgrenzung zu der speziell für Verfahren nach § 1666 vorgesehenen „Gefährdungserörterung" (§ 157 FamFG, dazu Rn 264 ff) nicht erkennbar. Im Termin nicht anwesend ist regelmäßig das **Kind selbst**, angeblich weil dies oft kindeswohlwidrig wäre (BT-Drucks 16/6308, 236; krit COESTER, in: LIPP/SCHUMANN/VEIT, Reform 55 f). Da das Kind „in geeigneten Fällen" jedoch in die Gefährdungserörterung nach § 157 Abs 1 FamFG einzubeziehen ist, kann im Kindesschutzverfahren auf diesem Wege die Lücke in § 155 FamFG geschlossen werden. Auch im übrigen darf das Beschleunigungsbemühen nicht die Verfahrensrechte der Beteiligten verkürzen (vgl § 1671 Rn 267).

d) Erörterung der Kindeswohlgefährdung, § 157 FamFG
Die in § 157 FamFG für Verfahren nach § 1666 gesondert angeordnete Erörterung **264** mit Eltern, Kind und Jugendamt, wie eine **mögliche Gefährdung des Kindes** abgewendet werden könnte (im Gesetzesvorschlag Bayerns auch als „Erziehungsgespräch" bezeichnet, BR-Drucks 296/06; zur Kritik WILLUTZKI ZKJ 2008, 139, 141; NEUMANN DRiZ 2007, 66; FLÜGGE FPR 2008, 1 ff), hat viel Aufmerksamkeit und Diskussionen ausgelöst (FELLENBERG, in: LIPP/SCHUMANN/VEIT, Kindesschutz 91; OBERLOSKAMP ebenda 60 f; ROSENBOOM/ROTAX ZRP 2008, 1, 2; VEIT FPR 2008, 598, 601 f; WIESNER FPR 2008, 608, 612 f; WILLUTZKI ZKJ 2008, 141 ff),

ihr Sinn und ihre Funktion ist aber unklar. Das gilt schon für das verfahrensrechtliche Verhältnis zur Erörterung im frühen ersten Termin nach § 155 Abs 2 FamFG (s Rn 263) – die Gerichtspraxis nach Inkrafttreten des KiWoMaG 2008 (dort identische Vorschrift in § 50 f FGG aF) scheint die Gefährdungserörterung ohne ausdrückliche Differenzierung im Rahmen der Erörterung im frühen ersten Termin „mit zu erledigen" (zum Verhältnis dieser Erörterungen zur Elternanhörung nach § 160 Abs 1 FamFG s Rn 274). In der Tat hält auch die Gesetzesbegründung eine Verbindung beider Erörterungen für möglich (BT-Drucks 16/6308, 237). Die Regelung ist auch nicht neu, eine entsprechende Erörterung hatte schon nach altem Recht im Rahmen der Elternanhörung stattzufinden (§ 50a Abs 1 S 3 FGG aF).

265 Die eigentliche Bedeutung der Vorschrift liegt in der **Konkretisierung der familienrichterlichen Wächterverantwortung schon im Vorfeld von Sorgerechtseingriffen und der Einbindung auch der Familiengerichte in den – verstärkt betonten – präventiven Schutzansatz staatlicher Wächterfunktion** (Rn 59 ff; insofern ist § 157 FamFG das funktionale Äquivalent zu § 8a SGB VIII für die jugendhilferechtliche Ebene). Auch hierin liegt kein „paradigmatischer Wechsel" der Gerichtsfunktion (so aber MEYSEN JAmt 2008, 233, 241; SCHUMANN, Kindeswohl 186): Schon seit jeher waren die Gerichte bei „konkreten Anhaltspunkten" für eine Kindesgefährdung, also im Vorfeld von deren Feststellung, zur Verfahrenseinleitung und zu Ermittlungen (einschließlich Anhörung und Erörterung mit den Eltern) verpflichtet („Verfahrenseinleitungsschwelle", oben Rn 88, 261). Betont wird in § 157 FamFG nur die **verfahrensrechtliche Inpflichtnahme der Eltern**, sich mit dem Gericht über das Gefährdungsproblem und seine Abwendung auseinanderzusetzen, und die – über die bloße Sachverhaltsaufklärung hinausgehende – **Einwirkungspflicht des Familienrichters** schon im Vorfeld von Maßnahmen nach § 1666 (in enger Vernetzung mit den sozialpädagogischen Unterstützungsansätzen des Jugendamts). Mit anderen Worten: Die herkömmlich formal verstandene „Verfahrenseinleitungsschwelle" (unterhalb der „Eingriffsschwelle" des § 1666 Abs 1) wird in ihrer *materiellen* Komponente verdeutlicht, sie ist auch „**Kontroll- und Einwirkungsschwelle**" (näher oben Rn 86 ff, 88; unrichtig TRENCZEK ZKJ 2009, 97, 104, wonach § 157 Abs 1 FamFG eine „tatsächlich bestehende" Kindeswohlgefährdung voraussetze). Der Familienrichter ist nicht nur Inquisitor im Hinblick auf eine mögliche Kindesgefährdung und erforderliche Sorgerechtseingriffe, sondern (neben dem Jugendamt) schon jetzt Organ des präventiven staatlichen Kindesschutzes (vgl COESTER, in: LIPP/SCHUMANN/VEIT, Kindesschutz 19, 35 ff = JAmt 2008, 1, 7 f; ders, in: LIPP/SCHUMANN/VEIT, Reform 49 f). Der verfahrensrechtliche Ort für die Wahrnehmung dieser Funktion (innerhalb der Erörterung nach § 155 Abs 2 FamFG oder zwei getrennten Erörterungen nach §§ 155 Abs 2, 157 FamFG) ist unwesentlich.

266 Die Gefährdungserörterung nach § 157 FamFG ist als **Sollvorschrift** ausgestaltet. Sie hat regelmäßig nur dann Sinn, wenn konstruktive Mitwirkung der Eltern an der Gefährdungsabwendung denkbar ist. Sind Eingriffe in die elterliche Sorge dringend und unabwendbar (etwa Herausnahme des Kindes aus der Familie), ist eine Erörterung nach § 157 FamFG nicht angezeigt (BT-Drucks 16/8914, 13; 16/6815, 17 [zu § 50 f FGG aF]). Die persönliche Erörterung mit den **Eltern** kann gemeinsam oder (zB bei familiärer Gewalt) getrennt erfolgen (§ 157 Abs 2 S 2 FamFG), sie kann mit der Elternanhörung nach § 160 FamFG verbunden werden (Rn 274). Im Hinblick auf § 1680 Abs 3 ist auch ein nichtsorgeberechtigter Elternteil zu beteiligen (BT-Drucks 16/6815, 17; ORGIS JAmt 2008, 243; STÖSSER FamRZ 2009, 656, 659). Die Teilnahmepflicht der

Eltern kann mit Sanktionen gem § 33 Abs 3 FamFG durchgesetzt werden. Verweigern sich die Eltern sachlich der Mitwirkung an Aufklärung und Abwendungserörterung, so kann hieraus im Einzelfall eine Gefährdung des Kindeswohls und eine Eingriffsnotwendigkeit gefolgert werden (vgl OLG Köln FamRZ 2007, 1652 [LS]). Auch das **Kind** ist „in geeigneten Fällen" in die Erörterung mit einzubeziehen (§ 157 Abs 1 FamFG) – dies wird bei älteren Kindern regelmäßig geboten sein, hängt im übrigen aber auch von der Art der Gefährdung ab. Eine Kombination der Kindesbeteiligung mit der Kindesanhörung gem § 159 FamFG (so WAGNER FPR 2008, 605, 607 f; Münch-Komm-ZPO/HEILMANN § 155 FamFG Rn 47) wird wegen der unterschiedlichen Funktion beider Verfahrensschritte jedenfalls nicht als Regelfall in Betracht kommen (zur Kindesanhörung Rn 275).

e) Ermittlungen

Für die Ermittlungen gilt der **Untersuchungsgrundsatz**, § 26 FamFG. Die *Art der* **267** *Aufklärung* liegt im pflichtgemäßen Ermessen des Familienrichters, § 29 Abs 1 S 1 FamFG (vgl OLG Düsseldorf aaO; KG NJW 1961, 2066); allerdings müssen die Gerichte „ihr Verfahren so gestalten, daß sie möglichst zuverlässig die Grundlage einer am Kindeswohl orientierten Entscheidung erkennen können" (BVerfG NJW 2009, 1133, 1135 Nr 33). Entsprechendes gilt für den *Umfang der Ermittlungen:* Diese sind grundsätzlich auf alle Aspekte zu erstrecken, die für die Voraussetzungen der Maßnahme, ihre konkrete Gestalt und ihre Folgen von Bedeutung sind; bestimmte Regelungsanträge, etwa des Jugendamts, schränken die grundsätzlich umfassende Ermittlungspflicht nicht ein (OLG Saarbrücken JAmt 2007, 432). Hierin liegen gleichzeitig Auftrag und Grenze der tatrichterlichen Ermittlungspflicht: Die Ermittlungen sind nur insoweit auszudehnen, als das Vorbringen der Beteiligten und der erkennbare Sachverhalt bei sorgfältiger Überlegung im Lichte des Gesetzes dazu Anlaß geben (BGHZ 40, 54, 75; BayObLG DAVorm 1982, 604, 609; 1981, 897, 901; FamRZ 1976, 43, 45). An darüber hinausgehende Beweisanträge der Beteiligten ist das Gericht nicht gebunden, § 29 Abs 1 S 2 FamFG. Jedoch dürfen mögliche Tatsachenermittlungen nicht durch Unterstellungen ersetzt werden (OLG Zweibrücken FamRZ 1984, 931: Kindeswohlgefährdung in Pakistan). Insbesondere bei dem Verdacht sexuellen Mißbrauchs sind schnelle und umfassende Ermittlungen geboten (OLG Düsseldorf NJW 1995, 1970). Medizinische oder psychiatrische Gutachten über die Person eines *Elternteils* bedürfen allerdings wegen des damit verbundenen Persönlichkeitseingriffs deren Einwilligung; weder § 26 FamFG noch § 1666 ermächtigen insoweit zu zwangsweisen Begutachtungen (OLG Stuttgart OLGZ 75, 132; OLG Oldenburg FamRZ 2007, 1574, 1575; vgl Rn 231).

Im Hinblick auf § **1666a** sind die Ermittlungen auch auf die denkbaren **Hilfsansätze** **268** zu erstrecken (ZENZ, Kindesmißhandlung 152). Dies setzt die Aufklärung der sozialen, psychologischen und familiendynamischen Zusammenhänge voraus, die zum elterlichen Versagen geführt haben (ZENZ 328). Weiterhin sind die Ermittlungen zu richten auf die **Geeignetheit der** ins Auge gefaßten und anderer denkbarer **Maßnahmen** sowie beispielsweise die Notwendigkeit einer psychotherapeutischen Behandlung des mißhandelten Kindes nach seiner Trennung von den Eltern (Rn 96, 225). Polizeiliche Ermittlungen und solche im Strafverfahren können verwertet werden, binden den Familienrichter aber nicht (schon im Hinblick auf die andersartige Fragestellung) und entbinden ihn auch nicht von eigenen Feststellungen (vgl Rn 96). Letztlich nichts anderes gilt für die Berichte, die das Jugendamt gem § 50 Abs 2, 3 SGB VIII oder § 162 Abs 1 FamFG erstattet (grundsätzlich DANZIG, Kindschaftsrecht 177 ff; WIESNER/ OBERLOSKAMP SGB VIII Anh § 50 Rn 62 ff): Sie ersetzen nicht eigene Ermittlungen des Gerichts (zu einstweiligen Anordnungen s jedoch Rn 307 f), da dieses seine Entscheidung nur auf Grund unvermittelter Sachanschauung treffen darf und die regelmäßig schon vorhandene Involviertheit des Jugendamts in den Fall Zurückhaltung gegenüber der Verwertung tatsächlicher Angaben nahelegt (ZENZ, Kindesmißhandlung 140 ff, 308; umgekehrt kann hieraus auch ein Zeugnisverweigerungsrecht der Sozialarbeiter folgen, die im Rahmen sozialpädagogischer Hilfen besonderes Vertrauen der Eltern in Anspruch genommen haben, OLG Hamm FamRZ 1992, 201, 202 f). Dies gilt besonders, wenn die Beteiligten den Sachverhalt verschieden darstellen. Im allgemeinen jedoch wird der Jugendamtsbericht eine wertvolle und die weiteren Ermittlungen steuernde Bedeutung für das Gericht haben, insbesondere auch hinsichtlich der erbrachten und noch sinnvollen öffentlichen Hilfen (§ 50 Abs 2 SGB VIII).

f) Insbesondere: Verfahrensbeistand für das Kind, § 158 FamFG

269 Die Verfahrenspflegschaft bisherigen Rechts (§ 50 FGG aF; dazu rückblickend SALGO ZKJ 2009, 49 ff; statistische Auswertung bei HANNEMANN/STÖTZEL ZKJ 2009, 58 ff) ist als **Verfahrensbeistandschaft** in **§ 158 FamFG** grundlegend neu geordnet worden. Gem § 158 Abs 4 S 1 FamFG hat der Verfahrensbeistand „das Interesse des Kindes festzustellen und im gerichtlichen Verfahren zur Geltung zu bringen", sofern dies die persönlichen Belange des Kindes berührt (§ 158 Abs 1 FamFG). Die Institution eines eigenständigen Interessenvertreters des Kindes hat sich seit ihrer Einführung durch das KindRG 1998 grundsätzlich bewährt und hat zunehmend Akzeptanz bei den übrigen Verfahrensbeteiligten erfahren (BT-Drucks 16/6308, 415; MENNE, in: FS Frank [2008] 443, 445, SALGO ZKJ 2009, 49, 52 [„Erfolgsgeschichte"]).

270 Zur **Bestellung des Verfahrensbeistands** ist das FamG **verpflichtet** (§ 158 Abs 1 FamFG: „hat zu bestellen"; anders noch § 50 FGG aF: „kann"), allerdings nur, wenn es zu der verantwortlichen Einschätzung kommt, daß die Bestellung zur Interessenwahrnehmung des Kindes „erforderlich" ist (BT-Drucks 16/6308, 208). Diese Einschätzung wird jedoch durch die **Regelbeispiele des Abs 2** gesteuert: Nach Abs 2 Nr 2 ist die Bestellung in der Regel erforderlich in Verfahren nach § 1666, „wenn die teilweise oder vollständige Entziehung der Personensorge in Betracht kommt". Da demnach auch teilweise Eingriffe, wie der Entzug des Aufenthaltsbestimmungsrechts, der Gesundheitsfürsorge oder auch nur der Zustimmungsbefugnis zu einer Begutachtung des Kindes genügen, solche Maßnahme bei Kindesgefährdungen aber praktisch immer „in Betracht kommen", wird die Bestellung eines Verfahrensbeistands in Kindesschutzverfahren nur in seltenen Ausnahmefällen nicht erforderlich sein. Ein solcher Ausnahmefall ist vom Gericht ausdrücklich zu begründen, § 158 Abs 3 S 2 FamFG (BT-Drucks 16/6308, 238). Nicht erfaßt von den Regelbeispielen des § 158 Abs 2 FamFG, aber im gleichen Sinne zu behandeln wie Nr 2 sind Verfahren und Entscheidungen, die das Kindesinteresse gleichermaßen fundamental berühren wie Sorgerechtseingriffe: Die *Aufhebung* von Sorgerechtsbeschränkungen nach § 1696 Abs 2; die *Erzwingung von Umgang* gegen den Willen des Kindes (vgl Rn 145 ff); alle Fälle *häuslicher Gewalt,* soweit sie nicht von Nr 2 abgedeckt werden (etwa wenn nur Näherungsverbote gem § 1666 Abs 3 Nr 3, 4 ausgesprochen werden sollen, deren Qualifikation als Sorgerechtseinschränkung zweifelhaft ist, vgl zum Ganzen SALGO FPR 2006, 12, 13 f; COESTER, in: LIPP/SCHUMANN/VEIT, Reform 60).

Damit löst sich für diese Verfahren auch ein zeitliches Problem: Nach § 158 Abs 3 S 1 FamFG ist der Verfahrensbeistand **„so früh wie möglich zu bestellen"**, also schon zum frühen ersten Termin gem § 155 Abs 2 FamFG, da dort oft schon die Weichen für das weitere Vorgehen gestellt werden (vgl Rn 263). Andererseits hält man vor der Bestellung des Verfahrensbeistands generell „Anfangsermittlungen" zur Erforderlichkeit der Bestellung für erforderlich (BT-Drucks 16/6308, 239), was innerhalb der Monatsfrist des § 155 Abs 2 S 2 FamFG kaum machbar sein dürfte (MENNE ZKJ 2009, 68, 69 f). Ist aber nach § 158 Abs 2 Nr 2 FamFG ein Verfahrensbeistand fast ausnahmslos erforderlich, so wird er **grundsätzlich sofort mit Verfahrenseröffnung** zu bestellen sein (vgl MünchKomm-ZPO/HEILMANN § 155 FamFG Rn 37), es sei denn, daß auch nur teilweise Eingriffe in das elterliche Sorgerecht von vornherein nicht in Betracht kommen (sondern nur, zB, Auflagen oder Gebote nach § 1666 Abs 3 Nr 1, 2). Die Bestellung soll gem § 158 Abs 5 nur dann unterbleiben, wenn die Interessen des Kindes bereits anderweitig, insbesondere durch einen Rechtsanwalt, vertreten werden (krit dazu COESTER, in: LIPP/SCHUMANN/VEIT, Reform 58; SALGO FPR 2006, 12, 16). Jedenfalls ist die gerichtliche Entscheidung über Bestellung oder Nichtbestellung bzw Aufhebung einer Verfahrensbeistandschaft **nicht isoliert anfechtbar**, § 158 Abs 3 S 4 FamFG, um Verfahrensverzögerungen vorzubeugen (zustimmend MENNE ZKJ 2009, 68, 70 m weit Nachw; krit hingegen WILLUTZKI ZKJ 2006, 224, 227). Im Rahmen von Rechtsmitteln gegen die Endentscheidung des Gerichts kann die Bestellung oder Nichtbestellung aber als Verfahrensfehler gerügt werden; §§ 58 Abs 2, 72 Abs 1 FamFG.

Die **Auswahl des Verfahrensbeistands** obliegt dem Gericht nach pflichtgemäßem **271** Ermessen, er muß nicht Rechtsanwalt oder auch nur Jurist sein (in Betracht kommen auch zB Sozialarbeiter, Kinderpsychologen, Verwandte). Das Gesetz fordert allerdings die Bestellung eines „geeigneten" Verfahrensbeistands, § 158 Abs 1 (dazu näher BT-Drucks 16/6308, 238; HORNIKEL, in: LIPP/SCHUMANN/VEIT [Hrsg], Reform 147, 148), ohne jedoch Vorgaben für die fachliche Qualifikation im einzelnen zu machen (krit insoweit SALGO FPR 2006, 12, 15; RABE ZKJ 2007, 437, 438; WEBER ZKJ 2008, 92 f; berufsständische „Standards für VerfahrenspflegerInnen" der BAG Verfahrenspflegschaft in: SALGO/ZENZ/FEGERT ua [Hrsg], Verfahrenspflegschaft für Kinder und Jugendliche [2002] Rn 1055; vgl auch SALGO ZKJ 2009, 48, 55).

Funktion und Aufgabenbereich des Verfahrensbeistands werden in § 158 Abs 4 **272** FamFG erstmalig geregelt. Der Verfahrensbeistand wird mit seiner Bestellung Verfahrensbeteiligter (§ 7 Abs 2 Nr 2 FamFG; BT-Drucks 16/6308, 239), aber nicht gesetzlicher Vertreter des Kindes (§ 158 Abs 4 S 6 FamFG) – er tritt nur als Interessenvertreter des Kindes neben die Eltern. Er hat insoweit eine eigenständige Stellung, er ist nicht Gehilfe des Gerichts (VEIT, in: LIPP/SCHUMANN/VEIT, Reform 197, 203; MENNE ZKJ 2009, 68, 71). Er kann im Interesse des Kindes Rechtsmittel einlegen (§ 158 Abs 4 S 5 FamFG). § 158 Abs 4 S 1 FamFG verpflichtet ihn zur Feststellung und Geltendmachung des „Interesse des Kindes" – dies umfaßt sowohl den Kindeswillen wie auch die objektiven Interessen, das heißt das Kindeswohl (BT-Drucks 16/6308, 239). Hinsichtlich der dazu erforderlichen, eigenständigen Ermittlungen bindet ihm § 158 Abs 4 S 3, 4 FamFG – aus fiskalischen Gründen vom Rechtsausschuß eingefügt zusammen mit der Vergütungspauschalierung des § 158 Abs 7 – allerdings die Hände: Von sich aus darf er nur mit dem Kind reden; Gespräche mit den Eltern oder anderen Personen sowie Mitwirken an einvernehmlichen Lösungen bedürfen einer ausdrücklichen (und begründungsbedürftigen) Beauftragung durch das Gericht.

Diese „Entmachtung" des Verfahrensbeistands bedeutet nicht nur einen Rückschritt gegenüber den Befugnissen des bisherigen Verfahrenspflegers, sie steht auch im Widerspruch zu § 158 Abs 4 S 1 FamFG und zu den verfassungsrechtlichen (BVerfG NJW 1986, 3129) wie völkerrechtlichen (Art 9 Europäisches Kinderrechteübereinkommen) Vorgaben für eine effektive und unabhängige Interessenvertretung für Kinder im Verfahren (zur verbreiteten Kritik näher jeweils m weit Nachw, VEIT, in: LIPP/SCHUMANN/VEIT, Reform 197, 203; COESTER, ebenda 62 f; SALGO ZKJ 2009, 48, 52 ff [insbes auch zur Gesetzgebungsgeschichte]; TRENCZEK ZKJ 2009, 97, 100 f; ders ZKJ 2009, 196, 198 f; MENNE ZKJ 2009, 68, 71 und WILLUTZKI ZKJ 2009, 228, 231 [mit dem Abhilfevorschlag, jedenfalls bei kleineren Kindern die richterliche Übertragung weiterer Aufgaben nach § 158 Abs 4 S 3 FamFG als Pflicht zu verstehen]; RAACK ZKJ 2009, 75).

g) Insbesondere: Anhörungspflichten

273 Ermittlungspflicht gem § 26 FamFG sowie Pflicht zur Gewährung rechtlichen Gehörs gem Art 103 Abs 1 GG sind die Grundlage der richterlichen *Anhörung der Beteiligten* (vgl BVerfG FamRZ 2002, 1021 ff; VerfGH Berlin FamRZ 2001, 848, 849 f; zu einstweiligen Anordnungen s Rn 307 f; zum Beschwerdeverfahren Rn 302 f); eine Nichtanhörung kann auch das Recht auf „Achtung des Familienlebens" gem Art 8 EMRK verletzen (EGMR FamRZ 2005, 585, 588 Nr 99). Zu hören sind die Eltern (§ 160 FamFG), auch wenn sie nicht sorgeberechtigt sind, das Kind (§ 159 FamFG), Pflegepersonen (§ 161 FamFG) sowie das Jugendamt (§ 162 Abs 1 FamFG). Die Anhörung weiterer Personen kann aus dem Untersuchungsgrundsatz (§ 26 FamFG) geboten sein. Bei Kollegialgerichten muß nicht jeder Richter bei der Anhörung anwesend sein (BGH FamRZ 2001, 907, 908). Der Verlauf der Anhörungen und ihr wesentliches Ergebnis sind in einem Protokoll oder Aktenvermerk so festzuhalten, daß dem Rechtsbeschwerdegericht eine Überprüfung ermöglicht wird (BGH FamRZ 2001, 907, 908; BayObLG FamRZ 1994, 913, 914).

274 Die in § 160 Abs 1 S 2 FamFG zwingend vorgeschriebene **persönliche Anhörung der Eltern** hat, neben den erwähnten Gründen, den Zweck, dem Gericht einen *persönlichen Eindruck* zu verschaffen (BayObLG DAVorm 1986, 269, 272; FamRZ 1982, 634, 637; FamRZ 1980, 1150, 1151; OLG Hamm FamRZ 1999, 36; OLG Zweibrücken FamRZ 1984, 931, 932). Dieser ist wesentliche Grundlage für die zu treffenden Maßnahmen, er ermöglicht die Korrektur verzeichnender Jugendamtsberichte (vgl BayObLG FamRZ 1982, 638, 639 f) oder unbelegter Vermutungen (vgl das LG in BayObLG DAVorm 1986, 269 u später FamRZ 1986, 102: Zunächst vertraute das LG auf Vernunft und Zuneigung der [nicht angehörten] Mutter, nach Rückverweisung und Anhörung wurde die Mutter als „völlig ungeeignet, feindselig" und selbstsüchtig eingestuft). Die Elternanhörung hat damit eine andere Funktion als die Gefährdungserörterung nach § 157 oder auch § 155 Abs 2 FamFG; bei dieser handelt es sich um „einen eigenen Verfahrensabschnitt, der neben die Pflicht zur persönlichen Anhörung tritt" (BT-Drucks 16/6308, 237). Dennoch sollte es zulässig sein, beide Verfahrensabschnitte in einem Termin miteinander zu verbinden (BR-Drucks 550/07 S 21 zum mit § 157 FamFG identischen § 50 f FGG aF); besonders besteht keine sachlich unterschiedliche Eintrittsschwelle zwischen beiden Abschnitten (§ 160 FamFG: „Verfahrenseinleitungsschwelle", dazu Rn 261; § 157 FamFG: „mögliche Gefährdung"; unrichtig insoweit VEIT FPR 2008, 598, 602, die meint, Elternanhörung setze feststehende Kindeswohlgefährdung nach § 1666 voraus). Die Anhörung des **nichtsorgeberechtigten Elternteils**, insb des nichtehelichen Vaters (§ 160 Abs 2 S 2 FamFG) dient auch der Aufklärung, ob und inwieweit eine Sorgerechtsübernahme durch ihn in Frage kommt (§§ 1672 Abs 1,

1678 Abs 2, 1680 Abs 3; vgl OLG Köln FamRZ 1999, 530, 531). Die Anhörung der Eltern kann **ausnahmsweise unterbleiben**, wenn diese für nicht absehbare Zeit unerreichbar sind (BayObLG FamRZ 1981, 814, 815 [Auslandsaufenthalt]; AG Saarbrücken FamRZ 2003, 1859, 1861), oder sonst aus schwerwiegenden, darzulegenden Gründen (§ 160 Abs 3 FamFG; VerfGH Berlin FamRZ 2001, 850, 851). Vom Zwecke der Elternanhörung her erübrigt sich diese auch, wenn von vornherein keine Anhaltspunkte für eine Gefährdung des Kindeswohls erkennbar sind (BayObLG FamRZ 1987, 87, 88; 1993, 1350, 1352).

Die **persönliche Anhörung des Kindes** (§ 159 FamFG) ist verfassungs- und völkerrechtlich vorgegeben (BVerfG FamRZ 1981, 124, 126; FamRZ 1999, 85, 88; Art 3 lit b und Art 6 lit b und c Europ Kinderrechteübereinkommen); sie soll dem Tatrichter insbes ein besseres Verständnis von dessen Persönlichkeit und Situation, von seinen *Bedürfnissen und Gefühlen* vermitteln (OLG Hamm FamRZ 1999, 36, 37; OLG Saarbrücken JAmt 2003, 41). Gleichzeitig kann das Gewicht allgemeiner Kindeswohlfaktoren für *dieses* Kind besser eingeschätzt werden (OLG Hamburg FamRZ 1983, 1271, 1273). Neben der persönlichen Kenntnis dient die Anhörung des Kindes aber auch der Ermittlung seines *Willens*. Die Unterscheidung dieser beiden Funktionen der Anhörung (vgl Rn 76–80; näher § 1671 Rn 283) ist wichtig für die Frage einer Altersgrenze bei der Anhörung: Die Stimme eines über 14-jährigen Kindes hat in seine Person berührenden Fragen gem § 159 Abs 1 S 1 stets Gewicht. Aber auch bei jüngeren Kindern kann der *Kindeswille* von Bedeutung sein; aber selbst der Umstand, daß das betroffene Kind zur „vernünftigen Eigenbeurteilung" noch nicht in der Lage ist, befreit nicht von der Anhörungspflicht (so aber BayObLG FamRZ 1981, 814, 815), denn *Neigungen und Bindungen* sind nach § 159 Abs 2 FamFG alternativer Gegenstand der Anhörung (treffend differenzierend OLG Hamm DAVorm 1986, 804, 807 f; BayObLG ZfJ 1985, 36). Es kann deshalb **keine generelle untere Altersgrenze für die Kindesanhörung** geben, auch 3jährige Kinder beispielsweise sind anzuhören – die zu § 50b FGG aF entwickelten Grundsätze behalten auch für § 159 FamFG Bedeutung (OLG Hamburg FamRZ 1983, 1271, 1272 f; BayObLG ZfJ 1985, 36; OLG Frankfurt FamRZ 1997, 571; OLG Köln FamRZ 1980, 1153; vgl auch BayObLG FamRZ 1983, 948 [4 Jahre]; FamRZ 1985, 1179, 1180 [8 Jahre]; DAVorm 1986, 269, 272; FamRZ 1987, 86, 88; DAVorm 1981, 901, 904; DAVorm 1983, 381, 386; FamRZ 1992, 1212 [6 Jahre]; 1994, 913, 915 [6, 5 und 3 Jahre]; 1998, 1042, 1043 [9 Jahre]; OLG Hamm FamRZ 1996, 421 [6 Jahre]; 1999, 36 [9 Jahre]; LG Kassel FamRZ 1997, 1552, 1553 [9 Jahre]; FEHMEL DAVorm 1981, 169, 172 f; LUTHIN FamRZ 1979, 986, 988 f; ders FamRZ 1981, 111, 112 ff; ders FamRZ 1981, 1149 f). Dem hat insbes die Praxis vor dem SorgeRG oft nicht entsprochen (SIMITIS ua, Kindeswohl 158; vgl noch OLG Oldenburg FamRZ 1981, 811, 813 [keine Anhörung des 4jährigen Kindes trotz existentieller Betroffenheit]); heute führt die Nichtanhörung auch kleiner Kinder jedoch regelmäßig zur Aufhebung in der Rechtsbeschwerdeinstanz (vgl die oben zit Entscheidungen; s OLG Hamm FamRZ 2001, 850, 851: Je stärker der Eingriff, um so gebotener die Anhörung; keine Anhörung jedoch beim 2jährigen Kind, BayObLG FamRZ 1995, 502, 503; FamRZ 1999, 178; NJW 1999, 293, 294 [2½ Jahre]). Die Kindesanhörung ersetzt seine Vernehmung als Zeuge, § 163 Abs 3 FamFG.

Die **Art und Weise der Kindesanhörung** steht im Ermessen des Gerichts, § 159 Abs 4 S 3 FamFG (vgl BVerfG FamRZ 1981, 124, 126; WILLUTZKI ZKJ 2006, 224, 228). Allerdings gibt das Gesetz vor, daß das Kind altersangemessen zu informieren und daß ihm Gelegenheit zur Äußerung zu geben ist (dazu SCHAEL FamRZ 2009, 265, 267). Ein bestellter Verfahrensbeistand soll hinzugezogen werden (§ 159 Abs 4 S 1, 2 FamFG). Im übrigen hängt von den Einzelfallumständen ab, ob das Kind einmal oder mehrmals, einzeln oder mit seinen Geschwistern, im Beisein der Eltern oder eines Sachverständigen, im Gericht oder in seiner Lebensumwelt angehört wird (RÖCHLING FamRZ 2006, 1732, 1738 m weit Nachw); dabei sind auch die *Belastungen* zu berücksichtigen, die (insbesondere mehrfache) Anhörungen für das Kind verursachen können (SALZGEBER ZKJ 2009, 204 f; s noch unten Rn 279). Ein Recht auf Anwesenheit haben die Eltern nicht (so zu § 50b FGG aF JANSEN Rn 20 m weit Nachw).

277 Von einer Anhörung des Kindes **kann abgesehen werden**, wenn dies bei ausschließlich sein *Vermögen* betreffenden Fragen nicht angezeigt erscheint; § 159 Abs 1 S 2 FamFG. Im übrigen jedoch kann die Kindesanhörung nur **ausnahmsweise** unterbleiben, wenn hierfür besondere, **schwerwiegende Gründe** sprechen (§ 159 Abs 3 FamFG). Als solche wurden anerkannt:

(1) Wenn der **Sachverhalt in anderer Weise ausreichend ermittelt** worden ist und demnach schon feststeht, daß das objektive Wohl des Kindes – unabhängig vom Kindeswillen – eine bestimmte Entscheidung erfordert (BayObLG DAVorm 1981, 901, 904 [Kind verstört in Loyalitätskonflikten]; DAVorm 1983, 381, 387 [Kind im Elternhaus erheblich gefährdet]; FamRZ 1984, 928, 929 [Kindesmißhandlung]; ZBlJugR 1983, 308, 310 [keine Rückgabe des Kindes an die Mutter wegen deren objektiver Erziehungsunfähigkeit]). Diese Fälle sind im Rahmen des § 1666 häufiger als bei Sorgestreitigkeiten nach Elterntrennung, müssen aber dennoch als *Ausnahmen* verstanden werden. Andernfalls besteht die Gefahr, daß die grundsätzliche Anhörungspflicht durch stereotype Floskeln in ihr Gegenteil verkehrt wird („... ein die Entscheidung beeinflussendes Ergebnis brauchte das LG von der Anhörung des Kindes nicht zu erwarten", BayObLG DAVorm 1982, 359, 364). Ob die Anhörung ergiebig war oder nicht, steht regelmäßig erst nach ihrer Durchführung fest. Außerdem kann sie – selbst wenn eine Eingriffsnotwendigkeit grundsätzlich feststeht – Hinweise auf die konkret zu treffende Maßnahme geben (angemessen individualisierende Begründung zB in OLG Hamm DAVorm 1986, 804, 807 f: Für Willensentscheidung waren Kinder zu klein, Bindungen zu den Eltern konnten anderseits wegen langjähriger Trennung nicht vorliegen; vgl auch BayObLG ZfJ 1985, 36 f).

278 (2) Wenn eine **(erneute) Anhörung voraussichtlich nichts Neues** bringt, etwa weil das Kind innerhalb kurzer Zeit schon oft richterlich zur selben Thematik angehört worden ist (BayObLG DAVorm 1982, 604, 610; ZBlJugR 1983, 308, 310 f; AG Frankfurt aM FamRZ 1982, 1120, 1121) oder weil das Kind schon in der Vorinstanz jede Äußerung beharrlich verweigert hat (BayObLG ZBlJugR 1983, 308, 310, 311; FamRZ 1984, 929, 930). Auch hier ist vor floskelhaftem Gebrauch zu warnen.

279 (3) Wenn die **Anhörung das Kind unverhältnismäßig belasten** würde. Dabei ist davon auszugehen, daß *jede* Anhörung für das Kind belastend ist, der Gesetzgeber die „normale", mit jeder Anhörung verbundene Belastung aber bei Statuierung der Anhörungspflicht grundsätzlich in Kauf genommen hat. Die nicht substantiierte Behauptung einer erheblichen Belastung für das Kind befreit deshalb nicht von der grundsätzlichen Anhörungspflicht (BVerfG Beschl v 17.6.2009 – 1 BvR 467/09 – Rn 41). Insbesondere kann außer acht bleiben, daß das Kind uU strafrechtsrelevantes Verhalten der Eltern (zB sexuellen Mißbrauch) zu offenbaren hätte – insoweit besteht ein strafprozessuales Verwertungsverbot (§ 252 StPO; BGH NJW 1998, 2229 ff), auf das das Kind hinzuweisen ist. Deshalb können nur *besondere* Belastungen im Einzelfall ein Absehen von der Anhörung rechtfertigen (BayObLG FamRZ 1987, 86, 88; ZBlJugR

1983, 308, 310 f; FamRZ 1995, 500 f [Selbstmordgefahr, von Vorinstanz zu pauschal unterstellt]; AG Frankfurt aM FamRZ 1982, 1120, 1124; KG FamRZ 1981, 204 [Scheidungsfall]; zum verfahrensrechtlichen Kindesschutz bei Ermittlungen wegen sexuellen Mißbrauchs RAACK KindPrax 2002, 39 ff), insbesondere auch solche durch mehrfache Anhörungen (Rn 276). Ärztliches Abraten von der Anhörung wird insoweit regelmäßig zu beachten sein (BayObLG DAVorm 1982, 359, 364).

Die Anhörung des Jugendamtes (§§ 50 Abs 1 SGB VIII, 162 Abs 1 FamFG) soll sowohl der Tatsachenermittlung dienen wie auch dem Jugendamt Gelegenheit zur gutachtlichen Äußerung geben. Das Jugendamt wirkt im gerichtlichen Verfahren als Träger *eigener* Aufgaben mit, es ist nicht bloßes Hilfsorgan des Gerichts, insbesondere kein Ermittlungsgehilfe (OLG Brandenburg FamRZ 2009, 237 [zu § 1674]); es ist auf seinen Antrag als *Verfahrensbeteiligter* hinzuzuziehen (§§ 162 Abs 2; 7 Abs 2 Nr 2, Abs 6 FamFG). Aus dem eigenständigen Mitwirkungsrecht und der daraus folgenden Anhörungspflicht des Gerichts folgt andererseits auch die **Pflicht des Jugendamts zur Mitwirkung** (§ 50 SGB VIII; BT-Drucks 11/5948, 87, 138). Die Pflicht zur Stellungnahme umfaßt regelmäßig, aber nicht notwendig einen Entscheidungsvorschlag des Jugendamts. Das FamG ist verpflichtet, sich mit dem Jugendamtsbericht auseinanderzusetzen; eine Abweichung von dessen Entscheidungsvorschlag muß idR begründet werden (BayObLG ZBlJugR 1981, 272, 276). Die gesetzlich vorgeschriebene Kommunikation und Kooperation zwischen Gericht und Jugendamt dient der wechselseitigen Abstimmung und Verzahnung der beiden Interventionsansätze des Staates im Rahmen seines Wächteramts: des sozialpädagogischen, dh helfenden und kontrollierenden Ansatzes der Jugendhilfe und des justiziellen, auf Rechtsschutz und Rechtseinschränkung gerichteten Ansatzes (vgl oben Rn 19 und § 1666a Rn 10 ff). Analyse und Verbesserung dieses Kommunikationsprozesses sind dringende Aufgaben der Zukunft (vgl MÜNDER/SCHONE, in: HOF/LÜBBE-WOLFF [Hrsg], Wirkungsforschung zum Recht I [1999] 439 ff; MÜNDER/MUTKE/SCHONE RdJB 1998, 195 ff). **280**

Einstweilige Anordnungen können ohne Anhörung des Jugendamts getroffen werden, die Anhörung ist jedoch unverzüglich nachzuholen (§ 162 Abs 1 S 2 FamFG).

h) Insbesondere: Sachverständigengutachten

Wenn die Sachkunde des Familienrichters zur Feststellung und Bewertung wesentlicher (etwa seelischer oder geistiger) Aspekte des Kindeswohls nicht ausreicht, ist von Amts wegen ein Sachverständigengutachten anzufordern (dazu generell SALZGEBER, Familienpsychologische Gutachten [2005]). Die grundsätzlich erforderliche Einwilligung des Sorgeberechtigten zur Begutachtung des Kindes (BayObLG FamRZ 1987, 87, 88 f) kann durch das Gericht ersetzt werden, Abs 3 Nr 5 (OLG Brandenburg JAmt 2008, 603 f; OLG Rostock FamRZ 2006, 1623, 1624; vgl Rn 102, 224); bei tatsächlicher Abwehr ist gem Abs 1 vorzugehen (vgl BVerfG FamRZ 2004, 1167 f). Nicht ersetzbar ist jedoch die Einwilligung des Kindes, die bei hinreichender Einsichtsfähigkeit allein oder kumulativ erforderlich ist (vgl Rn 136, 192; in letzterem Sinne BayObLG aaO). Ein Elternteil selbst kann nicht gegen seinen Willen begutachtet werden (BVerfG FamRZ 2004, 523 ff; OLG Oldenburg JAmt 2008, 168 f; OLG Stuttgart FamRZ 1975, 167 f), muß dann aber eine Beurteilung seiner persönlichen Erziehungseignung anhand anderer Anhaltspunkte hinnehmen (OLG Saarbrücken JAmt 2008, 441, 442). **281**

Als Auswirkung des Beschleunigungsgebots (§ 155 Abs 1 FamFG; vgl oben Rn 259) hat **282** das Gericht die Anordnung einer schriftlichen Begutachtung mit einer **Fristsetzung** für die Erstellung des Gutachtens zu verbinden, § 163 Abs 1 FamFG. Im Hinblick auf die Folgen einer Fristversäumung (§§ 30 Abs 1, 2 FamFG iVm 411 Abs 2 ZPO) wird dies regelmäßig eine vorherige Absprache mit dem Sachverständigen voraussetzen. Auch in das generelle **Verfahrensziel einvernehmlicher Konfliktbewältigung** (§ 156 FamFG; vgl oben Rn 260) können Sachverständige nunmehr auch ausdrücklich eingebunden werden: Entsprechende Einwirkungspflichten des Sachverständigen auf die Beteiligten können – neben dem eigentlichen Begutachtungsauftrag – gem **§ 163 Abs 2 FamFG** vom Gericht angeordnet werden. **Neben die diagnostische tritt damit eine therapeutische Aufgabe des Sachverständigen** (sogenanntes „lösungsorientiertes Vorgehen"). So ist die Praxis zwar bisher schon ohne gesetzliche Grundlage verfahren (vgl HEITER ZKJ 2005, 219 ff; WILLUTZKI ZKJ 2006, 224, 229; SALZGEBER FamRZ 2008, 656; AG Daun FamRZ 2008, 1879, 1881). Die Kombination beider Funktionen stößt aber auch auf grundsätzliche Kritik, sowohl aus fachwissenschaftlicher (SALZGEBER aaO; anders aber SALZGEBER/FICHTNER ZKJ 2008, 287, 291 [„allgemein anerkannter Standard"]) wie aus juristischer Sicht (WILLUTZKI ZKJ 2006, 224, 229; TRENCZEK ZKJ 2009, 97, 101; positiv hingegen Arbeitskreis 12, 17. DFGT S 153; zur Problematik auch COESTER, in: LIPP/SCHUMANN/ VEIT, Reform 54 f). Letztlich wird jeder Sachverständige für sich entscheiden müssen, ob die Kombination beider Aufgaben mit seiner Berufsethik verträglich ist; eine *Anordnung* gem § 163 Abs 2 FamFG setzt deshalb grundsätzlich das vorherige Einverständnis des Sachverständigen voraus (COESTER aaO).

283 Zwar steht die **Einholung eines Gutachtens** im *pflichtgemäßen Ermessen* des Richters (ebenso wie die *Auswahl* des Gutachters, § 29 Abs 1 FamFG), in der Nichteinholung kann im Einzelfall aber fehlerhafter Ermessensgebrauch und damit ein Verstoß gegen die richterliche Ermittlungspflicht liegen (BVerfG FamRZ 2008, 2185 Nr 30; BayObLG FamRZ 1981, 814, 817; FamRZ 1998, 1040, 1041; 1998, 1042, 1043; OLG Oldenburg FamRZ 1981, 813; OLG Zweibrücken FamRZ 1984, 931). An Beweisanträge der Beteiligten ist das Gericht allerdings nicht gebunden (§ 29 Abs 1 FamFG; BGH FamRZ 1965, 433, 434; BayObLG DAVorm 1982, 359, 364; zur grundsätzlichen Unanfechtbarkeit einer Beweisanordnung Rn 300). Eines Gutachters bedarf es insbes nicht, wenn zu weiteren Ermittlungen nach allgemeinen Grundsätzen (Rn 267) kein Anlaß besteht (BayObLG DAVorm 1985, 914, 916; DAVorm 1981, 897, 901) oder wenn die fraglichen Tatsachen offenkundig sind oder unterstellt werden (AG Moers ZfJ 1986, 113, 115). Ausnahmsweise kann auf Gutachten auch verzichtet werden, wenn das Kind durch die Begutachtung außerordentlich belastet würde (BayObLG FamRZ 1987, 86, 88). Zu erwartender Erkenntnisgewinn ist dabei gegen Kindesbelastung und Verfahrensverzögerung abzuwägen (zum Erkenntnisgewinn in Fällen hartnäckiger Umgangsblockade skeptisch SALZGEBER ZKJ 2007, 274, 275 f). Jedenfalls wird eine ambulante Begutachtung das Kindeswohl idR nicht unverhältnismäßig beeinträchtigen (vgl OLG Rostock FamRZ 2006, 1623, 1624; dazu aber auch SALZGEBER aaO). Eine Begutachtung des Kindes in einem parallel laufenden Strafverfahren gegen einen Elternteil macht eine Begutachtung unter dem Aspekt einer Kindeswohlgefährdung nicht überflüssig (OLG Brandenburg JAmt 2008, 603 f [betr sexueller Mißbrauchsvorwurf]).

284 Im übrigen hängt die Einholungspflicht davon ab, ob sich der Tatrichter für einen außerrechtlichen Aspekt des Kindeswohls zu Recht für *hinreichend sachkundig* halten darf. Ist dies der Fall, kommt es insbes nur auf „Fragen der täglichen Erfahrung" oder Kenntnisse an, die Richter regelmäßig selbst haben oder die dieser

Richter im Laufe seiner Berufspraxis erworben hat, braucht kein Sachverständiger beigezogen zu werden (BGH FamRZ 1965, 433, 434; FamRZ 2008, 45, 47 Nr 14; BayObLG DAVorm 1982, 359, 364; DAVorm 1982, 600, 604; DAVorm 1982, 611, 616; ZfJ 1984, 363, 364; FamRZ 1985, 522, 523). Bei der Berufung auf **„Erfahrungswissen"** ist aber Vorsicht geboten (grundsätzlich COESTER, Kindeswohl 379 ff, 404, 418 f, 450, 468 ff): Es mag noch die Feststellung tragen, daß ein verwirrtes Kind aus der feindseligen Atmosphäre zwischen sorgeberechtigter Mutter und Großeltern herausgehalten werden sollte (BayObLG DAVorm 1982, 359, 364; DAVorm 1982, 600, 604; ZfJ 1984, 363, 364). Daß ein Kind bei der Herausnahme aus der Pflegefamilie psychische Schäden erleide, ist jedoch mit „täglicher Erfahrung" nicht mehr begründbar (so aber BayObLG DAVorm 1982, 611, 616; anders OLG Hamm FamRZ 1995, 1507, 1508: meistens gutachterliche Hilfe notwendig), sondern nur mit außerjuristischem Fachwissen des Gerichts. Gerade auf seelischem Gebiet lenken „Erfahrungssätze" tendenziell vom betroffenen Kind ab, sie täuschen häufig darüber hinweg, daß hier (aus anderen Gründen) eine bestimmte Entscheidung gewollt ist ohne Rücksicht auf die individuellen Kindesbedürfnisse (vgl BayObLG FamRZ 1985, 522, 523 [Richter „sachkundig", daß ein neunmonatiges Kind von den Pflegeeltern zu den Großeltern umplaziert werden kann ohne seelische Schäden]; LG Berlin FamRZ 1982, 841, 843 [4 Kinder zwischen 2 u 12 Jahren, die nach massiver Gewalt und Mißständen im Elternhaus in ein Heim gegeben worden waren, werden an Eltern zurückgegeben zwecks Ausreise in die Türkei, obwohl sie sich wehren: Daß die Kinder ihre Eltern im Heim „nicht allzusehr vermissen", sei „nicht zuletzt auch in einer kindlichen Neugier und Aufgeschlossenheit für alles Neue zu suchen"]). Zu forsche Anmaßung von Sachkunde führt gelegentlich zur Aufhebung in der Rechtsbeschwerdeinstanz (BayObLG DAVorm 1986, 269, 273 [LG: häufige Umgebungswechsel unschädlich]; OLG Zweibrücken FamRZ 1984, 931 [LG: Mitnahme eines Kleinkindes nach Pakistan grundsätzlich gefährlich]; **krit** zur Anmaßung richterlicher Sachkunde GOLDSTEIN ua III 153 f Fn 25).

Mit dem **Gebrauch fachwissenschaftlicher Kenntnisse** überschreiten die Familienrichter nicht ihre professionellen Grenzen (so aber GOLDSTEIN ua III 67; zur richterlichen Verantwortung gegenüber fachwiss Aussagen generell COESTER, Kindeswohl 421 ff; ders, 6. DFGT 35, 41 ff), müssen ihre Kenntnisse aber offen und nachprüfbar einsetzen (GOLDSTEIN ua III 65). Nicht zu jeder außerjuristischen Frage bedarf es eines Sachverständigengutachtens, und der Sachverständige sollte nicht zur Problemabschiebung mißbraucht werden (vor allem bezügl Fragen, die auch die Expertenkompetenz übersteigen, wie etwa komplexe Entwicklungsprognosen, vgl OLG Stuttgart NJW 1985, 67, 68; **krit** SCHÜTZ FamRZ 1986, 947; generell GOLDSTEIN ua III 53 ff). Sieht das Gericht jedoch von der Beiziehung eines Sachverständigen ab, muß deutlich werden, daß und inwieweit es über eine anderweitige zuverlässige Entscheidungsgrundlage verfügt (BVerfG FamRZ 2008, 492, 493; FamRZ 2008, 2185 Nr 19). In der Praxis führen vertiefte Kenntnisse der Richter von der Entwicklung und den Bedürfnissen des Kindes jedoch eher zu einem geschärften Problembewußtsein, sie lassen noch klärungsbedürftige Fragen hervortreten und eröffnen die Möglichkeit, sich gezielt von Sachverständigen helfen zu lassen sowie auch deren Aussagen eigenverantwortlich zu kontrollieren (beispielhaft OLG Hamburg FamRZ 1983, 1271, 1272; AG Frankfurt aM FamRZ 1982, 1120; zur richterlichen Fragestellung an den Sachverständigen RÜTH ZfJ 2000, 294 ff). Umgekehrt verleitet mangelndes Eigenwissen oft zur kritiklosen Übernahme von Sachverständigengutachten (vgl OLG Stuttgart NJW 1985, 67 f = JZ 1985, 848 ff m krit Anm WEGENER [zu dieser Entscheidung s aber auch Rn 123, 125]; zur Kontrollfunktion der Gerichte s Rn 287 f). So hat die zunehmende Sensibilisierung auch der Juristen für die kindlichen Kontinuitäts- und Bindungsbedürfnisse dazu geführt, daß bei Problemen in dieser Hinsicht Sachverständigengutachten weithin für unverzichtbar gehalten werden (OLG Frankfurt FamRZ 1981, 308, 309; OLG Oldenburg FamRZ 1981, 811, 813; BayObLG FamRZ 1981, 814, 817; DAVorm 1986, 269, 273; AG Moers ZfJ 1986, 113 ff [3 Gutachten in besonders schwierigem Fall]). Dies gilt jedenfalls dann, wenn die Vorinstanz wissenschaftlich belegte, allgemeine Gefährdungstendenzen im Einzelfall für nicht wesentlich hält (BayObLG DAVorm 1986 aaO) oder ein bereits vorliegendes Gutachten vom überwiegenden wiss Meinungsstand abweicht (OLG Oldenburg aaO).

286 Im übrigen ist ein **weiteres Gutachten** nur in besonderen Fällen einzuholen (zur Frage der Verwertbarkeit eines Sachverständigengutachtens aus dem Betreuungsverfahren bezüglich eines Elternteils s SAUER FamRZ 2005, 1143 ff). Dabei ist auch die damit verbundene Belastung des Kindes zu berücksichtigen (JOHANNSEN/HENRICH/BÜTE Rn 78). Ein Gutachten genügt, wenn Anhaltspunkte dafür fehlen, daß es unrichtig ist, und wenn andere Gutachter nicht über überlegene Forschungsmittel verfügen (BayObLGZ 1982, 309, 315, FamRZ 1982, 958, 960 f; FamRZ 1984, 929, 930; FamRZ 1984, 1259, 1262, ZfJ 1984, 361, 363; ZfJ 1990, 313, 315; FamRZ 1995, 626, 627; ZfJ 1996, 106, 107; AG Moers ZfJ 1986, 113, 115 f). Grundsätzlich liegt es in der gerichtlichen Einschätzungsprärogative, ob von einem zusätzlichen Gutachten weiterführende Erkenntnisse zu erwarten sind (BVerfG FamRZ 2000, 1489, 1490; BVerfGE 79, 51, 62; VerfGH Berlin FamRZ 2001, 848, 850). Ausnahmsweise kann ein weiteres Gutachten erforderlich sein, wenn zB besonders schwierige Fragen betroffen sind (BayObLG FamRZ 1981, 814, 817; OLG Oldenburg FamRZ 1981, 811, 813; AG Moers aaO), wenn die Sachkunde des Erstgutachters zweifelhaft ist oder sein Gutachten an groben Mängeln oder Widersprüchen leidet (BGH MDR 1953, 605) bzw nicht konsensgetragene Auffassungen vertritt (OLG Oldenburg aaO; BayObLG DAVorm 1986, 269, 273). Das gleiche gilt, wenn das bisherige Gutachten noch keine zuverlässige Entscheidungsgrundlage bietet und/oder das Gericht nicht die erforderliche Sachkunde zur Entscheidung besitzt (BVerfG FamRZ 2004, 1167, 1168).

287 Ein vorgelegtes Gutachten hat der Richter **kritisch zu würdigen** (ausf COESTER, Kindeswohl 453 ff; vgl BVerfG FamRZ 2006, 1593, 1595; grundlegend zum Glaubhaftigkeitsgutachten bei Vorwurf sexuellen Mißbrauchs BGH FamRZ 1999, 1648, 1649 ff). Gegenstand der Überprüfung sind zutreffende tatsächliche Grundlagen, logische Schlüssigkeit, Tragfähigkeit der wiss Erkenntnisse sowie der eingesetzten Erkenntnismethoden im allgemeinen und der Schlußfolgerungen des Gutachters im besonderen (BayObLG FamRZ 1982, 638, 639; DAVorm 1981, 216, 222; zu projektiven Tests AG Frankfurt aM FamRZ 1982, 365, 366; BUSSE ZfJ 1999, 1 ff; zur Gefahr subjektiver Werturteile auch bei Sachverständigen s COESTER aaO; GOLDSTEIN ua III 32 ff, 53; BÄUERLE, in: BÄUERLE/PAWLOWSKI 37 ff, 40 ff; HEINEMANN ebenda 27 ff). Zwar liegt die Würdigung des Gutachtens auf tatsächlichem Gebiet; ob aber der Tatrichter die notwendige Kritik überhaupt hat walten lassen, ist eine auch vom Rechtsbeschwerdegericht überprüfbare Rechtsfrage. Sie ist zu verneinen, wenn schwerwiegende Mängel des Gutachtens nicht erkannt worden sind (OLG Oldenburg FamRZ 1981, 811, 813; BayObLG FamRZ 1982, 638 f [Sachverständiger empfiehlt Ganztagsunterbringung im psychotherapeutischen Heim, übersieht dabei Kontinuitätsprobleme des 5½jährigen Kindes und die Möglichkeit der Behandlung in heilpädagogischer Tagesstätte – vom LG kritiklos übernommen]).

288 Ziel der Überprüfung ist die Bildung einer **eigenen Stellungnahme des Richters**. Die Beschlußbegründung muß erkennen lassen, warum dem Gutachten zu folgen ist (BayObLG NJW 1992, 1971, 1972: Aufhebung, wenn eine eigene Überzeugungsbildung nicht erkennbar ist). Besonderer Begründung bedarf es bei einem **Abweichen vom Gutachtenvorschlag**: Der Richter muß genügende eigene Sachkunde und sachliche, wohl erwogene Gründe für seine abweichende Auffassung darlegen (BVerfG FamRZ 2008, 2185 Nr 19; FamRZ 2007, 335 f; BayObLG DAVorm 1985, 701, 705; DAVorm 1981, 216, 220; OLG Bamberg NJW 1995, 1684: Sexpuppen als Diagnosemittel; suggestive Therapien).

i) Beschlüsse
Der familiengerichtliche Beschluß ist **grundsätzlich zu begründen**, § 38 Abs 3 S 1 **289** FamFG (Ausnahmemöglichkeit gem Abs 4 Nr 3). In der Begründung müssen die tatsächlichen Umstände dargelegt werden, auf denen der Beschluß aufbaut, sowie die wesentlichen Gründe für die Entscheidung. Dabei ist auf den konkreten Fall einzugehen, die bloße umschreibende Wiedergabe der gesetzlichen Tatbestandsmerkmale oder formelhafte Wendungen genügen nicht (BayObLG FamRZ 1985, 1179, 1180; OLG Hamm FamRZ 2004, 483 [LS]). Sind wesentliche Umstände des Einzelfalls in der Begründung nicht berücksichtigt, liegt hierin ein zur Aufhebung führender Rechtsfehler (BayObLG FamRZ 1982, 634, 636; 1994, 913, 915; OLG Thüringen FamRZ 2006, 280, 281).

Der Beschluß ist den Beteiligten **bekanntzumachen** (zur Bekanntgabe an das mindestens 14jährige Kind § 164 FamFG) und wird mit der Bekanntgabe **wirksam** (§ 40 Abs 1 FamFG). Formelle Rechtskraft tritt ein nach Entscheidung durch das Rechtsbeschwerdegericht oder nach Ablauf der Beschwerdefrist (Rn 300), materielle Rechtskraft kommt nicht in Betracht. Stattdessen ist die familiengerichtliche Regelung von Amts wegen regelmäßig zu **überprüfen** und ggf zu ändern oder aufzuheben (s unten Rn 294 ff).

k) Vollzug
Der **Vollzug des Beschlusses** richtet sich nach § 35 FamFG. Nicht vollzugsfähig sind **290** alle Anordnungen, die Gestaltungswirkung haben, wie die Entziehung der Ausübung einzelner Bestandteile des Sorgerechts oder die Ersetzung von Erklärungen gem Abs 3 Nr 5. Doch können Anordnungen dieser Art insoweit vollzogen werden, als in ihnen ein Verbot, bestimmte Handlungen vorzunehmen oder hinsichtlich eines bestimmten Bereichs tätig zu werden, enthalten ist. § 35 FamFG ist anzuwenden, wenn die gebotene Handlung oder Unterlassung ausschließlich vom Willen des betroffenen Elternteils abhängt. Zwangsmaßnahmen scheiden demnach aus, wenn dem Vollzug des familiengerichtlichen Ge- oder Verbots unüberwindbare Hindernisse entgegenstehen oder wenn die Ausführung praktisch in den Händen eines Dritten liegt. Zur Durchsetzung der Ge- oder Verbote kann das FamG ein **Zwangsgeld** oder notfalls eine **Zwangshaft** verhängen. Auf die Möglichkeit derartiger Zwangsmaßnahmen ist schon in der Entscheidung, die ein Tun oder Unterlassen der Beteiligten anordnet, hinzuweisen (§ 35 Abs 2 FamFG). Richtet sich die gerichtliche Anordnung auf die Herausgabe von Personen oder die Regelung des Umgangs, gilt für die dann möglichen Sanktionen (Ordnungsgeld und Ordnungshaft) Entsprechendes (§ 89 FamFG).

Auf Grund besonderer Verfügung darf als äußerstes Mittel auch **unmittelbarer 291 Zwang**, dh **Gewalt** (Polizei, Gerichtsvollzieher) eingesetzt werden, § 90 FamFG (BGHZ 67, 255, 262; OLG Stuttgart DAVorm 1982, 995 f; zur Problematik ausf WIESER FamRZ 1990, 693 ff). Dabei ist strikt zu beachten, daß auch Vollzugsmaßnahmen unter der

Herrschaft des Kindeswohlprinzips stehen, die kindesschützende Zielsetzung der Entscheidungen nach § 1666 also nicht konterkarieren dürfen (s Rn 257 f). Dies gilt besonders für **Gewaltanwendung gegen das Kind** selbst. Während letztere nach der überwiegenden Literaturauffassung überhaupt unzulässig ist (Gernhuber/Coester-Waltjen § 57 V 4), wird sie von § 90 Abs 2 S 1 FamFG (= § 33 Abs 2 S 2 FGG aF) nur zur Umgangserzwingung ausgeschlossen. Neu ist in § 90 Abs 2 S 2 FamFG die weitergehende Zulassung von unmittelbarem Zwang gegen ein Kind, wenn dies „unter Berücksichtigung des Kindeswohls gerechtfertigt ist" und mildere Mittel nicht zur Verfügung stehen. Da zum Kindeswohl auch und gerade die **Grundrechte** des Kindes gehören (BayObLG aaO), wird von § 90 Abs 2 S 2 FamFG nur **äußerst zurückhaltend Gebrauch** gemacht werden dürfen:

Gewaltanwendung führt in grundrechtssensible Bereiche. **Art 20 GG** wurde zur Begründung herangezogen, daß auf der Vollzugsebene nochmals gesondert der **Grundsatz der Verhältnismäßigkeit** zu beachten ist: Besteht zB bei Vollzug einer Herausgabeanordnung gegen die Pflegeeltern ernsthafte Selbstmordgefahr des Kindes, wäre zwangsweiser Vollzug kindeswohlwidrig und unverhältnismäßig (BayObLG FamRZ 1985, 737, 739, nach grundsätzlicher Herausgabeanordnung FamRZ 1984, 1259, 1262 f; **krit** Knöpfel FamRZ 1985, 1211, 1216; **dagegen** wiederum zutr Lempp FamRZ 1986, 1061, 1063; Wieser FamRZ 1990, 693, 697 f). **Art 2 GG** verbietet, den festgefügten Willen älterer Kinder (etwa ab 10., spätestens ab 14. Lebensjahr) mit Gewalt zu brechen (BGH FamRZ 1975, 273, 276; BayObLGZ 1974, 317; DAVorm 1983, 78, 82; FamRZ 1984, 932, 933; FamRZ 1985, 737; FamRZ 1997, 954, 956; Salgo, in: FS Schwab [2005] 891, 905 f). Anderes wird ausnahmsweise gelten müssen, wenn das Wohl des Kindes das Brechen seines Willens erfordert – etwa bei krankhaften, symbiotischen Bindungen an die Bezugsperson, die eine eigenständige Persönlichkeitsentwicklung des Kindes verhindern (Rn 121, 146 ff). Schließlich würde es gegen **Art 1 GG** verstoßen, wenn der Widerstand des Kindes durch psychiatrische Zwangsbehandlung überwunden würde (BayObLG FamRZ 1985, 737, 739 [15 ½jähriges Mädchen; das LG hatte als die Herausgabe vorbereitende Maßnahme die Unterbringung in einem Nervenkrankenhaus angeordnet]; zust Lempp FamRZ 1986, 1061, 1063). Wer hierin eine „wirksame Hilfe für gestörte Menschen", den legitimen Abbau kindlicher Trotzhaltung sieht (so Schütz FamRZ 1986, 528, 529 f; ähnl Knöpfel FamRZ 1985, 1211, 1216), muß sich nach seinem Verhältnis zur Wertordnung des Grundgesetzes fragen lassen. Die Devise „fiat iustitia, et pereat infans" kann in derartigen Fällen auch nicht mit dem „Ansehen der Justiz" gerechtfertigt werden, das durch die Nichtvollziehbarkeit der Anordnung leide (Knöpfel aaO; das Gegenteil ist richtig), oder mit dem Aspekt der Generalprävention (verbreitete eigenmächtige Lösung der Kinder von ihren Eltern, Knöpfel aaO). Richtig ist nur, daß hier eine Kollision von Kindesgrundrechten und verfassungsrechtlichem Elternrecht in Wirklichkeit nicht vorliegt – nicht, weil es ein Kindesrecht im Gegensatz zum Elternrecht nicht gäbe (so Knöpfel 1213; ähnl Schütz FamRZ 1987, 438, 439), sondern weil das Elternrecht auf Grund seiner Pflichtgebundenheit und weitgehenden Fremdnützigkeit per definitionem nicht in Gegensatz zu objektiv erkennbaren, schwerwiegenden Kindesinteressen treten kann (BVerfG FamRZ 1986, 871, 874; FamRZ 1986, 1079).

292 Scheitert der Vollzug von Herausgabeanordnungen aus vorstehenden Gründen, muß die **sorgerechtliche Lage den Fakten angepaßt werden**, uU sind die wesentlichen Erziehungskompetenzen auf einen Pfleger oder Vormund zu übertragen (vgl Rn 204).

l) Spätere Überprüfung, § 166 FamFG

Die der Entscheidung gem § 1666 nachfolgende Überprüfung und gegebenenfalls 293
Abänderung, bisher § 1696 aF, ist in seiner *verfahrensrechtlichen* Komponente in
§ 166 Abs 2, 3 FamFG ausgelagert; bezüglich der *materiellrechtlichen* Komponente
verweist § 166 Abs 1 FamFG nur deklaratorisch auf (den geänderten) § 1696.

Gemäß **§ 166 Abs 2 FamFG** sind länger dauernde **kindesschutzrechtliche Maßnahmen** 294
„**in angemessenen Zeitabständen zu überprüfen**". Dies folgt aus der Subsidiarität des
staatlichen Wächteramts und entspricht weitgehend dem bisherigen Recht (§ 1696
Abs 3 aF). § 166 Abs 2 FamFG bezieht sich schwerpunktmäßig auf Maßnahmen
nach § 1666, erstreckt sich aber auch auf kindesschutzrechtliche Maßnahmen anderer Art (vgl STAUDINGER/COESTER [2006] § 1696 Rn 14 f, 28, 99). Auf das Gewicht (Eingriffsintensität) der Maßnahme kommt es nicht an (MünchKomm-ZPO/HEILMANN § 166
FamFG Rn 18); insbesondere sollten auch Ge- oder Verbote (oben Rn 219) als „längerdauernde Maßnahmen" angesehen werden, damit eine Folgenkontrolle stattfinden
kann (§ 166 Abs 3 FamFG [Rn 299] greift nicht ein). Zur Überprüfung (und gegebenenfalls Änderung) verpflichtet ist **das für ein potentielles Änderungsverfahren
zuständige Gericht**, also nicht notwendig dasjenige, das die Erstentscheidung erlassen
hat (BGH FamRZ 1992, 170). Bei oberinstanzlichen Entscheidungen ist das Gericht
erster Instanz, also das **FamG** zuständig (vgl BayObLG DAVorm 1984, 1048, 1055). Das
Überprüfungsverfahren ist ein **informelles, selbständiges Vorverfahren**, es dient der
Vergewisserung, ob ein Änderungsverfahren einzuleiten ist oder nicht (THALMANN
DRiZ 1980, 180 f). § 166 Abs 2 FamFG gebietet nicht die periodische Wiederaufrollung
des Falles, an deren Ende eine förmliche Entscheidung über den Fortbestand der
Maßnahme zu stehen hätte, denn schon das Verfahren selbst kann das Kind und
andere Beteiligte verunsichern (vgl STAUDINGER/COESTER [2006] § 1696 Rn 44; THALMANN
181).

Der **Umfang der Überprüfung** richtet sich grundsätzlich nach dem *Einzelfall* – das 295
heißt nach der Art der getroffenen Maßnahme, den Aussichten auf Veränderungen
sowie dem Ergebnis vorangegangener Überprüfungen. Die Einholung einer Stellungnahme des Jugendamts kann genügen, unter Umständen sind die Beteiligten
anzuhören (MünchKomm-ZPO/HEILMANN § 166 FamFG Rn 21). Das Überprüfungsverfahren findet seinen Abschluß in einem Aktenvermerk, in dem das Fehlen von Änderungsgründen oder die Einleitung des Änderungsverfahrens festgehalten wird.

Auch die „**angemessenen Zeitabstände**", innerhalb derer die Überprüfung vorzuneh- 296
men ist, richten sich nach den Gegebenheiten des Einzelfalls (ausf MünchKomm-ZPO/
HEILMANN § 166 FamFG Rn 19). Eine Erstüberprüfung ist regelmäßig nach kurzer Zeit
angezeigt, nach mehreren ergebnislosen Überprüfungen können die Abstände
größer werden. Genannt werden Fristen von ein bis drei Jahren (BayObLG FamRZ
1990, 1132, 1134 [acht Jahre jedenfalls zu lang, bei schwerwiegenden Eingriffen ein bis eineinhalb
Jahre]; vgl THALMANN DRiZ 1980, 180, 182). Derartige Generalisierungen entbinden jedoch nicht von der Pflicht zur Aufhebung oder Änderung, wenn dem Gericht vorher
wesentliche Veränderungen des Sachverhalts bekannt werden.

Hat die Erstentscheidung zu einer **Trennung von Kind und Eltern** geführt, ist zusätz- 297
lich **§ 37 Abs 1 SGB VIII** zu beachten. Demnach haben mit der Herausnahme des
Kindes aus seiner Familie jugendhilferechtliche Bemühungen um deren Rekonsti-

tuierung einzusetzen, nach Absprache mit dem FamG schon im Entzugverfahren (COESTER FamRZ 1991, 253, 259). Diese Bemühungspflicht ist begrenzt auf einen „im Hinblick auf die Entwicklung des Kindes oder Jugendlichen vertretbaren Zeitraum" (§ 37 Abs 1 S 2 SGB VIII), danach ist nach einer anderen Lebensperspektive für das Kind zu suchen (§ 37 Abs 1 S 4 SGB VIII). Die Formulierung in § 37 Abs 1 S 2 SGB VIII muß als **Konkretisierung der „angemessenen Zeitabstände"** gem § 166 Abs 2 FamFG verstanden werden, es kommt demnach wesentlich auf Alter und Entwicklung des Kindes, sein Zeitgefühl und sein Bedürfnis nach endgültiger Zuordnung an (SALGO, in: WIESNER/ZARBOCK, Das neue Kinder- und Jugendhilfegesetz [1991] 115 ff, 140; HEILMANN, Kindliches Zeitempfinden und Verfahrensrecht [1998] 125; zur kindlichen Zeitperspektive BT-Drucks 11/5948, 75; ZENZ, Gutachten 54. DJT [1982] A 49, 50 sowie grundlegend HEILMANN aaO). Die dem Kind zumutbare „Schwebephase" wird im allgemeinen bei einem Jahr angesiedelt (ZENZ, Kindesmißhandlung 264, 299).

298 Die Überprüfungspflicht des Gerichts gem § 166 Abs 2 FamFG und Bemühungspflicht des Jugendamts gem § 37 Abs 1 S 2–4 SGB VIII *ergänzen* sich somit. Kommt es wegen Fortbestands der Gefahr nach dem Vertretbarkeitszeitraum des § 37 Abs 1 S 2 SGB VIII nicht zu einer Aufhebung des Sorgerechtseingriffs, so entbindet der anschließende Richtungswechsel der jugendhilferechtlichen Intervention nicht von weiteren Überprüfungen durch das FamG, so lange es nicht zu einer endgültigen Neuzuordnung des Kindes gekommen ist. Bei dauerhafter Fremdunterbringung ohne Adoption ist jedoch darauf zu achten, daß nicht Kind und Pflegeeltern durch ständig neue Überprüfungen verunsichert werden (BAER FamRZ 1982, 221, 231; SALGO, Pflegekindschaft und Staatsintervention [1987] 258 ff).

299 Die gerichtliche **Überprüfungspflicht** besteht gem § **166 Abs 3 FamFG** aber auch, wenn das Gericht **von Maßnahmen** nach § **1666 abgesehen hat** (zu dieser Voraussetzung näher MünchKomm-ZPO/HEILMANN § 166 FamFG Rn 24). Hintergrund der Neuregelung ist vor allem das Erörterungsgespräch gem § 157 FamFG (Rn 264 ff; vgl ZYPRIES, BT-Plenarprotokolle 16/157, 16543): Versprechen Eltern unter dem Druck gerichtlicher Autorität Bemühungen um Gefahrabwendung und Kooperation mit dem Jugendamt, so soll § 166 Abs 3 FamFG die fortdauernde Präsenz des gerichtlichen Wächters gewährleisten (BT-Drucks 16/6308, 243; näher COESTER, in: LIPP/SCHUMANN/VEIT, Reform 50 ff; FELLENBERG FPR 2008, 125, 127; MEYSEN JAmt 2008, 233, 239; ROSENBOOM/ROTAX ZRP 2008, 1, 2; WILLUTZKI ZKJ 2008, 139, 142; NEUMANN DRiZ 2007, 66 f). Sie kann vor allem auch hilfreich sein für die Bereitschaft der Eltern, nach dem Verfahren mit dem Jugendamt zusammen zu arbeiten (BT-Drucks 16/6815, 5; MEYSEN, in: LIPP/SCHUMANN/VEIT, Reform 75, 87; vgl OLG Brandenburg ZKJ 2009, 291 ff). Dies ist aus dem staatlichen Wächteramt gerechtfertigt, wenn trotz (einstweiligen) Absehens von gerichtlichen Maßnahmen eine „mögliche Gefährdung des Kindeswohls" fortbesteht (vgl § 157 Abs 1 FamFG). Hat das Gericht hingegen keine Maßnahmen ergriffen, weil sich eine Kindesgefährdung als nicht bestehend herausgestellt hat, würde eine spätere Überprüfung der Familiensituation einen ungerechtfertigten Eingriff in die Familienautonomie bedeuten. Der zu weit gefaßte Tatbestand des § 166 Abs 3 FamFG ist deshalb verfassungskonform zu reduzieren auf Fälle, in denen die konkrete Möglichkeit einer Kindesgefährdung auch nach Abschluß des familiengerichtlichen Verfahrens fortbesteht (COESTER, in: LIPP/SCHUMANN/VEIT, Reform 51; vgl RÖCHLING FamRZ 2007, 431, 433; ROSENBOOM/ROTAX ZRP 2008, 1, 2; VEIT FPR 2008, 598, 600 f; VOGEL FF 2008, 231, 233). Ist dies jedoch der Fall, erscheint die tatbestandliche Beschränkung auf eine *einmalige*

Überprüfung wiederum zu eng (vgl COESTER aaO). Danach liegt die Überwachungsaufgabe wieder in erster Linie beim Jugendamt. Für die Überprüfung gelten im übrigen die Ausführungen zu § 166 Abs 2 FamFG (Rn 294 ff) entsprechend.

3. Rechtsmittel

a) Beschwerde

Entscheidungen des FamG sind durch **befristete Beschwerde zum OLG** anfechtbar 300 (§§ 58 Abs 1 FamFG; 119 Abs 1 Buchst a) GVG; ausführliche Darstellung bei MAURER FamRZ 2009, 465 ff). Entscheidungen im Verbundverfahren (§ 137 Abs 3 FamFG) sind im Rahmen der Beschwerde als Folgesache abzuhandeln; bei isolierter Anfechtung nur der Sorgerechtsentscheidung gilt wieder § 58 Abs 1 FamFG. Die Beschwerde soll begründet werden, § 65 Abs 1 FamFG (näher MAURER FamRZ 2009, 465, 473 f). **Unanfechtbar** sind hingegen die Entscheidung über die Verfahrenseinleitung (OLG Koblenz FamRZ 2006, 143), bloße **Zwischenverfügungen** des Gerichts (vgl § 58 Abs 2 FamFG) wie die Ablehnung der Aussetzung der sofortigen Vollziehung, der Bestellung eines Verfahrensbeistands (Rn 269–271), Abtrennungsentscheidungen im Verbundverfahren (§ 140 Abs 6 FamFG) oder Beweisanordnungen, sofern sie sich im Rahmen des Hauptverfahrens halten und nicht eigenständig in persönliche Rechte der Beteiligten eingreifen (BayObLG NJWE-FER 1998, 43 mwN; bei psychologischen Begutachtungen des Kindes ist dies jedoch regelmäßig der Fall, da das Sorgerecht berührt wird, BayObLG FamRZ 1995, 501). Der Eingriffscharakter einer Begutachtung der elterlichen „Erziehungsfähigkeit" sollte außer Zweifel stehen (anders OLG Koblenz FamRZ 2006, 143; zutr für Untersuchung auf eine „Alkoholerkrankung" OLG Oldenburg FamRZ 2007, 1574 f; vgl Rn 268).

Die **Beschwerdeberechtigung** folgt aus §§ 59, 60 FamFG. Beschwerdeberechtigt sind 301 demnach vor allem die *Eltern* (jedoch nicht mehr, wenn ihnen das Personensorgerecht bereits entzogen worden ist [BGH FamRZ 1956, 379; OLG Hamm FamRZ 1973, 318] oder nie zustand [OLG Hamm FamRZ 2006, 1467 ff (nichtehelicher Vater)]); anders bei vorläufiger Entziehung des Personensorgerechts [OLG Köln FamRZ 1972, 218; vgl aber auch Rn 253 ff]) sowie gem § 60 FamFG das über *14jährige Kind* (auch gegen die Ablehnung einer vom Kind angeregten Maßnahme, s Rn 262; vgl BayObLG FamRZ 1997, 954; OLG Köln FamRZ 2001, 1087, 1088). Beschwerdeberechtigt ist gem § 163 Abs 3 S 2 auch das *Jugendamt* (OLG Köln FamRZ 2001, 1087, 1088) sowie der *Verfahrensbeistand*, § 158 Abs 4 S 5 FamFG. **Nicht beschwerdeberechtigt** sind hingegen die Pflegeeltern (BGH FamRZ 2000, 219 ff), auch nicht bei Beteiligung am Verfahren gem § 161 Abs 1 S 1 FamFG, die Stiefelternteile oder Verwandte/Verschwägerte des Kindes, auch wenn diese das Verfahren nach § 1666 angeregt haben (OLG Zweibrücken FamRZ 2007, 302 [Großmutter]; JOHANNSEN/HENRICH/BÜTE Rn 88; MünchKomm/OLZEN Rn 220).

In der Funktion als Beschwerdegericht tritt das **OLG als Tatsacheninstanz** voll an die 302 Stelle des FamG (dieses hat keine Abhilfebefugnis, § 68 Abs 1 S 2 FamFG), es überprüft den gesamten Sachverhalt eigenverantwortlich neu und hat grundsätzlich in der Sache selbst zu entscheiden, § 69 Abs 1 S 1 (keine Beschränkung auf eine „Plausibilitätskontrolle", vgl BVerfG FamRZ 2009, 189, 190 f; Zurückverweisung nur in Ausnahmefällen, § 69 Abs 1 S 2, 3; MünchKomm-ZPO/HEILMANN § 155 FamFG Rn 44). Es ist dabei allerdings auf die Fragen beschränkt, die den Gegenstand des erstinstanzlichen Verfahrens und der Beschwerde bilden. In diesem Rahmen ist es ebenso wenig wie das FamG an Anträge gebunden, es kann die angefochtene Entscheidung auch zum

Nachteil des Beschwerdeführers ändern (reformatio in peius, BGH FamRZ 1985, 44, 46; 2008, 45, 48; OLG Brandenburg FamRZ 2007, 577, 578; JOHANNSEN/HENRICH/SEDEMUND-TREIBER § 621e ZPO Rn 18a, 20). Es kann aber nicht andere Verfahrensgegenstände, die nicht Thema der Anfechtung waren, entscheiden (im Verfahren nach § 1666 etwa Sorgerechtsübertragungen nach § 1671 oder Umgangsregelungen nach § 1684 Abs 3, 4) – damit würde den Beteiligten eine Instanz genommen (OLG Hamm FamRZ 2007, 1677, 1678; SALGO, in: FS Schwab [2005] 891, 910 in Kritik an OLG Frankfurt FamRZ 2005, 1700 ff). Zur Verpflichtung, ggf ein (weiteres) Sachverständigengutachten einzuholen, vgl Rn 284, 286. Die **Anhörungspflichten** gelten für das Beschwerdegericht grundsätzlich gleichermaßen (vgl §§ 68 Abs 3 S 1 mit 159 ff FamFG). Die Anhörung durch den Berichterstatter als beauftragten Richter genügt, wenn dieser bei der Beschlußfassung des Senats mitwirkt (BayObLG FamRZ 1975, 279; 1976, 43, 47; ZBlJugR 1981, 272, 275; DAVorm 1982, 359, 363; DAVorm 1982, 611, 614; BayObLGZ 1983, 231, 234; DAVorm 1984, 1048, 1053; ZfJ 1984, 1048, 1053; ZfJ 1985, 36, 37; FamRZ 1986, 102, 103; FamRZ 1998, 1042, 1043; 1999, 318, 319; anders für die förmliche Beweisaufnahme: OLG Stuttgart MDR 1980, 1030, 1031). Dabei kann der Senat auch dessen persönlichen Eindruck mitverwerten. Ist dieser jedoch für die Entscheidungsfindung von zentraler Bedeutung, muß die Anhörung vor dem vollbesetzten Senat stattfinden (BGH NJW 1985, 1702, 1705 [zu § 1671]; BayObLG FamRZ 1999, 318, 319). Das gilt nicht, wenn der Senat die Beschwerde einem seiner Mitglieder als Einzelrichter übertragen hat (§ 68 Abs 4 FamFG).

303 Die **erneute Anhörung kann unterbleiben**, wenn eine der schon für das FamG beachtlichen Ausnahmen eingreift (Rn 277 ff), ferner dann, wenn von einer erneuten Anhörung „keine zusätzlichen Erkenntnisse zu erwarten sind", § 68 Abs 3 S 2 FamFG. Einer erneuten Anhörung bedarf es jedoch, wenn es auf den persönlichen Eindruck von den Beteiligten besonders ankommt und das OLG von der Entscheidung des FamG abweichen will (BayObLG DAVorm 1986, 269, 272 f). Ein Absehen von erneuter Anhörung nach den vorgenannten Grundsätzen setzt voraus, daß die wesentlichen Inhalte der erstinstanzlichen Anhörung in einem Protokoll oder Aktenvermerk niedergelegt sind – andernfalls fehlen dem OLG wesentliche Entscheidungsgrundlagen (BayObLG FamRZ 1982, 634, 637; 1980, 1150, 1151 f; OLG Hamm FamRZ 1999, 36, 37).

b) Rechtsbeschwerde

304 Gegen die Beschwerdeentscheidung des OLG ist die **Rechtsbeschwerde zum BGH** nur nach Zulassung durch das OLG statthaft, § 70 Abs 1, 2 FamFG; eine Nichtzulassung ist nicht anfechtbar (MAURER FamRZ 2009, 465, 483). Die auf Rechtsfragen beschränkte Überprüfung durch den BGH (§ 72 FamFG) umfaßt die volle Nachprüfung der unbestimmten Rechtsbegriffe im Tatbestand des § 1666, die Beachtung der Ermittlungs- und Anhörungspflichten sowie etwaige Verstöße gegen die Denkgesetze bei Bewertung der festgestellten Tatsachen (näher OLG Hamm FamRZ 1998, 447, 448; KEIDEL/KUNTZE § 27 FGG Rn 42). *Neue Tatsachen* können grundsätzlich nicht berücksichtigt werden (BayObLG FamRZ 1997, 1553, 1554; zur Problematik Rn 257 f); eine Ausnahme gilt, wenn die angeführten neuen Tatsachen als Restitutionsgründe entspr §§ 580 ff ZPO geltend gemacht werden könnten (OLG Karlsruhe FamRZ 1977, 148 f). Auch im selbständigen FamFG-Verfahren herrscht vor dem BGH Anwaltszwang (§ 10 Abs 4 S 1 FamFG; anders für Behörden und jur Personen des öffentlichen Rechts, ebenda S 2).

4. Einstweilige Anordnungen

Besteht ein dringendes Bedürfnis für ein sofortiges Einschreiten des FamG, so daß eine Hauptentscheidung gem § 1666 nicht ohne zusätzliche Gefährdung des Kindes abgewartet werden kann, ist der Kindesschutz durch **einstweilige Anordnung** sicherzustellen, § 49 Abs 1 FamFG (dazu LÖHNIG/HEISS FamRZ 2009, 1101 ff). Es handelt sich um ein selbständiges Verfahren vor oder neben dem Hauptsacheverfahren, § 51 Abs 3 FamFG. Maßgeblicher Zeitpunkt für das *Beschwerdegericht* (vgl § 50 Abs 1 S 2 FamFG) ist dessen Entscheidung (BayObLG NJW 1992, 1971, 1972; FamRZ 1995, 502 f; 1995, 948, 949; 1997, 387). Im Interesse effektiven, schnellen Kindesschutzes verweist das FamFG bei den Kindschaftssachen mehrfach auf die verantwortliche Prüfung einer einstweiligen Anordnung: Wenn im frühen 1. Termin eine einvernehmliche Problemlösung nicht zustande kommt (§ 156 Abs 3 S 1); bei Anordnung zeitaufwändiger Beratungen oder Begutachtungen (§ 156 Abs 3 S 2) und ganz generell bei Verfahren nach § 1666, insbesondere auch schon bei der Gefährdungserörterung nach § 157 (§ 157 Abs 3). Schwere und Aktualität der Gefährdung und Schwere sowie Folgen des Eingriffs sind gegeneinander abzuwägen (BayObLG FamRZ 1997, 387; OLG Düsseldorf FamRZ 1995, 950 [LS]; OLG Naumburg FamRZ 2001, 770, 771; vgl Rn 91–93 sowie unten Rn 307).

Als **typische Anwendungsfälle** begegnen in der Rechtsprechung

– die *Herausnahme des Kindes aus der Familie* bei Indizien für eine schwerwiegende Gefährdung (BayObLG FamRZ 1989, 421, 422; 1999, 178, 179; 1999, 318 ff; OLG Köln FamRZ 2000, 1240; OLG Naumburg FamRZ 2001, 770 [sexueller Mißbrauch]; OLG FamRZ 2006, 1478 [aggressive Ausbrüche der Mutter, Selbstmorddrohungen, wiederholte stationäre psychiatrische Behandlung]; AG Saarbrücken FamRZ 2003, 1859, 1860 [von Eltern torpedierter Schulbesuch]; in concreto abgelehnt BayObLG FamRZ 1997, 387 f) oder zur schnellen Sicherung einer dauerhaften Plazierung des Kindes, wenn die Eltern offensichtlich ungeeignet sind (KG FamRZ 1981, 590, 592; vgl auch BVerfG FamRZ 1982, 567; 2002, 1021);

– die *Abwehr elterlicher Herausgabeansprüche,* wenn sich das Kind schon bei Dritten befindet und Anhaltspunkte bestehen, daß das Kind bei den Eltern gefährdet wäre (AG und LG Hanau DAVorm 1976/77, 513, 515 [nicht erst Herausgabe mit anschl Prüfung, ob dies für das Kind tragbar ist]);

– die *Erhaltung des status quo bei Herausgabestreitigkeiten im Rechtsmittelzug,* um häufige Plazierungswechsel des Kindes zu vermeiden – dies geschieht insbes, wenn der Vollzug einer vorinstanzlichen Entscheidung verhindert werden soll, von der das höhere Gericht möglicherweise abweichen wird (BVerfG FamRZ 2007, 1626 f; 2009, 189 f; BayObLG DAVorm 1985, 701, 702; DAVorm 1985, 817 ff; FamRZ 1985, 737; FamRZ 1981, 814, 816; s Rn 134).

Es genügt, daß die **Voraussetzungen** für eine einstweilige Anordnung **glaubhaft gemacht** sind, dies gilt auch für die Dringlichkeit selbst (BayObLG NJW 1992, 1971, 1972). Das bedeutet, daß die *Gewißheitsanforderungen* als konstitutiver Teil des Gefährdungsbegriffs (Rn 81 ff, 88 f) für nur einstweilige Anordnungen *zurückgenommen* werden, auf eine Linie, die dem § 8a Abs 1 SGB VIII („gewichtige Anhaltspunkte") oder dem § 157 FamFG („mögliche Gefährdung") entsprechen dürfte (OLG Koblenz

FamRZ 2009, 987, 988). Der niedrigeren Eingriffsschwelle entspricht (rechtfertigend) die *Einstweiligkeit* der Maßnahme sowie die im Erfordernis der „Dringlichkeit" enthaltene besondere *Schwere* der drohenden Rechtsverletzung des Kindes (zur Problematik s noch Rn 310). Einer erschöpfenden Sachverhaltsaufklärung bedarf es nicht, der Umfang der Ermittlungen steht im pflichtgemäßen Ermessen des Gerichts (BayObLG FamRZ 1989, 421, 423; FamRZ 1988, 748, 749; DAVorm 1983, 381, 385; FPR 1997, 233, 234; OLG Köln FamRZ 1996, 1027, 1028). Dabei kann hier auch der Bericht des Jugendamts genügen (anders bei der Hauptentscheidung, Rn 267). Allerdings muß sich die Glaubhaftmachung auf kindesgefährdende *Tatsachen* beziehen, nicht ausreichend sind bloße Behauptungen, Vermutungen oder Werturteile (BayObLG DAVorm 1983, 381, 385; FamRZ 1980, 1064, 1065; OLG Hamm DAVorm 1986, 540, 543 f), insbes bei anstehenden schwerwiegenden Eingriffen in die Familie (zweifelhaft deshalb KG FamRZ 1994, 119, 121). Hier, insbes vor Eltern-Kind-Trennungen, ist auch im Anordnungsverfahren eine Ausschöpfung aller Ermittlungsmöglichkeiten des Gerichts geboten, solange dadurch nicht eine zusätzliche Gefahr für das Kind entsteht – andernfalls droht ein Verstoß gegen Art 6 Abs 3 GG (BVerfG FamRZ 2002, 1021, 1023; OLG Saarbrücken FamRZ 2008, 711, 712; vgl § 1666a Rn 24). *Blockieren* die Eltern die aufgrund konkreter Anhaltspunkte für eine Kindesgefährdung gebotene Aufklärung durch das FamG, so kann dies für sich die Dringlichkeit einer kindesschützenden einstweiligen Anordnung begründen (OLG Köln FamRZ 2007, 1682).

308 Die vorgeschriebenen **Anhörungen** sind grundsätzlich durchzuführen (BVerfG FamRZ 2002, 1021, 1023; EGMR FamRZ 2005, 585 Nr 99; OLG Saarbrücken FamRZ 2008, 711); wird wegen Gefahr im Verzuge von ihnen zunächst abgesehen, sind sie unverzüglich nachzuholen (§§ 159 Abs 3, 160 Abs 4 FamFG), notfalls und spätestens durch das Beschwerdegericht (BayObLG FamRZ 1985, 635, 636).

309 Für die zu treffenden **Maßnahmen** gilt der Grundsatz der Verhältnismäßigkeit, insbesondere das **Gebot des geringstmöglichen Eingriffs** (Rn 211, 213 ff) in besonderem Maße (§ 1666a Rn 9; BVerfG FamRZ 2002, 1021, 1023) – zum einen im Hinblick auf die reduzierten Ermittlungs- und Gewißheitsanforderungen (Rn 307), zum anderen im Hinblick auf den Umstand, daß die durch den Eingriff, insbesondere durch Trennung von Kind und Eltern geschaffenen Fakten oft durch Zeitablauf (Dauer des Hauptverfahrens) „vollendete Tatsachen" schaffen (vgl generell BVerfG FamRZ 2008, 2188 Nr 38; EGMR FamRZ 2005, 585 Nr 103; speziell zu einstweiligen Anordnungen BVerfG FamRZ 2002, 1021, 1023 f; 2007, 1626 f; 2009, 189 f; OLG Saarbrücken FamRZ 2008, 711, 712). Erscheint eine einstweilige Trennung von Kind und Eltern unumgänglich, so genügt hierfür in aller Regel ein Entzug des Aufenthaltsbestimmungsrechts statt der gesamten Personensorge (OLG Saarbrücken aaO; vgl generell Rn 213 ff). Dabei ist grundsätzlich der **Umgang** von Kind und Eltern miteinander (§ 1684 Abs 1) zu regeln, sofern nicht auch dieser aus Kindesschutzgründen ausgeschlossen werden muß (§ 1684 Abs 4; zum Umgang während des laufenden Verfahrens SCHAUDER ZKJ 2007, 92; zur EMRK nachdrücklich der EGMR – FamRZ 2005, 585 Nr 103). Bei Gewalt- oder sexuellen Mißbrauchsgefahren und darauf aufbauenden Maßnahmen (insbes nach Abs 3 Nr 3, 4) ist eine Vollstreckung der einstweiligen Anordnung schon vor Zustellung an den Verpflichteten zulässig (§ 53 Abs 2 FamFG).

310 Die **Geltungsdauer** einer einstweiligen Anordnung ist grundsätzlich nicht begrenzt (**Befristungen** durch das Gericht selbst, etwa im Hinblick auf den Verhältnismäßigkeitsgrundsatz, sind allerdings möglich, § 56 Abs 1 S 1 FamFG; vgl OLG Köln FamRZ 1996, 1027, und uU sogar geboten, OLG Naumburg FamRZ 2001, 770, 771; BVerfG FamRZ 2002, 1021, 1024, auch im Hinblick auf das Beschleunigungsgebot [Rn 259], MünchKomm-ZPO/ HEILMANN § 155 FamFG Rn 40; vgl § 1666a Rn 24). Änderungen der Anordnung, etwa auf sofortige Beschwerde, sind jederzeit möglich (§ 54 Abs 1 S 1 FamFG), nach ihrem Vollzug (Umsetzung des Kindes) aber nur in Ausnahmefällen, um bis zur Hauptsachenentscheidung wiederholte Aufenthaltswechsel zu vermeiden (OLG Dresden FamRZ 2003, 1306, 1307; OLG Hamm FamRZ 2006, 1478 f; OLG Köln NJW 1999, 234; OLG Brandenburg FamRZ 1998, 1249). Ist ein Hauptverfahren nicht absehbar oder ruht es, so kann hieraus die fehlende Dringlichkeit zu folgern sein – die einstweilige Anordnung ist dann aufzuheben (MünchKomm/OLZEN Rn 231; SOERGEL/STRÄTZ Rn 57). Nach OLG Braunschweig (OLGZ 1966, 83, 84 f) soll dies noch nicht geboten sein, wenn das Hauptverfahren bereits 2 Jahre andauert. Diese Praxis gibt zu Bedenken Anlaß – oft laufen allein die Rechtsmittelverfahren hinsichtlich der vorläufigen Anordnung über viele Monate oder über 1 Jahr, ohne daß von einem eingeleiteten Hauptverfahren die Rede wäre (vgl BayObLG FamRZ 1984, 929 ff; FamRZ 1984, 933 ff). Im Hinblick auf die Gefahr der Schaffung „vollendeter Tatsachen" (Rn 259) wird deshalb zu Recht einer Tendenz entgegengetreten, einstweilige Anordnungen gewissermaßen als „summarisches Verfahren" in scheinbar eindeutigen Fällen zur de facto endgültigen Gestaltung einzusetzen (BVerfG NJW 2009, 1133, 1134 Nr 26, 31, 32; FamRZ 2002, 1021, 1024; OLG Hamm DAVorm 1986, 540; OLG Naumburg FamRZ 2001, 770, 771; LG Freiburg FamRZ 1985, 95). Dies ist im Hinblick auf die faktisch abgesenkte Eingriffsschwelle bei einstweiligen Anordnungen (Rn 307) auch *verfassungsrechtlich bedenklich*. Hieran findet auch eine offenbar gegenläufige Tendenz des FamFG (§§ 51, 52) ihre Grenze (vgl Rn 307). Im Hinblick auf den verfassungsrechtlich vorgegebenen Verhältnismäßigkeitsgrundsatz (Rn 211) sowie das Beschleunigungsgebot des § 155 FamFG scheidet auch die Anordung einer Mindestdauer gemäß § 52 Abs 1 FamFG aus (aA MünchKomm-ZPO/SOYKA § 52 FamFG Rn 38).

311 Ergeht hingegen eine endgültige Entscheidung im Hauptverfahren, so wird die einstweilige Anordnung von selbst hinfällig, ein Rechtsmittel gegen sie wird unzulässig (BayObLG DAVorm 1985, 335, 337; OLG Hamm FamRZ 1972, 520, 521). Eine durch das Beschwerdegericht erlassene einstweilige Anordnung kann jedoch auch bei Zurückverweisung in der Hauptsache wirksam bleiben bis zu deren Entscheidung durch das FamG (OLG Hamm FamRZ 1995, 1209 f [selbständig anfechtbar]).

5. Kosten

312 Die **Gerichtskosten** sind im **FamGKG** geregelt, sie umfassen die Gebühren und die Auslagen (§ 1). Der Verfahrenswert in Kindschutzsachen beträgt 3000 € (auch bei mehreren betroffenen Kindern), § 45 Abs 1, 2. **Zahlungspflichtig** ist der Elternteil, den das Gericht nach billigem Ermessen bestimmt, § 24 Nr 1; die Kosten können aber auch niedergeschlagen werden. Der Verfahrensbeistand ist niemals Kostenschuldner, § 158 Abs 8 FamFG.

VII. Auslandsbezüge

313 1. Die **internationale Zuständigkeit** ist bei Fällen mit Auslandsbezug in jeder Lage des Verfahrens von Amts wegen zu prüfen (BGHZ 60, 68, 70 f; BayObLG IPRax 1984, 96).

Die allgemeinen Regelungen in § 99 FamFG (dazu HAU FamRZ 2009, 821, 822 ff) sind weitgehend durch supranationales Recht verdrängt (vgl § 97 FamFG; HAU aaO 821 f). Die innerstaatlichen Ausführungsvorschriften zu den wichtigsten Regelungen (Brüssel II a-VO, HKÜ, ESÜ) werden im Internationalen Familienrechtsverfahrensgesetz (IntFamRVG) geregelt. **Innerhalb der Mitgliedstaaten der EU** (mit Ausnahme Dänemarks) gilt vorrangig die sogenannte **„Brüssel II a-VO"** (Verordnung [EG] Nr 2201/ 2003 über die Zuständigkeit und die Anerkennung und Vollstreckung von Entscheidungen in Ehesachen und in Verfahren betreffend die elterliche Verantwortung, ABl EU L 338 vom 23.12.2003). Maßgeblich ist danach primär der gewöhnliche Aufenthalt des Kindes (Art 9, vgl dazu EuGH FamRZ 2009, 843, 844 f Nr 31 ff; BGH FamRZ 2008, 45, 46 Nr 12), hilfsweise der schlichte Aufenthalt (Art 13); im Zusammenhang mit Eheverfahren besteht – auch für Kinder aus Nicht-EG-Staaten – eine Annexzuständigkeit des Scheidungsgerichts auch für Fragen der elterlichen Verantwortung (Art 12; im materiellen deutschen Recht vgl § 1671 Abs 3); im Einvernehmen mit den Gerichten eines anderen EU-Staats kann die Sache an diese verwiesen werden, Art 15 (vgl BUSCH IPRax 2003, 218 ff; SCHULZ NJW 2004, Beilage H 18; PIRRUNG, in: FS Schlosser [2005] 695 ff; zur – nicht eröffneten – Rechtsbeschwerde BGH ZKJ 2008, 381 f). Die *Begriffsbildung* der Brüssel II a-VO ist *autonom,* sie folgt nicht dem nationalen (deutschen) Recht und ist am Ziel der VO auszurichten (EuGH FamRZ 2008, 125, 127 Nr 45; FamRZ 2009, 843, 844 Nr 23–29; DUTTA FamRZ 2008, 835, 836, 838 f; COESTER, in: LIPP/SCHUMANN/VEIT, Reform 41 ff). Insbesondere die Begriffe „elterliche Verantwortung" und „Zivilsachen" werden vom EuGH *extensiv* ausgelegt, sie umfassen **alle gerichtlichen und behördlichen Maßnahmen, die auf die elterliche Verantwortung einwirken** – selbst dann, wenn sie im nationalen Recht auf der Schnittlinie von Familienrecht und öffentlichem Recht liegen oder sogar rein öffentlich-rechtlicher Natur sind (EuGH FamRZ 2008, 125, 126 Nr 32–36; FamRZ 2009, 843, 844 Nr 27; DUTTA 836; COESTER aaO m weit Nachw; näher KRESS 44 ff). Damit unterfallen familiengerichtliche, aber auch behördliche (jugendamtliche) Kindesschutzmaßnahmen in vollem Umfang der Brüssel II a-VO (vgl BGH FamRZ 2008, 45, 46 Nr 12; zur behördlichen Inobhutnahme EuGH FamRZ 2009, (43 ff; zur Maßgeblichkeit auch für das Jugendamt DUTTA FamRZ 2008, 835, 840 f; WICKE/REINHARDT JAmt 2007, 453 ff; COESTER aaO). Diese ist deshalb nicht nur bei der internationalen Zuständigkeit, sondern auch beim weiteren Verfahren (Anhörungen, internationaler Zusammenarbeit, Anerkennung und Vollstreckung der Entscheidung) zu beachten (näher DUTTA 840 f).

314 Für Kindesentführungsverfahren gelten das **Haager Kindesentführungs-Übereinkommen (HKÜ)**, innerhalb der EU durch die Brüssel II a-VO (Art 10, 11) allerdings modifiziert, sowie das **Europäische Sorgerechts-Übereinkommen (ESÜ)** (zum HKÜ und ESÜ s die Kommentierungen in STAUDINGER/PIRRUNG [2009] Vorbem D und E zu Art 19 EGBGB; MünchKomm/SIEHR Art 19 EGBGB Anh II, III; zu den Modifikationen durch die Brüssel II a-VO SCHULZ NJW 2004, Beilage H 18, S 3 f). Soweit diese Instrumente nicht eingreifen (räumlich oder sachlich), ist vorrangig zum deutschen nationalen Recht das **Haager Kindesschutzübereinkommen (KSÜ)** von 1996 anzuwenden (zum bis zu dessen Inkrafttreten geltenden MSA s STAUDINGER/COESTER [2004] Rn 240; zum KSÜ s WAGNER ZKJ 2008, 253). Nach Art 5 Abs 1 KSÜ bestimmt sich die internationale Zuständigkeit primär nach dem gewöhnlichen Aufenthalt des Kindes. Wenn sich die beteiligten Gerichte einigen, kann auch eine Abgabe an das Gericht des Heimatstaates des Kindes oder eines sonstigen Staates, zu dem es eine enge Verbindung hat, erfolgen (Art 8, 9 KSÜ).

Dringende Schutzmaßnahmen können stets auch von Gerichten des schlichten Aufenthaltsortes des Kindes getroffen werden (Art 11 KSÜ).

2. Zum **anwendbaren Recht** enthält die Brüssel II a-VO für den EU-Raum keine Sondervorschriften. Das **KSÜ** knüpft insoweit ebenfalls an den gewöhnlichen Aufenthalt des Kindes an: Nach Art 15 Abs 1 KSÜ haben deutsche Familiengerichte, wenn sie nach Art 15 Abs 1 KSÜ zuständig sind, auch die erforderlichen Maßnahmen nach deutschem Recht zu treffen (zum MSA BayObLG FamRZ 1997, 954, 955). Umstritten ist, ob dies auch dann gilt, wenn sich die Zuständigkeit des Gerichts nicht auf Art 5 KSÜ stützt, sondern auf die Brüssel II a-VO (zum Streitstand SCHULZ FPR 2004, 299, 300; RAUSCHER, Europäisches Zivilprozeßrecht Bd 1 [2. Aufl 2006] Art 8 Brüssel II a-VO Rn 9 mwN).

Soweit das KSÜ nicht anwendbar ist, richtet sich das anwendbare Recht nach dem autonomen deutschen Recht. Maßgeblich ist nach **Art 21 EGBGB** (ohne Unterschied danach, ob die Eltern verheiratet sind oder nicht) das Recht am gewöhnlichen Aufenthalt des Kindes. Für Fragen der elterlichen Sorge kommt Art 21 (neben den internationalen Instrumenten) aber praktisch nicht mehr zum Zuge (vgl STAUDINGER/ HENRICH [2008] Art 21 EGBGB Rn 9; zu den für Art 21 verbleibenden Themenbereichen ebenda Rn 61 ff).

3. Zu differenzieren ist schließlich auch bei **der Anerkennung und Vollstreckung ausländischer Schutzmaßnahmen**. Innerhalb der EU-Staaten enthält insoweit die **Brüssel II a-VO** vorrangige Vorschriften (Art 21 ff, 28 ff, 37 ff, 40 ff, 47; dazu §§ 16–36 IntFamRVG). Bei Kindesentführungen sind darüber hinaus die Sondervorschriften des **HKÜ** und des **ESÜ** zu beachten (s Literaturnachweise Rn 240; allerdings grds Vorrang der Brüssel II a-VO). Greifen diese Sondervorschriften nicht ein, ist wiederum das KSÜ, hilfsweise das autonome deutsche Recht maßgeblich. Handelt es sich um die Maßnahme eines Vertragsstaats zum **KSÜ**, gebietet Art 23 KSÜ die **Anerkennung** in allen anderen Vertragsstaaten, Art 24 KSÜ ermöglicht eine Anerkennungsfeststellung. Ein Verstoß gegen den deutschen ordre public entbindet von dieser Pflicht (vgl auch zu den sonstigen Versagungsgründen Art 23 Abs 2, 26). Vor der **Vollstreckung** ist eine Vollstreckbarkeitserklärung erforderlich.

Außerhalb von Brüssel II a-VO oder KSÜ ist **autonomes deutsches Recht** anzuwenden. Für Urteile der streitigen Gerichtsbarkeit gelten §§ 722, 723 Abs 2, 328 ZPO. Für Maßnahmen aus dem Bereich der FG (Begriffsbestimmung aus deutscher Sicht) gelten hinsichtlich der **Anerkennung** ausländischer Entscheidungen die Vorschriften der §§ 108, 109 FamFG, hinsichtlich der **Vollstreckbarkeit** § 110 FamFG (ie HAU FamRZ 2009, 821, 824 f). Die **Vollstreckung** selbst erfolgt stets nach deutschem Recht – so richtet sich zB die Herausgabevollstreckung nach §§ 90 ff FamFG. Im Anwendungsbereich von Brüssel II a-VO, HKÜ oder ESÜ gelten insoweit keine Besonderheiten mehr (§ 44 IntFamRVG aF ist aufgehoben).

§ 1666a
Grundsatz der Verhältnismäßigkeit; Vorrang öffentlicher Hilfen

(1) Maßnahmen, mit denen eine Trennung des Kindes von der elterlichen Familie verbunden ist, sind nur zulässig, wenn der Gefahr nicht auf andere Weise, auch nicht durch öffentliche Hilfen, begegnet werden kann. Dies gilt auch, wenn einem Elternteil vorübergehend oder auf unbestimmte Zeit die Nutzung der Familienwohnung untersagt werden soll. Wird einem Elternteil oder einem Dritten die Nutzung der vom Kind mitbewohnten oder einer anderen Wohnung untersagt, ist bei der Bemessung der Dauer der Maßnahme auch zu berücksichtigen, ob diesem das Eigentum, das Erbbaurecht oder der Nießbrauch an dem Grundstück zusteht, auf dem sich die Wohnung befindet; Entsprechendes gilt für das Wohnungseigentum, das Dauerwohnrecht, das dingliche Wohnrecht oder wenn der Elternteil oder Dritte Mieter der Wohnung ist.

(2) Die gesamte Personensorge darf nur entzogen werden, wenn andere Maßnahmen erfolglos geblieben sind oder wenn anzunehmen ist, dass sie zur Abwendung der Gefahr nicht ausreichen.

Materialien: SorgeRG Art 1 Nr 16; KinderrechteverbesserungsG Art 1 Nr 4. STAUDINGER/BGB-Synopse 1896–2005 § 1666a.

Schrifttum

S Angaben zu § 1666.

Systematische Übersicht

I. **Allgemeines**
1. Normbedeutung _____ 1
2. Normstruktur und -geltungsbereich _ 3
3. Grundproblematik _____ 4

II. **Trennung des Kindes von der Familie, Abs 1 S 1**
1. Trennung _____ 7
2. Elterliche Familie _____ 8
3. Vorrang milderer Maßnahmen im allgemeinen _____ 9
4. „Öffentliche Hilfen" insbesondere _ 10
    a) Das Spektrum öffentlicher Hilfen _ 10
    b) Die Entscheidungskompetenz über die Hilfeerbringung _____ 13
    c) Kosten _____ 21

5. Entbehrlichkeit unterstützender Maßnahmen _____ 22
6. Einstweilige Anordnungen _____ 24

III. **Besonderheiten bei Wohnungsausweisungen, Abs 1 S 2, 3**
1. Allgemeines _____ 25
2. Ausweisung eines Elternteils aus der Familienwohnung, S 2 _____ 26
3. Nutzungsrecht des Ausgewiesenen, S 3 _____ 27

IV. **Entziehung der Personensorge, Abs 2** _____ 28

Titel 5 § 1666a
Elterliche Sorge 1

Alphabetische Übersicht

S § 1666.

I. Allgemeines

1. Normbedeutung

§ 1666a ist eine unselbständige, auf § 1666 aufbauende Norm, die besonders ein- 1
schneidende Maßnahmen des FamG, dh – in faktischer Hinsicht – Trennung von
Kind und Eltern sowie – in rechtlicher Hinsicht – Entzug der gesamten Personensorge, für subsidiär gegenüber einem familienstützenden Interventionsansatz oder
milderen Eingriffen erklärt (§ 1666 Rn 4). § 1666a ist deshalb eine Konkretisierung des
Grundsatzes der Erforderlichkeit und Verhältnismäßigkeit, der aus verfassungsrechtlichen Gründen für jegliche Maßnahme nach § 1666 zu beachten ist (§ 1666
Rn 211–217; insbes BVerfGE 24, 119, 145; 60, 79, 89; FamRZ 1989, 145, 146; Erichsen/Reuter
58 f, 77). Das gilt auch für die durch das Kinderrechteverbesserungsgesetz zum 12. 4.
2002 eingefügten S 2 und 3 des Abs 1. In Korrespondenz dazu steht der durch das
KiWoMaG 2008 eingefügte Maßnahmenkatalog des § 1666 Abs 3 (dazu noch Rn 25;
zum KiWoMaG s § 1666 Rn 8, 218). Die Vorschrift ist deshalb verfassungsrechtlich nicht
zu beanstanden (BVerfG NJW 1982, 1379), hat aber **primär nur verdeutlichenden und
ermahnenden Charakter**; vereinzelt wurde sie als eigentlich überflüssig eingestuft
(Bosch FamRZ 1980, 739, 740; vgl BT-Drucks 8/2788, 31, 60 [Minderheit im Rechtsausschuß];
Erichsen/Reuter 61, 77). Insbesondere konstituiert § 1666a nicht einen eigenständigen, qualifizierten Gefährdungsbegriff, der in einschlägigen Fällen § 1666 zu unterlegen wäre (s § 1666 Rn 92). Für Simitis liegt eine wesentliche Normfunktion darin,
die interventionistische Tendenz des Kindeswohlprinzips in § 1666 in erträglichen
Grenzen zu halten (in: FS Müller-Freienfels [1986] 579, 609). Während jedoch § 1666a auch
insoweit wohl nur verfassungsrechtlich Gebotenes nachzeichnet, kann eine eigenständige Bedeutung der Norm darin gesehen werden, daß der Gesetzgeber hier
erstmalig eine **Verschränkung familiengerichtlicher Kindesschutzmaßnahmen mit dem
System öffentlicher und privater Sozialleistungen** zugunsten der Familie ausdrücklich
anerkennt und eine gewisse Beziehung herstellt (Simitis, in: Goldstein ua II 178 f; Salgo,
Pflegekindschaft 93 mwN; Rünz 111 ff; Röchling 218 ff, 241 ff [zur Entstehungsgeschichte von
§ 1666a ausf 5–30]; Münder FPR 2003, 280 ff; s iü Rn 13). Der 2008 eingefügte § 1666 Abs 3
Nr 1 führt diesen Ansatz fort (vgl dort Rn 220). Die Abkehr von einem sanktionierenden Staatseingriff bei elterlichem Fehlverhalten zugunsten eines auf Unterstützung, Förderung und Rehabilitation der Problemfamilie gerichteten Interventionsansatzes stellt nicht nur Harmonie her zwischen Art 6 Abs 1 und Abs 2 GG,
sondern trägt auch der gewachsenen Erkenntnis Rechnung, daß dem Kind am besten
in der Familie und nicht *gegen* sie geholfen werden kann (§ 1666 Rn 4; vgl auch Salgo,
Pflegekindschaft 90 u passim mit rechtsvergleichendem Material; Simitis, in: FS Müller-Freienfels
[1986] 579, 609: Kindeswohlgefährdung nicht primär „Trennungssignal", sondern „Notruf" für familienunterstützende Intervention).

Allerdings war § 1666a zunächst kaum mehr als ein gutgemeinter Programmsatz, es
fehlte an einem umfassend ausgebauten, effektiven Hilfssystem für Problemfamilien. Diese Lücke ist durch das am 1. 1. 1991 in Kraft getretene und inzwischen

mehrfach geänderte **Kinder- und Jugendhilfegesetz (KJHG = SGB VIII**; dazu § 1666 Rn 17; zur Entstehungsgeschichte RÖCHLING 157 ff) gefüllt worden. Das Netz öffentlicher und gesellschaftlicher Leistungen und Hilfsmaßnahmen, das in diesem Gesetz entfaltet wird, bildet nun den wesentlichen Bezugspunkt von § 1666a. Im SGB VIII ist *konkretisiert,* was Familien in bedrängten Lebenssituationen an staatlicher Hilfe und Unterstützung erwarten dürfen, bevor sie mit einem familiengerichtlichen Eingriff rechnen müssen, aber auch im Anschluß an einen solchen (vgl MÜNDER FPR 2003, 280 ff).

2 Die ohnehin zukunftsorientierte, auf Gefahrabwendung gerichtete **Prüfungspflicht des FamG** (§ 26 FamFG) wird durch § 1666a **erweitert**, das am Verfahren mitwirkende Jugendamt (§ 50 Abs 1 S 2 Nr 1 SGB VIII, § 162 FamFG) ist verpflichtet, das Gericht über angebotene und erbrachte, aber auch noch künftig mögliche Hilfeleistungen sowie über den Stand der Beratung der Eltern zu informieren (§ 50 Abs 2 SGB VIII). Dem entspricht eine besondere **Legitimierungspflicht** von familiengerichtlichen Eingriffen in den Entscheidungsbegründungen. Werden pflichtgemäße Erwägungen iSd § 1666a nicht dargelegt, so ist die Entscheidung rechtsfehlerhaft und in der Rechtsbeschwerdeinstanz aufzuheben (darüber hinaus drohen Grundrechtsverletzungen gem Art 6 als Grundlage von Verfassungsbeschwerden, vgl BVerfG FamRZ 1989, 145 f; NJW 1982, 1379).

2. Normstruktur und -geltungsbereich

3 Die Vorschrift bezieht sich von der systematischen Stellung her nur auf Maßnahmen nach § 1666, muß aber entsprechend gelten auch für vergleichbare Tatbestände (§§ 1632 Abs 4, 1673, 1748).

In Aufbau und Formulierung ist § 1666a mißglückt: Weder ist das Verhältnis der in beiden Absätzen genannten Eingriffe zueinander klar, noch Inhalt und Verhältnis der jeweils als vorrangig statuierten Maßnahmen. So können Trennung und Entzug der Personensorge zusammenfallen; letzterer wird in aller Regel mit einer Trennung von Kind und Eltern einhergehen (WIESNER ZBlJugR 1981, 509, 510; RÖCHLING 149 ff). In diesen Fällen sind beide Absätze kumuliert anzuwenden – eine Feststellung ohne jede praktische Bedeutung, da trotz unterschiedlicher Wortwahl die Grundsätze „Hilfe vor Eingriff" und Vorrang des mildesten Mittels in Abs 1 u 2 gleichermaßen gelten. Ein Unterschied zwischen beiden Absätzen könnte allerdings dann bejaht werden, wenn mit dem Rechtsausschuß des Bundestags die Trennung als mildere, dem Entzug der gesamten Personensorge nach Abs 2 vorrangige Maßnahme einzustufen wäre (BT-Drucks 8/2788, 60). Diese Auffassung ist jedoch verfehlt, sie sieht allein auf die sorgerechtliche Situation und nicht auf die *faktische* Schwere der Maßnahme für Kind und Eltern (ebenso MünchKomm/OLZEN Rn 7; JOHANNSEN/HENRICH/BÜTE Rn 4). Auch im Lichte von Art 6 Abs 3 GG muß der faktischen Trennung rechtlich mindestens gleiches Gewicht zukommen wie dem Entzug der Personensorge (ähnl MünchKomm/OLZEN Rn 7; die Einschätzung des Rechtsausschusses mag nur als Beleg dienen, daß der Vorrang „öffentlicher Hilfen" notwendig auch beim – als schwerer eingestuften – Entzug des Personensorgerechts gelten muß).

3. Grundproblematik

Die Feststellung, daß Kindesinteresse und familienstützender Interventionsansatz **4** grundsätzlich miteinander harmonieren (Rn 1), darf nicht darüber hinwegtäuschen, daß in jedem Einzelfall die verantwortungsbelastete Entscheidung zu treffen ist, ob dem gefährdeten Kind noch „über die Familie" geholfen werden kann oder ob – zur Vermeidung irreversibler Schädigung – das individuelle Kindesinteresse „gegen die Familie" zu wahren ist (vgl aus psychologischer Sicht DETTENBORN FPR 2003, 293, 297 f).

Auf der einen Seite droht die Gefahr, der § 1666a entgegenwirken will: Die **Gefahr forscher Eingriffe in die Familie**, wobei mildere Mittel entweder nicht erwogen oder vorschnell beiseitegeschoben werden. Derartiges Vorgehen kann aus einer isolierten, individualistischen Sicht der Kindesinteressen resultieren, entspringt aber möglicherweise auch (illegitimen) Sanktionstendenzen gegenüber Eltern, die in der Vergangenheit versagt haben (vgl zB BayObLG FamRZ 1988, 748: früher vernachlässigtes Kind wird nicht an Eltern zurückgegeben, obwohl diese künftige Kooperation mit dem Jugendamt und dessen wöchentliche Kontrolle akzeptieren [vgl als Kontrastfall OLG Düsseldorf FamRZ 1988, 1195 f]; OLG Düsseldorf FamRZ 1984, 1258: wegen einmaliger Entgleisung des türkischen Vaters Herausnahme des Kindes aus der Familie und Entzug des Sorgerechts, nach anderthalb Jahren keine Rückgabe mehr, da Kind nunmehr in Pflegefamilie und deutschem Rechtskreis verwurzelt sei; OLG Schleswig SchlHA 1988, 84 [sorgeberechtigter Vater verläßt eheliches Kind und Lebensgefährtin, bei späterem Herausgabeverlangen voller Entzug der Personensorge; aufgehoben durch BVerfG FamRZ 1989, 145 f: Verbleibensanordnung gem § 1632 Abs 4 hätte genügt]; BayObLG FamRZ 1984, 928 f [Entzug der gesamten Personensorge bei mißhandelnder Mutter, Entziehung des Aufenthaltsbestimmungsrechts genüge nicht – warum nicht?]; ähnl BayObLG DAVorm 1985, 914, 917; DAVorm 1985, 335, 337 f [endgültiger, vollständiger Sorgerechtsentzug bei „hoffnungslos überforderter" Mutter – keine Erörterung von Hilfsmaßnahmen, mit denen der Überforderung begegnet werden könnte]; BayObLG FamRZ 1989, 421, 422 f [Kind schlecht gekleidet und ernährt, hat psychische Probleme – Einweisung in Heim ohne Versuch familienstützender Hilfe, der als „aussichtslos" bezeichnet wird]; weitere Beispiele aus der jugendhilferechtlichen Praxis: OLG Hamm FamRZ 2006, 1476 f; OLG Karlsruhe FamRZ 2007, 576 f). Ob die vorgenannten Entscheidungen im Ergebnis richtig oder falsch waren, kann nicht beurteilt werden – der aus § 1666a folgenden Legitimierungspflicht in der Entscheidungsbegründung (Rn 2) haben die Gerichte jedenfalls nicht genügt (zum „Fall Binckli" s die interdisziplinäre Studie BÄUERLE/PAWLOWSKI [1996]).

Die Erkenntnis derartiger Fehltendenzen in der Praxis (dazu auch KEMPER FamRZ 1983, **5** 647 f) und das Bemühen, dem Gebot des § 1666a pflichtgemäß nachzukommen (vorbildlich BayObLG FamRZ 1997, 572 f; FamRZ 1997, 1553, 1554), können **auf der anderen Seite** aber auch dazu führen, daß das fundamentale kindliche Bedürfnis nach Kontinuität und gesicherter, harmonischer Familienbindung mißachtet wird. Der Problemfamilie werden immer neue Chancen gegeben, immer neue Hilfsmöglichkeiten werden versucht, und wenn die Erfolglosigkeit all dieser langjährigen Bemühungen schließlich unabweisbar feststeht, ist das Kind möglicherweise irreparabel geschädigt (vgl auch § 1666 Rn 209 f). Das **Kind wird so zum Versuchsobjekt staatlicher Familienrehabilitierung** (vgl die Fallstudie von KLUSSMANN, Das Pflegekind Janina in Glanz und Elend, ZfJ 1988, 478 ff; ELL ZfJ 1990, 343 ff; ZENZ FPR 1998, 17, 20 zu alkoholabhängigen Eltern, sowie schon § 1666 Rn 210; problembewußt OLG Oldenburg FamRZ 1999, 38; OLG Frankfurt FamRZ 2003, 1317 m zust Anm DOUKKANI-BÖRDNER). Hierher gehört auch die Tendenz, die endgültige Unterbringung eines Kindes, das aus der Familie genommen werden mußte, über Jahre hinaus offenzulassen, um den Eltern die Chance der Konsolidierung der Verhältnisse und der Rückgewinnung des Kindes offenzuhalten (zB KG FamRZ 1985, 526 f [Kind entwickelt sich in Heim ordentlich; keine Ersetzung der Adoptionseinwilligung, da nicht sicher sei, ob die Eltern nicht „doch noch zu der gebotenen Einsicht gelangen"; Ersatzeltern nur bei endgültig feststehender Unmöglichkeit der Rückführung – das Kind habe keinen Anspruch auf „bestmögliche Erziehung"]; ähnl OLG Frankfurt FamRZ 1983, 531; in BayObLG DAVorm 1983, 381 ff dürfte die Trennung Kind-Eltern zu lange hinausgezögert worden sein; vgl auch den vom BVerfG entschiedenen Fall geistig behinderter Eltern [NJW 1982, 1379], in dem das Kind kurz darauf wegen schwerer Vernachlässigung und Mißhandlung den Eltern endgültig genommen werden mußte [§ 1666 Rn 140 f]).

6 Demgegenüber ist zu betonen, daß das **Kindesinteresse** auch im Rahmen des § 1666a **der ausschlaggebende Gesichtspunkt bleibt**. Gerät der Hilfsansatz in unauflöslichen Konflikt mit dem Kindesinteresse, setzt sich letzteres durch (vgl schon § 1666 Rn 209, 210). Die grundsätzlich richtige Erkenntnis, daß § 1666 es dem Staat nicht gebiete oder erlaube, zugunsten optimaler Entwicklungsbedingungen des Kindes einzuschreiten (§ 1666 Rn 84), rechtfertigt es nicht, das Kind jahrelang in unbefriedigenden Umständen aufwachsen und seine familiäre Zuordnung in der Schwebe zu lassen: Auch dadurch werden vollendete Tatsachen geschaffen, in diesem Fall zu Lasten des Kindes (kindesorientierte Risikoabwägung in OLG Oldenburg FamRZ 1999, 38; BayObLG FamRZ 1999, 316, 317 f; OLG Frankfurt FamRZ 2003, 1317 f; 2001, 1086 f). Insbes hat das Kind einen Anspruch auf „Eltern"; die Voraussetzungen für seine Rückführung in die Herkunftsfamilie müssen in „vor allem für jüngere Kinder tolerierbaren Zeiträumen" erreicht werden (SALGO, Pflegekindschaft 90), andernfalls ist die Unterbringung in einer Ersatzfamilie zu ermöglichen (§ 37 Abs 1 S 2–4 SGB VIII; BT-Drucks 11/5948, 74; VEIT FF 2008, 358, 363; ZENZ, Kindesmißhandlung 264 ff, 299 ff, 358 ff; § 1666 Rn 209 f, 227 f). Heimunterbringung zur Vermeidung persönlicher Hinwendung des Kindes zu Pflegeeltern, die einer Rückführung entgegenstehen könnte (Anm des einsendenden Richters zu KG FamRZ 1985, 526, 527), verletzt die Kindesgrundrechte ebenso wie ein wiederholter Wechsel von Pflegeeltern mit dem gleichen Ziel (vgl BVerfG NJW 1988, 125).

Familienzerstörung aus professionellen „Rettungsphantasien" heraus (vgl § 1666 Rn 81) und Instrumentalisierung des Kindes zugunsten staatlicher Familientherapie – diese beiden Klippen zu vermeiden, gehört zu der schwierigen Abwägungsaufgabe des Familienrichters im Rahmen der §§ 1666, 1666a.

II. Trennung des Kindes von der Familie, Abs 1 S 1

1. Trennung

7 Abs 1 ist im Zusammenhang mit Art 6 Abs 3 GG zu sehen und auszulegen. Schutzgegenstand der Norm ist die familiäre Gemeinschaft von Eltern und Kindern, deren Zerstörung nur als ultima ratio in Betracht kommen soll. Maßgeblich ist die **faktische Trennung** von Eltern und Kind, sorgerechtliche Beeinträchtigungen der Eltern sind unerheblich, können allenfalls zusätzlich Abs 2 ins Spiel bringen. Die Trennung muß nicht endgültig sein, es genügen Trennungen für einen nicht unerheblichen Zeitraum (OLG Hamm FamRZ 2004, 483 [LS]: mehrmonatige Unterbringung in Diagnosegruppe). Gleich bleibt auch, ob die Trennung unmittelbar aus der richterlichen Anordnung folgt oder

sich erst als deren mittelbare Konsequenz ergibt (spätere Herausnahme des Kindes aus der Familie durch familiengerichtlich bestellten Pfleger). Von der ratio legis erfaßt ist auch die gerichtliche Aufrechterhaltung einer von den Eltern zunächst selbst verursachten Trennung (BVerfG FamRZ 1989, 145, 147; vgl BVerfGE 68, 178, 187). Aus dem Zusammenhang mit Art 6 Abs 3 GG folgt aber, daß nur eine Trennung *gegen den Elternwillen* unter Abs 1 fällt, nicht etwa eine von den Eltern initiierte Fremderziehung des Kindes (WIESNER ZBlJugR 1981, 509, 510).

2. Elterliche Familie

Geschützt ist jede gelebte und sorgerechtlich ausgestattete Eltern-Kind-Gemeinschaft, also auch die Adoptivfamilie und die Teilfamilie nichteheliche Mutter-Kind (§ 1626a Abs 2) bzw Vater-Kind (§ 1672 Abs 1) oder die des Kindes mit dem nach Trennung/Scheidung alleinsorgeberechtigten Elternteil (§ 1671). Faktische Gemeinschaft (etwa des Kindes mit seinem nichtsorgeberechtigten Vater) genügt wegen des Zusammenhangs mit § 1666 Abs 1 nicht (möglich aber Schutz über Art 6 Abs 1 GG, insbes in vollständiger nichtehelicher Familiengemeinschaft). Allerdings sind „faktische Eltern" (genetische oder nicht-verwandte) auf jugendhilferechtlicher Ebene nunmehr weitgehend in das Leistungssystem einbezogen, zB §§ 7 Nr 6, 20 Abs 1 SGB VIII. 8

Die *Pflegefamilie* wird gem § 1632 Abs 4 geschützt, soweit Trennung zugunsten der sorgeberechtigten Eltern in Frage steht; bei bloßem Wechsel der Pflegestelle hingegen ist § 1666a entsprechend anwendbar (BayObLG ZBlJugR 1983, 308, 311; vgl § 1666 Rn 49–51). Gleiches gilt für den Schutz des Stiefelternteils gem § 1682.

3. Vorrang milderer Maßnahmen im allgemeinen

Eine **Trennung des Kindes von den Eltern** ist nur zulässig, wenn nur durch sie einer bestehenden Gefährdung des Kindes begegnet werden kann, wenn also mildere Eingriffe das Kind nicht hinreichend schützen würden (BVerfG FamRZ 2002, 1021, 1023; FamRZ 2008, 2185 Nr 24, 31; BayObLG DAVorm 1981, 901, 903 f; FamRZ 1980, 1062, 1064; DAVorm 1983, 78, 82; FamRZ 1992, 90, 91; KG FamRZ 1985, 97, 99; OLG Stuttgart DAVorm 1982, 995 f; vgl ie § 1666 Rn 213 ff). Jede gefahrabwendende Handlungsmöglichkeit unterhalb der erzwungenen Trennung schließt letztere also aus (Einzelh bei RÜNZ 46 ff; vgl OLG Celle FamRZ 2003, 949, 950 f: Überwachungspflegschaft bei überforderten Eltern statt Kindeswegnahme; ähnlich AG Tempelhof-Kreuzberg FamRZ 2009, 987: Betreuungshelfer gem § 30 SGB VIII zum Schutz des Kindes vor Scientology-Eltern, vgl Rn 126); dazu gehört insbesondere der Ausgleich elterlicher Erziehungsdefizite durch **öffentliche Hilfen** (BVerfG FamRZ 2006, 385; 2008, 2185 Nr 31; OLG Brandenburg ZKJ 2009, 291, 292 f; näher Rn 10 ff). Eine Trennungsanordnung, ohne daß eine entsprechende Prüfung stattgefunden hat, verletzt das Elternrecht aus Art 6 Abs 2 GG (BVerfG aaO). Dies ist insbesondere zu beachten, wenn eine Trennung durch *einstweilige Anordnung* in Frage steht (vgl BVerfG FamRZ 2002, 1021, 1023; BayObLG NJW 1992, 1971, 1972; FamRZ 1997, 387; vgl § 1666 Rn 305–310). Ist sie unvermeidlich, kann als abmildernde Maßnahme auch eine *Befristung* der Anordnung erwogen werden (BVerfG FamRZ 2002, 1021, 1024; OLG Köln FamRZ 1996, 1027; vgl § 1666 Rn 310; zur *Inobhutnahme* unten Rn 13). Geht die Kindesgefährdung nur von *einem* Elternteil aus (Gewalt, sexueller Mißbrauch), so ist – soweit 9 möglich – dieser aus der Familienwohnung zu entfernen und nicht das Kind (vgl AG Ratzeburg FPR-Service 8/9/1995 Nr 8; vgl auch Rn 26 und § 1666 Rn 236 f).

Bedeutsam ist insoweit vor allem die **Haltung der Eltern**. Jede Maßnahme, die von ihrem Einverständnis getragen und zur Gefahrabwendung geeignet ist, hat Vorrang (OLG Bamberg DAVorm 1987, 664, 667; WIESNER ZBlJugR 1981, 509, 511). Zeigen sie sich bemüht, im Zusammenwirken mit fachlicher Hilfe ihre familiären Probleme abzubauen, ist jedenfalls eine Herausnahme des Kindes aus der Familie regelmäßig nicht (mehr) erforderlich (OLG Celle FamRZ 2003, 549, 551; LG Bochum ZfJ 1993, 212 f; andeutungsweise auch BVerfG FamRZ 2002, 1021, 1023; für andere Maßnahmen nach § 1666 hängt die Eingriffslegitimation des FamG davon ab, ob trotz der Bereitschaft der Eltern noch eine Gefährdung des Kindes zu bejahen ist [elterlicher Gefahrabwendungsprimat, § 1666 Rn 169 ff]). Lehnen die Eltern hingegen staatliche Unterstützung, mittels deren ein Verbleib des Kindes in der Familie möglich wäre, ab, so kann diese sinnvollerweise nicht als „geeignete" mildere Maßnahme angeordnet werden, soweit sie elterliche Kooperation voraussetzt (vgl BayObLG ZBlJugR 1983, 308, 309, 311; FamRZ 1994, 975; 1994, 1412; 1994, 1413; NJW 1997, 1553, 1554; NJW 1999, 293, 294; AG Moers ZfJ 1986, 113, 115 f; WIESNER ZBlJugR 1981, 509, 518).

Auch **Maßnahmen gegen Dritte** (§ 1666 Rn 236 f) sind regelmäßig **vorrangig**, solange deren Rechtsbeeinträchtigung (uU Wohnungswechsel) in Abwägung mit den Folgen einer Familientrennung geringer wiegt (AG Berlin-Tiergarten Streit 1992, 89, 90 f: Bei Verdacht sexuellen Mißbrauchs durch Hausbewohner nicht Entfernung der Kinder [so Jugendamt], sondern „go-order" gegen mutmaßlichen Täter; ähnlich AG Berlin-Wedding WuM 1992, 470 f: gewalttätiger Hausmeister ist vom Dienst zu suspendieren und von Wohnanlage fernzuhalten; OLG Köln KindPrax 1999, 95 f: Verbot, das Stadtgebiet von Kerpen zu betreten). Hierher gehört auch die *Anordnung* von Maßnahmen gegenüber dem Jugendamt, sofern diese ausnahmsweise zulässig sind (Rn 13 ff).

4. „Öffentliche Hilfen" insbesondere

a) Das Spektrum öffentlicher Hilfen

10 Was als **öffentliche Hilfen** in Betracht kommt, ist im wesentlichen in §§ **11–40 SGB VIII** niedergelegt (vgl auch § 1666 Rn 219 f; Überblick über das Hilfensystem bei WIESNER FPR 2008, 608 ff; zu den Reformen durch das Kinderförderungsgesetz 2008 [BGBl I 2403] ders, ZKJ 2009, 224 ff). Ist ein familiengerichtliches Verfahren nach § 1666 anhängig, so sollten die dort vorgesehenen Jugendhilfeleistungen regelmäßig bereits angeboten bzw erbracht worden sein (entsprechende Berichtspflicht des Jugendamts: § 50 Abs 2 SGB VIII; vgl WIESNER/OBERLOSKAMP SGB VIII Anh zu § 50 Rn 62 ff). Dies wie auch die Möglichkeit weiterer geeigneter Hilfen ist aber stets vom FamG eigenverantwortlich zu prüfen. Zum Teil setzen Leistungen bei **allgemeinen sozial-ökonomischen Problemlagen** an, etwa bei alleinerziehenden Elternteilen (§§ 18, 19 SGB VIII), bei Eltern mit ambulanten Berufen (§ 21 SGB VIII) oder beim Ausfall des überwiegend haushaltsführenden und kindesbetreuenden Elternteils (§ 20 SGB VIII). § 20 SGB VIII ist verwandt mit § 38 SGB V, stellt aber nicht die Fortführung des Haushalts, sondern die Betreuung und Versorgung des Kindes in den Vordergrund (BT-Drucks 11/5948, 59). Mit diesen Vorschriften teilt § 20 SGB VIII die Schwäche, daß zum Tatbestand der Sozialleistungen, die den Verbleib des Kindes im elterlichen Haushalt ermöglichen sollen, der *Ausfall* zumindest eines Elternteils gehört (vgl WIESNER ZBlJugR 1981, 509, 516). Der weiterhin präsente Elternteil, der jedoch zur sachgerechten Bewältigung von Kindesbetreuung und Haushalt teilweise nicht in der Lage ist, kann Hilfe nicht nach § 20 SGB VIII, möglicherweise aber nach § 31 SGB VIII (sozialpädagogische Familienhilfe) erhalten.

Die kindesgefährdende Situation in Problemfamilien kann auch entschärft werden durch institutionelle oder familiale Tagespflege (§§ 22, 23 SGB VIII).

Bei **konkreten Erziehungsproblemen** ist speziell für das verbreitete Problem der *„Gewalt in der Erziehung"* ein Hilfsangebot – § 16 Abs 1 S 3 SGB VIII – eingefügt worden (s dazu § 1666 Rn 99). In sonstigen Fällen können die in §§ 27 ff SGB VIII geregelten *„Hilfen zur Erziehung"* die Familie stützen (BayObLG FamRZ 1991, 1218, 1220; 1992, 90 ff; 1994, 913, 915; OLG Celle FamRZ 2003, 549, 551; zur rechtlich nicht abgesicherten „Familienhebamme" vgl WAGENER FamRZ 2008, 457 ff; MEYSEN/SCHÖNECKER FamRZ 2008, 1498 ff). Über ihre Inanspruchnahme entscheidet verantwortlich der Personensorgeberechtigte; lehnt der entsprechende Elternteil sie – uU in Mißachtung eines gerichtlichen Gebots gem § 1666 Abs 3 Nr 1 – ab, dürfen sie nur und erst erbracht werden, wenn das FamG den elterlichen Antrag auf Hilfeleistung gem § 1666 Abs 3 Nr 5 unmittelbar ersetzt oder die Entscheidungsbefugnis nach § 1666 auf einen Pfleger übertragen hat, der zugunsten der Inanspruchnahme der Hilfen entschieden hat (BVerwG FamRZ 2002, 668; OVG Thüringen FamRZ 2002, 1725, 1726). Ohne Trennung von Eltern und Kindern und (idR) ohne Sorgerechtseingriff kommen insoweit in Betracht die *Erziehungsberatung* (§ 28 SGB VIII), die *soziale Gruppenarbeit* zum Ausgleich von Sozialisationsdefiziten (§ 29 SGB VIII), die *sozialpädagogische Familienhilfe* als intensive Form ambulanter Unterstützung (§ 31 SGB VIII; vgl BT-Drucks 10/2730 [7. Jugendbericht]) sowie die *intensive sozialpädagogische Einzelbetreuung* (§ 35 SGB VIII), die bei Jugendlichen in besonders gefährdenden Lebenssituationen (Drogen-, Prostituierten-, Punker-, Nichtseßhaftenmilieu) eine Alternative zur geschlossenen Unterbringung bieten soll. An der Schnittstelle zwischen ambulanten und stationären Hilfen kann auch die *Erziehung in einer Tagesgruppe* einer institutionellen oder familialen Einrichtung den grundsätzlichen Verbleib des Kindes in seiner Familie sichern (§ 32 SGB VIII). Flankierend zu den „Hilfen zur Erziehung" sind Leistungen zum *Unterhalt* des Kindes vorgesehen, § 39 SGB VIII. Einigen sich die Eltern mit dem Jugendamt in einem **Hilfeplan (§ 36 SGB VIII)** auf die notwendigen Erziehungshilfen, wird eine Trennung von Kind und Eltern regelmäßig entbehrlich (BayObLG NJW 1992, 1971, 1972).

Aber selbst wenn sich die **Herausnahme des Kindes aus seiner Familie** als notwendig erweisen sollte (Vollzeitpflege, § 33 SGB VIII; Heimerziehung, § 34 SGB VIII), kann der gesetzliche Verweis auf „öffentliche Hilfen" noch Bedeutung entfalten. Gelingt es, die Eltern zur *freiwilligen* Inanspruchnahme dieser Leistungen zu bewegen, so gewinnen sie hiermit nicht nur Mitsprache- und Auswahlrechte (§ 36 Abs 1 S 3 SGB VIII), es erübrigt sich im Hinblick auf ihren Gefahrabwendungsprimat (§ 1666 Rn 151 ff) regelmäßig auch ein die Trennung begleitender Entzug des Sorgerechts (zur Zusammenarbeit von Pflegeperson bzw Einrichtung mit den sorgeberechtigten Eltern vgl §§ 37, 38 SGB VIII). Desweiteren folgt aus §§ 37 Abs 1 S 2, 3, 34 Nr 1, 33 S 1 SGB VIII die **staatliche Pflicht zur „Nachsorge"** nach einer Herausnahme des Kindes aus der Herkunftsfamilie, dh es sind Bemühungen geboten, die Erziehungsbedingungen in der Herkunftsfamilie innerhalb eines – vom Kind her gesehen – vertretbaren Zeitraumes so zu verbessern, daß das Kind dorthin wieder zurückkehren kann (BVerfG FamRZ 2006, 1593, 1594; BayObLG NJW 1992, 1971, 1972; OLG Celle FamRZ 2003, 549, 551; zum entsprechenden Gebot aus Art 8 Abs 2 EMRK s § 1666 Rn 216). Dazu gehören auch Bemühungen um eine Fortführung des Kontakts zwischen Kind und Eltern (§ 37 Abs 1 S 3 SGB VIII; OLG Hamm FamRZ 2004, 1310; EGMR FamRZ 2002, 1393, 1396; 2005, 585 Nr 84, 103; vgl § 1666 Rn 214). § 1666a bezieht den Familienrichter in die Verantwortung für diese Folgemaßnahmen ein, Eingriffe gem Abs 1 oder 2 sind nur zulässig, wenn gleichzeitig zusammen mit dem Jugendamt die Möglichkeiten und Modalitäten einer Refunktionalisierung der Herkunftsfamilie erörtert und festgelegt werden (ähnl schon vor dem SGB VIII ZENZ, Kindesmißhandlung 152, 243, 256 f, 261; SALGO, Pflegekindschaft 90; OLG Hamm DAVorm 1986, 804, 807; BayObLG ZBlJugR 1983, 308, 311; vgl § 1666 Rn 210, 219). Hier scheinen in der Praxis zT noch erhebliche Defizite zu bestehen (zum Fall „Binckli" LIPP, in: BÄUERLE/PAWLOWSKI 75 ff, 79; im Fall OLG Hamm FamRZ 2004, 1310 hatte das Jugendamt bei Inpflegenahme von Kindern schematisch den Kontaktabbruch zu den Eltern verfügt; im Fall „Haase/Deutschland" hat der EGMR insbesondere auch den „drakonischen", „drastischen" Eingriff in die Familie als „unverhältnismäßig" gerügt, FamRZ 2005, 585 Nr 100 ff).

b) Die Entscheidungskompetenz über die Hilfeerbringung
13 Umstritten ist die **Entscheidungskompetenz bezüglich der Erbringung öffentlicher Hilfen**. Auf **sozialrechtlicher Ebene** sind Ansprüche der Eltern davon abhängig, daß die konkrete Hilfe geeignet und erforderlich ist, um das Erziehungsdefizit der Eltern auszugleichen (§ 27 Abs 1 SGB VIII). In Gefährdungsfällen hat das Jugendamt in eigener Verantwortung die Eignung öffentlicher Hilfen zur Gefahrabwendung zu beurteilen und sie gegebenenfalls anzubieten, § 8a Abs 1 SGB VIII. Dabei handelt es sich um *unbestimmte Rechtsbegriffe* im Tatbestand der Anspruchsnormen, keineswegs um eine Rückstufung zur Ermessensleistung (vgl BT-Drucks 11/5948, 67). Die Entscheidung über die Erfüllung der Tatbestandsvoraussetzungen und die Leistungserbringung erfolgt durch den Träger der öffentlichen Jugendhilfe (§ 3 Abs 2 S 2 SGB VIII) als Verwaltungsakt (§ 31 SGB X) oder im Rahmen eines öffentlichrechtlichen Vertrages (§ 53 SGB X); ihre rechtliche Überprüfung erfolgt im Verwaltungsrechtsweg durch die **Verwaltungsgerichte** (§ 40 VWGO). Auf **familienrechtlicher Ebene** sind auch die **FamG** zu geeigneten und erforderlichen Maßnahmen verpflichtet, wobei der Bezugpunkt die Abwehr festgestellter Kindesgefährdungen ist. Dabei wird eine Gefahrabwendung durch „öffentliche Hilfen" vom Gesetz ausdrücklich als vorrangig vor Sorgerechtseingriffen bezeichnet (§ 1666a Abs 1 S 1); die Inanspruchnahme solcher Hilfen kann das FamG den Eltern gem § 1666 Abs 3 Nr 1 sogar gebieten. Diese materiellrechtlich vorgegebene **Verschränkung familienrechtlicher und sozialrechtlicher Schutzansätze** unter dem Dach des „staatlichen Wächteramts" ist organisations- und kompetenzrechtlich vom Gesetzgeber nicht klar strukturiert. Als vorrangiger Lösungsweg wird zuletzt verstärkt durch das KiWoMaG 2008 und das FamFG 2009 die **Verantwortungsgemeinschaft von FamG und Jugendhilfe** beschworen (§ 1666 Rn 19) und verfahrensrechtlich unterstützt (§§ 155 Abs 2 S 2, 156 Abs 1 S 2–4, 157 Abs 1 S 2, 162, 165 Abs 2 S 3 FamFG; 8a Abs 3, 42 Abs 3 Nr 2, 50 SGB VIII). Dies ist sicherlich der „Königsweg", um juristische und sozialpädagogische Fachkompetenz im Interesse effektiven Kindesschutzes miteinander zu verbinden (s insbes MEYSEN FamRZ 2008, 562, 568 ff; ders, in: LIPP/SCHUMANN/VEIT, Kindesschutz 75, 85 ff; WIESNER ZfJ 2003, 121 ff; ders ZKJ 2008, 143, 145; PALANDT/DIEDERICHSEN § 1666 Rn 39; s aber auch WILLUTZKI ZKJ 2008, 139, 142 [im Streben von FamG und Jugendhilfe nach Einvernehmen dürfe das Kindesinteresse nicht in den Hintergrund gedrängt werden]; zurückhaltend auch

FELLENBERG, in: LIPP/SCHUMANN/VEIT, Kindesschutz 65, 70 [„nicht immer zufriedenstellend"]; HEILMANN, in: ELZ, Kooperation 89 [gemeinsame Verantwortung mindert Eigenverantwortlichkeit]). Doch auch bei verantwortungsbewusster Funktionswahrnehmung auf beiden Seiten können Meinungsverschiedenheiten über die Erfolgsaussichten öffentlicher Hilfen nicht ausgeschlossen werden.

Wie ein solcher Dissens aufzulösen ist, wird unterschiedlich beantwortet. Nach einer **14** *Mindermeinung* trägt das **FamG** die Oberverantwortung für den Kindesschutz, es kann notfalls eine für geeignet befundene Hilfe **anordnen**, auch mit Wirkung gegenüber dem Jugendamt (HEILMANN, in: ELZ, Kooperation 95; CZERNER 262 ff, 273; JOHANNSEN/ HENRICH/BÜTE § 1666 Rn 60; HANSEN JugHilfe 1991, 290, 297 ff; FELLENBERG, in: LIPP/SCHUMANN/ VEIT, Kindesschutz 65, 71; aus der Rechtsprechung OLG Frankfurt DAVorm 1993, 943, 944; LG Frankfurt Jugendwohl 1994, 93; tendenziell auch AG Eilenburg ZJJ 2006, 85 ff). Nach *überwiegender Auffassung* folgt demgegenüber aus der Fachkompetenz des **Jugendamts** auch dessen **Entscheidungsprimat**, ob und welche öffentlichen Hilfen in einem Gefährdungsfall zur Gefahrabwendung geeignet sind – nicht nur im Vorfeld eines Verfahrens nach § 1666 (vgl § 8a ABs 1 S 3 SGB VIII), sondern auch in dessen Rahmen. Damit sind „öffentliche Hilfen" iS § 1666a Abs 1 S 1 nur solche, die das am Verfahren mitwirkende Jugendamt konkret anbietet. Die Inanspruchnahme anderer Hilfen kann das FamG nur den Eltern gebieten (§ 1666 Abs 3 Nr 1); diese sind dann gehalten, entsprechende Leistungsansprüche gegebenenfalls auf dem Verwaltungsrechtsweg gegen das Jugendamt durchzusetzen – hilfsweise kann ihnen insoweit das Sorgerecht entzogen und einem Pfleger übertragen werden. Diese Position wird auch von Verwaltungsgerichten geteilt (VG Darmstadt und VGH Hessen, JAmt 2008, 323 und 327; vgl im übrigen OLG Oldenburg JAmt 2008, 330 f; Arbeitsgruppe 2009, 21; WIESNER SGB VIII § 36a Rn 9 ff, 18 ff; ders ZfJ 2003, 121, 128; MEYSEN FamRZ 2008, 562 ff; MünchKomm/OLZEN § 1666 Rn 190–192; RÜNZ 132, 144 f; RÖCHLING 239 f, 284 ff, 290; NOTHHAFFT FPR 2008, 613, 616. Zur entsprechenden Diskussion zum **JGG-Verfahren** MÖLLER/SCHÜTZ ZKJ 2007, 178 ff; MEYSEN FamRZ 2008, 562, 563 ff; CZERNER 254 ff, 390 ff). Ihre Vertreter stützen sich seit 2005 auch auf den im Rahmen des KICK eingeführten § **36a Abs 1 SGB VIII**, der die „Steuerungsverantwortung" (amtliche Überschrift) des Trägers der öffentlichen Jugendhilfe regelt: Nach Abs 1 S 1 HS 1 hat die Jugendhilfe die Kosten nur für solche Hilfen zu tragen, über die sie selbst positiv entschieden hat; nach HS 2 gilt dies auch, wenn das FamG die Eltern zur Inanspruchnahme von Hilfen verpflichtet hat (Konflikte sind bisher nur vereinzelt aufgetreten; rechtstatsächliche Erhebungen in Arbeitsgruppe 2009, 20 sowie Anlage 2).

Stellungnahme: Für die Frage, ob das FamG im Konfliktfall gegenüber dem Jugend- **15** amt die Erbringung von öffentlichen Hilfen anordnen kann, die dieses nicht zu leisten bereit ist, gibt § **36a SGB VIII** aber unmittelbar nichts her. Abgesehen davon, daß die „Steuerungsverantwortung" des Trägers der öffentlichen Jugendhilfe nicht für „niedrigschwellige" ambulante Hilfen gilt (§ 36a Abs 2 SGB VIII), betrifft die gesamte Vorschrift nur die **Kostenlast** (zur finanzpolitischen Motivation des Gesetzgebers BT-Drucks 15/5616, 3; MÖLLER/SCHÜTZ ZKJ 2007, 178, 180; CZERNER 390 f). Eine Anordnungsbefugnis des FamG bezüglich vom Jugendamt nicht angebotener Hilfen setzt § 36a Abs 1 S 1 HS 2 SGB VIII im Verhältnis FamG-Eltern sogar implizit voraus. Für das Verhältnis FamG-Jugendamt schweigt das Gesetz insoweit; es regelt nur die **Kostenverteilung zwischen Sozialkasse und Justizkasse** (zur praktischen Entwicklung seit 2005 insoweit NOTHHAFFT FPR 2008, 613, 614). Damit bleibt das materielle Entscheidungsrecht des FamG über öffentliche Hilfen eine offene Frage. Diese Auslegung des § 36a Abs 1 S 1 SGB VIII als reine „Kostenvorschrift" hält das BVerfG immerhin für eine „nahe liegende Möglichkeit" (JAmt 2007, 211, 214 Nr 29).

16 Für eine materielle Steuerungsverantwortung der Jugendhilfe im Sinne eines Letztentscheidungsrechts über die Geeignetheit und Erbringung öffentlicher Hilfen sprechen viele gute Gründe: die sozialpädagogische Fachkompetenz (bzw deren Fehlen auf Seiten der Juristen); die im Vorfeld des gerichtlichen Verfahrens regelmäßig gemachten Erfahrungen aus dem unmittelbaren Kontakt mit der Problemfamilie; die Notwendigkeit sozialpädagogischer Betreuung der Familie auch nach der gerichtlichen Entscheidung; die Gefahr einer „Helferkonkurrenz" zwischen Jugendhilfe und FamG, die zu Unklarheit in der Rollenverteilung und Letztverantwortung führen kann (dazu vor allem MEYSEN FamRZ 2008, 562, 565 ff; ders, in: LIPP/SCHUMANN/VEIT, Kindesschutz 75, 81 ff). Das ebenfalls vorgetragene Argument der Gewaltenteilung zwischen Exekutive und Judikative (MEYSEN, in: LIPP/SCHUMANN/VEIT, Kindesschutz 75, 76; NOTHHAFFT FPR 2008, 613, 614) ist hingegen eher zweischneidig: Es könnte auch gefragt werden, wieso Verwaltungsentscheidungen die richterliche Entscheidungsverantwortung präjudizieren können sollten (HEILMANN, in: ELZ, Kooperation 101; MÖLLER/SCHÜTZ ZKJ 2007, 178, 182; CZERNER 394 ff). **Gegen einen Entscheidungsprimat der Jugendhilfe** spricht, daß das staatliche Wächteramt aus Art 6 Abs 2 S 2 GG beiden Institutionen (Jugendhilfe und FamG) gleichermaßen und in jeweils eigener Verantwortung auferlegt ist (§ 1666 Rn 19 für die Jugendhilfe). Die eigenständige Verantwortung der Justiz für effektiven Kindesschutz ist zentrales Thema der §§ 1666, 1666a – der Verweis auf den Vorrang öffentlicher Hilfen in § 1666a Abs 1 S 1 zielt auf Vernetzung der gerichtlichen und sozialen Schutzsysteme, berührt aber nicht die jeweils eigenständige Verantwortlichkeit.

Dies würde zu einer unverbundenen, jeweils eigenen Entscheidungsbefugnis von FamG und Jugendhilfe führen, mit der Folge, daß Anordnungen des FamG gegen den Willen der Jugendhilfe diese nicht binden könnten, sondern – wie von der überwiegenden Auffassung vertreten – durch Leistungsklage der Eltern oder eines Pflegers im Verwaltungsrechtsweg umzusetzen wären. Von den Eltern ist insoweit allerdings von vornherein wenig Motivation und Kompetenz zu erwarten (vgl MEYSEN FamRZ 2008, 562, 569; ders, in: LIPP/SCHUMANN/VEIT, Kindesschutz 75, 84), und der effektive Schutz des Kindes vor aktuellen Gefährdungen bliebe angesichts des Zeitablaufs auf der Strecke (CZERNER 264). Bedenkt man, daß auch die richterliche Funktion im Rahmen von § 1666, unbeschadet ihrer vorsichtigen Ausdehnung auf „therapeutische" Einflußnahme auf die Eltern durch das KiWoMaG 2008 (dazu Rn 265, 266), in ihrem Kern nicht „social engineering" (vgl COESTER, Kindeswohl 2, 163 f), sondern **Rechtsschutz für das Kind** ist (§ 1666 Rn 6 ff) und unmittelbar auch **Grundrechte der Eltern** berührt (BVerfG FamRZ 2008, 492 f), dann kommt man, *wenn die vorrangige Verantwortungsgemeinschaft* von FamG und Jugendhilfe im konkreten Fall nicht gelingt (allein auf deren Ausbau, vor allem in gerichtlichen Terminen, setzt die Arbeitsgruppe 2009, 21 f), um die **Letztverantwortung und ein Entscheidungsrecht des FamG** nicht herum. Hiervon scheint auch das BVerfG wie selbstverständlich auszugehen (FamRZ 2008, 492, 493 [zur insoweit parallelen Problematik im JGG]: Aufhebung einer OLG-Entscheidung, weil eine vom Jugendamt abgelehnte sozialpädagogische Familienhilfe als milderes Mittel nicht mehr in Betracht gezogen worden war). Immerhin liegen Fälle, in denen das Jugendamt von vornherein eine Strategie der Eltern-Kind-Trennung verfolgte, ohne den Versuch stützender Hilfen, nicht außerhalb des praktischen Erfahrungsbereichs (so andeutungsweise auch das BVerfG aaO im Ausgangsfall). Für den Fall einer Inobhutnahme durch das Jugendamt geht auch das Gesetz (§ 42 Abs 3 S 2 SGB VIII) von einem Letztentscheidungsrecht des FamG aus (HEILMANN, in: ELZ, Kooperation 101). Allerdings wird man dabei einen weitgehenden fachlichen Beurteilungsspielraum des Jugendamts zugrunde zu legen haben. Ist das Votum des Jugendamts plausibel begründet, wird sich das FamG hierauf in aller Regel verlassen können. Bezweifelt es dessen Richtigkeit oder will es gar Hilfen anordnen, die das Jugendamt für ungeeignet hält, so bedarf es hierfür grundsätzlich eines **sozialpädagogischen Sachverständigengutachtens** als Entscheidungsgrundlage (vgl BVerfG aaO) und einer ausdrücklich **auch gegen das Jugendamt gerichteten Anordnung** (vgl Rn 220). Dem Jugendamt steht hiergegen das Rechtsmittel der Beschwerde zur Verfügung, § 163 Abs 3 S 2 FamFG.

Auf dieser Grundlage ist zu differenzieren: **17**

(1) Bietet das Jugendamt eine bestimmte Hilfe als geeignet an, so kann sich das FamG über dieses fachliche Urteil nicht einfach hinwegsetzen – dem Jugendamt gebührt ein breiter Beurteilungsspielraum. Andererseits obliegt dem FamG gem § 1666 die Letztverantwortung für die Abwehr der Kindesgefährdung, so daß es zu dem Ergebnis kommen kann, daß trotz sozialpädagogischer Eignung der Hilfe flankierende Eingriffe zur Gefahrabwehr notwendig sind oder daß der (erneute) Hilfeversuch mit einem unvertretbaren Risiko für das Kind verbunden wäre (vgl Rn 5; insoweit besteht eine untrennbare Gemengelage zwischen sozialpädagogischer und justizieller Kompetenz).

(2) Sieht das Jugendamt keine geeigneten Hilfsansätze, so ist das FamG auch hieran in **18** einem weiten Beurteilungsrahmen gebunden; hinsichtlich der Grenzen dieser Bindung könnten die Grundsätze entsprechend herangezogen werden, die für die Überprüfung von Tatsachenfeststellungen der Vorinstanz durch das Rechtsbeschwerdegericht gelten (vgl § 1666 Rn 304; AG Kamen DAVorm 1995, 996, 999; deutliche Kritik an der Untätigkeit des Jugendamts bei OLG Celle FamRZ 2003, 549, 551). Nur ein **Sachverständigengutachten** über die Geeignetheit einer öffentlichen Hilfe kann tragfähige Grundlage einer abweichenden gerichtlichen Beurteilung sein. Die gerichtliche Überprüfung richtet sich auch darauf, ob das Jugendamt insbesondere bei der Hilfeplanung (§ 36 SGB VIII) die Eltern in gebotener Weise einbezogen hat (AG Kamen aaO). Beantragt das Jugendamt trotz gewährter Hilfen flankierende Sorgerechtseingriffe, so hat das FamG deren Notwendigkeit eigenständig zu beurteilen (AG Kamen FamRZ 1995, 950 ff).

(3) Lehnt das Jugendamt Hilfen aus anderen als sozialpädagogischen Gründen ab (zB **19** allgemein verwaltungsrechtlicher, organisatorischer oder finanzieller Art) oder hat es mögliche und gebotene Hilfe bisher schlicht unterlassen, so besteht allerdings keine Rechtfertigung, die aus dem Verhältnismäßigkeitsprinzip folgende Verantwortung des FamG einzuschränken (JOHANNSEN/HENRICH/BÜTE § 1666 Rn 60; DICKMEIS ZfJ 1993, 561, 562; vgl AG Kamen DAVorm 1994, 501 ff; AG Kamenz FamRZ 2005, 124, 125). Hier wie in den Ausnahmefällen zu (2) kann es Erziehungshilfen nach § 27 SGB VIII **anordnen** – aber auch dies in der Regel nur auf der Grundlage eines Sachverständigengutachtens.

Die Grundsätze zu (1)–(3) gelten ohne weiteres auch für die Frage, ob die für eine **20** jugendhilferechtliche Leistung notwendige *Kooperationsbereitschaft der Eltern* zu erwarten ist – zwar ist insoweit eigenständige richterliche Beurteilungskraft denkbar (wegen des elterlichen Gefahrabwendungsprimats [§ 1666 Rn 151; oben Rn 12] ist ohnehin zu prüfen, ob die Eltern nicht von sich aus mit öffentlichen Hilfen die Gefahr abzuwenden bereit und in der Lage sind), sie bedarf aber doch auch der Ergänzung durch fachliche, hilfespezifische Kompetenz und Erfahrung (tendenziell **anders** AG Kamen FamRZ 1995, 950, 952 f; zur elterlichen Mitwirkungsbereitschaft als Kriterium der „Eignung" einer Hilfe s Rn 9).

c) Kosten

21 Die **Kosten öffentlicher Hilfen** sollen unerheblich sein, allein das Kindes- und Familieninteresse ist entscheidend (BT-Drucks 8/2788, 60; LG Berlin FamRZ 1988, 1308, 1312; ERICHSEN/REUTER 77; RÖCHLING 284; DICKMEIS ZfJ 1993, 561, 562; ders DAVorm 1993, 945 ff). Dieser Grundsatz gilt unter der sich aus § 36a Abs 1 SGB VIII ergebenden Einschränkung, daß der Familienrichter keine Kosten verursachen kann über vorhandene Rechtsgrundlagen und Leistungsangebote von öffentlichen oder privaten Trägern der Jugendhilfe hinaus (vgl BT-Drucks 8/2788, 2 [Kosten: keine]). Der Konflikt zwischen Sozial- und Justizkasse ist kein Gesichtspunkt, der die Verantwortung des FamG für effektiven Kindesschutz, aber auch den geringstmöglichen Eingriff in Elternrechte beeinträchtigen kann. Die Unerheblichkeit des Kostenarguments gilt auch, wenn schon längere Zeit, aber im Ergebnis erfolglos, kostenaufwendige Hilfen für eine Familie erbracht worden sind (**anders** OLG Hamm DAVorm 1986, 540, 542 [... können „Mittel der Hilfe nicht schlechthin unbegrenzt zur Verfügung gestellt werden"]) – nur die Aussichtslosigkeit, nicht die Kosten können die Versagung weiterer Hilfen rechtfertigen. Ganz unbefriedigend auch unter diesem Gesichtspunkt sind Eltern-Kind-Trennungen in Fällen, in denen das elterliche Versagen offenkundig auch auf der ökonomischen Mangellage der Familie beruht und in denen dennoch nicht einmal der Versuch öffentlicher Hilfen unternommen wurde (vgl LG Frankenthal DAVorm 1984, 320 [enge Wohnverhältnisse, geringes Einkommen]; BayObLG FamRZ 1989, 421, 422 f [schlechte Kleidung und Ernährung]).

Im übrigen gehören die Kosten für die Kindesunterbringung in den Bereich der elterlichen Unterhaltsverpflichtung (§ 1666 Rn 312). Der Rückgriff der Träger der Jugendhilfe ist im SGB VIII eigenständig geregelt (§§ 90 ff). Von einem Kostenbeitrag kann abgesehen werden, wenn dadurch der Zweck der Hilfe vereitelt würde oder sich eine besondere Härte ergäbe (§ 93 Abs 5 SGB VIII).

5. Entbehrlichkeit unterstützender Maßnahmen

22 Öffentliche Hilfen und andere mildere Maßnahmen sind auch nach Abs 1 nur vorrangig, soweit mit ihnen der Gefahr begegnet werden kann – sie müssen **geeignet und erfolgversprechend** sein (der ausdrückliche Vorbehalt in Abs 2 gilt also in Abs 1 entsprechend). Zu im Einzelfall naheliegenden Hilfen muß die Beschlußbegründung Stellung nehmen und darlegen, warum sie nicht geeignet sind (BayObLG FamRZ 1992, 90, 91). Hierbei darf sich das FamG in der Regel auf den Jugendamtsbericht stützen (Rn 16). Verweigern die Eltern die notwendige Mitwirkung (Rn 9) oder sind Hilfen bereits jahrelang erbracht worden, aber letztlich gescheitert, darf daraus im Regelfall gefolgert werden, daß der Kindesschutz mit milderen Eingriffen als der Trennung nicht zu erreichen ist (OLG Hamm DAVorm 1986, 540, 542; DAVorm 1986, 804, 806 f; Bay-

ObLG FamRZ 1981, 86; 1993, 229, 231; 1994, 1412; 1995, 502, 503; NJW 1999, 293, 294; FamRZ 1999, 316, 317; OLG Oldenburg FamRZ 1999, 38; OLG Brandenburg FamRZ 2004, 720 [LS]; FamRZ 2009, 993 f; OLG Köln JAmt 2008, 45, 46 ff; vgl § 1666 Rn 172). Diese Situation ist häufig gegeben, da Jugendämter familiengerichtliche Eingriffe (von akuten Gefährdungsfällen abgesehen) oft erst anregen, nachdem sich ihr Jugendhilfe-Instrumentarium als wirkungslos herausgestellt hat (WIESNER ZBlJugR 1981, 509, 512; SALGO, Pflegekindschaft 590 [Antrag des Jugendamts als „Schlußpunkt" gescheiterter Restabilisierungsbemühungen]). Inwieweit die Reform durch das KiWoMaG 2008 (insbes § 1666 Abs 3 Nr 1, 2; vgl §§ 155 Abs 2, 157 FamFG, dazu § 1666 Rn 263 ff) diese Praxis ändern wird, bleibt abzuwarten.

Verweigert umgekehrt der Familienrichter in dieser Situation die Anordnung von **23** Maßnahmen unter Hinweis auf „öffentliche Hilfen", so müssen diese konkret beschrieben und hinsichtlich ihrer Erfolgsaussichten, in der Regel mit Hilfe eines Sachverständigengutachtens, begründet werden (OLG Hamm DAVorm 1986, 540, 542). Bei dringender Handlungsnotwendigkeit genügt nicht der Verweis auf Interventionsmöglichkeiten der Jugendhilfe (§ 42 Abs 3 SGB VIII); hier genügt das FamG seiner Verantwortung aus § 1666 nur, wenn entsprechendes Handeln des Jugendamts sichergestellt ist (Rn 9 u 13; vgl AG Kamen DAVorm 1994, 501 ff; FamRZ 1995, 950 ff). Ganz verfehlt ist eine Verweigerung familiengerichtlichen Kindesschutzes unter Hinweis auf unterlassene Hilfen in der Vergangenheit, wenn sie im Entscheidungszeitpunkt nicht mehr möglich sind (LG Berlin FamRZ 1983, 943; FamRZ 1983, 947; FamRZ 1982, 841, 843; vgl § 1666 Rn 165). Im übrigen hat der Richter bei Einschätzung der Erfolgsaussichten milderer Maßnahmen einen Mittelweg zu finden zwischen unfundierter Hoffnung auf elterliche Konsolidierung (vgl OLG Hamm FamRZ 1985, 526 f) und vorschneller Unterstellung fehlender Erfolgsaussichten (vgl BayObLG FamRZ 1989, 421, 422 f).

6. Einstweilige Anordnungen

Durch einstweilige Anordnungen (§§ 49 ff FamFG; s § 1666 Rn 305 ff) kann eine Tren- **24** nung dann angeordnet werden, wenn sie auch im Hauptverfahren wahrscheinlich ist (BayObLG FamRZ 1994, 975; LG Berlin DAVorm 1979, 143, 146) oder Gelegenheit zur Beruhigung eines Familienkonflikts gegeben werden soll (OLG Köln FamRZ 1997, 1027 ff), ferner bei akuter Gefährdung zum einstweiligen Kindesschutz, wenn die vorherige Abklärung der familiären Situation mit zu großem Risiko verbunden wäre (vgl BayObLG FamRZ 1995, 502, 503; FamRZ 1999, 178 f; OLG Naumburg FamRZ 2001, 770, s § 1666 Rn 236, 305, 306). Das gleiche gilt, wenn sich die Suche und Erörterung öffentlicher Hilfen langwierig gestaltet und dem Kind ein Abwarten in der Familie nicht zugemutet werden kann. Einstweilige Anordnungen dürfen aber nicht dazu dienen, mögliche und gebotene Tatsachenfeststellungen zu ersparen – in diesem Fall verletzen sie das Elternrecht (BVerfG FamRZ 2002, 1021, 1023 f). Das Gebot „helfender Nachsorge" (Rn 12) ist hier jedenfalls besonders offenkundig (diese ist nicht erkennbar in BayObLG FamRZ 1989, 421 ff); auch kann wegen des Verhältnismäßigkeitsgrundsatzes eine *Befristung* geboten sein (BVerfG FamRZ 2002, 1021, 1024; OLG Naumburg FamRZ 2001, 770, 771; vgl § 1666 Rn 310).

III. Besonderheiten bei Wohnungsausweisungen, Abs 1 S 2, 3

1. Allgemeines

25 Das Kinderrechteverbesserungsgesetz von 2002 (BGBl I 1239) hat in § 1666a Abs 1 die Sätze 2 und 3 eingefügt, das KiWoMaG 2008 hat mit § 1666 Abs 3 Nr 3, 4 die Anordnungsgrundlagen „nachgeliefert" (das GewaltSchG ist gem § 3 Abs 1 auf das Eltern-Kind-Verhältnis nicht anwendbar). Einzelheiten hierzu sind deshalb bei § 1666 dargestellt (s dort Rn 231–238). Satz 2 fügt die weitere Klarstellung hinzu, daß die Ausweisung eines Elternteils aus der Familienwohnung gleichermaßen nur ultima ratio sein darf wie die Trennung des Kindes von den Eltern nach S 1. S 3 konkretisiert den Grundsatz der Verhältnismäßigkeit einer Ausweisung im Hinblick auf die zivilrechtliche Berechtigung des Ausgewiesenen an der Wohnung.

2. Ausweisung eines Elternteils aus der Familienwohnung, S 2

26 Die betonte Vorrangigkeit milderer Mittel und öffentlicher Hilfen (vgl Rn 9 ff) gilt nur bei Ausweisung eines Elternteils, nicht eines Dritten (vgl S 2 u 3; JANZEN FamRZ 2002, 785, 788; vgl Rn 27). Es kommt nicht darauf an, ob die Eltern miteinander verheiratet sind oder sich trennen wollen (MOTZER FamRZ 2003, 793, 797, vgl § 1666 Rn 231 zu § 1361b). Bezugspunkt des „milderen Mittels" ist die mit der Ausweisung des Elternteils verbundene Trennung vom Kind; eine Herausnahme des Kindes (auch: Inobhutnahme durch das Jugendamt) scheidet deshalb als milderes Mittel aus (MOTZER FamRZ 2003, 793, 797). Vorrangig sind nur solche Maßnahmen, die die Familiengemeinschaft erhalten, aber der Kindesgefährdung (idR durch Gewalt oder sexuellen Mißbrauch) effektiv vorbeugen. In **§ 16 Abs 1 S 3 SGB VIII** hat der Gesetzgeber insoweit gezielt öffentliche Hilfen für Familien mit Gewaltproblemen vorgesehen (dazu ie § 1666 Rn 99); eine Wegweisung des gewalttätigen Elternteils kommt nur in Betracht, wenn diese Hilfen erfolglos angeboten oder durchgeführt worden sind oder von vornherein als ungeeignet erscheinen. Eine *Befristung* der Ausweisung ist aus dem Grundsatz der Verhältnismäßigkeit heraus nicht generell geboten (anders als S 3), die Maßnahme ist nach § 166 Abs 2 FamFG ohnehin ständig zu überprüfen und bei Gefahrwegfall aufzuheben, § 1696 Abs 2 (JANZEN FamRZ 2002, 785, 788 f).

3. Nutzungsrecht des Ausgewiesenen, S 3

27 S 3 bezieht sich auf die Ausweisung eines Elternteils oder eines Dritten gleichermaßen („Dritte" in diesem Sinne sind vor allem Schwiegerelternteil, Lebensgefährte, Verwandte; für Maßnahmen gegen sie s § 1666 Rn 237). Die Vorschrift stellt zum einen klar, daß gem § 1666 Abs 1 nicht nur die Ausweisung aus der Familienwohnung, sondern auch aus **„einer anderen Wohnung"** zulässig ist – etwa die Wegweisung eines Gewalt- oder Sexualtäters aus der Nachbarschaft der Kindeswohnung (vgl OLG Zweibrücken FamRZ 1994, 796 f; § 1666a Rn 21). Zum zweiten wird das Gewicht eines **dinglichen oder mietvertraglichen Nutzungsrechts** des Auszuweisenden an der Wohnung im Rahmen der familienrechtlichen Abwägung festgelegt: Dem notwendigen Schutz des gefährdeten Kindes durch Entfernung des Gewalttäters kann ein solches Recht grundsätzlich nicht entgegenstehen; lediglich bei der Frage der *Dauer* der Maßnahme ist es zu berücksichtigen. Die Abwägung zwischen Nutzungsrecht und Kindesschutz wird idR ergeben, daß dem Wohnungsberechtigten ein sofortiges und einstweiliges Weichen zuzumuten ist, aber keine dauerhafte Aufgabe seines Rechts. Vielmehr wird es angesichts dieses Rechts dem Kind und dem mit ihm lebenden Elternteil mittel- oder langfristig zuzumuten sein, sich eine andere Wohnung zu suchen, wenn das Gewaltproblem nicht anders gelöst werden kann (ROTH JZ 2002, 651, 654; BAMBERGER/ROTH/VEIT Rn 9). ImErgebnis wird in solchen Fällen die Wegweisung **regelmäßig zu befristen** sein (BT-Drucks 14/8131, 9; ROTH aaO; JANZEN FamRZ 2002, 785, 789; vgl § 1666 Rn 310).

IV. Entziehung der Personensorge, Abs 2

Die „gesamte Personensorge" umfaßt das Recht zur tatsächlichen Betreuung und die Vertretung in persönlichen Fragen (§§ 1626, 1629). Als andere (mildere) Maßnahmen kommen in Betracht der nur auf Teilbereiche beschränkte Entzug oder eine Verbleibensanordnung nach § 1632 Abs 4 (vgl BVerfG FamRZ 1989, 145, 146 f; s § 1666 Rn 49–51), vor allem aber auch Gebote gem § 1666 Abs 3 Nr 1, 2 (zu deren „Geeignetheit", dh Erfolgsaussichten s § 1666 Rn 219). Gar kein Entzug (schon mangels konkreter Kindesgefährdung) ist notwendig, wenn der sorgeberechtigte, berufstätige Elternteil das Kind in der Pflegefamilie belassen will und zur Kooperation mit dieser und dem Jugendamt bereit ist (OLG Düsseldorf FamRZ 1988, 1195 f [zu § 1671 Abs 5]). **28**

Der Entzug der gesamten Personensorge ist nur gerechtfertigt, wenn schon im familiengerichtlichen Verfahren geklärt ist, was mit dem Kind konkret geschehen soll, und wenn der Entzug im Hinblick auf die geplante Regelung notwendig ist. Unzulässig ist der pauschale Entzug und Pflegerbestellung, wobei die Veranlassung alles weiteren dem Pfleger überlassen wird (ZENZ, Kindesmißhandlung 362 f; WIESNER ZBlJugR 1981, 509, 520; s § 1666 Rn 208). **29**

Im übrigen gelten die Erl zu Abs 1 entsprechend.

§ 1667
Gerichtliche Maßnahmen bei Gefährdung des Kindesvermögens

(1) Das Familiengericht kann anordnen, dass die Eltern ein Verzeichnis des Vermögens des Kindes einreichen und über die Verwaltung Rechnung legen. Die Eltern haben das Verzeichnis mit der Versicherung der Richtigkeit und Vollständigkeit zu versehen. Ist das eingereichte Verzeichnis ungenügend, so kann das Familiengericht anordnen, dass das Verzeichnis durch eine zuständige Behörde oder durch einen zuständigen Beamten oder Notar aufgenommen wird.

(2) Das Familiengericht kann anordnen, dass das Geld des Kindes in bestimmter Weise anzulegen und dass zur Abhebung seine Genehmigung erforderlich ist. Gehören Wertpapiere, Kostbarkeiten oder Schuldbuchforderungen gegen den Bund oder ein Land zum Vermögen des Kindes, so kann das Familiengericht dem Elternteil, der das Kind vertritt, die gleichen Verpflichtungen auferlegen, die nach §§ 1814 bis 1816, 1818 einem Vormund obliegen; die §§ 1819, 1820 sind entsprechend anzuwenden.

§ 1667

(3) Das Familiengericht kann dem Elternteil, der das Vermögen des Kindes gefährdet, Sicherheitsleistung für das seiner Verwaltung unterliegende Vermögen auferlegen. Die Art und den Umfang der Sicherheitsleistung bestimmt das Familiengericht nach seinem Ermessen. Bei der Bestellung und Aufhebung der Sicherheit wird die Mitwirkung des Kindes durch die Anordnung des Familiengerichts ersetzt. Die Sicherheitsleistung darf nur dadurch erzwungen werden, dass die Vermögenssorge gemäß § 1666 Abs. 1 ganz oder teilweise entzogen wird.

(4) Die Kosten der angeordneten Maßnahmen trägt der Elternteil, der sie veranlasst hat.

Materialien: § 1667 aF: E I § 1547 Abs 1, § 1549 Abs 1; II § 1558; III § 1644; Mot IV 807, 815; Prot IV 553, 635. GleichberG Art I Nr 22; SorgeRG Art 1 Nr 17; KindRG Art 1 Nr 18; STAUDINGER/BGB-Synopse 1896–2005 § 1667.

Systematische Übersicht

I.	Normentwicklung und -bedeutung	1	3.	Sicherheitsleistung (Abs 3)	13
			4.	Dauer und Änderung von	
II.	Verhältnis zu § 1666	3		Maßnahmen	18
			5.	Kosten	19
III.	Die Maßnahmen im einzelnen				
1.	Vermögensverzeichnis, Rechnungslegung (Abs 1)	6	IV.	Zuständigkeit und Verfahren	
			1.	Zuständigkeit	20
2.	Anlagebestimmung, Sicherungsmaßnahmen (Abs 2)	10	2.	Verfahren	21
			3.	Kosten	23

Alphabetische Übersicht

Abwendungsprimat der Eltern	3, 5, 14	– Entscheidungsspielraum		6
Änderungsgesetze	1, 10 f, 14, 21	– Ermessen		16
Anhörung	21	– Ermittlungen		4, 7, 16
		– Genehmigung		11
Buchforderungen	12	– Maßnahmen		1 ff, 20 ff
		– Zuständigkeit		20
Eidesstattliche Versicherung	7, 9			
Eigenverbrauch	11	Gefährdungsbegriff		4
Einstweilige Anordnung	21	Gefährdungsschwelle		3, 4
Elterliche Sorge	1, 11	Geldinstitut		11
– Sorgerechtsentzug	5	– Maßnahme gegenüber dem Geldinstitut		11
Elternautonomie	3			
Eltern-Kind-Verhältnis	21	Haftungsmasse		13
Elternvermögen	6, 13, 15, 21			
		Jugendamt		21
Familiengericht				
– Entscheidungskompetenz	11			

Kindesalter	21
Kindesinteressen	6, 11, 16
– im Vermögensbereich	
s Vermögensinteressen	
Kindesvermögen	
s Vermögen des Kindes	
Kindesvertretung	17
Kindeswohl, persönliches	21
Kostbarkeiten	12
Kosten der Maßnahmen	19
Kosten des Verfahrens	18, 23
Nichtbefolgung gerichtlicher Anordnungen	5
Personenschutz	1 f
Personensorge	1, 11
Pfleger	14, 17
Pflichtverletzung, elterliche	4, 6, 11, 21
Rechnungslegung	3, 9
Schadensersatzansprüche	13
Schadensrisiko	13, 16
Sicherheitsleistung	13 ff, 21, 22
Sperrvermerk	11, 22
Untersuchungsgrundsatz	4, 21
Unwilligkeit oder Unfähigkeit der Eltern	3, 5, 14

Verfahren	21 ff
– Beschwerdeverfahren	22
Verhältnis zu § 1666	2 ff
– Ergänzende Normfunktion des § 1667	2 f, 21
Verhältnismäßigkeitsgrundsatz	5, 14, 21
Vermögen des Kindes	1, 4, 6 f, 9, 10, 13
Vermögensanlage	10
Vermögensbereich	2, 22
Vermögensgefährdung	3 ff, 7, 9, 10, 13
– als Eingriffslegitimation	3 ff
Vermögensinteressen	21
Vermögensschutz	1 f, 6, 9, 11, 16
Vermögenssorge	1 f, 20, 21
– Vermögenssorgeentzug	5, 14 f, 21
Vermögensverfall, elterlicher	6, 21
Vermögensverwaltung	6, 9, 10, 12
Vermögensverzeichnis	3, 6 ff
– Öffentliches Verzeichnis	8
Verschwägerte	22
Verwandte	22
Vollzug	11
Wächteramt des Staates	1, 3
Wertpapiere	12
Zwang	8, 11, 15, 21, 22

I. Normentwicklung und -bedeutung

Nach dem ursprünglichen Konzept des BGB wurde die staatliche Wächterfunktion **1** gegenüber der elterlichen Sorge in zwei verschiedenen, nach Personensorge (§ 1666) und Vermögenssorge (§§ 1667 ff) getrennten Ansätzen verwirklicht. Spätere Reformen hatten hieran im Grundsatz nichts geändert: Das GleichberG 1957 erfaßte anstelle des Vaters nunmehr beide Eltern und beseitigte die väterliche Nutznießung am Kindesvermögen; das SorgeRG 1979 baute die gerichtlichen Interventionsmöglichkeiten in die elterliche Vermögenssorge aus und konzentrierte sie in § 1667 (statt bisher in §§ 1667–1669; vgl Synopse aaO). Erst das KindRG 1998 brach mit dem dualen Schutzansatz des Gesetzes und führte sowohl Personen- wie auch Vermögensschutz des Kindes einheitlich in § 1666 zusammen (s § 1666 Rn 26). Durch die umfassende Zuweisung an die Familiengerichte wurde ein einheitlicher Verfahrensrahmen und Instanzenzug geschaffen (BT-Drucks 13/4899, 71).

Damit ist § 1667 zu einer **unselbständigen Rechtsnorm** herabgesunken. Während den **2** Besonderheiten der Vermögenssorge in § 1666 selbst konkretisierend Rechnung getragen wird, soweit der Eingriffs*tatbestand* betroffen ist (§ 1666 Abs 2), bleibt die nähere **Ausgestaltung der Rechtsfolgenseite** der Ergänzungsvorschrift des § 1667 vorbehalten: Hier werden gem § 1666 Abs 1 möglicherweise „erforderliche Maßnahmen" speziell für den Vermögenssorgebereich katalogartig aufgefächert und im einzelnen geregelt. Diese Auslagerung ist gesetzesgeschichtlich bedingt (Abs 1–4 entsprechen Abs 2–4 und 6 des § 1667 aF), aber auch künftig gesetzestechnisch zu rechtfertigen: Die Details des Vermögensschutzes hätten den Text des § 1666 unproportional aufgebläht und den eigentlichen Kern der Vorschrift, den Personenschutz des Kindes, unangemessen an den Rand gedrängt (positiv zur verbesserten Übersichtlichkeit auch DIEDERICHSEN NJW 1998, 1977, 1985).

II. Verhältnis zu § 1666

3 Aus der lediglich ergänzenden Funktion des § 1667 folgt auch das Verhältnis zu § 1666: **Maßnahmen nach § 1667 setzen die Erfüllung des Eingrifftatbestands gemäß § 1666 Abs 1 voraus,** also (1) eine Gefährdung des Kindesvermögens sowie (2) mangelnde Bereitschaft oder Fähigkeit der Eltern, die Gefahr abzuwenden.

Dies ergibt sich nicht nur aus dem systematischen Zusammenhang des § 1667 aF, in dem nicht nur die grundsätzliche Eingriffsbefugnis (jetzt in § 1666 Abs 1 verlagert) im einleitenden Abs 1 dem Maßnahmekatalog vorangestellt war, sondern auch aus dem Umstand, daß Anordnungen des FamG gem § 1667 in die Elternautonomie des Art 6 Abs 2 S 1 GG eingreifen und damit einer Legitimation aus dem Wächteramt des Staates gem Art 6 Abs 2 S 2 bedürfen (iE ebenso SCHWAB, Familienrecht Rn 407; PALANDT/DIEDERICHSEN Rn 3; JOHANNSEN/HENRICH/BÜTE Rn 3; MünchKomm/OLZEN Rn 7).

4 Zweifelhaft könnte allenfalls erscheinen, ob dieser Grundsatz auch für **Maßnahmen nach Abs 1** gilt (Vermögensverzeichnis, Rechnungslegung), denn hierdurch wird dem FamG erst ermöglicht, das Vorhandensein von Kindesvermögen und die Notwendigkeit weiterer Schutzmaßnahmen zu beurteilen (vgl Rn 7). Abs 1 erlaubt damit die Aufklärung der tatsächlichen Situation, er steht auf der Grenze zwischen Amtsermittlung (§ 29 Abs 1 FamFG) und Eingriff. Insoweit könnte argumentiert werden, daß für Abs 1 eine „Gefährdung" des Kindesvermögens nicht Voraussetzung, sondern nur mögliches Ergebnis der Aufklärung zu sein brauche. Einer solchen Auffassung wäre jedoch nicht zuzustimmen: Daß die Anordnung nach Abs 1 das Spektrum der Amtsermittlung nach § 26 FamFG überschreitet und eigenständigen Eingriffscharakter hat, folgt schon aus der ausdrücklichen Ermächtigung im materiellen Recht (Abs 1 sowie § 1640 Abs 1). „Ausforschungsanordnungen" des FamG sind gem Abs 1 auch bei erheblichem Kindesvermögen (außerhalb des § 1640 Abs 1) nicht zulässig, solange nicht konkrete Anhaltspunkte für elterliche Pflichtverletzungen im Sinne eines „Anfangsverdachts" vorliegen (OLG Stuttgart OLGR 2001, 128 f; MünchKomm/OLZEN Rn 8; vgl § 1666 Rn 88, 261). Im übrigen ist darauf hinzuweisen, daß der Gefährdungsbegriff des § 1666 Abs 1 keine starre Eingriffsschwelle darstellt, sondern in Wechselwirkung von Schadenspotential und Eingriffsschwelle für jeden Einzelfall zu konkretisieren ist (§ 1666 Rn 91). Hieraus folgt, daß man sich für die tatbestandlichen Anordnungen des Abs 1 mit einem geringeren Grad der Wahrscheinlichkeit einer Gefährdung (dazu § 1666 Rn 91) begnügen kann als bei einer Anordnung nach Abs 2, 3 oder weitergehenden Maßnahmen nach § 1666 Abs 1; von der prinzipiellen Erforderlichkeit einer Gefährdung iS § 1666 Abs 1 für Maßnahmen nach § 1667 ist jedoch nicht abzugehen.

Allerdings ist der Katalog des § 1667 **keine abschließende Konkretisierung** der nach 5
§ 1666 Abs 1 möglichen Maßnahmen (näher § 1666 Rn 243–248), er enthält nur eine
Aufzählung und Ausgestaltung typischer, besonders wichtiger vermögenssichernder Vorkehrungen. Aufgrund des die §§ 1666–1667 beherrschenden Grundsatzes
der Verhältnismäßigkeit (§ 1666 Rn 211–217) müssen jedoch Maßnahmen nach
§ 1667 als **vorrangig** vor einschneidenderen Eingriffen, insbesondere dem teilweisen oder völligen Entzug der Vermögenssorge angesehen werden, sofern sie im
konkreten Fall als geeignet und aussichtsreich erscheinen (vgl SCHWAB/WAGENITZ
FamRZ 1997, 1377, 1381; MünchKomm/OLZEN Rn 9, 10; JOHANNSEN/HENRICH/BÜTE Rn 4).
Dem entspricht auch § 1666 Abs 2 Alt 3: Zwar setzen Anordnungen nach § 1667
ihrerseits schon eine Gefährdung iS § 1666 Abs 1 voraus (Rn 4); ihre Nichtbefolgung belegt aber nicht nur ihre konkrete Ungeeignetheit zur Gefährdungsabwehr,
sondern begründet die erheblich erhöhte Wahrscheinlichkeit einer Vermögensschädigung, dh einer Gefährdung, die einen Sorgerechtsentzug rechtfertigen kann
(vgl § 1666 Rn 201).

III. Die Maßnahmen im einzelnen

1. Vermögensverzeichnis, Rechnungslegung (Abs 1)

Das FamG kann die Einreichung eines Vermögensverzeichnisses von beiden Eltern- 6
teilen verlangen, auch wenn nur ein Elternteil die mit der Vermögensverwaltung
verbundenen Pflichten verletzt hat oder in Vermögensverfall geraten ist; im Interesse effektiven Kindesschutzes ist dem anderen Elternteil diese Regelung zuzumuten (SOERGEL/STRÄTZ Rn 6). Das FamG hat zu bestimmen, in welchem Umfang das
Vermögensverzeichnis einzureichen ist, es kann auf bestimmte Teile des Kindesvermögens beschränkt werden. Eine bestimmte Form ist nicht vorgeschrieben. Ein
Verzeichnis des eigenen Vermögens der Eltern oder des Gesamtguts bei fortgesetzter Gütergemeinschaft kann von den Eltern hingegen nicht verlangt werden (BayObLGZ 22, A 29).

Ein Vermögensverzeichnis kann nicht schon dann angeordnet werden, wenn unklar 7
ist, ob überhaupt Kindesvermögen vorhanden ist (LG Münster DAVorm 1981, 604). Eine
familiengerichtliche Anordnung kommt aber in Betracht, wenn dafür Anhaltspunkte bestehen und darüberhinaus Anzeichen, daß Kindesvermögen sachwidrig verwendet worden ist; die Anordnung dient dann zur Klärung der Notwendigkeit weiterer Schutzmaßnahmen nach § 1667 oder § 1666 Abs 1 (vgl Rn 4; BayObLG FamRZ
1994, 1191, 1192). Eine Anordnung nach Abs 1 kann auch ergehen, wenn in den Fällen des § 1640 Abs 2 die gesetzliche Verzeichnispflicht entfällt, aber eine Gefährdung des Kindesvermögens droht (vgl STAUDINGER/ENGLER § 1640 Rn 32 aE). Hinsichtlich der Modalitäten der Anordnung ie vgl Abs 1 S 2 (sowie § 1640 Rn 17–19). Haben
die Eltern schon auf Grund anderer Vorschriften ein Verzeichnis eingereicht, so beschränkt sich die Verpflichtung auf die Ergänzung des früheren Verzeichnisses.
Gem § 31 Abs 1 FamFG kann darüber hinaus eine eidesstattliche Versicherung zur
Glaubhaftmachung der Angaben gefordert werden, wenn der Inhaber der Vermögenssorge bereits einmal unrichtige Angaben gegenüber dem FamG gemacht hat
(BayObLG FamRZ 1994, 1191, 1192; MünchKomm/OLZEN Rn 12; JOHANNSEN/HENRICH/BÜTE
Rn 6).

8 Die Einreichung kann durch Zwangsgeld erzwungen werden nach § 35 FamFG, notfalls kann das Gericht ein öffentliches Verzeichnis gem Abs 1 S 3 anordnen (dazu STAUDINGER/ENGLER § 1640 Rn 29–31). Diese Anordnung setzt die Prüfung voraus, ob sie angesichts der Haltung der Eltern überhaupt sinnvoll und durchführbar ist.

9 Das FamG kann ferner anordnen, daß der das Kindesvermögen gefährdende Elternteil über die Verwaltung des Vermögens des Kindes **Rechnung legt**. Es kann eine einmalige oder eine regelmäßige Rechnungslegung gefordert werden, wenn dies zum Schutze des Kindesvermögens notwendig ist (hinsichtlich der Einzelheiten der Rechnungslegung sind §§ 1840 ff entspr anzuwenden; BayObLG FamRZ 1994, 1191, 1192; s auch BIRKENFELD FamRZ 1976, 197 ff). Bei begründeten Zweifeln an der Korrektheit der Angaben kann gem § 31 Abs 1 FamFG eine eidesstattliche Versicherung verlangt werden (BayObLG FamRZ 1994, 1191, 1192).

2. Anlagebestimmung, Sicherungsmaßnahmen (Abs 2)

10 Die Maßnahmen des Abs 2 S 1 sind durch das SorgeRG neu aufgenommen worden. Hinsichtlich der **Anlage von Kindesvermögen** sind die Eltern seit dem SorgeRG vom Gebot mündelsicherer Anlegung befreit, sie müssen sich nur im Rahmen einer „wirtschaftlichen Vermögensverwaltung" halten, § 1642 (s Erl STAUDINGER/ENGLER § 1642). § 1667 Abs 2 S 1 erlaubt konsequent familiengerichtliche Anlagebestimmungen, soweit die Eltern ihrer Pflicht aus § 1642 nicht genügen und dadurch eine Gefährdung des Kindesvermögens herbeiführen. Dabei ist auch das Gericht nicht an die Anlageformen des § 1807 gebunden, obwohl eine Anlehnung hieran aus Sicherheitsgründen empfehlenswert ist.

11 Weiterhin kann nach Abs 2 S 1 angeordnet werden, daß die **Abhebung** (insbes von Bankkonten des Kindes) nur **mit Genehmigung des FamG** erfolgen kann (**Sperrvermerk**). Diese Maßnahme bietet sich an, wenn pflichtwidriger Eigenverbrauch des Kindesguthabens durch die Eltern zu befürchten steht, sie war bereits vor dem SorgeRG als außergesetzliche Sicherungsmaßnahme von den Gerichten praktiziert worden (KG JFG 15, 18, 20; JW 1932, 1387 [LS]; OLG Neustadt adW MDR 1955, 479, 480; BayObLG FamRZ 1977, 144 ff; FamRZ 1979, 71, 72). Unklar ist der Vollzug der Anordnung: Nach früher herrschender Auffassung konnte sie nur als Auflage an die sorgeberechtigten Eltern ergehen, ein unmittelbarer Eingriff des Gerichts in das Rechtsverhältnis zwischen Geldinstitut und Kontoinhaber wurde für ausgeschlossen erachtet. Vielmehr wurde es als Aufgabe des Gerichts angesehen, die Ausführung seiner Anordnung durch die Eltern zu überwachen, ggf eine Frist zu setzen und Erzwingungsmaßnahmen nach § 33 FGG aF zu ergreifen (BayObLG FamRZ 1977, 144, 146; FamRZ 1979, 71, 73; JOHANNSEN/HENRICH/BÜTE Rn 9). Nach dem SorgeRG erscheint hingegen die Auffassung zutreffender, wonach der Sperrvermerk **mit unmittelbarer Wirkung gegenüber dem Geldinstitut** angeordnet werden kann (SOERGEL/STRÄTZ Rn 7; unklar SCHRÖDER/BERGSCHNEIDER/WEISBRODT, Familienvermögensrecht Rn 8, 228). Das legt erstens schon der Gesetzeswortlaut selbst nahe; die Formulierung des Abs 2 S 1 erhält besonderes Gewicht im Kontrast zu § 1809 betr die Anlegung durch einen Vormund. Zweitens hatte das SorgeRG die unmittelbaren Handlungsmöglichkeiten des Gerichts im Interesse des Kindes auch sonst erweitert (s STAUDINGER/COESTER[12] Rn 21 ff). Schließlich steht eine unmittelbare Anordnungskompetenz des Gerichts auch rechtspolitisch im Einklang mit dem erklärten Ziel des SorgeRG, den Vermögensschutz des Kindes effektiver zu gestalten (BT-Drucks 7/2060, 30; 8/2788, 60). Die ausdrückliche Beschränkung von Maßnahmen gegenüber Dritten auf Fragen der Personensorge in § 1666 Abs 4 steht nicht entgegen (s § 1666 Rn 249).

Hinsichtlich der Verwaltung von **Kostbarkeiten, Wertpapieren** und **Buchforderungen** 12 gegen den Bund oder ein Land kann das FamG gem Abs 2 S 2 den Eltern die Bindungen auferlegen, die einem Vormund kraft Gesetzes obliegen (zB Hinterlegung, Umschreibung von Inhaberpapieren auf den Namen des Kindes oä, vgl ie §§ 1814–1820).

3. Sicherheitsleistung (Abs 3)

a) Allgemeines

Abs 3 stellt nur eine Konsolidierung früherer Regelungen dar (§§ 1668 Abs 1, Abs 2 13 S 1, 1669 S 2 aF) und hat die materielle Rechtslage nicht verändert. Die Leistung von Sicherheit aus dem Elternvermögen hat den Zweck, den Eltern trotz der bestehenden Gefährdung des Kindesvermögens ihre diesbezügliche Dispositionsfreiheit belassen zu können, also sonst gebotene Eingriffe nach Abs 1, 2 oder § 1666 Abs 1 verzichtbar zu machen. Das Schadensrisiko wird vom Kind dadurch auf die Eltern verlagert, daß sie die Haftungsmasse für etwaige Schadensersatzansprüche des Kindes schon jetzt bereitstellen.

Die Anordnung der Sicherheitsleistung ist dann kein geeignetes Mittel zur Gefahr- 14 abwendung (vgl § 1666 Rn 240–242), wenn die Eltern offensichtlich unwillens oder unfähig zu ihrer Erbringung sind (MünchKomm/OLZEN Rn 21; SOERGEL/STRÄTZ Rn 8). Erscheint die Anordnung hingegen im Einzelfall erfolgversprechend, hat sie als milderes Mittel Vorrang gegenüber einem sonst notwendigen Entzug der Vermögenssorge oder auch einer Überwachungspflegschaft nach § 1666 Abs 1 (s Rn 5 sowie § 1666 Rn 243, 247). Mit anderen Maßnahmen (Abs 1, 2 oder § 1666 Abs 1) kann die Sicherheitsleistung uU verbunden werden.

Da die Sicherheitsleistung aus dem Eigenvermögen der Eltern zu erbringen ist, 15 scheidet unmittelbarer familiengerichtlicher *Zwang* insoweit aus. Druck auf die Eltern kann nur mittels Androhung eines sonst erforderlichen Entzugs der Vermögenssorge ausgeübt werden, Abs 3 S 4 (unanwendbar also § 35 FamFG; BayObLG FamRZ 1977, 144, 146; MünchKomm/OLZEN Rn 24; PALANDT/DIEDERICHSEN Rn 7; SOERGEL/ STRÄTZ Rn 8).

b) Einzelheiten

Art und Umfang der Sicherheitsleistung bestimmt das FamG nach pflichtgemäßem 16 Ermessen. An §§ 232 ff ist es nicht gebunden, es kann die dortigen Vorschriften jedoch zum Anhaltspunkt nehmen. Leitendes Kriterium ist das Interesse des Kindes und die konkrete Schutznotwendigkeit, dh das drohende Schadenspotential. Auch die Leistungsfähigkeit und besonderen Leistungsmöglichkeiten der Eltern sind zu berücksichtigen (etwa Hypothekensicherung statt Geldleistung, wenn dies die Eltern weniger belastet), niemals aber zum Nachteil der Kindesinteressen (KG JFG 15, 18, 20 f). Bei dinglichen Sicherungen kommt es auf deren Sicherungswert an, insbes bei Grundpfandrechten auf die Rangstelle. Ist diese nicht absolut sicher, bedarf es sorgfältiger familiengerichtlicher Wertprüfung (KG aaO 22).

17 **Bestellung, Änderung und Aufhebung** der Sicherheitsleistung fallen in die Handlungskompetenz der Eltern. Soweit eine Mitwirkung des Kindes erforderlich ist, erspart Abs 3 S 3 die sonst notwendige Bestellung eines Pflegers zur Kindesvertretung (§§ 181, 1629 Abs 2 S 1 iVm 1795): Das FamG handelt unmittelbar in Vertretung des Kindes (vgl Rn 11). Hierdurch wird das Verfahren der Sicherheitsleistung vereinfacht und beschleunigt sowie den Eltern der Entschluß für die Sicherheitsleistung erleichtert (vgl Kosten, Abs 4). Daß Abs 3 S 3 auch für *Änderungen* einer erbrachten Sicherheitsleistung gilt (zB Austausch, Erhöhung, Minderung), ergibt sich aus einem Vergleich mit § 1844 Abs 2 aF und aus dem Normzweck (es liegt wohl ein Redaktionsversehen vor, SOERGEL/STRÄTZ Rn 9). Kein unmittelbares Eintrittsrecht des FamG iSv Abs 3 S 3 besteht hingegen bei von den Eltern freiwillig oder auf vertraglicher Grundlage bestellten Sicherheiten (PALANDT/DIEDERICHSEN Rn 7; Münch-Komm/OLZEN Rn 23; JOHANNSEN/HENRICH/BÜTE Rn 13).

18 **4. Zur Dauer und Änderung von Maßnahmen** nach § 1667 gilt § 1696 Abs 1, 3 (dazu Erl dort und § 1666 Rn 196). Mit Eintritt der Volljährigkeit erledigen sich angeordnete Maßnahmen und laufende Verfahren (BayObLG FamRZ 2000, 971 f).

19 **5. Die Kosten** der nach § 1667 veranlaßten Maßnahmen trägt nach Abs 4 derjenige Elternteil, der sie verursacht hat. Kostenersatz vom Kind (etwa nach § 1648) kann nicht verlangt werden (zu den davon zu unterscheidenden Kosten des Verfahrens s Rn 23).

IV. Zuständigkeit und Verfahren

1. Zuständigkeit

20 Die *örtliche* Zuständigkeit folgt aus § 152 FamFG. *Funktionell* sind Maßnahmen nach § 1667 dem *Rechtspfleger* zugewiesen (§ 3 Nr 2a RPflG; im Richtervorbehalt des § 14 Nr 1 RPflG ist die Vermögenssorge ausgeklammert).

2. Verfahren

21 Für das familiengerichtliche Verfahren (einschl *einstweiliger Anordnungen*) gelten im wesentlichen die zu § 1666 dargelegten Grundsätze (§ 1666 Rn 178 ff, 253–291, 303–306). Aus der **Amtsermittlungspflicht** (§ 26 FamFG) (BayObLG FamRZ 1977, 144, 145) folgt, daß von Amts wegen die Erforderlichkeit milderer Maßnahmen geprüft werden muß, bevor der von einem Beteiligten angeregte Entzug der Vermögenssorge ausgesprochen wird (BayObLG FamRZ 1983, 528, 530). Für die **Anhörung des Kindes** ist, sofern nur seine Vermögensinteressen berührt sind, § 159 Abs 1 S 2 FamFG maßgeblich: Anhörung entbehrlich, wenn dies nach Art der Angelegenheit nicht angezeigt erscheint. Ist *auch* das persönliche Wohl betroffen, ist § 159 Abs 1 S 1 FamFG einschlägig (§ 1666 Rn 275 ff). Die **Anhörung der Eltern** (§ 150 Abs 1 S 2 FamFG) kann sich, wenn es darauf ankommt, auch auf ihre eigenen Vermögens- und Einkommensverhältnisse erstrecken (zB bei Vermögensverfall [dazu § 1666 Rn 202], möglichen Pflichtverletzungen gem § 1649 Abs 2 S 1 oder Sicherheitsleistung). Die Anhörung kann ggf im Wege des § 35 FamFG erzwungen werden (LG Münster DAVorm 1981, 604 zu § 33 FGG aF). Eine **Anhörung des Jugendamts** ist nicht mehr vorgeschrieben (vgl § 162 FamFG).

Titel 5 §1667, 22, 23; §§ 1668, 1669, 1
Elterliche Sorge § 1670, 1; § 1671

Auch für die **Rechtsmittel** gilt grundsätzlich das gleiche wie bei § 1666 (s dort **22** Rn 300–204). Die **Durchsetzung** familiengerichtlicher Maßnahmen erfolgt grundsätzlich nach § 95 FamFG (aber Einschränkung für die Sicherheitsleistung, Abs 3 S 4, s Rn 15, und unmittelbares Eintrittsrecht des FamG gem Abs 3 S 3 sowie beim Sperrvermerk gem Abs 2 S 1, s Rn 11).

3. Kosten

Die Kosten des Verfahrens bestimmen sich nach §§ 45 Abs 1 Nr 1, 46 Abs 1 **23** FamGKG (zu den Kosten der Maßnahmen s Rn 19).

§§ 1668, 1669
(weggefallen)

Diese Bestimmungen sind aufgehoben. Das SorgeRG v 18. 7. 1979 (BGBl I 1061) hatte **1** die in den früheren §§ 1667 bis 1669 enthaltenen Bestimmungen in § 1667 aF zusammengefaßt, § 1669 aufgehoben und in einem neuen § 1668 die in § 50 Abs 1 FGG allgemein geregelte Pflicht des Gerichts zur Mitteilung an das FamG für die Fälle eines Antrags auf Eröffnung des Konkurs- oder Vergleichsverfahrens und eines Antrags nach § 807 ZPO, der die Eltern oder einen Elternteil betrifft, konkretisiert. Diese Bestimmung wurde wieder aufgehoben durch das UÄndG v 20. 2. 1986 (BGBl I 301; s auch STAUDINGER/BGB-Synopse 1896–2005 §§ 1668, 1669).

§ 1670
(weggefallen)

Diese Bestimmung wurde mit Wirkung vom 1. 7. 1998 aufgehoben durch Art 1 Nr 48 **1** KindRG (dazu BT-Drucks 13/4899, 115 f) im Vorgriff auf Art 33 Nr 28 EG InsO, der gleichfalls – mit Wirkung vom 1. 1. 1999 – die Aufhebung vorsah. Der gesetzliche Verlust der Vermögenssorge bei Konkurseröffnung über das Vermögen des Elternteils (§ 1670 aF) paßt nicht mehr zum neuen Insolvenzverfahren, das auch redlichen Schuldnern offensteht, die unverschuldet (dh: ohne Mißwirtschaft) in Not geraten. Im Einzelfall bleiben Schutzmaßnahmen des FamG nach §§ 1666, 1667 möglich (vgl KÜBLER/PRÜTTING, Das neue Insolvenzrecht Bd II 156; vgl § 1666 Rn 202; s auch STAUDINGER/BGB-Synopse 1896–2005 § 1670).

§ 1671
Getrenntleben bei gemeinsamer elterlicher Sorge

(1) Leben Eltern, denen die elterliche Sorge gemeinsam zusteht, nicht nur vorübergehend getrennt, so kann jeder Elternteil beantragen, dass ihm das Familiengericht die elterliche Sorge oder einen Teil der elterlichen Sorge allein überträgt.

(2) Dem Antrag ist stattzugeben, soweit

1. **der andere Elternteil zustimmt, es sei denn, dass das Kind das 14. Lebensjahr vollendet hat und der Übertragung widerspricht, oder**

2. **zu erwarten ist, dass die Aufhebung der gemeinsamen Sorge und die Übertragung auf den Antragsteller dem Wohl des Kindes am besten entspricht.**

(3) Dem Antrag ist nicht stattzugeben, soweit die elterliche Sorge auf Grund anderer Vorschriften abweichend geregelt werden muss.

Materialien: E I § 1456; II § 1479; III § 1613; Mot 4, 622; GleichberG Art 1 Nr 22; 1. EheRG Art 1 Nr 22; SorgeRG Art 1 Nr 20; KindRG Art 1 Nr 19. STAUDINGER/BGB-Synopse 1896–2005 § 1671.

Schrifttum

ARNTZEN, Elterliche Sorge und persönlicher Umgang mit Kindern aus gerichtspsychologischer Sicht (1980)
BALLOFF/WALTER, Gemeinsame elterliche Sorge als Regelfall?, FamRZ 1990, 445
dies, Konzeptionelle Gedanken zur Trennungs- und Scheidungsintervention, FuR 1991, 63
BISSMAIER, Auswirkungen von Ehescheidungen auf Kinder. Der Gesichtspunkt der Kindesanhörung im familiengerichtlichen Verfahren ..., JAmt 2001, 168
BLOCH, Die Übertragung der elterlichen Sorge gemäß § 1671 BGB (2002)
BODE, Die Fähigkeit zur Kooperation – Und bist du nicht willig ..., FamRZ 1999, 1400
BÖHM, Rechtliche Probleme der Anordnung, Erstellung und Verwertung von Sachverständigengutachten im Rahmen familiengerichtlicher Entscheidungen in Sorgerechtssachen, DAVorm 1985, 731
BORN, Gemeinsames Sorgerecht: Ende der „modernen Zeiten"?, FamRZ 2000, 396
BRISCH, Bindung und Umgang, in: 17. DFGT 2007, Brühler Schriften zum Familienrecht Bd 15 (2008) 89
BRUNS, Das Sorgerechtsverfahren innerhalb und außerhalb des Scheidungsverbundverfahrens (2004)
BÜDENBENDER, Elterliche Entscheidungsautonomie für die elterliche Sorge nach dem geltenden Recht und nach dem Entwurf eines Kindschaftsrechtsreformgesetzes, AcP 197 (1997) 197
CARL, Die Aufklärung eines Verdachts des sexuellen Missbrauchs im familien- und vormundschaftsgerichtlichen Verfahren, FamRZ 1995, 1183
COESTER, Das Kindeswohl als Rechtsbegriff (1983)
ders, Kindeswohl: Juristischer Begriff und multidisziplinäre Dimension, in: Ev Akademie Bad Boll (Hrsg), Der Anwalt des Kindes, Protokolldienst 14/1983, 60
ders, Kindeswohl als Rechtsbegriff, in: Brühler Schriften zum Familienrecht Bd 4 (1986) 35
ders, Neue Aspekte zur gemeinsamen elterlichen Verantwortung nach Trennung und Scheidung, FuR 1991, 70
ders, Sorgerecht bei Elternscheidung und KJHG, FamRZ 1992, 617
ders, Reform des Kindschaftsrechts, JZ 1992, 809
ders, Elternautonomie und Staatsverantwortung bei der Pflege und Erziehung von Kindern, FamRZ 1996, 1181
ders, Neues Kindschaftsrecht in Deutschland, DEuFamR 1999, 3
ders, Aufgabe des Staates: Funktionen und Grenzen des Familienrechts in Bezug auf das Kindeswohl, in: HÖFLING (Hrsg), Studies & Comments 8: Interventions for the Best Inter-

ests of the Child in Family Law Procedures/ Interventionen zum Kindeswohl (2009) 11
ders, Die Rechte des Kindes, in: Deutscher Sozialrechtsverband, Schriftenreihe Bd 58 (2009) 7
ders, Verfahren in Kindschaftssachen, in: LIPP/SCHUMANN/VEIT (Hrsg), Reform des familiengerichtlichen Verfahrens (2009) 39
DETTENBORN, Kindeswohl und Kindeswillen (2001)
DIEDERICHSEN, Der Weg der gemeinsamen elterlichen Sorge in die Eindimensionalität, in: FS Rolland (1999) 87
DIEDERICHSEN, Eva, Gemeinsames Sorgerecht der Eltern nach Scheidung – sachgerechte Konkretisierung des Kindeswohls? (Diss Regensburg 2000)
DÜRING, Der Vorwurf sexuellen Missbrauchs im familiengerichtlichen Verfahren zur Regelung des Umgangs mit dem Kind (2000)
EHINGER, Bedeutung des Streits der Eltern über die Religionszugehörigkeit ihres Kindes im Sorgerechtsverfahren, FPR 2005, 367
dies, Die Regelung der elterlichen Sorge bei psychischer Erkrankung eines Elternteils oder beider Eltern im Überblick, FPR 2005, 253
ELL, Trennung – Scheidung und die Kinder? (1979)
ders, Psychologische Kriterien bei der Sorgerechtsregelung, ZfJ 1986, 289
ESCHWEILER, Akzeptanz des Wechselmodells durch die Familiengerichte, FPR 2006, 305
FICHTNER/SALZGEBER, Gibt es den goldenen Mittelweg? Das Wechselmodell aus Sachverständigensicht, FPR 2006, 278
FIGDOR, Scheidung als Katastrophe oder Chance für die Kinder, in: 8. DFGT, Brühler Schriften zum Familienrecht Bd 6 (1990) 21
FROMMANN, Die Wahrnehmung der Interessen Minderjähriger im vormundschafts- bzw familiengerichtlichen Erkenntnisverfahren der freiwilligen Gerichtsbarkeit (Diss Frankfurt aM 1977)
FTHENAKIS, Gemeinsame elterliche Sorge nach Scheidungsmöglichkeiten und Grenzen eines Ansatzes. Gutachten vor dem BVerfG (1982)
ders, Kindeswohl – gesetzlicher Anspruch und Wirklichkeit, in: Brühler Schriften zum Familienrecht Bd 3 (1984) 33
ders, Väter, Bd 1: Zur Psychologie der Vater-Kind-Beziehung (1985)
ders, Väter, Bd 2: Zur Vater-Kind-Beziehung in verschiedenen Familienstrukturen (1985)
ders, Zum Stellenwert der Bindungen des Kindes als sorgerechtsrelevantes Kriterium gemäß § 1671 BGB, FamRZ 1985, 662
ders, Gleichgeschlechtliche Lebensgemeinschaften und kindliche Entwicklung, in: Die Rechtsstellung gleichgeschlechtlicher Lebensgemeinschaften, Gutachten des MPI Hamburg für das BMJ (Juli 1999) 347
FURSTENBERG/CHERLIN, Geteilte Familien (1993)
GLENEWINKEL, Mediation als außergerichtliches Konfliktlösungsmodell (1999)
GOLDSTEIN/FREUD/SOLNIT, Jenseits des Kindeswohls (1974, zit: GOLDSTEIN ua I)
dies, Diesseits des Kindeswohls (1982, zit GOLDSTEIN ua II)
GOLDSTEIN ua, Das Wohl des Kindes (1988, zit: GOLDSTEIN ua III)
GUTDEUTSCH/RIECK, Kindesentführung: Ins Ausland verboten – im Inland erlaubt?, FamRZ 1998, 1488
GUTJAHR, Gerichtliche Entscheidungen über die elterliche Sorge und das Umgangsrecht im Zusammenhang mit dem Wechselmodell, FPR 2006, 301
HAASE/KLOSTER-HARZ, Gemeinsame elterliche Sorge – ein Schritt vorwärts und zwei Schritte zurück, FamRZ 2000, 1003
HACKENBERG/KRAUSE/SCHLACK, Systematische Interaktionsbeobachtungen als Hilfsmittel für die Beurteilung der Eltern-Kind-Beziehung bei strittigem Sorgerecht, in: REMSCHMIDT (Hrsg), Kinderpsychiatrie und Familienrecht (1984) 101
HAFFTER, Kinder aus geschiedenen Ehen (2. Aufl 1960)
HAMMER, Elternvereinbarungen im Sorge- und Umgangsrecht (2004)
ders, Die rechtliche Verbindlichkeit von Elternvereinbarungen, FamRZ 2005, 1209
HANSEN, Das Recht der elterlichen Sorge nach Trennung und Scheidung (1993)
HEILMANN, Kindliches Zeitempfinden und Verfahrensrecht (1998)
HESSLER, Die Berücksichtigung der Zugehö-

rigkeit eines Elternteils zu den Zeugen Jehovas im Sorgerechtsverfahren, NJW 1997, 2930
HINZ, Kindesschutz als Rechtsschutz und elterliches Sorgerecht (1976)
HOLZNER, Die Änderung von Sorgerechtsentscheidungen gemäß § 1696 Abs. 1 BGB (2004)
JAEGER, Verlagerung von Sorgerechtskonflikten in Umgangstreitigkeiten, FPR 2005, 70
JÄGER, Mitspracherechte Jugendlicher bei persönlichkeitsrechtlichen Entscheidungen (Diss Freiburg 1988)
JOPT, Nacheheliche Elternschaft und Kindeswohl: Plädoyer für das gemeinsame Sorgerecht als anzustrebender Regelfall, FamRZ 1987, 875
ders, Im Namen des Kindes (1992)
KAISER, Elternwille und Kindeswohl – für das gemeinsame Sorgerecht geschiedener Eltern, FPR 2003, 573
dies, Gemeinsame elterliche Sorge und Wechselmodell, FPR 2008, 143
KALTENBORN, Katamnestische Untersuchung von Scheidungskindern nach Gutachten zum Recht der elterlichen Sorge nach § 1671 BGB (Diss Tübingen 1984)
ders, Die personalen Beziehungen des Scheidungskindes als sorgerechtsrelevantes Entscheidungskriterium, FamRZ 1987, 990
ders, Entscheidungskriterien im Rahmen der Sachverständigenbegutachtung zur Frage der elterlichen Sorge nach der Ehescheidung, ZfJ 1989, 60
KELLER, Das gemeinsame Sorgerecht nach der Kindschaftsrechtsreform (1999)
KINDLER/FICHTLER, Die gemeinsame elterliche Sorge aus der Sicht der Bindung-und Scheidungsforschung, FPR 2008, 139
KLENNER, Gedanken über die Anwendung psychologischer Erkenntnisse durch den Familienrichter, DAVorm 1979, 807
ders, Vertrauensgrenzen des psychologischen Gutachtens im Familienrechtsverfahren – Entwurf eines Fehlererkennungssystems, FamRZ 1989, 804
KLUSSMANN, Das Kind im Rechtsstreit der Erwachsenen (1981)
KÖSTER, Sorgerecht und Kindeswohl (1997)
KOSTKA, Im Interesse des Kindes? Elterntrennung und Sorgerechtsmodelle in Deutschland, Großbritannien und den USA (2004)

dies, Die Begleitforschung zur Kindschaftsrechtsreform – eine kritische Betrachtung, FamRZ 2004, 1924
dies, Elterliche Sorge und Umgang bei Trennung und Scheidung – unter besonderer Berücksichtigung der Perspektive des Kindes, FPR 2005, 89
KRANZ, Elterliche Kooperation und Sorgerechtsvereinbarungen bei der Abgabe von Sorgeerklärungen und bei Trennung der Eltern (2003)
LEHR, Die Rolle der Mutter in der Sozialisation des Kindes (1974)
dies, Die Rolle der Mutter für die Entwicklung des Kindes – überbewertet oder unterbewertet, ZBlJugR 1975, 413
LEMPP, Das Wohl des Kindes in §§ 1666 und 1671 BGB, NJW 1967, 1659
ders, Die Rechtsstellung des Kindes aus geschiedener Ehe aus kinder- und jugendpsychiatrischer Sicht, NJW 1972, 315
LEMPP/RÖCKER, Die kinder- und jugendpsychiatrische Problematik bei Kindern aus geschiedener Ehe, Zeitschrift für Kinder- und Jugendpsychiatrie 1 (1973) 25
LEMPP, Die Ehescheidung und das Kind (1982)
ders, Die Bindungen des Kindes und ihre Bedeutung für das Wohl des Kindes gemäß § 1671 BGB, FamRZ 1984, 741
LEMPP ua, Die Anhörung des Kindes gem § 50b FGG. Rechtstatsachenforschung (1987)
LIDLE-HAAS, Das Kind im Sorgerechtsverfahren bei der Scheidung (1989)
LIMBACH, Gemeinsame Sorge geschiedener Eltern (1988, zit: Gemeinsame Sorge)
dies, Die Suche nach dem Kindeswohl – Ein Lehrstück der soziologischen Jurisprudenz, ZfRSoz 9 (1988) 155
dies, Die gemeinsame Sorge geschiedener Eltern in der Rechtspraxis. Eine Rechtstatsachenstudie (1989, zit: LIMBACH-Studie)
LIPP, Das elterliche Sorgerecht für das nichteheliche Kind nach dem KindRG, FamRZ 1998, 65
LUTHIN, Gemeinsames Sorgerecht nach der Scheidung (1987)
MACCOBY/MNOOKIN, Die Schwierigkeiten der Sorgerechtsregelung, FamRZ 1995, 1
MENNE, Der Verfahrensbeistand im neuen FamFG, ZKJ 2009, 68

NAPP-PETERS, Scheidungsfamilien (1995)
OELKERS, Das neue Sorgerecht in der familiengerichtlichen Praxis, FuR 1999, 349
ders, Gründe für die Sorgerechtsübertragung auf einen Elternteil, FPR 1999, 132
PESCHEL-GUTZEIT, Das missverstandene PAS – Wie Sorgerechtsentzug und Geschwisterkoppelung das Wohl der Kinder gefährden, FPR 2003, 271
PRESTIEN, Die Stellung des Kindes im Rechtsstreit der Erwachsenen, RdJ 1988, 431
PROKSCH, Scheidungsfolgenvermittlung (Divorce Mediation) – ein Instrument integrierter familiengerichtlicher Hilfe, FamRZ 1989, 916
ders, Rechtstatsächliche Untersuchung zur Reform des Kindschaftsrechts (2002)
RABAA, Kindeswohl im Elternkonflikt (Diss Berlin 1985)
RASSEK, Begriff und Bestimmung des Kindeswohls als Maßstab der Sorgerechtsregelung nach §§ 1671, 1672 BGB (1983)
REINEKE, Rechtsprechungstendenzen zum neuen elterlichen Sorgerecht, FPR 1999, 167
ders, Rechtsprechungstendenzen zu Trennungs- und Scheidungsvereinbarungen, FPR 2000, 267
RIECK, Freizügigkeit, Elternrecht und Kindeswohl, ZKJ 2009, 165
RÖCKER, Sexueller Mißbrauch in der Scheidungsfamilie, in: DU BOIS (Hrsg), Praxis und Umfeld der Kinder- und Jugendpsychiatrie (1989) 145
RÖSNER/SCHADE, Der psychologische Sachverständige als Berater im Sorgerechtsverfahren, ZfJ 1989, 439
ROTAX, Für die Schwächsten ist das Beste gerade gut genug – zur Anhörungspflicht gemäß § 50b FGG, DRiZ 1982, 466
RUNGE, Rechtliche Folgen für den die gemeinsame elterliche Sorge boykottierenden Elternteil, FPR 1999, 142
SALGO, Zur gemeinsamen elterlichen Sorge nach Scheidung als Regelfall – ein Zwischenruf, FamRZ 1996, 449
ders, 10 Jahre Verfahrenspflegschaft – eine Bilanz, ZKJ 2009, 49
SALGO/ZENZ/FEGERT/BAUER/WEBER/ZITELMANN (Hrsg), Verfahrenspflegschaft für Kinder und Jugendliche (2002)

SALZGEBER, Der psychologische Sachverständige (1998)
ders, Hat das „Kindeswohl" als Entscheidungsgrundlage ausgedient?, ZKJ 2006, 195
SARRES, Die elterliche Sorge in Trennungs- und Scheidungsvereinbarungen, FPR 2000, 244
SCHLÜTER, Elterliches Sorgerecht im Wandel ... (1985)
SCHWAB, Handbuch des Scheidungsrechts (4. Aufl 2000; zit: SCHWAB/MOTZER)
ders, Elterliche Sorge bei Trennung und Scheidung der Eltern, FamRZ 1998, 457
ders, Kindschaftsrechtsreform und notarielle Vertragsgestaltung, DNotZ 1998, 437
E SCHWAB, Zum Wohl des Kindes? Eine kritische Bilanz zur Wirkungsweise der Kindschaftsrechtsreform, JAmt 2004, 117
SCHWENZER, Vom Status zur Realbeziehung (1987)
dies, Empfiehlt es sich, das Kindschaftsrecht neu zu regeln? Gutachten zum 59. DJT (1992)
SIMITIS, Kindschaftsrecht – Elemente einer Theorie des Familienrechts, in: FS Müller-Freienfels (1986) 579
SIMITIS/ROSENKÖTTER/VOGEL/BOOST-MUSS/FROMMANN/HOPP/KOCH/ZENZ, Kindeswohl – eine interdisziplinäre Untersuchung ... (1979), zit: SIMITIS ua, Kindeswohl
SITTIG/STÖRR, Das Ende einer Reform? Anmerkung zum Beschluss BGH vom 29.9.1999, FuR 2000, 1999
dies, Das gemeinsame Sorgerecht nach Trennung – kein Regelfall, ZfJ 2000, 368
STREMPEL, Gemeinsame Sorge geschiedener Eltern – Rechtstatsachen und gesetzliche Regelung (1989)
TREITZ, Die Verteilung der elterlichen Gewalt bei Auflösung der Elternehe und bei dauerndem Getrenntleben der Eltern (1974)
TRENCZEK, Familiengerichtliches Verfahren und Mitwirkung der Jugendhilfe nach dem FGG-Reformgesetz, ZKJ 2009, 97
UFFELMANN, Das Wohl des Kindes als Entscheidungskriterium im Sorgerechtsverfahren (Diss Freiburg 1977)
VEIT, Die gemeinsame Sorge wider Willen, in: FS Schwab (2005) 947
VOGEL, Ausgewählte Probleme aus dem Recht

der elterlichen Sorge bei getrennt lebenden Eltern, FPR 2005, 65
WALLERSTEIN/BLAKESLEE, Gewinner und Verlierer: Frauen, Männer, Kinder nach der Scheidung (1989)
WALLERSTEIN/BLAKESLEE, Scheidungsfolgen – Die Kinder tragen die Last (2002)
WALLERSTEIN/LEWIS, Langzeitwirkungen der elterlichen Eheschließung auf Kinder, FamRZ 2001, 65
WALPER, Familien nach Trennung/Scheidung als Gegenstand familienpsychologischer Forschung, FPR 2005, 86
WALPER/GERHARD, Entwicklungsrisiken und Entwicklungschancen von Scheidungskinder. Neue Perspektiven und Befunde, Praxis der Rechtspsychologie 2003, 91
WEBER, Beteiligung von Kindern bei Beratung in Fragen der Trennung und Scheidung, KindPrax 2004, 48
WEISBRODT, Gemeinsame elterliche Sorge in der Rechtsprechung der Obergerichte, KindPrax 2001, 8
WENDL-KAMPMANN/WENDL, Partnerkrisen und Scheidung (1986)
WILL, Gewaltschutz in Paarbeziehungen mit gemeinsamen Kindern, FPR 2004, 233
WILLUTZKI, Umsetzung der Kindschaftsrechtsreform in der Praxis, KindPrax 2000, 45
ders, Zur Entwicklung des gemeinsamen Sorgerechts, RdJB 2000, 398
ZENZ, Elterliche Sorge und Kindesrechte, StAZ 1973, 257
dies, Zur Reform der elterlichen Gewalt, AcP 173 (1973) 527
ZENZ/SALGO, Zur Diskriminierung der Frau im Recht der Eltern-Kind-Beziehung (1983)
ZIMMERMANN, Das neue Kindschaftsrecht, DNotZ 1998, 404.
ZITELMANN, Kindeswohl und Kindeswille im Spannungsfeld von Pädagogik und Recht (2001).

Systematische Übersicht

I.	**Grundsätzliches**	
1.	Norminhalt und -bedeutung	1
2.	Gesetzesgeschichte; Kindschaftsrechtsreform 1998	4
3.	Kritische Würdigung der Neuregelung	6
a)	Verfassungsrechtliche Vorgaben	6
b)	Offizialprinzip/Antragsprinzip	11
c)	Elternautonomie und staatliche Regelung	12
d)	Kindeswohl und Kindesbeteiligung	14
aa)	Materiellrechtliche Ebene	14
bb)	Verfahrensrechtliche Ebene	16
e)	Justizielle und sozialrechtliche Konfliktlösung	18
II.	**Abgrenzungen zu anderen Vorschriften**	
1.	§ 1666	20
2.	§ 1628	21
3.	§§ 1696, 1678 Abs 1, 1680 Abs 1, 3, 1681 Abs 1	22
4.	§ 1684 Abs 3	23
III.	**Allgemeine Voraussetzungen der familiengerichtlichen Übertragung, Abs 1**	
1.	Eltern	24
2.	Kind	25
3.	Gemeinsames Sorgerecht	26
a)	Grundlage des gemeinsamen Sorgerechts	26
b)	Einzelheiten	30
4.	Nicht nur vorübergehendes Getrenntleben	38
5.	Antrag auf Sorgerechtsübertragung	44
a)	Rechtsnatur und allgemeine Grundsätze	44
b)	Inhalt des Antrags im allgemeinen	49
c)	Umfang der beantragten Übertragung	52
6.	Elterliche Sorgerechtsvereinbarungen	59
IV.	**Antrag und Zustimmung des anderen Elternteils, Abs 2 Nr 1**	
1.	Norminhalt und -bedeutung	64
a)	Grundkonzeption	64

b)	Rechtfertigung der elterlichen Bestimmungsmacht	67		5.	Ergebnis und Entscheidungsmöglichkeiten	151
2.	Zustimmung, 1. Halbsatz	71		6.	Das Kindeswohl als Entscheidungsmaßstab	153
a)	Rechtsnatur	71		a)	Fragestellung	153
b)	Zustimmung und Elternvereinbarung	73		b)	Sachlicher Aussagegehalt des Kindeswohlbegriffs	157
c)	Erteilung der Zustimmung	75		aa)	Vorrangigkeit des Kindesinteresses	157
d)	Widerruf der Zustimmung	81		α)	Elterninteressen	161
aa)	Widerruflichkeit	81		β)	Gesellschaftsinteressen	169
bb)	Einzelfragen	87		γ)	Drittinteressen bei „gleichwertiger Erziehungseignung"	171
3.	Kein Kindeswiderspruch, 2. Halbsatz	88		bb)	Inhalt des Kindesinteresses	172
a)	Grundsätzliches	88		c)	Funktionale Bedeutung des Entscheidungsmaßstabs „Kindeswohl"	173
b)	Beachtlicher Widerspruch	89				
c)	Wirkung	93		aa)	Individualisierungsgebot	173
aa)	Vermittlungspflicht des Gerichts	93		bb)	Integrierende Gesamtschau	174
bb)	Widerspruchsfolgen: Grundsatz und Einschränkungen	94		d)	Die Sorgerechtskriterien im einzelnen	177
cc)	Entscheidungsproblematik	96		aa)	Überblick	177
V.	**Antrag ohne Zustimmung des anderen Elternteils, Abs 2 Nr 2**			bb)	Förderungsprinzip	178
1.	Grundkonzeption	98		α)	Persönlichkeit und persönliche Umstände der Eltern	179
a)	Normbedeutung	98				
b)	Entscheidungsthema	101		β)	Verhalten der Eltern im persönlichen Bereich	187
aa)	Antragsbindung	101				
bb)	Einheitliches Entscheidungsthema	103		γ)	Kindbemühtheit der Eltern	194
c)	Ermittlungsthema in Verfahren nach Abs 2 Nr 2	105		δ)	Erziehung und Förderung des Kindes	198
d)	Gerichtliche Entscheidung	106		cc)	Bindungen des Kindes	213
2.	Vergleichspunkt: gemeinsames Sorgerecht	108		α)	Grundgedanken	213
				β)	Der sogenannte Bindungsstreit	217
a)	Stellenwert der gemeinsamen Sorge im Vergleich zur Alleinsorge?	108		γ)	Der Bindungsaspekt im einzelnen	221
aa)	Vorrang der gemeinsamen Sorge?	108		δ)	Insbesondere: Geschwisterbindung	226
α)	Streitstand	108		dd)	Kindeswille	233
β)	Sachliche Facetten des Vorrang-Arguments	110		α)	Grundsätze	233
				β)	Der Kindeswille als Bindungsindiz	237
bb)	Fazit	115		γ)	Der Kindeswille als Selbstbestimmung	241
b)	Aufhebung oder Fortführung der gemeinsamen Sorge	119		δ)	Der Kindeswille im Einzelfall	245
aa)	Fragestellung und Streitstand	119		ee)	Kontinuität	246
bb)	Stellungnahme	120		e)	Aufteilungen des Sorgerechts	250
cc)	Einzelaspekte	132		aa)	Fragestellung	250
3.	Vergleichspunkt: Alleinsorge des Antragstellers	147		bb)	Problemstellung	254
				cc)	Einzelfragen	258
4.	Vergleichspunkt: Alleinsorge des Antragsgegners	148		**VI.**	**Regelungen auf Grund anderer Vorschriften, Abs 3**	262

VII. Verfahrensfragen
1. Zuständigkeit _____ 265
2. Verfahren im allgemeinen _____ 266
3. Insbesondere: Vermittlungspflicht des Gerichts _____ 271
4. Insbesondere: Anhörungspflichten __ 280
5. Insbesondere: Sachverständigengutachten _____ 286
6. Verfahrensbeistand für das Kind, § 158 FamFG _____ 290
7. Vorläufiger Rechtsschutz _____ 293
8. Rechtsmittel _____ 297

VIII. Durchsetzung und Änderung von Sorgerechtsentscheidungen _____ 300

IX. Auslandsbezüge _____ 302

Alphabetische Übersicht

Abgrenzung/Bezug zu anderen Vorschriften
- § 1626 Abs 2 _____ 16, 88, 202, 275
- § 1628 _____ 21, 37, 43, 55–58, 78, 102, 137, 141, 262
- § 1632 Abs 1 _____ 43, 303
- § 1666 _____ 3, 5, 14, 20, 32, 44, 48, 53, 58, 65, 73, 78, 94, 98, 102, 150 f, 154, 201a, 234, 260, 262 ff, 276, 282, 286
- § 1671 aF __ 5, 35, 52 f, 64, 71, 147, 213, 250
- § 1672 aF _____ 15, 35, 45, 49, 293
- § 1678 Abs 1 _____ 23, 36, 58
- § 1680 Abs 1, 3 _____ 20, 23, 32, 58, 150
- § 1681 Abs 1 _____ 23
- § 1687 _____ 2, 100, 121, 141 f, 145, 253, 255
- § 1696 _____ 22, 24, 26, 27 ff, 37, 53, 59, 80, 150, 201, 208, 261, 270, 301
- § 1697a _____ 66, 173, 263
- SGB VIII (Kinder- und Jugendhilfegesetz) _____ 14, 16 ff, 24, 47, 60, 70, 80, 121, 169, 199, 220, 225, 233, 273 ff, 278, 284 f, 288
- § 9 LPartG _____ 184

Abstammung des Kindes vom Vater __ 24, 186
Abweichender Kindesvorschlag __ 88, 93, 232
Adoptivkind _____ 25, 184
Aids _____ 183
Alkoholabhängigkeit der Eltern _____ 14, 135, 179, 183
Alleinsorge des Antraggegners _____ 148–150
Alleinsorge des Antragstellers _____ 147
Alleinsorge, Abwägung mit gemeinsamer Sorge _____ 100, 103 f, 108 ff
Alter des Kindes _____ 89, 93, 167, 204, 221, 223, 229, 236, 245, 247
Änderung von Sorgerechtsentscheidungen 22, 24, 26 ff, 37, 53, 59, 80, 201, 208, 261, 270, 301

Ärztliche Behandlung _____ 55
Altersgrenze für die Anhörung des Kindes _____ 238, 282 f
- für die Beachtlichkeit des Kindeswillens _____ 238, 242 f
- für den Widerspruch des Kindes _____ 95
Amtsermittlungsgrundsatz _____ 44, 268
Anhörung _____ 269, 272 f, 280–285, 294
- der Eltern __ 55, 66, 75, 80, 91, 149, 263, 281
- des Jugendamts _____ 55, 66, 278, 284 f
- des Kindes _____ 9, 14, 16 f, 55, 66, 88, 233, 238, 267, 282 f, 294
- frühzeitige _____ 272, 277
Antrag auf Übertragung des Sorgerechts __ 3, 5, 11, 20, 34, 36 f, 42, 44–58, 196, 266, 284
- Abbedingung des Antragsrechts _____ 61
- Änderung des Antrags _____ 93
- beiderseitige Anträge _____ 27, 104, 106 f, 134 f, 147, 149, 151 ff, 231, 253
- Bestimmungsmacht/Vorrang der Eltern _____ 64–70
- einseitiger Antrag _____ 27, 30, 61, 98–261 (insbes 101, 105, 147 f, 151 f, 193)
- Form _____ 46
- gemeinsamer Antrag 27, 50, 61, 77, 148, 274
- hilfsweise _____ 149 f
- Inhalt _____ 49–51
- Motive des Antragstellers 121, 133, 138, 143
- Rechtsschutzbedürfnis _____ 45
- Rücknahme _____ 66, 83
- Teilantrag __ 21, 52 f, 101, 250, 253, 259, 262
Antragsbindung des FamG _____ 5, 53, 58, 65 f, 94, 96, 101 f, 105
Antragsgegner
s auch Alleinsorge, Zustimmung
- Lebensumstände _____ 148, 268

Titel 5 §1671
Elterliche Sorge

- Mitverantwortung/Motive _____ 133, 142
- Übertragung des Sorgerechts auf den Antragsgegner _____ 15, 58, 69, 148 ff
- Unterhaltspflichtverletzung _____ 143
Antragsrecht des Kindes _____ 14, 233
Antragssystem _____
  2 f, 11, 13 ff, 17, 19, 98, 101 f, 105, 263 f, 293
Antragsverbund 5, 77, 87, 265 f, 293 f
Anwaltszwang _____ 46, 50, 77, 87
Aufenthaltsbestimmungsrecht _____ 43, 53, 57, 134, 144, 250, 256, 259, 261, 279, 295, 300
Aufenthaltsgenehmigung für ausländischen Elternteil _____ 161, 210
Aufhebung der gemeinsamen elterlichen Sorge _____ 26 f, 38, 97, 103, 108
Aufteilung des Sorgerechts _____
  _____ 52 f, 102, 164, 250–261, 274
Ausbildung eines Elternteils _____ 181
- des Kindes _____ 181, 193, 202
Ausforschungsermittlungen _____ 282
Auslandsbezüge _____ 302
- Ausländischer Elternteil _____ 161, 201, 210 f
- Übersiedlung ins Ausland 43, 144, 210 f, 259
Aussetzung des Verfahrens _____ 274, 279
Autonomie der Eltern _____
  ___ 12 f, 19, 52, 59 f, 72, 82, 94 f, 99, 263, 271
- der Familie 11, 88, 93, 99, 220, 241, 275, 288

Beeinflussung des Kindes _____
  193, 197, 207 f, 225, 228, 233, 236 f, 239 f, 244, 291
Befriedungsfunktion der elterlichen Einigung _____ 69
Begründung des Antrags _____ 44
- der Entscheidung des FamG _____
  _____ 107, 173, 242, 246, 267, 270
- des Widerrufs der Zustimmung _____ 87
- des Widerspruchs _____ 92, 94
Beratung _____ 19, 278 f, 288
Beratungspflicht des Jugendamts _____ 285
s auch Jugendhilfe, Sozialrechtlicher Beratungs- und Hilfsansatz
Berufstätigkeit eines Elternteils 163, 165, 204 ff
Berufswahl _____ 202
Beschneidung _____ 201
Beschwerde _____ 80, 296, 297
- Beschwerderecht des Kindes _____ 91, 298
- Rechtsbeschwerde _____ 297
Beteiligte _____ 90, 269 ff, 274 f
Beteiligung des Kindes _____ 14 ff

Betreuung, rechtliche
- des Kindes _____ 24, 53
- eines Elternteils (unter Einwilligungsvorbehalt, § 1903 Abs 2) _____ 79
Betreuung des Kindes durch Eltern(teil)
  _____ 24, 79, 100, 130, 141 ff, 165, 168, 177, 204 ff, 221, 239, 247 f, 253
s auch Muttervorrang
- alternierende Betreuung (Pendelmodell) _____ 145
- durch Dritte ___ 165, 204, 206, 216, 223, 268
Beziehungsnetz des Kindes _____
  _____ 209, 216 ff, 221 ff, 228 f, 235 f
Bhagwan-Sekte _____ 193, 202
Bildungsstand der Eltern _____ 181
Bindung des FamG an den Antrag _____
  _____ 5, 53, 58, 65 f, 94, 96, 101 f, 105
Bindungen des Kindes _____
  _____ 203, 213–232, 237 ff, 240
- an Eltern(teil) _____
  _____ 165, 168, 177, 206, 217 ff, 221, 224 f
- an Geschwister _____ 226–232
- an andere Personen _____ 216, 221, 223
Bindungstheorie _____ 217–220
- systemischer Ansatz _____ 112, 158, 217 ff
Bindungstoleranz der Eltern _____ 196, 207 f
Bindungsunterschiede _____ 222, 224
Bluttransfusion _____ 141, 193, 260

Datenschutz _____ 285
Deutsche Sprache _____ 199, 210
Dritter s Elterliche Sorge, Sorgerechtsübertragung
Drogenabhängigkeit der Eltern _____ 183
Durchsetzung von Sorgerechtsentscheidungen _____ 300

Einstweilige Anordnung _____
  _____ 34, 196, 248, 259, 267, 279, 293 ff, 297
Einvernehmen der Eltern _ 69 f, 105, 117, 274
Einzelfallentscheidung _____
  116, 123, 141, 167, 171, 175, 184, 210, 234, 242, 287
Einzelfallgerechtigkeit ___ 173, 175 f, 230, 268
Elterliche Sorge
s auch Änderung von Sorgerechtsentscheidungen, Alleinsorge, Antrag, gemeinsames Sorgerecht
- Aufteilung des Sorgerechts _____
  _____ 52 f, 102, 164, 250–261, 274

§ 1671

- Ausübungsregelung 2, 23, 51, 106
- Entzug 20, 32, 78, 106, 111, 150, 254, 264
- Ruhen 23, 36, 78 f, 144
- Sorgeplan 136, 138
- Sorgerechtskriterien 172, 175, 177–249
s auch Bindungen, Förderungsprinzip, Kindeswille
- Sorgerechtsübertragung auf Dritte 101, 295
- Sorgerechtsvereinbarungen der Eltern 59–63
- tatsächliche Verhinderung 36
- Vermögenssorge 53, 92, 250, 254, 258
Eltern 24
s auch Anhörung, Bindungstoleranz, Einvernehmen, Erziehungseignung, Geschäftsunfähigkeit, Getrenntleben, Kooperation, Partnerkonflikt, Persönlichkeit, Pflichtwidrigkeit, Verhinderung
- Ausländischer Elternteil 161, 201, 210 f
- Autonomie 12 f, 19, 52, 59 f, 72, 82, 94 f, 99, 263, 271
s auch Elterlicher Primat, Familienautonomie
- Bestimmungsmacht 64–70
- Betreuungselternteil 24, 79, 100, 130, 141 ff, 165, 168, 177, 204 ff, 221, 239, 247 f, 253
- elterlicher Primat 6, 11, 13, 19, 48, 59 f, 68, 70, 98, 153, 250, 255, 276
- Interessen 161 ff, 171, 187, 195 f, 201, 229
- psychosoziale Elternschaft 113, 186, 222
- Vereinbarungen 59 ff, 63, 73 f, 82 ff, 87
- Verhalten der Eltern zueinander 137, 197, 207 f
- Vorbildfunktion 190
Eltern-Kind-Beziehung 105, 112, 119, 177, 191, 222, 224 f, 237, 286
Elternrecht 15, 111, 117 f, 121, 138, 144, 163, 165, 201a, 257, 267, 281
s auch Grundrechte
Elternverantwortung 7 f, 11, 18 f, 50, 59 f, 68, 71 f, 76, 98, 111, 115, 117 f, 121, 135, 138, 153, 167, 194, 198, 211, 250, 255, 274, 279
- Fortwirken nach Trennung 6, 121
Elternwille 97, 119, 123, 151
Ermessen des FamG 233, 268, 286, 289 f
Ermittlungen des FamG 25, 69, 80, 87, 105, 148, 248 ff, 267 ff, 282, 285 f, 291
- des Jugendamts 284
Erörterung der Kindesgefährdung 66, 262, 276

Ersuchter Richter 280
Erziehung der Eltern durch das FamG 118, 122, 170
Erziehung des Kindes 141, 166, 169, 188, 193, 198 ff, 202 f, 207, 227, 239, 255
s auch Förderprinzip, Persönlichkeitsentwicklung
- Dissens der Eltern in Erziehungsfragen 141, 198
- Erziehungsmethode 198 ff
- Erziehungsziel 6, 169, 198 ff, 215
Erziehungseignung/-fähigkeit der Eltern 105, 135 f, 139, 162, 165, 167 f, 170 f, 178 f, 183 ff, 187, 189, 194 ff, 201 f, 208 f, 224 f, 228, 234, 287
- Erziehungsunvermögen 135 f, 168, 184, 196, 201, 224 f, 287

Familie
- Familienautonomie 11, 88, 93, 99, 220, 241, 275, 288
- familiendynamischer Ansatz 158, 217 ff
- Familieninteresse 158, 169
- familienunterstützende Hilfspflicht des Staates
s Beratung, Hilfe, Jugendhilfe
- Reorganisation der Familie 155, 219 f, 284, 288
- Rest-/Teilfamilie 217 ff, 261
Familiengericht
- Bindung an Elternantrag 5, 53, 58, 65 f, 94, 96, 101 f, 105
- Einwirkungs-/Hinweispflicht 117 f, 264, 271, 279
- Entscheidung 106 f, 116, 151 f, 264, 270
s auch Änderung
— Begründung 107, 173, 242, 246, 267, 270
— Einzelfallentscheidung 116, 123, 141, 167, 171, 175, 184, 210, 234, 242, 287
— Entscheidungskompetenz/-funktion 15, 101 ff, 241, 271
— Entscheidungsthema 104, 151
— Gegenstand 100, 103 f
— Prognosecharakter 116, 121, 134, 136, 138
- Ermessen 233, 268, 286, 289 f
- Ermittlungen 25, 69, 80, 87, 105, 148, 248 f, 267 ff, 282, 284, 291
— Ausforschungsermittlungen 282
- Erziehungsfunktion? 118, 122, 170
- Kontrollfunktion 5, 13, 65, 289

Titel 5 § 1671
Elterliche Sorge

- Prüfungsgegenstand 100, 151
- Sanktionstendenzen 122, 137, 169 f, 225
- Verantwortung 174, 241
- Vermittlung(spflicht)
  11, 55, 89, 93, 96, 117, 148, 267, 271–279, 288
- Zuständigkeit 20, 141, 265, 300, 302

Fehlverhalten in Ehe/Partnerschaft 171, 187 ff
  s auch Pflichtwidrigkeit
Feststellungsantrag/-interesse 51, 107
Förderung des Kindes 198 ff, 227, 267
Förderungsprinzip
  178–212 (insbes 195, 198 ff), 215, 224 f, 246
  s auch Erziehungseignung der Eltern
Freizügigkeit 211
Früher Termin 268, 272

Gemeinsames Sorgerecht
  26–37, 100, 103, 108–147 (insbes 112, 117, 120), 164, 220 f, 270, 286
- Aufhebung 26 f, 38, 97, 103, 108, 119 ff
- Leitbildfunktion 117
- teilgemeinsames Sorgerecht 31
- Vorrang gegenüber der Alleinsorge?
  103, 108–118
- Zwang zum 118 f, 121 f, 138, 170

Gerichtliche Genehmigung von Elternvereinbarungen 51, 61
Geschäftsunfähiger Elternteil 79
Geschlechterrollen 165 ff, 261
Geschwister 95, 158, 160, 209, 226 ff, 245, 251
- Halbgeschwister 173, 229
- Stiefgeschwister 173, 209, 229
- Trennung der Geschwister
  95, 164, 173, 176, 232, 286
Gesellschaftsinteressen 158 ff, 169 f, 190, 196
Gesundheitsfürsorge 260
Getrenntleben der Eltern
  3, 7, 20, 38–43, 56, 112, 117, 121, 262
- Trennungssituation
  43, 138, 156, 196, 201a, 207 f, 267
- Trennungsvereinbarung 35, 73 f, 87
Gewalt 136, 139, 140, 176, 187 ff, 201, 294
Gleichberechtigung der Eltern
  163 ff, 167 f, 205, 229, 261
Großeltern 204, 206, 209, 223, 268
Grundrechte
- der Eltern 6, 111, 179
- des Kindes 9, 157, 160, 179, 214, 236, 290 f

Haager Kindesentführungs-Übereinkommen
  (HKÜ) 43, 196, 302
Hauptbezugsperson 176, 218, 220 f, 247, 295
Häusliche Verhältnisse 212
Heranwachsender 145, 225, 241, 245
Herausgabe des Kindes 43, 300
Hilfe
- sozialrechtlicher Hilfsansatz
  13, 18 f, 117, 220, 225, 278
  s auch Beratung, Jugendhilfe
Homosexualität eines Elternteils 184
Humanwissenschaftliche Erkenntnisse
  172, 214, 217, 222, 229, 242

Individualisierungsgebot s Einzelfallgerechtigkeit
Internationales Recht 167
Isoliertes Sorgerechtsverfahren
  5, 46, 265 f, 278, 281, 293 f, 297

Jugendamt 16 f, 48, 55, 65 f,
  148, 222, 260, 273 f, 278, 282, 284 f, 293, 298 f
Jugendhilfe 16, 80, 233, 272 f, 275, 278

Kind 16, 25, 80
  s auch Abweichender Kindesvorschlag,
    Alter(sgrenze), Anhörung, Antragsrecht,
    Ausbildung, Beeinflussung, Beschwerde,
    Beteiligung, Bindungen, Loyalitätskonflikt,
    Mißhandlung, sexueller Mißbrauch, Unterhalt, Verfahrenspfleger, Vermögensinteressen, Vertretung, Widerspruch, Zwangsbegutachtung
- Adoptivkind 25, 184
- Beziehungsnetz
  209, 216 ff, 221 ff, 228 f, 235 f
- gewöhnlicher Aufenthalt 136, 142, 259
- Heranwachsender 145, 225, 241, 245
- Isolierung 184, 201, 225
- Kleinkind 166 ff, 204, 212, 221, 238, 245, 261
- Kontakt zum nichtsorgeberechtigten
  Elternteil s Umgang
- Mädchen 167, 192 f, 289
- Selbstbestimmung 235 f, 241 ff
- Teilmündigkeit 88, 95
- Umplazierung (vgl Kontinuität) 221, 223, 286
- Verfahrensbeteiligter 275
- Verfahrensfähigkeit 88
- Zeitgefühl 204, 247

285 Michael Coester

Kindesentführung 43, 196, 225, 248, 259, 302
Kindesgefährdung 30, 89, 183, 210, 263, 285
Kindesinteresse 5, 7 f, 13, 17, 19, 38 f, 66, 69, 88, 93, 102, 111 f, 115, 119, 123, 137, 153, 162, 163 f, 170, 172 f, 179, 187, 193, 195, 208, 224 f, 234, 261, 271, 274, 279, 291, 294
– Vorrang 157 ff, 163, 172, 197, 201, 229
Kindesrecht auf elterliche Sorge 6, 112, 115
Kindesschutz
 11, 179, 214, 233, 264, 267, 271, 284
Kindeswille 88, 97, 138, 165, 170, 175 ff, 196, 215, 233–245, 248, 282 f
Kindeswohl, persönliches 5, 14, 53, 61, 83, 85 f, 95, 105, 113, 123, 141 f, 250, 260 f
– Begriff/Kriterien 172, 177, 194, 215, 248
s auch Bindungen des Kindes, Eltern-Kind-Beziehung, Förderungsprinzip, Kindeswille, Kontinuität, Selbstbestimmung
– als Eingriffslegitimation 101, 179
– als Entscheidungsmaßstab 5, 15, 55, 64, 89, 96 f, 102, 104, 123, 133, 138, 140, 145, 147, 151, 153–261 (insbes 154, 160, 163, 167, 176, 186, 191, 193, 195, 201, 204, 210, 250, 252, 257)
– als Leitprinzip 157, 267
– als Verfahrensrichtlinie 9, 14 ff, 65 f, 80, 94, 102, 105, 137, 147 f, 165, 170, 173 ff, 249 f, 254, 267, 270, 279, 282, 287, 294, 298 ff
– Individualisierungsgebot 173
– Integrierende Gesamtschau 174 ff, 201
– Primat 158 ff, 162, 168 f, 175, 179, 187
Kindeswohlgefährdung 3, 13, 17, 20, 65, 94, 98, 150 f, 154, 210, 234, 250, 263, 282, 284, 288
Kontinuität(sgrundsatz) 27, 35, 53, 169, 175, 177, 203, 215 f, 223, 246–249, 261, 294
Kooperation(sfähigkeit) der Eltern
 38, 107, 112, 115 ff, 119, 122 f, 134, 136 ff, 141, 144, 146, 258 f, 270 f, 288
– Prognose des FamG
 116 f, 121, 135 f, 138, 140 f, 259
– Unfähigkeit 139, 256
– Verweigerung 118 f, 122 f, 145, 287
Krankheit eines Elternteils 161, 179, 183

Labilität eines Elternteils 161 f, 183
Lebenspartner, gleichgeschlechtliche 24
Loyalitätskonflikt des Kindes
 188, 209, 225, 228, 231, 237

Mädchen 167, 192 f, 289
Mediation 17, 272, 273, 278
Minderjähriger Elternteil 79, 182
Mißhandlung des Kindes 176, 201 f, 240
Moral s Sittlichkeit
Mündigkeit
– Teilmündigkeit 88, 95
Muttervorrang beim Kleinkind 166 ff, 204 f

Nichteheliche Lebensgemeinschaft/ eheähnliche Gemeinschaft 43, 190, 209, 268
non liquet 116, 171

Overprotection 224

Partnerkonflikt/Streitigkeiten
 7, 18, 138, 143, 188, 191, 197, 288
Partnerwechsel 188, 192, 209
– neuer Partner nach Trennung 146
PAS (Parental Alienation Syndrom)- Konzept 137, 201a, 207, 208
Pendelmodell, s Wechselmodell
Persönlichkeit der Eltern
 159, 167, 179 ff, 187 ff
– des Kindes 214, 236
– – Entwicklung 6, 167, 178, 193, 199, 215, 224
Persönlichkeitsrechte eines Elternteils
 121, 139
– des Kindes 9, 88, 282
Personensorge 182, 254, 258
Pflegeeltern/-familie 24, 206
Pfleger 24, 287
Pflichtwidrigkeit elterlichen Verhaltens
 190, 193, 208, 225
Pränatale Sorgerechtsregelung 25
Protokoll 46, 269
Psychosoziale Elternschaft 113, 186, 222

Rechtsanwalt 46, 75, 168, 266, 299
s auch Anwaltszwang, Anwalt des Kindes
Rechtsmittel 269 f, 297 ff
Reformation in peius 299
Reformgesetze
– KindRG 1998 4 f, 10, 112, 163, 213, 220, 226, 233, 254, 261, 263, 278
– SorgeRG 1979 213, 217, 219 f, 233
– FamFG 2009 265 ff
Religionsgemeinschaft 193, 260

Religiöse Erziehung _____ 256
Reorganisation(sfähigkeit) der Familie ___
_____ 155, 219 f, 284, 288
Restfamilie _____ 217 ff
Ruhen der elterlichen Sorge _ 23, 36, 78 f, 144

Sachverständigengutachten _____
167, 173, 201a, 222, 237 ff, 267, 283, 286–289, 291
Sachverständiger, Vermittlungsfunktion __ 288
Sanktionstendenzen des FamG _____
_____ 123, 137, 169 f, 225
Sauberkeit _____ 212
Scheidung _____ 3, 5, 7, 16 ff, 33,
35, 65, 157, 173, 209, 218 f, 222, 263, 289, 302
– Scheidungs(folgen)vereinbarung 59, 73 f, 87
– Scheidungsverbund _____ 77, 87, 265
s auch Verbundverfahren
– Scheidungsverfahren _____
___ 14, 16 f, 46, 50, 80, 210, 265 f, 278, 281 f
– – ohne Sorgerechtsantrag ___ 16, 271, 282
Scheidungsfamilie _____ 207 f, 219 f, 223
Scheidungskrise _____ 180, 208, 217
Scheidungsschuld _____ 171, 187
Scheinvater _____ 24
Schlichtung s Vermittlung
Schulbesuch _____ 135, 199, 216, 256
Scientology _____ 193
Sekte _____ 193, 202
Selbstbestimmung des Kindes ___ 235 f, 241 ff
Selbsthilfe _____ 278
Selbstmordversuch eines Elternteils _ 162, 183
Sexualität der Eltern _____ 184 f, 192
Sexuelle Aufklärung _____ 167, 289
Sexueller Kindesmißbrauch _____
_____ 140, 201a, 240, 286
SGB VIII
s KJHG
Sittlichkeit _____ 170, 189 ff
Sorgerecht s elterliche Sorge
Sozialrechtlicher Beratungs- und
Hilfsansatz ___ 13, 18 f, 117, 220, 225, 278
s auch Beratung, Jugendhilfe
Staatsangehörigkeit des Kindes ___ 210, 256
Stabilität der Lebensverhältnisse des
Kindes ___ 203 f, 212, 217, 224, 246, 261
Stabilität der Lebensverhältnisse bei
Eltern(teil) _____ 191, 209
Standards
– gesellschaftliche _____ 169

– sittliche _____ 190, 192
Stiefgeschwister _____ 173, 209, 229
Strafhaft eines Elternteils _____ 144
Straftaten eines Elternteils _____ 190
Sucht _____ 183
Systemischer Ansatz _____ 112, 158, 217 ff

Tatsächliche Verhinderung _____ 36
Teilfamilie _____ 261
Tod/Todeserklärung eines Elternteils _ 23, 30
Transsexueller Elternteil _____ 185
Trennung der Eltern s Getrenntleben
Trennung der Geschwister _____
_____ 95, 164, 173, 176, 232, 286

Übersiedlung ins Ausland ___ 43, 210 f, 259
Umgang mit dem Kind _____ 1,
53, 69, 142, 144, 146, 196, 207, 208, 211, 234, 247
Umgangsblockade _____ 170, 208
Umgangsrecht _____ 2, 16, 23,
60, 100, 112, 142 ff, 170, 201, 211, 223, 256, 261
Umplazierung des Kindes
(vgl Kontinuität) _____ 221, 223, 286, 294
Unterhalt
– des Ehegatten _____ 1, 87, 161 f, 187, 194
– des Kindes _____ 1, 87, 133, 143, 205, 261
Unterhaltspflichtverletzung _____ 143, 197

Vater
– Abstammung des Kindes vom Vater 24, 186
Vaterschaftsanerkennung, -anfechtung,
Scheinvater _____ 24
Verantwortung der Eltern 7 f, 11, 18 f, 50, 59 f,
68, 71 f, 76, 98, 111, 115, 117 f, 121, 135, 138,
153, 167, 194, 198, 211, 250, 255, 274, 279
Verbundverfahren (Antragsverbund) _____
_____ 5, 77, 87, 265 f, 293
Vereinbarungen der Eltern ___ 63, 73 f, 82 f
– Sorgerechtsvereinbarung _____ 59–63
– Trennungs-/Scheidungs(folgen)-
vereinbarung _____ 35, 59, 73 f, 87
Verfahren ___ 5, 16 f, 117, 262, 265–299
– isoliertes Sorgerechtsverfahren _____
_____ 5, 46, 265 f, 278, 281, 293 f, 297
– Verfahrenskostenvorschuß _____ 299
– Zustimmungsverfahren _____ 71, 75, 80
Verfahrensbeistand für das Kind _____
_____ 66, 89, 93, 267, 290–292, 299

Verfassungsbezüge
  6 ff, 13, 18, 68, 72, 88, 98, 115, 121, 169 f, 211
  s auch Grundrechte
Verhältnismäßigkeitsgrundsatz
  _____ 8, 18, 254, 257, 264, 276
Verhinderung des sorgeberechtigten
  Elternteils _____ 23, 36
Vermittlung(spflicht) des FamG
  11, 55, 89, 93, 96, 117, 148, 267, 271–279, 288
Vermögensinteressen des Kindes _____ 172
Vermögenssorge _____ 53, 92, 250, 254, 258
Vermögensverwaltung _____ 55, 57
Versöhnungsversuch _____ 38
Vertretung des Kindes
– durch Eltern als gesetzliche Vertreter
  _____ 37, 55, 287, 291 f
– im Sorgerechtsverfahren gem § 158
  FamFG _____ 16
– Interessenvertretung des Kindes
  _____ 9, 14, 93, 277, 291
Vollstreckbarkeit _____ 61, 296
Vollstreckung _____ 174, 300, 302
Vorbildfunktion der Eltern _____ 190
Vormund _____ 24

Wächteramt des Staates _____ 3, 5, 8, 11, 13, 17 ff, 52, 63, 66 f, 88, 99, 148, 219, 263, 278, 282
Wechselmodell _____ 23, 60, 106, 145, 261, 294
Wegzug des Betreuungselternteils _____ 144
Wertbildung _____ 169, 189 ff
Widerruf der Zustimmung _____ 62, 73 f, 81–83
Widerspruch des Kindes 14, 65, 88–97, 99, 286
Wirtschaftliche Verhältnisse der Eltern _____ 212
Wohlverhalten(sklausel) _____ 208
Wohngemeinschaft _____ 192

Zeitgefühl des Kindes _____ 204, 247
Zeugen Jehovas _____ 141, 193, 260
Zuständigkeit des FamG _____ 20, 141, 265, 300
– internationale _____ 305
Zustimmung des anderen Elternteils gem
  Abs _____ 2 Nr 1 36 f, 50, 62, 71 ff, 93, 281
– bedingte _____ 78
– Teilzustimmung _____ 76, 250
– Widerruf der Zustimmung _____ 62, 73 f, 81–87
Zuwendung zum Kind, Zeitfaktor _____ 204, 206
Zwangsbegutachtung von Kind/Elternteil _ 287

I. Grundsätzliches

1. Norminhalt und -bedeutung

1 Die Vorschrift regelt – in enger Korrespondenz mit § 1687 – die Auswirkungen einer dauerhaften Trennung gemeinsam sorgeberechtigter Eltern, dh einer Auflösung der familiären Lebensgemeinschaft, auf die Sorgerechtszuständigkeiten. Die Regelung dieser Frage kann präjudiziell sein für zahlreiche weitere Trennungs- oder Scheidungsfolgen: den Kindesunterhalt (§ 1606 Abs 3 S 2), den Ehegattenunterhalt (§§ 1361, 1570), die Zuweisung der Ehewohnung (§§ 1361b; 2 S 2, 3 ff HausrVO) und den Umgang mit dem Kind (§ 1684). Regelungsgegenstand des § 1671 ist immer nur die **Inhaberschaft des Sorgerechts** (beide Eltern gemeinsam; Vater oder Mutter; jeweils umfassend oder teilweise), **nicht** aber die **Ausübung** des Sorgerechts durch den (gerichtlich bestimmten) Inhaber – diese unterliegt auch bei getrennten Eltern oder Alleinsorge eines Teils grundsätzlich der **Elternautonomie** gem Art 6 Abs 2 GG, solange nicht die Gefährdungsgrenze des § 1666 erreicht ist (vgl Rn 106; zur Abgrenzung zur Regelungsbefugnis beim Umgang, § 1684 Abs 3, s Rn 23, 60).

2 Die wichtigste Aussage des Gesetzes ergibt sich erst im Umkehrschluß aus § 1671 Abs 1: Das gemeinsame Sorgerecht besteht grundsätzlich trotz der Trennung fort, eine familiengerichtliche Sorgerechtsregelung findet nur auf Antrag eines oder beider Elternteile statt (**„Antragssystem"**). Da das Kind wegen der Trennung der Eltern jedoch nur in Gemeinschaft mit dem einen oder anderen Elternteil leben kann, ergänzt § 1687 das Antragssystem des § 1671 durch eine situationsangepaßte, kraft Gesetzes mit der Trennung eintretende Änderung der Kompetenzverteilung: Die bislang umfassende Sorgegemeinsamkeit (§§ 1626, 1626a, 1627, 1629 Abs 1 S 2) reduziert sich auf grundsätzliche Entscheidungen, während der (rechtmäßige) Betreuungselternteil die Alleinsorge für alle „Angelegenheiten des täglichen Lebens" hat (näher s Erl zu § 1687). Zwischen Kind und nichtbetreuendem Elternteil bestehen wechselseitige Umgangsrechte und -pflichten, § 1684.

Gerichtliche Eingriffe in dieses Sorgemodell **von Amts wegen** können erst erfolgen, 3 wenn das Kindeswohl gefährdet ist, wenn also die allgemeine Eingriffsschwelle des § 1666 erreicht ist (§ 1671 Abs 3). Die rechtliche Auflösung des Ehebandes zwischen den Eltern (Scheidung, Eheaufhebung) ist als solche für die Sorgerechtsverhältnisse bedeutungslos geworden (vgl unten Rn 5, 35). Alleiniges **Regelungsthema des § 1671** ist demnach die **familiengerichtliche Entscheidung über elterliche Anträge auf einzelfallbezogene Änderung des gesetzlichen Sorgerechtsmodells für getrennt lebende Eltern**; der Sache nach weist § 1671 den Eltern den Weg, wie sie durch eigene Initiative aus einem einmal begründeten gemeinsamen Sorgerecht wieder herausgelangen können (zur Abgrenzung von § 1696 unten Rn 27).

2. Gesetzesgeschichte; Kindschaftsrechtsreform 1998

Die Entwicklungsgeschichte der Norm bis zum 1.7.1998 (§ 1635 BGB 1900; 4 § 81 EheG 1938; § 74 EheG 1946; § 1671 seit 1957) kann als Evolution ein und desselben Grundkonzepts (Offizialregelung der Sorgeverhältnisse bei Elternscheidung) in Anpassung an sich ändernde rechtliche und gesellschaftspolitische Rahmenbedingungen verstanden werden (ausf STAUDINGER/COESTER[12] Rn 6–14; vgl auch STAUDINGER/BGB-Synopse 1896–2005 zu §§ 1635, 1671). Das KindRG 1998 hat diesen Grundsatz völlig („revolutionär") verlassen und neue Wege beschritten, so daß auf eine eigenständige Darstellung der bisherigen Entwicklungslinie an dieser Stelle verzichtet werden kann. Statt dessen sollen Neuansatz und bisheriges Recht in wesentlichen Punkten stichwortartig gegenübergestellt werden:

– § 1671 nF gilt für **alle Kinder** und Eltern, nicht mehr nur für die (zerbrechende) 5 eheliche Familie (Rn 3);

– demgemäß knüpft die Vorschrift nicht mehr an die Scheidung, sondern an die **faktische Trennung** der Eltern an (Rn 35; zur Trennung Rn 38 ff);

– aber auch die Trennung löst als solche noch nicht die staatliche Wächterfunktion zugunsten der Kinder (Art 6 Abs 2 S 2 GG) aus („Offizialsystem", vgl noch unten Rn 11), erst der **elterliche Antrag** ruft die Staatsintervention herbei (unbeschadet allgemeiner Kindesschutzmaßnahmen nach §§ 1666, 1671 Abs 3);

– demgemäß ist **verfahrensrechtlich** der Zwangsverbund von Scheidungs- und Sorgerechtsverfahren (§ 623 ZPO aF) aufgegeben worden, ein Sorgerechtsverfahren wird nur dann als Folgesache mit einem Scheidungsverfahren verbunden, wenn es von einem Elternteil bis zum Schluß der mündlichen Verhandlung 1. Instanz beantragt wird, § 137 Abs 3 FamFG (= § 623 Abs 2 Nr 1, Abs 4 aF ZPO; **Antragsverbund**); sonst werden beide Verfahren isoliert durchgeführt;

– **elterliche Einigkeit** über die beantragte Neugestaltung der Sorgerechtsverhältnisse **bindet** das FamG (Abs 2 Nr 1; näher unten Rn 65), eine gerichtliche Kontrolle des Elternvorschlags im Lichte des Kindeswohls (vgl § 1671 Abs 3 aF) findet grundsätzlich nicht mehr statt (Ausnahme: § 1666; vgl Rn 262 ff);

– soweit das Gericht **mangels elterlicher Einigkeit** zur Sachprüfung befugt ist (Abs 2 Nr 2), wird seine Entscheidung nicht mehr allein und frei von den Kindesinteressen vorgegeben (§ 1671 Abs 2 aF), dh das FamG entscheidet de jure nicht mehr über die beste Plazierung des Kindes und die entsprechende Sorgerechtsgestaltung, sondern nur noch über **Stattgabe oder Zurückweisung des elterlichen Regelungsantrags** nach Abs 1 (näher Rn 15, 101);

– folglich ist die **Verantwortung der staatlichen Gemeinschaft für das Kindeswohl** bei Familienzerfall und damit der Stellenwert des Kindeswohls im Rahmen der familiengerichtlichen Entscheidung im neuen Recht merklich **zurückgenommen**, bei elterlichem Konsens ganz, bei elterlichem Streit teilweise: Hier ist das Kindeswohl Entscheidungsmaßstab nur noch innerhalb der begrenzten Fragestellungen des Abs 2 Nr 2 (näher Rn 103 ff).

3. Kritische Würdigung der Neuregelung

a) Verfassungsrechtliche Vorgaben

6 Gesetzliche Regelungen über das elterliche Sorgerecht sind an Art 6 Abs 1 und 2 GG zu messen. In der Interpretation durch das BVerfG stellt sich das Elternrecht des Art 6 Abs 2 S 1 GG dar als ein „fiduziarisches Recht, ein dienendes Grundrecht, eine im echten Sinne anvertraute treuhänderische Freiheit" (BVerfGE 59, 360, 376 f; BVerfG FamRZ 1982, 1179, 1182), ein „Recht im Interesse des Kindes" (BVerfGE 75, 201, 218; BVerfG FamRZ 2008, 845, 848 Nr 70, 849 Nr 75 mwN), das Grund und Grenzen findet in der Aufgabe, das Kind zu pflegen und zu erziehen zu einer selbstbestimmungs- und gemeinschaftsfähigen Persönlichkeit (BVerfGE 24, 119, 143 f). Dem entspricht ein **Grundrecht des Kindes** (gerichtet gegen Staat *und* Eltern) auf Pflege und Erziehung durch die Eltern (BVerfG FamRZ 2008, 845, 848 Nr 70–72; dazu COESTER, Aufgabe des Staates 17 ff; ders, Die Rechte des Kindes 7 ff). Elternrecht und -pflicht sind „unlöslich miteinander verbunden" (BVerfGE 24, 119, 143). Die derart im Vordergrund stehende **„Elternverantwortung"** ist im Rahmen ihrer pflichtgemäßen Wahrnehmung staatlichen Kompetenzen für das Kindeswohl gegenüber **vorrangig** (Art 6 Abs 2 S 1 GG: „zuvörderst") – elterliche Kindeswohlwahrung schließt die des Staates grundsätzlich aus. Dieser Vorrang beruht auf dem Gedanken, „daß in aller Regel Eltern das Wohl des Kindes mehr am Herzen liegt als irgendeiner anderen Person oder Institution" (BVerfG FamRZ 1982, 1179, 1182). Allerdings bedürften die prinzipiell gleichgerichteten Eltern- und Kindesrechte auf vorrangige elterliche Verantwortung der **gesetzlichen Ausgestaltung** insbesondere für den Fall elterlicher Einigungsunfähigkeit (BVerfG FamRZ 2008, 845, 849 Nr 73).

7 Trennung und Scheidung entbinden die Eltern nicht von ihrer Verantwortung gegenüber dem Kind. Vielmehr folgt aus diesen Ereignissen „die Pflicht der … Eltern, die regelmäßig mit der Scheidung für die Entwicklung des Kindes verbundene Schädigung nach Möglichkeit zu mildern und eine vernünftige, den Interessen des Kindes entsprechende Lösung für seine Pflege und Erziehung sowie seine weiteren persönlichen Beziehungen zu den nunmehr getrennten Eltern zu finden" (BVerfGE 31, 194, 205; FamRZ 1982, 1179, 1182; vgl NJW 1981, 217, 218). Eine einverständliche Regelung der Sorgerechtsfrage durch die Eltern rechtfertigt die Vermutung, daß sie ihre **fortwirkende Verantwortung** in diesem Sinne wahrgenommen haben (BVerfG FamRZ 1982, 1179, 1182). Inhaltlich gehört es zur Elternverantwortung bei Familienzerrüttung, die Kinder von den Konflikten auf Gattenebene möglichst freizuhalten, eine fortbestehende gefühlsmäßige Bindung der Kinder an beide Elternteile zu achten (vgl auch §§ 1626 Abs 3 S 1, 1684 Abs 2 S 1) und „für die Entwicklung des Kindes förderliche familiäre Bindungen in einem Restbestand" zu erhalten (BVerfG aaO).

Die einschneidenden Folgen der Familienauflösung für die Kinder rechtfertigen **8** grundsätzlich eine **Intervention des Staates** als Wächter der Kinderrechte und -interessen (BVerfGE 31, 194, 205 ff; NJW 1981, 217, 218 [für den Fall mangelnder Elterneinigung]; FamRZ 1982, 1179, 1182 [für den Fall elterlicher Einigkeit]). Zwar steht das Elternrecht gem Art 6 Abs 2 S 1 GG grundsätzlich beiden Eltern gemeinsam zu, vorausgesetzt wird dabei jedoch „ein Mindestmaß an Übereinstimmung zwischen den Eltern und eine soziale Beziehung jedes Elternteils zu dem Kind"; fehlt es daran, können die elterlichen Befugnisse auch einem Elternteil allein zugewiesen werden (BVerfG FamRZ 1995, 789, 792; FamRZ 2004, 354, 355; vgl auch FamRZ 2003, 285, 287). Bei **elterlicher Einigkeit** über die Sorgerechtsgestaltung beschränkt sich das Wächteramt, der vorerwähnten Vermutung entsprechend, allenfalls auf eine Kontrollfunktion; mangels erkennbarer Verletzungen des Kindesinteresses durch die elterliche Sorgerechtslösung sind auch staatliche Eingriffe oder Reglementierungen unzulässig (BVerfG FamRZ 1982, 1179, 1182 ff). Bei **elterlichem Streit** ist der Staat sowohl als Wahrer des Rechtsfriedens wie der Kindesinteressen gefordert (BVerfGE 31, 194, 205; NJW 1981, 217, 218; NJW 1981, 1771, 1773; FamRZ 1982, 1179, 1182). Allerdings ist auch bei durch Art 6 Abs 2 S 2 GG legitimierten staatlichen Eingriffen der **Grundsatz der Verhältnismäßigkeit** zu beachten (BVerfGE 24, 119, 145): „Der Staat muß daher nach Möglichkeit zunächst versuchen, durch helfende, unterstützende, auf Herstellung oder Wiederherstellung eines verantwortungsgerechten Verhaltens der natürlichen Eltern gerichtete Maßnahmen sein Ziel zu erreichen." Nur wenn dies nicht gelingt, kommt unmittelbare Gestaltung der Lebensbedingungen in Betracht (BVerfG aaO; zum Verhältnismäßigkeitsprinzip s noch Rn 18, 254, 257, 264, 276).

Aus der inneren Pflichtbindung des Elternrechts (Rn 6) sowie den Grundrechten des **9** Kindes aus Art 6 Abs 2 S 2 GG (Rn 6) und Art 1, 2 GG (dazu BVerfGE 24, 119, 144) folgt, daß bei Sorgerechtsfragen sein **Wohl** verbindliche Richtschnur für elterliche oder staatliche Maßnahmen sein muß (BVerfGE 37, 217, 252; 79, 51, 66; DEuFamR 1999, 55, 57 mwN), seine **subjektive Haltung** ist bei der Sachentscheidung ein maßgebliches Kriterium (unten Rn 233 ff, 282 f); folglich hat das Kind Anspruch auf **rechtliches Gehör** (§ 159 FamFG als Ausfluß von Art 103 Abs 1 GG, vgl BVerfG DEuFamR 1999, 55, 59) und auf **eigenständige Interessenvertretung in gerichtlichen Verfahren**, die sein zukünftiges Wohl wesentlich betreffen (BVerfGE 72, 122, 135; 75, 201, 214; DEuFamR 1999, 55, 57; vgl Rn 290 ff).

An diesen verfassungsrechtlichen Vorgaben muß sich der Ansatz des KindRG 1998 **10** sowohl in seiner Grundkonzeption wie auch der Ausgestaltung im einzelnen messen lassen. Im folgenden geht es zunächst nur um die Grundkonzeption.

b) Offizialprinzip/Antragsprinzip

11 Vom rechtspolitischen Streit um die Einführung des Antragssystems (dazu mwN COESTER FamRZ 1992, 617, 623 ff; HANSEN 153 ff; JOHANNSEN/HENRICH/JAEGER Rn 4; SALGO FamRZ 1996, 449 ff; SCHWENZER GutA 59. DJT 1992 A 75 ff) ist die Frage zu unterscheiden, ob § 1671 in seiner jetzigen Fassung den Ansprüchen genügt, die das BVerfG für einen kind- und elternrechtsadäquaten Interventionsansatz formuliert hat. Daß nach bislang vorherrschender Ansicht die Auflösung des Familienverbandes eine regelmäßige Staatskontrolle aus dem Wächteramt gem Art 6 Abs 2 S 2 GG *rechtfertigen* würde (Rn 8; ausf COESTER, Kindeswohl 135 ff, 292 ff), bedeutet nicht, daß sie auch unverzichtbar *geboten* wäre. Die Betonung der primären Eigenverantwortung der Eltern auch für die Trennungssituation durch das BVerfG (FamRZ 1982, 1179, 1182 ff) erweitert den Spielraum des Gesetzgebers auch auf Regelungen, die – wie ansatzweise das jetzt etablierte Antragsmodell – die familienautonome Problemlösung in den Mittelpunkt stellen (dazu COESTER FamRZ 1996, 1181 ff sowie unten Rn 13, 59 f), die zwingende Wächterfunktion des Staates bis zur allgemeinen Kindesschutzgrenze zurücknehmen (vgl Abs 3; Rn 262 ff), im übrigen in deren Vorfeld einigungsfördernde Hilfen (dazu unten Rn 18 f) sowie gerufene gerichtliche Streitschlichtung anbieten (Rn 271 ff) und schließlich sicherstellen, daß das Kind als Hauptbetroffener in seiner Rechtssubjektivität wahrgenommen und geachtet wird. Mit diesen Maßgaben hält sich auch ein **Antragssystem** im Rahmen der staatlichen Schutzverantwortung für Kinder gem Art 6 Abs 2 S 2 GG (ebenso HANSEN 159 ff, 179 f). Indem es familienautonomen Lösungen der Sorgerechtsfrage den Vorrang einräumt, ist es **Abbild der Kompetenzverteilung gem Art 6 Abs 2 GG auch für den Fall der Familientrennung**; zudem ermöglicht es einen einheitlichen Regelungsansatz für alle Kinder ohne Rücksicht auf den Familienstand der Eltern. Ungeachtet einzelner Umsetzungsprobleme (s insb Rn 108 ff) kann festgestellt werden, daß das Regelungssystem des § 1671 inzwischen fast allgemein akzeptiert und nicht mehr in Frage gestellt wird (für die Abschaffung des Antragssystems und die Anordnung gemeinsamen Sorgerechts nur aufgrund einer Positiverklärung der Eltern [mit Sorgeplan, vgl Rn 136] jetzt wieder KOSTKA 517 f).

c) Elternautonomie und staatliche Regelung

12 Die Voranstellung der **Elternautonomie** vor staatlicher Regelung ist im geltenden Recht allerdings **nur halb- und engherzig durchgeführt** (COESTER FamRZ 1996, 1181, 1185 ff; s auch, VEIT, in: FS Schwab [2005] 947, 949).

(1) Zum einen finden sich kaum verständliche **Beschränkungen elterlicher Gestaltungsfreiheit**: Auch wenn sich die Eltern in Wahrnehmung ihrer Sorgeverantwortung gem Art 6 Abs 2 S 1 GG auf die völlige oder teilweise Alleinsorge eines Teils einigen, bedarf es gem Abs 1, 2 Nr 1 noch einer **familiengerichtlichen Entscheidung**, obwohl das FamG keine sachliche Überprüfungskompetenz (außerhalb § 1666) hat (COESTER DEuFamR 1999, 3, 10; billigend hingg LIPP FamRZ 1998, 65, 71; näher unten Rn 65). Wollen die Eltern umgekehrt auch nach der Trennung die volle, nicht durch § 1687 Abs 1 reduzierte Sorgegemeinsamkeit fortführen (wie bei gemeinsamem Sorgerecht nach Altrecht!), so bleibt unklar, ob sie § 1687 Abs 1 durch Vereinbarung abbedingen können (dafür ZIMMERMANN DNotZ 1998, 404, 424; BAMBERGER/ROTH/VEIT § 1687 Rn 2), ob sie dem FamG die „Erforderlichkeit" einer solchen Regelung iS von § 1687 Abs 2 darlegen müssen (vgl SCHWAB FamRZ 1998, 457, 460; HAMMER, Elternvereinbarungen 55) oder ob § 1687 insoweit gar nicht dispositiv ist (MünchKomm/FINGER § 1687 Rn 6; STAUDINGER/ SALGO [2006] § 1687 Rn 13; JOHANNSEN/HENRICH/JAEGER § 1687 Rn 11).

(2) Zum zweiten, eng damit zusammenhängend, hat der Gesetzgeber es **versäumt**, 13
die grundsätzlich aufgewertete **Elternautonomie als positiven Gestaltungsfaktor anzuerkennen und instrumental auszustatten**. Sie begegnet nur blaß in § 1671 Abs 1 als Reflexwirkung des Antragssystems, dh in negativer Form als „Nichtstellung eines Regelungsantrags"; nimmt sie positive Gestalt an in Form eines konsentierten Regelungsantrags, wird ihr gem Abs 1, 2 Nr 1 unmittelbare Gestaltungswirkung ausdrücklich versagt, spätere gemeinsame Änderungswünsche sind sogar der gerichtlichen Inhaltskontrolle unterworfen (§ 1696; vgl STAUDINGER/COESTER [2006] § 1696 Rn 61).

Wenn sich der Gesetzgeber entschließt, in Anlehnung an die Zuständigkeitsverteilung gem Art 6 Abs 2 GG die Verantwortung für die Kinder auch in der Trennungssituation „zuvörderst" in den Händen der Eltern zu belassen, dann muß er ihnen die Wahrnehmung und die Umsetzung dieser Verantwortung auch rechtlich ermöglichen. Wirkungsmöglichkeiten und Grenzen elterlicher Sorgevereinbarungen neben oder in Verdrängung der gesetzlichen Regelung bleiben aber weitgehend im Dunkeln (erste vertiefende Überlegungen bei SCHWAB DNotZ 1998, 437, 443 ff, 455; ZIMMERMANN DNotZ 1998, 404, 423 f [beide für einen begrenzten Vorrang elterlicher Vereinbarungen bis zu einer Grenze, die analog § 1696 zu formulieren wäre]; zu einzelnen Punkten vgl unten Rn 59 ff und 84), obwohl doch der sozialrechtliche Hilfsansatz des Staates (§ 17 Abs 2 SGB VIII) zentral auf eine privatautonome Konfliktlösung ausgerichtet ist. Beschränkungen der Elternautonomie, die sich nicht aus den Kindesinteressen und damit dem staatlichen Wächteramt rechtfertigen lassen, sind jedenfalls unzulässig – damit erweisen sich die vorerwähnten Regelungen nicht nur als sachwidrig, sondern als verfassungsrechtlich nicht stimmig (**aA** bezügl des Entscheidungszwangs auch bei elterlicher Einigkeit JOHANNSEN/HENRICH/JAEGER Rn 30a). Der Vorschlag, auch den sich trennenden Eltern mit gemeinsamem Sorgerecht das Instrument der Sorgeerklärung als Mittel autonomer Gestaltung zur Verfügung zu stellen und familiengerichtliche Regelungen (unterhalb der Gefährdungsgrenze) nur für den Streitfall vorzusehen (COESTER FamRZ 1996, 1181 ff; ders DEuFamR 1999, 3, 10; Kinderrechtskommission des DFGT FamRZ 1997, 337 ff), hätte zu einer klareren und konsequenteren Umsetzung des Antragssystems geführt.

d) Kindeswohl und Kindesbeteiligung
Während im Zentrum des Offizialsystems des alten Rechts das Kindeswohl stand, ist 14
die **Person des Kindes** im Antragssystem des § 1671 nF **unnötig stark in den Hintergrund getreten**, obwohl sie allein es doch ist, um die es nach wie vor geht (grundlegende Kritik bei KOSTKA 476 ff, die einen „Perspektivenwechsel" fordert, ein Vorgehen „vom Kinde aus").

aa) Auf **materiellrechtlicher Ebene** ist noch vertretbar die Zurücknahme der staatlichen Intervention von Amts wegen bis zur allgemeinen Kindesschutzgrenze (Rn 3, 11; **krit** hingg BÜDENBENDER AcP 197 [1997] 197, 211; GUTDEUTSCH/BERGMANN FamRZ 1996, 1187, 1189, 1190; BÜTTNER FamRZ 1998, 585, 592); hiermit ist allenfalls die Gefahr verbunden, daß die allgemeine Eingriffsschranke des § 1666 verwässert wird (näher unten Rn 263). Als elternzentriert ist hingegen zu kritisieren, daß nur die Eltern, **nicht** aber das **Kind** einen **Regelungsantrag gem Abs 1** stellen können (BT-Drucks 13/4899, 64 mit unbefriedigender Begründung; vgl Rn 47). Die Nichtantragstellung von Elternseite muß keineswegs immer bedeuten, daß das fortlaufende gemeinsame Sorgerecht zum Wohle des Kindes gereicht (vgl ZENZ FPR 1998, 17, 18 zur Alkoholikerfamilie: „gute Gründe,

Stillschweigen über die Familiensituation zu bewahren"). Hinweise auf die Belange des Kindes und mögliche Beratung und Hilfe durch das Jugendamt (§ 17 Abs 2, 3 SGB VIII) und Gericht (§ 128 Abs 2 FamFG) erfolgen nur bei Anhängigkeit eines Scheidungsverfahrens und werden nur bei grundsätzlich gutwilligen Eltern etwas nützen, nicht aber bei gleichgültigen Eltern oder solchen, die aus sachfremden Motiven von einer Antragstellung absehen (anders BT-Drucks 13/8511, 67, 78). Es erscheint als systemimmanenter Fehler, zwar im Sorgerechtsverfahren eine Anhörung der Kinder etwa ab dem 3. Lebensjahr (§ 159 Abs 2 FamFG, Rn 282 f) sowie die Möglichkeit einer eigenständigen Interessenvertretung vorzusehen (§ 158 FamFG, s Rn 290), ihm aber nicht die Möglichkeit der Verfahrenseinleitung zu eröffnen (insoweit kritisch schon BAER ZfJ 1996, 123; BERGMANN/GUTDEUTSCH FamRZ 1996, 1187, 1188 Fn 8; COESTER FuR 1991, 70, 74; FamRZ 1992, 617, 624; DEuFamR 1999, 3, 13; SCHWENZER GutA 59. DJT 1992 S A 77; TAUCHE FuR 1996, 213, 216; für ein Antragsrecht auch HANSEN 164; **aM** hingegen JOHANNSEN/HENRICH/JAEGER Rn 17; zur entsprechenden Diskussion bei § 1628 s STAUDINGER/PESCHEL-GUTZEIT [2007] § 1628 Rn 31–34). Gleichermaßen widersprüchlich erscheint es, daß das mindestens 14jährige Kind zwar einer beantragten elterlichen Alleinsorge widersprechen kann (Abs 2 Nr 1), nicht aber fortgeführter gemeinsamer Sorge (LOSSEN FuR 1997, 100, 102).

15 Eine ungerechtfertigte Zurücksetzung des Kindeswohls liegt weiterhin in der **Beschränkung der familiengerichtlichen Prüfungs- und Entscheidungskompetenz** bei elterlichem Dissens in der Sorgerechtsfrage, Abs 2 Nr 2: Über die Möglichkeit des FamG, den elterlichen Übertragungsantrag abzulehnen und damit das gemeinsame Sorgerecht aufrechtzuerhalten, obwohl es zumindest von einem Elternteil abgelehnt wird, mag man noch streiten (s Rn 116 ff); unverständlich scheint jedoch, warum der **Regelungsantrag eines Elternteils sachliches Entscheidungsthema des Gerichts** sein soll und **nicht offen die dem Kindeswohl am besten entsprechende Sorgerechtsentscheidung**. In § 1672 aF hatte der Elternantrag nur verfahrenseinleitende Funktionen; das derart als Schlichter und Wächter gerufene FamG hatte seine Entscheidung uneingeschränkt am Kindeswohl auszurichten (konnte also insbes das Sorgerecht auch dem Antragsgegner übertragen; vgl STAUDINGER/COESTER[12] § 1672 Rn 7 ff). Warum dieses Modell nicht auf § 1671 Abs 2 Nr 2 übertragen worden ist (obwohl § 1672 aF iü als Vorbild gedient hat, BT-Drucks 13/4899, 62, 98), bleibt unklar, eine tragende Rechtfertigung für die nunmehr nur eingeschränkte Herrschaft des Kindeswohlprinzips kann aus dem Elternrecht nicht hergeleitet werden (näher noch unten Rn 101 ff, 105, 148 ff). Außerdem ergeben sich unauflösbare Widersprüche zu § 1696: Bei Änderungsentscheidungen gilt das Antragsprinzip nicht, von Amts wegen kann das Sorgerecht auf den hiermit nicht einverstandenen Elternteil übertragen werden (vgl OLG Karlsruhe FamRZ 1999, 801, 802, mit wenig überzeugendem Verweis auf § 1671 Abs 2 Nr 2; vgl noch unten Rn 150 sowie § 1680 Rn 20).

16 **bb)** Auf **verfahrensrechtlicher Ebene** hat der Gesetzgeber versucht, die Person des Kindes angemessen in das Blickfeld zu rücken. Im Rahmen eines (isolierten oder verbundenen) Sorgerechtsverfahrens scheint die Einbringung der Kindesbelange hinreichend gewährleistet (Anhörung des Kindes, § 159 FamFG, und des Jugendamts, § 162 Abs 1 FamFG; ggf Kindesvertretung gem § 158 FamFG; für außergerichtliche Einigungsbemühungen vgl §§ 8, 17, 18 SGB VIII, 1626 Abs 2 BGB), nicht jedoch im **Scheidungsverfahren ohne elterlichen Sorgerechtsantrag** nach § 1671 Abs 1: Hier müssen zwar im Scheidungsantrag gemeinsame minderjährige Kinder benannt

(§ 133 Abs 1 Nr 1, Abs 2 FamFG) und Angaben darüber gemacht werden, ob einverständliche Regelungen über elterliche Sorge, Umfang und Unterhalt getroffen worden sind (§ 133 Abs 1 Nr 2 FamFG). Darüber hinaus macht das FamG dem Jugendamt Mitteilung vom Scheidungsverfahren und dem Namen der Parteien (§ 17 Abs 3 SGB VIII; im Hinblick auf § 133 Abs 1 Nr 1 FamFG zu ergänzen: auch Namen und Anschrift der Kinder, vgl BT-Drucks 16/6308, 228 zu § 133 Abs 1 Nr 1) und hört diese auch ohne Sorgerechtsverfahren zur elterlichen Sorge an und weist sie auf Beratungsmöglichkeiten hin (§ 128 Abs 2 FamFG). Eine **Anhörung des Kindes** ist jedoch regelmäßig **nicht vorgesehen** (sie wird zT dennoch gefordert, zur Diskussion s Rn 282), und die Beteiligungs- und Beratungsrechte des Kindes auf jugendhilferechtlicher Ebene (§§ 8, 17 Abs 2, 18 Abs 3 SGB VIII) können praktisch leerlaufen: Die Eltern müssen auf die Angebote des Jugendamts nicht eingehen, und die Kinder wissen idR nichts von ihren eigenständigen Rechten. Vor allem die Nichtanhörung des Kindes wird verbreitet kritisiert und zT als völkerrechtswidrig angesehen (Art 9 Abs 2, 12 Abs 2 UN-Kinderkonvention; vgl KOSTKA 518 f; BALLOFF ZfJ 1996, 269 f; BERGMANN/GUTDEUTSCH FamRZ 1996, 1187, 1188 f; SALGO KindPrax 1999, 179, 181; JOHANNSEN/HENRICH/JAEGER Rn 7; Kinderrechtskommission DFGT FamRZ 1997, 337, 339; TAUCHE FuR 1996, 213, 216; **aM** Deutscher AnwaltsV FamRZ 1996, 1401).

Allerdings ist dabei zu beachten, daß die Scheidung als solche im Konzept des neuen **17** § 1671 keinen Stellenwert mehr hat, auch ist im Scheidungsverfahren keine Entscheidung über die Kinder zu treffen. Ob im Hinblick auf die verbliebene Wächterfunktion des Gerichts gem § 1666 eine regelmäßige Kindesanhörung geboten und sinnvoll wäre, mag bezweifelt werden. Schwerwiegender scheint die Beschränkung der Wirkungsmöglichkeiten des Jugendamts als eigenständiger Hilfs- und Beratungsinstanz für Kinder, auch in Mediationsverfahren nach § 17 Abs 2 SGB VIII, aber auch als Informant für das Gericht über mögliche kindesgefährdende Umstände (§ 8a Abs 3 S 1 SGB VIII). Nachdem die Elterntrennung regelmäßig intern abgelaufen ist, ist ein Scheidungsverfahren zwar nicht de jure, aber de facto einziger geeigneter Moment für einen kontrollierenden Blick auf die Kindessituation. Gerade weil im Antragssystem die Verantwortung der staatlichen Gemeinschaft für die Kinder wesentlich zurückgenommen ist, hätte der Gesetzgeber die verbleibenden Möglichkeiten zur Gewährleistung der Kindesinteressen besser nutzen sollen – die FamFG-Reform wäre eine gute Gelegenheit gewesen (punktuelle Ansätze immerhin in §§ 133 Abs 1 Nr 1, Abs 2 und 135 FamFG).

e) Justizielle und sozialrechtliche Konfliktlösung

Bereits nach altem Recht stellte der sozialrechtliche Hilfsansatz für Trennungsfami- **18** lien gem § 17 Abs 1, 2 SGB VIII die verfassungsrechtlich gebotene und sachlich notwendige Ergänzung zur juristischen Intervention durch richterliche Sorgeentscheidung dar (BR-Drucks 503/89, 65; BT-Drucks 11/5948, 58; vgl COESTER FamRZ 1991, 253 ff; ders, Kindeswohl 319 ff; PROKSCH FamRZ 1989, 916 ff). Hintergrund ist die Erkenntnis, daß sich trennende Paare sich typischerweise aus zwei Gründen nicht kindesgerecht verhalten, sondern auch über die elterliche Sorge in Streit geraten: der persönlichen Verstricktheit jeden Elternteils in den Paar-Konflikt und der mangelnden Informiertheit über die eigenständigen Bedürfnisse und Wünsche des Kindes. Feindschaft und Streit herrschen oft nur an der Oberfläche, dahinter stecken Verletztheit, Angst und Hilflosigkeit (vgl THALMANN FamRZ 1984, 634, 638; RABAA 136 [äußerer Konflikt eigentlich „Hilferuf der Familie"]; WENDL-KAMPMANN/WENDL 31 ff, 106 ff; FIGDOR, in: Brühler Schriften Bd 6

[1990] 21 ff). Vermittlung durch kompetente Dritte und Unterstützung bei der Erarbeitung tragfähiger Arrangements in der Sorgerechtsfrage wird von einem erheblichen Teil der zerstrittenen Eltern nicht als „staatliche Zwangstherapie" empfunden, sondern dringend gewünscht und – wo immer öffentlich angeboten – aktiv nachgesucht (zu vielfältigen Modellversuchen in dieser Richtung vgl FTHENAKIS ArchfSozArb 1986, 174 ff, 186 ff; PRESTIEN RDJ 1988, 431, 437 ff; PROKSCH FamRZ 1989, 916, 918 ff; RABAA 115 ff, 126, 155 ff; Berichte des Arbeitskreises 5 des 8. DFGT, in: Brühler Schriften Bd 6 [1990] 68 ff). Das Einigungspotential bei solchen Familien ist erheblich; mit professioneller Unterstützung erreichte Sorgerechtsvereinbarungen haben sich als bestandskräftig erwiesen (FTHENAKIS, PRESTIEN aaO; PROKSCH FamRZ 1986, 916, 921). Ein dem Verhältnismäßigkeitsprinzip verpflichtetes, präventiv verstandenes Wächteramt erfüllt seine Aufgabe auch im Trennungs- und Scheidungsfall deshalb vorrangig durch Hilfe und Unterstützung für die Eltern bei der Herstellung oder Wiederherstellung verantwortungsbewußten Elternverhaltens (vgl BR-Drucks 503/89, 65; BT-Drucks 11/5948, 58).

19 Die Rücknahme des justiziellen Interventionsansatzes bei Scheidungen durch das Antragssystem und die damit verbundene Aufwertung der elterlichen Verantwortung haben dem **Beratungs- und Hilfsansatz geradezu zentrale Bedeutung** verliehen: Nur massive Unterstützung der Familie bei der Erarbeitung eigenständiger Konfliktlösungen läßt eine erweiterte Überantwortung der Kindesinteressen an die als Paar gescheiterten Eltern im Lichte von Art 6 Abs 2 S 2 GG als vertretbar erscheinen. Insofern steht § 1671 in unauflösbarem Zusammenhang mit § 17 Abs 2 SGB VIII sowie verfahrensrechtlichen Vorschriften, die die Verzahnung justizieller und sozialrechtlich-helfender Interventionen und den Vorrang einvernehmlicher Lösungen sicherstellen sollen (§§ 128 Abs 2, 133, 135, 162 FamFG, 17 Abs 3, 50 Abs 1, 2 SGB VIII). Die weitgehende **Verlagerung der staatlichen Wächter- und Förderaufgabe auf den beratenden, schlichtenden und vermittelnden Hilfsansatz** bei primärer Eigenverantwortung der Eltern kann geradezu als Kennzeichen des neuen Rechts bezeichnet werden; sie kommt in den vorerwähnten Normen nur ansatzweise zum Ausdruck. Sie bedingt ganz generell einen **Rollen- und Funktionswandel aller professionell Beteiligten**; aus der **Staatsverantwortung** für das Wohl der Kinder ist weitgehend **Mitverantwortung für das kindgerechte Funktionieren von Elternautonomie** geworden (vgl JOPT ZfJ 1998, 286; MÜNDER NP 1998, 346 ff).

II. Abgrenzung zu anderen Vorschriften

20 § 1671 regelt die antragsgebundene Beendigung des gemeinsamen Sorgerechts getrenntlebender Eltern durch familiengerichtliche Entscheidung. Damit ergeben sich Abgrenzungsprobleme zu einigen Vorschriften mit ähnlichem Regelungsthema (zum Verhältnis zu § 1687 s Rn 2, 253).

1. Ausdrücklich unberührt bleiben soll gem Abs 3 die Eingriffsmöglichkeit des FamG zur Abwehr von Kindesgefährdungen nach § 1666. Wird einem gemeinsam sorgeberechtigten Elternteil das Sorgerecht entzogen, so führt dies auch zu einer Beendigung der Sorgegemeinsamkeit, der andere Teil wird insoweit kraft Gesetzes alleinsorgeberechtigt, § 1680 Abs 3 iVm Abs 1. Das Verhältnis beider Vorschriften zueinander ist differenziert zu beurteilen: Läßt sich der Kindesgefährdung schon durch antragsgemäße Entscheidung nach § 1671 begegnen, so gebührt dieser Norm der Vorrang (vgl – für die Situation des § 1696 – OLG Karlsruhe FamRZ 1999, 801, 802; s auch unten Rn 264). Wird kein Antrag gestellt oder sind die beantragten Regelungen nicht geeignet, die Gefährdung zu beseitigen, so befreit § 1666 das FamG von der Antragsbindung des § 1671 und ermöglicht die zum Schutze des Kindes erforderlichen Maßnahmen (näher § 1666 Rn 38 ff sowie unten Rn 264). Eines Verfahrenswechsels bedarf es weder in der einen noch in der anderen Richtung: Deutet sich in einem durch Antrag nach Abs 1 eingeleiteten Sorgerechtsverfahren die Möglichkeit einer Kindeswohlgefährdung an, so kann das FamG erforderlichenfalls nach § 1666 entscheiden (PALANDT/DIEDERICHSEN Rn 24); stellt in einem Entzugsverfahren gegen einen Elternteil der andere Elternteil einen Antrag auf Sorgerechtsübertragung nach § 1671 Abs 1 (oder § 1696), so kann das (gleichermaßen örtlich zuständige) FamG durch Stattgabe dieses Antrags das Verfahren nach § 1666 erledigen.

2. Ein Antrag auf teilweise Sorgerechtsübertragung nach Abs 1 könnte sich auch **21** als Antrag auf Entscheidungsübertragung nach **§ 1628** darstellen, beide Vorschriften überschneiden sich, die Abgrenzung ist unklar (näher unten Rn 55 ff).

3. Beruht das gemeinsame Sorgerecht der Eltern, dessen Beendigung nun bean- **22** tragt wird, nicht auf Gesetz (§§ 1626 Abs 1, 1626a Abs 1), sondern auf einer früheren Gerichtsentscheidung (zB nach §§ 1672 Abs 2, 1681 Abs 2, 1696 Abs 1), so treten die Regelungen des § 1671 mit den Änderungsgrundsätzen des **§ 1696 Abs 1** in Konkurrenz (hierzu näher unten Rn 27 ff). Ist ein früherer Antrag auf Alleinsorge gem § 1671 Abs 2 (ganz oder teilweise) abgelehnt worden, so beruht die fortbestehende gemeinsame Sorge nicht auf dieser Gerichtsentscheidung, sondern weiterhin auf Gesetz – ein neuerlicher Antrag ist ohne weiteres erneut nach § 1671 Abs 2 (und nicht § 1696) zu beurteilen (AG Ludwigslust FamRZ 2006, 501).

Kein Abgrenzungsproblem besteht hingegen zu den §§ 1678 Abs 1, 1680 Abs 1, 3, 1681 Abs 1: Diese Vorschriften regeln nur die *Folgen,* wenn von gemeinsam sorgeberechtigten Eltern ein Teil kraft Gesetzes ausfällt (Verhinderung oder Ruhen, §§ 1673, 1674, 1678 Abs 1; Tod oder Todeserklärung, §§ 1677, 1681 Abs 1; Sorgerechtsentzug, § 1666): Der andere Teil wird dann automatisch alleinsorgeberechtigt, einer familiengerichtlichen Sorgerechtsübertragung bedarf es nicht (vgl OLG Naumburg FamRZ 2002, 258 [Vorrang der §§ 1674, 1678 vor § 1671, da weniger eingreifend]).

4. Unklar ist das Verhältnis der antragsgebundenen Regelungsbefugnis **23** gem § 1671 und der amtswegigen Regelungsbefugnis nach **§ 1684 Abs 3**. Sorgerecht und Umgangsrecht sind einfachrechtliche Ausgestaltungen des Elternrechts bei getrennt lebenden Eltern, wobei §§ 1671/1687 und 1684 vom (historisch überkommenen) Leitbild des „Residenzmodells" geprägt sind (PALANDT/DIEDERICHSEN § 1687 Rn 3). Pflege und Erziehung des Kindes sind jedenfalls schwerpunktmäßig dem Sorgeberechtigten zugewiesen, während das Umgangsrecht in erster Linie der Aufrechterhaltung der persönlichen Beziehungen zum anderen Elternteil und der Befriedigung des gegenseitigen Liebesbedürfnisses dient (vgl – mwN – STAUDINGER/RAUSCHER [2006] § 1684 Rn 30 ff). Demgemäß bleibt die zeitliche Ausdehnung des Umgangs, ungeachtet einzelfallbedingter Unterschiede (zur Praxis vgl die Tabelle bei STAUDINGER/RAUSCHER aaO Rn 202), deutlich hinter den Betreuungszeiten durch den Sorgeberechtigten zurück; dem entsprechen die sehr begrenzten Entscheidungsbefugnisse des Umgangsberechtigten während der Umgangsphasen (§§ 1687 Abs 1 S 4, 1687a). In jüngerer Zeit zeigen sich jedoch Tendenzen der FamG, ihre amtswegige Regelungsbefugnis in

Umgangssachen gem § 1684 Abs 3 zu nutzen, um – auch ohne elterlichen Konsens – über die Thematik des § 1671 (Inhaberschaft des Sorgerechts, Rn 2) hinaus auch die **inhaltliche Gestaltung des Sorgerechts** regeln zu können – insbesondere durch Anordnung eines sogenannten „Wechselmodells" mit annähernd gleichen Betreuungsanteilen beider Eltern (Nachw Rn 261). Gleich, ob dies unter dem Dach gemeinsamen Sorgerechts beider Eltern geschieht oder ob auf diese Art die Alleinsorge eines Elternteils als „Umgangsregelung" teilweise wieder „kassiert" wird (so OLG Brandenburg FamRZ 2009, 709 f), ist diese Praxis **vom Gesetz nicht mehr gedeckt**: Sie überschreitet die funktionsbedingten Grenzen des Umgangsrechts (vgl STAUDINGER/RAUSCHER [2006] § 1684 Rn 162a) und greift unzulässig in die Gestaltungsautonomie des oder der Sorgeberechtigten ein (vgl Rn 2, 106). Zudem führt die auf das Residenzmodell zugeschnittene gesetzliche Kompetenzverteilung des § 1687 Abs 1 beim Wechselmodell zu keinen kindeswohlgerechten Ergebnissen (Nachw Rn 261; **aA** offenbar PALANDT/DIEDERICHSEN § 1687 Rn 3; im Fall OLG Brandenburg aaO lebt das Kind die Hälfte seiner Zeit bei einem Elternteil, dessen Entscheidungsbefugnisse auf Fragen der „tatsächlichen Betreuung" beschränkt sind, §§ 1687 Abs 1 S 4/1687a). De lege lata kann das Wechselmodell system- und kindeswohlgerecht nur auf der Basis einer entsprechenden Elternvereinbarung, nicht aber als „Umgangsregelung" gerichtlich angeordnet werden (Rn 60).

III. Allgemeine Voraussetzungen der familiengerichtlichen Übertragung, Abs 1

1. Eltern

24 Eltern sind die gem §§ 1591, 1592 oder 1754 Abs 1 rechtlich als Mutter oder Vater eines Kindes etablierten Personen, wobei unerheblich ist, ob sie miteinander, jeweils mit Dritten oder gar nicht verheiratet sind. Eltern sind auch beide **gleichgeschlechtlichen Lebenspartner** nach einer Stiefkindadoption (§ 9 Abs 6 LPartG) oder uU nach ausländischem Recht (vgl MünchKomm/COESTER Art 17b EGBGB Rn 77, 110, 117). Eltern iSd § 1671 sind **nicht** (uU miteinander verheiratete) **Mitvormünder oder -pfleger**. Trennen sich Eltern, die zu **Mitbetreuern** ihres volljährigen Kindes bestellt sind, ist nach Betreuungsrecht (§ 1908b Abs 2; vgl auch MünchKomm/SCHWAB § 1908b Rn 19), nicht nach § 1671 zu entscheiden. Auch auf **Pflegeeltern** ist § 1671 nicht anwendbar, obwohl sie nach § 1688 Sorgebefugnisse haben können (statt dessen uU vertragliche Entlassung eines Teils oder Rücknahme der Pflegeerlaubnis nach § 44 SGB VIII). Der **Scheinvater** verliert seine Elternstellung mit rechtskräftiger Vaterschaftsanfechtung grundsätzlich rückwirkend (§ 1599 Abs 1; beruhte sein Mitsorgerecht auf einer Gerichtsentscheidung, besteht es aus Gründen der Rechtsklarheit einstweilen fort, ist aber durch Änderungsentscheidung nach § 1696 zu beseitigen [vgl STAUDINGER/RAUSCHER (2004) § 1593 Rn 58] – § 1671 ist mangels Elternschaft des Mannes nicht mehr anzuwenden); das gleiche gilt bei einem **Vaterwechsel gem § 1599 Abs 2** (dazu VEIT FamRZ 1999, 902, 905; zur Wiedererlangung von Elternstellung und Sorgerecht nach Anfechtung der Vaterschaftsanerkennung durch den Dritten s ebenda S 907 f). Umgekehrt rückt ein anerkennender Dritter rückwirkend in die Vaterrolle ein, wenn die Anerkennung wirksam wird (Sorgeerklärungen sind – aufschiebend rechtsbedingt – schon vorher möglich, BGH FamRZ 2004, 802 f; dazu COESTER LMK 2004, 107 f, auch zur Rückwirkung des Sorgerechtserwerbs; vgl auch VEIT FamRZ 1999, 902, 905).

2. Kind

Es muß sich um ein **gemeinschaftliches, minderjähriges Kind** handeln, da nur für ein 25 solches Kind nach geltendem Recht eine gemeinsame elterliche Sorge möglich ist. Hierher rechnen auch Adoptivkinder nach gemeinschaftlicher Adoption oder nach einer Stiefkindadoption (§§ 1741 Abs 2 S 2, 3; 1754). Für die Minderjährigkeit ist auf den Entscheidungstermin abzustellen; wird das bei Antragstellung minderjährige Kind dann voraussichtlich schon volljährig sein, können einschlägige Ermittlungen von vornherein unterbleiben (vgl BGH NJW 1993, 126, 127). Eine **pränatale Sorgerechtsregelung** sollte nicht generell ausgeschlossen werden (so aber AG Lüdenscheid FamRZ 2005, 51 f), jedenfalls nicht bei einverständlichem Elternantrag gem Abs 2 Nr 1 (arg e contrario aus § 1626b Abs 2). Für Entscheidungen nach Abs 2 Nr 2 fehlt es an Beurteilungsmöglichkeiten für die individuellen Kindesinteressen; dennoch können im Einzelfall pränatale Regelungen sinnvoll sein, insbesondere durch einstweilige Anordnung (zB im Sachverhalt des AG Lüdenscheid aaO).

3. Gemeinsames Sorgerecht

a) Grundlage des gemeinsamen Sorgerechts

Nach seiner Grundkonzeption soll § 1671 denjenigen Eltern, die **kraft Gesetzes oder** 26 **Sorgeerklärung** gemeinsam sorgeberechtigt sind, den Weg aus dem gemeinsamen Sorgerecht ermöglichen, wenn sie dies angesichts ihrer dauerhaften Trennung für notwendig achten. Da ihr gemeinsames Sorgerecht seine Grundlage nicht in einer Gerichtsentscheidung hat, steht ihnen das Instrument der Änderungsentscheidung nach § 1696 nicht zur Verfügung. Daher greift die Kritik an § 1671 zu kurz, die darauf hinweist, daß auch bei anderen Sorgerechtsstrukturen, insbes der Alleinsorge eines Elternteils, Änderungsbedürfnisse entstehen können (Schwab FamRZ 1998, 457, 461): Bei Alleinsorge der Mutter nach § 1626a Abs 2 sind Änderungen nach §§ 1626a Abs 1 Nr 1 oder 1672 Abs 1 zulässig; alle anderen Gestaltungen sind nur durch Gerichtsbeschluß möglich und deshalb ohne weiteres über § 1696 abänderbar. Nur für die Aufhebung der gemeinsamen Sorge nach §§ 1626 Abs 1 oder 1626a Abs 1 Nr 1 bedurfte es einer Sondervorschrift. Soweit die Kritik aber auf die Änderungsschwelle des § 1696 gerichtet sein sollte, trifft sie diese Vorschrift und nicht § 1671.

Allerdings bleibt ein wesentliches **Abgrenzungsproblem zwischen §§ 1671 und 1696** zu 27 lösen (vgl oben Rn 22): Welche Norm ist maßgeblich, wenn Eltern aus **gemeinsamem Sorgerecht** streben, das **auf Gerichtsbeschluß** (zB §§ 1672 Abs 2, 1696) beruht (vgl Rn 22; zum Problem schon Coester DEuFamR 1999, 3, 14 f; andeutungsweise auch Schwab FamRZ 1998, 457 ff, 461, 471, 472)? Einerseits handelt es sich um eine typische Änderungsfrage iSd § 1696, andererseits ist der Weg von der gemeinsamen zur Alleinsorge in § 1671 besonders ausgestaltet; mag die Vorschrift auch konzipiert sein mit Blick auf gemeinsames Sorgerecht kraft Ehe oder Sorgeerklärung, so enthält ihr Wortlaut doch eine solche Einschränkung nicht. Die Regelungsvoraussetzungen und -möglichkeiten unterscheiden sich in beiden Normen erheblich, so daß die Konkurrenzfrage entschieden werden muß. § 1696 ist die allgemeinere Vorschrift, sie will ganz generell die Stabilität gerichtlicher Sorgerechtsregelungen sowie die Kontinuität der kindlichen Lebensverhältnisse sichern (näher Erl zu § 1696 Rn 16; für die Anwendbarkeit von § 1696 tendenziell Schwab FamRZ 1998, 457, 471 f; OLG Nürnberg FamRZ 2000, 1603; Holzner 148 ff, 158). § 1671 trifft für die Sondersituation bislang gemeinsamen Sorgerechts spezielle Regelungen: Sind sich die Eltern einig über seine Beendigung und die künftige Sorgerechtsgestaltung, kann der Staat fortbestehende Gemeinsamkeit schlechterdings nicht erzwingen (Abs 2 Nr 1); beantragt nur ein Elternteil die Aufhebung, so ist dem nur stattzugeben, wenn dieser Elternteil dem Kind Besseres zu bieten hat (Abs 2 Nr 2); gleiches soll nach dem Gesetz letztlich auch dann gelten, wenn jeder Elternteil die Übertragung der Alleinsorge auf sich beantragt. Ob man dieses Wertungsmodell für richtig hält oder nicht, steht hier nicht zur Debatte – es ist vom Gesetzgeber vorgegeben. Entscheidend ist, daß es von Inhalt und Wertung her *den Weg aus dem gemeinsamen Sorgerecht schlechthin konkretisiert,* es ist kein Gesichtspunkt ersichtlich, warum die Bewertung und rechtliche Behandlung eine andere sein sollte, wenn das bisherige gemeinsame Sorgerecht statt auf Gesetz auf Gerichtsbeschluß beruhte (so i Erg auch OLG Hamm FamRZ 2007, 756, 757; PALANDT/DIEDERICHSEN § 1696 Rn 8).

28 Anstatt diesen **Vorrang des § 1671** dadurch zu realisieren, daß man die Grundsätze dieser Regelung in die Änderungsentscheidung nach § 1696 projektiert (so offenbar PraxisHdB FamR/FRÖHLICH Rn E 213; ähnlich HOLZNER 158), sollte man besser von vornherein § 1671 als lex specialis anwenden (vgl STAUDINGER/COESTER [2006] § 1696 Rn 16).

29 **Ergebnis**: (1) § 1671 ist stets anzuwenden, wenn bisher gemeinsames Sorgerecht (ganz oder teilweise) in elterliche Alleinsorge umgewandelt werden soll; auf die Grundlage des gemeinsamen Sorgerechts (Gesetz oder Gerichtsbeschluß) kommt es nicht an. (2) Beruhte das bisher gemeinsame Sorgerecht auf Gerichtsbeschluß, verdrängt § 1671 als spezielle Änderungsvorschrift die allgemeine Regelung des § 1696.

b) Einzelheiten

30 Das gemeinsame Sorgerecht muß zum **Zeitpunkt** der familiengerichtlichen Entscheidung bestehen. Gemeinsames Sorgerecht bei Antragstellung ist weder ausreichend noch erforderlich. Liegt es zu diesem Zeitpunkt vor, fällt das Sorgerecht eines Elternteils aber während des Verfahrens nach § 1671 weg (Entzug, Tod; zum Ruhen sogleich Rn 36), kann nach dieser Norm keine Übertragung mehr stattfinden. Ist die (künftige) Entstehung des gemeinsamen Sorgerechts vorauszusehen (wegen Wegfalls einer Kindesgefährdung durch einen Elternteil steht die Aufhebung der Entzugsanordnung gem §§ 1666, 1696 Abs 2 bevor), so kann der derzeit noch alleinsorgeberechtigte Elternteil einen Antrag nach § 1671 stellen; ihm kann stattgegeben werden, wenn im Zeitpunkt der familiengerichtlichen Entscheidung gemeinsames Sorgerecht der Eltern vorliegt (das FamG kann die Entscheidungen nach §§ 1696 Abs 2 und 1671 miteinander verbinden).

31 Es genügt **Teilgemeinsamkeit**, wenn sich der Antrag darauf beschränkt, diesen Teil in Alleinsorge zu überführen (SCHWAB FamRZ 1998, 457, 461).

32 Gemeinsames Sorgerecht besteht nicht, wenn und soweit einem Elternteil zuvor das Sorgerecht gem § 1666 **entzogen** worden ist – dann hat der andere Elternteil gem § 1680 Abs 3, 1 die Alleinsorge inne, für einen Antrag nach § 1671 fehlt die Grundlage (BT-Drucks 13/4899, 98; JOHANNSEN/HENRICH/JAEGER Rn 13). Will der entrechtete Elternteil die Trennung zum Anlaß nehmen, die Entzugsentscheidung revidieren zu lassen, so muß er nach § 1696 vorgehen. Dies gilt auch bei **teilweisem Sorgerechts-**

entzug; soweit gemeinsames Sorgerecht fortbestanden hatte, ist (evtl zusätzlich) nach § 1671 vorzugehen (BAMBERGER/ROTH/VEIT Rn 6; AnwK-BGB/RAKETE-DOMBECK Rn 3).

Dem Entzug steht insoweit gleich eine **frühere Übertragung** auf den anderen El- 33 ternteil durch familiengerichtliche **Entscheidung nach § 1671** – eine Änderung kann nur über § 1696 erreicht werden. Dies gilt auch, wenn die erste Entscheidung nach § 1671 in der Trennungszeit erfolgte und nun anläßlich der Scheidung eine andere Regelung getroffen werden soll – die Scheidung ist kein eigenständiger Anknüpfungspunkt mehr in § 1671.

Eine Entscheidung nach § 1671 wird jedoch nicht dadurch ausgeschlossen, daß zuvor 34 durch **einstweilige Anordnung** (unten Rn 293 ff) einem Elternteil das Sorgerecht allein übertragen worden ist. Auch diese Anordnungen setzen in Verfahren nach § 1671 einen Regelungsantrag voraus, der das Hauptverfahren eröffnet; die im Rahmen dieses Verfahrens ergehenden Anordnungen gelten nur für seine Dauer und ersetzen die Hauptentscheidung nicht. In diesen Fällen genügt es also, wenn das gemeinsame Sorgerecht ohne die einstweilige Anordnung bestände.

Anderes gilt wiederum, wenn einem Elternteil nach **Altrecht (§ 1672 aF)** die Allein- 35 sorge zugewiesen worden war und jetzt die Scheidung erfolgt: Die Entscheidung nach § 1672 aF war keine vorläufige, sondern eine Endentscheidung. Etwaigem Regelungsbedarf ist im Rahmen von **§ 1696** Rechnung zu tragen (ausführl Diskussion und Nachw STAUDINGER/COESTER [2004] Rn 35).

Anders ist zu entscheiden, wenn nur die *Ausübung des Sorgerechts* bei einem El- 36 ternteil konzentriert ist, das Sorgerecht der Substanz nach aber beiden Elternteilen zusteht. Dies kann gem § 1678 Abs 1 der Fall sein bei **Ruhen der elterlichen Sorge** eines Teils (§§ 1673–1675) oder bei seiner **tatsächlichen Verhinderung** (§ 1678 Abs 1). Hier bleibt noch Raum für einen Antrag nach § 1671 mit dem Ziel, auch die Sorgerechtssubstanz auf den allein Ausübungsberechtigten zu konzentrieren (eine Begünstigung des verhinderten Teils kommt sachbedingt nicht in Betracht). Beispiel: Ein Ehegatte hat eine mehrjährige Freiheitsstrafe zu verbüßen, das FamG führt durch eine Feststellung gem § 1674 Abs 1 das Ruhen seines Sorgerechts herbei (vgl § 1674 Rn 14); der andere Gatte betrachtet die Lebensgemeinschaft als beendet und beantragt mit Zustimmung des Inhaftierten gem § 1671 Abs 1, 2 Nr 1 die Sorgerechtsübertragung auf sich – warum sollte dies nicht möglich sein? Es kann durchaus auch sachgerecht sein, die Sorgerechtsverhältnisse schon jetzt dauerhaft zu ordnen und nicht erst nach Freilassung des anderen Gatten und einem Beschluß des FamG nach § 1674 Abs 2 (BAMBERGER/ROTH/VEIT Rn 6; aM JOHANNSEN/HENRICH/JAEGER Rn 14). Genügt demnach schon die Sorgegemeinsamkeit der Substanz nach für einen Antrag nach § 1671, so muß dem ausübungsberechtigten Elternteil auch ein einseitiger Antrag möglich sein – alles weitere ist eine Frage der gerichtlichen Sachprüfung nach Abs 2 Nr 2.

Besonders schwierig gestaltet sich die Rechtslage bei **früheren Entscheidungen des** 37 **FamG nach § 1628**, durch die einem Elternteil die Dauerkompetenz für einen Teilbereich der elterlichen Sorge übertragen worden ist, zB die medizinische Versorgung des Kindes (zur Abgrenzung der §§ 1628/1671 s unten Rn 55 ff). Anders als bei Vorentscheidungen gem § 1671 verliert der unterlegene Elternteil nicht sein Sorgerecht, sondern nur partiell seine Entscheidungs- und Vertretungsbefugnis (§ 1629 Abs 1 S 3), seine Rechtsstellung ist zumindest ähnlich wie bei einem Verlust der Ausübungsbefugnis. Für eine nachfolgende Regelung nach § 1671 ist danach zu unterscheiden, *wer* den Antrag stellt. Der durch die Vorentscheidung *begünstigte Elternteil* kann – mit oder ohne Zustimmung des anderen Teils – die Übertragung des gesamten Sorgerechts auf sich beantragen, da dieses der Substanz nach noch beiden Elternteilen zusteht und durch die Übertragung auch nicht die frühere Entscheidung gem § 1628 tangiert wird. Beantragt der *andere Elternteil* die Alleinsorge nur für den Restbereich voller Sorgegemeinsamkeit, gilt das gleiche; erstreckt er hingegen den Übertragungsantrag auf das gesamte Sorgerecht, so begehrt er damit der Sache nach auch eine Änderungsentscheidung gem § 1696 bezügl des Teilbereichs, der durch die frühere Entscheidung nach § 1628 betroffen war. § 1671 verdrängt § 1696 insoweit nicht (vgl oben Rn 27 ff), als es nicht nur um die Beendigung des gemeinsamen Sorgerechts geht, sondern um die Ausübung und Verlagerung vom bisher Berechtigten auf den Antragsteller. Insoweit ist auch die Bindungswirkung eines elterlichen Konsenses nicht unmittelbar nach § 1671 Abs 2 Nr 1, sondern nach den Grundsätzen des § 1696 zu beurteilen (insgesamt ebenso BAMBERGER/ROTH/VEIT Rn 5).

4. Nicht nur vorübergehendes Getrenntleben

38 Dieses Tatbestandsmerkmal nimmt Bezug auf § 1567 Abs 1, erforderlich ist also zweierlei: **faktisches Nichtbestehen einer Lebensgemeinschaft** („Getrenntleben") und (subjektiv) **Ablehnung einer Gemeinschaft auch für die Zukunft** durch zumindest einen Elternteil (JOHANNSEN/HENRICH/JAEGER Rn 15; PraxisHdB FamR/FRÖHLICH Rn E 105; SCHWAB FamRZ 1998, 457, 461). Vor allem aus dem subjektiven Element ergibt sich der wesentliche Normzweck des § 1671: Die erklärte Ablehnung der Gemeinschaft kann auch auf die sorgerechtliche Kooperation durchschlagen, so daß eine Aufhebung des gemeinsamen Sorgerechts auch im Kindesinteresse erforderlich wird. Konsequenterweise liegt – anders als nach § 1567 Abs 2 – Getrenntleben iSd § 1671 Abs 1 nicht vor bei (wenn auch zeitlich begrenzten) *Versöhnungsversuchen* der Eltern (PALANDT/DIEDERICHSEN Rn 10; SCHWAB FamRZ 1998, 457, 461); umgekehrt kommt es *nicht* auf eine *bestimmte Dauer* der Trennung an – das subjektive Element gibt den Ausschlag (SCHWAB FamRZ 1998, 457, 461).

39 Entsprechend § 1567 Abs 1 S 2 ist **Getrenntleben auch innerhalb der bisherigen Familienwohnung** möglich, insoweit gelten die zu § 1567 entwickelten Grundsätze auch hier (vgl KG FamRZ 1991, 1342 f; OLG Hamm FamRZ 1991, 216). Eine nur im Interesse und zur Schonung der Kinder aufrecht erhaltene „Restgemeinsamkeit" (OLG Köln FamRZ 1986, 388 f: gemeinsames sonntägliches Mittagessen) schadet dabei nicht, andernfalls würde die dem Kindesinteresse dienende Vorschrift des § 1671 die Eltern zu kindeswohlwidrigem Verhalten zwingen.

40 Auch Eltern, zwischen denen **niemals eine Lebensgemeinschaft bestanden hat**, leben getrennt iSd Vorschrift (das Gesetz stellt auf das Fehlen, nicht auf die Aufhebung einer Gemeinschaft ab; PALANDT/DIEDERICHSEN Rn 8): Funktioniert also eine (in anfänglicher Euphorie) durch Sorgeerklärung begründete gemeinsame Sorge miteinander nicht verheirateter Eltern nicht, kann die Elternentscheidung nach § 1626a Abs 1 Nr 1 im Verfahren nach § 1671 revidiert werden (BAMBERGER/ROTH/VEIT Rn 8).

Maßgeblicher Zeitpunkt für das Getrenntleben ist die letzte mündliche Verhandlung **41** des FamG (zum gemeinsamen Sorgerecht vgl oben Rn 30; **aM** BAMBERGER/ROTH/VEIT Rn 9). Stellen die Eltern nach Antragstellung ihre Lebensgemeinschaft wieder her, wird der Antrag unzulässig; leben sie erst nach der familiengerichtlichen Übertragung der Alleinsorge wieder zusammen, bleibt es jedoch zunächst bei dieser, das gemeinsame Sorgerecht kann nur gem § 1696 oder (bei bisher unverheirateten Eltern) durch Heirat hergestellt werden (§ 1626a Abs 1 Nr 2; FamRefK/ROGNER Rn 7).

Entgegen manch mißverständlicher Äußerung (BT-Drucks 13/4829, 98; PALANDT/DIE- **42** DERICHSEN Rn 10; SCHWAB FamRZ 1998, 457, 461) kann auch bei **erst beabsichtigter Trennung** schon ein *Antrag* nach § 1671 gestellt werden: Etwa wenn sich beide Eltern über die zu vollziehende Trennung einig sind und sie *bis zur letzten mündlichen Verhandlung* auch *durchführen*.

Allerdings scheidet § 1671 aus, wenn ein Elternteil die Übertragung der Alleinsorge **43** anstrebt, um auf dieser Basis dann legal mit den Kindern aus der Familienwohnung auszuziehen zu können – hier würde die Trennung der familiengerichtlichen Entscheidung erst nachfolgen (möglich statt dessen: Übertragung des Aufenthaltsbestimmungsrechts nach § 1628 [BT-Drucks 13/4899, 98; SCHWAB FamRZ 1998, 457, 461]; gerichtliche Ausweisung des Ehegatten oder des Lebenspartners aus der Wohnung, wenn die Voraussetzungen der §§ 1361b, 14 LPartG oder 2 GewSchG vorliegen, und damit Erzwingung der Trennung [SCHWAB aaO; zur „unbilligen Härte" zu Lasten der Kinder s JOHANNSEN/HENRICH/BRUDERMÜLLER § 1361b Rn 13–15]; für die nichteheliche Lebensgemeinschaft ist dies allerdings nicht möglich [vgl BRUDERMÜLLER FamRZ 1994, 207 ff]).

Verläßt ein Elternteil ohne Zustimmung und Sorgerechtsregelung die gemeinsame Wohnung unter **Mitnahme der Kinder**, wird damit zwar ein Getrenntleben iSd § 1671 Abs 1 begründet; allerdings verletzt er das Mitsorgerecht des anderen Elternteils („Kindesentführung") und ist rechtlichen Sanktionen ausgesetzt (bei Verbringung ins Ausland Rückführungsanordnung nach dem Haager Kindesentführungs-Übereinkommen, HKÜ [STAUDINGER/PIRRUNG (2009) Vorbem D zu Art 19 EGBGB; für inländische Entführungen GUTDEUTSCH/RIECK FamRZ 1998, 1488 ff sowie unten Rn 196] und strafrechtliche Sanktionen nach § 235 Abs 2 StGB). Damit sind seine Zuweisungschancen gem § 1671 Abs 2 Nr 2 zwar nicht zerstört, jedoch wesentlich verschlechtert (vgl unten Rn 196). Das **Dilemma für einen kindesorientierten Elternteil in einer unzuträglichen Familiensituation** läßt sich so zuspitzen: ohne Trennung keine Sorgerechtsübertragung, ohne Sorgerechtsübertragung aber keine Trennungsmöglichkeit ohne Verlust des Kindes. Diesem Problem ist bei Anträgen nach §§ 1628 oder 1361b, 14 LPartG, 2 GewSchG Rechnung zu tragen (zu § 1628 BT-Drucks 13/4899, 95; SCHILLING NJW 2007, 3233, 3235). Der Sache nach nehmen Entscheidungen nach diesen Vorschriften diejenige gem § 1671 Abs 2 Nr 2 vorweg, ohne jedoch hierfür angelegt zu sein. Hier wird deutlich, daß die gesetzliche Systematik eine zentrale soziale Konfliktsituation nicht angemessen erfaßt, idR zu Lasten der kindesbetreuenden Mütter (wohlmeinend, aber dogmatisch nicht haltbar OLG Nürnberg FamRZ 1998, 314, 315 f [einseitiges Aufenthaltsbestimmungsrecht bei gemeinsamer Sorge]; krit GUTDEUTSCH/RIECK FamRZ 1998, 1488, 1489 Fn 7).

5. Antrag auf Sorgerechtsübertragung

a) Rechtsnatur und allgemeine Grundsätze

44 Der Antrag zumindest einen Elternteils ist konstitutive Voraussetzung für die gerichtliche Regelungsmöglichkeit, genauer: für die **Verfahrenseinleitung** auf Übertragung des Sorgerechts, § 23 FamFG (keine echte Ausnahme ist die amtswegige Eingriffsmöglichkeit nach § 1666, auf die § 1671 Abs 3 verweist). Daneben handelt es sich aber auch um einen materiellen **Sachantrag**, der dem Gericht das Entscheidungsthema vorgibt und über den es nicht hinausgehen kann („Doppelnatur des Antrags"; vgl OLG Brandenburg ZfJ 2002, 72; OLG Rostock FamRZ 2007, 1352; BAMBERGER/ROTH/VEIT Rn 10; AnwK-BGB/RAKETE-DOMBECK Rn 2; zur inhaltlichen Bindungswirkung bei Abs 2 Nr 1 s Rn 65, bei Abs 2 Nr 2 s Rn 101 f). In beiden Funktionen bedarf der Antrag einer **Begründung** (vgl § 23 Abs 1 S 1 FamFG), die die Übertragungsvoraussetzungen des Abs 2 darlegt (FamRefK/ROGNER Rn 11; BAMBERGER/ROTH/VEIT Rn 10); der Amtsermittlungsgrundsatz des § 26 FamFG wird dadurch nicht berührt, steht der Begründungspflicht aber auch nicht entgegen. Allerdings sind die Anforderungen an die Antragsbegründung nicht zu überspannen; über die Begründetheit des Antrags hat das Gericht sachlich zu entscheiden. Zu den verfahrensrechtlichen Inhaltserfordernissen s § 23 Abs 1 FamFG.

45 Ein besonderes **Rechtsschutzbedürfnis** für den Antrag ist nicht erforderlich, da § 1671 nach neuem Recht gemeinsam sorgeberechtigten Eltern die einzige Möglichkeit bietet, ihre Sorgeverhältnisse in Anpassung an ihre Trennung neu zu ordnen (JOHANNSEN/HENRICH/JAEGER Rn 21). Der Antrag kann auch **hilfsweise** gestellt werden (Rn 149).

46 Für die **Form des Antrags** ist zu unterscheiden: Wird das Verfahren außerhalb eines Scheidungsprozesses als isoliertes Kindschaftsverfahren geführt, besteht kein Anwaltszwang (vgl § 114 Abs 1 FamFG), der Antrag kann schriftlich eingereicht oder mündlich zu Protokoll der Geschäftsstelle des FamG erklärt werden (§ 25 FamFG; zur Beiordnung eines Rechtsanwalts s Rn 266). Als Folgesache im Scheidungsverbund (§ 137 Abs 3 FamFG) besteht jedoch gem § 114 Abs 1 FamFG Anwaltspflicht, so daß der Antrag nach § 1671 nur durch anwaltlichen Schriftsatz gestellt werden kann (vgl noch Rn 77), sofern er nicht vor der Verbindung im isolierten Kindschaftsverfahren gestellt worden ist. Der Antrag bedarf in jedem Fall der Unterschrift (§ 23 Abs 1 S 4 FamFG).

47 **Antragsberechtigt** sind nur die (gemeinsam sorgeberechtigten) **Eltern** (zur vertraglichen Abbedingung des Antragsrechts unten Rn 61). Kein Antragsrecht haben insbes das betroffene *Kind* (zur Kritik oben Rn 14), das *Jugendamt* (auch aus § 162 FamFG nicht) oder sonstige *Dritte* (unbeschadet der Möglichkeit für alle diese Personen, Maßnahmen des FamG nach § 1666 anzuregen; für das Jugendamt vgl § 8a Abs 3 SGB VIII).

48 Aus dem Vorrang privatautonomer Regelung und fortbestehender gemeinsamer Sorge folgt, daß die **Rücknahme des Antrags** ohne weiteres zulässig ist, sie kann bis zur letzten Tatsachenverhandlung (also uU noch in der Beschwerdeinstanz) erfolgen. Mit der Rücknahme entfällt eine Verfahrensvoraussetzung, das Verfahren ist einzustellen. Eine Sachregelung darf nur noch unter den Voraussetzungen der §§ 1671 Abs 3, 1666 ergehen.

b) Inhalt des Antrags im allgemeinen

Der Antrag kann sich auf **alle Kinder** beziehen, für die den Eltern das gemeinsame 49
Sorgerecht zusteht, kann sich aber auch auf **eins von mehreren Kindern** beschränken.
Wird nicht deutlich, auf welches Kind sich der Antrag bezieht, ist er unzulässig.

Jeder Elternteil kann die Übertragung der (gesamten oder teilweisen) Sorge **auf sich** 50
beantragen. Eine Übertragung der Alleinsorge auf den anderen Elternteil kann nach
dem klaren Wortlaut des Abs 1 nicht beantragt werden, ein solcher Antrag wäre
unzulässig (PALANDT/DIEDERICHSEN Rn 9; SCHWAB FamRZ 1998, 457, 460; soll im einverständ-
lichen Scheidungsverfahren nur ein Ehegatte anwaltlich vertreten sein, so müssen die Eltern wegen
des Anwaltszwangs auch für Folgesachen [Rn 46] sicherstellen, daß dies derjenige Teil ist, der
vereinbarungsgemäß die Alleinsorge übernehmen soll; zur Problematik vgl SCHÜLLER FamRZ
1998, 1297 ff). Damit kennt das Gesetz unglücklicherweise auch nicht die Möglichkeit,
daß beide Eltern gemeinsam die Übertragung der Alleinsorge auf einen von ihnen
beantragen, obwohl sich hierin die Wahrnehmung ihrer gemeinsamen Elternverantwortung nach Art 6 Abs 2 S 1 GG am besten ausdrücken würde (vgl Rn 7, 8). Ein
gemeinsamer Antrag ist dennoch nicht unzulässig, er ist als Übertragungsantrag des
Begünstigten und als Zustimmung des anderen Elternteils gem Abs 2 Nr 1 auszulegen (PALANDT/DIEDERICHSEN Rn 9; JOHANNSEN/HENRICH/JAEGER Rn 23; SCHWAB FamRZ 1998,
457, 461).

Schließlich kann der Antrag **nicht auf gemeinsames Sorgerecht** beider Eltern gerich- 51
tet sein: Besteht dieses bislang nicht, ist die Ausgangssituation des § 1671 nicht
gegeben (Rn 38 ff; Antragsmöglichkeit nach §§ 1672 Abs 2 S 1 oder 1696); besteht
es schon, ergibt sich sein Fortbestand aus dem Gesetz. Für eine **gerichtliche Feststellung** dieser Rechtslage besteht in der Regel kein Rechtsschutzbedürfnis. Anderes
kann gelten, wenn im Einzelfall ein **besonderes Feststellungsinteresse** entsprechend
§ 256 ZPO besteht (BAMBERGER/ROTH/VEIT Rn 17; PALANDT/DIEDERICHSEN Rn 5). Verfahrensrechtlich soll § 151 Nr 1 FamFG offenbar, als subsidiäre Auffangklausel für alle
in den Folgeziffern nicht speziell genannten Kindschaftssachen, alle die elterliche
Sorge betreffenden Themen abdecken, einschließlich der Feststellung des Bestehens
oder Nichtbestehens der elterlichen Sorge, und dies sinnvollerweise nicht nur im
Verhältnis eines Elternteils zum Kind (wie in § 640 Abs 2 Nr 3 ZPO aF), sondern
auch der Eltern untereinander (vgl BT-Drucks 16/6308, 234). Unsicherheiten bezüglich
des gemeinsamen Sorgerechts, die entsprechend § 256 ZPO eine gerichtliche Feststellung rechtfertigen, können vor allem zwischen nicht miteinander verheirateten
Eltern, aber auch sonst bei Streit über Sorgevereinbarungen zwischen den Eltern
bestehen (zur bloßen Abweisung eines einseitigen Antrags auf Übertragung der Alleinsorge
s Rn 107). Dies wird bedeutungsvoll vor allem bei Elternvereinbarungen, die unter
dem Dach gemeinsamer Sorgerechtsinhaberschaft die **Ausübung** in bestimmter Weise organisieren (bis hin zum „Wechselmodell", vgl Rn 23, 60, 261). Zwar erstreckt sich
die richterliche Gestaltungsmacht gem § 1671 Abs 2 zunächst nur auf die Inhaberschaft des Sorgerechts, nicht auf die Ausübung durch den oder die Sorgeberechtigten
(Rn 2). Nachdem inzwischen jedoch weitgehend anerkannt ist, daß eine elterliche
Vereinbarung *auch* hinsichtlich der Sorgerechtsausübung, die in einem anhängigen
Verfahren nach § 1671 als Vergleich getroffen worden ist (möglicherweise nach
Einwirkung durch das Gericht, das Jugendamt oder den Sachverständigen) gerichtlich „genehmigt" werden kann (mit der Folge der Vollstreckbarkeit und der er-
schwerten Abänderbarkeit gem § 1696, s Rn 60), sollte die Möglichkeit einer gericht-

lichen „Absegnung" und damit Stabilisierung ihrer Vereinbarung auch Eltern offenstehen, die sich im Vorfeld eines Verfahrens nach § 1671 autonom geeinigt haben. Hierfür bietet sich die „Feststellung" der elterlichen Sorgebeziehungen im Rahmen des *§ 1671 Abs 1* an, der Grundnorm für das gemeinsame Sorgerecht getrennt lebender Eltern, auf die zurückzugreifen ist, wenn die Eltern vom „Residenzmodell" des § 1687 (Betreuung durch einen Elternteil, bloßer Umgang des anderen) abweichen wollen (zur Dispositivität der Sorgeaufteilungen des § 1687 Abs 1 und ihren Grenzen STAUDINGER/SALGO [2006] § 1687 Rn 12 f; HAMMER, Elternvereinbarungen 249 f; vgl oben Rn 12).

c) Umfang der beantragten Übertragung

52 Der Antrag kann sich auf die Übertragung der **gesamten elterlichen Sorge** oder nur eines **Teils** von ihr beziehen. Inhaltliche Beschränkungen binden das FamG, es darf nur unter den Voraussetzungen des § 1666 darüber hinausgehen (§ 1671 Abs 3; s Rn 101, 102). Damit ist der Elternautonomie nicht nur hinsichtlich des „Ob" der Antragstellung Vorrang eingeräumt, sondern auch hinsichtlich des Umfangs, in dem das gemeinsame Sorgerecht aufgelöst werden bzw bestehen bleiben soll (vgl BT-Drucks 13/4899, 99: Wächterfunktion nur, soweit Streit zwischen den Eltern besteht). Der Streit zu § 1671 aF über die Möglichkeiten und Grenzen einer Aufteilung des Sorgerechts (dazu STAUDINGER/COESTER[12] Rn 42 ff) ist durch diese gesetzgeberische Entscheidung weitgehend obsolet geworden (vgl aber Rn 250 ff). Allerdings ist das FamG bei streitigen Anträgen gem Abs 2 Nr 2 nicht gezwungen, das Sorgerecht im vollen Umfang des Antrags zu übertragen (dazu näher Rn 102).

53 Beschränkungen der Aufteilbarkeit sieht das Gesetz nicht vor, insbes nicht auf die großen Teilbereiche Personen- und Vermögenssorge (§ 1626 Abs 1 S 2; vgl § 1671 Abs 4 S 2 aF), so daß grundsätzlich alle von den Eltern für sachgerecht gehaltenen Gestaltungen in Betracht kommen (COESTER FamRZ 1996, 1181, 1185; Kinderrechtskommission des DFGT FamRZ 1997, 337, 340; JOHANNSEN/HENRICH/JAEGER Rn 18; ausf unten Rn 250 ff). Als **sachliche Aufteilungen** könnte beispielsweise an ein Alleinsorgerecht für Ausbildungs- oder Gesundheitsfragen gedacht werden (vgl OLG München KindPrax 2000, 159), an den Umgang des Kindes mit Dritten oder die Verwaltung eines dem Kind gehörenden Mietshauses (BT-Drucks 13/4899, 99). Eine zentrale Rolle in der Praxis kommt dem Aufenthaltsbestimmungsrecht zu, vor allem wenn die Eltern um die Betreuung des Kindes streiten (dazu näher Rn 259). Auch **zeitliche Aufteilungen**, dh Befristungen der beantragten Übertragung sind nicht von vornherein ausgeschlossen; sie können jedoch in Konflikt geraten mit den Grundsätzen, die § 1696 im Kontinuitätsinteresse des Kindes für die Änderung von Sorgerechtsentscheidungen aufstellt (näher Rn 261; zur entsprechenden Diskussion nach altem Recht vgl STAUDINGER/COESTER[12] Rn 142–144). Allerdings können auch sachliche Aufteilungen kindeswohlwidrig sein; sie sind aber ausdrücklich zugelassen. Das Gesetz hat die Bindungswirkung und Grenzen elterlicher Anträge und Vereinbarungen einheitlich festgelegt (bei elterlichem Konsens Abs 2 Nr 1; bei Elternstreit Abs 2 Nr 2; äußerste Grenze Abs 3 mit § 1666), es ist nicht ersichtlich, warum für zeitliche Aufteilungen anderes gelten sollte (iE ähnlich JOHANNSEN/HENRICH/JAEGER Rn 19; BAMBERGER/ROTH/VEIT Rn 14; zu konsentierten zeitlichen Aufteilungen Rn 254, bei elterlichem Dissens Rn 261).

54 Anträge auf teilweise Alleinsorge können **in beliebiger Weise zugeschnitten oder kombiniert werden** (SCHWAB FamRZ 1998, 457, 460). So können sich die Eltern darauf beschränken, bei fortbestehendem gemeinsamem Sorgerecht im übrigen nur einen

Teilbereich auf einen von ihnen übertragen zu lassen (wobei im verbleibenden gemeinsamen Bereich der Betreuungselternteil wiederum die Alleinsorge für tägliche Angelegenheiten hat, § 1687 Abs 1); sie können aber auch – bei gemeinsamem Restbestand des Sorgerechts – für jeden von ihnen einen Teilbereich jeweiliger Alleinsorge vorsehen, und sie können sogar das gemeinsame Sorgerecht ganz auflösen zugunsten teils mütterlicher, teils väterlicher Alleinsorge (sofern der jeweils Begünstigte einen entsprechenden Antrag gem Abs 1 stellt).

Problematisch bleibt die **Abgrenzung** von Teilanträgen gem § 1671 zu Anträgen auf Entscheidungsübertragung nach **§ 1628**. Zwar scheinen sich Konfliktsituationen und gerichtliche Entscheidungsmöglichkeiten deutlich zu unterscheiden: In § 1671 geht es um die dauerhafte Abspaltung einzelner Sorgerechtsbereiche aus der gemeinsamen Restkompetenz, in § 1628 um die Übertragung des Entscheidungsrechts in einer einzelnen, situativen Streitfrage auf einen Elternteil bei grundsätzlichem Fortbestand der gemeinsamen Sorge beider Elternteile (BT-Drucks 13/4899, 98 f; OLG Zweibrücken FamRZ 2001, 186; AG Holzminden FamRZ 2002, 560 f; PALANDT/DIEDERICHSEN § 1628 Rn 3; SCHWAB/MOTZER Rn III 58; JOHANNSEN/HENRICH/JAEGER Rn 18). Jedoch handelt es sich insoweit nur um eine *typusmäßige* Kennzeichnung beider Normen, sachlich und im praktischen Ergebnis gibt es weite Überschneidungsbereiche: Die Übertragung nach § 1628 kann nicht nur „einzelne Angelegenheiten", sondern auch eine „bestimmte Art von Angelegenheiten" betreffen, zB ärztliche Betreuung des Kindes (OLG Bamberg FamRZ 2003, 1403 f), Schulfragen, Vermögensverwaltung (aM PALANDT/DIEDERICHSEN § 1628 Rn 3). Solche Dauerregelungen müssen schon deshalb von § 1628 grundsätzlich mitumfaßt sein, damit die gemeinsam sorgeberechtigten Eltern sich nicht erst trennen müssen, um familiengerichtliche Schlichtung gem § 1671 erreichen zu können. Damit verschwimmen aber die Grenzlinien zu einem „Teil der elterlichen Sorge" iS von § 1671 Abs 1 (ausf SCHWAB FamRZ 1998, 457, 467 f; STAUDINGER/PESCHEL-GUTZEIT [2007] § 1628 Rn 15; OLG Bamberg FamRZ 2003, 1403, 1404; verkannt von OLG Zweibrücken FamRZ 2001, 186); daß nach § 1628 nicht die Teilsorge selbst, sondern nur die Ausübung (einschließlich der Vertretung § 1629 Abs 1 S 3) übertragen wird, bedeutet demgegenüber praktisch wenig. Zwar hat das FamG nach beiden Vorschriften nach dem Kindeswohl zu entscheiden (§§ 1671 Abs 2 Nr 2; 1628 mit § 1697a), und Eltern sowie Kind sind in beiden Verfahren zu hören (§§ 159, 160 FamFG); iü bestehen aber im Tatbestand, im Verfahren und bei den Entscheidungsmöglichkeiten des FamG wesentliche Unterschiede, die eine klare Abgrenzung unverzichtbar werden lassen (im Verfahren nach § 1628 kann das FamG antragsungebunden den geeigneteren Elternteil aussuchen und dessen Entscheidung mit Beschränkungen und Auflagen steuern, § 1628 Abs 1 S 2; dies wurde übersehen von OLG Bamberg FamRZ 2003, 1403, 1404, das die Wahl zwischen beiden Vorschriften dahingestellt sein läßt). 55

Kriterien zur Abgrenzung beider Vorschriften: 56

– § 1628 setzt kein Getrenntleben, aber Elternstreit voraus, bei § 1671 ist es umgekehrt. Bei *bestehender Lebensgemeinschaft* der Eltern kommt also nur § 1628 in Betracht, bei *elterlicher Einigkeit* über die Übertragung nur § 1671 Abs 1, 2 Nr 1.

– **Punktuell-sachbezogene Konflikte**, die mit ihrer Entscheidung beigelegt sind (zB Schulwahl, Operation, Auslandsreisen mit den Kindern (OLG Karlsruhe FamRZ 2008, 1368; OLG Köln FamRZ 2005, 644 f), Namensanschluß gem § 1617c, einzelne Maß- 57 nahmen der Vermögensverwaltung), unterfallen ausschließlich § 1628 (OLG Köln FamRZ 2005, 644; OLG Brandenburg OLG-Report 2004, 440, 441; OLG Zweibrücken NJW-RR 2001, 506; AnwK-BGB/RAKETE-DOMBECK § 1628 Rn 5; SCHILLING NJW 2007, 3233, 3235; vgl Rn 256; **anders** OLG Hamm FamRZ 2006, 1058, 1059). „Teil der elterlichen Sorge" in § 1671 ist wie „Art von Angelegenheiten" in § 1628 *generalisierend* zu verstehen. Hierzu zählt jedoch **nicht** der Streit um das **Aufenthaltsbestimmungsrecht**: Es handelt sich zwar um eine – einer einmaligen Entscheidung zugängliche – Einzelfrage, die aber fundamentale und präjudizielle Bedeutung für das sorge- und vermögensrechtliche Gesamtgefüge und die Eltern-Kind-Beziehung hat (vgl insb §§ 1687 Abs 1, 1570, 1606 Abs 3 S 2/1612 Abs 1 S 1). Solche Grundfragen sollten der umfassenden Gesamtabwägung nach § **1671 Abs 2 Nr 2** unterworfen sein (i Erg ebenso OLG München FamRZ 2008, 1103 f; AG Offenburg FamRZ 2008, 2055; SCHILLING NJW 2007, 3233, 3235; zur Entscheidung über das Aufenthaltsbestimmungsrecht s Rn 259).

58 – Für den verbleibenden, eigentlichen Überschneidungsbereich gibt es keine gleichermaßen klaren Abgrenzungsmöglichkeiten. Für die Praxis wird hiermit vorgeschlagen:

(1) Sind die Tatbestände beider Vorschriften erfüllt und **begehrt der Antragsteller ausdrücklich** die Entscheidung nach einer von ihnen, so ist diese fortan allein maßgeblich (zust BLOCH 241).

(2) Im übrigen ist, wenn die konkret zu treffende Entscheidung auf der Grundlage der einen wie der anderen Vorschrift möglich wäre (Stattgabe des Antrags), nach § **1628** zu entscheiden, weil die Entscheidungsübertragung das Sorgerecht des Antragsgegners in der Substanz unberührt läßt (**Übermaßverbot**; BGH FamRZ 2005, 1167 f; BAMBERGER/ROTH/VEIT § 1628 Rn 11; BLOCH 241; RAUSCHER FamR Rn 998; BRUNS 88; VOGEL FPR 2005, 65, 68; **anders** für Dauerregelungen SCHWAB/MOTZER Rn III 58; SCHILLING NJW 2007, 3233, 3235). Dies kann Konsequenzen haben, wenn der berechtigte Elternteil später ausfällt (§§ 1678 Abs 1 HS 1, 1680 Abs 1 *statt* §§ 1678 Abs 1 HS 2, 1680 Abs 2, 1696).

(3) **Nur § 1628** ist schließlich auch Grundlage, **wenn das FamG** mit seiner Entscheidung den **vom Antrag vorgezeichneten Rahmen überschreiten will** (Übertragung auf den Antragsgegner; inhaltliche Beschränkungen oder Auflagen): Bei Anträgen nach § 1671 auf Übertragung der *gesamten* elterlichen Sorge ist dies nur unter den Voraussetzungen des § 1666 möglich, bei *Teilanträgen* jedoch auch unterhalb dieser Grenze gem § 1628: Auch dies ist insoweit eine „andere Vorschrift" iS von § 1671 Abs 3! (**aM** STAUDINGER/PESCHEL-GUTZEIT [2007] § 1628 Rn 15).

Damit ist die Konkurrenz von §§ 1628 und 1671 aufgelöst, und zwar weitgehend zugunsten der ersteren Vorschrift.

6. Elterliche Sorgerechtsvereinbarungen

59 Wirkungsmöglichkeiten und Wirkung von Elternvereinbarungen sind, obwohl das KindRG 1998 der Elternautonomie wesentlich breiteren Raum eröffnet hat, im Gesetz nur partiell und ohne erkennbares System geregelt (Rn 13). Dabei besteht in der Praxis ein erheblicher Bedarf nicht nur an Vereinbarungen, sondern gerade auch an **Vereinbarungssicherheit** (nachdrücklich schon ZIMMERMANN DNotZ 1998, 404, 423 f; SCHWAB DNotZ 1998, 437, 443 ff). Dabei ist zu berücksichtigen, daß die Regelung der Kindesbetreuung und des Sorgerechts eine tragende Säule im Gebäude umfassender Scheidungsvereinbarungen ist, die viele andere Folgen der Gemeinschaftsauflösung präjudiziert (Rn 1). Die **Bindungswirkung** von Elternvereinbarungen **zwischen den Eltern** ist eine im Rahmen von §§ 1626, 1627 zu erörternde Frage (vgl STAUDINGER/ PESCHEL-GUTZEIT [2007] § 1627 Rn 11 ff; HAMMER, Elternvereinbarungen 151 ff, 192 ff). Eine Bindungswirkung nach vertragsrechtlichen Grundsätzen wird fast allgemein abgelehnt, da diese den kindschaftsrechtlichen Besonderheiten nicht gerecht werden (BGH FamRZ 1993, 314, 315; DAVorm 2000, 704, 708; HAMMER, Elternvereinbarungen 192 ff; ders FamRZ 2005, 1209, 1210 f; anders nur [jedenfalls im Grundansatz] KRANZ 119 ff); verbreitet wird aber für eine Bindungswirkung entsprechend § 1696 Abs 1 plädiert (ZIMMERMANN DNotZ 1998, 404, 423 f; SCHWAB DNotZ 1998, 437, 443 ff, 447 f; ROTAX/ROTAX, Praxis des Familienrechts Teil 4 Rn 801; HAMMER, Elternvereinbarungen 212 ff, 253; ders FamRZ 2005, 1209, 1214; OLG Brandenburg FamRZ 2008, 2055, 2056).

Die rechtliche Bindungswirkung **gegenüber dem FamG** wird vom Gesetz, soweit **60** überhaupt, uneinheitlich geregelt: Beim *Umgangsrecht* dominiert die staatliche Kontroll- und Regelungsmacht (BGH FamRZ 2005, 1471, 1473; STAUDINGER/RAUSCHER [2006] § 1684 Rn 118; krit HAMMER FamRZ 2005, 1474); beim *Sorgerecht* räumt das Gesetz der elterlichen Regelungskompetenz vorrangige Bedeutung ein: so schon durch den Wechsel vom Offizial- zum Antragssystem in § 1671; durch den elterlichen Bestimmungsvorrang nach Abs 2 Nr 1; durch die Förderungspflicht bezüglich elterlichen Einvernehmens durch das Jugendamt (§ 17 Abs 2 SGB VIII) und Gericht (§ 156 FamFG). Ist aber schon der unterschiedliche Kontrollansatz bei Umgangs- und Sorgerecht als solcher fragwürdig (zu Grenzüberschreitungen in der Praxis Rn 23), so finden sich auch schon innerhalb des Sorgerechts abweichende Regelungsansätze des Gesetzes beim Sorgerecht nicht miteinander verheirateter Eltern (§ 1672 Abs 1, 2) sowie bei den Folgen gemeinsamen Sorgerechts (§ 1687 Abs 1, 2), und die gerichtliche Regelungskompetenz erreicht von vornherein nicht Fragen, die das Regelungsthema des § 1671, das heißt die Inhaberschaft des Sorgerechts, überschreiten – also insbesondere nicht Ausübungsregelungen im Einzelnen und Sorgemodelle, die die das gesetzliche System prägende Dichotomie Sorgerecht/Umgangsrecht sprengen, wie insbesondere das „Wechselmodell" (vgl Rn 23).

Da eine stimmige, übergreifende Zuordnung elterlicher und richterlicher Regelungs- **61** kompetenz im Gesetz fehlt, muß versucht werden, die oben bezeichneten Lücken im Wege der Analogie zu füllen. Eine analoge Ausdehnung des § 1671 Abs 2 Nr 1 scheint sich in Sorgerechtsfragen anzubieten (so HAMMER, Elternvereinbarungen 210 f; vgl auch BAMBERGER/ROTH/VEIT § 1684 Rn 16; SCHWAB/MOTZER, Handbuch des Scheidungsrechts Rn III/238); sie würde aber eine klare Abgrenzbarkeit von Sorge- und Umgangsrecht voraussetzen, da die gesetzgeberische Wertung in § 1684 Abs 3 durch Analogie zu § 1671 Abs 2 Nr 1 nicht überwunden werden kann. Außerdem kommt man nicht daran vorbei, daß der Gesetzgeber Vorschläge, der Elternautonomie unmittelbare Gestaltungswirkung zuzuerkennen und sie instrumental auszustatten (COESTER FamRZ 1996, 561 ff; Kinderrechtskommission des DFGT FamRZ 1997, 337 ff, 340; s Rn 13), gerade nicht aufgenommen hat. Verbreitet befürwortet man auch, die Wirkung von Elternvereinbarungen auch im Verhältnis zum FamG mit einer eingeschränkten Bindungskraft gem § 1696 Abs 1 zu versehen (OLG Brandenburg FamRZ 2008, 2055, 2056; s Rn 59).

Diese Vorschrift relativiert aber nur eine grundsätzlich vorhandene Bindungswirkung von Beschlüssen oder Vergleichen im Licht veränderter Umstände; hier geht es jedoch um die Abgrenzung elterlicher und richterlicher Regelungskompetenz. Angemessen erscheint deshalb eher eine Anlehnung an die Institution des „**gerichtlich gebilligten Vergleichs**", die bereits praktiziert (Rn 51), im FamFG jetzt aber grundsätzlich anerkannt und ausgebaut worden ist (§§ 36, 156 Abs 2, 86 Abs 1 Nr 2 FamFG). Nach § 156 Abs 2 FamFG kann eine einvernehmliche Umgangsregelung der Eltern vom Gericht „gebilligt" werden, vorausgesetzt, sie hält einer gerichtlichen Kontrolle im Lichte des Kindeswohls stand („wenn sie dem Kindeswohl nicht widerspricht"). Die Eltern können damit ihre privatautonome Vereinbarung mit der Verbindlichkeit eines Gerichtsbeschlusses anreichern (zur Vollstreckbarkeit § 86 Abs 1 Nr 2 FamFG), um den Preis einer inhaltlichen Negativkontrolle (einschließlich aller verfahrensrechtlichen Implikationen wie insbesondere der Anhörung aller Beteiligten) durch das Gericht. Diese Neuregelung lehnt sich an § 52a Abs 4 S 3 FGG aF an (BT-Drucks 16/6308, 237), geht aber deutlich über sie hinaus. Nach § 52a Abs 4 S 3 FGG aF war Voraussetzung, daß bereits eine gerichtliche Umgangsregelung vorlag, die aber von den Eltern nicht korrekt befolgt wurde. Damit ein nunmehr im Vermittlungsverfahren doch noch erzieltes Einvernehmen der Eltern die gerichtliche Umgangsregelung verdrängen konnte, war eine Übernahme in einen Gerichtsbeschluß (und damit auch eine gewisse Inhaltskontrolle) selbstverständlich notwendig (vgl HAMMER, Elternvereinbarungen 206). § 156 Abs 2 FamFG setzt demgegenüber nicht mehr voraus, daß schon ein Gerichtsbeschluß vorliegt; erfaßt werden auch elterliche „Erstregelungen" (zum Verhältnis von § 156 Abs 2 zu § 165 FamFG [Umgangsvermittlungsverfahren] vgl BT-Drucks 16/6308, 242). Jedenfalls für *Umgangsfragen* bevorzugt der Gesetzgeber damit einen Mittelweg zwischen elternautonomer und staatlicher Regelung, er konstituiert praktisch eine spezifische „Verantwortungsgemeinschaft" von Eltern und Gericht, bezogen auf eine kindeswohlgerechte Lösung (näher, auch zu den nötigen Zustimmungen, STÖSSER FamRZ 2009, 656, 663; generell sehr kritisch gegenüber derartigen „Aufweichungen" des grundgesetzlichen Elternvorrangs SCHUMANN, Kindeswohl zwischen elterlicher und staatlicher Verantwortung, in: BEHRENDS/SCHUMANN [Hrsg], Gesetzgebung, Menschenbild und Sozialmodell im Familien- und Sozialrecht [2008] 169 ff). Eine analoge Ausdehnung dieses Modells auch auf *Sorgerechtsfragen* bleibt im Gesetz offen, sie könnte jedenfalls nicht die weitergehende Regelungsautonomie der Eltern gem § 1671 Abs 1 (Einigung zugunsten der Fortführung gemeinsamen Sorgerechts) oder Abs 2 Nr 1 (Einigung zugunsten der Alleinsorge eines Elternteils) in Frage stellen. Beschränkt sich also die elterliche Einigung – auch als Ergebnis von Vermittlungsbemühungen des Gerichts (Rn 271 ff) – auf die Inhaberschaft des Sorgerechts, ist das Gericht entsprechend Abs 2 Nr 1 gebunden (Rn 80). Bei komplexen Sorgerechtsvereinbarungen wie den Varianten des Wechselmodells oder des Nestmodells hingegen, bei denen die Grenzlinien zwischen Inhaberschaft und Ausübung sowie zwischen Sorge- und Umgangsbefugnis weder erkennbar noch sachgerecht sind, erscheint jedoch eine Anlehnung an § 156 Abs 2 FamFG dem gesetzlichen System am ehesten zu entsprechen. Die Tendenz, den „gerichtlich gebilligten Vergleich" als Regelungsinstrument auszubauen, zeigt sich nicht nur an seiner „Auslagerung" aus dem Umgangsvermittlungsverfahren (§ 165 FamFG) in die allgemeinere Vorschrift des § 156 FamFG, sondern auch in seiner Aufnahme in den Text des § 1696 Abs 1 (entsprechend einer schon bestehenden Gerichtspraxis, vgl BGH FamRZ 2002, 1099, 1100; 2005, 1471, 1473; GUTJAHR FPR 2006, 301, 302). Zur rechtspolitischen Bewertung und vorzugswürdigen Lösungen de lege ferenda ist damit nichts gesagt.

Titel 5 § 1671
Elterliche Sorge 62–65

Für **nicht gerichtlich gebilligte**, rein privatautonome **Elternvereinbarungen** bleibt zu 62
unterscheiden: **Vereinbaren die Eltern den Fortbestand des gemeinsamen Sorgerechts,
also die Nicht-Stellung eines Antrags nach § 1671 Abs 1**, so sind sie nicht gehindert,
übereinstimmend doch eine Regelung zu beantragen – das FamG hat dann gem
Abs 2 Nr 1 zu entscheiden. Löst sich *nur ein Elternteil* von der Vereinbarung und
beantragt er die Übertragung der Alleinsorge auf sich, so muß das FamG auch dann
gem § 1671 entscheiden. Der Vorschlag, die Elternvereinbarung als Erstregelung
anzusehen und Abweichungen von vornherein nur nach § 1696 zu beurteilen (Rn 59),
findet im geltenden Recht keine Stütze, sondern läuft dem erkennbaren Willen des
historischen Gesetzgebers zuwider. Systemimmanent ist der Fall nach Abs 2 Nr 2 zu
lösen – dabei bestehen keine Bedenken, die Elternvereinbarung als gewichtiges
Indiz dafür zu nehmen, daß der Fortbestand des gemeinsamen Sorgerechts dem
Kindeswohl am besten entspricht, mit einer entsprechenden Widerlegungslast für
den Antragsteller (AG Hannover FamRZ 2001, 846, 848; vgl unten Rn 73, 86). So kann eine
dem § 1696 ähnliche Änderungsschwelle innerhalb des § 1671 aufgebaut werden,
ohne das gesetzliche System anzutasten (HAMMER, Elternvereinbarung 258 ff will sogar
§ 1696 analog anwenden).

Vereinbaren die Eltern die Alleinsorge eines Teils oder **Aufteilung des Sorgerechts auf** 63
beide Teile und eine entsprechende Antragstellung gem § 1671 Abs 1, Abs 2 Nr 1, so
läuft die Frage nach der Bindungswirkung der Vereinbarung darauf hinaus, ob diese
bereits als Zustimmung zum Antrag iSv Abs 2 Nr 1 verstanden werden und ob die
Zustimmung, wenn einmal erteilt, widerrufen werden kann. Dieses Problem wird bei
den Erl zu Abs 2 Nr 1 erörtert (Rn 81 ff).

IV. Antrag und Zustimmung des anderen Elternteils, Abs 2 Nr 1

1. Norminhalt und -bedeutung

a) Grundkonzeption

Elterlicher Einigkeit über die zu treffende Sorgerechtsregelung ist erstmalig in § 74 64
EheG 1946 Bedeutung eingeräumt worden, in den letzten Jahrzehnten beruhte die
große Mehrzahl von gerichtlichen Sorgerechtsregelungen auf elterlichen Vorschlägen. Das normative Gewicht eines Elternvorschlags wurde seitdem graduell verstärkt. Vor der Kindschaftsrechtsreform 1998 wurde ihm eine beschränkte Bindungswirkung für das FamG beigemessen (§ 1671 Abs 3 S 1 aF) – das Gericht durfte vom
Vorschlag nur abweichen, wenn dies aus Gründen des Kindeswohls „erforderlich"
war (vgl STAUDINGER/COESTER[12] Rn 149 ff mwN). In der Praxis führte dies zu einer weitgehend routinemäßigen Übernahme von Elternvorschlägen durch die Gerichte,
Kontrollermittlungen zum Kindeswohl unterblieben regelmäßig (vgl LIMBACH-Studie
S 35 ff: „Vierzeiler auf Textbausteinbasis").

Das KindRG 1998 hat die *faktisch* präjudizielle Wirkung von Elternvorschlägen zur 65
normativen aufgewertet: An elterliche Übereinstimmung über die zu treffende Sorgerechtsregelung ist das Gericht (sofern nicht das über 14jährige Kind widerspricht)
grundsätzlich **gebunden**, eine **Kontrolle** im Lichte des Kindeswohls **findet nicht statt**
(BGH DAVorm 2000, 704, 707; OLG Hamm NJW 1999, 68 f; OLG Rostock FamRZ 1999, 1599;
OLG Dresden FamRZ 2000, 501; JOHANNSEN/HENRICH/JAEGER Rn 30). Die Interventionslinie
für staatliche Eingriffe ist damit auch bei Trennung und Scheidung der Eltern, sofern

diese sich über die Sorgerechtsgestaltung einig sind, auf die **Gefährdungsgrenze des allgemeinen Kindesschutzrechts** zurückgenommen (§§ 1671 Abs 3, 1666; verkannt von OLG Köln FamRZ 2002, 563 f). Das gilt für elterliche Einigkeit über die Fortführung gemeinsamen Sorgerechts, für eine **Übertragung der Alleinsorge** wie für eine **Aufteilung des Sorgerechts** gleichermaßen (zu Aufteilungen generell Rn 250 ff; zu zeitlichen Aufteilungen, insbesondere auch zum „Wechselmodell" Rn 60, 261), auch wenn im zweiten und dritten Fall eine Gerichtsentscheidung erfolgen muß (dazu Rn 12). Durch die Entscheidungsnotwendigkeit werden zwar Gericht, Jugendamt und Trennungsfamilie in Kontakt gebracht, über die – noch von der Gesetzesbegründung betonte – Kontrollfunktion des Gerichts nach § 1666 sollte man sich jedoch keine Illusionen machen: Dies nicht nur wegen der erfahrungsgemäß geringen Neigung der Familiengerichte, die Fassade elterlicher Einigkeit zu hinterfragen, sondern einfach auch deshalb, weil die trennungs- und scheidungstypischen Belastungen für Kinder regelmäßig noch nicht den engen Gefährdungstatbestand des § 1666 (dort Rn 81 ff) erfüllen.

66 „**Schlichte" Nachteile oder Belastungen** für das Kind bzw Pflichtwidrigkeiten der Eltern unterhalb der Eingriffsgrenze des § 1666 sind deshalb für das FamG nach der neuen Regelung in Abs 2 Nr 1 nicht mehr faßbar, sie **rechtfertigen keine Intervention** gegenüber elterlicher Übereinstimmung. Insbesondere ergibt sich aus dem in § 1697a normierten Kindeswohlprinzip keine Eingriffsbefugnis des FamG außerhalb des § 1666 (Rn 264). Dies darf jedoch die FamG nicht davon abhalten, sich durch die auch bei elterlicher Einigkeit vorgeschriebenen Anhörungen von Eltern, Kind und Jugendamt ein Bild von den Kindesinteressen zu verschaffen. Bei Feststellung von Nachteilen der vorerwähnten Art ist **zu versuchen, überzeugend auf die Eltern einzuwirken** (Vorschlagsänderung oder Rücknahme von Antrag bzw Zustimmung; vgl HAMMER, Elternvereinbarung 206 ff). Insofern mag man auch in diesem Bereich „schlichter Kindeswohlwidrigkeit" von einem verbliebenen Wächteramt des Staates sprechen, reduziert auf den Versuch der Beeinflussung der Eltern und ihrer Unterstützung bei der Erarbeitung einer kindgerechten Lösung. In Grenzfällen einer immerhin „möglichen Kindesgefährdung" kann das FamG verstärkten Druck dadurch ausüben, daß es eine „Erörterung der Kindeswohlgefährdung" anberaumt (§ 157 FamFG; vgl Rn 262 [kein Verfahrenswechsel notwendig]; zu § 157 FamFG s § 1666 Rn 264 ff). Beharren die Eltern jedoch auf der beantragten Regelung und ist eine Gefährdung letztlich nicht feststellbar, dann **muß** das FamG sie schließlich doch vornehmen (vgl COESTER DEuFamR 1999, 3, 12).

b) Rechtfertigung der elterlichen Bestimmungsmacht

67 Bedenken gegen diese Regelung unter dem Aspekt des Kindeswohls ist entgegenzuhalten, daß der Staat als Wächter der Kindesinteressen (Art 6 Abs 2 S 2 GG) in seiner Leistungsfähigkeit herkömmlich weit überschätzt worden ist; jedenfalls justizielle Interventionen gegenüber elterlicher Einigkeit sind kaum geeignet, die Kindessituation real zu verbessern. Darüber hinaus sprechen viele Gründe für einen elterlichen Bestimmungsvorrang – pauschales Mißtrauen gegenüber Eltern, die die Sorgeverhältnisse übereinstimmend neu ordnen wollen, ist demgegenüber nicht am Platz.

68 Der Vorrang der Eltern folgt zunächst schon aus **verfassungsrechtlichen Gründen**: Ihre Übereinkunft ist ausgeübte Elternverantwortung iS Art 6 Abs 2 S 1 GG und hat an deren Primat teil (oben Rn 7). Des weiteren gilt die innere Rechtfertigung dieses allgemeinen Vorrangs, die **Vermutung bester Kindeswohlkenntnis und -wahrung**, grundsätzlich auch für die Trennungsfamilie (zum BVerfG s Rn 6, 7; vgl iü BT-Drucks 8/2788, 62; BGHZ 1, 214, 216; BayObLG Z 51, 300, 305 f; FamRZ 1968, 657, 658, 1976, 36, 37; KG FamRZ 1979, 340, 341; Bonner Kommentar/JESTAEDT Art 6 GG Rn 42–44; COESTER FamRZ 1996, 1181, 1183; LUTHIN FamRZ 1985, 638 f; STRÄTZ FamRZ 1975, 541, 542). Zwar ist nicht zu verkennen, daß die diesbezügliche *Fähigkeit* der Eltern oft schon aus mangelndem Wissen um die eigenständigen und spezifischen Bedürfnisse der Kinder in dieser Situation beeinträchtigt oder durch die Verstrickung der Eltern in persönliche Probleme überlagert ist; in Einzelfällen mag auch der *Wille,* die Interessen des Kindes den eigenen voranzustellen, fehlen (COESTER, Kindeswohl 287 ff). Diesen Defiziten wird aber angemessen durch informierende und unterstützende Intervention staatlicher Organe begegnet, also durch Stützung und Verbesserung von Elternkompetenz, nicht durch deren Verdrängung und eine gerichtlich verordnete Ersatzlösung (COESTER FamRZ 1996, 1181, 1184).

Zum dritten ist schließlich auf den **Befriedungsaspekt** hinzuweisen: Schon die elterliche Einigung als solche dient dem Kindesinteresse, weil sie den Sorgerechtsstreit beendet und die Chancen erhöht, daß die Beziehungen der getrennten Familie künftig auf befriedeter, möglicherweise sogar kooperativer Basis stattfinden (insbes hinsichtlich Umgang, Änderungsbegehren, vgl BGHZ 2, 214, 216; COESTER, Kindeswohl 290 f, 295 f, 305; JOHANNSEN/HENRICH/JAEGER Rn 24, 25; KROPHOLLER NJW 1984, 271, 272; LUTHIN FamRZ 1985, 638; RABAA 5, 53, 63, 117 ff). Die Beilegung des elterlichen Streits kann für die weitere Entwicklung des Kindes wertvoller sein als eine Zuweisung statt zum (grundsätzlich geeigneten) Antragsteller zum (objektiv gesehen) besser geeigneten Antragsgegner (vgl die Ergebnisse einer rechtstatsächlichen Folgenkontrolle bei KALTENBORN FamRZ 1987, 990, 992 ff). **69**

Der Bestimmungsvorrang der Eltern rechtfertigt sich also, kurz gefaßt, aus ihrer größeren Sachnähe, Informiertheit und Umsetzungsverantwortung; auch bei aus objektiver Sicht anzunehmenden Kindesnachteilen durch einen Elternvorschlag kann *gegen* die Eltern für das Kind praktisch nichts Besseres erreicht werden. Dies rechtfertigt die Rücknahme der Eingriffskompetenz des Staates bei gleichzeitiger Beibehaltung und Verstärkung der Informations- und Unterstützungsbemühungen. Es erscheint deshalb auch nur konsequent, daß das neue Recht das elterliche Einvernehmen über die Sorgerechtsgestaltung nicht nur als Regelungsgrund akzeptiert, sondern sogar die staatlichen Organe verpflichtet, auf ein entsprechendes, justizentlastendes **Einvernehmen hinzuwirken** (§§ 156 Abs 1 FamFG, 17 Abs 2 SGB VIII; s Rn 18 f und 278 f, 271 ff). **70**

Im folgenden bleiben die tatbestandlichen Voraussetzungen des Abs 2 Nr 1 zu erörtern.

2. Zustimmung, 1. Halbsatz

a) Rechtsnatur
Obwohl doch die **elterliche Einigung** als Ausdruck gemeinsamer Elternverantwortung gem Art 6 Abs 2 S 1 GG der entscheidende Gestaltungsfaktor ist, vor dem die staatliche Kontroll- und Regelungsmacht zurückweicht (vgl oben Rn 7), so gliedert das **71**

Gesetz den elterlichen Konsens rechtstechnisch in den Regelungsantrag eines Teils (Abs 1) und die Zustimmung dazu durch den anderen Teil (Abs 2 Nr 1). Damit verdrängt das Gesetz die elterliche Einigung als Prozeß und in ihrer Substanz in das faktische Vorfeld der Norm, es nimmt nur wahr und begnügt sich mit den staatsgerichteten Emanationen – möglicherweise in Vollzug einer internen Einigung, möglicherweise aber auch ohne eine solche. Es reicht aus, wenn sich Antrag und Zustimmung erstmals in ihrem jeweiligen Zugang bei Gericht zu einem elterlichen Konsens zusammenfügen; eine wechselbezügliche, vertragliche Einigung der Eltern untereinander liegt hierin nicht, sie **wird** auch **nicht notwendig vorausgesetzt**. Diese Gesetzesinterpretation entsprach schon zum alten Recht der herrschenden Auffassung („übereinstimmender Vorschlag der Eltern", § 1671 Abs 3 S 1 aF; Nachweise bei STAUDINGER/COESTER[12] Rn 134; das Ehegesetz 1946 sprach in § 74 I 1 noch von einer „Einigung der Ehegatten" – hiervon hatte sich der Gesetzgeber in der Folgezeit bewußt gelöst: „gemeinsamer Vorschlag" [Gleichberechtigungsgesetz 1957], „übereinstimmender Vorschlag" [Sorgerechtsgesetz 1979], jetzt: „Zustimmung" zum Antrag des anderen Elternteils, vgl STAUDINGER/BGB-Synopse 1896–2005 § 1671), sie ist nach dem neuen Wortlaut unabweisbar geworden.

72 Ob das Gesetz damit eine rechtspolitisch und verfassungsrechtlich angemessene Gestaltung gewählt hat, steht auf einem anderen Blatt. Offenbar standen rechtspraktische Gesichtspunkte im Vordergrund (Empfängerhorizont des Gerichts als sorgerechtsgestaltende Entscheidungsinstanz; Entlastung des verlautbarten Konsenses von Vereinbarungsinterna der Eltern; die Gesetzesbegründung spricht demgegenüber noch durchgehend von „übereinstimmendem Elternwillen" oder „-vorschlag", BT-Drucks 13/4899, 99), die es aber kaum rechtfertigen dürften, materiellen Gestaltungsgrund (= ausgeübte Elternverantwortung) und instrumentale Verlautbarung dermaßen auf den Kopf zu stellen. Die Gesetzesfassung ist in Wirklichkeit immer noch von etatistischer Denkweise geprägt, die in Widerspruch steht zum eigentlichen Anliegen der Gesetzesreform: einer Aufwertung der Elternautonomie. Auch hier zeigt sich, daß das neue Recht der Elternautonomie nur halbherzig Raum eröffnet; es ist nicht gelungen, sie in einem normativ stimmigen Konzept in den Mittelpunkt zu stellen und auszugestalten (vgl auch Rn 13, 59–63).

b) Zustimmung und Elternvereinbarung

73 Aus der Konzeption des Gesetzes ergeben sich Folgerungen für das **Verhältnis von** im Sorgerechtsverfahren **erklärtem Konsens** (Antrag und Zustimmung) **und** – sofern vorhanden – **Elternvereinbarungen** über die Eltern-Kind-Beziehungen nach Trennung, idR eingebettet in eine umfassende Trennungs- oder Scheidungsfolgenvereinbarung. Weichen beide (aus welchen Gründen auch immer) inhaltlich voneinander ab, ist für das FamG allein die ihm erklärte Übereinstimmung maßgeblich (die Frage einer internen Bindungswirkung der Elternvereinbarung stellt sich nicht, da sich beide Eltern von dieser gelöst haben). Ist die den Erklärungen des Gerichts zugrundeliegende Vereinbarung nichtig (vgl BGH FamRZ 1986, 444 f: sittenwidrige Koppelung einzelner Scheidungsfolgenregelungen), so wird zumindest ein Elternteil sein Einverständnis (Antrag oder Zustimmung) zur Sorgerechtsregelung zurückziehen (zur Widerruflichkeit unten Rn 81 ff), so daß nach Abs 2 Nr 2 zu entscheiden ist. Geschieht dies nicht, werden die Nichtigkeitsgründe bezügl der Trennungsvereinbarung dem FamG besonderen Anlaß geben zur Prüfung, ob trotz elterlicher Übereinstimmung iS Abs 2 Nr 1 nach §§ 1671 Abs 3, 1666 anders entschieden werden muß (vgl aber noch Rn 282).

Zu den Rückwirkungen auf die Trennungs- bzw Scheidungsvereinbarung, wenn die **74** vereinbarungsgemäß zu erklärende Zustimmung ausbleibt oder widerrufen wird oder wenn das Gericht die elterliche Sorge trotz Zustimmung gem Abs 3 iVm § 1666 bzw § 1628 anders regelt, siehe unten Rn 87.

c) **Erteilung der Zustimmung**
Die Zustimmung ist materiell eine Disposition über das elterliche Mitsorgerecht, **75** formell eine empfangsbedürftige **Willenserklärung des Antragsgegners gegenüber dem FamG**. § 182 Abs 1 ist weder vom Tatbestand noch vom Zweck her anwendbar: Erst die dem Gericht erklärte Übereinstimmung löst dessen Entscheidungsbindung iS Abs 2 Nr 1 aus, nicht schon eine interne Zustimmung gegenüber dem anderen Elternteil oder dessen Anwalt, auch nicht die Berufung des Antragstellers auf eine interne Zustimmung des anderen Teils gegenüber dem Gericht (**aM** JOHANNSEN/HENRICH/JAEGER Rn 23, allerdings mit Hinweis darauf, daß das Gericht den anderen Elternteil ohnehin persönlich anzuhören hat; anders auch noch das frühere Recht, vgl STAUDINGER/COESTER 12 Rn 134).

Inhaltlich muß sich die Zustimmung auf den konkreten Regelungsantrag nach Abs 1 **76** beziehen, über den das FamG zu entscheiden hat; frühere oder pauschale Verzichts- oder Einverständniserklärungen genügen nicht (PALANDT/DIEDERICHSEN Rn 12). Die Erklärung des Antragsgegners muß erkennen lassen, daß er die beantragte Regelung inhaltlich billigt – bloße Indifferenz oder ein „Nicht-Entgegentreten" fügt sich noch nicht mit dem Antrag zu ausgeübter gemeinsamer Elternverantwortung zusammen, die alleine eine Rücknahme der gerichtlichen Kontrollfunktion rechtfertigt (Rn 7). Die Zustimmung kann sich auf einen Teil der beantragten Übertragung beschränken (OLG Nürnberg FamRZ 1999, 673, 674; FamRZ 2002, 188 [Aufenthaltsbestimmung]; vgl Rn 250; PALANDT/DIEDERICHSEN Rn 12; BAMBERGER/ROTH/VEIT Rn 21); über den weitergehenden Teil des Antrags ist dann nach Abs 2 Nr 2 zu entscheiden (OLG Nürnberg NJW-RR 2001, 1519, 1520).

Die Zustimmung ist an **keine Form** gebunden, sie kann schriftlich oder mündlich im **77** Rahmen der Anhörung erteilt werden. Anwaltszwang besteht nicht, auch nicht im Scheidungsverbund. Sie kann auch konkludent erklärt werden, entscheidend ist die zweifelsfrei hervortretende Übereinstimmung mit der beantragten Sorgerechtsgestaltung. Insoweit ist auch ein (vom Gesetz nicht vorgesehener) „gemeinsamer Antrag" der Eltern auszulegen als Antrag des Regelungsbegünstigten und Zustimmung des anderen Teils (Rn 50); das gleiche gilt für dessen eigenständigen „Antrag", das Sorgerecht dem anderen (Übertragung auf sich begehrenden) Elternteil zu übertragen.

Die Zustimmung ist eine **höchstpersönlich** abzugebende Willenserklärung, Stellver- **78** tretung im Willen oder Überlassung der Ausübung an Dritte sind nicht zulässig (unbeschadet einer Stellvertretung in der Erklärung durch den Prozeßvertreter des Antragsgegners, vgl zum alten Recht KG FamRZ 1966, 153 f; BayObLG FamRZ 1968, 657). Eine Bedingung hindert die Wirksamkeit nur dann nicht, wenn sie bis zur letzten mündlichen Tatsachenverhandlung geklärt ist (in zustimmungserhaltendem Sinn; vgl Rn 80); im übrigen ist die Zustimmungserklärung bedingungsfeindlich (analog § 1626b Abs 1). Da eine Entscheidung nach § 1671 bislang (zumindest teilweise) gemeinsames Sorgerecht voraussetzt und die Zustimmung über das Mitsorgerecht des Antragsgegners disponiert, muß dieser im von der Zustimmung erfaßten Sorgebereich bislang **sorgeberechtigt** gewesen sein. Hierfür genügt Inhaberschaft des Sorgerechts der Substanz nach, Ausübungsberechtigung ist nicht erforderlich (vgl Rn 36, 37) – zustimmungsfähig ist deshalb insbes auch derjenige Elternteil, dessen Sorgerecht ruht (§ 1675) oder dem die Ausübung punktuell entzogen ist gem § 1628 (nach einem Entzug des Sorgerechts selbst gem §§ 1666, 1671, 1672, 1696 fehlt es schon am Tatbestand des § 1671).

79 Allerdings sind zusätzlich **persönliche Kompetenzbeschränkungen** zu beachten: Der **minderjährige Elternteil** ist in vollem Umfang Inhaber des ruhenden Sorgerechts, partiell ist er sogar ausübungsbefugt (§ 1673 Abs 2). Wegen der Höchstpersönlichkeit der Entscheidung bedarf er für eine Zustimmung nach Abs 2 Nr 1 nicht der Zustimmung seiner gesetzlichen Vertreter (Arg aus §§ 1750 Abs 3 S 2 BGB, 9 Abs 1 Nr 3, 125 Abs 1 FamFG, vgl JOHANNSEN/HENRICH/JAEGER Rn 23). Der Vergleich mit § 1626c Abs 2 S 1 steht nicht entgegen: Dort geht es um die Übernahme des gemeinsamen Sorgerechts mit dem anderen Elternteil, hier (wie bei § 1750 Abs 3 S 2) um die Entlassung aus der Elternverantwortung. Das gleiche gilt folglich auch für den **betreuten Elternteil unter Einwilligungsvorbehalt** (§ 1903 Abs 2). Anders hingegen beim **geschäftsunfähigen Elternteil**: Zwar ruht auch dessen elterliche Sorge nur (§ 1673 Abs 1; vgl oben Rn 36), aber er kann keine rechtlich beachtlichen Erklärungen abgeben; wegen der Höchstpersönlichkeit der Zustimmung scheidet auch deren Erteilung durch den gesetzlichen Vertreter aus (JOHANNSEN/HENRICH/JAEGER Rn 23). Hier kann der andere Elternteil, der sich nicht mit der alleinigen Ausübungsbefugnis nach § 1678 Abs 1 zufriedengeben will, eine Sorgerechtsübertragung nur gem Abs 2 Nr 2 erreichen.

80 Maßgeblicher **Zeitpunkt** für das Vorliegen einer Zustimmung ist grundsätzlich die **letzte mündliche Tatsachenverhandlung**. Die Zustimmung kann also noch während des Verfahrens, insbes im Rahmen der Anhörung nach § 160 FamFG erklärt werden; es ist sogar Pflicht des FamG (§ 156 Abs 1 S 1 FamFG) und der Jugendhilfeorgane (§ 17 Abs 2 SGB VIII), in zunächst streitigen Verfahren auf eine einvernehmliche Lösung hinzuwirken. Auch wenn das FamG schon Ermittlungen zum Kindeswohl nach Abs 2 Nr 2 durchgeführt hat, wird es durch eine spätere Zustimmung des Antragsgegners in seiner Entscheidung iS Nr 1 gebunden (Rn 65). Dies gilt selbst bei erstmaliger Zustimmung in der *Beschwerdeinstanz;* die Eltern können sogar gegen eine Entscheidung des FamG Beschwerde einlegen und eine andere Entscheidung des OLG erzwingen, indem sie in der Beschwerdeschrift oder im Beschwerdeverfahren einen entsprechenden Antrag mit Zustimmung des anderen Teils vorlegen. Eine nach Schluß der letzten mündlichen Tatsachenverhandlung erreichte Übereinstimmung der Eltern kann allerdings nur noch im Rahmen eines Abänderungsverfahrens nach § 1696 Abs 1 umgesetzt werden.

d) **Widerruf der Zustimmung**
aa) **Widerruflichkeit**

81 **Vor dem KindRG 1998** war die Widerruflichkeit eines „übereinstimmenden Elternvorschlags" äußerst umstritten: Eine traditionelle Sicht, die von der Bindung der Eltern an ihren Vorschlag ausging, war zunehmend unter Druck geraten; vor der Reform hatte die Gegenthese von der freien Widerruflichkeit des Vorschlags wohl schon die Oberhand erlangt (Nachweise zum Diskussionsstand STAUDINGER/COESTER[12]

Rn 145–147). Ein Umschwung der Rspr in diesem Sinne war zwar noch nicht vollzogen, deutete sich aber schon an – zuletzt hatte der BGH immerhin dem Elternvorschlag Vertragsqualität und damit jedenfalls vertragsrechtliche Bindungswirkung abgesprochen (NJW 1993, 126, 128).

Unter **neuem Recht** kann die Diskussion nicht nahtlos fortgeführt werden – nicht nur **82** der Normtext, sondern auch der normative Rahmen haben sich wesentlich verändert: Der neue Text (Antrag/Zustimmung) spricht deutlicher als bisher gegen eine vertragliche Bindungswirkung, der erhöhte Stellenwert von Elternautonomie sollte hingegen grundsätzlich auch zu einem größeren Gewicht ausgeübter Autonomie, also von Elternvereinbarungen führen (symptomatisch für das Dilemma die Position von SCHWAB, der an einer Stelle für freie Widerruflichkeit eintritt [FamRZ 1998, 457, 461], an anderer Stelle aber eine begrenzte Bindungswirkung von Sorgerechtsvereinbarungen zwischen den Eltern und gegenüber dem Gericht propagiert [DNotZ 1998, 437, 447 f]). Nachdem jedoch das Postulat einer (in Grenzen) gestaltenden und bindenden Außenwirkung von Elternvereinbarungen als zwar rechtspolitisch sachgerecht, aber de lege lata systemfremd erkannt worden ist (Rn 59 f), kann die richtige Antwort auf die Ausgangsfrage nicht mehr zweifelhaft sein: **Die Zustimmung nach Abs 2 Nr 1 ist frei widerruflich** (BGH DAVorm 2000, 704, 708; BAMBERGER/ROTH/VEIT Rn 21; JOHANNSEN/HENRICH/JAEGER Rn 25; PALANDT/DIEDERICHSEN Rn 12; HAMMER, Elternvereinbarungen 299; SCHWAB FamRZ 1998, 457, 461; **aM** PraxisHdB FamR/FRÖHLICH Rn E 122; KRANZ 208 ff). Dies bedeutet allerdings nicht, daß die widerrufene Vereinbarung jegliche Bedeutung für die richterliche Entscheidung nach Abs 2 Nr 2 verlöre. Sie kann im Rahmen der dort notwendigen Kindeswohl-Konkretisierung angemessen und flexibel berücksichtigt werden (Rn 87).

Für diese (herrschende) Ansicht streiten vor allem rechtspolitische Überlegungen. **83** Ein Widerruf erschüttert die Legitimationsbasis für einen unkontrollierten Elternvorrang: Die Befriedungswirkung elterlicher Einigkeit kann nicht mehr erreicht werden, und früherer Elternkonsens kann die Vermutung richtiger Kindeswohlinterpretation weit weniger für sich beanspruchen als aktueller (vgl BGH DAVorm 2000, 704, 708). Wären die Gerichte trotz Widerrufs gebunden, den früheren Konsens gem Abs 2 Nr 1 umzusetzen, würden sie versuchen, durch extensive Interpretation und damit Aufweichung der Maßstäbe des § 1666 sich von dieser Bindung zu befreien. Auch wäre es unumgänglich, die Elternvereinbarung einer richterlichen Inhaltskontrolle zu unterziehen – eine „vertragliche Richtigkeitsgewähr" (hier iS sowohl von Parität und Freiwilligkeit wie auch der Kindesorientiertheit) ist bei Vereinbarungen in der Trennungsphase oft zweifelhaft (vgl § 1587o Abs 2), noch mehr sogar bei Vereinbarungen schon bei der Heirat oder Begründung der Lebensgemeinschaft. Der Aufbau eines neuen vertraglichen Kompetenzbereichs hätte also eine weitere Front staatlichen Einbruchs in die Vertragsfreiheit zur Konsequenz.

Wenig gewonnen wäre letztlich auch mit einer vermittelnden Lösung, nach der eine **84** Bindung der Eltern (und damit des FamG) an ihre Vereinbarung solange bestehen soll, als der widerrufende Elternteil nicht „triftige, das Kindeswohl nachhaltig berührende Gründe" für seine Abkehr von der vereinbarten Regelung vorbringen kann (in Analogie zu § 1696 Abs 1; so HAMMER, Elternvereinbarungen 253 ff). Das Gericht müßte demnach in eine Kindeswohlprüfung einsteigen, um beurteilen zu können, ob es nach Abs 2 Nr 1 oder Nr 2 zu entscheiden hat. Mit dem Grundgedanken von Abs 2 Nr 1 ist dies schwer zu vereinbaren. Die kindeswohlorientierte Würdigung von

Elternvereinbarung und Widerrufsbegründung im Rahmen von Abs 2 Nr 2 (Rn 87) trägt dem Anliegen dieses Vorschlags ungezwungener Rechnung.

85 Im **Ergebnis** verliert eine Elternvereinbarung (schon) mit dem Widerruf durch einen Elternteil ihre Bindungswirkung nach Abs 2 Nr 1. Ihren Inhalt und ihre Gründe wird das Gericht im Rahmen der nun notwendigen Entscheidung nach Abs 2 Nr 2 allerdings ebenso zu würdigen haben wie die vom Antragsgegner vorgebrachten Gründe für einen Widerruf (JOHANNSEN/HENRICH/JAEGER Rn 26; KROPHOLLER NJW 1984, 271, 273). Dieser wird praktisch die Begründungslast dafür tragen, warum seine frühere, in der Vereinbarung dokumentierte Einstellung zum Kindeswohl nicht oder nicht mehr zutreffend ist. Im Ergebnis folgt hieraus eine Herabstufung der Elternvereinbarung von normativer Verbindlichkeit zum Kindeswohlindiz im Rahmen der gerichtliche Prüfung nach Abs 2 Nr 2 – eine flexible und angemessene Lösung.

86 *(Unbesetzt)*

bb) Einzelfragen

87 Auch der Widerruf der Zustimmung ist formfrei und ohne Anwaltszwang möglich **bis zur letzten mündlichen Tatsachenverhandlung**. Er kann auch erstmalig in der Beschwerdeinstanz erklärt werden (bei späterem Widerruf wird vom FamG und den Beschwerdeinstanzen nach Abs 2 Nr 1 entschieden; der Widerrufende ist auf ein Änderungsverfahren nach § 1696 verwiesen; BGH DAVorm 2000, 704, 709; HAMMER, Elternvereinbarung 250). Der Widerruf ist wie die Zustimmung dem Gericht gegenüber zu erklären, einer Begründung bedarf es nicht (zum alten Recht OLG München FamRZ 1991, 1343, 1344; aber str). Das Sorgerechtsverfahren wird nach dem Widerruf weitergeführt, es gelten nur die Entscheidungsmaßstäbe des Abs 2 Nr 2 (also regelmäßig weitere Ermittlungen notwendig). Hatte sich der Antragsgegner in einer **Trennungs- oder Scheidungsvereinbarung** zur Abgabe der Zustimmung verpflichtet, so können sich aus dem Widerruf (oder der Nichtabgabe) **Rückwirkungen auf die übrigen Vereinbarungen** ergeben. Eng verknüpfte Regelungen, wie insbes Ehegatten- und Kindesunterhalt, können nach dem Rechtsgedanken des § 139 automatisch hinfällig werden, iü kommt Wegfall der Geschäftsgrundlage in Betracht (GERNHUBER/COESTER-WALTJEN § 65 IV 1; JOHANNSEN/HENRICH/JAEGER Rn 26).

3. Kein Kindeswiderspruch, 2. Halbsatz

a) Grundsätzliches

88 Der Widerspruch des mindestens 14jährigen Kindes hebt die Bindungswirkung des Elternvorschlags nach Abs 2 Nr 1 auf. Obwohl Kindeswidersprüche in der Praxis kaum vorkommen, ist die dogmatische und rechtsethische Bedeutung der Regelung nicht zu unterschätzen. Das Gesetz hat dem Kindeswillen damit für einen eng begrenzten Entscheidungssachverhalt unmittelbare Rechtswirkung verliehen (zum fehlenden Antragsrecht des Kindes bzw „Widerspruchsrecht" gegen die gemeinsame Sorge s oben Rn 14; zum Kindeswillen im Rahmen der Kindeswohlbestimmung unten Rn 233 ff). Insoweit begründet Abs 2 Nr 1 eine vorgezogene **Teilmündigkeit** des 14jährigen Kindes **zur Ausübung eines Gestaltungsrechts** (begrenzt auf negative Gestaltung = Aufhebung der Bindungswirkung des Elternvorschlags); insoweit ist es gem § 9 Abs 1 Nr 3 auch **verfahrensfähig** (BT-Drucks 16/9733 S 288; SCHAEL FamRZ 2009, 265, 267). Damit wird das (typisiert) selbstbestimmungsfähige **Kind als Mitträger familiärer Autonomie** aner-

kannt (vgl auch Rn 275). Dies rechtfertigt sich aus seiner zentralen Betroffenheit und der gebotenen Achtung vor dem grundgesetzlich geschützten Persönlichkeitsrecht des Kindes (vgl BVerfG NJW 1981, 217, 218). Seit dem KindRG 1998 hat dieser Gesichtspunkt gesteigerte Bedeutung erlangt, weil eine den Elternantrag kontrollierende Kindeswohlprüfung des Gerichts nicht mehr stattfindet (Rn 65). Um so wichtiger ist nun die **Anhörung des Kindes**, um zu klären, ob es dem Elternantrag widerspricht (OLG Celle FamRZ 2007, 756). Bei abweichendem Kindesvorschlag sind auch die Gründe für einen Vorrang der elterlichen Sorgerechtsbestimmung entkräftet (Vermutung besserer Kindeswohlkonkretisierung, familiäre Befriedung, Rn 68, 69). Der Widerspruch zwischen beiden Eltern einerseits und dem Kind andererseits muß dem FamG ein warnender Hinweis auf ungelöste Konflikte im Eltern-Kind-Verhältnis sein, die den Staat in seiner Funktion als Wächter der Kindesinteressen auf den Plan rufen. Rechtssystematisch steht die Regelung in Zusammenhang mit den elterlichen Verhaltensanforderungen gem **§ 1626 Abs 2** – vermutlich haben sich die Eltern nicht in gebotener Weise um die Haltung des Kindes und um Einvernehmen mit ihm bemüht.

b) Beachtlicher Widerspruch

Das Kind muß im Moment des Widerspruchs das 14. Lebensjahr vollendet haben **89** und – abgesehen von der altersbedingten Einschränkung gem § 107 – geschäftsfähig sein (der Widerspruch eines geschäftsunfähigen Kindes ist unbeachtlich). Der Widerspruch eines *jüngeren Kindes* (uU vertreten durch einen Verfahrenspfleger) kann mangels einer Kindeswohlprüfung auch nicht als materielles Kindeswohlkriterium beachtet werden; er wird auch nicht regelmäßig Anlaß für ein Verfahren nach § 1666 sein, sondern nur bei möglicher Kindesgefährdung iS jener Vorschrift (HAMMER, Elternvereinbarungen 233). Besonders herausgefordert wird allerdings die Vermittlerfunktion des Gerichts sein (dazu Rn 93, 271 ff). Vollendet das Kind vor Schluß der letzten mündlichen Tatsachenverhandlung das 14. Lebensjahr und bestätigt es (auch konkludent) seinen Widerspruch, ist der Tatbestand des Abs 2 Nr 1 HS 2 allerdings erfüllt.

Das Kind muß „der Übertragung widersprechen", dh es muß sich **entschieden** haben, **90** der übereinstimmenden Elternposition entgegenzutreten – bloße Wünsche, Abneigungen oder Gegenvorstellungen bedeuten noch keine Ausübung des Gestaltungsrechts gem Abs 2 Nr 1 (JOHANNSEN/HENRICH/JAEGER Rn 27). Sie sind dennoch allemal Anlaß für eine intensive Erörterung des Sorgerechtsproblems mit allen Beteiligten; bleiben die Eltern bei ihrem Standpunkt und entschließt sich der Jugendliche nicht zum Widerspruch, hat das Gericht nach Nr 1 die Übertragung vorzunehmen.

Eine besondere **Form** ist für den Widerspruch nicht vorgeschrieben, insoweit wie **91** auch hinsichtlich des **Zeitpunkts** gilt das gleiche wie für die Unterbreitung des Elternvorschlags: Es genügt Äußerung im Rahmen der Kindesanhörung gem § 159 FamFG, möglicherweise auch erst in der zweiten Instanz. Das Kind kann gegen die auf Antrag und Zustimmung gestützte Entscheidung des FamG auch selbständig *Beschwerde* einlegen (§ 60 FamFG) und zur Begründung erstmalig widersprechen (§ 65 Abs 3 FamFG; zu den Wirkungen Rn 93 ff). Das Kind ist auch frei, seinen Widerspruch bis zur letzten Tatsachenverhandlung **zurückzunehmen**, dann ist nach Abs 2 Nr 1 zu entscheiden (JOHANNSEN/HENRICH/JAEGER Rn 27). Eine **Bindung** des Kindes scheidet aus; insbes ist es an einem Widerspruch nicht durch eine vorherige Vereinbarung mit den Eltern oder eine Verzichtserklärung gehindert.

92 Einer **Begründung** des Widerspruchs selbst bedarf es nicht, seine bloße Erklärung hebt die Bindung des Gerichts nach Abs 2 Nr 1 auf (PALANDT/DIEDERICHSEN Rn 13). Der Widerspruch muß auch **nicht** einen **positiven Gegenvorschlag** enthalten (vgl aber noch unten Rn 94 f). Widerspricht der Jugendliche der beantragten Übertragung nur **teilweise** (etwa: der Alleinsorge des Antragstellers auch im Vermögensbereich), so liegt es an den Eltern klarzustellen, ob sie den unwidersprochenen Teil ihres Antrags als Teilregelung iS Nr 1 aufrecht erhalten wollen – hiervon kann das FamG nicht ohne weiteres ausgehen (JOHANNSEN/HENRICH/JAEGER Rn 28). Entscheiden sich die Eltern in diesem Sinne, ist über einen Teil des ursprünglichen Antrags nach Nr 1, den anderen (widersprochenen) Teil nach Nr 2 zu entscheiden.

c) Wirkung
aa) Vermittlungspflicht des Gerichts

93 Primäre Folge des abweichenden Kindesvorschlags ist die richterliche Verpflichtung, in einen **intensiven Erörterungs- und Vermittlungsprozeß** mit den Beteiligten einzutreten, um den familieninternen Konflikt beizulegen (JOHANNSEN/HENRICH/JAEGER Rn 29; vgl LÜDERITZ FamRZ 1975, 605, 608). Diese Pflicht folgt aus dem Vorrang der familienautonomen Problemlösung, wie er § 1671 zugrunde liegt, und ist formuliert sowie im einzelnen ausgestaltet in § 156 Abs 1 FamFG. Nur eine Annäherung der Standpunkte der Beteiligten kann das Gericht aus dem Dilemma befreien, entweder gegen die Eltern oder gegen das Kind entscheiden zu müssen. UU kann es auch geboten sein, einen **Verfahrensbeistand** für das Kind gem § 158 Abs 1, Abs 2 Nr 1 FamFG zu bestellen (PALANDT/DIEDERICHSEN Rn 13; BAMBERGER/ROTH/VEIT Rn 24; zum Verfahrensbeistand s Rn 290 ff), etwa wenn das FamG den Eindruck gewinnt, daß das Kind trotz seines fortgeschrittenen Alters seine Interessen nicht sachgerecht oder nicht nachdrücklich genug vertreten kann, oder wenn erwartet werden kann, daß sich die Eltern von dem Votum eines sachkundigen Dritten eher überzeugen lassen als durch ihr eigenes Kind. Ergebnis erfolgreicher Vermittlungsbemühungen kann sein, daß das Kind seinen Widerspruch zurücknimmt oder daß der Antragsteller mit Zustimmung des anderen Elternteils seinen Antrag ändert – entweder iS des Kindesvorschlags oder einer Kompromißlösung. In beiden Fällen ist dem Antrag sodann nach Abs 2 Nr 1 stattzugeben, eine gerichtliche Prüfung und Bewertung der jeweiligen Positionen wird damit entbehrlich.

bb) Widerspruchsfolgen: Grundsatz und Einschränkungen

94 Bleibt der Konflikt zwischen Elternantrag und Kindeswiderspruch unaufgelöst, so hat dies nach dem Gesetzeswortlaut zur Folge, daß die **Bindung des Gerichts an den Elternantrag iSd Abs 2 Nr 1 entfällt** (SCHWAB FamRZ 1998, 457, 461), es ist nach **Nr 2** zu entscheiden. Diese Regelung ist jedoch im Lichte des Normzwecks und der Elternautonomie gem Art 6 Abs 2 S 1 GG **einschränkend zu präzisieren**: Auch wenn das Kind seinen Widerspruch nicht begründen oder gar einen positiven Gegenvorschlag machen muß (Rn 92), so kann seine sachliche Position für die Wirkung seines Widerspruchs nicht ohne Bedeutung sein. Zwar sind Eltern- und Kindesposition ohnehin im Rahmen der Kindeswohlabwägung gem Nr 2 sachlich zu würdigen, ein solcher Prüfungseinstieg bzw eine Aufhebung der Bindungswirkung nach Nr 1 ist aber nur gerechtfertigt, wenn sich die vom Kind mit seinem Widerspruch verfolgten Ziele im

Rahmen des beantragten Sorgerechtsverfahrens halten. Dies ist zB nicht der Fall, wenn das Kind dem Antrag auf Alleinsorge eines Elternteils widerspricht, weil es *beide Eltern ablehnt:* Liegt ein Eingriffstatbestand nach § 1666 vor, hat das Gericht ohnehin antragsunabhängig nach dieser Vorschrift zu entscheiden (Abs 3). Unterhalb der Gefährdungsgrenze des § 1666 haben Jugendliche generell kein Recht auf „Scheidung von den Eltern" (§ 1666 Rn 141), auch die Trennung gemeinsam sorgeberechtigter Eltern ist keine Gelegenheit, die elterliche Sorge gänzlich abzuschütteln. Da der Kindesvorschlag außerhalb des Entscheidungsspektrums des Abs 2 liegt, ist der hierauf gestützte Widerspruch nicht geeignet, die Bindungswirkung der elterlichen Übereinstimmung nach Nr 1 aufzuheben.

Als weiteres Beispiel ist der Fall anzuführen, daß der Jugendliche zwar mit der **95** beantragten Regelung für seine Person einverstanden ist, aber nicht mit der *für seine Geschwister,* insbes nicht mit einer damit verbundenen Geschwistertrennung. Die Sorge für jedes Kind ist ein selbständiger Verfahrensgegenstand (Rn 49, 251, 297), die in Abs 2 Nr 1 HS 2 eingeräumte Teilmündigkeit bezieht sich nur auf die Sorgerechtsregelung des betroffenen Kindes selbst. Sind die Geschwister ebenfalls über 14 Jahre alt, kommt es für die sie betreffende Regelung allein auf ihren Widerspruch an; sind sie jünger, so kann die Altersgrenze des Gesetzes nicht dadurch unterlaufen werden, daß ein älteres Kind für die ganze Geschwistergruppe widersprechen kann (aA die überwiegende Auffassung zum bisherigen Recht, SOERGEL/STRÄTZ Rn 25; BGB-RGRK/ADELMANN Rn 92). Daß auf diese Weise eine möglicherweise kindeswohlwidrige Geschwistertrennung von den Eltern durchgesetzt werden kann ohne gerichtliche Kontroll- und Korrekturmöglichkeit (außerhalb von § 1666; vgl unten Rn 226 ff), gehört zum vom Gesetzgeber wohl in Kauf genommenen Preis der verstärkten Elternautonomie. Immerhin muß auch der unzulässige Widerspruch des älteren Kindes für das Gericht Anlaß sein, die Bedenken gegen die beantragte Lösung mit den Eltern zu erörtern und auf gesamtfamiliäres Einvernehmen hinzuwirken (vgl oben Rn 93).

cc) **Entscheidungsproblematik**
Hebt der Kindeswiderspruch, wie im Regelfall, die Bindung des Gerichts an den **96** Elternantrag auf, ergibt sich aus der Konzeption des neuen Rechts eine besondere Entscheidungsproblematik: Das Gericht entscheidet nach Nr 2 nicht mehr – unter sachlicher Würdigung der Positionen aller Beteiligten – frei nach dem Kindeswohl, sondern nur noch über einen gestellten elterlichen Sorgerechtsantrag (Rn 101 ff). Zielt der Kindeswiderspruch auf eine vom elterlichen Konsens abweichende Gestaltung der Alleinsorge (zB Sorgerecht des bisherigen Antragsgegners, oder Alleinsorge eines Elternteils in Teilbereichen, in denen die Eltern die gemeinsame Sorge fortführen wollen), dann kann das FamG in eine entsprechende Prüfung nach Nr 2 nur einsteigen, wenn der vom Kind favorisierte Elternteil einen entsprechenden Regelungsantrag stellt. Läßt sich in den Vermittlungsbemühungen des Gerichts gesamtfamiliäres Einvernehmen nicht erreichen, so müssen die Bemühungen zumindest hierauf als „zweitbeste Lösung" gerichtet sein. Mangels eines Elternantrags iS des Kindes kann das FamG nur über den ursprünglichen Antrag entscheiden – entweder stattgebend iS der Eltern oder zurückweisend mit der Folge, daß das gemeinsame Sorgerecht der Eltern fortbesteht (ein weder von den Eltern noch vom Kind angestrebtes Ergebnis).

Besonderes gilt, wenn das **Kind widerspricht, weil es das gemeinsame Sorgerecht der** **97**

Eltern fortgeführt sehen will (schon in der Vergangenheit ging das gemeinsame Sorgerecht häufig auf Anregung der Kinder zurück, vgl LIMBACH, Gemeinsames Sorgerecht 24). Für dieses Ziel bedarf es keines Elternantrags, und die Frage, ob die Aufhebung der gemeinsamen Sorge dem Kindeswohl am besten entspricht, gehört ohnehin zum gerichtlichen Prüfungsthema nach Abs 2 Nr 2. Hier kann das FamG die beiderseitigen Argumente im Rahmen der Kindeswohlprüfung voll berücksichtigen, der Kindeswiderspruch bleibt so als „Kindeswille", dh als sachliches Kriterium im Rahmen der Kindeswohlkonkretisierung bedeutungsvoll (s unten Rn 233 ff). Im Ergebnis muß sich das FamG entweder für den Elternantrag oder zugunsten der Kindesposition entscheiden – in letzterem Fall wird es, der Konzeption der Nr 2 entsprechend, durch Zurückweisung des Antrags den Fortbestand der gemeinsamen Sorge auch gegen den Elternwillen gewährleisten (unten Rn 107, 151).

V. Antrag ohne Zustimmung des anderen Elternteils, Abs 2 Nr 2

1. Grundkonzeption

a) Normbedeutung

98 Der Vorrang gem Art 6 Abs 2 S 1 GG steht „den Eltern", also beiden gemeinsam zu. **Ohne beiderseitige Verantwortungsübernahme** für einen Antrag auf Alleinsorge kann es **keinen Elternvorrang** geben, vor allem nicht bei Elternstreit. Der fehlende Konsens der Eltern öffnet die Familiensituation für staatliche Kontrolle und Entscheidung, die trennungspezifische Gefährdungssituation des Kindes rechtfertigt situationsbezogene staatliche Intervention ohne Rücksicht auf die Gefährdungsgrenze des allgemeinen Kindesschutzrechts (§ 1666; zur Position des BVerfG oben Rn 8; vgl COESTER, Kindeswohl 138 ff).

99 Das gleiche gilt bei **Kindeswiderspruch** gegen einen elterlichen Regelungsvorschlag gem Abs 2 Nr 1 (Rn 94): Das Gesetz akzeptiert die Elternautonomie idR als Familienautonomie, aktiviert aber bei ausdrücklichem Dissens zwischen Eltern und Kindern das staatliche Wächteramt auch gegenüber elterlicher Einigkeit.

100 **Prüfungs- und Entscheidungsgegenstand** für das FamG ist nach dem Gesetzeswortlaut die Alternative „gemeinsames Sorgerecht" oder „Alleinsorge". Damit sind die realen Konfliktsituationen jedoch nicht treffend gekennzeichnet. Begehren beide Eltern die Alleinsorge jeweils für sich, steht praktisch „Alleinsorge Mutter" gegen „Alleinsorge Vater" zur Entscheidung (Rn 147). Begehrt nur ein Elternteil die Alleinsorge – und dies ist in der Praxis fast ausschließlich der das Kind bislang schon faktisch betreuende Elternteil –, dann dramatisiert die Wortwahl des Gesetzes den Konflikt über seine sachliche Bedeutung hinaus, sie suggeriert nach wie vor das „Alles-oder-nichts-Prinzip", das dem alten Recht zugrunde lag (vgl Rn 2, 12). Im Lichte der kraft Gesetzes eintretenden Kompetenzverteilung bei Elterntrennung gem § **1687 Abs 1** geht es *der Sache nach* idR nur um folgende **Frage**: „Muß der Betreuungselternteil mit dem anderen Elternteil über dessen Umgangsbefugnisse hinaus (§ 1684) *grundsätzliche* Entscheidungen der elterlichen Sorge besprechen und abstimmen, oder hat es mit dessen Umgangsrecht sein Bewenden?" (s auch Rn 121). Es ist nicht zu verkennen, daß die emotionalen und psychologischen Dimensionen des Konflikts seine sachliche Bedeutung erheblich übersteigen können; insofern hätte der Gesetzgeber mit einer sachbezogeneren, „abwiegelnden" Wortwahl den Betroffenen einen grö-

ßeren Dienst erwiesen als mit dem ideologiebefrachteten Schlagwort „gemeinsame Sorge oder Alleinsorge". Es wird Aufgabe der Familiengerichte sein, dem atmosphärisch entgegenzuwirken.

b) Entscheidungsthema
aa) Antragsbindung

Das Antragssystem des § 1671 erschöpft sich nicht darin, daß das „Ob" einer gerichtlichen Intervention von einem Elternantrag abhängt (Abs 1); dieser zeichnet vielmehr auch den **Umfang gerichtlicher Entscheidungskompetenz** vor. Elterlicher Dissens schafft nicht generell freies Wirkungsfeld für das Kindeswohlprinzip, sondern nur *soweit* er dem Gericht zur Regelung unterbreitet wird: **101**

– Beschränkt sich der Übertragungsantrag nur auf einen *Teil* der elterlichen Sorge (Abs 1), so ist auch *nur dieser* Regelungsthema vor Gericht (OLG Brandenburg FamRZ 2008, 1472; GERNHUBER/COESTER-WALTJEN § 65 Rn 38). Eine darüber hinausgehende Entscheidung des FamG ist rechtsfehlerhaft (OLG Rostock FamRZ 2007, 1352).

– Hat nur *ein* Elternteil Alleinsorge beantragt, so kann auch nur über *dessen* Alleinsorge entschieden werden, nicht aber zugunsten einer Alleinsorge des (nicht Antrag stellenden) Antragsgegners (zur Kritik oben Rn 15; verkannt in OLG Celle FamRZ 2004, 1667 [Wahl des besser geeigneten Elternteils]; s noch unten Rn 148 ff); das FamG kann nur dann unbeschränkt die im Lichte des Kindeswohls beste Sorgerechtsgestaltung auswählen (gemeinsames Sorgerecht, Alleinsorge Mutter, Alleinsorge Vater oder nach Sorgeteilen differenzierende Lösung), wenn beide Eltern die Übertragung der Alleinsorge jeweils auf sich beantragen (zB OLG Hamm FamRZ 1999, 320; NJW 1999, 68).

– Eine Sorgerechtsübertragung auf *Dritte* (statt auf den Antragsteller) ist nach § 1671 Abs 2 nicht möglich (wohl aber bei Kindesgefährdung gem §§ 1671 Abs 3 iVm 1666, s folgende Rn).

Von dieser **grundsätzlichen Antragsbindung** ist das FamG nur in zweierlei Hinsicht **befreit**: **102**

– Wenn die elterliche Sorge auf der Grundlage **anderer Vorschriften** abweichend zu regeln ist (§§ 1671 Abs 3 mit 1666, 1628, dazu Rn 58, 262 ff), oder

– wenn der Elternteil die Übertragung der Alleinsorge in weitergehendem Umfang beantragt hat, als sie aus dem Kindeswohl berechtigt erscheint: Hier ist das FamG nicht gehalten, dem Antrag insgesamt stattzugeben oder ihn abzulehnen, vielmehr braucht es ihm **nur insoweit stattzugeben**, als zu erwarten ist, daß dies dem Kindeswohl am besten entspricht. Damit kann es zu Aufteilungen der elterlichen Sorge kommen, die der Antragsteller nicht wollte – solange die Entscheidung den Rahmen der vom Antrag bezeichneten Thematik nicht überschreitet (Rn 101; vgl COESTER DEuFamR 1999, 3, 11; PraxisHdB FamR/FRÖHLICH Rn E 124; SCHWAB FamRZ 1998, 457, 465; WILLUTZKI KindPrax 1998, 8, 11; näher Rn 250 ff).

bb) Einheitliches Entscheidungsthema

103 Das Gesetz nennt zwei Bezugspunkte der gerichtlichen Überprüfung: das bislang bestehende *gemeinsame Sorgerecht* und die beantragte *Alleinsorge des Antragstellers*. Ausweislich der Begründung zum RegE (BT-Drucks 13/4899, 99) hielten die Gesetzesverfasser offenbar die „Aufhebung des gemeinsamen Sorgerechts" und die „Übertragung der Alleinsorge auf den Antragsteller" für **zwei eigenständige, isoliert vorzunehmende Prüfungsschritte**, wobei in die zweite Stufe der Prüfung erst und nur dann einzutreten sei, wenn sich die Aufhebung der gemeinsamen Sorge als kindeswohldienlich herausgestellt habe (besonders pointiert SCHWAB FamRZ 1998, 457, 462 [„zweifache Erwartung" des Gesetzes]; BAMBERGER/ROTH/VEIT Rn 25 [„doppelte Kindeswohlprüfung"]; ausführliche Rechtfertigung bei BLOCH 213 ff, 230 ff). Dem folgen Rechtsprechung und Literatur überwiegend, zT erkennbar beeinflußt von der Einstufung des gemeinsamen Sorgerechts als nur in Ausnahmefällen aufzuhebender Regelfall (dazu Rn 108 ff).

104 Dieser methodische Ansatz verfehlt die hermeneutische Verknüpfung beider Entscheidungsalternativen – ob die Aufhebung der gemeinsamen Sorge dem Kindeswohl „am besten entspricht", kann nicht beurteilt werden ohne Heranziehung des Vergleichsmodells der beantragten Alleinsorge (zu den Problemen bei getrennter Beurteilung BAMBERGER/ROTH/VEIT Rn 52–55). Auch der Gesetzeswortlaut in Abs 2 Nr 2 verschmilzt beide Alternativen zu einem einheitlichen Entscheidungsthema („entspricht" statt „entsprechen"). Richtpunkt und Normziel ist das Kindeswohl in psycho-sozialem Sinne, nicht die eine oder andere Rechtsstruktur der Eltern-Kind-Beziehungen. Dies schließt nicht aus, daß sich im Rahmen der richterlichen Erkenntnisgewinnung das Augenmerk zunächst gesondert auf das gemeinsame Sorgerecht, dann auf die Alternative der Alleinsorge richtet (vgl auch die folgende Darstellung in Rn 108 ff, 147 ff). Haben beide Eltern die Übertragung der Alleinsorge jeweils auf sich beantragt, zerfällt diese Alternative in zwei Varianten – insgesamt stehen dem FamG damit drei Vergleichsgrößen zur Wahl. Am Schluß des Erkenntnisprozesses hat aber in jedem Fall **eine Gesamtabwägung aller Alternativen im Lichte des Kindeswohls** zu stehen.

c) Ermittlungsthema in Verfahren nach Abs 2 Nr 2

105 Vom Entscheidungsthema im vorstehenden Sinne ist das **Spektrum der anzustellenden Ermittlungen** des Gerichts (ie Rn 268) zu unterscheiden – es ist deutlich **weiter** als die entscheidende Abwägung.

Stellen beide Eltern Anträge auf Sorgeübertragung, steht allerdings ohnehin die gesamte Familiensituation unverkürzt zur Beurteilung und Entscheidung. Bei einseitigem Übertragungsantrag sind die Ermittlungen jedoch **auch auf die Person und die Eignung des anderen Elternteils** sowie seine Beziehungen zum Kind zu erstrecken. Diese Informationen benötigt das FamG schon, um die Funktionschancen eines gemeinsamen Sorgerechts beurteilen zu können; darüber hinaus bleibt auch im Antragssystem die Pflicht des Gerichts, auf die Eltern, insbs auch den Antragsgegner mit dem Ziel kindeswohldienlicher Anträge einzuwirken (Rn 271); auch das nach § 156 FamFG zu fördernde „Einvernehmen" meint nicht nur formalen Konsens, sondern verantwortliches, dh *kindeswohlgerechtes Einvernehmen*. All dies setzt aber umfassende Kenntnis des FamG vom Kind und seinen beiden Eltern voraus. **Nur in den Entscheidungsmöglichkeiten** beschränkt das Antragsprinzip kindeswohlorientiertes Handeln des FamG, nicht aber schon auf der Ebene der Ermittlungen, Beratung und Vermittlungsversuche.

d) Gerichtliche Entscheidung

Wird einem Antrag nach Abs 2 Nr 2 **stattgegeben**, ist nur die Übertragung des 106 Sorgerechts auf den Antragsteller auszusprechen, nicht die damit notwendig verbundene Entziehung des Sorgerechts beim anderen Elternteil (vgl BT-Drucks 13/4899, 99: unnötige Konfliktverschärfung; vgl auch VerfGH Berlin FamRZ 2003, 1487, 1488: Es geht nicht um Sanktion gegen einen Elternteil, sondern um Kindeswohlwahrung in einer „anders objektiv unlösbar gewordenen Situation"; **anders** offenbar BAMBERGER/ROTH/VEIT Rn 51). Bei beiderseitigen Anträgen ist allerdings der nicht erfolgreiche Antrag abzuweisen. Die Übertragungsentscheidung bezieht sich auf die *Inhaberschaft* der rechtlichen Sorgekompetenz (oder eines Teils davon, Rn 52 ff), für die gerichtliche Regulierung ihrer *Ausübung* liefert § 1671 keine Grundlage – dies wäre ein Eingriff in die elterliche Erziehungsautonomie (Rn 1; bedenklich KG FamRZ 2008, 634 ff: Übertragung des Aufenthaltsbestimmungsrechts auf die Mutter, aber „angeordnete Betreuungsregelung mit nahezu gleichen Anteilen" der Eltern; ähnlich OLG Brandenburg FamRZ 2009, 709 f; vgl Rn 23, 261). Anderes gilt nur, wenn die Eltern im Verfahren zu einer diesbezüglichen Einigung gekommen sind und deren gerichtliche Protokollierung (iS einer Bestätigung) beantragen (dazu Rn 60).

Werden ein einseitiger Übertragungsantrag oder beide Anträge **abgewiesen**, besteht 107 als Konsequenz das gemeinsame Sorgerecht der Eltern fort. Ein deklaratorischer Ausspruch in diesem Sinne ist nicht erforderlich (OLG Oldenburg FamRZ 1998, 1464, 1465), aber wohl auch nicht unzulässig (Feststellung sinnvoll vor allem bei Unklarheiten in übergangsrechtlichen Fällen, vgl OLG Hamm FamRZ 1999, 803, 804; OLG Stuttgart FamRZ 1999, 804 f; OLG Zweibrücken FamRZ 2000, 506, 508; LUTHIN FamRZ 1999, 805 und 807; vgl oben Rn 35). Ein Anspruch auf solche Feststellung besteht jedoch nur, wenn ein **Feststellungsantrag** (isoliert oder als Gegenantrag des Antragsgegners) gestellt worden ist und ein Rechtsschutzinteresse entsprechend § 256 ZPO zu bejahen ist (vgl Rn 51). Die **Begründung** der Antragsabweisung sollte auf ihre Folge (gemeinsames Sorgerecht) zugeschnitten sein, dh nicht den Antrag oder den Antragsteller herabsetzen (zB „willkürlich", „unsachlich"), sondern eher positiv das Kooperationspotential der Eltern hervorheben (vgl Brandenburgisches OLG Forum 1998, 88, 90 = ZfJ 1999, 28 ff).

2. Vergleichspunkt: gemeinsames Sorgerecht

a) Stellenwert des gemeinsamen Sorgerechts im Vergleich zur Alleinsorge
aa) Rechtlicher Vorrang der gemeinsamen Sorge?
α) Streitstand

Die Überlegung, ob das gemeinsame Sorgerecht der Eltern aufzuheben ist oder 108 nicht, wird stark von der Vorfrage beeinflußt, ob diese Sorgerechtsgestaltung rechtlich favorisiert wird – mit der Folge, daß ihre Aufhebung nur in Betracht kommt, wenn die Überlegenheit der Alleinsorge unzweifelhaft feststeht. Entsprechende Auffassungen drücken sich darin aus, daß die gemeinsame Sorge als „Regelfall" bezeichnet wird, daß von einer „Vermutung" zugunsten des gemeinsamen Sorgerechts gesprochen wird oder davon, daß es sich bei der Alleinsorge um eine begründungsbedürftige Ausnahme handele (vgl OLG Hamm FamRZ 1999, 38 f; FamRZ 1999,

1597 f [„triftige Gründe" für Aufhebung erforderlich]; ähnl OLG Köln FamRZ 2000, 1041; OLG Bamberg FamRZ 1999, 1005; OLG Nürnberg FamRZ 1999, 1160; OLG Stuttgart FamRZ 1999, 39; AG Chemnitz FamRZ 1999, 321, 322 ff; LIERMANN FamRZ 1999, 809; MÜHLENS KindPrax 1998, 35; SALZGEBER KindPrax 1998, 43; SCHWAB FamRZ 1998, 457, 462 [zustimmend BERGSCHNEIDER FamRZ 1999, 354]; SALGO FamRZ 1996, 449, 451 [mit krit Tendenz]). In diese Richtung zielt auch die Faustregel „soviel gemeinsame Sorge wie möglich, soviel Alleinsorge wie nötig" (vgl WILLUTZKI KindPrax 1998, 8, 11). Eine ebenfalls stark vertretene **Gegenauffassung** bestritt hingegen das Bestehen eines Regel-/Ausnahmeverhältnisses und betrachtete die **gemeinsame Sorge und die Alleinsorge als zwei von Gesetzes wegen gleichrangige Gestaltungsformen** (BT-Drucks 13/4899, 63, KG FamRZ 2000, 502, 503; OLG Brandenburg FamRZ 2001, 1021; FamRZ 2001, 183; OLG Dresden FamRZ 1999, 1156; OLG Hamm FamRZ 2000, 1039, 1040 f; OLG München FamRZ 2002, 189, 190; OLG Rostock FamRZ 1999, 1599; OLG Zweibrücken FamRZ 2001, 182 f). Seit sich der **BGH** dieser Auffassung angeschlossen hat (FamRZ 1999, 1646, 1647; 2005, 1167; ausdrücklich bestätigt FamRZ 2008, 592 Nr 10; zustimmend BODE FamRZ 2000, 398; OELKERS MDR 2000, 32), wird die „Regelfall-Diskussion" nur noch selten offen thematisiert. Die meisten Gerichte sind – zumindest verbal – auf die Linie des BGH eingeschwenkt (MünchKomm/FINGER Rn 13 hält die Streitfrage für „im wesentlichen geklärt"). Ein Tendenzwechsel in der Sache ist damit aber nicht notwendig immer verbunden (vgl zB OLG Frankfurt FamRZ 2002, 1727; OLG Köln FamRZ 2003, 1036 f; RAUSCHER, FamR Rn 995: „erfreulicherweise"), in der Praxis stehen sich nach wie vor Gerichte, die das gemeinsame Sorgerecht im Einzelfall deutlich forcieren, anderen Gerichten gegenüber, die recht schnell zur Alleinsorge eines Elternteils neigen (zB OLG Nürnberg FamRZ 2003, 163 ff; OLG Celle FamRZ 2003, 1488 f). Vereinzelt wird sogar offen gegen den BGH an der früheren Regelfallthese festgehalten (OLG Frankfurt FamRZ 2002, 187 mit krit Anm WEIL; OLG Hamm FamRZ 2000, 26; OLG Köln FamRZ 2000, 499; OLG Brandenburg FamRZ 2002, 567, 568 spricht von der gemeinsamen Sorge als „Leitbild des Gesetzes"; s auch PALANDT/DIEDERICHSEN Rn 16 [höhere Wertigkeit des gemeinsamen Sorgerechts]; RAUSCHER, FamR Rn 995, 996; KAISER FPR 2003, 573, 577). Es ist nicht zu erwarten, daß sich hieran etwas ändern wird, obwohl nunmehr auch das **BVerfG** dem BGH beigetreten ist und einen Vorrang des gemeinsamen Sorgerechts sowohl von Rechts wegen wie auch im Lichte der Kindesinteressen verneint hat (FamRZ 2004, 354, 355; FamRZ 2007, 1876, 1877; vgl auch FamRZ 2008, 845, 849 Nr 73 [Notwendigkeit gesetzlicher Ausgestaltung bei elterlicher Einigungsunfähigkeit]). Das Gewicht dieser Aussage ist dadurch nicht in Frage gestellt, daß das BVerfG in einem anderen Fall wenig später dem gemeinsamen Sorgerecht unter Elternrechtsgesichtspunkten der Sache nach doch eine Vorrangrolle zuweist (FPR 2004, 393).

109 Der Grund für die mangelnde Befriedung des Streits liegt in der Vielschichtigkeit der Problematik und in der Struktur des Gesetzes (§ 1671 Abs 2 Nr 2). Die These vom Vorrang des gemeinsamen Sorgerechts bedarf deshalb nach wie vor der näheren Untersuchung.

β) Sachliche Facetten des Vorrang-Arguments

110 Die „Regelfall"- oder Vorrang-Diskussion wird häufig undifferenziert geführt und verleitet in ihrer schlagwortartigen Verkürzung zu einer unerwünschten Polarisierung der Meinungen. Es bedarf der Präzisierung, was mit diesem Argument gesagt sein soll. Dabei kann von vornherein der Begriff des „Regelfalls" in **faktischem (statistischem) Sinne** als unergiebig ausgeschieden werden. Nach der empirischen Studie von PROKSCH über das neue Kindschaftsrecht (Rechtstatsächliche Untersuchung zur Rechtsform des Kindschaftsrechts [2002]) kann inzwischen das gemeinsame Sorgerecht getrennt lebender Eltern durchaus schon als „Häufigkeitstypus" bezeichnet werden (im Jahr 2000 werden 75,54% berichtet, aaO S 30). Allerdings steht die Rechtsform nicht automatisch für gelebte Verantwortungsgemeinschaft und Elternzufriedenheit (KOSTKA 424; FLÜGGE FPR 2008, 135, 136), und für die **Kindeswohldienlichkeit** der gemeinsamen Sorge **in einem konkreten Fall** ist der statistische Befund völlig **aussagelos** (vgl die entwicklungspsychologischen Bewertungen bei KINDLER/FICHTNER FPR 2008, 139 ff; STROBACH FPR 2008, 148 ff).

Das „Regelfall"-Argument könnte auch auf eine **höhere rechtliche Wertigkeit** des **111** gemeinsamen Sorgerechts im allgemeinen zielen. Insoweit kann zum einen auf **die Gemeinschaftlichkeit der Elternverantwortung** hingewiesen werden, die von Art 6 Abs 2 S 1 GG garantiert, aber auch auferlegt wird, und die sich grundsätzlich auch auf die Phase nach einer Elterntrennung bezieht (Rn 7; vgl auf der Ebene des einfachen Rechts auch §§ 1626, 1627). Zum zweiten wird das gemeinsame Sorgerecht vom **Elternrecht** des Art 6 Abs 2 S 1 GG stabilisiert: Der mit Anordnung einer Alleinsorge verbundene Entzug des Sorgerechts beim anderen Elternteil bedarf der positiven Legitimation aus den Kindesinteressen (BVerfG FPR 2004, 393; VerfGH Berlin FamRZ 2003, 1487, 1488; OLG Frankfurt FamRZ 2002, 187; FamRZ 2002, 1727; RAUSCHER, FamR Rn 996; COESTER JZ 1992, 809, 813 f mwN; KAISER FPR 2003, 573, 578). Diese Legitimation darf allerdings nicht mit der Eingriffsschwelle des allgemeinen Kindesschutzrechts gleichgesetzt oder vermengt werden (so tendenziell OLG Naumburg FamRZ 2003, 1947 f; OLG Köln FamRZ 2003, 1492; vgl unten Rn 263): Im Verhältnis der Eltern zueinander genießt das Elternrecht geringeren Schutz als gegenüber dem Staat oder Dritten, das Kindesinteresse hat freieres Wirkungsfeld.

Des weiteren steckt im Regelfall-Argument häufig auch die Behauptung, die ge- **112** meinsame Sorge diene den **Kindesinteressen** grundsätzlich besser als die Alleinsorge eines Elternteils. Mit der Anerkennung eines Kindergrundrechts auf elterliche Sorge aus Art 6 Abs 2 GG (BVerfG FamRZ 2008, 845, 848 Nr 70–72; s Rn 6) hat dieses Argument verfassungsrechtliche Relevanz erlangt. Über die Vorzüge und Gefahren des gemeinsamen Sorgerechts getrennt lebender Eltern für das Kind wird seit den 80er Jahren intensiv diskutiert und empirisch geforscht (LIMBACH [1988 und 1989]; LUTHIN [1987]; STREMPEL [1989]; FURSTENBERG/CHERLYN [1993]; NAPP-PETERS [1995]; WALLERSTEIN/BLAKESLEE [1989]; BALLOFF/WALTER FamRZ 1990, 445 ff; MACCOBY/MNOOKIN FamRZ 1995, 1 ff; umfassende Darstellung des Forschungsstandes bei KOSTKA [2004] 127 ff, 342 ff; vgl BT-Drucks 13/4899, 63). Die Neubewertung durch den Gesetzgeber (§§ 1626a Abs 1 Nr 1; 1671 Abs 1) kann keinen Schlußstrich unter diese nach wie vor offene, für jede gesellschaftliche Situation neu zu beantwortende Frage bedeuten. Sie ist schwerpunktmäßig entwicklungspsychologischer und sozialwissenschaftlicher Natur, insoweit kann der Gesetzgeber keine Ergebnisse dekretieren. Zur Zeit der Kindschaftsrechtsreform 1998 war die Frage weitgehend offen: Die traditionelle Bevorzugung „klarer Verhältnisse" nach Zerfall der Elterngemeinschaft war unter dem Druck einer „systemischen Sicht" der Familienentwicklung in Zweifel geraten (vgl Rn 217 ff); der Gesetzgeber hatte der vom BVerfG 1982 (Rn 8) zunächst nur vorsichtig zugelassenen gemeinsamen Sorge ein freieres Wirkungsfeld schaffen wollen – eine generelle Bewertung der gemeinsamen Sorge im Lichte der Kindesinteressen konnte und wollte der Gesetzgeber aber nicht treffen (BT-Drucks 13/4899, 63). Empirische Befunde zu den Auswirkungen des gemeinsamen Sorgerechts auf das Kindeswohl liegen allerdings seit längerem (vor allem in den USA) vor (dazu Kostka 342 ff), dazu haben sich jetzt in Deutschland die Erhebung von Proksch im Auftrag des BJM (2002), sowie einige kleinere Untersuchungen gesellt (vgl Buchholtz-Graf/Sgolik ZfJ 2004, 81 ff zu einer Studie in Regensburg; weit Nachw bei Gödde ZfJ 2004, 201 ff). Nach den Ergebnissen von Proksch (ähnlich die Regensburger Studien) scheint sich fortgeführte gemeinsame Sorge von getrennt lebenden Eltern zu bewähren und im großen und ganzen den Kindesinteressen förderlich zu wirken. Statistisch signifikant führe sie zur besseren Kommunikation und Kooperation der Eltern, Eltern-Kind-Kontakten und Unterhaltsmoral, sie reduziere das Konfliktpotential der Eltern und mindere die Belastungen der Kinder aus der Elterntrennung (Proksch 38 ff, 67 f, 412 f; näher zu dieser Untersuchung Kaiser FPR 2003, 573, 575 ff; detaillierte Darstellung bei Kostka 410 ff). Gegen den Aussagewert der Untersuchung von Proksch sind allerdings auch schwerwiegende methodische Bedenken erhoben worden (Kostka 410 ff, insbes 448 f; Schwab/Gathen KindPrax 2003, 170 ff). Ihr Fokus sei – wie das neue Recht selbst – *elternzentriert,* sie habe Elternzufriedenheit ermittelt und mit Kindeswohl gleichgesetzt; nur wenige Kinder-Interviews seien gemacht worden, und dies auch ohne Anspruch auf Wissenschaftlichkeit (vgl Proksch 307: Interviews nicht als „repräsentative qualitative Ergänzungsstudie"; sie sollten lediglich die Situation „bildhaft konkret" werden lassen). Außerdem sei der *Kausalbezug* der positiven Befunde zum gemeinsamen Sorgerecht auch zweifelhaft (Kooperation wegen gemeinsamen Sorgerechts oder umgekehrt? Bessere Unterhaltsmoral wegen gemeinsamen Sorgerechts oder weil nach Trennung verständigungsbereite Eltern überdurchschnittlich gebildet und besser verdienend sind?). Insgesamt wisse man über die Bedeutung des gemeinsamen Sorgerechts für die *Kindesinteressen* nicht mehr als vorher, zumal mehrere ausländische Studien die positiven Effekte eher bezweifeln (umfassende Auflistung bei Kostka 531 ff). Auch die Erwartung, daß sich das gemeinsame Sorgerecht konfliktreduzierend auswirken werde, ha sich bislang noch nicht belegbar erfüllt. Angesichts der im 1. Jahrzehnt nach dem KindRG 1998 veröffentlichten Rspr drängt sich vielmehr der Eindruck auf, daß nur eine gewisse Verlagerung der Elternkonflikte (als Ausfluß unbewältigter Partnerkonflikte) auf die Umgangsebene stattgefunden hat (Jaeger FPR 2005, 70 ff, insb 73; vgl auch Kostka FPR 2005, 89 ff, 94 f; Sarres FPR 2008, 131, 133; zur Rückwirkung auf die Sorgerechtsebene vgl Rn 207 ff).

113 Aus juristischer Sicht kann aus diesem Forschungs- und Diskussionsstand nur gefolgert werden, daß **für die Aussage, gemeinsames Sorgerecht sei dem Kindeswohl im allgemeinen förderlicher als Alleinsorge, gegenwärtig (noch) eine gesicherte Grundlage fehlt** (vgl Kostka 361). Plausibel erscheint nur die These, daß für das *Kindeswohl* nach Elterntrennung die **rechtliche Organisationsform der Elternsorge eher marginale Bedeutung** hat im Vergleich zur **gelebten Elternschaft**. Kindeswohl kann nur durch die Eltern, nicht durch die Gerichte gewährleistet werden; diese können nur den Rahmen für eine Kindeswohlverwirklichung durch die Eltern ordnen und versuchen, dem Kind dabei nicht zusätzlich zu schaden (zB durch Verfahrensbelastungen, Bindungsstörungen usw – sog „sekundäre Kindeswohlgefährdung", Dettenborn FPR 2003, 293, 295 ff).

114 Schließlich stützt, aber beschränkt sich auch das Regelfall-Argument auf die **normtechnische Ausgestaltung** des § 1671: Besteht das gemeinsame Sorgerecht nach Elterntrennung grundsätzlich fort und wird es nur auf Antrag durch Gerichtsentscheidung aufgehoben, wenn die Alleinsorge eines Elternteils dem Kindeswohl „am besten entspricht" (Abs 2 Nr 2), dann ist sein Fortbestand rechtstechnisch die „Regel" und der Antragsteller darlegungspflichtig, warum in concreto anderes geboten sei (OLG Dresden FamRZ 1999, 1156; OLG Frankfurt FamRZ 2002, 1727; JOHANNSEN/HENRICH/JAEGER Rn 39; BAMBERGER/ROTH/VEIT Rn 2; RAUSCHER, FamR Rn 995; der Sache nach ähnlich PALANDT/DIEDERICHSEN Rn 16; mit krit Tendenz auch KOSTKA 97). Diese Argumentation ist schlechterdings nicht von der Hand zu weisen, sagt aber über eine inhaltliche Vorzugsstellung der gemeinsamen Sorge nichts aus.

bb) Fazit
Verantwortliches Zusammenwirken der Eltern zum Wohle ihres Kindes auch nach **115** ihrer persönlichen Trennung muß verfassungsrechtlich wie auch rechtsethisch als **Idealform elterlichen Verhaltens** betrachtet werden (PALANDT/DIEDERICHSEN Rn 16: „hoher sozialpolitischer Wert"; vgl RAUSCHER, FamR Rn 996 aE: „ethischer Vorrang"), der **generell-abstrakt der Vorrang vor anderen Sorgegestaltungen zukommt**. Das fortgeführte gemeinsame Sorgerecht ist die dieser Idealform zugeordnete Rechtsform; hieraus erklärt sich auch ihre regelungstechnische Führungsrolle in § 1671 Abs 2 Nr 2. Diese generelle, ethische Höherwertigkeit gemeinsamer Elternverantwortung beansprucht aber von vornherein **keine Aussagekraft für** die in einem **Einzelfall** kindesangemessene Sorgerechtsgestaltung, sie erhebt folglich auch keinen normativen Steuerungsanspruch für die Einzelfallentscheidung des Gerichts. Für diese ist ausschlaggebendes Kriterium **allein das Interesse des betroffenen Kindes** (BGH FamRZ 1999, 1646, 1647; BVerfG FamRZ 2004, 354, 355; ebenso EGMR FamRZ 2004, 1456 zu Art 8 EMRK). Dem sind Elterninteresse und -recht an der Mitbeteiligung bei der Kindessorge gem Abs 2 Nr 2 nachgeordnet (BVerfG FamRZ 1985, 39, 41; BGH FamRZ 2008, 592, 593 Nr 15), denn das Elternrecht dient wesensimmanent der Sicherung des Kindeswohls (vgl Rn 6, 163). Unter dem Vorbehalt der Kindeswohldienlichkeit steht auch das Grundrecht des Kindes auf elterliche Sorge (BVerfG FamRZ 2008, 845, 849 Nr 73, 80, 81 ff; vgl Rn 6). Dem Kind ist nur durch kindesorientierte Kooperation der Eltern gedient; zweifellos gibt es aber auch Fälle, in denen letztere nicht zu erwarten ist und Sorgegemeinsamkeit sich deshalb eher zum Schaden des Kindes auswirken würde (vgl BGH FamRZ 1999, 1646, 1647; OLG Dresden FamRZ 2002, 973, 974). **Über die Vorzugswürdigkeit der gemeinsamen Sorge im Einzelfall enthalten demgemäß weder Art 6 Abs 2 S 1 GG noch § 1671 Abs 2 (etwa im Sinne einer Vermutung) eine Aussage** (so sind auch die Äußerungen des BVerfG, und des BGH [Rn 108] zu verstehen; ebenso OLG Hamm FamRZ 2007, 759, 760; VEIT, in: FS Schwab [2005] 947, 854 f; JOHANNSEN/HENRICH/JAEGER Rn 34, 35).

Damit erweist sich, daß die **Regelfall-Diskussion nicht der eigentliche Problempunkt** **116** des Abs 2 Nr 2 ist. Dieser liegt vielmehr für das FamG in der **einzelfallabhängigen Prognoseentscheidung, ob kindeswohlgedeihliche Kooperation von den Eltern zu erwarten ist oder nicht** (zum Prognosecharakter der Entscheidung vgl OLG Hamm FamRZ 1999, 38, 39; OLG Köln FamRZ 2003, 1036, 1037; AG Chemnitz FamRZ 1999, 321, 323). Die Entscheidungsverantwortung kann auch bei genereller Vorzugswürdigkeit des gemeinsamen Sorgerechts **nicht** dadurch abgewälzt werden, daß dem **Antragsteller die materielle Rechtfertigungslast** für die begehrte Alleinsorge allein zugeschoben wird (so wohl JOHANNSEN/HENRICH/JAEGER Rn 39) oder daß bei einem **non liquet** „im Abwägungsprozeß stets vom Fortbestand des gemeinsamen Sorgerechts ausgegangen wird" (so OLG Brandenburg Forum 1998, 88, 89; PIPER FuR 1998, 1, 4; SCHWAB FamRZ 1998, 457, 462; SCHWAB/WAGENITZ FamRZ 1997, 1377, 1380). So naheliegend ein solches Vorgehen vom Gesetzeswortlaut her wäre, so sollte es doch nicht zu einer generellen Entscheidungsregel hochstilisiert werden und damit letztlich doch wieder zum „gemeinsamen Sorgerecht als Regelfall". Solche Entscheidungsregeln führen tendenziell zu einer Verkürzung der Ermittlungen und einer Verschiebung der Fragestellung (vgl COESTER, Kindeswohl 482 ff mwN). Das **zentrale Problem** des Abs 2 Nr 2 spitzt sich vielmehr auf die Frage zu, **ob und wann trotz fehlender Bereitschaft zum gemeinsamen Sorgerecht** zumindest bei einem Elternteil dennoch **funktionierende Elternkooperation für die Zukunft** erwartet werden kann (dazu Rn 119 ff).

117 Die **generelle Höherwertigkeit der gemeinsamen Sorge** hat aber durchaus **Auswirkungen** auf das Sorgerechtsverfahren nach § 1671. Zum einen ist es nicht mehr zulässig, Alleinsorge auf Grund einer unsubstantiierten Bevorzugung „klarer Verhältnisse" oder unsubstantiierter Bedenken über die künftige Einigungsfähigkeit der Eltern anzuordnen. Sind die Funktionsbedingungen gemeinsamen Sorgerechts im Einzelfall gegeben, verletzt die Anordnung von Alleinsorge nicht nur das Kindeswohl, sondern auch das verfassungsrechtliche Elternrecht (Rn 111). Zum zweiten entfaltet das gemeinsame Sorgerecht eine **rechtspolitische und rechtsethische Leitbildfunktion** einerseits **für die Eltern selbst**, andererseits **für staatliche Beratungs- und Förderungsbemühungen** (insbes im Rahmen von §§ 156 Abs 1 FamFG, 17 Abs 2 SGB VIII): Für die Eltern steht zunächst einmal ihr Partnerkonflikt im Vordergrund; für das Erkennen der eigenständigen Kindesbedürfnisse und die Trennung von Partner- und Elternebene benötigen sie oft fachliche Beratung und Hilfe (VEIT, in: FS Schwab [2005] 947, 951). Gemeinsame Elternverantwortung auch für die Trennungssituation (zum BVerfG oben Rn 7) kann sich auf Einvernehmen über eine Neuregelung des Sorgerechts und des Umgangs beschränken, besteht aber idealerweise in einer beiderseits bejahten Fortführung der Verantwortungsgemeinschaft als Eltern trotz der Trennung als Ehe-/Lebenspartner (anders KOSTKA 521: Kein Leitbild der gemeinsamen Sorge, vielmehr Gleichwertigkeit mit Alleinsorge). Die Rücknahme staatlicher Eingriffsbefugnisse bei gleichzeitiger Verstärkung beratender und unterstützender Einwirkungen auf die Eltern (Rn 18 f) hat diesem Leitbild noch größere Bedeutung verliehen, es bezeichnet den Richtpunkt aller professionellen Bemühungen um die Familie (zum bisherigen Recht vgl COESTER FamRZ 1991, 253, 260 f [zu § 17 Abs 2 SGB VIII]; ders FamRZ 1992, 617, 618; ECKERT-SCHIRMER FuR 1996, 205, 211 f; SCHWENZER GutA 59. DJT [1992] A 77; grds kritisch DIEDERICHSEN, in: FS Rolland [1999] 87 ff; die Kritik bei JOHANNSEN/HENRICH/JAEGER Rn 35 beruht auf einer mangelnden Unterscheidung von rechtlichem Vorrang und Leitbildfunktion des gemeinsamen Sorgerechts). Insofern kann es auch für den Familienrichter, der trotz Antrags nach Abs 1 Kooperationspotential bei beiden Eltern entdeckt, geboten sein, gem § 156 Abs 1 FamFG auf ein Einvernehmen zugunsten der Fortführung der gemeinsamen Sorge hinzuarbeiten (näher Rn 271 ff; vorbildlich KG FamRZ 2006, 1626 f; unbefriedigend insoweit OLG Nürnberg FamRZ 2003, 163 ff [keine erkennbare Prüfung von Kooperationsunfähigkeit außerhalb der streitigen Aufenthaltsfrage]; OLG Celle FamRZ 2003, 1488 f [kaum sachliche Differenzen der Eltern, nur Kommunikationsschwäche]). Allerdings ist mit der Forcierung der Rechtsform für das Kind nichts gewonnen, wenn sie nicht vom Konsens der Eltern getragen wird, zum Wohl ihres Kindes ihren Paarkonflikt zurückzustellen und gemeinsame Elternschaft zu verwirklichen.

118 Die Förderung gemeinsamen Sorgerechts hat aber auch ihre **Grenzen** – Ideal und Realität sind nun einmal nicht immer in Einklang zu bringen. Nicht legitim ist die Oktroyierung gemeinsamen Sorgerechts, wo dieses erkennbar ungeeignet oder einem Elternteil unzumutbar ist (krasse Fehlentscheidung durch das OLG Brandenburg, aufgehoben durch BVerfG FamRZ 2004, 354 ff). Die Familiengerichte haben auch **keine Erziehungsfunktion** gegenüber kooperationsunwilligen Eltern (Rn 122, 170); die vermittelnde Einwirkung auf die Eltern gem § 156 Abs 1 FamFG und die sozialrechtlichen Hilfsansätze (Rn 18, 19, 117) dürfen nicht zu massiver Druckausübung ausarten (problematisch OLG Zweibrücken FamRZ 2000, 627 f: Das Gericht habe „mit seiner Autorität Bereitschaft zur Annahme der Hilfe zu erzeugen"; Androhung von „Rückschlüssen" aus dem Elternverhalten bei der „sozialpflegerischen Intervention"). Wie das *Elternrecht* durch unbegründete Beendigung des gemeinsamen Sorgerechts verletzt werden kann (Rn 111), so umgekehrt auch durch Zwang zur Sorgegemeinschaft, wo deren Funktionsbedingungen fehlen (BVerfG FamRZ 2004, 354, 355). Daß hier auch für das Kind nichts Gutes zu erwarten ist, liegt auf der Hand (BGH FamRZ 2008, 592, 594 Nr 18).

b) Aufhebung oder Fortführung der gemeinsamen Sorge
aa) Fragestellung und Streitstand
Grundvoraussetzung funktionierender gemeinsamer Sorge ist nach nahezu einhelliger Auffassung in Praxis und Lehre die **objektive Kooperationsfähigkeit und die subjektive Kooperationsbereitschaft der Eltern.** Die *objektive Fähigkeit der Eltern zur Kooperation* ist dabei eine im Grundsatz unproblematische, weil unverzichtbare Voraussetzung; die Schwierigkeiten liegen „nur" in ihrer Feststellung im Einzelfall (dazu die Einzelkriterien, unten Rn 132 ff). Schon auf genereller Ebene **zweifelhaft** erscheint jedoch, ob und inwieweit die **subjektive Kooperationsbereitschaft der Eltern** als Voraussetzung des gemeinsamen Sorgerechts gelten kann. Bei genauem Hinsehen besteht über die Notwendigkeit beiderseitiger Bereitschaft zur Kooperation keine Einigkeit. Zum Teil wird vertreten, eine „verordnete gemeinsame Sorge" könne es nicht geben, sie würde im Lichte der Kindesinteressen kontraproduktiv wirken (BT-Drucks 13/5899, 63; BGH FamRZ 1999, 1646, 1648; KG FamRZ 1999, 808, 809; FamRZ 1999, 1518; FamRZ 2000, 502, 503; FamRZ 2000, 504; FamRZ 2000, 504 f; OLG Celle FamRZ 2003, 1488 f; OLG Dresden FamRZ 1999, 324, 325; FamRZ 1999, 1156; FamRZ 2000, 109, 110; OLG Düsseldorf FamRZ 1999, 1157, 1158; OLG Hamm FamRZ 2000, 1039, 1040 f; OLG Karlsruhe FamRZ 2000, 508, 509; OLG Nürnberg FamRZ 2003, 163, 164; OLG Rostock FamRZ 1999, 1599; OLG Zweibrücken FamRZ 2001, 183; OLG Bamberg FamRZ 2003, 1403 [„Mindestmaß an Verständigungsbereitschaft"]; ähnlich VerfGH Berlin FamRZ 2003, 1487, 1488; MünchKomm/ FINGER Fn 73, 76; BALLOF/WALTER FamRZ 1990, 445; LUTHIN FamRZ 2000, 1042; OELKERS MDR 2000, 32; WEIL FamRZ 2002, 188; WALLERSTEIN/BLAKESLEE 321, 322). Eine abgeschwächte Variante dieser Auffassung unterwirft die Ablehnung durch einen Elternteil nur der begrenzten Kontrolle, ob sie willkürlich oder nicht nachvollziehbar ist (OLG Bamberg FamRZ 1995, 1509; OLG Dresden FamRZ 1999, 1156; FamRZ 2000, 109, 110). Dem steht eine verbreitete Praxis gegenüber, die sich über einen entgegenstehenden Elternwillen weitgehend hinwegsetzt und das gemeinsame Sorgerecht aufrecht erhält, wenn die Eltern im Zeitraum bis zur Entscheidung tragfähige Arrangements gefunden haben und das Kind gute Beziehungen zu beiden Elternteilen hat (BVerfG FPR 2004, 393 f; OLG Bamberg FamRZ 1999, 1005 f; OLG Dresden FamRZ 2000, 501; OLG Brandenburg FamRZ 2002, 567 f; 2003, 1952 f; OLG Hamm FamRZ 1999, 1159, 1160; 1597, 1598; 1600 f; FamRZ 2002, 565 f; OLG Karlsruhe FamRZ 2002, 1209 f; OLG Köln FamRZ 2003, 1492 f; OLG Naumburg FamRZ 2002, 564 f; OLG Zweibrücken FamRZ 1999, 40; 2000, 506, 507; AG Bad Schwalbach FamRZ 1999, 1158, 1159; BODE FamRZ 1999, 1400 ff; ders FamRZ 2000, 478; KAISER FPR 2003, 573, 576 ff; PALANDT/DIEDERICHSEN Rn 21, 22; noch weitergehend AG Lahr FamRZ 2003, 1861 [bei strikter Ablehnung von Kooperation durch die Mutter und Ablehnung des Vaters durch das Kind]). Trotz Antrags eines Elternteils auf Alleinsorge wird dabei aus dem bisherigen Ver-

halten gefolgert, daß die subjektive Kooperationsbereitschaft „der Sache nach" auch in Zukunft bestehe (deutlich OLG Köln FamRZ 2003, 1036 f).

Dieser Streit spiegelt das **rechtspolitische Hauptproblem** des § 1671 in der gegenwärtigen Praxis.

bb) Stellungnahme

120 Bei beiderseitiger Bereitschaft zum gemeinsamen Sorgerecht wird ein Regelungsantrag gar nicht erst gestellt oder (ggf nach Vermittlung durch Gericht oder Jugendamt) zurückgenommen. Schon die gesetzliche Regelung in **Abs 2 Nr 2** impliziert, daß **beiderseitige Bereitschaft zur gemeinsamen Sorge keine unverzichtbare Voraussetzung ihrer Aufrechterhaltung ist.**

121 Zur sachlichen **Rechtfertigung** ist vor allem **Art 6 Abs 2 S 1 GG** heranzuziehen: Die Elternverantwortung ist nicht nur Recht, sondern auch (und sogar wesensmäßig) Pflicht (zum BVerfG s Rn 6); die Inpflichtnahme gilt nicht nur für den einzelnen Elternteil, sondern gerade auch für beide Teile in ihrer *elterlichen Verbundenheit* (speziell zur Trennungs- und Scheidungssituation BVerfG FamRZ 1971, 421, 424; FamRZ 1982, 1179, 1181; VEIT, in: FS Schwab [2005] 947, 951 f; oben Rn 7). Unstreitig folgt aus der Pflichtbindung der Eltern die Unverzichtbarkeit von Elternrecht (SACHS/SCHMITT-KAMMLER, GG Art 6 Rn 47; vMÜNCH/KUNIG/COESTER-WALTJEN Art 6 GG Rn 82) und elterlicher Sorge (STAUDINGER/PESCHEL-GUTZEIT [2007] § 1626 Rn 25 mwN; konsequent OLG Karlsruhe FamRZ 1999, 801, 802: Pflicht zur Übernahme für bislang nichtsorgeberechtigten Elternteil); daraus muß weitergehend die grundsätzliche **Unzulässigkeit** gefolgert werden, **die Gemeinschaftlichkeit der Verantwortung willkürlich aufzukündigen** (OLG Karlsruhe FamRZ 2000, 1041, 1042; OLG Naumburg FamRZ 2002, 564, 565; OLG Stuttgart FamRZ 1999, 1596; OLG Zweibrücken FamRZ 1999, 40, 41; AG Duisburg FamRZ 2001, 1635; AG Lahr FamRZ 2003, 1861, 1862; VEIT, in: FS Schwab [2005] 947, 955 ff; zu großzügig insoweit KG FamRZ 1999, 808, 809 m krit Anm LIERMANN). Auch wenn der Elternteil sich in diesem Fall nicht der Sorgepflicht entziehen, sondern umgekehrt nur den anderen Elternteil verdrängen will, läge hierin eine Disposition über das verfassungsrechtliche Pflichtenprogramm, die das Recht nicht eröffnet: Elterliche Kooperationspflicht einerseits und Elternrecht auf der anderen Seite sind miteinander korrespondierende, untrennbare Seiten derselben Institution „Elternverantwortung" iS Art 6 Abs 2 S 1 GG (vgl Rn 111). Rechtlich unfundiert ist deshalb auch die Behauptung, die Aufdrängung von Sorgegemeinsamkeit trotz Partnertrennung bedeute für den faktisch betreuenden Elternteil (idR die Mutter) einen Eingriff in das Persönlichkeitsrecht (so aber FLÜGGE FPR 2008, 135 ff).

122 Damit sind bereits mögliche **Antragsmotivationen** gekennzeichnet, **die eine Aufhebung** des gemeinsamen Sorgerechts jedenfalls **tendenziell nicht rechtfertigen** können: Der *bloße Wunsch* nach ungestörter Alleinsorge genügt nicht (KG FamRZ 2006, 1626, 1627; AG Chemnitz FamRZ 1999, 321, 322 f; vor allem, wenn aktueller Streit besteht, OLG Zweibrücken FamRZ 2000, 1042, 1043; OLG Naumburg FamRZ 2002, 564 f; AG Weilburg FamRZ 2003, 1308 ff; BAMBERGER/ROTH/VEIT Rn 29), ebenso nicht das *Unbehagen* und die *Unbequemlichkeit*, sich mit dem anderen Elternteil abstimmen zu müssen (OLG Hamm FamRZ 1999, 38, 39; OLG Dresden FamRZ 2007 923) – dies ist notwendige Implikation der gemeinsamen Elternverantwortung gem Art 6 Abs 2 S 1 GG. Auch *Verdrängungsbestrebungen* sind illegitim, seien sie nun darauf gerichtet, den Ex-Partner ganz aus dem Leben des Antragstellers (nicht zu Lasten des Kindes!) oder gar gezielt als Elternteil aus

dem Leben des Kindes zu verdrängen (OLG Hamm FamRZ 2002, 565, 566 [Wunsch der Mutter nach einem klaren „Schnitt" zwischen Vater und ihrer neuen Familie]; OLG Karlsruhe FamRZ 2002, 1209 f [strikte Verweigerungshaltung der Mutter]; ebenso OLG Karlsruhe FamRZ 2000, 1041, 1042; OLG Celle FamRZ 2004, 1667; AG Lahr FamRZ 2003, 1861 f; AG Chemnitz FamRZ 1999, 321, 323; KNAPPERT KindPrax 1998, 46). Als weitere Rechtfertigung für erzwungene Sorgegemeinsamkeit ist auf deren gesetzliche Reduzierung bei dauerhaftem Getrenntleben gem § 1687 hinzuweisen. Es geht gar nicht mehr um „alles oder nichts" (Rn 100), die ohnehin unumgänglichen Berührungs- und Reibungspunkte beim Umgang dürften idR belastender sein als Sorgerechtsabstimmungen in Grundsatzfragen (vgl OLG Bamberg FamRZ 1999, 803; OLG Dresden FamRZ 2007, 923 f; OLG Oldenburg FamRZ 1998, 1464; KAISER FPR 2003, 573, 575).

Erweist sich demnach das **Konzept einer „gemeinsamen Sorge ohne Elternwillen"** als **123 theoretisch fundierbar**, so enthält es doch andererseits auch erhebliches **Gefahrenpotential**:

Es ist nicht zu verkennen, daß das gemeinsame Sorgerecht nach Trennung bzw Scheidung gelegentlich in ideologischem Übereifer propagiert wird (oft als Teil des Gesamtkonzepts einer „creative divorce"), bei dem **sozialpolitische Wunschvorstellungen** eine nüchterne Beurteilung aus der Sicht des Kindes verdrängen können (COESTER DEuFamR 1999, 3, 7). Gleiches gilt iE, wenn unter Betonung einer Konsenspflicht (vgl grds Rn 7; PALANDT/DIEDERICHSEN Rn 21) eine **erzieherische Haltung** gegenüber den Eltern eingenommen wird, die das Sollverhalten gegenüber der Realität durchsetzen will (bedenklich OLG Köln FamRZ 2003, 1492 f; vgl Rn 137). Hierher gehören auch **Sanktionstendenzen** gegenüber illegitimer, aber strikter und unrevidierbarer Verweigerungshaltung eines Elternteils (ebenso BGH FamRZ 2008, 592, 593 Nr 15; bedenklich AG Lahr FamRZ 2003, 1861, 1862; vgl Rn 170, 208). Die gescheiterte Partnerbeziehung der Eltern ist ebenso ein Faktum wie die Erfahrung, daß die idealtypische Trennung zwischen „Partnerebene" und „Elternebene" von vielen Betroffenen nicht verstanden wird oder jedenfalls nicht umgesetzt werden kann – persönliche Beziehungen werden, auch in ihrem Scheitern, „ganzheitlich" erlebt. Fortgeführte Kooperation als Eltern trotz Zerrüttung der Partnerbeziehung setzt eine persönliche Reife voraus, die nicht allgemein vorliegt und auch nicht erzwungen werden kann (vgl BT-Drucks 13/4899, 99 sowie Nachw oben Rn 116; JOHANNSEN/HENRICH/JAEGER Rn 37–39; s noch Rn 137). Insoweit sollte auch die sozialwissenschaftliche Erkenntnis beachtet werden, daß in vielen Fällen der Grund für die Belastung von Kindern nicht eigentlich in der *Trennung* der Eltern liegt, sondern in deren (oft schon Jahre zuvor andauernden) *Konflikten* (WALPER FPR 2005, 86, 87 mwN). Statt Perpetuierung dieser Situation durch gemeinsames Sorgerecht könnte hier eine klare Sorgerechtsregelung uU die Kinder eher entlasten (vgl aber auch Rn 112 aE).

Ergebnis: Angesichts dieser gewichtigen Gesichtspunkte pro und contra gemeinsa- **124** mes Sorgerecht auch gegen den Willen eines Elternteils kann es **keine generelle Entscheidungshilfe** („Faustregel") geben. Die Entscheidung kann nur an Hand einer **unverkürzten Würdigung aller Umstände des Einzelfalls** getroffen werden, wobei **entscheidender Richtpunkt** nicht die Elternbeziehungen und -einstellungen als solche sind, sondern deren **Auswirkungen auf das Kindeswohl** (vgl Rn 141; BGH FamRZ 1999, 1646, 1647 f; OLG Hamm FamRZ 2006, 1058, 1059; OLG Köln FamRZ 2008, 636, 637; FamRZ 2009, 62 f). Immerhin erlaubt dieser maßgebliche Blickwechsel eine **Präzisierung der Fra-**

gestellung: Bezieht sich die Ablehnung durch einen Elternteil (oder beide) im wesentlichen auf die *rechtliche* Sorgegemeinschaft oder erstreckt sie sich auch *der Sache nach* auf die Kooperation mit dem anderen Elternteil? Besteht begründeter Anlaß zur Annahme, daß der Antragsteller nach Zurückweisung seines Antrags auf Alleinsorge („zähneknirschend") doch im Interesse des Kindes mit dem anderen Elternteil kooperieren wird (so tendenziell OLG Hamm FamRZ 2002, 565, 566 sowie viele der in Rn 119 zitierten Entscheidungen)? Zumindest diese subjektive Bereitschaft ist unverzichtbare Funktionsvoraussetzung der gemeinsamen Sorge. Fehlt sie, liegt subjektive Kooperationsunfähigkeit vor, die der objektiven gleichgestellt werden muß (Rn 119): Die elterliche Haltung mag pflichtwidrig sein, aber die Kindeswohlbindung der Gerichte verbietet es, das Kind in solchen Fällen zum Versuchskaninchen staatlicher Elternerziehung oder zum Instrument staatlichen Sanktionsstrebens zu machen (vgl Rn 122).

(Rn 125–131 sind unbesetzt.)

cc) Einzelaspekte

132 Im Folgenden werden beispielhaft einige Aspekte näher erörtert, die für die richterliche Beurteilung speziell des gemeinsamen Sorgerechts von Bedeutung sein können. Zusätzlich können im Einzelfall auch die allgemeinen Kindeswohlkriterien (Rn 177 ff) eine Rolle spielen. Maßgebliche Beurteilungsgrundlage sind vor allem die bisherige Praktizierung der gemeinsamen Sorge durch die Eltern sowie ihre in der Anhörung zum Ausdruck kommenden Einstellungen. Der Antragsteller wird regelmäßig eine Fassade der „Einigungsunfähigkeit" aufbauen, der Antragsgegner die verbliebenen Kooperationsmöglichkeiten überbetonen. Es ist Aufgabe und Verantwortung des FamG, hinter diese Fassaden zu schauen.

133 Sachfremde Motivationen: So, wie es beim **Antragsteller** unbeachtliche oder sachfremde Motive für seinen Übertragungsantrag geben kann (oben Rn 121), so ist auch der Wunsch des **Antragsgegners** nach Fortführung der gemeinsamen Sorge auf seine Seriosität, dh Kindeswohlorientiertheit zu überprüfen. Will er nur „mitregieren", aber keine substantielle Mitverantwortung übernehmen, geht es ihm mehr um die Fortsetzung des Positionskampfes im Trennungsstreit? Betrachtet er das Mitsorgerecht als „Gegenleistung" für seine Unterhaltszahlungen? Will er nur mitsorgen, um seine unterhaltsrechtliche Situation zu erleichtern? Möglicherweise beruht der Wunsch nach gemeinsamer Sorge auch auf einer nicht verarbeiteten inneren Lösung vom Partner – solche „Annäherungstendenzen" sind ebenso illegitim wie umgekehrt Verdrängungstendenzen des Antragstellers (andeutungsweise OLG Zweibrücken FamRZ 1999, 40 f).

134 Beiderseitigen Anträgen auf Alleinsorge und der sich darin ausdrückenden Überzeugung beider Eltern, daß sie miteinander nicht gedeihlich für das Kind sorgen können, wird der Richter nur schwer eine Erfolgsprognose entgegensetzen können (vgl OLG Nürnberg FamRZ 1999, 614, 615; s Rn 119). Diese bedarf der konkreten richterlichen Feststellung, daß die beiderseitige Ablehnung der Sorgegemeinschaft auf dem persönlichen Zerwürfnis beruht, nicht aber auf wesentlichem Dissens oder Konflikt in Erziehungs- und Betreuungsfragen (so in OLG Hamm FamRZ 2006, 1697 ff; OLG Brandenburg FamRZ 2002, 567 f). Allerdings kann die Elternposition auch differenzierter sein: Im Sorgestreit hält jeder seine Alleinsorge für die beste Lösung, wäre aber hilfsweise

– gerade auch im Hinblick auf den Übertragungsantrag der Gegenseite – eher zur gemeinsamen Sorge bereit, als das Sorgerecht ganz dem anderen Teil zu überlassen. Denkbar ist auch, daß im Zentrum des Elternstreits die Frage steht, bei wem die Kinder leben sollen; wird diese Frage gerichtlich entschieden (durch Übertragung des Aufenthaltsbestimmungsrechts), kann im Einzelfall die Erwartung gerechtfertigt sein, daß die Eltern auf dieser Basis fortan kooperieren werden (vgl AG Burgwedel FamRZ 2002, 631; s Rn 259). Hier besteht besonderer Anlaß für das FamG, die Ernsthaftigkeit der hilfsweisen Kooperationsbereitschaft zu überprüfen; ist sie auf beiden Seiten zu bejahen, kann gemeinsames Sorgerecht durchaus die beste Lösung sein; liegt sie nur auf einer Seite vor, ist immerhin eine Basis für die weitere Prüfung auch dieser Sorgerechtsalternative vorhanden.

Beiderseitige Erziehungseignung: Daß für gemeinsames Sorgerecht grundsätzlich **135** beide Eltern nach allgemeinen Kriterien erziehungsgeeignet sein müssen (vgl unten **Rn 179 ff**), erscheint selbstverständlich. Allerdings rechtfertigen einzelne Eignungsmängel oder Fehler bei der Sorgeausübung (unterhalb der Gefährdungsgrenze des § 1666, zu dieser Rn 201) noch keine Beendigung des gemeinsamen Sorgerechts und Zuweisung der Alleinsorge an den anderen Elternteil – Eignungsmängel der Eltern muß das Kind auch bei deren Trennung grundsätzlich hinnehmen (vgl § 1666 Rn 84 f; AG Hameln FamRZ 2007, 761, 762: „Sorgerechtsentscheidungen [sind] nicht dazu da, unerwünschtes Elternverhalten zu sanktionieren"). Einzelne Schwächen auf einer Seite können möglicherweise durch die gemeinschaftliche Verantwortung ausgeglichen werden (FTHENAKIS, in: REMSCHMIDT [Hrsg], Kinderpsychiatrie [1984] 51 Fn 80; vgl AG Ratzeburg FamRZ 2000, 505, 506: Alkoholprobleme; OLG Zweibrücken FamRZ 2001, 185: erhebliche gesundheitliche Beeinträchtigungen), nicht aber (nahezu) völliger Eignungsmangel (OLG Bamberg FamRZ 1988, 752, 753; OLG Brandenburg FamRZ 2002, 120 [erhebliche Alkoholprobleme „bis hin zur Sucht"]; OLG Dresden FamRZ 1999, 324, 325; OLG Frankfurt FamRZ 1999, 392, 393; AG Chemnitz FamRZ 1999, 321, 322; SCHWAB FamRZ 1998, 457, 463). Auch erhebliche Erziehungsmängel beim Betreuungselternteil können einen Betreuungswechsel und Alleinsorge des anderen Elternteils rechtfertigen (AG Neustadt ZKJ 2008, 341: mangelnder Schulbesuch). Bestreiten sich die Eltern wechselseitig ihre Erziehungsfähigkeit, werden sie in aller Regel auch jeder einen Übertragungsantrag auf sich stellen; jedenfalls fehlt ohne Rücksicht auf die Richtigkeit der Vorwürfe idR die Basis für künftige Sorgekooperation (OLG Hamm FamRZ 1999, 320, 321; LIMBACH, Gemeinsame Sorge 25 f, 59 ff). In der dann notwendigen Wahl *zwischen den Eltern* als Alleinsorgeberechtigte kann dann ein freier Eignungsvergleich im Lichte des Kindeswohls stattfinden (vgl Rn 202).

Kooperationsfähigkeit: Diese setzt nach nahezu einhelliger Ansicht die **Fähigkeit zu** **136** **sachlicher, kindesorientierter Kommunikation und Kooperation** voraus (BGH FamRZ 1999, 1646, 1647; Rn 117, 137, 141); auf verfassungsrechtlicher Ebene fordert das BVerfG für die Gemeinschaftlichkeit der Elternverantwortung generell (nicht nur für nichteheliche Eltern) „**eine tragfähige soziale Beziehung zwischen den Eltern**" und „**ein Mindestmaß an Übereinstimmung**" (FamRZ 2003, 285, 287; FamRZ 2004, 354, 355; FPR 2004, 393; BGH FamRZ 2008, 592, 593 Nr 11; s Rn 8, ähnlich für die Landesverfassung Berlin VerfGH Berlin FamRZ 2003, 1487, 1488; zum Streit über die Bedeutung dieser Anforderungen einerseits MOTZER FamRZ 2004, 1145, 1155; FamRB 2004, 114; anderseits VEIT, in: FS Schwab [2005] 947, 958 f); andere Gerichte sprechen von einem „wechselseitigen Grundvertrauen der Eltern" (KG FamRZ 1999, 1518, 1519) oder von einem „Grundkonsens über Erziehungsfragen" (KG aaO; OLG Bamberg FamRZ 2003, 1403; OLG Hamm FamRZ 2002, 1208; OLG

Karlsruhe FamRZ 2000, 1041; OLG Köln FamRZ 2003, 1036, 1037; OLG Oldenburg FamRZ 1998, 1464; OLG Stuttgart FamRZ 1999, 1596). Vorsichtigere Einschätzungen der elterlichen Leistungsfähigkeit insbes von fachwiss Seite fordern statt positiver Kooperation jedenfalls „Konfliktfreiheit" und die Fähigkeit zu „paralleler Elternschaft" (FURSTEN-BERG/CHERLIN, Geteilte Familien [1993] 72 ff; MACCOBY/MNOOKIN, Dividing the Child [1994] 233 f; KOSTKA 187). Wie die notwendige Grundlage elterlicher Kooperationsfähigkeit auch immer umschrieben wird – sie setzt die Fähigkeit der Eltern voraus, Partnerkonflikt und fortdauernde gemeinsame Verantwortung für das Kind auseinanderhalten und jedenfalls partiell-sachbezogen mit dem anderen reden zu können. Diese Fähigkeit kann durch gelungene Kooperation in Sorge- und Umgangsfragen bis zur Gerichtsentscheidung indiziert sein (OLG Hamm FamRZ 2002, 565 f); bei schwerwiegenden Partnerverfehlungen (zB Gewalt, Vergewaltigung; vgl Rn 140, 187 ff) kann aber sachliche Kommunikation auch nur in Teilbereichen unmöglich oder unzumutbar sein (BVerfG FamRZ 2004, 354, 355 [gegen OLG Brandenburg v 20.3. 2003 – 15 UF 264/02 –]; ebenso VEIT, in: FS Schwab [2005] 947, 959). Die notwendige **gemeinsame Erziehungsfähigkeit** ist zweifelhaft, wenn die Eltern unvereinbare Erziehungskonzeptionen vertreten (Rn 141) oder wenn die Gefahr besteht, daß das Kind die Eltern gegeneinander ausspielt und damit ihren jeweiligen Erziehungseinfluß unterläuft (vgl OLG Karlsruhe FamRZ 1987, 89, 90; LIMBACH-Studie 43). Gemeinsame Erziehungsfähigkeit wurde auch verneint, wenn die Eltern unfähig sind, kindbezogen miteinander zu kommunizieren (vgl OLG Brandenburg FamRZ 2002, 567, 568 [mit anderem Ergebnis]; OLG Celle FamRZ 2003, 1488, 1489; OLG Dresden FamRZ 2002, 973, 974; OLG Hamm FamRZ 2002, 1208, 1209; KG FamRZ 2005, 1768, 1769; vgl aber OLG Schleswig FamRZ 2003, 1948, wo mehr Bemühen um Kommunikation eingefordert wird), oder wenn sie sich über Grundfragen der Kindesbetreuung nicht einigen können, wie etwa den gewöhnlichen Aufenthalt des Kindes (SCHWAB FamRZ 1998, 457, 463; s näher Rn 141); einen „Sorgeplan" zum Beleg ihrer Kooperations- und Erziehungsfähigkeit brauchen sie oder nur der Antragsgegner jedoch nicht vorzulegen (BT-Drucks 13/8511, 67 [Rechtsausschuß]; zur Diskussion vor dem KindRG ausf KOSTKA 377 ff, de lege ferenda 517 f). Besteht jedoch Aussicht, daß nach gerichtlicher Klärung eines **zentralen Streitpunkts**, wie etwa der Betreuungskompetenz, die Eltern im übrigen fortan kooperieren werden, so kann das Gericht die Sorge nur für diesen Punkt einem Elternteil allein übertragen und es **im übrigen beim gemeinsamen Sorgerecht belassen** (Rn 134, 256, 259).

137 Persönliches Verhältnis der Eltern zueinander: Dies ist ein entscheidender Gesichtspunkt für einen möglichen Erfolg der gemeinsamen Sorge. Auch wenn die Eltern idealiter zwischen Partner- und Elternebene unterscheiden können, so beseitigen doch **tiefgreifende Zerwürfnisse** im zwischenmenschlichen Bereich die Kommunikations- und Kooperationsfähigkeit auch auf Elternebene (BT-Drucks 13/4899, 99: Kind wird „Zankapfel zwischen den Eltern"; BGH FamRZ 1999, 1646, 1647; 2005, 1167; 2008, 592, 594 Nr 18; KG FamRZ 1999, 616 f und 1518; FamRZ 2000, 504; 2000, 505; 2001, 185; 2007, 754, 755; OLG Bamberg FamRZ 1991, 590; 1995, 1509; 1999, 805, 806; OLG Celle FamRZ 2003, 1490; OLG Dresden FamRZ 1999, 324, 325; OLG Düsseldorf FamRZ 1999, 1157; OLG Frankfurt FamRZ 1999, 392, 393; 1999, 612, 613; OLG Hamburg FamRZ 2002, 566, 567; OLG Hamm FamRZ 2000, 1039, 1040 f; 2002, 1208, 1209; 2007, 756, 757; 2007, 757, 758 f; OLG Köln FamRZ 2005, 1275; 2008, 1470; 2009, 129 f [sogar Bearbeitung der individuellen Erziehungseignung auf beiden Seiten; vgl Rn 196]; OLG München FamRZ 1991, 1343, 1344; FamRZ 2002, 189, 190; OLG Nürnberg FamRZ 2002, 188, 189; OLG Stuttgart FamRZ 1999, 804 f; 1596; OLG Zweibrücken FamRZ 1999, 40; 2001, 185; AG Solingen FamRZ 1999, 183; AG Fürstenfeldbruck FamRZ 2002, 117; AG Pankow FamRZ

2005, 538 f; MünchKomm/FINGER Rn 71; SCHWAB FamRZ 1998, 457, 463; zu den Sonderproblemen der *Gewalt* und der Vorwürfe *sexuellen Kindesmißbrauchs* Rn 140). Für diesen negativen Befund genügen aber nicht formelhafte Wendungen in der Beschlußbegründung, vielmehr bedarf es **konkreter tatrichterlicher Feststellungen**, die den Befund tragen (BGH FamRZ 2005, 1167; 2008, 592, 593 Nr 11). Auf die **„Schuld"** an der zerfahrenen Situation kann es angesichts der Komplexität der Elternbeziehungen nicht ankommen (KG FamRZ 1999, 616, 617; FamRZ 2000, 504 und 505; OLG Stuttgart FamRZ 1999, 1596); *nachvollziehbare Gründe* für die Ablehnung weiterer (Sorge-)Gemeinschaft durch den Antragsteller können aber zu berücksichtigen sein (vgl OLG Frankfurt FamRZ 2006, 1627: Verschweigung von HIV-Infektion bei Eheschließung). Aber auch *unbegründete Ablehnung* haben die Gerichte letztlich als Faktum zugrunde zu legen (näher Rn 208). Wenig fundiert scheint auch die Erwartung, daß sich trennungsbedingte Spannungen schnell abbauen (so OLG Hamm FamRZ 1999, 38, 39; in Wahrheit handelt es sich oft um spannungsbedingte Trennungen; sorgfältiger begründet OLG Hamm FamRZ 1999, 1159, 1160; OLG Brandenburg FamRZ 2003, 1952, 1953). Bei erkennbaren Problemen der Partner im Umgang miteinander ist im Kindesinteresse eine nüchterne, realistische Prognose geboten – für das Kind ist nur von Bedeutung, was die Eltern tun, nicht, was sie tun sollten (BGH FamRZ 2008, 592, 593 Nr 14). Mit einem Verweis auf § 1628 lassen sich tiefgreifende Verständigungsprobleme nicht überbrücken – eine Häufung solcher Verfahren wäre dem Kindeswohl ebenfalls nicht förderlich (zutr KG FamRZ 1999, 616, 617; 1999, 1518, 1519). Forcierte Gemeinsamkeit beider Eltern mit dem Kind nützt außerdem dem Kind nichts in diesen Fällen, sondern *schadet* ihm (GÖDDE ZfJ 2004, 201, 207 m fachwiss Nachweisen; vgl OLG Frankfurt FamRZ 2006, 1627: „Ein gemeinsames Sorgerecht, das im Alltag nicht praktiziert werden kann, entspricht nicht dem Kindeswohl"). Allerdings ist umgekehrt auch der Gefahr zu wehren, daß ein (etwa durch Untreue des anderen verletzter) Elternteil die Position der „Unversöhnlichkeit" aufbaut, um so den Sorgerechtsverlust des anderen als Sanktion für Eheverfehlungen zu erreichen (problematisch insoweit OLG Dresden FamRZ 2000, 109 ff; zur Wichtigkeit der **Bindungstoleranz** und zum sog **PA-Syndrom** in solchen Fällen s Rn 207 f).

138 Zeigt sich hingegen, daß die Parteien **in der bisherigen Trennungszeit alle wesentlichen, das Kind betreffenden Fragen einvernehmlich geregelt** und das Kind von ihrem persönlichen Zerwürfnis weitgehend abgeschirmt haben, so ist – wenn nicht neu eingetretene Umstände eine andere Beurteilung erfordern – die Erwartung begründet, daß die Eltern zur einvernehmlichen Sorge auch in Zukunft in der Lage sein werden (KG FamRZ 2006, 1626 f; OLG Celle FamRZ 2008, 637 f; OLG Bamberg FamRZ 1997, 48; 1999, 803; Brandenburgisches OLG Forum 1998, 88, 89 ff; OLG Dresden FamRZ 2000, 501; OLG Hamm FamRZ 1997, 48; FamRZ 1999, 38, 39; FamRZ 2006, 1697 ff; OLG Köln FamRZ 2003, 1950, 1952; FamRZ 2009, 62 f; OLG Oldenburg FamRZ 1998, 1464; OLG Saarbrücken FamRZ 1989, 530; OLG Thüringen FamRZ 2001, 436 f; OLG Zweibrücken FamRZ 1999, 40 f; AG Chemnitz FamRZ 1999, 321, 322 ff; problematisch KG FamRZ 1999, 737 [genügt „wenn Informationsaustausch noch möglich ist"]). Auch der Umstand, daß sie für ein weiteres Kind das gemeinsame Sorgerecht ohne Regelungsantrag fortführen, kann ihre grundsätzliche Kooperationsfähigkeit indizieren (OLG Brandenburg FamRZ 2008, 2054). Dass sie für ihr Einvernehmen die Hilfe Dritter benötigen (Erziehungsberater, Anwälte), steht dem noch nicht entgegen (OLG Köln FamRZ 2008, 636, 637). Diese Erwartung muß jedoch empirisch aus dem Sachverhalt begründet werden, nicht nur als normativer Anspruch an korrektes Elternverhalten (nicht überzeugend OLG Hamm FamRZ 2005, 537, 538: trotz „tiefgreifender Spannungen und Differenzen" keine Aufhebung der gemeinsamen Sorge, da keine

Bemühungen um Kooperation dargelegt). Richtigerweise ist ein Mittelweg zu suchen zwischen **zwei Fehltendenzen: Schulmeisterliche Oktroyierung von Kooperation**, wie sie in einigen der vorzitierten Entscheidungen anklingt, oder **Kapitulation vor strikter Verweigerung** der Sorgegemeinsamkeit (dazu OLG Hamm FamRZ 1996, 1098, 1099; KG FamRZ 1999, 808, 809 m krit Anm LIERMANN [seinerseits der Gegentendenz zuneigend]). Die strikte Orientierung am *Kindeswohl* mag eine Hilfe in diesem Dilemma bieten (BGH FamRZ 1999, 1646, 1648; OLG Karlsruhe FamRZ 2000, 111, 112). Zeigt das bisherige Elternverhalten hinreichendes Kooperationspotential, so kann es im Hinblick auf das Pflichtelement der elterlichen Verantwortung (Rn 7) gerechtfertigt sein, auch eine strikte Ablehnung der gemeinsamen Sorge durch einen Elternteil beiseite zu schieben – hier droht der Paarkonflikt das Sorgerechtsproblem zu dominieren (vgl Rn 121). Die mangelnde Bereitschaft eines oder beider Teile, sich in einem *Sorgeplan* festzulegen, steht der positiven Prognose nicht notwendig entgegen (vgl Rn 136). Für eine solche Prognose kann auch der Wunsch des Kindes nach beiderseitiger Sorgeverantwortung der Eltern bedeutsam sein (KG FamRZ 2008, 634, 635; OLG Celle FamRZ 2008, 637, 638). Der Wunsch eines Elternteils nach Alleinsorge muß in diesen Fällen hinter der Pflicht zur gemeinsamen Verantwortungstragung (Rn 7) und dem Elternrecht des Antragsgegners (AG Chemnitz FamRZ 1999, 321, 322 f) zurücktreten (OLG Zweibrücken FamRZ 1999, 40 f). Ebensowenig genügt die *bloße Furcht vor künftigen Streitigkeiten* oder Einmischungen (OLG Hamm FamRZ 1999, 38, 39; OLG Thüringen FamRZ 2001, 436, 437; OLG Köln FamRZ 2005, 2087 [LS]), möglicherweise gegründet auf ein persönliches Unterlegenheitsgefühl des Antragstellers (OLG Hamm aaO; vgl aber OLG Hamm FamRZ 1996, 1098, 1099), und ein daraus erwachsendes *Sicherungsbedürfnis* hinsichtlich des status quo (OLG Stuttgart FamRZ 1999, 39, 40; zu einstw AO vgl Rn 293–296). Insofern mag es auch gerechtfertigt sein, das gemeinsame Sorgerecht aufrechtzuerhalten, wenn zwar Kommunikationsprobleme bestehen, ein Elternteil das alleinige Sorgehandeln des anderen aber passiv hinnimmt (KG FamRZ 2007, 923).

139 **Gewalttätigkeiten** zwischen den Eltern sind ein starkes Indiz für Kooperationsunfähigkeit (BT-Drucks 13/4899, 99; BVerfG FamRZ 2004, 354, 355; FamRZ 2002, 565, 566; OLG Düsseldorf FamRZ 1999, 1598, 1599; OLG Hamm FamRZ 2000, 501, 502; OLG Stuttgart FamRZ 2001, 435, 436; OLG Nürnberg FamRZ 2002, 188; OLG Zweibrücken FamRZ 2001, 185; BAMBERGER/ROTH/VEIT Rn 27; MünchKomm/FINGER Rn 85; nicht treffend die Kritik von KOSTKA 298 f an der angeblich gewaltblinden Gerichtspraxis in Deutschland; Gewalt gegen das Kind berührt schon die Erziehungseignung, vgl unten Rn 201). Selbst wenn dies nicht der Fall sein sollte, darf ein Elternteil nicht über das gemeinsame Sorgerecht mit einem Partner zusammengezwungen werden, der ihn in seinen fundamentalen Persönlichkeitsrechten verletzt hat und zu verletzen droht (SCHWAB FamRZ 1998, 457, 464; WILL FPR 2004, 233, 234 f). Angesichts der elterlichen Vorbildfunktion (unten Rn 190, 197) muß überdies davon ausgegangen werden, daß auch Gewalttätigkeiten nur gegenüber dem Partner die Erziehung wesentlich beeinträchtigen (vgl § 1666 Rn 98; BRISCH 17. DFGT [2007] 89, 107 f; ausführlich WEBER-HORNIG/KOHAUPT FPR 2003, 315 ff; WILL FPR 2004, 233 ff; OLG Hamm FamRZ 2000, 501, 502 hebt hervor, daß die Gewalttätigkeiten in Gegenwart der Kinder stattfanden). Ein vereinzelt gebliebener Gewaltvorfall mag im Einzelfall außer Betracht bleiben (OLG München FamRZ 1999, 1006, 1007; OLG Karlsruhe FamRZ 2002, 1209, 1210).

140 **Vorwurf sexuellen Kindesmißbrauchs**: Solche Vorwürfe sind – unabhängig von ihrem Wahrheitsgehalt – Ausdruck einer völligen Zerrüttung der persönlichen Beziehung zwischen den Eltern, Kooperation kann jedenfalls künftig von ihnen nicht erwartet werden (BGH FamRZ 2008, 592, 594 Nr 17; OLG Dresden FamRZ 1999, 324, 325; OLG Stuttgart FamRZ 2001, 435, 436; MünchKomm/FINGER Rn 86; RAUSCHER, FamR Rn 1003). Damit besteht zwar die Gefahr, daß Mißbrauchsvorwürfe als sorgerechtliches „Totschlagsargument" erhoben werden, um den Antragsgegner zu diskreditieren. Der Begründetheit der Vorwürfe kann das Gericht im Rahmen der Kindeswohlprüfung bezüglich der Alleinsorge nachgehen (s Rn 201a) und – bei Haltlosigkeit der Vorwürfe – das Sorgerecht dem anderen Elternteil zuweisen; von einer *gemeinsamen Sorge* kann in dieser Situation jedoch für das Kind nichts Gutes erwartet werden (BGH FamRZ 2008, 592, 594 Nr 18; **anders** OLG Köln FamRZ 2003, 1492). Das Risiko möglichen Unrechts gegenüber einem Elternteil darf nicht auf das Kind abgewälzt werden.

Dissens in Erziehungsfragen: Oft führt nicht die Zerrüttung des Partnerverhältnisses **141** zu Elternversagen, sondern umgekehrt tiefgreifende Meinungsverschiedenheiten über die Kindererziehung zum Zerbrechen der Partnerschaft. In diesen Fällen, aber auch sonst bei erheblichem Dissens über Kindeswohlfragen ist gemeinsame Sorge nicht angezeigt – die Eltern würden gerade in dem Punkt aneinandergekoppelt, in dem sie sich nicht verständigen können (OLG Bamberg FamRZ 1995, 1509, 1510; 1999, 805, 806; OLG Düsseldorf ZfJ 1999, 111; OLG Hamm FamRZ 1999, 320, 321; FamRZ 2000, 1039, 1040 f; OLG Nürnberg FamRZ 2002, 188, 189; LIMBACH, Gemeinsames Sorgerecht 25 f, 59 ff; SCHWAB FamRZ 1998, 457, 463). Dabei kommt es nicht auf die Unterscheidung zwischen Grunddissens über Sorgefragen und Teildissens, bezogen auf Einzelpunkte an: Entscheidend sind die **Auswirkungen der elterlichen Meinungsverschiedenheiten auf das Kind im Einzelfall** (BGH FamRZ 1999, 1646, 1648; OLG Karlsruhe FamRZ 2000, 111, 112; KG FamRZ 2000, 504; OLG Frankfurt FamRZ 2001, 1636; FamRZ 2002, 1727). Läßt sich allerdings ein punktueller Konflikt durch gerichtliche Entscheidung (nach § 1671 oder § 1628) lösen, bedarf es nicht der Aufhebung des gemeinsamen Sorgerechts iü (BGH FamRZ 2005, 1167 f; AG Weilburg FamRZ 2003, 1308 ff [Konflikt bezügl religiöser Erziehung; vgl auch OLG Schleswig FamRZ 2003, 1948). Gemeinsames Sorgerecht ist insbes nicht angezeigt, wenn es von einem Elternteil nur angestrebt wird, um den Erziehungseinflüssen des anderen „gegensteuern" zu können (OLG Bamberg FamRZ 1999, 805, 806). Allerdings sind zwei wesentliche Einschränkungen zu machen: Im Hinblick auf § 1687 ist Dissens in Fragen der täglichen Betreuung unerheblich, nur *Grundfragen* der elterlichen Sorge unterliegen der Gemeinschaftsbindung (Rn 100, 121). Hier drohender Dissens kann nicht damit abgetan werden, daß Fragen von erheblicher Bedeutung in absehbarer Zeit nicht zu erwarten seien (s Rn 259). Doch kann auch Streit über die „Tagessorge" bedeutsam sein – wenn nämlich der nicht betreuende Teil die Alleinkompetenz des anderen nicht akzeptiert und über die Abgrenzungsfrage des § 1687 Abs 1 eine neue Streitfront eröffnet, die das Gesamtverhältnis der Eltern belastet (vgl OLG Nürnberg FamRZ 2002, 188, 189; KG FamRZ 2000, 502, 503; **anders** KAISER FPR 2003, 573, 576).

Zum zweiten gehören Meinungsverschiedenheiten in Erziehungsfragen zum Alltag auch in der intakten Familie und werden ausgetragen – durchaus auch zum Vorteil für das Kind (KAISER FPR 2003, 573, 577). Die allein entscheidende Fähigkeit der Eltern zu fairer, kindesorientierter Auseinandersetzung und Konsensfindung (vgl Brandenburgisches OLG Forum 1998, 88, 90 f; OLG Bamberg FamRZ 1999, 803 [uU auch mit Hilfe eines Vermittlers]; OLG Köln FamRZ 2000, 509, 510; AG Duisburg FamRZ 2001, 1635, 1636; AG Burgwedel FamRZ 2002, 631) kann allerdings durch die geschwundene Paarharmonie beeinträchtigt sein. Wiederholte Verfahren nach § 1628 indizieren eine Aufhebung des gemeinsamen Sorgerechts (OLG Karlsruhe FamRZ 2000, 1041; FamRZ 2002, 1209); nur abstrakter Dissens reicht hingegen nicht (vgl OLG München FamRZ 2000, 1042: Hypothetische Bluttransfusion bei Zeugen Jehovas; vgl dazu Rn 193, 260). Die **Abwesenheit von Meinungsverschiedenheiten** indiziert umgekehrt die fortbestehende Kooperationsfähigkeit der Eltern (OLG Naumburg FamRZ 2002, 564, 565).

142 Gleichgültigkeit des Antragsgegners: Die Nichtantragstellung durch den Antragsgegner und sein Festhalten am gemeinsamen Sorgerecht kann auf aktivem Engagement, auf dem Wunsch nach Mitverantwortung beruhen; hinter dieser Haltung können aber auch Gleichgültigkeit, Rechthaberei oder Machtinteressen stehen. Kindeswohldienlich ist das gemeinsame Sorgerecht aber nur, wenn es dem Kind über den Umgang hinaus gelebte Elternschaft auch des Elternteils beschert, bei dem es sich nicht gewöhnlich aufhält (Rn 133), andernfalls sind mit ihm für den betreuenden, ohnehin alle Lasten tragenden Elternteil nur Erschwernisse oder Störungen verbunden (vgl AG Chemnitz FamRZ 1999, 321, 322; SCHWAB FamRZ 1998, 457, 463). Das FamG wird die wahre Motivation des Antragsgegners sorgfältig zu ermitteln haben, mit prozeßtaktischem „Gesinnungswechsel" ist zu rechnen (SCHWAB aaO; vgl OLG Dresden FamRZ 2002, 973, 974). Dabei wird auch zu unterscheiden sein zwischen Nichteinmischung aus Respekt vor dem sachnäheren Betreuungselternteil, aus Resignation (OLG Karlsruhe FamRZ 2002, 1209, 1210), wegen einer zurückhaltenden, passiven Persönlichkeitsstruktur (OLG Köln FamRZ 2003, 1036, 1037 [die Mutter mußte immer „den ersten Schritt machen", um eine Sorgekommunikation einzuleiten]; MünchKomm/FINGER 79) oder aus Interesselosigkeit (Brandenburgisches OLG Forum 1998, 88, 90). Auch hier ist schließlich die Kompetenzaufteilung von § 1687 zu beachten. Desinteresse des Antragsgegners am Kind kann sich aber auch in seinem umgangsrechtlichen Verhalten oder in Unterhaltspflichtverletzungen dokumentieren (zu letzteren Rn 143; vgl OLG Hamm FamRZ 2001, 183 f [LS]; OLG Dresden FamRZ 2002, 973, 974).

Zurückzuweisen ist die Auffassung, Gleichgültigkeit des Antragsgegners bedeute immerhin „gewähren lassen" des Betreuungselternteils, also keine Störung, so daß dessen Alleinsorge keine Verbesserung gegenüber dem status quo bedeute (OLG Frankfurt FamRZ 1996, 889; AG Ratzeburg FamRZ 2000, 505, 506; PraxHdB FamR/FRÖHLICH Rn E 126; tendenziell auch MünchKomm/FINGER Rn 79). Abgesehen von der Beschwernis, Einvernehmen mit einem desinteressierten Partner herstellen zu müssen, kann die Kompetenzbeschränkung des faktisch alleinsorgenden Elternteils sehr wohl negative Auswirkungen auf das Kind haben (zum Interesse des Kindes an „autonomen Eltern" vgl GOLDSTEIN ua II 19; näher COESTER, Kindeswohl 328 ff [im Zusammenhang mit möglichen Sorgerechtsänderungen]).

143 Unterhaltspflichtverletzungen des Antragsgegners betreffen nicht Sorgepflichten im rechtlichen Sinne, so daß sie gelegentlich als „unerheblich" für die Sorgerechtsproblematik bezeichnet werden (OLG Zweibrücken FamRZ 1999, 40, 41; OLG Nürnberg EzFamR aktuell 1999, 116, 117; AG Chemnitz FamRZ 1999, 321, 322; AG Ratzeburg FamRZ 2000, 505, 506; offenlassend Brandenburgisches OLG Forum 1998, 88, 92). Dem kann nicht gefolgt werden, beim Unterhalt handelt es sich nur um eine rechtlich verselbständigte Form der Sorge für das Kind im übergreifenden Sinne. Jedenfalls schwerwiegendere oder anhaltende Unterhaltspflichtverletzungen sind deshalb Anzeichen mangelnder Kindesorientiertheit des Antragsgegners und seiner mangelnden Bereitschaft, „das Seine" zur Kindesversorgung beizutragen (OLG Hamm FamRZ 1999, 394, 395; OLG Köln FamRZ 2008, 636, 637; SCHWAB FamRZ 1998, 457, 463). Dies gilt im Grundsatz auch, wenn der Antragsgegner seine Nichtleistung als „Zurückbehaltungsrecht" gegenüber angeblich vorenthaltenen Mitsorge- oder Umgangsrechten begründet. Das FamG wird in diesen Fällen jedoch sorgfältig zu prüfen haben, ob Vorenthaltungen durch den Betreuungselternteil und Antrag auf Übertragung der Alleinsorge Ausdruck einer beharrlichen Verdrängungsstrategie des Antragsstellers sind, der jedenfalls nicht ohne weiteres nachzugeben wäre (Rn 121, 133). Läßt sich dies nicht feststellen, bleibt nur der Befund, daß die Eltern in übergreifende Streitigkeiten verwickelt sind, die die Belassung des gemeinsamen Sorgerechts kaum empfehlen.

Unter dem Stichwort **„Realisierungsschwierigkeiten"** des gemeinsamen Sorgerechts **144** lassen sich mehrere Einzelaspekte zusammenfassen: **Große Entfernung zwischen den Elternwohnsitzen** wird nach neuem Recht zT überraschenderweise als Hindernis für die gemeinsame Sorge eingestuft (OLG Hamm FamRZ 1999, 320, 321; AG Solingen FamRZ 1999, 183; offener OLG Brandenburg FamRZ 2001, 1021 [„zu berücksichtigen"]), obwohl bislang die gegenteilige Auffassung vorherrschte (OLG Celle FamRZ 1985, 527; KG FamRZ 1983, 1055, 1058; AG Arnsberg FamRZ 1986, 1145, 1148; FTHENAKIS, in: REMSCHMIDT [Hrsg], Kinderpsychiatrie [1984] 36, 43; HINZ ZfJ 1984, 529, 535; **anders** jedoch OLG Karlsruhe FamRZ 1995, 562, 564). Im Zeitalter moderner Kommunikations- und Reisetechnik kann die räumliche Entfernung als solche jedoch kein Hindernis für elterliche Kooperation sein (auf Umgangsebene muß das Problem ohnehin gelöst werden), allenfalls schwere faktische Erreichbarkeit des anderen Elternteils kann dem gemeinsamen Sorgerecht entgegenstehen (BVerfG FPR 2004, 393, 394 [Vater ist Pilot der Lufthansa]; OLG Brandenburg FamRZ 2003, 1952; 1953; OLG Dresden FamRZ 2000, 501; OLG Hamm FamRZ 2002, 565, 566; OLG Köln FamRZ 2003, 1036; OLG Naumburg FamRZ 2002, 564, 565; AG Duisburg FamRZ 2001, 1635; Probleme sieht OLG Hamm FamRZ 1999, 320, 321 für die Entfernung Deutschland/Wales; SCHWAB FamRZ 1998, 457, 463). Außerdem liegen die täglichen Sorgeentscheidungen ohnehin allein beim Obhutselternteil, § 1687 Abs 1 (OLG Dresden FamRZ 2000, 501). Ähnlich liegt die Problematik bei erst **geplantem Wegzug** oder gar **Auswanderung** des Betreuungselternteils mit dem Kind. Stellt der Betreuungselternteil angesichts des Widerspruchs durch den mitsorgeberechtigten anderen Elternteil einen Übertragungsantrag nach § 1671 Abs 1, Abs 2 Nr 2, ist zu berücksichtigen, daß gemeinsame Sorge grds auch länderübergreifend denkbar ist – der Streit beschränkt sich (möglicherweise) nur auf den Aufenthalt des Kindes oder Umgangsfragen. Demgemäß haben einige Gerichte lediglich das Aufenthaltsbestimmungsrecht auf den Betreuungselternteil allein übertragen, um ihm den Umzug zu ermöglichen (OLG Nürnberg FamRZ 2000, 1603 f; OLG Köln NJW 1999, 224; FamRZ 2006, 1625 [LS]; OLG Karlsruhe ZKJ 2009, 171 ff; AG Offenburg ZKJ 2009, 133 f; vgl zur Abwägung von Sorge- und Umgangsrecht Rn 211; zur Abspaltung des Aufenthaltsbestimmungsrechts Rn 259). Dies setzt aber nicht nur grundsätzliche Kooperationsfähigkeit und -bereitschaft der Eltern voraus (Rn 136 ff); es sollte auch bedacht werden, mit der Verlagerung des gewöhnlichen Kindesaufenthalts ins Ausland idR das dortige Kindschaftsrecht anwendbar wird (Rn 302). Das Sorgerechtsmodell der §§ 1671, 1687 Abs 1 überlebt den „Export" nicht und wird im Ausland auch leicht abänderbar sein. Eine klare Entscheidung für Alleinsorge des einen oder anderen Elternteils erscheint deshalb vorzugswürdig (dazu Rn 210 f). Billigen die Gerichte den Wegzug aus Kindeswohlgründen nicht, genügt zur Verhinderung (bei im übrigen funktionierender gemeinsamer Sorge) deren Nichtaufhebung. War dem Betreuungselternteil jedoch das Aufenthaltsbestimmungsrecht schon allein übertragen, so wird dieses in diesen Fällen entweder regional beschränkt (OLG München FamRZ 2003, 1493, 1494; OLG Schleswig FamRZ 2003, 1491, 1492 [verfehlt über

§ 1666]) oder wieder der gemeinsamen Sorge unterstellt (OLG Hamm FamRZ 1999, 394 f [durch Änderungsentscheidung gem § 1696 Abs 1]; dazu krit unten Rn 211; zur Änderungsproblematik s STAUDINGER/COESTER [2006] § 1696 Rn 73 ff). Etwas anders liegt die Situation bei **langjähriger Strafhaft** eines Elternteils: Hier bleibt zwar auch Fernkommunikation möglich, so daß jedenfalls bei kürzeren Inhaftierungen ein Ruhen der elterlichen Sorge gem § 1674 nicht eintritt (vgl § 1674 Rn 14). Die Möglichkeiten des Inhaftierten zur verantwortlichen Teilnahme am Leben und der Erziehung des Kindes sind aber doch so eingeschränkt, daß eine Aufrechterhaltung des gemeinsamen Sorgerechts nicht sinnvoll erscheint (anders OLG Naumburg FamRZ 2003, 1947 f). Selbst wenn die elterliche Sorge des Inhaftierten ruht, kann nach § 1671 eine Übertragung der elterlichen Sorge auch der Substanz nach auf den anderen Elternteil beantragt werden (Rn 36).

145 Auf anderer Ebene kann sich ein Problem ergeben, wenn der entfernt wohnende Antragsgegner die gemeinsame Sorge als **alternierende Betreuung** verwirklichen will (beantragt ein Elternteil alleiniges Sorgerecht mit dem Versprechen, ein bisher praktiziertes Wechselmodell fortzusetzen [so in KG NJW-RR 2006, 798], ist keine Aufhebung des gemeinsamen Sorgerechts angezeigt, wenn die Eltern grds kooperieren; bei Alleinsorge eines Elternteils kann das FamG iü die Betreuungsregelungen nicht verbindlich anordnen [anders zT die Praxis, über § 1684 Abs 3, s Rn 261]). Bei diesem „**Pendelmodell**" oder „**Wechselmodell**" wechselt das Kind in periodischen Abständen zwischen den elterlichen Haushalten hin und her; entsprechend wechselt auch periodisch die Alleinentscheidungskompetenz gem § 1687 Abs 1 S 2, während die grundsätzlichen Sorgerechtsentscheidungen von beiden Eltern durchgehend gemeinsam getroffen werden (str, vgl STAUDINGER/SALGO [2006] § 1687 Rn 15). Der ständige Wechsel des Lebensumfelds kann für das Kind belastend sein, häufig wird er zumindest von heranwachsenden Kindern abgelehnt (zu negativen Erfahrungen vgl LIMBACH-Studie 43, 72 ff; BALLOFF/WALTER FamRZ 1990, 445, 452 mwN; KOSTKA FPR 2006, 271 ff [zu den USA]; UNZNER FPR 2006, 274 ff [zu Bindungsproblemen]; FICHTNER/SALZGEBER FPR 2006, 278 ff). Je nach Lage des Einzelfalls kann sich die Kindeswohldienlichkeit derart praktizierter gemeinsamer Sorge deshalb als zweifelhaft erweisen. Sicherlich ist das Wechselmodell keine akzeptable Lösung, um mangelnde Kooperations- und Kommunikationsbereitschaft beider Eltern zu überbrücken (s aber AG Hannover FamRZ 2001, 846, 848; vgl Rn 261), aber wenn es als Kompromißmodell den elterlichen Streit um das Kind befriedet hat und von diesem nicht abgelehnt wird, so *kann* gelebtes gemeinsames Sorgerecht einer Alleinsorge mit Elternstreit auf Umgangsebene und Entfremdungsgefahr zwischen Kind und anderem Elternteil vorzuziehen sein (vgl KG FamRZ 2006, 1626 f; OLG Dresden FamRZ 2005, 125; OLG Celle FamRZ 2008, 2053; FICHTNER/SALZGEBER FPR 2006, 278, 283; HAMMER, Elternvereinbarungen 50 mwN; näher Rn 261). Andererseits sind negative Auswirkungen einer bereits praktizierten Wechselpraxis auf das Kind ernstzunehmen, sie können für eine Beendigung des gemeinsamen Sorgerechts sprechen (OLG Brandenburg FamRZ 2003, 1949 [LS]; **anders** AG Hannover FamRZ 2001, 846 ff; und JAmt 2001, 557 ff).

146 Ein **neuer Partner** auf der einen oder anderen Elternseite bedeutet sicherlich eine Belastungsprobe für das gemeinsame Sorgerecht. Dies ist aber keine Besonderheit dieser Sorgerechtsform, bei Alleinsorge äußert sich die Problematik auf der Umgangs- oder Änderungsebene (vgl LUTHIN, Gemeinsames Sorgerecht 61). Ist der neue Partner bekannt, muß ermittelt werden, ob er die fortdauernde Kooperation der

Eltern zumindest nicht ablehnt oder ihr sonst entgegensteht (vgl KG FamRZ 1983, 1055, 1058). Eine neue Partnerschaft *kann* im Einzelfall Auslöser elterlichen Streits sein und damit die Basis des gemeinsamen Sorgerechts gefährden (vgl LIMBACH-Studie 43).

3. Vergleichspunkt: Alleinsorge des Antragstellers

Hier hat das FamG die Kindessituation bei hypothetischer Alleinsorge des Antragstellers zu beurteilen; Maßstab sind die **allgemeinen Kindeswohlkriterien**, wie sie bislang schon für die Abwägung zwischen den Eltern nach § 1671 aF entwickelt worden sind (s Rn 157 ff). Bei wechselseitigen Übertragungsanträgen sind beide Eltern Antragsteller, so daß Alleinsorge der Mutter wie Alleinsorge des Vaters als mögliche Alternative zu prüfen sind.

Bei einseitiger Antragstellung ergibt sich die gerichtliche Entscheidung aus dem Vergleich von beantragter Alleinsorge und fortgeführter gemeinsamer Sorge, bei beiderseitigen Anträgen kann aus allen Sorgerechtsvarianten die beste gewählt werden. Berücksichtigt man, daß das FamG Anträgen auch nur teilweise stattgeben kann (Rn 102), ergeben sich hier flexible Gestaltungsmöglichkeiten zur Sicherung des Kindeswohls.

4. Vergleichspunkt: Alleinsorge des Antragsgegners

Hat der Antragsgegner keinen Übertragungsantrag gestellt (sonst: vorstehend Rn 147), scheidet seine Alleinsorge zwar als Entscheidungsalternative letztlich aus (zur Kritik Rn 15), sie gehört aber dennoch zunächst mit zum **Ermittlungs- und Prüfungsthema des FamG** (Rn 105). Schon bei der Überprüfung des gemeinsamen Sorgerechts ist ohnehin die gesamte Familiensituation zu ermitteln einschließlich der Person und Lebensbedingungen des Antraggegners. Sollte das FamG zu der Überzeugung gelangen, daß eine Alleinsorge des Antraggegners die beste Lösung für das Kind wäre, ist dies auch keineswegs eine nur theoretische Feststellung. Sie verpflichtet das Gericht im Rahmen der stets gebotenen **Vermittlungsbemühungen** (dazu Rn 271 ff), auch die Eltern zu dieser Einsicht zu bringen und möglichst eine einvernehmliche Antragstellung zugunsten des bisherigen Antraggegners gem Abs 2 Nr 1 zu erreichen. Gelingt dies nicht, ist das FamG aus der Kindeswohlverpflichtung des staatlichen Wächteramts heraus gehalten, zumindest auch den Antragsgegner zur eigenen Antragstellung zu bewegen, damit es die dem Kindeswohl am besten entsprechende Lösung auch anordnen kann (vgl JOHANNSEN/HENRICH/JAEGER Rn 43; BAMBERGER/ROTH/ VEIT Rn 52.1). In all diese Einwirkungsbemühungen sind das **Jugendamt** und andere Beratungsstellen weitestmöglich zu integrieren (vgl § 156 Abs 1 S 2, 4 FamFG).

Hier kann sich ein **Dilemma für den Antragsgegner** ergeben, der primär am gemeinsamen Sorgerecht festhalten, hilfsweise aber auch als alleinige Sorgerechtsalternative zur Verfügung stehen möchte. Er könnte, bei eigener Antragstellung, darauf vertrauen, daß das FamG gem Abs 2 Nr 2 ohnehin auch die Fortführung des gemeinsamen Sorgerechts in seine Prüfung einzubeziehen hat. Allerdings untergräbt er mit der eigenen Antragstellung dessen Erfolgsprognose (oben Rn 118, 124, 134). Statt nun dem Gericht erst in der Anhörung zu signalisieren, daß er eigentlich die gemeinsame Sorge der beantragten Alleinsorge vorziehe, sollte ihm ermöglicht werden, von vornherein seinen **Übertragungsantrag nur hilfsweise** zu stellen und sich in erster

Linie darauf zu beschränken, dem Antrag des anderen Elternteils entgegenzutreten und zugunsten des gemeinsamen Sorgerechts zu argumentieren (PraxHdB FamR/Fröhlich Rn E 130; vgl oben Rn 45).

150 Gelingt es dem FamG nicht, den Antragsgegner zu einer zumindest hilfsweise eigenen Antragstellung zu bewegen, kann allerdings nach Abs 2 Nr 2 nicht zugunsten dessen Alleinsorge entschieden werden. Darüber, ob sich der Antragsgegner durch seine Weigerung disqualifiziert hat und deshalb letztlich doch nicht die beste Alternative darstellt (vgl Johannsen/Henrich/Jaeger Rn 43, 54; dagegen Bamberger/Roth/Veit Rn 52.1), braucht nicht mehr spekuliert zu werden: Es stehen ohnehin nur die Fortführung des gemeinsamen Sorgerechts oder die Alleinsorge des Antragstellers zur Wahl. Anderes gilt nur, wenn vom Antragsteller eine *Gefährdung des Kindeswohls* zu besorgen ist – dann kann ihm das FamG das Sorgerecht gem §§ 1671 Abs 3, 1666 entziehen, der Antragsgegner wäre dann kraft Gesetzes alleiniger Sorgerechtsinhaber, § 1680 Abs 3 mit Abs 1 *(nicht* möglich demgegenüber eine Umgehung des Antragserfordernisses durch [1] Sorgeübertragung auf Antragsteller und [2] anschließende Änderungsentscheidung von Amts wegen zugunsten des anderen Elternteils: § 1696 setzt neue Fakten oder zumindest neue Erkenntnisse voraus!).

5. Ergebnis und Entscheidungsmöglichkeiten

151 Aus den vorstehenden Darlegungen ergeben sich folgende Entscheidungsmöglichkeiten des FamG:

Es wird einen **Übertragungsantrag zurückweisen**, wenn

– es die Fortführung des gemeinsamen Sorgerechts für kindeswohldienlicher hält als die beantragte Alleinsorge;

– auch der andere Elternteil einen Antrag gestellt hat und dieser die bessere Sorgerechtsalternative bietet;

– zwar kein Übertragungsantrag des Antragsgegners vorliegt, der Antragsteller aber das Kindeswohl gefährdet (§§ 1671 Abs 3, 1666).

Kein Abweisungsgrund liegt vor, wenn sich das FamG bei nicht funktionierender gemeinsamer Sorge nicht entscheiden kann, welcher Elternteil für die Alleinsorge besser geeignet ist (so Bamberger/Roth/Veit Rn 53). Zum einen macht sich hier die verfehlte Aufteilung des Prüfungsthemas in zwei getrennte Fragen (Rn 103 f) bemerkbar (so Veit selbst, aaO). Zum zweiten *muß* das FamG im Interesse des Kindeswohls entscheiden, es gibt genügend ausschlaggebende Kriterien bei grundsätzlich gleich geeigneten Eltern (zB den Kindeswillen, Rn 234, oder die Kontinuität, Rn 248).

152 Das FamG wird eine beantragte **Übertragung vornehmen**, soweit sie sich

– bei beiderseitiger Antragstellung als sowohl der gemeinsamen Sorge wie dem Alleinsorgerecht des anderen Teils überlegen herausgestellt hat (dies gilt *auch* bei Gefährdung des Kindeswohls durch den anderen Elternteil, Rn 20);

– bei einseitiger Antragstellung im Verhältnis zur Fortführung der gemeinsamen Sorge als die bessere Lösung für das Kind erweist.

6. Das Kindeswohl als Entscheidungsmaßstab

a) Fragestellung

Entscheidungsspielraum im Lichte des Kindeswohls eröffnet das Recht erst in Abs 2 Nr 2, und auch hier unbeschränkt nur, wenn beide Eltern die Übertragung der Alleinsorge auf sich beantragen (Rn 100, 147). Dies liegt daran, daß das staatliche Wächteramt (Art 6 Abs 2 S 2 GG) gegenüber elterlichem Einvernehmen weitgehend zurückgenommen wurde (Rn 8, 19) – soweit ist die Wahrung der Kindesinteressen auch in der Trennungssituaton der Verantwortung der Eltern überlassen (§§ 1626, 1626a, 1627). Soweit jedoch mangels elterlicher Einigkeit dem FamG noch staatliche Wächterfunktionen verblieben sind, stehen diese nach wie vor unter der Herrschaft des Kindeswohlprinzips – dieses bestimmt nicht nur die Grundlage, sondern auch den Maßstab staatlichen Handelns (COESTER, Kindeswohl 1 ff, 134 ff; § 1666 Rn 63). **153**

Dies gilt im Prinzip gleichermaßen für die stets möglichen staatlichen Eingriffe in die elterliche Sorge nach § 1666 (§ 1671 Abs 3). Nur müssen dafür die spezifischen **Eingriffsvoraussetzungen des Kindesschutzrechts**, insbes eine „Gefährdung" der Kindesinteressen iS dieser Vorschrift vorliegen, so daß für die insoweit maßgeblichen Kindeswohlaspekte auf die Erörterungen zu § 1666 zu verweisen ist (s auch Rn 262 ff). **Unterhalb der Gefährdungsgrenze** weist jedoch die mit der Elterntrennung verbundene Sorgerechtsproblematik eine **Fülle von eigenständigen, situationsspezifischen Kindeswohlgesichtspunkten** auf, die bei der Abwägung zwischen gemeinsamer Sorge, Alleinsorge der Mutter oder Alleinsorge des Vaters bzw aufgeteilten Sorgerechtsbefugnissen zu beachten sind, aber auch entscheidungsleitende Funktion entfalten. Insoweit bleiben auch die zu früheren Fassungen des § 1671 in Konkretisierung des Kindeswohlprinzips entwickelten Kriterien grundsätzlich bedeutungsvoll (vgl OLG Hamm NJW 1999, 69; SCHWAB FamRZ 1998, 457, 464). Dabei ist zu beachten, daß das Kindeswohl das gerichtliche Handeln selbst dort beherrscht und leitet, wo das Gesetz die kindeswohlorientierten Gestaltungs- und Entscheidungsmöglichkeiten des Gerichts einschränkt (Rn 105, 271). **154**

Dem Gesetzeswortlaut geht es (nach wie vor) um die dem Kindeswohl „am besten" entsprechende Sorgerechtsgestaltung. Daß angesichts der Elterntrennung und Uneinigkeit über das Sorgerecht diese Formulierung nur in relativem Sinne verstanden werden kann (BGH FamRZ 1985, 169, 171), war auch dem Gesetzgeber bewußt (vgl BT-Drucks 8/2788, 61): Ziel kann immer nur die **unter den gegebenen Umständen bestmögliche Lösung** sein. So gesehen, ist die verbreitet ersatzweise angebotene Formel der „am wenigsten schädlichen Alternative" (GOLDSTEIN ua I 49 ff, 56; vgl SCHWAB FamRZ 1998, 457, 462) zwar realistisch, aber rechtlich unergiebig, uU sogar kontraproduktiv: Sie betont vergangenheitsorientiert das elterliche Scheitern, ohne dieses ungeschehen machen zu können, und verleitet eher zur Resignation bei dem Versuch einer konstruktiven Reorganisation der familiären Beziehungen (JOPT FamRZ 1987, 875, 881; anderes mag gelten bei fortgesetzt kindeswohlwidrigen, aber noch nicht gefährdenden Zuständen bei beiden Eltern, wenn wirklich nur das „geringere Übel" zur Wahl steht, vgl BGH FamRZ 1985, 169, 171). **155**

156 Zum „Kindeswohl" als **wertausfüllungsbedürftigem, generalklauselartigem Rechtsbegriff** vgl bereits § 1666 Rn 66 ff. Die dort dargelegten Grundsätze gelten auch im Rahmen des § 1671, die folgende Darstellung konzentriert sich auf ihre spezifische Bedeutung im Trennungszusammenhang.

b) Sachlicher Aussagegehalt des Kindeswohlbegriffs
aa) Vorrangigkeit des Kindesinteresses

157 Eine wesentliche Aussage des gesetzlichen Kindeswohlprinzips liegt bereits darin, daß das **Kindesinteresse** anderen Interessen gegenüber den **Vorrang** hat bei der Sorgerechtsentscheidung: Das Gesetz genügt damit dem „grundrechtlichen Anspruch des durch die Scheidung seiner Eltern ohnehin beeinträchtigten Kindes auf eine an seinem Wohle ausgerichtete Regelung" (BVerfG FamRZ 1982, 1179, 1184; NJW 1981, 217, 218 = FamRZ 1981, 124, 125 f). Die Vorrangigkeit des Kindesinteresses rechtfertigt sich aus der zentralen Betroffenheit des Kindes bei der Sorgerechtsregelung und seiner „Individualität als Grundrechtsträger" (BVerfG NJW 1981, 217, 218 = FamRZ 1981, 124, 126; BVerfGE 37, 217, 252). Nachdem bei Trennung und Scheidung der Eltern deren Interessen vorherrschend waren, gebührt nunmehr dem Kind die volle Aufmerksamkeit (Fthenakis, in: Brühler Schriften Bd 3 [1984] 33, 37; Diederichsen NJW 1980, 1 ff, 8; Briegleb ZBlJugR 1971, 33, 38; Müller-Freienfels, Ehe und Recht [1962] 213 f).

158 Allerdings gebietet vernünftig verstandenes Recht niemals Unmögliches, und so wäre es eine verfehlte Sicht des § 1671 Abs 2 Nr 2, wenn dieser Vorschrift das Gebot entnommen würde, aus dem komplexen Beziehungs- und Interessengefüge „Familie" ein Individualinteresse herauszuschälen und isoliert zu verwirklichen. Zwischen den beteiligten Individualinteressen (Kind, Mutter, Vater, Geschwister) besteht eine *unauflösbare Interdependenz,* an der ein die Einzelinteressen überwölbendes *Gemeinschaftsinteresse* („Familieninteresse") teilhat (ausf Coester, Kindeswohl 206 ff; vgl Fthenakis aaO; Rabaa 10, 38). Darüber hinaus wird auch ein legitimes Interesse der *Gesellschaft* an den Lebens- und Entwicklungsbedingungen des Kindes anerkannt (BVerfG FamRZ 1968, 578, 584). Diese Zusammenhänge muß das FamG nicht ignorieren (und darf es auch nicht). Nur folgt aus dem gesetzlichen Primat des Kindeswohls, daß andere Interessen „da zurückstehen müssen, wo sie mit den Interessen des Kindes in Widerspruch treten" (BGH FamRZ 1976, 446, 447; ähnlich BVerfG FamRZ 1982, 1179, 1183; FamRZ 1974, 579, 588).

159 Der **Primat des Kindeswohls** hat deshalb eine **doppelte Bedeutung** für die richterliche Rechtsfindung: Einerseits verpflichtet er das FamG, **kindzentriert** zu denken und jeden Aspekt, der nicht ohnehin das Kind betrifft (also zB elterliche Persönlichkeit und Verhalten, elterliche oder gesellschaftliche Interessen) auf seine Bedeutung und Auswirkungen **gerade für das Kindeswohl** zu prüfen und entsprechend zu würdigen (Johannsen/Henrich/Jaeger Rn 46; vgl Coester, Kindeswohl 218: „Leitfunktion des Kindeswohls"). Die Rspr bringt dies mit der Formulierung zum Ausdruck, das FamG habe die Gesamtverhältnisse „**unter Voranstellung des allein maßgeblichen Kindeswohls**" zu untersuchen (BayObLG FamRZ 1977, 650, 652; OLG Hamm FamRZ 1980, 484 f; FamRZ 1980, 487; FamRZ 1980, 488, 489).

160 Als Kehrseite **verbietet** der Kindeswohlprimat die Einbringung **kindesfremder Gesichtspunkte** in die richterliche Abwägung, dh vor allem elterliche oder gesellschaftliche Interessen ohne Bezug oder gar in Widerspruch zu den Bedürfnissen des betroffenen Kindes („Sperrfunktion des Kindeswohls"). Solches Entscheidungsverhalten macht das Kind letztlich zum Objekt außerhalb seiner Person liegender Interessen (BGH FamRZ 1976, 446, 447; OLG Karlsruhe FamRZ 1978, 201, 202; OLG Stuttgart FamRZ 1978, 827, 828 f; zu Geschwisterinteressen OLG Karlsruhe FamRZ 1984, 311, 312) und verletzt es in seiner grundrechtlich geschützten Individualität (s Rn 157).

Angesichts gängiger Argumentationspraxis (vor allem in der öffentlichen Diskussion), nahezu jeden Aspekt auch als solchen des „Kindeswohls" erscheinen zu lassen, soll die Bedeutung der vorerwähnten Grundsätze im folgenden beispielhaft konkretisiert werden, zunächst hinsichtlich der Elterninteressen, dann der gesellschaftlich/staatlichen Interessen.

α) Elterninteressen
Abgesehen vom **generellen Interesse** jedes Elternteils, das Kind zugewiesen zu bekommen (zum diesbezüglichen Gleichberechtigungsaspekt Rn 163; zum in concreto mangelnden Elterninteresse Rn 194 ff) kann es vorkommen, daß ein Elternteil **besondere persönliche Interessen** an der Sorgerechtszuteilung geltend macht (zum Aspekt der „Scheidungsschuld" unten Rn 187): So braucht etwa ein labiler Elternteil das Kind als psychische Stütze (Berücksichtigung abgelehnt: OLG Köln FamRZ 1971, 186, 187 f; BayObLG FamRZ 1986, 534 f; AG Ludwigslust FamRZ 2006, 501) oder ein kranker Teil zur Pflege (befürwortend SCHWOERER FamRZ 1958, 439); der Vater wünscht sich den Sohn zum Unternehmensnachfolger (OLG Hamburg FamRZ 1959, 255, 256 [„natürliches Recht" des Vaters]; weitere Nachw bei UFFELMANN 104) oder deshalb, weil er der letzte Nachkomme des väterlichen Geschlechts ist (abl BayObLG NJW 1953, 626); ein Elternteil begehrt die elterliche Sorge, um Unterhalt gem § 1570 beanspruchen zu können bzw nicht an den anderen Teil zahlen zu müssen (BGH NJW 1980, 1686, 1688: zu berücksichtigen; ähnl wohl BVerfG NJW 1981, 1771, 1773); ein ausländischer Elternteil muss ohne Sorgerecht um seine Aufenthaltsgenehmigung fürchten (OLG FamRZ 2002, 189, 190: unbeachtlich; vgl Rn 170). **161**

Der Primat des Kindeswohls **verbietet** grundsätzlich die Berücksichtigung solcher Elterninteressen, sofern nicht ausdrücklich deren zumindest teilweise Koinzidenz mit den konkreten Kindesinteressen festzustellen ist. So könnte beim psychisch labilen Elternteil, der ernsthaft mit Selbstmord droht, falls er das Kind verliert, die seelische Belastung auch für das Kind im Falle eines Selbstmordes zu beachten sein (OLG Köln FamRZ 1971, 186, 187 f). Gleichzeitig sind aber auch Bedenken gegen die Erziehungseignung dieses Elternteils in die Abwägung einzubringen (vgl OLG Hamm FamRZ 1968, 530, 532). Als bedauerlicher Mißgriff muß jedoch vor allem das obiter dictum des BGH zum Gattenunterhalt eingestuft werden (Rn 161) – jedenfalls nach der Unterhaltsreform 2007 ist diese Äußerung als obsolet zu betrachten. **162**

Eine besondere Bedeutung kommt dem Aspekt der **elterlichen Gleichberechtigung** zu. Mit Billigung des Prinzips der Alleinsorge bei Elternstreit hatte das BVerfG (NJW 1971, 1447, 1448) bestätigt, daß die Eltern kein Recht auf „gleichmäßige Befriedigung" haben, sondern daß zugunsten des Kindeswohls ein Elternteil iE zurückstehen müsse. „Gleichberechtigung" könnte dennoch reduzierte Bedeutung behalten iSv grundsätzlicher **Chancengleichheit** im richterlichen Abwägungsprozeß zwischen den Eltern. Nach dem KindRG 1998 ist diese Feststellung dahin zu ergänzen, daß elterliche Gleichberechtigung auch **kein tragfähiges Argument für das gemeinsame Sorgerecht** im Rahmen von Abs 2 Nr 2 ist – allein das Kindeswohl **163** entscheidet über seinen Bestand. Ist es vom Kindeswohl gefordert, kann allenfalls noch unterstützend auf die dann unzulässige Entrechtung eines Elternteils hingewiesen werden (vgl AG Chemnitz FamRZ 1999, 321, 322 f; s auch BVerfGE 55, 171, 179, 92, 158, 178; DEuFamR 1999, 55, 60). In diesem Zusammenhang ist zu beachten: Gleichberechtigung meint *„gleichrangiges Elternrecht"* bei der Sorgerechtszuteilung. Elternrecht und Elterninteressen ist vom Gesetz gegenüber dem **vorrangigen Kindesinteresse** aber nur ein geringer Spielraum eröffnet, aus dem Gleichberechtigungsgedanken kann sich keine Verschiebung in dieser generellen Interessenbewertung ergeben (vgl ZENZ/SALGO, Diskriminierung 20, 32). Was gleichwertig ist, bestimmt sich allein aus der Sicht des Kindeswohls. Ergäbe sich aus dieser Sicht eine generelle Überlegenheit etwa der Mutter vor dem Vater, oder des nicht-berufstätigen Elternteils vor dem berufstätigen, dann könnten diese vom Kindeswohl her gesehen ungleichwertigen Positionen nicht qua Gleichberechtigungsprinzip normativ gleichgestellt werden – darin läge eine gesetzlich verbotene, elternorientierte Zurücksetzung der Kindesinteressen (vgl Rn 165–168). Sind hingegen im Lichte der Kindesinteressen die mütterliche und die väterliche Plazierungsalternative generell gleichwertig, dann allerdings streitet das Gebot freier, unvoreingenommener Würdigung der Kindesinteressen im konkreten Fall zusammen mit der Forderung nach grundsätzlicher elterlicher Chancengleichheit (COESTER, Kindeswohl 219 ff).

164 Hieraus lassen sich konkrete Folgerungen ziehen: **Zeitliche oder sachliche Aufteilungen des Sorgerechts** zwischen den Eltern zB sind vom Kindesinteresse her zu beurteilen, für den Gleichberechtigungsaspekt bleibt kein Raum (Rn 257; ZENZ/SALGO, Diskriminierung 25; ELL ZBlJugR 1980, 320; LEMPP, Ehescheidung 27; aM TREITZ 65). **Geschwisteraufteilungen** sind nach einhelliger Meinung dem Kindeswohl generell abträglich (näher Rn 226 ff). Sie mögen im Einzelfall unvermeidbar sein, der Aspekt „gleichmäßiger Befriedigung" der Eltern darf dabei aber keine entscheidende Rolle spielen (DIECKMANN AcP 178 [1978] 320; KLUSSMANN, Das Kind 39; LÜDERITZ FamRZ 1975, 605, 607; TREITZ 66; COESTER, Kindeswohl 225 f, **anders** und abzulehnen OLG Karlsruhe FamRZ 1980, 726, 727 f).

165 Unsicherheit besteht hinsichtlich der **Chancengleichheit des berufstätigen Elternteils.** Wenn es richtig wäre, daß die persönliche Betreuung durch einen Elternteil dem Kind förderlicher ist als Drittbetreuung (unten Rn 204), dann hätte der nicht- oder nur teilberufstätige Elternteil im Lichte des Kindeswohls einen generellen Eignungsvorsprung vor dem berufsbedingt weitgehend abwesenden Teil, sofern zugunsten des letzteren nicht andere Gesichtspunkte (wie: stärkere Kindesbindung, Kindeswille) ausgleichend in die Waagschale fallen (BVerfG NJW 1981, 217, 219 = FamRZ 1981, 124, 127; COESTER NJW 1981, 961, 962; ie unten Rn 204 ff). Hiergegen wird verbreitet angeführt, daß dann „angesichts der gesellschaftlichen Rollenverteilung" Väter kaum je das Sorgerecht erhalten könnten – im Interesse ihrer Chancengleichheit dürfe dem Betreuungsaspekt kein entscheidendes Gewicht beigelegt werden (OLG Stuttgart FamRZ 1957, 27; KG FamRZ 1959, 509, 511, OLG Köln FamRZ 1972, 574, 575; OLG Hamm FamRZ 1968, 533, 534; FamRZ 1980, 487 f; BayObLG FamRZ 1976, 38, 40; AG Stuttgart FamRZ 1981, 597; DIEDERICHSEN NJW 1980 1 ff, 9). Dieses Argument setzt konzeptionell Elternrecht *gegen* das Kindeswohl und ist deshalb **unzulässig.** Das Gleichberechtigungsprinzip verbietet allerdings die unterschiedliche Bewertung mütterlicher und väterlicher Berufstätigkeit (vgl insoweit BayObLG FamRZ 1964, 523, 524; wie hier BGH FamRZ 1978, 405, 407; Bay-

ObLG FamRZ 1977, 650, 653; OLG Karlsruhe FamRZ 1968, 94, 95; OLG Stuttgart FamRZ 1975, 221, 222; ZBlJugR 1975, 131, 132 ff; Lüderitz FamRZ 1975, 605, 609).

Entsprechende Kriterien gelten schließlich für die Frage eines generellen **Vorrangs** **166** **der Mutter bei Kleinkindern**. Ein solcher Vorrang hat in der Vergangenheit weitgehend die Rechtspraxis beherrscht und entsprach verbreiteter Überzeugung (vgl Staudinger/Göppinger[10/11] Rn 92; Darstellung bei Zenz/Salgo, Diskriminierung 24; Coester, Kindeswohl 450 f mwN). Hintergrund war ein geschlechtsspezifisches Elternbild, wonach Domäne der „Mutter" der emotionale Bereich ist – sie gibt dem Kind Liebe, Wärme, Geborgenheit, ist geduldig, einfühlsam und zuverlässig; der „Vater" hingegen vermittelt dem Kind die „Außenwelt", er steht für Rationalität, berufliche Fertigkeiten und eine „feste Hand" in Erziehungsfragen (Nachw bei Coester, Kindeswohl 432 ff, 450 f).

Wenn dem kraft der Natur von Mann und Frau so wäre, könnte der Muttervorrang **167** für Kleinkinder als vom Kindeswohl gefordert angesehen werden, Väter wären insoweit grundsätzlich nicht gleichberechtigt. Allerdings ist ein wiss Nachweis entsprechender geschlechtsspezifischer Unterschiede in der Elternrolle bisher nicht gelungen, einschlägige Äußerungen insbes aus dem entwicklungspsychologischen und verhaltensbiologischen Bereich sind empirisch nicht untermauert und sind nur Ausdruck eines allgemeinen, Naturwissenschaften wie Rechtswissenschaft umfassenden Vorverständnisses (Coester, Kindeswohl 429 ff, 432 ff mwN). An dessen Stelle ist heute weitgehend die Überzeugung getreten, daß ein **naturgesetzlicher Unterschied** zwischen Vater und Mutter im zuvor bezeichneten Sinne **nicht** besteht, daß vielmehr entscheidend sei die konkrete Persönlichkeit der Eltern und die Funktionsverteilung in der Familie (Fthenakis, Väter Bd 2, 238 ff; Lempp FamRZ 1984, 741, 743). Demgemäß entspricht nunmehr fast allgM, daß Mutter und Vater, ungeachtet des Alters des Kindes, **gleiche Rechte** iSv **grundsätzlicher Chancengleichheit** bei der Sorgerechtsentscheidung haben (BayObLG FamRZ 1975, 226; OLG Celle FamRZ 1984, 1035, 1036; OLG Frankfurt FamRZ 1990, 550; Fthenakis, Väter Bd 2, 240 ff; Lempp FamRZ 1984, 741, 743; Coester NJW 1981, 961, 962; Luthin FamRZ 1984, 114, 115; Kropholler JZ 1984, 164, 165; Zenz/Salgo, Diskriminierung 20 ff, 32 ff; Schwenzer, Status 115). Dies entspricht auch Vorgaben des **internationalen Rechts** (vgl Art 8, 14 EMRK [dazu Fahrenhorst FamRZ 1988, 238, 240 mit Rspr des EuGH für Menschenrechte]; Art 16 Abs 1 UN-Deklaration v 10.12.1948 [BGBl 1973 II 430]; Art 23 Abs 4 des internationalen Pakts für bürgerliche und politische Rechte v 19.12.1966 [BGBl 1973 II 1533]; Art 16 Abs 1 des UN-Übereinkommens zur Beseitigung jeder Form von Diskriminierung der Frau v 1.3.1980 [BGBl 1985 II 647]; sowie Art 5 des Prot Nr 7 zur EMRK v 22.11.1984 [dazu Fahrenhorst aaO]).

Auch aus dem **Geschlecht des Kindes** (zB: Töchter zur Mutter, Söhne zum Vater) ergibt sich kein Vorrang des einen oder anderen Elternteils, da die Kinder den Elternteil desselben wie auch des gegenteiligen Geschlechts gleichermaßen für eine gesunde Persönlichkeitsentwicklung brauchen (Johannsen/Henrich/Jaeger Rn 57; Coester, Kindeswohl 460 f; OLG Frankfurt FamRZ 2001, 638, 639; verfehlt OLG Koblenz NJW 1989, 2201, 2202, das bei einem vierjährigen Mädchen seiner Entscheidung zugunsten der Mutter eine Behauptung des Sachverständigen zugrunde legt, wonach die leibliche Mutter besser geeignet sei für die „sexuelle Aufklärung und die Vorbereitung des Mädchens auf ihre Rolle als Frau"; fragwürdig OLG Bamberg FamRZ 1997, 102, das dem Aufenthalt eines kurz vor der Pubertät stehenden Mädchens bei der Mutter „vorrangige Bedeutung" im Hinblick auf eine „vorteilhafte

Entwicklung" beimißt). Die Unterstellung eines Muttervorrangs ist unzulässig, soweit nicht im **Einzelfall** die bessere Eignung der Mutter für das Kind feststeht (vgl ZENZ/ SALGO, Diskriminierung 32 sowie die vorzitierte Rspr).

168 Ebenso eindeutig wie Kindeswohl und Elternrecht es gebieten, von grundsätzlicher Chancengleichheit beider Eltern auszugehen, kann der Gleichberechtigungsaspekt jedoch nicht einen statistischen oder auch faktischen Muttervorrang überspielen, der sich aus der weitgehend noch vorherrschenden **familiären Rollenverteilung** in unserer Gesellschaft ergibt. Solange und soweit in erster Linie Frauen (aus welchen Gründen auch immer) allein oder überwiegend die Kindesbetreuung übernehmen, werden sie auch im Regelfall die engeren Bindungen zum Kind besitzen und – bei Fortführung dieser Aufgabe nach Trennung der Eltern – der für die Zukunft erziehungsgeeignetere Elternteil sein. Einen entsprechenden Vorsprung hat in gleicher Weise der „Hausmann". Ein deutliches statistisches Übergewicht der Mütter bei der Sorgerechtsverteilung besteht deshalb auch ohne normativen Muttervorrang, es ist schlicht *Ausdruck vorhandener gesellschaftlicher Strukturen*. Eine Änderung könnte erst mit einer solchen der gesellschaftlichen, familiären Verhältnisse einhergehen. Die Sorgerechtsverteilung als Instrument gesellschaftlichen Wandels und zur Durchsetzung der Gleichberechtigung der Geschlechter einzusetzen, verbietet hingegen der Primat des Kindeswohls (LEMPP FamRZ 1984, 741, 743: Ideologie; ZENZ/SALGO, Diskriminierung 23 f, 32 f, 36; SCHWENZER, Status 115. Zur Weichenstellung zugunsten der Mutter vor allem auch im Vorfeld der Sorgerechtsentscheidung [elterliche Einigung, anwaltliche Beratung, gesellschaftlich-familiärer Erwartungsdruck] vgl FTHENAKIS, Väter Bd 2, 240 ff; SCHWENZER, Status 128).

β) Gesellschaftsinteressen

169 Auch **gesellschaftliche/staatliche Interessen** sind berührt, wenn es um die Erziehung und Lebensbedingungen von Kindern geht. Sie zielen auf eine gewisse Homogenität und Kontinuität der gesellschaftstragenden Strukturen; die Beachtung von gesellschaftlichen Werten und Standards ist im Grundsatz vom BVerfG als legitim anerkannt (BVerfG FamRZ 1968, 578, 584). Als Mitglied der Gesellschaft, in die es hineinwächst, hat das Kind seinerseits korrespondierende Interessen, so daß auch insoweit – wie bei den Eltern- und Familieninteressen – teilweise Interessenübereinstimmung besteht. Allerdings gilt der **Primat des Kindeswohls auch gegenüber Gesellschaftsinteressen**. Auch wenn „übergreifende Werte" auf dem Spiel stehen, ist das FamG zu **kindzentrierter** Betrachtung gehalten und hat jeder Versuchung zu wehren, die Sorgerechtszuweisung zum Instrument staatlicher Wert- und Ordnungsdurchsetzung zu machen. In einem freiheitlichen Rechtsstaat sind nicht Gesellschafts- oder Staatszwecke leitend für die Kindesentwicklung, wie noch § 1 Abs 1 JWG mit dem Erziehungsziel der „gesellschaftlichen Tüchtigkeit" suggerierte (vgl SCHÜTZ FamRZ 1986, 947, 948: „Erziehung geeigneten Nachwuchses"; GEIGER FamRZ 1979, 457, 459: Erziehung zu „tüchtigen Gliedern der Gesellschaft, zu Demokraten"; austauschbar: „tüchtiger Volksgenosse", FREISLER, Vom alten zum neuen Ehescheidungsrecht [1937] 257: „staatsbewußter Bürger", Art 38 Abs 4 DDR-Verfassung; **krit** KIEHL ZRP 1990, 94, 95). Im Mittelpunkt der Rechtsordnung steht das freie, selbstbestimmungsfähige, allerdings auch gemeinschaftsfähige Individuum (Rn 199); dem entspricht jetzt auch die Formulierung in § 1 Abs 1 SGB VIII.

170 Die Balance zwischen individuellem Kindeswohl und staatlicher/gesellschaftlicher Wertverfolgung ist nicht immer leicht zu finden. So hat die Rspr wiederholt kindgerecht entschieden und **staatliche Durchsetzungs- oder Sanktionsinteressen** zurückgestellt, wenn ein Elternteil sich in zu mißbilligender Weise über Rechts- oder Gerichtsgebote hinweggesetzt hatte (BVerfG FamRZ 2009, 189; 2009, 676; 2007, 1626; BGH NJW 1985, 1702, 1703; FamRZ 1975, 273, 276; BayObLG FamRZ 1974, 534, 536; OLG Bamberg FamRZ 1986, 1175, 1178; OLG Hamm FamRZ 1967, 296 ff; vgl LEMPP ZBlJugR 1977, 507, 510; zu Kindesentführungen vgl Rn 196; zur Durchsetzung von Sorgerechtsentscheidungen Rn 303). Besondere Bedeutung haben insoweit die Umgangsblockaden durch den Betreuungselternteil erlangt (dazu Rn 208). Aufenthaltsrechtliche Gesichtspunkte dürfen eine kindeswohlorientierte Beurteilung nicht überlagern (BVerfG FamRZ 2008, 2185, 2187 Nr 23, 24 [zu § 1680]). Überproportionales, dh sonstige Bedürfnisse des Kindes zurückdrängendes Gewicht erhielten früher häufig **moralisch-sittliche Aspekte** (vgl OLG München FamRZ 1977, 749 f; KG FamRZ 1958, 423; FamRZ 1959, 253 ff; FamRZ 1968, 98; OLG Hamm FamRZ 1976, 284; OLG Bamberg FamRZ 1985, 528; FamRZ 1980, 620, 622). Dabei wurde zum einen verkannt, daß sittliche und gesellschaftliche Werte, mögen sie auch die der Mehrheit sein, in einem freiheitlich-pluralistischen Staat nicht ohne weiteres als „Rechtswerte" durchgesetzt werden dürfen (auch das „von der Verfassung vorausgesetzte Sittengesetz" taugt nicht zur Transformation ins Recht, vgl aber OLG Bamberg aaO; SCHÜTZ FamRZ 1985, 1179; WEGENER JZ 1985, 851). Zum anderen betrifft das korrespondierende Kindesinteresse an Homogenität mit der Gesellschaft nur einen Teilaspekt seines Wohls, der der relativierenden Abwägung bedarf zu elementaren Aspekten wie emotionale Eltern-Kind-Beziehung, Erziehungseignung, Kindeswille ua (ausf COESTER, Kindeswohl 240 ff; zur Bewertung des Elternverhaltens noch Rn 190 f). Während die Durchsetzung einer Sittenordnung in der heutigen Gerichtspraxis kaum noch eine Rolle spielt, ist nach dem KindRG 1998 eine andere, problematische Tendenz mancher Gerichte zu beobachten: Die **Oktroyierung von Sorgegemeinsamkeit** gegenüber unwilligen Eltern und bei zerstrittenen Familienverhältnissen, um das generell für vorrangig erachtete Modell des gemeinsamen Sorgerechts durchzusetzen und auf die Eltern – unter Betonung ihrer generellen Kooperationspflicht – erzieherisch einzuwirken (vgl Rn 118, 123). Hier wird nicht die Entscheidung „aus der Familie" gewonnen, sondern versucht, die Familie nach generell vorgegebenen Maßstäben zu formen. Entsprechendes gilt, wenn wegen (angeblicher) **Bindungsintoleranz** des Betreuungselternteils beim Umgang eine **Umplazierung** des Kindes angeordnet wird, ohne die Auswirkungen auf das Kind angemessen zu berücksichtigen (BVerfG FamRZ 2009, 1389, 1390 f; vgl Rn 196, 207 f).

γ)   **Drittinteressen bei „gleichwertiger Erziehungseignung"**
Gelegentlich wird Drittinteressen, wie der Gleichberechtigung der Eltern oder dem Interesse des ehetreuen Teils, mit dem Ehebruch des anderen Teils nicht auch noch die Kinder zu verlieren, dann entscheidungsleitende Bedeutung zugesprochen, wenn beide Eltern im Lichte des Kindeswohls gleich geeignet erscheinen (SOERGEL/STRÄTZ Rn 34). Dies scheint im theoretischen Ansatz unbedenklich. Dennoch ist vor derartigen Grundsätzen zu warnen, denn die praktische Erfahrung zeigt, daß die Gerichte dazu neigen, bei bereitstehenden Entscheidungsregeln für „gleichgelagerte Verhältnisse" diese vorschnell zu unterstellen (näher COESTER, Kindeswohl 482 ff). Aus einer Hilfslösung für den Fall des non liquet wird de facto eine Vermutung zugunsten der Regelentscheidung, die allenfalls aus dem Einzelfall zu widerlegen wäre. Damit gewönnen kindesfremde Interessen eine entscheidungssteuernde Wirkung, die das Gesetz gerade ausschließt (hinsichtlich der Scheidungsschuld erhielte der 1977 abgeschaffte Vorrang des schuldlosen Teils der Sache nach wieder Bedeutung).

171

bb) Inhalt des Kindesinteresses

172 Der Kindeswohlbegriff verpflichtet zu einer umfassenden, von vornherein nicht begrenzten **Berücksichtigung aller Aspekte**, die im Einzelfall für das Kind und seine weitere Entwicklung von Bedeutung sein könnten (vgl § 1666 Abs 1 mit der Aufgliederung in eine körperliche, geistige und seelische Komponente sowie die Vermögensinteressen). Insoweit sind teils **rechtliche Vorgaben** zu beachten, der Kindeswohlbegriff nimmt aber auch *außerrechtliche,* insbes **humanwissenschaftliche Erkenntnisse** in Bezug (insoweit ist auf die Erl zu § 1666 [Rn 67 ff] zu verweisen; vgl auch COESTER, Kindeswohl 411 ff [gesellschaftliche Standards], 419 ff [wiss Kriterien]; ders, in: Brühler Schriften Bd 4 [1986] 35 ff, 40 ff mwN). Aus der Gesamtheit aller Gesichtspunkte haben Rspr und Wissenschaften „**Sorgerechtskriterien**" entwickelt, die konkretisieren, was im allgemeinen als dem Kindeswohl förderlich oder schädlich anzusehen ist (dazu Rn 177 ff).

c) Funktionale Bedeutung des Entscheidungsmaßstabs „Kindeswohl"
aa) Individualisierungsgebot

173 Das alleinige Abstellen auf den generalklauselartigen Kindeswohlbegriff in Abs 2 Nr 2 ist Ausdruck der gesetzlichen Intention, anders als in früheren Gesetzesfassungen nicht generelle Zuteilungskriterien entscheidend sein zu lassen, sondern maßgeblich auf das **Wohl des konkret betroffenen Kindes** abzustellen. Hauptziel der Sorgerechtsentscheidung muß deshalb die Verwirklichung von **Individualgerechtigkeit** sein (JOHANNSEN/HENRICH/JAEGER Rn 46, 84; COESTER, Kindeswohl 143 ff). Bezugspunkt der Kindeswohlprüfung ist *dieses* Kind in seiner unaustauschbaren Identität sowie Familien- und Lebenssituation. Hieraus folgt, daß die vorfindbaren „Sorgerechtskriterien" (Rn 177 ff) nicht unvermittelt der konkreten Entscheidung zugrundegelegt werden dürfen. Mögen sie hergeleitet sein aus Gesetz, Rechtsprechung, Rechtswissenschaft, Fachwissenschaften oder allgemeiner Richtigkeitsüberzeugung – stets sind sie notwendigerweise **allgemein** formuliert, bezeichnen nur **mögliche** Interessen von Kindern in der Scheidungssituation. Das Prinzip der Individualgerechtigkeit impliziert deshalb die richterliche **Verpflichtung, jeden allgemein anerkannten Kindeswohlaspekt auf seine Bedeutung gerade für das betroffene Kind zu überprüfen** und nur dann und mit dem Gewicht zu berücksichtigen, das der Aspekt im konkreten Fall hat (BVerfG FamRZ 2009, 189, 190 [zu 2.a]; BGHZ 3, 53, 60; BayObLG FamRZ 1975, 223, 226; KG FamRZ 1978, 829, 830; OLG Düsseldorf FamRZ 1973, 316, 318; OLG Hamm FamRZ 1988, 1313, 1314 f; OLG Karlsruhe Justiz 1975, 29; OLG Köln FamRZ 1976, 32 ff; JOHANNSEN/HENRICH/JAEGER Rn 46, 84; MÜNDER, Anm zu BGH v 6.12.1989, EzFamR § 1671 Nr 5; ausf COESTER, Kindeswohl 465 ff). Dies kommt jetzt auch in § 1697a zum Ausdruck („tatsächliche Gegebenheiten und Möglichkeiten"). Vermutungen, Erfahrungssätze und „allgemeine Erwägungen" haben solange keinen legitimen Platz in Entscheidungsbegründungen, als sie nicht konkret auf den Einzelfall umgesetzt sind (zutr OLG Karlsruhe FamRZ 1984, 311, 312: Befürchtung des Sachverständigen, die Mutter könne den fünfjährigen Sohn als „Partnerersatz" nehmen, nur „allgemeine psychologische Erwägungen", bei *dieser* Mutter bestünden keine Anzeichen dafür).

Das Individualisierungsgebot fordert gerade auch eine Vergegenwärtigung des **Sinns** der (oft formelhaft verwendeten) Sorgerechtskriterien und die diesbezügliche Überprüfung des Sachverhalts (zB: unterfallen dem grundsätzlichen Verbot der Geschwistertrennung auch Halbgeschwister, Stiefgeschwister?, dazu Rn 229).

bb) Integrierende Gesamtschau

Mit der Feststellung und Zusammenstellung der im Einzelfall bedeutsamen Aspekte **174** ist „das Kindeswohl" iSv Abs 2 Nr 2 noch nicht ermittelt. Die Kriterien können beziehungslos nebeneinanderstehen, sich ergänzen oder auch gegenseitig aufheben. Kernstück familienrichterlicher Verantwortung ist es, die Summe dieser Gesichtspunkte zu einem **Gesamtbild „Kindeswohl"** zu verschmelzen, dh unter Abwägung aller für und gegen eine bestimmte Sorgerechtsgestaltung sprechenden Umstände die für das Kind zuträglichste Lösung zu finden (BGH FamRZ 1990, 392, 393; NJW 1985, 1702, 1703; OLG Frankfurt FamRZ 1994, 920, 921; deutliche Trennung zwischen Einzelfaktoren und Gesamtabwägung auch bei OLG Bamberg FamRZ 1988, 750, 751). Das gilt sowohl für die Beurteilung der einzelnen Alternativen für sich (gemeinsame Sorge, Alleinsorge des einen oder anderen Antragstellers) wie auch für deren Abwägung gegeneinander – „das Kindeswohl" fordert letztlich *eine* dieser Alternativen.

Diese „integrierende Gesamtschau" ist ein wertender, logisch und dogmatisch nicht vorstrukturierbarer Akt richterlicher Rechtserkenntnis (allgemein-rechtsmethodisch: DIEDERICHSEN, in: FS Flume [1978] 283 ff, 285 ff; LARENZ, in: FS Klingmüller [1974] 235, 247 f; speziell zur Sorgerechtsentscheidung COESTER, Kindeswohl 472 ff). Er setzt unvermittelte Sachverhaltsanschauung einschl der Persönlichkeiten der Betroffenen voraus und gehört deshalb in den spezifischen, nur begrenzt überprüfbaren Verantwortungsbereich des Tatrichters (vgl BGH aaO). In die integrierende Gesamtabwägung ist auch die Durchsetzbarkeit einer Sorgerechtszuweisung einzubeziehen – wäre der Vollzug der „eigentlich richtigen" Zuweisung mit einer Belastung für das Kind verbunden, die größer ist als der mit ihr verbundene Vorteil, entspricht sie letztlich doch nicht dem Kindeswohl (BGH aaO: die von der Mutter aufgehetzten Kinder wären nur mit Gewalt zum sachlich vorzugswürdigen, aber von ihnen abgelehnten Vater zu bringen; vgl auch Rn 169 f zum „Sanktionsinteresse" des Staates).

Eine generelle **Rangordnung einzelner Sorgerechtskriterien** würde gegen den gesetz- **175** lichen Primat des individuellen Kindeswohls verstoßen. Aus der Offenheit des Gesetzes und seiner generalklauselartigen Ermächtigung an den Familienrichter zur Verwirklichung von Einzelfallgerechtigkeit folgt auch dessen Pflicht, sich seinerseits die Gesamtabwägung offenzuhalten und nicht mit strikten Regeln, Vermutungen und Absolutsetzungen einzelner Gesichtspunkte den Weg zu einer kindgerechten Bewertung im Einzelfall zu verbauen (BGH FamRZ 1976, 446, 448; FamRZ 1978, 405, 407; JOHANNSEN/HENRICH/JAEGER Rn 84; *grundsätzlich anderer Ansatz* bei RASSEK [1983] und STRUCK, in: VOIGT [Hrsg], Gegentendenzen zur Verrechtlichung [1983], die das individuelle Kindeswohl gar nicht ermitteln und nach *formalen* Kriterien entscheiden wollen [vgl Besprechung COESTER FamRZ 1984, 132]). Dem steht nicht entgegen, daß einzelne Kriterien (zB persönliche Bindung, Kindeswille) generell für gewichtiger gehalten werden als andere (zB wirtschaftliche Verhältnisse, Rn 212), und daß das Verhältnis zweier Aspekte zueinander uU generell vorstrukturiert werden kann (etwa: persönliche Betreuungsmöglichkeiten zu emotionaler Bindung, dazu Rn 206, oder: Bindung zu Elterneignung, dazu Rn 224). Die Erhebung eines Aspekts zum Leitkriterium jedoch mit der Folge, daß ein Abweichen von der so indizierten Sorgerechtszuweisung nur noch bei „Erforderlichkeit" gestattet sein soll (etwa: Kontinuität der Lebensverhältnisse), verzerrt den vom Gesetz gewollt offengelassenen Abwägungsprozeß. Ein solches Vorgehen stuft das individuelle Kindeswohl zum Korrektiv herab und ist unzulässig (vgl zum

„Kontinuitätsgrundsatz" Rn 249; OLG Frankfurt FamRZ 1978, 261 f; OLG Köln FamRZ 1976, 3234; oder zum „Kindeswillen" ELL ZfJ 1986, 289, 294 f).

176 Steht somit das Prinzip der Individualgerechtigkeit einer sachlichen Vorstrukturierung der Gesamtabwägung entgegen (BVerfG FamRZ 2009, 189, 190 [zu 2.a]), so bleibt um so mehr zu betonen die bleibende Verpflichtung des Familienrichters auf das **Gesamtwohl des betroffenen Kindes** und die methodische Verpflichtung zur **rationalen Entscheidung**: Ausgeschlossen bleiben auch hier kindesfremde Gesichtspunkte sowie subjektive Wertungen oder Voreingenommenheit des Richters. Die Rechtspraxis zeigt insoweit gelegentlich Schwächen: So ist es weder vom Kindeswohl her noch rational nachvollziehbar, wenn die „Freundin" des Vaters stärker negativ ins Gewicht fällt als Gewalttätigkeit und Zuwendungsmangel auf seiten der Mutter und auch den Kindeswillen zugunsten des Vaters verdrängt (OLG Hamm FamRZ 1977, 744, 747 f). Oder wenn eine „gleichstarke emotionale Bindung" des Kindes zu beiden Eltern konstatiert wird, die Mutter sodann jedoch als „wesentliche Bezugsperson" das Sorgerecht erhält, obwohl das Kind bisher beim Vater lebte und nun von seinen Geschwistern getrennt wird (OLG Karlsruhe FamRZ 1984, 311, 312; weitere Beispiele bei COESTER, Kindeswohl 477 ff).

d) Die Sorgerechtskriterien im einzelnen
aa) Überblick

177 Als wesentliche Gesichtspunkte bei der Entscheidung zwischen beiden Eltern sind anerkannt: (1) Die Persönlichkeit der Eltern und ihre persönlichen Lebensumstände, ihre Erziehungseignung, die Betreuung und äußeren Lebensverhältnisse, die das Kind bei ihnen vorfindet; (2) die Qualität der jeweiligen Eltern-Kind-Beziehung; (3) die Kontinuität und Stabilität der kindlichen Lebensbedingungen; (4) der Wille des Kindes. Für die erste Gruppe hat sich die schlagwortartige Bezeichnung „*Förderungsprinzip*" durchgesetzt (Rn 178–212); der zu (2) genannte Aspekt wird unter dem Stichwort „*Bindungen des Kindes*" erörtert (Rn 213–232), der dritte Aspekt als „*Kontinuitätsprinzip*" (Rn 246–249) und der vierte als „*Kindeswille*" (Rn 233–245).

Diese Aufgliederung wird auch im folgenden zugrunde gelegt, allerdings mit folgenden Vorbehalten: Die genannten vier Grundaspekte sind nur idealtypisch trennbar, in der Sache bestehen vielerlei Verflechtungen. So hängt der Erziehungserfolg wesentlich ab auch von der Qualität der Eltern-Kind-Beziehung (vgl Rn 206) und von der Akzeptanz des Elternteils durch das Kind (Kindeswille; vgl LEMPP FamRZ 1986, 530, 531), aber auch von der Kontinuität der Erziehungsverhältnisse. Die wünschenswerte Kontinuität bezieht sich gerade auch auf die Bindungen des Kindes, gleichzeitig hat kontinuierliches Zusammenleben von Kind und Elternteil Indizwirkung für gewachsene Bindung (COESTER, Kindeswohl 177; JOHANNSEN/HENRICH/JAEGER Rn 71); Kindeswille und Kindesbindungen sind teilidentisch (Rn 235). Als Konsequenz dieser Verflechtungen ist die Terminologie der Rechtspraxis nicht einheitlich. So bezieht das BVerfG den Kontinuitätsgedanken schwerpunktmäßig auf die Bindungen im Eltern-Kind-Verhältnis (FamRZ 1982, 1179, 1183; ebenso KG FamRZ 1983, 1159, 1160 f; OLG Frankfurt FamRZ 2003, 1491; BT-Drucks 8/2788, 61), während der BGH Kontinuität und Bindungen als verschiedene Gesichtspunkte behandelt (NJW 1985, 1702 f; ebenso OLG Düsseldorf FamRZ 1986, 296 ff; OLG Hamm FamRZ 1988, 1313, 1314; FamRZ 1989, 654, 655), dafür aber Wünsche und Willen des Kindes dem Bindungsaspekt integriert.

bb) Förderungsprinzip

Nach dem Förderungsprinzip gebührt demjenigen Elternteil der Vorzug, „bei dem **178** das Kind vermutlich die meiste Unterstützung für den Aufbau seiner Persönlichkeit erwarten kann" (BVerfG NJW 1981, 217, 218 = FamRZ 1981, 124, 126; vgl schon BGHZ 3, 52, 59 f; NJW 1985, 1702 f = FamRZ 1985, 169). Der Sache nach umfaßt das Förderungsprinzip die **Elterneignung im weitesten Sinne**, einschl persönlicher, zwischenmenschlicher und die äußerlichen Verhältnisse betreffender Komponenten. Im einzelnen:

α) Persönlichkeit und persönliche Umstände der Eltern

Es gibt weder ein rechtliches Leitbild „geeigneter Elternpersönlichkeit" noch posi- **179** tive wissenschaftliche Kriterien hierfür (zu letzterem LEMPP FamRZ 1986, 530, 531; KLENNER FamRZ 1989, 804, 808). Möglich sind allenfalls negative Abgrenzungen. Während die Rspr gelegentlich zu umfassender Würdigung der elterlichen Persönlichkeit neigt und zB auch über den „Charakter" der Eltern Urteile fällt (BayObLG FamRZ 1962, 165, 168; OLG Hamm FamRZ 1967, 296, 298; OLG Karlsruhe FamRZ 1966, 108, 109), ist demgegenüber nachdrücklich auf die dem Primat des Kindeswohls innewohnende Leit- und Begrenzungsfunktion zu verweisen (oben Rn 159, 160): Zwar müssen sich Eltern eine Beurteilung ihrer persönlichen Verhältnisse daraufhin gefallen lassen, inwieweit die daraus folgenden Einflüsse auf das Kind den Kindesinteressen förderlich oder schädlich sind (KG FamRZ 1983, 1159, 1161; OLG Hamburg FamRZ 1985, 1284, 1285; zu den Auswirkungen von Elternkrankheiten aus medizinisch-psychologischer Sicht SALZGEBER/VOGEL/PARTALE/SCHRADER FamRZ 1995, 1311; zur Alkoholabhängigkeit SALZGEBER/VOGEL/PARTALE FuR 1991, 324 ff; BVerfG FamRZ 2007, 1626). Die Beurteilungslegitimation des Staates endet aber dort, wo ein Zusammenhang mit dem Wohl des betroffenen Kindes nicht mehr besteht oder allenfalls auf so hoher Abstraktionsebene herstellbar ist, daß ein konkreter Bezug nicht erkennbar ist (etwa: ein Elternteil mit „gutem Charakter" ist auch gut für das Kind). Das Optimierungsgebot hinsichtlich grundrechtlich geschützter, aber gegenläufiger Rechte (Persönlichkeitsrecht der Eltern/Entwicklungs- und Schutzanspruch des Kindes) legt insoweit eine **zurückhaltende Tendenz** nahe (vgl BVerfG FamRZ 2007, 1626; KG FamRZ 1990, 1383, 1384; 1983, 1159, 1161; OLG Stuttgart FamRZ 1976, 282, 283; OLG Nürnberg FamRZ 1996, 563, 564; zum ganzen COESTER, Kindeswohl 203 f, 243 f, 254).

Zurückhaltung ist auch aus einem anderen Grund geboten: Die Persönlichkeit der **180** Eltern bietet sich dem Familienrichter in einem Moment dar, der von vielen Betroffenen als Katastrophe, Versagen und existenzielle Verunsicherung oder Bedrohung empfunden wird. Daraus möglicherweise resultierende Haltungen (Depressivität, Aggressivität, Vermengung von Partner- und Elternrolle) müssen nicht kennzeichnend für die Persönlichkeitsstruktur sein; sind sie offenbar *situationsbedingt*, sollten sie bei der richterlichen Prognose außer acht gelassen werden (vgl THALMANN FamRZ 1984, 634 ff, insbes 637; BUSCHMANN RdJ 1983, 408, 409; zutr relativierend KG FamRZ 1983, 1159, 1161; AG Holzminden FamRZ 1998, 977, 978).

Unbeachtlich für das Kindeswohl sind regelmäßig **Ausbildung, Bildung und sozialer** **181** **Status** eines Elternteils (OLG Hamm FamRZ 1980, 484, 485). Anderes könnte gelten, wenn ein Elternteil auf Grund seines Berufs oder seiner Vorbildung die konkreten Neigungen oder die Ausbildung des Kindes besonders zu fördern geeignet ist.

Die **Minderjährigkeit** eines Elternteils wird ebenfalls idR unbeachtlich sein. Die **182** tatsächliche Personensorge kann von ihm ausgeübt werden (§ 1673 Abs 2), ihr kommt für (hier notwendigerweise) kleine Kinder zentrale Bedeutung zu (BayObLG NJW 1968, 452 f). Außerdem handelt es sich nur um kurze Zeiträume, die bis zur Volljährigkeit überbrückt werden können (§ 1673 Rn 23). Das **hohe Alter** eines Elternteils kann allerdings für eine Übertragung der Sorge auf den anderen Elternteil sprechen (OLG Karlsruhe FamRZ 1995, 562, 564 [Vater 79 Jahre]; zweifelhaft allerdings OLG Celle Forum 1999, 87, 89, 91 [Vater 57 Jahre]).

183 Seelische oder körperliche **Krankheit** können einer Sorgerechtsübertragung entgegenstehen, wenn sie die Erziehungseignung des Elternteils ausschließen, das Kind gefährden (Ansteckung) oder sonstige ungünstige Auswirkungen auf das Kind haben (zu den Auswirkungen seelischer Erkrankungen auf die Sorgeeignung und das Kindeswohl näher PIETZKER FPR 2005, 222 ff; KINDLER FPR 2005, 227 ff; HOMMERS/STEINMETZ-ZUBOVIC/LEWAND FPR 2005, 230 ff; LENZ FPR 2005, 246 ff; EHINGER FPR 2005, 253, 257). Bei **Aids-Infiziertheit** eines Elternteils ist nach gegenwärtigem Erkenntnisstand eine Ansteckung des Kindes im normalen familiären Kontakt „extrem unwahrscheinlich", eine Sorgerechtsübertragung auf ihn kommt deshalb in Betracht, wenn dies (auch im Hinblick auf das Verantwortungsbewußtsein des infizierten Elternteils und die künftige Krankheitsentwicklung) als die dem Kind vorteilhaftere Lösung erscheint (OLG Stuttgart NJW 1988, 2620, 2621; vgl OLG Hamm NJW 1989, 2336, TIEDEMANN NJW 1988, 729, 736 [allerdings mit Hinweis auf die zu befürchtende soziale Isolierung des Elternteils und seiner Familie]). Anderes gilt, wenn der Elternteil seine Infizierung schon bei Eheschließung verschwiegen und sich damit verantwortungslos gegenüber dem Partner und künftigen Kindern verhalten hat (OLG Frankfurt 2006, 1627; vgl Rn 137). Dauernde **seelische Labilität** kann die Erziehungseignung beeinträchtigen, insbes wenn sie zu **Alkoholabhängigkeit** (vgl BayObLG FamRZ 1976, 534, 535: trotz momentaner Abstinenz Rückfallgefahr; BUSCHMANN RdJ 1983, 408, 409) oder **Drogensucht** geführt hat (zur Sorgeeignung bei Suchterkrankungen BERZEWSKI FPR 2003, 312 ff). Auch **Selbstmordversuche** eines Elternteils können das Kind erheblich belasten und seine Entwicklung beeinträchtigen (OLG Köln FamRZ 1971, 186, 187 f; OLG Hamm FamRZ 1968, 530, 532). Allerdings ist auch hier auf etwaige *Trennungsbedingtheit* des elterlichen Verhaltens zu achten (vgl Rn 180; KG FamRZ 1983, 1159, 1161 für Selbstmorddrohungen).

184 Problematisch könnte die **Homosexualität** eines Elternteils sein. *Gegen* seine Eignung wird vor allem angeführt: Das Kind könne seinerseits zur Homosexualität verleitet werden (vgl WACKE FamRZ 1990, 347, 349 im Adoptionszusammenhang); seine moralische Entwicklung werde gefährdet; es werde Angriffen und Isolierung in der gesellschaftlichen Umwelt ausgesetzt sein (RAUSCHER, FamR Rn 1005; zum derzeitigen Erkenntnisstand s FTHENAKIS, Gleichgeschlechtliche Lebensgemeinschaften 347 ff; zu Rspr und Diskussionsstand in den USA, wo solche Fälle sehr häufig zu entscheiden sind, vgl NOTE HarvLRev 102 [1989] 617 ff). Der verallgemeinernde Charakter dieser Argumente ist offensichtlich (vgl Rn 173), ebenso ihre Abhängigkeit von den sich wandelnden gesellschaftlichen Auffassungen. Empirische Bestätigungen der vorgenannten Bedenken stehen bisher aus. Überdies hat der Gesetzgeber in § 9 LPartG die Sorgebeteiligung des gleichgeschlechtlichen Lebenspartners ausdrücklich angeordnet und damit die vorgenannten Bedenken für irrelevant erklärt (MünchKomm/FINGER Rn 103). *Entscheidend* ist auch hier eine kindeszentrierte, einzelfallbezogene Sicht. Aus ihr kann sich ergeben, daß der homosexuelle Elternteil besser erziehungsgeeignet ist als der andere Teil (so AG Mettmann FamRZ 1985, 529 [Anm LUTHIN], mit Zuweisung eines fünfjährigen

Sohnes zur Mutter, die in lesbischer Gemeinschaft mit einer anderen Frau lebt; PALANDT/DIEDERICHSEN Rn 31). Dies gilt generell für die **sexuelle Ausrichtung oder Praxis eines Elternteils** – solange sie keine Auswirkungen auf das Kind hat, bleibt sie als „Privatsache" für die Sorgeentscheidung unbeachtlich (OLG Hamm FamRZ 2006, 1697, 1698; SALZGEBER FamRZ 1995, 1311, 1320; COESTER, Kindeswohl 245).

Im Grundsatz nichts anderes gilt hinsichtlich eines **transsexuellen Elternteils**. Die **185** Zuweisung des Kindes zum transsexuellen Elternteil kann nicht schon wegen der Belastung versagt werden, die für das Kind mit dem Umstand verbunden ist, daß es künftig zwei Frauen oder zwei Männer als Eltern haben wird – hiermit wird es ohnehin konfrontiert. Die Erziehungseignung des transsexuellen Elternteils könnte aber dadurch beeinträchtigt werden, daß das Kind sich statt von der bislang vertrauten Mutter nunmehr von einem zweiten „Vater" versorgt und erzogen sieht (oder umgekehrt). Dennoch können die persönlichen Qualitäten und sonstigen Umstände im Einzelfall den Ausschlag zugunsten des transsexuellen Elternteils geben (OLG Schleswig FamRZ 1990, 433, 434 f [Änderung zugunsten des transsexuellen Elternteils]; JOHANNSEN/HENRICH/JAEGER Rn 57; MünchKomm/FINGER Rn 102; zu einem amerikanischen Fall COESTER, Kindeswohl 480). Plant dieser nur eine *Vornamensänderung* oder hat er sie schon durchgeführt, wiegen die Belastungen für das Kind von vornherein weniger schwer.

Problematisch ist schließlich die Entscheidung bei behaupteter **Nichtabstammung des** **186** **Kindes vom (rechtlichen) Vater**. Die Abstammung des Kindes kann nur im Abstammungsprozeß geklärt werden (§§ 169 ff FamFG), diesbezügliche Ermittlungen im Sorgerechtsverfahren sind unzulässig (STAUDINGER/RAUSCHER [2004] § 1599 Rn 57, 63, vgl GAUL FamRZ 1997, 1441, 1448). Dennoch ist eine Berücksichtigung der Abstammungsverhältnisse durch das FamG nicht ausgeschlossen (BayObLG FamRZ 1959, 122, 124; vgl BGH FamRZ 1975, 273, 276). Geht auch der Ehemann bzw Partner der Mutter von seiner Nichtvaterschaft aus und beantragt er nicht die Sorge für das Kind, so scheidet er ohnehin als Übertragungsalternative aus. Beansprucht er hingegen das Sorgerecht, weil er die Behauptung der Mutter bestreitet, so hat das FamG die Abstammungsfrage außer acht zu lassen: Die **rechtliche** Elternstellung des Vaters folgt aus §§ 1592 Nr 1 oder 2, 1599 Abs 1 und kann im Sorgeverfahren nicht hinterfragt werden. Zweifelt der das Sorgerecht beantragende Vater selbst an seiner biologischen Vaterschaft, so kann dies im Rahmen der Kindeswohlprüfung berücksichtigt werden: Ist ein Anfechtungsverfahren oder ein Klärungsverfahren gem § 1598a zu erwarten? Werden für die Vater-Kind-Beziehung die biologischen Verhältnisse für wichtig gehalten oder steht die psychosoziale, gewachsene Elternschaft im Vordergrund? (vgl STAUDINGER/RAUSCHER [2004] § 1599 Rn 63; MünchKomm/FINGER Rn 106).

β) **Verhalten der Eltern im persönlichen Bereich**
Die **Trennungs- oder Scheidungsschuld** ist seit dem 1. EheRG 1977 kein Sorgerechts- **187** kriterium mehr. Damit ist fraglich geworden, inwieweit Verfehlungen in der Partnerbeziehung noch in der Sorgerechtsentscheidung berücksichtigt werden dürfen. Zwar verbieten sich Parallelen zu Billigkeitsklauseln bei den vermögensrechtlichen Scheidungsfolgen (§§ 1381, 1579, 1587c, 1587h; zum Hausrat KG FamRZ 1988, 182 ff), weil es dort um Gerechtigkeit auf Paar-Ebene geht, bei § 1671 aber um kindgerechte Lösungen. Der **Primat des Kindeswohls** zeichnet jedoch, bereits dargestellten

Grundsätzen entsprechend (Rn 159 f), die Antwort vor: Verfehlungen gegenüber dem Partner sind insoweit weiterhin beachtlich, als sie unmittelbar die Kindesinteressen beeinträchtigt haben und aus ihnen eine fortdauernde Minderung der Erziehungseignung des betreffenden Elternteils gefolgert werden kann. Ausmaß und Gewicht der Verfehlungen im Verhältnis zum Partner sind hingegen unbeachtlich – eine vom Erfordernis der unmittelbaren Kindbetroffenheit abstrahierende Berücksichtigung würde Elterninteressen und staatliches Sanktionsinteresse vor das Kindeswohl treten lassen, sie ist durch die allein aus den Kindesinteressen legitimierte Eingriffsbefugnis des Staates nicht gedeckt (ausf COESTER FamRZ 1977, 217 ff; vgl SCHWENZER, Status 116; DIECKMANN AcP 178 [1978] 298, 309 f). Diese Grundsätze gelten gleichermaßen für **schuldhaftes Fehlverhalten im Partnerkonflikt nach der Trennung** (dazu näher Rn 207 f).

188 Das **Kind** ist durch Partnerverfehlungen **unmittelbar betroffen**, wenn sie zu Beeinträchtigungen von Betreuung und Erziehung geführt haben (haushaltsführender Elternteil verläßt abrupt die Familie und zieht zu neuem Partner); wenn das Kind mehr oder weniger unmittelbar Zeuge ehewidrigen Verhaltens ist (vgl BGH FamRZ 1978, 405, 407; BayObLG FamRZ 1967, 402, 405), einschl Gewalttätigkeiten gegen den anderen Ehegatten; wenn das Loyalitätsgefühl des Kindes zum anderen Elternteil verletzt wird (vgl OLG Stuttgart FamRZ 1976, 282, 283 f: Der Vater bezeichnete seine Freundin schon vor der Scheidung den Kindern gegenüber als „Mama" [vgl SPANGENBERG ZfJ 2003, 100]; vgl auch Brandenburgisches OLG Forum 1998, 88, 91) oder wenn der untreue Teil in anderer Weise zu erkennen gibt, daß er seine Interessen ohne die gebotene Rücksicht auf die Kinder verfolgt (vgl Rn 195). Sind die Kinder in den Ehestreit hineingezogen worden, so kann es für sie eine Belastung bedeuten, in einem Haushalt mit dem Ehebruchspartner des sorgeberechtigten Teils leben zu müssen (OLG Hamm FamRZ 1986, 715, 716).

189 **Abzulehnen** sind hingegen **pauschale Verknüpfungen** von Partnerverfehlungen mit (vermutlich) mangelnder Erziehungseignung (so aber KEMPER ZBlJugR 1977, 413 f; STEFFEN ZBlJugR 1979, 129; bedenklich auch BVerfG NJW 1981, 1771, 1773). Wie schon vor 1977, wird hier sichtbares Fehlverhalten mit „Schuld" an der Ehezerstörung schlicht gleichgesetzt (zutr Kritik deshalb – auf unterhaltsrechtlicher Ebene – bei DIEDERICHSEN NJW 1980, 1672, 1673; LIMBACH NJW 1980, 873 f; dies, in: Brühler Schriften Bd 2 [1982] 44 ff, 48 ff) und Partnerversagen mit Elternversagen untrennbar verknüpft. Nicht-kindesbezogenes Fehlverhalten darf aber auch dann nicht in die Sorgerechtsabwägung einfließen, wenn es „kraß" ist (so aber BVerfG NJW 1981, 1771, 1773; OLG Bamberg FamRZ 1985, 528; zust SCHÜTZ FamRZ 1985, 1179). Ein Bezug zum Kindeswohl kann auch nicht auf abstrakter Ebene schon durch das Argument hergestellt werden, die Zerstörung der Familiengemeinschaft sei stets kindeswohlwidrig (zu pauschal OLG Bamberg aaO; OLG Celle FamRZ 1984, 1035, 1036, wonach die Zuwendung zu einem anderen Partner Indiz sei für eine Höherbewertung der eigenen Interessen vor denen der Kinder) oder das treuwidrige Verhalten beeinträchtige als schlechtes Vorbild die sittliche Wertbildung des Kindes (OLG Bamberg aaO; OLG Hamm FamRZ 1977, 744, 748 mwN für den Diskussionsstand vor dem 1. EheRG, zum Vorbildargument noch Rn 190).

190 Damit ist auch das Gewicht **sonstiger sittlicher Bedenken** gegen die Lebensführung eines Elternteils **nach der endgültigen Trennung** berührt, insbes das Zusammenleben mit einem neuen Partner in **eheähnlicher Gemeinschaft**, bevor die Elternehe geschieden ist. Unproblematisch erscheint nach wie vor die Berücksichtigung solcher Verhaltensweisen, die unmittelbar negative Auswirkungen auf das Kind haben (zB Betreuungsmängel, seelische Bedrängnis; deutlich die Fragestellung in BayObLG FamRZ 1977, 650, 653). Hingegen scheint das pauschale „Vorbild"-Argument, im Gegensatz zu früherer Rechtspraxis (s STAUDINGER/COESTER [2004] Rn 190 f mwN) nicht (mehr) geeignet, einen Zusammenhang zwischen Elternverhalten und Elterneignung herzustellen – hierzu bedarf es konkreter Darlegungen (zutr KG FamRZ 2008, 2054 bezgl *Straftaten* eines Elternteils). Angesichts weitgehender Akzeptanz unverheirateten Zusammenlebens in der heutigen Gesellschaft hat dieses Problem im übrigen viel von seiner praktischen Bedeutung verloren. Nichteheliche Lebensgemeinschaft **nach Scheidung der Elternehe** ist für die Kindeswohlabwägung nach § 1671 Abs 2 Nr 2 gänzlich bedeutungslos – eine positive, liebevolle Eltern-Kind-Beziehung ist für die Kindesentwicklung nach heutigem Verständnis wichtiger (KG FamRZ 1958, 423, 424; OLG Bamberg FamRZ 1985, 528 f).

(Unbesetzt) **191**

Entsprechend hat die Rspr auch entschieden, wenn ein Elternteil seiner von den **192** vorherrschenden sittlichen Standards abweichenden Lebensweise eine **weltanschaulich/religiöse Rechtfertigung** unterlegt hat. So gab bei einer alternativen Wohngemeinschaft mit dem Konzept „befreiter Sexualität" trotz teilweise auch unmittelbarer Kindbetroffenheit die enge Mutter-Kind-Beziehung und die bisherige positive Entwicklung des (siebenjährigen) Mädchens den Ausschlag zugunsten des Verbleibs bei der Mutter (OLG Stuttgart NJW 1985, 67 f [Änderungsfall], mit überzogener **Kritik** von SCHÜTZ FamRZ 1985, 1179; WEGENER JZ 1985, 851; **abl** auch BOSCH FamRZ 1985, 1286).

Schwierig zu beurteilen ist die Bedeutung, die der **Zugehörigkeit eines Elternteils zu 193 einer Religions- oder Weltanschauungsgemeinschaft** für die Sorgerechtsentscheidung zukommt. Die bloße Zugehörigkeit oder Nichtzugehörigkeit zu einer solchen Gemeinschaft und auch die stark religiös geprägte Lebensführung des Elternteils selbst können im Rahmen von § 1671 Abs 2 Nr 2 noch nicht ins Gewicht fallen: Hier geht es allein um das Kindeswohl, und über Religionen und Weltanschauungen ist staatlicherseits nicht zu urteilen, Art 4 GG (EGMR FamRZ 1994, 1275; FamRZ 2004, 765 [andernfalls Verletzung von Art 8 iVm 14 EMRK]; BGH FamRZ 2005, 1167 f; Öst OGH ÖJZ 1997, 25 ff; OLG Celle FuR 1977, 56; OLG Düsseldorf FamRZ 1995, 1511; OLG Hamburg FamRZ 1996, 684 [Anm GARBE]; OLG Hamm FamRZ 1999, 394; OLG Karlsruhe FamRZ 2002, 1728; OLG Oldenburg FuR 1997, 120; OLG Saarbrücken FamRZ 1996, 561, 562; OLG Stuttgart FamRZ 1995, 1290, 1291; OLG Nürnberg FamRZ 2001, 1639 [kein Vorrang des religiösen vor dem nichtreligiösen Elternteil]). Es gibt aber auch kein Recht auf Zuweisung des Kindes, um diesem die Religion des Antragstellers zu vermitteln (BGH FamRZ 2005, 1167 f; OLG Nürnberg FamRZ 2001, 1639; OLG Frankfurt FamRZ 1999, 182; vgl OLG Schleswig FamRZ 2003, 1948) – unbeschadet des Rechts, das Kind im Rahmen von Sorge- oder Umgangsausübung in religiöse Veranstaltungen mitzunehmen (dazu BayObLG FamRZ 1976, 43; OLG Celle FuR 1997, 56 f; AG Osnabrück FamRZ 2005, 645; HESSLER FamRZ 2007, 1838; krit WEYCHARDT FamRZ 2008, 632 f). Die Kontinuität der religiösen Erziehung kann allerdings ein Gesichtspunkt (neben anderen Kindeswohlkriterien) sein (BAMBERGER/ROTH/VEIT Rn 43). Im übrigen steht der Glaubensfreiheit der Eltern der staatlich zu gewährleistende Anspruch des Kindes gegenüber, sich iSd Menschenbildes des GG entwickeln zu können, dh zu einer eigenständigen, selbstbestimmungsfähigen und sozialfähigen Persönlichkeit (Rn 199;

§ 1666 Rn 71). Art 4 GG gibt nicht das Recht, das Kind iS eigener Überzeugungen zu instrumentalisieren. So kann das Kindeswohl zunächst durch die religiösen Aktivitäten des Elternteils selbst beeinträchtigt sein (Zuwendungsmangel; Herumschleppen bei Werbetätigkeit), aber auch durch glaubenskonforme Betreuungs- oder Erziehungsmaßnahmen (Verweigerung von Schulausbildung oder medizinischer Behandlung). Darüber hinaus ist bei Glaubensgemeinschaften, denen ein inhaltlich festgelegtes, mit Art 1, 2 GG nicht zu vereinbarendes Menschenbild zugrunde liegt und die eine der freien Persönlichkeitsentfaltung entgegenstehende Lebensführung vorschreiben (zB Hare Krischna, Moonies, Bhagwan, Scientology) zu prüfen, ob der Elternteil versucht, sein Kind in diese Glaubensgemeinschaft hineinzuziehen. Das gleiche gilt für eine Erziehungskonzeption, die auf einer traditionell-gebundenen, orthodoxen oder fundamentalistischen Interpretation einer Religion beruht (zB konservativ-islamische Mädchenerziehung, vgl § 1666 Rn 160). Hierdurch kann das Kind in seiner Persönlichkeitsentwicklung iS des Grundgesetzes beeinträchtigt und in eine gesellschaftliche Außenseiterrolle gedrängt werden (OLG Hamburg FamRZ 1985, 1284, 1285; OLG Frankfurt FamRZ 1994, 920, 921; FamRZ 1999, 182; OLG Düsseldorf FamRZ 1995, 1511, 1512 [in concreto verneint]; JOHANNSEN/HENRICH/JAEGER Rn 59; SCHWAB/MOTZER Rn III 150; OELKERS/KRAEFT FuR 1997, 161, 165). Zwar dürfen Eltern ihre Kinder im Sinne ihrer Religion beeinflussen, aber wenn – wie bei Elterntrennung – ein freiheitlich und ein unfreiheitlich orientierter Elternteil zur Wahl stehen, hat das Kind Anspruch auf die für seine Entwicklung bessere Alternative. Hat nur der religiös gebundene Elternteil einen Übertragungsantrag gestellt, kann – im Hinblick auf die Kontrollfunktion des anderen Elternteils – auch das gemeinsame Sorgerecht einer Überlassung des Kindes allein an diesen Elternteil vorzuziehen sein. Der entscheidende Prüfungsgesichtspunkt für das FamG werden also die konkreten Auswirkungen des elterlichen Glaubens auf das Kind sein – ist der Elternteil bereit und in der Lage, die Kindesinteressen als eigenständige Werte zu erkennen und zu respektieren und seine Glaubensüberzeugungen nicht zu Lasten des Kindeswohls durchschlagen zu lassen? – (in concreto bejaht OLG Hamburg FamRZ 1985, 1284, 1285 [Bhagwan]; OLG Düsseldorf FamRZ 1995, 1511; BayObLG FamRZ 1976, 43, 46 [Zeugen Jehovas]; OLG Frankfurt FamRZ 1997, 573 f [Scientology]; OLG Hamm FamRZ 1999, 394 f [„Zentrum für experimentelle Gesellschaftsgestaltung"]; verneint OLG Frankfurt FamRZ 1994, 920 f [Zeugen Jehovas]; wN bei OELKERS/KRAEFT FuR 1997, 161 ff). Pauschale Unterstellungen (wie etwa bei WEYCHARDT FamRZ 2005, 1534 bezügl eines islamischen Vaters; ders FamRZ 2008, 632 f bezügl der Zeugen Jehovas; krit dazu PIKL FamRZ 2008, 1469 f) sind dabei ebenso verfehlt wie blauäugiges Vertrauen auf elterliche Zusicherungen. Auch wenn Zweifel bleiben, der religiöse Elternteil aber im übrigen besser sorgegeeignet ist, kann ihm das Sorgerecht übertragen werden, wenn die Kindesinteressen durch punktuelle Beschränkungen gesichert werden können – etwa die Abspaltung der Gesundheitsfürsorge bei Zeugen Jehovas (s Rn 260).

γ) **Kindbemühtheit der Eltern**
194 Bereitschaft und Fähigkeit zur Verantwortungsübernahme für das Kind: Maßgebliches Kriterium des Kindeswohls ist die *ernstliche Bereitschaft* eines Elternteils, die alleinige oder Mitverantwortung (einschl der damit verbundenen Belastungen) für das Kind zu übernehmen (BayObLG FamRZ 1968, 267, 268; OLG Celle FamRZ 1984, 1035, 1036; OLG Düsseldorf FamRZ 1983, 293, 294 f; OLG Hamm FamRZ 1980, 487 f; OLG Stuttgart FamRZ 1978, 827, 828). Sie drückt sich regelmäßig in einem *Antrag* auf Zuweisung des Sorgerechts oder im Wunsch nach Fortführung des gemeinsamen Sorgerechts aus; dies muß aber nicht sein, ebensowenig wie ein ausdrücklicher Antrag stets Ausdruck

elterlichen Bemühens um das Kindeswohl ist (denkbar zB auch als Motiv: Unterhaltssicherung, § 1570 oder Fortsetzung des Kampfes auf Partnerebene, vgl OLG Frankfurt FamRZ 1990, 783). Ein unbegründeter Antrag auf Alleinsorge unter Ablehnung des eigentlich sachlich gebotenen gemeinsamen Sorgerechts kann sogar ein Indiz für mangelnde Erziehungseignung sein (in concreto verneint OLG Hamm FamRZ 1996, 1098, 1100).

Wesentlich ist auch die **Kindeswohlorientiertheit der Eltern**, dh ihre Fähigkeit, die Interessen des Kindes als eigenständige neben den ihren zu erkennen, insbes auch im Partnerstreit, und die eigenen Verhaltensweisen auf die Bedürfnisse des Kindes abzustimmen, möglicherweise auch unter Zurückstellung persönlicher Belange oder Wünsche. Dies gilt hinsichtlich der **persönlichen Lebensgestaltung**, etwa der beruflichen Tätigkeit oder der Partnerbeziehungen (zur Religionsausübung s oben Rn 193): Ist in der Vergangenheit deutlich geworden, daß ein Elternteil sich vorrangig von seinen persönlichen Interessen leiten ließ und Kindesinteressen für ihn eher zweitrangige Bedeutung haben, so spricht dies gegen seine Eignung (KG FamRZ 2008, 2054; OLG Celle FamRZ 1984, 1035, 1036; OLG Düsseldorf FamRZ 1986, 296, 297 [krasser Fall]; OLG Frankfurt FamRZ 1984, 296, 297; FamRZ 1994, 920; OLG Stuttgart NJW 1988, 2620, 2621). Umgekehrt läßt erkennbare Berücksichtigung der Kindesinteressen bei der persönlichen Lebensplanung auf gute Elterneignung schließen (OLG Stuttgart FamRZ 1978, 827, 828; OLG Celle FamRZ 1984, 1035, 1036 [Vater bringt berufliche Entscheidungen mit den Kindesinteressen in Einklang]). **195**

Die Fähigkeit zu kindesorientiertem, verantwortlichem Handeln kann dadurch in Zweifel gerückt sein, daß sich ein Elternteil bei den **Trennungsvorgängen** oder im **Sorgestreit** stärker von seinen Interessen leiten läßt als von denen des Kindes (vgl WENDL-KAMPMANN/WENDL 254 f; OLG Köln FamRZ 1980, 1153 f [Mutter verläßt zunächst die Kinder und zieht zu Freund, fordert später, nach Konsolidierung der Verhältnisse, das Sorgerecht]). Ist dies bei beiden Eltern der Fall, können im Extremfall mangels Erziehungseignung auf beiden Seiten Maßnahmen nach §§ 1671 Abs 3, 1666 erforderlich werden (vgl OLG Köln FamRZ 2009, 129 f; Rn 262 ff). Insoweit ist vor allem das Verhalten bei der **Umgangsdurchführung** aussagekräftig (vgl OLG Köln FamRZ 2003, 1950, 1951; näher Rn 207 ff zur „**Bindungstoleranz**"). Gleiches gilt für Eigenmächtigkeiten beim „Kampf ums Kind", die regelmäßig unter Berufung auf das Kindeswohl geschehen, aber idR nicht wirklich kindeswohlorientiert sind. Solche Eigenmächtigkeiten äußern sich etwa durch *Zurückhaltung des Kindes,* nachdem es durch einstweilige Anordnung dem anderen zugewiesen wurde, oder durch *Wegnahme* (OLG Frankfurt FamRZ 1984, 296, 297), insbes durch **Kindesentführung**. Eine Entführung liegt auch vor, wenn bei gemeinsamem Sorgerecht ein Elternteil das Kind eigenmächtig mitnimmt (s Rn 43; GUTDEUTSCH/RIECK FamRZ 1998, 1488, 1489; vgl Art 3 HKÜ, probl OLG Nürnberg FamRZ 1998, 314 f, dazu oben Rn 43; BGH Forum 1999, 85 ff will eine strafrechtliche Kindesentziehung [§ 235 StGB] sogar dann bejahen, wenn der *allein Sorgeberechtigte* das Kind abredewidrig ins Ausland verbringt und dadurch dem Umgangsberechtigten entzieht [**krit** RAKETE-DOMBEK ebenda 87]) oder wenn der Umgangsberechtigte das Kind nicht zurückgibt. Solche Maßnahmen treffen das Kind regelmäßig unvorbereitet, verwirren und verunsichern es, können es entwurzeln und der Gefahr mehrfacher Umgebungswechsel aussetzen. Sie belasten das Kind seelisch im Hinblick auf die Beziehung zum anderen Elternteil und sind oft mit anderen kindeswohlwidrigen Begleitumständen verbunden (zB Verbergen, Verleugnungen, gewaltsame Rückführungsversuche). Kindesentführungen **196** deuten deshalb auf mangelnde Kindeswohlorientiertheit des entführenden Elternteils hin und damit auf seine mangelnde Erziehungseignung (BVerfG FamRZ 2009, 189, 190; KG FamRZ 1983, 1159, 1161; OLG Bamberg FamRZ 1990, 1135, 1136 f; OLG Celle FamRZ 2004, 1667 f; OLG Düsseldorf FamRZ 1986, 296, 297; FamRZ 2005, 2087, 2088; OLG Hamm FamRZ 1988, 1198, 1200; OLG Hamburg FamRZ 1972, 1514, 1515 f; LÜDERITZ FamRZ 1975, 605, 608; SIEHR FamRZ 1976, 255 ff; ders DAVorm 1977, 220 ff; die Wegnahme ignorierend hingegen AG Mettmann FamRZ 1985, 529; **anders** auch Ewers FamRZ 1999, 1122, 123). Dies gilt auch, wenngleich möglicherweise abgeschwächt, im Fall der „Gegenentführung" durch den anderen Elternteil (vgl OLG Hamburg ZBlJugR 1988, 94, 96; OLG Celle DEuFamR 1999, 62, 64; Forum 1999, 87 ff). Das Gewicht, das einer Kindesentführung beizumessen ist, hängt allerdings von den Motiven des Elternteils im konkreten Fall ab: „Mildernd" könnte berücksichtigt werden, wenn der Entführer sich begründet für alleinsorgeberechtigt (KG FamRZ 1983, 1159, 1161) oder das Kind für bedroht halten konnte (OLG Oldenburg FamRZ 1983, 94, 95) oder aus sonstigen, nachvollziehbaren Gründen im Kindesinteresse zu handeln glaubte (OLG Hamm FamRZ 1988, 1198, 1200 [Sorge um das gesundheitliche Wohl des Kindes]). Die allgemeine Überzeugung, das Kindeswohl sei nur bei ihm oder nur in Deutschland gewahrt, kann dem Entführer insoweit jedoch nicht zugute gehalten werden, hier werden nur eigene Interessen in die des Kindes projiziert. „Erschwerend" ist umgekehrt besonders rücksichtsloses Verhalten bei der Entführung zu bewerten (vgl BVerfG DEuFamR 1999, 55 ff; OLG Celle Forum 1999, 87 ff [Fall „Tiemann"]). Im übrigen ist das FamG in Entführungsfällen gehalten, die Elternbeurteilung im Lichte des Kindeswohls gedanklich zu trennen vom staatlich-gesellschaftlichen Interesse an Sanktion rechtswidrigen Verhaltens (dazu oben Rn 169; BVerfG FamRZ 2009, 189; vgl OLG Karlsruhe FamRZ 2001, 1636) und an Generalprävention (anders bei bloßen Rückführungsentscheidungen nach dem Haager Kindesentführungsübereinkommen [HKÜ], vgl § 1666 Rn 313 ff). Geschieht dies nicht, kann der Entführungsaspekt überproportionales Gewicht erlangen und vom konkreten Kindeswohl ablenken (vgl COESTER, Kindeswohl 239 Fn 351 mwN). Insbes können in der Gesamtabwägung die inzwischen eingetretene Verwurzelung des Kindes beim Entführer und der Kindeswille seine dortige Belassung gebieten (BVerfG FamRZ 2009, 189, 190 [mit Folgerungen hinsichtlich der Verfahrensdauer]; KG FamRZ 1983, 1159, 1161; OLG Hamm FamRZ 1988, 1198, 1200; vgl auch OLG Düsseldorf FamRZ 1982, 534, 535; nur iE anders BGH FamRZ 1979, 577, 580; zur Erstattung v Detektivkosten vgl BGH NJW 1990, 2060 ff mwN [Anspruch grds gegeben]; zum Schadensersatz auch darüber hinaus vgl Öst OGH FamRZ 1998, 1424 f). Zu weit geht es allerdings, dem ehemaligen Betreuungselternteil angesichts der rechtswidrig geschaffenen Fakten die Darlegungslast zuzuschieben, warum ein Rückwechsel des Kindes dessen Wohl am besten entspricht (so OLG Karlsruhe FamRZ 2001, 1636, vgl Rn 249).

197 Das Postulat der Kindeswohlorientiertheit gilt schließlich auch für das **Verhalten der Eltern zueinander**, soweit es vom Kind wahrnehmbar ist (zum elterlichen Vorbild Rn 190). Zwar gelingt es vielen Betroffenen nicht, im Scheidungsstreit die Partnerebene und die Elternebene auseinanderzuhalten, zu oft kommt es zu einer **Instrumentalisierung der Kinder**. Insoweit handelt es sich um typischerweise situationsbedingtes Verhalten, das nicht einen grundsätzlichen Eignungsmangel darstellen muß (JOPT FamRZ 1987, 880, 883 f: Hier liegt ein wichtiger Ansatzpunkt für präventives staatliches Bemühen um das Kindeswohl, vgl Rn 271 ff); geschieht die Einbeziehung der Kinder in den Elternstreit hingegen dauerhaft und planmäßig, spricht dies gegen die grundsätzliche Sorgeeignung dieses Elternteils (OLG Hamm FamRZ 2007, 757, 758 f; AG Holzminden FamRZ 2002,

560, 561; s auch Rn 208). Gelingt es einem Elternteil im Einzelfall jedoch, die persönlichen Spannungen im Verhältnis zum Partner zurückzudrängen, das Kind von den Elternkonflikten freizuhalten und ihm das Gefühl zu geben, daß es weiterhin zwei um sein Wohl bemühte Elternteile hat, so ist dies um so mehr ein wesentlicher Gesichtspunkt zugunsten dieses Elternteils (OLG Celle FamRZ 1984, 1035, 1036 [Vater hat „in schwieriger persönlicher Situation vorbildhaft reagiert"]; vgl auch KG ZKJ 2009, 211 313; OLG Hamburg FamRZ 1985, 1284). Indiz für die Voranstellung der Kindesinteressen vor die eigenen kann auch sein, wenn der in erster Instanz obsiegende Elternteil das Kind zunächst, bis zur endgültigen Klärung der Sorgeberechtigung, noch beim anderen Elternteil beläßt (OLG Celle aaO; OLG Karlsruhe FamRZ 1984, 311, 312; OLG München FamRZ 1991, 1343, 1346). In diesem Zusammenhang können auch **Unterhaltspflichtverletzungen** der Eltern zu berücksichtigen sein (OLG Hamm FamRZ 1999, 394, 395; vgl Rn 143), insbesondere auch beim Kindesunterhalt (OLG Köln FamRZ 2008, 636, 637), wie umgekehrt auch korrekte Unterhaltszahlungen trotz Elternstreits (VerfGH Berlin FamRZ 2006, 1465, 1467).

δ) **Erziehung und Förderung des Kindes**
Die elterliche Erziehung ist nicht, wie gelegentlich vertreten wird, im Hinblick auf **198** Art 6 Abs 2 S 1 GG der rechtlichen Beurteilung völlig entzogen (so SCHMITT GLAESER, Das elterliche Erziehungsrecht in staatlicher Reglementierung [1980] 14, 33, 42, 58 f). Hinsichtlich Erziehungsziel und Erziehungsmethoden gibt es einige Vorgaben des Rechts, darüber hinaus konsensgetragene Überzeugungen von den Grundbedingungen kindesförderlicher Erziehung in Wissenschaft und Rechtsprechung, die der Familienrichter ebenfalls seiner Entscheidungsfindung zugrundelegen darf (Rn 172). Über diese Vorgaben hinaus allerdings darf der Familienrichter nicht Partei ergreifen im Erziehungsstreit der Eltern, sondern muß vertretbare Erziehungskonzeptionen der Eltern als gleichwertig behandeln (OLG Bamberg FamRZ 1999, 805, 806 [„ländlich-konservativ" gegen „liberal-großstädtisch"]; OLG Brandenburg FamRZ 2002, 567, 568; OLG Frankfurt FamRZ 1978, 261, 262; OLG Hamm FamRZ 1989, 654, 655; AG Stuttgart FamRZ 1981, 597; OLG Koblenz NJW 1989, 2201, 2202 [betr Uneinigkeit über medizinisch/hygienische Maßnahmen, die auch von Fachleuten divergierend beantwortet wurden: Entscheidend sei nur entsprechendes Verantwortungsbewußtsein der Eltern]. Unzulässig hingegen OLG Zweibrücken FamRZ 2001, 186 [Mutter besser geeignet, „weil sie einen weniger permissiven Erziehungsstil pflegt"]).

Als rechtliches **Erziehungsziel** ist die *Heranbildung der jungen Menschen zur selbst-* **199** *bestimmungsfähigen, selbstverantwortlichen und gemeinschaftsfähigen Persönlichkeit* anerkannt (vgl Art 1, 2 GG, dazu BVerfG FamRZ 1968, 578, 584; FamRZ 1974, 595, 597; FamRZ 2008, 845, 848 Nr 71; BT-Drucks 8/2788, 34; einfachgesetzliche Umsetzung in §§ 1 Abs 1, 8 Nr 2, 10 Abs 1 S 2, 21 Abs 1 SGB VIII). Dieses Erziehungsziel wird verfehlt, wenn den Kindern die Erlernung der deutschen Sprache nicht ermöglicht wird und sie auch nicht zum Schulbesuch angehalten werden (AG Neustadt aR ZKJ 2008, 341 [Alleinsorge zum anderen Elternteil]). Dem entspricht eine **Erziehungsmethode**, die das Kind als *Individuum mit eigener Würde, Rechten sowie der wachsenden Fähigkeit zur Selbstentscheidung* ernst nimmt und insoweit fördert (vgl §§ 1626 Abs 2, 1631 Abs 2, 1631a; ausf COESTER, Kindeswohl 183 ff, 189 ff; STAUDINGER/PESCHEL-GUTZEIT [2007] § 1626 Rn 113 ff).

Nicht mehr zum rechtlichen Erziehungsziel gehört „gesellschaftliche Tüchtigkeit", **200** wie § 1 JWG formulierte. Die Eltern schulden dem Staat nicht „geeigneten Nachwuchs" (vgl aber SCHÜTZ FamRZ 1986, 947, 948), und auch das „Aufbauen einer echten Bindung zum deutschen Volk" ist nicht Inhalt rechtlich vorgeschriebener Erziehung (so aber SCHÜTZ aaO mit unzutreffender Berufung auf BVerfG FamRZ 1974, 579, 588; vgl dagegen BGH FamRZ 1990, 392, 393 f). Bei diesen Forderungen geht es nicht mehr um Kindeswohl, sondern Gesellschaftsinteressen (Rn 169).

201 Erziehungsweisen eines Elternteils, die das vorgegebene **Erziehungsziel gefährden**, lassen ihn als ungeeignet erscheinen (Isolierung des Kindes, strikt autoritäre, auf Befehl und Gehorsam aufbauende Erziehung; zu Erziehungsfehlern unterhalb der Gefährdungsschwelle s Rn 202). Die Herkunft des Elternteils aus *fremder Kultur,* in der solche Erziehung üblich ist, ändert daran nichts, das Kindeswohl ist nach deutschem Recht zu beurteilen (Rn 311, 313; zu islamischen Eltern § 1666 Rn 160 ff). Das gilt insbesondere auch für in fremden Kulturen verbreitete Verstümmelungen, vor allem **Beschneidungen** von Mädchen – ein Elternteil, der sich von solchen Praktiken nicht glaubwürdig und zuverlässig distanziert, kommt als Inhaber der Alleinsorge nicht in Betracht (zu Eingriffen nach § 1666 s dort Rn 82, 96, 163 mwN). Die Elterneignung entfällt regelmäßig auch bei Fehlverhalten gegenüber dem Kind, das von vornherein nicht mehr als „Erziehungsverhalten" eingestuft werden kann, insbes bei **Gewalttätigkeiten** (OLG Hamm NJW 1968, 454; FamRZ 1977, 745, 747; LG Mannheim NJW 1972, 950). Der Begriff der „Gewalt" ist in § 1631 Abs 2 S 2 definiert; gleichzeitig stellt diese Norm klar, daß körperliche oder seelische Gewalt nicht mehr aus einem „Erziehungszweck" gerechtfertigt werden kann (vgl ausf § 1666 Rn 97–99). Wer selbst Konflikte nicht gewaltfrei lösen kann, kann eine entsprechende Kompetenz auch nicht beim Kind aufbauen (MünchKomm/FINGER Rn 85; SCHUMACHER/JANZEN, Gewaltschutz in der Familie [2003] Rn 179; KINDLER/SALZGEBER/FICHTNER/WERNER FamRZ 2004, 1241, 1246). Das gilt nicht nur bei Gewalttätigkeiten gegenüber dem Kind, sondern auch schon bei Gewalt nur gegenüber dem anderen Elternteil („Partnerschaftsgewalt") – die mittelbaren Auswirkungen auf das Kind sind beträchtlich (WERNER-HORNIG/KOHAUPT FPR 2003, 315 ff; WILL FPR 2004, 233 ff; vgl Rn 139; § 1666 Rn 98). Das Gewicht der Gewaltanwendung im Rahmen der elterlichen Sorgeeignung wird allerdings davon abhängen, ob es sich um vereinzelte, situationsbedingte „Aussetzer" handelt, wie sie noch häufig vorkommen (Klaps, Ohrfeige), oder ob die Gewalt integrierter Teil des elterlichen Erziehungskonzepts oder des elterlichen Konfliktverhaltens ist. Im ersten Fall kann das elterliche Fehlverhalten durch andere, positive Aspekte (Bindung, Förderung) ausgeglichen werden, im zweiten Fall idR nicht. Jedenfalls ist der gewaltfrei erziehende Elternteil generell im Vorteil (vgl BUSSMANN FPR 2002, 289, 290; WILL FPR 2004, 233, 235); letztlich ausschlaggebend ist auch hier die Gesamtabwägung aller Kindeswohlfaktoren (Rn 174 ff; zum Gewaltaspekt beim gemeinsamen Sorgerecht s Rn 139).

201a Noch strikter disqualifiziert der **sexuelle Mißbrauch** des Kindes einen Elternteil. Das Problem liegt nicht in dieser Wertung, sondern in der Tatsachenfeststellung (vgl § 1666 Rn 100). Besonders schwierig ist die Entscheidungssituation für das FamG bei einseitigen, von der Gegenseite **bestrittenen Vorwürfen** – immerhin werden solche Vorwürfe auch (mit offenbar zunehmender Tendenz) als Kampfmittel im Partnerkrieg eingesetzt (vgl Rn 140; CARL FamRZ 1995, 1183, 1185 spricht von einer Unrichtigkeitsquote von 25% bis 50%; ähnlich auch DETTENBORN FPR 2003, 293, 296 mwN; relativierend KÜHNE/KLUCK FamRZ 1995, 981, 985; auch von Kindesseite aus sind Falschbeschuldigungen möglich, SALZGEBER/SCHOLZ/WITTENHAGEN/AYMANS FamRZ 1992, 1249, 1255; vgl auch RÖCKER, in: DU BOIS [Hrsg], Praxis und Umfeld der Kinder- und Jugendpsychiatrie [1989] 145 ff; LELL ZfJ 1992, 142 ff). Extremes Risikopotential für das Kind und hohes Unrechtsrisiko zu Lasten des beschuldigten Elternteils stehen also einander gegenüber (zum rationalen Umgang damit DETTENBORN aaO). Dies verpflichtet das FamG, in erster Linie dem Wahrheitsgehalt der Vorwürfe weitestmöglich nachzugehen (idR Sachverständigengutachten, Verfahrensbeistand für das Kind; zu den psychologischen und medizinischen Problemen der Sachverhaltsaufklärung s JONES, in: HELFER/KEMPE/KRUGMANN [Hrsg], Das mißhandelte Kind [2002] 443 ff; REICHERT ebenda 467 ff; FEGERT, in: SALGO/ZENZ ua [Hrsg], Verfahrenspflegschaft für Kinder und Jugendliche [2002] 172 ff; zur Bedeutung des Kindeswillens in diesem Zusammenhang Rn 240). Verkürzungen dieser Aufklärungspflicht, etwa durch generelle Unterstellung der Mißbräuchlichkeit der Vorwürfe (so das PAS-Konzept, dazu krit BRUCH FamRZ 2002, 1304, 1306 mwN; vgl Rn 208), sind nicht zulässig, sie verletzen Eltern- und Kinderrechte (vgl – mwN – KOSTKA 230: Es gebe weder eindeutige Anzeichen für das Vorliegen noch für das Nichtvorliegen von sexuellem Mißbrauch). Bei Unaufklärbarkeit des Vorwurfs in dem einen oder anderen Sinne muß das FamG eine **Risikoabwägung** vornehmen – bei etwa gleich großer Wahrscheinlichkeit der Richtigkeit oder Unrichtigkeit wird letztlich das Elterninteresse vor dem Kindesinteresse zurückzutreten haben: Die Folgen einer Fehlentscheidung dürften für das Kind noch katastrophaler sein als für den Elternteil (immerhin gibt es bei späterer Aufklärung die Änderungsmöglichkeit nach § 1696); auch folgt das unvermeidliche Elternopfer aus der „Fremdnützigkeit", dh dem wesensbestimmenden Kindeswohlbezug elterlicher Rechte (iE wie hier JOHANNSEN/HENRICH/JAEGER Rn 58; anders CARL FamRZ 1995, 1183, 1191; tendenziell wohl auch SALZGEBER/SCHOLZ/WITTENHAGEN/AYMANS FamRZ 1992, 1249, 1256 [allerdings mehr mit Blick auf Umgangsstreitigkeiten]; zur Problematik vgl auch KÜHNE/KLUCK FamRZ 1995, 981 ff; RÖSNER/ SCHADE FamRZ 1993, 1133 ff [jeweils mwN]; FEGERT, in: J WALTER, Sexueller Mißbrauch im Kindesalter [1989] 68 ff). Es wird viel am Begründungsgeschick des FamG liegen, dem betroffenen Elterntcil dicsc Entscheidung akzeptabel erscheinen zu lassen.

Ist der sexuelle **Mißbrauch bewiesen**, so kann neben der Disqualifikation des Täters auch ein Eignungsmangel des anderen Elternteils vorliegen, wenn dieser den Mißbrauch geduldet bzw nicht abgewehrt hat (SCHWAB/MOTZER Rn III 153). In diesen Fällen sind Maßnahmen nach §§ 1671 Abs 3, 1666 zu erwägen (Rn 262 ff), wenn die Gefahr nicht durch die Elterntrennung beseitigt ist.

Haben sich die **Vorwürfe** als **unbegründet** erwiesen, hält ein Elternteil sie aber dennoch aufrecht, um den Beziehungsabbruch und die Abschottung der Kinder vom anderen Elternteil zu begründen (vgl BGH FamRZ 2008, 592 ff), so handelt es sich um eine Variante der häufigen Blockade- und Entfremdungsstrategien im Gefolge zerrütteter Partnerbeziehungen (dazu Rn 207 f).

In der Wahl *zwischen den Eltern* darf der Familienrichter aber auch Rechtswertungen heranziehen, deren Verletzung allein noch keinen Eingriff in die intakte Familie rechtfertigen würde (vgl Rn 135; insoweit mißverständlich der Ansatz in OLG Hamburg FamRZ 1985, 1284, 1285 [Bhagwan]). Es ist also zugunsten eines Elternteils zu berücksichtigen, wenn es ihm (im Gegensatz zum anderen Teil) gelingt, das Kind **partnerschaftlich zu erziehen** (§ 1626 Abs 2; vgl demgegenüber § 1666 Rn 152). Dabei ist „partnerschaftlich" nicht zu verwechseln mit permissiver, auf elterlicher Schwäche beruhender Haltung (vgl OLG Köln FamRZ 1982, 1232, 1233; OLG Bamberg FamRZ 1988, 750, 751; DIEDERICHSEN NJW 1980, 1, 3). Partnerschaftliche Erziehung ist auch „in gewissem Umfange" mit der Forderung nach Disziplin, Pünktlichkeit, Zuverlässigkeit und Unterordnung verträglich (OLG Hamm FamRZ 1989, 654, 655; eine gewisse Vorliebe früherer Rspr für die „feste Hand" in Erziehungsfragen war jedoch unverkennbar). Zu berücksichtigen ist ferner, wenn (nur) ein Elternteil auf **Ausbildungs- und Berufsfragen des Kindes** angemessen eingeht (§ 1631a).

203 Die Qualität der Erziehung hängt desweiteren von der **Stabilität der Lebensverhältnisse** ab, die das Kind bei den Elternteilen jeweils zu erwarten hat. Als zukunftsorientierter Aspekt ist die Stabilität vom **Kontinuitätsgedanken** zu unterscheiden (zu letzterem unten Rn 246), sie ist als „Stetigkeit in der Entwicklung und Erziehung des Kindes" (BVerfG FamRZ 1982, 1179, 1183) zu sichern, unabhängig von den bisherigen Betreuungsverhältnissen (vgl FTHENAKIS, in: REMSCHMIDT [Hrsg], Kinderpsychiatrie [1984] 36, 41; ARNTZEN, Elterliche Sorge 18; ELL, Trennung 62 ff), kann diese aber iS einer „fortdauernden Kontinuität" miteinbeziehen. Sie beruht auf der Erkenntnis, daß Erziehung „das Aufbauen von Verhaltenskonstanten" ist (BayObLG FamRZ 1976, 38, 40; OLG Düsseldorf FamRZ 1995, 1511, 1513), bezieht sich aber auch auf die persönlichen Bindungen des Kindes (OLG Köln FamRZ 1982, 1232, 1233) und die äußeren Lebensumstände (OLG Karlsruhe FamRZ 2008, 633, 634). Der Stabilität der künftigen Erziehungsverhältnisse wird in der Rspr hohe Bedeutung zugemessen (KG FamRZ 1990, 1383, 1384; OLG Celle FamRZ 1984, 1035, 1036; OLG Düsseldorf FamRZ 1986, 296, 298; OLG Frankfurt FamRZ 1982, 531; OLG Hamm FamRZ 1988, 1313, 1314). Sind die künftigen Lebensumstände eines Elternteils hingegen ungesichert oder führt er einen unsteten Lebenswandel, spricht dies gegen eine Sorgerechtszuweisung an ihn (OLG Celle aaO; OLG Stuttgart NJW 1988, 2620, 2621; OLG Karlsruhe FamRZ 2008, 633, 634). Die Unstetigkeit kann auch auf ständigem Partnerwechsel wegen Bindungsunfähigkeit des Elternteils beruhen (OLG Köln FamRZ 1982, 1232, 1233 f, unter Hinweis auf entsprechende soziale Entwicklungsstörungen beim Kind).

204 Ein wesentlicher Aspekt sind auch die Möglichkeiten der Eltern zur **persönlichen Betreuung des Kindes.** Es entspricht verbreiteter Überzeugung, daß im Grundsatz die persönliche Betreuung durch einen Elternteil dem Kindeswohl förderlicher ist als Drittbetreuung, und seien die „Dritten" auch die Großeltern (BVerfG NJW 1981, 217, 219; OLG Bamberg FamRZ 1988, 750, 751; OLG Frankfurt FamRZ 1984, 296, 297; FamRZ 1990, 550; OLG Stuttgart NJW 1988, 2620, 2621; AG Würzburg FamRZ 1998, 1319, 1320). Demgemäß ist das Sorgerecht oft demjenigen Elternteil zugesprochen worden, der (auch trotz eigener Berufstätigkeit) dem Kind mehr Zeit zuwenden konnte (OLG Düsseldorf FamRZ 1983, 293, 294 f [Vater, der Betreuung durch Dritte werktäglich bis 15 h sicherstellt und sich im übrigen intensiv um das Kind kümmert, hat Vorrang vor Mutter, die das Kind gänzlich bei den Großeltern aufwachsen lassen will]; OLG Düsseldorf FamRZ 1999, 1157; OLG Frankfurt FamRZ 1994, 920 [Vater hat Reduzierung auf Halbtagstätigkeit zugesagt]; vgl dazu auch OLG Frankfurt FamRZ 1990, 550; OLG München FamRZ 1991, 1343, 1345; OLG Hamm FamRZ 2000, 1039, 1040; OLG Stuttgart FamRZ 2007, 1266, 1267; OLG Zweibrücken FamRZ 2001, 184, 185; OLG Brandenburg FamRZ 2001, 1021, 1022; OLG Karlsruhe FamRZ 2001, 1634 f [zurückweisend die Argumentation, der Elternteil mit mehr Zeit sei deshalb besser geeignet]; ähnlich, nur in umgekehrter Konstellation, OLG Hamm FamRZ 1980, 487 ff; OLG Koblenz NJW 1989, 2201, 2202; AG Mettmann FamRZ 1985, 529). Nach mancher Ansicht hat dabei die persönliche elterliche Betreuung zentrale Bedeutung gerade für *Kleinkinder,* sie verliere aber mit zunehmendem Alter an Gewicht (OLG Düsseldorf FamRZ 1988, 1193; JOHANNSEN/ HENRICH/JAEGER Rn 55, 56). Dies mag im Hinblick auf das Zeitgefühl des Kleinkindes, seine psychische Angewiesenheit auf seine „Bezugspersonen" und sein gesteigertes

Bedürfnis nach stabilen familiären Lebensbedingungen richtig sein, sollte aber nicht in dem Sinne mißverstanden werden, daß persönliche Betreuung bei älteren Kindern „unwichtig" sei.

Gegen diese Grundsätze sprechen noch nicht Gleichberechtigungserwägungen oder eine Kritik am daraus faktisch folgenden „Muttervorrang" (vgl Rn 165). Allerdings ist klarzustellen, daß es von vornherein nicht auf die bisherigen Lebensverhältnisse ankommen kann, sondern auf die geplante Gestaltung *nach* (hypothetischer) Sorgerechtszuweisung: Diese kann es einem Elternteil ermöglichen, seine bisherige Berufstätigkeit einzuschränken oder aufgeben (vgl § 1570) – der Unterhalt folgt dem Sorgerecht, nicht umgekehrt. **205**

Des weiteren kann „Betreuung" nicht einfach mit „Zeitaufwand" gleichgesetzt werden, insoweit ist der Betreuungsaspekt in dreierlei Hinsicht zu relativieren. **Zum einen** ist im Zweifel die **Qualität der elterlichen Zuwendung** für das Kind wichtiger als die Quantität der aufgewendeten Zeit (OLG Brandenburg FamRZ 2003, 1949, 1950; OLG Dresden FamRZ 1997, 49, 50; OLG Frankfurt FamRZ 1982, 531, 532; OLG Hamm FamRZ 1999, 1599 f; FamRZ 2000, 501, 502; OLG München FamRZ 1991, 1343, 1346; nach LEHR, Die Rolle der Mutter in der Sozialisation des Kindes [1974]; dies ZBlJugR 1975, 413, ist die schlechteste Alternative für das Kind die mit ihrer Rolle unzufriedene Nur-Hausfrau; ähnlich GÖDDE ZfJ 2004, 201, 207 bezügl des Vaters bei schlechter Beziehung zum Kind). **Zum zweiten** vollzieht sich derzeit ein allgemeiner Bewußtseinswandel über den Stellenwert von persönlicher Elternbetreuung und zeitweiliger Drittbetreuung (etwa durch Tagesmütter, Kinderkrippen, Kindergärten, Vorschulen): Der Verlust an Elternzeit kann durch **kognitive und soziale Lerneffekte** (uU mehr als) kompensiert werden. Schließlich, **zum dritten**, kann der **Bindungsaspekt** den Zeitfaktor aufwiegen. Dies geht einerseits zugunsten des berufstätigen *Elternteils,* zu dem das Kind sich stärker hingezogen fühlt (BVerfG NJW 1981, 217, 219; OLG Düsseldorf FamRZ 1988, 1193; OLG Hamm FamRZ 1986, 715, 716; OLG Köln FamRZ 1982, 1232, 1234; ZENZ/SALGO, Diskriminierung 27 ff; KALTENBORN FamRZ 1987, 990, 998). Es kann aber auch eine gewachsene Bindung an einen betreuenden *Dritten,* häufig die Großeltern, schützenswert sein – in diesem Fall kann das Sorgerecht dem Elternteil zuzusprechen sein, der das Kind bei den Großeltern (zumindest zunächst) belassen will und sich im Rahmen seiner Möglichkeiten soweit wie möglich darum bemüht, dem Kind auch eigene Zuwendung und Betreuung zukommen zu lassen (OLG Hamm FamRZ 1980, 485 ff; 1985, 637, 638; 1986, 714; OLG Köln FamRZ 2003, 1950, 1951). **206**

Hieraus kann als übergreifender **Grundsatz** gefolgert werden: Es kommt für den Betreuungsaspekt nicht auf den Zeitaufwand an, sondern darauf, daß der Elternteil für das Kind präsent ist, dh ihm ein **Zugehörigkeits- und Geborgenheitsgefühl vermitteln** kann, und seine zur Verfügung stehende Zeit nutzt, um dem Kind Zuwendung und Interesse zu dokumentieren. Eine nach Art und Dauer kindangemessene Drittbetreuung, die ein antragstellender Elternteil vorsieht, spricht nicht gegen seine Elterneignung. Ein Elternteil jedoch, der Drittbetreuung aus Desinteresse wählt oder eine solche Form der Drittbetreuung, die seine Elternfunktion praktisch verdrängt (Internat, Pflegefamilie), muß hingegen als ungeeignet eingestuft werden.

In neuerer Zeit hat sich ein weiteres Erziehungskriterium in den Vordergrund geschoben, das speziell für die Trennungsfamilie gilt: Die Fähigkeit und Bereitschaft eines Elternteils, als Sorgeberechtigter dem Kind ein **positives Bild vom anderen** **207**

Elternteil zu belassen (oder zu vermitteln) und dessen **Kontakte mit dem Kind spannungsfrei zu ermöglichen**, möglichst sogar zu fördern (BVerfG FamRZ 1982, 1179, 1182; FamRZ 2009, 189, 190; BGH NJW 1985, 1702, 1704; KG FamRZ 1983, 1159, 1161; OLG Bamberg FamRZ 1990, 1135, 1137; OLG Brandenburg FamRZ 2001, 1021, 1022; OLG Braunschweig FamRZ 2001, 1627, 1638; OLG Celle FamRZ 1984, 1035, 1036; 1994, 924; Forum 1999, 87, 89 f; OLG Dresden NJW 2003, 147, 148; OLG Frankfurt FamRZ 1982, 531; 1994, 920; ZfJ 1998, 343; FamRZ 1999, 612, 613; 2001, 1039, 1040; OLG Hamburg FamRZ 1985, 1284; OLG Hamm FamRZ 1997, 157 f; FamRZ 1999, 394, 395; OLG Zweibrücken FamRZ 2001, 184, 185; AG Stuttgart FamRZ 1981, 597; WENDL-KAMPMANN/WENDL 254 f; es reicht nicht aus, die Entscheidung über Kontakte zum nichtsorgeberechtigten Elternteil allein dem Willen der Kinder zu überlassen, vgl OLG Frankfurt FamRZ 1997, 573, 574). Hierfür hat sich das Schlagwort **„Bindungstoleranz"** eingebürgert (s Rn 196 f). Grundlage dieses Kriteriums ist die wissenschaftliche Erkenntnis, daß das Kind die Trennungssituation am ehesten bewältigen kann, wenn es erfährt, daß es weiterhin *zwei* an seinem Wohl interessierte Eltern hat (Vertreter der Bindungstheorie [unten Rn 217] bestreiten tendenziell diese Erkenntnis, vgl KOSTKA 252 f). Gesetzlichen Niederschlag hat diese Erkenntnis in §§ 1626 Abs 3, 1684 Abs 2 S 1 gefunden (als trennungsspezifische Ausprägung von § 1618a). Scheitert die gemeinsame Sorge am unbewältigten Paarkonflikt (Rn 137), kann die größere Bindungstoleranz eines Teils den Ausschlag für die Zuteilung der Alleinsorge geben (OLG Zweibrücken FamRZ 2001, 185; OLG Brandenburg FamRZ 2008, 1474, 1476; KG FamRZ 2008, 2054, 2055); das gleiche gilt, wenn (nach Praktizierung eines „Wechselmodells") wegen Auswanderung eines Elternteils zu fragen ist, bei welchem Elternteil guter Kontakt der Kinder zum „fernen" Elternteil besser gewährleistet erscheint (KG ZKJ 2009, 211, 213; vgl Rn 211). Auf jeden Fall handelt es sich um eines der zentralen Kriterien im Rahmen der Gesamtabwägung zum Kindeswohl gem Abs 2 Nr 2 (neben obiger Rspr s auch BVerfG FamRZ 2009, 189, 190; OLG Koblenz FamRZ 2008, 2301, 2302).

208 Ist diese **kindgerechte Haltung** bei einem Elternteil vorhanden, scheint er als Sorgeberechtigter besonders gut geeignet. In Zweifelsfällen drohen Gerichte gelegentlich mit § 1696, falls der begünstigte Elternteil das erforderliche Wohlverhalten nicht zeigen sollte (KG FamRZ 1983, 1159, 1161; OLG Köln FamRZ 1982, 1232, 1234 f; Abänderung der Sorgerechtsentscheidung gem § 1696 in OLG Celle FamRZ 1998, 1045; OLG Köln FamRZ 1998, 1463, 1464; im Ansatz unrichtig OLG Frankfurt FamRZ 2001, 608, 639, wo Entzug nach § 1666 erwogen wird). Umgekehrt fällt negativ in die Waagschale, wenn ein Elternteil seine **feindselige, aggressive Einstellung** gegenüber dem anderen Teil auch auf das Kind überträgt, es etwa negativ beeinflußt und aufhetzt, oder auch nur, wenn er versucht, den anderen Elternteil aus seinem und dem Leben der Kinder völlig auszublenden (vgl OLG Celle FamRZ 2004, 1667 f). Hierin liegt ein erhebliches Elternversagen, das die Erziehungseignung stark beeinträchtigt (BGH NJW 1985, 1702, 1704; OLG Hamm FamRZ 1989, 654, 655 f; FamRZ 2007, 757, 759; OLG München FamRZ 1991, 1343, 1344 f; OLG Bamberg FamRZ 1997, 102; Schweizerisches Bundesgericht BGE 115, 206 ff, 210 f; JOHANNSEN/HENRICH/JAEGER Rn 61). Die Instrumentalisierung der Kinder im Partnerkonflikt ist eine schwerwiegende Verletzung der Kindesinteressen, die – in Durchbrechung des Kontinuitätsprinzips – auch einen Betreuungswechsel rechtfertigen kann (s auch Rn 196, 197; OLG Braunschweig FamRZ 2001, 1637 f; OLG Celle FamRZ 2004, 1667 f [rigorose Entfremdungsstrategie der betreuenden Mutter]; OLG Düsseldorf FamRZ 2005, 2087 ff; vgl AG St Goar FamRZ 2001, 1722 f [sogar Sorgerechtsänderung nach § 1696]; ähnl AG Fürstenfeldbruck FamRZ 2002, 118 ff; AG Holzminden FamRZ 2002, 560, 561). Allerdings muß man sich auch hier vor schematisierenden Vereinfachungen bei der Sachverhaltsfeststellung und den Reaktionen hüten: Die Lehre vom **Parental Alienation Syndrom (PAS)** bietet nur einen scheinbar gesicherten Tatbestand und tendiert bei den Reaktionen zu kindeswohlblindem Rigorismus (vgl OLG Dresden NJW 2003, 147; zur Kritik am PAS-Konzept KG FamRZ 2005, 1768, 1769; BRUCH FamRZ 2002, 1304 ff; FEGERT KindPrax 2001, 3 ff, 39 ff; 14. DFGT [Arbeitskreis 9] FamRZ 2002, 1317 f; DETTENBORN FamRZ 2002, 1320; PESCHEL-GUTZEIT FPR 2003, 271 ff mwN [gegen OLG Dresden aaO]; BALLOFF FPR 2002, 240, 244 f; GÖDDE ZfJ 2004, 201 ff; umfassende Darstellung bei KOSTKA 223 ff; positive Darstellung bei SCHRÖDER FamRZ 2000, 592; trotz Zitierung von PAS sorgfältig differenzierend OLG Frankfurt FamRZ 2001, 638 f; OLG Zweibrücken FamRZ 2001, 640; AG Fürstenfeldbruck FamRZ 2002, 118 ff). Eine extreme Spielart dieses Versagens sind Kindesentführungen (dazu Rn 196) oder hartnäckige Umgangsblockaden durch den Betreuungselternteil (dazu § 1666 Rn 145 ff). Stets ist in all diesen Fällen zu prüfen, ob eine verhärtete Grundhaltung des Elternteils vorliegt oder nur *krisenbedingtes Fehlverhalten,* das nicht repräsentativ sein muß für die Beziehungen nach vollzogener Trennung (THALMANN FamRZ 1984, 634, 636; KG FamRZ 1983, 1159, 1160; vgl Rn 180). Selbst im erstgenannten Fall muß das Kind die Situation jedoch schicksalhaft hinnehmen, wenn in der Person des anderen Elternteils keine bessere Alternative zur Verfügung steht (vgl BGH FamRZ 2008, 592, 594 Nr 19; OLG Hamm FamRZ 2009, 63 [LS]; SALZGEBER ZKJ 2007, 274, 276): Das Versagen des aufhetzenden Elternteils betrifft immerhin nur einen *Teil* des gesamten Erziehungsbereichs und begründet nicht notwendig seine völlige Ungeeignetheit als Sorgeberechtigter (BGH NJW 1985, 1702, 1704). Die Entscheidung zu seinen Gunsten wird „erleichtert", wenn auf Seiten des Umgangsberechtigten kindeswohlblinde Rechtsverfolgung mit erheblichen Beeinträchtigungen der Kinder betrieben wird (zum Fall „Gebhard" die Darstellung bei SALGO, in: FS Schwab [2005] 891 ff sowie AG Frankfurt ZKJ 2007, 498 ff). *Keine* im Lichte des Kindeswohls akzeptable Kompromißlösung ist es jedenfalls, in dieser Situation das Sorgerecht auf den anderen Elternteil zu übertragen mit der Einschränkung, daß die Kinder beim bisher betreuenden Elternteil bleiben (so aber OLG Frankfurt FamRZ 2005, 1700 ff; krit dazu SALGO, in: FS Schwab [2005] 891 ff; revidiert durch AG Frankfurt ZKJ 2007, 498 ff m Anm REICHERT) – rechtliche und tatsächliche Sorge dürfen nicht dauerhaft auseinanderfallen (vgl AG Frankfurt ZKJ 2007, 498, 500; Rn 255, 256 sowie § 1666 Rn 134, 147). Fragwürdig auch die Entziehung des Sorgerechts bei *beiden* Eltern, ohne daß die Voraussetzungen der §§ 1671 Abs 3, 1666 dargelegt wären (so aber OLG Düsseldorf FamRZ 2005, 2087, 2089; vgl Rn 101, 264).

Familiäres und soziales Umfeld: Neben den persönlichen Erziehungs- und Betreuungsfähigkeiten der Eltern ist auch das familiäre und soziale Umfeld zu beachten, das das Kind jeweils vorfinden würde. Hierzu gehören die **Großeltern** und andere **Verwandte**, deren Persönlichkeiten und Verhaltensweisen dann in die Ermittlungen einzubeziehen sind, wenn sie nennenswerten Einfluß auf das Kind haben werden (OLG München FamRZ 1979, 70, 71). So kann es zulasten eines persönlich geeigneten und kooperationsbereiten Elternteils ausschlagen, wenn die bei ihm lebenden, einflußreichen Großeltern den anderen Elternteil strikt ablehnen und auszugrenzen versuchen (OLG Hamm FamRZ 1996, 1096, 1097) Auch das Vorhandensein von **Geschwistern** ist ein wichtiger Gesichtspunkt, aber auch von anderen Kindern im Haushalt, etwa Stiefgeschwistern (vgl BayObLG FamRZ 1976, 38, 40: „pädagogischer Vorteil"; aber OLG Celle FamRZ 2005, 52: kein Grund, die Hauptbezugsperson des Kindes zu wechseln; vgl noch Rn 229). Auch die Person des **neuen Partners** ist für das Kind von Interesse, sie kann positiv oder negativ ins Gewicht fallen (OLG Köln FamRZ 1980, 1153, 1154; positiv: OLG Hamm FamRZ 2000, 1039, 1040; negativ: OLG Zweibrücken FamRZ 2001, 185; zum sittlichen

Aspekt des „Konkubinats" Rn 190). Hat der neue Partner die Lebensverhältnisse des Elternteils stabilisiert und zeigt er eine positive Einstellung zum Kind (einschl dessen Beziehungen zum anderen Elternteil), kann er als günstiger Faktor für den jeweiligen Elternteil berücksichtigt werden (OLG Frankfurt FamRZ 1982, 531; OLG Hamm FamRZ 1980, 487, 488; FamRZ 2000, 1039, 1040; zur entsprechenden Ermittlungspflicht des Gerichts OLG Köln FamRZ 1980, 1153 f). Eine ungesicherte Partnerbeziehung oder gar häufig wechselnde Beziehungen sind eher negativ einzustufen (OLG Düsseldorf FamRZ 1986, 296, 297 f; OLG Frankfurt FamRZ 1990, 550; OLG Köln FamRZ 1982, 1232, 1233 f). War der Partner der „Scheidungsgrund" und wissen die Kinder das, kann das Zusammenleben mit ihm die Kinder in Loyalitätskonflikte bringen und psychisch belasten (OLG Hamm FamRZ 1986, 715, 716).

210 Auch die **sonstigen Lebensbedingungen** bei einem Elternteil können im Einzelfall Gewicht erlangen, etwa die Abwägung zwischen dem Aufwachsen auf einem (dem Kind vertrauten) Bauernhof oder in einer Stadtwohnung (OLG Hamm FamRZ 1989, 654, 655; vgl aber OLG Bamberg FamRZ 1999, 805, 806: kein genereller Vorrang des einen oder anderen Milieus). Das gleiche gilt in der gemischt-nationalen Familie, insbes wenn zwischen einem deutschen und einem **ausländischen Elternteil** zu entscheiden ist. Die Begünstigung des einheimischen Elternteils, wie sie in der Gerichtspraxis (auch ausländischer Staaten) häufig zu beobachten ist, wirkt als Einladung zu Kindesentführungen (vgl Rn 196) und hat mit den konkreten Kindesinteressen nichts zu tun. Die ausländische Staatsangehörigkeit eines Elternteils als solche ist schlechthin unbeachtlich, ebenso die bloße Möglichkeit eines Wechsels ins Ausland (vgl OLG Frankfurt FamRZ 1999, 1004, 1005; OLG Köln FamRZ 1982, 1232 ff; FuR 1999, 296: keine pauschale Unterstellung einer Entführungsgefahr; ähnlich OLG München FamRZ 1999, 1006, 1007; zum Problem der großen räumlichen Entfernung für ein gemeinsames Sorgerecht s Rn 144). **Unvollkommene Beherrschung der deutschen Sprache muß** gegenüber den sonstigen Kriterien des Kindeswohls (insbes Kindesbindungen, Kindeswille, Kontinuität) nicht entscheidend ins Gewicht fallen, sie kann durch externe Hilfen ausgeglichen werden (AG Leverkusen FamRZ 2002, 1728) – aber nur, wenn der Elternteil bereit ist, diese anzunehmen. **Aufenthaltsrechtliche Interessen** des ausländischen Elternteils sind wie sonstige Elterninteressen bei der Sorgeentscheidung grundsätzlich unbeachtlich (BVerfG FamRZ 2008, 2185, 2187 Nr 23, 24; vgl Rn 161 f; anders wohl MünchKomm/FINGER Rn 88); wohl aber besteht Relevanz in umgekehrter Richtung (mangels Sorgerecht keine Aufenthaltserlaubnis; BVerfG FamRZ 1999, 1577; FPR 2004, 259 f; vgl FPR 2002, 549, 552 ff zum Kindeswohl im Schnittfeld von Familien- und Ausländerrecht). Auch wenn die **Umsiedlung ins Heimatland** dieses Elternteils geplant ist, entscheidet allein dessen persönliche Eignung und die Qualität der Eltern-Kind-Beziehung; weitere Gesichtspunkte können dabei sein die Staatsangehörigkeit des Kindes und seine Vertrautheit mit Sprache und Kultur im fremden Staat (vgl OLG Düsseldorf FamRZ 1986, 296 ff [Entscheidung zugunsten des iranischen Vaters; allerdings hätte die deutsche Mutter das Kind sonst mit nach Spanien genommen]; „Heimattendenzen" dagegen in OLG Hamm FamRZ 1999, 320, 321). Kindeswohlgefährdungen im Ausland sind nicht generell zu unterstellen (vgl aber OLG München FamRZ 1977, 749 f), sondern im Einzelfall zu überprüfen (das OLG Düsseldorf prüfte und verneinte eine Gefährdung des Kindes durch die iranisch-irakischen Kriegswirren). Das Erziehungsverhalten des ausländischen Elternteils muß allerdings an denselben Grundsätzen gemessen werden wie das des deutschen Teils (Rn 198 ff). Ähnliches gilt, wenn ein **deutscher Elternteil** mit den Kindern **ins Ausland umziehen will** oder schon umgezogen ist – nicht das „Ausland" ist entscheidend, sondern die Lebensbedingungen des Kindes

nach allgemeinen Kriterien (BGH FamRZ 1990, 392 [Mutter ist mit Kindern nach Italien gezogen]; OLG Bamberg FamRZ 1988, 752 f [Mutter will nach Kanada zu ihren Eltern]; KG ZKJ 2009, 21 ff [Mutter will berufsbedingt mehrjährig nach China]; OLG Köln NJW 1999, 224; OLG Nürnberg FamRZ 2000, 1603 f; OLG Hamm FamRZ 1999, 320 f; abzulehnen OLG Hamm FamRZ 1999, 394, 395). Zwar mögen damit für die Kinder anfangs Sprachprobleme verbunden sein, und sie werden nicht auch faktisch-sozial im deutschen Lebenskreis verwurzelt. Dem stehen als Vorteile aber die Vertrautheit mit einer anderen Kultur und die Zweisprachigkeit der Kinder gegenüber (BGH aaO 393 f; **anders** möglicherweise bei schon bestehenden Störungen in der Sprachentwicklung des Kindes, OLG Frankfurt FamRZ 2003, 1491, 1492).

Problematisch ist in all diesen Fällen allerdings der Umstand, daß der **Kontakt des Kindes zum nichtbetreuenden Elternteil** bei Umzug ins Ausland erheblich erschwert wird, praktisch sogar oft abreißt (vgl BVerfG FamRZ 2002, 809, sowie den Sachverhalt in OLG Karlsruhe FamRZ 1978, 201). Sowohl Sorge- wie Umgangsrecht stehen unter dem Schutz von Art 6 Abs 2 S 1 GG und sind wechselseitig zu berücksichtigen („Konkordanz", BVerfG FamRZ 1993, 662 ff; FamRZ 2002, 809); hinzu tritt das Recht des Betreuungselternteils auf Freizügigkeit und autonome Lebensgestaltung. Bezweckt die Auswanderung vor allem die Kontaktvereitelung zum anderen Elternteil, wird diese Konkordanz im Ansatz verfehlt – die Auswanderungsabsicht ist Ausdruck mangelnder Bindungstoleranz (Rn 207 f) und damit Elterneignung (OLG Frankfurt FamRZ 2007, 759, 760). Gibt es hingegen nachvollziehbare Gründe für die Auswanderung und sind keine Bedenken unter dem Aspekt des Kindeswohls ersichtlich, so muß bei deutlich besserer Eignung des ausländischen bzw auswanderungswilligen Elternteils das Umgangsrecht als das „schwächere Recht" zurücktreten (BGH FamRZ 1990, 392, 393; FamRZ 1987, 356, 358; OLG Köln ZKJ 2007, 204 f [berufsbedingterUmzug]; ZKJ 2007, 164 f [Umzug ins Heimatland des Betreuungselternteils]; ebenso OLG Zweibrücken NJW-RR 2004, 1588 ff; OLG München FamRZ 2008, 1774 f; OLG Karlsruhe ZKJ 2009, 171, 172 f; AG Offenburg FamRZ 2008, 2055; vgl Darstellung bei WANITZEK FamRZ 2008, 933, 936 f; dagegen grundsätzlich STAUDINGER/RAUSCHER [2006] § 1684 Rn 68; zurückhaltend auch RIECK ZKJ 2009, 165 ff), zumal nach der geplanten Entwicklung die Eltern ohnehin in verschiedenen Staaten leben werden, mit entsprechenden Umgangsproblemen des nichtsorgeberechtigten Teils. Dies gilt um so mehr, wenn der andere Elternteil sein Umgangsrecht bislang nicht oder nur eingeschränkt wahrgenommen hat (AG Offenburg FamRZ 2008, 2055). Hat er sich umgekehrt bisher maßgeblich an der Kindesbetreuung beteiligt (Wechselmodell) und sind die Kindesbindungen zu beiden Eltern gleich stark, kann die Lebenskontinuität der Kinder für einen Betreuungswechsel und Verbleib im Inland sprechen (KG ZKJ 2009, 212, 213 f [auch größere Bindungstoleranz des Vaters, vgl Rn 207]). Es liegt in der Verantwortung der Eltern, den nach den Umständen noch möglichen Kontakt aufrechtzuerhalten (zur entsprechenden Änderungsproblematik STAUDINGER/COESTER [2006] § 1696 Rn 73 ff); dabei kann es geboten sein, den auswandernden Betreuungselternteil an den finanziellen und zeitlichen Aufwendungen für die Umgangsdurchführung proportional zu beteiligen (BVerfG FamRZ 2002, 809 [ohne Nennung einer Rechtsgrundlage – offenbar im Rahmen einer Umgangsregelung gem § 1684 Abs 3]). Nicht zulässig ist es hingegen, die Sorgeübertragung auf den bisher geeigneten Elternteil mit Umzugsbeschränkungen zu verbinden (etwa durch die Belassung des Aufenthaltsbestimmungsrechts in gemeinsamer Sorge, so OLG Hamm FamRZ 2007, 759, 760 f) – eine insoweit zu beobachtende Tendenz verstößt gegen Persönlichkeitsrecht und Freizügigkeit des

Elternteils; statt Konkordanz würde das Umgangsrecht das Sorgerecht dominieren (vgl auch Rn 259 sowie § 1666 Rn 149).

212 **Wirtschaftliche Verhältnisse**: Die wirtschaftlichen Verhältnisse der Eltern sind für das Kind nicht bedeutungslos (OLG Celle FamRZ 1984, 1035, 1036), treten aber gegenüber den persönlichen Aspekten des Kindeswohls nach allgemeiner Auffassung zurück (BGH NJW 1951, 879; JOHANNSEN/HENRICH/JAEGER Rn 53). Wesentliches Gewicht können sie nur erlangen, wenn bei einem Elternteil die ökonomischen Mindeststandards nicht gewährleistet sind (vgl OLG Bamberg FamRZ 1985, 1175, 1178: Unterschiede oberhalb dieser Grenze unbeachtlich) oder wegen ungesicherter wirtschaftlicher Situation eines Elternteils die Instabilität seiner Lebensverhältnisse zu befürchten ist (OLG Hamm FamRZ 1988, 1313 ff; OLG Celle FamRZ 1984, 1035, 1036). Entsprechendes gilt für die **häuslichen Verhältnisse**: Wohnkomfort, Ordnung und Sauberkeit haben nur sekundäre Bedeutung. Grobe Mißstände insoweit bei einem Elternteil können allerdings gegen dessen Eignung sprechen (vgl OLG Brandenburg FamRZ 2003, 1949 f [Hygiene-Defizite bei Kleinkind]).

cc) **Bindungen des Kindes**
α) **Grundgedanken**
213 Der Hinweis auf die Bindungen des Kindes in § 1671 aF war durch das SorgeRG 1979 eingefügt worden. Hintergrund waren *entwicklungspsychologische und kinderpsychiatrische Erkenntnisse* über die psychischen Bedürfnisse des Kindes, insbes in nicht intakten Familien, und deren Verbreitung nicht nur in der Allgemeinheit, sondern gezielt auch im juristischen Bereich (vgl insbes die Publikationen von GOLDSTEIN/FREUD/SOLNIT und LEMPP; neuerdings BRISCH 17. DFGT [2007] S 89 ff). Dem durch Zerbrechen der Elterngemeinschaft psychisch ohnehin belasteten Kind sollen seine gewachsenen Bindungen nicht weitergehend zerstört werden, als dies den Umständen nach unvermeidbar ist (BT-Drucks 8/2788, 33, 40, 61). Das KindRG 1998 hat die Hervorhebung der Kindesbindungen im Gesetzeswortlaut wieder beseitigt; damit sollte jedoch nur zum Ausdruck gebracht werden, daß es sich um ein Kriterium unter mehreren handelt, das im Rahmen des Kindeswohls ohnehin zu prüfen ist (BT-Drucks 13/4899, 99; **krit** zur Beseitigung KALTENBORN ZfJ 1996, 255 ff, 354 ff, 361; SALGO FamRZ 1996, 449, 450 f). Immerhin bekräftigen §§ 1626 Abs 3 und 1685 in verallgemeinerter Form das Gewicht der persönlichen Bindungen im Rahmen des Kindeswohls.

214 Der rechtspolitische Grund für die Beachtung der Kindesbindungen ist ein zweifacher: Zum einen geht es um den **Schutz des Kindes „in seiner Individualität als Grundrechtsträger"** (BVerfG NJW 1981, 217, 218, s oben Rn 157), um die Minimierung des Schadens für seine Beziehungswelt und Persönlichkeit, der mit der Trennung seiner Eltern verbunden ist: Humanwissenschaftler sprechen von einem „Grundrecht auf Bindung" (LEMPP FamRZ 1984, 741, 742, 744; vgl ELL ZfJ 1986, 289, 294).

215 Zum zweiten besteht aber auch ein **Zusammenhang mit dem Förderungsprinzip**: Persönlichkeitsentwicklung und Erziehungserfolg im Hinblick auf die Erziehungsziele der Selbstbestimmungs- und Gemeinschaftsfähigkeit (Rn 199) sind nur auf der Grundlage kontinuierlicher, liebe- und vertrauensvoller Beziehung zwischen Kindern und Eltern möglich (OLG Köln FamRZ 1982, 1232, 1233; LEMPP FamRZ 1984, 741, 742; ders FamRZ 1986, 530, 531; ders FamRZ 1986, 1061, 1062; JOHANNSEN/HENRICH/JAEGER Rn 69).

Umgekehrt sind solche Bindungen nicht schützenswert, deren Fortsetzung dem Kind eher schaden als nützen würde (Rn 224 f).

Hieraus wird auch eine **Verflechtung** des Bindungsaspekts **mit den anderen Hauptkriterien** des Kindeswohls deutlich: Bindungserhaltung ist das Herzstück des **Kontinuitätsgedankens** (vgl Rn 203, 246–248), außerdem kann auch der **Kindeswille** als Artikulierung der kindlichen Bindungen verstanden werden (Rn 235, 237 ff).

Bezugspunkt der Bindungen sind insbes die Eltern und Geschwister, aber auch **216** Bindungen an **andere Personen** sind beachtlich, vgl §§ 1626 Abs 3 S 2, 1685. Demgemäß werden gelegentlich zwei Bindungsbereiche unterschieden, mit unterschiedlicher Bezeichnung: personale/lokale Bindung (ELL ZBlJugR 1986, 289, 291) bzw psychische Bindung an Bezugspersonen/Beziehungs- und Umgebungskontinuität oder inner-/außerfamiliäre Beziehungswelt (vgl JOHANNSEN/HENRICH/JAEGER Rn 76). Solche Aufteilungen haben beschreibenden Wert, dürfen aber nicht von der Erkenntnis ablenken, daß das Kind – wie jeder Mensch – in ein (mehr oder weniger ausdifferenziertes) **komplexes Beziehungsnetz** eingebunden ist, mit stufenlosen Übergängen von der engsten persönlichen Bindung bis zur (bloßen) regionalen Vertrautheit und mit sich verlagernden Schwerpunkten im Laufe der Kindesentwicklung. Bezugspunkte kindlicher Bindung können demnach vor allem sein die Eltern, Geschwister, weitere Familienmitglieder, familienfremde Betreuungspersonen, Freunde, Kindergarten und Schule sowie die dort tätigen Erziehungspersonen, Wohnumgebung sowie Kulturkreis (ähnl JOHANNSEN/HENRICH/JAEGER Rn 70 ff).

β) Der sogenannte Bindungsstreit
Bedeutung und Gewicht des Bindungsaspekts sind in der humanwissenschaftlichen **217** und juristischen Literatur seit dem SorgeRG 1979 umstritten; Hintergründe und Inhalt der streitigen Positionen sind bei der Konkretisierung des Kindeswohls zu beachten. Die Betonung der psychosozialen Bedürfnisse des Kindes insbes nach stabilen menschlichen Bezugsverhältnissen richtete sich zunächst nur gegen eine Rechtspraxis, die normal entwickelte und insbes auch kleinere Kinder für problemlos umsetzbar hielt: „Erfahrungsgemäß" sollten die Kinder demnach die mit einem Plazierungswechsel verbundenen seelischen Erschütterungen schnell und ohne nachhaltige Beeinträchtigung überwinden (BGHZ 6, 342, 347; BayObLG FamRZ 1985, 1175 [Leitsatz zu § 1632 Abs 4]; weitere Nachw bei COESTER, Kindeswohl 178 Fn 13; zur Kritik ebd sowie 376, 380, 447, 455, 469 f mwN). Die sich hiergegen wendende **„Bindungstheorie"** fußt auf psychoanalytischer Grundlage (ist aber nicht deren notwendiges Ergebnis; es gibt auch Psychoanalytiker, die eine eher systemische Sicht vertreten, vgl FIGDOR, in: Brühler Schriften Bd 6 [1990] 21 ff). Sie sieht das Kind als unfertigen Menschen gebunden an *Bezugspersonen,* deren konstante Präsenz und Zuwendung ihm die Sicherheit zur allmählichen Reifung und Ablösung verleiht. Scheiden sich die Ehegatten, gibt es für das Kind nur noch „Elterntrümmer" (LEMPP, Ehescheidung 10). Die bisherige Beziehungsgemeinschaft ist zerfallen, die am wenigsten schädliche Alternative für das Kind in dieser Situation ist die Konstituierung einer neuen und dauerhaften *Restfamilie* mit demjenigen Elternteil, zu dem es die *stärkere Bindung* hat. Angesichts der Scheidungserschütterung stehen jetzt *Klarheit, Sicherheit und Stetigkeit* dieser Neuzuordnung im Vordergrund (GOLDSTEIN ua I, passim, insbes 37 f; LEMPP, Verhandlungen des 54. DJT [1982] Teil I, 43, 52 f; ders, Ehescheidung 8 ff; ders FamRZ 1984, 741 ff; ders ZfJ 1984, 169 ff; ders ZfKinderJugPsych 13 [1985] 43 ff; KALTENBORN FamRZ 1987, 990 ff, 997 ff; ders ZfJ

1989, 60, 67; ZENZ/SALGO, Diskriminierung 32 f; neuestens wieder KOSTKA, passim, inbes S 516 ff; BRISCH 17. DFGT [2007] 89 ff; umfassende Darstellung der Bindungstheorie bei SPANGLER/ZIMMERMANN [Hrsg], Die Bindungstheorie: Grundlagen, Forschung und Anwendung [1995]; s auch KOSTKA 111 ff).

218 Die „systemische" oder auch „familiendynamische Sicht" kritisiert diesen Bindungsbegriff als zu statisch und zu verengt. „Bindung" sei keine gegebene Eigenschaft des Kindes, sie bezeichne wechselseitige, sich gegenseitig beeinflussende und kontinuierlich wandelnde Beziehungen *zwischen* Menschen. Die Familie und sonstige soziale Umwelt des Kindes werden als „System" verstanden, als ein *Beziehungsnetz,* das sich bei Trennung und Scheidung der Eltern nicht auflöst – das Kind behält zwei Elternteile –, sondern nur einschneidende Veränderungen erfährt. Nicht Konstituierung einer Restfamilie aus den Trümmern der bisherigen umfassenden Gemeinschaft, nicht die eher retrospektive Feststellung der „Hauptbezugsperson" am Maßstab der stärkeren Bindung des Kindes sei im Scheidungsfall sinnvolles Interventionsziel, sondern der *Versuch, im Hinblick auf die zukünftige Entwicklung des Kindes möglichst viel von seinem bisherigen Beziehungsgeflecht zu erhalten,* wenngleich unter Anpassung an die veränderten Lebensumstände (FTHENAKIS ArchfSozArb 1986, 174 ff; ders, in: Der Anwalt des Kindes, Evangelische Akademie Bad Boll, Protokolldienst 14/ 1983, 73 ff; ders, in: Brühler Schriften Bd 3 [1984] 33 ff; ders, in: REMSCHMIDT [Hrsg], Kinderpsychiatrie [1984] 55 ff; ders, Väter Bd 1 [1985] 210 ff, Bd 2 [1985] 55 ff; ders FamRZ 1985, 662 ff; JOPT FamRZ 1987, 875 ff; PROKSCH FamRZ 1989, 916, 918; RABAA 27 ff und passim; COTRONEO/KRASNER, Familiendynamik 4 [1979] 355 ff; *im Grundsatz* auch KOECHEL FamRZ 1986, 637, 640 f; KLENNER FamRZ 1989, 804 ff).

219 In dieser unter dem Stichwort „**Bindungsstreit**" bekanntgewordenen Kontroverse (dazu auch LUTHIN FamRZ 1984, 114, 115 f; LIMBACH, Gemeinsames Sorgerecht 48 ff; dies ZfRSoz 9 [1988] 155; COESTER, in: Brühler Schriften Bd 4 [1986] 35, 43 ff; SUESS/SCHEUERER-ENGLISCH/ GROSSMANN FPR 1999, 148 ff, 151 ff; ZIMMERMANN/SUESS/SCHEUERER-ENGLISCH/GROSSMANN, Bindungsforschung, in: Kindheit und Entwicklung 8 [1999] 36 ff; KOSTKA FPR 2005, 89, 90 ff) geht es – trotz vieler mißverständlicher Äußerungen – in Wirklichkeit nicht um die grundsätzliche Beachtlichkeit der Kindesbindungen im Rahmen des Kindeswohls. Der Gesetzgeber des SorgeRG 1979 hatte „Bindungen des Kindes" nicht in einem wissenschaftlich vorgeprägten Sinne verstanden, sondern umgangssprachlich als emotionale Zuneigung, Verbundenheitsgefühl, „gute Beziehung" (vgl BT-Drucks 8/ 111, 40; RABAA 20; KOECHEL FamRZ 1986, 637, 640 f). Insoweit sind „Bindungen" ein der Erkenntnis auch des psychologischen Laien zugängliches und unbestreitbares Phänomen (KOECHEL 641). Weder bestreiten die „Systemiker" die Existenz oder die Wichtigkeit solcher Bindungen (FTHENAKIS FamRZ 1985, 662, 663) noch umgekehrt die „Bindungstheoretiker" die grundsätzliche Berechtigung der systemischen Sicht der Familie (vgl KOECHEL FamRZ 1986, 637 ff; KLENNER FamRZ 1989, 804 ff [heute allgemeine psychologische Erkenntnis]). Die eigentliche Meinungsverschiedenheit besteht hinsichtlich des grundsätzlich angemessenen staatlichen Interventionsansatzes bei Scheidung: *Schaffung klarer Sorgerechtsverhältnisse durch Etablierung einer Restfamilie* unter (weitgehendem) Ausschluß des nichtsorgeberechtigten Elternteils (Bindungstheorie) **oder** *Reorganisation der gesamten Familie* unter weitestmöglicher Einbeziehung beider Elternteile (systemischer Ansatz).

Bindung spielt in beiden Ansätzen eine wesentliche Rolle. Unausgesprochene Prämisse der sog Bindungstheorie ist der notwendige Verlust einer vollwertigen Eltern-Kind-Beziehung für das Kind; die Betonung der „Bindung" bei der Suche nach dem künftigen sorgeberechtigten Elternteil dient der Schadensminimierung. Die Bindungstheorie ist eine *Theorie der teilweisen Eltern-Kind-Scheidung* als notwendige Folge der Ehegattenscheidung (deshalb FTHENAKIS FamRZ 1985, 662, 669: „erwachsenenorientiert"). Die *systemische Theorie* wendet sich gegen die begrenzte Wirkungsmöglichkeit von „Bindung" als Auswahlkriterium zwischen zwei Elternteilen und gegen ihre thematische Verengung auf das bilaterale („dyadische") Eltern-Kind-Verhältnis. Sie akzeptiert die Prämisse notwendigen Elternverlustes nicht und erhebt die *möglichst umfassende Beziehungserhaltung* zur Leitidee der staatlichen Wächterintervention. Sie will früher ansetzen als die Bindungstheorie, will im Vorfeld justizieller Entscheidung die Familie in ihrer eigenständigen Reorganisationsfähigkeit stützen und für die Zukunft ihre geringstmöglich beeinträchtigte Funktionsfähigkeit unter veränderten Bedingungen fördern. „Bindung" ist in dieser Theorie kein Fremdkörper, sondern immanenter Systemgedanke iS eines nicht von vornherein beschränkten Optimierungsgebots.

Daraus wird deutlich, daß es sich nicht um einander ausschließende, sondern **sich** **220** **ergänzende Sicht- und Ansatzweisen** zur Sorgerechtsproblematik bei Elterntrennung handelt. Insofern bedeutet es auch wenig, daß der Gesetzgeber des SorgeRG 1979 offenkundig von der Bindungstheorie, der des KindRG 1998 mehr von der Systemtheorie beeinflußt war (Antragsprinzip, Vorrang familienautonomer Reorganisation, Aufwertung des gemeinsamen Sorgerechts, Leitbild in § 1626 Abs 3). Die *systemische Sicht* hat ihre zentralen Wirkungsansätze *im sozialrechtlichen Bereich* (Jugend- und Familienhilfe, s § 17 SGB VIII; Rn 18, 19) und – im Rahmen des § 1671 – bei konsensgetragenen Sorgerechtsmodellen. Wo familiäre Reorganisation hingegen iE ausscheidet, insbes bei heillos zerstrittenen Eltern, muß auch aus systemischer Sicht nach üblichen Sorgerechtskriterien, einschl des Aspekts der „stärksten Bindung", justiziell zwischen den Eltern entschieden werden. Eine Restbedeutung behält diese Sicht aber auch noch bei familiengerichtlichen Entscheidungen nach Abs 2 Nr 2: (1) Der Begriff „Bindung" ist nicht auf die Beziehung des Kindes zu seiner „Hauptbezugsperson" beschränkt, sondern meint grundsätzlich *beide* Eltern sowie das gesamte bisherige Beziehungsnetz des Kindes (§ 1626 Abs 3 S 2); (2) Bindung ist kein statisches Phänomen, sondern als lebende und sich auch künftig verändernde Beziehung zu verstehen (JOPT FamRZ 1987, 875, 878, 882; FTHENAKIS ArchfSozArb 1986, 174, 181 ff; vgl RABAA 38, 41, 145 f); (3) schließlich steuert das Optimierungsgebot hinsichtlich der kindlichen Beziehungswelt die familienrichterliche (und sonstige professionelle) Einflußnahme auf die Eltern im Rahmen des Scheidungsverfahrens (§§ 156 FamFG, 17 Abs 2 SGB VIII).

γ) **Der Bindungsaspekt im einzelnen**
Art und Gewicht der Bindung hängen zT vom Kindesalter ab. Beim Kleinkind **221** bilden die innerfamiliären Bindungen, vor allem an die täglichen Betreuungspersonen im wesentlichen seine soziale Bezugswelt. Beim älteren Kind, etwa ab Einschulung, gewinnen die Außenkontakte stärker an Gewicht; insbes im pubertären Ablösungsprozeß kann die Freundes- und Schulwelt für den Jugendlichen eine der Elternbindung nahezu vergleichbare Bedeutung erlangen (ELL ZfJ 1986, 289, 291; JOHANNSEN/HENRICH/JAEGER Rn 71).

Das Gewicht einer Bindungsbeeinträchtigung hängt weiterhin davon ab, wieviel dem Kind von seinem **sonstigen Beziehungsnetz** erhalten bleibt. Beim Kleinkind beschränkt sich dieses auf die Personen seiner nächsten und täglichen Umgebung; ist hier *ein* Elternteil auf Grund der bisherigen Funktionsverteilung zur **„Hauptbezugsperson"** des Kindes geworden, neben der alle anderen Personen für das Kind nur periphere Bedeutung haben, so kann eine Umplazierung des Kindes nur durch schwerwiegende Bedenken gegen die bisherige Hauptbezugsperson begründet werden (OLG Düsseldorf FamRZ 1999, 1157, 1158; OLG Frankfurt FamRZ 1982, 531; OLG Karlsruhe FamRZ 1984, 311, 312; OLG Nürnberg FamRZ 2003, 163, 165; JOHANNSEN/HENRICH/JAEGER Rn 71; KOSTKA 516 [als generelles Zentralkriterium]).

222 Besteht **zu beiden Eltern eine tragfähige psychosoziale Eltern-Kind-Beziehung**, ist das Gewicht des Bindungsaspekts im Verhältnis der Eltern zueinander wesentlich vermindert. Eine völlige Deprivation des Kindes ist jedenfalls nicht zu befürchten, eine teilweise Deprivation im Grundsatz unvermeidlich, in den Folgen über § 1684 möglichst gering zu halten. Für die Auswahl zwischen den Eltern kommt nur noch ein etwaiger *Bindungsvorsprung* eines Teils als Kriterium in Betracht. Hier gerät das FamG jedoch auf ungesicherten Boden, sofern nicht **erhebliche Bindungsunterschiede** bestehen, die auch dem psychologischen Laien erkennbar sind (vgl KOECHEL FamRZ 1986, 637, 641: Die umgangssprachlich zu verstehende „Bindung" ist ein der Allgemeinerkenntnis zugängliches Phänomen, die beteiligten Professionellen [Familienrichter, Jugendamt, Arzt, Sachverständiger] unterscheiden sich in der Erkenntnisfähigkeit nur graduell; vgl insoweit auch die Überlegungen in OLG Düsseldorf FamRZ 1986, 296 f). Bei **geringeren Bindungsunterschieden** wird einzuberechnen sein, daß und ggf mit welchen *Beziehungsveränderungen* nach der Scheidung zu rechnen sein wird (etwa: Die liebevoll-nachsichtige Mutter müßte als Sorgeberechtigte auch die bisher dem Vater überlassenen Disziplinierungsfunktionen übernehmen, während der Vater zum „Sonntags-Elternteil" wird; vgl LÜDERITZ FamRZ 1975, 605, 609; COESTER, Kindeswohl 336 f). Vor allem aber ist *zweifelhaft, ob solche Bindungsunterschiede überhaupt noch hinreichend verläßlich festgestellt* werden können. Die relative Quantifizierbarkeit von „Bindung", etwa durch psychologische Tests, wird von humanwissenschaftlicher Seite überwiegend verneint (ARNTZEN, Elterliche Sorge [1980] 3; FTHENAKIS FamRZ 1985, 662, 665; ders, in: Brühler Schriften Bd 3 [1984] 33, 39; JOPT FamRZ 1987, 875, 879; ELL, Trennung 86 ff; ders ZBlJugR 1982, 76 ff; LEMPP FamRZ 1984, 741, 742; ders FamRZ 1986, 530, 531; vgl auch OLG Frankfurt DAVorm 1979, 130, 132; KG FamRZ 1983, 1159, 1160 f; kein Problem sieht offenbar KALTENBORN FamRZ 1987, 990, 999; zu Konsequenzen hinsichtlich der Einholung von Sachverständigengutachten s Rn 286). Sie kann auch nicht mit Hilfe eines Vergleichs der Betreuungszeiten erfolgen, die jeder Elternteil für das Kind einsetzen konnte, denn Bindung ist eher ein qualitativer Begriff, kein bloßes inneres Spiegelbild aufgewendeter Betreuungszeit (vgl Rn 206; ARNTZEN 13 f; ELL ZBlJugR 1982, 76, 78 f; ZfJ 1986, 289, 294; FTHENAKIS, in: Brühler Schriften Bd 3 [1984] 33, 50; JOHANNSEN/HENRICH/ JAEGER Rn 72; JOPT FamRZ 1987, 875, 876). Angesichts dieser Ermittlungsprobleme und des ohnehin stark reduzierten Gewichts eines nur geringen Bindungsvorsprungs als Zuteilungskriterium sollten die FamGe, statt einen Sachverständigen zu zeit- und kostenaufwendigen Spekulationen zu veranlassen, von einer *„gleich starken Bindung"* zu beiden Elternteilen ausgehen (vgl OLG Hamm FamRZ 1985, 637, 638; 1996, 562, 563) und nach anderweitigen Kriterien Ausschau halten (vgl SOERGEL/STRÄTZ Rn 28; **aA** JOHANNSEN/HENRICH/JAEGER Rn 72).

223 Insoweit können auch für das kleinere Kind **andere Beziehungen** wichtig sein, etwa zur Großmutter, die bislang (und häufig verstärkt seit der Elterntrennung) die Betreuung überwiegend übernommen hat. Hier kann es angezeigt sein, das Kind demjenigen Elternteil zuzuweisen, bei dem dem Kind der Großmutterkontakt erhalten bleibt – letzterer kann bei sonst gleichen Verhältnissen den Ausschlag geben (OLG Frankfurt FamRZ 1990, 550) oder eine (unterstellt) schwächere Kindesbindung zu dem sorgeberechtigten Elternteil selbst aufwiegen (s Rn 206). Ausnahmsweise können auch in jüngerem Alter schon die *Umweltbedingungen* eine Rolle spielen (OLG Hamm FamRZ 1989, 654, 655: Bindung des Kindes an väterlichen Bauernhof und ländliche Umgebung). Wäre die Übersiedlung zu einem Elternteil mit einer erheblichen Veränderung der äußeren Lebensverhältnisse verbunden, tritt (bei beiderseitiger Kindesbindung) der Gesichtspunkt der Umweltkontinuität in den Vordergrund (vgl OLG Nürnberg FamRZ 2003, 163, 165; OLG Frankfurt FamRZ 2003, 1491; s Rn 248; vgl § 1666 Rn 117 ff). Kann nur Bindungskontinuität oder Umweltkontinuität gewahrt werden, wird regelmäßig ersterer der Vorzug zu geben sein (OLG Brandenburg FamRZ 2001, 1021, 1022). Umgekehrt verliert der Bindungsaspekt an Gewicht, je vertrauter das Kind auch mit dem anderen Elternteil und den bei ihm bestehenden Lebensverhältnissen ist (OLG Düsseldorf FamRZ 1983, 293, 295). Auch das Ausmaß, in dem eine (möglicherweise überwiegende) Bindung auf umgangsrechtlicher Ebene aufrechterhalten werden kann, ist zu berücksichtigen (ARNTZEN 18 f; ELL ZfJ 1986, 289, 291 f; KNÖPFEL FamRZ 1983, 317, 320).

Die zentralen Kindeswohlkriterien **Kindesbindung und elterliche Erziehungseignung** **224** (Förderungsprinzip) beeinflussen sich wechselseitig. Im Interesse des Kindes können seine persönlichen Bindungen nicht geschützt werden, wenn der Einfluß des betreffenden Elternteils für das Kind auf Dauer negativ ist. Demgemäß kommt trotz starker Bindung eine Zuweisung an einen *völlig erziehungsungeeigneten Elternteil* nicht in Betracht (BGH NJW 1985, 1702, 1703; OLG München FamRZ 1991, 1343, 1345; OLG Frankfurt FamRZ 1999, 392, 393; JOHANNSEN/HENRICH/JAEGER Rn 71). Auch die Persönlichkeitsentwicklung behindernde, übersteigerte (symbiotische) Bindungen sprechen eher gegen eine Zuteilung (OLG München FamRZ 1991, 1343, 1345; AG Chemnitz FamRZ 1999, 321, 324; AG Fürstenfeldbruck FamRZ 2002, 118, 119 [„krankmachende Beziehung" nicht aufrechtzuerhalten]; vgl OLG Köln FamRZ 1982, 1232, 1233 [„Kind als Partnerersatz", in concreto nicht vorliegend]; JOPT, Im Namen des Kindes 104 ff; vgl § 1666 Rn 121). Bei nur *geringerer Erziehungseignung* eines Elternteils kann hingegen eine deutlich stärkere Bindung an ihn doch den Ausschlag zu seinen Gunsten geben (BGH aaO; insbes kann eine „stabile innere emotionale Entwicklung" Vorrang haben vor der besseren schulischen oder beruflichen Förderung durch den Elternteil, zu dem eine geringere emotionale Bindung besteht, vgl OLG Bamberg FamRZ 1998, 1462). Eignungsunterschied und Bindungsunterschied sind dabei in ein proportionales Verhältnis zu setzen. Bei beiderseitig guten Eltern-Kind-Beziehungen, aber deutlich besserer Erziehungseignung eines Teils setzt sich letzterer durch, ohne daß es auf die (spekulative, Rn 222) Frage ankommt, ob zum weniger geeigneten Teil möglicherweise eine etwas stärkere Bindung besteht.

Problematisch ist die Bewertung **„illoyaler Bindung"**, dh eines Eltern-Kind-Verhält- **225** nisses, dessen Begründung oder wesentliche Verfestigung auf pflichtwidrigem Verhalten des Elternteils beruht, insbes auf *Beeinflussung* des Kindes gegen den anderen Elternteil oder im Gefolge einer *Kindesentführung*. Bei kindzentrierter Sicht scheiden sowohl staatliches Sanktionsinteresse als auch der Gerechtigkeitsanspruch des anderen Elternteils als legitime Entscheidungskriterien im Rahmen des § 1671

Abs 2 Nr 2 aus (oben Rn 165 ff, 170). Die von seiten des Elternteils illoyal begründete Bindung ist in der Person des Kindes ein *Faktum,* das im Kindesinteresse nicht ignoriert werden darf (BGH NJW 1985, 1702, 1703 zur pflichtwidrigen Beeinflussung; vgl BVerfG FamRZ 2001, 1057 [zur manipulierten Ablehnung eines Elternteils]; OLG Frankfurt FamRZ 2002, 187; PESCHEL-GUTZEIT FPR 2003, 271, 275). Die Pflichtwidrigkeit des Elternteils bleibt als negativer Gesichtspunkt bei Festlegung seiner Erziehungseignung verwertbar (vgl Rn 208). Das Faktum starker Eltern-Kind-Bindung kann diese Eignungsminderung jedoch – entsprechend vorstehenden Grundsätzen (Rn 224) – überspielen. Beruht die Bindung aber nicht nur in ihrer Entstehung auf pflichtwidriger Abgrenzung gegenüber dem anderen Elternteil, sondern ist sie substantiell als kindesschädlich einzustufen (symbiotische Einbindung des Kindes, isolierende soziale Abschottung „Haßgemeinschaft"), so muß sie im wohlverstandenen Kindesinteresse (Förderungsprinzip) abgebaut werden. Dies aber nicht durch abrupte Zuweisung des Kindes an den abgelehnten Elternteil (so das PAS-Konzept, vgl Rn 208; dem folgend OLG Dresden NJW 2003, 147 ff; insoweit zutreffend hingegen AG Lahr FamRZ 2003, 1861), weil hier das Kind zum Sanktionsinstrument für elterliches Fehlverhalten degradiert würde (Rn 169 f, 174). Vielmehr besteht auch hier primär eine aus Art 6 Abs 2 GG folgende sozialrechtliche Handlungspflicht des Staates (vgl Rn 18, 19), wie sie für den allgemeinen Kindesschutz in § 1666a iV mit dem SGB VIII einfachgesetzlich ausgeführt ist (vgl § 1666a Rn 12). Der familientherapeutische Ansatz hat Vorrang; versagt er, kann nur das Kindeswohl im Einzelfall über die am wenigsten schädliche Alternative entscheiden: Die negativen Auswirkungen einer erzwungenen Trennung des Kindes von seiner Bindungsperson sind abzuwägen gegen die Gefahren einer Fortsetzung dieser Beziehung (in BGH NJW 1985, 1702 f war die Mutter, abgesehen von ihrer Entfremdungsstrategie gegenüber dem Vater, gut erziehungsgeeignet). Dabei sind Forschungen zu beachten, wonach Kinder im Heranwachsendenalter oft selbst aus ihrer Ablehnungshaltung heraus und den Kontakt zum anderen Elternteil finden (Nachweis bei BRUCH FamRZ 2002, 1304, 1313 f).

δ) Insbesondere: Geschwisterbindung

226 Es entspricht tradierter Überzeugung, daß es dem Kindeswohl regelmäßig förderlich sei, mit seinen Geschwistern gemeinsam aufzuwachsen (BT-Drucks 8/2788, 62; BGH NJW 1985, 1702, 1703; BayObLG FamRZ 1985, 522, 523; FamRZ 1976, 38, 40; FamRZ 1976, 534, 535; KG FamRZ 1968, 264, 266; OLG Hamm FamRZ 1999, 1599, 1600; 2000, 1039, 1040; OLG Karlsruhe FamRZ 1984, 311, 312; OLG Naumburg FamRZ 2000, 1595; OLG Oldenburg NdsRpfl 1977, 24, 26; SPANGENBERG/SPANGENBERG FamRZ 2002, 1007 ff [mit fachwissenschaftlichen Belegen]; TREITZ 66; KLUSSMANN, Das Kind 39; DIECKMANN AcP 178 [1978] 320). Die entsprechende Hervorhebung im Gesetzestext ist mit dem KindRG 1998 entfallen (§ 81 Abs 2 EheG 1938 hatte Geschwistergemeinsamkeit sogar zum Regelfall erhoben), am Grundsatz sollte damit jedoch nichts geändert werden (BT-Drucks 13/4899, 99). In §§ 1626 Abs 3 S 2, 1685 Abs 1 findet sich eher eine Bekräftigung und Verallgemeinerung des Gedankens.

227 Dem Geschwistergrundsatz liegen **zwei verschiedene** rechtspolitische **Aspekte** zugrunde: Zum einen die **Erhaltung gewachsener Bindungen**, zum anderen die **Förderung des Sozialisations- und Erziehungsprozesses** durch gemeinsames Aufwachsen (vgl zu zweiterem OLG Brandenburg FamRZ 2008, 1472, 1473; übergreifend NAVE-HERZ FuR 1990, 29 ff, 33 f mwN zur sozialwiss Lit). Der zweite Aspekt setzt eine schon vorhandene

Geschwisterbindung nicht voraus, er gehört zu den Erwägungen im Rahmen des Förderungsprinzips (Rn 209).

Die **Beachtlichkeit der Geschwisterbindung** ergibt sich zwanglos aus der Erkenntnis, **228** daß Geschwister zum psychosozialen Beziehungsnetz der Kinder gehören – dort sogar oft eine zentrale Bedeutung haben –, und daß die Erhaltung der Geschwisterbeziehung ein wesentliches Anliegen sein muß bei dem Bemühen, dem durch das Ausscheiden eines Elternteils ohnehin belasteten Kind seine emotionale Beziehungswelt iü soweit wie möglich zu erhalten (vgl Rn 216; JOHANNSEN/HENRICH/JAEGER Rn 73; WENDL-KAMPMANN/WENDL 258; SPANGENBERG FamRZ 2002, 1007, 1008 f; VOGEL FPR 2005, 65, 70). Diese Beachtlichkeit kann im Einzelfall sogar ein klares Defizit in der Erziehungseignung aufwiegen (vgl OLG Bamberg FamRZ 1998, 498, 499). Dieser allgemeine Aspekt wird unterstrichen durch die Überlegung, daß um das Sorgerecht streitende Eltern ihre Kinder in Loyalitätskonflikte und Verunsicherung stürzen, was wiederum dazu führen kann, daß diese verstärkt aneinander Halt suchen (OLG Dresden FamRZ 2003, 1489; AG Stuttgart FamRZ 1981, 597, 598: „Notwehrreaktion").

Daß der Geschwistergrundsatz nur bei Geschwistern mit geringem **Altersunterschied** **229** gälte (vgl OLG Stuttgart FamRZ 1976, 282, 283), ist humanwissenschaftlich nicht belegt und widerspricht allgemeiner familiärer Erfahrung (vgl OLG Hamm FamRZ 1979, 853, 855: wichtige Bindung trotz Altersunterschiedes von 6 Jahren; s aber OLG Zweibrücken FamRZ 2001, 184, 185: weniger bedeutsam bei 10 Jahren Unterschied und mehr; tendenziell ähnlich Münch-Komm/FINGER Rn 44). Geschwisterbindung ist ein psychosoziales Phänomen, das auf tatsächlichem gemeinsamen Aufwachsen beruht – unmaßgeblich sind demgemäß die **rechtlichen und biologischen Beziehungen** zwischen den Kindern. „Psychosoziale Geschwister" können deshalb auch *Halb- und Stiefgeschwister* sein (BayObLG FamRZ 1976, 38, 40; FamRZ 1976, 534, 535; KG FamRZ 1968, 264, 266; OLG Brandenburg FamRZ 2008, 1472, 1473; OLG Hamm FamRZ 1968, 533, 534; FamRZ 1979, 853, 855; NJW 1999, 68, 69; OLG Stuttgart FamRZ 1976, 34, 36; JOHANNSEN/HENRICH/JAEGER Rn 73; **anders** KG FamRZ 1959, 253, 254 [mit offensichtlich mißbräuchlicher Distinktion, vgl COESTER, Kindeswohl 468]).

Das **elterliche Gleichberechtigungsinteresse**, soweit es auf Aufteilung der Geschwister gerichtet ist, kann gegenüber dem Kindesinteresse an Bindungserhaltung keine eigenständige Bedeutung gewinnen (Rn 164; JOHANNSEN/HENRICH/JAEGER Rn 74).

Bindungsinteressen im familiären Beziehungsnetz können miteinander in Konflikt **230** geraten. Leben bei jedem Elternteil andere Geschwister, zu denen das Kind Bindungen hat, so ist der Gemeinschaftsgrundsatz ohnehin nicht zu verwirklichen (OLG Hamm NJW 1999, 68, 69). Oder es mag jedes Kind, trotz Bindung der Geschwister untereinander, zu verschiedenen Elternteilen tendieren. Insoweit gilt der Grundsatz, daß das Gewicht der Geschwisterbindung **für jedes Kind**, über dessen Sorgerechtsverhältnisse zu entscheiden ist, **gesondert** und individualbezogen festzustellen und abzuwägen ist (OLG Karlsruhe FamRZ 1984, 311, 312; OLG Köln FamRZ 1976, 32, 34; OLG Stuttgart FamRZ 1997, 1352, 1353; JOHANNSEN/HENRICH/JAEGER Rn 74). Erweist es sich in der Gesamtabwägung für Kind 1 geboten, es dem Elternteil zuzuweisen, bei dem Kind 2 nicht lebt oder leben kann (zB weil die Eltern *insoweit* eine einvernehmliche Regelung getroffen haben, vgl OLG Hamm NJW 1999, 68 f), so muß im Interesse der durch das Kindeswohlprinzip geforderten Individualgerechtigkeit (Rn 173) außer acht bleiben, daß Kind 2 auf Kind 1 mehr angewiesen ist als umgekehrt – andernfalls würde Kind 1 zum Objekt der Befriedigung von Geschwisterinteressen (OLG Karlsruhe FamRZ 1984, 311, 312; vgl Rn 160). Andererseits ist zu prüfen, ob nicht die gegenseitige Geschwisterbindung einen gewissen Bindungs- oder Eignungsrückstand hinsichtlich des Elternteils, der das andere Kind hat, auszugleichen vermag (OLG Hamm FamRZ 1979, 853, 855; FamRZ 1999, 320, 321; BAMBERGER/ROTH/VEIT Rn 47; entsprechende Abwägung fehlt bei OLG Karlsruhe aaO). Von einer grundsätzlichen Vorrangigkeit der Elternbindung vor der Geschwisterbindung (vgl ARNTZEN, Elterliche Sorge [1980] 21; ELL ZBlJugR 1980, 319, 324; LEMPP, Ehescheidung 32 f; WENDL-KAMPMANN/WENDL 258) sollte dabei nicht ausgegangen werden; hiergegen spricht die Fragwürdigkeit des Kriteriums „überwiegende Bindung" bei beiderseitig vorhandener psychosozialer Elternbeziehung (Rn 222) und die Erkenntnis von der ständigen Veränderung des familiären Beziehungsgefüges (Rn 220; ähnl JOHANNSEN/HENRICH/JAEGER Rn 74). Bei intensiver Bindung eines kleinen Kindes an seinen Betreuungselternteil wird die Bindung an die beim anderen Elternteil lebenden Geschwister allerdings zurücktreten müssen (OLG Stuttgart FamRZ 1997, 1352, 1353; Kontrastfall [Geschwisterbindung über Mutterbindung] OLG Hamm FamRZ 1999, 320, 321; OLG Dresden NJW 2003, 147, 148 f).

231 Unproblematisch ist hingegen die **ausschlaggebende Bedeutung der Geschwisterbindung**, wenn Kind 1 hinsichtlich der Eltern ambivalent ist, es aber auf jeden Fall mit Kind 2 zusammenleben möchte – mangels sonst gewichtiger Gesichtspunkte folgt die Sorgezuweisung für Kind 1 dann akzessorisch der für Kind 2 (AG Stuttgart FamRZ 1981, 597, 598: „anhängen an die ältere Schwester"; ähnlich OLG Hamm FamRZ 1997, 957; OLG Naumburg FamRZ 2000, 1595; AG Fürstenfeldbruck FamRZ 2002, 117; vgl auch Rn 245). Gleiches gilt, wenn die Kinder vom Elternstreit stark belastet und verunsichert sowie in Loyalitätskonflikten sind, aber auf jeden Fall zusammenbleiben möchten (OLG Hamm aaO und FamRZ 1996, 1096 f). Auch wenn beide Eltern – trotz wechselseitiger Anträge auf Alleinsorge – eine Geschwistertrennung ausschließen, ist dem regelmäßig zu folgen (vgl OLG Hamm FamRZ 1999, 320, 321; 1996, 1096, 1097).

232 Wie grundsätzlich, hängt auch hier die Entscheidung letztlich von den individuellen Umständen des Falles ab. Eine **Geschwistertrennung** wird in Einzelfällen unvermeidlich sein, insbes wenn die Kinder selbst ihre Präferenz für verschiedene Elternteile auch unter Inkaufnahme der Trennung aufrechterhalten (vgl OLG Celle FamRZ 2007, 1838 f; OLG Karlsruhe FamRZ 1968, 266, 267; FamRZ 1966, 315, 316 f; OLG Köln FamRZ 1976, 32, 34; OLG Hamm FamRZ 1999, 1599, 1600; PESCHEL-GUTZEIT FPR 2003, 271, 275 f; WENDL-KAMPMANN/WENDL 258; **anders** OLG Dresden NJW 2003, 147, 148; FamRZ 2003, 1489, 1490; OLG Brandenburg FamRZ 2003, 1953, 1955 [bei nur schwach ausgeprägter Präferenz]), wenn ihre Bindung an den einen oder anderen Elternteil diejenige an die Geschwister überlagert (OLG Celle FamRZ 2007, 1838 f) oder wenn ihr gegenseitiges Verhältnis von Feindseligkeit und Aggression geprägt ist (OLG Frankfurt FamRZ 1994, 920 f; OLG Karlsruhe FamRZ 1995, 1001) bzw ein Geschwister die anderen negativ beeinflußt und dominiert (OLG Frankfurt aaO).

dd) Kindeswille
α) Grundsätze
233 Der Kindeswille ist seit langem als zentrales Entscheidungskriterium anerkannt (auslösend für die Diskussion war vor allem ein Vorstoß von LEMPP NJW 1963, 1659 ff; ders NJW 1964, 440 [gegen SCHWOERER NJW 1964, 5 ff]). Das materielle Recht erwähnt den Kindeswillen nur für eine eng begrenzte Teilfrage (Abs 2 Nr 1); umfassend wird hingegen

auf verfahrensrechtlicher Ebene die Anhörung des Kindes angeordnet (§ 159 FamFG; s Rn 282 f; zur Jugendhilfe s § 8 SGB VIII). Der Gesetzgeber des SorgeRG 1979 hatte erwogen, dem Kindeswillen vergleichbares Gewicht einzuräumen wie dem Elternvorschlag, war hiervon aber schließlich abgerückt. Grund hierfür war jedoch nicht eine materielle Rückstufung des Gewichts des Kindeswillens, sondern Bedenken gegen eine formalisierte Entscheidungskompetenz des Kindes: Man fürchtete eine übermäßige Belastung des Kindes (dazu auch BVerfG NJW 1981, 217, 219; ARNTZEN, Elterliche Sorge 65 f), massive Beeinflussungsversuche seitens der Eltern und außerdem Rechtsunsicherheit hinsichtlich der „Urteilsfähigkeit" des Kindes unter 14 Jahren (BT-Drucks 8/2788, 40, 61 f). Diese Erwägungen mögen auch bei der Versagung eines Antragsrechts für das Kind im KindRG 1998 eine Rolle gespielt haben. Über § 159 FamFG wird das FamG jedoch gezwungen, das Kind in seiner Individualität einschl seiner Wünsche zur Kenntnis zu nehmen (dazu näher Rn 282 f). Diese Pflicht impliziert nach wie vor die (in § 1671 unausgesprochene) **umfassende materiellrechtliche Beachtlichkeit des Kindeswillens** (BT-Drucks 8/2788, 73; BVerfG FamRZ 1981, 124, 126; 2007, 1797, 1798; BGH NJW 1985, 1702, 1703; zur Wichtigkeit der Beachtung des Kindeswillens vgl die empirische Studie von KALTENBORN ZfJ 1996, 255 ff, 354 ff; psychologische Grundlagen bei DETTENBORN [2001]; ZITELMANN [2001]; ZENZ/SALGO ua, Verfahrenspflegschaft [2002] mit Beiträgen von ZITELMANN Rn 231 ff, FEGERT/ZITELMANN Rn 244 ff, ZIEGENHAIN Rn 272 ff, FEGERT Rn 297 ff, MAYWALD Rn 308 ff). Dabei bleiben seine Gewichtung und sein Stellenwert in der Gesamtabwägung dem gesetzlich nicht eingeschränkten, pflichtgemäßen Ermessen des FamG überlassen. Das Konzept des Gesetzes lautet also: Beachtlichkeit des Kindeswillens als wesentliches Entscheidungskriterium, aber weitestmögliche Schonung und Schutz des Kindes bei Ermittlung und Berücksichtigung seiner Haltung (weitergehend KÖSTER 127 ff: „Sorgerechtsmündigkeit" des Kindes ab 6 Jahren, vorbehaltlich gerichtlicher Kontrolle; gegen eine Verantwortungsüberwälzung auf das Kind demgegenüber KOSTKA 495; OLG Brandenburg FamRZ 2008, 1472, 1474 [„Senat akzeptiert ... den Wunsch ..., nicht für die Entscheidung verantwortlich zu sein"]; ebenso OLG Brandenburg FamRZ 2008, 1474, 1475). Das Trennungstrauma kann das Kind außer Stand setzen, eine Entscheidung zu treffen (vgl BRISCH 17. DFGT [2007] 89 ff, 102 f).

Der Kindeswille als Ausdruck des „subjektiven Kindesinteresses" bleibt **Gesichtspunkt im Rahmen des übergeordneten Entscheidungsmaßstabs Kindeswohl**, dh des „wohlverstandenen Kindesinteresses". Demgemäß muß stets die Verträglichkeit der vom Kind gewünschten Lösung mit seinem „Wohl" geprüft werden (innerhalb dessen allerdings der Kindeswille zu beachten ist, BVerfG FamRZ 1981, 124, 126; 2007, 1797, 1798; BGH NJW 1985, 1702, 1703; OLG Celle Forum 1999, 87, 91; OLG Hamm FamRZ 1988, 1313, 1314; LUTHIN FamRZ 1984, 116). Der Kindeswille bindet das Gericht nicht (OLG Saarbrücken FamRZ 1996, 561, 562), kann aber bei annähernd gleicher Eignung beider Eltern zum **ausschlaggebenden Kriterium** werden (BVerfG FamRZ 2008, 1737, 1739). Die „wohlverstandenen Kindesinteressen" können es aber auch rechtfertigen, auch von einem grundsätzlich nachvollziehbaren Kindeswillen **abzuweichen** (vgl OLG Hamm FamRZ 1996, 1096 f: Kinder wollen zum anderen Elternteil, weil sie „zu wenig von ihm haben"; dort würden sie aber den ebenfalls guten Kontakt zum jetzigen Betreuungselternteil verlieren; aM KÖSTER 125: kein Kindeswohl gegen den Willen des Kindes; ELL DAVorm 1988, 561, 569). Ist das Kindeswohl bei beiden Eltern gefährdet, muß sein Wille zugunsten eines Elternteils unbeachtlich bleiben und gem § 1666 entschieden werden (vgl OLG München FamRZ 1984, 407). Im übrigen kann das **Gewicht des Kindeswillens** im Einzelfall sehr verschieden sein: Der schwankende, unentschlossene Wille hat weniger entscheidungsleitende Bedeutung

– er ist regelmäßig Ausdruck von Loyalitätskonflikten und innerer Hin- und Hergerissenheit des Kindes (OLG Brandenburg FamRZ 2008, 1474, 1476; OLG Koblenz FamRZ 2008, 2301, 2302; OLG Bamberg FamRZ 1988, 750, 751). Entscheidungsleitendes Gewicht hat der nachdrückliche und beständige Kindeswille (BVerfG FamRZ 2008, 1737, 1738; OLG Hamm FamRZ 1989, 654, 655). Hat das Kind eine tragfähige Bindung zu jedem Elternteil und zeigt es sich nur von den „Sonntagsbedingungen" beim bisherigen Besuchs-Elternteil beeindruckt, die dieser als Sorgeberechtigter nicht durchhalten könnte, so kann der Kindeswille ebenfalls weniger beachtlich sein (OLG Bamberg aaO; OLG Hamm FamRZ 1988, 1313, 1314). Das gleiche gilt in diesen Fällen, wenn der bevorzugte Elternteil weniger erziehungsgeeignet ist als der andere (OLG Zweibrücken FamRZ 2001, 186 f). Umgekehrt kann dem Kindeswillen ausschlaggebende Bedeutung zukommen, wenn die Verhältnisse bei beiden Elternteilen im Lichte des Kindeswohls als annähernd gleichwertig erscheinen (OLG Düsseldorf FamRZ 1988, 1193; OLG Hamm FamRZ 1986, 715, 716; AG Stuttgart FamRZ 1981, 597, 598; ERMAN/MICHALSKI Rn 21; LEMPP FamRZ 1986, 530 f; zu pauschal deshalb BAMBERGER/ROTH/VEIT Rn 50 [„keinesfalls" Sorgeübertragung „nur deshalb ..., weil das Kind dies wünscht"]).

235 Im übrigen sind **zwei Funktionen des Kindeswillens** im Rahmen der Entscheidungsfindung deutlich zu unterscheiden (vgl auch § 1666 Rn 76 ff): Zum einen ist der Kindeswille **Ausdruck seiner inneren Verbundenheit** mit dem gewünschten Elternteil, also Indiz für seine innere Bindung (BGH FamRZ 1990, 392, 393); daneben kann der Kindeswille aber auch **Akt der Selbstbestimmung** eines hierzu in natürlichem Sinne fähigen Kindes sein (ausf COESTER, Kindeswohl 257 ff; inzwischen allg anerkannte Unterscheidung, vgl nur BVerfG FamRZ 2007, 105, 107; 2007, 1078, 1079; 2007, 1797, 1798; 2008, 1737, 1738; 2009, 1389 f; KG FamRZ 2007, 754, 756; OLG Brandenburg FamRZ 2008, 1471; 2008, 1472, 1473 f; OLG Zweibrücken FamRZ 2001, 186 f; JOHANNSEN/HENRICH/JAEGER Rn 79; RABAA 31; SCHWENZER, Status 112). Diese Unterscheidung klingt auch an, wenn von den „Neigungen" oder „Wünschen" des Kindes einerseits, seinem „Willen" andererseits die Rede ist (BGH NJW 1985, 1702, 1703). Dabei wird nicht verkannt, daß diese **Unterscheidung nur eine idealtypische** ist, daß **Gefühl und Rationalität** bei jedem Menschen – und wahrscheinlich besonders bei Kindern – **miteinander verquickt** sind (so die Kritik von ZITELMANN 217 ff aus sozialwiss Sicht). Dennoch ist die Unterscheidung sinnvoll, nicht als „Polarisierung" innerhalb einer komplexen, untrennbaren Willensentscheidung (so ZITELMANN 222), sondern als heuristisches Modell zur Aufdeckung der wesentlichen Komponenten des Kindeswillens und damit auch zur Präzisierung seiner Geltungsgründe.

236 Die Beachtlichkeit des *Kindeswillens in der ersten Funktion* folgt unmittelbar aus dem Bindungskriterium (dazu Rn 213 ff), sachliches Entscheidungskriterium bleibt hier allein die „Bindung" selbst als Teilaspekt des Kindeswohls, für die der Kindeswille als wesentliches Erkenntnismittel fungiert. Die Beachtlichkeit als Akt der *Selbstbestimmung* des reiferen Kindes folgt aus seiner „Betroffenheit als Grundrechtsträger" (BGH NJW 1985, 1702, 1703, im Anschluß an BVerfGE 37, 217, 252; FamRZ 1981, 124, 126 = NJW 1981, 217, 218; vgl JOHANNSEN/HENRICH/JAEGER Rn 79), sie bezieht sich auf die Sorgerechtsfrage insgesamt. Die Unterscheidung dieser beiden Funktionen hat nicht nur dogmatischen, sondern auch heuristischen Wert, erst sie erlaubt befriedigende Antworten auf umstrittene Einzelfragen (erforderliches Kindesalter, Begründetheit des Kindeswillens, elterliche Beeinflussung). Dennoch steht hinter der Berücksichtigung des Kindeswillens insgesamt ein **übergreifender Leitgedanke**: Die **Achtung der Persönlichkeit des Kindes** (BVerfG FamRZ 2008, 1737, 1738; OLG Schleswig FamRZ 2003,

1494, 1495). Diese bezieht sich einerseits auf die weitestmögliche **Integrität der seelisch-emotionalen Beziehungswelt des Kindes** (Bindungsaspekt), anderseits auf die **Integrität der bewußten Eigenentscheidung** des selbstbestimmungsfähigen Kindes (Autonomieaspekt).

β) Der Kindeswille als Bindungsindiz
Über seine emotionale Bindungen kann am ehesten ein Mensch *selbst* Auskunft geben – dies gilt im Grundsatz auch für das Kind (vgl BVerfG FamRZ 2007, 1797, 1798; KG FamRZ 1983, 1159, 1161; OLG Düsseldorf FamRZ 1988, 1193; OLG Hamm FamRZ 1986, 715, 716; OLG Koblenz NJW 1989, 2201, 2202; OLG Stuttgart NJW 1988, 2620; LEMPP FamRZ 1986, 530, 531; ders FamRZ 1984, 741, 744; KALTENBORN FamRZ 1987, 990 ff, 998 f). Allerdings mag gerade bei Kindern in der Scheidungssituation zweifelhaft sein, ob ihre geäußerte Tendenz als wirklichkeitsgetreue Wiedergabe ihrer seelisch-emotionalen Bindung genommen werden kann (Nachw psychologisch/psychiatrischer Lit bei COESTER, Kindeswohl 262 Fn 461). Loyalitätskonflikte, Verdrängungsmechanismen oder elterliche Manipulation können dazu führen, daß der Kindeswille als Bindungsindiz versagt – er ist *unrichtig* insoweit, als er die wirkliche Bindung des Kindes nicht bezeichnet (vgl OLG Brandenburg FamRZ 2008, 1472, 1474). Neben der Kindesäußerung können insoweit andere Indizien (bisherige Betreuungssituation, Verhaltensbeobachtung, Sachverständigenexploration, auch soziometrische Tests, vgl OLG Karlsruhe FamRZ 1995, 1001) bestätigende oder korrigierende Wirkung entfalten. So kann es sein, daß das Kind gute Beziehungen zu beiden Eltern hat, aber zum bisher nicht betreuenden Elternteil möchte, um das insoweit empfundene Defizit auszugleichen – in Wahrheit möchte das Kind hier *beide* Elternteile, so daß sein Wunsch *zwischen* den Eltern keine Leitfunktion entfaltet (OLG Hamm FamRZ 1996, 1096, 1097; i Erg ähnlich OLG Brandenburg FamRZ 2001, 1021, 1022 f; FamRZ 2008, 1472, 1474; zweifelhaft OLG Hamm FamRZ 1999, 1599 f). Eine geringere Beachtung von Präferenzen des Kindes und eine stärkere Beachtung einer Ablehnung ist jedoch verfehlt (so aber KG FamRZ 1978, 829, 830; vgl FEHMEL FamRZ 1986, 531, 532; wie im Text LEMPP FamRZ 1986, 530 f). Eine kindliche Präferenz ist der natürliche Ausdruck von Bindung; Ablehnung eines Elternteils indiziert aber psychische Konflikte. Bleiben nach der Kindesanhörung Zweifel über die wirklichen Tendenzen des Kindes, so werden insoweit weitere Ermittlungen erforderlich (BVerfG FamRZ 2007, 1078, 1079; 2007, 1797, 1798).

In der Funktion als Bindungsindiz kann es **keine absolute untere Altersgrenze** für die grundsätzliche Beachtlichkeit des Kindeswillens geben (OLG Zweibrücken FamRZ 2001, 186, 187; unhaltbar OLG Dresden NJW 2003, 147, 148 [erst ab 14 Jahren ausschlaggebendes Gewicht; verfehlte Parallele zu § 1671 Abs 2 Nr 1]). Kriterien wie „Reife" oder „Urteilsfähigkeit", die gelegentlich in der Rspr genannt werden (BayObLG FamRZ 1982, 958; FamRZ 1980, 1064; FamRZ 1976, 38, 40; OLG Köln FamRZ 1972, 264; OLG Koblenz NJW 1989, 2201, 2202; LG Berlin FamRZ 1969, 219), sind unpassend, da es allein darauf ankommt, ab wann bei einem Kind *Mitteilungsfähigkeit* bezüglich seiner emotionalen Bindung erwartet werden kann. Hierbei genügen Artikulationsmöglichkeiten, die für einen in der Kommunikation mit Kindern erfahrenen Erwachsenen verständlich sind; ggf ist hierfür ein Sachverständiger beizuziehen. Verbale und indirekte Ausdrucksformen stehen gleichwertig nebeneinander und ergänzen sich, vor allem beim kleineren Kind. Überwiegend wird es in der Rechtsprechung insoweit für sinnvoll und (gem § 159 Abs 2 FamFG) geboten erachtet, **jedenfalls ab dem 3. Lebensjahr** die betroffenen Kinder anzuhören (BayObLG FamRZ 1983, 948; KG FamRZ 1983, 1159, 1161; OLG

Köln FamRZ 1980, 1153, 1154; OLG Koblenz NJW 1989, 2201, 2202; OLG Hamm FamRZ 1986, 715, 716; vgl BGH FamRZ 1990, 392, 393 [„kleinere Kinder unter 10 Jahren"]; FEHMEL ZBlJugR 1982, 654, 656 f; LUTHIN FamRZ 1981, 111, 113; ders FamRZ 1981, 1149). Ausforschungen und unangemessener Äußerungsdruck sind aber in jedem Fall zu vermeiden. Für den Kindeswillen als Bindungsindiz ist es auch **unmaßgeblich**, ob das Kind für seine Präferenz **„beachtliche Gründe"** vorbringt (so aber – ohne Unterscheidung der Funktionen des Kindeswillens – verbreitet die Rspr, zB BayObLG FamRZ 1977, 650, 652; OLG Köln FamRZ 1972, 574, 576; sowie – trotz entsprechender Unterscheidung – OLG Brandenburg FamRZ 2008, 1472, 1474; zutreffend hingegen OLG Zweibrücken FamRZ 2001, 186, 187). Gefühlsmäßige Bindung kann und braucht nicht rational erfaßt und begründet zu werden, sie ist ein inneres Faktum (BVerfG FamRZ 2008, 1737, 1738; FROMMANN 8; LEMPP NJW 1963, 1659, 1660).

239 Bei **Beeinflussung des Kindes** durch einen Elternteil neigt die Rspr überwiegend dazu, den Kindeswunsch nicht als Ausdruck seiner wirklichen Bindung anzusehen und deshalb zu ignorieren (BayObLGZ 1951, 330, 335; FamRZ 1975, 169, 171 f; FamRZ 1977, 650, 653; OLG Brandenburg FamRZ 2001, 1021, 1023; FamRZ 2008, 1472, 1474; OLG Karlsruhe FamRZ 1968, 170; OLG Köln FamRZ 1972, 144, 145; FamRZ 1972, 574, 576). Insofern muß jedoch differenziert werden: Zunächst ist *jede* Erziehung und Zuwendung „Beeinflussung" (ELL ZBlJugR 1980, 319, 323 f; LEMPP NJW 1964, 440; ders, Ehescheidung 8, 13, 27), disqualifizierend kann deshalb nur die illegitime, etwa eigensüchtige und aufhetzende Einflußnahme wirken. Zweitens kann auch derartige Beeinflussung zu wirklicher psychischer Prägung des Kindes führen, die – soll das Kind ernstgenommen werden – als Tatsache hingenommen werden muß; das gilt nicht nur für die manipulierte *Bindung* (Rn 225), sondern auch *Ablehnung* eines Elternteils (BVerfG FamRZ 2001, 1057; OLG Hamburg FamRZ 2002, 566, 567; AG Lahr FamRZ 2003, 1861; SALZGEBER ZKJ 2007, 274, 275). Davon zu unterscheiden sind einstudierte Erklärungen oder ein „rationalisierter Überbau" beim Kind, die seine eigentliche seelisch-emotionale Haltung eher verdecken – sie sind nicht „Kindeswille" in materiellem Sinn und deshalb unbeachtlich (BVerfG FamRZ 2001, 1057; vgl OLG Düsseldorf FamRZ 1988, 1193 [in concreto keine Verfälschung]; OLG Celle Forum 1999, 87, 90 f sowie OLG Brandenburg FamRZ 2008, 1472, 1474 [Kind in Loyalitätskonflikt, Ablehnung der Mutter kein Zeichen fehlender Bindung]; AG Stuttgart FamRZ 1981, 597, 598; diese Feststellung sollte idR mit Hilfe eines psychologischen Sachverständigen getroffen werden, vgl FROMMANN 110 ff; HAFFTER 48; FEGERT, in: SALGO/ZENZ ua, Verfahrenspflegschaft [2002] Rn 324 ff; JOHANNSEN/HENRICH/JAEGER Rn 80).

Unter Umständen muß insoweit auch noch weiter differenziert werden: Die Beeinflussung gegen den anderen Elternteil führt regelmäßig auch zu einem engen emotionalen Zusammenrücken der Kinder mit dem beeinflussenden Obhutselternteil. Es ist dann denkbar, daß die Ablehnung des anderen Elternteils durch die Kinder eine aufgesetzte, „unechte" Haltung ist (OLG Koblenz NJW 1989, 2201, 2202; zur notwendigen „Hinterfragung" solcher Ablehnung durch den Richter s PRESTIEN FPR 2005, 101, 102 f), während die Bindung an den beeinflussenden Elternteil durchaus „echt" und als psychische Tatsache zu berücksichtigen ist (BGH NJW 1985, 1702, 1703; vgl den Sachverhalt in OLG München FamRZ 1991, 1343). Die Identifikation mit einem Elternteil kann – psychologisch gesehen – ein rationales Verhalten des Kindes sein, die Belastung durch den Elternstreit zu reduzieren und zu bewältigen (KG FamRZ 2005, 1768, 1769).

Soweit in letzterem Sinne erklärter Wille und innere, verfestigte Einstellung des

Kindes übereinstimmen (möglicherweise auch in ihrer negativen, ablehnenden Komponente), so sanktioniert man mit der Ignorierung dieses Willens nicht nur Elternverhalten auf Kosten des Kindes, sondern riskiert kindeswohlschädliche, iE oft doch erfolglose Durchsetzungsversuche (vgl BayObLG FamRZ 1974, 150 ff, 326 ff und 534 f [3 Entscheidungen im selben Fall]). Wird dieses Risiko in eine kindzentrierte Abwägung eingebracht, bleibt oft nichts anderes übrig, als auch dem beeinflußten Kindeswillen nachzugeben (BGH NJW 1985, 1702, 1703 ff; OLG Hamm FamRZ 1967, 296, 298; OLG Hamburg FamRZ 2002, 566, 567; LG Ravensburg StAZ 1975, 317).

Im Recht bisher kaum thematisiert sind die **Bindungs- und Willensstörungen bei** 240 **mißhandelten oder sexuell mißbrauchten Kindern**. Hier wird oft eine ambivalente Haltung beobachtet: Ablehnung gekoppelt mit (krankhafter) Bindung (ZITELMANN 251 ff mwN; KINDLER/SALZGEBER/FICHTNER/WERNER FamRZ 2004, 1241, 1246; BRISCH 17. DFGT [2007] 89, 111 ff). Beim Feststehen dieser Mißbräuche wird die krankhaft-„positive" Komponente der Kindeshaltung zu ignorieren sein; bei Zweifeln kann geäußerte Kindesbindung nicht als Beweis für Nicht-Mißbrauch genommen werden (vgl auch ZITELMANN 277 ff, 286, 296).

γ) **Der Kindeswille als Selbstbestimmung**
Ist ein Kind in natürlichem Sinne urteils- und entscheidungsfähig, so bedeutet sein 241 erklärter Wille im Streit seiner Eltern für das Gericht eine **Restform familienautonomer** (und damit grundsätzlich vorrangiger) **Konfliktlösung** (vgl BVerfG FamRZ 2008, 1737, 1738: „Recht auf Selbstbestimmung bei der Entscheidung über sein künftiges Verbleiben"; s auch OLG Schleswig FamRZ 2003, 1948: Elternstreit über Taufe des Kindes nicht entschieden im Hinblick auf spätere Eigenentscheidung des Kindes gem § 5 S 1 RelKErzG; krit Anm EWERS FamRZ 2004, 394 f). Dennoch ersetzt die Eigenentscheidung des Jugendlichen nicht die dem Kindeswohl verpflichtete Entscheidung des FamG, auch insoweit bleibt der Kindeswille ein der Letztverantwortung des Richters unterstelltes Kriterium: „Der freie, nicht manipulierte Wille eines genügend einsichtsfähigen Minderjährigen ... ist als Ausdruck seiner Selbstbestimmung zugleich maßgebliches Anzeichen für rechtverstandenes Kindeswohl ..." (BayObLG FamRZ 1977, 650, 653). Je reifer das Kind und je ausgeprägter sein Wille ist, um so mehr verlagern sich jedoch die materiellen Kompetenzen: Die richterliche Kindeswohlentscheidung wird tendenziell zum Korrektiv der Eigenentscheidung des Heranwachsenden.

Das für eine Beachtlichkeit des Kindeswillens in dieser Funktion erforderliche 242 **Kindesalter** ist umstritten (zur Autonomieentwicklung des Kindes ausf ZITELMANN 236 ff). Auch hier ist die allgemeine Erkenntnis zu beachten, daß Reife und Selbstbestimmungsfähigkeit nicht von einem Tag auf den anderen eintreten, sondern kontinuierlich von frühester Jugend an wachsen (vgl § 1626 Abs 2). Demgemäß erlangt der Selbstbestimmungsaspekt des Kindeswillens mit fortschreitendem Alter zunehmendes Gewicht (BVerfG FamRZ 2007, 105, 106; FamRZ 2007, 1078, 1079; FamRZ 2008, 1737, 1738; OLG Brandenburg FamRZ 2008, 1471). Einen merklichen Durchbruch zu rationaler und verständiger Weltsicht sehen die Humanwissenschaftler etwa ab Einschulungsalter (Nachw bei COESTER, Kindeswohl 279; etwas abweichend ELL ZBlJugR 1986, 289, 294: nach der Grundschulzeit). In der Rechtsprechung werden Altersgrenzen zwischen 10 und 16 Jahren genannt (*10 Jahre:* OLG Karlsruhe FamRZ 1968, 170; OLG Köln FamRZ 1972, 144, 145 f; FamRZ 1972, 262, 264; FamRZ 1972, 574, 576; FamRZ 1976, 32, 34; FamRZ 1980, 829, 830; OLG Oldenburg NdsRpfl 1977, 24, 25; *12 Jahre:* OLG Brandenburg FamRZ 2003, 1953, 1954;

FamRZ 2008, 1472, 1474; FamRZ 2008, 1474, 1476; JOHANNSEN/HENRICH/JAEGER Rn 81; *16 Jahre:* OLG Düsseldorf FamRZ 1979, 631, 632; vgl DIECKMANN AcP 178 [1978] 298, 314). Dabei wird nicht immer deutlich, ob diese Grenzen den *Regelfall* kindlicher Selbstbestimmungsfähigkeit bezeichnen sollen (vorbehaltlich im Einzelfall zu belegender Ausnahmen) oder das *Mindestalter,* unterhalb dessen Selbstbestimmungsfähigkeit grundsätzlich nicht zu erwarten sei. In Anlehnung an die **14-Jahresgrenze** in §§ 1671 Abs 2 Nr 1 und 159 Abs 1 FamFG (sowie mangels besserer Maßstäbe) könnte dieses Alter **als Durchschnittstypus** für die in § 1671 Abs 2 erforderliche Reife und Urteilsfähigkeit gelten, man könnte aber auch – einem verbreiteten Konsens in der Praxis folgend – auf das Alter von **12 Jahren** abstellen (OLG Brandenburg FamRZ 2003, 1953, 1954; OLG Düsseldorf FamRZ 1983, 293, 295; OLG Schleswig FamRZ 1990, 433, 434; OELKERS DAVorm 1995, 801, 806 mwN; JOHANNSEN/HENRICH/JAEGER Rn 81). Eine andere Beurteilung im Einzelfall ist vom FamG konkret zu begründen (so iE BayObLG FamRZ 1977, 650, 652; LEMPP FamRZ 1986, 1061, 1063).

243 Der **Wille jüngerer Kinder** kann als Akt der Selbstbestimmung berücksichtigt werden, wenn sie im Einzelfall die erforderliche Urteilsfähigkeit und Reife für eine selbstverantwortliche Entscheidung besitzen. Es erscheint nicht sinnvoll, insoweit eine Mindestaltersgrenze zu nennen (wie es zT ausdrücklich die vorerwähnten Befürworter der 10-Jahresgrenze tun). Für eine solche Ausschlußgrenze fehlt es an einer wissenschaftlich abgesicherten Grundlage; die Flexibilität des FamG in der Gewichtung des Kindeswillens macht strikte tatbestandliche Eingrenzungen.

244 **Beachtliche Gründe**, die das Kind für seine Entscheidung anführt, können als Indiz für seine ausreichende Selbstbestimmungsfähigkeit gelten. *Voraussetzung* für die Anerkennung seiner Eigenentscheidung sind sie jedoch **nicht** (JOHANNSEN/HENRICH/ JAEGER Rn 82). Auch der zur Selbstbestimmungsfähigkeit herangereifte Jugendliche kann Anlaß haben, seine Entscheidungsgründe zu verschweigen, insbes um den nichtbegünstigten Elternteil zu schonen und die künftige Beziehung zu ihm nicht zu belasten (AG Stuttgart FamRZ 1981, 597, 598). Darüber hinaus muß das volitive Element, das in persönlichen Entscheidungen jedes Menschen steckt, auch dem Jugendlichen zugestanden werden. Bei annähernd gleichwertigen Verhältnissen auf beiden Elternseiten bietet der (rational kaum begründbare) Kindeswille zugunsten eines Elternteils sogar die sicherste Grundlage für eine rationale Gerichtsentscheidung (vgl Rn 234). Insbes kann der Eigenentscheidung des Jugendlichen nicht entgegengehalten werden, daß er auch den anderen Elternteil mag und mit ihm zusammenleben könnte (so aber KG FamRZ 1964, 641, 643; LG Berlin FamRZ 1969, 219).

Beruht der Wille auch des älteren Kindes auf illegitimer **elterlicher Beeinflussung**, so scheidet seine Respektierung als Akt der Selbstbestimmung aus, wenn sich der Kindeswunsch nur als projizierter Elternwille, also eigentlich als Ausdruck von Fremdbestimmung darstellt (BGH NJW 1985, 1702, 1703: Es bleibt jedoch seine Verwertung als Bindungsindiz zugunsten des beeinflussenden Elternteils möglich; zust JOHANNSEN/HENRICH/ JAEGER Rn 82; vgl oben Rn 239). Aber auch hier (vgl Rn 239) ist der Kindeswille als bewußte Selbstbestimmung zu achten, wenn sich der Jugendliche die ursprüngliche elterliche Position nachdrücklich *zu eigen* gemacht hat (AG Frankfurt ZKJ 2007, 498, 500). Vorhandene Beeinflussung kann auch außer acht bleiben, wenn das Kind seine Entscheidung mit eigenständigen, vernünftigen Motiven begründen kann (OLG Hamm FamRZ 1989, 654, 655); dazu gehört auch der Versuch, die Belastung durch den

Elternstreit durch Parteinahme und Entscheidung zu reduzieren (KG FamRZ 2005, 1768, 1769; vgl Rn 239).

δ) **Der Kindeswille im Einzelfall**
Im konkreten Fall kann der Kindeswille in beiden oder auch nur in einer der 245
vorgenannten Funktionen beachtlich sein. Beim *Kleinkind* scheidet Selbstbestimmungsfähigkeit aus, und bei *Heranwachsenden* verdrängt der Gesichtspunkt der Eigenentscheidung zunehmend die Frage nach der inneren Bindung – letztlich sogar des objektiven Kindeswohls (vgl OLG Brandenburg FamRZ 2008, 1471 f: 17jährige Tochter entscheidet praktisch selbst über Aufenthalt und Sorgerecht). In *mittleren Altersbereichen* kann der Kindeswille in beiden Funktionen Bedeutung haben, das Element der Selbstbestimmung ist angepaßt an sein kontinuierliches Wachstum flexibel zu berücksichtigen. Ist dem Kindeswillen in einer Funktion die Beachtung zu versagen, so muß dies nicht auch die Ablehnung in seiner anderen Funktion implizieren (BGH NJW 1985, 1702, 1703; vgl Rn 244).

Der Kindeswille kann auch insoweit beachtlich sein, als er auf **Fortbestand der Geschwistergemeinschaft** gerichtet ist (BGH FamRZ 1990, 392, 393; s Rn 228, aber auch 231, 232).

ee) **Kontinuität**
Das Kontinuitätsprinzip, dh der **Grundsatz einheitlicher und gleichmäßiger Erzie-** 246
hungsverhältnisse spielt in der familiengerichtlichen Begründungspraxis eine große Rolle (vgl BVerfG NJW 1981, 217, 218 f; FamRZ 1982, 1179, 1183; OLG Frankfurt FamRZ 1982, 531; OLG Hamburg FamRZ 1985, 1284; OLG Hamm FamRZ 1985, 637, 638; OLG Karlsruhe FamRZ 1984, 311, 312; OLG Bamberg FamRZ 1997, 102). Über den genauen Inhalt dieses Prinzips besteht jedoch Unklarheit (Rn 203). Wird der auf die inneren Bindungen des Kindes bezogene Kontinuitätsaspekt unter dem übergreifenden Kriterium „Kindesbindungen" gesondert behandelt (Rn 177, 215), und wird die zukünftige Stabilität der Erziehungsbedingungen als Element des Förderungsprinzips erkannt (Rn 215), so ist die verbleibende **Bedeutung des Kontinuitätsprinzips stark reduziert** (BGB-RGRK/ ADELMANN Rn 55; JOHANNSEN/HENRICH/JAEGER Rn 66; KROPHOLLER JZ 1984, 164, 165 f; RIECK ZKJ 2009, 165, 167).

Zum einen verbleibt ihm eine (bloße) **Hilfsfunktion für das Bindungskriterium** (JO- 247
HANNSEN/HENRICH/JAEGER Rn 65; COESTER, Kindeswohl 177): Vor allem bei kleineren Kindern läßt ihre kontinuierliche Betreuung durch einen Elternteil über einen längeren Zeitraum regelmäßig vermuten, daß dieser Elternteil zur „Hauptbezugsperson" des Kindes geworden ist, wenn der andere Elternteil nur geringfügige Kontakte mit dem Kind hatte. Dabei ist der *kindliche Zeitbegriff zu* beachten (GOLDSTEIN ua I 39 f; vgl OLG Frankfurt FamRZ 1982, 531; KG FamRZ 1983, 1159, 1162; OLG Hamm FamRZ 1985, 637, 638; OLG Zweibrücken FamRZ 2001, 1021, 1022; vgl § 1666 Rn 259). Die Kontinuität verliert ihre Indizfunktion mit zunehmendem Kindesalter oder bei beiderseitigem Engagement der Eltern in der Kindeserziehung (nicht notwendig zu gleichen Zeitanteilen, vgl OLG Köln FamRZ 1982, 1232, 1234).

In **sachlicher** Hinsicht bleibt im wesentlichen nur der Gesichtspunkt, daß **jeder** 248
Betreuungs- und Umgebungswechsel für das Kind eine Belastung bedeutet und deshalb vermieden werden sollte, sofern nicht Überlegenheit der Plazierung beim an-

deren Elternteil feststeht (BVerfG FamRZ 2007, 1797, 1798 [„triftige Gründe" erforderlich]; OLG Brandenburg FamRZ 2008, 2055, 2056). Deshalb kann Sicherung von Kontinuität ein *zentraler* Gesichtspunkt bei **einstweiligen Anordnungen** sein (s näher Rn 294; PALANDT/ DIEDERICHSEN Rn 28); bei **Kindesentführungen** streitet der Kontinuitätsgedanke dabei grundsätzlich zugunsten der *bisherigen* Betreuungsperson, nicht des Entführers – jedenfalls bei noch nicht sehr langer Dauer der Entführung (BVerfG FamRZ 2009, 189, 190): „Ertrotzte Kontinuität" sollte dem Entführer – in vertretbaren Grenzen des Kindeswohls – nicht zugute kommen (vgl aber auch BVerfG FamRZ 2009, 676 f). Bei besserer Eignung des Obhutselternteils ist der Kontinuitätsaspekt ein zusätzliches Argument für den dortigen Verbleib des Kindes. Sachliche Gesichtspunkte zugunsten des anderen Elternteils (bessere Eignung, Bindung, Kindeswille) kann der Kontinuitätsaspekt idR aber nicht aufwiegen (vgl BVerfG NJW 1981, 217 ff; OLG Frankfurt FamRZ 1984, 296, 297): Bei subjektiver Tendenz des Kindes zum anderen Elternteil dürfte die Wechselbelastung ohnehin gering sein; tendiert es zum bisherigen Betreuungselternteil, muß der Eignungsvorsprung des anderen Teils allerdings deutlich sein. Damit entfaltet der Kontinuitätsaspekt seine wesentliche Bedeutung als **ausschlaggebendes Kriterium, wenn die Verhältnisse bei beiden Eltern** im Lichte aller anderen Aspekte des Kindeswohls auch nach Ausschöpfung der Ermittlungsmöglichkeiten **gleichwertig erscheinen** (OLG Bamberg FamRZ 1988, 750, 751; OLG Brandenburg FamRZ 2001, 1021; 2003, 1953, 1954; 2008, 1472, 1474; OLG Dresden FamRZ 2007, 923; OLG Frankfurt FamRZ 1990, 550; OLG Hamm FamRZ 1980, 487, 488; 1986, 715 f; OLG Karlsruhe FamRZ 1984, 311, 312; OLG Köln FamRZ 2000, 1041 [LS]; 2003, 1950, 1951 f; OLG Zweibrücken FamRZ 1986, 1038; AG Hamburg FamRZ 2000, 499, 500 f; AG Helmstedt FamRZ 2007, 1837; BAMBERGER/ROTH/VEIT Rn 42; PALANDT/DIEDERICHSEN Rn 28; JOHANNSEN/HENRICH/JAEGER Rn 67; WENDL-KAMPMANN/WENDL 256; der Sache nach auch KG FamRZ 1990, 1383, 1385) oder wenn zwei Hauptkriterien des Kindeswohls (stärkere Bindung einerseits, bessere Eignung andererseits) miteinander kollidieren (OLG Hamm FamRZ 1988, 1313, 1314; **aA** KALTENBORN FamRZ 1987, 990, 998 f [Vorrang der Bindung]). Problematisch bleibt der Kontinuitätsaspekt in dieser Funktion deshalb, weil er die Eltern bei der Trennung zu eigenmächtiger „Beschlagnahme" des Kindes ermuntert (vgl OLG Frankfurt FamRZ 1990, 550). Auch bei **wechselseitigen Kindesentführungen** kommt dem Kontinuitätsgesichtspunkt besondere Bedeutung zu: Hier dürfen die Gerichtsentscheidungen nicht ihrerseits noch zur Diskontinuität der Lebensverhältnisse beitragen (BVerfG DEuFamR 1999, 55, 59 f; OLG Celle Forum 1999, 87, 91).

249 **Unzulässig** ist es demgegenüber, die *Ermittlungen* und Erwägungen zum Kindeswohl dergestalt zu *verkürzen,* daß das Kind grundsätzlich in der bisherigen Umgebung zu verbleiben habe, sofern nicht die Erforderlichkeit eines Plazierungswechsels dargelegt und begründet sei (JOHANNSEN/HENRICH/JAEGER Rn 66; KROPHOLLER JZ 1984, 164, 165; OLG Karlsruhe FamRZ 2001, 1636 [trotz unrechtmäßig begründeter Betreuungsverhältnisse]; sachgerecht unvoreingenommen OLG Hamm FamRZ 1996, 1096 f; vgl OLG Köln FamRZ 1982, 1232 ff). Hierdurch wird die vom Gesetz vorgeschriebene, offene und uneingeschränkte Kindeswohlprüfung verzerrt (COESTER, Kindeswohl 484 ff) und ein sachlich nachrangiger Aspekt de facto zum Leitkriterium der Sorgerechtsentscheidung aufgewertet.

e) Aufteilungen des Sorgerechts
aa) Fragestellung

250 Das *bisherige Recht* erlaubte ausdrücklich eine Trennung von Personen- und Vermögenssorge (§ 1671 Abs 4 S 2 aF), weitere Aufteilungen des Sorgerechts in sachlicher oder zeitlicher Hinsicht wurden streitig, aber überwiegend skeptisch beurteilt (vgl STAUDINGER/COESTER[12] Rn 47 ff, 187 mwN). Das *neue Recht* nimmt demgegenüber eine offenere Haltung ein, es gestattet ohne weiteres, den Übertragungsantrag auf „einen Teil der elterlichen Sorge" zu beschränken (Abs 1; näher oben Rn 52 ff). Für solche **Teilanträge** ist in der Praxis deutlich zu differenzieren: Sind sich die Eltern über die Aufteilung **einig**, hat das Gericht sie nach Abs 2 Nr 1 vorzunehmen, eine Kindeswohlprüfung findet nur daraufhin statt, ob die Regelung das Kindeswohl *gefährdet* iSd § 1666. Für kindeswohlwidrige Gestaltungen unterhalb dieser Grenze tragen allein die Eltern die Verantwortung (und der Gesetzgeber, der eine gerichtliche Kontrolle ausgeschlossen hat). Als Beurteilungsproblem im Lichte des Kindeswohls stellen sich Sorgerechtsaufteilungen nur im Rahmen des Abs 2 Nr 2 dar, also wenn und soweit die Eltern sich über eine Aufteilung **nicht einig** sind. Zu Aufteilungen kann es bei folgenden Fallgestaltungen kommen:

– Ein Elternteil beantragt die Übertragung nur eines Teils der elterlichen Sorge allein auf sich;

– jeder Elternteil stellt einen entsprechenden Antrag, bezogen auf denselben oder unterschiedliche Teile der elterlichen Sorge; dabei können die Anträge zusammen den Bereich des gesamten Sorgerechts abdecken oder auch nicht;

– ein Elternteil beantragt die gesamte Alleinsorge, das FamG gibt diesem Antrag nur teilweise statt – entweder wegen Teilzustimmung des Antragsgegners (Rn 76) und/oder weil eine weitergehende Übertragung dem Kindeswohl nicht entspricht (Rn 102).

251 **Nicht** um eine Aufteilung des Sorgerechts in diesem Sinne handelt es sich, wenn das Sorgerecht für **Geschwister** unterschiedlich geregelt wird, weil die Sorge für jedes Kind ein eigenständiger Verfahrensgegenstand ist (vgl Rn 49, 95, 297).

252 Die **Fragestellung** des Abs 2 Nr 2 („dem Wohl des Kindes am besten entspricht") ist in diesen Fällen um einen Prüfungspunkt **erweitert**: Neben die Kindeswohlprüfung nach den allgemeinen Kriterien daraufhin, ob die Alleinsorge insoweit der gemeinsamen Sorge vorzuziehen ist (oben Rn 103), tritt die zusätzliche Frage, ob gerade auch die **Abspaltung** eines Sorgerechtsteils dem Kindeswohl dient oder eher gegen eine (iü möglicherweise sinnvolle) Übertragung spricht (vgl JOHANNSEN/HENRICH/JAEGER Rn 44). Diese Frage gehört zwar mit zur übergreifenden Kindeswohlprüfung des Gerichts, ist aber innerhalb dieser Prüfung **ein spezifischer Aspekt**. Die Antwort wird wesentlich davon beeinflußt sein, wie die Sorgerechtsverhältnisse im übrigen geregelt sind (gemeinsame Sorge, Alleinsorge des anderen Teils, schon gespaltene Sorgekompetenzen).

253 Schließlich ist auch und gerade bei Sorgerechtsaufteilungen die **gesetzliche Kompetenzaufteilung nach § 1687** zu berücksichtigen, wenn die Betreuungszuständigkeit selbst nicht in Streit steht: Regelungen nach § 1671 beziehen sich dann nur auf den bisher *gemeinschaftlich* innegehabten Sorgebereich, also auf *Grundfragen der elterlichen Sorge*. Anträge auf Teil-Alleinsorge haben also (nur) zum Inhalt, daß künftig Grundfragen in diesem Teilbereich vom Antragsteller allein entschieden werden –

der *antragstellende Betreuungselternteil* hätte dann insoweit Alleinkompetenz in Grund- *und* Tagesfragen; der *antragstellende andere Elternteil* hingegen könnte die einschlägigen Grundentscheidungen allein treffen, während der Betreuungselternteil auch in diesem Teilbereich weiterhin für die „Angelegenheiten des täglichen Lebens" zuständig wäre. Mit anderen Worten: Der dem Betreuungselternteil durch § 1687 Abs 1 S 2 allein zugewiesene Kompetenzbereich steht für Regelungen nach § 1671 nicht zur Disposition (zur Frage, inwieweit nach § 1687 Abs 2 und darüber hinaus abweichende Vereinbarungen oder Regelungen möglich sind, s Erl dort). Anderes gilt, wenn die Eltern um die Betreuungszuständigkeit als solche streiten (dazu Rn 259).

bb) Problemstellung

254 Die **Möglichkeit von Teilregelungen** wird vom RegE zum KindRG 1998 aus dem **Verhältnismäßigkeitsgrundsatz** (dazu Rn 8) **gerechtfertigt**: Sei der elterliche Streit thematisch eingrenzbar, müsse der regelnde Eingriff auch hierauf beschränkbar sein (BT-Drucks 13/4899, 99; dazu noch Rn 257). Hinter der gesetzlichen Regelung steht wohl auch die noch unter altem Recht erhobene Forderung nach einem „abgestuften Regelungsangebot gemeinsamer Sorge", das die Eltern „eher ermutigt, das jeweils mögliche Maß an Gemeinsamkeit anzustreben" (LIMBACH-Studie 79). Die Fragestellung hat sich zwar nach neuem Recht umgekehrt, die Grundidee bleibt aber weiterhin bedeutungsvoll. Des weiteren kann zugunsten von Aufteilungen darauf hingewiesen werden, daß auch in intakten Familien Funktionsaufteilungen in geringerem oder größerem Ausmaß üblich sind und sich nicht notwendig auf die alltägliche Sorgerechtswahrnehmung beschränken; in getrennten Familien können Aufteilungen zumindest gleicher Maßen sinnvoll sein, zudem liegt eine Verrechtlichung solcher Funktionsteilung hier näher. Schließlich ist Teilsorge dem Recht auch sonst nicht fremd: So sind kindesschutzrechtliche Eingriffe in das Sorgerecht eines Elternteils strikt durch den Grundsatz der Erforderlichkeit begrenzt (§ 1666 Rn 211); als Konsequenz bleibt der Elternteil *im übrigen* sorgeberechtigt, während der andere Elternteil im Entzugsbereich kraft Gesetzes alleinsorgeberechtigt wird (§ 1680 Abs 3, 1). Allerdings ist die Fragestellung im Kindesschutzrecht eine andere: Dort wehrt der Staat eine Gefährdung des Kindes durch einen Elternteil ab (durch Eingriff in dessen Sorgerecht); das Verhältnis der Sorgeberechtigten zueinander ist regelmäßig nicht Thema des Verfahrens.

255 **Auf der anderen Seite** darf nicht verkannt werden, daß die **Lebens- und Erziehungssituation eines Kindes letztlich eine ganzheitliche** ist – dem ist grundsätzlich eine übergreifende elterliche **Gesamtverantwortung angemessen**. *Zergliederungen* der Sorge in Einzelaspekte können den Blick und das Verantwortungsgefühl für das Gesamtkindeswohl verdecken; bezieht man die Möglichkeit von Aufteilungen auf *beide Elternteile* und die gesetzliche Kompetenzregelung in § 1687 mit ein, so sind **Komplizierungen des Sorgerechtsverhältnisses** denkbar, die schon als solche kindeswohlwidrig sein dürften (warnend SCHWAB FamRZ 1998, 457, 465). Die Abgrenzung in § 1687 führt schon zu erheblicher Rechtsunsicherheit und birgt **Streitpotential** für die Eltern (s STAUDINGER/SALGO [2006] § 1687 Rn 25 ff); weitere Differenzierungen würden diese Gefahr vergrößern. Gerade aus diesem Grund wurden Sorgerechtsaufspaltungen in der Vergangenheit überwiegend abgelehnt (vgl BT-Drucks 8/2788, 63; BGHZ 3, 220 ff [Schulwahl]; BGH FamRZ 1980, 1107, 1108 [Aufenthaltsbestimmungsrecht]; BayObLG FamRZ 1976, 43, 44 [religiöse Erziehung; Gesundheitsfürsorge]; OLG München FamRZ 1978, 620, 621 [zusätzliche Informations- und Mitbestimmungsrechte für den nichtsorgeberechtigten El-

ternteil]; AG Fürstenfeldbruck FamRZ 2002, 117 [hoffnungslos verfeindete Eltern]). Dem kann nicht entgegengehalten werden, daß nach Abs 2 Nr 1 alle Aufteilungen bis zur Gefährdungsgrenze kontrollfrei möglich sind – bei *Einigkeit* der Eltern stellt sich die Problematik ganz anders dar als bei *nichtkonsentierten Aufteilungen,* die allein Beurteilungsthema nach Abs 2 Nr 2 sind (vgl KOSTKA 517).

Dies muß auch der Leitgedanke sein für die **Grundeinstellung gegenüber Sorgerechts-** **256** **aufteilungen** in Abwägung aller generellen Vorzüge und Nachteile: Vorzüge setzen idR einvernehmliche Funktionsteilungen voraus, bei Streit um die Aufteilung selbst ist eher zu befürchten, daß sich der Streit *nach* der Aufteilung in Abgrenzungsfragen fortsetzt – dh der Streit wird auch bei Teil-Alleinsorge nicht beigelegt, sondern verlagert und perpetuiert. Dies läuft aber den Kindesinteressen an befriedeten, positiven Beziehungen zu beiden Eltern zuwider (KG FamRZ 2000, 502, 503: Sorgerechtsstreit hindert kindeswohlförderliche Umgangsregelung). Zwar werden in der Praxis sicherlich Fälle begegnen, in denen **Aufteilungen sinnvoll**, dh kindeswohldienlich und befriedend erscheinen; dies kann zB der Fall sein, wenn sich das Konfliktfeld zwischen den Eltern klar abgrenzen und abtrennen läßt (vgl OLG Nürnberg FamRZ 1999, 673, 674 [schulischer Werdegang]; weniger klar die Abgrenzung bei AG Hamburg FamRZ 2000, 499 ff). Das ist oft beim Streit um den *Kindesaufenthalt* der Fall: Wird der Streit vom FamG entschieden (durch Übertragung des Aufenthaltsbestimmungsrechts auf einen Elternteil), bestehen mangels erkennbarer sonstiger Konflikte gute Chancen, daß die Eltern sich auf dieser Basis arrangieren (vgl BVerfG FPR 2004, 393; s noch Rn 259). Gleiches kann bei religionsverschiedenen Eltern für die Frage der religiösen Erziehung des Kindes gelten, wenn im übrigen elterliche Kooperation möglich erscheint (BGH FamRZ 2005, 1167 f; zust EHINGER FPR 2005, 367 f; krit aber WEYCHARDT FamRZ 2005, 1534), oder auch bei Streit über die Staatsangehörigkeit des Kindes (OLG Hamm FamRZ 2006, 1058 f). Dabei ist jedoch stets zu prüfen, ob der Streit nicht schonender durch eine Entscheidung nach § **1628** beigelegt werden kann (Rn 57, 58; BGH aaO). Ansonsten sollten angesichts des Schadenspotentials Aufteilungen ohne Elternkonsens nur mit **Zurückhaltung und vorsichtiger Gesamtabwägung** in Betracht gezogen werden. Ist die gemeinsame Sorge wegen mangelnder Kooperationsfähigkeit der Eltern aufzuheben (vgl Rn 136), so erstreckt sich letztere in aller Regel auf alle Sorgebereiche, Aufteilungen sind nicht angebracht (vgl BGH FamRZ 2008, 592, 593 Nr 16; OLG Frankfurt FamRZ 2002, 1727, 1728). Dies gilt tendenziell in noch stärkerem Maße, wenn kein Elternteil die Aufspaltung will, aber das FamG erwägt, einem Antrag auf Übertragung der gesamten Alleinsorge nur teilweise zu entsprechen. Gänzlich abzulehnen ist eine Aufspaltung von tatsächlicher und und rechtlicher Sorgekompetenz (so aber OLG Frankfurt FamRZ 2005, 1700 ff: Sorgerecht bei Vater in USA, Aufenthalt der Kinder bei Mutter in Deutschland) – Elternkonflikte und Blockaden kindeswohlgerechter Entscheidungen sind hier vorprogrammiert (SALGO, in: FS Schwab [2005] 891, 909 f; vgl Rn 208).

Strikt **abzulehnen** ist jedenfalls auch die auf der Begründung zum RegE (Rn 254) **257** aufbauende These, wegen des *Grundsatzes der Verhältnismäßigkeit,* genauer: des geringstmöglichen Eingriffs in das Elternrecht sei die **Teilübertragung als vorrangige Gestaltung** einzustufen (*obiter* andeutend OLG München FamRZ 1999, 111, 112 [für einstweilige Anordnungen allerdings gerechtfertigt, vgl Rn 296]; tendenziell auch BVerfG FamRZ 2004, 1015, 1016; VerfGH Berlin FamRZ 2006, 1465, 1466). Wenn und soweit das alleinmaßgebliche *Kindeswohl* Aufteilungen des Sorgerechts entgegensteht, hat das Elternrecht zurückzutreten (BGH FamRZ 1999, 1646, 1647; vgl oben Rn 136, 159 ff, 164) – es gibt nicht den Maßstab für die zu treffende Sorgerechtsentscheidung (MünchKomm/FINGER Rn 118; COESTER DEuFamR 2000, 53, 55; RAUSCHER, FamR Rn 1007). Die Voranstellung des Verhältnismäßigkeitsprinzips unter bloßem Vorbehalt des Kindeswohls (vgl BVerfG aaO: „Teilentscheidungen ... wo immer dies dem Kindeswohl genüge tut") verfehlt die Leitfunktion des Kindeswohls (Rn 157 ff) und verleitet zur Unterschätzung der Nachteile und Risiken von Sorgerechtsaufteilungen.

cc) Einzelfragen

258 **Personen-/Vermögenssorge**: Der Elternkonflikt konzentriert sich meistens auf persönliche Fragen. Muß deswegen das gemeinsame Sorgerecht aufgehoben werden, könnte daran gedacht werden, jedenfalls den „unstreitigen" Teil der Vermögenssorge in gemeinsamer Kompetenz zu belassen. Angesichts vielfältiger Überschneidungen von Personen- und Vermögenssorge (vgl STAUDINGER/PESCHEL-GUTZEIT [2007] § 1626 Rn 67 ff), daraus folgender unklarer Entscheidungszuständigkeit und notwendig werdender Kooperation erscheint eine solche Praxis jedoch nicht angebracht. Defizite der Eltern in ihrer Kommunikations- und Kooperationsfähigkeit sind idR nicht partiell begrenzt, schädliche Auswirkungen auf das Kind sind auch im Bereich der Vermögenssorge zu erwarten, sollten dort Regelungsprobleme anfallen (OLG Frankfurt FamRZ 2002, 1727, 1728; vgl Rn 256).

259 **Aufenthaltsbestimmungsrecht**: Mit zunehmender Häufigkeit wird von den Gerichten versucht, durch Zuweisung des Aufenthaltsbestimmungsrechts an einen Elternteil die Frage der Betreuungszuständigkeit dem Streit der Eltern zu entziehen, damit der Sache nach auch die Sorgekompetenzen in täglichen Angelegenheiten festzulegen (§ 1687) und auf dieser Basis im übrigen das gemeinsame Sorgerecht zu belassen (OLG Frankfurt FamRZ 2001, 1636 f; OLG Hamm FamRZ 1999, 1597; OLG Köln FamRZ 2000, 1041; FamRZ 2008, 636 f; KG FamRZ 2008, 634, 635 [dazu noch Rn 261 aE]; OLG Zweibrücken FamRZ 2001, 184 f [besonders deutlich]; MünchKomm/FINGER Rn 120; RAUSCHER, FamR Rn 1007). Dies setzt die Feststellung voraus, daß die Eltern nach Klärung der Betreuungsfrage zu sachlicher Kooperation fähig und bereit sind (vgl OLG Zweibrücken FamRZ 2001, 184 f: Funktionierende Sorge für zwei andere Kinder; OLG Zweibrücken FamRZ 2001, 186 f: Die Eltern selbst haben den Regelungsantrag auf das Aufenthaltsbestimmungsrecht beschränkt; ebenso OLG Brandenburg FamRZ 2001, 1021; FamRZ 2003, 1953, 1954; OLG Karlsruhe FamRZ 2001, 1634). In diesem Fall ist die Beschränkung der Entscheidung auf das Aufenthaltsbestimmungsrecht sogar **verfassungsrechtlich geboten** (BVerfG FamRZ 2004, 1015, 1016; vgl Rn 136, 257). Stand die Betreuungsfrage bisher im Zentrum des Elternkonflikts, kann mit ihrer Regelung eine Befriedung auch im übrigen erhofft werden (vgl OLG Frankfurt FamRZ 2001, 1636 f: Übertragung zunächst nur des Aufenthaltsbestimmungsrechts, Androhung weiterer Übertragung bei mangelnder Kooperation). Ist hingegen elterliche Kooperation auch dann nicht zu erwarten, sollte die **Abspaltung des Aufenthaltsbestimmungsrechts nicht zum Kunstgriff der Gerichte werden, um auch zerstrittenen Eltern die Sorgerechtsgemeinsamkeit oktroyieren zu können** (so der Sache nach OLG Frankfurt FamRZ 2002, 187 [m krit Anm WEIL]; FamRZ 2008, 1470 [Folgeentscheidung zu BVerfG FamRZ 2004, 1015]; OLG Brandenburg FamRZ 2002, 567, 568; zutreffend hingegen – Aufenthaltsbestimmung nicht ausreichend, Gesamtsorge auf einen Elternteil zu übertragen – OLG Nürnberg FamRZ 2002, 188, 189; OLG München FamRZ 2002, 189, 190; OLG Dresden FamRZ 2002, 973 f; anderes gilt für einstweilige Anordnungen im Sorgerechtsverfahren, OLG München FamRZ 1999, 111, 112; nicht differenziert genug OLG Hamm FamRZ 1999, 393, 394). Solche Praxis kann auch nicht mit

der (verbreiteten) Formel gerechtfertigt werden, daß Entscheidungen von grundsätzlicher Bedeutung (vgl § 1687 Abs 1 S 1) „in absehbarer Zeit nicht zu erwarten" seien (so OLG Hamm FamRZ 1999, 1159, 1160; FamRZ 2005, 537, 538; OLG Nürnberg FamRZ 1999, 1160, 1161; OLG München FamRZ 1999, 1006, 1007 f; OLG Brandenburg FamRZ 2002, 567, 568; FamRZ 2003, 1952, 1953; OLG Köln FamRZ 2003, 1036, 1037; AG Hannover FamRZ 2001, 846, 848). Solche Entscheidungssituationen können bei Kindern immer und unversehens auftreten (zutr OLG Stuttgart FamRZ 1999, 1596; OLG Karlsruhe FamRZ 2000, 1041, 1042; JOHANNSEN/HENRICH/JAEGER Rn 38); außerdem gilt die Sorgerechtsregelung nach § 1671 grundsätzlich (vorbehaltlich § 1696) für die gesamte Zeit der Minderjährigkeit (Rn 261). Ist der gewöhnliche **Kindesaufenthalt kein Streitpunkt** zwischen den Eltern, besteht auch kein Anlaß zur Überführung dieses Sorgerechtsteils in die Alleinsorge des Betreuungselternteils (OLG Köln FamRZ 2003, 1492, 1493; unrichtig OLG München FamRZ 1999, 111, 112; OLG Schleswig FamRZ 2003, 1948; AG Weilburg FamRZ 2003, 1308, 1310) – bloßes Absicherungsbedürfnis gegen mögliche zukünftige Streitigkeiten rechtfertigt keine Aufhebung der gemeinsamen Sorge (Rn 138). Anders naturgemäß, wenn wegen Zerstrittenheit der Eltern die umfassende Alleinsorge eines Teils angeordnet werden muß – dann gehört der Aufenthalt ohne weiteres dazu, auch wenn er selbst nicht umstritten ist (vgl OLG Nürnberg FamRZ 2002, 188, 189; OLG München FamRZ 2002, 189, 190; **anders** OLG Hamm FamRZ 2007, 759 ff [mit fragwürdiger Unterscheidung von gewöhnlichem und schlichtem Aufenthalt des Kindes; dazu Red-Anm ebenda 761]). Ein Absicherungsbedürfnis wird auch nicht dadurch begründet, daß der Betreuungselternteil eine Entführung des Kindes ins Ausland durch den anderen Elternteil befürchtet (AG Leipzig FamRZ 2007, 1836 f; vgl auch Rn 144) – diese wäre auch bei gemeinsamem Sorgerecht rechtswidrig (HKÜ) und könnte iü auch bei Umgangsausübung passieren.

Gesundheitsfürsorge insbesondere **bei Zeugen Jehovas**: Die Gerichte stehen wiederholt vor der Problematik, daß nach allgemeinen Kriterien grundsätzlich die Alleinsorge auf denjenigen Elternteil zu übertragen wäre, der Mitglied der „Zeugen Jehovas" ist (vgl Rn 193). Bekanntlich lehnt diese Glaubensgemeinschaft Bluttransfusionen ab, dies gilt auch für Kinder von Mitgliedern (OELKERS/KRAEFT FuR 1997, 161, 164 mwN). Es stellt sich deshalb die Frage, ob die Entscheidungskompetenz für die medizinische Versorgung oder zumindest für Bluttransfusionen von der gemeinsamen Sorge oder von der Alleinsorge dieses Elternteils abzutrennen und dem anderen Elternteil zu übertragen ist. Grundsätzlich ist solche Aufteilung möglich und uU sinnvoll (vgl OLG Bamberg FamRZ 2003, 1403 f [auch zur Abgrenzung zu § 1628; dazu Rn 55 ff]). Bei Zeugen Jehovas haben die Gerichte dies jedoch überwiegend verneint und für allfällige Konflikte in der Zukunft auf Eingriffsmöglichkeiten nach § 1666 oder – bei gemeinsamem Sorgerecht – auf die Antragsmöglichkeit nach § 1671 oder 1628 verwiesen (BayObLG FamRZ 1976, 43, 44; OLG Hamburg FamRZ 1996, 684 [m Anm GARBE]; OLG Koblenz FamRZ 2000, 1391; OLG Saarbrücken FamRZ 1996, 561; OLG Stuttgart FamRZ 1995, 1290; AG Meschede FamRZ 1997, 958; AG Helmstedt FamRZ 2007, 1837 m Anm HESSLER; **anders** OLG Saarbrücken FamRZ 1996, 561, 562 [Alleinsorge für Zeugen Jehovas, aber für Gesundheitssorge gemeinsames Sorgerecht beider Eltern]). Lebt das Kind beim anderen Elternteil, so ist dem zuzustimmen, weil die Interessenwahrung des Kindes gewährleistet erscheint. Lebt das Kind aber beim Zeugen Jehovas, scheint diese Haltung der Rspr keine angemessene Risikoverteilung zu sein, denn das Vertrauen, daß der sorgeberechtigte Zeuge Jehovas im Ernstfall doch kindeswohlgerecht handeln oder zumindest das Jugendamt verständigen werde, unterstellt, daß der Elternteil im

Widerspruch zu fundamentalen Glaubensregeln handeln und sich Sanktionstendenzen seiner Glaubensgemeinschaft aussetzen werde (OELKERS/KRAEFT FuR 1997, 161, 164). Maßnahmen nach § 1666 werden, wenn sich der Elternteil bei Krankeit des Kindes glaubenskonform verhält, oft zu spät kommen. Das Risiko für das Kind würde durch eine Übertragung des Entscheidungsrechts bezügl Bluttransfusionen auf den anderen Elternteil wesentlich gemindert (Voraussetzung ist entsprechender Antrag dieses Elternteils; eine Belassung in gemeinsamer Sorge sichert nicht in gleicher Weise wegen § 1629 Abs 1 S 2 – Abhilfe aber möglicherweise über § 1629 Abs 1 S 4). Diese Abspaltung dürfte auch die Sorgerechtsverhältnisse iü kaum negativ beeinflussen.

261 Zeitliche Aufspaltungen können mit dem Grundsatz der *Kontinuität und Stabilität* der Lebensbedingungen des Kindes in Konflikt geraten; der „auf Zeit" Sorgeberechtigte kann verunsichert und in seinem Verantwortungsgefühl gemindert werden (COESTER, Kindeswohl 309 ff). Außerdem sind zeitliche Begrenzungen willkürlich; die Kindessituation nach Fristablauf kann nicht vorhergesehen werden, also werden neue Gerichtsentscheidungen notwendig. Dies führt wiederum zu einer Verunsicherung, Beunruhigung und Destabilisierung der nach Trennung konstituierten Teilfamilie. Die Rechtsprechung hat zeitliche Aufteilungen deshalb nach früherem Recht abgelehnt (BGHZ 3, 220 ff; BayObLG FamRZ 1962, 165, 167). Abweichende Auffassungen in der Literatur (zuletzt JOPT ZfJ 1996, 203, 207) beruhen zT auf Gesichtspunkten, die nichts mit dem Kindeswohl zu tun haben: Das elterliche Gleichberechtigungsinteresse (Aufteilung des Kindes „in der Zeit", vgl Rn 164), Interesse des Unterhaltsverpflichteten (zu beidem GERNHUBER[3] § 56 II 3) oder geschlechtsstereotype Rollenvorstellungen (Kleinkind zur Mutter, ältere Kinder zum Vater, vgl Rn 166 ff). Dem ist entgegenzuhalten: Das *Kindeswohl* ist einzig maßgeblicher Gesichtspunkt bei allfälligen Veränderungen im Laufe der Zeit. Die Abgrenzung zwischen Kontinuitäts- und Änderungsinteressen des Kindes ist vom Gesetzgeber der Abwägung nach § 1696 zugewiesen. An dieser pflichtgemäßen und stets erst ad hoc, nach Eintritt von Veränderungen vorzunehmenden Abwägung führt kein rechtlicher Weg vorbei (vgl JOHANNSEN/HENRICH/JAEGER Rn 44). Auch der Gesetzgeber des KindRG 1998 hatte mit der Zulassung von Teilanträgen gem Abs 1 in erster Linie Sachaufteilungen vor Augen. Entscheidungen nach § 1671 sollten grundsätzlich „bis zum Eintritt der Volljährigkeit des Kindes" dauern (BT-Drucks 13/4899, 99; BAMBERGER/ROTH/VEIT Rn 50; vgl OLG Hamm FamRZ 1999, 393 f). **Elterlicher Konsens** kann gem Abs 2 Nr 1 zeitliche Begrenzungen rechtfertigen (Rn 65); dies gilt auch für zeitliche Aufteilungen der Betreuung (und damit der Entscheidungskompetenz gem § 1687 Abs 1 S 2) in Form eines *Wechselmodells* (vgl Rn 145) – die hiergegen bestehenden Bedenken erreichen idR nicht die Gefährdungsschwelle des § 1666 (Rn 262 ff). Zu einer Entscheidung nach Abs 2 Nr 1 wird es in diesen Fällen aber regelmäßig nicht kommen, da das gemeinsame Sorgerecht fortbesteht und die Betreuungsvereinbarung der Eltern keiner gerichtlichen Genehmigung bedarf (vgl Rn 106); anders nur bei einem „gerichtlich gebilligten Vergleich" (Rn 60). **Bei elterlichem Dissens sind aber sowohl Eltern wie auch das FamG auf § 1696 verwiesen**; insbes können die Familiengerichte der Prognoseunsicherheit in Abs 2 Nr 2 nicht mit Befristungen ihrer Entscheidungen begegnen.

Seiner Entscheidungsverantwortung aus Abs 2 Nr 2 kann sich das FamG (bei beiderseitigem Antrag auf Alleinsorge) auch nicht durch Anordnung periodisch wechselnder Alleinsorge (**„Wechselmodell"**) entziehen, selbst wenn ein Elternteil dies hilfsweise beantragt hat. **Ohne diesbezüglichen Konsens** der Eltern ist das Wechselmodell eine Quelle von Konflikten und Unzuträglichkeiten für das Kind; es ist eine Kompromißlösung zwischen den Eltern, entspricht aber in aller Regel nicht dem Kindeswohl iSv Abs 2 Nr 2 (OLG Stuttgart FamRZ 2007, 1266 f; FICHTNER/SALZGEBER FPR 2006, 278, 283 f; GUTJAHR FPR 2006, 301, 304; ESCHWEILER FPR 2006, 305, 307; vgl Rn 145). Anderes mag gelten, wenn sich die Eltern im streitigen Sorgerechtsverfahren, uU infolge der Vermittlungsbemühungen des Gerichts (§ 156 FamFG) **auf ein Wechselmodell verständigt haben**. Die Gerichte sollten ein solches Modell aber nur ausnahmsweise aus Gründen des Kindeswohls, nicht zu ihrer eigenen Entscheidungsentlastung empfehlen. Fraglich bleibt aber dann auch die **rechtliche Umsetzbarkeit** dieses Kompromisses (dazu ausführlich GUTJAHR FPR 2006, 301 ff [zT abweichend vom folgenden Text]), denn eine unvermittelte Regelung der Ausübung der elterlichen Sorge gestattet § 1671 nicht (Rn 1, 106 f). (1) Abs 2 Nr 2 würde die Zuweisung *periodisch wechselnder Alleinsorge* an den einen oder anderen Elternteil erlauben; damit entfiele die gesetzliche Kompetenzaufteilung des § 1687 Abs 1, was nicht sinnvoll wäre. (2) Eher denkbar wäre, bei gemeinsamem Sorgerecht im übrigen, ein *periodisch wechselndes Aufenthaltsbestimmungsrecht* (vgl GUTJAHR FPR 2006, 301, 302, auch zu den Problemen; HAMMER, Elternvereinbarungen 247). (3) Die „Tarnung" der Anordnung eines Wechselmodells als Umgangsregelung gem § 1684 Abs 3 dürfte die Funktionsgrenzen dieses Instituts sprengen (Rn 23; anders aber KG FamRZ 2008, 634, 635 [Aufenthaltsbestimmungsrecht der Mutter, aber „erforderlich, den künftigen Umfang der beiderseitigen Betreuungsanteile zu regeln"] und 636 [„Betreuungsregelung mit nahezu gleichen Anteilen" der Eltern als Umgangsregelung gem § 1684]; ähnlich OLG Brandenburg FamRZ 2009, 709, 710; OLG Celle FamRZ 2008, 2053 [als einstweilige Anordnung]; GUTJAHR FPR 2006, 301, 302; zu „Umgangsrecht und Wechselmodell" auch STAUDINGER/RAUSCHER [2006] § 1684 Rn 189 mwN; zum Streit um die Sorgebefugnisse des Obhutselternteils iSv § 1687 Abs 1 S 2 und 4 beim Wechselmodell STAUDINGER/SALGO [2006] § 1687 Rn 15; vgl KAISER FPR 2008, 143, 145 [Regelungslücke in § 1687]). (4) Bei bloßer Abweisung der Regelungsanträge wäre es bei fortbestehendem gemeinsamen Sorgerecht Sache der Eltern, ihre Vereinbarung umzusetzen. (5) Wünschen sie eine stärkere Absicherung des vereinbarten Modells, können sie dessen gerichtliche Billigung und Übernahme in den verfahrensabschließenden Beschluß beantragen (s Rn 60); nur so erlangt das Gericht Kompetenz zur Kontrolle der Ausübung des gemeinsamen Sorgerechts.

VI. Regelungen auf Grund anderer Vorschriften, Abs 3

Abs 3 betrifft nur Fälle, in denen die Entscheidungssituation der §§ 1671 Abs 1, 2 eigentlich gegeben ist (gemeinsames Sorgerecht, Getrenntleben der Eltern, Antrag auf [teilweise] Alleinsorge), aber gleichzeitig der Tatbestand anderer Normen erfüllt ist und zu anderen Rechtsfolgen führt. Dies ist vor allem **§ 1666** (mit §§ 1666a, 1667), der darüber hinaus auch Eingriffe in das gemeinsame Sorgerecht ermöglicht, wenn kein Regelungsantrag gestellt ist (vgl Rn 266), und **§ 1628** (dazu Rn 58). Auf jeden Fall handelt es sich um ein einheitliches Sorgerechtsverfahren, innerhalb dessen von einer Eingriffsgrundlage auf die andere umgewechselt werden kann (Rn 20; MOTZER FamRZ 1999, 1102; PALANDT/DIEDERICHSEN Rn 25). Allerdings sind dann auch die für Kindesschutzverfahren geltenden Bestimmungen (insb Gefährdungserörterung gem § 157 FamFG; Verfahrensbeistand gem § 158 Abs 2 Nr 2, sowie Anhörungen gem §§ 159, 160 Abs 1 S 2 FamFG; s dazu § 1666 Rn 257 ff) zu beachten.

263 § 1671 Abs 3 hat nur klarstellende Funktion, die anderen Vorschriften wären in einschlägigen Fällen auch aus sich heraus anzuwenden. Immerhin lenkt der Gesetzesverweis das Augenmerk auf die verbliebene Wächterfunktion des Staates im Antragssystem des § 1671 (dazu Rn 3). Dies darf aber nicht zu folgenschweren **Fehlverständnissen** führen: § 1666 ist nicht der Hebel, um die herkömmliche, vom KindRG 1998 aufgegebene Kontrollfunktion des Staates bei Trennungen oder Scheidungen gewissermaßen über die Hintertür doch wieder einzuführen. IdS mehren sich bereits die Stimmen, die eine erhebliche **Vorverlagerung der Gefährdungsgrenze** des § 1666 für Trennungsfamilien postulieren – teils soll schon die Trennung als solche eine „Gefährdung" darstellen (LOSSEN FuR 1997, 100, 102), teils jedenfalls „ausweichende Antworten" der Eltern im Rahmen der Anhörung nach § 160 FamFG (BERGMANN/GUTDEUTSCH FamRZ 1999, 422, 425; vgl auch BÜTTNER FamRZ 1998, 585, 592; s § 1666 Rn 94; unreflektierter Umgang mit §§ 1671 Abs 3, 1666 auch bei der Vorinstanz zu OLG Celle FamRZ 2003, 1490 und zu OLG Brandenburg FamRZ 2003, 1952). Hiermit soll die Zurücknahme der staatlichen Kontrollfunktion in § 1671 teilweise korrigiert werden; daß es im weiteren Gefolge zu *Eingriffen* in das elterliche Sorgerecht kommt, halten jedoch auch die Vertreter dieser Auffassung regelmäßig für unwahrscheinlich. Demgegenüber ist darauf hinzuweisen, daß der Gesetzgeber die allgemeine Demarkationslinie zwischen Elternautonomie und staatlichem Wächteramt in § 1666 ausdrücklich unberührt gelassen hat (BT-Drucks 13/4899, 64). Diese mit dem Gefährdungsbegriff festgelegte Linie hat fundamentale Bedeutung für die Struktur von Staat und Gesellschaft (§ 1666 Rn 81 ff); die Aufweichung und Instrumentalisierung des Gefährdungsbegriffs auf Teilgebieten wie der Elterntrennung (dazu noch gegen den erklärten Willen des Gesetzgebers) hätte eine Destabilisierung des Begriffs auch im Kernbereich des § 1666 zur Folge mit kaum absehbaren Konsequenzen zu Lasten der familiären Privatsphäre (COESTER DEuFamR 1999, 3, 11). Tendenzen, das Verhalten des nach § 1671 Abs 2 begünstigten Elternteils über § 1666 zu steuern, werden vereinzelt erkennbar (OLG Celle FamRZ 2003, 1490 [Vorinstanz]; OLG Frankfurt FamRZ 2003, 1491, 1492 [Umzugsverbot; vgl Rn 144]). Iü kann man auch kaum eine „Kindesgefährdung" zum Zwecke intensiverer Kontrollen bejahen, wenn man gleichzeitig zugibt, daß eine eingriffslegitimierende Gefährdung iS § 1666 Abs 1 regelmäßig nicht vorliegt (zur Relativierung des Gefährdungsbegriffs s § 1666 Rn 91 ff). IE gilt auch im Bereich des § 1671, was das **BVerfG** für den originären Sorgerechtsstreit zwischen nichtehelichen Eltern festgestellt hat. Zum Gefährdungskriterium des § 1666 wird dort gesagt: „Dieser Maßstab ist als Kriterium dafür, welche sorgerechtliche Stellung den einzelnen Elternteilen einzuräumen ist, wenn sie sich über die Sorge nicht einigen können, ungeeignet" (FamRZ 2003, 1447, gegen BGH FamRZ 2001, 907, 910; vgl auch OLG Hamm FamRZ 2007, 2002 f).

Abhilfe kann schließlich auch nicht über **§ 1697a** erreicht werden: Hierbei handelt es sich **nicht** um eine „andere Vorschrift" iS § 1671 Abs 3, mit der kindeswohlwidriges, aber nicht gefährdendes Elternverhalten (insbes bei Abs 2 Nr 1) regulierend erfaßt werden könnte. § 1697a begründet keine eigenständige Eingriffskompetenz, sondern stellt nur (deklaratorisch) den Maßstab für gerichtliches Handeln im Rahmen anderweitiger Vorschriften des Kindschaftsrechts klar (COESTER DEuFamR 1999, 3, 11; oben Rn 66 und STAUDINGER/COESTER [2006] § 1697a Rn 6; BLOCH 232 ff; **aM** DIEDERICHSEN NJW 1998, 1977, 1986; SCHWAB FamRZ 1998, 457, 461; SCHWAB/MOTZER Rn III 116; MünchKomm/FINGER Rn 125).

Man kommt im *Ergebnis* also nicht darum herum, für eine Entscheidung, die das **264** Entscheidungsspektrum des Abs 2 (Rn 101) überschreitet (insbesondere einen Sorgerechtsentzug mit Pfleger- und Vormundbestellung), eine **Gefährdung des Kindeswohls** iS § 1666 Abs 1 bei Fortbestand der *gemeinsamen Sorge* wie auch bei *Alleinsorge* des einen oder andern Elternteils feststellen zu müssen. Ein freies, rein kindeswohlorientiertes Krisenmanagement eröffnet Abs 2 dem FamG nicht (gegen OLG Düsseldorf FamRZ 2005, 2087, 2089). *Entscheidet* das FamG gem **§ 1666 von Amts wegen**, so rechtfertigt dies nach Abs 3 im Rahmen des Sorgerechtsverfahrens nach § 1671 zunächst die Zurückweisung eines anderslautenden Elternantrags. Die positive Sorgerechtsregelung selbst erfolgt (wenngleich im selben Verfahren, Rn 262) „auf Grund anderer Vorschriften", dh nach Maßgabe des § 1666 sowohl hinsichtlich der Voraussetzungen wie der Rechtsfolgen (vgl OLG Hamm FamRZ 2004, 1664 ff; OLG Koblenz FamRZ 2007, 1680 f; AG Daun FamRZ 2008, 1879 ff). § 1671 Abs 3 ermöglicht nicht eine amtswegige Sorgeverteilung iSv § 1671, sondern stellt nur klar, daß das Antragssystem dieser Vorschrift Maßnahmen des allgemeinen Kindesschutzrechts nicht entgegensteht. Will das FamG in diesem Fall die Kinder einem von zwei bislang gemeinsam sorgeberechtigten Eltern zuweisen, so hat es ihm nicht die Alleinsorge zu übertragen (so OLG Dresden NJW 2003, 147 f, mit der Vorinstanz; PALANDT/DIEDERICHSEN Rn 25), sondern **gem § 1666** dem anderen Elternteil **das Sorgerecht zu entziehen**; die **Alleinsorge des begünstigten Elternteils** tritt dann kraft Gesetzes ein (**§ 1680 Abs 3 mit 1**; vgl Rn 150). Vorauszugehen hat aber, schon aus Gründen der Verhältnismäßigkeit, der Versuch, diesen Elternteil zur Antragstellung gem § 1671 Abs 1 zu bewegen (vgl Rn 148; PESCHEL-GUTZEIT FPR 2003, 271, 276); eine Entscheidung nach Abs 2 würde das Verfahren nach § 1666 erübrigen und wäre vorrangig (Rn 20). Möglich ist aber auch eine **Kombination von §§ 1666 und 1671**: Anordnung der beantragten Alleinsorge eines Elternteils gem § 1671 Abs 2 Nr 1 oder 2, aber Entziehung eines Teils dieser Sorge und Übertragung auf einen Pfleger gem § 1666, wenn der andere Elternteil insoweit ungeeignet ist (vgl OLG Hamm FamRZ 2004, 1664 ff). Schließlich kann aber auch **beiden Eltern** das Sorgerecht entzogen werden, wenn in beider Person die Voraussetzungen des § 1666 erfüllt sind (OLG Koblenz FamRZ 2007, 1680 f).

VII. Verfahrensfragen

1. Zuständigkeit

Die **sachliche** Zuständigkeit für Entscheidungen nach § 1671 liegt beim **FamG** **265** (§§ 111 Nr 2, 151 Nr 1 FamFG) als Abteilung des Amtsgerichts (§§ 23a Abs 1 Nr 1 GVG). Innerhalb des Gerichts entscheidet der **Richter** (§ 14 Abs 1 Nr 2 RPflG). Die **örtliche** Zuständigkeit hängt davon ab, ob das Sorgerechtsverfahren während eines Scheidungsprozesses geführt wird oder als isoliertes Sorgerechtsverfahren. Im ersten Fall ist das Gericht der Ehesache vorrangig zuständig (§ 152 Abs 1 FamFG); dies gilt auch, wenn es nicht zu einem Verbund beider Verfahren kommt (BÜTTNER FamRZ 1998, 585, 588). Schon eingeleitete, isolierte Sorgerechtsverfahren bei einem anderen FamG sind von Amts wegen auf das Gericht der Ehesache (nach der Rechtshängigkeit) überzuleiten („Abgabe", § 153 FamFG). Ohne parallel anhängige Ehesache folgt die Zuständigkeit des FamG aus § 152 Abs 2, 3 FamFG (gewöhnlicher Aufenthalt des Kindes, sonst Fürsorgebedürfnis). Zur **internationalen Zuständigkeit** s unten Rn 302.

2. Verfahren im allgemeinen

266 Das Sorgerechtsverfahren kann im Verbund mit einem Scheidungsverfahren betrieben werden (**Antragsverbund**, § 137 Abs 3 FamFG), aber auch als **isoliertes Verfahren**. Auch in diesem Fall bedarf es jedoch zur Verfahrenseinleitung stets eines **Antrags** gem Abs 1 (vgl Rn 11; zur verfahrensrechtlichen und materiellrechtlichen Doppelnatur des Antrags Rn 44 ff), dessen Inhalt sich nach § 23 Abs 1 FamFG richtet. Erwägt das Gericht im so eingeleiteten Sorgerechtsverfahren Maßnahmen nach Abs 3 iVm § 1666, so können sich die Eltern dem nicht mehr durch Antragsrücknahme entziehen – *insoweit* ist das (einheitliche, Rn 262) Verfahren zu einem Offizialverfahren geworden. Die Beiordnung eines Rechtsanwalts gem § 138 Abs 1 FamFG ist bei wechselseitigen Anträgen auf Sorgeübertragung regelmäßig erforderlich (OLG Hamm FamRZ 1999, 393 f [zu § 121 ZPO aF]).

267 Das Verfahrensrecht hat so gestaltet zu sein, daß der **Grundrechtsschutz**, den das materielle Recht gewährt, sichergestellt ist (BVerfGE 53, 30, 65; std Rspr, vgl BVerfG FamRZ 2007, 1797, 1798; 2009, 1389, 1390). Ungeschriebener Leitpunkt auch für das Verfahrensrecht ist deshalb das **Kindeswohl** (BVerfGE 55, 171, 182; BVerfG FamRZ 2004, 354, 355; COESTER, in: Brühler Schriften Bd 4 [1986] 35 ff, 38 f; vgl § 1666 Rn 258). Sowohl bei den Ermittlungen, insbes den Kindesanhörungen (vgl LIDLE-HAAS 99 f, 102 f) und Sachverständigengutachten, den Entscheidungsbegründungen (§ 38 Abs 3 S 1 FamFG), bei einstweiligen Anordnungen sowie hinsichtlich der Verfahrensdauer insgesamt (dazu SIMITIS, in: FS Müller-Freienfels [1986] 579, 615) ist darauf zu achten, daß die staatliche Intervention dem Kind nicht mehr schadet als nützt („sekundäre Kindeswohlgefährdung", vgl DETTENBORN FPR 2003, 293, 295 ff). Der Kindeswohlbezug des Verfahrens hat des weiteren auch in der Vermittlungspflicht des Gerichts gem § 156 FamFG (Rn 271–279), aber auch in der Institution des Verfahrensbeistands für das Kind gem § 158 FamFG (Rn 290) seine Betonung gefunden. Neben dem Kindeswohl ist das Verfahren aber auch der Wahrung des **Elternrechts** gem Art 6 Abs 2 S 1 GG verpflichtet (BVerfGE 99, 145, 162; BVerfG FamRZ 2001, 1285; FamRZ 2004, 354, 355 f; FamRZ 2005, 783, 784; FamRZ 2007, 1078, 1079; 2007, 1797, 1798; 2009, 1389, 1390; VerfGH Berlin FamRZ 2006, 1465, 1466).

Hinsichtlich der Terminierung und Verfahrensdauer **ist das Vorrang- und Beschleunigungsgebot des § 155 FamFG** zu beachten, wenn bei Sorgeverfahren der Aufenthalt des Kindes (nicht notwendig der „gewöhnliche Aufenthalt") zwischen den Eltern streitig ist (MünchKomm ZPO/HEILMANN § 155 FamFG Rn 15 f), wie insbesondere auch bei Kindesentführungen oder eigenmächtigen Vorenthaltungen des Kindes (vgl BVerfG FamRZ 2009, 189, 190 mit Betonung der Beschleunigungsnotwendigkeit; zur faktischen Präjudizierung durch Zeitablauf BT-Drucks 16/6308, 235). Zu dem sodann gebotenen frühen ersten Termin und weiteren Einzelheiten des § 155 ist auf die Kommentierung zu § 1666 zu verweisen (dort Rn 259, 263; s auch TRENCZEK ZKJ 2009, 97, 101; HENNEMANN FPR 2009, 20 ff). Gerade in Sorgerechtsstreitigkeiten kommt dem Zusammenhang zwischen der Terminierung und Förderung elterlichen Einvernehmens (Rn 271 ff; BT-Drucks 16/6308, 236) große Bedeutung zu. Das Beschleunigungsgebot läßt allerdings die Verfahrensrechte der Beteiligten (rechtliches Gehör; Anhörungen) unangetastet (KG FamRZ 2009, 1428, 1429 f m Anm ERNST).

268 Der Grundsatz der **Amtsermittlung** gem § 26 FamFG gilt auch für das Sorgerechtsverfahren nach § 1671, soweit überhaupt eine Kontrollfunktion eröffnet ist (Abs 2 Nr 2 oder Abs 3 mit § 1666; Einzelheiten zur Ermittlungstätigkeit s § 1666 Rn 261 f; COESTER, Kindeswohl 368 ff). Dabei steht den Gerichten ein gewisser **Ermessensspielraum** zu, wie sie zu den entscheidungsnotwendigen Erkenntnissen gelangen (§ 29 Abs 1 FamFG; BVerfG FamRZ 2001, 1285). Stets jedoch müssen die Ermittlungen „eine möglichst zuverlässige Entscheidungsgrundlage" gewährleisten, andernfalls sind verfassungsrechtliches Kindeswohlprinzip sowie Elternrecht verletzt (BVerfG FamRZ 2009, 1389, 1390 f). Eine **förmliche Beweisaufnahme** ist in Verfahren nach § 1671 nicht vorgeschrieben (vgl § 30 Abs 2 FamFG), kann aber nach Ermessen des FamFG angeordnet werden, §§ 30 Abs 1 FamFG, 358 ff ZPO. Soll das Kind ganz oder teilweise von *Dritten* (zB Großeltern) betreut werden, ist auch deren Person und Verhalten in die Ermittlungen einzubeziehen (OLG München FamRZ 1979, 71 f). Gleiches gilt für die Person eines *neuen Partners*, falls der Antragsteller mit diesem zusammenlebt oder zusammenleben will (vgl Rn 146). Auch Person und Lebensumstände des *Antragsgegners* sind zu ermitteln, selbst wenn dieser keinen eigenen Übertragungsantrag gestellt hat (Rn 105). Generell folgt aus dem beherrschenden Grundsatz der Einzelfallgerechtigkeit (Rn 173) die verfahrensrechtliche Pflicht, allgemeine „Erfahrungssätze" und tatsächliche Vermutungen auf ihre Bedeutung im konkreten Einzelfall zu überprüfen (vgl COESTER, Kindeswohl 376 f).

Das **Ergebnis der Ermittlungen**, insbes von Anhörungen und Zeugenvernehmungen, ist in einem **Protokoll oder Aktenvermerk** festzuhalten (für die Anhörung: LIDLE-HAAS 108 ff). Ist dies nicht geschehen, fehlt es an einer Überprüfungsmöglichkeit für das Rechtsmittelgericht, wegen Verfahrensverstoßes ist die tatrichterliche Entscheidung aufzuheben und die Sache zurückzuverweisen (OLG Stuttgart FamRZ 1976, 34, 35). Das Ergebnis der Ermittlungen muß auch den Beteiligten vor der Entscheidung **mitgeteilt** werden, damit sie dazu noch Stellung nehmen können. 269

Die familiengerichtliche Entscheidung (dazu Rn 106) ist zu **begründen**, wenn nach Abs 2 Nr 2 oder Abs 3 mit § 1666 entschieden worden ist (§ 38 Abs 3 FamFG), nicht aber die Entscheidungen nach Abs 2 Nr 1 (§ 38 Abs 4 FamFG). Die Begründung ermöglicht den Beteiligten eine Überprüfung im Hinblick auf die Einlegung eines Rechtsmittels und ist auch Erkenntnisgrundlage bei späteren Änderungsverfahren gem § 1696. Bei Antragszurückweisung unter Aufrechterhaltung des gemeinsamen Sorgerechts hat die Begründung vor allem darauf zu zielen, den Antragsteller von der Kindeswohldienlichkeit der gemeinsamen Sorge und der Kooperationsfähigkeit beider Eltern zu überzeugen (vorbildlich OLG Zweibrücken FamRZ 2001, 184 f; vgl Rn 121 f). Dürftige, pauschalierende Begründungen genügen diesen Anforderungen nicht, das Urteil kann wegen eines wesentlichen Verfahrensmangels aufgehoben werden (OLG München FamRZ 1999, 520 f). Die Entscheidung wird **wirksam** mit (auch formloser) Bekanntgabe an die Beteiligten, § 40 Abs 1 FamFG (BGH FamRZ 2000, 813, 814 f: danach keine Änderungsmöglichkeit mehr durch das Gericht). 270

3. Insbesondere: Vermittlungspflicht des Gerichts

Die stärkere Betonung elternautonomer Regelungen im materiellen Recht (s Rn 2, 12) findet ihre konsequente Fortsetzung in der verfahrensrechtlichen Pflicht des FamG, „in jeder Lage des Verfahrens auf ein Einvernehmen der Beteiligten" hinzuwirken (§ 156 Abs 1 S 1 FamFG; vgl BT-Drucks 13/4899, 133; BÜTTNER FamRZ 1998, 585, 271

587; WALTER FPR 2008, 23 ff; eine abgeschwächte Einwirkungs- und Hinweispflicht besteht gem § 135 FamFG im Scheidungsverfahren ohne Sorgerechtsantrag). Im Zentrum dieser Bemühungen steht das *Kindesinteresse,* dh sein Schutz vor vermeidbaren Verfahrensbelastungen, aber auch – darüber hinausgehend – sein Interesse an befriedenden, stabilen und kooperationsfördernden Vereinbarungen der Eltern (vgl oben Rn 68, 69, 100). Hiervon profitieren auch die *Eltern selbst* sowie schließlich die *Gerichte* (Entlastungseffekt, vgl BT-Drucks aaO; zu den Wirkungsmöglichkeiten des Gerichts anschaulich PRESTIEN FPR 2005, 101, 103 ff). Die Nichtbeachtung des § 156 Abs 1 FamFG ist ein Verfahrensfehler, der zur Aufhebung auch noch in der Rechtsbeschwerdeinstanz führen kann (zu § 52 FGG aF OLG Zweibrücken FamRZ 2000, 627; **krit** zu entspr Unterlassungen LIERMANN FamRZ 1999, 809 f); als Verletzung des Elternrechts kann sie auch verfassungsrechtliche Bedeutung erlangen (VerfGH Berlin FamRZ 2006, 1465, 1467).

272 Das Gesetz konkretisiert die gebotenen Bemühungen des Gerichts in dreierlei Richtung:

– durchgängiger Richtpunkt ist die **einvernehmliche Konfliktlösung**;

– zur entsprechenden **Erörterung** sind die Eltern schon zum frühen 1. Termin zum persönlichen Erscheinen zu laden, § 155 Abs 2, 3 FamFG (vgl Rn 268);

– schließlich hat das Gericht auf **Beratungs- und Hilfsmöglichkeiten der Jugendhilfe** (§ 156 Abs 1 S 2 FamFG) sowie in geeigneten Fällen auf die Möglichkeit einer Mediation oder sonstigen außergerichtlichen Streitbeilegung hinzuweisen (§ 156 Abs 1 S 3 FamFG). Die Teilnahme an einer jugendhilferechtlichen Beratung kann sogar angeordnet werden (§ 156 Abs 1 S 4, 5 FamFG; zu einer Aussetzung des Verfahrens s Rn 274).

Dieses gerade in Sorgerechtsverfahren nach § 1671 bedeutsame Pflichtenprogramm für das FamG wirft einige, im Folgenden zu erörternde Fragen auf.

273 Vermittlerfunktion des Gerichts? Während sich die vorgeschriebenen Anhörungen (§§ 159–162 FamFG) im Rahmen klassischer Funktionen einer Entscheidungsinstanz halten, gehen die Pflichten zum *Hinwirken* auf Einvernehmen und *Hinweis* auf außergerichtliche Beratung darüber hinaus. Dies darf nicht dahingehend mißverstanden werden, daß den FamG nunmehr eine Doppelrolle als Mediator und – hilfsweise – als justizielles Entscheidungsorgan zugewiesen wäre. Abgesehen von kaum lösbaren Rollenkonflikten wären die Familienrichter weder von ihrer Ausbildung noch von der Ausstattung her in der Lage, qualitativ befriedigende Mediationstätigkeit zu entfalten; schon der institutionelle Rahmen dürfte eher kontraproduktiv wirken (grundlegend zur Trennungs- und Scheidungsmediation BREIDENBACH, Mediation [1995]; GLENEWINKEL 202 ff, 355 ff mit umfassenden Nachweisen). Das Gesetz fordert letztlich nicht mehr, aber auch nicht weniger, als verantwortungsvolle Familienrichter bisher schon getan haben: Information über kindgerechte Lösungen und externe Hilfsmöglichkeiten, autoritatives Anmahnen verantwortungsvollen Elternverhaltens, Sich-Anbieten als Einigungshelfer. Damit ist das FamG – im Vorfeld seiner eigenen Entscheidungsfunktion – nicht nur Schalt- und Vermittlungsstelle zwischen Eltern und Jugendamt, sondern hat flankierend zu den jugendhilferechtlichen Beratungs-

und Hilfsansätzen die spezifischen Einwirkungs- und Überzeugungsmöglichkeiten zu nutzen, die einer neutralen Entscheidungsinstanz zur Verfügung stehen (vgl CARL FPR 2004, 187 ff; PRESTIEN FPR 2005, 101, 103 ff; VEIT, in: FS Schwab [2005] 947, 959 ff; HAMMER, Elternvereinbarungen 99 ff; zum Einsatz mediativer Techniken COESTER KindPrax 2003, 119, 120; vgl auch KOSTKA 379 ff, 506 ff; zur entsprechenden Qualifizierung der Familienrichter MEYSEN JAmt 2008, 233, 242; COESTER, in: LIPP/SCHUMANN/VEIT, Reform 39, 57; zum fehlenden Zwang s Rn 279; zur Parallele im Kindesschutzrecht s § 1666 Rn 264 ff). Ihm obliegt aber nicht die eigentliche, den Trägern der Jugendhilfe zugewiesene Sozialarbeit, dh die Beratung und Unterstützung gem § 17 Abs 2 SGB VIII (BT-Drucks 13/3899, 75; JOHANNSEN/HENRICH/JAEGER Rn 37).

Einvernehmen der Beteiligten: „Einvernehmen" bedeutet nur Konsens – dessen **274** Inhalt ist vom Gesetz nicht vorgezeichnet. Insbesondere statuiert es keine Hinwirkungspflicht des Gerichts auf Beibehaltung des gemeinsamen Sorgerechts; welche Sorgerechtsgestaltung für das Kind am besten ist, soll die Familie aus sich heraus entscheiden. Die Zwecke des § 156 Abs 1 FamFG und die Kindesinteressen sind auch gewahrt, wenn Einvernehmen über Alleinsorge eines Elternteils oder Sorgeaufteilungen erzielt wird und sich in einem konsentierten Antrag gem § 1671 Abs 1, Abs 2 Nr 1 niederschlägt (vgl Rn 100; JOHANNSEN/HENRICH/JAEGER Rn 37). Allerdings läßt sich dem Gesetz durchaus die Wertung entnehmen, daß ideal verstandene Elternverantwortung im Trennungsfall auch Fortführung der Verantwortungsgemeinschaft bedeutet (Rn 117; COESTER FamRZ 1991, 253 ff, 260 f). Diese Möglichkeit hat der Richter mit den Beteiligten anzusprechen und auszuloten; die substantielle Arbeit in dieser Hinsicht wird das Jugendamt im Rahmen seiner Bemühungen gem § 17 Abs 2 SGB VIII zu leisten haben. Eine **Aussetzung des Verfahrens** für die Dauer der Vermittlungsbemühungen kann gem § 21 FamFG im Einzelfall angezeigt sein (Bundeskonferenz für Erziehungsberatung ZKJ 2006, 154; WILLUTZKI ZKJ 2006, 224, 227), ist aber – soweit das Beschleunigungsgebot des § 155 FamFG gilt (Rn 267) – gegen dieses abzuwägen.

„Beteiligter" iSd Vorschrift ist **auch das Kind** (§ 7 Abs 2 Nr 1 FamFG), dh es kommt **275** nicht auf die formelle, sondern die materielle Beteiligtenstellung an (zum Unterschied BUMILLER/WINKLER, Freiwillige Gerichtsbarkeit vor § 13 Rn 1). Daß vom Streben nach Einvernehmen auch das Kind mitumfaßt sein sollte, läßt § 156 Abs 1 FamFG allerdings nicht deutlich erkennen (**krit** COESTER, in: LIPP/SCHUMANN/VEIT, Reform 55 f). Dennoch ist seine grundsätzliche Einbeziehung zu bejahen (ebenso TRENCZEK ZKJ 2009, 97, 103). Zwar genügt in § 1671 Abs 1, Abs 2 Nr 1 grundsätzlich der Konsens der Eltern, jedoch anerkennt das Gesetz auch das Kind als Mitträger der Familienautonomie (Rn 88), und zwar nicht nur den über 14 Jahre alten Jugendlichen (vgl § 1671 Abs 2 Nr 1 HS 2): Wenn sowohl die Eltern (§ 1626 Abs 2) als auch die Jugendhilfe (§ 8 SGB VIII) das Kind grundsätzlich einzubeziehen und Einvernehmen mit ihm anzustreben haben, kann für das Gericht nichts anderes gelten. Außerdem können die Vorteile einer einvernehmlichen Lösung nur zum Tragen kommen, wenn gesamtfamiliäres Einvernehmen vorliegt.

Es versteht sich von selbst, daß Bemühen um Einvernehmen gem § 156 Abs 1 **276** FamFG nicht geschuldet ist, wenn **kindesschutzrechtliche Eingriffe** gem §§ 1671 Abs 3, 1666 angezeigt sind (BT-Drucks 13/4899, 133). Allerdings ergeben sich dann aus dem Verhältnismäßigkeitsgrundsatz (vgl § 1666a) und dem Gefahrabwendungsprimat der Eltern (§ 1666 Abs 1) ähnliche Pflichten, gerichtet auf Erörterung mit den Eltern und familieninterne Konfliktlösung, **§ 157 FamFG** (dazu § 1666 Rn 264 ff).

277 Jugendhilferechtliche Beratung: Mit der diesbezüglichen Hinweispflicht schafft das Gesetz ein wesentliches Verbindungsglied zwischen dem justiziellen und dem sozialrechtlich-helfenden Interventionsansatz des Staates im Rahmen seiner Wächterfunktion (**vgl Rn 18**). Gleichzeitig wird die Vorrangigkeit der „Hilfe zur Selbsthilfe" deutlich. Der Text des § 156 Abs 1 S 2, 4 FamFG greift die Aufgabenstellung der Jugendhilfe in § 17 Abs 2 SGB VIII auf. Daß neben dem Hinweis an die Eltern auch eine entsprechende Benachrichtigung des Jugendamts zu erfolgen hat, damit dieses von sich aus an die Eltern herantreten kann, ist zwar nur bei Scheidungsverfahren gesetzlich vorgeschrieben (§ 17 Abs 3 SGB VIII), folgt aus dem Zweck des § 156 Abs 1 FamFG aber auch für isolierte Sorgerechtsverfahren (zumal das Jugendamt ohnehin gem § 162 Abs 1 FamFG anzuhören ist; vgl BÜTTNER FamRZ 1998, 585, 589; JOHANNSEN/HENRICH/ BRUDERMÜLLER § 52 FGG Rn 2). Eine über einen bloßen Hinweis hinausgehende Anordnung einer Beratungsinanspruchnahme (§ 156 Abs 1 S 4 FamFG) steht im Ermessen des FamG – sie wird zu erwägen sein bei zögernder Haltung der Eltern, aber erkennbarem Einigungspotential (vgl MÜLLER-MAGDEBURG ZKJ 2009, 184, 186). Empirische Studien im Vorfeld der KindRG 1998 haben belegt, daß aktive, konkrete Hilfsangebote an Trennungsfamilien, insbes in Form der Mediation, zu einer wesentlich höheren Einigungsquote führen (zu den Pilotstudien von PROKSCH s BT-Drucks 13/4899, 51, 75; zweifelnd noch HANSEN 142 ff mwN).

(Rn 278–279 unbesetzt)

4. Insbesondere: Anhörungspflichten

280 Für die vorgeschriebenen Anhörungen gilt grundsätzlich das gleiche wie im Verfahren nach § 1666 (s dort Rn 274 [Anhörung der Eltern]; Rn 275 ff [des Kindes]; Rn 280 [des Jugendamts]; Rn 302 [in der Beschwerdeinstanz]). Eine Anhörung durch den ersuchten Richter ist nur in begründeten Ausnahmefällen möglich (OLG Frankfurt FamRZ 1988, 98 f). Unterlassung der gebotenen Anhörung ist ein schwerer Verfahrensfehler und führt idR zur Aufhebung der Entscheidung in der höheren Instanz (vgl OLG Köln FamRZ 1999, 1517).

281 Die **Elternanhörung** gem § 160 FamFG ist im Sorgerechtsverfahren grundsätzlich auch geboten, wenn der Antragsgegner dem Übertragungsantrag zugestimmt hat (§ 1671 Abs 2 Nr 1); uU kann allerdings hier auf die *persönliche* Anhörung verzichtet werden (vgl § 160 Abs 1 S 1 FamFG: „soll"). Im Verfahren nach Abs 2 Nr 2 ist die persönliche Anhörung allerdings schon im Hinblick auf § 156 Abs 1 FamFG notwendig (s Rn 271 ff), Nichtanhörung kann das Elternrecht aus Art 6 Abs 2 S 1 GG verletzen (BVerfG FamRZ 2004, 354, 355 f). Bei gleichzeitigem Scheidungsverfahren folgt die Anhörungspflicht auch aus § 128 Abs 2 FamFG. Das persönliche Erscheinen kann in diesem Fall, aber auch in isolierten Sorgerechtsverfahren erzwungen werden (§§ 128 Abs 4, 113 Abs 1 S 2 FamFG, 380, 381 ZPO).

282 Die **Kindesanhörung** sichert die Wahrnehmung des Kindes als Rechtssubjekt und ermöglicht die unmittelbare Feststellung seines Willens (OLG Köln FamRZ 2003, 1950; zur psychologischen Bedeutung des „Gehörtwerdens" für das Kind s WALLERSTEIN/BLAKESLEE [2000] 316 f; KOSTKA, 480 ff, fordert einen generellen Wechsel des Sorgerechtsverfahrens zur „Perspektive des Kindes"). Allerdings kann die Kindesanhörung immer nur eine „Momentaufnahme" der Kindeshaltung liefern, das Prozeßhafte der Willensbildung wird nicht erfaßt (ZITELMANN 228 ff). Die Anhörung ist gem § 159 Abs 1, 2 FamFG stets geboten im **Verfahren nach § 1671 Abs 2 Nr 2** (vgl OLG Köln FamRZ 2002, 111: Sachverständigengutachten kein Ersatz; offener insoweit OLG Köln FamRZ 2003, 1950, 1951), aber **auch nach Abs 2 Nr 1** jedenfalls dann, wenn das Kind das 14. Lebensjahr vollendet hat (§ 159 Abs 1 S 1 FamFG; vgl auch § 1671 Abs II Nr 1 HS 2; OLG Celle FamRZ 2007, 756). Die Anhörung auch jüngerer Kinder könnte dem Gericht Hinweise auf eine Eingriffsnotwendigkeit nach § 1666 geben (vgl § 1671 Abs 3); für eine mögliche Kindeswohlgefährdung müssen allerdings konkrete Anhaltspunkte bestehen. Sind die Äußerungen des Kindes ambivalent oder bestehen Zweifel an der Authentizität seines geäußerten Willens, so kann (spätestens jetzt) die Bestellung eines Verfahrensbeistands (§ 158 FamFG) oder die Einholung eines Sachverständigengutachtens angezeigt sein (BVerfG FamRZ 2007, 1797, 1798).

Thematisch ist die nach § 159 FamFG gebotene Kindesanhörung an den beiden **283** Grundfunktionen des Kindeswillens auszurichten (Rn 235), eine generelle untere **Altersgrenze** besteht nicht (vgl § 1666 Rn 215; LIDLE-HAAS 85 ff, 87, 105). Bei kleineren Kindern ist die „Anhörung" mehr eine *Beobachtung,* insbes auch der Interaktion mit den Eltern (**anders** BAMBERGER/ROTH/VEIT Rn 63.1). Dabei kann ein Sachverständiger hinzugezogen werden; die Anhörung darf ihm aber nicht allein überlassen werden, da das Gesetz die persönliche Anhörung vorschreibt. Ist ein Verfahrensbeistand bestellt (Rn 290 ff), soll dieser bei der Anhörung anwesend sein, § 159 Abs 4 S 3 FamFG. Die Anhörung kann im Gericht oder in der Wohnung des Kindes stattfinden (zu letzterem OLG Hamburg FamRZ 1983, 527, 528; PRESTIEN RdJ 1988, 427, 431; **aA** [nur im Gericht] KG FamRZ 1983, 1159, 1162; FEHMEL ZBlJugR 1982, 654, 659; KLUSSMANN, Das Kind 85, 99; LUTHIN FamRZ 1981, 111, 114; ders FamRZ 1981, 1149). Lehnt das Kind die Äußerung einer Präferenz erkennbar und unbeirrbar ab, so „hat das Gericht dies zu respektieren und darf nicht versuchen, über psychologische Tests oder etwa auch über Fangfragen in den inneren Bereich einzudringen" (KG FamRZ 1990, 1383, 1385; vgl aber OLG Karlsruhe FamRZ 1995, 1001; BAMBERGER/ROTH/VEIT Rn 63.1).

Gem **§ 162 Abs 1 S 1 FamFG** ist stets auch das **Jugendamt** anzuhören. In **Verfahren** **284** **nach Abs 2 Nr 1** hat das Gericht allerdings nur Ermittlungen anzustellen, wenn konkrete Anhaltspunkte für eine Kindesgefährdung iS § 1666 vorliegen (§ 1671 Abs 3). Auf entsprechende Informationen beschränkt sich deshalb auch die Mitwirkung des Jugendamts. Eine Anhörung in diesem Sinne hat aber in jedem Fall zu erfolgen, da andernfalls nicht einmal die reduzierte Schutzfunktion des Gerichts in Trennungsfällen effektiv werden könnte. In **Verfahren nach Abs 2 Nr 2** besteht volle Berichtspflicht nach § 50 Abs 2 SGB VIII, insbes auch über die Beratungen und Unterstützungen, die gem § 156 Abs 1 S 2, 4 FamFG über das Gericht vermittelt worden sind. Der Bericht darf sich nicht auf die für die Entscheidungsfrage gem Abs 2 Nr 2 relevanten Informationen (gemeinsames Sorgerecht oder beantragte Alleinsorge) beschränken, sondern sollte auch die Bemühungen um eine einverständliche Lösung darstellen. Zu einem Vorschlag für die gerichtliche Entscheidung ist das Jugendamt jedoch in keinem Fall verpflichtet.

Das Jugendamt ist allerdings nicht Ermittlungsgehilfe des Gerichts (vgl § 1666 Rn 280), **285** es hat eine **eigenständige Funktion** gegenüber dem Gericht (BT-Drucks 11/5948, 87).

Seine Beratungspflichten gegenüber den Eltern und seine Berichtspflicht gegenüber dem FamG können in Kollision miteinander geraten; die in der Beratung der Eltern erlangten Informationen unterliegen dem Datenschutz gem §§ 64 Abs 2, 65 SGB VIII und 67a SGB X (dazu näher WIESNER, SGB VIII, vor § 50 Rn 38 ff). Das Jugendamt hat dem durch innere Organisation und Funktionstrennung Rechnung zu tragen, das FamG hat das Jugendamt als eigenständige Fachbehörde zu akzeptieren (vgl § 1666 Rn 19; zu einzelnen Organisationsmodellen vgl bayerische Empfehlungen DAVorm 1995, 141 ff; BALLOFF ZfJ 1992, 454 ff; 1995, 160 ff; KUNKEL FamRZ 1993, 505 ff; OBERLOSKAMP FamRZ 1992, 1242 ff; WILLUTZKI ZfJ 1994, 202).

5. Insbesondere: Sachverständigengutachten

286 Auch insoweit ist pauschal auf die zum Kindesschutzverfahren dargelegten Grundsätze zu verweisen (§ 1666 Rn 277–285; zu § 1671 s mehrere Beiträge in FPR 2008, 268 ff). Diese gelten unmittelbar, wenn Maßnahmen nach §§ 1671 Abs 3, 1666 ergriffen werden müssen. Im übrigen bestehen für das Sorgerechtsverfahren nach § 1671 einige Besonderheiten.

Gesetzliche Grundlage der Sachverständigenbestellung sind §§ 30 Abs 1 FamFG, 358, 402 ff ZPO. Die im pflichtgemäßen Ermessen des FamG stehende **Einholung eines Gutachtens** (BVerfG NJW 1981, 217 f) kommt nicht in Betracht in **Verfahren nach Abs 2 Nr 1**, es sei denn, es besteht Anlaß zu Ermittlungen nach § 1666 (oben Rn 262 ff). In **Verfahren nach Abs 2 Nr 2** kann ein Gutachten vor allem geboten sein bei wechselseitigen Anträgen und hohem Streitpotential, bei Vorwurf sexuellen Kindesmißbrauchs, bei Kindeswiderspruch, Geschwistertrennung oder problematischen Umplazierungen des Kindes. Ein Sachverständigengutachten ist regelmäßig nicht erforderlich, wenn das Kind offenkundig zu beiden Elternteilen eine tragfähige psychosoziale Beziehung hat und es im Gutachten nur um die Ermittlung einer „stärkeren Bindung" gehen könnte (**krit** zu projektiven Tests insoweit OLG München FamRZ 1979, 337 ff; OLG Frankfurt DAVorm 1979, 130; SALZGEBER 257 f; JOPT FamRZ 1987, 875, 882; RABAA 108 ff; vgl andererseits LIDLE-HAAS 176 mwN; BÖHM DAVorm 1985, 732, 740). Auch sonst ist ein Sachverständigengutachten entbehrlich, wenn das FamG anderweitig über eine zuverlässige Entscheidungsgrundlage verfügt (BVerfG FamRZ 2006, 605, 606; 2008, 381, 382).

287 Für eine psychologisch/psychiatrische Begutachtung bedarf es der **Zustimmung der Betroffenen**, beim Kind des oder der Sorgeberechtigten (BayObLG FamRZ 1987, 87, 88 f; OLG München FamRZ 1984, 75 f; FamRZ 1979, 337, 339; OLG Hamm FamRZ 1981, 706 f; OLG Stuttgart NJW 1980, 129, 1230). Bei Verweigerung der Zustimmung für sich oder das Kind scheidet ein Gutachten regelmäßig aus; die Verweigerung kann auch nicht generell als Indiz für mangelnde Erziehungseignung verwertet werden, da der Verweigernde aus seiner Sicht gute und kindesorientierte Gründe haben mag (OLG München FamRZ 1984, 75, 76): Zwar gefährdet eine Begutachtung normalerweise nicht das Kindeswohl (Ausnahmen möglich, BayObLG FamRZ 1987, 87 f), umgekehrt ist sie im Bereich des § 1671 aber auch nicht unverzichtbar zum Schutze des Kindes. Andererseits kann die Verweigerung aber auch als Ausdruck einer uneinsichtigen, kooperationsfeindlichen Haltung erscheinen, die Teil einer kindeswohlwidrigen Verdrängungsstrategie gegenüber dem anderen Elternteil ist (vgl OLG Frankfurt FamRZ 2001, 638 f). Sollte sich die Begutachtung des Kindes im Einzelfall als dringend geboten erweisen, käme eine Ersetzung der elterlichen Zustimmung gem § 1666 Abs 1, 3 Nr 5 in Betracht (BayObLG aaO; OLG München FamRZ 1984, 75, 76; OLG Zweibrücken FamRZ 1999, 521 f; vgl § 1666 Rn 102); möglich ist auch Entzug der Vertretungsmacht und Pflegerbestellung nach §§ 1629 Abs 2 S 3, 1796 Abs 2, 1909. Eine Begutachtung des verweigernden Elternteils selbst kann nicht erzwungen werden (BVerfG FamRZ 2004, 523 f; OLG Koblenz FamRZ 2000, 1233; OLG Frankfurt FamRZ 2001, 638, 639; FamRZ 2008, 1470, 1471; vgl BayObLG FamRZ 1979, 737, 739 f).

Die Erwägung, ob ein Sachverständiger einzuschalten ist, wird beeinflußt durch die grundsätzliche **Funktion von Sachverständigen**. Das Sachverständigengutachten wird herkömmlich als **Erkenntnishilfe** für die justizielle Entscheidung, der Sachverständige dementsprechend als „Gehilfe des Richters" qualifiziert (OLG Düsseldorf MDR 1979, 409; MünchKommZPO/DAMRAU § 402 Rn 2). Seine Tätigkeit ist **diagnostischer Natur**, sie soll der bloßen Anschauung nicht zugängliche Tatsachen offenlegen. **288**

Daneben wurde schon seit längerem insbesondere von psychologischer Seite für eine **Funktionserweiterung** plädiert (vgl – mwN – HEITER ZKJ 2005, 219 ff; WILLUTZKI ZKJ 2006, 224, 229; SALZGEBER FamRZ 2008, 656; SALZGEBER/FICHTNER ZKJ 2008, 287, 290 f; s auch PRESTIEN FPR 2005, 101, 105). In psychologischem Sinne sei nicht erst die gerichtliche Entscheidung, sondern schon die Einschaltung des Sachverständigen „Intervention" in das Familiengeschehen; sie könne nicht auf bloße Diagnose beschränkt sein, sondern müsse – entsprechend dem berufsethischen Auftrag und der übergreifenden Pflicht des Staates, auf elterliche Einigung und Kooperation hinzuwirken (dazu Rn 271 ff) – *auch Bemühungen einschließen, die Beteiligten zu einer familieninternen Konfliktlösung zu befähigen.* Dem hat jetzt der Gesetzgeber in **§ 163 Abs 2 FamFG** Rechnung getragen – das FamG kann entsprechende Einwirkungsbemühungen des Sachverständigen anordnen (sog **„lösungsorientierter Gutachtenauftrag"**). Gefordert wird keine staatlich verordnete Familientherapie, wohl aber eine die Exploration und Gutachtenerstellung begleitende *Beratung und Unterstützung* der Eltern, die sie in die Lage versetzt, die Konfliktebenen (Ehepartner-/Elternebene) zu trennen, die eigenständigen Kindesbelange zu erkennen und sich insoweit zu begrenzter Kooperation zusammenzufinden. Der gutachtliche Befund ist in dieser Sicht nicht das einzige Ziel der staatlich angeordneten Intervention durch den Sachverständigen, sondern hat nur subsidäre Bedeutung: Der Sachverständige wird – neben seiner Funktion als Entscheidungshelfer – zum **Schlichtungshelfer** für das FamG (vgl SALZGEBER 99 f; RÖSNER-SCHADE ZfJ 1989, 439 ff; STERNBECK-DÄTHER FamRZ 1986, 21 ff; FTHENAKIS FamRZ 1985, 662, 670 f; JOPT FamRZ 1987, 875, 881 ff; [mit scharfer Kritik der herrschenden Gutachterpraxis]). Gegen diese Funktionserweiterung (oder -vermengung) werden aber auch fachliche und juristische **Bedenken** geäußert (Unvereinbarkeit therapeutischer und diagnostischer Funktion; Befangenheitsprobleme beim Sachverständigen; Anpassungsdruck auf Seiten der Eltern; vgl SALZGEBER FamRZ 2008, 656 ff; WILLUTZKI ZKJ 2006, 224, 229; COESTER, in: LIPP/SCHUMANN/VEIT, Reform 54 f; TRENCZEK ZKJ 2009, 97, 101; zurückhaltend auch HAMMER, Elternvereinbarungen 120 ff). Diese sollten Anlaß für das FamG sein, eine „Anordnung" nach § 163 Abs 2 FamG grundsätzlich nur nach vorheriger Absprache mit dem Sachverständigen zu erlassen (vgl COESTER aaO).

Zur unverzichtbaren richterlichen Pflicht gehört die **Kontrolle eines erstellten Sachverständigengutachtens** (s § 1666 Rn 195; BÖHM DAVorm 1985, 732, 741 ff; SALZGEBER 46 ff [zur fachinternen Kontrolle 355]). Hierzu besteht im Scheidungszusammenhang besonderer **289**

Anlaß, da Vorurteile und Spekulationen auch bei Sachverständigen (vgl OLG Karlsruhe FamRZ 1984, 311, 312; OLG Düsseldorf FamRZ 2005, 2087; KG FamRZ 2008, 634, 635) hier ein weites Wirkungsfeld haben (ausf COESTER, Kindeswohl 453 ff; für einen Katalog strikter Kontrollkriterien KLENNER FamRZ 1989, 804 ff; eine eigenständige Kontrolle durch das Gericht fehlte in OLG Koblenz NJW 1989, 2201, 2202 [Sachverständiger befürwortet Sorgeübertragung für vierjähriges Mädchen auf Mutter, da die leibliche Mutter besser sei für die „sexuelle Aufklärung und die Vorbereitung des Mädchens auf ihre Rolle als Frau"]). Auch sind wiss Qualifikation und Vorgehensweise der Gutachter (bzw Gutachteninstitute) nicht stets über jeden Zweifel erhaben (vgl Anfrage LANFERMANN im Landtag NRW, Drucks 10/3816 [1988], und Antwort der Landesregierung, Drucks 10/3947; vgl auch LIMBACH-Studie 41 f; zur Benennung des Sachverständigen und der Weitergabe des Gutachtenauftrags an Fachkollegen s BÖHM DAVorm 1985, 732, 736; Katalog und Auswahlkriterien für psychodiagnostische Tests bei SALZGEBER 234 ff). Dem Antrag eines Beteiligten auf **mündliche Anhörung des Sachverständigen** ist regelmäßig nachzukommen, er ist vom Anspruch auf rechtliches Gehör mit erfaßt. Entscheidend ist aber auch insoweit letztlich das richterliche Aufklärungsermessen (Rn 268; BVerfG FamRZ 2001, 1285, 1286). Auf jeden Fall hat das FamG die Gutachtenaussagen – auch, wenn es sie im Ergebnis übernimmt – **eigenständig zu würdigen** (vgl OLG Celle Forum 1999, 87, 89 ff). Es darf auch von den Feststellungen oder Wertungen des Gutachters abweichen, wenn hierfür eine andere zuverlässige Entscheidungsgrundlage vorhanden ist (BVerfG FamRZ 1999, 1417, 1418; FamRZ 2001, 1285, 1286). Folgt das Gericht dem Gutachten nicht, ist dies in jedem Fall sorgfältig zu begründen (probl OLG Brandenburg FamRZ 2001, 1021, 1022 f: der „eigene Eindruck" über die Kindesbindungen gibt den Ausschlag gegenüber Gutachten *und* Kindeswillen).

6. Verfahrensbeistand für das Kind, § 158 FamFG

290 Als besonderer Interessenvertreter des Kindes ist der **Verfahrensbeistand, § 158 FamFG**, an die Stelle des bisherigen Verfahrenspflegers (§ 50 FGG aF) getreten (dazu SALGO, 10 Jahre Verfahrenspflegschaft – eine Bilanz, ZKJ 2009, 49 ff); sowohl Bestellung wie Funktion und Vergütung sind neu geregelt (vgl STÖTZEL FPR 2009, 27 ff; MENNE ZKJ 2009, 68 ff; TRENCZEK ZKJ 2009, 196 ff)). Die Institution eines solchen Interessenvertreters entspricht völkerrechtlichen (Darstellung bei STEINDORFF-CLASSEN, Das subjektive Recht des Kindes auf seinen Anwalt [1998] 55 ff; SALGO, in: SALGO/ZENZ ua [Hrsg], Verfahrenspflegschaft für Kinder und Jugendliche [2002] 3, 25 ff; SCHWEPPE ebenda 293 295 ff) und verfassungsrechtlichen Vorgaben (BVerfG FamRZ 2004, 86, 87). Der dramatische Rückschnitt seiner Aufgaben und Befugnisse in der Schlußphase der FGG-Reform (dazu näher § 1666 Rn 272 mwN) wirft Zweifel auf, ob die Ausgestaltung des § 158 FamFG diesen Vorgaben genügt. Der Verfahrensbeistand gem § 158 FamFG ist nicht gesetzlicher Vertreter des Kindes (Abs 4 S 5), er tritt als sein eigenständiger Interessenvertreter und als Verfahrensbeteiligter (Abs 3 S 2) neben die Eltern.

291 Zur **Bestellung eines Verfahrensbeistands** ist das FamG **verpflichtet**, wenn es diesen zur Wahrnehmung der Kindesinteressen für erforderlich hält, § 158 Abs 1 FamFG. Diese richterliche Einschätzung wird durch **Regelbeispiele** gesteuert, § 158 Abs 2 FamFG. Für Sorgerechtsverfahren nach § 1671 ist **Nr 3** einschlägig, wenn ein **Wechsel der Betreuungsperson des Kindes** in Frage steht. Im streitigen Sorgerechtsverfahren nach § 1671 Abs 2 Nr 2 ist dann die Beistandsbestellung regelmäßig geboten; eine Nichtbestellung bedarf gesonderter Begründung (§ 158 Abs 3 S 2 FamFG). Bei elterlichem Konsens gilt das Gleiche, wenn das mindestens 14-jährige Kind gem Abs 2

Nr 1 widerspricht (vgl Rn 88 ff). Mangels eines solchen Widerspruchs ist allerdings zu beachten, daß das FamG unterhalb der Gefährdungsschwelle des § 1666 gar nicht in eine Kindeswohlprüfung eintreten darf (Rn 262 ff); auch ein erheblicher Interessengegensatz zwischen Kind und Eltern iS § 158 Abs 2 Nr 1 FamFG legitimiert nicht zur Intervention (über Vermittlungsbemühungen hinaus), wenn etwaige Nachteile für das Kind die Gefährdungsschwelle nicht erreichen. Hier liegt deshalb stets eine begründete Ausnahme von den Regelfällen des § 158 Abs 2 FamFG vor. Bestehen jedoch Anhaltspunkte für eine Gefährdung des Kindes iSv § 1666, ist eine Beistandsbestellung schon nach § 158 Abs 2 Nr 2 geboten. Erreicht in einem solchen Fall das Gericht bei seinen Vermittlungsbemühungen (§ 156 Abs 1 oder § 157 FamFG) eine einvernehmliche, zufriedenstellende Regelung zwischen den Eltern, so ist der Widerstand des Verfahrensbeistands dagegen kein Grund für seine Entlassung – damit würde sein Beschwerderecht ausgehebelt (§ 158 Abs 4 S 5 FamFG; OLG Hamm FamRZ 2007, 2002).

Für das Regelbeispiel des § 158 Abs 2 Nr 1 FamFG kommt es darauf an, ob das Kindesinteresse „zu dem seiner gesetzlichen Vertreter in erheblichem Gegensatz steht". Da § 1671 gemeinsames Sorgerecht voraussetzt, sind „gesetzliche Vertreter" beide Eltern (§ 1629 Abs 1 S 2); für § 158 Abs 2 Nr 1 FamFG genügt ein erheblicher Interessengegensatz nur zu einem von ihnen, wenn – wie situationsbedingt anzunehmen – die sachgerechte Interessenvertretung durch den anderen Elternteil nicht gewährleistet erscheint (vgl STEINDORFF-CLASSEN aaO 97 ff; zweifelhaft OLG Düsseldorf KindPrax 2000, 132). Allerdings bleibt auch insoweit noch ein „erheblicher Interessengegensatz" festzustellen. Die Stellung gegenläufiger Anträge auf Alleinsorge genügt allein wohl nicht, der Interessengegensatz zwischen Eltern und Kind ist positiv zu begründen (OLG Köln KindPrax 2000, 131 f). Bei ihrer Entscheidung haben die Gerichte die grundrechtliche Stellung des Kindes gem Art 6 Abs 2 S 2 und Art 2 Abs 1 GG gebührend zu berücksichtigen (BVerfG FamRZ 2004, 86, 87). Werden die Kinder im Elternkonflikt instrumentalisiert, besteht zur Bestellung eines Verfahrensbeistands besonderer Anlaß (vgl OLG Braunschweig FamRZ 2001, 1637, 1638; zur restriktiven Praxis im allgemeinen s ENGELHARDT FamRZ 2001, 525, 527). Die Entscheidung über die Bestellung eines Interessenvertreters für das Kind sollte nicht von Kostengesichtspunkten geleitet sein (vgl § 158 Abs 7 FamFG; zur Kritik an der Kostenpauschalisierung § 1666 Rn 272 mwN), sondern von dem Bewußtsein, daß grundrechts- und völkerrechtsrelevante Positionen des Kindes auf dem Spiel stehen (dazu vor allem SALGO aaO 219 f, 250 ff; STEINDORFF-CLASSEN aaO 55 ff, 83 ff; BVerfG DEuFamR 1999, 55, 57 f mwN; vgl OLG Celle Forum 1999, 87, 88 [Folgeentscheidung zu BVerfG aaO]). Diese Positionen sind im Sorgerechtsverfahren vor allem gegen das Interesse auch des Kindes an Familienintegrität abzuwägen (STEINDORFF-CLASSEN aaO 119 ff). Auch die Gefahr einer Konfliktverschärfung ist ins Auge zu fassen (vgl JOHANNSEN/HENRICH/BRUDERMÜLLER § 50 FGG Rn 12); auf der anderen Seite sollte berücksichtigt werden, daß die eigenständige Formulierung und Vertretung der Kindesinteressen durch einen kompetenten Dritten auch den Elternstreit reduzieren und uU einvernehmliche Lösungen fördern kann – allerdings bedarf es für eine diesbezügliche Einbindung des Verfahrensbeistands einer gesonderten Funktionsübertragung durch das FamG (§ 158 Abs 4 S 3 FamFG).

Ein Verfahrensbeistand für das Kind ist zu Verfahrensbeginn (§ 158 Abs 3 S 1 **292** FamFG: „so früh wie möglich"), dh bei Eingreifen des Beschleunigungsgebots (Rn 267) schon zum frühen Termin gem § 155 Abs 2 FamFG zu bestellen (Münch-

KommZPO/HEILMANN § 155 FamFG Rn 37), kann aber auch noch später (auch erst in der Beschwerdeinstanz) bestellt werden. Bei der Auswahl des Beistands ist auf die Wünsche des Kindes weitestmöglich einzugehen (STEINDORFF-CLASSEN aaO 257 f). Die Entscheidung über Bestellung oder Nichtbestellung ist nicht isoliert anfechtbar (§ 158 Abs 3 S 4 FamFG). Die Nichtbestellung eines Verfahrensbeistands kann aber in der Beschwerdeinstanz als Verfahrensfehler gerügt werden (BÜTTNER FamRZ 1998, 585, 591; zur Beschwerdeberechtigung des Verfahrensbeistands s unten Rn 298). Zu **Aufgaben und Funktion** des Verfahrensbeistands in Bezug auf Kindeswille und Kindeswohl s § 1666 Rn 272.

7. Vorläufiger Rechtsschutz

293 Bei einem dringenden Bedürfnis für ein sofortiges Tätigwerden kann das FamG gem **§§ 49 ff FamFG** eine **einstweilige Anordnung** treffen (dazu näher VORWERK FPR 2009, 8 ff) – auch insoweit ist im Verfahren nach § 1671 allerdings ein **Antrag** erforderlich (§ 51 Abs 1 FamFG). Der Antrag muß aber nicht vom Antragsteller des Hauptverfahrens stammen. Der Antrag kann sogar *vor* Einleitung des Hauptverfahrens gestellt werden (das Anordnungsverfahren ist selbständig, § 51 Abs 3 S 1 FamFG); das Gericht kann dann eine Frist zur Antragstellung für das Hauptverfahren setzen (§ 52 Abs 2 FamFG). Das Anordnungsverfahren unterliegt den selben Grundsätzen wie das Hauptverfahren (§ 51 Abs 2 S 1 FamFG); insbesondere sind **alle Beteiligten grundsätzlich anzuhören** (zur persönlichen Kindesanhörung s auch § 156 Abs 3 S 3 FamFG). Ist dies aus Dringlichkeitsgründen nicht möglich, sind die Anhörungen unverzüglich nachzuholen (§§ 159 Abs 3 S 2, 160 Abs 4, 162 Abs 1 S 2 FamFG).

294 Für **Voraussetzungen** und **Inhalt** der Anordnungen gelten im wesentlichen die bisherigen Grundsätze: Es muß ein **dringendes Regelungsbedürfnis** bestehen, das es im Kindesinteresse verbietet, bis zum Zeitpunkt der Endentscheidung zu warten (KG FamRZ 1984, 1143, 1144; OLG Düsseldorf FamRZ 1978, 604; OLG Karlsruhe FamRZ 1987, 78, 79; OLG Thüringen FamRZ 1997, 573; OLG Zweibrücken FamRZ 1983, 1162, 1163; AG Hannover FamRZ 2001, 846). Es genügt deshalb nicht, daß eine einstweilige Anordnung dem Kindeswohl dienlicher ist als ihr Unterbleiben, vielmehr muß ohne sie das **Kindeswohl ernsthaft beeinträchtigt** sein (OLG Karlsruhe FamRZ 1990, 304, 305). Dabei erweist sich die einstweilige **Sicherung der Lebenskontinuität des Kindes** als eine der wichtigsten Funktionen von einstweiligen Anordnungen (BVerfG FamRZ 2009, 676 f; 2009, 189 f; zur Bedeutung von Stabilität und Kontinuität für das Kind s Rn 177, 203, 216, 246 ff). Für sie besteht zB Anlaß, wenn die Eltern sich um den aktuellen Aufenthalt des Kindes streiten (OLG Köln FamRZ 2005, 1274 [LS]; FamRZ 2005, 1583 f [LS]), oder sich gegenseitig das Kind wegnehmen (OLG Zweibrücken aaO; vgl OLG Hamm FamRZ 1988, 864, 868; OLG Hamburg ZfJ 1988, 94 ff) oder wenn das Kind von seiner Hauptbezugsperson eigenmächtig getrennt wurde und die einstweilige Anordnung zunächst den status quo ante wiederherstellen soll (BVerfG FamRZ 2009, 189, 190; vgl Rn 248). Eine einstweilige Anordnung kann auch geboten sein, um den status quo der Betreuungsverhältnisse bis zum Abschluß eines Rechtsmittelverfahrens zu sichern (Vermeidung mehrfacher Umplatzierungen oder „vollendeter Tatsachen"; vgl BVerfG FamRZ 2007, 1626 [AO sogar in verfassungsgerichtlichem Verfahren]; OLG Karlsruhe FamRZ 2008, 633, 634; verfehlt OLG Frankfurt ZKJ 2009, 176, wo der Wegzug der Mutter durch einstw Anordnung erlaubt und auch noch mit Kontinuitätsaspekten begründet wird [krit RIECK ZKJ 2009, 165, 167]). Wird, um die Hauptentscheidung nicht zu präjudizieren, einstweilig ein *Wechselmodell* angeordnet

(OLG Celle FamRZ 2008, 2053; vgl Rn 145, 261), so geraten aus Sicht des Kindeswohls allerdings Bindungskontinuität und Lebenskontinuität in Konflikt. *Nicht ausreichend ist hingegen rechtliche Absicherung einer Betreuungssituation*, wenn keine Entführungsgefahr besteht (unzutreffend deshalb OLG München FamRZ 1999, 111, 112; vgl auch Rn 138). Daneben haben einstweilige Anordnungen natürlich die Funktion, **elementare Rechte und Interessen des Kindes zu schützen** – etwa wenn dem Kind Gewalt oder Mißbrauch droht oder es sich sonst in schädlichen Lebensverhältnissen befindet (OLG Karlsruhe FamRZ 1990, 303, 305).

Die **Maßnahmen** bestimmen sich inhaltlich nach den Regelungskompetenzen in der Hauptsache (§§ 1671, 1628, 1666), müssen diese aber nicht voll ausschöpfen: Im Hinblick auf die noch nicht vollständige Sachverhaltsaufklärung und die faktische Präjudizwirkung vorläufiger Entscheidungen sind diese auf das **geringstmögliche Ausmaß** zu beschränken – die zur Aufteilung des elterlichen Sorgerechts entwickelten Grundsätze (Rn 250 ff, 256) gelten hier nicht (OLG Hamm FamRZ 1988, 864; OLG Karlsruhe FamRZ 1984, 91, 92; OLG Stuttgart FamRZ 1982, 1235; JOHANNSEN/HENRICH/SEDEMUND-TREIBER § 620 ZPO Rn 10). In Betracht kommt vor allem eine Übertragung des *Aufenthaltsbestimmungsrechts*, um die faktische Betreuung des Kindes einstweilen außer Streit zu stellen (dazu auch oben Rn 259; vgl OLG Bremen FamRZ 1978, 805; 1982, 1033, 1035; OLG Hamm FamRZ 1988, 199; FamRZ 1999, 393, 394; OLG Köln FamRZ 1979, 320; OLG Stuttgart FamRZ 1982, 1235; KG FamRZ 1984, 1143, 1144). Bei derartigen Fallgestaltungen hat das Gericht, wenn im Termin kein Einverständnis erreicht wird, die Frage einer einstweiligen Anordnung sogar von sich aus anzusprechen (§ 156 Abs 3 S 1 FamFG). Die Übertragung von Sorgerechtsbefugnissen auf einen **Dritten** ist nur unter den Voraussetzungen des § 1666 zulässig (vgl OLG Hamm FamRZ 1988, 199 f). **295**

Die Entscheidung des FamG in Anordnungsverfahren gem § 1671 ist selbständig mit der Beschwerde **anfechtbar**, § 57 S 2 Nr 1 FamFG (aber keine Rechtsbeschwerde zum BGH, § 70 Abs 4 FamFG). Einstweilige Anordnungen sind **vollstreckbar**, uU sogar vor Zustellung an einen der Beteiligten (§ 53 FamFG; zur Aussetzung der Vollstreckung § 55 FamFG). Sie treten automatisch **außer Kraft**, wenn die Hauptsacheentscheidung wirksam wird (§ 56 FamFG) oder wenn sie befristet waren (§ 56 Abs 1 S 1 FamFG; vgl § 1666 Rn 310). Sie können auch **aufgehoben** werden, wenn trotz entsprechender Fristsetzung ein Hauptsacheantrag nicht gestellt wird (§ 52 Abs 2 S 3 FamFG), oder auch generell geändert oder aufgehoben werden, wenn ein entsprechender Antrag gestellt wird (§ 54 FamFG). **296**

8. Rechtsmittel

Gegen **Endentscheidungen** des FamG in Sorgerechtsverfahren ist die **befristete Beschwerde zum OLG** zulässig (§§ 58 FamFG, 119 Abs 1 Nr 1a GVG; vgl SCHAEL FPR 2009, 11 ff); die Beschwerdefrist beträgt einen Monat ab Zustellung der Entscheidung, bei einstweiligen Anordnungen 2 Wochen, sonst fünf Monate nach der Verkündung (§ 63 FamFG). Gegen die Beschwerdeentscheidung des OLG kann **Rechtsbeschwerde zum BGH** eingelegt werden, wenn das OLG diese zugelassen hat (§ 70 FamFG; § 133 GVG; Nichtzulassungsbeschwerde ist nicht eröffnet); für die Frist gilt das gleiche wie bei der Beschwerde (§ 71 FamFG). Die Rechtsmittel können auf eins von mehreren Kindern beschränkt werden (vgl Rn 49). **297**

298 Beschwerdeberechtigt sind

– die Eltern des Kindes (§ 59 FamFG),

– das über 14 Jahre alte Kind (§ 60 FamFG),

– das Jugendamt (§ 162 Abs 3 S 2 FamFG),

– der Verfahrensbeistand im Interesse des Kindes (§ 158 Abs 4 S 5 FamFG).

299 Die eigenständige Beschwerdebefugnis des älteren Kindes nach § 60 FamFG umfaßt die Beauftragung eines Rechtsanwalts (BayObLG FamRZ 1985, 738 mwN). Die Beschwerde ist einzulegen beim Gericht, das die Entscheidung erlassen hat (§ 64 Abs 1 FamFG); dieses kann ihr in Familiensachen nicht abhelfen (§ 68 Abs 1 S 2 FamFG), vielmehr ist sie unverzüglich dem OLG vorzulegen. Das Verbot der *reformatio in peius* gilt in Sorgerechtsverfahren nicht (OLG Karlsruhe FamRZ 2004, 722; vgl OLG Celle FamRZ 2004, 1667 f). Zu weiteren Einzelheiten des Beschwerdeverfahrens s die Lit zum FamFG (zB MAURER FamRZ 2009, 465, 475 ff; zur erneuten Anhörung der Eltern VerfGH Berlin FamRZ 2006, 1465, 1466 f; zur Kindesanhörung OLG Brandenburg FamRZ 2008, 1471; zum Vorrang- und Beschleunigungsgebot MünchKommZPO/HEILMANN § 155 FamFG Rn 41, 44).

VIII. Durchsetzung und Änderung von Sorgerechtsentscheidungen

300 Hat das FamG einem Elternteil das Sorgerecht oder auch nur das Aufenthaltsbestimmungsrecht zugewiesen, kann dieser das Kind vom anderen Elternteil oder von Dritten **herausverlangen**, § 1632 Abs 1. Für Herausgabestreitigkeiten ist das FamG zuständig, § 1632 Abs 3. Zur begrenzten Kindeswohlprüfung im Rahmen dieses Verfahrens s STAUDINGER/SALGO (2007) § 1632 Rn 15; die Vollstreckung erfolgt nach §§ 86 ff FamFG (zur Gewaltanwendung § 90 FamFG; zur Unterstützung durch das Jugendamt § 88 Abs 2 FamFG). Zum Betreten der Wohnung des Herausgabepflichtigen durch die Vollstreckungspersonen bedarf es einer (bestimmt gefaßten) richterlichen Anordnung, § 91 Abs 1 FamFG (BVerfG FamRZ 2000, 411 f).

301 Die **Änderung von Entscheidungen** nach § 1671, einschließlich einer Rückänderung zugunsten gemeinsamen Sorgerechts, kann nur nach § 1696 erfolgen (Einzelheiten bei STAUDINGER/COESTER [2006] § 1696 Rn 37 f). Für die Änderung von Entscheidungen auf Grund anderer Vorschriften, die gemeinsames Sorgerecht der Eltern erst begründet haben, ist § 1671 hingegen lex specialis (Rn 27–29).

IX. Auslandsbezüge

302 Für Fragen der internationalen Zuständigkeit, des anwendbaren Rechts sowie der Anerkennung und Vollstreckung ausländischer Entscheidungen kann auf die Darstellung bei § 1666 (Rn 313–318) verwiesen werden. Dabei wird im Rahmen des § 1671 die Annexzuständigkeit des Scheidungsstaates (Art 12 Abs 1, 2 Brüssel IIa-VO oder Art 10 KSÜ) besondere Bedeutung erlangen. Bei internationalen Kindesentführungen gelten auf Zuständigkeitsebene Art 10 Brüssel IIa-VO, Art 7 KSÜ sowie vor allem das HKÜ (dazu näher ANDRAE IPrax 2006, 82; vgl insgesamt auch BREUER FPR 2005, 74 ff).

§ 1672
Getrenntleben bei elterlicher Sorge der Mutter

(1) Leben die Eltern nicht nur vorübergehend getrennt und steht die elterliche Sorge nach § 1626a Abs. 2 der Mutter zu, so kann der Vater mit Zustimmung der Mutter beantragen, dass ihm das Familiengericht die elterliche Sorge oder einen Teil der elterlichen Sorge allein überträgt. Dem Antrag ist stattzugeben, wenn die Übertragung dem Wohl des Kindes dient.

(2) Soweit eine Übertragung nach Absatz 1 stattgefunden hat, kann das Familiengericht auf Antrag eines Elternteils mit Zustimmung des anderen Elternteils entscheiden, dass die elterliche Sorge den Eltern gemeinsam zusteht, wenn dies dem Wohl des Kindes nicht widerspricht. Das gilt auch, soweit die Übertragung nach Absatz 1 wieder aufgehoben wurde.

Materialien: Art 1 Nr 20 KindRG. STAUDINGER/BGB-Synopse 1896–2005 § 1672.

Schrifttum

COESTER, Elternrecht des nichtehelichen Vaters und Adoption, FamRZ 1995, 1245
ders, Verfassungsrechtliche Vorgaben für die gesetzliche Ausgestaltung des Sorgerechts nicht miteinander verheirateter Eltern, FPR 2005, 60
ders, Nichteheliche Elternschaft und Sorgerecht, FamRZ 2007, 1137
Kinderrechtekommission des DFGT, JAmt 2005, 490

KRANZ, Elterliche Kooperation und Sorgerechtsvereinbarungen bei der Abgabe von Sorgeerklärungen und bei Trennung der Eltern (2003)
SCHUMANN, Erfüllt das neue Kindschaftsrecht die verfassungsrechtlichen Anforderungen an die Ausgestaltung des nichtehelichen Vater-Kind-Verhältnisses?, FamRZ 2000, 389.

Systematische Übersicht

I.	Normbedeutung	1
II.	Übertragung der Alleinsorge von der Mutter auf den Vater, Abs 1	
1.	Voraussetzungen	3
a)	Sorgeberechtigung der Mutter nach § 1626a Abs 2	4
b)	Nicht nur vorübergehendes Getrenntleben	6
c)	Übertragungsantrag des Vaters	7
d)	Zustimmung der Mutter	8
e)	Kindeswohldienlichkeit	11
2.	Gerichtliche Entscheidung	14
III.	Späterer Übergang zum gemeinsamen Sorgerecht, Abs 2	
1.	Normzweck und -inhalt	17
2.	Kritik	18
3.	Der Tatbestand im einzelnen	20
4.	Insbesondere: Frühere Teilübertragungen nach Abs 1	23
IV.	Verfahrensfragen	25
V.	Auslandsbezüge	26

Alphabetische Übersicht

Änderungsentscheidung	2, 4, 5, 12, 14, 17 f, 23 f	Mutterrecht	9 f
Anhörung	3, 15	Negativkontrolle	11, 13, 17
Antrag	7 f, 14, 16, 20	Nichtehelicher Vater	4 f, 9, 12
Elternrecht	2, 5, 9 f, 12	Sorgeerklärung	2, 4, 6 f, 12, 17, 23 f
Gefährdung des Kindes	10	Teil der elterlichen Sorge	7, 15 f, 23 f
Gemeinsames Sorgerecht	17 ff, 23 f	Typisierung	5 f, 10
Gesetzessystematik	1		
Getrenntleben	6, 21	Umgehung	12
Haager KSÜ	26	Verfahrenspfleger für das Kind	22, 25
		Verfassung	5 f, 9, 10, 12 f
Kindesbeteiligung	3, 20	Verfassungskonforme Auslegung	13
Kindesrecht	6, 10	Vermittlungsbemühungen	25
Kindeswohl	2, 3, 5 ff, 9, 11, 22		
Konsens der Eltern	11 ff, 18 f	Zustimmung	8 ff, 17

I. Normbedeutung

1 Die Vorschrift betrifft das Sorgerecht miteinander nicht verheirateter Eltern und regelt **zwei Fragen**: den Übergang von der Alleinsorge der Mutter gem § 1626a Abs 2 zur Alleinsorge des Vaters (Abs 1) und den späteren Weg in das gemeinsame Sorgerecht, wenn eine Übertragung nach Abs 1 (sowie ggf deren Rückänderung zugunsten der Mutter) stattgefunden hat (Abs 2). Damit gehört die Norm unmittelbar in den Regelungskontext des § 1626a, sie ist **gesetzessystematisch fehlplaziert** (Kinderrechtskommission des DFGT FamRZ 1997, 337, 340; COESTER FamRZ 1995, 1245, 1247; DIEDERICHSEN NJW 1998, 1977, 1983 Fn 73; LIPP FamRZ 1998, 65, 72 f). Insbesondere hat sie sachlich nichts mit der Thematik des § 1671 zu tun (es bestehen nur strukturelle Ähnlichkeiten), und sie hat völlig anderen Inhalt als § 1672 aF.

2 Auch **inhaltlich** muß § 1672 als die wohl **am stärksten mißlungene Norm des neuen Sorgerechts** eingestuft werden. In **Abs 1** geht es um die endgültige Ausgestaltung der Rechtsstellung des nichtehelichen Vaters, nachdem § 1626a Abs 2 zum Schutze des Neugeborenen legitimerweise die Originärsorge allein der Mutter zugewiesen hat – dh es geht um die Korrekturmöglichkeiten zugunsten des Vaters, wenn sich die Eltern nicht zur gemeinsamen Sorge durch Sorgeerklärung gem § 1626a Abs 1 Nr 1 oder durch Heirat (§ 1626a Abs 1 Nr 2) zusammengefunden haben. Die Vorschrift muß sich am Kindeswohl sowie am Elternrecht auch des nichtehelichen Vaters aus Art 6 Abs 2 S 1 GG messen lassen, das das BVerfG 1995 grundsätzlich in vollem Umfang anerkannt hat (FamRZ 1995, 789; dazu SALGO NJW 1995, 2129 ff; COESTER FamRZ 1995, 1245 ff) – iE hält § 1672 Abs 1 diesem Maßstab nicht stand (näher Rn 10). Dies gilt weiterhin, auch wenn das BVerfG die Vorschrift inzwischen für verfassungsgemäß erklärt hat (FamRZ 2003, 1447, 1448). Der Kammerbeschluß hat die verfassungsrechtlichen Probleme gar nicht erkannt und angesprochen, er ist deshalb für die verfassungsrechtliche Beurteilung des § 1672 Abs 1 bedeutungslos (vgl COESTER FamRZ 2004, 87 f; krit zum Beschluß auch OLG Hamm FamRZ 2006, 1467, 1468). Die schon in der Vorauflage geäußerte verfassungsrechtliche Kritik (unten Rn 9 ff, 13) wird deshalb aufrechterhalten.

Abs 2 betrifft die Änderung von gerichtlichen Sorgerechtsübertragungen auf den Vater oder die Mutter zugunsten gemeinsamen Sorgerechts und gehört damit zur Thematik des § 1696. Die Vorschrift ist deshalb nicht nur überflüssig (Kinderrechtskommission des DFGT FamRZ 1997, 337, 341), sondern verursacht unnötige Wertungswidersprüche und Systembrüche (näher Rn 18 ff und STAUDINGER/COESTER [2006] § 1696 Rn 18–21).

II. Übertragung der Alleinsorge von der Mutter auf den Vater, Abs 1

1. Voraussetzungen

Die Übertragungsmöglichkeit nach Abs 1 ist an **fünf Voraussetzungen** geknüpft: Der 3 Mutter muß das Sorgerecht für ein minderjähriges gemeinschaftliches Kind kraft Gesetzes, dh § 1626a Abs 2 zustehen (a); die Eltern müssen nicht nur vorübergehend getrennt leben (b); der Vater hat einen Übertragungsantrag gestellt (c); die Mutter hat diesem Antrag zugestimmt (d); das FamG hält die Übertragung für kindeswohldienlich (e). Eine **Kindesbeteiligung** sieht das Gesetz in keiner Form vor (Antrags-, Zustimmungs- oder Widerspruchsrecht). Es ist zwar richtig, daß ein Widerspruchsrecht wie in § 1671 Abs 2 Nr 1 überflüssig ist – dort führt der Widerspruch zur umfassenden Kindeswohlprüfung (nach § 1671 Abs 2 Nr 2), die hier ohnehin stattfindet (BT-Drucks 13/4899, 101). Auch kann das Kind im Rahmen der gebotenen Anhörung (§ 159 FamFG) seinen Standpunkt vorbringen. Dennoch wäre es wie beim Wechsel vom gemeinsamen Sorgerecht der Eltern zur Alleinsorge (vgl § 1671 Rn 14) wünschenswert, wenn das Kind einen Sorgerechtswechsel zwischen den Eltern beantragen könnte; das Vetorecht der Mutter in Abs 1 (Rn 8 ff) hat solche Überlegungen gar nicht erst aufkommen lassen.

a) Sorgeberechtigung der Mutter nach § 1626a Abs 2

Nur für die gesetzliche Alleinsorge der Mutter nach § 1626a Abs 2 bedurfte es der 4 Sonderregelung in § 1672 Abs 1: Haben die Eltern eine Sorgeerklärung abgegeben (§§ 1626a Abs 1 Nr 1, 1626b ff), führt der Weg zur väterlichen Alleinsorge über § 1671; hat die Mutter ihre Alleinsorge durch gerichtliche Entscheidung erhalten (§§ 1671, 1696), so richtet sich eine Abänderung zugunsten des Vaters nach § 1696. Im letzteren Fall ist die Ausgangslage gleich (Alleinsorge Mutter, beantragter Wechsel zum Vater), aber die Entscheidungskriterien sind unterschiedlich im Vergleich zu § 1672 Abs 1: hier Zustimmungsvorbehalt zugunsten der Mutter, in § 1696 Abs 1 genügen triftige Gründe des Kindeswohls für einen Wechsel (auch gegen den Mutterwillen). Der Unterschied soll nach der Begründung des RegE offenbar daraus zu rechtfertigen sein, daß bei mütterlicher Alleinsorge nach § 1626a Abs 2 der Vater niemals am Sorgerecht teilhatte, während er in den anderen Fällen *vor* der gerichtlichen Sorgeübertragung auf die Mutter entweder allein- oder mitsorgeberechtigt war (vgl BT-Drucks 13/4899, 102, 103, 114). **Die tatbestandliche Beschränkung der Muttersorge auf § 1626a Abs 2 zielt also nicht auf eine besondere Gruppe von Müttern, sondern von Vätern.**

5 Hier wie in anderen Zusammenhängen (vgl §§ 1678 Abs 2, 1680 Abs 2 S 2, Abs 3, 1748 Abs 4, 1756 Abs 2) nimmt das Gesetz die (frühere) **Sorgeberechtigung als Trennkriterium zwischen „kindesfernen, desinteressierten" Vätern**, die vom Sorgerecht eher fernzuhalten sind, **und „kindesorientierten, bemühten" Vätern**, denen man die volle Elternstellung auch ohne Ehe mit der Mutter zu konzedieren bereit ist. Die (frühere) Sorgeberechtigung dient also als Ersatzkriterium für die Sonderung elternrechtswürdiger und -unwürdiger Väter, nachdem das BVerfG (FamRZ 1995, 789, 792 f) sowohl die Ehelichkeit wie auch das familienhafte Zusammenleben mit der Mutter als brauchbares Differenzierungskriterium verworfen hat (vgl COESTER FamRZ 1995, 1245 f). Auch die neue Typisierung ist jedoch zu unscharf, um die unterschiedlichen Maßstäbe rechtfertigen zu können (eingehend FRANK FamRZ 1998, 393, 395 zum Adoptionsrecht; vgl § 1678 Rn 18; rechtfertigend hingegen BGH FamRZ 2001, 907, 909; zum verfassungsrechtlichen Gebot sachgerechter Differenzierungen und Typisierungen SEIBERT FamRZ 1995, 1457, 1463): Unter § 1672 fällt der Hausmann in nichtehelicher Lebensgemeinschaft mit der Mutter, der jahrelang die Kinder überwiegend oder allein betreut hat, ohne daß man eine Sorgeerklärung für nötig befunden oder die Mutter sich zu einer solchen bereitgefunden hatte; unter § 1696 fällt der Vater, der kraft Sorgeerklärung früher mitsorgeberechtigt war, sich jedoch nie um die Kinder gekümmert hat, und der nach Übertragung der Alleinsorge auf die Mutter nach § 1671 jetzt seinerseits das Sorgerecht begehrt. Die Wurzel für die Verfassungswidrigkeit der Übertragungsmaßstäbe des Abs 1 (dazu Rn 10, 12) liegt deshalb schon im **falschen tatbestandlichen Zuschnitt der Norm**.

b) Nicht nur vorübergehendes Getrenntleben

6 Für dieses Tatbestandserfordernis gilt das gleiche wie bei § 1671 (s dort Rn 38 ff); insbes setzt „Getrenntleben" nicht voraus, daß die Eltern jemals zusammengelebt haben. Damit ist ein **Wechsel der Alleinsorge von der Mutter zum Vater in der nichtehelichen Lebensgemeinschaft ausgeschlossen**, hier eröffnet das Gesetz nur die Möglichkeit gemeinsamer Sorge durch Sorgeerklärung (§§ 1626a ff; Alleinsorge des Vaters allenfalls nach §§ 1678 Abs 2, 1680 Abs 3 mit Abs 2 S 2). Die Begründung im RegE zu dieser Einschränkung (BT-Drucks 13/4899, 100) hält kritischer Betrachtung nicht stand: Die Mutter werde „nach der Lebenserfahrung" doch überwiegend die tatsächliche Personensorge wahrnehmen, so daß sie sich ihrer Rechtspflicht hierzu nicht entledigen dürfe; dem Kind dürfe ein sorgeverpflichteter Elternteil nur bei tatsächlichem Ausfall oder Sorgerechtsentzug gem § 1666 genommen werden. Mit dem *ersten Argument* wird einem Häufigkeitstypus normative Kraft verliehen, die durchaus vorkommenden Fälle überwiegender oder alleiniger Vatersorge für das Kind im Rahmen nichtehelicher Lebensgemeinschaften fallen geschlechtsstereotypischen Pauschalierungen zum Opfer. Gerade das Argument der Kongruenz von tatsächlicher und rechtlicher Sorge würde in diesen Fällen für einen Sorgerechtswechsel zum Vater sprechen. Vor allem wenn die Mutter einverstanden ist: Welche Rechtfertigung bleibt für die gesetzliche Restriktion (krit insoweit auch RAUSCHER, FamR Rn 1011 Fn 268)? Beim *zweiten Argument* verkennen die Gesetzesverfasser, daß es nicht um den „Verlust" eines Elternteils für das Kind geht, sondern um den *Austausch* des sorgeberechtigten Elternteils – der Verlust der Mutter wird durch den Gewinn des Vaters ausgeglichen. Einen echten Elternverlust erleidet das Kind hingegen beim Übergang vom gemeinsamen Sorgerecht zur Alleinsorge – insoweit gewährt das Gesetz den Eltern jedoch volle Autonomie (§ 1671 Abs 2 Nr 1)! Im

Ergebnis erweist sich deshalb die **Beschränkung des § 1672 Abs 1 auf getrenntlebende Eltern als verfehlt** (aM Rauscher, FamR Rn 1011 Rn 268; zu Abs 2 s Rn 21).

c) Übertragungsantrag des Vaters

Zu Rechtsnatur und Inhalt des Antrags gilt im wesentlichen das gleiche wie bei 7
§ 1671 (s dort Rn 44 ff). In Analogie zu § 1626b Abs 2 sollte auch ein **vorgeburtlicher Antrag** (und entsprechende Zustimmung der Mutter) zugelassen werden (Bamberger/Roth/Veit Rn 4). Zwar stößt hier die (bei Sorgeerklärungen nicht vorgesehene) Kindeswohlprüfung gem S 2 auf Schwierigkeiten; da diese bei elterlicher Einigkeit aber ohnehin fragwürdig ist (Rn 12 f), genügt insoweit die Nichterkennbarkeit von Nachteilen für das Kind nach seiner Geburt.

Auf *gemeinsames Sorgerecht* kann der Antrag nicht gerichtet sein, für diese Gestaltung steht das Instrument der Sorgeerklärung zur Verfügung (§ 1626a Abs 1 Nr 1; vgl Lipp FamRZ 1998, 65, 72). Hingegen kann der Antrag auf einen *Teil der elterlichen Sorge* beschränkt werden (wie in § 1671 Abs 1); zur Kindeswohlprüfung s insoweit § 1671 Rn 250 ff, zu den Konsequenzen bei Stattgabe des Antrags unten Rn 14 ff und 23 f.

d) Zustimmung der Mutter

Die Zustimmung der Mutter ist schon **zum Antrag des Vaters** erforderlich, dh sie ist 8
Zulässigkeitsvoraussetzung. Damit will der Gesetzgeber die Teilfamilie Mutter-Kind vor Verunsicherung schützen. Ohne mütterliche Zustimmung soll es erst gar nicht zum Sorgerechtsverfahren kommen, der väterliche Antrag wird ohne weiteres als unzulässig verworfen (BT-Drucks 13/4899, 100; AG Pankow/Weißensee FamRZ 2000, 1241; vgl Lipp FamRZ 1998, 65, 72; eine **nachträglich erteilte Zustimmung** heilt den Zulässigkeitsmangel allerdings, AG Tempelhof-Kreuzberg FamRZ 2002, 568, 569; Palandt/Diederichsen Rn 3; Johannsen/Henrich/Jaeger Rn 5; MünchKomm/Finger Rn 23). Ob hiermit wirklich ein Gewinn für die Mutter verbunden ist, mag offenbleiben; dogmatisch ist diese Vermengung von materieller und Zulässigkeitsebene nicht unbedenklich (FamRefK/Rogner Rn 5). Eine **Ersetzungsmöglichkeit** der mütterlichen Zustimmung **besteht nicht** (OLG Frankfurt FamRZ 2003, 1314; AG Pankow/Weißensee FamRZ 2000, 1241; AG Tempelhof-Kreuzberg FamRZ 2002, 568, 569); die Verweigerung der Zustimmung begründet als solche keine Kindesgefährdung, so daß auch eine Korrektur über § 1666 idR ausscheidet (vgl Rn 10 und § 1666 Rn 94; Johannsen/Henrich/Jaeger Rn 6; MünchKomm/Finger Rn 25; Rauscher, FamR Rn 1012; tendenziell **anders** BGH FamRZ 2001, 907, 910; OLG Hamm FamRZ 2000, 1239; **dagegen** wiederum BVerfG FamRZ 2003, 285, 291). Die **Zustimmung** ist lediglich dann **nicht nötig**, wenn die Mutter bereits in eine **(Dritt-)Adoption des Kindes** eingewilligt hatte (**§ 1751 Abs 1 S 6**) – hier hat der Vater vor Dritten einen gewissen Vorrang (verfahrensrechtliche Sperrwirkung gem § 1747 Abs 3 Nr 2; materiellrechtlicher Vorrang aus Art 6 Abs 2 GG, dazu BGH FamRZ 2007, 1969, 1972 Nr 30; vgl Staudinger/Frank [2007] § 1747 Rn 38 ff, § 1751 Rn 21). Eine **entsprechende Anwendung** dieser Vorschrift ist geboten, wenn die Mutter das Kind dauerhaft in eine **Pflegestelle** gibt – damit mag sie eine durch eigene Inkompetenz drohende Kindesgefährdung abwenden und insoweit ihre Elternverantwortung gem § 1666 Abs 1 genügen („Gefahrabwendungsprimat", vgl § 1666 Rn 62), das Dritten gegenüber vorrangige Elternrecht des Vaters kann aber so nicht unterlaufen werden (**anders** OLG Brandenburg FamRZ 2009, 1102).

Zu Rechtsnatur und Form der Zustimmung gelten die bei § 1671 dargelegten Grundsätze (§ 1671 Rn 71 ff); zur vorgeburtlichen Zustimmung s Rn 7. Insbesondere bedarf die **minderjährige Mutter** auch hier nicht der Zustimmung ihres gesetzlichen Vertreters, § 1626c Abs 2 ist nicht entsprechend anwendbar (§ 1671 Rn 79). Bei einer **geschäftsunfähigen Mutter** enthält § 1678 Abs 2 eine Sondervorschrift für den Sorgeübergang auf den nichtehelichen Vater, eine Zustimmungskompetenz gem § 1672 Abs 1 S 1 scheidet schon aus diesem Grunde aus (verkannt von OLG Brandenburg FamRZ 2009, 1102). Schließlich ist auch bei § 1672 Abs 1 eine erteilte Zustimmung bis zum Schluß der letzten mündlichen Verhandlung **frei widerruflich** (§ 1671 Rn 82 ff; MünchKomm/FINGER Rn 24).

9 Die ausnahmslose **Erforderlichkeit der mütterlichen Zustimmung** für eine Sorgerechtsübertragung auf den Vater ist jedoch **verfassungsrechtlich bedenklich**. Nachdem schon der Zugang des Vaters zum gemeinsamen Sorgerecht nur im Einverständnis mit der Mutter möglich ist (§ 1626a Abs 1 Nr 1; BVerfG FamRZ 2003, 285 ff: verfassungsgemäß; **die Ersetzungsmöglichkeit der mütterlichen Zustimmung gem Art 224 § 2 Abs 3, 4 EGBGB** bezieht sich nur auf „Altfälle", dh *vor* dem 1. 7. 1998 getrennte Lebensgemeinschaften, vgl HÖFELMANN FamRZ 2004, 65, 68), setzt § 1672 Abs 1 auch vor jede andere Sorgebeteiligung des Vaters die Barriere der mütterlichen Zustimmung: Damit ist die sorgerechtliche Stellung des nichtehelichen Vaters insgesamt vom Willen der Mutter abhängig. Ohne Konsens mit der Mutter kann der Vater nur dann in das Sorgerecht einrücken (genauer: vom FamG eingewiesen werden), wenn die Mutter als Sorgeperson ausfällt (§§ 1678 Abs 2, 1680 Abs 2 S 2) oder wenn ihr das Sorgerecht gem § 1666 entzogen worden ist (§ 1680 Abs 3 mit Abs 2 S 2; vgl OLG Düsseldorf FamRZ 1999, 673; OLG Hamm FamRZ 2000, 1239 f [§ 1680 übersehend]; AG Pankow/Weißensee FamRZ 2000, 1241 [in concreto kein Entzug]; AG Tempelhof-Kreuzberg FamRZ 2002, 568, 569; s § 1680 Rn 21; zur Eingriffsschwelle des § 1666 in diesen Fällen s § 1666 Rn 94). Die Gesetzesverfasser haben selbst erkannt, daß damit „die Stellung der Mutter nach wie vor sehr stark" ist (BT-Drucks 13/4899, 59). Dennoch haben sie sich nicht entschließen können, die Originärzuweisung des Sorgerechts an die Mutter gem § 1626a Abs 2 durch eine am Kindeswohl orientierte Korrekturmöglichkeit zu ergänzen (wie es in anderen Rechtsordnungen geschehen ist). Als Argumente werden im wesentlichen genannt (BT-Drucks 13/4899, 59, 60):

– die Mutter-Kind-Beziehung würde verunsichert und belastet, wenn bis zur Volljährigkeit des Kindes die Möglichkeit bestünde, daß der Vater sich als besser geeigneter Elternteil präsentiert und das Sorgerecht beansprucht;

– die Mütter würden in diesem Fall vermehrt davon absehen, die Vaterschaftsfeststellung zu betreiben;

– sie würden auch den Umgang des Kindes mit dem Vater nicht großzügig und kindgerecht gestatten, wenn der Vater ein potentieller Sorgerechtskonkurrent wäre.

10 Diese Argumente waren zT in ähnlicher Form schon zur Rechtfertigung des mütterlichen Bestimmungsrechts über das Umgangsrecht des Vaters gem § 1711 aF vorgetragen worden (vgl Darstellung und Nachweise bei MünchKomm/HINZ[3] § 1711 Rn 2), sie haben sich dort als nicht tragfähig erwiesen (vgl jetzt § 1684 und dazu BT-Drucks

13/4899, 68 ff, 104 ff; RAUSCHER FamRZ 1998, 329 ff, 335 ff). Auch berührt es merkwürdig, wenn die Gefahr pflichtwidrigen Verhaltens der Mütter zur Rechtfertigung der Einschränkung von Kindes- und Vaterrechten vorgebracht wird. Schließlich trägt auch das Verunsicherungsargument nicht weit: Mit dieser Situation müssen auch alle anderen Teilfamilien nach Elterntrennung leben (§§ 1671, 1696); die Befriedung möglicher Konfliktfelder darf nicht durch die pauschale Zurücksetzung fundamentaler Rechte einzelner Beteiligter erreicht werden (BVerfG FamRZ 1991, 913, 916). Insoweit stehen auf dem Spiel: (1) der verfassungsrechtlich gesicherte **Anspruch des Kindes auf den erkennbar besser geeigneten Elternteil**, wenn schon nicht gemeinsame Elternverantwortung möglich ist (BVerfG FamRZ 1991, 913, 917; COESTER JZ 1992, 809, 814; ders FamRZ 1995, 1245, 1248), sowie (2) das grundsätzlich dem Mutterrecht gleichwertige **Elternrecht des Vaters aus Art 6 Abs 2 S 1 GG**, das zwar im Hinblick auf die tatsächlichen Lebensverhältnisse oder auf vorhandene Interesselosigkeit, nicht aber pauschalierend eingeschränkt werden darf (BVerfG FamRZ 1995, 789, 792; vgl Rn 5). Der Umstand, daß der Vater bisher am Sorgerecht nicht teilgenommen hat, ist kein taugliches Differenzierungsmerkmal (oben Rn 5). Das generelle Zustimmungsrecht der Mutter fungiert praktisch als **Vetorecht** (LIPP FamRZ 1998, 65, 70, 72); es blockiert die Sorgerechtsübernahme durch den Vater auch in Fällen, in denen diesen eine gewachsene psychosoziale Beziehung mit dem Kind verbindet und er sich als die deutlich bessere Sorgerechtsalternative erweist – bis hin zur Gefährdungsgrenze des § 1666 bei der Mutter (BGH FamRZ 2007, 1969, 1972; die Anwendungsfälle sind selten, vgl Rn 8 und OLG Hamm FamRZ 2000, 1239; AG München FamRZ 2002, 690 f). Dies ist kein akzeptabler Ausgleich zwischen den Verfassungspositionen von Kind, Mutter und Vater – **§ 1672 Abs 1 ist verfassungswidrig** (vgl schon COESTER JZ 1992, 809, 814 f; ders FamRZ 1995, 1245 f, 1248; ders DEuFamR 1999, 3, 7 f; ders FamRZ 2004, 87; dem folgend AG Korbach FamRZ 2000, 629, 630 f; Sorgerechtskommission des DFGT FamRZ 1997, 337, 340; GERNHUBER/COESTER-WALTJEN § 65 Rn 59 ff; MUSCHELER FamRZ 306 f; RIXE, 16. DFGT [2005] 57, 67; ders FF 2008, 168; WEBER NJW 2004, 3084, 3088; SCHUMANN FuR 2002, 59, 65 ff; dies FamRZ 2000, 389, 394; tendenziell ebenso vMÜNCH/KUNIG/COESTER-WALTJEN Art 6 GG Rn 78, 121; PALANDT/DIEDERICHSEN Rn 3; LIPP FamRZ 1998, 65, 72; BRÖTEL DAVorm 1997, 537, 540; ders ZfJ 1998, 447, 448 [Verstoß gegen Art 8 und 14 EMRK]; FINGER FAmRZ 2000, 1204 ff; SPANGENBERG FamRZ 2004, 132, 133; WOLF FPR 2002, 173 ff; GROSS FPR 2002, 176, 178; **aM** BVerfG FamRZ 2003, 1447, 1448 [dazu Rn 2c]; OLG Frankfurt FamRZ 2003, 1314; OLG Düsseldorf FamRZ 1999, 673; vgl RAUSCHER FamRZ 1998, 329, 335 Fn 74; JOHANNSEN/HENRICH/JAEGER Rn 6; eingeschränkt auch OLG Hamm FamRZ 2006, 1467, 1468 [nicht zu beanstanden, wenn längere tatsächliche Sorgebeziehung Vater-Kind fehlt]; für Lösungen de lege ferenda s COESTER aaO; SCHUMANN aaO 395 [**dagegen** EWERS FamRZ 2000, 787]).

e) Kindeswohldienlichkeit

Auch wenn die Mutter dem Antrag des Vaters zugestimmt hat, darf das FamG ihm nur stattgeben, wenn die Übertragung dem Kindeswohl „dient" (Abs 1 S 2; ähnlich auch §§ 1678 Abs 2, 1680 Abs 2 S 2). Das Gesetz sieht also nicht nur eine den elterlichen Konsens kontrollierende Kindeswohlprüfung vor (anders als in § 1671 Abs 2 Nr 1), sondern etabliert sogar eine qualifizierte Übertragungshürde, einen **„besonders strengen Prüfungsmaßstab"** (BT-Drucks 13/4899, 101). Demgemäß genügt es nicht, wenn die Übertragung dem Kindeswohl nicht schaden würde, also „kindeswohlneutral" wäre (BAMBERGER/ROTH/VEIT Rn 6; LIPP FamRZ 1998, 65, 73); vielmehr muß der Sorgeübergang auf den Vater dem Kind „überwiegend Vorteile" bringen, „im Zweifel" ist deshalb der Antrag abzulehnen (BT-Drucks 13/4899, 101). Für die insoweit erforderliche Kindeswohlbeurteilung gelten die allgemeinen, zu § 1671 ausführlich dargelegten Kriterien (§ 1671 Rn 157 ff).

12 Auch in diesem Punkt offenbart sich wieder das gesteigerte **Mißtrauen des Gesetzgebers gegenüber nichtehelichen Vätern**, die sich nicht schon durch frühere Sorgerechtsinhaberschaft „legitimieren" können (vgl Rn 5, 10). *Zum einen* befremdet der Systembruch zu §§ 1626a Abs 1 Nr 1, 1671 Abs 2 Nr 1, wo elterlicher Konsens unkontrolliert die Sorgerechtsverhältnisse umgestalten kann (sowohl zugunsten gemeinsamer Sorge wie Alleinsorge eines Elternteils; vgl SCHWAB/MOTZER Rn III 213). Der Hinweis der Gesetzesverfasser auf angeblich größere Eilbedürftigkeit bei § 1671 (BT-Drucks 13/4899, 101) vermag nicht zu überzeugen. *Zum zweiten* wirft spätestens die erhöhte Änderungsschwelle der positiven Kindeswohldienlichkeit verfassungsrechtliche Bedenken auf: Das BVerfG hat mehrfach die vorrangige Verantwortung der Eltern auch für den Fall der Familientrennung betont (Nachweise § 1671 Rn 7). Einigen sich die Eltern nach Zerbrechen einer nichtehelichen Lebensgemeinschaft darauf, daß die Kinder am besten beim Vater aufgehoben sind, rechtfertigt das Wächteramt des Staates gem Art 6 Abs 2 S 2 GG allenfalls noch eine Negativkontrolle daraufhin, ob diese Regelung kindeswohlschädlich wäre – nach § 1672 Abs 1 S 2 müßte das FamG hingegen den Übertragungsantrag auch dann ablehnen, wenn es beide Eltern für gleich gut geeignet hält! Die Verletzung der Elternautonomie aus Art 6 Abs 2 S 1 GG wäre offenkundig.

Zum dritten schließlich desavouiert der Gesetzgeber sein eigenes Konzept, indem er eine bequeme Umgehungsmöglichkeit eröffnet und bewußt in Kauf nimmt (BT-Drucks 13/4899, 101): Die Eltern können unkontrolliert durch Sorgeerklärung von der Alleinsorge der Mutter zum gemeinsamen Sorgerecht (§ 1626a Abs 1 Nr 1) und von dort – wiederum unkontrolliert! – zur Alleinsorge des Vaters übergehen, § 1671 Abs 1, Abs 2 Nr 1 (die Begründung zum RegE hält derartige Umgehungen für „wenig wahrscheinlich" – aber welcher Anwalt wird nicht auf diesen Weg hinweisen? [zur Kritik vgl COESTER DEuFamR 1999, 3, 8 Fn 68; BAMBERGER/ROTH/VEIT Rn 8]).

13 Insgesamt erweist sich deshalb auch die **Übertragungsschwelle in Abs 1 S 2** als **verfehlt** (zur Kritik COESTER FamRZ 1995, 1245, 1248; ders DEuFamR 1999, 3, 8; COESTER-WALTJEN Jura 1998, 436, 438; Kinderrechtskommission des DFGT FamRZ 1997, 337, 341; FamRefK/ROGNER Rn 13; PALANDT/DIEDERICHSEN Rn 4; JOHANNSEN/HENRICH/JAEGER Rn 7; RAUSCHER, FamR Rn 1013; **aM** auch insoweit BVerfG FamRZ 2003, 1447, 1448 [vgl Rn 2]). Insoweit kann jedoch mit **verfassungskonformer Auslegung** geholfen werden (diese Möglichkeit zumindest andeutend BVerfG FamRZ 2005, 783, 785 r Sp; strenger RAUSCHER, FamR Rn 1013: „nicht verfassungskonform erklärbar"): Der elterliche Konsens ist **Indiz** dafür, daß die beantragte Übertragung auf den Vater dem Kindeswohl dient; schon das Faktum der elterlichen Einigkeit ist dabei als materielles Kindeswohlkriterium zu beachten (vgl § 1671 Rn 69). Nur erkennbare Nachteile für das Kind rechtfertigen demgegenüber eine Ablehnung des Antrags. Damit reduziert sich die Gerichtsfunktion der Sache nach auf eine **Negativkontrolle** (tendenziell ebenso BT-Drucks 13/4899, 101; AnwK-BGB/RAKETE-DOMBECK Rn 6; sowie Nachw Rn 10; FamRefK/ROGNER Rn 10; JOHANNSEN/HENRICH/JAEGER Rn 7; SCHWAB/MOTZER Rn III 213; BAMBERGER/ROTH/VEIT Rn 6.1). Das gleiche gilt, wenn wegen Adoptionseinwilligung durch die Mutter ihre Zustimmung nicht mehr erforderlich ist, § 1751 Abs 1 S 6 (BGH FamRZ 2007, 1969, 1972 Nr 30) – hier ist dem Elternvorrang des

Vaters gegenüber Dritten Rechnung zu tragen (vgl Rn 8; BGH aaO Nr 30, 35 mit Hinweis auch auf Art 8 EMRK; dazu EGMR FamRZ 2004, 1456, 1459).

2. Gerichtliche Entscheidung

Nach dem Gesetzeswortlaut sind dem FamG nur zwei Entscheidungsmöglichkeiten **14** eröffnet: Es kann den Antrag abweisen – dann bleibt es bei der Alleinsorge der Mutter nach § 1626a Abs 2. Oder es gibt dem Antrag statt – dann ist die Übertragung des Sorgerechts auf den Vater auszusprechen; als Konsequenz verliert die Mutter ihr Sorgerecht (aber nicht ihre Elternstellung aus Art 6 Abs 2 S 1 GG). Zum späteren Übergang von der Alleinsorge des Vaters zum gemeinsamen Sorgerecht s Rn 17 ff; zur Rückkehr zur Alleinsorge der Mutter s Rn 18; zu den Konsequenzen bei Ausfall des sorgeberechtigten Vaters s § 1678 Rn 12 ff, 35 ff; bei Sorgerechtsentzug § 1680 Rn 19 ff; bei Tod des Vaters § 1681 Rn 6 ff.

Es fragt sich, ob das FamG dem Antrag auch nur **teilweise stattgeben** kann. Der **15** Gesetzgeber wollte diese Möglichkeit offenbar nicht eröffnen (vgl § 1671 Abs 2: „stattzugeben, soweit ... "; § 1672 Abs 1 S 2: „stattzugeben, wenn ... "). Zwingende Kindeswohlgesichtspunkte für den Unterschied zu § 1671 sind jedoch nicht erkennbar: Dort bleibt es für den abgelehnten Antragsteil zwar beim gemeinsamen Sorgerecht der Eltern, hier behält insoweit die Mutter die Alleinsorge, so daß Kooperationsprobleme befürchtet werden könnten. Andererseits hatte die Mutter dem Übertragungsantrag zugestimmt, hierin liegt im Zweifel auch ihr Einverständnis mit einer Übertragung in geringerem Umfang. Insoweit sollte die Mutterposition bei der Elternanhörung (§ 160 FamFG) ermittelt werden. Darüber hinaus können mögliche Abstimmungsprobleme bei geteiltem Sorgerecht im Rahmen der Kindeswohlprüfung berücksichtigt werden. Insgesamt sollte deshalb die Möglichkeit einer nur teilweisen Stattgabe des Vaterantrags nicht von vornherein ausgeschlossen werden (iE ebenso JOHANNSEN/HENRICH/JAEGER Rn 4; BAMBERGER/ROTH/VEIT Rn 9); im Kindesinteresse wird sich eine solche Entscheidung aber jedenfalls dann nur ausnahmsweise empfehlen, wenn die Übertragung der ungeteilten Alleinsorge beantragt war.

Anderes gilt, wenn schon der **Antrag** des Vaters auf eine **Teilübertragung des Sor-** **16** **gerechts** beschränkt war (vgl Rn 7). Zum einen kann hier ein Zurückbleiben des Gerichts hinter dem Antragsumfang eher zu vertreten sein, da die Eltern von vornherein eine Aufspaltung des Sorgerechts in Kauf genommen haben. Zum zweiten ergeben sich bei jeder Teilübertragung besondere Konsequenzen für die zukünftigen Sorgerechtsverhältnisse: Die Mutter bleibt teilsorgeberechtigt nach § 1626a Abs 2, der Vater ist teilsorgeberechtigt aufgrund der gerichtlichen Übertragung nach Abs 1 (zu späteren Änderungen s Rn 23, 24).

III. Späterer Übergang zum gemeinsamen Sorgerecht, Abs 2

1. Normzweck und -inhalt

Abs 2 S 1 will den Eltern, nachdem eine Übertragung auf den Vater gem Abs 1 **17** stattgefunden hat, doch noch den Weg in das gemeinsame Sorgerecht ermöglichen (BT-Drucks 13/4899, 101). Das gleiche soll gelten, wenn zuvor eine Rückänderung von der Vatersorge zur Muttersorge stattgefunden hat, S 2. Normativer Hintergrund ist

§ 1626b Abs 3, der die autonome Herstellung des gemeinsamen Sorgerechts durch Sorgeerklärung ausschließt, wenn die gesetzliche Originärsorge der Mutter nach § 1626a Abs 2 durch gerichtliche Entscheidung geändert oder überlagert worden ist (unberührt bleibt allerdings die Möglichkeit der Eltern, *durch Heirat* gemeinsames Sorgerecht zu begründen, § 1626a Abs 1 Nr 2; dieses entsteht dann ex lege anstelle mütterlicher oder väterlicher Alleinsorge, vgl STAUDINGER/COESTER [2006] § 1696 Rn 8; STAUDINGER/COESTER [2007] § 1626a Rn 19). Abs 2 gestattet deshalb eine familiengerichtliche Anordnung des gemeinsamen Sorgerechts, wenn (1) ein Elternteil dies beantragt, (2) der andere Elternteil zustimmt und (3) eine gerichtliche Negativkontrolle ergibt, daß die gemeinsame Sorge dem Kindeswohl nicht widerspricht.

2. Kritik

18 Abs 2 ist nicht nur ein „Musterfall überflüssiger legislatorischer Pedanterie" (PALANDT/DIEDERICHSEN[58] Rn 16; vgl auch RAUSCHER, FamR Rn 1014), sondern beruht auf falschen rechtlichen Prämissen und stiftet mehr Verwirrung als Nutzen (bezeichnend auch die Empfehlung an die Eltern bei SCHWAB/MOTZER Rn III 216, durch frühzeitige Abgabe von Sorgeerklärungen den Anwendungsbereich von § 1672 „ein für allemal" zu verlassen).

Nachdem das Sorgerecht gem Abs 1 neu geordnet worden ist, sind alle weiteren Umgestaltungen der Sorgerechtsverhältnisse ein ganz normaler Änderungsfall iS **§ 1696**. Dies gilt nicht nur für eine *Rückübertragung des Sorgerechts auf die Mutter* (S 2 spricht verdunkelnd von „Aufhebung" der Übertragung nach Abs 1; entspr unsicher die Literatur: BÜDENBENDER AcP 197 [1997] 197, 213 sieht gar keine Rückänderungsmöglichkeit außerhalb von §§ 1666, 1680; LIPP FamRZ 1998, 65, 73 will offenbar § 1672 Abs 1 heranziehen; **zutreffend** demgegenüber BT-Drucks 13/4899, 94), sondern *auch* für den Übergang ins *gemeinsame* Sorgerecht: Nichts steht von Wortlaut und Zweck des § 1696 hier entgegen, dem FamG auch diese Gestaltungsmöglichkeit zuzuerkennen (STAUDINGER/ COESTER [2006] § 1696 Rn 34; SCHWAB FamRZ 1998, 457 ff, 461, 471, 472; ders DNotZ 1998, 437, 441; COESTER DEuFamR 1999, 3, 14). Zwar vernachlässigt der Tatbestand des § 1696 den Elternwillen, der regelmäßig dem gemeinsamen Sorgerecht zugrundeliegt; elterlicher Konsens ist aber auch bei Sorgerechtsänderungen möglich und häufig, so daß ihm ohnehin im Gefüge des § 1696 angemessener Stellenwert einzuräumen ist (näher STAUDINGER/COESTER [2006] § 1696 Rn 60 ff). Außerdem muß die gemeinsame Sorge im neuen Recht nicht mehr zwingend vom beiderseitigen Elternwillen getragen sein (vgl § 1671 Rn 120 ff). **Abs 2 ist deshalb überflüssig.** In Verkennung der Gesetzeslage ist der RegE demgegenüber davon ausgegangen, daß (neben der Sorgeerklärung) auch § 1696 keinen Zugang zum gemeinsamen Sorgerecht ermögliche, und meinte deshalb, § 1672 Abs 2 schaffen zu müssen (BT-Drucks 13/4899, 101; ebenso GRESSMANN, Neues Kindschaftsrecht [1998] Rn 240).

19 Die Regelung wirft außerdem mehrere **Fragen und Widersprüche** auf:

(a) Nach den Vorstellungen der Gesetzesverfasser müßte eine Rückkehr zum gemeinsamen Sorgerecht nach einer Sorgerechtsübertragung gem § 1671 Abs 2 gar nicht möglich sein – ein absurdes Ergebnis.

(b) Das gemeinsame Sorgerecht kann gem § 1626a Abs 1 Nr 1 ohne Gerichtskontrolle hergestellt und gem § 1671 Abs 1 trotz Elterntrennung ohne Gerichtskontrolle beibehalten werden; § 1672 Abs 2 hält jedoch eine Kindeswohlkontrolle für erforderlich.

(c) Elterlicher Konsens zugunsten der *Alleinsorge* eines Teils ist nach § 1671 Abs 2 Nr 1 ohne materielle Überprüfungsbefugnis des FamG (außerhalb § 1666) zu beachten; elterlicher Konsens zugunsten der *gemeinsamen Sorge* wird in § 1672 Abs 2, entgegen der sonstigen Gesetzespolitik, einer Kindeswohlkontrolle unterworfen (vgl SCHWAB/MOTZER Rn III 215: „Unikum").

(d) Für das gemeinsame Sorgerecht von Eltern, zwischen denen zuvor eine Sorgerechtsregelung nach § 1671 Abs 2 ergangen war, müssen gem § 1696 „triftige, das Kindeswohl nachhaltig berührende Gründe" sprechen; war eine Sorgerechtsregelung nach § 1672 Abs 1 ergangen, genügt es, wenn die gemeinsame Sorge dem Kindeswohl „nicht widerspricht" (vgl COESTER DEuFamR 1999, 3, 14; RAUSCHER, FamR Rn 1014). Dieser Konflikt kann nur dadurch aufgelöst werden, daß elterlichem Konsens in *§ 1696* entscheidungsleitendes Gewicht beigemessen wird, so daß der Prüfungsmaßstab in dieser Norm und in § 1672 Abs 2 sachlich auf dasselbe hinausläuft (vgl STAUDINGER/COESTER [2006] § 1696 Rn 64).

3. Der Tatbestand im einzelnen

20 Für Elternantrag und Zustimmung des anderen Teils kann auf die Erl zu § 1671 verwiesen werden (dort Rn 44 ff, 71 ff). Der Antrag kann von jedem der beiden Elternteile stammen, also auch vom bisher Alleinsorgeberechtigten. Er kann sich auch nur auf einen Teil der elterlichen Sorge beschränken; dann wird insoweit gemeinsames Sorgerecht begründet, für den Rest behält der bisherige Sorgeinhaber die Alleinsorge (LIPP FamRZ 1998, 65, 72; BAMBERGER/ROTH/VEIT Rn 15). Das Kind hat auch hier kein Antragsrecht (vgl § 1671 Rn 14).

21 **Getrenntleben** der Eltern auch für Abs 2 zu fordern, wäre **sinnwidrig**; sind die Eltern nach der Übertragung gem Abs 1 zusammengezogen, drängt sich gemeinsames Sorgerecht geradezu auf, ist aber nur durch gerichtliche Entscheidung herstellbar (i Erg auch BAMBERGER/ROTH/VEIT Rn 15; RAUSCHER, FamR Rn 1014). Andererseits steht Getrenntleben einer Entscheidung nach Abs 2 auch nicht entgegen.

22 Die **Kindeswohlprüfung** wird angesichts der elterlichen Einigkeit in der Praxis kaum über eine Prima-facie-Kontrolle hinausgehen, zT wird eine Beschränkung auf Kindesgefährdungen (entspr § 1666) vorgeschlagen (JOHANNSEN/HENRICH/JAEGER Rn 8; FamRefK/ROGNER Rn 17; BAMBERGER/ROTH/VEIT Rn 18). Immerhin ist hier der Ort, um die Kindesposition aufklären und berücksichtigen zu können. Ein Kindeswiderspruch muß Anlaß zu vertiefteren Ermittlungen sein; in Ausnahmefällen mag sogar die Bestellung eines Verfahrensbeistandes für das Kind angemessen sein (§ 158 Abs 1, Abs 2 Nr 2 FamFG).

4. Insbesondere: Frühere Teilübertragungen nach Abs 1

23 Die Möglichkeit von Teilübertragungen auf den Vater nach Abs 1 (Rn 7) führt zu komplizierten Folgerungen, wenn die Eltern nunmehr volles gemeinsames Sorgerecht anstreben (bei Getrenntleben mit der gesetzlichen Aufteilung gem § 1687

Abs 1): Der dem Vater übertragene Sorgerechtsteil ist durch das FamG gem Abs 2 S 1 ins gemeinsame Sorgerecht zu überführen, hinsichtlich des bei der Mutter verbliebenen Teils (auf der Grundlage des § 1626a Abs 2!) kann noch eine Sorgeerklärung abgegeben werden (Ausschluß nach § 1626b Abs 3 nur, „soweit" eine Gerichtsentscheidung ergangen ist; vgl BT-Drucks 13/4899, 101; LIPP FamRZ 1998, 65, 73; BAMBERGER/ROTH/VEIT Rn 17). Im Ergebnis sind dann die bisher getrennten Sorgerechtsteile im gemeinsamen Sorgerecht beider Eltern wieder vereint.

24 War der Mutter der zunächst gem Abs 1 auf den Vater übertragene Sorgerechtsteil nach § 1696 zurückübertragen worden, beruht er – obwohl die Mutter wieder die gesamte Alleinsorge hat – auf einer Gerichtsentscheidung, so daß insoweit eine Sorgeerklärung durch § 1626b Abs 3 ausgeschlossen ist. Der Weg von der Alleinsorge der Mutter in das gemeinsame Sorgerecht ist also doppelspurig zu gehen: Sorgeerklärung beider Eltern bezüglich des originär bei der Mutter verbliebenen Sorgeteils, gerichtlicher Übertragungsantrag gem § 1672 Abs 2 S 2 bezügl des früher einmal vom Vater innegehabten Sorgerechtsteils (so wohl auch LIPP FamRZ 1998, 65, 73). Solche vernunftwidrigen Prozeduren ließen sich nur vermeiden, wenn man § 1626b Abs 3 insoweit teleologisch einschränken und nicht anwenden würde – der der Mutter zurückübertragene Sorgerechtsteil ginge dann wieder in ihrer gesetzlichen Originärsorge gem § 1626a Abs 2 auf.

IV. Verfahrensfragen

25 Für **Zuständigkeit, Verfahren und Rechtsmittel** gelten grundsätzlich die zu § 1671 dargestellten Regeln (dort Rn 265 ff). Da Verfahren nach § 1672 elterlichen Konsens voraussetzen, werden **Vermittlungsbemühungen des FamG gem § 156 FamFG** nur in Betracht kommen, wenn das Kind sich den elterlichen Vorstellungen widersetzt (vgl § 1671 Rn 93). In Ausnahmefällen kann ein **Verfahrensbeistand für das Kind** in Betracht kommen (vgl oben Rn 22). Das **Jugendamt** ist gem § 162 Abs 1 FamFG auch in Verfahren nach § 1672 Abs 2 zu hören.

V. Auslandsbezüge

26 Auch hier gelten die Darlegungen zu § 1666 sinngemäß (s dort Rn 313 ff).

Vorbemerkungen zu §§ 1673–1698b

1 Der 5. Titel des 4. Buches („Elterliche Sorge"; beginnend mit §§ 1626 ff) enthält in seiner zweiten Hälfte (§§ 1673–1698b) ein Sammelsurium höchst heterogener, dh in Thema und Bedeutung höchst unterschiedlicher Regelungen. Ein Ordnungsprinzip ist nicht zu erkennen, so daß der Regelungskomplex insgesamt äußerst **unübersichtlich** ist. Die fehlende Gesetzessystematik zeigt sich auch an „versprengten" Teilregelungen zu übergreifenden Themenbereichen (insbes gehören § 1687 zu § 1671 Abs 1; § 1684 zu §§ 1626a Abs 2 und 1671, 1672; § 1682 zu § 1632 Abs 4; § 1688 zu §§ 1630 Abs 3, 1632 Abs 4; vgl auch § 1672 Rn 1). Der folgende Überblick soll zu etwas mehr Transparenz im gesetzlichen Regelungsdschungel verhelfen.

I. Ausfall sorgeberechtigter Eltern

Das den Eltern gemeinsam oder einem Elternteil allein zustehende Sorgerecht kann 2 aus verschiedenen Gründen **enden**, es kann **ruhen** (Fall der rechtlichen Verhinderung) oder die Eltern können schlicht **tatsächlich gehindert** sein, ihrer Sorgeverantwortung nachzukommen. Die praktisch bedeutsamsten Fälle eines Wegfalls oder einer Beschränkung des Sorgerechts sind in §§ 1666–1672 geregelt (vgl § 1666 Rn 55); §§ 1673 ff ergänzen diese Tatbestände und regeln die Folgen für den anderen Elternteil. Insgesamt ist dieser Regelungskomplex nicht nur unübersichtlich, sondern auch lückenhaft und – trotz punktueller Veränderungen durch das KindRG 1998 – zT veraltet (s § 1673 Rn 2). Zu unterscheiden sind einerseits die **Gründe** für diese Ereignisse, soweit sie sich aus dem Recht ergeben, und andererseits die **Folgen**.

Die **Gründe** für eine (uU teilweise) **Beendigung** der elterlichen Sorge sind teils 3 unsystematisch im Gesetz geregelt (richterliche Eingriffe gem §§ 1629 Abs 2 S 3 mit 1796, 1632 Abs 4, 1666 ff, 1671; 1672; 1682; kraft Gesetzes § 1677 [in Verschollenheitsfällen], §§ 1687 Abs 1, 1688 Abs 1, § 1755 Abs 1), teils folgen sie implizit aus dem Gesetz oder der Natur der Sache (Tod des Sorgeberechtigten; Wegfall des Sorgebedürfnisses durch Volljährigkeit [§ 1626 Abs 1, § 2] oder Tod des Kindes [vgl § 1698b]). **Ruhensgründe** finden sich in §§ 1673 (fehlende oder beschränkte Geschäftsfähigkeit), 1674 (richterliche Feststellung andauernder tatsächlicher Verhinderung), 1751 Abs 1 S 1 (Erteilung der Adoptionseinwilligung). Ein Fall sonstiger rechtlicher Verhinderung ist in § 1629 Abs 2 S 1 geregelt. Die Gründe **tatsächlicher Verhinderung** (§ 1678 Abs 1) sind vom Gesetz offengelassen.

Hinsichtlich der **Folgen** für die weitere Sorgeverantwortung ist grundsätzlich danach 4 zu unterscheiden, ob – bei fortdauerndem Sorgebedürfnis – noch ein anderer sorgeberechtigter Elternteil, in dessen Person obige Gründe nicht vorliegen, vorhanden ist oder nicht.

Waren bisher **zwei sorgeberechtigte Elternteile** vorhanden, erstarkt das Sorgerecht des anderen Elternteils regelmäßig kraft Gesetzes zur Alleinsorge oder zumindest zur Alleinausübung, wenn und soweit der eine ausfällt (§§ 1678 Abs 1 HS 1 [rechtliche oder tatsächliche Verhinderung], 1680 Abs 1 [Tod], Abs 3 [familiengerichtlicher Entzug]). **Ausnahme:** § 1629 Abs 2 S 1 (Interessenkollision bei Vertretung; zur beidseitigen Disqualifikation der Eltern STAUDINGER/PESCHEL-GUTZEIT [2007] § 1629 Rn 315 f; GERNHUBER/COESTER-WALTJEN § 58 III 6; für den Entzug des Vertretungsrechts gem §§ 1629 Abs 2 S 3, 1796 gilt hingegen der obige Grundsatz, STAUDINGER/PESCHEL-GUTZEIT [2007] § 1629 Rn 318 [str]).

War der ausfallende Elternteil **alleinsorgeberechtigt** und ist der andere Elternteil 5 insoweit grundsätzlich sorgegeeignet, geht das Sorgerecht zwar niemals ex lege auf ihn über (Kinderschutz!), wohl aber kann es ihm nach einer Kindeswohlprüfung gerichtlich übertragen werden (§§ 1678 Abs 2 [andauerndes Ruhen beim bisher Sorgeberechtigten], 1680 Abs 2 [Tod], Abs 3 [gerichtlicher Entzug], 1681 Abs 1 [Todeserklärung]); als Auffangtatbestand für alle sonstigen Fälle § 1696. Dies gilt nicht bei nur vorübergehendem Ruhen in der Person des Alleinsorgeberechtigten (s Rn 6).

6 Steht **kein anderer sorgefähiger Elternteil** zur Verfügung, so ist dem Kind nach allgemeinen Regeln bei völligem Ausfall des Sorgeberechtigten ein **Vormund** (§ 1773 Abs 1; vgl LG Hamburg FPR 2003, 144, 145 [„anonyme Geburt"], dazu § 1674 Rn 11), bei teilweisem Ausfall ein **Pfleger** zu bestellen (§ 1909 Abs 1). Dies gilt auch bei nur vorübergehendem Ruhen des Sorgerechts (§ 1678 Rn 28) wie auch für den gesetzlich nicht geregelten Fall des **Ausfalls beider sorgeberechtigter Elternteile** (vgl § 1666 Rn 252; MIELITZ, Anonyme Kindesabgabe [2006] 67).

7 Im übrigen kann bei jeglicher Verhinderung der Eltern an der Sorgeausübung subsidiär das **FamG dringliche Maßnahmen** zur Wahrung der Kindesinteressen unmittelbar **selbst treffen**, insbes auch zur Überbrückung von Übergangssituationen (**§ 1693**; bei völligem Wegfall der Sorgeberechtigten vgl § 1846).

8 Zu den **Folgen** des Ruhens **für den betroffenen Elternteil** s § 1675; zur **Abwicklung** nach Ende oder bei Ruhen der elterlichen Sorge s hinsichtlich des Kindesvermögens **§ 1698** (Herausgabe und Rechenschaft), **§ 1698b** (nach Tod des Kindes); zum Schutz gutgläubiger Eltern **§ 1698a**.

II. Folgen gerichtlicher Sorgerechtseingriffe

9 Teilweise überschneidend mit der vorstehenden Systematisierung sind unter dem Aspekt „Folgen gerichtlicher Sorgerechtsregelungen" von Bedeutung: **§ 1696** als Generalnorm für die Überprüfung und Änderung aller familiengerichtlichen Entscheidungen im Bereich der elterlichen Sorge; **§ 1680 Abs 1, 3** zieht die Konsequenz aus der gerichtlichen (oder gesetzlichen) Entrechtung eines Elternteils gem § 1666 für den anderen Teil; speziell für den Ausfall des nach Entscheidung gem §§ 1671, 1672 alleinsorgeberechtigten Elternteils s − neben § 1696 − **§§ 1680 Abs 2 S 1; 1681 Abs 1** (bei beidseitigem Sorgerechtsentzug oben Rn 6).

III. Sonstiges

10 Im übrigen finden sich in den folgenden Vorschriften die fundamental wichtigen Regelungen für **getrennt lebende Eltern** (Sorgerecht §§ 1687, 1687a, Umgangsrecht §§ 1684, 1686), für **sonstige Bezugspersonen** des Kindes (Beziehungsschutz § 1682 [Stiefelternteil], Sorgebefugnisse § 1688, Umgang § 1685) sowie die generalklauselartige Verdeutlichung des gerichtlichen Entscheidungsmaßstabs in Sorgerechtssachen (§ 1697a).

Die früher in §§ 1685–1692 geregelte bürgerlichrechtliche **Beistandschaft** (zur jugendhilferechtlichen Beistandschaft vgl §§ 18 Abs 1, 30, 54 Abs 4 S 1 SGB VIII) ist jetzt in §§ 1712–1717 neu geordnet.

Kindesschutzrechtliche Bestimmungen auf dem Gebiet der **Vermögenssorge** enthält schließlich (an systemwidriger Stelle) **§ 1683**.

Titel 5 § 1673
Elterliche Sorge

§ 1673
Ruhen der elterlichen Sorge bei rechtlichem Hindernis

(1) Die elterliche Sorge eines Elternteils ruht, wenn er geschäftsunfähig ist.

(2) Das Gleiche gilt, wenn er in der Geschäftsfähigkeit beschränkt ist. Die Personensorge für das Kind steht ihm neben dem gesetzlichen Vertreter des Kindes zu; zur Vertretung des Kindes ist er nicht berechtigt. Bei einer Meinungsverschiedenheit geht die Meinung des minderjährigen Elternteils vor, wenn der gesetzliche Vertreter des Kindes ein Vormund oder Pfleger ist; andernfalls gelten § 1627 Satz 2 und § 1628.

Materialien: E I § 1554 Abs 1 S 1; II § 1565; III § 1652. GleichberG Art 1 Nr 22; SorgeRG Art 1 Nr 2, Art 9 § 2 Nr 3; BtG Art 1 Nr 20. STAUDINGER/BGB-Synopse 1896–2005 § 1673.

Schrifttum

BIENWALD, Die Einschränkung der Betreuung nach § 1908d BGB und deren Folgen für die elterliche Sorge ..., FamRZ 1994, 484
DODEGGE, Voraussetzungen für eine Betreuung des erkrankten Elternteils und die rechtliche Bedeutung der Betreuung für Sorge- und Umgangsverfahren, FPR 2005, 233
EHINGER, Die Regelung der elterlichen Sorge bei psychischer Erkrankung eines Elternteils oder beider Eltern im Überblick, FPR 2005, 253
KERN, Einwilligung in die Heilbehandlung von Kindern durch minderjährige Eltern, MedR 2005, 628
KIRSCH, Das Ruhen der elterlichen Sorge, Rpfleger 1988, 234
KNITTEL, Willensvorrang minderjähriger Mütter bei Zustimmung zur Vaterschaftsanerkennung durch den Amtsvormund?, JAmt 2002, 330
OLLMANN, Die Stellung von minderjährigem Elternteil und Vormund nach § 1673 Abs 2 BGB, ZBlJugR 1981, 45
ders, Meinungsverschiedenheiten zwischen minderjähriger Mutter und Vormund, JAmt 2003, 572
RAKETE-DOMBECK, Der Ausfall eines Sorgeberechtigten durch Tod, Krankheit, Abwesenheit oder Entzug der elterlichen Sorge, FPR 2005, 80
SONNENFELD, Tatsächliche Verhinderung und Ruhen der elterlichen Sorge, Rpfleger 1995, 441
WALTER, Betreuung und elterliche Sorge, FamRZ 1991, 765.

Systematische Übersicht

I. Allgemeines		
1. Normbedeutung	1	
2. Textgeschichte	3	
3. Sachlicher Anwendungsbereich und Abgrenzungen	4	
II. Geschäftsunfähigkeit, Abs 1		
1. Tatbestand	11	
2. Rechtsfolgen	12	
a) Ruhen der elterlichen Sorge; Beginn und Ende	12	
b) Rechtsstellung des betroffenen Elternteils	15	
c) Sorgeverantwortung für das Kind nach Eintritt des Ruhens	18	
III. Minderjähriger Elternteil, Abs 2		
1. Tatbestand	19	
2. Rechtsfolgen: Grundsätze	20	

Michael Coester

3. Rechtsstellung des minderjährigen Elternteils im Bereich der tatsächlichen Personensorge ——— 24	b) Personensorge/Vertretung ——— 27
	c) Personensorge/Vermögenssorge —— 28
4. Entscheidungskonflikte ——— 26	IV. **Internationales Privatrecht** ——— 29
a) Auf dem Gebiet der tatsächlichen Personensorge ——— 26	

Alphabetische Übersicht

Ärztlicher Eingriff	22, 27	Großeltern	25
Aufenthaltsbestimmungsrecht	24	Haager KSÜ	29
Ausübungsbindung	14, 20, 23, 25 ff	Herausgabeverlangen (§ 1632 Abs 1)	24
Beschränkte Geschäftsfähigkeit	1 ff, 5, 10, 19 ff	IPR	29
Betreuung (§ 1896)	8 ff, 19	Kinder- und Jugendhilfegesetz (SGB VIII)	2
Bevollmächtigung	22	Kindesgefährdung	27
Einwilligungsvorbehalt (§ 1903)	8 ff	Minderjähriger Elternteil	3, 5, 19 ff
Erforderlichkeitsgrundsatz	8		
Familiengerichtliche Eingriffe		Nicht miteinander verheiratete Eltern	18 f
– gem §§ 1666 ff	17, 25	Pfleger	5, 13 f, 18, 20 f, 26 ff
– gem § 1693	7, 27		
– gem § 1837	27	Religion	22
Feststellung des Ruhens der elterlichen Sorge	12 ff	Schuld	2
– Anfechtung	13 f	Umgangsrecht (§ 1684)	15
– Aufhebung	14	Verfahrens(geschäfts)fähigkeit	13, 24
Geistig behinderte Eltern	7, 12	Verhältnismäßigkeitsgrundsatz	2
– vorübergehende Störung	7	Vermögenssorge	5, 11, 15, 20 f, 23, 28
Gemeinschaftsgebundenes Sorgerecht s Ausübungsbindung		Vertretung	5, 15, 20 ff, 26 ff
Geschäftsunfähigkeit	1 f, 4, 8, 11 ff	Vormund	5, 13 f, 16 ff, 20 f, 23, 26 ff
– partielle	11	– Entlassung	27
Geschiedene/getrennt lebende Eltern	14, 16, 18	Vormundschaft für Elternteil	14

I. Allgemeines

1. Normbedeutung

1 Die Vorschrift beruht auf dem Grundgedanken, daß rechtliche Sorgeverantwortung für andere nur demjenigen zustehen kann, der in eigenen Angelegenheiten volle rechtliche Handlungskompetenz besitzt. Fehlende oder beschränkte Geschäftsfähigkeit eines Elternteils sind deshalb rechtliche Hinderungsgründe für die Ausübung der ihm grundsätzlich zustehenden elterlichen Sorge (zum Begriff des „Ruhens" der elterlichen Sorge § 1675; zur Gesetzessystematik s Vorbem zu §§ 1673 ff). Die Vorschrift dient damit sowohl dem Kindesinteresse als auch dem Verkehrsschutz (BAMBERGER/ROTH/ VEIT Rn 1; MünchKomm/FINGER § 1675 Rn 2).

Nach früherem Recht erfüllten §§ 1673, 1674 eine Auffangfunktion gegenüber dem 2 verschuldensabhängig interpretierten § 1666. Seitdem diese Vorschrift Beschränkungen der elterlichen Sorge auch ohne elterliche Schuld, schon bei objektivem Ausfall der elterlichen Schutzverantwortung für das Kind zuläßt (§ 1666 Rn 59 ff), erscheint die pauschale und (bei § 1673) automatische Entrechtung von Eltern mit Kompetenzdefiziten eher fragwürdig (zur vergleichbaren persönlichkeitsrechtlichen Problematik im Geschäftsfähigkeitsrecht s CANARIS JZ 1987, 993 ff; 1988, 434 ff) – vor allem auch im Lichte des Verhältnismäßigkeitsgrundsatzes in seiner konkreten Ausformung durch § 1666a sowie das SGB VIII (vgl näher § 1674 Rn 6, 16; s auch Rn 8).

2. Textgeschichte

Die ursprünglich in § 1676 aF enthaltene Vorschrift ist zunächst durch das Gleich- 3 berG (Art 1 Nr 22) verändert worden, das Personensorgerecht der minderjährigen Mutter wurde aus § 1696 aF hierher in Abs 2 übernommen. Die Neuregelungen durch das VolljährigkeitsG und das SorgeRG erforderten weitere sachliche und terminologische Anpassungen (Art 1 Nr 22, Art 9 § 2 Nr 3 SorgeRG). Der Wegfall von Entmündigung, Gebrechlichkeitspflegschaft und beschränkter Geschäftsfähigkeit für Volljährige auf Grund des BtG führte zur vorläufig letzten Änderung und nunmehr geltenden Gesetzesfassung (Art 1 Nr 20 BtG vom 12. 9. 1990, in Kraft ab 1. 1. 1992, BGBl 1990 I 2002, 2003, vgl STAUDINGER/BGB-Synopse 1896–2005 zu §§ 1673, 1676).

3. Sachlicher Anwendungsbereich und Abgrenzungen

Abs 1 läßt die Sorge des **geschäftsunfähigen Elternteils** in vollem Umfang ruhen. 4 Geschäftsunfähigkeit eines Elternteils kann sich – seit Wegfall der Entmündigung – allein aus § 104 Nr 2 ergeben (sog „natürliche Geschäftsunfähigkeit"; zur hieraus resultierenden Rechtsunsicherheit auch hinsichtlich der Sorgeberechtigung s Rn 13; vgl COESTER Jura 1991, 1, 6). Abs 1 ist demnach durch das BtG zwar nicht textlich, wohl aber inhaltlich wesentlich verändert worden.

Im **Abs 2** ist fortan ausschließlich der Fall **beschränkter Geschäftsfähigkeit** geregelt 5 (der alternative Ruhensgrund der Gebrechlichkeitspflegschaft nach § 1910 Abs 1 aF ist mit dieser Institution entfallen; zum betreuten Elternteil s Rn 8–10). Beschränkt geschäftsfähig kann **nur noch der minderjährige Elternteil** sein (§ 114 aF ist aufgehoben). Die Ruhenswirkung betrifft beim minderjährigen Elternteil nur die Vermögenssorge und die Vertretung des Kindes; im übrigen unterscheidet Abs 2 danach, ob neben dem minderjährigen Elternteil als gesetzlicher Vertreter des Kindes der andere Elternteil oder ein Vormund/Pfleger vorhanden ist (s Rn 21, 26–28).

§ 1673 ist auf die Thematik „rechtliche Verhinderung an der Sorgerechtsausübung 6 wegen persönlicher Kompetenzdefizite" beschränkt. **Andere Fälle rechtlicher Verhinderung** finden sich in **§ 1674** (richterliche Feststellung tatsächlicher Ausübungsverhinderung) und **§ 1629 Abs 2 S 1** (Vertretungshindernis bei Interessenkollision).

7 **Keine rechtliche Verhinderung** bewirkt die **vorübergehende geistige Störung**: Sie führt nicht zur Geschäftsunfähigkeit nach § 104 Nr 2, sondern nur zur Nichtigkeit der in der Störungsphase abgegebenen Willenserklärung, § 105 Abs 2. Aus dem Blickwinkel des elterlichen Sorgerechts, das durch diese Vorschrift rechtlich nicht berührt wird, stellt sich § 105 Abs 2 als **tatsächliches Ausübungshindernis** dar (ERMAN/MICHALSKI Rn 4; BGB-RGRK/ADELMANN Rn 3; SOERGEL/STRÄTZ Rn 4; KIRSCH Rpfleger 1988, 234, 235). Die unmittelbare Folge ergibt sich aus § 1678 Abs 1, richterliche Maßnahmen sind möglich gem § 1693, uU auch § 1674 – insgesamt ist die sorgerechtliche Stellung geistig behinderter Eltern unbefriedigend und unklar geregelt (s § 1674 Rn 16).

8 Auch die Anordnung einer **Betreuung** (§ 1896) und ggf eines **Einwilligungsvorbehalts** (§ 1903) beeinträchtigen als solche **nicht** die sorgerechtliche Kompetenz eines Elternteils, der nicht auch gem § 104 Nr 2 geschäftsunfähig ist. Die **schlichte Betreuung** berührt die Geschäftsfähigkeit nicht, sie ist generell nicht als disqualifizierendes, sondern als nur unterstützendes Rechtsverhältnis konzipiert. Überdies ist die Anordnung der Betreuung strikt am Erforderlichkeitsgrundsatz auszurichten (§ 1896 Abs 1 S 1, Abs 2 S 1), thematisch begrenzte Betreuung ist der Regelfall. Schon nach früherem Recht hat aber die begrenzte Pflegschaft gem § 1910 Abs 2, 3 aF keine Auswirkungen auf das Sorgerecht gehabt. Aber auch für den seltenen Fall einer Totalbetreuung hielt der Gesetzgeber einzelfallorientierte und differenzierte Maßnahmen nach §§ 1666–1667 oder 1671, 1672 Abs 1, 1696 für angemessener als pauschale Entrechtungen nach § 1673 (BT-Drucks 11/4528, 108; STAUDINGER/BIENWALD [2006] § 1896 Rn 170; PALANDT/DIEDERICHSEN Rn 5; ERMAN/ROTH § 1896 Rn 22; abzulehnen WALTER FamRZ 1991, 765, 770, die bei geschäftsfähigen, aber einsichtsunfähigen Betreuten § 1673 Abs 1 analog anwenden will). Das die Betreuung anordnende Betreuungsgericht hat dem FamG zur Prüfung dieser Frage Mitteilung zu machen, § 308 Abs 1, 2 FamFG. Der Aufgabenkreis des Betreuers kann sich jedenfalls grundsätzlich nicht auf die Sorgerechte des Betreuten erstrecken (BIENWALD FamRZ 2003, 1693; ERMAN/ROTH Rn 22; BayObLG FamRZ 2005, 236; LG Rostock NJW-RR 2003, 1370; 1371), wohl aber auf die Unterstützung des betreuten Elternteils bei der Sorgeausübung (HOFFMANN, in: FS Bienwald [2006] 121; DODEGGE FPR 2005, 233, 238).

9 Schwieriger ist die Rechtslage beim **Einwilligungsvorbehalt** gem § 1903, der für seinen Themenbereich eine der beschränkten Geschäftsfähigkeit ähnliche Rechtsstellung des Betreuten zur Folge hat (§ 1903 Abs 1 S 2, Abs 3; vgl COESTER Jura 1991, 1, 6 f). Dabei sind zwei Fragen zu unterscheiden: (1) Kann sich der Einwilligungsvorbehalt auf Willenserklärungen im Rahmen elterlicher Sorgerechtsausübung beziehen? (2) Löst ein umfassender Einwilligungsvorbehalt das (beschränkte) Ruhen der elterlichen Sorge gem § 1673 Abs 2 aus?

Die **erste Frage** ist zu **verneinen**. Ein Einwilligungsvorbehalt ist nur zulässig zur Abwehr von Gefahren für den Betreuten selbst, nicht von Gefahren für Dritte (BT-Drucks 11/4528, 136; LG Rostock FamRZ 2003, 1691, 1692; DIJuF-Gutachten JAmt 2002, 301). Die Gefahr für den betreuten Elternteil, dem Kind schadensersatzpflichtig zu werden, reicht nicht aus, sie ist im Hinblick auf oft mangelnde Schuld sowie § 1664 zu fernliegend. Außerdem würde ein Einwilligungsvorbehalt bezügl sorgerechtlicher Erklärungen den Betreuer praktisch zum Mitsorgeberechtigten machen, ohne ihn in eine entsprechende Verantwortung unmittelbar dem Kind gegenüber einzubeziehen. Ist Fehlausübung des Sorgerechts zu befürchten, so bieten den richtigen Ansatz für Kindes- *und* Betreutenschutz die §§ 1666–1667 (ebenso wohl STAU-DINGER/BIENWALD [2006] § 1903 Rn 25; LG Rostock FamRZ 2003, 1691, 1692; BIENWALD FamRZ 2003, 1693; vgl § 1674 Rn 16; **aA** WALTER FamRZ 1991, 765, 771 [§ 1673 Abs 1 analog]). Dabei ist es durchaus möglich, daß der Betreuer auch als Vormund oder Pfleger für die Kinder eingesetzt wird (BIENWALD FamRZ 2003, 1693).

Im Ergebnis ähnliches gilt für die **zweite Frage**, betreffend einen Elternteil, der unter Totalbetreuung und einen (vorbehaltlich § 1903 Abs 2) umfassenden Einwilligungsvorbehalt gestellt, aber noch nicht geschäftsunfähig iSd §§ 104 Nr 2, 1673 Abs 1 ist. Da diese Situation in § 1673 Abs 2 nicht ausdrücklich geregelt worden ist, käme allenfalls eine analoge Anwendung (über den Begriff der „beschränkten Geschäftsfähigkeit") in Betracht. Obwohl die Materialien zum BetrG diese Frage nicht unmittelbar ansprechen (vgl BT-Drucks 11/4528, 136; **abl** BIENWALD, Betreuungsrecht § 1903 Rn 58), liegt es doch näher, von einem „beredten Schweigen" des Gesetzgebers iS einer **bewußten Ablehnung des § 1673 Abs 2** auszugehen als von einer Gesetzeslücke. Der Verweis des Gesetzgebers auf §§ 1666 ff für die Betreuung im allgemeinen (BT-Drucks 11/4528, 108) gilt sinngemäß auch für den Einwilligungsvorbehalt – er ist auch sachlich die angemessene Antwort (BAMBERGER/ROTH/VEIT Rn 5; zu einer möglichen Anwendung auch des § 1674 s dort Rn 6, 16). **10**

II. Geschäftsunfähigkeit, Abs 1

1. Tatbestand

Der Tatbestand setzt lediglich Geschäftsunfähigkeit voraus (dazu Rn 4), die ipso iure eintritt, wenn sich ein Elternteil in einem Zustand gem § 104 Nr 2 befindet, und gleichermaßen automatisch entfällt, wenn eine Besserung dieses Zustands eintritt. Dies kann zu Problemen bei **periodisch auftretender Geschäftsunfähigkeit** führen – hier wird an dauerhafte Übertragung der elterlichen Sorge auf den anderen Elternteil (§§ 1671, 1672, 1696) oder an Eingriffe gem § 1666 zu denken sein; bei kurzen Intervallen kommt auch eine Feststellung nach § 1674 Abs 1 in Betracht (vgl SONNENFELD Rpfleger 1995, 441, 445). Bei nur **partieller Geschäftsunfähigkeit** (dazu RGZ 162, 223, 229; BGH FamRZ 1971, 243; STAUDINGER/KNOTHE [2004] § 104 Rn 14) kommt es darauf an, ob der defizitäre Kompetenzbereich gerade auch die Sorgerechtsausübung umfaßt – bei nur mittelbarer oder marginaler Betroffenheit der Sorgerechtsfähigkeit greift § 1673 Abs 1 nicht ein, ggf sind Maßnahmen nach §§ 1666, 1666a zu treffen. Bezieht sich allerdings die Geschäftsunfähigkeit auf abgrenzbare Teile der elterlichen Sorge (zB Vermögenssorge), tritt die Ruhenswirkung beschränkt auf diesen Teil ein (vgl BayObLGZ 1978, 172, 174; RAKETE-DOMBECK FPR 2005, 80; s auch § 1674 Rn 10). Umgekehrt kann – in Parallele zur „partiellen Ehegeschäftsfähigkeit" (BVerfG FamRZ 2003, 359; BayObLG FamRZ 1997, 397) – auch eine **partielle „Elterngeschäftsfähigkeit"** vorliegen, soweit geistig Behinderte, die im allgemeinen nach § 104 Nr 2 geschäftsunfähig sind, in der Lage sind, Elternverantwortung zu erkennen und wahrzunehmen (vgl § 1674 Rn 16). Kontrolle und Korrekturen können durch den anderen, gesunden Elternteil oder das FamG (§§ 1628, 1666) erfolgen (BAMBERGER/ROTH/VEIT Rn 2.1; MünchKomm/FINGER Rn 7). **11**

2. Rechtsfolgen

a) Ruhen der elterlichen Sorge; Beginn und Ende

12 Die Kompetenz zur Ausübung der elterlichen Sorge ist gem Abs 1 – gewissermaßen akzessorisch – an das Bestehen der Geschäftsfähigkeit gebunden. Entfällt diese, so „**ruht**" die elterliche Sorge **kraft Gesetzes**, dh die Ausübungskompetenz entfällt bei grundsätzlichem Verbleib der Sorgerechtssubstanz (näher § 1675) – das Ruhen ist also mittelbar abhängig von dem natürlichen Zustand der dauernden krankhaften Geistesstörung iSd § 104 Nr 2. Eine gerichtliche Feststellung des Ruhens oder der Geschäftsunfähigkeit ist weder notwendig noch gesetzlich vorgesehen.

13 Die sich hieraus ergebende **Rechtsunsicherheit** ist offenkundig (vgl GERNHUBER/ COESTER-WALTJEN § 64 III 2 Fn 20; KIRSCH Rpfleger 1988, 234, 235); der Gesetzgeber selbst hat ihr in § 1698a für einen Teilaspekt (Schutz des betroffenen, aber gutgläubigen Elternteils) Rechnung getragen. Im übrigen behilft sich eine verbreitete Praxis praeter legem, aber billigenswerterweise mit **deklaratorischen Feststellungsbeschlüssen** über das Ruhen gem Abs 1 (vgl BayObLG FamRZ 1976, 711, 712 f; AnwK-BGB/WIEDENLÜBBERT Rn 3; GERNHUBER/COESTER-WALTJEN aaO; RAKETE-DOMBECK FPR 2005, 80; EHINGER FPR 2005, 253, 254; BIENWALD FamRZ 1994, 484). Häufig wird das Ruhen auch implizit im Verfahren der Vormunds- oder Pflegerbestellung für das Kind oder der Übertragung der elterlichen Sorge auf den Vater gem § 1678 Abs 2 festgestellt; entsprechendes gilt für Sorgerechtsverfahren nach § 1671 Abs 2 Nr 2 (vgl § 1671 Rn 36) oder § 1696.

Sowohl bei isolierter wie auch impliziter Feststellung ist von der **Verfahrensgeschäftsfähigkeit des betroffenen Elternteils** für die Anfechtung des Beschlusses auszugehen (BayObLG FamRZ 1976, 711, 712; OLG Düsseldorf FamRZ 1969, 663; OLG Hamm OLGZ 1971, 76; ERMAN/MICHALSKI Rn 8; SOERGEL/STRÄTZ Rn 4).

14 Ebenso automatisch **entfallen die Ruhenswirkungen**, wenn der Elternteil wieder geschäftsfähig wird (BayObLG Rpfleger 1968, 22; anders bei § 1674, s dort Rn 22). Eine angeordnete Vormundschaft endet (§ 1882), eine Pflegschaft ist aufzuheben (§ 1919), für den gem § 1678 Abs 1 allein ausübungsberechtigten anderen Elternteil tritt die Ausübungsbindung des § 1627 wieder in Kraft. Lediglich eine gerichtliche Übertragung auf den anderen Elternteil gem § 1678 Abs 2, § 1671 Abs 2 Nr 2 oder § 1696 wird nicht ipso iure rückgängig gemacht (§ 1678 Rn 33, 37). Das Ende des Ruhens ist auch noch in der Rechtsbeschwerdeinstanz zu beachten (BayObLG FamRZ 1976, 711, 713). War das Ruhen in einem isolierten Beschluß gerichtlich festgestellt worden, so besteht trotz seiner nur deklaratorischen Bedeutung ein Rechtsschutzinteresse an einem klarstellenden Aufhebungsbeschluß (BayObLG aaO). Das Ende der Vormundschaft (und damit implizit des Ruhens) ist hingegen von Amts wegen festzustellen (MünchKomm/WAGENITZ § 1882 Rn 15).

b) Rechtsstellung des betroffenen Elternteils

15 Zur Wirkung des Ruhens im allgemeinen s § 1675; zum Schutz des gutgläubigen Elternteils s § 1698a. **Kindesvermögen** ist an den neuen gesetzlichen Vertreter des Kindes herauszugeben (§ 1698 Abs 1), es sei denn, dieser (etwa der andere Elternteil) hat es schon in Besitz. Der geschäftsunfähige Elternteil behält Pflicht und Recht zum **persönlichen Umgang** mit dem Kind (§ 1684 Abs 1), Einschränkungen oder

Ausschluß sind nach § 1684 Abs 4 und den dazu entwickelten Grundsätzen zu beurteilen (s STAUDINGER/RAUSCHER [2006] § 1684 Rn 260 ff; RAKETE-DOMBECK FPR 2005, 80).

Bei Sorgerechtsentscheidungen anläßlich einer Elterntrennung (gem § 1671 Abs 2 Nr 2) scheidet der Elternteil, dessen Sorge ruht, nicht ipso iure als Plazierungsalternative aus – unter Würdigung seines Zustands, der Besserungshoffnungen sowie aller sonstigen Umstände beider Elternteile kann zu seinen Gunsten oder Ungunsten entschieden werden. Im ersten Fall ist für die Zeit bis zur erwarteten Wiedererlangung der Sorgerechtsfähigkeit ein Vormund zu bestellen, im zweiten Fall verliert der betroffene Elternteil auch sein bis dahin nur ruhendes Sorgerecht (§ 1671 Rn 36). **16**

Eingriffe in das ruhende Sorgerecht gem § **1666** scheiden aus: Die rechtliche Verhinderung an der Ausübung seines Sorgerechts gem §§ 1673 Abs 1, 1675 bedeutet auch das Ausscheiden des Elternteils aus seiner sorgerechtlichen Verantwortung für den Schutz des Kindes, so daß eine konkrete Kindesgefährdung nicht auf sein Versagen in dieser Schutzfunktion zurückgeführt werden kann (vgl § 1666 Rn 169). Handlungen des geschäftsunfähigen Elternteils, die das Kind gefährden, geschehen nicht in Ausübung des elterlichen Sorgerechts, sie sind im Rahmen des § 1666 Abs 1 als „Verhalten eines Dritten" einzustufen (abzuwehren primär vom Sorgeberechtigten bzw Vormund, hilfsweise vom FamG, § 1666 Abs 1, 4). **17**

c) Sorgeverantwortung für das Kind nach Eintritt des Ruhens

Wird von zwei Eltern mit gemeinsamem Sorgerecht einer geschäftsunfähig, so übt gem § 1678 Abs 1 HS 1 der andere die elterliche Sorge alleine aus. War die nichteheliche Mutter gem § 1626a Abs 2 alleinsorgeberechtigt, so kann das FamG unter den Voraussetzungen des § 1678 Abs 2 die elterliche Sorge auf den Vater übertragen. War der geschäftsunfähige Elternteil aufgrund familiengerichtlicher Entscheidung alleinsorgeberechtigt (insbes §§ 1671, 1672 Abs 1, 1696) und steht der andere Elternteil als geeigneter, potentieller Sorgerechtsinhaber zur Verfügung, so kann ihm das Sorgerecht nur gem § 1696 Abs 1 übertragen werden (s § 1678 Rn 14). In allen anderen Fällen (kein sorgerechtsfähiger anderer Elternteil vorhanden oder Geschäftsunfähigkeit beider Elternteile) ist ein Vormund oder Pfleger zu bestellen (vgl Vorbem 6 zu §§ 1673 ff). **18**

III. Minderjähriger Elternteil, Abs 2

1. Tatbestand

Beschränkt geschäftsfähig kann nur ein minderjähriger Elternteil sein (s Rn 5). Sind die Eltern miteinander verheiratet, so muß gem § 1303 Abs 2 der minderjährige Teil 16 Jahre alt, der andere Teil volljährig sein. Bei nichtehelicher Elternschaft fallen auch jüngere Mütter unter den Tatbestand des Abs 2, im Falle des § 1626c Abs 2 auch jüngere Väter. Gleiches gilt, wenn die Ehevoraussetzungen ausländischem Recht unterliegen (Art 13 EGBGB). Eine entsprechende Anwendung des Abs 2 auf betreute Elternteile scheidet aus (s Rn 8–10). **19**

2. Rechtsfolgen: Grundsätze

20 „Das gleiche" (Abs 2 S 1), dh das Ruhen der elterlichen Sorge gilt für den minderjährigen Elternteil nur hinsichtlich der Vermögenssorge und der gesetzlichen Vertretung des Kindes gem § 1629: Die **Ruhenswirkung** ist also **sachlich beschränkt**. Die **tatsächliche Personensorge** steht dem minderjährigen Elternteil in gleichem Maße zu wie einem volljährigen – dies allerdings stets *neben* einem anderen Personensorgeberechtigten, entweder dem anderen Elternteil oder einem Vormund/Pfleger. Das Recht des minderjährigen Elternteils ist also stets ein **gemeinschaftsgebundenes Sorgerecht** (zu Entscheidungskonflikten Rn 26 ff). Die gelegentliche Bezeichnung als „Nebensorgerecht" ist irreführend, da das Recht des minderjährigen Elternteils im Verhältnis zum Gatten Gleichrang, zum Vormund/Pfleger Vorrang hat (zutr OLLMANN ZBlJugR 1981, 45, 50; vgl auch OLG Karlsruhe FamRZ 2005, 1272).

21 Der **andere Inhaber des Personensorgerechts** wird von Abs 2 S 2 als *„gesetzlicher Vertreter des Kindes"* bezeichnet, dem über die Personensorge hinaus allein die Vermögenssorge und Vertretung zusteht. Beim (volljährigen) Ehegatten ergibt sich diese Kompetenz zwanglos aus §§ 1626, 1678 Abs 1, 1629 Abs 1 S 3, beim Vormund aus §§ 1773, 1793 Abs 1, 1800, jeweils iVm § 1673 Abs 2 S 1, 2. Nicht bedacht ist der Fall, daß beide verheirateten Eltern zwar personensorgeberechtigt sind, aber auch der volljährige Teil nicht vertretungsberechtigt ist (etwa nach Entzug gem § 1629 Abs 2 S 3 iVm § 1796 oder gem § 1666), oder daß beide Elternteile minderjährig, aber sorgeberechtigt sind (kraft Sorgeerklärung, §§ 1626a Nr 1, 1626c Abs 2). In diesem Fall ist gesetzlicher Vertreter des Kindes ein Pfleger (§ 1909 Abs 1), dem aber nun – entgegen dem Wortlaut des Abs 2 S 2 HS 1 – sinnvollerweise nicht auch noch (als Drittem) das tatsächliche Personensorgerecht zustehen kann (zu Konsequenzen s noch Rn 26).

22 Der Ausschluß des minderjährigen Elternteils von der **Vertretung des Kindes** kann durch rechtsgeschäftliche **Bevollmächtigung** seitens des gesetzlichen Vertreters abgemildert werden (KGJ 38, A 34; OLG Dresden SeuffA 66 Nr 115). Der Ausschluß bezieht sich auch nicht auf rechtsgeschäftliches Handeln im Interesse des Kindes, das **in eigenem Namen des Elternteils** erfolgt (sog „amtsähnliche Handlungen", vgl STAUDINGER/PESCHEL-GUTZEIT [2007] § 1629 Rn 17) – allerdings wird im Hinblick auf § 107 regelmäßig die Zustimmung des gesetzlichen Vertreters des *Elternteils* notwendig sein (OLLMANN ZBlJugR 1981, 45, 47). Darüber hinaus wird gefordert, Abs 2 auf den minderjährigen Elternteil insoweit nicht anzuwenden (ihn also als voll vertretungsberechtigt anzusehen), als Minderjährigen generell für bestimmte Entscheidungen Teilmündigkeit zuerkannt wird (zB Religionsfragen §§ 3, 5 RelKEG, oder ärztliche Eingriffe bei Einwilligungsfähigkeit; vgl § 1666 Rn 153; OLLMANN 47).

23 **Beginn und Ende des Ruhens** folgen den zu Abs 1 dargelegten Grundsätzen (Rn 12–14): Der minderjährige Elternteil erwirbt das Recht zur elterlichen Sorge von vornherein nur unter den Einschränkungen des §§ 1673 Abs 2, 1675, er erwirbt Vermögenssorge und Vertretung also nur als latente Rechtsmacht, die Personensorge stets in der Ausübungsbindung gem Abs 2 S 2, 3. Diese Ruhenswirkungen entfallen automatisch mit Eintritt der Volljährigkeit. Schon vorher kann dem minderjährigen Elternteil das (im Verhältnis zum anderen Elternteil) alleinige elterliche Sorgerecht gem §§ 1671, 1672 übertragen werden (bei praktisch voller Chancengleichheit); aller-

dings endet dadurch das Ruhen nicht, der Zeitraum bis zur Volljährigkeit ist durch Vormundbestellung zu überbrücken (§ 1671 Rn 182, vgl oben Rn 16).

3. Rechtsstellung des minderjährigen Elternteils im Bereich der tatsächlichen Personensorge

Zum **Begriff der tatsächlichen Personensorge** sowie zur Abgrenzung einerseits zur Vermögenssorge, andererseits zur Vertretung auf dem Gebiet der Personensorge s STAUDINGER/PESCHEL-GUTZEIT (2007) § 1626 Rn 58, 67. Insbes gehören dazu das Recht zur persönlichen Pflege und Erziehung des Kindes, das Aufenthaltsbestimmungsrecht sowie der Herausgabeanspruch gem § 1632 Abs 1. Aus diesen Kompetenzen ergibt sich auch die entsprechende **Verfahrensfähigkeit** des minderjährigen Elternteils für Anträge, Beschwerden sowie das Herausgabeverfahren gem § 1632 Abs 3, § 9 Abs 1 Nr 3 FamFG. Das Sorgerecht eines minderjährigen Elternteils bezieht sich naturgemäß auf ein Kleinkind; praktisch gegenstandslos sind deshalb die Personensorgebefugnisse gem § 1303 Abs 3 oder § 1632 Abs 2. **24**

Für das nicht ruhende Personensorgerecht des minderjährigen Elternteils gelten im übrigen die **allgemeinen Grundsätze zur elterlichen Sorge gem § 1626**. Familiengerichtliche Eingriffe sind nur nach §§ 1666, 1666a zulässig (OLG Celle ZBlJugR 1954, 305; LG Lübeck FamRZ 1955, 270), unzweckmäßige oder schlicht nachteilige Maßnahmen des minderjährigen Elternteils rechtfertigen deshalb Eingriffe noch nicht. Wird die Personensorge gem § 1666 entzogen, entfällt für deren anderen Inhaber (Rn 20) ohne weiteres die in Abs 2 S 3 geregelte Ausübungsbindung (vgl KG JFG 9, 48; LG Lübeck aaO; OLLMANN ZBlJugR 1981, 45, 47; aA OLG Stuttgart ZBlJugR 1954, 271). **25**

Aus dem Sorgerecht der **Eltern des minderjährigen Elternteils** folgt **keine Einwirkungsbefugnis** auf ihr Kind hinsichtlich dessen sorgerechtlichen Handlungen oder Entscheidungen – der minderjährige Elternteil hat insoweit eine eigenständige Rechtsstellung (LG Hamburg FamRZ 1981, 309, 310; vgl Rechtsgedanken aus § 1633).

4. Entscheidungskonflikte

a) Auf dem Gebiet der tatsächlichen Personensorge

Das Gesetz differenziert danach, wer der Mitinhaber der Personensorge ist: Im Verhältnis zu einem **Vormund oder Pfleger** hat die Meinung des **minderjährigen Elternteils Vorrang** (Abs 2 S 3 HS 1, vgl entspr § 3 Abs 1 RelKEG), im Verhältnis zum **anderen Elternteil Gleichrang** nach den allgemeinen Grundsätzen der §§ 1627, 1628 (Abs 2 S 3 HS 2). Der in diesen Vorschriften konkretisierten Ausübungsbindung gemeinsam sorgeberechtigter Eltern unterliegt der minderjährige Elternteil auch dann, wenn der andere Elternteil nur die Personensorge innehat, nicht aber gesetzlicher Vertreter des Kindes ist, während der lediglich zur Kindesvertretung berufene Pfleger gar kein (auch kein gem Abs 2 S 3 HS 1 nachrangiges) Mitbestimmungsrecht auf dem Gebiet der tatsächlichen Personensorge hat (vgl oben Rn 21). **26**

b) Personensorge/Vertretung

Kommt es zwischen den Eltern zu einer Entscheidungsübertragung auf den minderjährigen Teil gem § 1628 Abs 1, so ist dieser insoweit auch als ermächtigt anzusehen, **27**

Ausführungshandlungen mit Außenwirkung durchzuführen (analog § 1629 Abs 1 S 3, der grundsätzlich Vertretungsrecht des Elternteils voraussetzt).

Im **Verhältnis zum Vormund/Pfleger** als gesetzlichem Vertreter des Kindes ist zu bedenken, daß nahezu *jeder* Vertretungshandlung im Bereich der Personensorge eine sorgerechtliche Sachentscheidung zugrundeliegt, die der tatsächlichen Personensorge zuzurechnen ist (vgl OLLMANN ZBlJugR 1981, 45, 49). Der Vorrang des minderjährigen Elternteils liefe leer, wenn der Vormund/Pfleger nicht auch hinsichtlich der Ausführungshandlungen auf Vertretungsebene an die Bestimmung des minderjährigen Elternteils gebunden wäre (so iE auch RAUSCHER, Familienrecht Rn 983; Grenze: kindeswohlgefährdende Bestimmungen, vgl OLLMANN JAmt 2003, 572, 576; PALANDT/DIEDERICHSEN Rn 4). Dieser kann also nicht nur Vertretungsmaßnahmen, die in Widerspruch zu seiner vorrangigen sorgerechtlichen Bestimmung stehen, verbieten, er kann auch bestimmungskonforme Vertretungshandlungen erzwingen – etwa den Abschluß des Arztvertrages bei vom Elternteil für notwendig befundener Behandlung (vgl OLG Oldenburg FamRZ 1964, 643; OLLMANN ZBlJugR 1981, 45, 47 ff; ders JAmt 2003, 572, 575: Die minderjährige Mutter kann aber einen solchen Arztvertrag zur Behandlung des Kindes auch mit Zustimmung ihrer eigenen gesetzlichen Vertreter gem §§ 107, 108 in eigenem Namen als Vertrag zugunsten Dritter schließen). Mißachtet der Vormund/Pfleger den Vorrang des minderjährigen Elternteils, so hat das FamG unterstützend gem § 1837 oder – in Eilfällen – gem § 1693 tätig zu werden. Außerdem kann ein Entlassungsgrund gem § 1886 vorliegen (wie auch schon bei dauerndem Streit zwischen Elternteil und Vormund; zur Sonderproblematik der Vaterschaftsanerkennung und Zustimmung des Kindes s KNITTEL JAmt 2002, 330; OLLMANN JAmt 2003, 572, 576). **Anderes** gilt, wenn die Entscheidung des minderjährigen Elternteils zu einer **Gefährdung des Kindes** führen würde – hier kann das FamG gegen § 1666 dem Elternteil die Entscheidungsbefugnis entziehen und auf einen Pfleger übertragen (OLG Koblenz FamRZ 2005, 1923).

c) Personensorge/Vermögenssorge

28 Berührt eine Entscheidungsfrage beide Sorgebereiche (s STAUDINGER/PESCHEL-GUTZEIT [2007] § 1626 Rn 67), so entscheidet im Streit zwischen minderjährigem Elternteil und **Vormund/Pfleger** das FamG gem § 1630 Abs 2 (BGB-RGRK/ADELMANN Rn 6; zur Anwendbarkeit auch bei Vormundschaft BayObLGZ 3, 119); ein grundsätzlicher Vorrang des Personensorgerechts (so MünchKomm/FINGER Rn 8) ist nicht anzuerkennen. Ist der **andere Elternteil** Inhaber der Vermögenssorge, so ist nicht nach § 1630 Abs 2 (so SOERGEL/STRÄTZ Rn 8), sondern nach § 1628 zu entscheiden.

IV. Internationales Privatrecht

29 Auch über kraft Gesetzes bestehende Sorgeverhältnisse und eintretende Veränderungen entscheidet ab Inkrafttreten des **Haager Kinderschutzübereinkommens (KSÜ)** der gewöhnliche Aufenthalt des Kindes. § 1673 ist also unabhängig von der Staatsangehörigkeit immer anwendbar, wenn sich das Kind in Deutschland aufhält (Art 16, 21 Abs 1 KSÜ; vgl STAUDINGER/HENRICH [2008] Art 21 EGBGB Rn 83). Art 21 EGBGB wird durch das KSÜ verdrängt (anders noch unter der Herrschaft des MSA, vgl STAUDINGER/COESTER [2004] Rn 29).

§ 1674
Ruhen der elterlichen Sorge bei tatsächlichem Hindernis

(1) Die elterliche Sorge eines Elternteils ruht, wenn das Familiengericht feststellt, dass er auf längere Zeit die elterliche Sorge tatsächlich nicht ausüben kann.

(2) Die elterliche Sorge lebt wieder auf, wenn das Familiengericht feststellt, dass der Grund des Ruhens nicht mehr besteht.

Materialien: E I § 1554 Abs 1 S 2; II § 1566; III § 1653. GleichberG Art 1 Nr 22; SorgeRG Art 9 § 2 Nr 3; KindRG Art 1 Nr 46. STAUDINGER/ BGB-Synopse 1896–2005 § 1674.

Schrifttum: s Angaben zu § 1673.

Systematische Übersicht

I. Allgemeines	
1. Normbedeutung	1
2. Abgrenzung zu anderen Vorschriften	5
3. Textgeschichte	7
II. Ruhen auf Grund familiengerichtlichen Feststellungsbeschlusses, Abs 1	
1. Tatbestandliche Voraussetzungen	8
a) Tatsächliche Ausübungsverhinderung auf längere Zeit	8
b) Familiengerichtliche Feststellung längerer Ausübungsverhinderung	17
2. Einstweilige Anordnungen	21
III. Wiederaufleben der elterlichen Sorge, Abs 2	22
IV. Internationales Privatrecht	24

Alphabetische Übersicht

Abwesenheit eines Elternteils	11
Adoptionspflege	15
Amtsermittlungsgrundsatz	18
Amtsvormund	19
Anhörung	18
Asylsuchendes Kind	12, 24
Ausländerkind	12 f, 24
Auslandsaufenthalt	11, 13
Ausübungsbindung	1, 10, 23
Ausübungsüberlassung	9, 11
Einstweilige Anordnung	19, 21
Erforderlichkeitsprinzip	6
Ergänzungspfleger	1
Familiengerichtliche Eingriffe	
– gem §§ 1666 ff	1, 4, 6, 8, 11, 15 f, 18, 20 f
– gem § 1693	1, 19, 21
Feststellungsbeschluß	
– über Verhinderung	2 f, 17 ff
– über Wegfall der Verhinderung	22 f
Geistig behinderte Eltern	5 f, 16, 18
Geschäftsunfähigkeit	5, 16
Getrennt lebende Eltern	5, 19, 21, 23
Haager KSÜ	3, 24
Herausgabeverlangen (§ 1632 Abs 1)	4
Inhaftierte Eltern	14
Internat	9

IPR	3 f, 12 f, 24
Jugendamt	16, 18 ff
Kinder- und Jugendhilfegesetz (SGB VIII)	8, 16
Kindesentführung	4, 13
Kindeswohlgefährdung	6, 11, 18, 21, 24
Nichteheliche Mutter	19
Partielles Ruhen	10
Pfleger	1, 10, 19 ff, 23
Pflegestelle	9
Psychiatrische Untersuchung	6, 16, 18
Rechtsmittel	18, 20, 22
Sorgerechtsänderung	1, 4, 11, 18, 23
Tatsächliche Verhinderung	1 f, 5 f, 8 ff
– partielle	10
Verhältnismäßigkeitsgrundsatz	10
Vormund	1, 18 ff, 23
Wiederaufleben der elterlichen Sorge	22 f
Zuständigkeit	
– internationale	24
– örtliche	17
– sachliche	17, 19

I. Allgemeines

1. Normbedeutung

1 Ist ein Elternteil an der Ausübung der elterlichen Sorge **aus tatsächlichen Gründen gehindert**, so berührt dies nicht automatisch seine *Rechtsstellung*. Das Gesetz reagiert (zur Sicherung der Kindesinteressen) unmittelbar nur insoweit, als – bei Vorhandensein eines anderen sorgeberechtigten Elternteils – dessen Ausübungsbindung gem §§ 1627, 1628 entfällt, er also allein ausübungsbefugt wird (§ 1678 Abs 1). Steht kein anderer sorgeberechtigter Elternteil bereit, etwa auch, weil beide Eltern verhindert sind, kommen allerdings weitere gerichtliche Maßnahmen in Betracht: Vormund- oder Pflegerbestellung (§§ 1773, 1909 [uU nur Ergänzungspflegschaft, s § 1678 Rn 16]), unmittelbare Kindeswohlwahrung durch das FamG (§ 1693) oder Eingriffe in das elterliche Sorgerecht nach §§ 1666 ff bzw nach §§ 1696.

2 Das Merkmal der „**tatsächlichen Verhinderung**" ist mit erheblichen *Unsicherheiten* behaftet, sowohl hinsichtlich der Faktenerkenntnis wie auch der rechtlichen Interpretation. Im Interesse des Kindes, der Eltern und des Rechtsverkehrs ermöglicht § **1674** bei längerdauernden Verhinderungen deren förmliche **familiengerichtliche Feststellung** und knüpft hieran die **gesetzliche Folge des Ruhens** der elterlichen Sorge des verhinderten Elternteils. Aus Gründen der Rechtsklarheit muß dieser es also hinnehmen, daß seine bisher nur tatsächliche Verhinderung nunmehr von einer rechtlichen überlagert wird (vgl GERNHUBER/COESTER-WALTJEN § 64 III 3; zur Wirkung des Ruhens s § 1675): § 1674 Abs 1 betrifft deshalb nicht, wie häufig formuliert wird, einen Fall der tatsächlichen, sondern der **rechtlichen Verhinderung auf Grund richterlichen Feststellungsbeschlusses über andauernde faktische Ausübungsunfähigkeit** (die Rechtsfolge des § 1674 Abs 1 hängt nicht von der Richtigkeit der richterlichen Erkenntnis ab, Rn 20; vgl außerdem Abs 2).

3 Gesetzestechnisch als bloße Feststellung konzipiert, bedeutet der familiengerichtliche Beschluß gem § 1674 Abs 1 deshalb der Sache nach eine **Ruhensanordnung**

durch das Gericht – konsequent deshalb die Zuerkennung „gestaltungsähnlicher" Wirkung (BayObLG FamRZ 1988, 867, 868; JANSEN, FGG § 51 Rn 1) sowie die Einstufung als „Schutzmaßnahme" iS Art 1 MSA (dazu Rn 24). Demgemäß darf der **Eingriffscharakter** der Entscheidung nicht übersehen werden (vgl OLG Hamm FamRZ 1996, 1029, 1030; s auch § 1673 Rn 2; allerdings ist der Eingriff von geringerer Intensität als eine Sorgeübertragung nach § 1671, OLG Naumburg FamRZ 2002, 258).

Hieraus ergibt sich die Notwendigkeit einer **teleologischen Reduktion** der Norm: Sie ist nicht anzuwenden, wenn einem Elternteil **von Dritten das Kind vorenthalten** und seine Sorgerechtsausübung dadurch auf das Herausgabeverlangen reduziert wird. Über die sorgerechtlichen Verhältnisse ist dann nach den einschlägigen Vorschriften zu entscheiden (§§ 1632 Abs 1, 3, 4; 1666 ff, 1671, 1696 oder die internationalen Kindesentführungsabkommen); es wäre absurd, das Faktum der Verhinderung hier mit der Konsequenz rechtlicher Verhinderung gem § 1674 zu verbinden (vgl Rn 13, 15). Entsprechendes gilt, wenn ein älteres Kind von zu Hause weggelaufen ist und sich dem elterlichen Rückkehrverlangen widersetzt (vgl OLG Düsseldorf FamRZ 1968, 43, 44 f). 4

2. Abgrenzung zu anderen Vorschriften

Bei **§ 1678 Abs 1** (dazu Rn 1) bleibt es, wenn die tatsächliche Verhinderung nur eine kurzfristige ist oder solange – auch bei andauernder Verhinderung – noch kein Beschluß gem § 1674 Abs 1 vorliegt. 5

Im Verhältnis zu **§ 1673** ist § 1674 einschlägig, wenn geistig/psychische Kompetenzmängel eines Elternteils nicht den Tatbestand der Geschäftsunfähigkeit erfüllen (§ 104 Nr 2), ihn aber faktisch an der Wahrnehmung der Sorgeverantwortung hindern (näher Rn 16).

Bei **Getrenntleben** von Eltern mit gemeinsamer Sorge besteht im durch § 1687 gesteckten Rahmen weiterhin Kooperationspflicht (§ 1627); wird ein Elternteil auf Grund des Zerwürfnisses mit dem anderen Teil faktisch an der Sorgerechtsausübung gehindert, so ist auf seinen Antrag nach **§ 1671 Abs 2 Nr 2**, nicht nach § 1674 zu entscheiden. Ist ein Elternteil *unauffindbar,* so genügt eine Feststellung nach **§ 1674** statt einer Sorgeübertragung nach § 1671 (OLG Naumburg FamRZ 2002, 258).

Kaum sinnvoll möglich ist die **Abgrenzung zu § 1666**, der seit seiner Neufassung das Regelungsproblem des § 1674 weitgehend mit abdeckt. Das früher anwendbare Abgrenzungskriterium der Verantwortlichkeit und Verantwortungsfähigkeit der Eltern (vgl BayObLGZ 1967, 269, 271) ist mit dem Verschuldenselement in § 1666 entfallen. Kindesschutz nach dieser Vorschrift ist auch nicht auf Eltern beschränkt, die für ihr Kind sorgen könnten, dies aber nicht wollen oder schlicht unterlassen (KIRSCH Rpfleger 1988, 234, 235): Nach § 1666 hat der Staat notwendigen Kindesschutz zu gewährleisten, sobald die Eltern in ihrer vorrangigen Schutzfunktion für das Kind (Art 6 Abs 1 S 1 GG) objektiv ausfallen – aus welchen Gründen auch immer (§ 1666 Rn 59 ff, 63). Bei weitgehender Kongruenz der Normbereiche ergeben sich Unterschiede nur daraus, daß § 1666 eine aktuelle Kindeswohlgefährdung voraussetzt, § 1674 hingegen eine längerdauernde Verhinderung an der Ausübung der elterlichen Sorge (die nicht notwendig zur Kindesgefährdung führen muß, KG JW 1936, 1016 f; zum häufigen Zusam- 6 menfall beider Kriterien s jedoch Rn 24). Bei **Kindeswohlgefährdung** kommt § **1666** deshalb **jedenfalls** eine **Auffangfunktion** gegenüber § 1674 zu, (1) soweit die Eltern nicht verhindert, sondern nur untätig sind; (2) wenn gewisse Kompetenzmängel der Eltern nicht den Grad einer „tatsächlichen Verhinderung" erreichen (BayObLG FamRZ 1981, 595, 597); (3) wenn Zweifel über dieses Merkmal verbleiben oder Aufklärungshindernisse bestehen (OLG Stuttgart FamRZ 1975, 167, 168 f [Weigerung des Elternteils zur psychiatrischen Untersuchung]; FamRZ 1976, 538 f; vgl BayObLG FamRZ 1981, 595, 597) oder noch längere Ermittlungen notwendig wären. Viel spricht dafür, darüber hinaus bei konkreter Kindeswohlgefährdung **generell § 1666 den Vorrang einzuräumen**, um dem Erforderlichkeits- und Hilfsprinzip des § 1666a ein ungeschmälertes Wirkungsfeld zu sichern (s noch Rn 16). Der spezielle Schutzansatz von § 1674 (iVm §§ 1678, 1773, 1909) wäre dann darauf beschränkt, bei andauernder Ausübungsverhinderung eines Elternteils schon **im Vorfeld von Kindesgefährdungen** oder bis zum Abschluß der Ermittlungen nach § 1666 insoweit Klarheit zu schaffen und die Rechtsmacht des Elternteils zugunsten der Etablierung einer anderen, voll ausübungsfähigen Person zurückzudrängen (vgl OLG Hamm FamRZ 1996, 1029 ff). In dieser Sicht handelt es sich bei § **1674 um eine situationsspezifische, gegenüber § 1666 vorverlagerte Ausprägung staatlichen Kindesschutzes** (ähnlich offenbar OLG Brandenburg ZKJ 2009, 293 f; OLG Dresden FamRZ 2003, 1038 f).

3. Textgeschichte

7 Die Vorschrift, ursprünglich § 1677 aF, ist lediglich durch das GleichberG (Art 1 Nr 22) inhaltlich geändert und durch das SorgeRG (Art 9 § 2 Nr 3) sowie das KindRG (Art 1 Nr 46) terminologisch angepaßt worden.

II. Ruhen auf Grund familiengerichtlichen Feststellungsbeschlusses, Abs 1

1. Tatbestandliche Voraussetzungen

a) Tatsächliche Ausübungsverhinderung auf längere Zeit

8 Was unter „**längerer Zeit**" zu verstehen ist, ist vom Gesetzeszweck her zu konkretisieren (vgl Rn 2): Maßgebend ist also eine Beurteilung unter dem Aspekt des Kindesinteresses und der Rechtssicherheit (etwa konkrete Ungewißheit, Kindesbedürfnis nach klaren Kompetenzen). Es kommt nur auf die **künftige** Verhinderung an, längere Verhinderung in der Vergangenheit ist nur als Indiz hierfür verwertbar. Das Tatbestandsmerkmal „längere Zeit" soll nur rechtliche Eingriffe bei **kurzfristigen** Verhinderungen ausschließen (dann: § 1678 Abs 1), setzt aber nicht umgekehrt voraus, daß irgendwann einmal ein Wegfall der tatsächlichen Verhinderung zu erwarten sein muß: Abs 1 betrifft deshalb nicht nur vorübergehende, sondern **auch bleibende Verhinderungen** (BGB-RGRK/ADELMANN Rn 4; SOERGEL/STRÄTZ Rn 2; KIRSCH Rpfleger 1988, 234, 235 f; BAMBERGER/ROTH/VEIT Rn 3; MIELITZ, Anonyme Kindesabgabe [2006] 67 f; **aM** OLG Frankfurt FamRZ 1966, 109, 110; OLG Hamm FamRZ 1996, 1029, 1030; MünchKomm/FINGER Rn 4; ERMAN/MICHALSKI Rn 2; PALANDT/DIEDERICHSEN Rn 1). Dies ergibt sich auch aus § 1678 Abs 2 (Ruhen bei fehlender Aussicht auf Wegfall der Verhinderung). Allerdings ist der Gegenmeinung einzuräumen, daß bei voraussichtlich endgültiger Verhinderung § 1674 nicht den vom Kindesinteresse her angemessenen Interventionsansatz bietet, hier ist über §§ 1666 ff BGB, 37 SGB VIII dem „Anspruch des Kindes auf Familie" beim Ausfall seiner Eltern Rechnung zu tragen (vgl COESTER FamRZ 1991, 253, 259).

Anderes gilt nur, wenn neben dem verhinderten Elternteil der andere Elternteil voll in die Sorgerechtsposition einrückt (§ 1678 Abs 1) – dann stellt sich das Ruhen beim verhinderten Teil als schonenderer Eingriff dar als ein Entzug seines Sorgerechts.

Ein **„tatsächliches Ausübungshindernis"** ist nur anzunehmen, wenn die Sorgerechts- 9 verantwortung im wesentlichen nicht vom Elternteil selbst wahrgenommen werden kann. Eine (zulässige) Übertragung der Ausübung auf Dritte (Internat, Pflegestelle) ist kein Hindernis iSd §§ 1674, 1678, da sie jederzeit widerruflich ist und die Eltern die Oberverantwortung behalten. Nur wenn diese Steuerungsmöglichkeit, uU „von fern" (telefonischer Kontakt mit den im Ausland lebenden Eltern genügt, BGH FamRZ 2005, 29, 30; LG Hamburg DAVorm 1991, 876, 877; vgl auch AG Moers DAVorm 1991, 962, 964), praktisch nicht besteht, ist eine Verhinderung zu bejahen – eine Ausübungsüberlassung an Dritte liefe dann auf eine (unzulässige) Übertragung des Sorgerechts selbst hinaus (vgl BGH FamRZ 2005, 29, 30; OLG Düsseldorf FamRZ 1968, 43, 45; OLG Köln FamRZ 1992, 1093, 1094; LG Frankenthal DAVorm 1993, 1237, 1238).

Es kommen nicht nur „äußere Hindernisse" in Betracht; auch persönliche Probleme eines Elternteils (etwa psychischer oder geistiger Art) können dazu führen, daß er das Sorgerecht „tatsächlich nicht ausüben kann" (Abs 1; vgl BayObLG FamRZ 1981, 595, 596; FamRZ 1988, 867, 868; s Rn 16).

Die Verhinderung muß nicht notwendig umfassend sein. Kindesschutz einerseits 10 sowie der auch im Rahmen von § 1674 zu beachtende Verhältnismäßigkeitsgrundsatz andererseits gebieten es, diese Vorschrift auch bei nur **teilweiser Verhinderung** anzuwenden, mit entsprechend eingeschränkter Ruhenswirkung **(partielles Ruhen)** (vgl schon § 1673 Rn 11). Eine Beschränkung auf generelle Verhinderungen ist dem Normtext nicht zu entnehmen; die Möglichkeit partiellen Ruhens ergibt sich aus § 1673 Abs 2 (so iE BGH FamRZ 2005, 29, 30; BayObLG FamRZ 1979, 71, 73; KG FamRZ 1974, 452, 453; BAMBERGER/ROTH/VEIT Rn 4; PALANDT/DIEDERICHSEN Rn 1; **aM** OLG Frankfurt FamRZ 1954, 21, 22; LG Verden MDR 1951, 359; DÖLLE II § 95 I; GÖPPINGER FamRZ 1960, 11).

Unerheblich ist auch der Umfang der Verhinderung im einzelnen. Sie kann abtrennbare Teilgebiete des Sorgerechts betreffen, etwa die Vermögenssorge (BayObLG FamRZ 1979, 71, 73) oder die tatsächliche Personensorge (KG FamRZ 1974, 452, 453 aE), kann aber auch auf eine Gruppe von Angelegenheiten oder gar einzelne von ihnen beschränkt sein.

Einzelfälle: Bloße physische Abwesenheit genügt allein nicht zur „Verhinderung", es 11 ist stets zu prüfen, ob dem abwesenden Elternteil angesichts moderner Kommunikations- und Reisemöglichkeiten nicht die Möglichkeit der Sorgerechtsausübung „aus der Ferne" verblieben ist (s Rn 9, 12; vgl OLG Frankfurt FamRZ 1954, 21, 22; BayObLGZ 1961, 243, 248 = FamRZ 1962, 32, 33; OLG Nürnberg FamRZ 2006, 878 [1jähriger Militärdienst im Ausland]; BGH FamRZ 2005, 29, 30; OLLMANN FamRZ 1989, 350 mwN; zum **Getrenntleben** von Eltern mit gemeinsamer Sorge s Rn 5). Die pauschale Unterstellung einer Verhinderung ist unzulässig (KG JFG 17, 71, 73 f; BayObLG FamRZ 1979, 71, 73), insbesondere auch nicht für den Fall, daß der Elternteil aus dem Ausland tatsächlich Sorgeentscheidungen trifft und kommuniziert, die aber das Gericht mißbilligt – hier ist gegebenenfalls nach anderen Vorschriften in die elterliche Sorge einzugreifen (zB §§ 1629 Abs 2 S 3 mit 1796, oder 1666; vgl BGH FamRZ 2005, 29, 30). Wird in diesem Fall die tatsächliche Personensorge vom anderen Elternteil wahrgenommen, so ist dieser insoweit allein ausübungsberechtigt entweder auf Grund gemeinsamer Absprache (Ausübungsüberlassung) oder gem § 1678 Abs 1. Im ersten Fall liegt keine „tatsächliche Verhinderung" im Rechtssinne vor, aber auch im zweiten Fall wird eine Feststellung gem § 1674 Abs 1 regelmäßig entbehrlich sein. Kümmert sich der abwesende Elternteil jedoch nicht um das Kind, etwa nach Auswanderung, oder kann er dies umständebedingt nicht (vgl BayObLG JW 1934, 1369), genügt die Abwesenheit zur Annahme einer „Verhinderung" (vgl BGH FamRZ 1988, 1259, 1260; BayObLG FamRZ 1979, 71, 73; LG Kiel SchlHA 1947, 63 [Kriegsgefangenschaft]; LG Verden MDR 1951, 359 [Elternteil vermißt, Trennung auf Flucht]). Gleiches gilt für **Eltern**, die zwar vorhanden, aber **unbekannt** sind („anonyme Geburt", „Babyklappen"; LG Hamburg FPR 2003, 143, 145: § 1674 plus Vormundbestellung). Bei Eltern, die ihre Kinder dieserart verlassen, werden allerdings häufig Entscheidungen gem §§ 1666 ff oder 1696 geboten sein (vgl oben Rn 5 [OLG Naumburg FamRZ 2002, 258]).

12 Eine besondere Problematik besteht hinsichtlich **ausländischer Kinder**, die ohne ihre Eltern in die Bundesrepublik einreisen, oft mit entfernteren Verwandten (**„unbegleitete Minderjährige"**). Es kann sich um Zigeunerkinder handeln oder um Kinder aus unterentwickelten oder totalitären Staaten, die um Asyl nachsuchen (vgl BECHTOLD DAVorm 1993, 19 ff). Häufig ist der Aufenthalt der Eltern im Ausland unbekannt oder sie sind praktisch nicht zu erreichen. Haben sie auch keinen Bevollmächtigten in Deutschland eingesetzt (dazu AG Moers DAVorm 1991, 962, 964; s Rn 9), müssen sie dann als „verhindert" iSd §§ 1674, 1678 angesehen werden (LG Duisburg ZfJ 1989, 434 f; LG Frankenthal DAVorm 1993, 1237, 1238; OLG Köln FamRZ 1992, 1093, 1094 [brieflicher Kontakt genügt nicht]; bei Zweifeln über die Minderjährigkeit „sicherheitshalber" Vormundbestellung, AG Lahr FamRZ 2002, 1258 f [m krit Anm BIENWALD]; AG Freising FamRZ 2001, 1317 ff; zur internationalprivatrechtlichen Seite s Rn 24). Polizeiliche oder ausländerpolitische Gesichtspunkte rechtfertigen es nicht, den betroffenen Kindern familiengerichtlichen und jugendamtlichen Kindesschutz nach allgemeinen Grundsätzen zu versagen (so aber AG Duisburg ZfJ 1989, 433 f). Bemühen sich die Eltern hingegen um Rückführung des Kindes, so begründet dessen Weigerung allein noch keine tatsächliche Sorgeverhinderung (OLG Düsseldorf FamRZ 1968, 43, 44 f; vgl Rn 4).

13 Befinden sich die Eltern im Inland, aber das **Kind im Ausland** und wird es dort **von Dritten zurückbehalten** (widerrechtlich nach deutschem Recht, aber gestützt auf ausländische Gerichtsentscheidungen), so sind die Eltern zwar offenkundig an der Sorgerechtsausübung tatsächlich gehindert. Dennoch ist dies kein Anwendungsfall von § 1674 (**anders** OLG Hamm FamRZ 1990, 781, 782 f = IPRax 1991, 191): Die ausländische Entscheidung ist möglicherweise in Deutschland anzuerkennen und verändert dann die sorgerechtliche Situation (vgl HENRICH FamRZ 1990, 783), oder es fehlt mangels gewöhnlichen Kindesaufenthalts im Inland die deutsche Gerichtsbarkeit (vgl Rn 24). Ist beides nicht der Fall, kann man den von rechtswidriger Kindesvorenthaltung betroffenen Eltern nicht aus diesem Grund auch noch das **Sorgerecht** nehmen (s Rn 4; vgl stattdessen die Rückführungstendenzen der internationalen Kindesentführungsabkommen, s § 1671 Rn 325; **krit** zu OLG Hamm aaO auch KLINKHARDT IPRax 1991, 174, 177).

14 Ähnliches wie für den Auslandsaufenthalt von Eltern (Rn 11) gilt für **Eltern in Strafhaft**. Auch hier können Steuerungsmöglichkeiten vom Gefängnis aus nicht von

vornherein verneint werden (OLG Naumburg FamRZ 2002, 258; 2003, 1947 f; OLG Frankfurt FamRB 2002, 104; FamRZ 2007, 753). Bei längerer Inhaftierung wird hingegen mangels konkreter Kenntnis der Lebensbedingungen des Kindes eine verantwortliche Sorgeausübung regelmäßig nicht mehr möglich sein (vgl KG JW 1936, 1016 [noch 5 Jahre zu verbüßen]; OLG Hamm FamRZ 1966, 260, 261 [noch 2 Jahre]; BayObLG FamRZ 1965, 283; OLG Dresden FamRZ 2003, 1038: Ruhen bei Freiheitsstrafe von mind 2 Jahren und 2 Monaten; OLG Brandenburg FamRZ 2009, 237; ZKJ 2009, 293 f; **anders** OLG Naumburg FamRZ 2003, 1947, 1948: Kein Ruhen bei fünfeinhalbjähriger Freiheitsstrafe; OLG Frankfurt OLGR 2001, 6). Bei Untersuchungshaft fehlt es demgegenüber idR an einer „andauernden Verhinderung" (OLG Köln FamRZ 1978, 623 f), es sei denn, daß nach den Umständen ein längerer Gefängnisaufenthalt wahrscheinlich ist (BayObLG FamRZ 1965, 283 [Giftmordverdacht]; vgl auch OLG Hamm FamRZ 1996, 1029, 1030; **unzutreffend** demgegenüber LG Berlin FamRZ 1968, 474 [auch bei zu erwartendem längeren Aufenthalt Ausübungsmöglichkeit bei Kleinkind]). Auch hier kommt es nur auf die noch ausstehende Inhaftierungszeit an (vgl Rn 8; Münch-Komm/FINGER Rn 5; LG Memmingen FamRZ 1981, 1003 [4 Monate Restzeit nicht genügend für § 1674]). Trotz kürzerer Inhaftierung kann jedoch Verhinderung vorliegen, wenn die Sorgerechtsausübung aus dem Gefängnis heraus aus zusätzlichen Gründen scheitert (BayObLG FamRZ 1975, 425, 426 [anderer Elternteil betreut das Kind und betreibt Scheidung – mangelnde Kommunikations- und Durchsetzungsmöglichkeit durch den Inhaftierten]; OLG Brandenburg FamRZ 2009, 237 [Inhaftierung des Vaters in der Ukraine]).

Ist das Kind in **Inkognito-Adoptionspflege** gegeben, so ist die früher kontrovers **15** diskutierte Frage nach der sorgerechtlichen Stellung des Elternteils, der wirksam eingewilligt hat oder dessen Einwilligung ersetzt worden ist, nunmehr durch **§ 1751 Abs 1 S 1** beantwortet: Die elterliche Sorge ruht (übersehen von BGH FamRZ 2005, 29, 30). Das kann den *anderen Elternteil,* dessen Einwilligung fehlte, nicht wirksam war oder erst nachträglich erforderlich geworden ist (Heirat der Eltern), jedoch nicht binden: Der „Distanzierungszweck" der Inkognito-Adoption richtet sich nur gegen den einwilligenden Elternteil (so iE BayObLG FamRZ 1988, 867, 868). Wie weit die Ausübungsmöglichkeiten des anderen Elternteils bei unbekanntem Kindesaufenthalt reichen, ist unerheblich (einerseits BayObLG aaO [keine Verhinderung], andererseits OLLMANN FamRZ 1989, 350 ff [Verhinderung]). Die faktischen Durchsetzungshindernisse können jedenfalls nicht zur Rechtseinschränkung gem § 1674 führen; das Sorge- und Elternrecht ist nur durch Entscheidungen gem §§ 1666 ff, 1748 beschränkbar (vgl Rn 4 und 13).

Weitgehend anerkannt ist die Anwendbarkeit des § 1674 bei Eltern, die zwar anwe- **16** send sind, aber wegen **geistig/psychischer Behinderung** unterhalb der Schwelle der Geschäftsunfähigkeit (§ 1673 Abs 1) ihr Sorgerecht nicht ausüben können (BayObLGZ 1967, 269 = Rpfleger 1968, 22; BayObLGZ 1978, 172, 176; FamRZ 1981, 595 [minderbegabte Mutter ist geistesgestörtem Vater hörig]; KG FamRZ 1962, 200, 201; OLG Stuttgart ZBlJugR 1961, 90). In Grenzfällen zu § 1673 Abs 1 hat **§ 1674 eine Auffang- und Klarstellungsfunktion**: Steht die tatsächliche Verhinderung fest, nicht aber die Geschäftsunfähigkeit, ist *jedenfalls* nach § 1674 Abs 1 zu entscheiden. Dies gilt, wenn die Erkrankung des Elternteils wegen dessen Weigerung, sich einer psychiatrischen Untersuchung zu unterziehen, nicht näher aufgeklärt werden kann (keine Pflicht zur Duldung der Untersuchung, Rn 18). Es gilt aber auch dann, wenn weitere, aber umfangreichere Ermittlungen zur Geschäftsunfähigkeit noch möglich wären: Ist der Elternteil tatsächlich nicht geschäftsunfähig, trifft die Entscheidung gem § 1674

Abs 1 genau den Sachverhalt; ist er geschäftsunfähig, so könnte er im Hinblick auf § 1673 Abs 1 nur insoweit beschwert sein, als nach Feststellung gem § 1674 Abs 1 das Ausübungsrecht nicht automatisch wieder auflebt bei Wegfall der Erkrankung (Abs 2). Dies wird aber durch die Beschwernis durch weitere, sonst notwendige Sachverständigengutachten aufgewogen (BayObLG FamRZ 1981, 595, 597).

Problematisch bleibt in all diesen Fällen jedoch das **Verhältnis des § 1674 zu §§ 1666 ff** (dazu grundsätzlich schon Rn 6). Spätestens seit BVerfGE 60, 79 (= NJW 1982, 1379) steht fest, daß eine pauschale Disqualifizierung behinderter Eltern verfassungsrechtlich verboten ist – voranzugehen hat eine Ausschöpfung aller öffentlichen Hilfsmöglichkeiten zur Stützung der Familie (**§ 1666a**; vgl LG Berlin FamRZ 1988, 1308; zu den realen Elternchancen geistig Behinderter s COESTER, Die Sterilisation geistig behinderter Menschen nach § 1905 BetrG-E, in: Bundesvereinigung Lebenshilfe eV, Regelungen zur Sterilisation einwilligungsunfähiger Personen [Marburg 1989] 32 ff, 50 ff; ders ZfJ 1989, 350, 353 f). Die Regelung des § 1674 bietet hierfür keinen Raum, sie paßt nicht auf anwesende, aber behinderte Eltern. Ein legitimer Anwendungsbereich bleibt der Vorschrift nur als **Zwischenlösung** bis zur Klärung der nach §§ 1666, 1666a BGB sowie 27 ff SGB VIII notwendigen, aber auch ausreichenden Maßnahmen (zust BIENWALD FamRZ 2003, 1693; s auch § 1666 Rn 55, 140).

b) Familiengerichtliche Feststellung längerer Ausübungsverhinderung

17 Die örtliche Zuständigkeit des FamG ergibt sich aus § 152 Abs 1–3 FamFG, innerhalb des FamG entscheidet der Rechtspfleger (§§ 3 Nr 2a, 14 Abs 1 RPflG).

18 Das **Verfahren ist von Amts wegen einzuleiten**, „Anträge" von seiten der Beteiligten oder des Jugendamts haben nur die Bedeutung von Anregungen, sie können deshalb auch keine Beschwerdeberechtigung gem § 59 FamFG begründen. Im Verfahren gilt dementsprechend der **Amtsermittlungsgrundsatz** (§ 26 FamFG). Geistig oder psychisch behinderte Eltern können jedoch nicht zu psychiatrischen Untersuchungen gezwungen werden (OLG Stuttgart FamRZ 1975, 167, 168; 1976, 538 f). Zu zweifelhaften Fällen im Hinblick auf eine über die tatsächliche Verhinderung hinausgehende Geschäftsunfähigkeit s Rn 16; bleibt die Verhinderung selbst zweifelhaft, kann nicht nach § 1674, sondern – bei Kindesgefährdung – nur nach § 1666 entschieden werden (vgl Rn 6, 16). Da Gegenstand des erstinstanzlichen Amtsverfahrens alle Tatsachen sind, die einen Eingriff in das elterliche Sorgerecht gestatten, ist das Beschwerdegericht nicht gehindert, von einer Würdigung des Sachverhalts durch das FamG allein nach § 1666 auf eine Feststellung nach § 1674 überzugehen, wenn dessen Tatbestandsvoraussetzungen erfüllt sind (OLG Hamm FamRZ 1996, 1029, 1030).

Zu einstweiligen Anordnungen bei längerdauernden Ermittlungen s Rn 21.

Die **Anhörung** von Eltern und Kindern richtet sich nach §§ 159, 160 FamFG, die des Jugendamts nach § 162 FamFG.

19 Das **Wirksamwerden** des Feststellungsbeschlusses (und damit die Auslösung der gesetzlichen Ruhenswirkung, s Rn 2 f) ist in § 40 Abs 1 FamFG geregelt. Eine dem § 51 FGG aF entsprechende Sondervorschrift enthält das FamFG nicht mehr. Man wird aber § 40 Abs 1 FamFG entsprechend anzuwenden haben: Zu den dort genannten „Beteiligten" gehört bei gemeinsamem Sorgerecht auch der andere Eltern-

teil, der mit dem Eintritt des Ruhens die elterliche Sorge allein ausübt (§ 1678 Abs 1 HS 1). Bei Alleinsorge des verhinderten Elternteils ist *mit dem Feststellungsbeschluß* das Sorgerecht dem anderen Elternteil zu übertragen oder ein Vormund zu bestellen (vgl BayObLG FamRZ 1962, 74, 75). Entsprechende Prüfungen gem §§ 1678, 1666, 1773 oder 1909 sind deshalb schon im Feststellungsverfahren nach § 1674 Abs 1 anzustellen (vgl § 1680 Rn 7).

Die gesetzlichen **Rechtsfolgen** des familiengerichtlichen Beschlusses (§§ 1675, 1678, 1773, 1909) sollten im Beschluß deklaratorisch genannt werden (EHINGER FPR 2005, 253, 255); sie treten auch dann ein, wenn er sachlich unrichtig ist, also eine tatsächliche Verhinderung objektiv nicht vorliegt (BayObLG FamRZ 1988, 867, 868; BGB-RGRK/ADELMANN Rn 12; aM [nur redlichen Dritten gegenüber] ERMAN/MICHALSKI Rn 3). **Rechtsmittel** haben keine aufschiebende Wirkung. **20**

2. Einstweilige Anordnungen

Bei längerdauernden Ermittlungen kann gem § 49 FamFG eine einstweilige Anordnung zur Sicherung der Sorgeausübung erlassen werden, sofern hierfür ein dringendes Regelungsbedürfnis besteht; das gleiche gilt bei festgestellter Verhinderung eines alleinsorgeberechtigten Elternteils bis zur Übertragungsentscheidung (s Rn 19; vgl KG FamRZ 1962, 200, 201; LG Berlin Rpfleger 1975, 359 = FamRZ 1976, 167 [LS]). Allerdings darf nicht das Ruhen selbst angeordnet, sondern beispielsweise nur die Befugnis zur einstweiligen Ausübung des Sorgerechts auf den anderen Elternteil übertragen werden (oder aber vorläufige Pfleger- oder Vormundbestellung). Bei gemeinsam sorgeberechtigten Eltern hat diese Anordnung, falls wirklich eine Verhinderung bei einem Teil vorliegt, wegen § 1678 Abs 1 nur klarstellende Bedeutung. **21**

Alternativ sind jedoch auch familiengerichtliche Maßnahmen nach **§ 1693** möglich (vgl BayObLG FamRZ 1979, 71, 73; MünchKomm/FINGER Rn 11) oder – bei Kindesgefährdung – nach §§ 1666 ff (zum Verhältnis zu § 1674 s Rn 6).

III. Wiederaufleben der elterlichen Sorge, Abs 2

Da der familiengerichtliche Feststellungsbeschluß gem Abs 1 aus Gründen der Rechtssicherheit zu einer Überlagerung der tatsächlichen durch eine (jedenfalls) rechtliche Verhinderung führt (Rn 2, 3, 20), kann der Wegfall der tatsächlichen Verhinderung allein nicht zum Wegfall der rechtlichen Verhinderung gem §§ 1674 Abs 1, 1675 führen: Es bedarf gem Abs 2 einer **konstitutiven familiengerichtlichen Feststellung** des Wegfalls der tatsächlichen Verhinderung (anders bei §§ 1673, 1678 Abs 1). Die Feststellung ist **von Amts wegen** zu treffen (BayObLGZ 1967, 269, 271). Ein entsprechender Beschluß ist auch dann erforderlich, wenn sich – möglicherweise schon in der Rechtsmittelinstanz – herausstellt, daß die familiengerichtliche Feststellung gem Abs 1 von Anfang an unrichtig war: Die dennoch ausgelöste Ruhensfolge (Rn 20) ist durch gegenläufige Feststellung gem Abs 2 zu beseitigen (Wirkung ex nunc; möglich auch durch Rechtsbeschwerdegericht, BayObLG FamRZ 1988, 867, 868). Im Rahmen des Verfahrens wird auch zu prüfen sein, ob Maßnahmen zum Schutz des Kindes gem § 1666 (vgl OLG Naumburg NJOZ 2003, 2756) oder – bei Antrag – gem § 1671 zu treffen sind (vgl OLG Naumburg FamRZ 2002, 258). **22**

23 Der Beschluß gem Abs 2 wird **wirksam** gem § 40 Abs 1 FamFG (dazu Rn 19) und führt kraft Gesetzes zum Wiederaufleben der Ausübungsbefugnis. Damit lebt auch die Ausübungsbindung des anderen Elternteils (§§ 1678 Abs 1, 1627) wieder auf, eine Vormundschaft erlischt (§ 1882), eine Pflegschaft ist aufzuheben (§ 1919). Eine Übertragung des Sorgerechts auf den anderen Elternteil gem § 1678 Abs 2 oder § 1696 bleibt hingegen (zunächst) bestehen und kann allenfalls durch eine Änderungsentscheidung nach § 1696 revidiert werden (s § 1678 Rn 33, 37).

IV. Internationales Privatrecht

24 Die **internationale Zuständigkeit** deutscher FamG ergibt sich vorrangig aus Art 8 der Brüssel IIa-VO oder – im Verhältnis zu Nicht-EU-Staaten – aus Art 5 ff KSÜ. Die dortige Sonderregelung in Art 6 für Flüchtlingskinder wird auch für „unbegleitete Minderjährige" (s Rn 12 f) zu gelten haben (näher zur internationalen Zuständigkeit STAUDINGER/HENRICH [2008] Art 21 EGBGB Rn 141). **Deutsches Recht** und damit § 1674 ist anwendbar, wenn sich das Kind in Deutschland gewöhnlich aufhält (Art 15 ff KSÜ, vgl STAUDINGER/HENRICH Rn 82). Dasselbe gilt gem Art 21 EGBGB im Verhältnis zu Nicht-Vertragsstaaten des KSÜ.

§ 1675
Wirkung des Ruhens

Solange die elterliche Sorge ruht, ist ein Elternteil nicht berechtigt, sie auszuüben.

Materialien: E I § 1554 Abs 1; II § 1567; III § 1654. Neugefaßt durch GleichberG Art 1 Nr 22; SorgeRG Art 9 § 2 Nr 3. STAUDINGER/ BGB-Synopse 1896–2005 § 1675.

I. Allgemeines

1 Die Vorschrift konkretisiert die Rechtsfolge des „Ruhens der elterlichen Sorge", wie sie sich aus den Tatbeständen der §§ 1673, 1674 Abs 1 und 1751 Abs 1 S 1 ergibt, es handelt sich also um eine unselbständige Rechtsnorm. Sie gilt entsprechend auch bei partiellem Ruhen (MünchKomm/FINGER Rn 1). Textgeschichte (ursprünglich § 1678 aF) wie § 1674 (dort Rn 7).

II. Die Wirkung des Ruhens für den betroffenen Elternteil

2 Der Elternteil, dessen Sorgerecht ruht, verliert dieses nicht der Substanz nach, er ist nur **rechtlich an der Ausübung gehindert**. Damit entfällt für ihn auch die aus Art 6 Abs 2 S 1 GG, § 1626 folgende **Pflicht** zur Kindesorge. Ob der Elternteil tatsächlich zur Sorgeausübung (ganz oder teilweise) in der Lage wäre, ist unerheblich (SOERGEL/ STRÄTZ Rn 2). Umgekehrt führen rein tatsächliche Ausübungshindernisse nicht zum rechtlichen Ruhen der elterlichen Sorge (§ 1678 Abs 1; vgl § 1674 Rn 1–4).

Umfaßt das Ruhen auch die Vermögenssorge, so hat der betroffene Elternteil gem 3
§ 1698 das **Kindesvermögen** herauszugeben und auf Verlangen Rechenschaft abzulegen. Die Verwendungsbefugnis gem § 1649 Abs 2 entfällt für den betroffenen Elternteil (s § 1649 Rn 24; BGB-RGRK/ADELMANN Rn 3; SOERGEL/STRÄTZ Rn 2). Im übrigen behält er Pflicht und Recht zum **persönlichen Umgang** mit dem Kind, § 1684 Abs 1 HS 2 (dazu § 1673 Rn 15).

Handelt der Elternteil trotz des Ruhens seines Sorgerechts für das Kind, so ent- 4
sprechen die Wirkungen grundsätzlich dem Handeln eines nicht sorgeberechtigten Dritten (**fehlende Vertretungs- und Verfügungsmacht**, § 177; § 1666 Abs 4 [dazu § 1673 Rn 17]). Hiervon macht § 1698a Abs 2 zugunsten des gutgläubigen Elternteils eine Ausnahme (Wirksamkeit rechtsgeschäftlicher Maßnahmen); Dritte werden hierbei nur geschützt, soweit sie ebenfalls gutgläubig sind.

III. Weitere Folgen und Maßnahmen

Hinsichtlich der weiteren Sorge für das Kind unterscheidet das Gesetz danach, ob 5
ein anderer sorgeberechtigter (§ 1678 Abs 1) oder sorgerechtsfähiger Elternteil vorhanden ist (§§ 1678 Abs 2, 1696); zu den Auswirkungen des Ruhens auf das **gemeinsame Sorgerecht** s § 1671 Rn 144. Andernfalls (auch bei beidseitigem Ruhen der elterlichen Sorge) ist ein Vormund oder Pfleger zu bestellen (s Vorbem 3 ff zu §§ 1673 ff). Bei Tod oder Todeserklärung eines Elternteils s §§ 1677, 1680 Abs 1 u 2, 1681.

Das Ruhen der elterlichen Sorge **endet** im Fall des § 1673 ipso iure mit Erlangung 6
der vollen Geschäftsfähigkeit, im Fall des § 1674 mit Wirksamwerden eines Beschlusses gem § 1674 Abs 2. Kommt es im Fall der **Adoptionseinwilligung** (§ 1751 Abs 1 S 1) nicht zur Adoption (sonst: § 1755) oder verliert die Einwilligung ihre Kraft (§ 1750 Abs 4), so lebt das elterliche Sorgerecht dennoch **nicht automatisch wieder auf**: Im Hinblick auf die eingetretene Entfremdung von Elternteil und Kind hat das FamG die elterliche Sorge nur dann rückzuübertragen, wenn dies dem Kindeswohl nicht widerspricht, § 1751 Abs 3.

§ 1676
(weggefallen)

Die Vorschrift betraf die Verwirkung der elterlichen Gewalt. Sie war durch das 1
GleichberG vom 18.7.1957 neugefaßt worden und wurde durch das SorgeRG vom 18.7.1979 aufgehoben (s STAUDINGER/BGB-Synopse 1896–2005 § 1676).

§ 1677
Beendigung der Sorge durch Todeserklärung

Die elterliche Sorge eines Elternteils endet, wenn er für tot erklärt oder seine Todeszeit nach den Vorschriften des Verschollenheitsgesetzes festgestellt wird, mit dem Zeitpunkt, der als Zeitpunkt des Todes gilt.

Materialien: E I § 1557 Abs 2 S 1, Abs 3; II, § 1568; III § 1655. GleichberG Art 1 Nr 22; SorgeRG Art 9 § 2 Nr 3. STAUDINGER/ BGB-Synopse 1896–2005 § 1677.

I. Allgemeines

1. Normbedeutung

1 Daß der Tod eines Elternteils auch das Ende seines Sorgerechts bedeutet, hat das Gesetz als selbstverständlich vorausgesetzt, eine ausdrückliche Regelung fehlt (entspr wird beim Tod des Kindes nur die „Nachsorge" der Eltern angesprochen, § 1698b); das Gesetz regelt nur die sorgerechtlichen Konsequenzen für den anderen Elternteil, § 1681 Abs 1. Hingegen bedurfte es bei **Todeserklärung oder Feststellung des Todeszeitpunkts** nach dem VerschG einer Regelung, weil diese Beschlüsse nur die **Vermutung** des Todes bzw des Todestages zur Folge haben (§ 9 bzw §§ 39, 44 Abs 2 VerschG; dazu die Kommentierung von STAUDINGER/HABERMANN [2004] nach § 14 BGB). Konsequent wäre die Erstreckung des § 1674 jedenfalls auf die Todeserklärung gewesen (bei der Feststellung des Todeszeitpunkts steht der Tod als solcher fest, §§ 1 Abs 2, 39 VerschG). Ausgerichtet an der tatsächlichen Wahrscheinlichkeit und zur Vermeidung langer Schwebezustände hat der Gesetzgeber in §§ 1677, 1681 Abs 2 S 2, 3 jedoch das Regel-/Ausnahmeverhältnis umgekehrt und die Todeserklärung für den Bereich der elterlichen Sorge dem Tod (wenngleich revidierbar) gleichgestellt: Die elterliche Sorge des für tot Erklärten **endet** mit Wirksamkeit des amtsgerichtlichen Beschlusses (dazu §§ 29, 40 VerschG); sie kann ihm jedoch zurückübertragen werden, wenn der unerwartet Zurückgekehrte einen entsprechenden Antrag beim FamG stellt, § 1681 Abs 2 (dazu näher § 1681 Rn 9 ff).

2 Ob bei dieser Konzeption von einem (auflösend bedingten) Ende des Sorgerechts in seiner Substanz gesprochen werden kann oder ob nur – ähnl §§ 1673–1675 – in § 1677 ein rechtliches Ausübungshindernis ausgesprochen wird, war vor dem KindRG 1998 streitig (im ersten Sinne BGB-RGRK/ADELMANN Rn 2; im zweiten Sinne SOERGEL/STRÄTZ Rn 2). Für die erste Auffassung sprachen der klare Wortlaut des Gesetzes sowie der Umstand, daß eine Ruhenslösung vom Gesetzgeber ausdrücklich abgelehnt worden ist (Prot IV 644 ff). Die Neufassung des § 1681 Abs 2 durch das KindRG 1998 (bei unvermuteter Rückkehr des verschollenen Elternteils Wiedererlangung des Sorgerechts nicht mehr durch einseitige Erklärung, sondern nur durch konstitutive Rückübertragung durch das FamG) hat diese Position bestätigt.

2. Textgeschichte

3 Die Vorschrift (ursprünglich § 1679 aF) ist durch das GleichberG (Art 1 Nr 22) umgestellt und geändert worden; das SorgeRG (Art 9 § 2 Nr 3) brachte sprachliche Anpassungen. Das KindRG 1998 hat den Normtext unberührt gelassen, wohl aber bei den Folgeregelungen in § 1681 Änderungen eingeführt (s Erl dort).

II. Einzelheiten

Das mit dem Verschollenheitsverfahren befaßte Amtsgericht (§ 14 VerschG) hat, wenn ein Elternteil betroffen ist, dem FamG von seinen Beschlüssen Mitteilung zu machen, § 22a Abs 1 FamFG. Wird eine Todeserklärung wegen Fehlens ihrer Voraussetzungen im Rechtsmittelverfahren aufgehoben, so ist die Beendigung des Sorgerechts als niemals eingetreten anzusehen (für zwischenzeitliche Sorgemaßnahmen des anderen Elternteils oder eines Vormunds s §§ 47 FamFG, 1698a BGB, bei einer Aufhebung gem §§ 30 ff VerschG bleibt es bei den Folgen des § 1681 Abs 2). Zur Rückkehr des für tot Erklärten s § 1681 Abs 2. **4**

Bei gemeinsam sorgeberechtigten Eltern führt die Todeserklärung des einen (wie der Tod) zur Alleinsorge des anderen Teils (§§ 1681 Abs 1, 1680 Abs 1). Bei alleiniger Sorge des für tot Erklärten (gem §§ 1626a Abs 2, 1671, 1672 oder 1696) kann dem anderen Teil nach §§ 1681 Abs 1, 1680 Abs 2 das Sorgerecht übertragen werden. Das gleiche gilt bei Alleinsorge auf Grund einstweiliger oder vorläufiger Anordnung (§ 1678 Rn 13). Soweit der andere Elternteil nicht oder nicht voll als Sorgeberechtigter in Betracht kommt, ist ein Vormund oder Pfleger zu bestellen. **5**

§ 1678
Folgen der tatsächlichen Verhinderung oder des Ruhens für den anderen Elternteil

(1) Ist ein Elternteil tatsächlich verhindert, die elterliche Sorge auszuüben, oder ruht seine elterliche Sorge, so übt der andere Teil die elterliche Sorge allein aus; dies gilt nicht, wenn die elterliche Sorge dem Elternteil nach § 1626a Abs. 2, § 1671 oder § 1672 Abs. 1 allein zustand.

(2) Ruht die elterliche Sorge des Elternteils, dem sie nach § 1626a Abs. 2 allein zustand, und besteht keine Aussicht, dass der Grund des Ruhens wegfallen werde, so hat das Familiengericht die elterliche Sorge dem anderen Elternteil zu übertragen, wenn dies dem Wohl des Kindes dient.

Materialien: E I § 1555; II § 1573; III § 1661. GleichberG Art 1 Nr 22; 1. EheRG Art 1 Nr 30; SorgeRG Art 1 Nr 24, Art 9 § 2 Nr 3; KindRG Art 1 Nr 21. STAUDINGER/BGB-Synopse 1896–2005 § 1678.

Schrifttum

COESTER, Nichteheliche Elternschaft und Sorgerecht, FamRZ 2007, 1137
ders, Verfassungsrechtliche Vorgaben für die gesetzliche Ausgestaltung des Sorgerechts nicht miteinander verheirateter Eltern, FPR 2005, 60
ders, Elternrecht des nichtehelichen Vaters und Adoption – zur Entscheidung des Bundesverfassungsgerichts vom 7. 3. 1995, FamRZ 1995, 1245
EHINGER, Die Regelung der elterlichen Sorge bei psychischer Erkrankung eines Elternteils oder beider Eltern im Überblick, FPR 2005, 253
JAEGER, Prüfung des Kindeswohls bei Übertragung des Sorgerechts auf den zuvor nach

§ 1626a II BGB nichtsorgeberechtigten Vater, FPR 2007, 101
MUSCHELER, Die elterliche Sorge des nichtehelichen Vaters, in: FS Frank (2008) 461

RAKETE-DOMBECK, Der Ausfall eines Sorgeberechtigten durch Tod, Krankheit, Abwesenheit oder Entzug der elterlichen Sorge, FPR 2005, 80.

Systematische Übersicht

I.	**Allgemeines**	
1.	Normbedeutung, Überblick	1
2.	Textgeschichte	4
II.	**Gemeinsam sorgeberechtigte Eltern, Abs 1 HS 1**	
1.	Tatbestandliche Voraussetzungen	5
a)	Tatsächliche Verhinderung oder Ruhen der elterlichen Sorge	5
b)	Gemeinsame Sorgeberechtigung	6
2.	Rechtsfolge	7
3.	Wegfall der Voraussetzungen des Abs 1	11
III.	**Ausfall des alleinsorgeberechtigten Elternteils, Abs 1 HS 2, Abs 2**	
1.	Gesetzliche Konzeption	12
2.	Kritik	15
a)	Ausfall des kraft Gerichtsentscheids alleinsorgeberechtigten Elternteils	15
b)	Sonderregelung für den nichtehelichen, niemals sorgeberechtigten Vater, Abs 2	18
c)	Verfassungskonformes Normverständnis	19
3.	Ausfall der kraft Gesetzes alleinsorgeberechtigten Mutter, Abs 2	20
a)	Tatbestand im Überblick	20
b)	Ruhen des Sorgerechts	21
aa)	Grundsätze	21
bb)	Rein tatsächliche Verhinderung	24
c)	Keine Aussicht auf Wegfall des Ruhensgrundes	27
d)	Kindeswohlprüfung	29
aa)	Grundsätzlicher Prüfungsmaßstab	29
bb)	Einzelheiten	30
cc)	Die Sorgerechtsübertragung und ihre Wirkungen	33
4.	Ausfall eines kraft Gerichtsentscheidung alleinsorgeberechtigten Elternteils	35
IV.	**Zuständigkeit und Verfahren**	38
V.	**Internationales Privatrecht**	40

Alphabetische Übersicht

Abgrenzung/Bezug zu anderen Normen
– §§ 1632 Abs 4, 1682 _____ 31
– § 1666 _____ 6, 9, 25 f, 31
– § 1671 _____ 6, 8, 17, 22, 36
– § 1672 Abs 1 _____ 23, 36
– § 1673 Abs 1 _____ 21, 33
– § 1673 Abs 2 _____ 6
– § 1674 Abs 1 _____ 5, 21, 24, 26, 33
– § 1680 _____ 13 f, 16, 19, 26, 36
– § 1693 _____ 10, 39
– § 1696 _____ 13 f, 17, 28, 33 ff
– § 1698 _____ 33
Änderung(sentscheidung) _____ 14, 23, 28, 37
Alleinsorgerecht _____ 3, 7, 9 f, 12 f, 15
– der Mutter _____ 18, 20, 24
– des Vaters _____ 34

– kraft Gerichtsentscheidung _____ 13 f, 15, 35 ff
Amtsermittlungsgrundsatz _____ 4, 20
Anhörungen _____ 38
Anspruch auf das Sorgerecht _____ 15
Auslegung von Abs 2 _____ 21
Ausübungsbindung gem §§ 1627 ff _____ 7, 11
Betreuung des Kindes durch Dritte _____ 26, 28
Bindungen des Kindes _____ 28, 31
Dauer der Verhinderung _____ 5, 13, 24, 28, 37
Einstweilige Anordnung _____ 8, 13, 39
Elterliche Sorge _____ 1
– Bereitschaft zur Übernahme _____ 30, 37
– nichtsorgeberechtigter Elternteil _____ 17 f, 29

– Sorgerechtsaufspaltung	6
– Sorgerechtsfähigkeit des nichtehelichen Vaters	18, 30 f
Elternrecht	18
Entscheidungen des FamG	13, 36
– gem § 1666 ff	9, 25 f
– gem § 1671	8
– gem § 1674 Abs 1	5, 21, 24, 26, 33
– gem § 1674 Abs 2	11
– gem § 1696	14, 28, 35 ff
Entzug des Sorgerechts	6, 8 f, 25
Ergänzungspfleger	25
Ersatzeltern	32
Gemeinsames Sorgerecht	3, 6
Geisteskrankheit	9, 16
Kinder- und Jugendhilfegesetz (SGB VIII)	32
Kindesinteressen	18 f, 24, 31, 34 f, 37
Kindeswohl	9, 15, 20
– als Entscheidungsmaßstab	15, 18, 29 ff, 35
– als Verfahrensrichtlinie	7, 22
Kindeswohlgefährdung	31
Kontinuität der Erziehung des Kindes	24, 27
Nichteheliche Mutter	6, 12, 18, 20
Nichtehelicher Vater	17 f, 29
Pfleger	10 f, 25 f, 28, 31, 39
Rechtliche Verhinderung	5, 33
s auch Ruhen der elterlichen Sorge	
Reform	
– KindRG 1998	4, 13, 15 ff
– SorgeRG 1979	4
Rekonstituierung der Familie	32
Ruhen der elterlichen Sorge	2, 5, 7 f, 13, 20 ff, 33
– endgültig	12, 20 f, 27, 29
– partiell	7, 22
Ruhensgründe	6, 30
Stiefeltern	31
Tatsächliche Verhinderung	2, 5, 7 ff, 13, 21, 24 ff, 30, 33 f, 37
Übergang des Sorgerechts	36
Übertragung des Sorgerechts	3 f, 14, 21, 24 f, 33, 35 f
Übertragung der elterlichen Sorge auf den nichtehelichen Vater	12, 18 ff, 24 f, 28 ff
Verfahren	38
Verfassungsbezüge	15 f, 18 f, 26, 32
Verfassungskonforme Auslegung	19, 29
Vertretungsberechtigung	7
– Einstweilige Anordnung	8, 13
Vormund	10 f, 28, 31 f, 39
Wächteramt des Staates	18
Wegfall der Ruhensgründe	27 f, 34
– der Verhinderung	11
Zeitbegriff des Kindes	28
Zuständigkeit	38

I. Allgemeines

1. Normbedeutung, Überblick

Thema des § 1678 (wie auch der §§ 1680, 1681) ist die **sorgerechtliche Position des anderen Elternteils**, nachdem ein Elternteil als Sorgeperson ausgefallen ist. Von vornherein nicht Normthema ist die Situation bei Fehlen eines (sorgerechtsfähigen) anderen Elternteils oder bei beiderseitigem Ausfall (dann Vormundschaft oder Pflegschaft nach allgemeinen Regeln, §§ 1773, 1909). **1**

Hinsichtlich der **Gründe für den Ausfall** des einen Elternteils bezieht sich die Vorschrift ausschließlich auf die **rechtliche Verhinderung** gem §§ 1673–1675 (enthält also ergänzende Regelungen zur Ruhensfolge beim betroffenen Elternteil) sowie (nur in **2**

Abs 1) eine rein **tatsächliche Verhinderung**. Diese wird als Faktum genommen, § 1678 Abs 1 regelt in einer eigenständigen Folgeanordnung nur die Konsequenzen für den mitsorgeberechtigten Elternteil (für andere Ausfallgründe s §§ 1680 [Tod, Sorgerechtsentzug], 1681 [Todeserklärung]; vgl § 1680 Rn 1).

3 Inhaltlich differenziert das Gesetz danach, ob die Eltern vor der Verhinderung eines Teils **gemeinsam sorgeberechtigt** waren (implizit vorausgesetzt in Abs 1 HS 1) oder ob der verhinderte Teil der **alleinige Sorgeinhaber** war (Abs 1 HS 2, Abs 2). Im ersten Fall wird der andere Elternteil kraft Gesetzes allein ausübungsberechtigt (Rn 9 f), im zweiten Fall kommt bei voraussichtlich endgültiger Verhinderung eine Sorgerechtsübertragung auf den anderen Elternteil in Betracht (Abs 2, dazu Rn 18 ff).

2. Textgeschichte

4 Der ursprüngliche § 1685 aF ist durch das GleichberG 1957 inhaltlich angepaßt worden und zu § 1678 geworden. Das 1. EheRG 1977 setzte für die Zuständigkeit zur Sorgerechtsübertragung nach Abs 2 das FamG an die Stelle des VormG (unten Rn 38). Seit dem SorgeRG 1979 ist Gegenstand der Übertragung die „elterliche Sorge", nicht nur deren Ausübung. Die Übertragung ist vAw vorzunehmen, eines Antrags des anderen Elternteils bedarf es nicht mehr (vgl BT-Drucks 8/2788, 65); auch wurde die Vorschrift sprachlich angepaßt. Das KindRG 1998 hat das Regelungskonzept für den Fall, daß der ausgefallene Elternteil alleinsorgeberechtigt war, wesentlich verändert (dazu Rn 12 ff).

II. Gemeinsam sorgeberechtigte Eltern, Abs 1 HS 1

1. Tatbestandliche Voraussetzungen

a) Tatsächliche Verhinderung oder Ruhen der elterlichen Sorge

5 Vom Tatbestand her erfordert Abs 1 HS 1 *entweder* eine **tatsächliche Ausübungsverhinderung** *oder* das **Ruhen** der elterlichen Sorge als rechtliche Verhinderung. Während sich dieses auf der Grundlage der §§ 1673, 1674 Abs 1, 1751 Abs 1 S 1 (jeweils mit § 1675) ergibt, ist der Begriff der „tatsächlichen Verhinderung" derselbe wie in § 1674 (s dort Rn 9 ff). Erfaßt sind – über § 1674 Abs 1 hinaus – auch **Verhinderungen von kürzerer Dauer** (vgl AG Holzminden FamRZ 2002, 560: mehrwöchige Heil- und Rehabehandlung), sowie längere Verhinderungen, die nicht zu einem Beschluß nach § 1674 Abs 1 geführt haben. Rechtliche Verhinderungen, die nicht im Ruhen der elterlichen Sorge bestehen, können nicht als tatsächliches Hindernis qualifiziert werden, für sie gelten eigene Regeln (vgl Vorbem 3 zu §§ 1673 ff, betr § 1629 Abs 2).

b) Gemeinsame Sorgeberechtigung

6 Das Gesetz geht in Abs 1 implizit davon aus, daß vor der Verhinderung des einen Teils beide Eltern das Sorgerecht gemeinsam innehatten (Rn 3). Unter dieser Voraussetzung gilt die Vorschrift für verheiratete oder nicht miteinander verheiratete Eltern gleichermaßen. Auch auf den Grund des gemeinsamen Sorgerechts (Gesetz, Sorgeerklärung oder Gerichtsentscheidung [§§ 1672 Abs 2; 1696]) kommt es nicht an. Sie ist auch anzuwenden, wenn und soweit den Eltern das Sorgerecht nur **teilgemeinsam** zusteht (s noch Rn 9), etwa nach einer Sorgerechtsaufspaltung gem § 1671, einem teilweisen Sorgerechtsentzug nach § 1666 oder bezügl der Personensorge im

Falle des § 1673 Abs 2 (s § 1673 Rn 20 ff). Abs 1 greift schließlich auch dann ein, wenn erst nach Verwirklichung eines Ruhenstatbestandes bei einem Elternteil der andere Elternteil als Sorgeberechtigter hinzutritt, etwa durch Heirat (§ 1626a Abs 1 Nr 2). Dies gilt allerdings nur, wenn nicht bereits eine Pfleger- oder Vormundsbestellung erfolgt war – in diesem Fall bedarf es einer gerichtlichen Änderungsentscheidung (§ 1696; zur Problematik STAUDINGER/COESTER [2007] § 1626a Rn 26).

2. Rechtsfolge

Die tatsächliche Verhinderung eines Elternteils oder das Ruhen seines Sorgerechts 7 führen **ipso iure zum alleinigen Ausübungsrecht des anderen Teils** – es entfällt also die Ausübungsbindung gem §§ 1627, 1628, 1629 Abs 1 S 1. Damit wird der andere Teil auch allein vertretungsberechtigt, § 1629 Abs 1 S 3. Bezieht sich die Verhinderung des betroffenen Elternteils oder die Ruhenswirkung des § 1675 nur auf einen **Teilbereich** des Sorgerechts, etwa die Personen- *oder* die Vermögenssorge, so beschränkt sich die Wirkung des Abs 1 hierauf. Entscheidungskonflikte in Fragen, die beide Sorgebereiche betreffen, sind entspr § 1628 zu lösen (§ 1673 Rn 28).

Diese **Wirkung tritt nicht ein**, wenn **auch der andere Elternteil** rechtlich oder tatsäch- 8 lich **verhindert** ist (MünchKomm/FINGER Rn 7; BGB-RGRK/ADELMANN Rn 5; SOERGEL/STRÄTZ Rn 4; vgl § 1674 Rn 20: diesbezügliche Prüfung schon bei Feststellungsbeschluß nach § 1674 Abs 1). War ihm das Sorgerecht zuvor ganz oder teilweise entzogen worden, fehlt es schon an der Voraussetzung gemeinsamer Sorgeberechtigung (dann allenfalls Überprüfung des Entzugs nach § 1696 Abs 2, vgl § 1680 Rn 8; PALANDT/DIEDERICHSEN Rn 12). Gleiches gilt nicht nur bei vorheriger Entrechtung durch Sorgerechtsentscheidung gem § 1671, sondern auch durch einstweilige Anordnung im Scheidungsverfahren oder einstweilige Anordnung im Verfahren nach § 1671 (vgl KG FamRZ 1973, 152 f; dazu unten Rn 13).

Sind in der Person des anderen Elternteils die **Voraussetzungen der §§ 1666 ff** erfüllt, 9 *ohne* daß es bisher zu einem familiengerichtlichen Eingriff gekommen ist, kann dies das automatische Erstarken zur Alleinsorge gem Abs 1 HS 1 nicht hindern (**aM** offenbar FamRefK/ROGNER § 1680 Rn 9). Erst die einzelfallbezogene, an Kindeswohl und Verhältnismäßigkeitsprinzip orientierte Entscheidung des FamG nach §§ 1666 ff führt zu einer rechtlichen Einschränkung der elterlichen Sorge. Allerdings muß die Situation dem FamG Anlaß geben (ähnlich wie in § 1680 Abs 1), unverzüglich Maßnahmen zum Kindesschutz zu prüfen und ggf zu treffen (uU durch einstweilige Anordnung, dazu § 1666 Rn 303 ff); hierzu gehören auch Verbleibensanordnungen nach § 1682 (s STAUDINGER/SALGO § 1682 Rn 7). Dies gilt auch, wenn die elterliche Sorge den Eltern nur **teilgemeinsam** zugestanden hatte, weil dem nichtverhinderten Elternteil das Sorgerecht zum Teil entzogen worden war – seine jetzige Alleinausübung im verbliebenen Teil des Sorgerechts könnte das Kindeswohl gefährden (vgl Rn 6).

Gleichfalls nach § 1666 abzuwehren sind gefährdende Einflüsse des verhinderten (möglicherweise geistesgestörten) Elternteils, gegen die der andere Teil das Kind nicht zu schützen vermag (vgl § 1680 Rn 17); uU kann beim anderen Teil insoweit auch tatsächliche Verhinderung anzunehmen sein, wenn seine mangelnde Schutzfähigkeit auf geistiger Behinderung beruht (vgl § 1674 Rn 16). Eingriffe nach §§ 1666 ff sind auch dann geboten, wenn bisher nur das Zusammenwirken und die gegenseitige Kontrolle der Eltern zu kindeswohldienlichen Entscheidungen geführt haben (MünchKomm/ FINGER Rn 7).

10 Tritt die Wirkung des Abs 1 HS 1 wegen Verhinderung auch des anderen Teils ausnahmsweise nicht ein, so ist gem §§ 1693, 1773, 1909 ein Vormund oder Pfleger für das Kind zu bestellen.

3. Wegfall der Voraussetzungen des Abs 1

11 Fällt die Verhinderung des einen Elternteils wegen Veränderung der tatsächlichen Umstände (im Fall der §§ 1673 Abs 1, 2 und 1678 Abs 1) oder durch Feststellungsbeschluß gem § 1674 Abs 2 weg, erlangt er ohne weiteres die Möglichkeit zur Ausübung der elterlichen Sorge zurück. Damit lebt im Fall des Abs 1 HS 1 die Ausübungsbindung des anderen Teils gem §§ 1627, 1628, 1629 Abs 1 S 1 wieder auf (Gutglaubensschutz analog § 1698a). Zur Rechtslage bei Vormund- oder Pflegerbestellung s § 1673 Rn 14.

III. Ausfall des alleinsorgeberechtigten Elternteils, Abs 1 HS 2, Abs 2

1. Gesetzliche Konzeption

12 Fällt ein alleinsorgeberechtigter Elternteil aus, so ist die Übernahme des Sorgerechts durch den anderen Elternteil im Lichte des Kindeswohls nicht gleichermaßen unproblematisch wie bei vormals gemeinsam sorgeberechtigten Eltern; das Gesetz schließt den automatischen Übergang deshalb **in Abs 1 HS 2** ausdrücklich aus. Wie stattdessen zu verfahren ist, wird in **Abs 2** nur für einen eng begrenzten Sachverhalt geregelt: dauerhaftes Ruhen der elterlichen Sorge einer nach § 1626a Abs 2 kraft Gesetzes sorgeberechtigten, also nichtehelichen Mutter: dann familiengerichtliche Übertragungsmöglichkeit auf den Vater.

13 Auffällig an dieser Neufassung des § 1678 durch das KindRG sind zunächst ihre **Regelungslücken**:

– Schon in Abs 1 HS 2 sind **nicht alle Vorschriften aufgezählt**, auf Grund derer ein Elternteil alleiniges Sorgerecht innehaben kann: Es fehlen vor allem § 1696 sowie einstweilige Anordnungen nach §§ 49 ff FamFG; außerdem kommen auch § 1678 Abs 2 oder § 1680 Abs 3 mit Abs 2 in Betracht (s Rn 36).

– Zu den Konsequenzen des Ausfalls eines **kraft Gerichtsentscheidung alleinsorgeberechtigten Elternteils** (auf welcher Grundlage auch immer) schweigt das Gesetz.

– Die Teilregelung in Abs 2 für nichteheliche Eltern deckt nicht die Fälle einer **tatsächlichen Verhinderung** der sorgeberechtigten Mutter (dazu Rn 24, 25) oder eines **Ruhens** ihrer Sorge ab, dessen **Wegfall erwartet werden kann** (dazu Rn 28).

14 Die an zweiter Stelle genannte Thematik, den Ausfall eines kraft Gerichtsentscheidung alleinsorgeberechtigten Elternteils, haben die Gesetzesverfasser in § 1678 bewußt ausgespart: Von Struktur und Auswirkungen her sei hier eine **Änderungsent-**

scheidung angezeigt, so daß eine Sorgerechtsübertragung auf den anderen Elternteil nach § 1696 zu beurteilen sei (BT-Drucks 13/4899, 102). Diese Konzeption wiederholt sich bei § 1680 Abs 3 (Sorgerechtsentzug bei alleinsorgeberechtigten Elternteil, vgl § 1680 Rn 19, 22; BT-Drucks 13/4899, 103). Im Klartext bedeutet dies, daß die Sorge dann auf den anderen Elternteil zu übertragen ist, „wenn dies aus triftigen, das Wohl des Kindes nachhaltig berührenden Gründen angezeigt ist" (§ 1696 Abs 1; dazu noch Rn 15 ff).

2. Kritik

Die Konzeption des § 1678 (sowie der Parallelvorschrift § 1680) ist undurchdacht, **15** führt zu inneren Wertungswidersprüchen und ist verfassungsrechtlich bedenklich.

a) Ausfall des kraft Gerichtsentscheidung alleinsorgeberechtigten Elternteils

Wird das Sorgerecht durch das FamG einem Elternteil allein zugewiesen (zu den einschlägigen Vorschriften neben §§ 1671, 1672 s Rn 13), so behält das Kind doch zwei Eltern mit dem verfassungsrechtlichen Elternrecht aus Art 6 Abs 2 S 1 GG (vMünch/Kunig/ Coester-Waltjen Art 6 GG Rn 76). Fällt der Begünstigte aus, so folgt aus dem latenten Elternrecht des anderen Teils ein **Anspruch auf das Sorgerecht**, der nur an entgegenstehenden Kindesinteressen seine Grenze findet (Art 6 Abs 2 S 2 GG). Damit ist die einfachgesetzliche Umsetzung vorgezeichnet: **Regelanspruch des anderen Elternteils mit Negativkontrolle im Lichte des Kindeswohls** (so ausdrücklich noch der Gesetzgeber zum SorgeRG 1979, BT-Drucks 8/2788, 65; ebenso iE Bamberger/Roth/Veit Rn 7; MünchKomm/Finger Rn 10). Für eine positive Übertragungshürde iS „triftiger Gründe" (§ 1696 Abs 1) fehlt die verfassungsrechtliche Rechtfertigung (s auch Staudinger/ Coester [2006] § 1696 Rn 93 mwN; ausführlich Holzner, Die Änderung von Sorgerechtsentscheidungen gem § 1696 Abs 1 BGB [2004] 113 ff).

Zudem sind **systemimmanente Widersprüche** unverkennbar: (1) Für den Ausfall- **16** grund „Tod" setzt § 1680 Abs 2 S 1 die verfassungsrechtlichen Vorgaben korrekt um (Übertragung auf den anderen Elternteil, wenn dies dem Kindeswohl nicht widerspricht). Wieso soll beispielsweise für den Ausfallgrund „Geisteskrankheit" (§§ 1673 Abs 1, 1678 Abs 1) die Übertragungshürde auf den anderen Elternteil höher sein (Gleiches gilt für den Ausfallgrund „Sorgerechtsentzug", § 1680 Abs 3, s § 1680 Rn 19, 22)? Schon solche Ungleichbehandlungen wertungsmäßig gleich gelagerter Fälle können gegen die Verfassung verstoßen (Art 3 GG; Rechtsstaatsgebot; vgl Palandt/Diederichsen § 1680 Rn 2; vgl § 1680 Rn 19).

(2) Für den nichtehelichen, niemals sorgeberechtigten Vater wollte der Gesetzgeber **17** eine qualifizierte Übertragungshürde errichten (Abs 2: „wenn dies dem Wohl des Kindes dient"; vgl BT-Drucks 13/4899, 102; s noch Rn 18). Dabei hat man offensichtlich übersehen, daß die „triftigen, das Wohl des Kindes nachhaltig berührenden Gründe", die gem § 1696 Abs 1 für einen nach § 1671 entrechteten Vater sprechen müssen, rein sprachlich eher eine noch höhere Hürde suggerieren – ein absurdes und offensichtlich ungewolltes Ergebnis (zur Auflösung der Widersprüche s Rn 19, 35).

b) Sonderregelung für den nichtehelichen, niemals sorgeberechtigten Vater, Abs 2

Abs 2 gehört zu einer Reihe von Vorschriften im neuen Kindschaftsrecht, die – **18** trotz der grundsätzlichen Anerkennung der Sorgerechtsfähigkeit nichtehelicher Väter – von einer mißtrauischen Abwehrhaltung geprägt sind (vgl auch §§ 1672, 1680 Abs 2 S 2, 1747 Abs 3, 1748 Abs 4, 1756 Abs 2). Als Trennkriterium zwischen interessierten, sorgerechtswürdigen Vätern und desinteressierten Vätern verwendet das Gesetz die (frühere) Innehabung des Sorgerechts – wer niemals das Sorgerecht innehatte, gilt als mutmaßlich kindesfern und desinteressiert, so daß sein Einrücken in das Sorgerecht vor dem Kindeswohl positiv legitimiert werden muß. Dabei wird verkannt, daß auch bemühte Väter keine Chance haben, gegen den Willen der Mutter sorgerechtliche Funktionen zu übernehmen (vgl BVerfG FamRZ 2003, 285; BGH NJW 2008, 662 ff); die Kennzeichnungskraft dieses gesetzlichen Trennkriteriums ist äußerst zweifelhaft (s § 1672 Rn 15 mwN). Die Gefahr, daß das Kind bei Ausfall der bisher sorgeberechtigten Mutter im Vater einen desinteressierten, ungeeigneten Sorgerechtsprätendenten vorfindet, besteht in allen Konstellationen; das Kind hiervor zu schützen, ist Aufgabe des staatlichen Wächteramtes gem Art 6 Abs 2 S 2 GG. Hierfür genügt aber generell die Negativkontrolle auf dem Sorgerechtsübergang widersprechende Kindesinteressen. Eine höhere Übertragungshürde für nichteheliche Väter verkennt deren grundsätzlich gleichwertiges Elternrecht (BVerfG FamRZ 1995, 789 ff), das Recht des Kindes auf Pflege und Erziehung durch seine Eltern (Art 6 Abs 2 S 1 GG; dazu BVerfG FamRZ 2008, 845) sowie das Schlechterstellungsverbot des Art 6 Abs 5 GG (MUSCHELER, in: FS Frank [2008] 463, 468). Insgesamt ist die Übertragungshürde diskriminierend und verfassungswidrig (vgl BÜDENBENDER AcP 197 [1997] 197, 221; vMÜNCH/KUNIG/COESTER-WALTJEN Art 6 GG Rn 78; COESTER FamRZ 1995, 1245, 1248; Kinderrechtskommission des DFGT FamRZ 1997, 337, 341; aA FamRefK/ROGNER Rn 4; LIPP FamRZ 1998, 65, 74; WICHMANN FuR 1996, 161, 163; ohne Problembewußtsein auch die „Prinzipien der elterlichen Verantwortung" [Prinzip 3. 31 Abs 2] der Comision on European Family Law [CEFL], dazu PINTENS, in: FS Frank [2008] 473, 481 mwN; zu den Folgerungen s Rn 29; vgl auch § 1680 Rn 14).

c) Verfassungskonformes Normverständnis

19 Die sorgerechtliche Stellung des anderen Elternteils nach Ausfall des bislang allein Sorgeberechtigten ist demnach verfassungsrechtlich korrekt in § 1680 Abs 2 S 1 umgesetzt – die dort vorgesehene **Regelübertragung vorbehaltlich widersprechender Kindesinteressen** muß für alle Ausfallgründe und alle Elternteile gelten. Da § 1678 dem nicht entspricht, ist einer naheliegenden Verfassungswidrigkeit des dieser Norm zugrundeliegenden Konzepts durch **verfassungskonforme Auslegung** entgegenzuwirken. Dies ist im folgenden für die einzelnen Fallgestaltungen näher darzulegen (s insb Rn 29).

3. Ausfall der kraft Gesetzes alleinsorgeberechtigten Mutter, Abs 2

a) Tatbestand im Überblick

20 Das Gesetz spricht in Abs 2 farblos von „Elternteilen", obwohl alleinsorgeberechtigt nach § 1626a Abs 2 nur die Mutter und Übertragungsanwärter nur der Vater sein können.

Das FamG hat die elterliche Sorge (nicht nur die Ausübungsbefugnis) auf den Vater zu übertragen, wenn (1) das Sorgerecht der nach § 1626a Abs 2 alleinsorgeberechtigten Mutter **ruht**, (2) **keine Aussicht auf Wegfall des Ruhens** besteht, und (3) die

Übertragung dem **Wohl des Kindes** dient. Die Übertragung hat in diesem Fall **von Amts wegen** zu erfolgen (Rn 4).

b) Ruhen des Sorgerechts
aa) Grundsätze

Einschlägige Ruhenstatbestände finden sich in §§ 1673 Abs 1 und § 1674 Abs 1. Bei **21** minderjährigen Elternteilen (§ 1673 Abs 2) kann die Übertragungssituation des § 1678 Abs 2 praktisch nicht entstehen; bei § 1751 Abs 1 S 1 fehlt es im Hinblick auf § 1750 Abs 4 stets an der voraussichtlichen Endgültigkeit des Ruhens. Tatsächliche Verhinderung des Sorgeberechtigten *ohne Feststellungsbeschluß* des FamG gem § 1674 Abs 1 genügt nicht für § 1678 Abs 2 (BayObLGZ 1961, 262, 263 f; dazu noch Rn 24 f).

Partielles Ruhen (§ 1673 Rn 11; § 1674 Rn 10) genügt grundsätzlich für eine Übertragung **22** nach Abs 2. Problemen durch sachliche Aufspaltung des Sorgerechts zwischen den Eltern kann im Rahmen der Kindeswohlprüfung Rechnung getragen werden; insoweit gelten die zu § 1671 entwickelten Grundsätze (dort Rn 250 ff).

Bestehen **Zweifel über das Ruhen** der elterlichen Sorge bei der Mutter, sind aber die **23** Voraussetzungen einer Sorgerechtsänderung gem § 1672 Abs 1 gegeben, so ist vorrangig nach dieser Vorschrift zu entscheiden (vgl BayObLGZ 1978, 172, 176 f).

bb) Rein tatsächliche Verhinderung

§ 1678 regelt nicht die Folgen eines nur tatsächlichen Ausfalls der alleinsorgebe- **24** rechtigten Mutter: Abs 1 HS 2 schließt einen gesetzlichen Übergang des Sorgerechts auf den Vater ausdrücklich aus, und Abs 2 eröffnet die richterliche Übertragungsmöglichkeit nur für den Fall des Ruhens der elterlichen Sorge. Das Gesetz geht davon aus, daß bei kurzfristigen Verhinderungen ein Sorgerechtswechsel dem Kontinuitätsinteresse des Kindes zuwiderlaufen würde, bei langfristigen Verhinderungen aber **zunächst der Weg des § 1674 Abs 1 zu beschreiten ist**.

Immerhin bleibt die negative Aussage, daß der tatsächliche Ausfall der Mutter für **25** sich genommen noch kein Grund ist, dem Vater das Sorgerecht zu übertragen. Regelmäßige Konsequenz des Ausfalls ist deshalb eine Pflegerbestellung (**Ergänzungspflegschaft**) durch das FamG (§ 1909 Abs 1 S 1), ohne daß beim Vater die Voraussetzungen des § 1666 erfüllt sein müßten. Daneben bleibt die Kompetenz des FamG unberührt, unter den (zusätzlichen) Voraussetzungen des § 1666 der Mutter das Sorgerecht zu entziehen und es gem § 1680 Abs 3 mit Abs 2 S 2 auf den Vater zu übertragen.

Aus dem Sorgevorrang der Eltern gegenüber Dritten (Art 6 Abs 2 S 2 GG) folgt die **26** **Pflicht des FamG**, bei tatsächlicher Verhinderung der Mutter die gesetzlich vorgesehenen Maßnahmen zu treffen, die den Weg einer Vatersorge eröffnen. Es wäre gleichermaßen verfassungswidrig, wenn das FamG

– trotz Verhinderung der Mutter auf längere Zeit eine Feststellung gem § 1674 Abs 1 nicht trifft, oder

– trotz Kindesgefährdung wegen des Ausfalls der Mutter ihr nicht gem § 1666 das

Sorgerecht entzieht, und damit den Vater vom Sorgerechtserwerb gem § 1678 Abs 2 oder § 1680 Abs 3 mit Abs 2 von vornherein abblockt und Drittversorgung des Kindes durch einen vom FamG bestellten Pfleger ermöglicht.

c) Keine Aussicht auf Wegfall des Ruhensgrundes
27 Das Erfordernis der voraussichtlichen Endgültigkeit des Ruhens soll dem Kind mehrfache Sorgerechtswechsel ersparen und die Erziehungskontinuität sichern (SOERGEL/STRÄTZ Rn 7).

28 Besteht **Aussicht auf Wegfall des Ruhensgrundes**, so gilt das gleiche wie bei nur tatsächlicher Verhinderung (oben Rn 24, 25): Zur Überbrückung ist ein **Vormund oder Pfleger** zu bestellen, §§ 1623, 1773 Abs 1, 1909 Abs 1 S 1. Die Wertung des Gesetzgebers, daß eine Sorgerechtsänderung bei vorübergehendem Ruhen regelmäßig nicht angezeigt sei (vgl auch BayObLG FamRZ 1962, 32, 33), ist jedoch zu relativieren: Die Kategorien „vorübergehend" oder „dauernd" sind im Lichte des **kindlichen Zeitbegriffs** und seiner **psychosozialen Bindungsbedürfnisse** (dazu STAUDINGER/SALGO [2007] § 1632 Rn 66 ff; s auch § 1682 Rn 14 ff) zu beurteilen: Nicht das Mutterrecht, sondern das Kindesrecht auf Elternbetreuung ist ausschlaggebendes Leitkriterium. Dabei kommt es stets auf den Einzelfall, insbes das Kindesalter, die Dauer der Verhinderungszeit sowie die Betreuungsalternativen an. Drittbetreuung kann dem Kind schädlicher sein als ein Sorgerechtswechsel; außerdem bleibt auch nach Übertragung des Sorgerechts auf den Vater die Möglichkeit einer späteren Rückänderung zugunsten der wieder sorgefähigen Mutter gem § 1696 (vgl auch Rn 37 – in der Sache gelten hier wie dort die gleichen Maßstäbe).

d) Kindeswohlprüfung
aa) Grundsätzlicher Prüfungsmaßstab
29 Auch bei dauerhaftem Ruhen des Sorgerechts der Mutter kommt nach dem Wortlaut des Abs 2 eine Übertragung auf den Vater nur in Betracht, wenn dies **dem Kindeswohl dient**. Dies bedeutet, wie oben festgestellt (Rn 18), eine sachlich nicht gerechtfertigte Zurücksetzung und Diskriminierung nichtehelicher Väter, die niemals vorher das Sorgerecht innehatten. Zur Vermeidung einer Verfassungswidrigkeit ist Abs 2 deshalb **verfassungskonform** so anzuwenden, daß eine Übertragung auf den Vater **stets dem Kindeswohl dient**, wenn dem das Kindeswohl nicht widerspricht (ähnlich MünchKomm/FINGER Rn 12; BAMBERGER/ROTH/VEIT Rn 7.1; AnwK-BGB/WIEDENLÜBBERT Rn 4; RAUSCHER, Familienrecht Rn 988; MUSCHELER, in: FS Frank [2008] 463, 468 [de lege ferenda sogar für kontrollfreien Übergang]). Diese Auffassung hat das BVerfG für den insoweit gleichgelagerten § 1680 Abs 2 S 2 bestätigt (FamRZ 2006, 385, 386; 2008, 2185 Nr 17, 21; vgl § 1680 Rn 14), sie ist aber auch hier unabweisbar. Es gilt damit der Sache nach der gleiche Prüfungsmaßstab wie bei anderen Ausfallgründen (s § 1680 Rn 14, 21) und anderen bislang nicht sorgeberechtigten Elternteilen (Rn 35).

bb) Einzelheiten
30 Nicht Inhalt, sondern schon Voraussetzung der von Abs 2 geforderten Kindeswohlprüfung ist die **grundsätzliche Sorgerechtsfähigkeit des Vaters**. An einer Übertragbarkeit der elterlichen Sorge fehlt es von vornherein, wenn auch bei ihm *Ruhensgründe* vorliegen. Eine Übertragung scheidet auch aus, wenn er *tatsächlich* an der Sorgerechtsausübung *verhindert* ist (vgl § 1678 Abs 1). Die *Bereitschaft* des Vaters zur Sorgerechtsübernahme ist *nicht* Voraussetzung seiner Sorgerechtsfähigkeit (näher

§ 1680 Rn 20), wird aber im Rahmen der Kindeswohlprüfung (Rn 29, 31) zu berücksichtigen sein (vgl MünchKomm/FINGER Rn 5; BAMBERGER/ROTH/VEIT Rn 5).

Aber auch der Übertragung auf einen grundsätzlich sorgerechtsfähigen Vater können im Einzelfall alle generell beachtlichen Kindeswohlaspekte entgegenstehen (vgl § 1671 Rn 153 ff), vor allem persönliche **Eignungsmängel** (etwa bei Übernahmeverweigerung, vgl Rn 30) oder Betreuungsprobleme oder aber eine positive **psychosoziale Bindung** des Kindes an Dritte, etwa an einen Stiefelternteil, deren Abbruch den Kindesinteressen zuwiderlaufen würde (ausführlicher § 1680 Rn 8 ff). Diese Gesichtspunkte *können* ein auch nach § 1666 ausreichendes Gewicht erlangen, müssen es aber nicht: Abs 2 verlangt keine Kindeswohlgefährdung als Ausschlußgrund für die Übertragung, *es genügen erkennbar widersprechende, wesentliche Kindesinteressen* (bloße Zweifel dürfen nicht gegen den Vater ausschlagen; **anders** BAMBERGER/ROTH/VEIT Rn 5). Das Recht der Eltern auf ihr Kind wird demnach unterschiedlich geschützt, je nachdem ob sie aktuell oder nur latent sorgeberechtigt sind. Würde ein Sorgerechtswechsel zum Vater aber sogar das Kindeswohl **gefährden** (etwa wegen Abbruchs gewachsener Bindungen an den Stiefvater oder sonstige Dritte), so wäre es *verfehlt,* dem Vater dennoch das Sorgerecht zu übertragen und die Gefährdung durch punktuelle Eingriffe (gem § 1666 oder Verbleibensanordnungen gem §§ 1632 Abs 4, 1682) abzuwehren (so aber FamRefK/ROGNER Rn 5): In diesen Fällen dient der Sorgerechtswechsel insgesamt nicht dem Kindeswohl, sondern *widerspricht* ihm (vgl § 1680 Rn 11) – die gesetzliche Prüfung nach § 1678 (oder §§ 1680, 1681) nimmt die Schutzfunktion jener Vorschriften vorweg (vgl § 1682 Rn 7, 25). 31

Scheidet eine Sorgerechtsübertragung auf den anderen Elternteil aus Kindeswohlgründen aus, hat das FamG gem §§ 1693, 1773, 1909 einen **Vormund oder Pfleger** für das Kind zu bestellen (letzteres bei nur partieller Ungeeignetheit des Vaters, vgl MünchKomm/FINGER Rn 13; gem § 1666 kann das FamG die Bestellung nur bei Kindesgefährdung vornehmen).

Auch wenn man diese Konzeption für verfassungsrechtlich legitimierbar hält, so muß doch gesehen werden, daß die Nichtübertragung gem Abs 2 zur **dauernden rechtlichen Elternlosigkeit des Kindes** führen kann. Die Bestellung eines Vormunds ist deshalb nicht Schlußpunkt der staatlichen Intervention, sondern hat Ausgangspunkt pflichtgemäßer jugendhilferechtlicher Bemühungen iSd **§ 37 Abs 1 SGB VIII** zu sein, gerichtet auf Rekonstituierung der Herkunftsfamilie des Kindes *oder* Etablierung einer neuen Familie. Die Hürde für den zweiten Weg darf nicht höher sein als die des § 1678 Abs 2, will man nicht eine Gruppe von Kindern schaffen, denen sowohl die eigenen Eltern wie auch Ersatzeltern rechtlich verweigert werden (vgl COESTER FamRZ 1991, 253, 259 f). 32

cc) Die Sorgerechtsübertragung und ihre Wirkungen
Die Sorgerechtsübertragung nach Abs 2 führt zu einem **Wechsel des Sorgerechtsinhabers**, die Wirkungen entsprechen der einer Änderungsentscheidung gem § 1696. Durch die Übertragung verliert die Mutter ihr schon ruhendes Sorgerecht auch der Substanz nach. Soweit noch nicht geschehen, hat die Mutter dem Vater das Kindesvermögen herauszugeben (§ 1698). Der grundsätzlich gebotenen Kindesherausgabe (§ 1632 Abs 1) können im Einzelfall § 1632 Abs 4 oder § 1682 entgegenstehen (BAMBERGER/ROTH/VEIT Rn 6; MünchKomm/FINGER Rn 14). 33

34 Fallen nach der Sorgerechtsübertragung unerwartet die **Ruhensgründe** bei der Mutter **wieder weg**, so führt dies weder zum automatischen Rückfall des Sorgerechts auf sie noch auch nur zum automatischen Wiederaufleben ihres Sorgerechts neben dem Vater. Vielmehr **bleibt es grundsätzlich bei dem alleinigen Sorgerecht des Vaters**, Änderungen sind nur nach Maßgabe des § 1696 möglich. Entscheidend sind also allein die Kindesinteressen, ein grundsätzlicher Muttervorrang und eine Rückübertragungspflicht des FamG bestehen nicht (in der Tendenz zumindest mißverständlich Münch-Komm/FINGER Rn 17). Die Mutter kann das Sorgerecht auch wiedererlangen, wenn hinsichtlich der Person des Vaters später ein Tatbestand der §§ 1678 Abs 1, 1680 Abs 2, 3 oder 1681 Abs 1 erfüllt ist.

4. Ausfall eines kraft Gerichtsentscheidung alleinsorgeberechtigten Elternteils

35 Soweit die (gesamte oder teilweise) Alleinsorge des ausgefallenen Elternteils auf gerichtlicher Entscheidung beruhte und der Sorgerechtsübergang auf den anderen Elternteil nach der Konzeption des Abs 1 HS 2 nach § **1696** zu beurteilen ist (Rn 14), sind „triftige, das Wohl des Kindes nachhaltig berührende Gründe" für eine Übertragung **stets zu bejahen, wenn ihr nicht konkrete Kindesinteressen im Einzelfall entgegenstehen**. Ist letzteres nicht der Fall, gebieten Kindes- wie Elternrecht die Sorgerechtszuständigkeit des verbleibenden Elternteils (Rn 15; zu dessen Übernahmeverweigerung s Rn 30).

36 Dabei gilt der Ausschluß des automatischen Sorgerechtsübergangs durch Abs 1 HS 2 und die implizite Verweisung auf § 1696 nicht nur für die gerichtlichen Vorentscheidungen nach §§ 1671, 1672 Abs 1, sondern sinngemäß **auch für alle anderen Entscheidungen**, auf Grund derer die Alleinsorge auf den jetzt ausgefallenen Elternteil übertragen worden ist (s Rn 13). Wie aus § 1680 Abs 1, 2 deutlicher wird, wollte der Gesetzgeber die automatische Alleinsorge des anderen Elternteils auf Fälle beschränken, in denen zuvor beide Eltern das gemeinsame Sorgerecht innehatten. Die Nichtnennung weiterer möglicher Grundlagen für eine gerichtliche Sorgeübertragung beruht auf gesetzgeberischem Versehen.

37 Auch die tatbestandlichen Beschränkungen des Abs 2 (voraussichtlich dauerhaftes Ruhen) gelten für eine Übertragungsentscheidung nach § 1696 nicht: Betreuungs- und Kontinuitätsinteressen des Kindes können in der dort gebotenen Kindeswohlabwägung flexibel für jeden Einzelfall abgewogen werden. Eine Änderung zugunsten des anderen Elternteils kommt deshalb **auch dann in Betracht**, wenn der bisher sorgeberechtigte Elternteil **nur tatsächlich verhindert** ist (ohne Feststellung gem § 1674 Abs 1) oder wenn seine Sorge ruht, aber **Aussicht auf künftigen Wegfall des Ruhensgrundes** besteht. Entscheidend werden in diesen Fällen die voraussichtliche *Dauer* seines Ausfalls und die Betreuungsverhältnisse des Kindes sein. Fällt der sorgeberechtigte Elternteil längere Zeit, uU jahrelang aus oder ist mit periodisch immer wiederkehrenden Ausfällen zu rechnen, steht aber auf der anderen Seite ein sorgerechtsfähiger Elternteil zur Kindesübernahme bereit, so ist dies in aller Regel ein „triftiger, das Kindeswohl nachhaltig berührender Grund" für eine Sorgerechtsänderung (vgl Rn 28). Würde der ausgefallene Elternteil später wieder (dauerhaft) sorgerechtsfähig, so kann dieser Veränderung durch eine erneute Abwägung nach § 1696 Abs 1 Rechnung getragen werden.

IV. Zuständigkeit und Verfahren

Die Übertragung ist eine Kindschaftssache gem § 151 FamFG; die örtliche **Zuständigkeit** folgt aus § 152 Abs 1, 2 FamFG. Innerhalb des FamG entscheidet nicht der Rechtspfleger, sondern der **Richter** (§ 14 Abs 1 Nr 2 RPflG). Einleitung des Verfahrens von Amts wegen (BAMBERGER/ROTH/VEIT Rn 9; MünchKomm/FINGER Rn 5). Es gilt das Vorrang- und Beschleunigungsgebot des § 155 Abs 1 FamFG (zum frühen 1. Termin Abs 2). Gem § 158 Abs 2 Nr 3, 4 FamFG ist in der Regel ein Verfahrensbeistand für das Kind zu bestellen. **Anhörungen** der Eltern nach § 160, des Kindes nach § 159 FamFG, des Jugendamts nach § 162 Abs 1 FamFG, Beschwerde nach §§ 58 ff FamFG. 38

Vor der Übertragung sollte das FamG, wenn das Verfahren nicht schnell abgeschlossen werden kann, durch **einstweilige Anordnung** (§ 49 FamFG) sicherstellen, daß das Kind nicht unnötig oft umplaziert wird und nicht durch Zeitablauf vollendete Fakten zulasten des anderen Elternteils geschaffen werden (vgl BVerfG FamRZ 2008, 2185, 2188 Nr 38 [zu § 1680]). Daneben kommen Maßnahmen des FamG gem § **1693** in Betracht. **Vormund- oder Pflegerbestellung** kann erst erfolgen, wenn die Übertragung gem § 1678 Abs 2 durch familiengerichtlichen Beschluß abgelehnt worden ist (vorrangig jedoch familiengerichtliche Anordnungen gem §§ 1696, 1666). 39

V. Internationales Privatrecht

Für Abs 1 HS 1 gilt das gleiche wie bei § 1673 (dort Rn 28). Für die Übertragung nach Abs 2 ebenso wie für Vormund- oder Pflegerbestellung oder eine Sorgerechtsänderung nach § 1696 „gelten die Ausführungen zu § 1674 (Rn 24) entsprechend. 40

§ 1679
(weggefallen)

Die Vorschrift regelte in der Fassung des GleichberG vom 18.7.1957 die Folgen der Verwirkung der elterlichen Gewalt für den anderen Elternteil. Sie wurde mit dem Institut der Verwirkung aufgehoben durch Art 1 Nr 25 SorgeRG vom 18.7.1979 (s STAUDINGER/BGB-Synopse 1896–2005 § 1679). 1

§ 1680
Tod eines Elternteils oder Entziehung des Sorgerechts

(1) Stand die elterliche Sorge den Eltern gemeinsam zu und ist ein Elternteil gestorben, so steht die elterliche Sorge dem überlebenden Elternteil zu.

(2) Ist ein Elternteil, dem die elterliche Sorge gemäß § 1671 oder § 1672 Abs. 1 allein zustand, gestorben, so hat das Familiengericht die elterliche Sorge dem überlebenden Elternteil zu übertragen, wenn dies dem Wohl des Kindes nicht widerspricht. Stand die elterliche Sorge der Mutter gemäß § 1626a Abs. 2 allein zu, so hat das Familiengericht die elterliche Sorge dem Vater zu übertragen, wenn dies dem Wohl des Kindes dient.

§ 1680

Buch 4
Abschnitt 2 · Verwandtschaft

(3) Absatz 1 und Absatz 2 Satz 2 gelten entsprechend, soweit einem Elternteil, dem die elterliche Sorge gemeinsam mit dem anderen Elternteil oder gemäß § 1626a Abs. 2 allein zustand, die elterliche Sorge entzogen wird.

Materialien: GleichberG Art 1 Nr 22; SorgeRG Art 1 Nr 26; KindRG Art 1 Nr 22. STAUDINGER/BGB-Synopse 1896–2005 § 1680.

Schrifttum s § 1678

Systematische Übersicht

I. **Allgemeines**	
1. Normbedeutung	1
2. Gesetzesgeschichte	2
II. **Tod eines sorgeberechtigten Elternteils, Abs 1, 2**	
1. Tod	3
2. Gemeinsames Sorgerecht der Eltern, Abs 1	4
3. Alleinsorgerecht des verstorbenen Elternteils, Abs 2	5
a) Alleinsorge kraft gerichtlicher Übertragung (Satz 1)	6
aa) Grundlage der Übertragung	6
bb) Übertragungsmaßstab	7
cc) Übertragungsentscheidung	8
dd) Nichtübertragung	13
b) Gesetzliche Alleinsorge der nichtehelichen Mutter gem § 1626a Abs 2 (Satz 2)	14
III. **Entzug des Sorgerechts bei einem Elternteil, Abs 3**	
1. Grundkonzeption	15
2. Entzug des Sorgerechts	16
3. Gemeinsames Sorgerecht der Eltern	17
4. Alleinsorge des betroffenen Elternteils	19
a) Alleinsorge der nichtehelichen Mutter gem § 1626a Abs 2	21
b) Alleinsorge des betroffenen Elternteils auf Grund Gerichtsentscheidung	22
c) Kindesinteressen	23
d) Übertragungsentscheidung	24
IV. **Zuständigkeit und Verfahren**	25
V. **Internationales Privatrecht**	26

Alphabetische Übersicht

Abgrenzung/Bezug zu anderen Normen	
– § 1666	7 f, 16 f, 23
– § 1671	5 f
– § 1678	1, 19
– § 1680 Abs 1 S 2 aF	2, 17
– § 1681	1, 3
– § 1696	8, 19, 22
Alleinsorgerecht	3 ff, 17, 19 f, 23
– aufgrund Gerichtsentscheidung	5, 6 ff, 15, 19, 22
– der Mutter gem § 1626a Abs 2	5, 14, 19, 21
– des Vaters	3
– des verstorbenen Elternteils	5 ff
Amtsermittlungsgrundsatz	20
Anhörung des Jugendamts	24
Anspruch auf Übertragung der elterlichen Sorge	7, 9
Aufenthaltsbestimmungsrecht	16
Ausübungsbindung gem §§ 1627 ff	17
Betreuung des Kindes durch Elternteil/Dritte	6 f
Beziehungsnetz	11
Bindungen des Kindes an Elternteil	11

Titel 5 §1680
Elterliche Sorge

Elterliche Sorge		Rechtlicher Wegfall eines Elternteils	3
– Bereitschaft zur Übernahme	20	Reform	
Elterninteressen	10	– SorgeRG 1979	2
Elternrecht	7	– KindRG 1998	2, 7, 15, 19
Entscheidung des FamG		Ruhen der elterlichen Sorge	19
aufgrund §§ 1671, 1672 Abs 1	5 f		
Entzug des Sorgerechts	1 f, 15 ff	Stiefelternteil	11 f
Entzug des Vertretungsrechts	16 f		
		Tod eines Elternteils	1 ff
Feststellung des Todeszeitpunkts	3	Todeserklärung	3
Gemeinsames Sorgerecht	1, 3 f, 17 f	Übertragung der elterlichen Sorge	
		– gem Abs 2 S 1	3, 6 ff
IPR	25	– gem Abs 2 S 2	14
		– Teilübertragung	6, 11
Kinder- und Jugendhilfegesetz (SGB VIII)	13		
Kindesinteressen	7 ff, 11, 14, 23	Vaterschaftsfeststellung	3
Kindeswille	11 f	Verbleibensanordnung	
Kindeswohl		(§§ 1632 Abs 4, § 1682)	11
– als Entscheidungsmaßstab	11, 14, 21 f	Verfahren	24
– als Verfahrensrichtlinie	4, 7, 19 f	Verfassungsbezüge	7
Kindeswohlgefährdung	9, 17, 23	Verfassungskonforme Auslegung	14, 21 f
Kontinuität der Entwicklung des Kindes	11	Vermögenssorge	16
		Vormund	3, 13
Nichtehelicher Vater	1, 5, 14		
		Wegfall der Elternstellung	3
Personensorge	16		
Pfleger	13	Zuständigkeit	24

I. Allgemeines

1. Normbedeutung

Die Vorschrift gehörte zum Kreis der Regelungen, die sich mit dem Ausfall eines **1** sorgeberechtigten Elternteils, speziell mit den Folgen für den anderen Elternteil befassen. Der Gesetzgeber meinte, für verschiedene Ausfallgründe separate Regelungen aufstellen zu müssen: § 1678 für das Ruhen der elterlichen Sorge oder die tatsächliche Verhinderung, § 1680 für **Tod** oder **Sorgerechtsentzug**, § 1681 schließlich für die Todeserklärung eines Verschollenen (zur gesetzlichen Systematik s Vorbem 1 ff zu §§ 1673 ff sowie § 1681 Rn 1 f; zum nicht geregelten rechtlichen Wegfall des Vaters nach Vaterschaftsanfechtung s Rn 3). Die gesetzlichen Strukturprinzipien sind in allen Fällen gleich, so daß – nachdem für den Ausfallgrund „Tod" in § 1680 Abs 1, 2 eine Modellregelung aufgestellt wurde – das Gesetz den „Entzug des Sorgerechts" bzw die „Todeserklärung" weitgehend durch Verweis auf diese Regelung abhandelt (§ 1680 Abs 3 bzw § 1681 Abs 1; vgl aber Rn 19). Inhaltlich wird durchgängig nach den Sorgerechtsverhältnissen vor Ausfall des Elternteils differenziert (gemeinsames Sorgerecht oder Alleinsorge des betroffenen Elternteils, Abs 1, Abs 2 S 1) sowie beim anderen Elternteil danach, ob er früher schon einmal das (Mit-)Sorgerecht innehatte oder nicht (nichteheliche Vater bei gesetzlicher Originärsorge der Mutter gem § 1626a Abs 2, vgl § 1680 Abs 2 S 2).

2. Gesetzesgeschichte

2 Die Vorschrift ist durch das GleichberG neu eingeführt worden, sie trug der sorgerechtlichen Gleichstellung der Eltern Rechnung. Das Regelungsproblem wurde zunächst durch Verweisung auf § 1679 aF (betreffend die Folgen der Verwirkung) erledigt; mit dem Wegfall des Rechtsinstituts der Sorgerechtsverwirkung im Rahmen der Sorgerechtsreform 1979 bedurfte es eines Ausbaus des § 1680 zu einer eigenständigen Norm. Die Fassung nach der Sorgerechtsreform betraf nur den Sorgerechtsentzug; sie brachte mit Änderungen und Klärungen vor allem eine inhaltliche Gleichschaltung der §§ 1678, 1680 und 1681 (vgl Rn 1). Das KindRG 1998 führte die Ausfallgründe Tod (zuvor § 1681 aF) und Sorgerechtsentzug in § 1680 zusammen, beseitigte beim gemeinsamen Sorgerecht der Eltern die gegenüber § 1666 vorverlagerte Eingriffsmöglichkeit des Gerichts (Abs 1 S 2 aF) und paßte die Norm auch iü den Strukturen des neuen Kindschaftsrechts an.

II. Tod eines sorgeberechtigten Elternteils, Abs 1, 2

1. Tod

3 Der Tod bedeutet den endgültigen, physischen Wegfall eines Elternteils; bei **beiderseitigem Tod** ist für das elternlose Kind ein **Vormund** zu bestellen, § 1773 Abs 1. Durch § 1681 Abs 1 gleichgestellt werden die **Todeserklärung** oder die Feststellung der Todeszeit bei verschollenen Eltern. Nicht im Gesetz geregelt ist der **rechtliche Wegfall** eines Elternteils, dh des bislang sorgeberechtigten Vaters nach rechtskräftiger gerichtlicher Feststellung seiner Nichtvaterschaft (§§ 1600 ff). Mit dieser Feststellung entfällt seine Elternschaft rückwirkend. Die sorgerechtlichen Konsequenzen sind **analog § 1680 Abs 1, 2** zu behandeln: Der Vater selbst hat mit der Elternstellung automatisch auch das Sorgerecht verloren; bei bislang gemeinsamem Sorgerecht erwirbt die Mutter gem Abs 1 ohne weiteres die Alleinsorge, bei bisheriger Alleinsorge des Vaters ist gem Abs 2 S 1 zu entscheiden (MünchKommZPO/Coester-Waltjen § 640 Rn 39). Dies gilt ohne Unterschied danach, ob das (Mit-)Sorgerecht des Scheinvaters auf Gesetz, Sorgeerklärung oder Gerichtsentscheidung beruhte.

2. Gemeinsames Sorgerecht der Eltern, Abs 1

4 Bei bislang gemeinsamem Sorgerecht der Eltern erstarkt das **Mitsorgerecht des überlebenden Elternteils automatisch zum Alleinsorgerecht**. Eine gegenüber § 1666 vorverlagerte Kindeswohlkontrolle (so § 1681 Abs 1 S 2 aF) findet nicht mehr statt. Hinsichtlich der Voraussetzungen und Rechtsfolgen im einzelnen gelten die Ausführungen zu § 1678 sinngemäß (dort Rn 6–10; vgl auch § 1681 Rn 5).

3. Alleinsorgerecht des verstorbenen Elternteils, Abs 2

5 Abs 2 differenziert nach dem Grund der Alleinsorge: Gerichtsentscheidung (§§ 1671, 1672 Abs 1) oder Gesetz (§ 1626a Abs 2), Satz 1 bzw Satz 2 (bei gemeinsamem Sorgerecht kommt es auf diese Unterscheidung nicht an, vgl § 1678 Rn 6). Der Sache nach enthält Satz 2 eine erhöhte Übertragungsschwelle für den nichtehelichen, zuvor niemals sorgeberechtigten Vater.

a) Alleinsorge kraft gerichtlicher Übertragung (Satz 1)
aa) Grundlage der Übertragung

Abs 2 S 1 nennt als Grundlagen einer gerichtlichen Übertragungsentscheidung nur 6 §§ 1671 und 1672 Abs 1, obwohl noch mehrere andere normative Grundlagen für eine Übertragung der Alleinsorge auf einen Elternteil in Betracht kommen (§ 1678 Rn 13). Dies hat der Gesetzgeber offensichtlich übersehen; vom Gesetzeszweck her muß das Regelungsmodell des Abs 2 S 1 ohne weiteres auch dann gelten, wenn die Übertragung der Alleinsorge auf den jetzt verstorbenen Elternteil auf anderer gesetzlicher Grundlage beruhte (§ 1678 Rn 36) – der **Erwerb kraft Gerichtsentscheidung** ist wesentlich, nicht deren Grundlage. Dabei genügt für die Anwendung von Abs 2 S 1 auch die nur **teilweise Übertragung** der Alleinsorge auf den jetzt verstorbenen Elternteil.

bb) Übertragungsmaßstab

Bis zum SorgeRG ging das Sorgerecht auch dann ipso iure auf den anderen Elternteil über, wenn dem Verstorbenen das Sorgerecht allein zugestanden hatte. Bei im Todeszeitpunkt eingetretener Entfremdung zwischen anderem Elternteil und Kind sowie dessen Verwurzelung im familialen Umfeld des verstorbenen Elternteils (Stiefeltern- oder Großelternfamilie) konnte das Herausgabeverlangen des überlebenden Elternteils gem § 1632 Abs 1 zu das Kindeswohl gefährdenden Belastungen führen, die nur über §§ 1666 ff abgewehrt werden konnten (zB OLG Köln FamRZ 1972, 144; OLG Karlsruhe Justiz 1975, 29; vgl Rn 9). Mit der Ersetzung des automatischen Sorgerechtsübergangs durch einen kontrollierenden richterlichen Übertragungsakt wollte der Gesetzgeber eine angemessenere Berücksichtigung der Kindesinteressen ermöglichen (BT-Drucks 8/2788, 66). Allerdings besteht ein **Rechtsanspruch des überlebenden Elternteils** auf Übertragung, sofern die Kindesinteressen ihr nicht entgegenstehen (BAMBERGER/ROTH/VEIT Rn 5; BGB-RGRK/ADELMANN Rn 4); das **Kindeswohl** fungiert nur als **Korrektiv** einer Regelzuweisung an den überlebenden Elternteil. Damit ist die verfassungsrechtlich gebotene Balance zwischen Elternrecht und Kindesrecht hergestellt (§ 1678 Rn 15, 19). 7

cc) Übertragungsentscheidung

Die Kindesinteressen sind daraufhin zu überprüfen, ob sie der regelmäßig angezeig- 8 ten Sorgerechtsübertragung auf den anderen Elternteil entgegenstehen. Dies gilt auch dann, wenn diesem früher das Sorgerecht gem § 1666 entzogen worden war – die Situation gibt Anlaß, die frühere Entscheidung zu überprüfen (§ 1681 Abs 1 S 3 aF ist als entbehrlich weggefallen, BT-Drucks 13/4899, 103). Dabei überlagert die Übertragungsschwelle des Abs 2 S 1 die Aufhebungsgrenze des § 1696 Abs 2.

Eine **Gefährdung** des Kindeswohls durch den Sorgerechtsübergang (und damit ver- 9 bundenen Plazierungswechsel) **muß nicht festgestellt werden**, es genügt, wenn der Wechsel das (durch den Verlust seines Betreuungselternteils ohnehin geschädigte) Kind **zusätzlich wesentlich belasten würde** (BayObLG FamRZ 1988, 973, 974; 1999, 103, 104; 2000, 972, 973; OLG Schleswig FamRZ 1993, 832, 833; vgl § 1681 Rn 19; der Sache nach an der Gefährdungsgrenze orientiert demgegenüber OLG Frankfurt FamRZ 1981, 1105; BGB-RGRK/ ADELMANN Rn 4). Eine *vorhandene Gefährdung* legitimiert allerdings ohne weiteres eine abweichende Entscheidung nach Abs 2 S 1 (vgl BayObLG FamRZ 1988, 973). Andererseits genügt es noch nicht, daß ein Verbleib des Kindes in seinem bisherigen Umfeld zweckmäßiger oder seinem Wohl dienlicher wäre (ebenso BAMBERGER/ROTH/ VEIT Rn 5). Es findet also keine freie Abwägung zweier Plazierungsalternativen statt (mißverständlich BayObLG FamRZ 1988, 973, 974; unklar auch MünchKomm/FINGER Rn 11). *Welche* Kindesinteressen zu berücksichtigen sind und von welchem *Gewicht* an diese geeignet sind, den elterlichen Übertragungsanspruch zu verdrängen, sind zwei verschiedene Fragen (s Rn 11 f).

10 Ist diese Grenze erreicht, ist die **Berücksichtigung gegenläufiger Elterninteressen unzulässig** (zB Sicherung des Lebenssinns [**anders** aber OLG Frankfurt FamRZ 1981, 1105]; frühere Opfer für das Kind oder mangelnde Schuld an der eingetretenen Entfremdung, BayObLG FamRZ 1988, 973, 974; OLG Karlsruhe Justiz 1975, 29, 30; LG Ravensburg DAVorm 1975, 57, 59).

11 Thematisch umfaßt die Prüfung nach Abs 2 S 1 das unverkürzte Spektrum aller rechtlich beachtlichen **Kindeswohlkriterien** (vgl § 1671 Rn 157 ff), besondere Bedeutung kommt der Bindungserhaltung, der Entwicklungskontinuität und dem Kindeswillen zu. Das Schwergewicht der Prüfung liegt situationsbedingt auf *zwei Variablen:* Den Beziehungen des Kindes zum überlebenden Elternteil einerseits, den Bindungen des Kindes an weitere Personen im bisherigen Lebenskreis (Stiefelternteil, Großeltern) sowie das sonstige soziale Umfeld andererseits. Bestehen **zum lebenden Elternteil nahezu keine Kontakte** (mehr), hingegen gute Beziehungen zu Personen in der familialen Umwelt, in der das Kind bisher zusammen mit dem verstorbenen Elternteil gelebt hatte, so widersprechen die Kindesinteressen regelmäßig einer Herausnahme aus diesen Beziehungen (BayObLG FamRZ 1988, 973, 974; 1999, 103, 104; 2000, 972, 973 f; OLG Karlsruhe Justiz 1975, 29, 30 [noch zu § 1681 aF, 1666]; LÜDERITZ FamRZ 1975, 605, 609). Auf *Verschulden* des anderen Elternteils hinsichtlich der Entfremdung oder der fehlenden Kontakte zum Kind kommt es nicht an (oben Rn 9). Auch die Stellung der verbliebenen Bezugspersonen des Kindes ist unerheblich (Großeltern, Stiefelternteil, faktischer Lebenspartner des verstorbenen Elternteils, dazu BayObLG FamRZ 1999, 103; ältere Schwester, BayObLG FamRZ 2000, 972). Daneben kann die Erhaltung des sonstigen Beziehungsnetzes für das Kind wichtig sein – Schule, großelterlicher Bauernhof, Freunde (BayObLG FamRZ 2000, 972; 1988, 973, 974; FamRZ 1982, 1118, 1120; ZfJ 1985, 36 ff; OLG Köln FamRZ 1972, 144, 146; LG Ravensburg DAVorm 1975, 57, 58, 60). Würde die Herausnahme aus seiner bisherigen Lebenswelt das Kind schwer belasten oder gar gefährden, so ist eine Übertragung des Sorgerechts auf den überlebenden Elternteil auch **nicht** bei gleichzeitiger **Verbleibensanordnung** gem §§ 1632 Abs 4 oder 1682 und unter der Auflage zulässig, das Kind in einem behutsamen und langwierigen Umgewöhnungsprozeß auf den Wechsel vorzubereiten (gegen OLG Frankfurt FamRZ 1981, 1105; OLG Köln ZKJ 2008, 382 ff; BAMBERGER/ROTH/VEIT Rn 5; vgl § 1678 Rn 31; STAUDINGER/ SALGO § 1682 Rn 7). Auch sind in solchen Fällen nicht **Teile** des Sorgerechts auf den Elternteil zu übertragen – eine Aufspaltung des Sorgerechts würde hier regelmäßig dem Kindeswohl zuwiderlaufen (OLG Schleswig FamRZ 1993, 832, 834).

12 Hat das Kind hingegen **gute Beziehungen zum überlebenden Elternteil**, so genügen ebenfalls gute Beziehungen zu Stief- oder Großeltern noch nicht für einen Ausschluß der Übertragung (ebenso RAUSCHER, Familienrecht Rn 987; **aA** MünchKomm/FINGER Rn 11; LÜDERITZ FamRZ 1975, 605, 609 [jedoch zweifelnd]; verfehlt AG Leverkusen FamRZ 2004, 1127,

1128, das – statt einer Sorgeübertragung auf den Vater – der Situation mit einer Mitvormundschaft Vater/Großvater Rechnung tragen will). Das gleiche gilt für bloße Unbequemlichkeiten oder äußerliche Umstellungsschwierigkeiten, die mit einem Wechsel verbunden wären. Unvermeidliche Wechselschwierigkeiten können durch Umgangsrechte gem § 1685 abgemildert werden (vgl BAMBERGER/ROTH/VEIT Rn 5). Dabei sind auch die langfristigen Entwicklungschancen des Kindes im Auge zu behalten (AG Tempelhof-Kreuzberg FamRZ 2008, 1102 f). In Zweifelsfällen wird dem **Kindeswillen** entscheidende Bedeutung zukommen (BayObLG FamRZ 1988, 973, 974; 1999, 103, 104; 2000, 972, 973; OLG Karlsruhe Justiz 1975, 29, 30; OLG Köln FamRZ 1972, 144, 145 f; OLG Schleswig FamRZ 1993, 832, 834; OLG Dresden FamRZ 2008, 712 f; LG Ravensburg DAVorm 1975, 57, 59 f).

dd) Bei **Nichtübertragung** des Sorgerechts auf den überlebenden Elternteil ist nach allgemeinen Grundsätzen **Vormundschaft oder Pflegschaft** anzuordnen, §§ 1773, 1909. Dabei ist vorrangig die dritte Bezugsperson zu bestellen (BayObLG FamRZ 1999, 103, 104; 2000, 972 [ältere Schwester]; SOERGEL/STRÄTZ Rn 3). Längerfristig ist dem „Recht des Kindes auf Familie" auf dem durch **§ 37 Abs 1 SGB VIII** vorgezeichneten Weg Rechnung zu tragen (vgl § 1678 Rn 32).

b) Gesetzliche Alleinsorge der nichtehelichen Mutter gemäß § 1626a Abs 2 (Satz 2)

Ist der überlebende Elternteil ein nichtehelicher Vater (zur Vaterschaftsanfechtung und -feststellung nach dem Tod der Mutter AG Leverkusen FamRZ 2006, 878), der zuvor niemals das Sorgerecht innehatte, so meinte der Gesetzgeber, besonders strenge Sicherungsvorkehrungen zum Schutze des Kindes errichten zu müssen: Eine Übertragung kommt hier nur in Betracht, wenn sie dem Kindeswohl „dient", dh an Stelle der Negativkontrolle einer Regelübertragung gem Satz 1 (Rn 8) müssen hier die Kindesinteressen die Übertragung positiv legitimieren. Die Verfehltheit und Verfassungswidrigkeit dieser Konzeption ist zu § 1678 dargelegt worden, hierauf ist auch für § 1680 Abs 2 S 2 zu verweisen (§ 1678 Rn 18, 19, 29). Es ist nicht zu erkennen, wieso die Kindesinteressen nicht auch im Rahmen einer Negativkontrolle iS Satz 1 gewahrt werden könnten. Sind aber Vater und kindesbetreuender Dritter im Lichte des Kindeswohls gleichwertige Alternativen, gebührt nach Art 6 Abs 2 S 1 GG dem Vater der Vorrang. Satz 2 ist deshalb im Wege der **verfassungskonformen Auslegung** an Satz 1 anzugleichen: Eine **Sorgerechtsübertragung auf den Vater dient regelmäßig dem Kindeswohl**, dh den Interessen und dem Recht des Kindes auf Sorge durch einen leiblichen Elternteil (vgl § 1671 Rn 204), solange nicht konkret feststellbare **Kindesinteressen der Übertragung widersprechen**. Diese Position hat jetzt auch das BVerfG bestätigt (FamRZ 2006, 385, 386 m zust Anm LUTHIN; FamRZ 2008, 2185 Nr 17, 21; zustimmend JAEGER FPR 2007, 101 ff, 103; MünchKomm/FINGER Rn 12, 16), zunächst jedenfalls für den Fall, daß der Vater in der Vergangenheit bereits „über einen längeren Zeitraum" tatsächlich für die Kinder gesorgt hat. Dann verletze eine positive Kindeswohlkontrolle sein Elternrecht aus Art 6 Abs 2 GG. Dies muß aber auch generell gelten – das verfassungsrechtliche Elternrecht hängt nicht von seiner tatsächlichen Ausübung ab (JAEGER FPR 2007, 101, 103). Die Mutter kann diesen bedingten Sorgevorrang des Vaters für den Fall ihres Todes nicht durch letztwillige Benennung eines Vormunds (§§ 1776, 1777) unterlaufen: Eine Vormundbestellung kommt gar nicht in Betracht, wenn nach den vorgenannten Grundsätzen die elterliche Sorge auf den Vater zu übertragen ist (BAMBERGER/ROTH/BETTIN § 1773 Rn 3; DNotI-Report 23/2008 S 180 f; vgl AG Tempelhof-Kreuzberg FamRZ 2008, 1102, 1103).

Damit gelten hinsichtlich aller Einzelheiten die Erläuterungen zu Satz 1 (Rn 7–13) entsprechend (vgl auch § 1678 Rn 30–32). Insbesondere widersprechen die Kindesinteressen einer Sorgeübertragung auf den Vater, wenn dieser im konkreten Verdacht steht, die Mutter ermordet zu haben (BVerfG FamRZ 2008, 381).

III. Entzug des Sorgerechts bei einem Elternteil, Abs 3

1. Grundkonzeption

15 Für den Ausfallgrund „Sorgerechtsentzug", vor der Kindschaftsrechtsreform 1998 einziges Thema des § 1680, hält das Gesetz nur noch eine unselbständige Regelung zur Verfügung: Absatz 3 verweist weitgehend auf die für den Todesfall geltenden Vorschriften (Abs 1, 2), spart dabei aber den Fall aus, daß der betroffene Elternteil kraft Gerichtsentscheidung alleinsorgeberechtigt war (kein Verweis auf Abs 2 S 1; dazu Rn 21). Deshalb gelten die vorstehenden Erläuterungen zum Ausfall durch Tod (Rn 4–14) grundsätzlich auch bei Sorgerechtsentzug; die folgende Darstellung beschränkt sich auf Besonderheiten und Ausnahmen. Als *generelle* Besonderheit ist im Auge zu behalten, daß bei notwendiger Trennung von bisher Sorgeberechtigtem und Kind eine Sorgerechtsübertragung auf den anderen Elternteil und entsprechende Umplatzierung im Lichte des „Grundsatzes der Verhältnismäßigkeit" als das **„mildere Mittel"** gegenüber einer Drittplazierung anzusehen wäre (vgl § 1666 Rn 214; der Sache nach geprüft in OLG Dresden FamRZ 2008, 712 f).

2. Entzug des Sorgerechts

16 Als Grundlage eines Sorgerechtsentzugs kommt vor allem § 1666 in Betracht. Der Entzug kann sich auf das **gesamte Sorgerecht** oder auch nur einen **Teil** davon beziehen, etwa auf die Personensorge oder die Vermögenssorge oder auch nur auf Teilbefugnisse innerhalb dieser Bereiche wie etwa das Aufenthaltsbestimmungsrecht (Erman/Michalski Rn 2; Soergel/Strätz Rn 2). Übergang oder Übertragung nach § 1680 sind dann ebenfalls auf den entzogenen Sorgerechtsteil beschränkt. Das gleiche gilt für einen Entzug des Vertretungsrechts nach §§ **1629 Abs 2 S 3, 1796** (vgl unten Rn 17).

3. Gemeinsames Sorgerecht der Eltern

17 Nach Abs 3 mit Abs 1 steht der dem einen Elternteil entzogene Sorgerechtsbereich kraft Gesetzes dem anderen Elternteil allein zu, dh dessen Ausübungsbindung gem §§ 1627–1629 entfällt. Erwirbt der andere Elternteil das Sorgerecht erst *nach* dem Entzug (die entrechtete Mutter heiratet den Vater, § 1626a Abs 1 Nr 2) und ist bereits ein Vormund oder Pfleger bestellt, erwirbt der Elternteil das Sorgerecht nicht kraft Gesetzes, sondern erst kraft (ändernder) Gerichtsentscheidung (vgl § 1678 Rn 6; ausf Diskussion bei Staudinger/Coester [2007] § 1626a Rn 26).

Der Tatbestand der Kindesgefährdung (§ 1666) oder des erheblichen Interessengegensatzes (§ 1796) beim betroffenen Elternteil muß das FamG **schon bei der Entzugsentscheidung** zu einer **zweifachen Prüfung** veranlassen:

– Sind diese Tatbestände von vornherein auch beim anderen Elternteil verwirklicht?

– Ist dies zu verneinen, so könnte aber doch die künftige *Alleinsorge* des anderen Elternteils zu Gefährdungen führen, etwa wegen seiner mangelnden Alleinkompetenz oder weil er sich der kindesschädlichen Einflüsse des künftig nichtsorgeberechtigten Elternteils nicht erwehren kann (vgl BayObLG FamRZ 1985, 1179, 1180 f; GERNHUBER/COESTER-WALTJEN § 57 IX 129 ff).

§ 1680 Abs 1 S 2 aF erlaubte Eingriffe in den gesetzlichen Erwerb des Alleinsorgerechts deshalb schon bei „Erforderlichkeit"; nach Wegfall dieser Vorschrift ist nur die Eingriffsgrenze auf die Linie des § 1666 (oder § 1796) zurückgenommen, an der Pflicht des FamG zu einer entsprechenden Kontrolle hat sich im Grundsatz jedoch nichts geändert. **Die Folgen eines Entzugs für das Sorgerecht des anderen Teils sind also von vornherein mitzubedenken.** Führte die Alleinsorge des anderen Elternteils zu spezifischen Gefahren für das Kind, so ist dem durch Maßnahmen auch gegen diesen Elternteil Rechnung zu tragen (nicht notwendig Entzug in gleichem Ausmaß). Andernfalls ist die Entzugsentscheidung zweckmäßigerweise durch den klarstellenden Ausspruch zu ergänzen, daß fortan der andere Elternteil das Sorgerecht allein innehat und ausübt (§ 1666 Rn 250 f).

18 Die gesetzliche Rechtsfolge des Abs 3 mit Abs 1 ist von dieser pflichtgemäßen Prüfung allerdings nicht abhängig, sie tritt mit dem Wirksamwerden des Entzugs beim anderen Elternteil auch dann ein, wenn entsprechende Erwägungen nicht angestellt wurden. Spätere Eingriffe in die Alleinsorge des anderen Elternteils bleiben immer möglich.

4. Alleinsorge des betroffenen Elternteils

19 Abs 3 regelt den Fall, daß der gem § 1626a Abs 2 alleinsorgeberechtigten Mutter das Sorgerecht entzogen wird, durch Verweis auf Abs 2 S 2. Nicht erwähnt sind die Situationen, in denen die Alleinsorge des betroffenen Elternteils auf einer früheren Gerichtsentscheidung beruhte – hier gingen die Gesetzesverfasser davon aus, daß ein normaler Änderungsfall vorliege, der nach § 1696 Abs 1 zu behandeln sei (BT-Drucks 13/4899, 103; näher Rn 22). Damit wird iE der Sorgerechtsentzug in Wahrheit nicht parallel zum Ausfallgrund „Tod", sondern zum „Ruhen des Sorgerechts" gem § 1678 geregelt; Abs 3 wäre konsequenter an diese Vorschrift angefügt worden. Allerdings ist eine innere Rechtfertigung für die jeweils unterschiedlichen Maßstäbe nicht zu erkennen (bei Tod Regelübertragung mit negativer Kindeswohlkontrolle [§ 1680 Abs 2 S 1]; bei Entzug oder Ruhen positive Rechtfertigungsnotwendigkeit für die Übertragung aus „triftigen, das Kindeswohl nachhaltig berührenden Gründen" [§ 1696 Abs 1]); die gesetzliche Konzeption ist nicht nur verwirrend und unnötig kompliziert, sondern auch sachlich verfehlt (ähnlich BAMBERGER/ROTH/VEIT Rn 10.1; vgl § 1678 Rn 15 ff).

20 Unabhängig vom Maßstab ist die Übertragungsprüfung **von Amts wegen** einzuleiten (Rn 24), setzt also einen Antrag des bisher nichtsorgeberechtigten Elternteils nicht voraus. Nicht einmal seine **Bereitschaft zur Sorgerechtsübernahme** ist grundsätzlich Voraussetzung, da aus der Pflichtnatur des Elternrechts (Art 6 Abs 2 S 1 GG; § 1626

Abs 1) nicht nur die Unverzichtbarkeit des Sorgerechts folgt, sondern konsequenterweise auch die **Pflicht zur Übernahme**, wenn der andere Elternteil ausfällt (vgl OLG Karlsruhe FamRZ 1999, 801, 802; § 1671 Rn 128; verkannt in OLG Dresden FamRZ 2008, 712 f [der Vater habe sich „bis heute nicht in einer Weise eingebracht, die es gestatten würde, ihm die Verantwortung für das Kind zu übertragen"]). Die Weigerung des Elternteils zur Sorgerechtsübernahme ist im Rahmen der Kindeswohlprüfung (speziell des Kriteriums „Elterneignung", § 1671 Rn 194 ff) zu würdigen, ihr ist aber nicht ohne weiteres nachzugeben (vgl § 1678 Rn 30; eher skeptisch MünchKomm/FINGER Rn 5).

a) Alleinsorge der nichtehelichen Mutter gemäß § 1626a Abs 2

21 Hier ist gem Abs 3 mit 2 S 2 dem Vater die der Mutter entzogene Sorge nur zu übertragen, „wenn dies dem Wohl des Kindes dient" (vgl OLG Hamm FamRZ 2000, 1239). Entsprechend der gebotenen **verfassungskonformen Auslegung** des Abs 2 S 2 ist hiervon regelmäßig auszugehen, solange nicht konkret entgegenstehende Kindesinteressen festzustellen sind (Rn 14 und § 1678 Rn 18, 19, 29). Dabei ist Abs 3, 2 S 2 im **Zusammenhang mit §§ 1626a Abs 1 Nr 1, 1672 Abs 1** zu sehen: Nachdem das Gesetz dem nichtehelichen Vater schon eine Sorgebeteiligung gegen den Willen der Mutter verwehrt, wäre sein Elternrecht aus Art 6 Abs 2 S 1 GG spätestens dann verletzt, wenn er nicht einmal bei Ausfall der Mutter einen Übertragungsanspruch (unter dem Vorbehalt entgegenstehender Kindesinteressen) hätte (vgl § 1672 Rn 9). Bei Aufhebung des Sorgerechtsentzugs bei der Mutter fällt das Sorgerecht nicht automatisch an sie zurück; maßgeblich für ihren Rückerwerb oder gemeinschaftlichen Erwerb neben dem Vater ist allein § 1696 Abs 1 (BAMBERGER/ROTH/VEIT Rn 9).

b) Alleinsorge des betroffenen Elternteils auf Grund Gerichtsentscheidung

22 Die hier vom Gesetzgeber für zutreffend erachtete Anwendung des § 1696 Abs 1 ist ebenfalls durch **verfassungskonforme Auslegung** zu korrigieren (vgl § 1678 Rn 15–17, 35 mwN): Wird dem bisher alleinsorgeberechtigten Elternteil das Sorgerecht entzogen, so ist die Übertragung auf den anderen Elternteil nicht positiv zu legitimieren, sondern nur negativ auf etwaige Kindesschädlichkeit zu kontrollieren. Demgemäß sind „triftige, das Kindeswohl nachhaltig berührende Gründe" angesichts des Entzugs beim bisher Sorgeberechtigten stets zu bejahen, sofern nicht die Kindesinteressen der Übertragung widersprechen. Damit ist nicht nur Eltern- und Kindesrecht Rechnung getragen, sondern auch innere Stimmigkeit mit Abs 2 S 1 (sowie Abs 2 S 2 und § 1678) hergestellt.

c) Kindesinteressen

23 Hinsichtlich der zu beachtenden Kindesinteressen gelten die generellen Erläuterungen zu Abs 2 (Rn 7–13). Darüber hinaus sind speziell beim Sorgerechtsentzug auf einer Elternseite die „Ausstrahlungswirkungen" auf den anderen Elternteil zu überprüfen – bei bisher gemeinsamem Sorgerecht berechtigen erst Kindesgefährdungen gem § 1666 zum Eingriff in den Sorgerechtserwerb des anderen Elternteils (Rn 17), bei bisheriger Alleinsorge können schon weniger gewichtige Nachteile für das Kind seine „widersprechenden Interessen" begründen und damit einer Übertragung auf den anderen Elternteil entgegenstehen.

d) Übertragungsentscheidung

24 Die Entscheidung nach § 1680 Abs 3 ist nach Möglichkeit schon mit der Entzugsentscheidung nach § 1666 zu verbinden – die Kindesinteressen verlangen eine mög-

Titel 5 §1680, 25, 26
Elterliche Sorge §1681

lichst schnelle, dauerhafte neue Sorgezuordnung (vgl § 1666 Rn 250). Verbindet das FamG die Entzugsentscheidung mit einer Bestellung des Jugendamts als Vormund oder Pfleger, ohne Erwägungen gem § 1680 Abs 3 erkennen zu lassen, so kann darin nicht eine implizite *Ablehnung* einer solchen Übertragungsentscheidung gesehen werden – diese ist nachzuholen. Die gegenteilige Auffassung des BGH (FamRZ 2005, 1496 f; dem folgend OLG Köln ZKJ 2008, 382) ist spätestens seit den Entscheidungen des BVerfG zur verfassungskonformen Auslegung des § 1680 Abs 2 S 2 (Rn 14, 21, 22) unhaltbar (krit auch LUTHIN FamRZ 2005, 1471).

IV. Zuständigkeit und Verfahren

Für Zuständigkeit und Verfahren gem Abs 2, 3 gelten grundsätzlich die Ausführungen zu § 1678 (dort Rn 38 f). Das Verfahren ist von Amts wegen einzuleiten und im Fall des Abs 3 mit dem Entzugsverfahren zu verbinden. Da in den Fällen des § 1680 in aller Regel ein Platzierungswechsel des Kindes notwendig sein wird, kann eine frühzeitige **einstweilige Anordnung** geboten sein, um Kindesinteressen und Elternrechte des anderen Elternteils zu sichern (BVerfG FamRZ 2008, 2185, 2188; vgl § 1678 Rn 39). Das Jugendamt ist bei Verfahren gem Abs 2 zu hören (§ 162 Abs 1 FamFG). Zu einstweiligen Anordnungen (§ 49 FamFG) oder sonstigen sichernden Maßnahmen gem § 1693 wird insbes bei Tod eines Elternteils häufig Anlaß bestehen.

25

V. Internationales Privatrecht

Auch insoweit ist auf die Ausführungen zu § 1678 (Rn 40) zu verweisen.

26

§ 1681
Todeserklärung eines Elternteils

(1) § 1680 Abs. 1 und 2 gilt entsprechend, wenn die elterliche Sorge eines Elternteils endet, weil er für tot erklärt oder seine Todeszeit nach den Vorschriften des Verschollenheitsgesetzes festgestellt worden ist.

(2) Lebt dieser Elternteil noch, so hat ihm das Familiengericht auf Antrag die elterliche Sorge in dem Umfang zu übertragen, in dem sie ihm vor dem nach § 1677 maßgebenden Zeitpunkt zustand, wenn dies dem Wohl des Kindes nicht widerspricht.

Materialien: Art 1 Nr 22 GleichberG; Art 1 Nr 31 EheRG; Art 1 Nr 27, Art 9 § 2 Nr 3 SorgeRG; Art 1 Nr 22 KindRG. STAUDINGER/ BGB-Synopse 1896–2005 § 1681.

Systematische Übersicht

I.	**Allgemeines**		**II.**	**Rechtsstellung des anderen Elternteils, Abs 1**
1.	Normbedeutung, Überblick	1		
2.	Gesetzesgeschichte	3	1.	Tatbestand ... 4

2.	Sorgerechtliche Folgen	5	b)	Antrag auf gemeinsames Sorgerecht	14
a)	Gemeinsames Sorgerecht	5	c)	Antrag auf Alleinsorge	16
b)	Alleinsorge des für tot erklärten Elternteils	6	d)	Interimssorge durch Vormund oder Pfleger	19

III. Rückkehr des verschollenen Elternteils, Abs 2

IV. Zuständigkeit und Verfahren ___ 20

1. Grundkonzeption ___ 9
2. Gerichtliche Entscheidung ___ 12
a) Allgemeine Voraussetzungen ___ 12

V. Internationales Privatrecht ___ 21

Alphabetische Übersicht

Abgrenzung/Bezug zu anderen Normen	
– § 1666 ___ 7, 19	Gemeinsames Sorgerecht ___ 5, 11 f, 17
– § 1671 ___ 12	IPR ___ 21
– § 1671 Abs 2 Nr 2 ___ 15, 17	
– § 1677 ___ 1, 5, 12	Kindesinteressen ___ 7, 9, 14 f, 19
– § 1678 Abs 1 HS 1 ___ 5	Kindeswille ___ 16
– § 1678 Abs 2 ___ 6	Kindeswohl
– § 1680 ___ 1, 6 f	– als Entscheidungsmaßstab ___ 7, 9, 16 ff
– § 1680 Abs 2 S 2 aF ___ 10	– als Verfahrensrichtlinie ___ 13
– § 1696 ___ 6, 9, 12	Kontinuität ___ 16
Alleinsorgerecht ___ 5, 6 ff, 11, 12	Kooperation der Eltern ___ 14
– des verschollenen Elternteils ___ 11, 19	
Anhörung des Antragsgegners ___ 15	Pfleger ___ 7 f, 11, 19
Antrag	
– auf (Rückübertragung der) Alleinsorge ___ 10, 12, 15 f, 20	Rückkehr des verschollenen Elternteils 5, 9 ff
– auf gemeinsames Sorgerecht ___ 14 f	Tatsächliche Verhinderung ___ 1, 6, 18
– Beschränkung des Antrags ___ 12, 18	Tod eines Elternteils ___ 1 f, 4, 9, 19
Antragsrecht des anderen Elternteils ___ 12	Todeserklärung eines verschollenen Elternteils ___ 1 f, 4 f, 9
Auflösung der Ehe durch Neuheirat ___ 14	– Rechtsfolgen für den anderen Elternteil 5 ff
Aufteilung der elterlichen Sorge ___ 18	
Betreuung des Kindes durch den anderen Elternteil ___ 6 f, 11	Übertragung der elterlichen Sorge ___ 7, 10
– durch Dritte ___ 6 f, 11	Verfahren ___ 12
Bindung des Kindes an Elternteil ___ 9, 16	Verfassungsbezüge ___ 7, 14, 16 f
	Verschollener Elternteil ___ 1, 4
Elterliche Sorge ___ 5 ff	Vormund ___ 7 f, 11, 19
– Alleinausübung ___ 5	
– Ende der elterlichen Sorge ___ 5	Widerspruch des Antragsgegners ___ 15
– nichtsorgeberechtigter Elternteil ___ 19	Wiedererlangung der elterlichen Sorge ___ 3
Elternrecht ___ 7, 9	
Entfremdung ___ 9	Zuständigkeit ___ 20
Entzug des Sorgerechts ___ 1, 6, 19	
Feststellung des Todeszeitpunkts ___ 4	

I. Allgemeines

1. Normbedeutung, Überblick

Die Vorschrift schließt die gesetzliche Regelungsthematik „Ausfall eines Elternteils und sorgerechtliche Konsequenzen" (§§ 1673–1681) ab. Sie betrifft – nachdem das KindRG 1998 den Tod eines Elternteils (§ 1681 Abs 1 aF) in § 1680 Abs 1, 2 verlagert hat (s Erl dort) – **nur noch** die Sondersituation des **verschollenen und für tot erklärten Elternteils**. **1**

Dessen eigene Sorgerechtsposition ist zunächst schon in § 1677 geregelt: Die Todeserklärung führt zur Beendigung seines Sorgerechts (§ 1677 Rn 2). **§ 1681 Abs 2** ergänzt diese Vorschrift für den Fall der unvermuteten Rückkehr des für tot Erklärten (Einzelheiten Rn 9 ff).

Abs 1 betrifft die Rechtsstellung des **anderen Elternteils** und regelt sie in Anlehnung an das Modell des § 1680 Abs 1, 2 – es gilt also das gleiche, wie wenn der ausgefallene Elternteil wirklich gestorben oder ihm das Sorgerecht entzogen worden wäre.

Gesetzestechnisch ist § 1681 als Sondervorschrift insgesamt verzichtbar: Die Regelung des Abs 2 wäre systematisch stimmiger in § 1677 untergebracht, die Regelung des Abs 1 hätte ohne weiteres in den Tatbestand des § 1680 Abs 1, 2 integriert werden können („gestorben oder für tot erklärt ..."). **2**

Rechtspolitisch ist Abs 2 mißglückt: Hier werden überkommene Strukturen zwar leicht verändert, es fehlt aber jegliche inhaltliche Harmonisierung mit der sorgerechtlichen Neuordnung in § 1671 (näher Rn 11 ff).

2. Gesetzesgeschichte

Die Vorschrift, ursprünglich nur betreffend die Beendigung der Vermögensverwaltung, ist durch das GleichberG 1957 neu gefaßt worden als sachliche Zusammenfassung der früheren Regelungen in §§ 1684 Abs 1 Nr 1, 1679 Abs 2 sowie § 40 EheG 1946. Sie betraf sowohl den Tod wie auch die Todeserklärung eines Elternteils; hieran änderten auch spätere Anpassungen durch das 1. EheRG und das SorgeRG nichts (vgl STAUDINGER/BGB-Synopse [1896–2005] zu § 1681). Das KindRG 1998 übernahm den Ausfallgrund „Tod" schon in § 1680 Abs 1, 2, regelte die „Todeserklärung" in Abs 1 durch schlichten Verweis auf § 1680 und erhöhte in Abs 2 die Hürde zur Wiedererlangung des Sorgerechts für den für tot erklärten, aber zurückgekehrten Elternteil. **3**

II. Rechtsstellung des anderen Elternteils, Abs 1

1. Tatbestand

Vorausgesetzt ist die **Todeserklärung eines verschollenen Elternteils** durch das Amtsgericht nach §§ 2 ff, 9, 13 ff VerschG (Kommentierung bei STAUDINGER/HABERMANN [2004] nach § 14 BGB). Gleichgestellt ist die **Feststellung der Todeszeit** nach §§ 39, 41 VerschG: Sie erfolgt, wenn der Tod als solcher nicht zweifelhaft ist (dann scheidet **4** eine Todeserklärung aus, § 1 Abs 2 VerschG), aber amtlich bestätigt und zeitlich fixiert werden soll.

2. Sorgerechtliche Folgen

5 Während die elterliche Sorge des betroffenen Elternteils mit Rechtskraft der amtsgerichtlichen Beschlüsse endet (§ 1677), bestimmt sich die Rechtsstellung des anderen Elternteils nach den bisherigen sorgerechtlichen Verhältnissen.

a) Gemeinsames Sorgerecht

Waren die Eltern bislang gemeinsam sorgeberechtigt, so hat – angesichts der die „Verschollenheit" begründenden Wartefristen nach §§ 3–7 VerschG – der andere Elternteil die Sorge regelmäßig schon vor dem amtsgerichtlichen Beschluß allein ausgeübt (§ 1678 Abs 1 HS 1 Alt 1 oder Alt 2 mit § 1674 Abs 1). Nach Abs 1 iVm § 1680 Abs 1 erwirbt er nun das Alleinsorgerecht auch der Substanz nach. Für den Fall einer Rückkehr des Verschollenen sind deshalb fortan nicht mehr §§ 1674 Abs 2 oder 1678 Abs 1 einschlägig, sondern nur noch die Sonderregelung in § 1681 Abs 2.

Für den gesetzlichen Übergang des Sorgerechts (Umfang, Grenzen) gelten iü die Ausführungen zu § 1678 (dort Rn 6–10).

b) Alleinsorgerecht des für tot erklärten Elternteils

6 Für diese Konstellation verweist Abs 1 auf § 1680 Abs 2. Dabei ergibt sich jedoch vom Faktischen her ein wesentlicher Unterschied gegenüber dem Ausfall des Elternteils durch Tod oder Sorgerechtsentzug: Der bislang sorgeberechtigte Elternteil ist schon lange Zeit vor dem amtsgerichtlichen Beschluß verschwunden, so daß für die Kinder zwangsläufig eine Interimslösung gefunden werden mußte. § 1681 Abs 1 erlangt nur dann Bedeutung, wenn dem anderen Elternteil nicht schon zuvor das Sorgerecht gem §§ 1678 Abs 2, 1696 oder 1680 Abs 3 mit Abs 2, 1666 übertragen worden war. Im Falle des § 1681 sind die Kinder demgegenüber schon seit längerem entweder vom anderen Elternteil lediglich faktisch betreut worden oder in der (faktischen oder rechtlichen) Obhut von Dritten gewesen.

7 Eine Übertragungsprüfung nach Abs 1 mit § 1680 Abs 2 (dazu ie § 1680 Rn 7 ff) hat auch dann zu erfolgen, wenn in der Interimszeit schon eine Abwägung zwischen dem anderen Elternteil und einer Drittversorgung nach den vorerwähnten Normen stattgefunden hat und wegen widersprechender Kindesinteressen ein Vormund oder Pfleger bestellt worden ist – die Todeserklärung hat eine neue Situation geschaffen. Dennoch können die Erwägungen aus der Vorentscheidung auch hier maßgebliches Gewicht haben, und auch ohne frühere Gerichtsentscheidung wird angesichts langzeitiger Drittversorgung eine Ablehnung der Übertragung wegen widersprechender Kindesinteressen eher in Betracht kommen als bei § 1680. Hatte umgekehrt der andere Elternteil die Kinder schon faktisch versorgt, ist die Sorgerechtsübertragung auf ihn vom Kindeswohl und Elternrecht indiziert, eine Ablehnung wäre – in verfassungskonformer Auslegung des § 1680 Abs 2 – nur unter den Eingriffsvoraussetzungen des § 1666 zu rechtfertigen.

8 Soweit eine Übertragung auf den verbliebenen Elternteil ausscheidet, ist auch hier

ein Vormund oder Pfleger für das Kind zu bestellen bzw eine angeordnete Vormundschaft oder Pflegschaft aufrechtzuerhalten (§ 1680 Rn 13).

III. Rückkehr des verschollenen Elternteils, Abs 2

1. Grundkonzeption

Die Todeserklärung begründet nur eine Vermutung des Todes (§§ 1 Abs 1, 9 Abs 1 **9** VerschG); bei der Feststellung der Todeszeit wird zwar vom sicheren Tod ausgegangen (§§ 1 Abs 2, 39 S 1, 41 VerschG), doch kann sich auch hier diese Überzeugung als falsch herausstellen. Bei Rückkehr des verschollenen Elternteils läßt das Gesetz sein **Sorgerecht nicht automatisch wieder aufleben**: Elterliche Sorge ist ein Pflichtrecht zum Wohl des Kindes (§ 1666 Rn 3; § 1671 Rn 6), und die abwesenheitsbedingte Entfremdung zwischen Elternteil und Kind sowie die inzwischen entstandene Bindung zum anderen, jetzt sorgeberechtigten Elternteil kann so groß sein, daß ein Wiedereinrücken des zeitweilig verschollenen Elternteils in das Sorgerecht den Kindesinteressen widersprechen würde (BT-Drucks 13/4899, 104). Deshalb gestattet das Gesetz dem Zurückgekehrten ausnahmsweise die Entscheidung, ob er das Sorgerecht überhaupt wieder übernehmen möchte (Antragserfordernis; vgl BAMBERGER/ROTH/VEIT Rn 3). Auch das Elternrecht des jetzt sorgeberechtigten Elternteils ist zu beachten, es ist dem des zurückgekehrten Elternteils grundsätzlich gleichwertig. Während dies dafür sprechen würde, den Rückerwerb des Sorgerechts durch den wiederaufgetauchten Elternteil an die Änderungsvoraussetzungen des § 1696 oder zumindest eine freie Kindeswohlabwägung zwischen beiden Eltern zu knüpfen, ist aber auch zu berücksichtigen, daß Verschollenheit oft mit einer schicksalhaften Belastung des betroffenen Elternteils einhergeht, die es nahelegt, ihn nach seiner Rückkehr nicht auch noch mit dem Verlust des Sorgerechts zu konfrontieren.

Während § 1681 Abs 2 S 2 aF von einem absoluten Vorrang des Zurückgekehrten **10** ausging, den dieser durch einseitige Willenserklärung gegenüber dem Gericht verwirklichen konnte (zur Kritik STAUDINGER/COESTER[12] Rn 25), versucht der jetzige Abs 2 einen etwas ausgewogeneren Interessenausgleich: Bei entsprechendem Antrag des Zurückgekehrten ist die elterliche Sorge als Regelfall konstitutiv zurückzuübertragen, sofern die Überprüfung nicht ergibt, daß dem die Kindesinteressen entgegenstehen.

Kritik: Die gesetzliche Konzeption ist sachgerecht, soweit die Eltern vor der Ver- **11** schollenheit gemeinsam sorgeberechtigt waren; hier muß sich der jetzt alleinsorgeberechtigte Elternteil das Wiederaufleben der Gemeinschaft grundsätzlich gefallen lassen (vgl noch Rn 14 f). Das gleiche gilt, wenn in der Zwischenzeit ein Vormund oder Pfleger die Kindesbetreuung übernommen hatte (Rn 19). Hat jedoch der verbliebene Elternteil an Stelle des Verschollenen dessen bisherige Alleinsorge übernommen, ist nicht einzusehen, warum er – nach uU jahrelanger Alleinversorgung der Kinder – diese nun schon dann wieder verlieren soll, wenn er nicht deutlich besser geeignet ist, insbes also schon bei gleich guter Eignung beider Eltern (**krit** zu diesem Beispiel MünchKomm/FINGER Rn 5 Fn 4: Der verbliebene Elternteil habe durch seine Bewährung bei der Alleinsorge ein eindeutiges Übergewicht erlangt, so daß ein Verlust der Alleinsorge nicht zu befürchten sei). Der Zurückgekehrte wird einem nichtsorgeberechtigten Elternteil in § 1680 Abs 2 S 1 gleichgestellt – nur ist dort der aktuelle Sorgeberechtigte *ausge-*

fallen, hier wird er verdrängt. Das Gesetz differenziert weder nach den Gründen für die Verschollenheit noch nach den Gründen für die vorherige Alleinsorge des später Verschollenen; es sichert zwar das Kind vor Interessenverletzungen, gewährleistet aber keine Gerechtigkeit zwischen den Eltern. Im Rahmen der gerichtlichen Kindeswohlprüfung nach Abs 2 (Rn 13) werden solche Gesichtspunkte hier nur begrenzt berücksichtigt werden können (**Beispielsfall**: Nichteheliche Mutter verweigert dem gleich oder besser geeigneten Vater das alleinige oder gemeinsame Sorgerecht, begibt sich auf riskante Abenteuerreise [Amazonasexpedition], ist 4 Jahre verschollen; Vater übernimmt Kindesbetreuung und erhält nach Todeserklärung der Mutter [vgl § 7 VerschG] gem §§ 1681 Abs 1, 1680 Abs 2 S 2 das Sorgerecht; Mutter kehrt zurück, beide Eltern im Lichte des Kindeswohls gleich gut geeignet – nach Abs 2 *muß* die Mutter das Sorgerecht erhalten!).

2. Gerichtliche Entscheidung

a) Allgemeine Voraussetzungen

12 Für den ein gerichtliches Übertragungsverfahren einleitenden **Antrag** gelten die zu § 1671 entwickelten Grundsätze (dort Rn 44 ff). Aus dem Normvergleich wie auch der Gesetzesgeschichte ist zu schließen, daß *nur der Zurückgekehrte* den Übertragungsantrag stellen kann, nicht der andere Elternteil, der inzwischen das Sorgerecht übernommen hatte (zu erwägen allerdings sein Antragsrecht auf erneute Mitbeteiligung an der Sorgeverantwortung). *Inhaltlich* muß der Antrag auf Rückübertragung des Sorgerechts grundsätzlich in dem Umfang gerichtet sein, in dem es der Antragsteller vor dem Verlust gem § 1677 innehatte. Verlangt er weniger (gemeinsames Sorgerecht statt früherer Alleinsorge; Teilsorge statt gesamter Sorge), so ist dies vom Gesetzeszweck her allerdings zuzulassen (vgl Rn 18); verlangt er mehr (Alleinsorge statt früherer gemeinsamer Sorge oder Gesamtsorge statt früherer Teilsorge) so ist dieser Antrag nicht nach § 1681, sondern nach § 1696 zu beurteilen.

13 Für die **Kindeswohlprüfung** ist auf die allgemeinen Kriterien zu verweisen, die für eine Abwägung zwischen den Eltern entwickelt worden sind (§ 1671 Rn 157 ff). Im übrigen ist die Kindeswohlprüfung stark vom Antragsinhalt abhängig.

b) Antrag auf gemeinsames Sorgerecht

14 Hier sind die gesetzlichen Wertungen des § 1671 Abs 1, 2 Nr 2 zu beachten: Die grundsätzlich gemeinsame Elternverantwortung gem Art 6 Abs 2 S 1 GG *kann* es rechtfertigen, das gemeinsame Sorgerecht auch ohne ausdrückliche Bereitschaft beider Elternteile hierzu anzuordnen (hier: uU auch gegen den Willen des aktuell Sorgeberechtigten); im Kindesinteresse ist aber eine funktionsfähige Kooperationsbasis unverzichtbar – fehlt diese, scheidet gemeinsames Sorgerecht aus (§ 1671 Rn 124 ff; ähnlich MünchKomm/FINGER Rn 5 Fn 4). Demgemäß entspricht die Herstellung (oder erstmalige Anordnung, vgl Rn 12) des gemeinsamen Sorgerechts zwar generell sowohl Kindesinteresse wie auch Elternpflicht, sie ist jedoch abzulehnen, wenn im Einzelfall die Voraussetzungen für eine kindeswohlförderliche Kooperation der Eltern nicht gegeben sind (vgl im einzelnen § 1671 Rn 127 ff). Dies gilt ohne weiteres auch für den Fall, daß eine Ehe der Eltern durch Neuheirat des Zurückgebliebenen aufgelöst worden ist (§ 1319 Abs 2), oder daß der früher alleinsorgeberechtigte Elternteil nach seiner Rückkehr nur noch gemeinsames Sorgerecht beantragt (Rn 12).

Verfehlt ist demgegenüber die Vorstellung der Gesetzesverfasser, der zwischenzeit- 15
lich Sorgeberechtigte könne sich aus einer unerwünschten, nach Abs 2 aber regelmäßig zu oktroyierenden gemeinsamen Sorge nur befreien, wenn er seinerseits einen Antrag auf Übertragung der Alleinsorge nach § 1671 Abs 1, 2 Nr 2 stellt (so offenbar BT-Drucks 13/4899, 104; BAMBERGER/ROTH/VEIT Rn 3). Im Verfahren nach § 1681 Abs 2 ist der aktuell sorgeberechtigte Antragsgegner zu hören (§ 160 FamFG); bei seinem Widerspruch ist analog § 1671 Abs 2 Nr 2 zu prüfen und zu entscheiden (der Widerspruch ist als Antrag auf Belassung der Alleinsorge zu verstehen; das FamG hat zu klären, ob der zurückgekehrte Elternteil hilfsweise ebenfalls die Alleinsorge begehrt). Eine nach § 1671 Abs 2 Nr 2 aufzuhebende gemeinsame Sorge darf nach § 1681 Abs 2 von vornherein nicht angeordnet werden. Eine isolierte Durchführung beider Verfahren nach § 1681 Abs 2 und § 1671 Abs 2 Nr 2 wäre prozeßökonomisch und von den Kindesinteressen her sinnwidrig.

c) **Antrag auf Alleinsorge**
Der Regelanspruch des totgeglaubten Elternteils auf Rückübertragung der Allein- 16
sorge wird nach dem Gesetz nur einer Negativkontrolle im Lichte des Kindeswohls unterzogen. Damit ist ihm auch dann stattzugeben, wenn das Kindeswohl bei beiden Eltern gleich gut gewahrt erscheint (zur – möglicherweise auch verfassungsrechtlich bedenklichen – Problematik s Rn 11). Bei der Abwägung sind vor allem die gewachsenen Bindungen an den noch sorgeberechtigten Elternteil und sein Umfeld, die jetzigen Beziehungen des Kindes zum zurückgekehrten Elternteil und das Kontinuitätsinteresse des Kindes zu berücksichtigen (§ 1671 Rn 246 ff). Angesichts der schicksalhaft geprägten Situation dürfte in Zweifelsfällen einem entschiedenen *Kindeswillen* ausschlaggebendes Gewicht beizumessen sein.

Ausschließliches Regelungsthema des Abs 2 ist nach seinem Wortlaut die Herstel- 17
lung des Sorgerechtsstatus quo ante. Dennoch müßten in Anpassung an das Grundmodell des Sorgerechts getrennt lebender Eltern in §§ 1671, 1687 und auch im Hinblick auf § 1697a die Entscheidungsmöglichkeiten flexibler sein:

Bietet der noch sorgeberechtigte Elternteil dem Zurückgekehrten **gemeinsames Sorgerecht** an, so ist auch hier in einen Abwägungsprozeß analog § 1671 Abs 2 Nr 2 einzutreten und nach den dortigen Kriterien ggf dem Zurückgekehrten nur das Mitsorgerecht einzuräumen. Wenn gemeinsames Sorgerecht dem Kindeswohl entspricht, verstieße eine Übertragung der Alleinsorge auf den Antragsteller gegen das Übermaßverbot – deshalb ist eine Reduktion des Abs 2 im Wege der verfassungskonformen Auslegung geboten.

Ähnliches gilt, wenn eine Übertragung der gesamten Alleinsorge zwar dem Kindes- 18
wohl widersprechen würde, nicht aber die Übertragung eines **Sorgeteils**: Hier ist entsprechend den bei § 1671 geltenden Grundsätzen eine Sorgerechtsaufteilung unter dem Aspekt des Kindeswohls zu überprüfen (§ 1671 Rn 250 ff) und die elterliche Sorge ggf nur teilweise zurückzuübertragen. Dies korrespondiert mit der Möglichkeit für den totgeglaubten Elternteil, seinen Antrag von vornherein gegenüber seiner früheren Sorgerechtsposition zu beschränken (Rn 12).

d) **Interimssorge durch Vormund oder Pfleger**
Der Ausfall des verschollenen und für tot erklärten Elternteils wird nicht durch den 19

anderen Elternteil überbrückt, wenn – bei Alleinsorge des Verschollenen – eine Übertragung des Sorgerechts auf ihn dem Kindeswohl widersprochen hätte (§ 1680 Abs 2 S 1) oder nicht kindeswohldienlich gewesen wäre (§ 1680 Abs 2 S 2) bzw wenn dem verbliebenen Elternteil das Sorgerecht gem § 1666 entzogen worden war. In diesen Fällen steht bei § 1681 Abs 2 eine Rückübertragung des Sorgerechts vom Vormund/Pfleger auf den totgeglaubten Elternteil zur Entscheidung. **Der Maßstab des Abs 2 gilt dennoch unverändert:** Zwar könnte im Konflikt zwischen Elternteil und Dritten an die generelle Grenze des Elternprimats gedacht werden, wie sie in §§ 1666, 1632 Abs 4, 1682 konkretisiert ist. Diese Grenze gilt jedoch für den sorgerechtigten Elternteil; für den bislang *nichtsorgeberechtigten* Elternteil, dessen Sorgerechtsübernahme in Frage steht, hat das Gesetz im Kindesinteresse die Hürde höher angesetzt: Hier genügen schon widersprechende Kindesinteressen für ein Ausscheiden des Elternteils und eine Vormund- oder Pflegerbestellung (§§ 1678, 1680 Abs 2; vgl § 1680 Rn 7, 9; die besonderen Maßstäbe für niemals sorgeberechtigte Väter sind im Fall des § 1681 Abs 2 nicht relevant). Diese Konzeption wird in Abs 2 stimmig fortgeführt.

IV. Zuständigkeit und Verfahren

20 Für Verfahren nach Abs 1 gilt dasselbe wie bei §§ 1678, 1680 (s § 1678 Rn 38, 39; § 1680 Rn 24).

Auch das Verfahren nach Abs 2 untersteht diesen Grundsätzen, es wird jedoch nicht von Amts wegen, sondern nur auf Antrag eingeleitet.

V. Internationales Privatrecht

21 Über den gesetzlichen Sorgerechtserwerb nach Abs 1 mit § 1680 Abs 1 sowie für gerichtliche Entscheidungen nach Abs 1 oder 2 entscheidet das Haager KSÜ (Art 15, 16), sofern nicht vorrangig die Brüssel IIa-VO einschlägig ist (näheres § 1674 Rn 24).

§ 1682
Verbleibensanordnung zugunsten von Bezugspersonen

Hat das Kind seit längerer Zeit in einem Haushalt mit einem Elternteil und dessen Ehegatten gelebt und will der andere Elternteil, der nach den §§ 1678, 1680, 1681 den Aufenthalt des Kindes nunmehr allein bestimmen kann, das Kind von dem Ehegatten wegnehmen, so kann das Familiengericht von Amts wegen oder auf Antrag des Ehegatten anordnen, dass das Kind bei dem Ehegatten verbleibt, wenn und solange das Kindeswohl durch die Wegnahme gefährdet würde. Satz 1 gilt entsprechend, wenn das Kind seit längerer Zeit in einem Haushalt mit einem Elternteil und dessen Lebenspartner oder einer nach § 1685 Abs. 1 umgangsberechtigten volljährigen Person gelebt hat.

Materialien: KindRG Art 1 Nr 23; Art 2 Nr 11
LPartG. STAUDINGER/BGB-Synopse 1896–2005
§ 1682.

Titel 5 § 1682
Elterliche Sorge

Schrifttum

AGELL, Step-parenthood and biological parenthood: Competition or Cooperation, in: EEKELAAR/SARCEVIC (Hrsg), Parenthood in Modern Society (1993)
BAER, Die neuen Regelungen der Reform des Rechts der elterlichen Sorge für das „Dauerpflegekind", FamRZ 1982, 221
BAUMEISTER/FEHMEL/GRIESCHE/HOCHGRÄBER/KAYSER/WICK, Familiengerichtsbarkeit (1992)
BELCHAUS, Elterliches Sorgerecht – Kommentar zum Gesetz zur Neuregelung der elterlichen Sorge (1980)
BRÖTEL, Der Anspruch auf Achtung des Familienlebens (1991)
CARRÉ-JERSCH, Das Stiefkindverhältnis im Sorge- und Unterhaltsrecht (1995)
COESTER, Reform des Kindschaftsrechts, JZ 1992, 809
CONRADI, Heimfall des elterlichen Sorgerechts nach Trennung oder Scheidung der Elternehe, in: Familienrechtskommission des Juristinnenbundes (Hrsg), Neues elterliches Sorgerecht (1977)
dies, Zivilrechtliche Regelung des Stiefkindverhältnisses – Alternative zur Adoption des Stiefkindes?, FamRZ 1980, 103
DETTENBORN/WALTER, Familienrechtspsychologie (2002)
DIECKMANN, Betrachtungen zum Recht der elterlichen Sorge – vornehmlich für Kinder aus gescheiterter Ehe, AcP 1979, 298
FIESELER/SCHLEICHER, Kinder- und Jugendhilferecht (GK-SGB VIII) (2003)
FINGER, Pflegekinder im gerichtlichen Verfahren, ZfJ 1986, 46
FIRSCHING/RUHL, Familienrecht, 2. Halbbd (1992)
FRANK, Grenzen der Adoption (1978)
GOLDSTEIN/FREUD/SOLNIT, Jenseits des Kindeswohls (1974)
dies, Diesseits des Kindeswohls (1982)
HEILMANN, Kindliches Zeitempfinden und Verfahrensrecht (1998)
JORIO, Der Inhaber der elterlichen Gewalt nach dem neuen Kindesrecht (1977)
KLINKHARDT, Vormundschaft für Minderjährige, in: OBERLOSKAMP, Vormundschaft, Pflegschaft und Beistandschaft für Minderjährige (1998)
KLUSSMANN, Herausnahme eines Pflegekindes aus seinem bisherigen Lebenskreis, DAVorm 1985, 170
LAKIES, Zum Verhältnis von Pflegekindschaft und Adoption, FamRZ 1990, 698
LAKIES/MÜNDER, Der Schutz des Pflegekindes im Lichte der Rechtsprechung – Eine Untersuchung der Rechtsprechung seit 1980, RdJB 1991, 428
LEMPP ua, Die Anhörung des Kindes gemäß § 50b FGG (1987)
MACCOBY/MNOOKIN, Die Schwierigkeiten der Sorgerechtsregelung, FamRZ 1995, 1
MÜNDER, Der Anspruch auf Herausgabe des Kindes – Zur Reichweite von § 1632 Abs 1 und § 1632 Abs 4, NJW 1986, 811
MUSCHELER, Das Recht der Stieffamilie, FamRZ 2004, 913
ders, Stieffamilie, Status, Personenstand, StAZ 2006, 189
PESCHEL-GUTZEIT, Stiefkinder und ihre Familien in Deutschland – Rechtlicher Status und tatsächliche Situation, FPR 2004, 47
vPUTTKAMMER, Stieffamilien und Sorgerecht in Deutschland und England (1994)
SALGO, Pflegekindschaft und Staatsintervention (1987)
ders, Zur gemeinsamen elterlichen Sorge nach Scheidung als Regelfall – ein Zwischenruf, FamRZ 1996, 449
ders, Die Regelungen der Familienpflege im Kinder- und Jugendhilfegesetz (KJHG), in: WIESNER/ZARBOCK, Das neue Kinder- und Jugendhilfegesetz (1991) 115
ders, Der Anwalt des Kindes – Die Vertretung von Kindern in zivilrechtlichen Kindesschutzverfahren – Eine vergleichende Studie (1996)
ders, Die Pflegekindschaft in der Kindschaftsrechtsreform vor dem Hintergrund verfassungs- und jugendhilferechtlicher Entwicklungen, FamRZ 1999, 337
ders, Die Implementierung der Verfahrenspflegschaft (§ 50 FGG), FPR 1999, 313
ders, Die Verbleibensanordnung zugunsten des Stiefkindes (§ 1682 BGB), in: Zur Autonomie

des Individuums, Liber Amicorum Spiros Simitis (2000) 307
ders, Zum Stand der Verfahrenspflegschaft, Kind-Prax 2002, 187
ders, Verbleibensanordnung bei Bezugspersonen (§ 1682 BGB), FPR 2004, 76
ders, Neue Perspektiven bei der Verfahrenspflegschaft für Kinder und Jugendliche – § 166 FamFG-E, FPR 2006, 12
ders, 10 Jahre Verfahrenspflegschaft – eine Bilanz, ZKJ 2009, 49
ders, „Ein Schritt nach vorn, zwei Schritte zurück"?! Kritische Anmerkungen zur Installierung des Umgangspflegers und zur Revision der Verfahrenspflegschaft im FGG-RG, in: Lipp/Schumann/Veit, Reform des Familiengerichtlichen Verfahrens, (2009) 153
Salgo/Zenz/Fegert/Bauer/Weber/Zitelmann, Verfahrenspflegschaft für Kinder und Jugendliche (2002)
Salzgeber, Wird die Kindschaftsrechtsreform den Interessen der Kinder gerecht? Überlegungen aus der Sicht eines psychologischen Sachverständigen, FPR 1998, 80
Schlüter/Liedmeier, Das Verbleiben eines Kindes in der Pflegefamilie nach § 1632 Abs 4, FuR 1990, 122
Schwab, Soll die Rechtsstellung der Pflegekinder unter besonderer Berücksichtigung des Familien-, Sozial- und Jugendrechts neu geregelt werden?, Gutachten zum 54. DJT (1982)
ders, Familienrecht (1999)
Schwenzer, Vom Status zur Realbeziehung (1987)
dies, Empfiehlt es sich, das Kindschaftsrecht neu zu regeln?, Gutachten zum 59. DJT (1992)
Simitis, Kindschaftsrecht – Elemente einer Theorie des Familienrechts, in: FS Müller-Freienfels (1986) 579
Sosson, The legal status of step-families in continental european countries, in: Eekelaar/Sarcevic (Hrsg), Parenthood in Modern Society (1993)
Veit, Kleines Sorgerecht für Stiefeltern (§ 1687b BGB), FPR 2004, 67
von der Weiden, Das Stiefkind im Unterhaltsrecht und im Recht der elterlichen Sorge (1981)
Wiesner ua, SGB VIII Kinder und Jugendhilfe (2000)
Zenz, Soziale und psychologische Aspekte der Familienpflege und Konsequenzen für die Jugendhilfe, Gutachten zum 54. DJT (1982)
Zenz/Salgo, Zur Diskriminierung der Frau im Recht der Eltern-Kind-Beziehung (1983)
Zitelmann, Kindeswohl und Kindeswille (2001).

Systematische Übersicht

I. Allgemeines		
1. Entstehungsgeschichte		1
2. Begrenzte Reichweite der Reform		2
3. Normbedeutung und -struktur		5
4. Verfassungsrecht		8
II. Anwendungsbereich		
1. Schutz des Kindes in seiner „sozialen" Familie		9
a) Bisherige Konfliktlösung		9
b) Problemumfang		10
2. Betroffene Minderjährige		11
a) Lebensumstände und -erfahrungen der Minderjährigen		11
b) „seit längerer Zeit"		13
c) Häusliche Gemeinschaft		19
3. Herausgabeverlangen		20
a) Voraussetzungen		20
b) Antrag auf Verbleib		21
c) Tätigwerden von Amts wegen		23
4. Verbleibensanordnung		24
a) Kein Ermessen		24
b) Problematische Verschiebung der Interventionsgrenzen		25
c) Gefährdungsgrad und -wahrscheinlichkeit		26
d) Wirkung der Verbleibensanordnung		30
e) Verbleibensanordnung und Umgang		31
f) Dauer und Perspektive der Verbleibensanordnung		32
g) Gutachten		35
5. Besonderheiten des gerichtlichen Verfahrens		36
a) Allgemeines		36

b)	Anhörungen	37	c)	Verfahrensbeistand	41
aa)	Jugendamt	37	d)	Aussetzung der Vollziehung	42
bb)	Eltern	38	e)	Einstweilige Anordnungen	43
cc)	Kindesanhörung	39	f)	Rechtsmittel	44
dd)	Betreuungsperson	40	g)	Auslandsbezug	45

I. Allgemeines

1. Entstehungsgeschichte

Während der Referentenentwurf des KindRG eine dem § 1682 entsprechende Regelung noch nicht vorsah, wurde diese Bestimmung in den Regierungsentwurf des KindRG v 13. 6. 1996 unter Art 1 Nr 20 eingestellt (BT-Drucks 13/4899); die vom Bundestag unter Art 1 Nr 23 verabschiedeten Fassung des KindRG v 16. 12. 1997 wurde durch Art 2 Nr 11 des Gesetzes zur Beendigung der Diskriminierung gleichgeschlechtlicher Gemeinschaften (LPartG) ergänzt. Zuvor kannte das BGB eine spezialgesetzliche Regelung nicht; der nunmehr von § 1682 geregelte Konflikt wurde zumeist über § 1681 aF geregelt. § 1682 ist an § 1632 Abs 4 idF des KindRG orientiert. **1**

Der zu regelnde Konflikt ist nicht neu: Geschützt werden soll das Kind, welches mit einem allein oder gemeinsam sorgeberechtigten Elternteil und dessen Ehegatten oder mit einer anderen ihm nahestehenden Person in einer häuslichen Gemeinschaft lebt, gegenüber einem mißbräuchlichen Herausgabeverlangen des anderen bis dahin nicht mit dem Kind zusammenlebenden Elternteils, der – wegen „Ausfalls" des Betreuungselternteils durch tatsächliche Verhinderung (§ 1678), Tod (§ 1680) oder Todeserklärung (§ 1681) – den Aufenthalt des Kindes nunmehr allein bestimmen kann (BT-Drucks 13/4899, 104). In den Schutzbereich der Norm einbezogen sind neben den klassischen Stiefkindkonstellationen nunmehr auch Partnerschaften iSd LPartG und solche Fälle, in denen der „ausgefallene" Elternteil mit dem Kind und weiteren umgangsberechtigten volljährigen Angehörigen (§ 1685 Abs 1) zusammengelebt hatte. Bewußt ausgeklammert blieben nach wie vor Partner des betreuenden Elternteils in einer nichtehelichen Lebensgemeinschaft, mit denen dieser nicht verheiratet war, weil nach Ansicht der Bundesregierung ein klarer und eindeutiger Anknüpfungspunkt für die gesetzliche Umschreibung des in Betracht kommenden Personenkreises fehlt (BT-Drucks 13/4899, 66; ebenso AnwK-BGB/WIEDENLÜBBERT § 1682 Rn 1; kritisch und für eine analoge Anwendung bei nichtehelichen Lebenspartnern MünchKomm/FINGER Rn 10 mwN); dies gilt auch für nicht registrierte gleichgeschlechtliche Lebenspartnerschaften.

2. Begrenzte Reichweite der Reform

Der schon seit langem erhobenen Forderung nach Anerkennung einer, wenn auch abgeschwächten, personensorgerechtlichen Beziehung zwischen Stiefkind und Stiefelternteil (vgl FRANK 42 ff; CONRADI FamRZ 1980, 103, 104; SCHWENZER 59. DJT A 79 ff; COESTER JZ 1992, 809, 816; vPUTTKAMMER 106 ff; für die Schweiz JORIO 149 ff, ablehnend hingegen CARRÉ-JERSCH 120 ff) ist zwar vom KindRG noch nicht, aber auch mit der Einführung eines „kleinen" Sorgerechts (§ 1687b), eingeführt durch das LPartG, nur partiell entspro- **2** chen worden. Dennoch bringt § 1682 neben anderen ebenfalls neu ins Familienrecht des BGB eingestellten Bestimmungen (zB §§ 1618, 1632 Abs 4, 1685 Abs 2, 1687b, 1688 Abs 4) zum Ausdruck, daß modernes Familienrecht immer weniger sich der konkret gelebten Beziehung (Realbeziehung) im Einzelfall (vgl Schwenzer [1987] 274 ff) entziehen kann. Die §§ 1682, 1687b verschaffen *nach* einer gerichtlichen Verbleibensanordnung Stiefeltern, Lebenspartnern bzw den anderen Personen (iSv § 1682 S 2 iVm § 1685 Abs 1) **eine Teilhabe an der elterlichen Sorge kraft Gesetzes**, die nur durch das FamG eingeschränkt oder ausgeschlossen werden kann (§ 1688 Abs 4); in dieser Fallkonstellation kommt es auf das *Einvernehmen mit dem sorgeberechtigten Elternteil* im Gegensatz zu § 1687b Abs 1 nicht an.

3 Der Gesetzgeber vermeidet tunlichst die Bezeichnungen „Stiefeltern" bzw „Stiefkinder" (zum Begriff vgl vPuttkammer 21), meint aber kein anderes Verhältnis, wenn in den genannten Bestimmungen der *Ehegatte eines Elternteils* Erwähnung findet. Angesichts der hohen Scheidungsraten und Wiederverheiratungsquoten (vgl Muscheler FamRZ 2004, 913) war die Ablehnung einer weitergehenden Regelung von Stiefkindverhältnissen im Familienrecht des BGB nicht mehr haltbar (vgl noch die amtliche Begründung zum KindRG, BT-Drucks 13/4899, 66). Anderseits bestimmt das Zusammenleben in neu zusammengesetzten Familienformen eine hohe Komplexität und Vielfalt („meine, deine, unsere Kinder"), so daß die Regulierungs- und Steuerungsfähigkeit des Rechts in diesem „Dschungel" von Beziehungen („die Patchworkfamilie") schnell an Grenzen stoßen kann. Ein rechtlicher Rahmen, der flexibel genug ist, um den sehr unterschiedlichen tatsächlichen Lebenssituationen gerecht zu werden, scheint noch nirgends gefunden. Der durch den Children Act 1989 (England und Wales) erstmals eingeführte Sorgerechtserwerb durch Dritte (unter Beibehaltung des Sorgerechts der bisherigen Inhaber), die das Kind tatsächlich betreuen, kommt einem solchen flexiblen Rahmen noch am nächsten (vgl vPuttkammer 71 ff; zu Lösungen in anderen Staaten vgl Veit FPR 2004, 67, 68). Hinzu kommt, daß die Scheidungswahrscheinlichkeit bei Zweitehen höher zu veranschlagen ist als bei Erstehen. Befürchtungen bestanden, daß – bei einer fortwährenden gemeinsamen Sorge der leiblichen Eltern nach Trennung/Scheidung im Regelfall – eine gerichtlich einzuräumende oder gesetzlich geregelte sorgerechtliche Beteiligung von Stiefeltern zu Komplizierungen und Konflikten führen könnte (BT-Drucks 13/4899, 66); diese Befürchtung scheint nach wie vor zu bestehen (vgl § 1687b Abs 1: „kleines" Sorgerecht nur bei allein sorgeberechtigten Eltern). Während früher vor allem Verwitwung und anschließende Wiederheirat aus ökonomischen und sozialen Motiven zu Stiefkindverhältnissen geführt haben, sind heutzutage Scheidungen und neue Partnerschaften, also bewußt herbeigeführte Entwicklungen, für das Entstehen solcher vielfältigen familialen Lebensformen ursächlich. Sowenig die Ablehnung jeglicher gesetzlicher Sorgerechtsteilhabe von Stiefeltern im KindRG zu überzeugen vermochte, so wenig gelungen scheint aber auch die Beschränkung der Reformansätze durch das LPartG. Die Zielvorgabe des KindRG, die Rechte des Kindes zu stärken und das Kindeswohl auf bestmögliche Art und Weise zu fördern (BT-Drucks 13/4899, 1), gerät bei solcher Art Einschränkungen uU, wie sich bereits in der Praxis zeigt (OLG Bamberg FamRZ 1999, 810), bei Nichtberücksichtigung von Bindungen und Beziehungen des Kindes auch zu „nichtehelichen" Stiefelternteilen oder zu „nicht-registrierten" Lebenspartnern ins Hintertreffen. Der steigenden Komplexität des Familienrechts (vgl Simitis 587) kann sich auf Dauer weder der Gesetzgeber noch eine restriktive Rechtsanwendung verschließen.

Ohne an der sorgerechtlichen Zuordnung des Kindes etwas ändern zu wollen, will **4**
das KindRG wie das LPartG es dennoch ermöglichen, daß das Kind beim Ehegatten des Betreuungselternteils (§ 1682 S 1) bzw bei den in § 1682 S 2 genannten Personen verbleiben kann, wenn ansonsten das Wohl des Kindes gefährdet würde (BT-Drucks 13/4899, 66). Auch wenn für den Gesetzgeber die Zeit für eine weitergehende Regelung der Stiefkindschaft im Familienrecht noch nicht angezeigt erschien (vgl die Forderungen von PESCHEL-GUTZEIT FPR 2004, 47, 50), so handelt es sich bei § 1682 immerhin um eine weitere Differenzierung der Regelung des Herausgabekonflikts um ein Kind (SALZGEBER FPR 1998, 80, 82 hält aus psychologischer Sicht § 1682 für begrüßenswert). Diese Art von Herausgabestreitigkeiten erfahren in den jüngeren Familienrechtsreformen – und sicherlich nicht zufällig erst unter Geltung des GG – eine gesteigerte Aufmerksamkeit und Differenzierung. § 1682 orientiert sich, weil sich die Konfliktsituation ähnlich darstellen kann (BT-Drucks 13/4899, 104), am durch das SorgeRG eingeführten und durch das KindRG vereinfachten und klargestellten § 1632 Abs 4 (vgl SALGO FamRZ 1999, 337, 344). Daß an sich bestehende Herausgabeansprüche letztendlich sich am Kindeswohl orientieren und uU zurücktreten müssen, fand bereits auf der verfahrensrechtlichen Ebene im KindRG Berücksichtigung: Verfahrenspflegerbestellung bei Herausgabekonflikten gem § 50 Abs 2 Nr 3 FGG und ergibt sich nunmehr aus § 158 Abs 2 Nr 3 FamFG; (vgl Rn 41), Anhörungspflichten von Betreuungspersonen iSv § 1682 gem § 161 Abs 2 FamFG (Rn 40) sowie bei der Vollstreckung (§ 90 Abs 2 S 2 FamFG).

3. Normbedeutung und -struktur

Die stärkere Berücksichtigung von Stiefkindbeziehungen und Beziehungen des Kindes zu nahen Angehörigen und anderen Betreuungspersonen im Familienrecht des **5**
BGB durch § 1682 im KindRG (vgl auch § 1626 Abs 3 S 2) setzt den mit dem SorgeRG von 1979 (§§ 1630 Abs 3, 1632 Abs 4, 1681 Abs 1 BGB jew aF) eingeschlagenen Weg, soziale Elternschaft auch im Familienrecht des BGB stärker zu berücksichtigen, fort (STAUDINGER/SALGO [2007] § 1632 Rn 42 ff). Zahlreiche ausländische Familienrechtskodifikationen (vgl AGELL und SOSSON für die kontinentaleuropäische Rechtsentwicklung; für England vPUTTKAMMER; für die Schweiz Art 299 ZGB; vgl auch VEIT FPR 2004, 67, 68), aber auch § 47 FGB (DDR) aus dem Jahre 1965 sehen bereits Regelungen für Stiefkindverhältnisse vor, wobei die letztere zwar keine eigenständigen Rechte des Stiefelternteils, aber umfassende Pflichten vorsah mit der Möglichkeit, bei Tod des erziehungsberechtigten Elternteils das Erziehungsrecht auf den Ehegatten des Verstorbenen zu übertragen (§ 47 Abs 3 FGB DDR).

Vor einer am Besitzrecht orientierten Auslegung des elterlichen Herausgabeanspruchs ist zu Recht deutlich gewarnt worden (MünchKomm/HUBER § 1632 Rn 4; GERN- **6**
HUBER/COESTER-WALTJEN § 57 Rn 47; GIESEN Rn 630). Nach und nach wurde ein Besitz am Kind (auch ein Besitzschutz analog § 861) oder ein Recht auf seinen Besitz abgelehnt (SOERGEL/STRÄTZ § 1632 Rn 7; GW FamK/NEHLSEN-VSTRYK § 1632 Rn 2 und bereits ENNECCERUS/KIPP § 79 IV), weil das Kind kein Gegenstand ist, wie es lange Zeit von der Praxis zB durch Vollstreckung gem § 883 ZPO behandelt wurde (ERMAN/MICHALSKI § 1632 Rn 1; BLUME JW 1924, 539). Wie bereits § 1632 Abs 4, so trägt auch § 1682 der verfassungsrechtlichen Subjektstellung des Kindes Rechnung (vgl Rn 8). § 1682 gehört in die Reihe der erstmalig mit dem SorgeRG v 1979 installierten Normen, die einerseits § 1666 als die Zentralnorm des zivilrechtlichen Kindesschut-

zes entlasten, andererseits zugleich die richterliche Aufmerksamkeit auf spezifische Fallkonstellationen lenken sollen.

7 Angesichts hoher Scheidungs- und Wiederverheiratungsraten sowie der Zunahme gemeinsamer elterlicher Sorge auch von nicht miteinander verheirateten Eltern (§ 1626a Abs 1 Nr 1) könnte § 1682 Bedeutung erlangen und möglicherweise präventive Wirkungen entfalten; nach wie vor sind veröffentlichte Entscheidungen zu § 1682 nicht bekannt, was sich wohl damit erklären läßt, daß die Vorschrift wenig bekannt ist, möglicherweise aber auch vor kindeswohlgefährdenden Herausgabeansprüchen abschreckt. Soweit das Familiengericht zur Übertragung der elterlichen Sorge und damit des Aufenthaltsbestimmungsrechts auf den die Herausgabe des Kindes begehrenden Elternteil bei „Ausfall" des bis dahin allein sorgeberechtigten Betreuungselternteils eingeschaltet werden muß (§ 1678 Abs 2, 1680 Abs 2 u 3, 1681), wird bereits im Rahmen dieser **vorrangigen Verfahren** geprüft werden müssen, ob die Übertragung der elterlichen Sorge auf den bis dahin nicht mit dem Kind lebenden Elternteil mit dem Wohl des Kindes vereinbar ist (STAUDINGER/COESTER § 1680 Rn 9 ff; MünchKomm/FINGER § 1682 Rn 7). In diesen Fallkonstellationen bleibt für die Anwendung von § 1682 kaum noch Raum, weil hier bereits im Rahmen der Kindeswohlprüfung die Konfliktlage des § 1682 antizipiert werden muß. Somit haben familiengerichtliche Regelungen gem §§ 1678 Abs 2, 1680 Abs 2 u 3, 1681 Vorrang gegenüber einem Verfahren und einer Entscheidung gem § 1682. Das zur Entscheidung gem §§ 1678 Abs 2, 1680 Abs 2 u 3, 1681 verpflichtete FamG darf im Falle der Gefährdung des Kindes bei Übertragung des Sorgerechts auf den bislang nicht sorgeberechtigten Elternteil nicht auf eine Verbleibensanordnung gem § 1682 ausweichen (STAUDINGER/COESTER § 1680 Rn 11). Allenfalls nach erfolgter familiengerichtlicher Übertragung auf den bislang nicht sorgeberechtigten Elternteil gem §§ 1678 Abs 2, 1680 Abs 2 u 3, 1681 und dem Belassen des Kindes – trotz bestehendem Herausgabeanspruch – über einen aus kindlicher Zeitperspektive relevanten Zeitraum hinaus kann in diesen Fallkonstellationen § 1682 zur Anwendung kommen (GERNHUBER/COESTER-WALTJEN § 67 Rn 10).

Sowohl in der fachgerichtlichen Entscheidungspraxis (OLG Karlsruhe ZBlJugR 1982, 245, 246) als auch in der Rechtsprechung des BVerfG (BVerfGE 88, 187, 197) wird vor sorgerechtsabändernden Entscheidungen eine umfassende Kindeswohlprüfung – bezogen auf die zum Entscheidungszeitpunkt gegebene Lebenssituation des Kindes – gefordert (vgl auch die Verschärfung der Voraussetzungen von Sorgerechtsabänderungen gem § 1696 Abs 1 durch das KindRG), so daß im Regelfall bereits in den genannten Verfahren und nicht erst im Verfahren gem § 1682 möglichen Gefährdungen des Kindeswohls aufgrund von beabsichtigten Aufenthaltsänderungen von Amts wegen nachgegangen werden muß (STAUDINGER/COESTER [2005] § 1696 Rn 14, 23: §§ 1678, 1680, 1681 sind leges speciales ggü § 1682), um Widersprüchlichkeiten zu vermeiden. Da aber zur Erlangung der elterlichen Sorge nach den §§ 1678 Abs 1, 1680 Abs 1, 1681 Abs 1 keine familiengerichtliche Vorprüfung erforderlich ist – der Sorgerechtsübergang erfolgt ipso iure –, wird § 1682 vor allem in diesen Fallkonstellationen der erfolgten automatischen Zuweisung der elterlichen Sorge (beim sog Heimfall) auf den zwar (mit-)sorgeberechtigten, aber zuvor nicht mit dem Kind zusammenlebenden Elternteil von Bedeutung sein.

4. Verfassungsrecht

Die familienrechtliche Berücksichtigung von Stiefkindverhältnissen und von Beziehungen des Kindes zu ihm nahestehenden Familienangehörigen muß die heikle Balance zwischen Elternrecht (Art 6 Abs 2 S 1 GG) und Kindesrecht (Art 2 Abs 1 iVm Art 1 Abs 1 GG) herstellen (STAUDINGER/COESTER § 1680 Rn 7). Das Auseinanderfallen der rechtlichen Zuordnung des Kindes und seiner tatsächlichen psycho-sozialen Einbindung führt zu Spannungen, die soweit als möglich abgebaut oder zumindest begrenzt werden müssen (vgl auch § 1600 Abs 2 und 4: „sozial-familiäre Beziehung"). § 1682 ist eine zivilrechtliche Ausprägung der Pflichtgebundenheit des Elternrechts: „elterliche Sorge (ist) nicht als Machtanspruch der Eltern gegenüber ihren Kindern zu verstehen" (BVerfG FamRZ 1993, 1420, 1421 = FuR 1993, 345, 347). So reiht sich § 1682 in die Reihe „zivilrechtlicher Ausführungsvorschriften" (s STAUDINGER/COESTER § 1666 Rn 3) zu Art 6 Abs 2 und 3 GG ein, zu denen die §§ 1631 Abs 2, 1631b, 1632 Abs 4 und die §§ 1666, 1666a zu zählen sind. Die verfassungsrechtlich prekäre Konfliktkonstellation spiegelt sich somit im Herausgabestreit auf der fachgerichtlichen Ebene auch bei den Konfliktkonstellationen des § 1682 wider. Verfassungsrechtlicher Ausgangspunkt bei einem Herausgabestreit dieser Art ist der grundsätzlich vorrangige Schutz des die Herausgabe begehrenden und dazu berechtigten Elternteils. Ob sich Stiefeltern auf den verfassungsrechtlichen Schutz berufen können, der nach Auffassung des Bundesverfassungsgerichts der aus Pflegekindern und Pflegeeltern bestehendenden Pflegefamilie aus Art 6 Abs 1 und Abs 3 zukommt (BVerfGE 68, 176, 187; 79, 51, 60; vgl STAUDINGER/SALGO [2007] § 1632 Rn 47 ff), ist zwar in der jüngeren Rspr des BVerfG noch nicht explizit festgestellt worden. Wegen der Vergleichbarkeit der Konfliktkonstellationen wird aber ein verfassungsrechtlicher Schutz der aus Kind, leiblichem Elternteil und Stiefelternteil zusammengesetzten Gemeinschaft, aber auch der bei Tod oder sonstigem Ausfall des Betreuungselternteils verbleibenden Lebensgemeinschaft aus Kind und Stiefelternteil nicht versagt werden können, zumal das BVerfG bereits grundsätzlich auch die Stieffamilie unter den Familienbegriff des Art 6 Abs 1 GG gestellt hat (BVerfGE 18, 97, 106; 22, 163, 172 f und 36, 146, 167 zur Stieffamilie, soweit sie „tatsächlich und von der Rechtsordnung anerkannt weitgehend die Funktion der natürlichen Familie erfüllt"). Auch die „nichteheliche" Stieffamilie steht wegen ihrer Funktion für das Kind unter dem Schutz von Art 6 Abs 1 GG (vgl vPUTTKAMMER 31 f). Bei der Konstellation des § 1682 handelt es sich um eine vergleichbare verfassungsrechtlich relevante Dreieckskonstellation, wobei im Konfliktfall letztlich nicht die Rechte der beiden Grundrechtsträger (die Herausgabe begehrender) Elternteil und Stiefelternteil bzw von § 1682 S 2 erfasste Person ausschlaggebend sind (für das Pflegekindschaftsverhältnis vgl BVerfGE 68, 176 mwN), sondern das Wohl des Kindes, weil auch das verfassungsrechtlich geschützte Elternrecht keine Ausübung dieses Rechts zu Lasten des in seiner Persönlichkeit und Integrität ebenfalls verfassungsrechtlich geschützten Kindes zuläßt. Wenn eine schwere und nachhaltige Schädigung des seelischen oder körperlichen Wohlbefindens des Kindes bei seiner Herausnahme droht, kann allein die Dauer des Stiefkindverhältnisses bzw Betreuungsverhältnisses zu einer Verbleibensanordnung gem § 1682 führen (in Anlehnung an BVerfGE 68, 176, 190 f). Auch der der EuGHMR hat stets betont, dass ein „Elternteil aufgrund von Art 8 EMRK (…) **unter keinen Umständen Maßnahmen verlangen darf, die die Gesundheit des Kindes und seine Entwicklung beeinträchtigen**" (JOHANSEN Z 78, 17383/90 v 7. 8. 96; GÖRGÜLÜ FamRZ 2004, 1459: „Insbesondere hat ein Elternteil nach Art 8 EMRK keinen Anspruch auf Maßnahmen, die der Gesundheit und Entwicklung des

Kindes schaden würden."). Damit steht er in Übereinstimmung mit der Rechtsprechung des BVerfG, wonach „das Wohl des Kindes letztendlich bestimmend sein muss" (BVerfG FamRZ 2005, 783 f).

II. Anwendungsbereich

1. Schutz des Kindes in seiner „sozialen" Familie

a) Bisherige Konfliktlösung

9 Mangels einer spezialgesetzlichen Bestimmung erfolgte die Regelung von Herausgabekonflikten der nun von § 1682 erfaßten Art früher gem §§ 1632 Abs 4 (Großelternpflegestelle mit Elternteil), 1666 Abs 1, 1678 Abs 2, 1681 jew aF. Vor allem der mit dem SorgeRG eingeführte § 1681 Abs 1 S 2 aF führte im Stiefkindverhältnis zu einer wesentlichen Erleichterung gegenüber der früheren Rechtslage, weil zuvor allenfalls über den § 1666 aF Maßnahmen zur Abwendung von Kindeswohlgefährdungen bei „Heimfall" des Sorgerechts getroffen werden konnten (vgl zur Entstehung v § 1681 Abs 1 S 2 aF: CONRADI 179 ff; SALGO [1987] 57 ff sowie STAUDINGER/COESTER § 1680 Rn 11 mwN zur früheren Rspr).

b) Problemumfang

10 Angesichts anhaltend hoher Scheidungsraten, Wiederverheiratungsquoten und etwa 150 187 (2008) von Scheidungen ihrer Eltern betroffener Minderjähriger sind Herausgabekonflikte aus dem Spektrum des § 1682 sicherlich nicht nur seltene Ausnahmen (vgl zur Gesamtzahl der Konstellationen MUSCHELER StAZ 2006, 189, 190); die Norm könnte auch wie § 1632 Abs 4 präventive Wirkungen entfalten und einen Herausgabekonflikt, der gerichtlicher Regelung bedarf, vermeiden. Auch die Erweiterung der erfaßten Fallkonstellationen gegenüber § 1681 Abs 1 S 2 aF könnte zu einem Bedeutungsgewinn der Norm führen.

2. Betroffene Minderjährige

a) Lebensumstände und -erfahrungen der Minderjährigen

11 Vom Schutzbereich der Norm erfaßt sind Minderjährige jeder Altersstufe **unabhängig** von Geschlecht, Staatsangehörigkeit (vgl hierzu Rn 45) oder davon, ob es sich um Kinder handelt, deren Eltern die gemeinsame Sorge innehatten, oder ob der Betreuungselternteil zum Zeitpunkt des Ausfalls allein sorgeberechtigt war. Da es sich bei Stieffamilien und den von § 1682 S 2 erfaßten Lebensgemeinschaften um sehr unterschiedliche Typen handelt und vor allem die Einbindung des Kindes erheblich variieren kann, verbieten sich hier schematische Herangehensweisen. Das Alter des betroffenen Kindes, sein gesundheitlicher Zustand, seine psychische Belastbarkeit, seine Vorerfahrungen, die Dauer der bisherigen und früheren Lebensgemeinschaften, die Beziehungen und Bindungen des Kindes zum „ausgefallenen" Elternteil und vor allem zum Stiefelternteil und zu den anderen Betreuungspersonen iSv § 1682 S 2, seine Beziehungen und Bindungen zum anderen nunmehr aufenthaltsbestimmungsberechtigten Elternteil, die Einbindung in den bisherigen Lebenskreis, die Bindungen an Geschwister und Halbgeschwister, die schulische Situation, die Betreuungsmöglichkeiten und weitere Faktoren können von erheblicher Bedeutung sein. Zu beachten ist insbesondere, daß es sich bei den betroffenen Minderjährigen meistens um mehrfach belastete Kinder handeln wird – auch wenn es sich um andersartige

Vorbelastungen als bei Pflegekindern handeln wird: aktuell haben sie infolge der tatsächlichen Verhinderung, des Ruhens der elterlichen Sorge oder des Todes den Ausfall des Betreuungselternteils zu verkraften; in dieser Situation kommt dem Erhalt des bisherigen Beziehungsnetzes meistens eine besondere Bedeutung zu (AGELL 412). In der Regel werden die meisten der hier betroffenen Kinder auch früher schon trennungs- und scheidungsbedingten Belastungen ausgesetzt gewesen sein.

„Alltagstheorien" und „grobe Daumenregeln", denen zufolge „erfahrungsgemäß **12** Kinder sich in eine neue Umgebung ohne nachhaltige seelische Beeinträchtigung gewöhnen, wenn sie dort liebevoll und warmherzig betreut werden" (BGHZ 6, 342, 347 f; BayObLG DAVorm 1985, 911, 914), sind völlig verfehlt und dürften inzwischen der Vergangenheit angehören (COESTER [1983] 178 [Fn 13], 380, 445, 447; vgl auch die Kritik des BVerfGE 75, 201, 223 an dieser „Theorie"). Diese früher zur Lösung des Herausgabestreits um Pflegekinder herangezogene „grobe Daumenregel" (COESTER aaO) würde die hier auch beim Stiefkindverhältnis geforderte **einzelfallbezogene Herangehensweise** (vgl MünchKomm/HUBER § 1632 Rn 48) gänzlich verfehlen.

b) „seit längerer Zeit"
Der Gesetzgeber des KindRG übernahm in § 1682 wegen der Ähnlichkeit der **13** Konfliktsituation (BT-Drucks 13/4899, 104) unverändert aus § 1632 Abs 4 das Tatbestandselement „seit längerer Zeit". Die Frage nach der Dauer des Zusammenlebens des Kindes mit dem Betreuungselternteil und dessen Ehegatten bzw in § 1682 S 2 Genannten gehört sicherlich zu den heikelsten der Normanwendung (für das Pflegekindverhältnis vgl MünchKomm/HINZ³ § 1632 Rn 26). In den Gesetzesmaterialien zum SorgeRG findet sich ebensowenig ein Hinweis, was präzise unter „längerer Zeit" zu verstehen ist, wie im KindRG, vielmehr sollte die Konkretisierung dieses unbestimmten Rechtsbegriffs der Rechtsprechung (BELCHAUS Rn 84) überlassen bleiben: Das Personensorgerecht muß aber jedenfalls dann zurücktreten, wenn das Kind einem Elternteil entfremdet ist, in der neuen Familiengemeinschaft mit dem Betreuungselternteil und dessen Ehegatten bzw in § 1682 S 2 genannten Personen seine Bezugswelt gefunden hat und durch die Herausnahme zur Unzeit sein persönliches, insbesondere sein seelisches Wohl gefährdet würde (BT-Drucks 13/4899, 104 wie schon BT-Drucks 8/2788, 52).

Zur **fundamentalen Bedeutung der Kontinuität der Lebensverhältnisse für die Kindes- 14 entwicklung** vgl STAUDINGER/COESTER § 1666 Rn 129 ff mwN und STAUDINGER/PESCHEL-GUTZEIT (2007) § 1630 Rn 41 f sowie ZENZ, 54. DJT A 34 ff; HEILMANN 15 ff. Dieses Tatbestandsmerkmal „seit längerer Zeit in einem Haushalt mit einem Elternteil und dessen Ehegatten gelebt" grenzt die Gruppe der Kinder, für die eine Verbleibensanordnung in Betracht kommt, ein. Zwar finden sich auch in den §§ 33, 37 Abs 1 SGB VIII (hierzu GK-SGB VIII/SALGO § 33 Rn 17 ff; WIESNER³ SGB VIII § 37 Rn 16 f) direkte Bezugnahmen auf hier ausschließlich maßgebliche kindliche Zeitvorstellungen (vgl insbes HEILMANN 71 ff; MünchKomm/FINGER § 1682 Rn 6), letztendlich sind aber auch diese Hinweise im SGB VIII *(ein im Hinblick auf die Entwicklung des Kindes vertretbarer bzw nicht mehr vertretbarer Zeitraum)* nicht konkreter als das Erfordernis in den §§ 1630 Abs 3, 1632 Abs 4, 1682, 1688, daß das Kind „längere Zeit" in den jeweils erwähnten Lebensgemeinschaften leben soll bzw gelebt haben muß. Mit der **Verankerung des Zeitfaktors**, insbesondere des **kindlichen Zeitemp-**

findens, als eines für Eltern, Stiefeltern, Pflegeeltern, Großeltern, Lebenspartner sowie für Gerichte und Behörden unübersehbaren Elements, folgte der Sorgerechtsgesetzgeber wie der Gesetzgeber des KindRG im Grundsätzlichen den Einschätzungen des Autorenteams GOLDSTEIN ua (1974) 18 f, auch wenn diese Bezugsquelle in den Gesetzesmaterialien zu diesen beiden Reformgesetzen keine explizite Erwähnung findet: „Kinder sind anders als Erwachsene in bezug auf ihre Einstellung zur Zeit. Der normale Erwachsene mißt den Ablauf der Zeit mittels Uhr und Kalender, während Kinder die Dauer eines Zeitraums je nach Dringlichkeit ihrer Triebwünsche beurteilen. Jeder Aufschub in der Beurteilung eines Triebwunsches erscheint ihnen darum endlos; dasselbe gilt für die Dauer der Trennung von einem Liebesobjekt ... (Das Kleinkind) erkennt als Eltern diejenigen Personen an, die von Stunde zu Stunde und Tag für Tag seine wichtigsten Körperbedürfnisse befriedigen, seine Gefühle erwecken und beantworten und für sein physisches und psychisches Wachstum und Gedeihen Sorge tragen." Diese grundsätzliche Aussage gilt auch für alle von § 1682 erfaßten Verhältnisse. Zu den in diesem Zusammenhang genannten Fristen vgl Rn 16.

15 Die **Berücksichtigung des kindlichen Zeiterlebens** in der Gesetzgebung und Rechtsprechung zum Familien- und Jugendhilferecht sowie im jeweiligen Verfahrensrecht (hierzu HEILMANN aaO) findet in den vergangenen 25 Jahren in vielen Ländern ihren Niederschlag (vgl jew für die Pflegekindschaft FIRSCHING/RUHL Rn 172: „gesicherte Erkenntnis", sowie BAER FamRZ 1982, 223), auch wenn nicht in jeder Hinsicht die Einschätzungen, Folgerungen und später (1982) modifizierten Empfehlungen von GOLDSTEIN ua (1974) geteilt wurden. Zu den Möglichkeiten und Grenzen einer zeitbestimmten Intervention ins Eltern-Kind-Verhältnis vgl SALGO (1987) 229 ff.

Wenn auch im hier relevanten Zusammenhang nicht von einem „**Zerrüttungsindikator**" im klassischen Sinne (vgl MÜNDER NJW 1986, 811, 813; ablehnend SCHLÜTER/LIEDMEIER FuR 1990, 122, 123 [Fn 24]) etwa iSv § 1566 Abs 1 gesprochen werden kann, weil gerade Automatismen vermieden werden sollten, wird in den meisten Fällen das Zusammenleben des Kindes mit dem Betreuungselternteil über „längere Zeit" dennoch eine indizielle Bedeutung iS einer **widerlegbaren Vermutung** dahingehend haben, daß eine Integration in dieser (neuen) Lebensgemeinschaft und damit häufig eine **Entfremdung** zum anderen Elternteil erfolgt sein könnte (vgl PALANDT/DIEDERICHSEN § 1632 Rn 13 für das Pflegekindverhältnis; AG Frankfurt aM FamRZ 1982, 1120), was in jedem Einzelfall zu überprüfen ist (BGB-RGRK/WENZ § 1632 Rn 22; BRÖTEL [392] möchte Fristenvorschläge als Richtwerte bei der Einzelfallabwägung berücksichtigen). Es kommt nicht in erster Linie auf das Fehlen von Bindungen zum nicht mit dem Kind zusammenlebenden – die Herausgabe begehrenden – Elternteil, sondern auf ihr Vorhandensein zur vom Betreuungselternteil begründeten Lebensgemeinschaft (vgl SCHLÜTER/LIEDMEIER FuR 1990, 122, 123 für das Pflegekind) an. Die Zeit allein sollte nach den Vorstellungen des Gesetzgebers nicht genügen, sondern der Aufenthalt muß dazu geführt haben, daß das Kind dem nunmehr alleinigen Inhaber der elterlichen Sorge (und damit des Aufenthaltsbestimmungsrechts) **entfremdet** ist und in der vom nunmehr ausgefallenen Elternteil begründeten Lebensgemeinschaft seine **Bezugswelt gefunden** (BT-Drucks 13/4899, 104) hat (für Pflegekindschaftsverhältnisse vgl OLG Braunschweig ZBlJugR 1983, 311, 312; AG Frankfurt aM DAVorm 1981, 368, 369). Hierzu zählen die Bindungen nicht nur zu den Stiefelternteilen und den in § 1682 S 2 genannten Bezugspersonen, sondern auch zu anderen Mitgliedern der Stieffamilie bzw Lebensgemeinschaft, aber auch zum dortigen Umfeld (zu Großeltern und volljährigen Geschwistern) insgesamt (vgl zu den zahlreichen Faktoren Rn 11; zu den Kontinuitätsbedürfnissen des Kindes und seinem Interesse an Stabilität der Lebensverhältnisse vgl STAUDINGER/ COESTER [2005] § 1696 Rn 44 mwN; STAUDINGER/COESTER § 1671 Rn 246 ff; OLG Brandenburg JAmt 2003, 603, 605). In Zweifelsfällen sollte der Kontinuität der Bezugsperson Vorrang vor anderen Kriterien gegeben werden (Hk-BGB/KEMPER[2] § 1682 Rn 5).

Ein **Aufenthalt über längere Zeit als Zeitindiz** im hier vertretenen Sinne bedeutet, daß **16** noch weitere Umstände hinzutreten müssen, weil nur ausnahmsweise auch allein die Dauer des Betreuungsverhältnisses eine Verbleibensanordnung rechtfertigen kann (für Pflegekindschaftsverhältnisse BVerfGE 68, 176, 191): Gefragt werden muß stets zusätzlich, ob die vom Betreuungselternteil begründete Lebensgemeinschaft solange gedauert hat, daß seine Auflösung eine Gefahr für das Kindeswohl brächte (MünchKomm/HINZ[3] § 1632 Rn 19 für Pflegekinder). Dies zeigt die Interdependenz der einzelnen Tatbestandselemente von § 1682 („seit längerer Zeit ... gefährdet würde"). Insofern enthält die Vorschrift **keinerlei Automatismen**, die dazu führen würden, daß nach Ablauf bestimmter Zeitläufe automatisch eine Verbleibensanordnung ergehen müßte. Die Orientierung der Entscheidungsfindung an festen Fristen, wie GOLDSTEIN ua (1982) 47 vorgeschlagen haben (für Verbleib bei Dauer der Unterbringung von 12 Monaten bei einem Kind, das zum Zeitpunkt der Unterbringung bis zu drei Jahre alt war, und von 24 Monaten bei einem Kind, das zum Zeitpunkt der Unterbringung über drei Jahre alt war), wird zB vom OLG Frankfurt (FamRZ 1983, 297) für Pflegekindschaftsverhältnisse abgelehnt, weil die Besonderheiten des Einzelfalles vernachlässigt würden (FIRSCHING/RUHL Rn 173; MünchKomm/HUBER § 1632 Rn 52). Auch § 1682 „entspricht damit dem Grundsatz, daß individuelle Maßnahmen zur Abwehr einer Gefährdung der Kinder den Vorrang vor generellen Regelungen haben ..." (BVerfGE 68, 176, 188 und BVerfGE 7, 320, 323 ff).

Denkbar wäre durchaus, daß trotz „längerer Dauer" des Stiefkindverhältnisses bzw **17** der von § 1682 erfaßten Lebensgemeinschaft, wegen permanent aufrechterhaltener und funktionierender Beziehung des Kindes zum anderen bis dato nicht mit dem Kind zusammenlebenden Elternteil (dies schwebt dem KindRG als Ideal vor, vgl §§ 1626 Abs 3, 1684 Abs 1) die Übersiedlung des Kindes zu diesem nicht mit einer Gefährdung des Kindeswohls einhergeht. Die Entscheidung gem § 1682 ist jedoch nicht an den Idealen des KindRG, welches auf einen langfristigen Bewußtseinswandel unter getrennt lebenden Eltern setzt (BT-Drucks 13/8511, 68) zu orientieren, sondern an der realen Lebenswirklichkeit des Kindes. Zur materiellen Bedeutung des Kindeswillens auch in solchen Situationen vgl STAUDINGER/COESTER § 1666 Rn 74 ff, § 1671 Rn 233 ff. Der Wille des Kindes läßt seine Bindungen und Neigungen erkennbar werden, kann aber, je nach Alter und Entwicklungsstand des Kindes, als Ausdruck einer bewußten eigenen Entscheidung unter dem Gesichtspunkt der Selbstbestimmung aus verfassungsrechtlichen Gesichtspunkten für die Entscheidung gem § 1682 von zentraler Bedeutung sein (auch BayObLG FamRZ 1998, 1040, 1041 zu § 1632 Abs 4 und FamRZ 1999, 103, 104 zu § 1681 aF; grundlegend zur Wille-Wohl-Problematik vgl ZITELMANN). Denkbar sind auch Fälle, wo sich ein Kind, trotz langer Dauer der von § 1682 erfaßten Lebensgemeinschaft, in diese nicht eingelebt, sich nicht an den Stiefelternteil bzw an die anderen von § 1682 S 2 erfaßten Bezugspersonen gebunden hat. Hier kommt es auf die vom Amtsermittlungsgrundsatz (§ 26 FamFG) geforderte Ausschöpfung aller Erkenntnisquellen – unter Beachtung möglicher negativer Auswirkungen von Verfahrensverzögerungen auf das Kind – an (Anhörung des Jugendamtes gem § 162 Abs 1 FamFG; Anhörung des Elternteils/der Eltern gem § 160 Abs 1 FamFG; Anhörung des Kindes gem § 159 FamFG; Anhörung der in § 1682 genannten Betreuungspersonen gem § 161 S 2 FamFG (Rn 40). Zu Gutachten s Rn 35; zur hier obligatorischen Verfahrensbeistandbestellung gem § 158 Abs 2 Nr 3 FamFG s Rn 41.

18 Die zu § 1632 Abs 4 ergangene Rspr bietet grundsätzliche Orientierungen auch hier bei der Anwendung des § 1682. Diese Rechtsprechung zu Pflegekindverhältnissen ist im Großen und Ganzen den Erwartungen des Gesetzgebers des SorgeRG gerecht geworden (vgl PESCHEL-GUTZEIT FPR 2004, 428) und ist flexibel mit dem Tatbestandselement „längere Zeit" umgegangen: Je jünger das Kind bei Begründung des Pflegeverhältnisses (bzw des von § 1682 erfaßten Verhältnisses) war, um so wahrscheinlicher ist seine Verwurzelung im Ablauf der Zeit. Hierfür könne je nach Einzelfall eine Vielzahl von weiteren Umständen maßgeblich sein. In der Rspr setzte sich der **„kindliche Zeitbegriff"** (zB OLG Celle FamRZ 1990, 191, 192) – **Aufenthaltsdauer in Beziehung zum Kindesalter** – als eine relevante Bezugsgröße bei der Definition von „längerer Zeit" nach und nach durch: „Je jünger ein Kind ist, um so länger wird ihm die Zeitspanne erscheinen, und um so länger ist auch die Zeit in Beziehung zur Dauer seines bisherigen Lebens, so daß es schon einen recht langen Zeitraum darstellt, wenn ein einjähriges Kind seit einem halben Jahr in einer Pflegefamilie gelebt hat" (BayObLG FamRZ 1991, 1080, 1082); ebenso MünchKomm/HINZ³ § 1632 Rn 19; auch nach SOERGEL/STRÄTZ § 1632 Rn 24 kommt dem **Kindesalter ausschlaggebende Bedeutung** zu; s auch AG Melsungen FuR 1993, 103, 105: für eine Verbleibensanordnung bei einem $10^1/_2$ jährigen Mädchen „muß wohl ein Jahr überschritten" sein. Die seit Inkrafttreten des SorgeRG zunehmende Orientierung am Zeitbegriff des Kindes wird jedenfalls in einer Vielzahl veröffentlichter Entscheidungen belegt (so auch die Einschätzung von LAKIES/MÜNDER RdJB 1991, 428 ff mit umfangreichen Rechtsprechungsnachweisen; zB OLG Celle FamRZ 1990, 191: die für eine Verbleibensanordnung erforderliche Dauer der Familienpflege ist am kindlichen Zeitbegriff und nicht absolut zu messen; SOERGEL/ STRÄTZ Erg zu § 1632 Rn 23 ff). Im Zeitraum vom Inkrafttreten des SorgeRG (1980) bis etwa 1985 – am 17.10.1984 erging die erste Entscheidung des BVerfG (BVerfGE 68, 176) zu § 1632 Abs 4 – wurden die meisten Entscheidungen veröffentlicht. Die vorliegenden **Analysen** (SALGO [1987] 182 ff; LAKIES/MÜNDER aaO; HEILMANN aaO) der veröffentlichten Rspr zu § 1632 Abs 4 seit Inkrafttreten (1980) bis 1997 kommen übereinstimmend zu dem Befund, daß überwiegend bei Pflegeverhältnissen, die zwei Jahre (zB BayObLG FamRZ 1986, 102) oder länger bestehen, die Herausnahme jüngerer Kinder aus der Pflegefamilie abgelehnt wird. In Einzelfällen wurde auch schon eine kürzere Zeit für ausreichend erachtet (OLG Celle FamRZ 1990, 191, 192: nach 7½ und 11 Monaten, ebenso SIEDHOFF NJW 1994, 617: für ein einjähriges Kind können bereits 6 Monate lang sein; andererseits BayObLG DAVorm 1985, 911, 913: 6 Monate Aufenthaltsdauer nicht ausreichend, wobei die vorläufige Anordnung der Entziehung des Aufenthaltsbestimmungsrechts wegen „unzuträglicher Wohnverhältnisse" fragwürdig erscheint, andererseits wegen Gefährdung anderer Kinder Jugendamt und VormG nicht ohne Grund besonders besorgt waren), andererseits wird aber auch trotz langer Dauer des Pflegeverhältnisses zuweilen die Herausnahme zugelassen. Grundsätzlich BayObLG DAVorm 1982, 611, 615: Das Verbleiben des Kindes bei Pflegeeltern (aber auch im von § 1682 erfaßten Umfeld) ist um so eher zu bejahen, je länger sich das Kind dort befindet. Diese Rechtsprechungstendenzen zu § 1632 Abs 4 setzten sich auch seit Inkrafttreten des KindRG fort. Zwar steht in der

Rspr das Verstreichen von Zeit im Vordergrund, darauf allein wird jedoch nicht abgestellt, vielmehr treten in den veröffentlichten Entscheidungen weitere Umstände wie Verwurzelung des Kindes im Pflegeverhältnis und eine drohende Kindeswohlgefährdung durch die beabsichtigte Herausnahme hinzu. Zum Zusammenspiel mehrerer Wirkungsfaktoren vgl STAUDINGER/COESTER § 1666 Rn 131 mwN. In der überwiegenden Mehrzahl der ausgewerteten Fälle mit Verbleibensanordnung iSv § 1632 Abs 4 waren zivilrechtliche Kindesschutzmaßnahmen des Vormundschafts- bzw Familiengerichts und „Hilfen zur Erziehung" gem §§ 27, 33 SGB VIII vorausgegangen, weil eine dem Wohl des Kindes entsprechende Erziehung in der Herkunftsfamilie nicht mehr gewährleistet war. Hier besteht ein zentraler Unterschied in der Entstehungsgeschichte zwischen Stief- und Pflegeverhältnissen. Gleichwohl kommt es hierauf bei § 1682 nicht an – der „Anlaß" ist als Tatbestandselement in den §§ 1632 Abs 4 durch das KindRG ersatzlos gestrichen und in den § 1682 nicht aufgenommen worden: Allein entscheidend für Stiefkind-, für Pflegekindschaftsverhältnisse wie für die von § 1682 erfaßten Beziehungen ist, ob das Kind dem Elternteil, der nunmehr alleiniger Inhaber der Sorge ist, entfremdet ist und durch die Herausnahme sein persönliches, insbesondere sein seelisches Wohl gefährdet würde (BT-Drucks 13/4899, 104).

c) Häusliche Gemeinschaft

Aufenthalt und Zusammenleben des Kindes in einem Haushalt mit einem Elternteil entspricht dem Leben in häuslicher Gemeinschaft iSv § 1685 Abs 2. Gemeint ist eine Lebensgemeinschaft des Kindes mit einem Elternteil und dessen Ehegatten und den anderen in § 1682 S 2 Genannten. Aus der Perspektive des Kindes, auf die es hier einzig ankommt, muß es als ein gravierender Wertungswiderspruch des KindRG gelten, daß der Gesetzgeber hier lediglich eheliche Lebensgemeinschaften des Elternteils und andere von S 2 des § 1682 erfaßte Verhältnisse als einen schutzwürdigen Lebensmittelpunkt des Kindes anerkennt, ist doch die nichteheliche Lebensgemeinschaft immer mehr verbreitet und typisches Vor- und Nachstadium auch von ehelicher und nachehelicher Partnerschaft. Ob sich Kinder an den Partner oder die Partnerin des Elternteils binden und in dieser Lebensgemeinschaft ihre Bezugswelt finden, wird nicht vom Trauschein bzw der Registrierung der Lebenspartnerschaft abhängen (vgl ZENZ/SALGO 65 f). Hier fällt das KindRG hinter die selbst gesetzten Maßstäbe zurück. Die Rechtsprechung berücksichtigte deshalb im Rahmen von Entscheidungen gem § 1681 Abs 1 S 2 aF schon seit langem Großeltern wie auch nicht mit dem Elternteil verheiratete „Stiefeltern" (BayObLG FamRZ 1999, 103 mwN), weil die rechtliche Stellung der mit dem Kind verbliebenen Bezugsperson zum „ausgefallenen" Elternteil für den erforderlichen Schutz des Kindes unerheblich ist (STAUDINGER/COESTER § 1680 Rn 11 mwN); ausschlaggebend ist letztendlich die psychosoziale Einbindung des Kindes in der häuslichen Gemeinschaft.

3. Herausgabeverlangen

a) Voraussetzungen

Die Befugnis, den Aufenthalt des Kindes zu bestimmen, steht dem die Herausgabe begehrenden Elternteil zu, wenn er oder sie die elterliche Sorge nach den §§ 1678, 1680, 1681 erlangt hat. Es kommt nicht darauf an, ob dies ipso iure oder aufgrund familiengerichtlicher Entscheidung erfolgte. Ohne eine erkennbar gewordene, ernsthaft geäußerte Herausnahmeabsicht besteht kein **Rechtsschutzbedürfnis für eine**

Verbleibensanordnung. Immerhin könnte zB der die elterliche Sorge ipso iure erlangende Elternteil nicht die Absicht haben, das Kind aus dem bisherigen Lebensmittelpunkt wegzunehmen, so daß der „Heimfall" des Sorgerechts in diesen Fallkonstellationen noch nicht zu einem Rechtsschutzbedürfnis für eine Anordnung gem § 1682 führt. Ein Antrag auf eine Verbleibensanordnung ist aber bereits bei einer **ernsthaft geäußerten Ankündigung** eines auch zukünftigen Herausgabeverlangens und **nicht** erst bei dessen Geltendmachung gem § 1632 Abs 1 vor dem FamG zulässig (MünchKomm/Finger § 1682 Rn 8; Palandt/Diederichsen § 1632 Rn 20). Ein **Rechtsschutzbedürfnis** für ein Verfahren gem § 1682 ist bereits dann anerkannt, wenn ein **Herausgabekonflikt zu erwarten ist** (Schwab 54. DJT A 123 für das Pflegekind). Sinn und Zweck des § 1632 Abs 4 und damit auch des § 1682 sollte nach Ansicht des Rechtsausschusses (BT-Drucks 8/2788, 40) ua gerade sein (Schwab aaO), **rechtzeitigen Rechtsschutz erlangen zu können** (s u Rn 22). Sollte das Kind bereits aus der häuslichen Gemeinschaft iSd § 1682 herausgenommen worden sein, so ist eine Rückführung und eine Verbleibensanordnung solange möglich, wie die Voraussetzungen des § 1682 vorliegen (vgl OLG Frankfurt FamRZ 1983, 1164; BayObLG FamRZ 1997, 223).

Die Gefährdung muß sich noch nicht realisiert haben (vgl Staudinger/Coester § 1666 Rn 82), damit das Gericht Schutzmaßnahmen anordnen darf *(... und will der andere Elternteil ... das Kind von dem Ehegatten wegnehmen).* Es mag sein, daß der Elternteil sich gekränkt oder gar verletzt fühlt durch den Umstand, daß das Kind bisher nicht bei ihm gelebt hat; solange dieser Elternteil nicht die Herausgabe aus dem Betreuungsverhältnis betreibt oder dies zu tun ankündigt, besteht für eine Verbleibensanordnung kein Rechtsschutzbedürfnis, könnte doch der Sorgeberechtigte auch im Hinblick auf § 1682 von der Geltendmachung eines Herausgabeantrags bewußt Abstand genommen haben. Auch Streitigkeiten zwischen diesem Elternteil und dem Stiefelternteil bzw den in S 2 genannten Personen über den Umgang mit dem Kind sind ein anderer Verfahrensgegenstand – die Lösung dieses Konflikts um Besuchskontakte ist unabhängig von einer Verbleibensanordnung, wenn auch Dauer, Häufigkeit, Örtlichkeit und Ziele von Kontakten von der Perspektive des Stiefkindverhältnisses abhängen (vgl Rn 32 ff). Ist der nunmehr sorgeberechtigte Elternteil grundsätzlich nicht mit dem Verbleib des Kindes im bisherigen Lebensumfeld einverstanden und macht er die Herausgabe des Kindes geltend und beantragt zugleich eine Umgangsregelung, so wird über Verbleib **und** Umgang getrennt, aber gleichzeitig zu entscheiden sein. Denkbar ist eine **Verbleibensanordnung mit einer Besuchsregelung** zugunsten des die Herausgabe begehrenden Elternteils, ebenso aber die Zurückweisung des Antrags auf Verbleibensanordnung in Verbindung mit einer Umgangsregelung zugunsten der bisherigen Bezugspersonen gem §§ 1685, 1626 Abs 3. Es kann insbesondere bei einer auf Antrag oder von Amts wegen ergehenden Verbleibensanordnung geboten sein, sogar von Amts wegen eine Umgangsregelung zu treffen (vgl Rn 31). Ist der aufenthaltsbestimmungsberechtigte Elternteil mit dem Verbleib des Kindes im Stiefkindverhältnis einverstanden, besteht hingegen ein Streit lediglich um den Umgang, dann ist **nur** über den letzteren zu entscheiden. Einer Verbleibensanordnung, die stets einen Eingriff in das Elternrecht bedeutet, bedarf es unter diesen Umständen nicht.

b) Antrag auf Verbleib

Mit dem Antragsrecht der in § 1682 genannten Personen auf Erlaß einer Verbleibensanordnung ist die **Rechtsstellung des (Ehe-)Partners des Betreuungselternteils** sowie des von § 1682 S 2 erfassten Personenkreises gegenüber dem früher geltenden Recht **gestärkt** worden. Bei Einführung des Antragsrechts für Pflegeeltern gem § 1632 Abs 4 zielte der Rechtsausschuß auf einen rechtzeitigen Schutz von Pflegeverhältnissen (BT-Drucks 8/2788, 40 u 52). Dieses Antragsrecht zugunsten des Ehegatten des Betreuungselternteils (bzw der anderen gem § 1682 S 2 Antragsberechtigten) in einem Verfahren, das vom Amtsermittlungsgrundsatz gem § 26 FamFG beherrscht wird, und in welchem ohnehin von Amts wegen eine Verbleibensanordnung ergehen kann, und die Verpflichtung des Gerichts zur Anhörung dieses Personenkreises (§ 161 Abs 1 S 2 FamFG) sollen dem Schutz des Kindes dienen, sind aber zugleich eine Anerkennung des bisherigen Lebensumfeldes, das sich des Kindes angenommen hat (BT-Drucks 8/2788, 40 für Pflegeeltern). Die Möglichkeit, von Amts wegen eine Verbleibensanordnung etwa auf Anregung des Stiefelternteils zu erlassen, schien dem Gesetzgeber nicht ausreichend; hierin liegt ua die Besonderheit (zum Antragsrecht von Pflegeeltern vgl GERNHUBER/COESTER-WALTJEN § 57 Rn 52) auch dieser Bestimmung. Dieses **Antragsrecht** wie die **Anhörung** gem § 161 Abs 1 S 2 FamFG (Rn 40) korrespondieren auch mit der vefassungsrechtlichen Stellung der Stieffamilie (Rn 8). Dem in einer nichtehelichen Lebensgemeinschaft bzw in einer nicht registrierten Partnerschaft mit dem Betreuungselternteil lebenden Partner gewährt § 1682 kein Antragsrecht, weil § 1682 S 2 nur auf § 1685 Abs 1 und nicht auch auf § 1685 Abs 2 verweist. Dies könnte für das Kind zu erheblichen Problemen führen, insbesondere beim Heimfall ipso iure, bei dem keinerlei gerichtliche Überprüfung dem Sorgerechtsübergang vorgeschaltet ist. Eine Erstreckung von § 1682 (nicht von § 1632 Abs 4, da keine Familienpflege) im Wege der Analogie (ebenso MünchKomm/FINGER § 1682 Rn 10 mwNw; MUSCHELER FamRZ 2004, 913, 921; SALGO FPR 2004, 76, 77) auch auf eine solche Fallkonstellation kann im Einzelfall wegen drohender Verletzung verfassungsrechtlich geschützter Positionen des Kindes geboten sein: „... muß die Lösung dieses Konflikts unabhängig von der bisherigen rechtlichen Zuordnung des Kindes auf dessen Wohl ausgerichtet sein und das Kind in seiner Individualität als Grundrechtsträger berücksichtigen ... Das aber ist nur möglich, wenn eine Sorgerechtsentscheidung getroffen werden kann, die der konkreten Situation Rechnung trägt" (BVerfGE 84, 160, 183).

Das Antragsrecht führt zu einer **stärkeren Rechtsposition des Stiefelternteils** wie der anderen gem 1682 S 2 Antragsberechtigten. Sie werden durch den Antrag Beteiligte im formellen (oder prozessualen) Sinne und nicht nur Beteiligte im materiellen Sinn, weil auch ihre Rechtsposition durch die gerichtliche Entscheidung unmittelbar betroffen wird (vgl § 7 Abs 1 FamFG). Daraus ergeben sich das Recht auf **Akteneinsicht** und Teilnahme an **mündlichen Verhandlungen**, das Recht zum Einlegen von **Rechtsmitteln** (hierzu Rn 44) und der Anspruch auf **Bekanntgabe der Entscheidung** des Familiengerichts; hierzu gehört auch die Befugnis der Antragsberechtigten, sich durch einen Rechtsanwalt als Bevollmächtigten vertreten zu lassen. Gegenüber einem Stiefelternteil bzw anderen Betreuungspersonen, die nur eine familiengerichtliche Maßnahme „anregen" dürften, ist ihre verfahrensrechtliche Stellung nach Antragstellung weit stärker (SCHLÜTER/LIEDMEIER FuR 1990, 122, 124 für Pflegeeltern); vgl auch § 1688 Abs 4.

Den von § 1682 erfassten Personen gegenüber kann der andere (sorgeberechtigte) **22** Elternteil die Herausgabe des Kindes bei Heimfall ipso iure bzw nach familiengerichtlicher Entscheidung nach den §§ 1678, 1680, 1681 gem § 1632 Abs 1 zwar grundsätzlich geltend machen; § 1682 gewährt in dieser Situation den Antragsberechtigten **kein Blockaderecht** etwa iS der niederländischen zugunsten von Pflegeeltern bestehenden Regelung in Art 246 a Burgelijk Wetboek, sondern nur das **Recht, selbständig einen Antrag auf eine einstweilige Anordnung (§ 49 FamFG) zu stellen und bis zur Entscheidung hierüber das Kind nicht herauszugeben zu müssen.**

c) Tätigwerden von Amts wegen

23 Ein Verfahren gem § 1682 kann aber auch **von Amts wegen** in Gang kommen, wenn etwa das Jugendamt, das Kind oder seine Großeltern oa an das Gericht einen Herausgabekonflikt der hier fraglichen Art herantragen, aber auch wenn das Gericht von einem solchen Konflikt durch einen anonymen Hinweis unterrichtet wird. Nach der hier vertretenen Auffassung kommt ein Verfahren gem 1682 von Amts wegen nach gerichtlicher Übertragung des Sorgerechts gem §§ 1678, 1680, 1681 idR nicht in Betracht, weil bereits in diesen Verfahren im Rahmen der Kindeswohlprüfung möglichen Gefährdungen für das Wohl des Kindes begegnet werden muß (STAUDINGER/COESTER § 1680 Rn 11).

4. Verbleibensanordnung

a) Kein Ermessen

24 Daß das Gericht den Verbleib anordnen „kann", ist **nicht** iS einer Ermessensnorm zu verstehen, weil bei Vorliegen der Voraussetzungen des § 1682 der Richter zum Eingreifen **verpflichtet** ist (vgl auch § 1684 Abs 2 und 3; zu § 1634 aF OLG Bamberg FamRZ 1993, 726, 727 f). Ist es zum Wohle des Kindes wegen dessen erheblicher Gefährdung notwendig, den Verbleib im Stiefkindverhältnis bzw bei den anderen Betreuungspersonen anzuordnen, so entsteht eine Pflicht des Gerichts, die entsprechende Entscheidung zu treffen, ohne daß ihm ein Ermessensspielraum zustünde (SOERGEL/STRÄTZ § 1632 Rn 26). Es handelt sich also bei § 1682 nicht um eine echte Kannbestimmung, sondern um eine bindende Verpflichtung des Gerichts, deren Beachtung im Rechtsmittelverfahren – im Gegensatz zur echten Ermessensnorm im Verwaltungsrecht – in vollem Umfang überprüfbar ist.

b) Problematische Verschiebung der Interventionsgrenzen

25 Der Wortlaut des § 1682 ist eindeutig: die Verbleibensanordnung darf nur ergehen, „wenn … das Kindeswohl durch die Wegnahme *gefährdet* würde". In den neu geschaffenen § 1682 wurde der durch das KindRG vereinfachte und klargestellte Interventionsmaßstab aus § 1632 Abs 4 wörtlich übernommen. Während in den Fällen der familiengerichtlichen Sorgerechtsübertragung gem § 1678 Abs 2 und gem § 1680 Abs 2 S 2 das Gericht hierzu verpflichtet ist, „wenn dies dem Wohl des Kindes dient", und eine Sorgerechtsübertragung in den Fällen der §§ 1680 Abs 2 S 1, 1681 Abs 2 zu erfolgen hat, „wenn dies dem Wohl des Kindes nicht widerspricht", ist in § 1682 mit dem Gefährdungserfordernis ein wesentlich höherer Interventionsmaßstab installiert. Ob dies vom Gesetzgeber gewollt war, läßt sich nicht anhand der Gesetzesmaterialien zu den §§ 1678, 1680, 1681, 1682 eruieren, der Wortlaut scheint dafür zu sprechen. Einigkeit besteht insoweit, daß die §§ 1678, 1680, 1681 geringere Eingriffsschwellen enthalten als § 1666 (BT-Drucks 13/4899, 103). Hierin wird von der hM ein deutlicher Vorteil gesehen, weil in diesen Fällen eine Gefährdung des Kindeswohls durch den Sorgerechtsübergang (und damit verbundenem Plazierungswechsel) *nicht* festgestellt werden muß (STAUDINGER/COESTER § 1680 Rn 9 mwN), viel-

mehr soll die Feststellung genügen, daß der beabsichtigte Wechsel des ohnehin durch den Verlust des Betreuungselternteils geschädigten Kindes dieses zusätzlich wesentlich belasten würde. Ein Widerspruch zum Kindeswohl wird bereits dann angenommen, wenn die Bindungen des Kindes zum Stiefelternteil bzw zu den anderen von § 1682 erfaßten Betreuungspersonen deutlich stärker waren als zum leiblichen Elternteil (KLINKHARDT, in: OBERLOSKAMP 77) oder wenn das Kind sich weigert, den Stiefelternteil zu verlassen (MünchKomm/HINZ[3] § 1681 Rn 10, 11; BGB-RGRK/ADELMANN § 1681 Rn 4; LÜDERITZ FamRZ 1975, 605, 609; vPUTTKAMMER 51 f, 136; SCHWENZER A 82 [1992]). Die Rspr zu § 1681 Abs 1 aF wendet ebenfalls diesen Maßstab an (OLG Schleswig 1993, 832, 833; BayObLG FamRZ 1988, 973, 974 und 1999, 103, 104: Heranziehung der Entscheidungsmaßstäbe aus § 1671 Abs 2 aF, Gefährdung gem § 1666 Abs 1 aF nicht verlangt), eine drohende Kindeswohlgefährdung durch die Sorgerechtsübertragung wurde bislang von der hM nicht gefordert (aA DIECKMANN AcP 1979, 298, 325 f). Der in den §§ 1678, 1680, 1681 („... dem Wohl des Kindes dient ..." bzw „... dem Wohl des Kindes nicht widerspricht ...") bewußt vorverlagerte Kindesschutz würde durch § 1682 wieder erhöht („... das Kindeswohl ... gefährdet würde"), was der Absicht des KindRG, die Rechte des Kindes zu verstärken (BT-Drucks 13/4899, 1), massiv widerspräche. Soweit gem §§ 1678 Abs 2, 1680 Abs 2 und 3, 1681 dem Familiengericht die Übertragung des Sorgerechts vorbehalten ist, gelten die dort verankerten Maßstäbe. Für die Anwendung des § 1682 bleibt in diesen Fällen ohnehin kaum noch Raum (vgl Rn 7), im übrigen ist dieser Wertungswiderspruch im Wege teleologischer Reduktion dahingehend aufzulösen, daß auch in § 1682 bei einer mit den Konstellationen der §§ 1678, 1680, 1681 gleichgelagerten Situation des Kindes kein anderer Interventionsmaßstab als in diesen Bestimmungen gelten kann. Meistens wird bei gerichtlich zu lösenden Herausgabekonflikten gem § 1682 eine Gefährdung des Kindeswohls vorliegen, so daß der aufgezeigte Wertungswiderspruch den unter diesen Umständen dringend erforderlichen Kindesschutz nicht verhindert; eine vorhandene Gefährdung führt stets zur Verbleibensanordnung.

c) Gefährdungsgrad und -wahrscheinlichkeit

26 Besteht zwischen dem Kind und dem die Herausgabe begehrenden Elternteil trotz bisherigen Getrenntlebens eine funktionierende Eltern-Kind-Beziehung, so ist idR auch keine Entfremdung zu diesem Elternteil eingetreten, eine Verbleibensanordnung kommt hier meistens nicht in Betracht. Wenn zum Stiefelternteil bzw zu anderen in § 1682 S 2 Genannten und zum die Herausgabe begehrenden Elternteil gleich starke Bindungen bestehen, das Kind aber seinen Lebensmittelpunkt im bisherigen Lebensumfeld gefunden hat und dort auch bleiben will (Freundeskreis, Schule etc), dann könnte die Wegnahme das Kindeswohl *gefährden*. Die Anwendung von § 1682 scheidet idR aus, wenn das Kind vor dem Ausfall des Betreuungselternteils sowohl in dessen Haushalt als auch im Haushalt des die Herausgabe begehrenden Elternteils annähernd gleiche Zeiträume verbracht hat (beim sog Pendelmodell). Da hinter den Sorgerechtsformen *gemeinsame elterliche* Sorge oder *Alleinsorge* sehr unterschiedliche Lebenswirklichkeiten stehen, bietet das jeweils gewählte Sorgerechtsmodell für die Entscheidung nach § 1682 keinerlei Orientierung; der Sorgerechtsform kommt noch nicht einmal eine indizielle Wirkung zu, weil sie keine Garantien dafür bietet, daß keine Entfremdung zwischen dem Kind und dem seine Herausgabe fordernden Elternteil eingetreten ist (SALGO FamRZ 1996, 449 f; MACCOBY/MNOOKIN FamRZ 1995, 1, 13).

27 **Beziehungsabbrüche in den ersten Lebensjahren enthalten beträchtliche Risiken für die kindliche Entwicklung,** weil sie dem Kind die Basis für seine Orientierung über die Welt und sich selbst entziehen. Die Auswirkungen sind um so gravierender, je stärker das Kind auf diese Orientierung noch zur Entstehung und Aufrechterhaltung eines Grundsicherheitsgefühls oder „Urvertrauens" angewiesen ist, das die Voraussetzung und Grundlage für die Bewältigung aller weiteren Entwicklungsschritte ist (vgl die Zusammenfassung entsprechender gesicherter Erkenntnisse von ZENZ, 54. DJT A 35). Es gehört inzwischen zum Ausgangspunkt auch verfassungsgerichtlicher Einschätzungen, daß die Trennung des Kindes von einer Bezugsperson einen Vorgang mit erheblichen psychischen Belastungen darstellt und daß für ein Kind mit seiner Herausnahme aus der gewohnten Umwelt ein schwer bestimmbares Zukunftsrisiko verbunden ist (BVerfGE 60, 79, 91 und 75, 201, 219). Diese Risikogrenze ist nach Ansicht des Bundesverfassungsgerichts (aaO) weiter zu ziehen, wenn ein leiblicher Elternteil selbst in der Familiengemeinschaft mit dem Kind künftig Pflege und Erziehung übernehmen will. Dies ist die Ausgangslage des § 1682. Allerdings muß bei einer **Interessenkollision** zwischen dem Kind und einem Elternteil das **Kindeswohl letztlich bestimmend** (Rn 8) sein (BVerfGE 68, 176, 188 mwN zu § 1632 Abs 4 aF).

28 Die Prioritäten in diesem verfassungs- wie familienrechtlich komplexen Dreiecksverhältnis sind damit gesetzt. Das BVerfG verwirft einerseits die vielfach kritisierte Formel von der leichten Überwindbarkeit von Umgebungswechseln im frühen Kindesalter unter Bezugnahme auf Erkenntnisse der Kinderpsychologie (BVerfGE 75, 201, 223), andererseits befürwortet es, entgegen deutlichen humanwissenschaftlichen Warnungen (vgl ZENZ, 54. DJT A 34 ff, A 38 sowie die Übersicht von KLUSSMANN DAVorm 1985, 170), behutsame Rückführungen mittels gleitender Übergänge von der Pflegefamilie zur Herkunftsfamilie nach entsprechenden Übergangsphasen (BVerfGE 68, 176, 188). Dabei verkennt das Gericht keineswegs, daß, solange dem Kindeswohl die oberste Priorität bleibt, § 1632 Abs 4 (und damit ebenfalls § 1682) auch solche Entscheidungen ermöglicht, die aus der Sicht der Eltern bzw des die Herausgabe begehrenden Elternteils nicht akzeptabel sind, weil sie sich in ihrem Elternrecht beeinträchtigt fühlen (BVerfGE 68, 176, 190 f): Wenn eine schwere und nachhaltige Schädigung des körperlichen oder seelischen Wohlbefindens des Kindes bei seiner Herausgabe zu erwarten ist, kann **allein die Dauer des Stiefkind- wie des Pflegekindverhältnisses** zu einer Verbleibensanordnung nach den §§ 1682, 1632 Abs 4 führen.

29 Sowohl § 1666a Abs 1 als auch die §§ 1682, 1632 Abs 4 sind nicht nur durch verfassungsrechtliche Vorgaben, sondern auch von dem von humanwissenschaftlicher Erkenntnis geforderten Bestreben bestimmt, **möglichst die Dauerhaftigkeit der Lebensumstände für Kinder zu sichern,** wann immer oder so schnell wie (wieder) möglich, sofern dies nicht dem Kindeswohl widerspricht, in ihren Herkunftsfamilien, ansonsten in anderen **möglichst stabilen und ihrem Wohl entsprechenden Lebensumständen.** Auch die fachgerichtliche Rspr bedient sich inzwischen zumeist humanwissenschaftlicher Hilfe (Rn 35) und geht von entwicklungspsychologischen Grundannahmen bezüglich Trennungsempfindlichkeit und Gefährdungswahrscheinlichkeit aus, zB: „Es kann heute aus kinderpsychologischer Sicht als gesichert angesehen werden, daß die Trennung eines Kleinkindes von einer Bezugsperson eine erhebliche psychische Belastung für das Kind darstellt und mit einem schwer bestimmbaren Zukunftsrisiko verbunden ist" (BayObLG FamRZ 1991, 1080, 1082; vgl auch FIRSCHING/RUHL Rn 172). Der von dem Elternteil beabsichtigte Umgebungswechsel muß sich als ein

Mißbrauch des elterlichen Sorgerechts darstellen, der das körperliche, geistige oder seelische Wohl nachhaltig gefährdet (BT-Drucks 13/4899, 104; vgl zu § 1632 Abs 4: OLG Düsseldorf FamRZ 1994, 1541, 1542; BayObLG FamRZ 1984, 932). Die nach dem bisherigen Erkenntnisstand relevanten Faktoren, die hinsichtlich der Gefährdungswahrscheinlichkeit jeweils unterschiedliche Prognosen absichern könnten, sind: Alter des Minderjährigen, Dauer der Lebensgemeinschaft zwischen Betreuungselternteil und Stiefelternteil bzw den in S 2 genannten Bezugspersonen, Beziehungen und Bindungen zum anderen Elternteil, zu Geschwistern und Verwandtschaft, zum Stiefelternteil, zu Nachbarn, Schule, Geschwistern und Halbgeschwistern, die Intensität der jeweiligen Integration des Kindes und nicht zuletzt Anzahl und Ursachen vorausgegangener Beziehungsabbrüche. Zu Recht weist das BayObLG (NJW 1994, 668, 669 und bereits FamRZ 1991, 1080, 1083) auf die **besondere Gefahr mehrfachen Wechsels der sozialen Umgebung** hin, der erhebliche Beeinträchtigungen für die weitere Entwicklung des Kindes mit sich bringen kann und daher in aller Regel nicht dem Wohl des Kindes entsprechen wird (vgl dazu inbes KLUSSMANN DAVorm 1985, 169, 213; MÜNDER NJW 1986, 811, 812; LAKIES FamRZ 1990, 698, 702). Entscheidend ist, ob die mit der beabsichtigten Herausgabe intendierte Änderung des Lebensumfeldes beim Kind zu erheblichen Schäden, insbesondere im psychischen Bereich, führen kann (hierzu LEMPP, 54. DJT I 48), nicht aber, ob die intendierte Herausnahme aus dem bisherigen Lebensumfeld solche Schäden voraussichtlich mit ziemlicher Sicherheit mit sich bringt (MünchKomm/HINZ[3] § 1632 Rn 23 mwN; zur Gefährdungswahrscheinlichkeit KLUSSMANN DAVorm 1985, 170, 182 f).

d) Wirkung der Verbleibensanordnung
Die Verbleibensanordnung soll nach der hM als die mildere und deshalb dem **30** Grundsatz der Verhältnismäßigkeit gerecht werdende Maßnahme Vorrang vor weitergehenden Sorgerechtsbeschränkungen gem § 1666 genießen (STAUDINGER/COESTER § 1666 Rn 213 f mwN; BVerfG FamRZ 1989, 145, 146; BayObLG FamRZ 1984, 932; OLG Karlsruhe FamRZ 1994, 1544, 1545 jew zu § 1632 Abs 4 aF). Andererseits gilt die Entziehung des Aufenthaltsbestimmungsrechts als eine typische Maßnahme, die als erforderlich und verhältnismäßig anzusehen ist, wenn ein Kind in seinem Wohl dadurch gefährdet wird, daß der Personensorgeberechtigte beabsichtigt, den Aufenthaltsort des Kindes zu ändern (BayObLG FamRZ 1990, 1379, 1381). In jedem Fall liegt indes bereits in der Verbleibensanordnung gem § 1682 ein erheblicher Einschnitt in die Personensorge, weil sie rechtlich die Geltendmachung eines Herausgabeanspruchs gem § 1632 Abs 1, also eine unbeschränkte Ausübung des Aufenthaltsbestimmungsrechts iSv § 1631 Abs 1, blockiert und zugleich die Eltern faktisch von der Ausübung weiterer eigentlich nicht entzogener Personensorgerechtsbereiche wie Pflege und Erziehung ausschließt (GERNHUBER/COESTER-WALTJEN § 60 Rn 11–13). Zugleich wird aufgrund von § 1688 Abs 4 BGB die Person, bei der der Verbleib gem § 1682 angeordnet worden ist, mit den entsprechenden Befugnissen auch de jure ausgestattet: Der Gesetzgeber hat den von § 1682 erfassten Personen **nach** einer Verbleibensanordnung gem § 1682 die **Alltagsbefugnisse** sowie das **Notvertretungsrecht** (§ 1688 Abs 4) zugeordnet (BT-Drucks 13/4899, 108). Damit verändert sich der Charakter der Verbleibensanordnung. Dieser Schritt war überfällig, weil eine bloße Verbleibensanordnung ohne sorgerechtliche Mindestausstattung zur Bewältigung der sich im Alltag stellenden Aufgaben die bereits bestehenden Spannungen perpetuiert hätte (STAUDINGER/SALGO [2007] § 1632 Rn 94 und STAUDINGER/SALGO [2007] § 1688 Rn 43, 46). Mit der Einführung wenn auch beschränkter sorgerechtlicher Befugnisse des Stiefelternteils (§ 1687b

BGB) bzw des Lebenspartners (§ 9 LPartG) bestehen nunmehr grundsätzlich entsprechende Befugnisse dieses Personenkreises und nicht erst nach einer Verbleibensanordnung nach § 1682.

e) Verbleibensanordnung und Umgang

31 Bei Ablehnung des Herausgabeantrags und Erlaß einer Verbleibensanordnung gem § 1682 muß von Amts wegen geprüft werden, unter welchen Umständen die Auswirkung dieser Entscheidung durch eine Umgangsregelung gemildert werden kann (vgl FamRefK/ROGNER § 1682 Rn 8; OLG Hamburg FamRZ 1989, 420 in einem Pflegekindschaftsfall). Das OLG Celle (FamRZ 1990, 191, 192) hingegen befürwortet zwar regelmäßige Besuchskontakte, sieht indes in der Umgangsregelung zu Recht einen anderen Verfahrensgegenstand, über den gesondert zu entscheiden ist. Dieser Standpunkt ist zwar richtig, entscheidend ist aber auch hier, daß sich das den Verbleib anordnende Gericht hinsichtlich der künftigen Perspektive des Kindschaftsverhältnisses Gedanken macht; der diesbezügliche Regelungsbedarf in Ausübung des staatlichen Wächteramtes ist unabweisbar (s SALGO [1987] 299 ff und ders FPR 2004, 419, 422, 426) und erhält durch den Grundsatz des § 1626 Abs 3 eine zunehmende Bedeutung. Die Verbleibensanordnung per se beinhaltet keinerlei Umgangsregelung. Es kann nicht unterstellt werden, daß ohnehin, weil die Verbleibensanordnung keinerlei Aussagen zum Umgangsrecht trifft, eine Umgangsregelung existiert und funktioniert. Soll kein Umgang, aus welchen Gründen auch immer, stattfinden, so sollte auch dies explizit vom den Verbleib anordnenden Familiengericht klargestellt werden, auch wenn es sich um einen anderen Verfahrensgegenstand und damit um ein gesondertes Verfahren handelt. Die **Verpflichtung zur Konkretisierung der Interventionsmaßnahme** (ZENZ [1979] 366 ff) – eine Verbleibensanordnung ist zweifelsohne eine gravierende Intervention – fordert einen für alle Beteiligten klaren Handlungsrahmen. Die „Nichtregelung" des Umgangs kann zu schwerwiegenden nicht intendierten Konsequenzen und zu eigenmächtigen Kompetenzanmaßungen führen. In der Praxis hat sich aber auch gezeigt, daß mit der klarstellenden Wirkung einer Verbleibensanordnung der zuvor im Streit stehende Umgang konfliktfreier verlaufen kann. Auch wenn die Verbleibensanordnung abgelehnt wird, weil die Rückführung des Kindes zum anderen Elternteil als das Wohl des Kindes nicht gefährdend eingestuft werden kann, wird es idR erforderlich sein, von Amts wegen zu prüfen, ob nicht zugunsten der bisherigen Bezugspersonen Umgangsrechte einzuräumen sind, um Milderungen für den Übergang oder auch auf Dauer zu sichern. Mit § 1685 Abs 2 erhält der vom § 1682 erfaßte Personenkreis eine, wenn auch gegenüber dem elterlichen Umgangsrecht abgeschwächte, Umgangsbefugnis.

f) Dauer und Perspektive der Verbleibensanordnung

32 „Wenn und solange" ein Herausgabeverlangen das Kindeswohl gefährdet, soll der Verbleib angeordnet bleiben. Zum Herausgabeverlangen zur „Unzeit" vgl Rn 15 ff. Den im Rahmen der **Kindesanhörung** (Rn 39) gem § 159 FamFG ermittelten **Bindungen, Neigungen** und dem **Willen des Kindes** kommt bei der Entscheidungsfindung gem § 1682 eine besondere Bedeutung zu (ZITELMANN 272; DETTENBORN/WALTER 78 f). Was die **Perspektive der Verbleibensanordnung** sein wird, läßt sich nicht abstrakt bestimmen. Während bei noch nicht fest bei ihren Bezugspersonen iSv § 1682 verwurzelten Kindern ein befristeter Verbleib mit Umgangsregelung und fließenden Übergängen angezeigt sein kann (FamRefK/ROGNER Rn 5; PALANDT/DIEDERICHSEN Rn 4), gibt es auch andere Fallkonstellationen, die für einen dauerhaften Verbleib bei den

Bezugspersonen sprechen. Gegenüber einer „Umstellung", „Umgewöhnung" oder gegenüber „gleitenden Übergängen" bei fest im Stiefkindverhältnis bzw bei den anderen von § 1682 erfaßten Bezugspersonen verwurzelten Kindern bestehen idR aus humanwissenschaftlicher Sicht schwerwiegende Bedenken (Nachweise bei KLUSSMANN DAVorm 1985, 170, 185 ff), soweit nicht der Elternteil, die Bezugspersonen und das betroffene Kind selbst solche Bestrebungen mittragen. Zu Recht **kritisch gegenüber** solchen nicht von allen Beteiligten akzeptierten **Umgewöhnungsversuchen** ZENZ, 54. DJT A 38; KLUSSMANN DAVorm 1985, 170, 214 f; SALGO NJW 1985, 413; SCHLÜTER/ LIEDMEIER FuR 1990, 122, 127; befürwortend hingegen BVerfGE 68, 176, 189; vgl das tragische Scheitern solcher Umgewöhnungsversuche im *Maria-Colwell-Fall,* dokumentiert bei GOLDSTEIN ua (1982) 132 ff.

Der nur allzu oft eintretende **Entfremdungsprozeß** kann nur bis zu einem gewissen Zeitpunkt aufgehalten werden, danach empfindet das Kind die Rückkehr zum anderen Elternteil nicht mehr als Heimkehr, sondern als erneute Auflösung einer inzwischen zu den Bezugspersonen bestehenden Eltern-Kind-Beziehung (für Pflegekinder vgl ZENZ, 54. DJT A 38 und A 41 f; WIESNER[3], SGB VIII § 37 Rn 15). Einstellungsveränderungen werden hier kaum von außen erzwingbar sein, weshalb der anfänglichen Trennungsphase und der Aufrechterhaltung der Beziehung des Kindes zum nicht mit ihm lebenden Elternteil eine besondere Bedeutung zukommt (§§ 1626 Abs 3, 1684). Nach Abschaffung der obligatorischen Jugendamtsbeteiligung bei Scheidung im Regelfall ist nirgends sichergestellt, daß die Eltern in jedem Fall hinsichtlich der Bedeutung des Umgangsrechts und den Folgen langfristiger Nichtausübung aufgeklärt werden (vgl nunmehr § 133 Abs 1 Nr 2 FamFG). Besondere Vorsicht und Zurückhaltung ist bei Herausgabeverlangen geboten, wenn das Kind noch nie länger in der Obhut des Elternteils, der die Herausgabe fordert, gelebt hat, und wenn das Kind aufgrund des Zeitablaufs, der Einbindung im Stiefkindverhältnis bzw bei den anderen von § 1682 S 2 erfaßten Bezugspersonen seine Bezugswelt gefunden hat, es sich somit aus der Sicht des Kindes nicht um eine „Rückkehr" zum Elternteil handelt. Ob der Aufbau oder die Erneuerung einer Beziehung zum bisher nicht mit dem Kind zusammenlebenden Elternteil gelingt, hängt von vielen Faktoren ab, „eine Normalisierung der Verhältnisse (lässt) sich nicht erzwingen" (OLG Frankfurt FamRZ 2009, 990, 991). 33

Hinsichtlich der Dauer der Verbleibensanordnung als zivilrechtliche Kindesschutzmaßnahme wird stets die Perspektive und die Dauer des bisherigen Lebensmittelpunktes des Kindes zu berücksichtigen sein. Das Modell des § 33 SGB VIII „befristete oder auf Dauer angelegte Lebensform" gibt im Kontext des § 1682 keine Orientierung, weil idR der ausgefallene Elternteil eine dauerhafte Familiengemeinschaft, in welche das Kind „eingebracht" wurde, geplant haben wird. Endet diese Lebensgemeinschaft wegen Ausfalls des Betreuungselternteils schon nach kurzer Zeit, so liegt die Eingangsvoraussetzung „längere Zeit" für eine Verbleibensanordnung gar nicht vor. Während bei vorläufigen zivilrechtlichen Kindesschutzmaßnahmen insbesondere wegen des kindlichen Zeitempfindens alles auf die **alsbaldige Beendigung der Maßnahme** und auf die **ungefährdete Rückkehr des Kindes** in das Elternhaus gerichtet sein muß (COESTER FamRZ 1991, 253, 259) – nicht zuletzt auch deshalb, damit nicht später doch eine Verbleibensanordnung erforderlich wird –, bildet bei Vorliegen der Voraussetzungen des § 1682 idR die **Sicherung dauerhafter Lebensumstände** für das Kind die entscheidende Orientierung (STAUDINGER/COESTER 34

[2006] § 1696 Rn 44). Der Aufenthalt des Kindes war hier nicht wie bei einer bewußt von vornherein befristeten Unterbringung in einem Pflegeverhältnis im Rahmen der „Hilfe zur Erziehung" gem §§ 27, 33 SGB VIII nur für eine bestimmte Zeit gedacht (Alternative 1 des § 33 S 1 SGB VIII). Bereits für das Pflegekindschaftsverhältnis herrschte hier lange Zeit Unsicherheit: Das SGB VIII versucht mit seiner Philosophie der „geplanten, zeit- und zielgerichteten Intervention" mehr Transparenz, Ehrlichkeit, Sicherheit und Prognostizierbarkeit in die Entscheidungsabläufe zu bringen (vgl SALGO [1991]). Diese Ansätze geben indes im Rahmen von § 1682 keine Orientierungen, weil hier von vornherein andere Perspektiven, nämlich die einer dauerhaften Lebensgemeinschaft, vom ausgefallenen Elternteil (bei Vorliegen der Tatbestandsvoraussetzung „längere Zeit") bereits umgesetzt und gelebt worden sind. Während für die einen nach gelungener Integration des Kindes in einem seit Jahren bestehenden Pflegeverhältnis die Herauslösung dieses Kindes aus der Pflegefamilie nur ausnahmsweise vertretbar ist (MünchKomm/HINZ[3] § 1632 Rn 26; ERMAN/MICHALSKI § 1632 Rn 26 unter Bezugnahme auf OLG Karlsruhe 1979, 930), so daß der Herausgabeanspruch kaum mehr begründet sein wird oder eine Herausnahme aus dem Pflegeverhältnis nur in Frage kommt, wenn triftige Gründe vorliegen (OLG Karlsruhe aaO; AG Frankfurt aM FamRZ 1982, 1120, 1122), dient die Verbleibensanordnung gem § 1632 Abs 4 für andere lediglich dazu, daß dem Kind Gelegenheit gegeben wird, sich an den Gedanken zu gewöhnen, zu seinen leiblichen Eltern zurückzukehren (hM vgl SCHWAB Rn 664; BAMBERGER/ROTH/VEIT § 1682 Rn 5; AnwK-WIEDENLÜBBERT § 1682 Rn 7). Die Kommentierungen zu § 1682 neigen dazu, die Verbleibensanordnung nur als eine befristete Maßnahme zu sehen (FamRefK/ROGNER Rn 5: kein dauerhafter Verbleib; PALANDT/ DIEDERICHSEN Rn 3) und auf die §§ 1666, 1666a bei längerfristigem Verbleib zu verweisen. Für eine solche generalisierende Sichtweise geben weder der Wortlaut von § 1682 noch die Gesetzesmaterialien Veranlassung (ebenso MünchKomm/FINGER Rn 13). Das Dilemma des zivilrechtlichen Kindesschutzes muß im Rahmen der Entscheidungsfindung gem §§ 1632 Abs 4, 1666 Abs 1, 1682, 1696 Abs 2 und 3 unter Berücksichtigung der verfassungsrechtlichen Stellung des Kindes sowie der Herkunfts- und Pflege- bzw Stieffamilie (wie anderer Bezugspersonen) *und* der humanwissenschaftlichen Grundannahmen aufgelöst werden, um dem **Bedürfnis des Kindes nach Sicherheit und Kontinuität seiner Lebensbedingungen** Rechnung zu tragen. Auf jeden Fall muß der Staat in Wahrnehmung seines Auftrags aus Art 6 Abs 2 S 2 GG bei diesen Konstellationen seine Aktivitäten auf die Erhaltung und Sicherung, uU erst Schaffung, positiver Lebensbedingungen für ein gesundes Aufwachsen des Kindes konzentrieren (BVerfGE 24, 119, 145) und erkennbare Risiken für die Kindesentwicklung aufgrund von Bindungs- und Beziehungsabbrüchen vermeiden (vgl Rn 8).

g) Gutachten

35 Da eine Orientierung an absoluten, zwingenden zeitlichen Richtwerten (Rn 16) zur Erfassung der Bedeutung der „längeren Zeit" nicht möglich ist und Gerichte mit Risikoabwägungen häufig überfordert sein werden, spielen von Amts wegen gem § 26 FamFG einzuholende Gutachten für die Entscheidungsfindung eine zentrale Rolle (FIRSCHING/RUHL Rn 172; vgl zB zur Bedeutung von Gutachten OLG Hamm JAmt 2004, 209, 210 f). Auch das BVerfG (BVerfGE 75, 201, 219 f) sah sich veranlaßt, Gutachten aus dem Bereich der Kinderpsychiatrie und -psychologie einzuholen, obschon in den vorausgegangenen fachgerichtlichen Verfahren mehrere Gutachten eingeholt worden waren. Daß durch die Herausnahme eines Kindes aus seiner Bezugswelt dieses einen Schaden erleide oder sich ein „gesundes" Kind schnell umgewöhnen kann (vgl

zu dieser Fehlannahme Rn 12), weder das eine noch das andere ist mit allgemeinen Erfahrungen begründbar, sondern nur mit außerjuristischem Fachwissen, Erkenntnismethoden und Erfahrungen (vgl insbes STAUDINGER/COESTER § 1666 Rn 285 ff). Vom Gericht einzuholende Sachverständigengutachten werden inzwischen „weithin für unverzichtbar" gehalten (STAUDINGER/COESTER aaO mwN; ebenso PALANDT/DIEDERICHSEN § 1632 Rn 20: Entscheidung darf nur auf Grund eines aktuellen kinderpsychologischen Gutachtens erfolgen). Ein Privatgutachten, welches von einem der Beteiligten vorgelegt wird, ist nicht schon deswegen unverwertbar (zutreffend OLG Frankfurt FamRZ 1983, 1164, 1165; ablehnend hingegen BayObLG FamRZ 1977, 473). Fachpsychologische Gutachten sind idR (BayObLG EzFamR BGB § 1632 Nr 4, 5; OLG Frankfurt FamRZ 1983, 297, 298) deshalb einzuholen, weil eine Berufung auf allgemeine psychologische Erkenntnisse meistens nicht ausreichen dürfte (OLG Frankfurt FamRZ 1983, 297, 298; SIEDHOFF NJW 1994, 616, 618). Ist über eine Verbleibensanordnung auf Antrag der hierzu gem § 1682 berechtigten Personen zu entscheiden und hält das Gericht die Einholung eines Sachverständigengutachtens für erforderlich, so haften nicht die Bezugspersonen für die Entschädigung des Gutachters, weil das Gericht das Gutachten im Rahmen seiner objektivrechtlichen Schutzpflicht, also ausschließlich im öffentlichen Interesse, eingeholt hat (OLG Hamm FamRZ 1995, 1365); Kostenschuldner sind weder das Kind noch die Pflegeeltern (OLG Schleswig-Holstein SchlHA 2002, 195; OLG Celle JAmt 2003, 609) und damit auch nicht die von § 1682 erfassten Personen.

5. Besonderheiten des gerichtlichen Verfahrens

Zu sämtlichen Verfahrensfragen vgl STAUDINGER/COESTER § 1666 Rn 257 ff (das Verfahren nach § 1632 Abs 4 entspricht weitgehend demjenigen des § 1666; vgl auch STAUDINGER/SALGO [2007] § 1632 Rn 103 ff zum Verfahren nach FGG) sowie FINGER ZfJ 1986, 46 und HEILMANN.

a) Allgemeines

Sachlich zuständig für eine Entscheidung nach § 1682 ist das FamG (§ 151 Nr 1 FamFG). Die funktionelle Zuständigkeit des Richters ergibt sich aus § 14 Abs 1 Nr 8 RPflG. Die Verfahrensdauer ist in den meisten Verfahren zu lang (vgl insbes HEILMANN 181 ff); diesen Zustand will § 155 FamFG verändern. Bei Herausgabestreitigkeiten wird stets das kindliche Zeiterleben besonders unter Einbeziehung der Verfahrensdauer berücksichtigt werden müssen. Das Beschleunigungsgebot gilt hier nicht nur für einstweilige Anordnungen (zur Verfahrensdauer und -beschleunigung auch BVerfG FamRZ 2001, 753, 754; OLG Karlsruhe JAmt 2004, 51 f). Die mangelnde zeitliche Strukturierung des früheren FG-Verfahrens begegnet schwerwiegenden rechtsstaatlichen Bedenken (vgl BVerfGE 55, 349, 369 und FamRZ 1997, 871; zum Ganzen grundlegend HEILMANN aaO mit einer Vielzahl von Beschleunigungsvorschlägen de lege lata und de lege ferenda; SALGO [1987] 233 ff, 243 ff) und kann zu Verletzungen von verfassungsrechtlich geschützten Positionen sowohl des Kindes als auch der Eltern führen (bereits BVerfG FamRZ 1997, 871). Ob das Vorrangs- und Beschleunigungsgebot gem § 155 FamFG die erhofften Wirkungen erzielen wird, muß sich noch zeigen (vgl MünchKomm-ZPO/HEILMANN § 155 FamFG).

b) Anhörungen
aa) Jugendamt
Die Verpflichtung zur Anhörung des JA ergibt sich aus § 162 FamFG; falls das Kind

sich nicht am Wohnsitz des die Herausgabe begehrenden Elternteils aufhält, ist auch das JA am Wohnsitz des die Herausgabe begehrenden Elternteils gem § 26 FamFG zu hören (BayObLG FamRZ 1987, 619, 621; STAUDINGER/COESTER § 1666 Rn 280).

bb) Eltern

38 Die Eltern (bzw der Elternteil) sind gem § 160 Abs 1 S 1 FamFG stets persönlich zu hören, ein Absehen von der Anhörung ist nur unter den engen Voraussetzungen des § 160 Abs 3 FamFG möglich; bei Heirat des die Herausgabe begehrenden Elternteils muß auch der Ehegatte des sorgeberechtigten Elternteils gem § 26 FamFG angehört werden (BayObLG FamRZ 1987, 619, 620). Im Verfahren nach § 1682 erstrecken sich die Ermittlungspflichten aus § 26 FamFG im übrigen je nach Umständen des Einzelfalls weit über den üblichen Kreis der anhörungspflichtigen Personen bzw Institutionen hinaus.

cc) Kindesanhörung

39 Das vom Herausgabebegehren betroffene Kind muß grundsätzlich, auch vor Vollendung des vierzehnten Lebensjahres (ausf FamGb/FEHMEL § 50b FGG Rn 19 f), persönlich gem 159 Abs 1 und Abs 2 FamFG angehört werden (vgl STAUDINGER/COESTER § 1666 Rn 275 f), weil die **Neigungen, Bindungen und der Wille des Kindes** im Herausgabestreit immer für die Entscheidung von erheblicher Bedeutung sind, zumindest muß sich das Gericht von dem (Klein-)Kind einen unmittelbaren Eindruck verschafft haben (grds zur Kindesanhörung vgl LEMPP ua; zur strengen Auslegung KEIDEL/ENGELHARDT § 50b FGG Rn 9 f).

dd) Betreuungsperson

40 Das SorgeRG hatte eine **Anhörungspflicht hinsichtlich der Pflegeperson** mit § 50c FGG neu eingeführt, weil von der Pflegeperson typischerweise besondere Kenntnis der Situation des Kindes erwartet werden kann und die Verwertung solcher Sachkenntnisse im besonderen Interesse des Kindes liegt und einer besseren Entscheidungsfindung dient (BT-Drucks 8/2788, 74). Diese Anhörungspflicht ergibt sich im übrigen aus der verfassungsrechtlichen Stellung von Stief- und Pflegeeltern (hierzu Rn 8). Das KindRG erweiterte in § 50c S 2 FGG den Kreis der anhörungspflichtigen Personen um die in § 1682 genannten Personen, „wenn das Kind auf *Grund einer Entscheidung nach § 1682* des Bürgerlichen Gesetzbuchs bei dem dort genannten Ehegatten oder Umgangsberechtigten (bereits) *lebt"*. **§ 161 Abs 1 S 2 FamFG** übernimmt diese Regelung. Dies hat für alle die Person des Kindes betreffenden Angelegenheiten in der Zukunft, also *nach* einer Verbleibensanordnung, Bedeutung. Im Verfahren *vor* dem Erlaß einer Verbleibensanordnung gem § 1682, in welchem es darum geht, ob eine Verbleibensanordnung überhaupt ergehen soll, kommt der Anhörung der bisherigen Bezugs- und Betreuungsperson, also des Stiefelternteils bzw der anderen umgangsberechtigten Personen, aber eine ebenso große Bedeutung zu, denn aufgrund ihrer Betreuung kennen sie idR die Situation des Kindes besonders gut, so daß die Verwertung dieser Kenntnisse einer besseren Entscheidungsfindung im Verfahren gem § 1682 dient (KEIDEL/ENGELHARDT § 50c FGG Rn 2). Deshalb ist § 161 Abs 1 S 2 FamFG erweiternd dahingehend auszulegen, daß der in § 1682 genannte Personenkreis auch anzuhören ist, wenn noch keine Verbleibensanordnung ergangen ist, aber auf Antrag oder von Amts wegen eine entsprechende Anordnung ergehen könnte. Weshalb die Erweiterung in § 161 Abs 1 S 2 FamFG – wie schon bereits § 50c S 2 FGG – für die obligatorische Anhörung auf eine bereits erfolgte Verbleibensanordnung abstellt, ist nicht nachvollziehbar, zumal richtigerweise § 161 Abs 1 S 1 FamFG für die Anhörung der Pflegeperson einzig darauf beruht, daß *das Kind seit längerer Zeit in Familienpflege lebt,* weil es nicht darauf ankommen kann, wie es § 161 Abs 1 S 2 FamFG (§ 50c S 2 FGG) fordert, ob eine Verbleibensanordnung gem § 1682 ergangen ist. Stiefeltern und dem von § 1682 erfassten Personenkreis im materiellen Recht ein Antragsrecht gem § 1682 in einem vom Amtsermittlungsgrundsatz beherrschten Verfahren gesetzlich einzuräumen, demselben Personenkreis jedoch ein Anhörungsrecht in diesem Verfahren zu versagen, wäre ein Wertungswiderspruch zwischen materiellem und formellem Recht. Als Antragsberechtigte und damit Beteiligte iSv § 7 FamFG sind die gem § 1682 Antragsberechtigten stets zu hören. Bereits aus verfassungsrechtlichen Erwägungen ist der genannte Personenkreis, wenn das Kind seit längerer Zeit dort gelebt hat, im Verfahren gem § 1682 anzuhören.

c) Verfahrensbeistand

Im Rahmen von Herausgabestreitigkeiten um das Kind gem § 1682 stellt sich stets die Frage nach einer hier naheliegenden **Interessenkollision** zwischen dem die Herausgabe fordernden Elternteil und dem betroffenen Minderjährigen. Nach und nach setzte sich bereits vor Inkrafttreten des KindRG die Auffassung durch, daß trotz Amtsermittlungsgrundsatz (§ 12 FGG/§ 26 FamFG), Kindesanhörung (§ 50b FGG/§ 159 FamFG) und Jugendamtsbericht (§ 49a Abs 1 Nr 6 FGG/§ 162 FamFG) ein Defizit hinsichtlich der Vertretung der Interessen des Minderjährigen im gerichtlichen Verfahren besteht (BVerfGE 75, 201, 213 ff; BVerfGE 79, 51, 58). Das BVerfG sorgte zunächst – jedenfalls im Verfassungsbeschwerdeverfahren – auch bei Herausgabestreitigkeiten um Pflegekinder bei Interessenkollisionen zunehmend mittels eines Verfahrenspflegers für eine eigenständige Interessenvertretung. Da sich ein solches Defizit bereits auf der fachgerichtlichen Ebene zeigte, mußte vor Inkrafttreten des KindRG stets vom VormG geprüft werden, ob nicht eine **eigenständige Interessenvertretung** mittels eines Verfahrenspflegers anzuordnen war (vgl zur verfassungs- und fachgerichtlichen Rspr SALGO, Der Anwalt des Kindes 405, 427; ders FPR 1999, 313; ders Kind-Prax 2002, 187; SALGO/ZENZ/FEGERT/BAUER/WEBER/ZITELMANN). Das KindRG installierte in § 50 Abs 2 Nr 3 FGG auch im Herausgabestreit gem § 1682 (wie für das Verfahren gem § 1632 Abs 4) den **Verfahrenspfleger**, weil in dieser Konstellation fast immer erhebliche Interessenkonflikte des Kindes zu den Verfahrensbeteiligten bestehen, die es rechtfertigen, in der Regel eine Verfahrenspflegerbestellung vorzusehen (BT-Drucks 13/4899, 131; BAMBERGER/ROTH/VEIT Rn 8). Sieht das Gericht von der im Regelfall **obligatorischen Pflegerbestellung** ab, so hat es die Gründe hierfür offenzulegen (§ 50 Abs 2 S 2 FGG; OLG Köln FamRZ 1999, 314, 315). Vgl auch STAUDINGER/COESTER § 1666 Rn 269 ff. Das FGG-RG regelt mit § 158 FamFG die eigenständige Interessenvertretung Minderjähriger völlig neu (**Verfahrensbeistand**), versucht den zahlreichen Unzulänglichkeiten der früheren Regelung in § 50 FGG zu begegnen (SALGO FPR 2007, 7 ff) droht aber mit einer problematischen Pauschalierung der Vergütung in § 158 Abs 7 FamFG die von Minderjährigen, Familienrichtern und Fachkräften der Kinder- und Jugendhilfe als sehr erfolgreich eingeschätzte Tätigkeit der (früheren) Verfahrenspfleger wesentlich einzuschränken (vgl SALGO ZKJ 2009, 49 ff; ders [2009] 153, 169 ff). Die Rechtsgrundlage für die **verpflichtende Bestellung eines Verfahrensbeistandes in Verfahren gem § 1682** ergibt sich nunmehr aus **§ 158 Abs 2 Nr 3 FamFG**.

d) Aussetzung der Vollziehung

42 Wegen der grundrechtlichen Dimension ist bei Ablehnung einer Verbleibensanordnung und der Anordnung der Herausgabe des Kindes im Falle der Beschwerde besondere Sorgfalt hinsichtlich die Einstellung der Vollstreckung gem § 93 Abs 1 Nr 3 FamFG angebracht (vgl zB BVerfGE 79, 51, 58). Dem die Herausgabe begehrenden Elternteil ist uU ein Zuwarten bis zum rechtskräftigen Abschluß des Verfahrens eher als dem Kind ein Hin und Her zumutbar, zumal die Vollziehung gegen den Willen des Kindes, gar unter Gewaltanwendung, kindeswohlwidrig und unverhältnismäßig sein kann (vgl STAUDINGER/COESTER § 1666 Rn 291 f, 306).

e) Einstweilige Anordnungen

43 Die bislang auf Richterrecht beruhende vorläufige Anordnung ist nunmehr gesetzlich geregelt, die einstweilige Anordnung gem § 49 FamFG ist ein selbständiges, dh von der Hauptsache getrenntes, vereinfachtes und beschleunigtes Verfahren. Einstweilige Anordnungen gem § 49 FamFG können gerade im Herausgabestreit besondere Bedeutung erlangen, wenn zum Schutz des Kindes ein dringendes Bedürfnis für ein unverzügliches Einschreiten besteht, das ein Abwarten bis zur Beendigung der notwendigen Ermittlungen und damit bis zur endgültigen Entscheidung nicht gestattet, weil diese Entscheidung zu spät kommen könnte und die Interessen des Kindes nicht mehr genügend wahren würde. Vgl auch STAUDINGER/COESTER § 1666 Rn 305 ff. Im Verfahren der einstweiligen Anordnung ergangene Entscheidungen sind gem § 57 Nr 3 FamFG anfechtbar, weil die Verbleibensanordnung oder deren Ablehnung gravierend in die Lebensverhältnisse der Betroffenen eingreift (BT-Drucks 16/6308, 2003).

f) Rechtsmittel

44 Zur befristeten Beschwerde (zum OLG) und weiteren Beschwerde (nach Zulassung durch OLG zum BGH) gem §§ 58, 63, 70, 71 FamFG vgl STAUDINGER/COESTER § 1666 Rn 300 ff. Das Antragsrecht der in § 1682 genannten Bezugspersonen (vgl Rn 21) auf eine Verbleibensanordnung verschafft diesen Personen die Stellung von Verfahrensbeteiligten und damit auch das Recht, Rechtsmittel einzulegen (§ 59 Abs 1 und Abs 2 FamFG). Ein Beschwerderecht des über 14 Jahre alten Kindes ergibt sich aus § 60 FamFG. Der nach § 158 Abs 2 Nr 3 FamFG zu bestellende Verfahrensbeistand kann zugunsten des Kindes Rechtsmittel einlegen (§ 158 Abs 4 Satz 5 FamFG) und das Rechtsmittelverfahren auch durchführen.

g) Auslandsbezug

45 Vgl hierzu umfassend STAUDINGER/COESTER § 1666 Rn 313 ff. Zu ergänzen bleibt hinsichtlich der internationalen Zuständigkeit, daß eine Verbleibensanordnung bei den Betreuungspersonen gem § 1682 stets eine Schutzmaßnahme iS der Art 1, 8 MSA ist (zu Pflegekindschaftsverhältnissen: OLG Hamm FamRZ 1983, 1271; OLG Hamm DAVorm 1981, 921; BayObLG DAVorm 1983, 78; OLG Hamburg FamRZ 1989, 420). Nach hM gehören Verbleibensanordnungen bei Pflegekindern (STAUDINGER/KROPHOLLER [1994] Vorbem 78 zu Art 19 EGBGB aF und ders Art 24 Rn 24) sowie Regelungen bei Ruhen und Entziehung der elterlichen Sorge (aaO Rn 59 ua zu § 1681 Abs 1 S 2 aF) zu den Schutzmaßnahmen iS der Art 1, 8 MSA; daraus folgt, daß auch die Verbleibensanordnung bei gem § 1682 antragsberechtigten Personen eine Schutzmaßnahme iSd MSA ist.

§ 1683
Vermögensverzeichnis bei Wiederheirat

(weggefallen)

Die Vorschrift ist durch das „Gesetz zur Erleichterung familiengerichtlicher Maß- **1**
nahmen bei Gefährdung des Kindeswohls" vom 4.7.2008 (Art 1 Nr 4; BGBl I 1188)
als veraltet und ineffektiv ersatzlos aufgehoben worden.

Sachregister

Die fetten Zahlen beziehen sich auf die Paragraphen, die mageren Zahlen auf die Randnummern.

Abbaurechte
  Geschäfte, genehmigungsbedürftige **1643** 13
Abfindungen
  Erwerbsfähigkeit, Minderung **1640** 9
  Inventarisierungspflicht **1640** 9
Abstammungsklärung
  Blutentnahme **1666** 103
  Pflegerbestellung **1666** 103
Abtreibung
  s Schwangerschaftsabbruch
Adoleszenzkonflikte
  ärztliche Behandlung **1666** 153 ff
  Ausbildung **1666** 153
  Außenkontakte, altersgemäße **1666** 152
  Beruf **1666** 153
  Einvernehmen Eltern/Kinder **1666** 152
  Intimsphäre **1666** 157
  Kontaktverbote gegenüber Heranwachsenden **1666** 144, 156
  Migrationshintergrund **1666** 165, 168
  Persönlichkeitsentfaltung **1666** 152
  Privatsphäre **1666** 157
  Selbstbestimmungsfähigkeit **1666** 151 f
  Selbstverantwortungsfähigkeit **1666** 151 f
  Sozialkompetenz **1666** 152
  Umgang, persönlicher **1666** 156
Adoption
  Einwilligung des anderen Elternteils **1674** 15
  Einwilligung der Mutter **1672** 8
  Einwilligungsersetzung **1666** 56; **1674** 15
  Vater, nichtehelicher **1666** 56
  Inkognito-Adoptionspflege **1674** 15
  Trennung Eltern/Kinder **1666** 228
  Zustimmungsersetzung **1666** 228
Adoptiveltern
  Kindeswohlgefährdung **1666** 20
  sozio-ökonomische Verhältnisse **1666** 84
Adoptivfamilie
  Trennung Eltern/Kinder **1666a** 8
Ärzte
  Anregungsrecht **1666** 261
Ärztliche Behandlung
  Begutachtung, gerichtspsychologische **1666** 102
  Behandlungsverweigerung **1666** 155
  Einwilligung der Eltern **1666** 153
  Einwilligungsfähigkeit **1666** 153
  Haftung der Eltern **1664** 28, 52
  Ausgleichspflicht **1664** 52
  Impfungen **1666** 102

Ärztliche Behandlung (Forts)
  Kindeswohlgefährdung **1666** 154 f
  Notwendigkeit, medizinische **1666** 102
  psychische Störungen **1666** 102
  Schönheitsoperationen **1666** 102
  Verweigerung durch Eltern **1666** 102
  Vetorecht **1666** 153
Aids
  Ansteckung des Kindes **1671** 183
  Infektionsgefahr **1666** 116
  Sorgerechtsübertragung **1671** 183
  Stillverbot **1666** 116
  Verbleib des Kindes bei infizierten Eltern **1666** 116
Aids-Test
  Ablehnung durch Eltern **1666** 105
Aktien
  Anlegung von Geld **1642** 10
Alkoholkonsum
  Eltern **1666** 118 f
  Entzugstherapie **1666** 229
  Erziehungseignung **1671** 183
Alleinerziehende
  öffentliche Hilfen **1666a** 10
Alleinsorge
  s Elterliche Sorge
Allgemeine Erklärung der Menschenrechte
  Chancengleichheit, elterliche **1671** 167
Allgemeine Ermächtigung
  s Ermächtigung, allgemeine
Alltagsbefugnisse
  Verbleibensanordnung **1682** 30
Amtsähnliche Handlungen
  minderjähriger Elternteil **1673** 22
Amtsermittlungsgrundsatz
  Genehmigung des Familiengerichts **1643** 55
  Sorgerechtsverfahren **1671** 44, 268
  Vermögensgefährdung **1667** 21
Anarchismus
  Kindeswohlgefährdung **1666** 128
Anlegung von Geld
  Änderung der Verhältnisse **1642** 10, 12
  Aktien **1642** 10
  Anlagearten **1642** 10
  Anlagebestimmung, familiengerichtliche **1667** 10
  Anlegung in bestimmter Weise **1642** 15
  Anordnungen **1642** 12 f
  Anschaffungen **1642** 6
  Ansprüche, Erfüllung **1642** 6
  im Ausland **1642** 10

Anlegung von Geld (Forts)
  Beteiligungen **1642** 10
  Betriebsmittel **1642** 6
  Dispositionsfreiheit **1642** 7 f
  Elternunterhalt **1642** 6
  Erhaltung des Kindesvermögens **1642** 8
  Ermessen, pflichtgemäßes **1642** 14
  Familiengericht **1642** 15 f
  Geldentwertung **1642** 2, 10
  Geschwisterunterhalt **1642** 6
  Haftung der Eltern **1642** 14
    Haftungsmaßstab **1642** 7
  Heilbehandlungskosten **1642** 6
  Hypothekendarlehen **1642** 10
  Immobilien **1642** 10
  Immobilienfonds **1642** 10
  Konto, laufendes **1642** 6
  Liquidität **1642** 6
    Anlageziel **1642** 7
  Maßnahmen, familiengerichtliche **1642** 15
  Mindestrendite **1642** 9
  Mündelsicherheit **1642** 9
  Pflichtverletzungen **1642** 11
  Rendite **1642** 10
  Sicherheit **1642** 8 ff
  Sparguthaben **1642** 7, 9
  Steuern **1642** 10
  Streuung der Anlageformen **1642** 8
  Unterhalt des Kindes **1642** 6
  Vermögensverwaltung, wirtschaftliche **1642** 7, 14; **1667** 10
    gewinnbringende Anlage **1642** 7
  Verwaltungsaufwand **1642** 10
  Verwendungsbefugnis der Eltern **1649** 37
  Wertpapiere, festverzinsliche **1642** 10
Annahme
  s Erbschaft
Annahme der Erbschaft
  s Erbschaft
Anonyme Geburt
  Verhinderung, tatsächliche **1674** 11
Anordnungsverfahren
  s Einstweilige Anordnung
Anregungsrecht
  Ärzte **1666** 261
  Eltern **1666** 261
  Elternteil **1666** 261
  Kinder **1666** 262
  Kindergarten **1666** 261
  Kindesschutzverfahren **1666** 261
  Minderjährige **1666** 261
  Nachbarn **1666** 261
  Schule **1666** 261
  Verwandte **1666** 261
Anstalten, geschlossene
  Unterbringung der Eltern **1666** 139
  Unterbringung des Kindes **1666** 139

Anstandsschenkung
  auf den Anstand zu nehmende Rücksicht **1641** 13
  Einigung über die Unentgeltlichkeit **1641** 8
  Gelegenheitsgeschenke **1641** 13
  Genehmigung, familiengerichtliche **1641** 14
  aus Kindesvermögen **1641** 11 f, 13
  wirtschaftliche Verhältnisse des Kindes **1641** 13
Antigewalttraining
  Maßnahmen, gerichtliche **1666** 219
Antriebsarmut
  Eltern **1666** 118
Anwaltszwang
  FamFG-Verfahren **1666** 304
  Sorgerechtsübertragung **1671** 46
Anzeigepflicht
  Erwerb von Todes wegen **1638** 18
Arbeitsverhältnis des Kindes
  Ermächtigung der Eltern **1643** 31
Arrest
  Elternvermögen **1666** 248
  Vermögen Dritter **1666** 248
Aufenthaltsbestimmungsrecht
  Abspaltung **1671** 259
  Betreuungselternteil **1671** 144
  Betreuungszuständigkeit **1671** 253, 259
  einstweilige Anordnung **1671** 295
  Entziehung **1666** 44, 146, 214, 226
  Verfahrensbeistand **1666** 270
  Erziehungsrechte **1666** 226 f
  Familienpflege **1666** 50
  Gebrauch, eigenmächtiger **1666** 149
  gemeinsame Sorge **1671** 211
  Personensorge, tatsächliche **1673** 24
  Religionswahl **1666** 127
  Sorgerechtsübertragung **1671** 57
  Trennung Eltern/Kinder **1666** 226 f
  Übertragung **1671** 43
    auf Pfleger **1666** 146
  Umzugsbeschränkungen **1671** 211
  Verbleibensanordnung **1666** 52; **1682** 25, 34
  Wechselmodell **1671** 261
  Zuweisung an einen Elternteil **1671** 53, 259
Aufgebotsverfahren
  Grundstücke **1638** 34
Auflage
  s Erbschaft unter Auflage
Auflassung
  Genehmigungspflicht **1643** 15
Aufnahme von Geld auf den Kredit des Kindes
  Genehmigung des Familiengerichts **1643** 30 f, 59; **1648** 11
Aufsichtsperson
  Sorgfaltsmaßstab **1664** 9
Aufsichtspflicht
  Eltern **1664** 22
  Elternteil **1664** 22

Aufsichtspflichtverletzung
  Erfüllungsgehilfen der Eltern **1664** 27
  Haftung gegenüber dem Kind **1664** 33
  neben Dritten **1664** 50 ff
  Haftungsmaßstab **1664** 14
  Mitverschulden des Kindes **1664** 50 f
Aufwendungen
  Begriff **1648** 2
  Dienste, berufsmäßige **1648** 12
  Dienste, gewerbsmäßige **1648** 12
  Entnahme aus Kindesvermögen **1648** 15
  Erforderlichkeit **1648** 6 f
  Ersatzanspruch der Eltern
    Vorbem **1638–1665** 4; **1648** 1 ff, 9 ff
    Befreiung von Verbindlichkeiten **1648** 10
    elterliche Sorge **1648** 13
    Elternteil, nicht sorgeberechtigter **1648** 16
    Elternteil, nichtvertretungsberechtigter **1648** 15
    Erlassvertrag **1648** 8
    Ersatzverlangen **1648** 8
    Insichgeschäft sui generis **1648** 8
    Pfändung und Überweisung **1648** 13
    Sicherheitsleistung **1648** 10
    Unterhaltsleistungen **1648** 8
    Verjährungshemmung **1648** 14
    Verzinsung **1648** 9
    Zurückbehaltungsrecht **1648** 13
  Ersatzanspruch des Vormunds **1648** 11 f
  Personensorge **1648** 2, 4, 16
  Pflegerbestellung **1648** 15
  Pflichtverletzung **1664** 14
  tatsächliche Sorge **1648** 16
  Unterhaltspflicht, Erfüllung **1648** 3 f
  Vermögenssorge **1648** 2, 5, 16
  Vorschuss **1648** 11
  Zeitaufwand **1648** 12
Ausbeutung
  Arbeitsleistung des Kindes **1666** 101
Ausbildung
  Adoleszenzkonflikte **1666** 153
Auseinandersetzungsguthaben
  Vermögensverzeichnis **1640** 21
Ausgehverbote
  Heranwachsende **1666** 156
Auslandsreisen
  Entscheidungsübertragung **1671** 57
Ausreiseverbot
  Maßnahmen, gerichtliche **1666** 219
Ausschlagung
  durch Elternteil **1643** 35 f
  Vertretungsberechtigung des Elternteils **1643** 35 f
  Elternteil neben dem Kind berufen **1643** 40
  Erbschaft
    s a dort

Ausschlagung (Forts)
  Anfall an das Kind **1643** 35 ff
  vorteilhafte Erbschaft **1643** 37
  Genehmigung des Familiengerichts **1638** 16; **1641** 6; **1643** 33 ff
  Insichgeschäft **1643** 39
  Kindeswohl **1638** 16
  Nacherbschaft **1643** 41
  persönliches Recht des Erben **1638** 16
  Testamentserbe **1643** 39
  Vermächtnis **1641** 6
    s a dort
  Vermögenserwerb, unterlassener **1641** 6
  Vertretungsberechtigung der Eltern/des Elternteils **1643** 42
  zugunsten anderer Kinder **1643** 38
Ausschließung der Verwaltungsbefugnis
  Aufhebung, gerichtliche **1638** 31
  Auslegung **1638** 30
  Bedingung **1638** 27
  Bereicherungsansprüche **1638** 34
  Beschränkung, gerichtliche **1638** 31
  dauernde Ausschließung **1638** 33
  Elternteil **1638** 29 f; **1649** 28
  Enteignungsentschädigung **1638** 34
  Forderungserfüllung **1638** 34
  Früchte **1638** 34
  Genehmigung des Familiengerichts **1638** 28
  Gewinn **1638** 34
  Grundstückserwerb im Aufgebotsverfahren **1638** 34
  Inventarisierungspflicht **1640** 5
  Kapitalerträge **1638** 34
  letztwillige Verfügung **1638** 7 ff
  Lotterielos **1638** 34
  Nutzungen **1638** 34
  Pflegerbenennung **1638** 32
  Recht, zum Vermögen gehörendes **1638** 34
  Rechtsgeschäft **1638** 34, 36
  Surrogationsgrundsatz **1638** 33 ff; **1646** 3
    Beschädigung eines Gegenstandes **1638** 35
    Entziehung eines Gegenstandes **1638** 35
    Zerstörung eines Gegenstandes **1638** 35
  Vermietung **1638** 34
  Verpachtung **1638** 34
  Versicherungssummen **1638** 35
  Verwendungsbefugnis **1649** 28
  Wiederverheiratung eines Elternteils **1638** 27
  Zeitbestimmung **1638** 27
  Zuwachs **1638** 34
  Zwangsversteigerungsübererlös **1638** 34
Ausstattung
  Inventarisierungspflicht **1640** 10
  Zuwendungen unter Lebenden **1638** 15
Ausübungsverhinderung
  s Elterliche Sorge

Auswanderung
   Bindungstoleranz **1671** 207
   Kontaktvereitelung **1666** 149; **1671** 211

Babyklappe
   Verhinderung, tatsächliche **1674** 11

Bargeld
   s Barvermögen

Barvermögen
   Anlegungspflicht **Vorbem 1638–1665** 2; **1642** 5 ff
     s a Anlegung von Geld
   Ausgaben, Bestreitung von **1642** 6
   Vermögensschutz **1666** 188

Begutachtung, gerichtspsychologische
   s Sachverständigengutachten

Behandlungsvertrag
   Minderjährige **1666** 153
   soziale Leistung **1666** 153

Behandlungsverweigerung
   Einwilligungsersetzung **1666** 214
   Kindeswohlgefährdung **1666** 102 ff

Behindertenschutz
   Elternschutz **1666** 140 f
   Kindesschutz **1666** 140 f

Behinderung
   Kinder **1666** 140

Behinderung, geistige
   Erziehungsdefizite **1666** 140
   Kindeswohlgefährdung **1666** 140

Beistand
   Unterstützung bei Ausübung der elterlichen Sorge **Vorbem 1638–1665** 8

Beistandschaft
   Antrag **Vorbem 1638–1665** 9
   bürgerlichrechtliche Beistandschaft **Vorbem 1673–1698b** 10
   elterliche Sorge **Vorbem 1638–1665** 9
   Jugendhilfe **Vorbem 1673–1698b** 10
   Unterhaltsansprüche, Geltendmachung **Vorbem 1638–1665** 9
   Vaterschaftsfeststellung **Vorbem 1638–1665** 9
   Vermögenssorge **Vorbem 1638–1665** 9

Bekanntmachung
   Beschlüsse, familiengerichtliche **1666** 289

Beratung
   Kindeswohlgefährdung **1666** 154

Bereicherungsansprüche
   Ausschließung der Verwaltungsbefugnis **1638** 34

Bergwerkseigentum
   Geschäfte, genehmigungsbedürftige **1643** 13

Beruf
   Adoleszenzkonflikte **1666** 153

Berufsbestimmung
   Kindeswohlgefährdung **1666** 151

Beschleunigungsgebot
   Alleinsorgeübertragung **1678** 38
   Anhörungen **1671** 267
   Begutachtung **1666** 282
   einstweilige Anordnung **1666** 310
   früher erster Termin **1666** 263
   Jugendamt **1666** 259
   Kindesentführung **1671** 267
   Kindesschutzverfahren **1666** 259
   rechtliches Gehör **1671** 267
   Sorgerechtsverfahren **1671** 267, 274
   Verbleibensanordnung **1682** 36
   Vorenthaltung des Kindes **1671** 267

Beschneidung
   Jungen **1666** 163
   Mädchen **1666** 82, 96, 126, 163; **1671** 201
   Reiseverbot **1666** 82
   religiöses Gebot **1666** 126

Beschwerde
   Abhilfebefugnis **1666** 302
   Anhörungspflichten **1666** 302
     beauftragter Richter **1666** 302
     Einzelrichter **1666** 302
     erneute Anhörung **1666** 303
     Senat **1666** 302
   befristete Beschwerde **1666** 300
   Beschwerdeberechtigung **1666** 301
     Eltern **1666** 301
     Jugendamt **1666** 301
     Kind, über 14-jähriges **1666** 301
     Pflegeeltern **1666** 301
     Stiefelternteile **1666** 301
     Verfahrensbeistand **1666** 301
     Verschwägerte **1666** 301
     Verwandte **1666** 301
   Beschwerdegericht **1666** 302
   Plausibilitätskontrolle **1666** 302
   Rechtsbeschwerde zum BGH **1666** 304
   reformatio in peius **1666** 302
   Sorgerechtsentscheidung **1666** 300
   Verbundverfahren **1666** 300
   Verfahrensgegenstand **1666** 302

Beschwerderecht
   Kinder **1666** 262

Beteiligungen
   Anlegung von Geld **1642** 10

Betreuung, rechtliche
   Aufgabenkreis des Betreuers **1673** 8
   Betreutenschutz **1673** 9
   Einwilligungsvorbehalt **1673** 8 ff
     Abwehr von Gefahren für den Betreuten **1673** 9
   elterliche Sorge **1673** 8
     Trennung der Eltern des volljährigen Kindes **1671** 24
   Erforderlichkeit **1673** 8
   Geschäftsfähigkeit **1673** 8
   Kindesschutz **1673** 9
   Mitteilung an das Familiengericht **1673** 8

Betreuung, rechtliche (Forts)
  Sorgeausübung, Unterstützung bei **1673** 8
  Totalbetreuung **1673** 8, 10
Betreuung des Kindes
  Ausübungsüberlassung **1666** 175
  Bindungsaspekt **1671** 206
  Drittbetreuung **1671** 165, 204, 206; **1678** 28
    Lerneffekte, kognitive **1671** 206
    Lerneffekte, soziale **1671** 206
  Elternbetreuung **1671** 206; **1678** 28
  Erziehungseignung **1671** 206
  Geborgenheitsgefühl **1671** 206
  Kindergarten **1671** 206
  Kinderkrippe **1671** 206
  Qualität der Zuwendung **1671** 206
  Tagesmutter **1671** 206
  Vorschule **1671** 206
  Zeitaufwand **1671** 206
  Zugehörigkeitsgefühl **1671** 206
Betreuungsdefizite
  Gesundheitsgefährdung **1666** 118
  Trennung Eltern/Kinder **1666** 214
Betreuungselternteil
  Aufenthaltsbestimmungsrecht **1671** 144
  Bindungsintoleranz **1671** 170
  Erziehungsmängel **1671** 135
  Kompetenzbereich **1671** 253
  Umgangsblockade **1666** 145 ff; **1671** 208
Beweisanordnungen
  Unanfechtbarkeit **1666** 300
Bezugspersonen des Kindes
  Beziehungsschutz **Vorbem 1673–1698b** 10
  Sorgebefugnisse **Vorbem 1673–1698b** 10
  Umgangsrecht **Vorbem 1673–1698b** 10
Bindungsstreit
  Bindungstheorie **1671** 217, 219 f
    Bezugspersonen **1671** 217
    Restfamilie **1671** 217, 219
    Trennungsfamilie **1671** 207
    familiendynamische Sicht **1671** 218
    Kindesbindungen **1671** 217 ff
    systemische Sicht **1671** 218 ff
Bindungstheorie
  s Bindungsstreit
Bindungstoleranz
  Bindungsintoleranz **1671** 170
  Trennungsfamilie **1671** 207 f
  Umgangsdurchführung **1671** 196
Blankoindossament
  Surrogation **1646** 6
Blutentnahme
  Aufstammungsklärung **1666** 103
Bluttransfusion
  Ablehnung durch Eltern **1666** 102
Bruchteilseigentum
  Vermögensverzeichnis **1640** 20
Brüssel IIa-VO
  Anerkennung von Entscheidungen **1666** 313, 317

Brüssel IIa-VO (Forts)
  Anhörungen **1666** 313
  anwendbares Recht **1666** 315
  elterliche Verantwortung **1666** 313
  gewöhnlicher Aufenthalt des Kindes **1666** 313
  Kindesentführungsverfahren **1666** 314; **1671** 302
  Kindesschutzmaßnahmen, behördliche **1666** 313
  Kindesschutzmaßnahmen, familiengerichtliche **1666** 313
  Kindesschutzmaßnahmen, jugendamtliche **1666** 313
  schlichter Aufenthalt des Kindes **1666** 313
  Todeserklärung eines Elternteils **1681** 26
  Vollstreckung von Entscheidungen **1666** 313, 317
  Zivilsachen **1666** 313
  Zusammenarbeit, internationale **1666** 313
  Zuständigkeit, internationale **1666** 313
Buchforderungen
  Kindesvermögen **1667** 12
Bürgschaft
  Genehmigung des Familiengerichts **1643** 30 f
creative divorce
  Ehescheidungskonzept **1671** 123
culpa in concreto
  Haftung der Eltern **1664** 1 ff
  s a Sorgfalt, eigenübliche
  Ausgleichspflicht, gesamtschuldnerische **1664** 45
  Vertrag **1664** 38
culpa in custodiendo
  Erfüllungsgehilfen der Eltern **1664** 28 f
culpa in eligendo
  Erfüllungsgehilfen der Eltern **1664** 28 f

Datenschutz
  Jugendamt **1671** 285
DDR
  Stiefkindverhältnisse **1682** 5
Dienstverhältnis des Kindes
  Ermächtigung der Eltern **1643** 31
diligentia quam in suis
  s Sorgfalt, eigenübliche
Drogenabhängigkeit
  Kindeswohlgefährdung **1666** 81
Drogenkonsum
  Eltern **1666** 118 f
  Entzugstherapie **1666** 229
  Erziehungseignung **1671** 183
  Gesundheitssorge **1666** 127
Eheaufhebung
  elterliche Sorge **1671** 3

Ehegatten
Ausweisung aus der Wohnung **1666** 231
häusliche Gewalt **1666** 231
s a dort
Ehegattenunterhalt
Getrenntleben **1671** 1
Unterhaltsverweigerung **1666** 195
Eheschließung
Minderjährige **Vorbem 1638–1665** 10
Widerspruch der Eltern **1666** 48
Eheverfahren
Annexzuständigkeit für elterliche Verantwortung **1666** 313
Ehewohnung
Getrenntleben der Eltern **1671** 1
Eidesstattliche Versicherung
Eltern/Elternteil **1668, 1669** 1
Rechnungslegung **1667** 9
Einkünfte
Vermögen des Kindes **Vorbem 1638–1665** 4
Verwaltung **1649** 11
Einleitungsschwelle
Kindesschutzermittlungen **1666** 88
Kindesschutzverfahren **1666** 261, 265, 267
Einstweilige Anordnung
Änderung **1666** 310; **1671** 296
Alleinsorgeübertragung **1678** 39
Anfechtbarkeit von Entscheidungen **1671** 296
Anhörungen **1666** 308; **1671** 293
Kindesanhörung, persönliche **1671** 293
Nachholung **1666** 308; **1671** 293
Antrag **1671** 293
Aufenthaltsbestimmungsrecht, Übertragung **1671** 295
Aufhebung **1666** 310; **1671** 296
Außerkrafttreten **1671** 296
Befristung **1666** 238, 310
Trennung Eltern/Kinder **1666a** 24
Begutachtungen, zeitaufwändige **1666** 305
Beratungen, zeitaufwändige **1666** 305
Beschleunigungsgebot **1666** 310
Beschwerde **1671** 296
Beschwerde, sofortige **1666** 310
Beschwerdefrist **1671** 297
Dringlichkeit **1666** 307, 310; **1671** 293 f
Eingriff, geringstmöglicher **1666** 309
Eingriffsschwelle **1666** 307, 310
Einstweiligkeit **1666** 307
Entscheidungen **1671** 296
Ermittlungen **1666** 307
früher erster Termin **1666** 305
Gefährdungserörterung **1666** 305
Geltungsdauer **1666** 310
Gewaltgefahren **1666** 309
Gewissheitsanforderungen **1666** 307, 309
Glaubhaftmachung der Voraussetzungen **1666** 307
Hauptsacheentscheidung **1666** 310 f

Einstweilige Anordnung (Forts)
Hauptverfahren **1666** 310; **1671** 293
Herausgabeansprüche, Abwehr **1666** 306
Herausgabestreitigkeiten im Rechtsmittelzug **1666** 306
Herausnahme des Kindes aus der Familie **1666** 306
Jugendamt, Anhörung **1666** 280
Kindesinteressen **1671** 294
Kindesschutz **1666** 305
Kindeswohl **1671** 294
Lebenskontinuität des Kindes **1671** 294
Kindschaftssachen **1666** 305
Kontinuitätsprinzip **1671** 248, 294
Maßnahmen, gerichtliche **1666** 309; **1671** 295
Mindestdauer **1666** 310
Plazierungswechsel, Vermeidung **1666** 306
pränatale Sorgerechtsregelung **1671** 25
Rechte des Kindes, Schutz **1671** 294
Rechtsmittel **1666** 311
Rechtsmittelverfahren **1666** 310
Regelungsbedürfnis, dringendes **1671** 294
Schwere der drohenden Rechtsverletzung **1666** 307
sexueller Missbrauch **1666** 309
Sorgerechtsbefugnisse, Übertragung auf Dritte **1671** 295
Sorgerechtsentzug **1680** 25
Sorgerechtsübertragung **1671** 34, 293 ff
Sorgerechtsverfahren **1671** 267, 293 ff
summarisches Verfahren **1666** 310
Tod eines Elternteils **1680** 25
Trennung Eltern/Kinder **1666** 307, 309; **1666a** 9, 24
Verbleibensanordnung **1682** 43
Verhältnismäßigkeitsgrundsatz **1666** 309 f
Verhinderung, tatsächliche **1674** 21
Vermögensschutz **1666** 208
vollendete Tatsachen **1666** 309 f
Vollstreckbarkeit **1671** 296
Vollzug **1666** 310
Wechselmodell **1671** 294
Zurückverweisung in der Hauptsache **1666** 311
Zustellung **1666** 309
Zuweisung des Kindes **1671** 196
Einwilligung zu Verfügung
Verfügungscharakter **1641** 3
Einwilligungsfähigkeit
ärztliche Behandlung **1666** 153
Einwilligungsvorbehalt
elterliche Sorge **1673** 8 ff
Einwirkungsverbote
Maßnahmen gegen Dritte **1666** 237
Elterliche Gewalt
Inventarisierung des Kindesvermögens **1640** 1
Nutznießung, elterliche **1649** 2, 4

Elterliche Gewalt (Forts)
Sorgfaltsmaßstab **1664** 4
Übergang auf einen Elternteil **1640** 2
Verwirkung **1676** 1; **1679** 1
Elterliche Sorge
s a Eltern
Alleinsorge **1666** 20, 45; **1671** 108; **1678** 3
  Änderungsentscheidung **1678** 14
  Altrecht **1671** 35
  Ausbildungsfragen **1671** 53
  Ausfall des Alleinsorgeberechtigten
    Vorbem 1673–1698b 5; **1678** 12 ff, 20 ff, 35 ff
  – Dauer **1678** 37
  – Pflegerbestellung **Vorbem 1673–1698b** 6
  – Vormundbestellung **Vorbem 1673–1698b** 6
  Ausnahme **1671** 108
  Betreuungszeiten **1671** 23
  Einigung der Eltern **1671** 12
  einstweilige Anordnung **1678** 13
  Entzug, gerichtlicher **Vorbem 1673–1698b** 5
  fortgeführte Alleinsorge
  – Widerspruch des Kindes **1671** 14
  Gerichtsentscheidung **1671** 22; **1678** 13 ff, 35 ff; **1680** 5 f, 22
  Gesetz **1680** 5
  Gesundheitsfragen **1671** 53
  Kindeswohl **1671** 174
  Mutter **1672** 1 ff
  neuer Partner **1671** 146
  Ruhen, dauerndes **Vorbem 1673–1698b** 5
  Ruhen, vorübergehendes **Vorbem 1673–1698b** 5 f
  Sorgeeingriffe **1666** 251 f
  Tod des Alleinsorgeberechtigten
    Vorbem 1673–1698b 5; **1680** 5 ff
  Todeserklärung des Alleinsorgeberechtigten **Vorbem 1673–1698b** 5
  Übertragung **1666** 38 ff, 251; **1672** 1; **1680** 6, 8
  – Abänderung **1666** 42
  – Anhörungen **1678** 38
  – Antrag **1666** 46
  – Aufhebung **1666** 47
  – Aufhebungspflicht **1666** 42 f
  – Beschleunigungsgebot **1678** 38
  – Beschwerde **1678** 38
  – Eingriffe, gerichtliche **1666** 45
  – einstweilige Anordnung **1678** 39
  – Kindeswohl **1666** 45 f
  – Kindschaftssache **1678** 38
  – Überprüfungspflicht **1666** 42 f
  – Verfahren **1678** 38 f
  – Verfahrenseinleitung **1678** 38
  – Vorranggebot **1678** 38
  – Zuständigkeit, funktionelle **1678** 38

Elterliche Sorge (Forts)
  – Zuständigkeit, örtliche **1678** 38
  – Zustimmung der Mutter **1666** 46
  Übertragungsantrag **1671** 50
  Vater, nichtehelicher **1672** 1 f
Aufenthaltsbestimmungsrecht **1666** 44
  s a dort
Aufsichtspflicht **1664** 33
  s a dort; s a Aufsichtspflichtverletzung
Aufteilung **1671** 52 f, 250 ff
  s a Sorgerechtsaufteilung
Ausbildung **1666** 153
Auseinanderfallen tatsächliche Betreuung/rechtliche Sorgekompetenz **1666** 135, 175
Ausfall beider sorgeberechtigter Elternteile **1666** 252; **Vorbem 1673–1698b** 6 f
Ausfall des Sorgeberechtigten **Vorbem 1673–1698b** 2 ff; **1678** 1 ff
  Erstarkung zur Alleinausübung **Vorbem 1673–1698b** 4; **1678** 9
  Erstarkung zur Alleinsorge **Vorbem 1673–1698b** 4; **1678** 9
  Geisteskrankheit **1678** 16
  Kindeswohlgefährdung des anderen Elternteils **1678** 9
  Kindeswohlgefährdung des verhinderten Elternteils **1678** 9
  Verhinderung des anderen Teils **1678** 10
Ausfall eines Elternteils **1671** 22
Ausschluss **Vorbem 1638–1665** 12
Ausübung, pflichtgemäße **1666** 11
Ausübungsbindung **1673** 14, 26; **1674** 1; **1678** 7 f; **1680** 17
  Wiederaufleben **1674** 23; **1678** 11
Ausübungshindernis **1673** 7
Ausübungskompetenz **1673** 12
Ausübungsüberlassung **1666** 175
Ausübungsübertragung auf Dritte **1674** 9
Ausübungsverhinderung
  s Verhinderung, tatsächliche
Beendigung **Vorbem 1673–1698b** 2 f
  Kindesvermögen **Vorbem 1673–1698b** 8
  teilweise Beendigung **Vorbem 1673–1698b** 3
Begriff **Vorbem 1638–1665** 1
Beistandschaft **Vorbem 1638–1665** 9
Beruf **1666** 153
Beschränkungen **1666** 225
  Aufhebung
  – Verfahrensbeistand **1666** 270
Besprechungen Eltern/Kinder **Vorbem 1638–1665** 5
Bestrafung **1666** 97
Eheschließung des Sorgeberechtigten **1666** 250
Eignung der Eltern **1664** 31
Eingriffe, gerichtliche **1666** 3
  Vermögenssorge **1666** 3

Elterliche Sorge (Forts)
Einvernehmen, elterliches
Förderungspflicht des Familien-
gerichts **1671** 60
Förderungspflicht des Jugend-
amts **1671** 60
Einvernehmen Eltern/Kinder **Vorbem
1638–1665** 5; **1666** 152
Elternautonomie **1671** 2, 12 f
Elternvereinbarung **1671** 59 f
Entfaltungsmöglichkeiten des Kindes
1666 137
Entscheidungsübertragung **1671** 21, 55
Entwicklungsmöglichkeiten des Kindes
1666 137, 142
Entziehung **1666** 6, 38, 44, 45; **1671** 22;
Vorbem 1673–1698b 4; **1680** 1, 15, 17 f, 19
Ergänzungspflegschaft **1666** 252 f
Kindeswohlgefährdung **1680** 16 f
teilweise Entziehung **1666** 252
Vormundschaft **1666** 252 f
Erziehung **1666** 3
Dissens in Erziehungsfragen **1671** 141
Familiengerichte, Zuständigkeit **1640** 4
Feststellung des Bestehens/Nicht-
bestehens **1671** 51
gemeinsames Sorgerecht **1666** 44, 47;
1678 3, 6
s a Sorgerechtsübertragung
Änderungsentscheidungen **1671** 15, 26
Aufhebung **1671** 26 f, 108, 122, 256, 258
Auswanderung **1671** 144
Entfernung zwischen Elternwohn-
sitzen **1671** 144
Entziehung des Sorgerechts eines
Elternteils **1666** 250
Erziehungseignung **1671** 135, 179 ff
Feststellungsinteresse **1671** 51
Fortführung **1671** 2, 27, 108 ff, 123, 194
– Kooperation, elterliche **1671** 116 f,
123; **1674** 5
– Widerspruch des Kindes **1671** 14
Gerichtsbeschluss **1671** 22, 27 ff
Gerichtsentscheidung **1678** 6
Gesetz **1678** 6
getrenntlebende Eltern **1671** 110 ff
Kindesinteressen **1671** 112
Kindeswohl **1671** 104, 174
Kindeswohldienlichkeit **1671** 110, 112 f
Kooperationsbereitschaft der
Eltern **1671** 116 f, 119, 134, 144
Kooperationsfähigkeit der Eltern **1671**
119, 136 ff, 144, 256
– Dissens in Erziehungsfragen **1671** 141
– Erziehungsfähigkeit, gemein-
same **1671** 136
– Gewalttätigkeiten zwischen
Eltern **1671** 139
– Sorgeplan **1671** 136, 138

Elterliche Sorge (Forts)
– Tagessorge **1671** 141
– Vorwurf sexuellen Kindesmiss-
brauchs **1671** 140
kraft Gesetzes **1671** 26 f, 29
Leitbildfunktion **1671** 117
neuer Partner **1671** 146
Prognoseentscheidung **1671** 116, 134
Realisierungsschwierigkeiten **1671** 144
Regelfall **1671** 108, 110 ff, 116
Sorgeerklärung **1671** 26 f; **1678** 6
Trennung der Eltern **1671** 26
s a Getrenntleben der Eltern;
s a Sorgerechtsübertragung
Umwandlung in Alleinsorge **1671** 29
Verhältnis, persönliches **1671** 137
Vorrang **1671** 108 f, 115, 117
Wegzug **1671** 144
Wiederaufleben **1666** 43
Geschäftsfähigkeit **1673** 12
Gesundheit **1666** 153
Gesundheitsfürsorge **1666** 225
Getrenntleben der Eltern **1671** 1 ff; **Vorbem
1673–1698b** 10
s a dort
Gewaltanwendung **1666** 97
Grenzen **1666** 1
Grundbucheintragung **Vorbem 1638–
1665** 12
Gutglaubensschutz der Eltern **Vorbem
1673–1698b** 8
Heimfall **1682** 7, 9, 20, 22
Kindesmisshandlung **1666** 97
s a dort
Kindeswohl **Vorbem 1638–1665** 1
körperliche Eingriffe **1666** 153
Kontinuitätsinteresse des Kindes **1666** 43,
71; **1671** 53, 261
Lebendorganspende **1666** 153
lebensbeendende Maßnahmen **1666** 106
Maßnahmen, dringliche **Vorbem 1673–
1698b** 7
Maßnahmen, gerichtliche **1666** 1
minderjähriger Elternteil **1673** 19 ff
Nebensorgerecht **1673** 20
Sorgerecht, gemeinschafts-
gebundenes **1673** 20
Missbrauch **Vorbem 1638–1665** 6
Mitsorge **1666** 20, 45
Gefahrenabwehr **1666** 215
nasciturus **1666** 26
Tötung des nasciturus **1666** 26, 28
nichteheliche Eltern **1672** 1 ff
Personensorge **Vorbem 1638–1665** 1
Pflege **1666** 3
Pflichtgebundenheit **Vorbem 1638–1665** 1;
1666 3
Pflichtrecht **1681** 9
Pflichtverletzungen **1664** 14 ff

Elterliche Sorge (Forts)
Aufsichtspflichtverletzung **1664** 33
unerlaubte Handlung **1664** 34 ff
Primat der Eltern **1643** 49; **1666** 6
Recht **Vorbem 1638–1665** 1
Rechtsschutz **1666** 11
Rückübertragung **1675** 6
Ruhen der elterlichen Sorge **1664** 17; **1666** 45, 55; **1671** 22; **Vorbem 1673–1698b** 2, 8; **1673** 10; **1675** 1, 5; **1678** 5, 7 f; **1680** 1, 19
Aufhebungsbeschluss **1673** 14
Ausübungshindernis, rechtliches **1675** 2
Beendigung **1673** 23; **1675** 6
Beginn **1673** 23
beidseitiges Ruhen **1675** 5
Entfallen der Ruhenswirkungen **1673** 14
Feststellung, gerichtliche **1673** 12 ff
Feststellungsbeschluss **1674** 8 ff, 17 ff
– Amtsermittlungsgrundsatz **1674** 18
– Anhörungen **1674** 18
– Anregungen **1674** 18
– Rechtsfolgen **1674** 20
– Rechtsmittel **1674** 20
– Verfahrenseinleitung **1674** 18
– Wegfall der tatsächlichen Verhinderung **1674** 22 f
– Wirksamwerden **1674** 19
– Zuständigkeit, örtliche **1674** 17
Freiheitsstrafe **1671** 36
Geschäftsfähigkeit, beschränkte **Vorbem 1673–1698b** 3
Geschäftsfähigkeit, Wiedererlangung **1673** 14
Geschäftsunfähigkeit **Vorbem 1673–1698b** 3; **1673** 1 f, 4, 11 ff
– partielle Geschäftsunfähigkeit **1673** 11
– periodisch auftretende Geschäftsunfähigkeit **1673** 11
gutgläubiger Elternteil **1673** 15
Handeln trotz Ruhens des Sorgerechts **1675** 4
Gutglaubensschutz **1675** 4
Kindesvermögen **Vorbem 1673–1698b** 8; **1673** 15
minderjähriger Elternteil **1673** 5, 12, 19 f, 22
partielles Ruhen **1674** 10; **1675** 1; **1678** 22
Ruhensgründe **Vorbem 1673–1698b** 3
Sorgeeingriffe **1673** 17
Sorgerechtsübertragung **1671** 36
Sorgeverantwortung **1673** 18; **1674** 5
Strafhaft **1671** 144; **1674** 14
Umgang, persönlicher **1673** 15
Verhinderung, rechtliche **Vorbem 1673–1698b** 3
Verhinderung, tatsächliche **Vorbem 1673–1698b** 3; **1674** 2

Elterliche Sorge (Forts)
s a dort
Vorenthaltung des Kindes durch Dritte **1674** 3
Wegfall des Ruhens **1678** 11
Wirkungen **1673** 15
Ruhensanordnung **1674** 2 f
Schadensersatzanspruch des Kindes **1664** 7
Schulbesuch **1666** 225
Schutzcharakter **1649** 13; **1664** 32
Sorgeeingriffe **1666** 225
Sorgemissbrauch **1666** 64
Sorgepflichtverletzungen **1666** 12
Sorgerecht **Vorbem 1638–1665** 1
s a dort
Sorgerechtsregelung
s dort
Sorgerechtssubstanz **1673** 12; **1675** 2
Sorgfalt, eigenübliche **1649** 30 ff
s a dort
Sorgfaltsmaßstab **1664** 1
Teilsorge **1666** 20; **1671** 254; **1678** 7
Tod beider Elternteile **1680** 3
Tod eines Elternteils **1640** 6; **1666** 45; **1671** 22; **Vorbem 1673–1698b** 3 f; **1677** 1 f; **1678** 16; **1680** 1 f, 4 f; **1681** 1
Alleinsorgerecht **1680** 5 ff
Mitsorgerecht **1680** 4
Nichtübertragung auf überlebenden Elternteils **1680** 13
Sorgerechtsübertragung **1680** 8 ff, 19
– Bindungserhaltung **1680** 11
– Entwicklungskontinuität **1680** 11
– Kindeswille **1680** 11 f
– Verbleibensanordnung **1680** 11
Tod des Kindes **Vorbem 1673–1698b** 8
Todeserklärung eines Elternteils **1666** 45; **1671** 22; **Vorbem 1673–1698b** 5; **1677** 1 ff; **1680** 1, 3; **1681** 1 ff
Alleinsorgerecht des für tot Erklärten **1681** 6 ff
Aufhebung **1677** 4
gemeinsames Sorgerecht **1681** 5
Interimssorge **1681** 19
Kindeswohl **1681** 12
Rückkehr des für tot Erklärten **1681** 5, 9 ff
– Alleinsorge **1681** 16
– gemeinsames Sorgerecht **1681** 14 f, 17
– Kindeswohlprüfung **1681** 13
– Sorgerechtsrückübertragung **1681** 12 f
– Teilsorge **1681** 18
Verfahren **1681** 20
Zuständigkeit **1681** 20
Todeszeitpunkt eines Elternteils, Feststellung **1677** 1 ff; **1680** 3; **1681** 4 ff
Totensorgerecht **1666** 21
Trennung der Eltern **1666** 38 ff
Trennung Eltern/Kinder **1666** 6

Elterliche Sorge (Forts)
s a dort
Übergangssituationen **Vorbem 1673–1698b** 7
Übertragung auf Dritte **1664** 23 ff
　Schadensersatzpflicht der Eltern **1664** 24
　Vermögenssorge **Vorbem 1638–1665** 7
unerlaubte Handlung **1664** 34 ff
Unterlassungsklage **1666** 11
Unverzichtbarkeit **1666** 244; **1671** 121
Verfahrensgegenstand **1671** 251
Verhinderung, rechtliche **1673** 6; **1674** 2; **1678** 2, 5; **Vorbem 1673–1698b** 2 ff
Verhinderung, tatsächliche **1666** 45, 55; **1671** 22; **Vorbem 1673–1698b** 3 f; **1674** 1 f, 5 ff; **1678** 2, 5, 7 f; **1680** 1
　Abwesenheit, physische **1674** 11
　ausländische Kinder **1674** 12
　Auslandsaufenthalt **1674** 11
　Ausübungshindernis, tatsächliches **1674** 9
　　persönliche Probleme eines Elternteils **1674** 9
　bleibende Verhinderung **1674** 8
　einstweilige Anordnungen **1674** 21
　Ermittlungen, längerdauernde **1674** 21
　Feststellungsbeschluss
　　s Ruhen der elterlichen Sorge
　geistig/psychisch behinderte Eltern **1674** 16, 18
　Inkognito-Adoptionspflege **1674** 11
　Kindesvorenthaltung, rechtswidrige **1674** 4, 13
　künftige Verhinderung **1674** 8
　kürzere Verhinderungen **1678** 5
　längere Verhinderungen **1678** 5
　längere Zeit **1674** 8
　Personensorge **1674** 10
　Ruhen der elterlichen Sorge
　　s Ruhen
　Sorgerechtsübertragung **1671** 36
　Strafhaft **1674** 14
　teilweise Verhinderung **1674** 10
　Umfang **1674** 10
　unbekannte Eltern **1674** 11
　Vermögenssorge **1674** 10
　Wegfall **1674** 22; **1678** 11
Vermögenssorge **Vorbem 1638–1665** 1; **1666** 44
Verpflichtungsklage **1666** 11
Versagen, dauerndes **1666** 63
　s a Elternversagen
Verschollenheit **1680** 3
Vertretung des Kindes **1673** 12, 21 f
　minderjähriger Elternteil **1673** 22
vorübergehende geistige Störung **1673** 7
Wegfall **Vorbem 1673–1698b** 2
Wegfall eines Elternteils **1666** 45
　rechtlicher Wegfall **1680** 3

Elterliche Sorge (Forts)
Wiederaufleben
　Adoptionseinwilligung **1675** 6
Wiederaufleben der elterlichen Sorge **1674** 22
Züchtigung **1666** 97
Eltern
s a Eltern; s a Elternteil
Abwendungsprimat **1666** 13 f
Aids-Infektion **1671** 183
Alkoholkonsum **1666** 172
Alter, hohes **1671** 182
ambulante Berufe **1666a** 10
Anfechtung letztwilliger Verfügungen **1638** 9
Anhörung **1640** 37; **1666** 170
Anregungsrecht **1666** 261
Anstalten, geschlossene **1666** 139
Antragsbefugnis, Entziehung **1666** 220
Aufsichtspflicht **1664** 22
Aufsichtspflichtverletzung **1664** 14, 53 ff
Aufwendungsersatz **Vorbem 1638–1665** 4; **1648** 1
　s a Aufwendungen
Ausbildung **1671** 181
Auskunftsanspruch gegen Ergänzungspfleger **1638** 26
Ausschließung von der Vertretung des Kindes **1638** 16 ff
　Testamentsvollstrecker, Entlassung **1638** 24
Berufstätigkeit **1671** 195
Beschwerdeberechtigung **1666** 301; **1671** 298
　Personensorgeberechtigung, vorläufige Entziehung **1666** 301
Betreuung, rechtliche **1673** 8
Bildung **1671** 181
Bindungen des Kindes **1671** 216
Chancengleichheit **1671** 163
Drogenkonsum **1666** 172
Eignung **1671** 178, 195
Eingriffsbetroffenheit **1666** 92
elterliche Sorge
　s dort
Eltern des minderjährigen Elternteils **1673** 25
Entscheidungsbefugnis, Entziehung **1666** 220
Entzugstherapie **1666** 229
Erbschaft, Verwaltung **1638** 16
Erbschein, Antragsrecht **1638** 25
Erfüllungsgehilfen **1664** 23 ff
　Auswahl **1664** 26, 28 f
　Eignung **1664** 29
　Überwachung **1664** 26, 28 f
Ermächtigung, allgemeine **1643** 32, 59
Erziehungsberatung **1666** 229

Eltern (Forts)
Erziehungseignung **1666** 229; **1671** 135, 177, 179 ff, 194 ff
Erziehungsfähigkeit **1671** 135
Begutachtung **1666** 300
gemeinsame Erziehungsfähigkeit **1671** 136
Erziehungsprimat **1640** 12; **1666** 6, 81, 87
Eingriffe, gerichtliche **1666** 91
Erziehungsqualifikation **1666** 229
Fehlverhalten **1666** 98; **1666a** 1
Freiheitsstrafe **1666** 139
Garantenstellung **1666** 2
geistig behinderte Eltern **1666** 140; **1673** 7, 11
Verhinderung, tatsächliche **1674** 16
Gesamtvertretung **1643** 7 ff; **1646** 10, 15
Geschäfte, genehmigungsbedürftige **1643** 1 f, 4 ff
gesetzliche Vertretung des Kindes **1638** 16; **1673** 21
getrenntlebende Eltern **1666** 130
s a Getrenntleben der Eltern
Gewalttätigkeiten zwischen Eltern **1666** 98; **1671** 139, 201
Gewalttätigkeiten gegenüber dem Kind **1671** 201
Glaubensfreiheit **1671** 193
Gleichberechtigung **1671** 163, 205, 229
Gleichgültigkeit **1666** 169, 172
Grundrechtsschutz **1666** 258
Haftung gegenüber dem Kind **Vorbem 1638–1665** 4; **1639** 6, 10; **1649** 2, 42; **1664** 1, 4
s a Sorgfalt, eigenübliche
Beweislast **1664** 42
neben Dritten **1664** 48 ff
elterliche Sorge **1664** 17 f, 40
Fahrlässigkeit, leichte **1664** 4
familienrechtliche Pflicht **1664** 50, 52
Gefährdungshaftung **1664** 37, 47, 49
Gerichtsstand **1664** 10
gesamtschuldnerische Haftung **1664** 2, 21, 43 f, 48 ff
– Ausgleichspflicht **1664** 45 ff
– Rechtsgründe, verschiedene **1664** 53 ff
Haftungsmaßstab **1664** 4 ff
Pflegerbestellung **1664** 41
Schmerzensgeld **1664** 4
unerlaubte Handlung **1664** 11 f, 34 ff, 49, 51 f
Verjährung **1664** 10, 40
Verschulden, eigenes **1664** 20 ff
Verschuldenshaftung, unbeschränkte **1664** 32 ff
Vertragshaftung **1664** 38 f, 49
neben Vierten **1664** 59 ff
Haftung gegenüber Dritten **1664** 14
Handlungsfreiheit **1666** 3

Eltern (Forts)
Interessenverwirklichung von Familienmitgliedern **1666** 12
Interessenverwirklichung des Kindes **1666** 12
Interpretationsprimat **1666** 11 f, 69
Inventarisierungspflicht
s dort
Kindbemühtheit **1671** 194 ff
Kindesmisshandlung
s dort
Kindeswohlkenntnis **1671** 68
Kindeswohlorientiertheit **1671** 195 ff
Elternverhalten **1671** 197
Kindesentführung **1671** 196
Kindeswohlwahrung **1671** 68
kriminelles Verhalten **1666** 128
Lebensführung, persönliche **1666** 229 f
Lebensumstände, persönliche **1671** 177, 179, 195
Meinungsverschiedenheiten **1666** 53
Minderjährigkeit
s Elternteil
nicht miteinander verheiratete Eltern **1666** 94, 159, 212; **1672** 1
s a dort
Paarkonflikt **1671** 18, 117, 207
Partnerbeziehungen **1671** 195
Persönlichkeit **1671** 177, 179 f
Persönlichkeitsrecht **1666** 229 f
Pflichtverletzungen **1664** 10, 14 ff
Pflichtwidrigkeit **1666** 59, 64
psychische Erkrankung **1666** 121
Rechenschaftspflicht **1649** 40
Rechtsgeschäfte, vermögensrechtliche
s dort
Rechtshandlungen, genehmigungspflichtige **Vorbem 1638–1665** 2
Rechtsmacht **Vorbem 1638–1665** 1 f
Rechtsschutz des Kindes **1666** 12
Regelungskonflikte **1666** 53
Religionsfreiheit **1666** 163
Säuglingspflegekurs **1666** 229
Schenkung im eigenen Namen **1641** 17, 19
Schenkungsverbot **Vorbem 1638–1665** 2; **1641** 1 f
Sexualleben **1666** 128
Sicherheitsleistung **1639** 12
Sorgepflicht **1649** 7
Sorgerechtsentzug **1671** 264
Sorgevorrang **1678** 26
Sorgfaltsmaßstab **1664** 1
sozio-ökonomische Verhältnisse **1666** 84
Status, sozialer **1671** 181
Tötung eines Elternteils durch anderen Elternteil **1666** 98, 121
Trainingskurs, sozialer **1666** 229
Übertragungsantrag **1671** 47
Unfähigkeit **1666** 58, 61, 169

Eltern

Eltern (Forts)
  Unterhaltspflicht **1648** 3 f
  Unwilligkeit **1666** 169
  Verantwortlichkeit **1674** 6
  Verantwortungsfähigkeit **1674** 6
  Verfahrensbeteiligung **1666** 257
  Verhalten zueinander **1671** 197
  Vermögenssorge **Vorbem 1638–1665** 1
    s a dort
    Ausschluss **1638** 1, 7 ff
    Übertragung auf Dritte **Vorbem 1638–1665** 7
    Verzicht **Vorbem 1638–1665** 7, 9
  Vermögensverfall **1666** 202
  Versagen, unverschuldetes **Vorbem 1638–1665** 6
  Vertretung des Kindes **Vorbem 1638–1665** 2
  Vertretungsbefugnis **1639** 10
  Vertretungsmacht **1639** 10; **1643** 2
  Verwaltung des Kindesvermögens **1638** 3
    Entziehung der Verwaltung **1638** 22; **1639** 12
  Vorbildfunktion **1666** 230; **1671** 190, 197
  Vorwurf sexuellen Kindesmissbrauchs **1671** 140
  Zusammenleben mit dem Kind **1666** 3
Elternanhörung
  Elternteil, nicht sorgeberechtigter **1666** 274
  Kindesschutzverfahren
    Eltern **1666** 266, 273 f
  Unerreichbarkeit der Eltern **1666** 274
  Unterbleiben der Anhörung **1666** 274
  Vater, nichtehelicher **1666** 274
Elternautonomie
  Beschränkungen **1671** 13
  Familienautonomie **1671** 99
  Gestaltungswirkung **1671** 13, 61
  Kindschaftsrechtsreformgesetz **1671** 59
  Sorgerechtsausübung **1671** 2, 12 f
  Sorgerechtsvereinbarungen **1671** 13, 59, 72
  Trennung der Eltern **1671** 13, 19
  Übertragungsantrag **1671** 52
Eltern-Kind-Verhältnis
  Beistand **1649** 13
  Gewaltschutzgesetz **1666a** 25
  illoyale Bindung **1671** 225
    Beeinflussung des Kindes **1671** 225, 239
    Kindesentführung **1671** 225
  Rechtspflicht zum Eingreifen **1664** 18
  Rücksichtnahme **1649** 13
  Ungestörtheit **1666** 242
Elternrecht
  Chancengleichheit, elterliche **1671** 168
  Fremdnützigkeit **1666** 291
  Grundrechtsschutz **1638** 16
  Kindesinteresse **1671** 6
  Kindeswohlgefährdung **1666** 58, 81

Sachregister

Elternrecht (Forts)
  Maßnahmen, gerichtliche **1666** 211
  Nichtanhörung der Eltern **1671** 281
  Pflichtrecht **1666** 92, 291; **1671** 9, 121; **1682** 8
  Pflichtwidrigkeit, elterliche **1666** 59
  Sorgerecht **1671** 23
  Sorgeverfahren **1671** 267 f
    Ermittlungen **1671** 268
  Todeserklärung eines Elternteils **1681** 9
  Trennung Eltern/Kinder **1666a** 9
  Umgangsrecht **1671** 23
  Umplazierung des Kindes **1666** 131
  Unverzichtbarkeit **1671** 121
  Vater **1666** 214
  Vater, nichtehelicher **1672** 2
  Verbleibensanordnung **1682** 8
  Verfahrensdauer **1666** 259
  Vermittlungspflicht des Gerichts **1671** 271
Elternschaft
  soziale Elternschaft **1682** 5
Elternteil
  Alleinsorge **1666** 251
  Alleinvertretungsrecht **1646** 10
  Anregungsrecht **1666** 261
  Aufsichtspflicht **1664** 22
  Ausfall **1666a** 10
  Begutachtung **1666** 267
  Berufstätigkeit **1671** 205 f
  Freizügigkeit **1671** 211
  Geschäftsfähigkeit, beschränkte **1673** 1
  Geschäftsunfähigkeit **1673** 1 f, 4, 18
  Haftungsmaßstab **1664** 20
  Homosexualität **1671** 184
  Konkursverfahren **Vorbem 1638–1665** 11
  Lebensgefährte **1666** 237
  Leihmutter **1666** 67
  minderjähriger Elternteil **1671** 182; **1673** 5, 19 ff, 26
    ärztliche Eingriffe **1673** 22
    amtsähnliche Handlungen **1673** 22
    Ausschluss von der Vertretung des Kindes **1673** 22
    Ausübungsbindung **1673** 26
    Bevollmächtigung des minderjährigen Elternteils **1673** 22
    Entscheidungsübertragung auf den minderjährigen Elternteil **1673** 27
    Personensorge **1673** 24 ff
    Vermögenssorge **1673** 28
  nichteheliche Lebensgemeinschaft **1666** 125
  Persönlichkeitsrecht **1671** 211
  Schenkung im eigenen Namen **1641** 17
  Schenkungsverbot **1641** 2
  Selbstmordversuch **1671** 183
    Trennungsbedingtheit **1671** 183
  sexuelle Ausrichtung **1671** 184
  sexuelle Praxis **1671** 184

Elternteil (Forts)
Sorgerechtsentziehung **1671** 264
Sorgerechtszuweisung **1671** 205
Stiefelternteil **1666** 237; **1682** 3
s a dort
tatsächliche Sorge **1664** 19
Aufwendungen **1648** 16
Tod eines Elternteils **1640** 6; **1666** 45; **1681** 1
s a Elterliche Sorge
Transsexualität **1671** 185
Umgangsrecht **1664** 19
Unauffindbarkeit **1674** 5
Verfahrensgeschäftsfähigkeit **1673** 13
Vermögenssorge, Entziehung **1638** 29
Verwaltungsbefugnis, alleinige **1638** 29
Wiederheirat **1638** 27; **1683** 1
Zuwendungen zum Kindesvermögen **1638** 4
Elterntrennung
s Getrenntleben der Eltern; s Trennung der Eltern
Elternunterhalt
Anlegung von Geld **1642** 6
Elternverantwortung
Elternrecht **1671** 121
s a dort
geistig behinderte Eltern **1673** 11
Gemeinschaftlichkeit **1671** 111, 121
Gesamtverantwortung **1671** 255
Kindeswohl **1671** 6 f
Kooperationspflicht **1671** 121
Pflichtbindung **1671** 120 f
Scheidung der Eltern **1671** 7
Sorgerechtsregelung **1671** 68
Trennung der Eltern **1671** 7, 111, 117
Trennungsfamilie **1671** 7, 68
Übertragungsantrag, gemeinsamer **1671** 50
Elternvereinbarungen
Billigung, gerichtliche **1671** 61
Bindungswirkung **1671** 59 ff
Eltern-Kind-Beziehungen nach Trennung **1671** 73 f
Inhaltskontrolle **1671** 83
privatautonome Vereinbarungen **1671** 62
Sorgerechtsvereinbarungen **1671** 60 ff
s a dort
Umgangsrecht **1671** 60 f
Elternversagen
dauerndes Versagen **1666** 63
Kindeswohlgefährdung **1666** 6, 59 f, 63
Trennung Eltern/Kinder **1666** 63, 216
Überforderung **1666** 216
unverschuldetes Versagen **Vorbem 1638–1665** 6; **1666** 6, 59
Vermögensgefährdung **Vorbem 1638–1665** 6
Embryo
Schädigung, gesundheitliche **1666** 24, 118

Embryo (Forts)
Tod des Embryos **1666** 24
EMRK
s Europäische Menschenrechtskonvention
England
Sorgerechtserwerb durch Dritte **1682** 3
Stiefkindverhältnisse **1682** 5
Enteignungsentschädigung
Ausschließung der Verwaltungsbefugnis **1638** 34
Enterbung
Ausschließung des Verwaltungsrechts **1638** 13
Entmündigung
Wegfall **1673** 3 f
Entscheidungsbegründung
Kindeswohl **1666** 258
Legitimierungspflicht **1666a** 2, 4
Entscheidungsdurchsetzung
Kindeswohl **1666** 258
Entscheidungsfindung
Kindeswohl **1666** 258
Entscheidungsübertragung
ärztliche Betreuung des Kindes **1671** 55
Auslandsreisen mit den Kindern **1671** 57
Ausübungsübertragung **1671** 55
Dauerregelungen **1671** 55
elterliche Sorge **1671** 21, 55
Elternanhörung **1671** 55
Elternstreit **1671** 56
Entscheidungsbefugnis **1671** 37
gemeinsames Sorgerecht, Fortbestand **1671** 55
Kindesanhörung **1671** 55
Kindeswohl **1671** 55
Konflikte, punktuell-sachbezogene **1671** 57
Lebensgemeinschaft, bestehende **1671** 56
medizinische Versorgung **1671** 37
Namensanschluss **1671** 57
Operation **1671** 57
Schulfragen **1671** 55
Schulwahl **1671** 57
Sorgerecht **1671** 58
Sorgerechtsübertragung, Abgrenzung **1671** 55 ff, 262
Sorgerechtsübertragung, nachfolgende **1671** 37
Übermaßverbot **1671** 58
Vermögensverwaltung **1671** 55, 57
Vertretung des Kindes **1671** 55
Vertretungsbefugnis **1671** 37
Entwicklungspsychologie
Bindungen des Kindes **1671** 213
Persönlichkeitsentwicklung des Kindes **1666** 129, 148
Umgangsrecht **1666** 147
Entziehung Minderjähriger
Kindesschutz **1666** 2

Erbausgleich, vorzeitiger
Genehmigungspflicht **1643** 22
Erbbaurecht
Geschäfte, genehmigungsbedürftige
1643 13
Erbfolge
Erwerb von Todes wegen **1638** 7
Inventarisierungspflicht **1640** 7
Erblasser
Ausschließungsbefugnis **1638** 7
Erbschaft
Annahme **1643** 33
Anfechtung **1643** 34
Kindeswohl **1638** 16
persönliches Recht des Erben **1638** 16
Annahme durch die Eltern **1638** 16 f
Ausschlagung **1641** 6; **1643** 34
s a dort
durch die Eltern **1638** 16
– Genehmigungspflicht **1643** 33
Vermögensgesamtheiten, Geschäfte über
1643 18
Verwaltung **1638** 16
Erbschaft unter Auflage
Inventarisierungspflicht **1640** 8
Erbschaftskauf
Vermögensgesamtheiten, Geschäfte über
1643 21
Erbschein
Antragsrecht
Eltern **1638** 25
Erbteil
Ausschlagung **1643** 34
Erbteil, künftiger gesetzlicher
Vermögensgesamtheiten, Geschäfte über
1643 18
Erbteilungsvertrag
Genehmigung des Familiengerichts **1643**
33, 45
Erbverzichtsvertrag
Genehmigung des Familiengerichts
1643 44
Pflichtteilsrecht **1643** 44
Erfahrungswissen
Kindeswohl **1666** 284
Ergänzungspflegschaft
Ausfall der alleinsorgeberechtigten
Mutter **1678** 25
Sorgerechtsentzug, teilweiser **1666** 252 f
Umgangspflegschaft **1666** 146
Vermögenssorge **1666** 247
Ermächtigung, allgemeine
Eltern **1643** 32, 59
Erwerbsgeschäft des Kindes **1643** 59
Vermögensverwaltung **1643** 59
Ernährungsmängel
Gesundheitsgefährdung **1666** 118
Erwerb von Todes wegen
Abweichung von Anordnungen **1639** 15 f

Erwerb von Todes wegen (Forts)
Anzeigepflicht **1638** 16
Erbfolge **1638** 7
Inventarisierungspflicht **1640** 7
Pflegerbestellung **1638** 18 f
Pflichtteil **1638** 7
Vermächtnis **1638** 7
Erwerbsfähigkeit, Minderung
Abfindungen **1640** 9
Erwerbsgeschäft des Kindes
Änderung **1645** 6
Auflösung **1643** 25; **1645** 11
Beginn eines neuen Erwerbsgeschäfts
durch die Eltern **1643** 25; **1666** 198
Begriff **1645** 5
Betrieb, selbständiger **1638** 1
Betriebsmittel **1642** 6
Dauerhaftigkeit **1645** 5
Dienstleistungen **1645** 5
Ermächtigung, allgemeine **1643** 59
Ermächtigung der Eltern **1643** 24, 31;
1645 3
Rücknahme der Ermächtigung **1643** 24;
1645 3
Erweiterung **1645** 6
Erwerb, entgeltlicher **1643** 26; **1645** 3, 7
Erwerb, unentgeltlicher **1643** 27; **1645** 7
Erwerb von Todes wegen **1645** 7
Fabrik, Betreiben einer **1645** 5
Fortführung **1645** 7 f
gemeinschaftlicher Betrieb **1645** 5
Genehmigung des Familiengerichts **1638** 1;
1643 24 ff; **1645** 4, 12 ff; **1666** 198
Anhörung des Kindes **1645** 13
Geschäftsbeginn ohne Genehmi-
gung **1645** 16
Geschäftsführung **1645** 12
Interessen des Kindes **1645** 12
Maßnahmen zur Gefahr-
abwendung **1645** 17
Geschäftsgegenstand, Änderung **1645** 6
Gesellschaftsvertrag zum Betrieb des
Erwerbsgeschäfts **1643** 26; **1645** 3
Fortsetzung des Gesellschafts-
verhältnisses **1645** 8
Gewinnerzielungsabsicht **1645** 5
Handel **1645** 5
Handwerk **1645** 5
Kaufmannseigenschaft **1645** 15
künstlerischer Beruf **1645** 5
Landwirtschaft **1645** 5
Mitarbeit **1645** 5
Neugründung **1643** 25; **1645** 1, 4, 6
Pachtvertrag über gewerblichen Betrieb
1645 3
Pachtvertrag über Landgut **1645** 3
Prokuraerteilung **1645** 4
Schadensersatzpflicht der Eltern **1645** 16
Schenkung **1645** 7

Erwerbsgeschäft des Kindes (Forts)
  Selbständigkeit **1645** 5
  Tätigkeit, eigene **1645** 5
  Tätigkeit auf eigene Rechnung **1645** 5
  Tätigkeit im eigenen Namen **1645** 5
  Veräußerung **1643** 26; **1645** 3
  Verwendungsbefugnis, elterliche **1649** 11
  Wissenschaft **1645** 5
  Zuständigkeit des Familiengerichts **1645** 13
Erziehung
  Anpassung, soziale **1666** 137
  Ausbildung des Kindes **1671** 202
  Beruf des Kindes **1671** 202
  Eigenverantwortlichkeit **1666** 137
  elterliche Sorge **1666** 3
  Erlernen der deutschen Sprache **1671** 199
  Erziehungsberatung **1666a** 11
  Erziehungsdefizite **1666a** 13
  Erziehungskontinuität **1666** 129
  Erziehungsmethoden **1671** 198, 198 f
  Erziehungsprimat, elterlicher **1666** 152
  Erziehungsstreit **1671** 198
  Erziehungsziel **1666** 122; **1671** 198 f
    Gefährdung **1671** 201
    – autoritäre Erziehung **1671** 201
    – Beschneidung **1671** 201
    – Isolierung des Kindes **1671** 201
    – Verstümmelungen **1671** 201
    Gemeinschaftsfähigkeit **1666** 71, 123, 158
    selbstbestimmungs- und gemeinschaftsfähiger Staatsbürger **1666** 152; **1671** 199
    Tüchtigkeit, gesellschaftliche **1671** 169, 200
  Förderung des Kindes **1671** 199
  Gewalt in der Erziehung **1666** 99; **1666a** 11
  Gewaltanwendung **1666** 90
    Kindesschutzmaßnahmen **1666** 98
  gewaltfreie Erziehung **1671** 201
  Hilfen zur Erziehung **1666a** 11
  Kontinuitätsprinzip **1671** 246 f
  öffentliche Hilfen **1666** 99; **1666a** 11
  partnerschaftliche Erziehung **1671** 202
  Personensorge, tatsächliche **1673** 24
  Recht auf gewaltfreie Erziehung **1666** 97 ff
    s a dort
  religiöse Erziehung, Kontinuität **1671** 193
  Sozialfähigkeit **1666** 137; **1671** 193
  Stabilität der Lebensverhältnisse **1671** 203, 261
  Tagesgruppe **1666a** 11
Erziehungsbeistandschaft
  Kinder- und Jugendhilferecht **1666** 2
Erziehungseignung
  Alkoholabhängigkeit **1671** 183
  Alkoholkonsum **1671** 183
  Betreuung des Kindes **1671** 206

Erziehungseignung (Forts)
  Drogenkonsum **1671** 183
  Drogensucht **1671** 183
  Eltern **1666** 229; **1671** 135, 177, 179 ff, 194 ff
  gleichwertige Erziehungseignung **1671** 171
  Homosexualität eines Elternteils **1671** 184
  Instrumentalisierung der Kinder **1671** 197, 208, 291
  Kindesentführung **1671** 196
  Kindeswohl **1671** 171, 224
    Eignungsunterschied **1671** 224
  Kontinuität **1671** 203
  Labilität, seelische **1671** 183
  Partnerschaftsgewalt **1666** 98; **1671** 139, 201
  sexueller Missbrauch **1671** 201a
    anderer Elternteil **1671** 201a
    Täter **1671** 201a
  Sorgerechtskriterien **1671** 177, 183 ff, 194 ff
  Sorgestreit **1671** 195 ff
  Stabilität der Lebensverhältnisse **1671** 203, 261
  Transsexualität eines Elternteils **1671** 184
  Unterhaltspflichtverletzungen **1671** 197
Erziehungsmaßregeln
  Familiengericht **1666** 2
  Jugendstrafrecht **1666** 2
Erziehungspflicht
  Verletzung, gröbliche **1666** 2
Erziehungsprimat
  Gefährdungsgrenze **1666** 81
  Gefahrenabwehr **1666** 6
  Intervention, staatliche **1666** 87
  Inventarisierungspflicht **1640** 12
Erziehungsrecht
  Kernbereich **1638** 7
  Verwaltung des Nachlasses, Ausschließung der Eltern **1638** 16
Erziehungsrechte
  Übertragung **1666** 226 f
ESÜ
  s Europäisches Sorgerechts-Übereinkommen
Europäische Menschenrechtskonvention
  Chancengleichheit, elterliche **1671** 167
  Familienschutz **1666** 5
  Nichtanhörung **1666** 273
Europäisches Sorgerechts-Übereinkommen
  Anerkennung von Entscheidungen **1666** 317
  Kindesentführungsverfahren **1666** 314
  Vollstreckung von Entscheidungen **1666** 317

Fallnorm
  Kindesschutz **1666** 162
Familie
  Beziehungsnetz des Kindes **1671** 218

Familienautonomie
Elternautonomie **1671** 99
Kinder, Mitträgerschaft **1671** 88, 275
Kindeswille **1671** 241
Familiengericht
Abwendung der Gefährdung des Kindesvermögens **Vorbem 1638–1665** 6; **1640** 32
Annahme **1640** 27
Eingriff in elterliche Sorge **1666** 16
Einvernehmen, elterliches **1671** 60
Einwirkungspflicht des Familienrichters **1666** 265
Entscheidungskompetenz bezüglich öffentlicher Hilfen **1666a** 13 ff
Erziehungsfunktion **1671** 118
Erziehungsmaßregeln **1666** 2
Genehmigung vermögensrechtlicher Rechtsgeschäfte
s Rechtsgeschäfte, vermögensrechtliche
Hinweis auf außergerichtliche Beratung **1671** 272 f, 277
Hinwirken auf Einvernehmen **1671** 272 f
Intervention, gerufene **1666** 14, 169, 176, 236
Kindesschutz **1666** 18, 19
Kooperation Familiengericht/Jugendamt **1666** 280
Letztverantwortung **1666** 218; **1666a** 17
Maßnahmen, gerichtliche
s dort
Prüfungspflicht **1666a** 2
Überwachung der Eltern **Vorbem 1638–1665** 6
Verantwortungsgemeinschaft Familiengericht/Jugendhilfe **1666** 8, 19; **1666a** 13 f, 16
Vermittlerfunktion **1671** 273
Vernetzung **1666** 218
Wächterfunktion **1666** 8, 38, 265
Familienhilfe, sozialpädagogische
öffentliche Hilfen **1666a** 10
Familieninteresse
öffentliche Hilfen **1666a** 21
Sorgerechtsübertragung **1671** 158
Trennung Eltern/Kinder **1666a** 4 ff, 21
Familienpflege
s a Pflegeeltern
Aufenthaltsbestimmungsrecht **1666** 50
Aufhebung **1666** 51
elterliche Sorge, Übertragung auf Pflegeperson **Vorbem 1638–1665** 7
Kindesherausgabe **1666** 51
Kindeswohlgefährdung **1666** 49, 51
Verbleibensanordnung **1666** 49; **1682** 40
Familienrichter
Erfahrungswissen **1666** 284
Fachwissen, außerjuristisches **1666** 284 f
Sachkunde **1666** 284

Familienschutz
Europäische Menschenrechtskonvention **1666** 5
Grundrechtsschutz **1666** 4, 258
nachwirkende Verpflichtung **1666** 4; **1666a** 12
Nichtanhörung **1666** 273
Pflegefamilie **1666** 131
Prävention **1666** 4
Trennung Eltern/Kinder **1666a** 6 ff
UN-Kinderkonvention **1666** 5
Verfahrensgestaltung **1666** 258
Verhältnismäßigkeit **1666** 5
Fasten
Gesundheitssorge **1666** 127
FKK
Kindeswohlgefährdung **1666** 125
Flüchtlingskinder
elterliche Sorge, tatsächliche Verhinderung **1674** 24
Forderungen
Vermögensschutz **1666** 188
Freiheitsentziehung
s Unterbringung
Freiheitsstrafe
s Strafhaft
Freiwillige Gerichtsbarkeit
Genehmigung des Familiengerichts **1643** 46
Früchte
Ausschließung der Verwaltungsbefugnis **1638** 34
Früher erster Termin
Beistandsbestellung **1671** 292
Beschleunigungsgebot **1666** 263
einstweilige Anordnung **1666** 305
Erscheinen, persönliches **1666** 263
Gefährdungserörterung, Abgrenzung **1666** 263 f
Kinder, Anwesenheit **1666** 263
Kindesschutzverfahren **1666** 263
Maßnahmen, gerichtliche **1666** 219
Monatsfrist **1666** 263, 270
Sorgerechtsverfahren **1671** 267, 272
Stellungnahmen, schriftliche **1666** 263
Verfahrensbeistand **1666** 270
Früherkennungsuntersuchungen
Frühwarnsystem **1666** 221
Gesundheitsfürsorge **1666** 221
Gewalt **1666** 221
Pflicht zu Früherkennungsuntersuchungen **1666** 221
Sorgerechtsmissbräuche **1666** 221
Vernachlässigung **1666** 221
Fürsorgepflicht
Verletzung, gröbliche **1666** 2

Garantenstellung
Eltern **1666** 2

520

Garantenstellung (Forts)
  Staatsorgane **1666** 2
Gebrechlichkeitspflegschaft
  Wegfall **1673** 3, 5
Gefährdung des Kindesvermögens
  s Vermögensgefährdung
Gefährdungserörterung
  Absehen von Maßnahmen **1666** 299
  einstweilige Anordnung **1666** 305
  Eltern **1666** 264, 266
    Teilnahmepflicht **1666** 265 f
  Elternanhörung **1666** 170, 266
  Elternteil, nichtsorgeberechtigter **1666** 266
  Erscheinen, persönliches **1666** 263
  Familiensituation **1666** 8
  früher erster Termin, Abgrenzung **1666** 263 f
  Gefährdungsabwendung **1666** 8, 172, 264, 266
  Jugendamt **1666** 264
  Kinder **1666** 264
  Kinder, Einbeziehung **1666** 260, 263, 266
  Kindesschutzverfahren **1671** 262
  Kindeswohlgefährdung **1666** 266
  mögliche Gefährdungen des Kindeswohls **1666** 18, 86, 264
  Sorgeeingriffe **1666** 266
  Überprüfungspflicht **1666** 299
  Unterbringung, mit Freiheitsentziehung verbundene **1666** 48
  Verweigerung **1666** 266
  Wächterfunktion **1666** 265
Gefährdungshaftung
  Haftung gegenüber dem Kind **1664** 37, 47, 49
Gefahrenabwehr
  Erziehungsprimat **1666** 6
  Gewaltanwendung **1666** 97
  Maßnahmen, gerichtliche **1666** 212
Geistige Störung
  vorübergehende geistige Störung **1673** 7
Geldkredite
  Genehmigung des Familiengerichts **1666** 199
Gelegenheitsgeschenke
  Anstandsschenkung **1641** 13
Gemeinschaftsfähigkeit
  Erziehungsziel **1666** 71, 123, 158; **1671** 169
Genehmigung des Familiengerichts
  Abänderung **1643** 61
  Änderung **1643** 48, 61
  Akt, hoheitlicher **1643** 46 f
  Amtsermittlungsgrundsatz **1643** 55
  Amtswegigkeit **1643** 54
  Anfechtbarkeit **1643** 46 ff
  Anhörung der Eltern **1643** 55
  Anhörung des Kindes **1643** 55; **1645** 13
  Antrag **1643** 54
  Behauptung, wahrheitswidrige **1643** 71

Genehmigung des Familiengerichts (Forts)
  Bekanntmachung **1643** 64
  Beschluss des Familiengerichts **1643** 58
  Bekanntmachung **1643** 60
  Beschwerderecht **1643** 62
    Dritte **1643** 62
    Eltern im eigenen Namen **1643** 62
    Kind **1643** 62
    Vertragsgegner **1643** 62
  elterliche Sorge, Primat der Eltern **1643** 49
  Entscheidung des Familiengerichts **1645** 12
    s Beschluss des Familiengerichts
  Entstehung **1643** 46
  Ermächtigung, allgemeine **1643** 59
  Erteilung, nachträgliche **1643** 56 f
  Erteilung, vorherige **1643** 56 f, 64 f
  freiwillige Gerichtsbarkeit **1643** 46
  Gesetzesverstoß des Geschäfts **1643** 50
  Kindeswohl **1643** 49
  Kosten **1643** 63
  mehrere Minderjährige **1643** 61a
  Mittel des Kindes, Überlassung zur freien Verfügung **1644** 1, 3 ff
  Nebenabreden, mündliche **1643** 58
  Nichtigkeit des Geschäfts **1643** 51
    teilweise Nichtigkeit **1643** 58
  rechtliches Gehör, Verletzung **1643** 61
  Rechtsgeschäft, zusammengesetztes **1643** 46 f
  Rechtsgeschäfte, einseitige **1643** 57, 65
  Rechtsgeschäfte, genehmigungsbedürftige **1643** 64 ff
    amtsempfangsbedürftige Willenserklärungen **1643** 68
    Einwilligung der Eltern **1643** 67
    Vornahme durch das Kind **1643** 67
    Zurückweisung, unverzügliche **1643** 66
  Rechtsmittel **1643** 62
  Rüge **1643** 61
  Schriftform **1643** 66
  Sittenwidrigkeit des Geschäfts **1643** 50
  Verfahrenseinleitung **1643** 54
  Versagung der Genehmigung **1643** 54, 62
  Vertrag **1643** 57, 69 ff
  Verweigerung **1643** 49, 72
  Verwirkung des Genehmigungsrechts **1643** 70
  Volljährigkeit des Kindes **1643** 70
  Vorbescheid **1643** 61
  Widerruf **1643** 71
  Wiedereinsetzung in vorigen Stand **1643** 61
  Willenserklärung **1643** 46 f
  Wirksamkeit **1643** 46
  Zuständigkeit, funktionelle **1643** 53
  Zuständigkeit des Familiengerichts **1643** 53; **1645** 13
  Zustimmung des Familiengerichts **1643** 56

Genehmigungspflicht
Rechtshandlungen der Eltern **Vorbem 1638–1665** 2
Gerichtsvollzieher
Zwang, unmittelbarer **1666** 291
Gerufene Intervention
s Intervention, gerufene
Gesamtschuld
Haftung der Eltern **1664** 43 ff
Ausgleichspflicht **1664** 45 ff
– Umfang **1664** 47
neben Dritten **1664** 47 ff
Gesamtvertretung
Eltern **1643** 7 ff
Geschäftsfähigkeit
elterliche Sorge **1673** 12
Verfahrensgeschäftsfähigkeit **1673** 13
Geschäftsfähigkeit, beschränkte
Elternteil **1673** 1
minderjähriger Elternteil **1673** 19
Ruhen der elterlichen Sorge **1673** 5, 20
Volljährige **1673** 3
Geschäftsunfähigkeit
Elternteil **1673** 1 f, 4
Feststellung, gerichtliche **1673** 4
Kindesgefährdung **1673** 17
natürliche Geschäftsunfähigkeit **1673** 4, 12
partielle Ehegeschäftsfähigkeit **1673** 11
partielle Elterngeschäftsfähigkeit **1673** 11
partielle Geschäftsunfähigkeit **1673** 11
periodisch auftretende Geschäftsunfähigkeit **1673** 11
Ruhen der elterlichen Sorge **1673** 4, 12 ff
Sorgeverantwortung **1673** 18; **1674** 5
Geschwister
Altersunterschied **1671** 229
Aufteilung **1671** 229
Aufwachsen, gemeinsames **1671** 227
Bindungen des Kindes **1671** 216, 226 ff, 230 ff, 245
Halbgeschwister **1671** 229
Kindeswohlgefährdung **1666** 20
Stiefgeschwister **1671** 229
Umfeld des Kindes **1671** 209
Geschwistertrennung
Bindungen des Kindes **1671** 232, 245
Halbgeschwister **1671** 173
Sachverständigengutachten **1671** 286
Sorgerechtsübertragung **1671** 95
Stiefgeschwister **1671** 173
Geschwisterunterhalt
Anlegung von Geld **1642** 6
Gesellschaft
Kündigungsrecht nach Volljährigkeit **1645** 10
Schenkungen durch vertretungsberechtigten Gesellschafter **1641** 10
Gesellschaftsanteile
Vermögensverzeichnis **1640** 20

Gesellschaftsinteressen
Erziehungsziel **1671** 200
Kindeswohlprimat **1671** 169
Gesetzliche Vertretung
Interessengegensatz **1666** 48
minderjähriger Elternteil **1673** 21
Gesundheitsfürsorge
Abspaltung **1671** 260
Entziehung
Verfahrensbeistand **1666** 270
Früherkennungsuntersuchungen **1666** 221
Frühwarnsystem **1666** 221
Gebot zur Inanspruchnahme **1666** 221
Nichtwahrnehmung **1666** 221
Sorgeeingriffe **1666** 225
Vernetzung **1666** 218
Gesundheitsgefährdung
ärztliche Behandlung, Verweigerung **1666** 102
Behandlungsverweigerung **1666** 155
Betreuungsdefizite **1666** 118
Bluttransfusion **1666** 102
Ernährungsmängel **1666** 118
Gewaltanwendung **1666** 98
Hygienemängel **1666** 118
Kleinkinder **1666** 118
Lebensbedingungen, gesundheitswidrige **1666** 116
Mutter-Sohn-Symbiose **1666** 121
overprotection **1666** 121
Rauchen der Eltern **1666** 69, 116
seelische Gefährdung **1666** 120 ff, 125
Vernachlässigung **1666** 117
Gesundheitssorge
Drogenkonsum **1666** 127
Fasten **1666** 127
Religionsausübung **1666** 127
Getrenntleben der Eltern
Alleinsorge **1671** 20, 154
Einigung der Eltern **1671** 12
Angelegenheiten des täglichen Lebens **1671** 2, 54
Begriff **1671** 38 ff
Betreuungselternteil **1671** 2
Dauer der Trennung **1671** 38
Ehegattenunterhalt **1671** 1
Ehewohnung, Zuweisung **1671** 1
elterliche Sorge
Kompetenzaufteilung **1671** 142
Elternverantwortung **1671** 7
Familie, eheliche **1671** 5
gemeinsames Sorgerecht **1671** 154; **1674** 5
Herausgabeverlangen, elterliches **1666** 130
innerhalb der Familienwohnung **1671** 39
justizieller Interventionsansatz **1671** 19
Kindesentführung **1671** 43
Kindesinteressen **1671** 153
Kindesunterhalt **1671** 1
Kindeswohl **1671** 5

Getrenntleben der Eltern (Forts)
Kindeswohlgefährdung **1671** 3
Lebensgemeinschaft, Ablehnung für die Zukunft **1671** 38
Lebensgemeinschaft, faktisches Nichtbestehen **1671** 38
   Fehlen einer Gemeinschaft **1671** 40
Lebensgemeinschaft, Wiederherstellung **1671** 41
Mitnahme der Kinder **1671** 43, 196
nicht miteinander verheiratete Eltern **1671** 5
Paarkonflikt **1671** 18, 117, 207
Residenzmodell **1671** 23, 51
Restgemeinsamkeit **1671** 39, 54
Ruhen der elterlichen Sorge **1673** 16
Sorgeeingriffe **1671** 3
   Antrag, elterlicher **1671** 5
   Verhältnismäßigkeit **1671** 8
Sorgeerklärung de lege ferenda **1671** 13
Sorgegemeinsamkeit **1671** 12
   Aufhebung **1671** 27
   Beendigung durch familiengerichtliche Entscheidung **1671** 20
   Entscheidungen, grundsätzliche **1671** 2
   Entziehung des Sorgerechts **1671** 20
   Erzwingung **1671** 27
   Fortbestand **1671** 27
   Oktroyierung **1671** 118, 138, 170; **1681** 15
Sorgerecht **Vorbem 1673–1698b** 10
   Änderungsentscheidungen **1671** 15, 26
   Ausübung **1671** 1
   Dissens, elterlicher **1671** 15
   Einigkeit der Eltern **1671** 5, 8, 56
   Elternvorschlag **1671** 5
   Inhaberschaft **1671** 1, 23
   Kindesbeteiligung **1671** 14
   Kindeswohl **1671** 14 f
   Regelungsantrag, elterlicher **1671** 5, 14 f
   Regelungsantrag des Kindes **1671** 14
   Sachprüfung, gerichtliche **1671** 5
Sorgerechtsübertragung **1671** 15, 20
   s a dort
Sorgerechtsvereinbarungen **1671** 18
sozialrechtlicher Hilfsansatz **1671** 18 f
Trennung, faktische **1671** 5
Trennungsabsicht **1671** 42
Umgangspflicht **1671** 2
Umgangsrecht **1671** 1 f; **Vorbem 1673–1698b** 10
Versöhnungsversuche **1671** 38
Wächteramt, staatliches **1671** 5
Wechselmodell **1671** 23, 60, 145, 207, 261
Zeitpunkt, maßgeblicher **1671** 41
Gewalt
   einstweilige Anordnung **1666** 309
Gewaltanwendung
   Angemessenheit **1666** 98
   Aussetzer **1671** 201

Gewaltanwendung (Forts)
   Erziehung **1666** 90, 97; **1671** 201
   Gefahrenabwehr **1666** 97
   Gesundheitsgefährdung **1666** 98
   Gewalt in der Erziehung **1666** 99; **1666a** 11
   Gewaltdrohung **1666** 98
   Gewalterfahrungen, mittelbare **1666** 98
   Gewalttätigkeiten zwischen Eltern **1666** 98
   gegen das Kind selbst **1666** 291
      Grundrechte des Kindes **1666** 291
      Umgangserzwingung **1666** 291
      Verhältnismäßigkeit **1666** 291
   Klaps **1671** 201
   Maßnahmen gegen Dritte **1666** 237
   Ohrfeigen **1666** 98; **1671** 201
   Partnerschaftsgewalt **1671** 201
   Regelmäßigkeit **1666** 98
   religiöses Gebot **1666** 126
   Schwere **1666** 98
   Sorgemaßnahmen, Vollzug **1666** 97
   Tötung eines Elternteils durch anderen Elternteil **1666** 98
   Tracht Prügel **1666** 98
   Verhältnismäßigkeit **1666** 97, 291
   Wiederholungsgefahr **1666** 98
   Wohnungsausweisung **1666a** 26
   Zwang, unmittelbarer **1666** 291
Gewaltschutzgesetz
   s Häusliche Gewalt; s Stalking
Gewaltverbot
   s Recht auf gewaltfreie Erziehung
Glaubensfreiheit
   Eltern **1671** 193
Gleichberechtigungsgesetz
   Anlegung von Geld **1642** 3
   Aufwendungsersatz **1648** 1
   Ausfall der Sorgeperson **1678** 4
   Erwerbsgeschäft des Kindes, Neugründung **1645** 2
   Geschäfte, genehmigungsbedürftige **1643** 7 f
   Inventarisierung des Kindesvermögens **1640** 2
   Maßnahmen, familiengerichtliche **1666** 6
   Mittel des Kindes, Überlassung zur freien Verfügung **1644** 2
   Mittelsurrogation **1646** 2
   Nutznießung, elterliche **1649** 7 ff; **1667** 1
   Sorgeverantwortung, rechtliche **1673** 3
   Sorgfaltsmaßstab **1649** 1; **1664** 1
   Tod eines Elternteils **1680** 2
   Todeserklärung eines Elternteils **1677** 3; **1681** 3
   Verhinderung, tatsächliche **1674** 7
   Verwaltung des Kindesvermögens **1638** 3 f
   Anordnungen **1639** 3
go-order
   Ausweisung aus der Wohnung **1666** 233
   Wohngemeinschaft **1666** 237

go-order (Forts)
  Nutzungsrechte an der Wohnung **1666** 233; **1666a** 27
Großeltern
  Betreuung des Kindes **1671** 204, 206
  Kindesbindung **1671** 223
  Kindeswohlgefährdung **1666** 20
  Umfeld des Kindes **1671** 209
Grundbucheintragung
  elterliche Sorge **Vorbem 1638–1665** 12
  Ausschluss **Vorbem 1638–1665** 12
Grundrechte
  Europäische Menschenrechtskonvention **1666** 5
  Kinder **1666** 3
  Kindeswohl **1666** 291
Grundschuld
  Verfügung über das Grundstück **1643** 14
  Verfügung über ein Recht an einem Grundstück **1643** 14
Grundstückserwerb
  Erwerb mit Mitteln des Kindes **1646** 8
Grundstücksgeschäfte
  Auflassung, Entgegennahme **1643** 15
  Genehmigungspflicht **1643** 9, 12 ff
    Eingehung einer Verpflichtung **1643** 12
    Erwerb, entgeltlicher **1643** 12, 16
    Erwerb, unentgeltlicher **1643** 17
    Grundschulden **1643** 14
    Grundstückserwerb, Belastungen **1643** 15
    Hypotheken **1643** 14
    Rentenschulden **1643** 14
    Verfügung über ein Grundstück **1643** 12
    Verfügung über ein Recht an einem Grundstück **1643** 12, 14
    Verfügung über Forderung **1643** 12
  Grundstücksanteile **1643** 13
  Grundstücksbegriff **1643** 13
Grundstücksrechte
  Erwerb, entgeltlicher **1643** 16
Grundstücksverkauf
  Erlös, Hinterlegung **1666** 246
Gütergemeinschaft
  Schenkung aus Gesamtgut **1641** 3
Gütergemeinschaft, fortgesetzte
  Vermögensverzeichnis **1640** 25; **1667** 6
Gutachter
  s Sachverständige; s Sachverständigengutachten

Haager Kindesentführungsübereinkommen
  Anerkennung von Entscheidungen **1666** 317
  Generalprävention **1666** 68
  Kindesentführungsverfahren **1666** 314; **1671** 302
  Rückführungsentscheidungen **1671** 196
  Rückführungsgebot **1666** 130

Haager Kindesentführungsübereinkommen (Forts)
  Rückgabe des Kindes **1666** 68
  Vollstreckung von Entscheidungen **1666** 317
Haager Kindesschutzabkommen
  Abgabe an Gericht des Heimatstaats eines Kindes **1666** 313
  Abgabe an Gericht eines sonstigen Staates **1666** 313
  Anerkennung von Entscheidungen **1666** 317
  Anerkennungsfeststellung **1666** 317
  anwendbares Recht **1666** 315
  Aufenthalt des Kindes, gewöhnlicher **1666** 314 f
  Aufenthalt des Kindes, schlichter **1666** 314
  Kindesentführung **1666** 314
  Kindesschutz **1666** 57
  minderjähriger Elternteil **1673** 29
  ordre public, deutscher **1666** 317
  Schutzmaßnahmen, dringende **1666** 314
  Todeserklärung eines Elternteils **1681** 26
  Vollstreckbarkeitserklärung **1666** 317
  Vollstreckung von Entscheidungen **1666** 317
  Zuständigkeit, internationale **1666** 314
Häusliche Gemeinschaft
  Kindesvermögen, Verwendungsbefugnis **1649** 32
  Verbleibensanordnung **1682** 1, 19 f
Häusliche Gewalt
  Ausweisung aus der Wohnung **1666** 231, 233
  Antrag des Kindes **1666** 237
  außenstehende Dritte **1666** 237
  Befristung **1666** 237 f
  Eltern-Kind-Trennung **1666** 233
  Familienwohnung **1666** 233
  Nutzungsrechte an der Wohnung **1666** 233, 237; **1666a** 27
  – dingliche Nutzungsrechte **1666** 237
  – mietvertragliche Nutzungsrechte **1666** 237
  Vorrang öffentlicher Hilfen **1666** 233
  Wohnung, andere als Familienwohnung **1666** 233
  Dritte, gefährdende **1666** 232
  Gewaltschutzgesetz **1666** 231, 237
  Kindesschutzmaßnahmen **1666** 232, 234
  Kontaktverbote **1666** 234
  Maßnahmen, gerichtliche **1666** 231 f
  Näherungsverbote **1666** 234
  Sorgerechtseingriffe **1666** 235
  Verfahrensbeistand **1666** 270
Halbgeschwister
  Geschwisterbindung **1671** 229
  Geschwistertrennung **1671** 173

Haltlosigkeit
Eltern **1666** 118
Handelsgeschäft
Eintritt minderjähriger Miterben **1645** 9
Fortführung in ungeteilter Erbengemeinschaft **1645** 9
Handelsregistereintragung
Genehmigung des Erwerbsgeschäfts des Kindes **1645** 15
Heilbehandlung
s a Ärztliche Behandlung
Kindeswohlgefährdung **1666** 154
Heimerziehung
freiwillige Inanspruchnahme **1666a** 12
Kinder- und Jugendhilferecht **1666** 2
öffentliche Hilfen **1666a** 12
Heimfall
Zuweisung der elterlichen Sorge **1682** 7, 9, 20, 22
Heimunterbringung
Trennung Eltern/Kinder **1666a** 6
Heranwachsende
Adoleszenzkonflikte **1666** 151 ff
s a dort
Ausgehverbote **1666** 156
Kindeswille **1671** 245
Kontaktbeschränkungen **1666** 156
Umgangsverbot **1666** 156
Herausgabe des Kindes
Besitz am Kind **1682** 6
Besitzschutz **1682** 6
minderjähriger Elternteil **1673** 24
Personensorge, tatsächliche **1673** 24
Recht auf Besitz am Kind **1682** 6
Verbleibensanordnung, Ablehnung **1682** 42
Vollstreckung **1682** 6
Herausgabeanordnung
Kindeswille **1666** 291
Selbstmordgefahr des Kindes **1666** 291
Zwangsmaßnahmen **1666** 291 f
Herausgabestreitigkeiten
Amtsermittlungsgrundsatz **1682** 41
einstweilige Anordnungen **1682** 43
Interessenkollision Kind/Elternteil **1682** 41
Jugendamtsbericht **1682** 41
Kindesanhörung **1682** 41
Kindeswohlprüfung **1671** 300
Verbleibensanordnung **1682** 10
Vollstreckung **1671** 300
Zeitbegriff des Kindes **1682** 36
Zuständigkeit des Familiengerichts **1671** 300
Herausgabeverlangen
Kontinuitätsbruch **1666** 130
Herausgabevollstreckung
ausländische Entscheidungen **1666** 318

Herkunftsfamilie
Erziehungsbedingungen, Verbesserung **1666** 227
Nachsorge nach Herausnahme des Kindes **1666** 5, 216; **1666a** 12
Refunktionalisierung **1666a** 12
Hilfen, öffentliche
s Öffentliche Hilfen
Hilfeplan
Eltern, Einbeziehung **1666a** 18
Trennung Eltern/Kinder **1666a** 11
HKÜ
s Haager Kindesentführungsübereinkommen
Homosexualität
Erziehungseignung **1671** 184
Hygienemängel
Gesundheitsgefährdung **1666** 118
Hypothek
Verfügung über das Grundstück **1643** 14
Verfügung über ein Recht an einem Grundstück **1643** 14
Hypothekendarlehen
Anlegung von Geld **1642** 10

Immobilien
Anlegung von Geld **1642** 10
Immobilienfonds
Anlegung von Geld **1642** 10
Impfungen
Ablehnung durch Eltern **1666** 104
Inhaberaktie
Surrogation **1646** 6
Inhabergrundschuldbrief
Surrogation **1646** 6
Inhaberschuldverschreibung
Genehmigung des Familiengerichts **1643** 30 f, 59
Surrogation **1646** 6
Inkognito-Adoptionspflege
Verhinderung, tatsächliche **1674** 15
Inobhutnahme
Anrufung des Familiengerichts **1666** 261
erster Zugriff **1666** 16 f
Letztentscheidungsrecht des Familiengerichts **1666a** 16
Insolvenz
Schutzmaßnahmen, familiengerichtliche **1670** 1
Internationale Zuständigkeit
s Internationales Verfahrensrecht;
s Zuständigkeit, internationale
Internationaler Pakt für bürgerliche und politische Rechte
Chancengleichheit, elterliche **1671** 167
Internationales Familienrechtsverfahrensgesetz
Zuständigkeit, internationale **1666** 313
Internationales Privatrecht
Alleinsorgeübertragung **1678** 40

Internationales Privatrecht (Forts)
  Ehevoraussetzungen **1673** 19
  Einzelfallgerechtigkeit **1666** 162
  elterliche Sorge **1666** 316
  gewöhnlicher Aufenthalt des Kindes
    1666 316
  Haager Kindesschutzabkommen **1666** 57
  Kindesentführungsverfahren **1666** 314
  Kindesschutzmaßnahmen **1666** 316
  minderjähriger Elternteil **1673** 29
  ordre public **1666** 163
  Ruhensanordnung **1674** 3
  Schutzmaßnahmen, familiengerichtliche
    1666 162
    Ausländereigenschaft **1666** 162
    ausländisches Recht **1666** 162 f
    Einzelfallgerechtigkeit **1666** 162
    Rechts- und Kulturkreis,
      fremder **1666** 162 f
  Sorgerechtsentzug **1680** 26
  Sorgerechtsübertragung **1671** 302
    nicht miteinander verheiratete
      Eltern **1672** 26
  Tod eines Elternteils **1680** 26
  Todeserklärung eines Elternteils **1681** 26
Internationales Verfahrensrecht
  Anerkennung von Entscheidungen **1666**
    317 f; **1671** 302
  Vollstreckbarkeit ausländischer Entscheidungen **1666** 318
  Vollstreckung ausländischer Entscheidungen **1666** 317 f; **1671** 302
  Zuständigkeit, internationale
    s dort
Internethandel
  Vorschieben des Kindes **1666** 199
Intervention, gerufene
  Gefahrabwendungsprimat, elterlicher
    1666 236
  Kindesschutz **1666** 14, 169, 176
Intimsphäre
  Kindesgefährdung **1666** 157
Inventarisierungspflicht
  s a Vermögensverzeichnis
  Abfindungen **1640** 9
  Anfall des Vermögens **1640** 27 f
  Anordnungen, abweichende **1640** 16, 28
  Aufforderung des Familiengerichts **1640** 27
  Ausschließung der Verwaltungsbefugnis
    1640 5
  Befreiung **1640** 16
  Entstehung **1640** 27
  Erwerb von Todes wegen **1640** 7
  Erwerbsgründe **1640** 6 ff
  Familiengericht, Maßnahmen **1640** 28
  Familiengericht, Zuständigkeit **1640** 36
  Fristsetzung **1640** 28
  Kindesvermögen **1640** 1 ff
  Lebensversicherungsleistungen **1640** 8

Inventarisierungspflicht (Forts)
  Nachlassvermögen **1640** 5
  Nachweis des gesamten Kindesvermögens
    1640 6
  Schadensersatzrente **1640** 8
  Schutzzweck **1640** 11 f, 16, 31
  Sterbefall, Vermögenserwerb anlässlich
    1640 8
  Testamentsvollstreckung **1640** 5
  Tod eines Elternteils **1640** 6
  Tötung einer unterhaltspflichtigen Person
    1640 8
  Verhältnismäßigkeitsgrundsatz **1640** 28
  Vermögen, vorhandenes **1640** 6
  Vermögenssorge, Entziehung **1640** 5, 33
  Vermögenssorge, Ruhen **1640** 5
  Wertgrenze **1640** 11 ff, 28
    Bilanzwerte **1640** 15
    Einheitswert **1640** 15
    Erwerb, einzelner **1640** 14
    Kindschaftsrechtsreformgesetz **1640** 4
    Kurswert **1640** 15
    Nettovermögen **1640** 15
    Verkehrswert **1640** 15
    Zusammenrechnung einzelner
      Beträge **1640** 14
  Zuwendungen, unentgeltliche **1640** 10
  Zwangsgeld **1640** 28

Jugendamt
  s a Jugendhilfe
  Angebot öffentlicher Hilfen **1666a** 13
  Anhörung **1666** 280
  Anrufung des Familiengerichts **1666** 16 f,
    218, 261
  Anzeigepflicht **1666** 261
  Beratungsinstanz für Kinder **1671** 17
  Beratungspflichten **1671** 285
  Berichtspflicht **1666** 268, 280; **1666a** 10;
    1671 284 f; **1682** 41
  Beschleunigungsgebot **1666** 259
  Beschwerdeberechtigung **1666** 301;
    1671 298
  Datenschutz **1671** 285
  Einvernehmen, elterliches **1671** 60
  Entscheidungskompetenz bezüglich
    öffentlicher Hilfen **1666a** 13 ff
  Entscheidungsprimat **1666a** 14
  Entscheidungsvorschlag **1666** 280
  Fachkompetenz **1666a** 14
  Gesundheitshilfe, Einschaltung **1666** 17
  Hilfeplan **1666a** 11, 18
  Hilfsinstanz für Kinder **1671** 17
  Informationspflicht **1666a** 2
  Inobhutnahme **1666** 261
  Kindesschutz, sofortiger vorläufiger
    1666 17
  Kooperation Jugendamt/Familiengericht
    1666 280

Jugendamt (Forts)
Letztentscheidungsbefugnis **1666** 208
Maßnahmen, sozialpädagogische **1666** 223
Mitwirkungspflicht **1666** 280
Mitwirkungsrecht **1666** 280
Polizei, Einschaltung **1666** 17
Regelungsanträge **1666** 261
Schutzauftrag bei Kindeswohlgefährdung
s dort
Sorgerechtsübertragung, Verhältnismäßigkeit **1666** 214
Stellungnahme, Pflicht zur **1666** 280
Übertragungsantrag **1671** 47
Umplazierung des Kindes **1666** 261
Verfahrensbeteiligung **1666** 257, 280
Verfahrensrechte des Kindes, Hinweis auf **1666** 262
Vermittlungsbemühungen des Gerichts **1671** 148
Vernetzung **1666** 218
Jugenddelinquenz
Entwicklungsgefährdung des Täters **1666** 128
Gefahrabwendungsprimat, elterlicher **1666** 171
Kindeswohlgefährdung **1666** 2, 128
Schulpflicht **1666** 222
Schulverweigerung **1666** 137
Jugendgerichte
Vernetzung **1666** 218
Jugendhilfe
s a Jugendamt; s a Öffentliche Hilfen
Beistandschaft **Vorbem 1673–1698b** 10
Beratungsmöglichkeiten **1671** 272
Doppelfunktion **1666** 19
Eltern, faktische **1666a** 8
Erziehungsauftrag **1666** 19
Erziehungsbeistandschaft **1666** 2
Erziehungsdefizite **1666** 89
Fachbehörde, sozialpädagogische **1666** 19
Frühwarnsystem **1666** 221
Heimerziehung **1666** 2; **1666a** 12
Herkunftsfamilie, Rekonstituierung **1678** 32; **1680** 13
Hilfen zur Erziehung **1666** 2, 16
Hilfsmöglichkeiten **1671** 272
Inobhutnahme **1666** 16 f
KICK **1666** 8, 88
Kindesschutz **1666** 19
Kooperationsbereitschaft der Eltern **1666a** 20
Lebensperspektive, dauernde **1666** 210
Leistungsrecht **1666** 16 f
neue Familie, Etablierung **1678** 32; **1680** 13
Prävention **1666** 17
Rechtsschutz des Kindes **1666** 16
Rekonstituierung der Familie, Bemühungspflicht **1666** 297 f
Rückgriff **1666a** 21

Jugendhilfe (Forts)
Schutzauftrag bei Kindeswohlgefährdung **1666** 17, 19, 86, 171, 218; **1666a** 13
Steuerungsverantwortung **1666a** 14 ff
Unterstützungsauftrag **1666** 19
Verantwortungsgemeinschaft Familiengericht/Jugendhilfe **1666** 8, 19; **1666a** 13 f, 16
Wächteramt, staatliches **1666** 16, 19, 171
Wächteraufgabe **1666** 8, 280
Jugendliche
Adoleszenzkonflikte **1666** 151 ff
s a dort
Aufenthalt **1666** 158
Betreuung **1666** 158
Gemeinschaftsfähigkeit **1666** 158
Reife, beachtliche **1666** 77
Scheidung von den Eltern **1671** 94
Selbstbestimmungsfähigkeit **1666** 76 f
Jugendschutz
Kindeswohlgefährdung **1666** 81
Jugendstrafrecht
Erziehungsmaßregeln **1666** 2, 223
familienrichterliche Aufgaben **1666** 2
Kindesschutz **1666** 2
Mitteilungspflichten **1666** 2
Juristen
Verfahrensbeistand **1666** 271

Kapitalanlagen
s Anlegung von Geld
Kapitalerträge
Ausschließung der Verwaltungsbefugnis **1638** 34
Kapitalgesellschaftsanteile
Vermögensverzeichnis **1640** 22
Kaufmannseigenschaft
Erwerbsgeschäft des Kindes **1645** 15
Kinder
s a Minderjährige
Abstammung **1671** 186
Anhörung **1640** 37
Anregungsrecht **1666** 262
Antragsrecht **1666** 262
Aufwachsen, gesundes **1666** 210
Ausbeutung **1666** 101
Außenkontakte, altersgemäße **1671** 221
Behinderung **1666** 140
Beistandspflicht **1666** 101
Beschwerdeberechtigung **1666** 301; **1671** 298
Beschwerderecht **1666** 262
Betreuung, persönliche **1671** 204 ff
s a Betreuung des Kindes
Beziehungsnetz **1671** 218, 221, 228, 230
Bezugspersonen **1671** 217
Bindungen, innerfamiliäre **1671** 221
Bindungsbedürfnisse, psychosoziale **1678** 28

Kinder

Kinder (Forts)
Bindungskontinuität **1666** 129
Dienstpflicht **1666** 101
Eigenständigkeit **1671** 193
eigenverantwortliches Handeln **Vorbem 1638–1665** 5
Elternlosigkeit **1678** 32
Enterbung **1638** 13
Entscheidungsfähigkeit **1666** 76 f; **1671** 241
Entwicklungsbedürftigkeit **1666** 10
Entwicklungsstand **Vorbem 1638–1665** 5
Erziehungskontinuität **1666** 129
Familienautonomie **1671** 88, 275
Fehlentwicklungen **1666** 212, 221
Fürsorgebedürftigkeit **1666** 10 f
Gemeinschaftsfähigkeit **1671** 169, 199
gesetzliche Vertretung **1666** 48; **1673** 21
Grundrecht auf Bindung **1671** 214
Grundrechtsschutz **1666** 74, 258; **1671** 9 f
  elterliche Sorge **1671** 6, 112
  Erziehung durch die Eltern **1671** 6
  Pflege durch die Eltern **1671** 6
  Pflege und Erziehung durch die Eltern **1671** 6; **1678** 18
  Verfahrensbeistand **1671** 291
Grundrechtsträger **1666** 3, 10, 81; **1671** 214; **1682** 6
Grundrechtsverwirklichung, Gewährleistung **1666** 12
Haftung gegenüber den Eltern **1649** 13
Interessenvertretung in gerichtlichen Verfahren **1671** 9 f
Intimsphäre **1666** 157
Kindeswohlgefährdung **1666** 21
  s a dort
Lebensrisiko **1666** 84 f
Persönlichkeitsentwicklung **1666** 129, 148
Persönlichkeitsrecht **1666** 15; **1671** 88
Privatsphäre **1666** 157
Pubertät **1666** 151; **1671** 221
Recht auf Familie **1680** 13
rechtliches Gehör **1671** 9 f
Rechtsschutzsystem **1666** 10 ff
Rechtsträger **1666** 3, 10
Selbstbestimmungsfähigkeit **1666** 76 f, 151; **1671** 88, 169, 193, 199, 236, 242 ff
Selbstisolierung **1666** 121, 143
Selbstverantwortungsfähigkeit **1666** 151; **1671** 199
Sozialfähigkeit **1666** 137; **1671** 193
Staatsangehörigkeit **1671** 210, 256
Teilmündigkeit **1671** 88
Tod des Kindes **1677** 1
Übertragungsantrag **1671** 47
Unterhaltsanspruch **1649** 13
Urteilsfähigkeit **1671** 241 f
Verfahrensbeteiligung **1666** 257
Verfahrensfähigkeit **1666** 257; **1671** 88

Kinder (Forts)
Verfahrensrechte, Hinweis des Jugendamts **1666** 262
Zeitbegriff **1666** 259; **1671** 247

Kinder, nichteheliche
Schlechterstellungsverbot **1678** 18

Kinder- und Jugendhilferecht
s a Jugendhilfe
Hilfssystem **1666a** 1
SGB VIII **1666a** 1
s a dort

Kindergarten
Anregungsrecht **1666** 261
Bindungen des Kindes **1671** 216
Drittbetreuung **1671** 206

Kindergartenbesuch
Kindeswohlgefährdung **1666** 138
Maßnahmen, gerichtliche **1666** 219

Kinderkrippe
Drittbetreuung **1671** 206

Kinderpsychiatrie
Bindungen des Kindes **1671** 213

Kinderpsychologen
Verfahrensbeistand **1666** 271

Kindesanhörung
Abraten, ärztliches **1666** 279
Absehen von der Anhörung **1666** 277
Altersgrenze **1666** 275
Anwesenheitsrecht der Eltern **1666** 276
Art und Weise der Anhörung **1666** 276
Bedürfnisse des Kindes **1666** 276
Belastungen des Kindes **1666** 276, 279
  Substantiierung **1666** 279
Bindungen des Kindes **1666** 275
Ermessen des Gerichts **1666** 276
erneute Anhörung **1666** 278
Gefühle des Kindes **1666** 275
Gelegenheit zur Äußerung **1666** 276
Information des Kindes, altersangemessene **1666** 276
Kindesschutzverfahren **1666** 266, 273, 275
Kindeswille **1666** 74, 275
Kindeswohlfaktoren **1666** 275
kleine Kinder **1666** 275
mehrfache Anhörungen **1666** 279
Neigungen des Kindes **1666** 275
persönliche Anhörung **1666** 275
Sachverhaltsermittlung, ausreichende **1666** 277
Unterbleiben der Anhörung **1666** 277 ff
Verfahrensbeistand **1666** 276
Vermögen des Kindes **1666** 277
Zeugenvernehmung, Ersetzung **1666** 275

Kindesaufenthalt
Verlagerung ins Ausland **1671** 144

Kindesentführung
ins Ausland **1671** 43
Beschleunigungsgebot **1671** 267
Brüssel IIa-VO **1666** 314; **1671** 302

Kindesentführung (Forts)
  Darlegungslast **1671** 196
  Erziehungseignung, mangelnde **1671** 196
  Europäisches Sorgerechts-Übereinkommen **1666** 314
  Gegenentführung **1671** 196
  Generalprävention **1671** 196
  Haager Kindesentführungsübereinkommen **1666** 314; **1671** 43, 302
  Haager Kindesschutzabkommen **1666** 314
  illoyale Bindung **1671** 225
  Kindeswille **1671** 196
  Kindeswohl **1671** 196
  Kindeswohlorientiertheit, mangelnde **1671** 196
  Kontinuitätsprinzip **1671** 248
  Mitnahme der Kinder **1671** 196
  PAS **1671** 208
  Rückführung des Kindes **1674** 13
  Rückführungsversuche, gewaltsame **1671** 196
  Rückwechsel **1671** 196
  Sorgerechtsverfahren **1671** 267
  Strafrecht **1671** 43
  Verbergen des Kindes **1671** 196
  Verleugnungen **1671** 196
  Verwurzelung des Kindes beim Entführer **1671** 196
  Vorranggebot **1671** 267
  wechselseitige Kindesentführungen **1671** 248
  Wegnahme des Kindes **1671** 196
  Zurückhaltung des Kindes **1671** 196
  Zuständigkeit, internationale **1666** 314
  Zuständigkeit, örtliche **1666** 256
Kindesherausgabe
  Generalprävention **1666** 146 f
  Gewalt gegen das Kind **1666** 146
  Pflegschaft, Aufhebung **1666** 51
  Umgangspflegschaft **1666** 146
Kindesmisshandlung
  Affekthandlungen **1666** 96
  Aggressionen **1666** 96
  Bindungsstörungen **1671** 240
  Kindeswohlgefährdung **1666** 96
  körperliche Verletzungen **1666** 96
  Münchhausen-by-proxy-Syndrom **1666** 96
  Passivität, elterliche **1666** 96
  psychische Misshandlungen **1666** 96
  Psychotherapie **1666** 225
  religiös-kulturelle Verblendung **1666** 96
  seelische Schädigungen **1666** 96
  Sorgeausübung **1666** 97
  Überforderung **1666** 96
  Willensstörungen **1671** 240
Kindesplazierung
  s Umplazierung des Kindes
Kindesrecht
  Maßnahmen, gerichtliche **1666** 211

Kindesrecht (Forts)
  Verbleibensanordnung **1682** 8
Kindesschutz
  Adoleszenzkonflikte **1666** 151 ff, 165
  s a dort
  Behindertenschutz **1666** 140 f
  Bindungsaspekt **1666** 165, 167
  Bindungskontinuität **1666** 129 ff
  Einleitungsschwelle **1666** 88
  Elternanhörung **1666** 88
  Elternorientierung **1666** 223
  Ermittlungen **1666** 88
  Fallnorm **1666** 162
  Familie, Grundrechtsschutz **1666** 4
  Familiengericht **1666** 19
  Familienrichter **1666** 265
  Gefahrabwendung **1666** 13 f
  Generalklausel **1666** 1, 58, 66, 81, 162
  Grundrechtsschutz **1666** 74
  Inobhutnahme **1666** 16 f
  Internationales Privatrecht **1666** 57
  Jugendhilfe **1666** 19
  Jugendstrafrecht **1666** 2
  Kindeswohl **1666** 71
  Maßnahmen, gerichtliche **1666** 218
  Migrationshintergrund **1666** 165
  Moral **1666** 122
  öffentliches Recht **1666** 2
  Offizialverfahren **1666** 232
  Persönlichkeitsrecht **1666** 163
  Prävention **1666** 17, 98
  Rechtsschutz, allgemein-zivilistischer **1666** 11 f, 14
  Recht auf gewaltfreie Erziehung **1666** 98
  Religionsfreiheit, elterliche **1666** 163
  Sektenzugehörigkeit **1666** 126 f, 162
  Sozialleistungen **1666a** 1
  Strafrecht **1666** 2
  UN-Kinderkonvention **1666** 5
  Verfahren, gerichtliches **1666** 9, 257 ff
  Vermögenssorge **Vorbem 1673–1698b** 10
  vorläufiger Kindesschutz **1666** 17
  Werte **1666** 122
  Zuständigkeit, sachliche **1666** 7
  Rechtszug **1666** 7
Kindesschutzmaßnahmen
  s Maßnahmen, familiengerichtliche
Kindesschutzsachen
  Verfahrenswert **1666** 312
Kindesschutzverfahren
  Anhörungspflichten **1666** 273; **1671** 262
  Aktenvermerk **1666** 273
  Beschwerdeverfahren **1666** 302
  Eltern **1666** 266, 273 f
  s a Elternanhörung
  Elternteil, nicht sorgeberechtigter **1666** 274
  Jugendamt **1666** 273, 280
  Kind **1666** 266, 273, 275

Kindesschutzverfahren (Forts)
s a Kindesanhörung
Nichtanhörung **1666** 273
Pflegepersonen **1666** 273
Protokoll **1666** 273
Überprüfung **1666** 273
Vater, nichtehelicher **1666** 274
Anregungsrecht **1666** 261
Antragsrecht **1666** 262
Beschleunigungsgebot **1666** 259, 282
Beschlüsse
  Bekanntmachung **1666** 289
  Beschlussbegründung **1666** 289
  Beschwerdefrist **1666** 289
  Rechtskraft **1666** 289
  – formelle Rechtskraft **1666** 289
  – materielle Rechtskraft **1666** 289
  Vollzug **1666** 290
  Vollzugsfähigkeit **1666** 290
  Wirksamkeit **1666** 289
  Zwangsmaßnahmen **1666** 290
  – Zwangsgeld **1666** 290
  – Zwangshaft **1666** 290
einstweilige Anordnung **1666** 280, 305 ff
Elternanhörung
  s Anhörungspflichten
Ermittlungen **1666** 267, 283
  Ermittlungspflicht **1666** 273
  Hilfsansätze **1666** 268
  Jugendamtsberichte **1666** 268, 274
  Maßnahmen, Geeignetheit **1666** 268
  polizeiliche Ermittlungen **1666** 268
  sexueller Missbrauch **1666** 267
  Strafverfahren **1666** 268
früher erster Termin **1666** 265
Gefährdungserörterung **1671** 262
  s a dort
Kindesanhörung
  s Anhörungspflichten
Kindesbeteiligung **1666** 266
Konfliktlösungen, einvernehmliche **1666** 260
  Erziehungsberatung **1666** 260
  Kinder **1666** 260
  Sachverständige, Einbeziehung **1666** 282
rechtliches Gehör **1666** 273
Sachverständige **1666** 260
Sachverständigengutachten **1666** 281
  s a dort
Terminverlegung **1666** 259, 263
Untätigkeitsbeschwerde **1666** 259, 261
Untersuchungsgrundsatz **1666** 267, 273
Verfahrensaussetzung **1666** 259
Verfahrensbeistand **1666** 260, 269 ff
Verfahrenseinleitung **1666** 261
Verfahrenseinleitungsschwelle **1666** 88, 261, 267
Verfahrenspflegschaft **1666** 269
Vermittlungsverfahren **1666** 260

Kindesschutzverfahren (Forts)
Vorranggebot **1666** 259
Kindesunterhalt
Getrenntleben der Eltern **1671** 1
Unterhaltspflichtverletzung **1671** 197
Unterhaltsverweigerung **1666** 195
Unterhaltszahlungen trotz Elternstreits **1671** 197
Kindesvermögen
Anlagebestimmung **1667** 10
Anlegung **1642** 1 ff
  s a Anlegung von Geld
Anordnungen des Erblassers/Zuwendenden
  s Verwaltung
Barvermögen **1642** 5 ff
Bewahrung **1642** 11
Buchforderungen **1667** 12
Einkünfte, Verwendung **Vorbem 1638–1665** 4; **1649** 13 ff
Eheschließung des Kindes **Vorbem 1638–1665** 10; **1649** 35
elterliche Sorge, Beendigung **Vorbem 1673–1698b** 8
elterliche Sorge, Ruhen **Vorbem 1673–1698b** 8
Erhaltung **Vorbem 1638–1665** 1 f; **1642** 8, 14; **1649** 11
Erwerb von Todes wegen **1638** 7 ff
Gefährdung
  s Vermögensgefährdung
gesamtes Vermögen **Vorbem 1638–1665** 1; **1638** 1
Herausgabe **1666** 255; **Vorbem 1673–1698b** 8; **1675** 3
Herausgabeanspruch **1648** 13; **1649** 40
Inventarisierung **1640** 1
  s a Inventarisierungspflicht
Kostbarkeiten **1667** 12
Lasten **1649** 10
Mehrung **1642** 14
Nutzießung, elterliche **1649** 1 ff
  Beendigung **1649** 5
  Eheschließung des Kindes **1649** 5
  Eigennützigkeit **1649** 9
  Entziehung **1649** 4 f
  freies Vermögen **1649** 3
  Fruchtziehung **1649** 3
  Gebrauchsvorteile **1649** 3
  Gleichberechtigungsgrundsatz **1649** 6, 8
  Sicherheitsleistung **1649** 4
  Verantwortlichkeit gegenüber dem Kind **1649** 4
  Verzicht **1649** 5
Nutzungen **1649** 10, 40
Rechenschaft **Vorbem 1673–1698b** 8; **1675** 3
Ruhen der elterlichen Sorge **1673** 15
Schatzfund **1638** 34
Schutzvorkehrungen **1640** 11

Kindesvermögen (Forts)
s a Inventarisierungspflicht
Überschusseinkünfte **1638** 21; **1649** 12 f, 19 f, 23, 28
s a Verwendungsbefugnis
Unterhalt des Kindes **1649** 20
Vermehrung **Vorbem 1638–1665** 1 f
Vermögensschutz **1666** 177 ff, 186 ff
Vermögenssorge **Vorbem 1638–1665** 1 ff; **1638** 1
Verwaltung **1649** 10
s a Vermögensverwaltung
Anordnungen **Vorbem 1638–1665** 2; **1639** 5 ff; **1642** 12
– Abweichungen in besonderen Fällen **1639** 15 ff; **1642** 12
– Anpassung **1639** 9
– Auflage **1639** 7
– Ausschluss der Verwendungsbefugnis **1639** 8
– Bedingung **1639** 7
– Befolgung **1639** 6, 11
– Durchführung **1639** 11 ff
– Ersatzgegenstand **1639** 9
– Kindeswohl **1639** 8
– Maßregeln, gerichtliche **1639** 12
– Nichtbefolgung **1639** 4, 6, 11
– öffentliches Recht **1639** 9
– Ordnungsstrafen **1639** 13
– Surrogationsgrundsatz **1639** 9
– Zuständigkeit des Familiengerichts **1639** 14
– Zwang, unmittelbarer **1639** 13
Ausschließung der Verwaltungsbefugnis **1638** 3
s a dort
Einkünfte **1649** 11
gemeinsame Verwaltung **1638** 3
Veräußerung **1639** 8
wirtschaftliche Vermögensverwaltung **1642** 7, 14
Verwendungsbefugnis **1649** 10 f
s a dort
Anlegung von Geld **1649** 37
Arbeitseinkommen des Kindes **1649** 11, 13, 21 f, 41
Ausschließung **1649** 26
Ausübung **1649** 24 f, 27
– Pfleger **1649** 25
Bereicherungsansprüche des Kindes **1649** 41
– gegen unterhaltene Geschwister **1649** 42
Billigkeit **1649** 33 f
Eheschließung des Kindes **1649** 35
Elternunterhalt **1649** 10 ff, 23, 30 ff
– Adoptiveltern **1649** 31
– leibliche Eltern **1649** 31

Kindesvermögen (Forts)
– nicht verwaltungsberechtigter Elternteil **1649** 34
– Stiefeltern **1649** 31
Entziehung **1649** 39
Erlöschen **1649** 35 f
Erwerbsgeschäft des Kindes **1649** 11, 13, 21 f
freies Vermögen **1649** 29
Gegenstand **1649** 28 f
Geschwisterunterhalt **1649** 10 ff, 23, 30 ff
– halbbürtige leibliche Geschwister **1649** 31
– Stiefgeschwister **1649** 31
– verheiratete Geschwister **1649** 30, 32
– vollbürtige leibliche Geschwister **1649** 31
– volljährige Geschwister **1649** 30
häusliche Gemeinschaft **1649** 32
Klagbarkeit **1649** 25
Lebensstandard **1649** 11 f, 20 f, 31, 33
Maßnahmen, gerichtliche **1649** 39
Nutznießungsrecht **1649** 12
Pfändbarkeit **1649** 25
Ruhen der elterlichen Sorge **1675** 3
Schadensersatzpflicht der Eltern **1649** 38, 41
– Haftungsmaßstab **1664** 14
Sorgerechtsentzug **1666** 255
Überschusseinkünfte **1649** 28, 41
Übertragbarkeit **1649** 25
Vermögenseinkünfte **1649** 11, 13 f, 17, 41
– Begriff **1649** 16
– Bruttoeinnahmen **1649** 16
– Kindesunterhalt **1649** 20 f
– Reineinkünfte **1649** 16, 19
– Unterhaltsbegriff **1649** 23
– Verwaltungskosten **1649** 16 ff
– Zinsen **1649** 16
Vermögenssorge **1649** 15, 24
Verzicht **1649** 26
Wiederaufleben **1649** 35 f
Zweckbindung **1649** 30
Verwertung **Vorbem 1638–1665** 1 f
Wertpapiere **1667** 12
Zuwendender **1638** 3
Zuwendungen durch Elternteil, unentgeltliche **1638** 4

Kindeswille
Adoleszenzkonflikte **1666** 74
Alter des Kindes **1666** 75 f, 291; **1671** 238, 242 f
10-Jahresgrenze **1671** 242
12-Jahresgrenze **1671** 242
14-Jahresgrenze **1671** 242
16-Jahresgrenze **1671** 242
Mindestaltersgrenze **1671** 243
Anhörung des Kindes **1666** 74, 275
3. Lebensjahr **1671** 238

Kindeswille

Kindeswille (Forts)
Beeinflussung des Kindes **1666** 79; **1671** 239, 244
Bindungen des Kindes **1671** 215
emotionale Bindungen **1666** 79; **1671** 237
– Mitteilungsfähigkeit **1671** 238
psychosoziale Bindungen **1666** 76
Bindungsindiz **1671** 238
Brechen des Willens **1666** 291
Eigenentscheidung **1666** 76, 80; **1671** 241, 244
Eingriffe, körperliche **1666** 76
Entscheidungen, Durchsetzung **1666** 77
Geschwistergemeinschaft, Fortbestand **1671** 245
Gewaltanwendung **1666** 291
Gründe, beachtliche **1666** 75 f
Heranwachsende **1671** 245
Herausgabeanordnung **1666** 291
Interessenwahrnehmung **1666** 74
Kindeswohl **1666** 71, 74 ff
Kleinkind **1671** 245
Konfliktlösung **1671** 241
leibliche Eltern/Pflegeeltern **1666** 159
nichteheliche Eltern, Sorgekonflikt **1666** 159
Organspende **1666** 153
Persönlichkeit, selbständige und eigenverantwortliche **1666** 74
Reife **1671** 238, 242
Selbstbestimmung **1666** 76 ff
Selbstbestimmungsfähigkeit **1671** 242 ff
Sorgerechtsübertragung **1671** 88
Überforderung des Kindes **1666** 75
Umgangszwang **1666** 147
Umplazierung des Kindes **1666** 74, 130, 133
Urteilsfähigkeit **1671** 238

Kindeswohl
Abwägung **1671** 174 f
außerrechtliche Maßstäbe **1666** 72 f; **1671** 172
Begriff **1666** 65 ff
berufstätiger Elternteil **1671** 165
Betreuung durch Elternteil **1671** 165
Betreuung des Kindes, persönliche **1671** 204 ff
Bhagwan **1671** 193
Bindungen, innere **1666** 71, 76
Bindungen des Kindes **1671** 210, 213
Bindungserhaltung **1671** 215
Chancengleichheit, elterliche **1671** 165, 167 f
deutsches Recht **1671** 201
Drittbetreuung **1671** 165, 204
zeitweilige Drittbetreuung **1671** 206
Eigenmächtigkeiten der Eltern **1671** 196
Eingriffslegitimation **1666** 65

Kindeswohl (Forts)
Einzelfallgerechtigkeit **1666** 66, 68, 162, 206
elterliche Sorge **Vorbem 1638–1665** 1
Elterninteressen **1666** 69, 92
Elterntrennung **1671** 110 ff
Elternverantwortung **1671** 6 f
Entscheidungsbegründung **1666** 258
Entscheidungsdurchsetzung **1666** 258
Entscheidungsfindung **1666** 258
Entscheidungsmaßstab **1666** 65
Entscheidungsübertragung **1671** 55
Erbschaft, Annahme **1638** 16
Erbschaft, Ausschlagung **1638** 16
Erfahrungswissen **1666** 284
Ermessen, elterliches **1666** 11
Erwerbsgeschäft des Kindes **1645** 12
Erziehungseignung **1671** 224
Eignungsunterschied **1671** 224
gleichwertige Erziehungseignung **1671** 171
Erziehungsziel **1666** 71
Familienmitglieder **1666** 69, 92
Fehlverhalten beteiligter Erwachsener, Sanktionierung **1666** 60, 67
Gefährdung **1666** 58
s a Kindeswohlgefährdung
geistiges Wohl **1666** 96
Genehmigung des Familiengerichts **1643** 49
Generalprävention **1666** 68
Gesamtbild **1671** 174
Gesamtschau, integrierende **1671** 174 f
Gesamtwohl **1666** 69, 92, 123; **1671** 176
Geschwisteraufteilungen **1671** 164
Geschwisterbindung **1671** 226 ff
Gesundheit **1666** 96, 100
Getrenntleben der Eltern **1671** 5
Gleichberechtigung, elterliche **1671** 163
Gleichberechtigung der Eltern **1671** 171
Grundkonsens **1666** 72
Grundrechte des Kindes **1666** 291
Hare Krishna **1671** 193
Humanwissenschaften **1671** 172
Individualinteressen **1666** 69, 92
Kindbemühtheit der Eltern **1671** 194 ff
Kindesbindung **1671** 224
Kindesinteresse, wohlverstandenes **1671** 234
Kindesinteressen **1666** 82
Interpretationsprimat **1666** 11 f, 69
Schädigung **1666** 82 f
Vorrang **1666** 66
Kindesschutz **1666** 71
Kindesschutzmaßnahmen, Vollzug **1666** 291
Kindeswille **1666** 71, 74 ff; **1671** 210, 234 ff
s a dort
körperliches Wohl **1666** 70, 96

Kindeswohl (Forts)
Konkretisierungsprimat, elterlicher **1666** 181
Kontinuität **1666** 43, 71; **1671** 210, 215
Kriterien **1666** 67, 71 ff
Leihmutter **1666** 67
Leitfunktion **1666** 65, 258 f
Maßnahmen, gerichtliche **1666** 258
Moonies **1671** 193
Muttervorrang **1671** 166 ff, 205
   Geschlecht des Kindes **1671** 167
nichteheliche Lebensgemeinschaft nach Scheidung der Elternehe **1671** 190
Partnerverfehlungen **1671** 187 ff
Persönlichkeit, selbständige und eigenverantwortliche **1666** 71, 74
Persönlichkeitsentfaltung **1671** 193
Primat **1671** 158 ff, 162, 168
   Gesellschaftsinteressen **1671** 169
   Partnerverfehlungen **1671** 187
   Sorgerechtskriterien **1671** 175
psychisches Wohl **1666** 70
Religion **1671** 193
Rollenverteilung, familiäre **1671** 168
Sachverständigengutachten **1666** 72
Schutzmaßnahmen, familiengerichtliche **1666** 65
Scientology **1666** 126; **1671** 193
seelisches Wohl **1666** 70 f, 96, 120 f, 142
Sicherungsgedanke **1643** 49
Sorgerecht **1671** 9 f
Sorgerechtsaufteilung **1671** 164, 252, 256 f
Sorgerechtskriterien **1671** 172
   s a dort
Sorgerechtsregelung **1671** 64 ff
Sorgerechtsübertragung **1671** 55, 138, 153 ff
   s a dort
Sorgerechtsverfahren **1671** 267
Sorgeverfahren **1671** 267 f
   Ermittlungen **1671** 268
soziales Wohl **1666** 142
Sozialisation, schulische **1666** 137
Sperrfunktion **1671** 158 ff
Stabilität **1666** 71; **1671** 261
Standards, gesellschaftliche **1666** 72
Stimmigkeitskontrolle **1666** 73
Subsidiärverantwortung, staatliche **1666** 1
Tatrichter, Sachkunde **1666** 284
Umgangsdurchführung **1671** 196
Unterbringung des Kindes **1666** 139
Verfahrensdauer **1666** 259
Verfahrensgestaltung **1666** 258
Vermögensinteressen **1666** 70
Vermögensverwaltung, Anordnungen **1639** 8
Vollzugsmaßnahmen **1666** 291
Wächteramt, staatliches **1666** 65
Wegnahme des Kindes **1671** 196

Kindeswohl (Forts)
Wertmaßstäbe **1666** 66
Werte, gesellschaftliche **1666** 67
wissenschaftliche Erkenntnisse **1666** 72
Zurückhaltung des Kindes **1671** 196
Kindeswohlgefährdung
s a Kindeswohl
Abschirmung des Kindes **1666** 143
Abwendung
   Sorgerechtseinschränkungen **1666** 20
Abwendungsprimat der Eltern
   s Gefahrabwendungsprimat, elterlicher
Adoleszenzkonflikt **1666** 74
ärztliche Behandlung **1666** 154
ärztliche Behandlung, Verweigerung **1666** 102
Aggressionen **1666** 70
Aids **1666** 116
Aids-Test **1666** 105
aktuelle Gefährdung **1666** 82
Alkoholkonsum der Eltern **1666** 172
Alleinsorge **1666** 45
   Übertragung **1666** 38 ff
amtswegige Entscheidung **1671** 264
Anarchismus **1666** 128
Anhaltspunkte, gewichtige **1666** 17 f, 89, 307
Anregungen Dritter **1666** 261
Anträge Dritter **1666** 261
Anwendungsbereich, persönlicher **1666** 20 ff
Anwendungsbereich, sachlicher **1666** 37 ff
Anzeigen **1666** 261
Arbeitsleistung des Kindes, Ausbeutung **1666** 101
Ausbildung, unterlassene **1666** 85
Auseinanderfallen tatsächliche Betreuung/rechtliche Sorgekompetenz **1666** 135, 175
im Ausland **1671** 210
Beendigung lebenserhaltender Maßnahmen **1666** 106
Begutachtung, gerichtspsychologische **1666** 104
Behandlungsverweigerung **1666** 155
Beratung **1666** 154
Berufsbestimmung **1666** 151
Beschneidung **1666** 82
Bindungen, Abbruch **1666** 85a, 130
Bindungsstörungen **1671** 113
Blutentnahme **1666** 104
Bluttransfusion **1666** 104
Distanz, räumliche **1666** 149
Dritte, Maßnahmen gegen **1666** 3, 236 f
Drittverhalten, gefährdendes **1666** 6, 8, 14 f, 20, 58 ff
   Arzt **1666** 27
   Geschwister **1666** 20
   Großeltern **1666** 20

Kindeswohlgefährdung (Forts)
Pflegeeltern **1666** 20
Stiefeltern **1666** 20
Drogenabhängigkeit **1666** 81
Drogenkonsum der Eltern **1666** 172
Eigenentscheidung des Kindes **1666** 159
Eingriffsbetroffenheit der Eltern **1666** 92
Eingriffsschwelle **1666** 65, 86 ff, 91, 265
 s a Gefährdungsschwelle
Einleitungsschwelle **1666** 88
Einzelfallbezogenheit **1666** 3, 58, 162
elterliche Sorge, Eingriffe in die **1666** 3
Elternrecht **1666** 58
 durch einen Elternteil **1666** 13
Elternverhalten **1666** 8, 58 ff, 63 f, 163, 172
Elternversagen, unverschuldetes **1666** 6, 59
Entwicklungsgefährdung **1666** 137, 142
Erheblichkeit **1666** 86
Ernährung **1666** 69
Erörterung
 s Gefährdungserörterung
Erziehungsdefizite **1666** 89, 140
Erziehungsversagen, elterliches **1666** 60
Familienpflege **1666** 49, 51
Familienrisiko **1666** 84 f
Fernschäden **1666** 82
FKK **1666** 125
Förderung, unterlassene **1666** 85
Freizeitgestaltung **1666** 69
Gefährdung **1666** 86
Gefährdungsabwendung **1666** 61, 169 ff
 Akzeptanz öffentlicher Hilfen **1666** 174
 Elternanhörung **1666** 170
 Gefährdung durch Dritte **1666** 176
 Konfliktlösungen, einvernehmliche **1666** 260
 Krankheiten der Eltern **1666** 173
 Unfähigkeit der Eltern **1666** 58, 61, 169, 173
 – Kindesmisshandlungen des anderen Elternteils, Abwehr **1666** 173
 Unwilligkeit der Eltern **1666** 58, 61, 169, 173
Gefährdungsbegriff **1666** 49, 54, 81 ff, 86 f, 90 ff; **1666a** 1
 Elternentscheidungen, autonome **1666** 95
 Erheblichkeit **1666** 82, 91
 gegenwärtige Gefahr **1666** 86
 Gewissheitsanforderungen **1666** 307
 Konkretisierung **1666** 61
 nachhaltige Gefährdung **1666** 84
 neue Gefährdung **1666** 83
 nichteheliche Eltern **1666** 94
 ordre public **1666** 163
 relativer Begriff **1666** 90 f
 Sicherheit, ziemliche **1666** 86
 statischer Begriff **1666** 90 f
 Zukunftsbezogenheit **1666** 169

Kindeswohlgefährdung (Forts)
Gefährdungserörterung
 s dort
Gefährdungsschwelle **1666** 42, 98
 s a Eingriffsschwelle
Gefährdungstatsache **1666** 60
Gefährdungsursachen **1666** 60
Gefahrabwendungsprimat, elterlicher **1666** 8, 13 f, 61 f, 98, 128, 169 ff, 260
 Entscheidungspraxis **1666** 172
 öffentliche Hilfen, freiwillige Inanspruchnahme **1666a** 12
 Subsidiaritätsvorbehalt **1666** 169, 171
Gefahrerforschungseingriff **1666** 88
Genehmigung des Familiengerichts **1666** 83
geschäftsunfähiger Elternteil **1673** 17
Gesundheitsgefährdung **1666** 96 ff, 100
 Bestrafungen **1666** 97
 Kindesmisshandlung **1666** 96
 Lebensbedingungen, gesundheitswidrige **1666** 116
 sexueller Missbrauch **1666** 100
 Sorgeausübung, elterliche **1666** 97
 Züchtigungen **1666** 97
Getrenntleben der Eltern **1671** 3
Gewalt **1666** 85
 Verhalten, elterliches **1666** 128
Gewaltanwendung **1666** 237
Gleichgültigkeit der Eltern **1666** 169, 172
Heilbehandlung **1666** 154
Heranwachsende **1666** 54, 156
 höhere Gewalt **1666** 58
Impfungen, Ablehnung **1666** 104
Interventionsmöglichkeiten **1666** 4
Interventionsschwelle **1666** 82
Jugenddelinquenz **1666** 2, 128
Jugendschutz **1666** 81
Kausalität **1666** 59
Kenntniserlangung des Familiengerichts **1666** 261
Kind **1666** 21
 Tod des Kindes **1666** 21
 Volljährigkeit des Kindes **1666** 21
Kindergartenbesuch **1666** 138
Kindesbetreuung, mangelhafte **1666** 134
Kindesmisshandlung **1666** 96
Kindesschutz **1666** 163
KiWoMaG **1666** 8, 18, 21, 58 ff, 86 ff, 249
Kleinkinder **1666** 118
Kontaktbeschränkungen **1666** 142 ff, 146
 gegenüber Heranwachsenden **1666** 144, 156
 Umgangsverweigerung **1666** 143
Kontinuitätsbruch **1666** 130
 s a dort
Kontrollschwelle **1666** 88
kriminelles Verhalten Dritter **1666** 128
kriminelles Verhalten der Eltern **1666** 128

Kindeswohlgefährdung (Forts)
künftige Gefährdung **1666** 82
Lebendorganspende **1666** 104
Lebensgefahr **1666** 26
Lebenskontinuität, Verhinderung **1666** 134
Lebensumgebung, Wechsel **1666** 130
Lebensverhältnisse, unsichere **1666** 134
Linksradikalismus **1666** 128
Maßnahmen, gerichtliche **1666** 1, 58, 218
  s a dort
Maßnahmenkatalog **1666** 218 ff; **1666a** 1; **1667** 4
Migrationshintergrund **1666** 165
Minderheitsreligion **1666** 126
Mindestgrenze **1666** 91
Misshandlungen **1666** 172
Misshandlungsverdacht **1666** 83
mögliche Gefährdungen **1666** 8, 18, 89, 264, 307
moralische Wertbildung **1666** 122
Nachkontrolle **1666** 8
  Zeitabstand, angemessener **1666** 8
nasciturus **1666** 22 ff
nichteheliche Lebensgemeinschaft des sorgeberechtigten Elternteils **1666** 125
Normenkonkurrenz **1666** 40
Operation **1666** 154 f
overprotection **1666** 137
Partnerwechsel, häufiger **1666** 134
Personensorge **1666** 37, 58 ff
Pflichtwidrigkeit, elterliche **1666** 59, 64, 173
Prävention **1666** 218
Prostitution **1666** 125
Rauchen der Eltern **1666** 69, 116
Rechtsgüterschutz **1666** 61
Rechtsradikalismus **1666** 128
Rechtsverletzungen, persönlichkeitsbedrohende **1666** 85
Regelungskonflikte **1666** 53
Religion **1666** 126
Religionswechsel **1666** 136
Risikoabschätzung **1666** 17
Rückkehr zu den Eltern **1666** 159
Schadenseintritt **1666** 82
Schadenswahrscheinlichkeit **1666** 86 f, 91
Schädigung, Besorgnis **1666** 83
Schädigung, drohende **1666** 86, 89
Schönheitsoperationen **1666** 104
Schulbesuch, Abhaltung vom **1666** 137
Schuld, elterliche **1666** 173
Schulpflicht **1666** 222
Schulphobie **1666** 137
Schulverweigerung **1666** 137
Schutz des Kindes vor sich selbst **1666** 223
Schutzauftrag der Jugendhilfe **1666** 17, 19, 86, 88
Schwangerschaftsabbruch **1666** 22 ff
  s a dort

Kindeswohlgefährdung (Forts)
Zustimmungsverweigerung der Eltern **1666** 107
Sektenzugehörigkeit **1666** 126 f, 162
sekundäre Kindeswohlgefährdung **1666** 147; **1671** 113, 267
Selbstabwendung **1666** 94
Selbstisolierung **1666** 121, 143
Sexualbeziehungen Heranwachsender **1666** 124
Sexualleben, elterliches **1666** 125
Sexualleben **1666** 124
sexueller Bereich **1666** 124
sexueller Missbrauch **1666** 85, 100, 237
sittliche Wertbildung **1666** 122
Sorgemissbrauch **1666** 64
Sorgerechtseingriffe **1666** 50, 63, 65, 89
Sorgerechtsentzug **1666** 207; **1671** 20; **1680** 16 f
Sorgerechtsentzug beider Eltern **1671** 264
Sorgerechtsinhaber **1666** 20
  Alleinsorge **1666** 20
  Mitsorge **1666** 20
  Personensorge **1666** 20
  Pflegeeltern **1666** 20
  Pfleger **1666** 20
  Scheinvater **1666** 20
  tatsächliche Sorge **1666** 20
  Teilsorge **1666** 20
  Vater, nichtehelicher **1666** 20
  Vermögenssorge **1666** 20
  Vormund **1666** 20
Sorgerechtswechsel **1666** 149
soziale Wertbildung **1666** 122
Tagesbetreuung **1666** 120
Terrorismus **1666** 128
Trennung der Eltern **1666** 38 ff
Trennung von einem Elternteil, dauerhafte **1666** 85a
Trennungsfamilie **1671** 263
Umgang, kindesschädlicher **1666** 134
Umgangsbestimmung **1666** 151
Umgangsregelungen in bezug auf Dritte **1666** 142 f
Umgangsvereitelung **1666** 145
Umgangsverweigerung gegenüber Personen mit gesetzlichem Umgangsrecht **1666** 142
Umgangszwang **1666** 147
Umplazierung des Kindes **1666** 131 ff
Umsiedlung des Kindes ins Ausland **1666** 85a
Unterhaltspflichtverletzung **1666** 193
Verbleib des Kindes bei Eltern **1666** 158 f
Verbleibensanordnung **1682** 4, 32
Verfahren, gerichtliches **1666** 256 ff
  s a Maßnahmen, gerichtliche
Verfahrensbelastungen **1671** 113
Verfahrenseinleitung **1666** 261
Verhinderung, tatsächliche **1674** 6

Kindeswohlgefährdung (Forts)
  Vermögensgefährdung **1666** 7, 178
    s a dort
  Vermögensinteressen **1666** 7, 177 ff, 187
    Erhaltung des Kindesvermögens **1666** 187
    Mehrung des Kindesvermögens **1666** 187
    Verschuldung des Kindes **1666** 187, 190, 199
  Vermögensschutz **1666** 37, 177 ff
    s a dort
  Vernachlässigung **1666** 64, 172
  Versagen, elterliches **1666** 63
  Verschulden **1666** 3, 59, 64; **1674** 6
  Wächteramt, staatliches **1666** 58, 61
  Wegfall eines Elternteils **1666** 45
  Wertgefährdung **1666** 122 ff
Kindeswohlprinzip
  Maßstab gerichtlichen Handelns **1671** 263
  Sorgerechtssachen **Vorbem 1673–1698b** 10
Kindschaftsrechtsreformgesetz
  Ausfall der Sorgeperson **1678** 4
  Ausschließung der Verwaltungsbefugnis **1640** 6
  Elternautonomie **1671** 59
  Erwerbsgeschäft des Kindes, Neugründung **1645** 2
  Geschäfte, genehmigungsbedürftige **1643** 10
  Inventarisierungspflicht **1640** 4, 6
  Kindesschutz **1666** 7
  Mittel des Kindes, Überlassung zur freien Verfügung **1644** 2
  Personenschutz des Kindes **1667** 1
  Sorgerechtsentzug **1680** 2, 15
  Sorgerechtsregelungen, Elternvorschläge **1671** 64, 81
  Sorgeverhältnisse bei Trennung/Scheidung **1671** 4
  Stiefeltern, Sorgerechtsteilhabe **1682** 3
  Tod eines Elternteils **1680** 2
  Todeserklärung eines Elternteils **1677** 3; **1681** 3
  Verbleibensanordnung **1682** 1
  Verfahrenspflegschaft **1682** 41
  Verhinderung, tatsächliche **1674** 7
  Vermögensschutz **1667** 1
Kindschaftssachen
  einstweilige Anordnung **1666** 305
Kindschaftsverfahren
  Sorgerechtsübertragung **1671** 46
Kleinkinder
  Betreuung des Kindes, persönliche **1671** 204
  Bezugspersonen **1671** 204, 221
    Hauptbezugsperson **1671** 230, 247
  Bindungen, innerfamiliäre **1671** 221
  Gesundheitsgefährdung **1666** 118

Kleinkinder (Forts)
  Kindeswille **1671** 245
  minderjähriger Elternteil **1673** 24
  Muttervorrang **1671** 166 f
  Umplazierung **1671** 230
Körperverletzung
  Haftung der Eltern **1664** 51, 53 ff
    s a Unerlaubte Handlung
Konkordanz
  Sorgerecht **1671** 211
  Umgangsrecht **1671** 211
Konkursverfahren
  Eltern/Elternteil **Vorbem 1638–1665** 11; **1647** 1; **1668, 1669** 1
Kontaktverbote
  Adoleszenzkonflikte **1666** 144, 156
  gegenüber Heranwachsenden **1666** 144
  häusliche Gewalt **1666** 234
  Maßnahmen gegen Dritte **1666** 237
  Nachstellung **1666** 234
  Selbstisolation des Kindes **1666** 156
  Sorgerechtsentzug **1666** 146
  Umgangsbestimmungsrecht **1666** 143
  Umgangsverweigerung **1666** 142
  Umplazierung des Kindes **1666** 146
Kontaktvereitelung
  Auswanderung **1666** 149
  Wegzug **1666** 149
Kontinuitätsbruch
  Eltern/Großeltern **1666** 130
  Eltern/Pflegeeltern **1666** 130
  Eltern/Wohngruppe **1666** 130
  getrenntlebende Eltern **1666** 130
  Herausgabeverlangen **1666** 130
  Herausnahme, unvermittelte **1666** 130 f
  Kindeswille **1666** 130
  Kindeswohlgefährdung **1666** 130
  Loyalitätskonflikt **1666** 130
  Sorgerechtseingriffe **1666** 210
  Umplazierung **1666** 130 f
  Vormund/Pflegeeltern **1666** 130
Kontinuitätsprinzip
  Betreuungswechsel **1671** 248
  Bindungen des Kindes **1671** 177, 246 ff, 247
  einstweilige Anordnungen **1671** 248, 294
  Erziehungsverhältnisse **1671** 246 f
  Gleichwertigkeit der Verhältnisse bei beiden Eltern **1671** 248
  Kindesentführung **1671** 248
  Lebensbedingungen, kindliche **1671** 177
  Sorgerechtsaufteilung, zeitliche **1671** 261
  Umgebungswechsel **1671** 248
Kopftuchgebot
  Kindesschutz **1666** 163
Kostbarkeiten
  Kindesvermögen **1667** 12
Kredit des Kindes
  s Aufnahme von Geld auf den Kredit des Kindes

KSÜ
s Haager Kindesschutzabkommen

Landesrecht
Maßnahmen gegen Eltern **1666** 2
Landgut
Pachtvertrag **1643** 28
Lebendorganspende
Einwilligung **1666** 102, 153
Teilmündigkeit, vorgezogene **1666** 153
Lebensgefährte
Ausweisung aus der Wohnung **1666** 237
Wohnungsausweisung **1666a** 27
Lebenspartner, registrierte
Ausweisung aus der Wohnung **1666** 231
häusliche Gewalt **1666** 231
Sorgebeteiligung **1671** 184
Sorgerechtsübertragung **1671** 24
Teilhabe an elterlicher Sorge **1682** 2
Verbleibensanordnung **1682** 1
Lebensversicherung
Inventarisierungspflicht **1640** 8
Leihmutter
Elternteil **1666** 67
Letztwillige Verfügung
Anfechtung **1638** 9
Aufhebung **1638** 9
Ausschließung des Verwaltungsrechts der Eltern **1638** 7, 12
Zeitpunkt **1638** 12
Erbvertrag **1638** 12
Errichtung **1638** 9
Nutznießung, Ausschluss **1639** 12
Testament **1638** 12
Linksradikalismus
Kindeswohlgefährdung **1666** 128
Lotterielos
Surrogationsgrundsatz **1638** 34

Mädchen
Beschneidung **1666** 82, 96, 126, 163; **1671** 201
Erziehung **1666** 161, 163
Kleidung **1666** 163
kleine Freiheiten **1666** 163
Umgang **1666** 163
Maßnahmen, familiengerichtliche
s a Kindesschutzverfahren; Kindeswohlgefährdung
Abwägung **1666** 217, 219
Änderung **1666** 289, 293 f
Änderungsverfahren **1666** 294
Anfechtbarkeit **1666** 300
Ankündigung weiterer Maßnahmen **1666** 219
Anordnungen **1666** 201, 204
Antigewalttraining **1666** 219
Appellfunktion **1666** 219

Maßnahmen, familiengerichtliche (Forts)
Aufenthalt im Ausland, unbekannter **1666** 212
Aufhebungspflicht **1666** 43, 289
Auflagen **1666** 44, 91, 219
ausländische Schutzmaßnahmen **1666** 317
Auslagen **1666** 312
Auslandsbezug **1666** 313 ff
Ausreiseverbot **1666** 219
Auswahlermessen **1666** 206
Befristung **1666** 238
Beschwerde, befristete **1666** 300
Dauer **1666** 238
dringliche Maßnahmen **Vorbem 1673–1698b** 7
Dritte, gefährdende **1666** 232
Effektivität **1666** 219
Eingriff, geringstmöglicher **1666** 213 f
Eingriffsgrenze **1666** 12
Eingriffsintensität **1666** 294
Eingriffskompetenz **1666** 43
Eingriffsschwelle **1666** 86; **1667** 4
einstweilige Anordnung **1666** 238, 309
einstweilige Anordnungen **1666** 208
Einzelfallbezogenheit **1666** 3, 58, 162
Einzelfallgerechtigkeit **1666** 206
elterliches Verhalten **1666** 2, 59 ff
Entscheidungsbegründung **1666** 258
Entscheidungsdurchsetzung **1666** 258
Entscheidungsfindung **1666** 258
Erforderlichkeit **1666** 6, 12, 43, 64, 171, 201, 211 ff, 218; **1666a** 1
Effektivität zur Abwendung der Kindesgefährdung **1666** 213
Erklärungsersetzungen **1666** 6, 219, 224
Ermahnungen **1666** 44, 91, 201, 205, 219
Erziehungshilfen **1666a** 19
Erziehungsmaßregeln **1666** 223
Familiensituation, Ermittlung **1666** 48
Familiensituation, Überprüfung **1666** 8
Folgenkontrolle **1666** 219, 294
Folgeregelungen **1666** 225
Gebote **1666** 44, 91, 219 ff, 229, 294; **1666a** 28
Abgabe von Erklärungen **1666** 214
Annahme von Hilfen nach SGB VIII **1666** 220; **1666a** 13
Verhalten **1666** 214
Verhaltensgebote an Kind selbst **1666** 223
Gebühren **1666** 312
Geeignetheit **1666** 12, 146, 212
Gefährdungen, Schutz vor **1666** 2
Gefährdungserörterung
s dort
Gefährdungsschwelle **1666** 218
Gefahrenabwehr **1666** 212
Gestaltungsfreiheit **1666** 206, 218
Gestaltungsverantwortung **1666** 218

Maßnahmen, familiengerichtliche (Forts)
  gewalttätige Erziehung **1666** 98
  Hinweise **1666** 205
  Jugendhilfeleistungen **1666a** 10
  Kindergartenbesuch **1666** 219
  Kindesgefährdung **1666** 98
  Kindesschutz **1666** 218
  Kindeswohl **1666** 258
  Kindeswohlgefährdung **1666** 218
  Kooperationsversprechen der Eltern **1666** 174
  Kosten **1666** 312
    Zahlungspflicht **1666** 312
  längerdauernde Maßnahmen **1666** 294
  Lebensführung der Eltern **1666** 229
  Legitimierungspflicht **1666a** 2, 4
  Maßnahmen gegen Dritte **1666** 236 f, 249
  mildere Mittel, Vorrang **1666** 145
  Nichtbefolgung gerichtlicher Anordnungen **1666** 201
  Nichteingriff **1666** 212, 217
  niedrigschwellige Maßnahmen **1666** 87, 174, 212, 218
  öffentliche Hilfen, Vorrang **1666** 43; **1666a** 10–12
  Personenschutz des Kindes **1667** 2
  Personensorge **1666** 206 ff
  Plazierungsalternativen **1666** 212
  Prävention **1666** 82, 218
  Scheidungsverbund **1666** 257
  Schulbesuch, Abhaltung vom **1666** 137
  Schutzvorschriften **1666** 48
  Sicherungsmaßregeln **1666** 201
  Sorgeausübung, Verhinderung der Eltern **Vorbem 1673–1698b** 7
  Sorgerechtsentzug **1666** 218, 225
  Sorgerechtsentzug, teilweiser mit Pflegerbestellung **1666** 219
  Überprüfungspflicht **1666** 43, 174, 219, 289, 293 ff
    s a dort
  Überprüfungsverfahren **1666** 294
  Umgangsfragen **1666** 54
  Unterbringung, mit Freiheitsentziehung verbundene **1666** 48
    missbräuchliche Anträge **1666** 48
    ungenehmigte Unterbringung **1666** 48
    Unterlassung von Anträgen **1666** 48
  Untersuchungsgrundsatz **1666** 267
  Verbleibensanordnung **1666** 214
    s a dort
  Verbote **1666** 44, 91, 219, 229, 294
  Verfahren **1666** 256 ff
    Auslandsbezug **1666** 313 ff
    – anwendbares Recht **1666** 315
  Verfahren, selbständiges **1666** 257
  Verfahrensbeteiligte **1666** 257
    Eltern **1666** 257
    Jugendamt **1666** 257

Maßnahmen, familiengerichtliche (Forts)
    Kind **1666** 257
    Pflegeeltern **1666** 257
    Verfahrensbeistand **1666** 257
  Verfahrensdauer **1666** 259
  Verfahrensgestaltung **1666** 258
  Verhältnismäßigkeit **1666** 6, 12, 43, 92, 171, 201, 211 ff, 217; **1666a** 1
  Verhältnismäßigkeitsprinzip **1666** 145 f
  Vermittlungsverfahren **1666** 145
  Vermögensgefährdung **1666** 206 ff
  Vermögensschutz **1667** 2
  Vermögenssorge **1666** 239 ff
  Volljährigkeit des Kindes **1666** 238
  Wegzugsverbot **1666** 219
  Wirkung gegen Dritte, unmittelbare **1666** 6
  Zuständigkeit, internationale **1666** 313
    Kindesentführung **1666** 314
  Zuständigkeit, örtliche **1666** 256
  Zuständigkeit, sachliche **1666** 256
Mediation
  Hinweispflicht des Familiengerichts **1671** 272, 277
Mediationsverfahren
  Jugendamtsbeteiligung **1671** 17
Menschenwürde
  Zwangsbehandlung, psychiatrische **1666** 291
Mietvertrag
  Fortdauer nach Volljährigkeitseintritt **1643** 28 f
  Genehmigung des Familiengerichts **1643** 28 f
Migrationshintergrund
  Adoleszenzkonflikt **1666** 165, 168
  Ausbildung, Verweigerung **1666** 163
  Behandlung, entwürdigende **1666** 163
  Beschneidung von Jungen **1666** 163
  Beschneidung von Mädchen **1666** 163
  bikulturelle Prägung **1666** 165 f
  Bindungsaspekt **1666** 165, 167
  Erziehungsprimat, elterlicher **1666** 165
  Gewaltanwendung **1666** 163
  Isolierung des Kindes, soziale **1666** 163
  Kindergartenbesuch **1666** 138
  Kindeserziehung **1666** 160 f
  Kindesschutz **1666** 165
  Kindeswohlgefährdung **1666** 165
  Mädchen **1666** 161, 163
  Maßnahmen, gerichtliche **1666** 168
  Morddrohung **1666** 163
  Rückkehrverweigerung **1666** 164
  Trennung Eltern/Kinder **1666** 165
  Unterbringung, zwangsweise **1666** 163
  Zwangsheirat **1666** 163 f
Minderjährige
  s a Kinder
  Anregungsrecht **1666** 261
  Behandlungsvertrag **1666** 153

Minderjährige (Forts)
Eheschließung **Vorbem 1638–1665** 10
Einwilligungsfähigkeit **1673** 22
Einwilligungsfähigkeit, natürliche **1666** 153
Elternteil
s dort
Entziehung **1666** 2
Erwerbsgeschäft
s Erwerbsgeschäft des Kindes
Persönlichkeitsrecht, allgemeines **1645** 9
Personensorge, tatsächliche **1671** 182
Persönlichkeitsrecht, allgemeines **1666** 131
Sterilisation **1666** 154
Teilgeschäftsfähigkeit **1643** 24, 31
Teilmündigkeit **1673** 22
unbegleitete Minderjährige **1674** 12, 24
Verbleibensanordnung **1682** 11
Vertragsschluss **1644** 1
Minderjährigenhaftungsbeschränkung
Haftungsbeschränkung **Vorbem 1638–1665** 3; **1645** 10
Minoritäten
Kindeserziehung **1666** 160 f
Misshandlung Schutzbefohlener
Kindesschutz **1666** 2
Miterben
Erbteilsverwaltung **1638** 11
Verfügung über Anteil am Nachlass **1643** 21
Miterbschaft
Vermögensverzeichnis **1640** 20
Mitteilungspflicht
Tod einer Person, die ein minderjähriges Kind hinterlassen hat **1640** 27
Mittel des Kindes
Rechtserwerb **Vorbem 1638–1665** 2; **1646** 6 ff
Surrogation, gesetzliche **Vorbem 1638–1665** 2; **1646** 1 ff
s a Surrogation
Vorzugsrecht **1646** 1
Mittel des Kindes, Überlassung zur freien Verfügung
Genehmigung des Familiengerichts **1644** 1, 3 ff
Mündel
Selbständigkeit, zunehmende **1664** 8
Mündelgeld
Anlegung **1642** 1 f
Münchhausen-by-proxy-Syndrom
Kindesmisshandlung **1666** 96
Mutter
Alleinsorge **1666** 251; **1672** 1, 4, 11; **1678** 20
Änderungen **1671** 26
Sorgerechtsentzug **1680** 19 f
Übertragung auf den Vater **1672** 3 ff; **1678** 20, 25, 33; **1680** 19
– Kindesherausgabe **1678** 33

Mutter (Forts)
– Kindesvermögen, Herausgabe **1678** 33
– Kindeswohldienlichkeit **1678** 29
– Kindeswohlprüfung **1678** 30
– von Amts wegen **1678** 20
Ausfall der alleinsorgeberechtigten Mutter **1678** 20 ff
Ausschließungsbefugnis gegenüber dem Vater **1638** 10
Geschäftsunfähigkeit **1672** 7; **1673** 18
Haftung **1649** 1
Minderjährigkeit **1672** 7; **1673** 3
Nutznießung am Vermögen des Kindes **1649** 1
Sorgezuweisung, originäre **1666** 46
Vetorecht **1672** 3
Mutter, nichteheliche
Alleinsorge **1680** 21
Ruhen der elterlichen Sorge, dauerhaftes **1678** 12, 20 ff, 29
Endgültigkeit des Ruhens **1678** 27
partielles Ruhen **1678** 22
Wegfall der Ruhensgründe **1678** 34
Wegfall des Ruhensgrundes **1678** 20, 27
Sorgerechtsentzug **1680** 21 ff
Teilfamilie **1666a** 8
Verhinderung, tatsächliche **1678** 13, 18, 21, 24
Mutter-Sohn-Symbiose
Gesundheitsgefährdung **1666** 121
Trennung, Verhältnismäßigkeit **1666** 217

Nachbarn
Anregungsrecht **1666** 261
Nacherbschaft
Vermögensverzeichnis **1640** 24
Nachlass
Verwaltung, Ausschließung der Eltern **1638** 16
Nachlassgericht
Mitteilungspflicht **1640** 27
Nachlassvermögen
Inventarisierungspflicht **1640** 5
Nachstellung
s a Stalking
Maßnahmen, gerichtliche **1666** 231 f, 234
Näherungsverbote
häusliche Gewalt **1666** 234
Maßnahmen gegen Dritte **1666** 237
Nachstellung **1666** 234
Namensaktie
Surrogation **1646** 6
Namensanschluss
Entscheidungsübertragung **1671** 57
nasciturus
elterliche Sorge **1666** 26
Grundrechtsfähigkeit **1666** 25, 27
Kindeswohlgefährdung **1666** 22 ff

nasciturus (Forts)
  Lebensschutz **1666** 22 ff, 114
  Rechtsschutzfähigkeit **1666** 23, 25, 27
  Schädigung, gesundheitliche **1666** 24, 28, 118
  Tötung **1666** 26, 28
Nestmodell
  Sorgerechtsvereinbarungen **1671** 61
Nicht miteinander verheiratete Eltern
  Alleinsorge der Mutter **1672** 1, 11
  Alleinsorge des Vaters **1672** 11
  gemeinsames Sorgerecht **1672** 2, 7, 11, 17 ff; **1682** 7
    Anordnung, familiengerichtliche **1672** 17
    – Antrag **1672** 17, 20
    – Getrenntleben der Eltern **1672** 21
    – Kindeswiderspruch **1672** 22, 25
    – Kindeswohl **1672** 17, 22
    – Teilsorge **1672** 20
    – Teilübertragung auf den Vater, frühere **1672** 23 f
    – Verfahrensbeistand **1672** 22
    – Zustimmung **1672** 17, 20
  Ausfall der Sorgeperson **1678** 6
  Verfahren
    s Sorgerechtsübertragung
  Getrenntleben **1672** 3, 6
  Heirat **1672** 2, 17
  Plazierungsabwägung **1666** 212
  Sorgeerklärungen **1672** 2, 7
    s a dort
  Sorgekonflikt **1666** 94, 159
  Sorgerechtsstreit **1671** 263
  Sorgerechtsübertragung **1672** 1 ff
    Änderung **1672** 2
    Anhörung **1672** 3
    – Jugendamt **1672** 25
    Entscheidung, gerichtliche **1672** 14 ff
    Kind, minderjähriges gemeinschaftliches **1672** 3
    Kindesbeteiligung **1672** 3
    Kindeswohldienlichkeit **1672** 3, 11 f
    Kindeswohlprüfung **1672** 7, 11
    Negativkontrolle **1672** 12 f
    Rechtsmittel **1672** 25
    Rückänderung **1672** 17 ff
    Übertragungsantrag des Vaters **1672** 3, 7
    – Stattgabe **1672** 14 f
      teilweise Stattgabe **1672** 15
    – Teilübertragung **1672** 7, 16, 23 f
    – Verfahrensbeistand **1672** 25
    – vorgeburtlicher Antrag **1672** 7
    – Zustimmung der Mutter **1672** 3, 7 ff
      Adoptionseinwilligung **1672** 8, 13
      Form **1672** 8
      geschäftsunfähige Mutter **1672** 7
      Inpflegegabe des Kindes, dauerhafte **1672** 8

Nicht miteinander verheiratete Eltern (Forts)
      minderjährige Mutter **1672** 7
      Rechtsnatur **1672** 8
      vorgeburtliche Zustimmung **1672** 7
      Widerruflichkeit **1672** 8
      Zulässigkeitsvoraussetzung **1672** 8
      Zustimmungsersetzung **1672** 8 f
    Verfahren **1672** 25
    Verfassungswidrigkeit der Übertragungsmaßstäbe **1672** 2, 5, 9 f
    Vermittlung des Gerichts **1672** 25
    Zuständigkeit **1672** 25
  Sorgestreit **1666** 214
  Umplazierung des Kindes **1666** 214
Nichteheliche Eltern
  s Nicht miteinander verheiratete Eltern
Nichteheliche Kinder
  s Kinder, nichteheliche
Nichteheliche Lebensgemeinschaft
  Alleinsorge, Wechsel **1672** 6
  nach Scheidung der Elternehe **1671** 190
  Sorgeerklärung **1672** 6
  Verbleibensanordnung **1682** 1
  Verbleibensanordnung, Antragsrecht **1682** 21
Nichteheliche Mutter
  s Mutter, nichteheliche
Nichtehelicher Vater
  s Vater, nichtehelicher
Nießbrauch
  Surrogation **1646** 6
Notare
  öffentliches Inventar, Aufnahme **1640** 30
Notvertretungsrecht
  Verbleibensanordnung **1682** 30
Nutznießung, Ausschluss
  letztwillige Verfügung **1639** 12
  Pflegerbestellung **1639** 12
  Surrogationsgrundsatz **1646** 3
Nutznießung, elterliche
  Kindesvermögen **1649** 1 ff
  Wegfall **1650–1663** 1
Nutzungen
  Ausschließung der Verwaltungsbefugnis **1638** 34
  Kindesvermögen **1649** 10
Nutzungsrechte
  Geschäfte, genehmigungsbedürftige **1643** 13

Obhutselternteil
  Sorgeentscheidungen, tägliche **1671** 144
Öffentliche Hilfen
  s a Jugendhilfe
  Akzeptanz der Eltern **1666** 174; **1666a** 12
  Alleinerziehende **1666a** 10
  Angebot durch Jugendamt **1666a** 13
  Anordnungsbefugnis des Familiengerichts **1666a** 14 f

Öffentliche Hilfen (Forts)
Ausfall des haushaltsführenden/kinderbetreuenden Elternteils **1666a** 10
Berufe, ambulante **1666a** 10
Einzelbetreuung, intensive sozialpädagogische **1666a** 11
Elternantrag **1666** 220
Erklärungsersetzung **1666** 220
Entscheidungskompetenz **1666a** 13 ff
Familiengericht **1666a** 14
Jugendamt **1666a** 14
Erfolgsaussichten **1666a** 22 f
Erforderlichkeit **1666** 64; **1666a** 13
Erziehungsberatung **1666a** 11
Erziehungsdefizite **1666** 140
Erziehungsprobleme **1666a** 11
Familienhilfe, sozialpädagogische **1666a** 10 f
Familieninteresse **1666a** 21
Gebot zur Kooperation **1666** 220
Geeignetheit **1666a** 13, 22
Gefahrabwendung **1666** 62
Gewalt in der Erziehung **1666** 99; **1666a** 11, 26
Gruppenarbeit, soziale **1666a** 11
Heimerziehung **1666a** 12
Hilfen zur Erziehung **1666a** 11
Hilfeplan **1666a** 11, 18
Inobhutnahme
s dort
Jugendamtsbericht **1666** 268; **1666a** 22
Kindesgefährdungen, Abwehr **1666a** 13
Kindesinteressen **1666a** 21
Kosten **1666a** 21
Absehen von Kostenbeitrag **1666a** 21
Kostenlast **1666a** 15, 21
Maßnahmen, familiengerichtliche **1666a** 13
mildere Mittel, Vorrang **1666a** 9, 22
Sachverständigengutachten **1666a** 18
SGB VIII **1666a** 10 ff
Sozialisationsdefizite **1666a** 11
sozial-ökonomische Problemlagen **1666a** 10
Steuerungsverantwortung **1666a** 14 ff
Tagesgruppe **1666a** 11
Tagespflege **1666a** 10
Trennung Eltern/Kinder **1666a** 9
Unterhaltsleistungen **1666a** 11
Verantwortungsgemeinschaft Familiengericht/Jugendhilfe **1666a** 13 f, 16
Vernachlässigung des Kindes **1666** 117
Verwaltungsakt **1666a** 13
Verwaltungsrechtsweg **1666a** 13
Vollzeitpflege **1666a** 12
Vorrang **1666** 64; **1666a** 10 ff, 22
Öffentliches Recht
Kindesschutz **1666** 2
Maßnahmen gegen Eltern **1666** 2

Offizialverfahren
Kindesschutz **1666** 232
Operation
Entscheidungsübertragung **1671** 57
Kindeswohlgefährdung **1666** 154 f
Verweigerung **1666** 155
Orderpapiere, kaufmännische
Surrogation **1646** 6
Ordnungsgeld
Herausgabe von Personen **1666** 290
Umgangsregelung **1666** 290
Ordnungshaft
Herausgabe von Personen **1666** 290
Umgangsregelung **1666** 290
Ordnungsstrafen
Anordnungen zur Verwaltung des Kindesvermögens **1639** 13
ordre public
Anerkennungsfeststellung **1666** 317
Erziehungsgrundsätze **1666** 163
Gefährdungsbegriff **1666** 163
Inlandsbezug **1666** 163 f
Kindesschutz **1666** 163
Orientierungslosigkeit
Eltern **1666** 118
overprotection
Abkapselung, symbiotische **1666** 137, 148
Gesundheitsgefährdung **1666** 121

Pachtvertrag
Fortdauer nach Volljährigkeitseintritt **1643** 28 f
Genehmigung des Familiengerichts **1643** 28 f
Landgut **1643** 28
Parental Alienation Syndrom
s PAS
Partnerschaft, nicht registrierte
Verbleibensanordnung, Antragsrecht **1682** 21
Partnerschaftsgewalt
Erziehungseignung **1666** 98; **1671** 139, 201
Partnerverfehlungen
Kindeswohl **1671** 187 ff
PAS
Kindesentführung **1671** 208
Kindeswohlgefährdung durch Umgang **1666** 217
Umgangsblockade **1671** 201, 208
Vorwurf sexuellen Kindesmissbrauchs **1671** 201a
Zuweisung des Kindes an abgelehnten Elternteil **1671** 225
Patchworkfamilie
Rahmen, rechtlicher **1682** 3
Patientenautonomie
Beendigung lebenserhaltender Maßnahmen **1666** 106

Pendelmodell
s Wechselmodell
Persönlichkeitsrecht, allgemeines
Minderjährige **1645** 9; **1666** 131
Personensorge
Aufwendungen **Vorbem 1638–1665** 4; **1648** 2, 4
Elternverhalten **1666** 181
Entziehung **1666** 6, 207
Erforderlichkeit **1666a** 1
gesamte Personensorge **1666** 225; **1666a** 28 f
– Betreuung, tatsächliche **1666a** 28
– Maßnahmen, mildere **1666a** 28
– Vertretung in persönlichen Fragen **1666a** 28
Gesamtsorgerecht, Erstreckung auf **1666** 215
Trennung Eltern/Kinder **1666a** 3
Verfahrensbeistand **1666** 270
Verhältnismäßigkeit **1666** 214; **1666a** 1
Geschäftsführung ohne Auftrag **1648** 3
gesetzlicher Vertreter des Kindes **1673** 21
Kindeswohlgefährdung **1666** 20, 37, 58 ff
Konkretisierungsprimat, elterlicher **1666** 181
Maßnahmen, gerichtliche **1666** 206 ff
Maßnahmen gegen Dritte **1666** 236 f, 249
Nichtelternteil **1666** 237
minderjähriger Elternteil **1673** 20, 24 ff
Mutter, minderjährige **1673** 3
Pflichtverletzungen **1664** 14
Pflichtwidrigkeit, elterliche **1666** 180
Religionswahl **1666** 127
Sorgeeingriffe **1666** 225
Sorgerechtsaufteilung **1671** 258
tatsächliche Personensorge **1673** 20, 24, 26
Aufenthaltsbestimmungsrecht **1673** 24
Erziehung des Kindes **1673** 24
Herausgabeanspruch **1673** 24
Pflege des Kindes **1673** 24
Unterhaltspflichtverletzung **1666** 193
verheiratete Minderjährige **Vorbem 1638–1665** 10
Verhinderung, tatsächliche **1674** 10
Vertretung in persönlichen Angelegenheiten **Vorbem 1638–1665** 10; **1673** 24
Pfandrecht
Surrogation **1646** 6
Pflege
elterliche Sorge **1666** 3
Pflegeeltern
s a Familienpflege
Beschwerdeberechtigung **1666** 301
Kindeswohlgefährdung **1666** 20
Sorgebefugnisse **1666** 20; 52; **1671** 24
sozio-ökonomische Verhältnisse **1666** 84
Trennung der Pflegeeltern **1671** 24

Pflegeeltern (Forts)
Entlassung eines Pflegeelternteils **1671** 24
Pflegeerlaubnis, Rücknahme **1671** 24
Verbleibensanordnung, Antragsrecht **1682** 21
Verfahrensbeteiligung **1666** 257, 301
Pflegefamilie
Belassung des Kindes in der Pflegefamilie **1666a** 28
Familienschutz **1666** 131
Grundrechtsschutz **1682** 8
längere Zeit **1682** 18
Trennung Eltern/Kinder **1666a** 8
Pfleger
Antragsbefugnis, Übertragung **1666** 220
Auskunftspflicht **1638** 26
Auswahl **1666** 253
Betreuer **1673** 9
Bezugspersonen **1666** 253
Entscheidungsbefugnis, Übertragung **1666** 220
Genehmigung des Familiengerichts **1643** 33
häusliche Gewalt **1666** 231
Interimssorge **1681** 19
Meinungsverschiedenheiten Eltern/Pfleger **1666** 53
Personensorge **1673** 26 f
Verwandte **1666** 253
Pflegerbestellung
Abstammungsklärung **1666** 103
Alleinsorgeübertragung **1678** 39
Aufhebung **1673** 14; **1674** 23
Ausfall des Alleinsorgeberechtigten **Vorbem 1673–1698b** 6
Ausschließung der Verwaltungsbefugnis **1638** 7 ff, 16
Ausschließung eines Elternteils **1638** 18
Befreiungen für benannten Pfleger **1638** 20, 32
Benennung durch Zuwendenden **1638** 19
Beschwerde **1638** 19
Beschwerderecht der Eltern **1666** 253
Erbschaft, Verwaltung **1638** 16
Erwerb von Todes wegen **1638** 18 f
Haftung der Eltern **1664** 41
Kindesvermögen, Verwaltung **1640** 16
Kindeswohlgefährdung **1666** 20
minderjähriger Elternteil **1673** 26 ff
Nutznießung, Ausschluss **1639** 12
Ruhen der elterlichen Sorge **Vorbem 1673–1698b** 6; **1673** 13, 18
Sorgerechtsentzug **1666** 253
Vermögenspfleger **1649** 24
Vermögenssorge, Entziehung **1640** 35
Vermögensverwaltung **1638** 1
Vertragsschluss **1664** 38 f
Verwendungsbefugnis **1649** 24

Pflegerbestellung (Forts)
Wiederaufleben der elterlichen Sorge
1674 23
Pflegestelle
Wechsel **1666a** 5, 8
Pflegschaft
s Pfleger; s Pflegerbestellung
Pflichtschenkung
Einigung über die Unentgeltlichkeit **1641** 8
Genehmigung, familiengerichtliche
1641 14
aus Kindesvermögen **1641** 11
Sittlichkeit, Gebote der **1641** 12
Unterstützung naher Angehöriger **1641** 12
Vermögensverhältnisse der Beteiligten
1641 12
Pflichtteil
Beschränkung **1638** 8
Beschwerung **1638** 8
Erwerb von Todes wegen **1638** 7
Inventarisierungspflicht **1640** 7
Pflichtteil, künftiger
Vermögensgesamtheiten, Geschäfte über
1643 18
Pflichtteilsanspruch
Vermögensverzeichnis **1640** 23 f
Pflichtteilsverzicht
Genehmigung des Familiengerichts **1638**
16; **1641** 6; **1643** 33, 43
Pflichtteilsanspruch **1643** 43
Pflichtteilsrecht **1643** 43
Polizei
Vernetzung **1666** 218
Zwang, unmittelbarer **1666** 291
Privatsphäre
Kindesgefährdung **1666** 157
Prokura
Genehmigung des Familiengerichts **1645** 4
Prostitution
Kindeswohlgefährdung **1666** 125
Psychotherapie
Geeignetheit **1666** 268
Sorgerechtsentzug, Folgeregelung
1666 225
Pubertät
Ablösungsprozess **1671** 221
Einübungsprozess **1666** 151

Ratenzahlungskauf
Vermögensgefährdung **1666** 199
Rechnungslegung
Dauer von Maßnahmen **1667** 18
eidesstattliche Versicherung **1667** 9
Kosten **1667** 19
Vermögensgefährdung **1667** 4, 9
s a dort
Volljährigkeit des Kindes **1667** 18
Recht auf gewaltfreie Erziehung
Bestrafungen, körperliche **1666** 97

Recht auf gewaltfreie Erziehung (Forts)
Klagbarkeit **1666** 98
Maßnahmen, entwürdigende **1666** 97
öffentliche Hilfen **1666** 99
Sorgeausübung **1666** 97
Verletzungen, seelische **1666** 97
Rechtliches Gehör
Kindesschutzverfahren **1666** 273
Verletzung **1643** 61
Rechtsanwälte
Verfahrensbeistand **1666** 271
Rechtsbeschwerde
Anhörungspflichten **1666** 304
Anwaltszwang **1666** 304
Denkgesetze, Verstöße gegen **1666** 304
Ermittlungspflichten **1666** 304
neue Tatsachen **1666** 304
Überprüfungsumfang **1666** 304
Zulassung **1666** 304
Rechtsgeschäfte
Genehmigung des Familiengerichts
1643 64 ff
s a dort
Rechtsgeschäfte, vermögensrechtliche
Genehmigung des Familiengerichts
1643 1 ff
Anordnungen dritter Personen **1643** 3
öffentliches Recht **1643** 3
zwingendes Recht **1643** 3
Gesamtvertretung **1643** 7 ff
Geschäfte, genehmigungsbedürftige
1643 5 ff, 12 ff
Geschäfte, genehmigungsfreie **1643** 5
Vertretungsmacht der Eltern **1643** 2
Rechtskraft
Beschlüsse, familiengerichtliche **1666** 289
formelle Rechtskraft **1666** 289
materielle Rechtskraft **1666** 289
Rechtsradikalismus
Kindeswohlgefährdung **1666** 128
reformatio in peius
Beschwerde **1666** 302
Sorgerechtsverfahren **1671** 299
Regelungskonflikte
Kindeswohlgefährdung **1666** 53
Religion
Kindeswohl **1671** 193
Kindeswohlgefährdung **1666** 126, 162
Kontinuität des religiösen Bekenntnisses
1666 136
religiöse Erziehung, Kontinuität **1671** 193
Sorgerechtsentscheidung **1671** 192 f
Religionsfreiheit
Eltern **1666** 163
Religionswahl
Personensorge **1666** 127
Religionswechsel
Kindeswohlgefährdung **1666** 136

Rentenschuld
Verfügung über das Grundstück **1643** 14
Verfügung über ein Recht an einem Grundstück **1643** 14
Residenzmodell
getrenntlebende Eltern **1671** 23, 51
Restitutionsgründe
neue Tatsachen **1666** 304
Rückführungsgebot
Haager Kindesentführungsübereinkommen **1666** 313
Kontinuitätsbruch **1666** 130
Ruhen der elterlichen Sorge
s Elterliche Sorge

Sachen, bewegliche
Surrogation **1646** 6
Sachkredite
Vermögensgefährdung **1666** 199
Sachkunde
Kindeswohl **1666** 284
Sachvermögen
Vermögensschutz **1666** 188
Sachverständige
s a Sachverständigengutachten
Anhörung, mündliche **1671** 288
Auswahl **1666** 283
diagnostische Aufgabe **1666** 282
Funktionserweiterung **1671** 288
Gehilfe des Richters **1671** 288
Kindesschutzverfahren **1666** 260
lösungsorientiertes Vorgehen **1666** 282
Schlichtungshelfer **1671** 288
therapeutische Aufgabe **1666** 282
Sachverständigengutachten
s a Sachverständige
Abweichen vom Gutachtenvorschlag **1666** 288
ambulante Begutachtung **1666** 283
Auswahl des Gutachters **1666** 282
Beweisanträge **1666** 283
Einholungspflicht **1666** 283 f
Einwilligung der Eltern **1666** 102, 281
Einwilligungsersetzung **1666** 281
Einwilligung des Kindes **1666** 281
Erkenntnishilfe **1671** 288
Ermessen **1666** 282; **1671** 286
Erziehungsfähigkeit **1666** 300
Erziehungshilfen **1666a** 19
Fristsetzung **1666** 282
Fristversäumung **1666** 282
Kindesbelastung **1666** 283
Kindesschutzverfahren **1666** 281 ff
s a dort
Kontrolle, richterliche **1671** 289
lösungsorientierter Gutachtenauftrag **1671** 288
Nichteinholung **1666** 283
öffentliche Hilfen **1666a** 18

Sachverständigengutachten (Forts)
Sorgerechtsverfahren **1671** 286 ff
s a dort
sozialpädagogisches Gutachten **1666a** 16
Stellungnahme des Richters **1666** 288
Strafverfahren **1666** 283
Überprüfung **1666** 287 f
Erkenntnismethoden **1666** 287
Erkenntnisse, wissenschaftliche **1666** 287
Grundlagen, tatsächliche **1666** 287
Schlussfolgerungen des Gutachters **1666** 287
Schlüssigkeit, logische **1666** 287
Verbleibensanordnung **1682** 35
Verfahrensverzögerung **1666** 283
weiteres Gutachten **1666** 286
Würdigung, kritische **1666** 287
Würdigung, richterliche **1671** 289
Säugling
Adoptiveltern, ungeeignete **1666** 120
Trennung von den Eltern **1666** 83
Schadensersatzrente
Inventarisierungspflicht **1640** 8
Schatzfund
Surrogationsgrundsatz **1638** 34
Scheck
Surrogation **1646** 6
Scheidung
elterliche Sorge **1671** 3
Elternverantwortung **1671** 7
Instrumentalisierung der Kinder **1671** 197
Offizialregelung der Sorgeverhältnisse **1671** 4
Scheidung von den Eltern **1671** 94
Scheidungsfolgenvereinbarung
Eltern-Kind-Beziehungen nach Trennung **1671** 73 f
Kindesbetreuung **1671** 59
Nichtigkeitsgründe **1671** 73
Sorgerecht **1671** 59
Scheidungsverbund
Antragsverbund **1671** 5, 266
Schutzmaßnahmen, familiengerichtliche **1666** 42, 257
Sorgerechtsübertragung **1671** 46
Sorgerechtsverfahren **1671** 5
Zwangsverbund **1671** 5
Scheidungsverfahren
Anhörung der Parteien **1671** 16
Anhörung des Kindes **1671** 16 f
Beratung **1671** 14
Beratungsmöglichkeiten **1671** 16
Entscheidung über Kinder **1671** 17
Hilfe **1671** 14
Kindesbelange **1671** 14, 16
minderjährige Kinder, Benennung **1671** 16
Mitteilungspflichten des Jugendamts **1671** 16

Scheidungsverfahren (Forts)
  Kinder **1671** 16
  Parteien **1671** 16
  Nichtanhörung des Kindes **1671** 16
  Sorgerechtsregelungen, einverständliche **1671** 16
  Sorgerechtsübertragung **1671** 265
Scheinvater
  Elternstellung **1671** 24
  Kindeswohlgefährdung **1666** 20
  Mitsorgerecht **1671** 24
Schenkung
  Anstandsschenkungen **1641** 8, 11, 13 f
  Begriff **1641** 4 f
  Einigung über die Unentgeltlichkeit **1641** 8
  Erwerbsgeschäft des Kindes **1645** 7
  Inventarisierungspflicht **1640** 10
  namens einer Gesellschaft **1641** 10
  Pflichtschenkungen **1641** 8, 11 f, 14
  vom Kind vorgenommene **1641** 2
  Zurechnungsfähigkeit des Schenkers **1641** 8
Schenkung von Todes wegen
  Inventarisierungspflicht **1640** 10
Schenkungsverbot
  Anstandsschenkungen **1641** 11, 13 f
  Anwendungsbereich **1641** 2 f
  Eltern **Vorbem 1638–1665** 2; **1641** 1 f
  Elternteil, vertretungsberechtigter **1641** 2
  Herausgabeanspruch **1641** 18 f
  Mittel zu freier Verfügung **1641** 9
  Nachweis, grundbuchrechtlicher **1641** 5
  Nichtigkeit der Schenkung **1641** 15 ff
  Pflichtschenkungen **1641** 11 f, 14
  Schenkungsversprechen, Erfüllung **1641** 7
  Taschengeldparagraph **1641** 9
  Verstöße **1641** 15 ff
  Volljährigkeit des Kindes **1641** 16
Schiffe
  Geschäfte, genehmigungsbedürftige **1643** 6, 9, 12
  Erwerb, entgeltlicher **1643** 16
Schiffsbauwerke
  Geschäfte, genehmigungsbedürftige **1643** 6, 9, 12
  Erwerb, entgeltlicher **1643** 16
Schönheitsoperationen
  Kindeswohlgefährdung **1666** 102
Schulanmeldung
  familiengerichtliche Schulanmeldung **1666** 137
Schulbesuch
  Abhaltung vom Schulbesuch **1666** 137, 217
  Anhalten zum Schulbesuch **1671** 199
  Sorgeeingriffe **1666** 225
  Sozialisation **1666** 137
Schuldverschreibung auf den Inhaber
  s Inhaberschuldverschreibung

Schule
  Anregungsrecht **1666** 261
  Bindungen des Kindes **1671** 216
  Vernetzung **1666** 218, 222
Schulpflicht
  Gebot, familiengerichtliches **1666** 222
  an jugendliche Schulverweigerer **1666** 222
  Jugenddelinquenz **1666** 222
  Kindesgefährdung **1666** 222
  Migrationshintergrund **1666** 165
Schulphobie
  Kindeswohlgefährdung **1666** 137
Schulverweigerung
  Jugenddelinquenz **1666** 137
Schulwahl
  Entscheidungsübertragung **1671** 57
Schutzauftrag bei Kindeswohlgefährdung
  Angebot öffentlicher Hilfen **1666a** 13
  Anhaltspunkte, gewichtige **1666** 17 f, 89, 307
  Anrufung des Familiengerichts durch Jugendamt **1671** 47
  Gefährdungsbegriff **1666** 86
  Jugendhilfe **1666** 19, 171, 218
Schwangerschaft
  Lebensführung der Schwangeren **1666** 24
  Verhaltensweisen, Untersagung **1666** 24
Schwangerschaftsabbruch
  s a nasciturus
  Anregung familiengerichtlichen Einschreitens **1666** 27
  Arzt, Beurteilungsspielraum **1666** 35 f
  Behandlungsvertrag **1666** 107, 112
  Beratung, Ordnungsgemäßheit **1666** 35 f
  Beratungskonzept **1666** 32 ff, 112 f
  Dissens Eltern/Tochter **1666** 108 ff
  Durchsetzung, zwangsweise **1666** 109, 115
  Einwilligung, Ersetzung **1666** 22
  Entscheidungsfreiheit der Frau **1666** 31
  Entscheidungskompetenz **1666** 107
  Entscheidungsübertragung **1666** 27
  Fristenlösung **1666** 25
  Fristgebundenheit **1666** 32, 34
  Gesundheitszustand, seelischer **1666** 108
  Indikation, kriminologische **1666** 32, 108, 115
  Indikation, medizinisch-seelische **1666** 115
  Indikation, medizinisch-soziale **1666** 32, 108
  Indikationenregelungen, strafrechtliche **1666** 23, 29, 32 ff, 112 f
  Kindeswohlgefährdung
    Mutter, minderjährige
    s dort
  nasciturus **1666** 22 ff, 114
  Konsens Eltern/Tochter **1666** 113 ff
  Lebensgefahr für werdende Mutter **1666** 115

Schwangerschaftsabbruch (Forts)
Lebensschutz, zivilrechtlicher **1666** 29, 31, 33 f, 36
Letztverantwortung der Frau **1666** 33
Maßnahmen, familiengerichtliche **1666** 34
Maßnahmen, gerichtliche **1666** 107
Mutter, minderjährige **1666** 107 ff
  Einsichtsfähigkeit **1666** 107
  Urteilsfähigkeit **1666** 107, 112
Notlagenindikation, allgemeine **1666** 35
Persönlichkeitsrechte der Frau **1666** 33
Prävention **1666** 34
Rechtfertigung **1666** 33
Rechtswidrigkeit **1666** 32
Schuld **1666** 32
Schutzkonzept **1666** 30, 32
Sorgerechtsentzug **1666** 22
strafbarer Abbruch **1666** 111 f
Strafbarkeit **1666** 32
strafloser Abbruch **1666** 111 f
Strafrecht **1666** 29 f, 34 f
tatbestandloser Abbruch **1666** 110
Tochterwille **1666** 108 ff
Überprüfung, familiengerichtliche **1666** 36
Unterlassungsklage des Kindes **1666** 27
Verbot **1666** 32
Vertretungsübertragung **1666** 27
12-Wochen-Frist **1666** 34
Zivilrecht **1666** 29, 31, 35
Zustimmungsverweigerung der Eltern **1666** 112
Schweiz
Stiefkindverhältnisse **1682** 5
Schwiegerelternteil
Wohnungsausweisung **1666a** 27
Scientology
Kindeswohlbeeinträchtigung **1671** 193
Kindeswohlgefährdung **1666** 126
Sektenzugehörigkeit
Kindeswohlgefährdung **1666** 126 f, 162
Selbstunterricht
Kindeswohlgefährdung **1666** 137
Sexueller Missbrauch
Aufklärungspflicht **1671** 201a
Bindungsstörungen **1671** 240
Duldung **1671** 201a
Dunkelziffer **1666** 100
einstweilige Anordnung **1666** 309
Ermittlungen **1666** 267
Erziehungseignung **1671** 201a
  anderer Elternteil **1671** 201a
  Täter **1671** 201a
Gefahrabwendung **1666** 100
Gesundheitsgefährdung **1666** 100
Kindesorientierung **1666** 100
Kindeswohlgefährdung **1666** 100; **1671** 201a
Maßnahmen gegen Dritte **1666** 237
PAS-Konzept **1671** 201a

Sexueller Missbrauch (Forts)
Sachverständigengutachten **1671** 201a
Tatsachenfeststellung **1666** 100; **1671** 201a
Trennung Eltern/Kinder **1666a** 9
Unschuldsvermutung **1666** 100
Verfahrensbeistand **1671** 201a
Vorwurf sexuellen Kindesmissbrauchs **1671** 140, 201a
  Abschottung der Kinder **1671** 201a
  Beziehungsabbruch **1671** 201a
  Risikoabwägung **1671** 201a
  Sachverständigengutachten **1671** 286
  Unaufklärbarkeit **1671** 201a
  Unbegründetheit **1671** 201a
Willensstörungen **1671** 240
Wohnungsausweisung **1666a** 26
SGB VIII
ambulante Unterstützung **1666a** 11, 15
Angebot öffentlicher Hilfen **1666a** 13
Ausfall des überwiegend haushaltsführenden/kindesbetreuenden Elternteils **1666a** 10
Berufe, ambulante **1666a** 10
Einzelbetreuung, intensive sozialpädagogische **1666a** 11
Eltern, Auswahlrechte **1666a** 12
Eltern, faktische **1666a** 8
Eltern, Mitspracherechte **1666a** 12
Eltern-Kind-Kontakte, Fortführung **1666a** 12
Erziehungsberatung **1666a** 11
Erziehungsdefizite, Ausgleich **1666a** 13
Erziehungsziel selbstbestimmungs- und gemeinschaftsfähiger Staatsbürger **1666** 71, 152
Familienhilfe, sozialpädagogische **1666a** 11
Gefahrabwendung **1666a** 13
Gewalt in der Erziehung **1666a** 11
Gruppenarbeit, soziale **1666a** 11
Heimerziehung **1666a** 12
Herkunftsfamilie, begleitende Arbeit mit **1666** 209, 227 f; **1666a** 12
Hilfen zur Erziehung **1666** 16; **1666a** 11, 19
Hilfeplan **1666a** 11
Hilfesystem **1666** 220; **1666a** 10
Inobhutnahme **1666** 16 f
Interventionsmöglichkeiten **1666a** 23
Jugendamt, Anhörung **1666** 280
Jugendamt, Mitwirkung **1666a** 2
Jugendamtsberichte **1666** 268
Jugendhilferecht **1666** 16 ff; **1666a** 1
Kindesherausnahme, Nachsorge **1666a** 12
Konfliktsituationen in der Familie, gewaltfreie Lösung **1666** 99; **1666a** 26
Kostenbeitrag, Absehen von **1666a** 21
Kostenlast **1666a** 15, 21
Leistungserbringung **1666a** 13
öffentlich-rechtliche Verträge **1666a** 13

SGB VIII (Forts)
Rückgriff auf Träger der Jugendhilfe **1666a** 21
Schutzauftrag bei Kindeswohlgefährdung **1666** 17, 261; **1666a** 13 f
Sozialisationsdefizite, Ausgleich **1666a** 11
sozio-ökonomische Problemlagen **1666a** 10
Steuerungsverantwortung des Trägers der öffentlichen Jugendhilfe **1666a** 14 ff
Tagesgruppe **1666a** 11
Tagespflege **1666a** 10
Unterhalt des Kindes **1666a** 11
Verantwortungsgemeinschaft Familiengericht/Jugendhilfe **1666a** 13
Verwaltungsakte **1666a** 13
Vollzeitpflege **1666** 50; **1666a** 12
Zusammenarbeit Pflegeperson/Einrichtung und Eltern **1666a** 12
Sicherheitsleistung
Änderung **1667** 17 f
Art **1667** 16
Aufhebung **1667** 17
Austausch **1667** 17
Bestellung **1667** 17
Dauer von Maßnahmen **1667** 18
dingliche Sicherungen **1667** 16
Eintrittsrecht, unmittelbares **1667** 17, 22
Eltern **1639** 12
Erhöhung **1667** 17
Geldleistung **1667** 16
Grundpfandrechte **1667** 16
Hypothekensicherung **1667** 16
Kindesinteressen **1667** 16
Kosten **1667** 19
Leistungsfähigkeit der Eltern **1667** 16
Leistungsmöglichkeiten der Eltern **1667** 16
Minderung **1667** 17
Mitwirkung des Kindes **1667** 17
Schadenspotential, drohendes **1667** 16
Umfang **1667** 16
Vermögensgefährdung **1667** 13 ff
s a dort
Volljährigkeit des Kindes **1667** 18
Wertprüfung **1667** 16
Sorgeberechtigte
Eheschließung **1666** 250
Sorgeeingriffe
ruhendes Sorgerecht **1673** 17
Sorgeerklärungen
Alleinsorge, väterliche **1672** 4
gemeinsames Sorgerecht **1671** 26
nichteheliche Eltern **1672** 2, 4
s a dort
nichteheliche Lebensgemeinschaft **1672** 6
Sorgerechtsentzug **1680** 19 ff
einstweilige Anordnung **1680** 25
Kindesinteressen **1680** 23
Übertragungsentscheidung **1680** 24

Sorgeerklärungen (Forts)
Verfahren **1680** 25
Zuständigkeit **1680** 25
Trennung der Eltern **1671** 13
Sorgekonflikt
nichteheliche Eltern **1666** 94, 159
Sorgemissbrauch
Vertretungsmissbrauch in Vermögensangelegenheiten **1666** 187
Sorgepflichtverletzungen
Kindesgefährdung, erhebliche **1666** 12
Sorgerecht
Aufteilung **1671** 164
Ausübungsüberlassung **1666** 226
Jugendamt **1666** 175
Bestimmungsvorrang, elterlicher **1671** 60, 67 ff
elterliche Sorge **Vorbem 1638–1665** 1
s a dort
Elternrecht **1671** 23
Haltung des Kindes, subjektive **1671** 9 f
Kindeswohl **1671** 9 f
Konkordanz **1671** 211
rechtliches Gehör des Kindes **1671** 9 f, 14
Sorgerechtsaufteilung
s a Sorgerechtsübertragung
Aufenthaltsbestimmungsrecht **1671** 259
Gesundheitsfürsorge **1671** 260
Kindesaufenthalt **1671** 256
Kindeswohl **1671** 164, 252, 256 f
Kompetenzaufteilung **1671** 253
Personensorge **1671** 258
religiöse Erziehung **1671** 256
Sachaufteilung **1671** 250, 261
Staatsangehörigkeit des Kindes **1671** 256
Verhältnismäßigkeitsprinzip **1671** 254, 257
Vermögenssorge **1671** 258
zeitliche Aufteilung **1671** 53, 250, 261
Sorgerechtsentscheidung
Änderung **1671** 301; **Vorbem 1673–1698b** 9
ausländische Entscheidungen **1671** 302
Betreten der Wohnung des Herausgabepflichtigen **1671** 300
Durchsetzung **1671** 300
Herausverlangen des Kindes **1671** 300
Rückänderung **1671** 301
Überprüfung **Vorbem 1673–1698b** 9
Vollstreckung **1671** 300
Sorgerechtsentzug
Befugnisse, einzelne **1666** 225
Druckmittel **1666** 219, 225
Elternteile, beide **1671** 101, 208, 264
Ergänzungspflegschaft **1666** 252 ff
Folgeregelungen **1666** 225
Gesamtsorge **1666** 225
Sachaufklärung, weitere **1666** 225
sofortiger Entzug **1666** 213
Teilbereiche **1666** 225

Sorgerechtsentzug (Forts)
teilweiser Sorgerechtsentzug mit Pflegerbestellung **1666** 219, 224
Umgangsrecht **1666** 255
Untersuchung des Kindes, stationäre **1666** 225
Verhältnismäßigkeit **1666** 214
Vormundschaft **1666** 252 ff
Sorgerechtsgesetz
Anlage von Kindesvermögen **1667** 10
Anlegung von Geld **1642** 4, 14
Aufwendungsersatz **1648** 1
Ausfall der Sorgeperson **1678** 4
Geschäfte, genehmigungsbedürftige **1643** 9
Inventarisierungspflicht **1640** 6
Maßnahmen, familiengerichtliche **1666** 6
Sicherungsmaßnahmen **1667** 10 f
Sorgfaltsmaßstab **1649** 3
Todeserklärung eines Elternteils **1677** 3; **1681** 3
Verhinderung, tatsächliche **1674** 7
Vermögenssorge **1638** 5
Sorgerechtskriterien
Abstammung des Kindes **1671** 186
Aids-Infektion **1671** 183
Aufenthaltsrecht des ausländischen Elternteils **1671** 210
Betreuung des Kindes, persönliche **1671** 204 ff
s a Betreuung des Kindes
Betreuungsmöglichkeiten, persönliche **1671** 175
Bindungen des Kindes **1671** 177, 210, 213 ff
Ablehnung eines Elternteils **1671** 225
Alter des Kindes **1671** 221
Beeinflussung des Kindes **1671** 225, 239
Betreuungspersonen, familienfremde **1671** 216
Bindungsnetz **1671** 216
Bindungsunterschiede **1671** 222, 224
Bindungsvorsprung **1671** 222
Eltern **1671** 216
emotionale Bindung **1671** 175 f, 237
Erziehungspersonen **1671** 216
Familienmitglieder **1671** 216
Freunde **1671** 216
Geschwister **1671** 216, 226 ff, 230 ff
gleich starke Bindung **1671** 222
Großmutter **1671** 223
Kindergarten **1671** 216
Kulturkreis **1671** 216
persönliche Bindung **1671** 175
Schule **1671** 216
Umweltbedingungen **1671** 223
Wohnumgebung **1671** 216
deutsche Sprache **1671** 210
eheähnliche Gemeinschaft **1671** 190
Eltern-Kind-Beziehung **1671** 177, 206, 222

Sorgerechtskriterien (Forts)
Elternpersönlichkeit **1671** 177, 179 f
Alter, hohes **1671** 181
Ausbildung **1671** 181
Bildung **1671** 181
Lebensführung nach Trennung **1671** 190
Minderjährigkeit **1671** 181
Religion **1671** 192 f
Situationsbedingtheit **1671** 180
Status, sozialer **1671** 181
Weltanschauung **1671** 192 f
Erziehungseignung **1671** 177, 183 ff, 194 ff
Alkoholabhängigkeit **1671** 183
Drogensucht **1671** 183
Homosexualität eines Elternteils **1671** 184
Instrumentalisierung der Kinder **1671** 197, 208, 291
Kontinuität **1671** 203
Labilität, seelische **1671** 183
Stabilität der Lebensverhältnisse **1671** 203, 261
Transsexualität eines Elternteils **1671** 184
Unterhaltspflichtverletzungen **1671** 197
Erziehungsverhalten des ausländischen Elternteils **1671** 210
Förderungsprinzip **1671** 177 ff, 215, 224 f, 226 f
Bindungsabbau **1671** 225
Elterneignung **1671** 178
Stabilität der Erziehungsbedingungen **1671** 246
Geschwister **1671** 209
Großeltern **1671** 209
häusliche Verhältnisse **1671** 212
Kindeswille **1671** 175, 177, 233 ff
s a dort
Bindungsindiz **1671** 235 ff
Kindesinteresse, subjektives **1671** 234
Selbstbestimmung **1671** 235 f
Kindeswohl **1671** 172
s a dort
Kindeswohlgefährdung im Ausland **1671** 210
Kontinuitätsprinzip **1671** 177, 246 f, 246 ff, 261
Lebensbedingungen, kindliche **1671** 177
Krankheit **1671** 183
Lebensbedingungen bei einem Elternteil **1671** 210
Lebensumstände der Eltern, persönliche **1671** 177
Partner, neuer **1671** 209
Scheidungsgrund **1671** 209
Partnerbeziehung, ungesicherte **1671** 209
Partnerbeziehungen, wechselnde **1671** 209
Partnerverfehlungen **1671** 187 ff
Rangordnung **1671** 175

Sorgerechtskriterien (Forts)
Scheidungsschuld **1671** 187
Staatsangehörigkeit des Elternteils, ausländische **1671** 210
Staatsangehörigkeit des Kindes **1671** 210
Stabilität **1671** 177
Stiefgeschwister **1671** 209
Trennungsschuld **1671** 187
Umfeld, familiäres **1671** 209
Umfeld, soziales **1671** 209
Umzug ins Ausland **1671** 210 f
   Kontakt zum nichtbetreuenden Elternteil **1671** 211
   Vertrautheit mit Sprache/Kultur im fremden Staat **1671** 210
Verwandte **1671** 209
wirtschaftliche Verhältnisse **1671** 175, 212
Zweisprachigkeit **1671** 210

Sorgerechtsregelung
Alleinsorge **1671** 65
Aufteilung des Sorgerechts **1671** 65
Befriedungsaspekt **1671** 69
Belastungen des Kindes **1671** 66
Bestimmungsvorrang, elterlicher **1671** 67 ff
Einvernehmen, elterliches **1671** 70
Elternautonomie **1671** 72
Elternverantwortung **1671** 68
Elternverantwortung, fortwirkende **1671** 7
Elternvorschläge **1671** 64 f
   Übereinstimmung **1671** 71 f, 81
   Widerruflichkeit **1671** 82 ff
Familiengericht, Eingriffsbefugnis **1671** 66
gemeinsames Sorgerecht, Fortführung **1671** 65
Kindesinteressen **1671** 66 f
Kindeswohl **1671** 64 ff
Kindeswohlgefährdung **1671** 65 f
Kompetenzverteilung **1671** 2, 11
Kontrolle **1671** 65
Nachteile für das Kind **1671** 66
Pflichtwidrigkeit, elterliche **1671** 66
pränatale Sorgerechtsregelung **1671** 25

Sorgerechtsübertragung
s a Getrenntleben der Eltern
Abstammung des Kindes **1671** 186
Änderung **1666** 42; **1672** 2; **1674** 23
   Änderungsmaßstab **1666** 42
   Gefährdungsschwelle **1666** 42
Alleinsorge **1671** 100 ff, 117
Antragsgegner **1671** 148 ff
Antragsteller **1671** 147
– Kindeswohlgefährdung **1671** 150 f
beiderseitige Anträge **1671** 134
Bindungstoleranz **1671** 207 f
Rechtfertigungslast **1671** 116
Amtsermittlungsgrundsatz **1671** 44
andere Vorschriften **1671** 58, 262 ff
   Entscheidungsübertragung **1671** 262
   Kindeswohlgefährdung **1671** 262

Sorgerechtsübertragung (Forts)
Kindeswohlprinzip **1671** 263
Antrag **1671** 44, 54, 120
Abweichungen des Familiengerichts **1671** 58
Abweisung **1671** 107, 151
– Begründung **1671** 107
Alleinsorge **1671** 101
Auflagen **1671** 58
Begründung **1671** 44
beiderseitige Anträge **1671** 152
Beschränkungen, inhaltliche **1671** 58
Bindungswirkung **1671** 53, 94, 96, 101 f
Doppelnatur **1671** 44
– Sachantrag **1671** 44
– Verfahrenseinleitung **1671** 44
einseitiger Antrag **1671** 105, 152
Elternautonomie **1671** 52
Feststellungsantrag **1671** 107
Form **1671** 46
gemeinsamer Antrag **1671** 50, 77, 105
gemeinsames Sorgerecht beider Eltern **1671** 51
Gesamtsorge **1671** 52
Hilfsantrag **1671** 45, 149
Inhalt **1671** 49 ff
Kindeswiderspruch
   s dort
Rechtsschutzbedürfnis **1671** 45
Rücknahme **1671** 48, 120
Schriftsatz, anwaltlicher **1671** 46
Stattgabe **1671** 106, 152
streitige Anträge **1671** 52
Teilanträge **1671** 54, 250, 261
Teilsorge **1671** 52 f, 101
Übertragung auf beantragenden Elternteil **1671** 50
Übertragung der Alleinsorge auf anderen Elternteil **1671** 50
Umfang der Übertragung **1671** 52
Unterschrift **1671** 46
wechselseitige Anträge **1671** 286
Zuweisung an einen Elternteil **1671** 194
Antragsberechtigung **1671** 47
Dritte **1671** 47
Eltern **1671** 47
Jugendamt **1671** 47
Kind **1671** 47, 233
Antragssystem **1671** 2 f, 11, 17, 19, 23, 60, 101
Einvernehmen, kindeswohlgerechtes **1671** 105
Wächteramt, staatliches **1671** 263
Anwaltszwang **1671** 46
Aufenthaltsbestimmungsrecht **1671** 57
Aufteilbarkeit des Sorgerechts **1671** 52 f, 250 ff
s a Sorgerechtsaufteilung

Sorgerechtsübertragung (Forts)
Aufenthaltsbestimmungsrecht **1671** 53, 259
Ausbildungsfragen **1671** 53
Beschränkungen **1671** 53
Geschwister **1671** 251
Gesundheitsfragen **1671** 53
Mietshaus, Verwaltung **1671** 53
sachliche Aufteilung **1671** 53
Umgang des Kindes mit Dritten **1671** 53
zeitliche Aufteilung **1671** 53, 261
Befristung **1671** 53
Beiordnung eines Rechtsanwalts **1671** 266
Beschwerderecht des Kindes **1671** 91
Betreuung, alternierende **1671** 145
auf Dritte **1671** 101
Eingriff, amtswegiger **1671** 44
einstweilige Anordnung **1671** 34, 293 ff
Einzelfallgerechtigkeit **1671** 173, 268
Eltern **1671** 24
 Einigkeit der Eltern **1671** 5, 8, 56
 Lebenspartner, gleichgeschlechtliche **1671** 24
 Mitbetreuer des volljährigen Kindes **1671** 24
 Mitpfleger **1671** 24
 Mitvormünder **1671** 24
 Pflegeeltern **1671** 24
 Scheinvater **1671** 24
 Stiefkindadoption **1671** 24
 Vaterschaftsanerkennung **1671** 24
 Vaterschaftsanfechtung **1671** 24
Elternanhörung **1671** 55
Elterninteressen **1671** 161 ff
 Chancengleichheit **1671** 163, 167 f
 – berufstätiger Elternteil **1671** 163
 Gleichberechtigung **1671** 163, 165
 persönliche Interessen, besondere **1671** 161 f
 – Aufenthaltsgenehmigung **1671** 161
 – Kind als psychische Stütze **1671** 161
 – Pflege der Eltern **1671** 161
 – Unterhalt **1671** 161 f
 – Unternehmensnachfolge **1671** 161
Elternstreit **1671** 53, 56, 98, 163
Elternvorrang **1671** 98
Entscheidung, gerichtliche **1671** 106 f
Entscheidungsübertragung, Abgrenzung **1671** 55 ff
Ermittlungen **1671** 105, 268
Familieninteresse **1671** 158 ff, 163
Folgesache **1671** 46
gemeinsames Sorgerecht **1671** 30 ff, 100, 103 f, 108 ff
s a Elterliche Sorge
Aufhebung **1671** 122
Ausübung durch einen Elternteil **1671** 36
Elternwille **1671** 123 f

Sorgerechtsübertragung (Forts)
Entziehung **1671** 30, 32
– teilweise Entziehung **1671** 32
Ermittlungen **1671** 148
Fortführung **1671** 151
frühere Übertragung **1671** 33
künftige Entstehung **1671** 30
Persönlichkeitsrecht der Mutter **1671** 121
Teilgemeinsamkeit **1671** 31
Wegfall während des Verfahrens **1671** 30
Zeitpunkt **1671** 30
gesellschaftliche/staatliche Interessen **1671** 158, 169 f
Getrenntleben der Eltern **1671** 56
s a dort
Gleichgültigkeit des Antragsgegners **1671** 142
Individualinteressen **1671** 158
Kind **1671** 25
 Adoptivkind **1671** 25
 alle Kinder **1671** 49
 eins von mehreren Kindern **1671** 49
 gemeinschaftliches Kind **1671** 25
 minderjähriges Kind **1671** 25
 – Entscheidungstermin **1671** 25
 Stiefkindadoption **1671** 25
Kindesanhörung **1671** 55, 88, 233
Kindesgefährdung, Abwehr **1666** 42
Kindesinteresse **1671** 38 f, 157, 163 f
Kindeswiderspruch **1671** 88 ff, 94, 98
 Ablehnung beider Eltern **1671** 94
 Begründung **1671** 92, 94
 Bindung des Kindes **1671** 91
 Form **1671** 91
 Gegenvorschlag **1671** 92, 94
 gemeinsames Sorgerecht, Fortführung **1671** 97
 Geschäftsfähigkeit **1671** 89
 Geschwistertrennung **1671** 95
 Gestaltungsrecht **1671** 88, 90
 14-jähriges Kind **1671** 88 f, 291
 jüngere Kinder **1671** 89
 Rücknahme **1671** 91
 Sachverständigengutachten **1671** 286
 Teilmündigkeit **1671** 88, 95
 teilweiser Widerspruch **1671** 92
 Verfahrensbeistand **1671** 291
 Zeitpunkt **1671** 91
Kindeswohl **1671** 55, 104, 124, 132 f, 142, 151, 153 ff, 163
 Gesamtabwägung **1671** 104 f, 176, 201, 207
 – non liquet **1671** 116
 Individualgerechtigkeit **1671** 173, 176
 Primat **1671** 158 ff, 162
 Sperrfunktion **1671** 160
Kindeswohlgefährdung **1671** 20

Sorgerechtsübertragung (Forts)
Kindeswohlprüfung, gerichtliche **1671** 65, 88 f, 97
Kindschaftsverfahren, isoliertes **1671** 46
Konsens, elterlicher **1671** 53
nicht miteinander verheiratete Eltern **1672** 1 ff
Nichtabstammung des Kindes vom Vater **1671** 186
Offizialsystem **1671** 5, 14, 60
Regelungsantrag eines Elternteils **1671** 71, 120
Ruhen der elterlichen Sorge **1671** 36
Scheidungsverbund **1671** 46
Sorgerechtsausübung **1671** 51
Sorgerechtsinhaberschaft **1671** 51
Sorgerechtskriterien
  s dort
Teilübertragung **1671** 257
  s a Sorgerechtsaufteilung
teilweise Übertragung **1671** 21, 55 ff
Übermaßverbot **1671** 58
Übertragung auf den Antragsteller **1671** 106
Übertragungsantrag eines Elternteils **1671** 15, 20
Umzugsbeschränkungen **1671** 211
Unterhaltspflichtverletzung **1671** 143
Verfahren
  s Sorgerechtsverfahren
Verfahrensbeistand **1671** 93
Verfahrenseinleitung **1671** 44
Vermittlungspflicht des Gerichts **1671** 93, 148, 271 ff
Vornahme **1671** 152
Zustimmung des anderen Elternteils **1671** 50, 63, 71, 75 ff
  Anwaltszwang **1671** 77
  Bedingung **1671** 78
  betreuter Elternteil unter Einwilligungsvorbehalt **1671** 79
  Form **1671** 77
  gemeinsamer Antrag **1671** 77
  geschäftsunfähiger Elternteil **1671** 79
  konkludente Zustimmung **1671** 77
  minderjähriger Elternteil **1671** 79
  Regelungsantrag des anderen Elternteils **1671** 76
  Sorgeausübungsberechtigung **1671** 78
  Sorgerechtsentziehung **1671** 78
  Sorgerechtsinhaberschaft **1671** 78
  Stellvertretung **1671** 78
  teilweise Zustimmung **1671** 76
  Widerruf **1671** 82 ff
  – Begründung **1671** 87
  – Beschwerdeinstanz **1671** 87
  – Erklärung **1671** 87
  – Formfreiheit **1671** 87

Sorgerechtsübertragung (Forts)
– Scheidungsvereinbarung, Rückwirkung auf **1671** 87
– Trennungsvereinbarung, Rückwirkung auf **1671** 87
– Zeitpunkt **1671** 87
Widerruflichkeit **1671** 82 ff
Willenserklärung, empfangsbedürftige **1671** 75
  Höchstpersönlichkeit **1671** 78 f
  Zeitpunkt **1671** 80
  – Beschwerdeinstanz **1671** 80
  Zustimmungsfähigkeit des Elternteils **1671** 78
Sorgerechtsvereinbarungen
Alleinsorge eines Elternteils **1671** 63
Aufteilung des Sorgerechts **1671** 63
Bindungswirkung **1671** 53, 63
Einigung der Eltern **1671** 50, 71
Elternautonomie **1671** 13, 59
gemeinsames Sorgerecht
Feststellungsinteresse **1671** 51
Nestmodell **1671** 61
Sorgerechtsausübung **1671** 51
Sorgerechtsinhaberschaft **1671** 61
Sorgerechtsübertragung **1671** 62
Vereinbarungssicherheit **1671** 59
Vergleich, gerichtlich gebilligter **1671** 61
Wechselmodell **1671** 23, 51, 60, 61
Zustimmung zum Übertragungsantrag **1671** 50, 63, 75
Widerruf **1671** 63
Sorgerechtsverfahren
  s a Sorgerechtsübertragung
Abgabe ans Gericht der Ehesache **1671** 265
Abstammungsklärung **1671** 186
Änderungsverfahren **1671** 270
Aktenvermerk **1671** 269
Amtsermittlungsgrundsatz **1671** 268
amtswegige Entscheidung **1671** 264
Anhörungspflichten **1671** 269, 280 ff
  Anhörung durch ersuchten Richter **1671** 280
  Eltern **1671** 281
  Jugendamt **1671** 16, 284 f
  Kind **1671** 14, 16, 267, 282 f
  – Altersgrenze **1671** 283
  – Sachverständigenhinzuziehung **1671** 283
  persönliche Anhörung **1671** 281
Anordnung einer Beratungsinanspruchnahme **1671** 272, 277
Antrag **1671** 266
Antragsverbund **1671** 5, 266
Aufenthalt des Kindes **1671** 267
Beistandsbestellung **1671** 291
  s a Verfahrensbeistand
Beschleunigungsgebot **1671** 267, 274

Sorgerechtsverfahren (Forts)
    Anhörungen **1671** 267
    rechtliches Gehör **1671** 267
    Beschwerde, befristete **1671** 297 ff
    Beschwerdeberechtigung **1671** 298 f
        Eltern **1671** 298
        Jugendamt **1671** 298
        Kind, über 14-jähriges **1671** 298 f
        Verfahrensbeistand **1671** 298
    Beschwerdefrist **1671** 297
    Beweisaufnahme **1671** 268
    Eingriffsgrundlagen, Wechsel **1671** 262
    Einigungsbemühungen, außergerichtliche **1671** 16
    einstweilige Anordnungen **1671** 267, 293 ff
    Einvernehmen der Beteiligten **1671** 271, 274
        s a Vermittlungspflicht des Gerichts
        Eltern **1671** 267, 275
        Kind **1671** 275
        Konsens **1671** 274 f
    Einzelfallgerechtigkeit **1671** 268
    Elternrecht **1671** 267 f
    Endentscheidungen **1671** 297
    Entscheidungsbegründung **1671** 267, 270
        Antragszurückweisung unter Aufrechterhaltung des gemeinsamen Sorgerechts **1671** 270
    Entscheidungsbekanntgabe **1671** 270
    Ermessensspielraum **1671** 268, 277
    Ermittlungen **1671** 267 ff
        Entscheidungsgrundlage, möglichst zuverlässige **1671** 268
        Ergebnis der Ermittlungen **1671** 269
        – Mitteilung vor der Entscheidung **1671** 269
    Erscheinen, persönliches **1671** 272, 281
    Folgesache **1671** 5
    früher erster Termin **1671** 267, 272
    Grundrechtsschutz **1671** 267
    Interessenvertretung des Kindes **1671** 14
    Internationales Privatrecht **1671** 302
    isoliertes Sorgerechtsverfahren **1671** 265 f
    Kindesanhörung
        s Anhörungspflichten
    Kindesentführung **1671** 267
    Kindesschutz **1671** 276
    Kindesvertretung **1671** 16
    Kindeswohl **1671** 267, 267 f
    Kindeswohlprinzip **Vorbem 1673–1698b** 10
    Nichtzulassungsbeschwerde **1671** 297
    Protokoll **1671** 269
    Rechtsanwalt, Beiordnung **1671** 266
    Rechtsbeschwerde zum BGH **1671** 297
    Rechtsmittel **1671** 297
    reformatio in peius **1671** 299
    Sachverständigengutachten **1671** 267, 286 ff
        s a dort

Sorgerechtsverfahren (Forts)
    Entbehrlichkeit **1671** 286
    Kindeswohl **1671** 287
    Zustimmung des Betroffenen **1671** 287
    Zustimmungsersetzung **1671** 287
    Zustimmungsverweigerung **1671** 287
    Scheidungsprozess **1671** 265
    Scheidungsverbund **1671** 265
    sekundäre Kindeswohlgefährdung **1671** 267
    Terminierung **1671** 267
    Verfahrensaussetzung **1671** 274
    Verfahrensbeistand **1671** 267, 290 ff
        s a dort
    Verfahrensdauer **1671** 267
    Verfahrenseinleitung **1671** 266
        durch das Kind **1671** 14
    Vermittlungspflicht des Gerichts **1671** 267, 271 ff
        Elternrecht **1671** 271
        Entlastungseffekt **1671** 271
        Erörterung **1671** 272
        Jugendhilfe, Beratungsmöglichkeiten **1671** 272, 277
        Jugendhilfe, Hilfsmöglichkeiten **1671** 272
        Kindesinteresse **1671** 271
        Konfliktlösungen, einvernehmliche **1671** 272
        Mediation **1671** 272, 277
        Streitbeilegung, außergerichtliche **1671** 272
    Vorranggebot **1671** 267
    Zeugenvernehmungen **1671** 269
    Zuständigkeit, funktionelle **1671** 265
    Zuständigkeit, internationale **1671** 302
        Annexzuständigkeit des Scheidungsstaats **1671** 302
    Zuständigkeit, örtliche **1671** 265
        Fürsorgebedürfnis **1671** 265
        gewöhnlicher Aufenthalt des Kindes **1671** 265
    Zuständigkeit, sachliche **1671** 265
Sorgestreit
    Erziehungseignung **1671** 195 ff
    nichteheliche Eltern **1666** 214
Sorgeverfahren
    s Sorgerechtsverfahren
Sorgfalt, eigenübliche
    Anspruchsgrundlage **1664** 6, 32
    Aufsichtsperson **1664** 9
    Aufsichtspflichtverletzung **1664** 33
    Beweislast **1664** 42
    Erfüllungsgehilfen **1664** 26 f
        Auswahl **1664** 26, 28 f
        Überwachung **1664** 26, 28 f
    Fahrlässigkeit, abstrakte **1664** 31
    Fahrlässigkeit, grobe **1664** 30 f, 47
    Fahrlässigkeit, konkrete **1664** 31

Sorgfalt, eigenübliche (Forts)
  Fahrlässigkeit, leichte **1664** 30 f, 47
  Familiengemeinschaft **1664** 5, 9
  Gefährdungshaftung **1664** 37, 47, 49
  Haftungsmaßstab **1664** 4 ff, 32
  Haftungsumfang **1664** 30 ff
  Kinder **1649** 13
  unerlaubte Handlung **1664** 11 f, 33, 34 ff, 49
  Vertragshaftung **1664** 38 f, 49
  Verwendungsbefugnis der Eltern **1649** 38; **1664** 14
  Vorsatz **1664** 30, 47
Sozialarbeiter
  Verfahrensbeistand **1666** 271
Sperrvermerk
  Abhebung von Geld **1667** 11
  Anordnungskompetenz, unmittelbare **1667** 11
  Maßnahmen, familiengerichtliche **1667** 22
Stalking
  Kindesschutz **1666** 2, 231
  Kontaktverbote **1666** 234
  Maßnahmen, gerichtliche **1666** 231 f
  Näherungsverbote **1666** 234
Standesamt
  Mitteilungspflicht **1640** 27
Sterbehilfe, passive
  elterliche Sorge **1666** 106
Sterilisation
  Minderjährige **1666** 154
Stiefeltern
  Kindeswohlgefährdung **1666** 20
Stiefelternteil
  Ausweisung aus der Wohnung **1666** 237
  Beschwerdeberechtigung **1666** 301
  Beziehungsschutz **Vorbem 1673–1698b** 10
  Ehegatte eines Elternteils **1682** 2 f
  kleines Sorgerecht **1682** 2 f
  Teilhabe an elterlicher Sorge **1682** 2 f
  Trennung Eltern/Kinder **1666a** 8
  Verbleibensanordnung, Antragsrecht **1682** 21
Stieffamilie
  Grundrechtsschutz **1682** 8, 21
Stiefgeschwister
  Geschwisterbindung **1671** 229
  Geschwistertrennung **1671** 173
  Umfeld des Kindes **1671** 209
Stiefkind
  Verbleibensanordnung **1682** 1, 1 f
Stiefkindadoption
  Sorgerechtsübertragung **1671** 24 f
Stiefkindschaft
  Familienrecht **1682** 4
Stiefkindverhältnisse
  Partnerschaften, neue **1682** 3
  Scheidung **1682** 3
  Verwitwung **1682** 3
  Wiederheirat **1682** 3

Stillverbot
  HIV-Infektion **1666** 116
Störung, geistige
  s Geistige Störung
Strafhaft
  Aufnahme des Kindes **1666** 139
  Geburt des Kindes in der Vollzugsanstalt **1666** 139
  lebenslange Freiheitsstrafe **1666** 139
  Ruhen der elterlichen Sorge **1671** 36, 144; **1674** 14
  Sorgerechtsübertragung **1671** 144
  Verhinderung, tatsächliche **1674** 14
Strafrecht
  Elternverhalten, pflichtwidriges **1666** 2
  Entziehung Minderjähriger **1666** 2
  Erziehungspflicht, gröbliche Verletzung **1666** 2
  Fürsorgepflicht, gröbliche Verletzung **1666** 2
  Jugendstrafrecht **1666** 2
  Kindesentführung **1671** 43
  Kindesschutz **1666** 2
  Misshandlung Schutzbefohlener **1666** 2
  Prävention **1666** 2
  Schwangerschaftsunterbrechung **1666** 29 f
  Stalking **1666** 2, 7, 37
  Vernachlässigung Schutzbefohlener **1666** 2
Straßenverkehr
  s Verkehrsunfall
Streupflicht
  Haftung gegenüber dem Kind **1664** 35
Surrogation
  Ausschließung der Verwaltungsbefugnis **1638** 33 ff; **1646** 3
  Erwerb mit Mitteln des Kindes **1646** 1 ff, 9 ff
    alleiniges Handeln eines Elternteils **1646** 16
  Beurkundung, notarielle **1646** 7
  bewegliche Sachen **1646** 6
  Beweislast **1646** 9, 11
  Blankoindossament **1646** 6
  Ersatzansprüche des Kindes **1646** 19
  Erwerb kraft Gesetzes **1646** 12
  Inhaberaktie **1646** 6
  Inhabergrundschuldbrief **1646** 6
  Inhaberschuldverschreibung **1646** 6
  Insolvenz der Eltern/des Elternteils **1646** 18
  Miteigentum **1646** 13 f
  Mittel des Kindes **1646** 9
  – Forderung des Kindes **1646** 9
  – Geld **1646** 9
  Namensaktie **1646** 6
  Nießbrauch **1646** 6
  Orderpapiere, kaufmännische **1646** 6
  Pfandrecht **1646** 6
  Rechte an beweglichen Sachen **1646** 6

Surrogation (Forts)
  Rechtsgeschäft im eigenen Namen
    der Eltern **1646** 11
  Rechtsgeschäft im Namen des
    Kindes **1646** 10
  Scheck **1646** 6
  Wechsel **1646** 6
  Wille der Eltern, für Rechnung
    des Kindes zu erwerben **1646** 10 f
  wirtschaftliche Betrachtungs-
    weise **1646** 14
  Forderungserwerb **1646** 17
  Gegenstandssurrogation **1646** 2, 4
  Grundstückserwerb **1646** 8
  Kindschaftsrecht **1646** 3
  Kreditgeschäft **1646** 14
  mittelbare Stellvertretung **1646** 12
  Mittelsurrogation **1646** 2, 4
  Nutznießung, Ausschluss **1646** 3
  Vermögensverwaltung, Anordnungen
    1639 9
Surrogationsgrundsatz
  s Surrogation

Tagesbetreuung
  Kindeswohlgefährdung **1666** 120
Tagesmutter
  Drittbetreuung **1671** 206
Taschengeldparagraph
  s a Mittel des Kindes
  Schenkungsverbot **1641** 9
Tatrichter
  Sachkunde **1666** 284
Teileigentum
  Geschäfte, genehmigungsbedürftige
    1643 13
Teilfamilie
  Elternteil, alleinsorgeberechtigter **1666a** 8
  nichteheliche Mutter-Kind **1666a** 8
  Trennung Eltern/Kinder **1666a** 8
  Vater-Kind **1666a** 8
Teilgeschäftsfähigkeit
  Minderjährige **1643** 24, 31
Teilmündigkeit
  Sorgerechtsübertragung **1671** 88
Terminverlegung
  Gründe, zwingende **1666** 259, 263
Terrorismus
  Kindeswohlgefährdung **1666** 128
Testamentsvollstrecker
  Entlassung, Antrag der Eltern **1638** 24
  Vermögensverwaltung **1638** 1, 11
Testamentsvollstreckerernennung
  Ausschließung der Verwaltungsbefugnis
    1638 11
Testamentsvollstreckung
  Inventarisierungspflicht **1640** 5
Tod des Kindes
  Nachsorge der Eltern **1677** 1

Tod eines Elternteils
  s Elterliche Sorge
Todeserklärung eines Elternteils
  s Elterliche Sorge
Todeszeitpunkt eines Elternteils, Feststellung
  s Elterliche Sorge
Tötung einer unterhaltspflichtigen Person
  Inventarisierungspflicht **1640** 8
Totenfürsorge
  Tod des Kindes **1666** 21
Totensorgerecht
  elterliche Sorge **1666** 21
Transsexualität
  Erziehungseignung **1671** 185
Trennung der Eltern
  s a Getrenntleben der Eltern
  Eigenverantwortung der Eltern **1671** 11, 19
  Intervention des Staates **1671** 8, 11
  Trennungsfamilie
    s dort
Trennung Eltern/Kinder
  Adoption **1666** 228
  Adoptivfamilie **1666a** 8
  Aufenthaltsbestimmungsrecht, Entziehung
    1666 226 f, 309
  Ausweisung aus der Wohnung
    s Wohnungsausweisung
  Befristung **1666a** 9
  Betreuungsdefizite **1666** 214
  Eingriff, geringstmöglicher **1666** 214, 216
  einstweilige Anordnung **1666** 307, 309;
    1666a 9, 24
    akute Gefährdung **1666a** 24
    Befristung **1666a** 24
  Elternwille **1666a** 7
  endgültige Trennung **1666** 227
  Erforderlichkeit **1666** 6; **1666a** 1, 9
  Ersatzfamilie **1666a** 6
  Erstentscheidung **1666** 297
  Familieninteresse **1666a** 4 ff, 21
  Familienrehabilitierung **1666a** 4 f
  Familienschutz **1666a** 6 ff
  Folgemaßnahmen **1666a** 12
  Gefahrabwendung **1666a** 9
  Gewalt **1666a** 9
  Heimunterbringung **1666a** 6
  Hilfeplan **1666a** 11
  Kindesgefährdung durch einen Elternteil
    1666a 9
  Kindesinteressen **1666a** 4, 6, 21
  Kontakt, Fortführung **1666a** 12
  Kooperation, elterliche **1666a** 9
  Lebensgemeinschaft, faktische **1666a** 8
  Legitimierungspflicht **1666a** 2, 4
  Maßnahmen, gerichtliche **1666** 213
  Maßnahmen gegen Dritte **1666a** 9
  Maßnahmen gegen Jugendamt **1666a** 9
  Mittel, mildere **1666a** 9, 22, 22 f

Sachregister

Trennung Eltern/Kinder (Forts)
  Nachsorge für Familie **1666** 5, 216;
    1666a 12, 24
  öffentliche Hilfen **1666** 214; **1666a** 9, 22 f
  Personensorge, Entziehung **1666a** 3
  Pflegefamilie **1666a** 8
  Rekonstituierung der Familie **1666** 297
    Bemühungspflicht **1666** 297 f
  Rückführung des Kindes **1666** 216; **1666a** 6
  Säuglinge **1666** 83
  sexueller Missbrauch **1666a** 9
  Stiefelternteil **1666a** 8
  Teilfamilie **1666a** 8
  Umgangsregelung **1666** 216, 309
  Verhältnismäßigkeit **1666** 6, 217, 225;
    1666a 1
  Versagen der Erziehungsberechtigten
    1666 63
  Verwahrlosung **1666** 63
  Wohnungsausweisung **1666** 233; **1666a** 25 ff
  s a dort
Trennungsfamilie
  s a Trennung der Eltern
  Bindungstheorie **1671** 207
  Bindungstoleranz **1671** 207 f
  Kindeswohlgefährdung **1671** 263
  Kontakte mit dem Kind, spannungsfreie
    1671 207
  positives Bild des anderen Elternteils
    1671 207
Trennungsfolgenvereinbarungen
  Eltern-Kind-Beziehungen nach Trennung
    1671 73 f
  Nichtigkeitsgründe **1671** 73

Übermaßverbot
  Entscheidungsübertragung **1671** 58
  Sorgerechtsübertragung **1671** 58
Überprüfungspflicht
  Absehen von Maßnahmen **1666** 299
  Erstüberprüfung **1666** 296
  Fremdunterbringung, dauerhafte **1666** 298
  Gefahrwegfall **1666a** 26
  Kindesschutzmaßnahmen **1666** 293 ff
  Umfang der Überprüfung **1666** 295
  Zeitabstände, angemessene **1666** 8, 294,
    296 ff
    Alter des Kindes **1666** 297
    Entwicklung des Kindes **1666** 297
    Schwebephase **1666** 297
    Zeitgefühl des Kindes **1666** 297
    Zuordnung des Kindes, endgültige **1666** 297
Überprüfungsverfahren
  Vorverfahren, selbständiges **1666** 294
  Zuständigkeit **1666** 294
Überschusseinkünfte
  Verwendungsbefugnis **1638** 21

Umgangsrecht

Überwachungspflegschaft
  Vermögensgefährdung **1667** 14
  Vermögenssorge **1666** 247
Umgangsanordnungen
  Durchsetzung, zwangsweise **1666** 145
  Eingriff, geringstmöglicher **1666** 214
  Zwangsmittel, Androhung **1666** 214
  Zwangsmittel, Festsetzung **1666** 214
Umgangsbestimmungsrecht
  Erziehungsermessen **1666** 143
  gegenüber Dritten **1666** 142 f
  Kindeswohlgefährdung **1666** 151
Umgangsdurchführung
  Auswanderung des Betreuungselternteils
    1671 211
  Bindungstoleranz **1671** 207 ff
  Kindeswohlorientiertheit **1671** 196
Umgangsentscheidungen
  Anordnungsadressat **1666** 223
Umgangspflegschaft
  Kindesherausgabe **1666** 146
  Konfliktvermeidung **1666** 146
  Umgangsvereitelung **1666** 150
Umgangsrecht
  Ausgestaltung **1666** 145
  Ausschluss **1666** 145
  Bezugspersonen des Kindes **Vorbem**
    1673–1698b 10
  Einschränkung **1666** 145
  Elternrecht **1671** 23
  Elternteil, nicht mit dem Kind zusammenlebender **1666** 145
  Elternvereinbarungen **1671** 60
  Entfernung zwischen Elternwohnsitzen
    1671 144
  Entscheidungsbefugnisse des Umgangsberechtigten **1671** 23
  Erzwingung gegen den Willen des Kindes
    1666 270
  Gewaltanwendung **1666** 291
  Fremdplazierung des Kindes **1666** 147
  Getrenntleben der Eltern **1671** 1; **Vorbem**
    1673–1698b 10
  Haftung gegenüber dem Kind **1664** 19
  Kindeswohl, Dienlichkeit **1666** 150
  Kindeswohlgefährdung **1666** 149 f
  Kindeswohlschädigung durch Umgang
    1666 145
  Konkordanz **1671** 211
  Maßnahmen, gerichtliche **1666** 54
  nach Sorgerechtsentzug **1666** 255
  Obhutselternteil **1666** 147
  persönlicher Umgang **1673** 15; **1675** 3
  Regelungsbefugnis, amtswegige **1671** 23
  Ruhen der elterlichen Sorge **1673** 15
  Sorgerechtswechsel mit Plazierungswechsel **1666** 147
  Sorgerechtswechsel ohne Betreuungswechsel **1666** 147

555

Umgangsrecht (Forts)
  Umgangsberechtigte, sonstige **1666** 150
  Umgangskonflikte
    mit dem Kind **1666** 54
    mit Dritten **1666** 54
  Umgangsvereitelung **1666** 145
    Eltern-Kind-Symbiose, krankhafte **1666** 148
  Umgangsverweigerung **1666** 142, 148, 150
  Umgangszeiten **1666** 150
  Umzug des Kindes ins Ausland **1671** 211
  Vater, biologischer **1666** 150
  Verfahrensbeistand **1666** 270
Umgangsregelung
  Anhörungen **1671** 61
  Bezugspersonen, enge **1666** 143
  Erstregelungen **1671** 61
  Kindeswohl **1671** 61
  Negativkontrolle, inhaltliche **1671** 61
  Ordnungsgeld **1666** 290
  Ordnungshaft **1666** 290
  Trennung Eltern/Kinder **1666** 309
  Verbleibensanordnung **1682** 31
  Vergleich, gerichtlich gebilligter **1671** 61
  Vermittlungsverfahren **1671** 61
  Vollstreckbarkeit **1671** 61
  Vollstreckungszwang **1666** 145
  Wechselmodell **1671** 261
Umgangsvermittlungsverfahren
  Umgangsregelung **1671** 61
Umgangszwang
  Kindeswille **1666** 147
  Kindeswohlgefährdung **1666** 147
Umplazierung des Kindes
  Abwägung **1666** 131
  Anrufung des Familiengerichts **1666** 261
  Betreuungspersonen, Wechsel **1666** 130 ff
  Betreuungswechsel **1671** 248
  Beziehungen, gewachsene **1666** 133
  Beziehungsstörung **1666** 132
  Bindungsintoleranz **1671** 170
  Bindungstheorie **1671** 217
  einstweilige Anordnung **1666** 134
  Elternrecht **1666** 131
  Familienschutz der Pflegefamilie **1666** 131
  Fremdplazierung des Kindes **1666** 214; **1680** 15
  Kindesgefährdung **1666** 131 f
  Kindeswille **1666** 131
  Kindeswohl **1671** 249
  Kleinkinder **1671** 230
  Kontaktverbote, Sanktion **1666** 146
  Kontinuitätsprinzip **1671** 246 ff
  Korrektur **1666** 132
  Mittel, mildere **1680** 15
  nichteheliche Eltern **1666** 214
  Persönlichkeitsrecht des Kindes **1666** 131
  Plazierungsalternativen **1666** 212

Umplazierung des Kindes (Forts)
  Sorgerechtsübertragung auf anderen Elternteil **1666** 214; **1680** 15
  ständige Umplazierung **1666** 134
  Umgebungswechsel **1671** 248
  Umweltbedingungen **1666** 131
  Verbleibensanordnung **1666** 133
  Verhältnismäßigkeit **1680** 15
Umweltbedingungen
  Kindesbindung **1671** 223
  Umplazierung des Kindes **1666** 131
Umzug
  ins Ausland **1666** 149
  Kontaktvereitelung **1666** 149
Unerlaubte Handlung
  Eltern **1664** 11 f, 34 ff
  Haftung gegenüber dem Kind **1664** 34 ff, 49
  Ausgleichspflicht **1664** 51 f
UN-Kinderkonvention
  Familienschutz **1666** 5
  Kindesschutz **1666** 5
  Nichtanhörung des Kindes **1671** 16
Unmittelbarer Zwang
  s Zwang, unmittelbarer
Untätigkeitsbeschwerde
  Kindesschutzverfahren **1666** 259, 261
Unterbringung des Kindes
  Genehmigung des Familiengerichts **1666** 48, 139
  Kindeswohl **1666** 139
  missbräuchliche Anträge **1666** 48
Unterhalt
  Abfindungen **1640** 9
  Begriff **1649** 23
  Haftung, gesamtschuldnerische **1649** 2
Unterhaltsansprüche
  Beistandschaft **Vorbem 1638–1665** 9
  Maß des Unterhalts **1649** 20
  Vermögensschutz **1666** 188
  Verwendungsbefugnis der Eltern **1649** 22
Unterhaltspflicht
  Barunterhalt **1666** 194
  Bedürftigkeit des Kindes **1666** 194
  Kindesunterbringung **1666a** 21
  Leistungsfähigkeit der Eltern **1666** 194
  Naturalunterhalt **1666** 194
  Rechtsirrtum **1666** 194
  Verletzung **1666** 195
  Vermögenserträge, Zurverfügungstellung zur Unterhaltsbestreitung **1666** 194
  Vermögensstamm, Zurverfügungstellung zur Unterhaltsbestreitung **1666** 194
Unterhaltspflichtverletzung
  Sorge für das Kind **1671** 143
Unterhaltspflichtverletzung
  Arbeitseinkommen des Kindes **1666** 195
  Erheblichkeit **1666** 196
  Erziehungseignung **1671** 197

Unterhaltspflichtverletzung (Forts)
  Kindesunterhalt **1671** 197
  Kindesversorgung durch Dritte **1666** 195
  Kindesvorenthaltung **1666** 195
  Kindeswohl **1666** 193
  Personensorge **1666** 193
  Umgangsverweigerung **1666** 195
  Unterhaltsgefährdung **1666** 196
  Unterhaltsleistungen, Ausfall **1666** 196
  Unterhaltspflicht **1666** 194
  Unterhaltsvereinbarung **1666** 194
  Vermögenseinkünfte des Kindes **1666** 195
  Vermögensgefährdung **1666** 196
    zukünftige Gefährdungen **1666** 196
  Vermögenssorge **1666** 193
Unterhaltsvereinbarung
  Unterhaltspflichtverletzung **1666** 194
Untersuchungsgrundsatz
  Kindesschutzverfahren **1666** 267
USA
  gemeinsames Sorgerecht, Kindeswohl **1671** 112

Vater
  Anordnungen gegenüber der Mutter **1639** 2
  Ausschließungsbefugnis gegenüber der Mutter **1638** 10
  biologischer Vater **1666** 150
  Elternrecht **1666** 214
  Elternstellung **1671** 186; **1680** 3
  Inventarisierungspflicht **1640** 1
  Konkurseröffnung **Vorbem 1638–1665** 11; **1647** 1
  Nichtfeststellung **1666** 198
  Nichtvaterschaft, Feststellung **1680** 3
  Nutznießung am Vermögen des Kindes **1649** 1; **1667** 1
  Schenkungsverbot **1641** 1
  Umgangsrecht **1666** 150
  Zuchtmittel, angemessene **1666** 97
Vater, nichtehelicher
  Alleinsorge **1666** 46; **1672** 1 ff
  Anhörung **1666** 274
  Eignungsmängel **1678** 31
  Elternrecht **1672** 2, 8; **1678** 18; **1680** 21
  kindesferne, desinteressierte Väter **1672** 5; **1678** 18
  kindesorientierte, bemühte Väter **1672** 5; **1678** 18
  Kindeswohlgefährdung **1666** 20, 46
  niemals sorgeberechtigter Vater **1678** 18, 29; **1680** 14
  Ruhensgründe **1678** 30
  Sorgerecht **1666** 94; **1672** 5
  Sorgerechtsfähigkeit **1678** 18, 30 f
  Sorgerechtsübertragung **1678** 17 f, 29 ff, 33; **1680** 14

Vater, nichtehelicher (Forts)
  Bereitschaft zur Sorgerechtsübernahme **1678** 30; **1680** 20
  Bindung des Kindes an Dritte **1678** 31
  Kindeswohlgefährdung **1678** 31
  Kindeswohlprüfung **1678** 30; **1680** 14, 20
  Negativkontrolle **1678** 18; **1680** 8, 14
  Übernahmepflicht **1680** 20
  Tod der Mutter **1680** 14
  Übernahmeverweigerung **1678** 31
  Verhinderung, tatsächliche **1678** 30
Vaterschaftsanerkennung
  Elternstellung **1671** 24
  Sorgeerklärungen **1671** 24
Vaterschaftsanfechtung
  Kindeswohlgefährdung **1666** 103
  Scheinvater, Verlust der Elternstellung **1671** 24
  Vertretung des Kindes **1666** 103
  Zwangsmaßnahmen **1666** 103
Vaterschaftsfeststellung
  Auskunft **1666** 119
  Beistandschaft **Vorbem 1638–1665** 9
  Kindeswohlgefährdung **1666** 103
  Nichtbetreibung **1666** 119
  Vertretung des Kindes **1666** 103
  Zwangsmaßnahmen **1666** 103
Verantwortungsgemeinschaft Familiengericht/ Eltern
  Umgangsregelung **1671** 61
Verantwortungsgemeinschaft Familiengericht/ Jugendhilfe
  Kindesschutz **1666** 8, 19
  öffentliche Hilfen **1666a** 13 f, 16
Verbindlichkeit, fremde
  Genehmigung des Familiengerichts **1643** 30 f, 59
Verbleibensanordnung
  Ablehnung **1682** 42
  Akteneinsicht **1682** 21
  Alltagsbefugnisse **1682** 30
  Amtsermittlungsgrundsatz **1682** 17, 21
  amtswegige Entscheidung **1682** 21, 23
  Anhörungspflichten **1682** 4, 17, 21, 40
    Betreuungspersonen **1682** 40
    Eltern/Elternteil **1682** 38
    Jugendamt **1682** 37
    Kind **1682** 32, 39
  Antragsrecht **1682** 21, 44
    Ehegatte des Betreuungselternteils **1682** 21
    nichteheliche Lebensgemeinschaft **1682** 21
    Partner des Betreuungselternteils **1682** 21
    Pflegeeltern **1682** 21
  Aufenthaltsbestimmungsrecht **1666** 52; **1682** 25, 34
  Befristung **1666** 238

Verbleibensanordnung (Forts)
Bekanntgabe der Entscheidung **1682** 21
Beschleunigungsgebot **1682** 36
Beschwerde, befristete **1682** 44
Beschwerde, weitere **1682** 44
Besuchsregelung **1682** 20
Betreuungselternteil, Ausfall **1682** 11
Betreuungspersonen **1682** 5
Beziehungsabbruch **1682** 27
Bezugswelt des Kindes **1682** 15, 35
Bindungen des Kindes **1682** 32, 39
Dauer **1682** 32, 34
Eingriff, geringstmöglicher **1666** 214
Einleben des Kindes **1682** 17
einstweilige Anordnungen **1682** 43
Einzelfallbezogenheit **1682** 12
Entfremdung zum anderen Elternteil **1682** 15, 18, 26, 33
Ermessen **1682** 24
Ermittlungspflichten **1682** 38
Familienpflege **1666** 49; **1682** 40
Fristen **1682** 16
Großeltern **1682** 19
häusliche Gemeinschaft **1682** 1, 19 f
Herausgabe des Kindes, Anordnung **1682** 42
Herausgabekonflikt **1682** 4, 20
Herausgabestreit **1666** 49
Herausgabeverlangen **1682** 20
 missbräuchliches Herausgabeverlangen **1682** 1
Interessenkollision Kind/Elternteil **1682** 27, 41
Interventionsgrenzen **1682** 25
Kindesentwicklung **1682** 13
Kindeswille **1682** 17, 32, 39
Kindeswohlgefährdung **1682** 4, 18, 20, 24 ff, 32
Kindeswohlprüfung **1682** 7, 23
Kontinuitätsprinzip **1682** 14 f
längere Zeit **1682** 13 f, 17 f, 35
Lebenspartnerschaft, registrierte **1682** 1
Minderjährige **1682** 11
 Lebenserfahrungen **1682** 11
 Lebensumstände **1682** 11 f, 29, 34
Mittel, milderes **1682** 30
mündliche Verhandlungen **1682** 21
nahe Angehörige **1682** 5, 8
Neigungen des Kindes **1682** 32, 39
nichteheliche Lebensgemeinschaft **1682** 1
Notvertretungsrecht **1682** 30
Personensorge, Entziehung **1666a** 28
Pflegeverhältnisse **1682** 28
Rechtsmittel **1682** 21, 44
Rechtsschutzbedürfnis **1682** 20
Sachverständigengutachten **1682** 35
 fachpsychologische Gutachten **1682** 35
Schutzmaßnahme **1682** 45
Sorgebefugnisse **1666** 214

Verbleibensanordnung (Forts)
Stiefkinder **1682** 1
Stiefkindverhältnisse **1682** 8, 19, 28
Tod eines Elternteils **1680** 11
Umgangsregelung **1682** 31
Verfahren **1682** 36 ff
Verfahrensbeistand **1682** 17, 41
Verfahrensdauer **1682** 36
Verfahrenspflegschaft **1682** 4, 41
Verfahrensverzögerungen **1682** 17
Verhältnismäßigkeit **1682** 30
Verpflichtung zum Eingreifen **1682** 24
Vollstreckung **1682** 4
 Einstellung **1682** 42
Vorranggebot **1682** 36
Zeitbegriff des Kindes **1682** 14 ff, 18
Zusammenleben, Dauer **1682** 13, 16 f, 28 f
Zuständigkeit, funktionelle **1682** 36
Zuständigkeit, internationale **1682** 45
Zuständigkeit, sachliche **1682** 36
Verbundverfahren
s Scheidungsverbund
Verfahrensbeistand
Aufgabenbereich **1666** 272
Aufhebung der Verfahrensbeistandschaft **1666** 270
Auswahl **1666** 271; **1671** 292
Beschwerdeberechtigung **1666** 301; **1671** 298
Bestellung **1671** 290
 Anfechtbarkeit **1671** 292
 Beschwerdeinstanz **1671** 292
 früher erster Termin **1671** 292
 Verfahrensbeginn **1671** 292
Bestellungspflicht **1666** 270; **1671** 290 f
 Anfangsermittlungen **1666** 270
 Anfechtbarkeit der Bestellung/Nichtbestellung **1666** 270
 Aufenthaltsbestimmungsrecht, Entziehung **1666** 270
 Ausnahmefall, Begründung **1666** 270
 Begutachtung des Kindes **1666** 270
 Gesundheitsfürsorge, Entziehung **1666** 270
 häusliche Gewalt **1666** 270
 Personensorge, Entziehung **1666** 270
 Regelbeispiele **1666** 270; **1671** 290
 Sorgerechtsbeschränkungen, Aufhebung **1666** 270
 Umgang, Erzwingung gegen den Willen des Kindes **1666** 270
 Unanfechtbarkeit der Bestellung **1666** 300
 Verfahrenseröffnung **1666** 270
 Verfahrensfehler **1666** 270
Betreuungsperson, Wechsel **1671** 290
Ermittlungen **1666** 272
früher erster Termin **1666** 270
Funktion **1666** 272; **1671** 290

Verfahrensbeistand (Forts)
Geeignetheit **1666** 271
gemeinsames Sorgerecht, Anordnung **1672** 22
Gespräche mit Dritten **1666** 272
Gespräche mit Eltern **1666** 272
Interessengegensatz, erheblicher **1671** 291
Interessenvertreter des Kindes **1666** 272; **1671** 290 f
Juristen **1666** 271
Kinderpsychologen **1666** 271
Kindesanhörung **1666** 276
Kindesinteressen **1666** 272
  Feststellung **1666** 272
  Geltendmachung **1666** 272
  Kindeswille **1666** 272
  Kindeswohl **1666** 272
Kindesschutzverfahren **1666** 260, 269 ff
Kindeswohlgefährdung **1671** 291
Kosten **1671** 291
Kostenschuldnerschaft **1666** 312
Mitwirkung an einvernehmlichen Lösungen **1666** 272
Nichtbestellung **1671** 291
  Anfechtbarkeit **1671** 292
Qualifikation **1666** 271
Rechtsanwälte **1666** 271
Rechtsmitteleinlegung **1666** 272
Sorgerechtsübertragung **1671** 93, 267, 290 ff
Sorgerechtsverfahren **1671** 290
Sozialarbeiter **1666** 271
Verbleibensanordnung **1682** 17, 41
Verfahrensbeteiligung **1666** 257, 272; **1671** 290
Vergütung **1671** 290
Vergütungspauschalierung **1666** 272
Verwandte **1666** 271
Verfahrenseinleitung
Einleitungsschwelle **1666** 88, 261, 267
Genehmigung des Familiengerichts **1643** 54
Kindesschutzverfahren **1666** 261
Unanfechtbarkeit **1666** 300
Verfahrensfähigkeit
Sorgerechtsübertragung **1671** 88
Verfahrenspflegschaft
Kindesschutzverfahren **1666** 269
Verfahrensbeistand, Ablösung durch **1671** 290
Verfahrenswert
Kindesschutzsachen **1666** 312
Verfügung über Vermögen im Ganzen
Genehmigungspflicht **1643** 18 ff
Vermögen im ganzen **1643** 20
Verfügungsmacht
Ruhen der elterlichen Sorge **1675** 4
Vergleich, gerichtlich gebilligter
Sorgerechtsvereinbarungen **1671** 61

Vergleich, gerichtlich gebilligter (Forts)
Umgangsregelungen **1671** 61
Vergleichsverfahren
Eltern/Elternteil **1668, 1669** 1
Verhältnismäßigkeit
Entziehung der Verwaltung **1639** 12
Verkehrssicherungspflicht
Haftung gegenüber dem Kind **1664** 35
Verkehrsunfall
Gefährdungshaftung **1664** 37
Haftung gegenüber Ehegatten **1664** 36
Haftung gegenüber dem Kind **1664** 36
Vermächtnis
Annahme **1643** 33
  Anfechtung **1643** 34
Ausschlagung **1641** 6
Form **1643** 33
Genehmigung des Familiengerichts **1638** 16; **1643** 33
konkludentes Handeln **1643** 33
Erwerb von Todes wegen **1638** 7
Inventarisierungspflicht **1640** 7
Vermietung
Ausschließung der Verwaltungsbefugnis **1638** 34
Vermittlungspflicht des Gerichts
s Sorgerechtsverfahren
Vermittlungsverfahren
Kindesschutz **1666** 260
Kindesschutzverfahren **1666** 260
Maßnahmen, gerichtliche **1666** 145
Umgangsregelung **1671** 61
Vermögen des Kindes
s Kindesvermögen
Vermögensgefährdung
s a Vermögensschutz
Abwendung der Gefahr **Vorbem 1638– 1665** 6
Abwendungsprimat der Eltern **1666** 185
Amtsermittlungsgrundsatz **1667** 21
Anfangsverdacht **1667** 4
Anhörung der Eltern **1667** 21
Anhörung des Jugendamts **1667** 21
Anhörung des Kindes **1667** 21
Anlagebestimmung, familiengerichtliche **1667** 10
Anordnungen, Nichtbefolgung **1639** 4, 6, 11
Ausforschungsanordnungen **1667** 4
Ausübung der elterlichen Sorge, missbräuchliche **Vorbem 1638–1665** 6
Beweislast **1666** 192
durch Dritte **1666** 203, 205, 249
drohende Gefährdung **1666** 200, 203
Eigenverbrauch, pflichtwidriger **1667** 11
Gefährdung des Kindesvermögens **1667** 3 f
Gefährdungsfeststellung **1666** 197, 203
Gefährdungsvermutung **1666** 192

Vermögensgefährdung (Forts)
Gefahrabwendungsbereitschaft, mangelnde **1667** 3
Geldanlage, ungünstige **1666** 197
Interesseneinbuße **1666** 189
Inventarisierungspflicht **1640** 32
Kindeswohlgefährdung **1666** 7, 178
Kreditaufnahme **1666** 197, 199
  Geldkredite **1666** 199
  Sachkredite **1666** 199
Labilität der Eltern **1666** 203
Maßnahmen, familiengerichtliche **1666** 206 ff
  Durchsetzung **1667** 22
  Kosten **1667** 19
Maßnahmen, gerichtliche **Vorbem 1638–1665** 6; **1639** 3
Maßregeln, gerichtliche **1639** 12
  Aufforderung, mündliche **1639** 12
  Aufforderung, schriftliche **1639** 12
  Entziehung der Verwaltung **1639** 12
  Entziehung der Verwendungsbefugnis **1639** 13
  Sicherheitsleistung **1639** 12
Nichtbefolgung gerichtlicher Anordnungen **1640** 32; **1666** 201
Pflichtwidrigkeit, elterliche **1666** 181, 183, 191, 197 f, 204
  drohende Pflichtverletzung **1666** 200, 203
Rechnungslegung **1667** 4
s a dort
Rechtsmittel **1667** 22
Regelbeispiele **1666** 191 ff
  Indizwirkung **1666** 192, 197, 200
Risikobereitschaft **1666** 198
Schädigung des Kindesvermögens, voraussehbare erhebliche **1666** 182, 186, 189
  künftiger Schadenseintritt **1666** 190
Schuldenbegründung **1666** 199
Schutzobjekt **1666** 189
Sicherheitsleistung **1667** 13 ff
s a dort
  Eigenvermögen der Eltern **1667** 13, 15
Sperrvermerk **1667** 11
Überwachungspflegschaft **1667** 14
Unstimmigkeiten Eltern/Kind **1666** 203
Unterhaltspflichtverletzung **1666** 193 ff
Vater, Nichtfeststellung **1666** 198
Verfahren, familiengerichtliches **1667** 21 f
  Kosten **1667** 23
Verhalten der Eltern **1639** 3 f
Vermögenssorge, Entziehung **1667** 14
Vermögenssorgepflichten, Verletzung **1666** 197 ff
Vermögensverfall der Eltern **1666** 202
Vermögensverwaltung **1666** 181
Vermögensverzeichnis **1667** 4

Vermögensgefährdung (Forts)
s a dort
Vernachlässigung des Kindes **Vorbem 1638–1665** 6
Versagen der Eltern, unverschuldetes **Vorbem 1638–1665** 6
Zerwürfnisse Eltern/Kind **1666** 203
Zuständigkeit, funktionelle **1667** 20
Zuständigkeit, örtliche **1667** 20
Vermögensgesamtheiten, Geschäfte über
Erbausgleich, vorzeitiger **1643** 22
Erbschaft **1643** 18
  Veräußerung **1643** 21
Erbteil, künftiger gesetzlicher **1643** 18, 21
Erbteil, Veräußerung **1643** 21
Genehmigungspflicht **1643** 18 ff
Miterben, Verfügung über Anteil am Nachlass **1643** 21
Pflichtteil, künftiger **1643** 18, 21
Verfügung über Anteil des Mündels an Erbschaft **1643** 18
Verfügung über Vermögen im Ganzen **1643** 18 ff
  Beurkundung, notarielle **1643** 19
  gegenwärtiges Vermögen **1643** 19
Vermögensschutz
Barvermögen **1666** 188
Elternverhalten **1666** 184, 186
Erforderlichkeit **1666** 240 f
Forderungen **1666** 188
Geeignetheit **1666** 240 f
Gefährdungsschutz **1666** 177 ff
s a Vermögensgefährdung
Genehmigungserfordernisse **1666** 177
Insolvenz **1666** 178
Interessenkollisionen **1666** 177
Kindesschutz **1666** 1, 7, 37
Kindesvermögen **1666** 186 ff
  Vorhandensein **1666** 188
Maßnahmenkatalog **1667** 5
Nichtbefolgung gerichtlicher Anordnungen **1666** 178
Pflichtverletzungen **1666** 178
Pflichtwidrigkeit, elterliche **1666** 180 f, 183
  Indizwirkung **1666** 183, 186
  Schwere **1666** 183
Sachvermögen **1666** 188
Schuld, elterliche **1666** 179
Schutzmaßnahmen **1667** 5
Unterhaltsansprüche des Kindes **1666** 188
Verhältnismäßigkeit **1666** 240, 242, 244, 249; **1667** 5
Vermögensverfall **1666** 178
Vermögensverwaltung **1666** 177
Zinsen, anfallende **1666** 188
Vermögenssorge
Abwendungsprimat der Eltern **1666** 185
Anlegung von Geld **1642** 1 ff
s a dort

560

Vermögenssorge (Forts)
　Anordnungen des Erblassers **1639** 1
　Anordnungen des Zuwendenden **1639** 1
　Anordnungen dritter Personen **Vorbem 1638–1665** 2
　Arrest in Vermögen der Eltern **1666** 248
　Aufwendungen **Vorbem 1638–1665** 4; **1648** 2, 5
　Ausschließung der Verwaltungsbefugnis **1638** 7 ff
　　s a dort
　Ausübung, Übertragbarkeit **Vorbem 1638–1665** 7
　Begriff **Vorbem 1638–1665** 1
　Beistandschaft **Vorbem 1638–1665** 9
　Beschränkung **1638** 1 f
　Besprechungen Eltern/Kinder **Vorbem 1638–1665** 5
　Eingriffe, gerichtliche **1639** 4
　Einvernehmen Eltern/Kinder **Vorbem 1638–1665** 5
　elterliche Sorge **Vorbem 1638–1665** 1
　Entziehung **1638** 29; **1666** 44, 207, 239, 243
　　Androhung **1640** 34; **1666** 244; **1667** 15
　　gesamte Vermögenssorge **1667** 5
　　Herausgabe des Kindesvermögens **1640** 35
　　Inventarisierungspflicht **1640** 5, 32 ff
　　Kindesvermögen, Herausgabe **1666** 255
　　Nichtbefolgung gerichtlicher Anordnungen **1666** 201
　　Personensorge, Entzug **1666** 215
　　Pflegerbestellung **1640** 35
　　Rechenschaftsablegung **1640** 35
　　Rechnungslegung **1666** 255
　　teilweise Entziehung **1666** 201; **1667** 5
　　Verschulden eines Elternteils **1640** 34
　　Zustimmung, elterliche **1666** 244
　Ergänzungspflegschaft **1666** 247
　Erklärungsersetzungen **1666** 246
　Erwerb von Todes wegen **1638** 7
　Gefahrabwendungsprimat, elterlicher **1666** 185, 204 f
　Genehmigung von Rechtsgeschäften **1666** 246
　gesamtes Vermögen **Vorbem 1638–1665** 1; **1638** 1
　Grundstücksverkauf **1666** 246
　Kindesansprüche, Geltendmachung **1666** 247
　Kindesschutz **Vorbem 1673–1698b** 10
　Kindeswohlgefährdung **1666** 20, 37, 177 ff
　Klageerhebung **1666** 247
　Konkurseröffnung **1670** 1
　Konkursverfahren eines Elternteils **Vorbem 1638–1665** 11
　Maßnahmen, gerichtliche **1666** 239 ff; **1667** 2
　　Anordnungen **1666** 249

Vermögenssorge (Forts)
　Auflagen **1666** 246
　gegen Dritte **1666** 249
　Gebote **1666** 246 f, 249
　Mietverhältnis, Kündigung **1666** 246
　minderjähriger Elternteil **1673** 12, 28
　Nutzen des Kindes **1642** 11
　Pflichtverletzungen **1664** 14
　Prozessführung **1666** 246
　Rechnungslegung **1666** 246
　Ruhen **1673** 12; **1675** 3
　　Inventarisierungspflicht **1640** 5
　Schutzmaßnahmen **1666** 239
　Schutzpflicht des anderen Elternteils **1666** 245
　Sicherungsmaßnahmen **1666** 239
　　Vorrang **1666** 240; **1667** 5
　Sorgeeingriffe **1666** 225
　Sorgerecht, gemeinsames **1666** 245
　Sorgerechtsaufteilung **1671** 258
　Übertragung auf Dritte **Vorbem 1638–1665** 7
　Überwachungspflegschaft **1666** 247
　Überwachungspflicht des anderen Elternteils **1666** 245
　Unentgeltlichkeit **Vorbem 1638–1665** 4; **1648** 12
　Unterhaltspflichtverletzung **1666** 193
　verheiratete Minderjährige **Vorbem 1638–1665** 10
　Verhinderung, tatsächliche **1674** 10
　Vermögen des Kindes **Vorbem 1638–1665** 1 ff; **1638** 1
　Vermögensgefährdung **1666** 181, 197 ff
　Vermögensstücke, ausgenommene **Vorbem 1638–1665** 2; **1638** 1
　Vermögensverwaltung **1638** 5
　Verwaltung, fremdnützige **1642** 11
　Verwendungsbefugnis der Eltern **1649** 24
　Verzicht der Eltern **Vorbem 1638–1665** 7, 9
Vermögensverwaltung
　s a Kindesvermögen
　Ablehnung durch Eltern **1666** 198
　Anlegung von Geld **1642** 7
　Ausschließung der Verwaltungsbefugnis **1638** 7 ff
　Beendigung **Vorbem 1638–1665** 13
　Entscheidungsübertragung **1671** 57
　Ermächtigung, allgemeine **1643** 59
　Fehlverhalten, elterliches **1666** 179
　Vermögensgefährdung **1666** 181
　Vermögensschutz **1666** 177
　Vermögenssorge **1638** 5
Vermögensverzeichnis
　s a Inventarisierungspflicht
　Aktiva **1640** 19
　Antiquitäten **1640** 18
　Aufstellung **Vorbem 1638–1665** 2; **1640** 27
　Auseinandersetzungsguthaben **1640** 21

Vermögensverzeichnis (Forts)
  Bausparverträge **1640** 17
  Belege **1640** 26
  Beschränkung auf Teile des Kindesvermögens **1667** 6
  Bruchteileigentum des Kindes **1640** 20
  Dauer von Maßnahmen **1667** 18
  Depotauszüge **1640** 26
  Einreichung **Vorbem 1638–1665** 2; **1640** 26 f
    beide Elternteile **1667** 6
  Elternvermögen **1667** 6
  Forderungen **1640** 17
  Form **1640** 26; **1667** 6
  Gegenstände **1640** 17 ff
    Bewertung **1640** 17
    Geldwert **1640** 17
    Identifizierungsmerkmale **1640** 17
  Gesamtgut **1667** 6
  Gesellschaftsanteile **1640** 20
  Grundbuchauszüge **1640** 26
  Grundstücke **1640** 17
  Gütergemeinschaft, fortgesetzte **1640** 25
  Haushaltsgegenstände **1640** 18
  Kapitalgesellschaftsanteile **1640** 22
  Kindesvermögen, drohende Gefährdung **1667** 7
  Kindesvermögen, sachwidrige Verwendung **1667** 7
  Kindesvermögen, Vorhandensein **1667** 7
  Kontoauszüge **1640** 26
  Kosten **1640** 38; **1667** 19
  Kunstwerke **1640** 18
  Maßnahmen, familiengerichtliche **1640** 27 ff
    Anhörung der Eltern **1640** 37
    Anhörung des Kindes **1640** 37
  Miterbschaft des Kindes **1640** 20
  Musikinstrumente **1640** 18
  Nachbesserung **1640** 29
  Nacherbschaft des Kindes **1640** 24
  Nichteinreichung **1640** 29
  öffentliches Inventar **1640** 29 f, 33
    Ausschließung **1640** 31
    Kosten **1640** 38
  öffentliches Verzeichnis **1667** 8
  Orientteppiche **1640** 18
  Passiva **1640** 19
  Pflichtteilsanspruch **1640** 23 f
  Schriftform **1640** 26
  Umfang **1667** 6
  ungenügendes Verzeichnis **1640** 29
  Unrichtigkeit **1640** 29
  Unvollständigkeit **1640** 29
  Vermögensgefährdung **1667** 4
    s a dort
  Versicherung der Richtigkeit und Vollständigkeit **1640** 26
  Versicherungsverträge **1640** 17
  Volljährigkeit des Kindes **1667** 18

Vermögensverzeichnis (Forts)
  Vormundschaft **1640** 6
  Wiederheirat eines Elternteils **1683** 1
  Zwangsgeld **1667** 8
Vernachlässigung
  Alkoholkonsum der Eltern **1666** 118 f
  Antriebsarmut der Eltern **1666** 118
  Drogenkonsum der Eltern **1666** 118 f
  geistig-seelischer Bereich **1666** 118
  Gesundheitsgefährdung **1666** 117
  Haltlosigkeit der Eltern **1666** 118
  Kindesschutz **1666** 2
  Konsumabhängigkeit der Eltern **1666** 118
  öffentliche Hilfen **1666** 117
  Orientierungslosigkeit der Eltern **1666** 118
  seelisch-emotionaler Bereich **1666** 119
  Vaterschaftsfeststellung, Nichtbetreibung **1666** 119
    Auskunft **1666** 119
Verpachtung
  Ausschließung der Verwaltungsbefugnis **1638** 34
Versandhandel
  Vorschieben des Kindes **1666** 199
Verschollenheit
  Rückkehr des Verschollenen **1681** 5, 9 ff
  Todeserklärung eines Elternteils **1677** 1; **1680** 3; **1681** 1 ff
    Vermutung des Todes **1681** 9
  Todeszeitpunkt eines Elternteils, Feststellung **1677** 1; **1680** 3; **1681** 4 ff
  Wartefristen **1681** 5
Verschollenheitsverfahren
  Mitteilung an das Familiengericht **1677** 4
  Zuständigkeit **1677** 4
Verschwägerte
  Beschwerdeberechtigung **1666** 301
Vertrag
  Einwilligung des Vertreters **1644** 1
  Genehmigung des Familiengerichts **1643** 57, 69 ff
    s a dort
    Mitteilung durch die Eltern **1643** 69
  Genehmigung des Vertreters **1644** 1
  Pflegerbestellung **1664** 38 f
Vertragshaftung
  Haftung gegenüber dem Kind **1664** 38 f, 49
Vertretung des Kindes
  Annahme von Zuwendungen **1638** 7, 16
  Ausschlagung von Zuwendungen **1638** 7, 16
  Eltern **Vorbem 1638–1665** 2
  Sorgeeingriffe **1666** 225
Vertretungsmacht
  Ruhen der elterlichen Sorge **1675** 4
Vertretungsmissbrauch
  Vermögensangelegenheiten **1666** 187
Verwaltungsakt
  öffentliche Hilfen **1666a** 13

Verwaltungsrecht, elterliches
Ausschließung durch Anordnung Dritter **1638** 2
Verwaltungsrechtsweg
öffentliche Hilfen **1666a** 13
Verwandte
Anregungsrecht **1666** 261
Beschwerdeberechtigung **1666** 301
Umfeld des Kindes **1671** 209
Verfahrensbeistand **1666** 271
Wohnungsausweisung **1666a** 27
Verwendungsbefugnis
s a Kindesvermögen
Ausschluss **1639** 8
Entziehung **1639** 13
Überschusseinkünfte **1638** 21
Verzeichnungspflicht
s Inventarisierungspflicht
Vollzeitpflege
freiwillige Inanspruchnahme **1666a** 12
öffentliche Hilfen **1666a** 12
Vollziehung, sofortige
Ablehnung der Aussetzung **1666** 300
Vormund
Aufwendungsersatzanspruch **1648** 11 f
Ausfall des Alleinsorgeberechtigten **Vorbem 1673–1698b** 6
Auswahl **1666** 253
Betreuer **1673** 9
Bezugspersonen **1666** 253
elternähnliche Stellung **1664** 8
Erbteilungsvertrag **1643** 45
Genehmigung des Familiengerichts **1643** 33
Erwerbsgeschäft des Kindes, Auflösung **1645** 11
Mittel des Kindes, Überlassung zur freien Verfügung **1644** 7
häusliche Gewalt **1666** 231
Interimssorge **1681** 19
Kindeswohlgefährdung **1666** 20
Personensorge **1673** 26 f
Selbständigkeit des Mündels **1664** 8
Sorgerecht **1664** 8
Umgangsverhinderung **1666** 145
Verwandte **1666** 253
Vormundbestellung
Beschwerderecht der Eltern **1666** 253
Vormundschaft
Alleinsorgeübertragung **1678** 39
Beendigung **1673** 14
Erlöschen **1674** 23
Geschäftsfähigkeit, Wiedererlangung **1673** 14
Inventarisierungspflicht **1640** 6
der Verwaltung nicht unterliegendes Vermögen **1640** 6
Kindesgefährdung **1678** 31
minderjähriger Elternteil **1673** 26 ff

Vormundschaft (Forts)
Ruhen der elterlichen Sorge **Vorbem 1673–1698b** 6; **1673** 13, 18
Sorgerechtsentzug **1666** 252 f
Tod beider Elternteile **1680** 3
Wiederaufleben der elterlichen Sorge **1674** 23
Vorranggebot
Alleinsorgeübertragung **1678** 38
Kindesentführung **1671** 267
Kindesschutzverfahren **1666** 259
Sorgerechtsverfahren **1671** 267
Verbleibensanordnung **1682** 36
Vorenthaltung des Kindes **1671** 267
Vorschule
Drittbetreuung **1671** 206

Wächteramt, staatliches
Antragssystem **1671** 263
Effektivität **1666** 8, 218
Eingriffspflicht **1666** 3
Eingriffsrecht **1666** 3
Einsatzschwelle **1666** 3, 19
Einvernehmen, elterliches **1671** 8, 19, 153
Einwirkungen auf das Kind **1666** 223
Familienauflösung **1671** 8
Familiengericht **1666** 19, 38; **1666a** 16
Förderung des Kindes **1666** 84; **1671** 215
Gefährdungserörterung **1666** 265
Interventionsansatz, justizieller **1666** 280
Interventionsansatz, sozialpädagogischer **1666** 280
Jugendhilfe **1666** 8, 16, 19, 171, 280; **1666a** 16
Kinderinteressen **1671** 8
Kinderrechte **1671** 8
Kindesschutz, zivilrechtlicher **1666** 1
Kindeswohl **1666** 65
Kindeswohlgefährdung **1666** 58, 61, 81
Maßnahmen, gerichtliche **1666** 218
Personensorge **1667** 1
Prävention **1666** 19, 86
Rechtsentwicklung **1666** 7
Religionswahl **1666** 127
Scheidung der Eltern **1671** 18
Schutzansätze, familienrechtliche/sozialrechtliche **1666a** 13
selbstbestimmungs- und gemeinschaftsfähiger Staatsbürger **1666** 152
Sorgerechtsübertragung **1671** 88, 99
Subsidiarität **1666** 294
Trennung der Eltern **1671** 5, 8, 11, 18
Umgangsblockade **1666** 148
Verantwortungsgemeinschaft Familiengericht/Jugendhilfe **1666** 8, 19; **1666a** 13 f, 16
Vermögenssorge **1667** 1
Wertbildung **1666** 122

Wechsel
Surrogation **1646** 6
Wechselmodell
Alleinentscheidungskompetenz **1671** 145
Alleinsorge, periodisch wechselnde **1671** 261
Aufenthaltsbestimmungsrecht **1671** 261
Auswanderung eines Elternteils **1671** 207, 211
Betreuung, zeitliche Aufteilung **1671** 261
Betreuungsanteile **1671** 23
Betreuungsvereinbarung **1671** 261
de lege lata **1671** 23
einstweilige Anordnung **1671** 294
Elternvereinbarung **1671** 23, 51
getrenntlebende Eltern **1671** 23, 145, 261
Kindeswohl **1671** 261
Kindeswohldienlichkeit **1671** 145
Sorgerechtsentscheidungen, grundsätzliche **1671** 145
Sorgerechtsvereinbarungen **1671** 61
Umgangsregelung **1671** 23, 60, 261
Wechselverbindlichkeit
Genehmigung des Familiengerichts **1643** 30 f
Wegweisung
s Wohnungsausweisung
Wegzug
Kontaktvereitelung **1666** 149
Wegzugsverbot
Maßnahmen, gerichtliche **1666** 219
Weltanschauung
Sorgerechtsentscheidung **1671** 192 f
Wertpapiere
Kindesvermögen **1667** 12
Wertpapiere, festverzinsliche
Anlegung von Geld **1642** 10
Wiederkehrende Leistungen
Fortdauer nach Volljährigkeitseintritt **1643** 28
Genehmigung des Familiengerichts **1643** 28
Wohl des Kindes
s Kindeswohl
Wohnungsausweisung
Befristung **1666** 237, 238; **1666a** 26, 27
Berechtigung des Ausgewiesenen an der Wohnung
s Nutzungsrechte an der Wohnung
Dritte **1666a** 26 f
Ehegatten **1666** 231
Elternteil **1666a** 26 f
Familienwohnung **1666a** 27
Gefahrwegfall **1666a** 26
Gewalt **1666a** 26
go-order **1666** 233
Wohngemeinschaft **1666** 237
häusliche Gewalt **1666** 231, 233
Antrag des Kindes **1666** 237

Wohnungsausweisung (Forts)
außenstehende Dritte **1666** 237
Eltern-Kind-Trennung **1666** 233
Familienwohnung **1666** 233
Vorrang öffentlicher Hilfen **1666** 233
Wohnung, andere als Familienwohnung **1666** 233
Lebensgefährte **1666** 237; **1666a** 27
Lebenspartner, registrierte **1666** 231
Maßnahmen gegen Dritte **1666** 237
mildere Mittel, Vorrang **1666a** 26
Nutzungsrechte an der Wohnung **1666** 233, 237; **1666a** 25, 27
dingliche Nutzungsrechte **1666** 237; **1666a** 27
mietvertragliche Nutzungsrechte **1666** 237; **1666a** 27
öffentliche Hilfen, Vorrang **1666a** 26
Schwiegerelternteil **1666a** 27
sexueller Missbrauch **1666a** 26
Stiefelternteil **1666** 237
Trennung, Erzwingung **1671** 43
Trennung Eltern/Kinder **1666a** 25 ff
Überprüfung **1666a** 26
Verhältnismäßigkeit **1666a** 25
Verwandte **1666a** 27
Wohnung, andere als Familienwohnung **1666a** 27
Wohnungseigentum
Geschäfte, genehmigungsbedürftige **1643** 13

Zeitbegriff des Kindes
Aufenthaltsdauer in Beziehung zum Kindesalter **1682** 18
Herausgabestreitigkeiten **1682** 36
Inhalt **1682** 14
Jugendhilferecht **1682** 14
Kontinuitätsprinzip **1671** 247
längere Zeit **1682** 18
Pflegeverhältnisse **1682** 18
Ruhen der elterlichen Sorge, dauerndes **1678** 27
Ruhen der elterlichen Sorge, vorübergehendes **1678** 27
Verbleibensanordnung **1682** 14 ff
Verfahrensdauer **1666** 259
Zeugen Jehovas
Bluttransfusion **1666** 102; **1671** 260
Gesundheitsfürsorge **1671** 193, 260
Zinsen
Vermögensschutz **1666** 188
Zivilprozess
Entscheidungsübertragung **1666** 15
Kindesvertretung **1666** 15
Alleinvertretung **1666** 15
Gesamtvertretung **1666** 15
Züchtigung
Erziehungszweck **1666** 97

Züchtigung (Forts)
  Gewaltenklaven **1666** 97
  Kulturkreise, fremde **1666** 97
  Rechtfertigung **1666** 97
  Sorgeausübung **1666** 97
  Übermaßzüchtigungen **1666** 98
Zusammenarbeit, internationale
  Brüssel IIa-VO **1666** 313
Zuständigkeit, internationale
  Annexzuständigkeit des Scheidungsstaats **1671** 302
  Annexzuständigkeit für elterliche Verantwortung **1666** 313
  Brüssel IIa-VO **1666** 313; **1671** 302
  s a dort
  elterliche Sorge, tatsächliche Verhinderung **1674** 24
  gewöhnlicher Aufenthalt des Kindes **1666** 313; **1674** 13, 24
  Haager Kindesschutzabkommen **1666** 313
  Internationales Familienrechtsverfahrensgesetz **1666** 313
  Maßnahmen, familiengerichtliche **1666** 313
  schlichter Aufenthalt des Kindes **1666** 313
  Verbleibensanordnung **1682** 45
Zuwachs
  Ausschließung der Verwaltungsbefugnis **1638** 34
Zuwendungen
  Annahme, Vertretung des Kinder bei der **1638** 7, 16
  Ausschlagung, Vertretung des Kindes bei der **1638** 7, 16

Zuwendungen, unentgeltliche
  Inventarisierungspflicht **1640** 10
Zuwendungen unter Lebenden
  Abweichung von Anordnungen **1639** 15, 17
  Anspruch gegen Dritte, schenkweise Zuwendung **1638** 15
  Ausschließung des Verwaltungsrechts der Eltern **1638** 14 f
  Zeitpunkt **1638** 14
  Ausstattung **1638** 15
  Unentgeltlichkeit **1638** 14 f
Zwang, unmittelbarer
  Anordnungen zur Verwaltung des Kindesvermögens **1639** 13
  Gerichtsvollzieher **1666** 291
  Gewalt **1666** 291
  Kindesschutzmaßnahmen **1666** 291
  Polizei **1666** 291
Zwangsgeld
  Kindesschutzmaßnahmen **1666** 290
  Vermögensverzeichnis, Einreichung **1667** 8
Zwangshaft
  Kindesschutzmaßnahmen **1666** 290
Zwangsheirat
  Migrationshintergrund **1666** 163 f
  religiöses Gebot **1666** 126
Zwangsversteigerung
  Übererlös, Ausschließung der Verwaltungsbefugnis **1638** 34
Zwangsvollstreckung
  Vermögenslosigkeit des Kindes **1666** 199
Zwischenverfügungen
  Unanfechtbarkeit **1666** 300

J. von Staudingers
Kommentar zum Bürgerlichen Gesetzbuch
mit Einführungsgesetz und Nebengesetzen

Übersicht vom 1. Oktober 2009
Die Übersicht informiert über die Erscheinungsjahre der Kommentierungen in der 13. Bearbeitung und deren Neubearbeitungen (= Gesamtwerk STAUDINGER). *Kursiv* geschrieben sind die geplanten Erscheinungsjahre.

Die Übersicht ist für die 13. Bearbeitung und für deren Neubearbeitungen zugleich ein Vorschlag für das Aufstellen des „Gesamtwerk STAUDINGER" (insbesondere für solche Bände, die nur eine Sachbezeichnung haben). Es wird empfohlen, die Austauschbände chronologisch neben den überholten Bänden einzusortieren, um bei Querverweisungen auf diese schnell Zugriff zu haben. Bei Platzmangel sollten die ausgetauschten Bände an anderem Ort in gleicher Reihenfolge verwahrt werden.

	13. Bearb.	Neubearbeitungen			
Buch 1. Allgemeiner Teil					
Einl BGB; §§ 1–12; VerschG	1995				
Einl BGB; §§ 1–14; VerschG		2004			
§§ 21–79		2005			
§§ 21–89; 90–103 (1995)	1995				
§§ 90–103 (2004); 104–133; BeurkG	2004	2004			
§§ 134–163	1996	2003			
§§ 164–240	1995	2001	2004		
Buch 2. Recht der Schuldverhältnisse					
§§ 241–243	1995	2005			
§§ 244–248	1997				
§§ 249–254	1998	2005			
§§ 255–292	1995				
§§ 293–327	1995				
§§ 255–314		2001			
§§ 255–304			2004	2009	
AGBG	1998				
§§ 305–310; UKlaG		2006			
§§ 311, 311a, 312, 312a–f		2005			
§§ 311b, 311c		2006			
§§ 315–327		2001			
§§ 315–326		2004			
§§ 328–361	1995				
§§ 328–361b		2001			
§§ 328–359		2004			
§§ 328–345			2009		
§§ 362–396	1995	2000	2006		
§§ 397–432	1999	2005			
§§ 433–534	1995				
§§ 433–487; Leasing		2004			
Wiener UN-Kaufrecht (CISG)	1994	1999	2005		
§§ 488–490; 607–609		*2010*			
VerbrKrG; HWiG; § 13a UWG	1998				
VerbrKrG; HWiG; § 13a UWG; TzWrG		2001			
§§ 491–507		2004			
§§ 516–534		2005			
§§ 535–563 (Mietrecht 1)	1995				
§§ 564–580a (Mietrecht 2)	1997				
2. WKSchG; MÜG (Mietrecht 3)	1997				
§§ 535–562d (Mietrecht 1)		2003	2006		
§§ 563–580a (Mietrecht 2)		2003	2006		
§§ 581–606	1996	2005			
§§ 607–610 (siehe §§ 488–490; 607–609)	./.				
§§ 611–615	1999	2005			
§§ 616–619	1997				
§§ 620–630	1995				
§§ 616–630		2002			
§§ 631–651	1994	2000	2003	2008	
§§ 651a–651l	2001				
§§ 651a–651m		2003			
§§ 652–704	1995				
§§ 652–656		2003			
§§ 657–704		2006			
§§ 705–740	2003				
§§ 741–764	1996	2002	2008		
§§ 765–778	1997				
§§ 779–811	1997	2002	2009		
§§ 812–822	1994	1999	2007		
§§ 823–825	1999				
§§ 826–829; ProdHaftG	1998	2003	2009		
§§ 830–838	1997	2002	2008		
§§ 839, 839a	2002	2007			
§§ 840–853	2002	2007			
Buch 3. Sachenrecht					
§§ 854–882	1995	2000	2007		
§§ 883–902	1996	2002	2008		

	13. Bearb.	Neubearbeitungen		
§§ 903–924; UmweltHaftR	1996			
§§ 903–924		2002		
UmweltHaftR		2002		
§§ 925–984; Anh §§ 929 ff	1995	2004		
§§ 985–1011	1993	1999	2006	
ErbbVO; §§ 1018–1112	1994	2002		
ErbbauRG; §§ 1018–1112			2009	
§§ 1113–1203	1996	2002	2009	
§§ 1204–1296; §§ 1–84 SchiffsRG	1997	2002		
§§ 1–64 WEG	2005			

Buch 4. Familienrecht
§§ 1297–1320; Anh §§ 1297 ff; §§ 1353–1362	2000	2007	
§§ 1363–1563	1994	2000	2007
§§ 1564–1568; §§ 1–27 HausratsVO	1999	2004	
§§ 1569–1586b	*2010*		
§§ 1587–1588; VAHRG	1998	2004	
§§ 1589–1600o	1997		
§§ 1589–1600e		2000	2004
§§ 1601–1615o	1997	2000	
§§ 1616–1625	2000	2007	
§§ 1626–1633; §§ 1–11 RKEG	2002	2007	
§§ 1638–1683	2000	2004	2009
§§ 1684–1717	2000	2006	
§§ 1741–1772	2001	2007	
§§ 1773–1895; Anh §§ 1773–1895 (KJHG)	1999	2004	
§§ 1896–1921	1999	2006	

Buch 5. Erbrecht
§§ 1922–1966	1994	2000	2008
§§ 1967–2086	1996		
§§ 1967–2063		2002	
§§ 2064–2196		2003	
§§ 2087–2196	1996		
§§ 2197–2264	1996	2003	
§§ 2265–2338a	1998		
§§ 2265–2338		2006	
§§ 2339–2385	1997	2004	

EGBGB
Einl EGBGB; Art 1, 2, 50–218	1998	2005
Art 219–222, 230–236	1996	
Art 219–245		2003

EGBGB/Internationales Privatrecht
Einl IPR; Art 3–6	1996	2003	
Art 7, 9–12	2000		
Art 7, 9–12, 47		2007	
IntGesR	1993	1998	
Art 13–18	1996		
Art 13–17b		2003	
Art 18; Vorbem A + B zu Art 19		2003	
Vorbem C–H zu Art 19		2009	
IntVerfREhe		2005	
Kindschaftsrechtl Ü; Art 19	1997		
Art 19–24	1994		
Art 20–24		2002	2008
Art 25, 26	1996		
Art 27–37	1995	2000	2007
Art 38	2002		
Art 38–42	1998		
IntWirtschR		2001	
IntSachenR	2000	2006	
	1996		

Vorläufiges Abkürzungsverzeichnis	1993		
Das Schuldrechtsmodernisierungsgesetz	2002	2002	
Eckpfeiler des Zivilrechts		2005	2008
BGB-Synopse 1896–1998	1998		
BGB-Synopse 1896–2000		2000	
BGB-Synopse 1896–2005			2006
100 Jahre BGB – 100 Jahre Staudinger (Tagungsband 1998)	1999		

Demnächst erscheinen
§§ 164–240	1995	2001	2004	2009
§§ 823 E–I, 824, 825	1999	2009		
§§ 905–924		2002	2009	
§§ 1204–1296; §§ 1–84 SchiffsRG	1997	2002	2009	

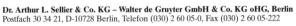

Dr. Arthur L. Sellier & Co. KG – Walter de Gruyter GmbH & Co. KG oHG, Berlin
Postfach 30 34 21, D-10728 Berlin, Telefon (030) 2 60 05-0, Fax (030) 2 60 05-222